〔宋〕王溥撰

唐會要

上

中華書局

圖書在版編目(CIP)數據

唐會要:全3册/(宋)王溥撰. —北京:中華書局,1960.6(2024.9重印)

ISBN 978-7-101-00756-5

Ⅰ.唐…　Ⅱ.王…　Ⅲ.①會要-中國-唐代②典章制度-中國-唐代　Ⅳ.D691.5

中國版本圖書館CIP數據核字(2016)第248984號

責任印製:管　斌

唐　會　要

(全三册)

〔宋〕王　溥　撰

*

中華書局出版發行

(北京市豐臺區太平橋西里38號　100073)

http://www.zhbc.com.cn

E-mail:zhbc@zhbc.com.cn

北京建宏印刷有限公司印刷

*

787×1092毫米 1/32・57⅝印張・983千字

1960年6月第1版　2024年9月第9次印刷

印數:10301-10900册　定價:258.00元

ISBN 978-7-101-00756-5

唐會要題辭

唐會要一百卷。宋王溥撰。初唐蘇冕敘高祖至德宗九朝沿革損益之制。大中七年。詔崔鉉等撰次德宗以來事至宣宗大中六年以續冕書。溥又採宣宗以後事。共成百卷。建隆二年正月奏御。詞簡理備。太祖覽而嘉之。詔藏於史閣。賜物有差。晁氏郡齋讀書志。

按唐志蘇冕會要四十卷。續會要四十卷。楊紹復等撰。崔鉉監修。而會要稱杭州刺史蘇弁與兄冕纂國朝故事爲是書。弁聚書至二萬卷。次於集賢芸閣。陳氏書錄解題。

建隆二年正月丁未。司空平章監修國史王溥等上新編唐會要一百卷。文簡理備。太祖嘉之。詔藏史館。賜物有差。王氏玉海。

唐會要

武英殿聚珍版

提要

唐會要一百卷。宋王溥撰。溥字齊物。并州祁人。漢乾祐中登進士第一。周廣順初拜端明殿學士。恭帝嗣位。官右僕射。入宋仍故官。進司空同平章事。監修國史。加太子太師。封祁國公。卒謚康定。事迹具宋史本傳。初唐蘇冕嘗次高祖至德宗九朝之事。爲會要四十卷。宣宗大中七年。又詔楊紹復等次德宗以來事。爲續會要四十卷。以崔鉉監修。段公路北戶錄所稱會要。卽冕等之書也。惟宣宗以後。記載尚缺。溥因復採宣宗至唐末事續之。爲新編唐會要一百卷。建隆二年正月奏御。詔藏史館。書凡分目五百十有四。於唐代沿革損益之制。極其詳核。官號內有識量忠諫舉賢委任崇奬諸條。亦頗載事蹟。其細瑣典故不能概以定目者。則別爲雜錄。附於各條之後。又間載蘇冕駁議。義例該備。有裨考證。今僅傳鈔本。脫誤頗多。八卷題曰郊議。而所載乃南唐事。九卷題曰雜郊議。而所載乃唐初奏疏。皆與目錄不相應。七卷十卷。亦多錯入他文。蓋原書殘缺。而後人妄摭竄入以盈卷帙。又一別本所闕四卷亦同。而有補亡四卷。採摭諸書所載唐事。依原目編類。雖未必合溥之舊本。而宏綱細目。約略粗具。猶可以見其大凡。今據以錄入。仍各註補字於標目之下。以示區別焉。

御製題武英殿聚珍版十韻 有序

校輯永樂大典內之散簡零編。並蒐訪天下遺籍。不下萬餘種。彙爲四庫全書。擇人所罕覯。有裨世道人心及足資考鏡者。剞劂流傳。嘉惠來學。第種類多則付雕非易。董武英殿事金簡以活字法爲請。旣不濫費棗棃。又不久淹歲月。用力省而程功速。至簡且捷。考昔沈括筆談記宋慶歷中有畢昇爲活版。以膠泥燒成。而陸深金臺紀聞則云毘陵人初用鉛字。視版印尤巧便。斯皆活版之權輿。顧埏泥體麤。鎔鉛質輭。俱不及鋟木之工緻。茲刻單字計二十五萬餘。雖數百十種之書。悉可取給。而校讐之精。今更有勝於古所云者。第活字版之名不雅馴。因以聚珍名之。而系以詩。

稽古搜四庫。於今突五車。開鐫思壽世。積版或充閭。張帖唐院集。周文梁代餘。同爲製活字。用以印全書。

精越鶡冠體。昨歲江南所進之書有鶡冠子。卽活字版。第字體不工。且多訛謬耳。富過鄴架儲。機圓省雕氏。功倍謝鈔胥。聯腋事堪例。埏泥法似疎。

毀銅昔悔彼。康熙年間編纂古今圖書集成。刻銅字爲活版。排印藏工。貯之武英殿。歷年旣久。銅字或被竊缺少。司事者懼干咎。適值乾隆初年京師錢貴。遂請毀銅字供鑄。從之。所得有限。而所耗甚多。已爲非計。且使銅字尚存。則今之印書。不更事半功倍乎。深爲惜之。刊木此慚予。旣復羨棃棗。還教慎魯魚。成編示來學。嘉惠志符初。

乾隆甲午仲夏

唐會要目錄

宋 王溥 撰

卷六十

御史臺上

卷六十一

唐會要卷一

宋王溥撰

帝號上

獻祖宣皇帝諱熙。涼武昭王暠曾孫。嗣涼王歆孫。宏農太守重耳之子也。武德元年六月二十二日。追尊爲宣簡公。咸亨五年八月十五日追尊宣皇帝。廟號獻祖。葬建初陵。在趙州昭慶縣界。儀鳳二年五月一日追封爲建昌陵。開元二十八年七月十八日詔改爲建初陵。

懿祖光皇帝諱天賜。宣皇帝長子。武德元年六月二十二日。追尊懿王。咸亨五年八月十五日。追尊光皇帝。廟號懿祖。葬啓運陵。在趙州昭慶縣界。儀鳳二年三月一日。追封爲延光陵。開元二十八年七月十八日詔改爲啓運陵。

太祖景皇帝諱虎。光皇帝第二子。武德元年六月二十二日。追尊景皇帝。廟號太祖。葬永康陵。在京兆府三原縣界。

世祖元皇帝諱昺。景皇帝第二子。武德元年六月二十二日。追尊元皇帝。廟號世祖。葬興寧陵。在京兆府咸陽縣界。

高祖神堯大聖大光孝皇帝諱淵。元皇帝第四子。母曰元貞皇后獨孤氏。隋義寧二年五月二十日受禪於太極殿。年五十三。武德九年八月八日傳位稱太上皇。貞觀九年五月六日崩于大安宮垂拱前殿。年七十。其年十月庚寅葬獻陵。在京兆府三原縣界。諡曰大武皇帝。廟號高祖。哀册文。祕書監虞世南撰。諡册文。闕。諡議。闕。咸亨五年八月十五日追尊高祖神堯皇帝。天寶八載六月十五日加尊高祖神堯大聖皇帝。十三載二月九日加尊高祖神堯大聖大光孝皇帝。年號一。武德九年。

宰相十六人。秦王。裴寂。劉文靜。蕭瑀。竇威。竇抗。陳叔達。楊恭仁。封德彝。裴矩。高士廉。齊王元吉。宇文士及。長孫無忌。杜如晦。房元齡。

太宗文武大聖大廣孝皇帝諱世民。高祖第二子。母曰太穆順聖皇后竇氏。隋開皇十八年十二月戊午生於武功別館。武德元年六月一日封秦王。九年六月七日册爲皇太子。八月九日卽位於東宮顯德殿。年二十九。貞觀二十三年五月二十六日崩於翠微宮含風殿。年五十二。其年八月庚寅葬昭陵。在京兆府醴泉縣界。諡曰文皇帝。廟號太宗。哀册文。中書令褚遂良撰。諡册文。闕。諡議。闕。咸亨五年八月十五日追尊太宗文武聖皇帝。天寶八載六月十五日加尊太宗文武大聖皇帝。十三載二月九日。加尊太宗文武大聖大廣孝皇帝。年號一。貞觀二十三年。

宰相二十九人。裴寂。蕭瑀。陳叔達。李靖。封德彝。宇文士及。長孫無忌。杜如晦。房元齡。高士廉。温彥博。岑文本。魏徵。侯君集。楊師道。戴胄。劉洎。李世勣。張亮。馬周。褚遂良。崔仁師。楊宏禮。王珪。杜淹。楊恭仁。許敬宗。高季輔。張行成。

高宗天皇大聖大宏孝皇帝諱治。太宗第九子。母曰文德順聖皇后長孫氏。貞觀二年六月十三日。生於東宮麗正殿。五年。封晉王。十七年四月七日。册爲皇太子。二十三年六月一日。即位。年二十二。咸亨五年八月十五日。稱天皇。宏道元年十二月四日。崩於東都貞觀殿。年五十六。文明元年八月庚寅。葬乾陵。在京兆府奉天縣界。謚曰天皇大帝。廟號高宗。哀册文。天后武氏撰。謚册文。闕。謚議。闕。天寶八載六月十五日。追尊高宗天皇大聖皇帝。十三載二月六日。加尊高宗天皇大聖大宏孝皇帝。年號十五。永徽七年正月七日。改爲顯慶。顯慶六年二月三十日。改爲龍朔。龍朔四年正月一日。改爲麟德。麟德三年正月五日。改爲乾封。乾封三年二月二十九日。改爲總章。總章三年三月十八日。改爲咸亨。咸亨五年八月十五日。改爲上元。上元三年十一月三日。改爲儀鳳。儀鳳三年四月二十二日。勅改來年正月一日爲通乾元年。十二月十日。勅停不行。四年六月十五日。改爲調露。調露二年八月二十三日。改爲永隆。永隆二年十月六日。改爲開耀。開耀二年二月十三日。改爲永淳。永淳二年十二月四日。改爲宏道元年。

宰相四十七人．長孫無忌．褚遂良．于志寧．張行成．高季輔．李世勣．柳奭．宇文節．韓瑗．來濟．崔敦禮．李義府．許敬宗．杜正倫．辛茂將．任雅相．盧承慶．許圉師．上官儀．劉祥道．竇德元．樂彥瑋．孫處約．姜恪．陸敦信．戴至德．劉仁軌．楊武．李安期．張文瓘．趙仁本．閻立本．李敬元．郝處俊．來恆．薛元超．李義琰．高智周．張大安．裴炎．王德眞．崔知溫．郭待舉．岑長倩．郭正一．魏元同．劉齊賢．

中宗孝和大聖大昭孝皇帝諱顯．高宗第七子．母曰則天順聖皇后武氏．顯慶元年十一月五日生．二年二月二日封周王．儀鳳二年十月三日徙封英王．改名哲．永隆元年八月二十三日．册爲皇太子．宏道元年十二月六日．卽位．年二十八．嗣聖元年二月六日．改爲廬陵郡王．房州安置．聖歷元年六月．遣職方員外郎徐彥伯迎于房州．聖歷元年九月十五日．册爲皇太子．依舊名顯．二年臘月二十五日．賜姓武氏．神龍元年正月二十四日．卽位於通天宮端扆殿．年五十．二月五日．國號依舊稱大唐．十一月上尊號應天皇帝．三年八月三日．加尊號應天神龍皇帝．景龍四年六月二十二日．崩於神龍殿．年五十五．景雲元年十一月己酉．葬定陵．在京兆府富平縣界．諡曰孝和皇帝．廟號中宗．哀册文．工部侍郎徐彥伯撰．諡册文．闕．諡議．闕．天寶八載六月．追尊中宗孝和大聖皇帝．十三載二月．加尊中宗孝和大聖大昭孝皇帝．年號三．神龍三年九月。改爲景龍。景龍四年六月四日。改爲唐隆元年。

宰相三十八人。劉景先。岑長倩。郭待舉。韋宏敏。安國相王。姚元之。韋安石。唐休璟。崔元暐。楊再思。張柬之。房融。韋承慶。袁恕己。桓彥範。敬暉。武三思。祝欽明。魏元忠。李懷遠。豆盧欽望。韋巨源。李嶠。于惟謙。蘇瓌。宗楚客。蕭至忠。紀處訥。張仁亶。韋嗣立。崔湜。趙彥昭。韋溫。鄭愔。張錫。裴談。岑羲。張嘉福。

睿宗元眞大聖大興孝皇帝諱旦。高宗第八子。母曰則天順聖皇后武氏。龍朔二年六月一日生於蓬萊宮含涼殿。十一月十八日。封殷王。乾封元年七月。徙封豫王。總章二年十一月十二日。徙封冀王。初名旭輪。改名輪。上元三年正月。徙封相王。永隆二年。又改封豫王。改名旦。嗣聖元年二月七日。卽位。年二十二。太后臨朝。天授元年九月。降爲皇嗣。仍名輪。聖歷元年。封相王。又名旦。神龍二年正月六日。立爲皇太弟。辭不就。二月十四日。改封安國相王。唐隆元年六月二十四日。卽位於承天門樓。年四十九。延和元年八月二十五日。傳位。開元四年五月二十日。崩於百福殿。年五十五。其年十月庚午。葬橋陵。在京兆府奉先縣界。謚曰大聖元眞皇帝。廟號睿宗。哀册文。紫微侍郎蘇頲撰。謚册文。闕。謚議。闕。天寶八載六月。追尊睿宗元眞大聖皇帝。十二載二月。加尊睿宗元眞大聖大興孝皇帝。年號三。景雲三年正月十九日改爲太極。太極元年五月改爲延和元年。

宰相二十五人。平王。李嶠。蕭至忠。張仁亶。韋嗣立。趙彥昭。韋安石。蘇瓌。唐休璟。裴談。張錫。岑羲。崔湜。劉幽求。鍾紹京。李日知。薛稷。姚元之。崔日用。宋璟。郭元振。張說。竇懷貞。魏知古。陸象先。

元宗至道大聖大明孝皇帝諱隆基。睿宗第三子。母曰昭成順聖皇后竇氏。垂拱元年八月五日生於東宮之別殿。以其日爲千秋節。後改爲天長節。三年閏正月二日。封楚王。長壽二年十二月。降封爲臨淄郡王。唐隆元年六月二十一日。進封爲平王。七月二十六日。册爲皇太子。延和元年七月五日。卽位。年二十八。先天二年十一月。上尊號開元神武皇帝。開元二十七年二月七日。加尊號開元聖文神武皇帝。天寶元載二月十一日。又加尊號開元天寶聖文神武皇帝。七載五月十三日。又加尊號開元天寶聖文神武應道皇帝。八載閏六月五日。又加尊號開元天地大寶聖文神武應道皇帝。十二載十二月七日。又加尊號開元天地大寶聖文神武孝德證道皇帝。至德元載七月十二日。傳位。册爲太上皇帝。乾元元年正月五日。加尊號太上至道聖皇天帝。元年建巳月五日。崩于神龍殿。年七十八。廣德元年三月辛酉。葬泰陵。在京兆府奉先縣界。諡曰至道大聖大明孝皇帝。廟號元宗。哀册文。左散騎常侍王縉撰。諡册文。闕。諡議。闕。年號三。先天二年十一月一日改爲開元。開元三十年正月一日改爲天寶。天寶十五載八月十五日傳位。

宰相三十四人。劉幽求。韋安石。魏知古。崔湜。陸象先。竇懷貞。岑羲。蕭至忠。郭元振。張說。姚元之。盧懷愼。源乾曜。宋璟。蘇頲。張嘉貞。王晙。李元紘。杜暹。蕭嵩。宇文融。裴光庭。韓休。裴耀卿。張九齡。李林甫。牛仙客。李適之。陳希烈。楊國忠。韋見素。崔圓。房琯。崔渙。

使相八人。源乾曜。張說。王晙。張嘉貞。王琚。杜暹。蕭嵩。哥舒翰。

肅宗文明武德大聖大宣孝皇帝諱亨。元宗第三子。母曰元獻皇后楊氏。景雲三年九月三日生于東宮之別殿。以其日爲天平地成節。初名嗣昇。先天元年九月封陝王。開元十五年三月徙封忠王。改名浚。二十三年七月。改名璵。二十六年六月三日。册爲皇太子。改名紹。天寶三載。又改名亨。十五載七月十二日。卽位于靈武郡。年四十六。至德三載正月五日。上尊號光天文武大聖孝感皇帝。乾元二年正月一日。加尊號乾元大聖光天文武孝感皇帝。上元二年九月二十一日。詔去乾元大聖光天文武孝感等尊號。惟稱皇帝。寶應元年四月十八日。崩于長生殿。年五十二。寶應二年三月庚午。葬于建陵。在京兆府醴泉縣界。謚文明武德大聖大宣孝皇帝。廟號肅宗。哀册文。兵部侍郎裴士淹撰。謚册文。闕。謚議。闕。年號五。至德三載三月五日改爲乾元。乾元三年閏四月九日。改爲上元。上元二年九月二日。改爲元年。以今年十一月建子爲歲首。以斗所建辰爲名。至建巳月改元寶應。後以正月爲歲首。建巳月仍爲四月。

宰相十六人．韋見素．崔圓．房琯．裴冕．崔渙．李麟．苗晉卿．張鎬．王璵．呂諲．李峴．第五琦．李揆．蕭華．裴遵慶．元載．

使相八人．裴冕．郭子儀．李光弼．崔渙．崔圓．張鎬．王璵．呂諲．

代宗睿文孝武皇帝諱豫．肅宗長子．母曰章敬皇后吳氏．開元十四年十二月十三日．生于東都上陽宮之別殿．以其日爲天興節．二十年八月二十一日．封廣平郡王．名俶．至德二年十二月十五日．進封楚王．乾元元年三月．改封成王．五月十九日．册爲皇太子．十月五日．改名豫．寶應元年四月二十一日．卽位．年三十七．二年七月七日．上尊號寶應元聖文武孝皇帝．大歷十四年五月二十日．崩于紫宸之內殿．年五十四．其年十月己酉．葬元陵．在京兆府富平縣界．諡曰睿文孝武皇帝．廟號代宗．哀册文．中書侍郎崔佑甫撰．謚册文．闕．諡議．闕．年號三．寶應二年七月二十日．改爲廣德．廣德三年正月一日．改爲永泰．永泰二年十月十二日．改爲大歷．

宰相十二人．雍王适．苗晉卿．裴遵慶．元載．李輔國．劉晏．李峴．王縉．杜鴻漸．裴冕．楊綰．常衮．

使相十九人．郭子儀．李光弼．僕固懷恩．李懷仙．王縉．辛雲京．杜鴻漸．崔圓．裴冕．田承嗣．朱泚．李正己．李寶臣．李忠臣．李抱玉．來瑱．馬璘．崔寧．薛嵩．

德宗神武孝文皇帝諱适。代宗長子。母曰睿眞皇后沈氏。天寶元載壬戌歲四月十九日生于長安大內之東宮。不置節名。元年建丑月拜特進。封奉節郡王。寶應元年五月充天下兵馬元帥。進封魯王。八月改封雍王。十月出鎮陝州。廣德元年拜尚書令。元帥如故。食實封二千戶。賜鐵券圖形凌煙閣。三年册爲皇太子。大曆十四年五月卽位。年三十八。建中元年正月上尊號曰聖神文武皇帝。貞元二十一年正月崩于會寧殿。年六十四。十月葬崇陵。在京兆府雲陽縣界。諡曰神武孝文皇帝。廟號德宗。哀册文。刑部侍郎許孟容撰。諡册文。闕。諡議。闕。年號三。建中盡四年。興元一年。貞元盡二十一年。

宰相三十五人。崔佑甫。常袞。李勉。楊炎。盧杞。馬燧。關播。蕭復。喬琳。劉從一。姜公輔。盧翰。李晟。張延賞。韓滉。崔造。柳渾。李泌。董晉。趙憬。陸贄。賈耽。盧邁。崔損。趙宗儒。鄭餘慶。杜佑。齊抗。高郢。鄭珣瑜。張鎰。劉滋。齊映。渾瑊。竇參。

使相二十八人。郭子儀。朱泚。李寶臣。李正己。李忠臣。梁崇義。李希烈。李懷光。陳少遊。李抱眞。張孝思。王武俊。劉元佑。渾瑊。李納。嚴震。田緒。劉滋。韋臯。李師古。

順宗至德宏道大聖大安孝皇帝諱誦。德宗長子。母曰昭德皇后王氏。上元二年辛丑歲正月十二日生于長安之東內。不置節名。大曆十四年六月。封爲宣王。建中元年正月。册爲皇太子。貞元二十一年正月卽位。年四十五。七月。以疾未瘳。令皇太子監國。八月傳位。居興慶宮稱誥。元和元年正月。上尊號曰應乾聖壽太上皇。其月十九日。崩于興慶宮之咸寧殿。（年四十六。）七月葬豐陵。諡曰至德大聖大安孝皇帝。廟號順宗。哀册文。（禮部侍郎趙宗儒撰。）諡册文。（禮部侍郎崔汾撰。）諡議。（太常寺少卿崔樞撰。）大中三年十二月。追崇尊諡曰至德宏道大聖大安孝皇帝。諡册文。（中書侍郎馬植撰。）諡議。（兵部尚書歸融撰。）年號一。（永貞。一年。）

宰相七人。賈耽。杜佑。鄭珣瑜。高郢。韋執誼。杜黃裳。袁滋。

使相五人。劉滋。韋皋。李師古。張茂昭。吳少誠。

憲宗昭文章武大聖至神孝皇帝諱純。（順宗長子。母曰莊憲皇后王氏。）大歷十三年戊午歲二月十四日。生于長安之東內。（不載節名。）貞元四年六月。封為廣陵郡王。開府儀同三司。名淳。二十一年四月。册為皇太子。改名純。七月。權勾當軍國政事。永貞元年八月即位。（年二十八。）元和三年正月。上尊號曰睿聖文武皇帝。十四年七月。又上尊號曰元和聖文神武法天應道皇帝。十五年正月二十七日。崩于大明宮之中和殿。（年四十三。）五月。葬景陵。（在京兆府奉先縣界。）諡曰聖神章武孝皇帝。廟號憲宗。哀册文。（門下侍郎令狐楚撰。）諡册文。（戶部侍郎楊於陵撰。）諡議。（權知禮部侍郎李建撰。）大中三年十二月。

追崇尊謚曰昭文章武大聖至神孝皇帝謚册文。（左僕射平章白敏中撰。）謚議。（兵部尚書太常卿歸融撰。）年號一（元和盡十五年）

宰相二十九人。賈耽。韋執誼。杜佑。杜黃裳。袁滋。鄭餘慶。于頔。鄭絪。武元衡。李吉甫。韓宏。裴洎。李藩。權德輿。李絳。張宏靖。韋貫之。裴度。李逢吉。王涯。崔羣。李鄘。李夷簡。皇甫鎛。程异。令狐楚。蕭俛。段文昌。崔植。

使相十一人。劉濟。李師古。張茂昭。吳少誠。王士眞。田季安。高崇文。裴均。王鍔。劉總。田宏正。

穆宗睿聖文惠孝皇帝諱恆。（憲宗第三子。母曰懿安皇后郭氏。）貞元十一年乙亥歲七月六日生于大明宮之別殿。（不置節名。）二十一年四月封爲建安郡王。名宥。元和元年八月。進封遂王。七年十月。册爲皇太子。改名恆。十五年正月。即位。（年二十六。）長慶元年七月上尊號曰文武孝德皇帝。四年正月二十二日崩于寢殿。（年三十。）十一月葬光陵。（在京兆府奉先縣界。）謚曰睿聖文惠孝皇帝。廟號穆宗哀册文。（右僕射平章李逢吉撰。）謚册文。（中書侍郎平章事牛僧孺撰。）謚議。（闕。）年號一。（長慶四年。）

宰相十四人。韓宏。裴度。李夷簡。皇甫鎛。令狐楚。張宏靖。蕭俛。段文昌。崔植。杜元穎。王播。元稹。李逢吉。牛僧孺。

使相五人。劉總。田宏正。李光顏。李愬。劉悟。

敬宗睿武昭愍孝皇帝諱湛。（穆宗長子。母曰恭僖皇后王氏。）元和四年己丑歲六月九日生于東宮之別殿。（不置節名。）長慶元年三月。封爲鄂王。尋改爲景王。二年十二月。册爲皇太子。四年正月。卽位。年十六。寶歷元年四月。上尊號曰文武大聖廣孝皇帝。二年十二月八日。中官蘇佐明等作難。帝遇害。年十八。太和元年七月。葬莊陵。在京兆府三原縣界。謚曰睿武昭愍孝皇帝。廟號敬宗。哀册文。司空平章事裴度撰。謚册文。右僕射竇易直撰。謚議。闕。年號一。寶歷盡二年。

宰相七人。杜元穎。王播。李逢吉。牛僧孺。李程。裴度。竇易直。

使相三人。李光顔。劉悟。烏重胤。

唐會要卷二

帝號下

文宗元聖昭獻孝皇帝諱昂。穆宗第二子。母曰貞獻皇后蕭氏。元和四年十月十日生。以其日爲慶成節。長慶元年。封爲江王。名涵。寶歷二年十二月。即位。改名昂。年十八。開成五年正月四日。崩于大明宮之太和殿。年三十二。八月。葬章陵。在京兆府富平縣界。謚曰元聖昭獻孝皇帝。廟號文宗。哀册文。中書侍郎平章事崔鄲撰。謚册文。中書侍郎平章事李珏撰。謚議。太常少卿楊敬之撰。年號二。太和盡九年。開成盡五年。

宰相二十四人。杜元穎。王播。李逢吉。牛僧孺。竇易直。裴度。韋處厚。楊嗣復。李珏。路隨。李宗閔。段文昌。宋申錫。李德裕。李固言。鄭覃。王涯。李訓。賈餗。舒元輿。李石。陳夷行。崔珙。崔鄲。

使相五人。烏重胤。史憲誠。王智興。李載義。劉從諫。

武宗至道昭肅孝皇帝諱炎。穆宗第五子。母曰宣懿皇后韋氏。元和九年甲午歲六月十一日。生于東宮。以其日爲慶陽節。長慶元年三月。封潁王。名瀍。開成五年正月。立爲皇太子。其年即位。年二十七。會昌二年正月。上尊號曰仁聖文武至神大孝皇帝。五年正月。又上尊號曰仁聖文武章天成功神德明道大孝皇帝。六年三月。改名炎。其月二十三日崩。年三十三。八月。葬端陵。在京兆府三原縣界。謚曰至道昭肅孝皇帝。謚議。禮部侍郎陳商撰。年號一。會昌盡六年。

宰相十五人李固言。李石。楊嗣復。李珏。崔鄲。牛僧孺。崔珙。李德裕。陳夷行。李紳。李讓夷。崔鉉。杜悰。李回。鄭肅。

使相四人劉從諫。王元逵。王起。何宏敬。

宣宗聖武獻文孝皇帝諱忱。憲宗第十三子。母曰孝明皇后鄭氏。元和五年庚寅六月二十三日生于大明宮。以其日爲壽昌節。長慶元年三月封光王。名怡。會昌六年丙寅三月二十一日。武宗不豫。立皇太叔。勾當軍國政事。翌日即位。改名忱。年三十七。大中二年戊辰正月上尊號曰聖敬文思和武光孝皇帝。大中十三年己卯八月七日崩于大明宮。年五十。大中十四年二月庚辰葬貞陵。在京兆府雲陽縣界。謚曰聖武獻文孝皇帝。廟號宣宗。哀册文。中書侍郎蔣伸撰。謚册文。門下侍郎平章事夏侯孜撰。謚議。兵部侍郎鄭顥撰。咸通十三年壬申追崇尊號曰元聖至明成武獻文睿智章仁神聰懿道大孝皇帝。年號一。大中十三年。

宰相二十三人李讓夷。李紳。鄭肅。李回。白敏中。韋琮。崔元式。李德裕。盧商。馬植。周墀。崔龜從。任銘。魏扶。令狐綯。裴休。魏謩。崔慎由。鄭朗。蕭鄴。劉瑑。夏侯孜。蔣伸。

使相十一人。魏謩。杜悰。崔鄲。王元逵。何宏敬。王起。張仲武。崔慎由。盧耽。白敏中。鄭涯。

懿宗睿文昭聖恭惠孝皇帝諱漼。宣宗長子。母曰元昭皇后鼂氏。太和七年癸丑十一月十四日生于藩邸。以其日爲延慶節。大中元年丙寅。封鄆王。名温。大中十三年己卯八月。立爲皇太子。監國。改名漼。翌日宣宗崩。卽位。年二十七。咸通三年壬午正月。上尊號曰睿文明聖孝德皇帝。咸通十二年辛卯正月。再上尊號曰睿文英武明德至仁大聖廣孝皇帝。咸通十四年癸巳七月。崩于咸寧殿。年四十一。乾符元年二月甲午。葬簡陵。在京兆府富平縣界。謚曰睿文昭聖恭惠孝皇帝。廟號懿宗。哀册文。中書侍郎平章事崔彥昭撰。謚册文。門下侍郎平章事王鐸撰。謚議。禮部侍郎崔沆撰。年號一。咸通盡十四年。

宰相二十一人。令狐綯。白敏中。蕭鄴。夏侯孜。蔣伸。杜審權。杜悰。畢諴。楊收。曹確。高璩。蕭寘。徐商。路巖。于琮。韋保衡。王鐸。劉鄴。趙隱。蕭倣。崔彥昭。

使相十八人。盧耽。何宏敬。張允伸。何全皥。李福。崔慎由。崔鉉。康承訓。曹確。韋宙。

僖宗惠聖恭定孝皇帝諱儇。懿宗第五子。母曰惠安皇后王氏。咸通三年壬午五月八日。生于東內。以其日爲應天節。初封普王。名儼。咸通十四年癸巳七月。立爲皇太子。改名儇。是月。懿宗崩。卽位。年十二。乾符二年乙未正月。上尊號曰聖神聽睿仁哲明孝皇帝．光啓元年五月．上尊號曰至德光烈皇帝．文德元年三月．崩于武德殿．年二十七．十二月．葬靖陵．在京兆府奉天縣界．諡曰惠聖恭定孝皇帝．廟號僖宗．哀册文．中書侍郎平章事孔緯撰．諡册文．門下侍郎平章事韋昭度撰．諡議．右丞權知禮部侍郎柳玭撰．年號五．乾符七年改廣明元年．廣明二年改中和元年．中和五年改光啓元年．光啓四年改文德元年．

宰相二十三人．蕭倣．崔彥昭．鄭畋．盧攜．王鐸．李蔚．鄭從讜．崔沆．豆盧瑑．王徽．裴澈．蕭遘．韋昭度．鄭昌圖．杜讓能．孔緯．張濬．韋保衡．趙隱．劉鄴．裴坦．劉瞻．劉崇望．

使相六十八人．王鐸．鄭從讜．高駢．李可舉．王重榮．李克用．陳敬瑄．朱玫．孫惟晟．李匡威．張均．王敬武．陳儒．鍾傳．李鋋．李茂貞．朱全忠．王處存．東方逵．令狐綯．杜悰．路巖．曹確．杜審權．趙隱．李蔚．韋昭度．鄭畋．李都．崔安潛．周寶．張允伸．王鎔．劉鄴．王重盈．王行瑜．李罕之．李昌言．李昌符．齊克儉．齊克讓．楊師立．朱瑄．滿存．樂彥貞．劉巨容．諸葛爽．趙德諲．李思恭．時溥．安師儒．周岌．秦宗權．曹金正．楊守亮．楊守忠．楊守信．顧彥暉．顧彥朗．曹誠．

昭宗聖穆景文孝皇帝諱曄．懿宗第七子．母曰惠安皇后王氏．咸通八年三月二十二日．生于東內．以其日爲嘉會節．十三年壬辰四月．封壽王．名傑．乾符四年丁酉．遙鎮幽州．文德元年戊申三月．立爲皇太弟．監國．改名敏．翌日．即位．改名曄．年二十二．大順元年庚戌正月．上尊號曰聖文睿德光武宏孝皇帝．天祐元年甲子八月．梁王密令蔣元暉等弒于東都椒殿。年三十八。葬和陵。在河南府緱縣界。謚曰聖穆景文孝皇帝。廟號昭宗。哀册文。中書侍郎平章事柳璨撰。謚册文。右僕射平章事裴樞撰。謚議。太常卿王溥撰。年號七。龍紀二年改大順。大順三年改景福。景福三年改乾寧。乾寧五年改光化。光化四年改天復。天復四年改天祐。

宰相二十五人。韋昭度。孔緯。杜讓能。張濬。劉崇望。崔昭緯。徐彥若。鄭延昌。王摶。崔胤。李磎。陸扆。孫偓。鄭綮。朱朴。崔遠。裴贄。裴樞。王溥。獨孤損。柳璨。陸希聲。蘇檢。盧光啓。韋貽範。

使相三十九人。李鋌。張全義。孫惟晟。王重盈。錢鏐。羅宏信。李罕之。雷滿。王建。趙匡凝。成汭。孫德昭。周承誨。李匡威。楊守信。張均。李磎。趙德諲。崔安潛。董彥弼。徐彥若。韋昭度。王鎔。王處直。陳敬瑄。朱瑄。時溥。王珙。杜洪。劉崇望。朱全忠。李思恭。王行瑜。李茂貞。王摶。楊守亮。楊守忠。顧彥朗。楊晟。

哀皇帝諱柷。昭宗第九子。母曰積善皇太后何氏。景福元年壬子九月三日生于大內。以其日爲乾和節。乾寧四年丁巳封輝王。名祚。天復三年癸亥二月拜開府儀同三司。充諸道兵馬元帥。天祐元年甲子。昭宗崩。翌日蔣元暉矯遺詔以帝卽位。改今名。年十三。天祐四年丁卯三月。禪位于梁。梁奉帝爲濟陰王。遷於曹州。明年二月。遇害。前刺史氏叔琮之第。年十七。葬濟陰之定陶鄉。謚曰哀皇帝。後唐明宗初就故陵置園邑。有司請謚曰昭宣光烈孝皇帝。廟號景宗。中書復奏據少帝行事不合稱宗。存謚而已。知禮者亦以昭宣之謚非宜。

年號一。盡天祐四年。

宰相六人．裴樞．獨孤損．崔遠．柳璨．張文蔚．楊涉．

使相十三人．王師範．錢鏐．韓建．張全義．王鎔．羅紹威．劉仁恭．朱全忠．王處直．李茂貞．趙德諲．王建．趙匡凝．

雜錄

大歷十四年七月．禮儀使吏部尚書顏眞卿上言高祖至肅宗七聖廟號尊號．文字繁多．皇帝則悉有大聖之號．皇后則盡有順聖之名．使言之者惑於今．行之者異於古．請高祖以下累聖謚號．悉取初謚爲定謚．按舊制上謚號高祖爲武皇帝．太宗爲文皇帝．高宗爲天皇大帝．中宗爲孝和皇帝．睿宗爲聖眞皇帝．元宗爲孝明皇帝．肅宗爲孝宣皇帝．其廟號如故．仍請準漢魏及國朝故事．於尚書省議定奏御．乃令尚書省議之．時以謚號前後繁多．不經儒學之臣．思改者久矣．會眞卿上奏．皆謂必克正焉．而兵部侍郎袁傪官以兵達．不詳典故．乃上言．陵廟中玉册既刊矣．不可輕改．遂罷之．傪曾不知陵中玉册實紀其初號．後雖追尊．而册文如故．

與元元年正月．上在奉天．頒罪己之詔．讓去徽號．其後雖竊大盜．復天步．羣臣屢請．終不許焉．

元和十五年四月．禮儀使奏．羣臣告天．請大行皇帝謚．準禮及故事．合集中書門下御史臺五品以上．尚書省四品以上．于南郊告天．畢．議定．然後連署聞奏．

太和七年十二月．宰臣王涯等四人上表．請册徽號．不許．至開成二年二月．因御紫宸殿．宰相鄭覃．李固言。李石等以請諸道節度觀察使頻有表章。以加徽號爲請。上固謙抑不允。其月自朔至晦。諸道節度觀察使請上徽號者凡二十餘道。或再請三請者。皆報不許焉。

大中三年十二月二十五日。追尊順宗憲宗謚號。初。羣臣以河湟旣復。請加尊號。上深執謙讓。三表不許。曰。河湟已復。繼承先志。朕欲追尊順宗憲宗謚號。以成功烈。其事如何。宰臣白敏中等對曰。臣等愚昧。思慮所不及。故遂行之。至册日。上御宣政殿。百僚拜訖。乃降階受玉册于太尉。拜受訖。授禮官將奉迎以退。上俯僂不瞬。目送使者。流涕嗚咽。俟太尉奉策出。升殿。羣臣莫敢動焉。先是。中書門下奏。追尊二祖儀注。皇帝行事與差官展禮。舊記不同。禮許從宜。不必法古。臣等商量。其日皇帝于宣政殿受玉册。遣宰相已下持節奉册赴太廟。庶協典禮。詔可之。

天祐二年三月。起居郎蘇楷議昭宗謚號。曰。皇帝御宇。由治亂以審汙隆。宗祀配天。資謚號以定升降。故臣下君上。皆不得而私也。有司先定尊謚曰聖穆景文孝皇帝。廟號昭宗。按後漢和帝安帝順帝。緣非功德。遂改尊稱。亦允臣下之請。今郊禋有日。禘祭惟時。伏望別議新廟之稱。庶協先朝罪己之德。于是太常卿張廷範改謚曰恭靈莊閔孝皇帝。廟號襄宗。楷。禮部尚書循之子。凡劣無藝。乾寧二年。應進士登第。物論以爲濫。昭宗命翰林學士陸扆。秘書監馮渥。復試黜落。不許再入舉場。楷負愧銜怨。至是與起居郎羅扆。起居舍人盧鼎運署議。楷目不知書。其文羅扆所作。蓋時政出賊臣。哀帝亦不能制之也。

追諡皇帝

孝敬皇帝諱宏。高宗第五子。永徽四年正月封代王。顯慶元年。册爲皇太子。上元二年四月二十五日薨于合璧宮倚雲殿。五月五日贈諡曰孝敬皇帝。

殤皇帝重茂。中宗第四子。聖歷三年臘月。封北海郡王。神龍元年二月。改封溫王。景龍四年六月。册爲皇太子。七日。卽帝位。二十四日。讓位于睿宗。降封溫王。景雲二年正月。改封襄王。集州安置。開元二年四月薨于房州。年十七。追諡殤皇帝。

讓皇帝憲。睿宗長子。本名成器。文明元年。立爲皇太子。及睿宗立。降爲皇嗣。改爲皇孫。後爲蔡王。又爲宋王。復爲寧王。開元二十九年薨。追册讓皇帝。葬惠陵。

奉天皇帝琮。元宗長子。本名嗣直。封郯王。改名潭。又名琮。天寶十載薨。諡靖德皇太子。肅宗元年。追册爲奉天皇帝。葬齊陵。

承天皇帝倓。肅宗第三子。本封建寧郡王。薨。寶應初。贈齊王。大歷三年。追封承天皇帝。葬順陵。

雜錄

龍朔元年。孝敬命太子賓客許敬宗等。于文思殿博採古今集。摘其英詞麗句。以類相從。勒成五百卷。名曰瑤山玉彩。表上之。制賜物三萬段。總章元年二月。勅征遼軍逃亡限內不首。及更有逃亡者。身並處斬。家口沒官。孝敬上表切諫。請免其配沒。從之。其月。親釋奠。司成館因請贈顏回太子少師。曾參太子少保。制並從之。咸亨二年。駕幸東都。太子監國。時屬大旱。關中饑乏。取廊下兵馬糧視之。見有食榆皮蓬實者。乃令家令等各給米使足。時義陽宣城二公主。以母得罪。幽于掖庭。太子見之驚惻。遽奏請出降。又請以同州沙苑地分借貧人。詔並許之。

承天皇帝倓。旣爲張良娣所搆。肅宗怒而幽死。又欲搖動代宗。時代宗收復兩京。遣判官李泌入朝獻捷。從容語及倓事。泌曰。臣幼稚時。念得黃臺瓜辭。陛下聞其說乎。高宗大帝有子八。天后所生四子。自爲行第。故睿宗第四。長曰孝敬皇帝宏。爲太子監國。仁明孝悌。天后方圖臨朝。乃鴆殺之。立雍王賢。賢每自憂惕。知必不保全。與二弟同侍父母之側。无由敢諫。乃作黃臺瓜辭。令樂工歌之。冀天后聞之哀愍。辭曰。種瓜黃臺下。瓜熟子離離。一摘使瓜好。再摘令瓜稀。三摘尙自可。四摘抱蔓歸。太子賢終爲天后所逐。死于黔中。陛下有今日運祚。已一摘矣。愼无再摘。上愕然曰。卿安得有是言。自是奪宗之計不行。

元宗嘗與讓帝憲及岐王範等書曰。昔魏文帝詩云。西山一何高。高處殊無極。上有兩仙童。不飲亦不食。賜我一丸藥。光輝有五色。服藥四五日。身體生羽翼。朕每思服藥而求羽翼。何如骨肉兄弟天生之羽翼乎。夫陳思王有超代之才。堪任經國之務。絕其朝謁。卒令憂死。魏祚未終。遭司馬宣王之奪。豈神丸之效也。虞舜至聖。捨傲象之愆。以親九族。九族旣睦。平章百姓。此爲帝王之軌則。于今數千歲。天下歸善焉。朕未嘗不廢寢忘餐。欽歎也。頃因餘暇。妙選仙經。得此神效方。古老云。服之必驗。今分此藥。願與兄弟同保長齡。永無限極。時申王等皆先薨。唯憲獨在。上尤加恩貸。每至憲生日。必幸其宅。移時宴樂。居常無日不賜憲酒酪及異饌等。尙食總監及四方有所進獻。食稍甘節。皆分以賜之。憲奏請年終錄付史館。每年至數百紙。開元二十九年冬十月。京城寒甚。凝霜封樹。學者以爲春秋雨木冰即是。亦名樹介。言其象介胄也。憲見而歎曰。此俗爲樹稼者也。諺曰。樹生稼。達官怕。必有大臣當之。我其死矣。其年十一月。薨。上聞之。號呼失聲。左右莫不掩淚。

唐會要卷三

皇后

宣皇帝皇后張氏。諡宣獻。咸亨五年八月十五日追諡。

光皇帝皇后賈氏。諡光懿。咸亨五年八月十五日追諡。

景皇帝皇后梁氏。諡景烈。咸亨五年八月十五日追諡。

元皇帝皇后獨孤氏。諡元貞。武德元年六月二十二日追諡。

高祖皇后竇氏。武德元年六月二十二日追諡穆皇后。貞觀九年五月九日。追尊太穆神皇后。天寶八載六月十五日追尊太穆順聖皇后。

太宗皇后長孫氏。武德九年八月二十一日立爲皇后。貞觀十年五月二十六日崩于立政殿。年三十六。諡曰文德皇后。咸亨五年八月追諡文德聖皇后。天寶八載六月。加尊文德順聖皇后。

高宗皇后王氏。永徽元年正月。立爲皇后。六年十月十二日廢爲庶人。

天后武氏。貞觀十年文德皇后崩。太宗聞武士彠女有才貌。召入宮以爲才人。時上在東宮。因入侍。悅之。太宗崩。隨嬪御之例出家。爲尼感業寺。上因忌日行香。見之。武氏泣。上亦潸然。時蕭良娣有寵。王皇后惡之。乃召入宮。潛令長髮。欲以間良娣之寵。既入宮。寵待踰於良娣。立爲昭儀。良娣王皇后協心謀之。遞相譖毀。上終不納。俄誣王皇后與母柳氏求厭勝之術。昭儀所生女暴卒。又奏王皇后殺之。上遂有廢立之意。上從容言王氏無子。以風長孫無忌。無忌竟不順旨。永徽五年。中書舍人李義府上表請廢王皇后。立昭儀。以厭衆庶之心。上悅。謂李勣曰。立昭儀之事。褚遂良固執不從。遂良既是顧命大臣。事不可。當止也。勣遂密奏曰。此是陛下家事。何須更問外人。許敬宗又言於朝曰。田舍翁積得十斛麥。尚欲換卻舊老婦。況天子富有四海。立一皇后。有何不可。關諸人何事。妄生異議。上意乃定。遂立爲皇后。顯慶五年十月已後。上苦風眩。表奏時令皇后詳決。自此參預朝政。幾三十年。當時畏威。稱爲二聖。咸亨五年八月十五日。稱天后。宏道元年十二月。高宗崩。十二月。皇太子即位。尊爲皇太后。臨朝攝政。載初元年九月九日即位。改國號稱周。賜帝姓武氏。神龍元年正月二十三日。傳位於中宗。二十六日。徙居上陽宮。二十七日。上尊號則天大聖皇帝。十二月二十六日。崩於洛陽仙居殿。年八十一。諡曰大聖則天皇后。國子司業崔融爲哀册文。二年五月二十八日。祔葬乾陵。唐隆元年七月七日。依舊爲天后。景雲元年十月十八日。改爲大聖天后。延和元年六月十七日。又改爲天后聖帝。八月五日。改爲聖后。開元四年十二月。改爲則天后。天寶八載六月十五日。追尊則天順聖皇后。年號二十。嗣聖二年二月七日改爲文明。文明元年九月五日改爲光宅。光宅二年正月一日改爲垂拱。垂拱五年正月一日改爲永昌。永昌五年十一月一日。改爲載初。載初元年九月九日稱周。改爲天授。天授三年四月四日。改爲如意。如意元年九月九日。改爲長壽。長壽三年五月十日。改爲延載。延載二年三月一日。改爲證聖。證聖元年九月二十九日。改爲天册萬歲。天册萬歲二年臘月。改爲萬歲登封。萬歲登封元年四月一日。改爲萬歲通天。萬歲通天二年九月九日。改爲神功。神功二年正月一日。改爲聖歷。聖歷三年五月五日。改爲久視。久視二年正月五日。改爲大足。大足元年十月二十三日。改爲長安。長安五年正月一日。改爲神龍。

宰相七十八人。劉仁軌。薛元超。郭正一。姚元崇。裴炎。袁恕己。敬暉。岑長倩。郭待舉。魏元同。劉齊賢。韋宏敏。桓彥範。王德眞。劉禕之。武承嗣。騫味道。崔詧。李景諶。韋方質。沈君諒。裴居道。韋思謙。蘇良嗣。韋待價。張光輔。王本立。范履冰。邢文偉。武攸寧。傅遊藝。史務滋。宗秦客。格輔元。樂思誨。任知古。歐陽通。裴行本。狄仁傑。楊執柔。李遊道。袁智宏。崔神基。崔元綜。李昭德。姚璹。李元素。王璿。婁師德。韋巨源。陸元方。豆盧欽望。蘇味道。王孝傑。武什方。楊再思。杜景佺。周允元。孫元亨。李道廣。王方慶。王及善。宗楚客。武三思。吉頊。李嶠。張錫。韋安石。李懷遠。顧琮。李迥秀。朱敬則。唐休璟。韋嗣立。崔元暐。張柬之。房融。韋承慶。

中宗皇后趙氏。天寶八載六月十五日。追尊和思皇后。皇后初爲英王妃。母常樂公主得罪。妃坐廢。幽死於內侍省。中宗崩。將葬於定陵。莫知瘞所。將行招魂附葬之禮。太常博士彭景直曰。招魂葬禮非古。不可備棺槨置輼輬。宜據漢書郊祀志葬黃帝衣冠于橋山。遂以皇后褘衣于陵所寢宮招魂。置衣魂轝。以太牢告祭。遷衣於寢宮御榻之右。覆以夷衾焉。

皇后韋氏。神龍元年二月十二日。立爲皇后。十一月二日。尊爲順天皇后。三年八月十五日。加順天翊聖皇后。唐隆元年六月二十日。降爲庶人。初神龍元年十二月。侍中桓彥範上表曰。昔孔子論詩。關雎爲始。言后妃者。人倫之本。理亂之端也。故英皇降而虞道興。任姒歸而周宗盛。桀奔南巢。禍階妹喜。魯桓滅國。惑以齊媛。伏見陛下每臨朝聽政。皇后必施帷幔。坐於殿上。得聞政事。臣歷選列辟。詳求往代。帝王有與婦人謀及政者。莫不破國亡身。傾輈繼路。且以陰乘陽。違天也。以婦凌夫。違人也。違天不祥。違人不義。由是古人譬以牝雞司晨。惟家之索。易曰。无攸遂。在中饋。言婦人不得預於國政也。伏願鑒古人之言。察古人之意。上以社稷爲重。下以蒼生爲念。宜令皇后無往正殿。干及外朝。專在中宮。聿修陰教。則坤儀式固。鼎命維新。

睿宗皇后劉氏。唐隆元年六月二十八日。贈皇后。景雲元年二月二十三日。追謚肅明皇后。天寶八載六月十五日。追尊肅明順聖皇后。

皇后竇氏。唐隆元年。贈皇后。景雲二年。追謚昭成皇后。天寶八載。追尊昭成順聖皇后。贈謚日月。並與肅明皇后同。

元宗皇后王氏。長壽二年。納爲妃。先天元年八月二十日。立爲皇后。開元十二年二月二十一日。廢爲庶人。

皇后楊氏。至德二年六月二十四日。追尊皇后。謚曰元獻。立廟於太廟之西。四時薦享。皆準太廟一室之儀。至寶應二年四月。遷神主于太廟。祔元宗室。

皇后武氏恆安王攸止女攸止卒後后尚幼隨例入宮。及王皇后廢。賜號惠妃。宮中禮秩。一同皇后。開元二十五年十二月七日薨。（年四十。）贈皇后。謚曰貞順仍立廟於京師昊天觀之角乾元之後享祀仍停。初十四年四月。侍御史潘好禮。聞上欲以惠妃爲皇后進疏諫曰臣嘗聞禮記曰父母之讎。不共戴天公羊傳曰。子不復父讎。不子也昔齊襄公復九世之讎丁蘭報木母之恩春秋美其義。漢史稱其孝陛下既不以齊襄爲法丁蘭爲戒。豈得欲以武氏爲國母。當何以見天下之人乎。不亦取笑於天下乎。非止虧損禮經。實恐汚辱名教。又惠妃再從叔三思從父延秀等。並干亂朝綱。遞窺神器。豺狼同穴梟獍同林。至如惡木垂陰。志士不息。盜泉飛液。正夫莫飲。良有旨哉。且匹夫匹婦。欲結夫妻者。尚相揀擇。況陛下是累聖之貴天子之尊乎。伏願陛下詳察古今。鑒戒成敗。愼擇華族之女。必在禮義之家。稱神祇之心。允億兆之望。爲國大計。其在於茲。且惠妃本是左右執巾櫛者也。不當參立之。故春秋書宋人夏父之會無以妾爲夫人。齊桓公誓命於葵邱。亦曰無以妾爲妻。此則夫子恐開窺競之端深明嫡庶之別。又漢成帝欲立趙氏爲皇后。劉輔極言。漢桓帝欲立薄氏于中宮李雲切諫。又見人間盛言尚書左丞相張說。自被停知政事之後。每諂附惠妃。誘蕩上心。欲取立后之功。更圖入相之計。伏願杜之于將漸。不可悔之于已成。且太子本非惠妃所生。惠妃復自有子。若惠妃一登宸極。則儲位實恐不安。皇太子既守器承祧。爲萬國之主本。何可輕易輒有搖動。古人所以見其漸者。良以是也。昔漢高祖以戚夫人之故。將易太子之位。時有商山四皓。雖不食漢庭之祿。尙能輔翼太子。況臣愚昧。職參憲府。慷慨關心。感激懷憤。陛下留神省察。蘇冕駮曰。此表非潘好禮所作。且好禮先天元年爲侍御史。開元十二年爲溫州刺史。致仕。表是十四年獻。而云職參憲府。若題年恐錯。卽武惠妃先天元年始年十四。王皇后有寵未衰。張說又未爲右丞相。竟未知此表是誰獻之。

肅宗皇后吳氏。寶應元年五月十九日。追尊皇后。諡曰章敬。

皇后張氏。至德二年十二月十五日。良娣張氏册爲淑妃。乾元元年三月六日。立爲皇后。寶應元年。有罪幽死別所。

代宗皇后獨孤氏。大歷十年。追尊曰貞懿皇后。十月十六日忌。

皇后沈氏。開元末。選入宮。天寶末。以胡寇犯闕。元宗西狩。棄妃。故爲賊所得。拘于東都之掖庭。代宗收東都。見之。留宮中。及史思明再犯河洛。遂失所在。十餘年求之不得。至德宗卽位。建中元年八月。追尊爲皇太后。遂以睦王述爲奉迎皇太后使。工部尙書喬琳爲副。昇平公主宜備起居。候知行在。卽嚴扈法駕奉迎。至二年二月。羣臣以皇太后問至。稱賀。旣而謬焉。四方詐稱太后者數四。至貞元元年九月。禮儀使奏。太皇太后沈氏。厭代登眞。於今二十有七年。大行皇帝至孝惟深。哀思罔極。建中初。已發明詔。舟車所至。

靡不週遍。歲月滋深。迎訪理絕。謹按晉庾蔚之議云。尋求三年之外。又俟中壽而服之。今參詳禮經。博稽故事。伏請以大行皇帝啓攢宮日。百官舉哀於肅章門內之正殿。先令有司造褘衣一副。發哀日。令內官以褘衣置於幄座。自後令宮人朝夕上食。先告元陵。次告宗廟。上太皇太后謚册。次造神主。擇日祔代宗廟。其褘衣備法駕奉遷於元陵祠殿。置于代宗皇帝衮衣之右。便以今年十一月二日發哀爲忌。追册曰睿眞皇后。從之。

德宗皇后王氏。貞元二年十一月。册爲皇后。其月二十一日忌。三年正月。上尊謚曰昭德皇后。其謚册文初令兵部侍郎李紓撰。上以紓謂皇后爲大行皇后。非也。詔學士吳通元爲之。通元又云咨后王氏。亦非也。按貞觀中岑文本撰文德皇后謚册文曰。皇后長孫氏。斯得之矣。其年二月。皇后發引。梓宮進辭太廟於永安門。升轀輬車於安福門。從陰陽之吉也。三月。以皇后廟樂章九首付有司。令議廟舞之號。禮官請號坤元之舞。從之。其樂章初令宰臣張延賞柳渾等撰。及進。留中不下。又命翰林學士吳通元爲之。時上務簡約。不立廟。令於陵所祠殿奉安神主。三年正月十八日。太常博士李吉甫奏曰。準國朝故事。昭成皇后肅明皇后元獻皇后並置別廟。若於大行皇帝陵所祠殿奉安神主。禮經典故。檢討無文。伏以元獻皇后廟在太社之西。今請修葺。以爲大行皇后別廟。勅旨宜依。仍付所司。至三年二月二十七日。翰林待詔楊季炎等奏。奉進止。宜於兩儀殿虞祭畢。擇日祔廟。準經勘擇。用三月十八日一時。兩儀靈座便請除之。

詔下太常。詳求典故。太常卿董晉與博士李吉甫張薦等奏曰。伏惟古禮。合用今年七月卒哭祔廟。國朝故事。高祖六月而葬。睿宗十月而葬。並葬訖便卒哭祔廟。聖朝典故。伏請遵仍。令所司於今月十八日已前擇卒哭位。哭訖。以十八日祔廟。制曰可。

順宗皇后王氏。貞元元年八月。册爲太上皇后。元和元年五月。册爲皇太后。十一年三月四日崩。

憲宗皇后郭氏。元和十五年閏正月。册爲皇太后。大中二年五月二十一日崩。其年七月。上尊謚曰懿安皇太后。

皇后鄭氏。會昌六年四月。上尊號曰皇太后。大中元年。上尊號曰孝明皇太后。

穆宗皇后王氏。長慶四年二月。册爲皇太后。會昌四年正月十二日崩。五年四月。上尊謚曰恭僖皇太后。

皇后蕭氏。寶曆三年三月。册爲皇太后。大中元年四月十五日崩。其年八月。上尊謚曰貞獻皇太后。

穆宗皇后韋氏。會昌時追册爲皇太后。謚曰宣懿。武宗母也。

敬宗皇后。史闕。文宗皇后。史闕。武宗皇后鄭氏。

宣宗皇后鼂氏。大中十三年九月。上尊謚曰元昭皇太后。

懿宗皇后王氏。咸通十四年八月。册爲惠安太后。文德元年四月。上尊謚曰恭獻皇太后。

僖宗皇后。史闕。

昭宗皇后何氏。光化元年四月冊爲皇后。天祐元年冊爲皇太后。居積善宮。天祐二年十二月。爲梁王密遣人所害。

雜錄

開元四年正月。大理少卿李衢奏。奉進止。令修皇后譜牒事。伏請降明勅。奉勅。宜依。仍令戶部量事供其紙筆。貞元二年十二月。有司以皇后在殯。請禁公私聲樂。詔曰。大行皇后喪。庶民之間。並已除服。緣情制禮。須使合宜。其太常權停教習。京城及諸府任舉樂音。

三年正月。詔中書門下兩省及常參官。各宜撰大行皇后挽歌詞三首。其月。詔內外諸親。設祭於大行皇后。並不假飾花果。已後公私集會。並宜準此。初。皇后母郕國夫人鄭氏等請設祭。可之。自是宗室諸親及李晟渾瑊神策六軍大將。皆請設祭。自啓攢宮後。日有數祭。至於將遷座乃止。

元和十一年三月。順宗皇后王氏崩於南內之咸寧殿。謚曰莊憲。初。太常少卿韋縚進謚議。公卿署定。欲告天地宗廟。禮院奏議曰。謹按曾子問。賤不誄貴。幼不誄長。禮也。古者天子稱天以誄之。皇后之謚。則讀於廟。江都集禮引白虎通曰。皇后何所謚之。謚之於廟。又曰。皇后無外事。無爲于郊。傳曰。故雖天子。必有尊也。準禮。賤不得誄貴。子不得爵母。所以必謚於廟者。謚宜受成於宗廟。故天子謚成于郊。皇后謚成于廟。今請準禮。集百官連署謚狀訖。讀於太廟。然後上謚于兩儀殿。旣符故事。允合禮經。從之。其年四月。西川節度使李儀簡遣使往南詔告皇太后哀。凡天子之喪。嗣天子以卿大夫告於四夷。太后皇后之喪。則方鎮告之。故事也。時以太后崩。不聽政。欲準故事。冢宰以總百官。宰相禮儀使裴度獻議曰。冢宰是殷周六官之首。旣掌邦禮。實統百司。故王者諒陰。百官總己聽之制。後代設官。旣無此號。不可虛設。且國朝故事。或置或否。古今異制。不必因循。其諸司公事。望請中書門下處分。從之。其年七月。禮儀使奏。自秦漢以來。天子之后稱皇后。母稱皇太后。祖母稱太皇太后。加太字者。所以加尊稱也。國朝典禮。皆稱舊制。開元六年正月。太常奏。昭成皇太后諡號。已牒禮部。禮部以太字非之。太常報曰。入廟稱后。義係於夫。在朝稱太后。義係於子。並載在史策。垂之不朽。今百司文牒及奏狀參詳典故。恐不合除太字。如諡冊入陵。神主入廟。卽當去之。奏可。十五年五月。莊憲皇太后弟故左金吾衞大將軍王用妻胡氏進狀云。請用姑莊憲皇太后蔭。補千牛。申中書門下。稱准格無條。伏見貞元中沈輩用姑睿眞皇太后蔭。元和中妾弟二男浩亦用皇太后蔭。伏乞天恩。允妾所奏。可之。仍入格令。

天祐元年九月。册昭宗皇后何氏爲皇太后。中書門下奏。請太后宮請以積善爲名。從之。

內職

舊制。皇后之下。有貴妃。淑妃。德妃。賢妃。各一人。爲夫人。正一品。昭儀。昭容。昭媛。修儀。修容。修媛。充儀。充容。充媛。各一人。爲九嬪。正二品。婕妤九人。正三品。美人九人。正四品。才人九人。正五品。寶林二十七人。正六品。御女二十七人。正七品。采女二十七人。正八品。以備周禮六宮之數。其外又有尚宮。尚儀。尚服。尚食。尚寢。尙功。分掌宮中服御藥膳之事。宮正糾愆失。彤史紀功書過。龍朔二年。改易官名。置贊德二人。正一品。以代夫人。宣儀四人。正二品。以代九嬪。承閨五人。正四品。以代美人。承旨五人。正五品。以代才人。衞僊六人。正六品。以代寶林。供奉八人。正七品。以代御女。侍櫛二十人。正八品。以代采女。又置侍巾三十人。正九品。咸亨二年。復舊。高祖太宗。黜隋之亂政。未下車而大放宮女。正位配尊。惟其舊德。宮闈之職。備員而已。所謂刑于內以正乎外。及高宗永徽之後。政出宮中。公卿大夫。罔不憚服。其取威也多。山陵未畢。而冢嗣再廢。遂闕翦王室。改立宗社。非一朝一夕之故。其所由來漸矣。及中宗追王韋氏。崇寵三思。使以先朝故事。尊誘之。於是慶雲之瑞。宣於朝廷。桑女之歌。布於天下。防閑之道大壞。亂逆之謀預召矣。卒以禍敗。爲後王誡。元宗卽位。大加懲革。內外有別。家道正矣。

懿宗淑妃郭氏。生同昌公主。帝在藩邸。常經重疾。妃侍醫藥。見黃龍出入臥內。旣間。妃以異告。帝曰。愼勿言之。貴必不相忘。　婕妤崔氏。王氏。此條原本有闕

雜錄

貞觀十三年二月二十五日。尙書八座議曰。謹按王者正位。作爲人極。朝有公卿之列。室有嬪御之序。內政修而家理。外教和而國安。爰自周代。洎乎漢室。名號損益。時或不同。然皆寤寐賢才。博採淑令。非唯德洽宮壺。抑亦慶流邦國。近代以降。情溺私寵。掖庭之選。有乖故實。或微賤之族。禮訓蔑聞。或刑戮之家。怨憤充積。而濫吹名級。入侍宮闈。卽事而言。竊未爲得。臣等伏請。今日以後。後宮及東宮內職員有闕者。皆

選有才行充之。若內無其人。則旁求於外。采擇良家。以禮聘納。

永徽六年十月。武后未立。上將號爲宸妃。侍中韓瑗。中書令來濟奏言。帝王嬪妃。自有恆數。今若別立妃號。臣等竊以爲不可。乃止。

貞元六年七月九日。太常卿崔縱奏。謹按司封令及六典。王母爲太妃。高祖宇文昭儀生韓王元嘉。後爲韓國太妃。太宗燕妃生越王貞。後爲越國太妃。今諸王母未有封號。請遵典故。其月。吏部郎中柳冕署狀。稱歷代故事及六典。無公主母稱號。臣謹約文比義。公主母既因公主而貴。伏請降於王母一等。命爲太儀。各以公主本封加太儀之上。旨依。

元和四年。德宗皇帝妃韋氏卒。廢朝三日。妃祖濯。尚中宗女定安公主。官至衛尉少卿。父會昌。中爲義王駙馬。妃少入宮。性敏順。善於承奉。德宗重之。遂册爲妃。六宮服其德。崇陵復土。畢於園寢。終三年之制。至是卒。

尚宮宋氏葬。奉敕令所司供鹵簿。準故事。只合給儀仗。詔以鼓吹賜之。宋氏姊妹五人。皆有文學。貞元中。澤潞節度使李抱真貢至闕下。德宗召入宮。試兼問經史文義。深加賞歎。自後皇太子及諸王公主等。多從受學。姊妹中尚宮尤通達人事。自憲宗穆宗呼爲先生。其名實根本。具在憲宗實錄。寶歷元年。贈梁國夫人。其年七月。勅殿中上奉御郭環曾祖故陳州刺史崇可封工部尚書。曾祖母唐氏可贈晉昌郡夫人。

祖母李氏。可贈隴西郡夫人。父右威衛將軍義。可贈禮部尙書。以環妹才人有寵故也。未爲妃后。一旦褒贈榮及祖禰。前例無之。

天祐二年九月六日。內出宣旨。乳母楊氏可賜號昭儀。乳母王氏可封郡夫人。第二乳母先帝已封郡夫人。可準楊氏例改封。中書奏議。言乳母古無封夫人賜內職之例。近代因循。殊乖典故。昔漢順帝以乳母宋氏爲山陽君。安帝乳母王聖爲野王君。當時朝議。猶或非之。惟中宗封乳母于氏爲平恩郡夫人。尙食高氏爲蓨國夫人。今國祚中興。禮儀革舊。臣等商量。楊氏望賜號安聖君。王氏福聖君。第二王氏康聖君。從之。

其年十二月。勅宮嬪女職。本備內任。近年以來。稍失禮儀。今後每遇延英坐朝日。只令小黃門祗候引從。宮人不得擅出內。

出宮人

武德九年八月十八日。詔王者內職。取象天官。上備列宿之序。下供埽除之役。肇自古昔。具有節文。末代奢淫。搜算無度。朕顧省宮掖。其數實多。憫茲深閉。久離親族。一時減省。各從娶聘。自是中宮前後所出計三千餘人。貞觀二年春三月。中書舍人李百藥上封事曰。自陛下受命已來。詔示天下。薄賦輕徭。恤刑慎獄。躬行節儉。減損服御。雖堯舜德音。無以過此。然陰氣鬱積。亦恐是旱之咎。徵往年雖出宮人。未爲盡善。

竊聞大安宮及掖庭內無用宮人。動有數萬。衣食之費。固自倍多。幽閉之冤。足感和氣。亢陽爲害。亦或由茲。至七月三日。上謂侍臣曰。婦人幽閉深宮。情實可愍。隋氏末年。求采無已。此皆竭人財力。朕所弗取。且灑埽之餘。更何所用。今將出之。任求伉儷。非獨以省費。息人亦各得遂其性。於是命尙書左丞戴胄給事中杜正倫等。於掖庭宮西門簡出之。開元二年八月十日。詔曰。古者三夫人。九嬪。二十七世婦。八十一御女。以備內職焉。朕恭膺大寶。頗修舊號。而六宮曠位。未副於周禮。八月算人。不行於漢法。至於姜后進諫。永巷脫簪。袁盎有言。上林引席。此則朕之所慕。未嘗忘也。頃者人頗喧譁。聞於道路。以爲朕求聲色。選備掖庭。豈余志之未孚。何斯言之妄作。往緣太平公主取人入宮。朕以事雖順從。未能拒抑。見不賢莫若自省。欲止謗莫若自修。改而更張。損之可也。妃嬪已下。朕當揀擇。使還其家。宜令所司將車牛。今月十二日。赴崇明門待進止。

大歷十四年五月。出宮人百餘人。

貞元二十一年三月。出後宮人三百人。其月。又出後宮及教坊女妓六百人。聽其親戚迎於九僊門。百姓莫不叫呼大喜。

元和八年六月。出宮人二百車。任其嫁配。十年十二月。出宮人七十二人。

長慶四年二月。勅先在掖庭宮人及逆人家口。幷配內園者。並放出外。任其所適。其月。赦文。宮中老年及殘疾不任使役。并有父母者。並委所司。選擇放出。

寶曆二年十二月。勅在內宮女宜放三千人。願嫁及歸近親。並從所便。不須尋問。

開成三年二月。文宗以旱出宮人劉好奴等五百餘人送兩街寺觀。任歸親戚。翌日。因紫宸對宰相李珏曰。陛下放宮女數多。德邁千古。漢制八月算人。晉武平吳。亦多採擇。仲尼所謂未見好德如好色者。宰相鄭覃曰。昔晉武以採擇之失。中原化爲左衽。千古可爲殷鑒矣。

唐會要卷四

儲君

太子建成。高祖長子。武德元年六月七日。册爲皇太子。九年六月四日。伏法。追封息王。初武德元年六月。萬年縣法曹孫伏伽上疏諫曰。臣聞性相近而習相遠。以其所好相染故也。皇太子及諸王等左右羣僚。不可不擇而任之。但是無德義之人。家門不能邕睦。及好奢華馳騁。嫚遊聲色。不得使親而近之。臣歷觀往古。下覽近代。至于子孫不孝。兄弟離間。莫不爲左右亂之。願陛下選賢才以爲皇太子僚友。如此則克隆磐石。永固維城矣。

中山王承乾。太宗長子。武德三年六月。封恆山郡王。五年八月。徙封中山郡王。九年十月。立爲皇太子。貞觀十七年四月六日。廢爲庶人。居黔州。十八年十二月二日。薨。開元二十四年。追封恆山郡王。謚曰愍。初貞觀十三年。黃門侍郎劉洎上疏曰。太子生于深宮之中。長于婦人之手。未嘗識憂懼。無由曉風俗。雖復神機不測。天縱生知。而開物成務。終由外奬。是故周儲上哲。思望奭而加裕。漢惠深仁。引綺園而昭德。原夫太子。宗祧是繫。善惡之際。興亡斯在。苟不勤始。將悔于終。故晁錯上書。令先通政術。賈誼獻策。務前知禮樂。臣今不曲陳故事。請以聖元言之。陛下多才多藝。允武允文。尙且雖休勿休。日愼一日。求異聞于振古。勞叡思于當年。乙夜觀書。事高漢帝。馬上披卷。勤過魏后。陛下自勵如此。而令太子優游。臣所未喻一也。如蹔屏機務。卽寓目雕蟲。屈宋不足以升堂。鍾張何階于入室。陛下好古如此。而令太子悠然靜處。不尋篇翰。臣所未喻二也。備該衆妙。獨秀寰中。猶晦天聰。俯詢凡議。聽朝之隙。引見羣臣。降以溫顏。訪以今古。陛下自行如此。而令太子久入趨侍。不接正人。臣所未喻三也。若謂無益。則何事勞神。若謂有成。則宜申貽厥。蔑而不急。未見其可。上遂勅劉洎令與岑文本馬周遞日往東宮與太子談論。十六年二月。諫議大夫褚遂良諫曰。昔聖人制禮。尊嫡卑庶。謂之儲君。道亞霄極。其爲崇重。用物不計。泉貨財帛。與王者共之。庶子體卑。不得爲例。所以塞嫌疑之漸。除禍亂之源。而先王必本人情。然後制法。知有國家。必有嫡庶。然庶子雖愛。不得超越嫡子。正禮特須尊崇。如當親者疏。當尊者卑。則佞巧之奸。承機而動。私恩害公。或至亂國。臣伏見東宮料物。歲得四萬段。付市貨賣。凡值一萬一千貫文。魏王支別封及廩物。一年凡值一萬六千貫文。是儲君料物。翻少藩王。朝野聞見。以爲非是。昔漢明帝披輿地圖。等諸國戶口。令諸子租歲不過二千萬。明德馬后爲言。亦不偏得。此則防其嗜欲。節其驕恣。伏願陛下頗擇漢法。宏此無偏。儲君之用。徽附古昔。則天下幸甚。因詔曰。儲貳不會。自古常式。近代以來。多爲節限。求之故寔。深非事宜。自今皇太子出用庫物。所司勿爲限制。至其年八月十四日。上謂侍臣曰。當今國家何事最急。各爲我言之。右僕射高士廉曰。養百姓最急。黃門侍郎劉洎曰。撫四夷最急。中書侍郎岑文本曰。行禮義最急。諫議大夫褚遂良曰。當今四方仰德。誰敢爲非。但太子諸王。須有定分。陛下宜爲萬代法。以遺子孫。上曰。此言是也。朕年將五十。已覺衰怠。旣以長子守器東宮。弟及庶子數將五十。心常憂慮。頗在此耳。但自古嫡庶無良佐。何嘗不傾敗家國。公等爲朕搜訪賢德。以輔儲君。爰及諸王。咸求正士。且事人歲久。則分義情深。非意窺覬。多由此作。于是限王府官寮不得過四考。十七年三月。左屯衛中郎將李安儼上表言。皇太子及諸王。陛下處置未爲得所。太子國之本也。伏願深思遠慮。以安天下之情。上曰。我識卿意。我兒雖患腳。猶是長嫡。豈可舍嫡立庶乎。

燕王忠。高宗長子。貞觀二十年八月。封陳王。永徽三年七月。册爲皇太子。六年十一月。武后旣立。禮部尚書許敬宗奏曰。臣聞元儲以貴。立嫡之義。尤彰罔敢同名。正本之文愈顯。旣而皇后生子。合處少陽。出自塗山。是爲吾君之胤。夙孀胎教。宜展問豎之心。乃復爲孽奪宗。降居藩邸。臣以愚誠。竊所未喻。且今之守器。素非皇嫡。永徽爰始。國本未生。權引彗星。越升明兩。近者元妃載誕。正胤降神。重光日融。爝火宜息。安可以濫茲皇統。叨據大器。國有諍臣。孰逃其責。竊惟息姑克讓。可以思齊。劉彊守藩。宜遵往軌。追蹤太伯。不亦可乎。踵武延陵。固當安矣。寧可反植枝幹。久易位于天庭。倒襲衣裳。使違方于震位。蠢爾黎庶。云誰繫心。垂裕後昆。將何播美。且父子之際。人所難言。事或犯鱗。必嬰嚴憲。伏自思忖。荷眄前朝。引于陋巷之中。申以後車之禮。雲臺畫像。十有八人。三紀于茲。惟臣僅在。常思勉力。少報鴻恩。今茲冢嗣。執珪下支富璧。孟侯論屈。大典未申。臣既分職文昌。典司嘉禮。位陪宗伯。不敢曠官。效命之秋。宜在茲日。及召見。上曰。卿朕之伯夷。立嫡之義。在禮何如。對曰。正國本則萬事理。皇太子國之本也。本猶未正。萬國無以繫心。東宮者。所出本微。今知國家已有正嫡。必不自安。竊位而懷疑。恐非宗廟之福也。願陛下熟計之。上曰。忠已自讓。對曰。能爲太伯。願速從之。顯慶元年正月六日。降爲梁王。官寮皆懼罪亡匿。無敢見者。太子右庶子李安仁獨候忠。泣涕拜辭而去。時論美之。

章懷太子賢。高宗第六子。永徽六年正月。封潞王。龍朔元年九月二十日。改封沛王。咸亨二年五月十三日。勅尚書省與奪事。及須商量拜奏事等文案。並取沛王賢通判。其應補擬官。及廢置州縣。幷兵馬刑法等事。不在判限。三年九月。改名德。徙封雍王。上元二年六月三日。改名賢。册爲皇太子。調露二年八月二十日。廢爲庶人。唐隆元年七月七日。追贈太子。謚曰章懷。賢初封潞王。爲幽州都督。始出閣。容止端雅。高宗深所歎賞。謂司空李勣曰。此兒已讀得尚書禮記論語。誦古詩賦。復千餘篇。暫經領覽。遂即不忘。我曾遣誦論語。至賢賢易色。遂再三覆誦。我問何爲如此。乃云性愛此言。及爲皇太子。令監國。處分明審。爲時所稱。儀鳳中。手勅褒美。賢又令右庶子張大安等。注范曄後漢書。表上之。賜物三萬段。仍以其書付秘閣。時正議大夫崇儼以符劾之術。爲則天任使。密稱英王狀類太宗。又宮人潛議云。賢是后姊韓國夫人所生。賢亦自疑懼。則天又常撰少陽政範。及孝子傳以賜之。仍數作書以責讓。及崇儼爲盜所殺。則天疑賢所爲。

又使人發其陰事。詔中書侍郎薛元超。黃門侍郎裴炎。御史大夫高智周。與法官推鞫之于東宮馬坊搜得皁甲數百領。乃廢爲庶人。幽于別所。

節愍太子重俊。中宗第三子。聖歷元年臘月。封義興郡王。神龍元年二月十九日。徙封衛王。二年七月五日。册爲皇太子。三年七月五日。兵敗自殺。唐隆元年六月二十五日。贈太子。景雲元年七月。謚節愍。十一月。陪葬定陵。

廢太子瑛。元宗第二子。本名嗣謙。景雲元年九月二日。封眞定郡王。先天元年八月十一日。進封郢王。開元三年正月十七日。册爲皇太子。十三年三月十日。改名鴻。二十三年七月。改名瑛。二十五年四月二十二日。廢爲庶人。初。二十三年。將廢太子。謀于宰臣。張九齡曰。太子天下之本也。動之則搖人心。且太子之在東宮。未聞大惡。臣聞父子之道。天性也。有過。父恕而掩之。無宜廢絕。且其狀未著。恐外人窺之。傷陛下慈父之道。寶應元年五月十九日。勅宜復舊封皇太子。初。瑛母趙麗妃。有才貌。善歌舞。元宗在潞州。甚寵遇。及武惠妃寵幸。麗妃恩顧漸薄。時鄂王瑤母皇甫德儀。光王琚母劉才人。皆元宗在臨淄邸得幸。及惠妃承恩。鄂光之母亦漸疏薄。于是瑛與鄂光。自謂母氏失職。常有怨望。遂爲李林甫及駙馬楊洄所誣。元宗震怒。並廢爲庶人。俄又賜死。天下寃之。後惠妃屢見三庶人爲祟。

惠昭太子寧。憲宗長子。元和元年八月。封爲鄧王。四年閏二月。立爲皇太子。六年十二月薨。謚曰惠昭。

莊恪太子永。文宗長子。太和四年正月。封魯王。六年十月。立爲皇太子。開成三年十月薨。謚曰莊恪

皇太子裕。昭宗長子。大順二年六月二十八日。封德王。乾寧四年二月十四日。册爲皇太子。天祐元年薨。

雜錄

貞觀十六年六月。苑西守監穆裕。農圃不脩。太宗怒甚。命于朝堂斬之。侍臣戰慄。莫敢進言。太子承乾諫曰。人者有生最靈。一死不可復活。命卽斬之。理恐未盡。請付法司推鞫。太宗意解。卽笞而釋之。長孫無忌進曰。陛下發天威之怒。太子犯顏進諫。斯誠四海之福。太宗曰。自朕御天下。虛心正人。卽有魏徵朝夕納諫。自徵云亡。劉洎繼之。太子幼在朕前。每見規諫者。常心悅之。染以成性。故有今日之諫耳

十七年閏六月。詔曰。皇太子地惟儲副。寄深監撫。兼統禁旅。是允舊章。宜知左右屯營兵馬事。大將已下。並受處分。十九年。高士廉劉洎等。表稱皇太子與百官書疏。先無禮式。請詳定其儀。詔曰。皇太子地在震方。禮絕羣后。而令書法式。未著彝章。近代以來。例皆明白謙過逼下。書依衆庶。無以別貴賤之差。將何顯尊卑之序。理非通允。宜有更張。凡處分論事之書。皇太子並宜畫令。左右庶子以下署名宣奉行。書按畫日。其餘與諸親及師傅等書。不在此限。二十年。太宗于寢殿側。置一院。令太子居之。絕不遣往東宮。門下侍郎兼太子賓客褚遂良上疏諫曰。臣聞周家問安。三至必退。漢儲視膳。五日乃來。禮曰。男子十年出就外傳。出宿於外。學書計。然則古之達者。豈無私愛。欲使成立。凡人尚猶如此。況君之世子乎。且朋友不可

以深交。深交必有怨。父子不可以滯愛。滯愛或生愆。伏願遠覽殷周。近遵漢魏。常許旬日半月。遣還宮。專學藝以潤身。布芳聲於天下。則微臣雖死之日。如生之年。太宗從之。長安三年。太子詹事崔神慶上表曰。臣伏思五品以上。所以帶龜者。比爲別勅徵召。恐有詐妄。內出龜合。然後應命。況太子元良國本。萬方所瞻。古來徵召。皆用玉契。此誠重愼之極。防萌之慮。臣昨見緣突厥使見。太子合入朝參。直有文符下宮。曾不降勅處分。太子當時又報臣云。昨日至晚侍奉。不見聖人諭及。遣來今者直準臺符入朝。事得安否。臣又思周禮儀注。例皆奏聞。臺符所下。必將非妄。臣又自到朝堂。審知是寔。所以太子遽往。當今人稟淳化。內外同心。然古人慮事於未萌之前。所以長無悔吝之咎。臣愚見太子旣與陛下異宮。伏望召太子先報來日。非朔望朝參。應須宣喚。伏望降墨勅及玉契。以符重愼之道。

開元十六年五月。勅所選皇太子及諸王等妃。旣是百官子女。禮合避人。今追就府縣。及過本司。未爲得所。其應預妃者。宜令所司具名錄奏。各令女及近親隨使。于命婦朝堂待進止。

乾元元年四月。代宗自楚王改封成王。張皇后有子數歲。陰有奪宗之議。宰臣李揆因對見。肅宗從容謂曰。成王嫡長有功。今當命嗣。卿意如何。揆拜賀曰。陛下言及于此。社稷之福。天下幸甚。不勝大慶。肅宗喜曰。朕計決矣。

建中元年二月。國子司業歸崇敬上言。準制。皇太子時幸太學。行齒胄之禮者。伏請每至春秋國學釋奠之時。所司先奏聽進止。其釋奠齒冑之禮。如開元禮。或有未盡。請委禮儀使更以古議詳定聞奏。

貞元中。裴延齡韋渠牟以姦佞相次選用。延齡尤狡險。判度支務剋剝聚斂。自以爲功。天下怨怒。陸贄李充以讒毁受譴。陽城等伏闕懇諫。幾至得罪。順宗在東宮。每進見。輒言延齡輩不可用。而諫臣可奬。德宗卒不相渠牟延齡。而宥城等者。東宮之力也。德宗嘗泛舟魚藻宮水嬉。命皇太子升舟。舟具皆飾以金碧丹青。婦人盛飾操舟。光彩耀燭。衆樂俱發。德宗顧太子。今日如何。曰。極盛。然後退以奢諫。德宗不悦焉。

貞元二十一年四月。册廣陵王爲皇太子。時順宗即位已久。而臣下未有親奏對者。內外咸言王伾王叔文專行斷決。日有異說。又屬頻陰雨。皆以爲羣小用事之應。及將行册禮之時。雨乃止。天景清明。有慶雲見。識者以爲天意所歸。及覩皇太子儀表。班行悚動。退無不相慶。至有感而泣者。道路歡悦。遞相傳告。中外有屬焉。

元和五年二月。太常禮院奏。百官避皇太子名諱。詳禮經。公卿大夫與太子同名。無嫌。蓋尊統于上。太子同在臣子之列。國朝故事。東宮官號。并東宮殿及門名。與太子名同。皆改。然無百官避東宮名者。德宗在春宮。處州舊名不改。并御史院同姓名者亦不改。伏以宮臣名及宮殿門名。并百官宗姓中有與皇太子名同者。卽干儀制。禮合迴避。臺官及王公爵土名號。推義比例。並無改文。詔可。六年閏十二月。皇太子薨。前四年。有司將行册禮。改以孟秋。再卜日。臨事皆以雨而罷。至十月方就廷册。讒二週歲而薨。

元和十年。皇太子侍讀諫議大夫韋綬奏。皇太子學書至依字。輒去其傍人字。臣問其故。答曰。君父每以此字可天下之奏。臣子豈合書之。上深嘉歎之。其年五月。韋綬罷侍讀。綬好諧戲。兼通人間小說。太子因侍上。或以綬所能言之。上謂宰臣曰。侍讀者當以經術傅導太子。使知君臣父子之教。今或聞韋綬談論。有異于是。豈所以傅導太子者。因此罷其職。尋出爲虔州刺史。其年十二月。惠昭太子薨。命國子司業裴茝議廢朝禮。茝奏。故事無皇太子薨禮。請輟視朝十二日。蓋用期服易月之制也。其年。惠昭太子既薨。穆宗時爲遂王。憲宗以澧王居長。又多內助。將建儲貳。命翰林學士崔羣與澧王作讓表。羣執奏曰。大凡已合當之。則有陳讓之義。若不合當。因何遽有讓表。今遂王嫡子。長。所宜正位青宮。乃從之。及後穆宗即位。拜吏部侍郎。召見別殿。謂之曰。我升儲位之時。卿爲羽翼。羣奏曰。先帝之意。元在陛下。頃者授陛下淮西節度使臣奉命草制。且曰。能辨南陽之牘。允符東海之貴。若不知先帝深旨。臣豈敢輕言

長慶二年十二月。上御紫宸殿。冊皇太子。故事。冊太子御宣政殿。時以聖體未康。慮勞登御。故從便也。是日。備宮縣于殿庭。列內仗于兩閣門內。羣臣辨色序立于宣政門外。俄就外廊食。訖。始具衣冠劍履入自月華門。列位于正衙。辰後一刻。方入閣。上臨軒。復以中官列侍。太子步自崇明門。以宮寮翼從。騎馬二人扶衣冠。禮儀使導以進。及樂作。扇開。羣臣拜訖。太子進至龍墀東南。再拜受冊。攝中書令杜元穎跪讀冊文。訖。以授太子。太子再拜舞蹈。乃歸于崇明門幕殿。羣臣賀皇帝訖。退詣崇明門謁太子。太子命舉簾執

笏答拜。宮寮拜則受之。

開成元年五月。中書門下奏。臣等累奉德音。令與皇太子於甲族選妃。家今商量于兩都及側近精擇甲族。可以選尙者。勅。冢嗣元良。家國之慶。人倫之始。在娶元妃。雖吉事尙更于待年。而嘉偶宜深于善教。至于先定。冀選義方。屬在德門。遂成好合。在東京委裴度。西京委宰臣。各申旨諭。兩月內送中書門下。

開成三年十月。莊恪太子薨。太常禮院奏。皇太子薨。禮儀至重。諸祠祭除天地社稷之外。並合權停。其天地社稷祭日。懸而不樂。虞祭已後。卻依常式。從之。

追謚太子

懿德太子重潤。中宗長子。本名重照　惠莊太子撝。睿宗第二子　惠文太子範。睿宗第四子　惠宣太子業。睿宗第五子　靖恭太子琬。元宗第六子　恭懿太子佋。肅宗第十二子　昭靖太子邈。代宗第三子　文敬太子謜。德宗之子。本順宗子。上愛念之。養爲子　懷懿太子湊。穆宗第六子　悼懷太子普。敬宗長子　靖懷太子漢。宣宗第二子。會昌六年封王。大中六年薨。追謚靖懷

雜錄

懿德太子生於東宮內殿。高宗甚悅。及滿月。大赦。改元永淳。是歲立爲皇太孫。開府置官屬。及中宗遷于房州。其府廢。聖曆初。中宗爲皇太子。封爲邵王。大足元年。爲人所搆。與其妹永泰郡主之夫魏王武延基

等竊議張易之兄弟何得恣入宮中。則天命杖殺之。年十八。重潤風神俊朗。早以孝友知名。旣死非其罪。大爲當時所惜。中宗卽位。追贈皇太子。諡曰懿德。陪葬乾陵。仍爲聘國子監丞裴粹亡女爲冥婚。與之合葬。

惠莊太子撝。初生。則天嘗以示僧萬迴。萬迴曰。此兒是西域大樹之精。養之宜兄弟。則天甚悅。始令列于兄弟之次。

惠文太子範。好學。尚書。雅愛文章之士。無貴賤皆盡禮接待。與閻朝隱。劉廷琦。張諤。鄭繇。篇題唱和。又多聚書畫古跡。爲時所稱。上禁約王公。不令與外人交結。駙馬都尉裴虛己坐與範遊讌。兼私挾讖緯之書。配徙嶺外。萬年尉劉廷琦。太祝張諤。皆坐黜。雅稱風格秀整。時士庶冀有所成功。忽然殂謝。遠近失望焉。

皇太孫

貞觀十七年十一月二十八日。誕皇太孫。宴宮寮于宏教門。太宗幸東宮。自殿北門入。謂宮臣曰。頃來生業稍可。非乏酒食。而唐突公等宴會。朕有甲觀之慶。故就卿爲樂耳。謂太子曰。爾國之儲貳。府藏是同。金玉綺羅。不足爲賜。但先聖典籍。可爲鑑誡耳。因賜尙書毛詩孝經各一部。太子太傅蕭瑀曰。今所賜書。請陳其要旨。申明義趣。可爲深誡者。皆委曲言之。上大悅。以爲師傅得人。永淳元年三月十五日。立皇孫重照爲皇太孫。將置府寮。上召吏部侍郎裴敬彝。郎中王方慶。問今立太孫。前代故事如何。方慶進曰。臣按周禮有嫡孫。漢魏以來。皇太子在。亦不立太孫。但封王耳。晉太康元年。立愍懷太子第二子臨淮王臧爲皇太孫。永寧元年立愍懷太子第三子襄陽王尙爲皇太孫官屬。卽轉爲太孫官屬。齊永明十年。立文惠太子長子南郡王昭業爲皇太孫。使居東宮。今皇太子在而立太孫。旁求載籍。未有前例。上曰。自我作古可乎。對曰。可。三王不襲禮。五帝不沿樂。苟不失上下之序。虧政理之道。亦何事而不可。詩曰。貽厥孫謀。以燕翼子。禮曰。君子抱孫不抱子。孫可以爲王父尸。以其昭穆同也。今陛下肇建皇孫。創斯盛典。所以彰子孫千載之盛。福祚靈長之應也。上悅。使方慶詳求典故官屬員品。乃奏太孫府置師傅。及文學。祭酒。及左右長史。東西曹掾。主簿。管記。司錄以下六曹從事等官。各加王府一級。上後頗以爲疑。竟不補授而止也。憲宗皇帝六七歲時。德宗抱置膝上。謂曰。汝是何人在吾懷中。對曰。第二天子也。上大驚喜。由是重之。

唐會要卷五

諸王

舊制。親王食封八百戶。有至一千戶。公主三百戶。長公主加三百戶、有至六百戶。高宗朝。以沛英豫三王。及太平公主武后所生。食封逾於常制。垂拱中。太平至一千二百戶。聖曆初。皇嗣封爲相王。太平公主皆三千戶。長安中。壽春王兄弟五人各三百戶。神龍初。相王太平公主同至五千戶。衞王三千戶。溫王二千戶。成王七百戶。壽春等王皆七百戶。嗣雍王衡陽臨淄巴陵中山王五百戶。安樂公主二千戶。長寧一千五百戶。宣城宜城宣安各一千戶。相王女爲縣主者各三百戶。衞王升儲位。相王加至七千戶。安樂三千戶。長寧二千五百戶。宣城以下二千戶。長寧安樂皆以七千戶爲限。雖水旱亦不破損。免以正租庸充數。唐隆中。嗣雍王壽春王封爲親王。各加至一千戶。開元中。寧王五千五百戶。岐王薛王各五千戶。申王四千戶。邠王一千八百戶。皇妹爲公主一千戶。咸宜公主加至一千戶。其後皇子封王者二千戶。皇女爲公主者五百戶。又諸皇女爲公主者。例加一千戶。其封自開元以後。約以三千戶爲限。初。貞觀中。高宗爲晉王。以文德皇后最少子。於后崩後累年。太宗憐之。不令出閤。高宗朝。睿宗爲殷豫王。雖長成。亦以則天最少子。不令出閤。嗣聖纂大位。聖歷初。封爲相王。始出閤。中宗時。以譙王重福失愛。出遷外藩。衞王重俊爲太子。又與成王千里等起兵將誅韋后。故温王重茂雖年十六七。竟亦居宮中。先天之後。皇子幼則居內。東封後。以年漸長成。乃於安國寺東附苑城爲大宅。分院居之。名爲十王宅。令中官押之。於夾城中起居。每日家令進膳。又引詞學工書之士入教。謂之侍讀。十王謂慶忠棣鄂榮光儀潁永延盛濟等。以十舉全數。其後壽信義陳豐恆凉七王。又就封入內宅。開元二十五年。鄂光得罪。忠王繼大統。天寶中。慶棣又歿。惟榮儀十四王居內。而府幕列於外坊。歲時通名起居而已。外諸孫長成。又於十宅外置百孫院。每歲幸華清宮。側亦有十王宅百孫院。十王宮人每院四百餘人。百孫院三四十人。又於宮中置維城庫。以給諸王月俸。諸孫納妃嫁女。亦就十宅中。太子不居於東宮。但居於乘輿所幸之別院。太子之子。亦分院而居。婚嫁則同親王公主。於崇仁里之禮院。

高祖二十王。衞王元霸。追謚懷。巢王元吉。建成同謀。伏法謚剌。楚王智雲。追謚哀。荆王元景。與房遺愛同謀伏法。漢王元昌。承乾同謀伏法。酆王元亨。周王元方。徐王元禮。韓王元嘉。事具雜錄。彭王元則。謚曰思。鄭王元懿。謚曰惠。霍王元軌。事具雜錄。虢王元鳳。謚曰莊。道王元慶。謚曰孝事具雜錄。鄧王元裕。謚曰康事具雜錄。魯王靈夔。舒王元名。邱神勣所陷。死非其罪事具雜錄。江王元祥。謚曰安事具雜錄。密王元曉。謚曰貞。滕王元嬰。事具雜錄。

太宗十二王。楚王寬。吳王恪。事具雜錄。濮王泰。謚曰恭事具雜錄。齊王祐。庶人。蜀王愔。庶人。謚曰悼。事具雜錄。蔣王惲。爲人誣告。惶恐自殺事具雜錄。越王貞。

事具雜錄。紀王慎。事具雜錄。江王囂。謚曰殤。趙王福。曹王明。庶人賢通謀。徙於黔州而自殺。代王簡。

高宗三王。原王孝。謚曰悼。澤王上金。周興誣告。恐懼自殺。許王素節。事具雜錄。

中宗一王。譙王重福。謀反伏法。

睿宗一王。隨王隆悌。

元宗十九王。棣王琰。鄂王瑤。得罪自殺。光王琚。爲人誣告。死非其罪。夏王一。事具雜錄。儀王璲。潁王璬。懷王敏。謚曰哀。永王璘。事具雜錄。壽王瑁。事具雜錄。延王玢。盛王琦。濟王環。信王瑝。義王玼。陳王珪。豐王珙。言不遜。賜死。恆王瑱。事具雜錄。涼王璿。汴王璥。謚曰哀。

肅宗十一王。越王係。事具雜錄。西平王佖。追封衛王。彭王僅。兗王僩。涇王侹。靈昌王榮。襄王僙。杞王倕。召王偲。定王侗。淮陽王僖。追封宋王。

代宗十八王。均王遐。追封。睦王述。丹王逾。恩王連。韓王迥。簡王遘。益王迺。隋王迅。荊王選。追封。蜀王遡。忻王造。韶王暹。嘉王運。端王遇。循王遹。恭王通。原王逵。雅王逸。

德宗九王。舒王誼。本名謨。係昭靖太子之子。德宗憐之。命爲子。通王諶。虔王諒。肅王詳。事具雜錄。資王謙。雲王諲。追封代王。昭王誡。欽王諤。珍王諴。

順宗二十二王。鄭王經。均王緯。溆王縱。莒王紓。密王綢。郇王綜。邵王約。宋王結。集王緗。冀王絿。和王綺。衡王絢。欽王績。會王纁。福王綰。珍王繕。撫王紘。岳王緄。袁王紳。桂王綸。翼王綽。蘄王緝。

憲宗十七王。澧王惲。深王悰。洋王忻。絳王悟。建王恪。鄜王憬。瓊王悅。沔王恂。婺王懌。茂王愔。淄王協。衢王憺。澶王恍。棣王惴。彭王惕。信王憻。榮王憒。

穆宗一王。安王溶。

敬宗四王。梁王休復。襄王執中。紀王言揚。陳王成美。開成四年十月立爲皇太子。求行册禮。尋降爲陳王。

文宗一王。蔣王宗儉。

武宗四王。益王峴。兗王岐。德王嶧。昌王嵯。

宣宗十一王。雍王渼。雅王涇。衞王灌。夔王滋。慶王沂。濮王澤。鄂王潤。懷王洽。昭王汭。康王汶。廣王澭。

懿宗六王。魏王佾。涼王健。蜀王佶。威王偘。吉王保。睦王倚。

僖宗二王。建王震。益王陞。

昭宗十五王。棣王祤。虔王禊。沂王禋。遂王禕。景王祕。祁王祺。雅王禛。瓊王祥。端王禎。豐王祁。和王福。登王禧。嘉王祜。潁王禔。蔡王祐。

雜錄

韓王元嘉。少好學。聚書至萬卷。皆文句詳定。秘府所不及。又愛碑文古跡。多得異本。閨門修整。有類寒素。與其弟靈夔相友愛。兄弟集見。如布衣之禮。修身潔己。內外如一。當代諸王。莫能及者。唯霍王元軌。抑其次焉。元嘉子黃公譔。少以文才稱。諸王子之中。與琅邪王沖。爲一時之秀。

霍王元軌。初爲蜀王。徙封吳王。太宗嘗問羣臣曰。朕子弟孰賢。侍中魏徵對曰。臣愚昧。不盡知其能。唯吳王數與臣言。未嘗不自失。上曰。朕亦器之。卿以爲前代誰比。徵曰。經學文雅。亦漢之閒平也。由是寵遇彌厚。因令妻徵女焉。又嘗從太宗遊獵。遇羣獸。命元軌射之。矢不虛發。太宗撫背曰。汝武藝過人。恨今無所施焉。當天下未定。我得汝豈不安乎。高祖崩。去職。毀瘠過禮。自後常布衣。示有終身之感焉。每至忌辰。輒數日不食。後改封霍王。爲絳州刺史。遷徐州。元軌前後爲刺史。唯閉閤讀書。吏事責成於長史司馬。謹愼自守。與物無忤。不忘接士。在徐州。唯與處士劉元平爲布衣之交。人或問元平王之所長。答曰。無問者。怪而復問之。元平曰。夫人有短。所以見其長。至於霍王。無所不備。吾何以稱之哉。爲定州刺史。有突厥來寇。元軌令開門偃旗。虜疑有伏。懼而宵遁。州人李嘉運與賊連謀。事洩。高宗令收按其黨。元軌以強寇在境。人心不安。唯殺嘉運。餘無所及。因自劾違制。上覽表大悅。謂使者曰。朕亦悔之。向無王。則失定州矣。有王文操者。遇賊。二子鳳賢以身蔽捍。文操獲全。二子皆死。縣司抑而不申。元軌察之。遣使弔祭。表其事。詔並贈朝散大夫。令加旌表。其禮賢愛善如此。後因入朝。屢上表陳時政得失。多有匡益。高宗甚尊重之。及在外藩。朝廷每有大事。或密制問焉。高宗崩。與侍中劉齊賢等知山陵事。齊賢服其諳練。謂人曰。非我輩所及。元軌嘗使國令徵封。令白請依諸國賦貿易取利。元軌曰。汝爲國令。當正吾失。反說吾以利耶。拒而不納。

道王元慶。歷趙豫滑徐沁衞州刺史。皆以政聞。事母甚謹。及母薨。請躬修墳墓。優詔不許。

鄧王元裕。好學。善談名理。與典籤盧照鄰爲布衣之交。

舒王元名。高祖在大安宮時。太宗晨夕使尙宮起居。送珍饌。元名保傅等謂元名曰。尙宮有品秩。高者見宜拜之。元名曰。此我二哥家婢也。何用拜爲。太宗聞而壯之。曰。此眞我弟也。封王之後。歷數郡刺史。元名性高潔。罕問家人產業。朝夕矜莊。門庭淸肅。嘗誡其子豫章王亶等曰。藩王所乏。不慮無錢財官職。但勉行善事。忠孝持身。此吾志也。及亶爲江州刺史。以善政聞。高宗手敕褒美元名。以賞其義方之訓。高宗每欲授元名大州刺史。固辭曰。忝預藩戚。豈以州郡戶口爲仕進之資。辭情懇到。故在石州向二十年。賞玩林泉。有塵外之意。垂拱中。轉青州。又拜鄭州。州境鄰接都畿。諸王及帝戚涖官者。或不檢攝家人。爲百姓所苦。及元名到。大革其弊。

江王元祥。貪鄙。多聚金寶。營求無厭。爲民吏所患。時滕王元嬰。蔣王惲。虢王鳳。亦以貪暴。有授得其府官者。以比嶺南惡處。爲之語曰。寧向儋崖振白。不事江滕蔣虢。滕王元嬰。爲金州刺史。頗驕縱。動作無度。高宗與書誡之曰。王地在宗枝。寄深磐石。幼聞詩禮。夙奉義訓。實冀孜孜無怠。漸以成德。豈謂不遵軌轍。踰越典章。且城池作固。以備不虞。關鎖閉開。須有常準。鳩合散樂。并集府寮。嚴關夜開。非復一度。遏密之悲尙纏比屋。王以此情事。何遽紛紜。又巡省百姓。本觀風問俗。遂乃驅率老幼。借狗求罝。志從禽之娛。忽黎元之重。時妨農要。屢出畋遊。以彈彈人。將爲笑樂。取適之方。亦應多緒。何必此事。方得娛歡。晉靈虐主。未可取則。趙孝文趨走小人。張四又倡優賤隸。王親與博戲。極爲輕脫。一府官寮。何所瞻望。凝寒方甚。以雪埋人。虐物既深。何以爲樂。家人奴僕。侮弄官人。至於此事。彌不可長。朕以骨肉至親。不欲致王於法。今與王下上考。以愧王心。人之有過。貴在能改。國有憲章。私恩難再。興言及此。慙歎盈懷。

吳王恪授安州都督。及將赴職。太宗以書誡之曰。吾以君臨兆庶。表正萬邦。汝地居茂親。寄惟藩屏。勉思喬梓之道。善侔閒平之德。以義制事。以禮制心。三風十愆。不可不慎。如此則克固磐石。永保維城。外爲君臣之忠。內有父子之孝。宜自勵志。以勖日新。汝方違膝下。悽戀何已。欲遺汝珍玩。恐益驕奢。故誡此一言。以爲庭訓。恪有文武才。太宗嘗稱其類己。既名望素高。甚爲物情所向。長孫無忌既輔立高宗。深所忌嫉。永徽中。會房遺愛謀反。遂因事誅恪。以絕衆望。海內寃之。

太宗以魏王泰愛文學。特令就府別置文學館。任自引召學士。又以泰腰腹洪大。趨拜稍難。復令乘小輿昇至於朝所。其寵異如此。後司馬蘇勖以自古名王多引賓客。以著述爲美。勸泰請撰括地志。遂奏引著作郎蕭德言等就府修撰。數歲方畢。及上表之日。詔令付祕閣。賜泰物萬段。德言等賜物有差。貞觀十六年四月。詔泰移居武德殿。泰爲太宗所愛。禮秩如嫡。魏徵上疏諫曰。陛下愛魏王。宜使知定分。抑其驕奢不處嫌疑之地。今武德殿近儲后焉。上陵下替。不可以訓。太宗曰。我幾錯悞。遂遣泰歸本第。十七年五月。上親謁太廟。以謝承乾之過。魏王泰以罪降爵爲東萊郡王。太宗因謂侍臣曰。自今太子不道。藩王窺伺者。兩棄之。傳之子孫。以爲永制。於是列宮寮等。各以大義責之。流降有差。初承乾旣廢。魏王泰因入侍奉太宗面許。立爲太子。翌日。謂侍臣曰。泰昨入見。自投我懷中。云臣今日始得與陛下爲子。是更生之日。臣有一孽子。臣百年之後。當爲陛下殺之。傳國晉王。父子之道。固當天性。我見其如此。甚憐之。褚遂良進曰。陛下失言。伏願審思。無令錯悞也。安有陛下百年之後。魏王持國執權。爲天下主。而能殺其愛子。傳國晉王者乎。陛下比者立承乾爲太子。復寵魏王。愛之踰嫡。嫡庶不分。所以至今日。旣立魏王。伏願陛下別安置晉王。始得全矣。太宗涕泗交下曰。我不能。因起入內。是日。太宗御兩儀殿。羣臣盡出。詔司徒長孫無忌。司空房元齡。兵部尚書李勣。諫議大夫褚遂良。謂曰。我三子一弟。所爲如此。我心無聊。因自投於牀。引佩刀欲自刺。無忌等驚懼。爭前扶抱。取佩刀以授晉王。無忌等請太宗所欲。報曰。我欲立晉王。無忌曰。謹奉詔。有異議者。臣請斬之。太宗謂晉王曰。舅許汝也。汝宜拜謝。晉王因下拜。太宗於是御太極殿。召文武六品以上告立晉王爲太子。羣臣皆蹈舞稱慶。詔幽泰於北苑。

蜀王愔累授襄州刺史。改封蜀王。轉益州都督。嘗非理毆擊所部縣令。又畋獵無度。數爲非法。太宗怒曰。禽獸調伏。可以馴擾於人。鐵石鑄鍊。可以成方圓之器。至於愔者。曾不如禽獸鐵石乎。乃削封邑及國官之半。貶爲虢州刺史。後復加實封滿千戶。愔在州數遊獵。不避禾稼。深爲百姓所怨。典軍楊道整叩馬諫。愔曳而捶之。後爲御史大夫李乾祐所劾。高宗謂荆王元景曰。先朝櫛風沐雨。平定四方。遠近肅清。車書混一。上天降禍。奄棄萬邦。朕纂承洪業。懼如馭朽。與王共戚同憂。爲國爲家。蜀王畋獵無度。侵擾黎庶。縣令無故被罰。阿諛即喜。忤旨便瞋。如此居官。何以共理。歷觀古來諸王。若能動遵禮度。則流慶子孫。違越朝章。則誅不旋踵。愔爲法司所劾。朕實恥之。帝又引楊道整勞勉之。拜爲匡道府折衝都尉。賜絹五十疋。貶愔爲黄州刺史。

蔣王惲自安州都督除梁州。惲在安州。多造器用玩具。及將行。有車四百兩。州縣不堪其勞。

越王貞累授相州刺史。善騎射。涉文史。兼有吏幹。但信讒言。官寮有正直者。多被貶退。又縱諸僮竪。侵暴部民。由是皆伏其才。而鄙其行。則天臨朝。加太子太傅。除蔡州刺史。則天稱制。貞與韓王元嘉。魯王靈夔。霍王元軌等。密有匡復之志。垂拱三年七月。遂各起兵赴神都。則天命左豹韜衞大將軍麴崇裕等。率兵十萬討之。其衆大潰。貞等首並梟闕下。貞將起兵。與壽州刺史駙馬都尉趙瓌書曰。佇總義兵。來入貴境。

環甚喜。復許率兵相應。環妻常樂公主。高祖第七女。和思皇后之母也。謂其使者曰。爲我報王。與其進不與其退。爾諸王若是男兒。不應至許時尚未舉動。我嘗見耆老云。隋文帝將篡奪周室。尉遲迥是周室外甥。猶能起兵相州。天下響應。況爾諸王並國家懿親。宗社是託。豈不學尉遲迥感恩效節。捨生取義耶。夫爲臣子若救國難。則爲忠。不救爲逆。諸王必須以匡救爲急。不可虛生浪死。取笑於後代。及貞等敗。環與公主皆死。貞長子沖好文學。善騎射。歷密濟博三州刺史。皆有能名。與父貞相次舉兵。七日而敗。神龍初。侍中敬暉等以沖父子翼戴皇家。義存社稷。請復其官爵。武三思令昭容上官氏代中宗下手詔不許。開元四年。詔追復爵土。令備禮改葬。太常請謚曰敬。詔從之。五年。又下詔封貞姪孫琳爲嗣越王。以奉其祀。仍爲立碑。至開成四年六月。其裔孫女道士元貞。護先代數喪歸葬。時論稱之。因降勅曰。越王事跡。國史著明。枉陷非辜。尋已昭雪。其孫珍子他事配流。數代漂蓬。不還京國。元貞弱女。孝節卓然。啓護四喪。綿歷萬里。況是近族。必可加恩。行路猶或嗟稱。朝廷固須卹助。委宗正寺京兆府與訪越王墳。報知。如不是陪陵。任祔塋卜葬。其事仍令京兆府接厝。必使備禮葬畢。元貞如願往京城。便配咸宜觀安置。

紀王愼爲襄州刺史。以善政聞。璽書勞勉。百姓爲之立碑。愼少好學。長於文史。與越王貞齊名。時人號爲紀越。許王素節。六歲封雍王。尋授雍州牧。素節能誦古詩賦五百餘言。受業於學士徐齊聃。精勤不倦。高宗甚愛之。則天立爲皇后。每被讒嫉。出爲申州刺史。乾封初。詔曰。素節既患舊疾。宜不須入朝。而素節實無疾。自以久乖朝覲。遂著忠孝論以見意。時王府倉曹張柬之。因使潛封此論以進。則天見之不悅。誣以贓賄降封鄱陽郡王。仍於袁州安置。累進封爲許王。除舒州刺史。天授中。與澤王上金同被誣告。追赴都。臨發州聞遭喪哭者。謂左右曰。病死何由可得。更何須哭。行至都城南被縊死。

夏悼王一。母貞順皇后爲惠妃時生。鍾愛無敵。故名爲一。孩孺而薨。時駕在東都。葬於城南龍門東岑。欲宮中擧目見之。

永王璘數歲失母。肅宗收養。夜自抱眠之。及元宗幸蜀。詔璘爲山南東路及嶺南等道采訪使。江陵郡大都督。璘至江陵。召募將士數萬人。恣情補署。江淮租賦。破用鉅億。以薛鏐李臺卿蔡坰爲謀主。因有異志。肅宗聞之。詔令歸覲於蜀。璘不從命。遂擅領舟師東下。甲仗五千人。趨廣陵。以季廣琛爲將。璘生宮中。不更人事。其子襄城王偒。又勇而有力。旣握兵權。爲左右眩惑。遂謀狂亂。璘雖有窺江左之心。未露其事。吳郡采訪使李希言。乃平牒璘。大署其名。璘遂激怒。牒報曰。寡人上皇天屬。皇帝友于。地尊侯王。禮絕寮佐。而簡書來往。應有常儀。今乃平牒抗威。落筆署字。漢儀隳紊。一至於斯。乃使渾惟明取希言。季廣琛趣廣陵。采訪李成式。希言等各以兵拒之。先是肅宗以璘不受命。使內官啖廷瑤等招討之。後兵敗。將南投嶺外。爲江西采訪使皇甫侁下防禦兵所擒。因中流矢而死。

壽王瑁母武惠妃。頻產夏王懷王及上僊公主。皆襁褓不育。瑁之初生。讓帝妃元氏請於邸中收養。妃自乳之名爲己子。十餘年在寧邸。故封建晚於諸王邸中常呼爲十八郎。及讓帝薨。琄請制服。以報乳養之恩。元宗從之。

恆王瑱性好道。常服道衣。天寶末。從駕幸蜀。不復衣道衣矣。

越王係本名儋。乾元二年七月。爲天下兵馬元帥。後與張皇后搆異謀得罪。

肅王詳德宗第五子。建中三年薨。性聰慧。上尤憐之。追念無已。詔如西域法造塔安置。禮儀使判官司門郎中李岩上疏曰。墳墓之義。經典有常。自古至今。無聞異制。層甎起塔。始於天竺。名曰浮圖。行之中華。竊恐非禮。況肅王天屬。名位尊崇。喪葬之儀。存乎簡册。舉而不法。垂訓非輕。伏請準令造墳。庶遵典禮。從之。

唐會要卷六

公主

凡公主封有以國名者。鄎國代國霍國是也。有以郡名者。平陽宣陽東陽是也。有以美名者。太平安樂長寧是也。惟元宗之女。皆以美名名之。

高祖十九女。長沙。降馮少師。襄陽。降竇誕。平陽。降柴紹。高密。降長孫孝政。後降段綸。長廣。降趙慈景。後降楊師道。長沙。始封萬春。降豆盧懷讓。房陵。降竇奉節。後降賀蘭僧伽。九江。降執失思力。廬江。降喬師望。南昌。降蘇勗。安平。降楊思敬。淮南。降封道言。貞定。降崔恭禮。衡陽。降阿史那社爾。丹陽。降薛萬徹。臨海。降裴師律。館陶。降崔宣慶。安定。降溫挺。後降鄭敬元。長樂。降趙瓌。

太宗二十一女。襄城。降蕭銳。後降姜簡。汝南。早薨。南平。降王敬直。後降劉元意。遂安。降竇逵。後降王大禮。長樂。降長孫沖。豫江。降唐義識。巴陵。降柴令武。普安。降史仁表。東陽。降高履行。臨川。降周道務。淸河。降程懷亮。蘭陵。降竇懷悊。晉安。降韋思安。後降楊仁輅。安康。降獨孤謀。新興。降長孫曦。城陽。降杜荷。後降薛瓘。高陽。降房遺愛。金山。早薨。晉陽。早薨。常山。早薨。新城。降長孫詮。後降韋正矩。

高宗三女。義陽。降權毅。高安。降王勖。鎭國太平。降薛紹。後降武攸暨。

中宗八女。新都。降武延暉。宜城。降裴巽。定安。降王同皎。後降韋濯。三降崔銑。長寧。降楊愼交。後降蘇彥伯。永壽。降韋鐬。永泰。降武延基。安樂。降武崇訓。後降武延秀。

成安。降韋捷。

睿宗十一女。壽昌。降崔眞。安興。早薨。荊山。降薛伯陽。淮陽。降王承慶。代國。降鄭萬鈞。涼國。降薛伯陽。後降溫羲。蔡國。降王守一。後降裴巽。鄎國。降薛敬。後降鄭孝義。

金仙。入道。玉眞。入道。霍國。降裴虛已。

元宗三十女。永穆。降王繇。常芬。降張去奢。孝昌。早薨。唐昌。降薛鏽。靈昌。早薨。常山。降薛譚。後降竇澤。萬安。入道。上仙。早薨。懷思。早薨。高都。

降崔惠童。新昌。降蕭衡。臨晉。降郭潛曜。建平。降豆盧建。後降楊説。封衛國。眞陽。降源清。後降蘇震。信成。降獨孤明。壽春。降吳澄江。後入道。封楚國。普康。早薨。昌樂。降竇鍔。

永寧。降裴齊邱。平昌。降溫西華。後降楊徽。封宋國。興信。降裴垍。後降裴穎。三降楊敷。封齊國。咸直。降陽洄。後降崔嵩。宜春。早薨。廣寧。降程昌胤。後降蘇克貞。萬春。降楊朏。太華。

降楊錡。壽光。降郭液。樂城。降薛履謙。新平。降裴玲。後降姜慶初。壽安。降蘇發。

肅宗七女。長樂。降豆盧湛。改封宿國。寧國。降鄭巽。後降回紇可汗。三降薛康衡。封蕭國。和政。降柳潭。大寧。降裴淸。封郯國。宜寧。降鄭沛。封杞國。永和。降王詮。延光。降裴徽。後降蕭升。封郜國。

代宗十八女。靈仙。早薨。眞定。早薨。永淸。降裴倣。昇平。降郭曖。封虢國。華陽。入道。玉淸。早薨。嘉豐。降高怡。長林。降沈明。太和。早薨。嘉誠。降田緒。初封武淸。贈趙國。謚莊懿。玉虛。早薨。普寧。降吳士廣。晉陽。降裴液。義淸。降柳杲。壽昌。降竇克良。新都。降王贊。後降田華。西平。早薨。章寧。早薨。

德宗十一女。唐安。降韋宥。早薨。贈韓國。謚貞穆。義陽。降王士平。贈魏國。謚憲穆。義章。降張茂宗。尋薨。贈鄭國。謚莊穆。臨貞。降薛釗。永陽。降崔諲。普寧。早薨。文安。入道。咸安。降回紇武義成功可汗。贈燕國。謚襄穆。義川。早薨。宜都。降柳昱。晉平。早薨。

順宗十一女。漢陽。降郭鏦。普安。降鄭何。贈梁國。謚恭靖。東陽。降崔杞。西河。降沈翬。雲陽。降劉士涇。襄陽。降張克禮。潯陽。入道。臨汝。早薨。陽安。降王承系。平恩。早薨。邵陽。早薨。

憲宗十九女。普寧。降于季友。改封永昌。贈梁國。謚惠康。永嘉。入道。衡陽。早薨。汾陽。降韋讓。贈鄭國。謚溫儀。宣城。降沈蟻。岐陽。降杜悰。贈晉國。謚莊淑。陳留。降裴模。眞寧。降薛釗。南康。降沈汾。普康。早薨。臨眞。降衞洙。眞源。降杜中立。永順。降劉宏景。安平。降劉異。壽安。降王元逵本絳王女。永安。入道。義寧。早薨。定安。初封太和。降回鶻崇德可汗。貴鄉。早薨。

穆宗八女。義豐。降韋處仁。淮陽。降柳正元。延安。降竇澣。金堂。降郭仲恭初封晉陵。清源。早薨。饒陽。降郭仲詞。義昌。入道。安康。入道。

敬宗三女。永興。天長。寧國。

文宗四女。興唐。西平。朗寧。光化。

武宗七女。昌樂。壽春。永清。延慶。靜樂。樂溫。長寧。

宣宗十一女。萬壽。降鄭顥。永福。西華。降嚴祁贈齊國謚恭懷。廣德。降于琮。義和。饒安。盛唐。平原。唐陽。許昌。豐陽。

懿宗八女。同昌。降韋保衡封衞國謚文懿。安化。普康。昌元。昌寧。金華。仁壽。永壽。

僖宗二女。唐興。永平。

昭宗十一女。新安。平原。降李繼偘。信都。益昌。唐興。德清。太康。永明。新興。普安。樂平。

雜錄

高祖第三女平陽公主。義兵起。公主于鄠縣莊。散家資招引山中亡命。得數百人。起兵以應高祖。略地至盩厔武功始平。皆下之。每申明法令。禁兵無得侵掠。故遠近奔赴甚衆。得兵七萬人。公主間使以聞。使者至。高祖大悅。及義軍渡河。公主引精兵萬餘與太宗會于渭北。與其駙馬柴紹各置幕府。營中號爲娘子軍。京城平。封爲平陽公主。以獨有軍功。每賞賜異于他主。及薨。追謚曰昭。

太宗長女襄城公主。出降中書令蕭瑀子銳。公主雅有禮度。太宗每令諸公主。凡厥所爲。皆視其楷則。又令所司別爲營第。公主辭曰。婦事舅姑。如事父母。若居處不同。則定省多闕。再三固讓。乃止。令于舊宅而改創焉。即薦福寺是也。

貞觀五年。長樂公主出降。太宗以皇后所生。勑有司資送倍于永嘉長公主。秘書監魏徵諫曰。不可。昔漢明帝欲封其子。云我子豈得與先帝子等乎。可半楚淮陽。前史以爲美談。天子姊妹爲長公主。天子之女爲公主。既加長字。即是有所尊崇。或可情有淺深。無容禮有踰越。上然其言。長孫皇后遣使賚錢四十萬。絹五百疋。詣徵家賜之。

十一年。侍中王珪子敬直。尙南平公主。禮有婦見舅姑之儀。近代以來。公主出降。此禮皆廢。珪曰。今主上欽明。動循法制。吾受公主謁見。豈爲身榮。所以成國家之美耳。遂與其妻就位而坐。令公主親執笲。行盥饋之道。禮成而退。物議韙之。自是公主下降。有舅姑者。皆備禮。自珪始也。

十六年七月三日。勅晉王宜班于朝列。晉王及晉陽公主。幼而偏孤。上親加鞠養。晉王或暫出閤。公主必送出虔化門。涕泪而別。至是公主言于太宗曰。兄今與百僚同列。將不得在內耶。言訖哽噎不自勝。上爲之流涕。

永徽元年正月。衡山公主欲出降長孫氏。議者以時旣公除。合行吉禮。侍中于志寧上疏曰。伏見衡山公主出降。欲就今秋成禮。竊按禮記云。女十五而笄。二十而嫁。有故二十三年而嫁。鄭玄云。有故謂遭喪也。固知須終三年。其有議者。准制公除之後。須並從吉。此漢文創制其儀。爲天下百姓。至于公主。服是斬縗。使服隨例除。無宜情隨例改。心喪之內。方復成婚。非惟違于禮經。亦是人情不可。陛下方獎仁孝之日。敦崇名教之秋。此事行之若難。猶宜抑而守禮。況行之甚易。何容廢而受譏。伏願遵高宗之令軌。略孝文之權制。國家于法無虧。公主情禮得畢。則天下幸甚。于是待三年服闋。然後降。

咸亨二年五月十六日。城陽公主薨。公主初適杜荷。坐承乾事誅。公主改適薛瓘。太宗使卜之。卜人曰。兩火俱食。始則同榮。末亦雙悴。若晝日行合巹之禮。則終吉。上將從之。馬周諫曰。臣聞朝謁以朝。思相戒也。講習以晝。思相成也。讌飮以昃。思相歡也。婚合以夜。思相親也。是以上下有成。內外有親。動息有時。吉凶有儀。先王之教。不可黷也。今陛下欲謀其始而亂其紀。不可爲也。夫卜筮者所以決嫌疑。若黷禮亂常。先王所不用。上從其言。瓘後爲房州刺史。公主隨之。及薨。雙柩齊引而還。

顯慶三年九月十九日。詔古稱釐降。唯屬王姬。比聞縣主適人。皆云出降。娶王女者。亦云尙主。濫假名器。深乖禮經。其縣主出嫁。宜稱適。娶王女者稱娶。仍改令文。

神龍二年閏正月一日。勅置公主設官屬。鎭國太平公主儀比親王。長寧安樂唯不置長史。餘並同親王。宣城新都安定金城等公主。非皇后生。官員減半。其金城公主以出降吐蕃。特宜置司馬。至景龍四年六月二十二日。停公主府。依舊置邑司。唐隆元年六月二十六日。勅公主置府。近有勅總停。其太平公主有崇保社稷功。其鎭國太平公主府。卽宜依舊。酸棗縣尉袁楚客奏記于中書令魏元忠曰。女有內。男有外。男女有別。剛柔分矣。中外斯隔。陰陽著矣。豈可相濫哉。然而幕府者。丈夫之職。非婦人之事。今公主開府建寮。崇置法官。秩若親王。以女處男職。所謂長陰而抑陽也。而望陰陽不僭。風雨不爽。其可得乎。竊謂非致遠之計。乖久安之策。書曰。事不師古。以克永世。匪說攸聞。此之謂也。君侯不正。誰正之哉。

開元十年。永穆公主出降。勅有司優厚發遣。依太平公主故事。僧一行諫曰。高宗末年。唯有一女。所以殊其禮。又太平驕僭。竟以得罪。不應引以爲例。上納其言。

天寶七載。皇女道士萬安公主出就金仙觀安置。賜實封一千戶。奴婢所司准公主例給付。

乾元三年正月十九日。永昌縣主壻韋翽道。宜付吏部與散官。自今以後。縣主壻出身者。並准此爲恆例。

建中元年九月。詔婚嫁函書。出于近代。旣無經據。卽可停之。時縣主將嫁。旣有吉日。所司供設已備矣。而襄王之幼女卒。上從妹也。命改用中旬。或奏曰。禮物已備。供帳已設。撤之倍勞。且殤服不足以廢事。上曰。爾愛其費。我愛其禮。卒罷之。十二月。出嫁岳陽等十一縣主。初開元中。置禮會院于崇仁里。自兵興以來。廢而不修。公郡縣主。不時降嫁。殆三十年。凡皇族子弟。皆散棄無位。或流落他縣。上即位。始敍用枝屬。以時婚嫁。公族老幼。莫不悲感。及縣主將嫁。小大之物。必周其用。于是有司度人用一籠花。計錢七十萬。上使損之。及三萬乃止。上曰。吾非有所愛。但不欲無益之費耳。各以其餘錢賜之。以備他用。舊例。皇姬下嫁。舅姑反拜而婦不答。至是乃刊去舊禮。率由典訓。

貞元二年二月。太常奏。長林公主出降。準開元禮。合乘厭翟車。去年嘉誠公主出降。得駕部牒。造來多年。不堪乘駕。又得內侍省報。舊例相沿乘金根車。其時便已行用。今緣禮會日逼。創造必不及。請準嘉誠公主例。乘金根車。勅宜依。自是公主出降。相承金根車。至今不改。至四年二月七日。太常卿董晉奏曰。今月八日。正衙册新都長公主。準開元禮。其日皇帝御正衙。命使行册禮。陳樂懸。伏準貞元二年五月。册嘉誠公主。二年三月。册長林公主。皇帝並不御正殿。亦不設樂懸。遂爲典故。又奏。今月十日。新都長公主出嫁。行五禮。準舊例。並合前一日於光順門行五禮。今奉勅。其日早於光順門便行册禮。遂爲故事。至十五年七月三日。有司奏。册公主儀注。伏準開元之儀。侍中合宣制。今儀注誤以中書令宣制。則其日侍中闕行事之儀。中書令合受册。又合以册授與册使。今儀注誤以中書侍郎授册使。則其日闕中書令授册之儀。內册案自東上閤出詣横街北合宣付中書門下。其侍中中書令其日並行事。今儀注誤獨宣付中書令。則侍中無繇宣付。今欲改正制曰可至二十一年四月七日勅禮部禮儀使奏舊制例正衙命使使出含元殿西廊側門外登輅車從光範門入詣光順門進册伏緣諸王及公主並同日內册。其載册輅車。車數不足今商量册使出宣政門便自興禮門出各赴延英光順門進册。既便於事又合禮經。制曰可。

五年十二月十八日諸郡縣主壻每停官後郡主每季給錢七十千文。縣主每季五十千文。如受官後即停其郡縣主壻已亡殁者。依準此仍令度支隨季折給綾絹。

六年十一月詔郡主壻檢校四品京官者。戶部月給俸錢三十千文度支歲給祿米一百二十石。縣主壻檢校五品京官給俸錢二十千文祿米百石其有出身及先任正官并負才學政術。欲從上舉選者。聽之。如官已登朝。不用此制又勅諸公主。每年各給封物七百段疋。此依舊例春秋兩限支給諸郡主每季各賜錢一百貫文。諸縣主每季各賜錢七十貫文其郡縣主壻見任前資正員外員官等。一依支給。

十一年十月義陽公主出降祕書少監王士平士平武俊之子也上愼重其事。先時令宰臣訪于禮官。令參定見舅姑之儀禮。又武俊在鎮。仍定公主遣使儀。

十四年。故懷澤縣主壻檢校右贊善大夫竇克構狀言。臣頃以國親。超受寵祿。及縣主薨逝。臣官遂停。臣陪位出身。未授檢校官日。自有本官。伏乞宣付所司。許取前衛婺州司戶參軍隨例調選。詔許赴集。仍委所司比類前任正員官依資注擬。自今以後。郡縣主壻除丁憂外。有曾任正員官。停檢校官俸料後者。準此處分。其餘先是兼試同正員等不在選序者。停檢校官俸料後。任便赴集。有司據檢校官量降三資與正員官。元無官者。與解褐正員官。

十五年七月。勑駙馬郡縣主如實無子。準式養男。並不得用母蔭。

永貞元年正月。度支奏。故永昌公主薨。準貞元中義陽義章公主葬料。一切甎瓦等充給。上令度支都支三千萬。于數內圓融造作。

元和三年三月。勑縣主壻請授外官。如赴任。縣主不得離京。自今以後。永爲常例。

七年十一月。京兆尹元義方奏。永昌公主祠堂制度。勑宜減制。宰臣李吉甫奏。竊以祠堂之設。禮典無文。蓋德宗皇帝恩出一時。事因習俗。當時人間不無竊議。昔漢章帝欲爲光武原陵明帝顯節陵各起邑屋。東平王蒼上疏言其不可。東平王卽光武之愛子。明帝之愛弟。賢王之心。豈惜費于父兄哉。誠以非禮之事。人君所當愼也。今者依義陽公主。欲起祠堂。恐不如量置墓戶。以充守奉。翌日。上謂吉甫曰。昨日所奏罷祠堂。深愜朕心。朕初疑其冗費。緣未知故實。是以量減。及覽所奏。方知無據。然朕不欲破二十戶百姓。

當揀官戶謹信委之。十二月。詔曰。王者教化。本於婚姻。由親以理疎。自內而刑外。故詩稱好合。所以成子姓也。禮有待年。明其必及時也。恭惟累聖之後。子孫衆多。教於公宮。已知婦順。而從人之義。重擇配之才難。以茲兢兢。久曠嘉禮。況時方無事。年及有行。宜加祿邑之榮。以俟御輪之吉。言念于此。惕然興懷。思宏厚恩。用協敦敍。恩王等女六人。可並封縣主。仍委中書門下與宗正卿及吏部尚書侍郞計會。諸親之內。及常選之中。精求其人。副我誠意。時十六王宅諸王女久不降嫁。德音初下。人感嘆焉。

九年八月。岐陽公主出降杜悰。發左右神策兵三百赴光範門翼道至其宅。京兆尹裴武充禮會使。

太和三年正月。勅潯陽平恩邵陽三公主。皆捨俗入道。宜令每年各賜封物七百段疋。仍準舊例。春秋兩限支付。四年五月。勅出降縣主妝粉錢。宜令所司自今以後從出降日支。

四年正月。勅駙馬竇澣公主衣服逾制。從夫之義。過有所歸。宜罰兩月賜錢。

開成二年十二月。勅駙馬嘗爲公主行服三年。頗乖典法。自此準禮。夫妻服齊縗杖周。時岐陽公主旣薨。駙馬杜悰因禮文不爲重服。時論推美。故有是詔。

三年十二月。勅駙馬都尉尙公主後。宜令守檢校官二周年。滿則量人材資序。改轉正員官。仍爲定例。

會昌五年七月。中書門下奏。伏見公主上表稱妾李氏者。伏以臣妾之義。取其賤稱。家人之禮。卽宜區別。

臣等商量公主上表請如長公主之例。並云某邑公主第幾女上表。郡縣主亦望依此例稱從之。

大中四年二月。以起居郎駙馬都尉鄭顥尚萬壽公主。其年詔曰。女人之德。雅合愼修。嚴奉舅姑。夙夜勤事。此婦之節也。先王制禮。貴賤同遵。旣以下嫁臣寮。儀則須依古典。萬壽公主婦禮。宜依士庶。

其年二月。勑諸縣主壻選尙之初。多無官緒。或正員初秩。授檢校朝官。從前條流。都未詳備。自今以後。縣主壻如先有官。宜超資與進改。如未有官者。且授檢校官。待三周年後。與第二任正員官。仍委宗正卿檢勘聞奏。

五年四月。勑夫婦之際。教化之端。人倫所先。王猷爲大。況枝連帝戚。事繫國風。苟失常儀。即紊彝典。其有節義乖常。須資立制。如或情有可愍。即務從權。俾協通規。必惟中道。起自今以後。先降嫁公主縣主。如有兒女者。並不得再請從人。如無兒者。即任陳奏。宜委宗正等準此處分。如有兒女妄稱無有。輒請再從人者。仍委所司察獲奏聞。別議處分。並宜付命婦院。永爲常式。其月勑親王公主葬。宜準故事。輟朝一日。

其年八月。勑公主邑司。擅行文牒。恐多影占。有紊朝章。今後公主除緣徵封外。不得令邑司行文書牒府縣。如緣公事。令邑司申宗正寺。與酌量事體施行。

咸通十二年二月。葬衞國公主於少陵原。先是詔百寮爲挽歌詞。仍令駙馬韋保衡自撰公主神道碑。京兆尹薛能爲外監護。供奉官楊復璟爲內監護。儀注甚盛。上與郭淑妃御延興門哭送。

和蕃公主

宏化。宗室女。貞觀十三年十一月。降吐谷渾慕容諾曷鉢。文成。宗室女。貞觀十五年正月十五日。封降于吐蕃贊普弄讚。命江夏王送之。弄讚親迎于河源。見王行子壻禮甚謹。歎大國服飾禮儀之美。俯仰有媿沮之色。謂所親曰。我祖父未有通婚大國者。今我得尚大唐公主。當築一城。以誇示後世。仍遣酋豪子弟。請入國學。以習詩書。從之。金城。雍王守禮女。神龍三年四月十四日。降于吐蕃贊普。寧國。肅宗女。乾元元年七月十七日。出降回鶻英武威遠毗伽可汗。置公主府。二年八月二十三日。自蕃還。至貞元五年四月十二日。罷公主府。置邑司。永樂。宗室女。開元二十五年十一月三日。出降契丹松漠郡王李失活。燕郡。餘姚公主女慕容氏。開元十五年閏五月十九日。出降契丹松漠郡王李鬱子焉。固安。從外甥女辛氏。開元五年二月。出降奚首領李大酺。至八年。大酺戰死。共立季弟魯蘇爲主。仍以公主爲妻。時魯蘇牙官塞默羯謀害魯蘇。翻歸突厥。公主密知之。遂誘而殺之。上嘉其功。賞賜累萬。公主嫡母嫉主榮寵。乃上言云。主是庶生。請別以所生主嫁魯蘇。上怒。乃令離婚。東光。成安公主女韋氏。降奚首領魯蘇。交河。十姓可汗阿史那懷道女。開元五年十二月。出降突騎施可汗蘇祿。和義。宗室女。天寶三載十二月十四日。出降寧國奉化王。靜樂。天寶四載三月十四日。封外甥女獨孤氏。降松漠都督懷順王李懷節。宜芳。外甥女楊氏。天寶四載三月十四日。出降饒樂都督懷信王李延寵。崇徽。僕固懷恩女。大歷四年五月二十四日。出降回鶻可汗。咸安。德宗女。貞元四年十月。出降回紇天親可汗。其月二十六日。敕置咸安公主府。準親王例。太和。憲宗女。長慶元年二月。出降回紇崇德可汗。

雜錄

景龍四年正月二十七日。幸始平縣。送金城公主。以驍衛大將軍楊矩爲使。上初謂侍中紀處訥曰。昔文成公主出降。即江夏王送之。卿識蕃情。又有安邊之略。可爲朕充此使也。處訥辭以不練邊事。上又使中書侍郎趙彥昭代行。司農卿趙履溫謂之曰。公國之宰輔。而爲一介之使。不亦鄙乎。彥昭曰。計將安出。履溫因爲陰託安樂公主密奏留之。至是命矩行。

二月一日。改始平縣爲金城縣。又改地爲鳳臺鄉愴別里。

開元二十一年正月。命工部尚書李暠持節于吐蕃。以國信物一萬匹。私覿物二千匹。皆雜以五綵。遣之。及還。而金城公主上言。請以今年九月一日樹碑于赤嶺。定蕃漢界。詔張守珪李行褘與吐蕃使莽布支同往觀樹焉。既樹。而吐蕃遣其臣隨漢使人分往劍南及河西磧。歷告邊州曰。兩國和好。無相侵掠。漢使告亦如之。

二十九年。金城公主薨。吐蕃使來告哀。

貞元二年四月二十九日。太常卿董晉奏。公主出降蕃國。請加玉册。制曰可。三年九月。遣回紇使合闕將軍歸其國。初合闕將其君命請婚于我。許以咸安公主嫁之。命公主見合闕于麟德殿。且命中謁者賚公主畫圖就示可汗。以馬價絹五萬疋還之。許其互市而去。以殿中監嗣滕王湛然爲送咸安公主使。仍兼婚禮使。

四年十月。回紇公主及使至自蕃。上御延喜門。禁婦人及車輿觀者。時回紇可汗喜于和親。其禮甚恭。乃上言曰。昔爲兄弟。今卽子壻。子壻半子也。彼猶父。此猶子也。父若患于西戎。子當遣兵除之。又罵辱吐蕃使者。及使其宰相等率衆千餘人。及其妹骨吐祿毗伽公主。夷妹迷敍骨吐祿公主。及職使大首領等妻妾，凡五十六婦人來迎可敦。凡遣人千餘納聘馬三千匹。上令朔州及太原分留回紇七百餘人。其宰相大首領至者館于鴻臚寺將作監。回紇使者見于宣政殿。上召回紇公主及使對于麟德殿。頒賜有差。元和三年正月，咸安公主薨。廢朝三日。初，王師平史朝義，北虜微有功，恃此不修臣禮。至貞元四年，回紇武義成功可汗始遣使獻方物，仍求結親。德宗與羣臣議，許之。遂以公主降焉。命使册可汗爲勇猛分相智惠長壽天親可汗，册公主爲孝順端正智惠長壽可敦。御製詩送之。事具德宗實錄。天親可汗卒。子忠貞可汗立。忠貞可汗卒。子奉誠可汗立。奉誠可汗卒。國人立其相，是爲懷相可汗。皆從故法，尙公主。在蕃二十一年卒。册贈燕國大長公主。賜謚曰襄穆。

太和公主，長慶元年二月封爲公主，册爲回紇可敦，出降愛登里邏胃沒密施合毗伽保義可汗。以中書侍郎平章事崔植充册使，戶部侍郎平章事杜元穎充五禮使。五月，詔緣改定太和公主出降回紇事宜。令中書舍人王起赴鴻臚寺宣示回紇等使。保義可汗旣立，遣使求婚。遂封第九妹爲永安公主，將以降嫁焉。其年三月，保義可汗卒。四月，册九姓回紇爲崇德可汗。五月，遣使請迎所許嫁公主。朝廷以封第五妹爲太和公主以降。今回紇雖狄人，固請永安而終不許，故命中書舍人王起充鴻臚寺以宣諭焉。又詔左金吾大將軍胡証充送公主爲回紇可敦歸國及加册可汗等使，光祿卿李憲充副使，太常卿李銳充婚禮使。公主置府官屬，準親王例。仍鑄邑司印一面。及發，上以半仗御通化門送之。勅常參官于章敬寺前立班。儀衛甚盛。仍令京兆府權置公主幕次。暫駐受百寮之謁見。士女傾城觀焉。

會昌元年十一月。勅緣回紇國中離亂頗甚。太和公主恐未安寧。須遣文臣專往訪問。宜差通使舍人苗縮充使。三年二月。太常禮院奏。太和公主到日。百寮于章敬寺門立班。舊例並以邑司承命入拜。命承命出答拜。今商量邑司官秩。多是至卑者。緣恐事太輕。今請公主左右一人。戴鬢帛承拜裲襠。將命出入。以代邑司官。謂得禮之變。從之。其月二十五日。公主自蕃還京。詔左右神策各出軍二百人。及太常儀仗鹵簿。從長樂驛迎公主入城。其日改封定安大長公主。罷太和公主府。宰臣及文武百寮于章敬寺門立班候參。參畢。太和公主便赴太廟。謁憲宗穆宗二室。回從光化門入內。其日宰相及文武百寮赴宣政衙。于東上閤門進名奉賀。赴興慶宮賀太皇太后。二十七日。勅安定大長公主自蕃還京。莫不哀憫。百辟卿士。皆出拜迎。宣城貞寧臨貞貞源義昌等公主。並宗室近親。合先慰問。晏然私第。竟巳不至。度于物體。稍似非宜。各罰封絹一百匹。以塞愆違。陽安長公主既不與定安光順相見。又兩日就宅宣事。皆不在家。罰封物三百匹。三月。中書門下奏。伏聞定安大長公主。二月二十五日。以回紇背叛恩德。侵軼邊陲。于光順門內脫去簪珥。變服請罪。陛下釋其愆負。方敢對見。又以宣城公主等違勅不到。各罰封物。伏以禮法之行。始此中壼。王化盛事。人倫美談。周易云。正家而天下定矣。臣等忝在樞近。不任抃賀踊躍之至。伏望宣付史館紀述。為百代典制。從之。

唐會要卷七 原闕今照四庫全書本增補

封禪

兗州刺史薛胄。以天下太平。登封告禪。帝王盛烈。遂遣博士登太山觀古跡。撰封禪圖及儀上之。高祖謙讓不許。冊府元龜。

貞觀五年正月癸未。朝集使請封禪。舊唐書太宗本紀。

貞觀五年正月。朝集使趙郡王孝恭等。僉議以爲天下一統。四夷來同。詣闕上表請封禪。帝手詔曰。省表具懷。自有隋失道。四海橫流。百王之弊。於斯爲甚。朕提劍鞠旅。首啓戎行。扶翼興運。克成鴻業。遂荷慈瞻。恭承大寶。每日昃思治。弗敢康寧。兢兢夕惕。用忘興寢。履薄馭朽。不足爲喻。賴三靈顯命。百辟同心。海外無塵。遠夷慕義。但流遁永久。凋殘未復。田疇多曠。倉廩猶虛。家給人足。尚懷多愧。豈可遽追前代。取譏虛美。所望恂恂濟濟。叶力盡誠。輔其不逮。致之王道。如得雅頌形於金石。菽粟同於水火。反樸還淳。當如來議。十一月己亥。朝集使利州都督武士彠等。詣朝堂又上表請封禪。帝曰。隋末分離。羣兒競逐。我提三尺劍。數年之閒。正一四海。是朕武功所定也。突厥強梁。世爲紛更。今乃襲我衣冠。爲我臣吏。殊方異類輻輳鴻臚。是朕文教所來也。突厥破滅。君臣爲俘。安養之情。同於赤子。是朕仁愛之道也。林邑貢能言鳥。新羅獻女樂。憫其離本。皆令反國。是朕敦本也。酬功錄效。必依賞格。懲惡罰罪。必據刑書。割親愛。捨嫌隙。以宏至公之遺。是朕崇信也。非朕專自矜伐。欲明聖人之教。不徒然也。比年穀稼頻登。疾疢不作。誠宜展禮名山。以謝天地。但以喪亂之後。民物凋殘。憚於勞費。所未遑也。冊府元龜。

貞觀六年。平突厥。年穀屢登。羣臣上言請封泰山。太宗曰。議者以封禪爲大典。如朕本心。但使天下太平。家給人足。雖闕封禪之禮。亦可比德堯舜。若百姓不足。夷狄內侵。縱修封禪之儀。亦何異於桀紂。昔秦始皇自謂德洽天心。自稱皇帝。登封岱宗。奢侈自矜。漢文帝竟不登封。而躬行儉約。刑措不用。人皆稱始皇爲暴虐。漢文爲有德之君。以此而言。無假封禪。禮云。至敬不壇。埽地而祭。足表至誠。何必遠登高山。封數尺之土也。侍中王珪曰。陛下發德音。明封禪本末。非愚臣之所及。秘書監魏徵曰。隋末大亂。黎民遇陛下始有生望。養之則至仁。勞之則未可。升中之禮。須備千乘萬騎之費。動役數州。戶口蕭條。何以能給。太宗深嘉徵言。而中外表章不已。上問禮官兩漢封山儀注。因遣中書侍郎杜正倫行太山上七十二帝壇迹。是年。兩河水潦。其事乃寢。舊唐書禮儀志。

貞觀中。百官上表請封禪。太宗許焉。唯魏徵切諫。以爲不可。太宗謂魏徵曰。朕欲封禪。卿極言之。豈功不高耶。德不厚耶。遠夷不服耶。嘉瑞不至耶。年穀不登耶。何爲不可。徵對曰。陛下功則高矣。而人未懷惠。德雖厚矣。而澤未旁流。諸夏雖安。未足以供其事。遠夷慕義。未足以供其求。符瑞雖臻。尉羅猶密。積歲一豐。倉廩尚虛。臣所以竊謂未可。臣未能遠譬。但喻於人。今有人十年長患。療治且愈。皮骨僅存。便欲使負米一石。日行百里。必不可得。隋氏之亂。非止十年。陛下之良醫。除其疾苦。雖已乂安。未甚充實。告成天地。臣竊有疑。且陛下東封。萬國咸集。要荒之外。莫不奔走。自今伊洛。洎於海岱。灌莽巨澤。茫茫千里。人烟斷絕。雞犬不聞。道路蕭條。進退艱阻。豈可引彼夷狄。示之虛弱。殫府竭財。未厭遠人之望。加年給復。不償百姓之勞。或水旱之災。風雨之變。庸夫橫議。悔不可追。豈獨臣言。兆人咸爾。太宗不能奪。乃罷封禪。大唐新語。

太宗謂房元齡曰。封禪是帝王盛事。比奏請者不絕。公等以為何如。魏徵對曰。帝王在德。不在封禪。自喪亂以來。近泰山州縣。凋殘最甚。若車駕既行。不能令無使役。此便是因封禪而勞役百姓。太宗曰。封禪之事。不自取功績。歸之於天。譬如元齡等功臣。雖有益於國。能自謙讓。歸之於朕。豈以不言而欲自取。今向泰山。功歸於天。有似於此。然朕意常以嵩高既是中嶽。何謝泰山。公等評議。

貞觀六年。公卿百寮。以天下太平。四夷賓服。詣闕請封禪者。首尾相屬。帝不許。嘗從容而言曰。朕本諸公子也。始望不及此。屬天下喪亂。遂有拯焚拯溺之志。義師入關之始。羣凶鼎沸。當此之時。但得三分天下。亦為足矣。朕以不武。內稟太上皇之謀。外假士大夫之力。數年之閒。六合大定。升中告禪。信亦其時。然朕往昔蒙犯霜露。遂嬰氣疾。但恐登封之後。彌增誡懼。有乖營衛。非所以益朕也。少欲自怡。用安年壽。公卿等勿復爲言。冊府元龜。

貞觀十一年。羣臣復勸封山。始議其禮。於是國子博士劉伯莊。睦州刺史徐令言等。各上封禪之事。互設疑議。所見不同。多言新禮中封禪儀注簡略未周。太宗勅祕書少監顏師古諫議大夫朱子奢等。與四方名儒博物之士。參議得失。議者數十家。遞相駁難。紛紜久不決。於是左僕射房元齡特進魏徵中書令楊師道。博採眾議。堪行用而於舊禮不同者奏之。其議昊天上帝壇曰。將封先祭。義在告神。且備謁敬之儀。方展慶成之禮。固當於壇下阯。先申齊潔。贊享已畢。然後登封。既表重慎之深。兼示行事有漸。今請祭於泰山下。設壇以祀上帝。以景皇帝配享。壇長一十二丈。高一丈二尺。又議製玉牒曰。金玉重寶。質性貞堅。宗祀郊禋。皆充器幣。豈嫌華美。寔貴精確。況三神壯觀。萬代鴻名。禮極殷崇。事資藻縟。玉牒玉簡。式韞靈奇。傳之無窮。永存不朽。今請玉牒長一尺三寸。廣厚各五寸。玉簡厚二寸。長短闊狹。一如玉牒。其印齒請隨璽大小。仍纏以金繩五周。又議玉策曰。封禪之祭。嚴配作主。皆奠玉策。肅奉誠虔。今玉策四枚。各長一尺三寸。廣一寸五分。厚五分。每策五簡。俱以金編。其一奠上帝。一奠太祖座。一奠皇地祇。一奠高祖座。又議金匱曰。登配之策。盛以金匱。歸格藝祖之廟室。今請長短令容玉策。高廣各六寸。形制如今之表函。纏以金繩。封以金泥。印以受命璽。又議方石再累曰。舊藏玉牒。止用石函。亦猶盛書篋笥。所以或呼石篋。今請方石三枚。以爲再累。其十枚石簡。刻方石四邊而立之。纏以金繩。封以石泥。印以受命璽。又議泰山上圜壇。曰四出開道。壇場通義。南面入升。於事爲允。今請介邱上圜壇廣五丈。高九尺。用五色土加之。四面各設一階。御位在壇南。升自南階。而就上封玉牒。又議圜壇上土封。曰凡言封者。皆是積土之名。利建分封。亦以班社立號。謂之封禪。厥義可知。今請於圜壇之上。安置方石。璽緘既畢。加土築以爲封。高一丈二尺。而廣二丈。以五色土益封。玉牒藏於其內。祀禪之土封。制亦同此。又議玉璽曰。謹詳前載。方石緘封玉檢金泥。必資印璽。以爲秘固。今請依令用受命璽。以封石檢。其玉檢既與石檢大小不同。請更造璽一枚。方一寸二分。文同受命璽。以封玉牒石檢。形制依漢建武故事。又議立碑曰。勒石紀號。顯揚功業。登封降禪。肆覲之壇。立碑紀之。又議設告至壇曰。既至山下。禮行告至。柴於東方。上帝望秩。遍禮羣神。今請其壇方八丈一尺。高三尺。陛仍四出。其禪方壇及餘飾。請從今禮。仍請式柴祭望秩同時行事。又議廢石闕及大小距石曰。距石之設。意取牢固。本資寔用。豈云雕飾。今既積土厚封。足與天長地久。其小距環壇石闕迺建。事非經誥。無益禮儀。煩而非要。請從減省。太宗從其議。仍令附之於禮。（舊唐書禮儀志。）

案顔師古傳。帝將有事泰山。詔公卿博士雜定其儀。而論者爭爲異端。師古奏臣撰定封禪儀注書在十一年。於時諸儒。謂爲適中。於是以付有司。多從其說。

貞觀十一年。顔師古封禪議。將封先祭。義在告神。且備款謁（舊唐書作謁敬）之儀。方展慶成之禮。固當爲（唐書作於）壇下距。（唐書作趾。）預（通典一作先。）申齊潔。贊饗已畢。然後登封。既表重愼之深。兼示行事有漸。今請祭于山下。封于山上四出開道。壇場通義。南面入升。於事爲允。今請山上圓壇。廣五尺。高九尺。用五色土爲之。（唐書作加。）四面各設一陛。（唐書作階。）御位在壇南升自南陛。（唐書作階。）而（舊本作宜。）就行事。（行事唐書作上附玉牒。）舊藏玉牒。止用石函。亦猶書盛篋笥。所以或呼爲石篋。然其形大質重。轉徙非易。岱宗倘無此石。皆應取自他山。所以不爲混成。累輯而作。大要在於周悉。稽其縝（舊本作緝。）密。而近代儀注。更名石磩磩。非稽古之文。（舊本作稱。）本無義訓可尋。贏（舊本作盈。）縮之間。貴在折中。（舊本作衷。）不煩紛議。更增疑惑。今請方石三枚。以爲再累。其十枚石檢。刻方石四邊而立之。纏以金繩。用備檢約。凡言封者。皆是積土之名。利建分封。亦以班社立號。謂之封禪。厥義可知。今若置牒壇上。止因累石。不加繕築。即以爲封。匪唯嚴祕之道。有妨簡率。亦乃名實不副。理恐乖爽。今請於圓壇之上。安置方石。封印（唐書通典作璽緘。）既訖。（舊本作畢。）加五色土築以爲封。高一丈二尺。而廣二丈。金玉重寶。質性堅貞。宗祀嚴禋。皆充器幣。豈嫌華美。寔貴精確。況乎三神壯觀。萬代鴻名。禮極殷崇。事資藻縟。玉牒玉檢。式韞靈奇。（舊本作事韞靈奇。）傳之無窮。永存（舊本作在。）不朽。至於廣袤之數。足以載文辭。緘束之方。務在申膠固。今宜立制。隨時損益。豐功厚德。既以跨躡前蹤。盛典宏規。無勞一遵曩式。今請玉牒長一尺三寸。廣厚各五寸。玉檢厚二寸。（唐書有長短闊狹。）其印齒疎密。隨印大小。距石之設。意取牢固。本資實用。豈云巧（唐書作雕。）飾。今既積土厚封。更無差勳。天長地久。寧假支持。斜設横安。請並弗舊本作不置。勒石紀號。垂裕後昆。美盛德之形容。闡后王之休烈。其義遠通典作大。矣其事尚焉。我皇聲暢九垓。威横八極。靈祇不愛其寶。兆庶無得而稽。但當贊述希夷。以攄臣下之至。具舊本作其。祭壇之例。舊本作制。登封之所。肆覲萬國。受記舊本作職。百神固宜刻頌顯通典作明舊本作播。揚功業。至於小距環壇。舊本作圓石闕別樹。唐書作迴建。事非經據。無益禮儀。煩而非要。請從減省。神靈璽寶而弗用。由來無所施行。其六璽雖以封書。莫不披于羣下。受命之璽。登封則用。昭事上元。表茲介福。休徵緯兆。豈因常貫。又封檢之璽。分寸不同。卽事而言。請並更造。旣順肅虔之理。永垂創制之名。禪壇制度。請從新禮。行事儀式。亦並依之。自外委細。不載于文者。職在所司。隨事量定。議曰。謹率愚管。其錄如前。庸疑之言。不足觀採。但封禪大禮。舊典不存。秦漢以來。頗有遺迹。闕而不備。難可甄詳。昔在元封。倪寬專贊其決。逮乎光武。梁松獨尸其事。搢紳雜議。不知所裁。至如流俗傳聞。記注臆說。未嘗從事。徒有空言。乖殊不一。曷足云也。且夫沿革不同。著之前誥。自君作古。聞諸往册。方今台鉉佐時。遠超風后。秩宗典職。追邁伯夷。究六經之妙旨。畢天下之能事。納于聖德。稟自宸衷。果斷而行。文質斯允。詔旨集公卿及儒生學士。議登封事。謹依訪聞。具件如右。但封禪大禮。舊典不存。秦漢以來。頗有遺跡。闕而不備。難可甄詳。昔在元封時。主博採羣論。建武有司。亦稟成規。至如記注近書。委巷浮說。不足憑據。無所取材。且夫沿革不同。著於往册。自君作古。寔惟

令範。聖朝丕業。方貽萬載。臣下庸蔽。不敢專決。請垂鑒察。克斷宸衷。謹錄奏聞。伏聽裁擇。謹議。文苑英華

貞觀十四年十月甲戌。趙王元景等表請封禪。奏曰。夫功成道合。古今以爲隆平。登封降禪。聖賢謂之大典。是以出震則天之后、革夏變商之君。繼韶夏而施尊名。崇號謚而廣符瑞。願遲遲焉。羣臣區區誠爲此也。原夫大始云構。生靈厥萌。黎庶布乎穹壤。皇王司其右契。遐哉上古。以迄於茲。歷選休徵。未有如今日之盛也。所以敢罄窺管。無懼觸鱗。瀝膽披肝。言亦備矣。撥天引聖。辭亦殫矣。幸蒙亭育之澤。降以聽覽之恩。大賚雖敷。猶申後命。未使渙汗方事。逡巡懷生之徒。不遑寧處。伏乞皇帝陛下。則天成務。應物爲心。協三才之會昌。乃霈然而動色。遂萬姓之延首、俯凝旒而改容。雖復龍圖告徵。龜書襲吉。尚諮諏於四岳。建明謨於兆人。欲使六合之中。沃心遍於朝野。八紘之內。下問浹於華戎。凡在人靈。疇無忭躍。今茲百辟咸集。九有攸同。並執玉以來庭。俱式歌而且舞。遠則重譯僉議。近則端笏參謀。欣覩增天之高。願逢加地之厚。絕域忘生而越險。華髮忍死而爭趨。中外之心。克諧愚智之情。允睦掌故事者。草登封而待期。執覊靮者。儼車徒而俟命。庶官承職。三事夙興。遠邇昌言。明靈幽贊。莫不傾視俯聽。希陪肆覲之禮。效祉呈祥。欽承告成之慶。山稱萬歲。企和鑾而發。奇雲浮五彩。佇華蓋而交蔭。兩儀之情轉迫。萬國之望愈深。臣乂聞之。屈己從衆。至人所以稱仁。絲言顯發。哲王以之敷信。昨已奉明詔。許以試之。寔降皇情。俯同人欲。寬仁之利斯博。示信之道宜宏。卽日庶尹馳心。咸奉章而守闕。列藩翹足。各伏地以祈恩。所冀天慈。深加昭察。

制可羣寮之奏，尅以發軫之期，頒示普天，申明絕典，使夫一時之士，欣獨高於萬代，八荒之酋，荷周露於再造，則臣等死日猶生之年，不任誠懇之至，謹與運率方牧等奉表詣闕固請以聞，帝沖讓不許，至於再三，於是下詔曰，自古明王君臨區宇，功濟天下，道被生民，內外無虞，年穀豐稔，莫不歸功上元，致禮厚地，騰茂實於六合，飛英聲於百代，今公卿在列，屢述虛心，岳牧具僚，固陳僉願，理在難奪，敬依來請，願循諸己，仍懷慙德。冊府元龜

貞觀十五年四月辛卯，詔以來歲二月，有事於泰山，六月己酉，有星孛於太微，丙辰，停封泰山。唐書太宗本紀

唐太宗已平突厥，年穀屢豐，羣臣請封泰山，太宗初頗非之，已而遣中書侍郎杜正倫行泰山上七十二君壇迹，以是歲兩河大水而止，其後羣臣言封禪者多，至十五年，將東幸，行至洛陽，而彗星見，乃止。唐書禮樂志。

貞觀十五年三月庚辰，肅州言所部川原，遍生芝草，先是百僚及雍州父老，詣朝堂上表請封禪，四月辛卯朔，下詔曰，肇有蒸庶，樹之司牧，載籍所紀，風烈猶存，至於道洽品物，功成宇縣，天眷彰於符瑞，人事表於隆平，莫不增封岱宗，廣禪梁甫，榮鏡六合，對越三神，前聖所以垂其尊名，後王所以仰其休烈，蓋由此也，自火德既衰，三光分裂，金行失御，九鼎沉淪，諸華競逐，彝倫大壞，雖周室削平趙魏，隋氏混一文軌，而

金革之事未戢於封疆。雅頌之音。弗聞於朝廷。遂使至教闕如。湻風莫反。齊郊絕類帝之禮。日觀缺升中之儀。其已久矣。朕丕膺景命。嗣守洪基。承大亂之餘。當率土之責。負扆興惕。納隍在慮。上憑宗社之靈。下資士庶之力。草昧伊始。援干戈以靖亂。區夏既平。宏禮樂以緯俗。尉候無警。菑畬有年。比屋咸保其歡。含氣不違其性。殊方異域。盡地界而來庭。應圖合牒。殫天符而表瑞。緬懷前載。詳求諸己。豈伊寡德。能致此乎。固乃上元所叶贊也。而羣公卿士。百辟庶僚。因陳人祇之意。請遵封禪之典。推而不居。至于數四。文武之情彌切。內外之議日聞。誠請頻繁。淹歷年載。朕繼迹百王。因心萬物。上奉蒼昊。義在薦功。下撫黎元。方祈厚福。既迫茲理。敢不祗從。猥以眇身。齊美上代。永言夙志。凜乎增惕。可以來年二月。有事泰山。所司宜與公卿並諸儒士及朝臣有學業者。詳定其儀。博考聖賢之旨。以允古今之中。務盡誠敬。稱朕意焉。於是詔太常卿韋挺爲檢校封禪大使。禮部侍郎令狐德棻副焉。朝廷參議其儀。異端競起。祕書少監顏師古乃奏稱臣撰定封禪之禮。書在十一年春。於是諸儒參詳。以爲適中。詔公卿定其可否。多從師古之禮。六月己酉。有星孛於太微宮。犯帝位。辛亥。朝散大夫行起居郎褚遂良進曰。陛下撥亂反正。功昭前烈。告成升岳。天下幸甚。而行至雒陽。彗星輒見。此或有所未允合者也。且漢武優柔數年。始行岱禮。臣愚伏願詳擇。丙辰。詔曰。自古皇王。受天之命。建顯號於封禪。揚功名於竹帛者。莫不功濟夷夏。道叶人祇。然後登泰山之高。刊梁甫之石。未有七德靡記。九部寂寥。而欲齊聲於聖哲。垂美于篆籀者也。朕承宗廟之重。當區宇之責寅畏三靈憂勤萬姓雖戡翦禍亂克定遐荒而至教猶鬱刑典未厝勝殘之化未洽於率土平和之風多慙於往烈是以覽經籍而自失想壇場而增懼亟寢搢紳之奏屢拒公卿之請逡巡大典荏苒歷載近者文武百僚州縣庶尹頻繁抗表殷勤固陳咸以爲兩儀交泰四夷賓服禮樂興行年穀豐稔蒼昊呈符於上靈符不可以久替黎獻協心於下衆欲不可以固拒朕迫茲羣議敢不敬從欲薦功上元大報后土升中之儀已具省方之期有日今太史奏彗星出於西方朕撫躬自省深以戰慄良由功業之被六合猶有未著德化之覃八表尙多所闕遂使神祇垂祐警戒昭然朕畏天之威寢興靡措且曠代盛典禮數非一行途之間勞費不少冬夏凋弊多未克復將送儀仗轉運糧儲雖存節省之義終煩黎庶之力非惟上虧天意亦恐下失人心解而更張抑有故實前以來年二月有事泰山宜停庶夙夜自修遂其罪己之志勤恤匪懈申其納隍之情倘蒙靈祇迴貺宗社分福朝廷同于大道風俗歸于樸素告成之美更思其宜仍命所司泰山有前代帝王因封禪立碑及石函檢之類往遺離亂被賊毁發並修立瘞藏之（冊府元龜）

二十年十一月司徒長孫無忌與百官及方岳等上表請封禪不許司徒長孫無忌與百僚又請封禪詔曰朕念遠役初寧頗須休息深知所請甚合機宜卽事省方恐生勞擾俟百姓閒逸可徐議之十二月己丑司徒長孫無忌等又詣順天門抗表請封禪曰臣聞陰陽不測陶冶生靈之謂神道德元通仁育黎元之謂聖聖也者自天之攸縱也神也者代天之理物也是以惟天稱辟靈心作其會昌惟辟奉天至誠表

其封禪。升中之道。抑斯之謂歟。由是先王急焉。當仁不讓。景中必饗。時至則行。務在告其成功。故無俟於終日。伏見綸旨。辭遠役之初。寧緩此嘉期。託俟人之逸豫。豈容前歇。拔拒戢武之後。辭勞拓境。開疆太平之秋。有勸誠如睿慮。未昭百姓之心。假此空言。寔乖千里之應。臣等伏膺麟閣。縱觀太始之初。沈研鳥文。歷選檜巢之上。悠悠栗陸。未辨犧牲。淼淼大庭。孰知罇俎。衰心爲飾。倚報大帝之功。茹毛充薦。輕展介邱之禮。西敍窮乎積石東漸迫乎滄江。化未覃於九夷。貢有闕於三脊。猶且範圍天地。斡運羲舒。揚翠旌於奉高。撫朱絃於岱岳。迓百神而賓上帝。契三靈而謁大壇。玉牘靈文。飛英華於萬古。金繩祕檢。騰清輝於八埏。是知紀號垂名。崇高莫加於肆類。推功輯瑞。廣厚莫大于登封。若乃靈貺所集。人謀允洽。雖固執于撝謙。諒無得而辭也。伏惟皇帝陛下。研精探賾。神無不照。唯幾所鑒。洞出象帝之初。先天成則。超貫混元之際。由是大明揚彩。麗雕軒于再中。景宿騰輝。藻璇題以霄映。奔山車而疊軫。促日馭之鳴鑾。躍澤馬而相趨。徵天駟之徐軔。煙川清野。畜洩于弈弈之阿。薰風鶩途。扇蕩於云云之嶠。其冥兆也如彼。其顯應也若斯。而陛下因事逡巡。方稽大典。使尊名顯號。韜光於琰碑。絕異殊尤。沮絢於瓊簡。孰謂畏天之命。順人之欲者歟。率土悽悽。深所未喻。臣又聞之。游海若者。馮夷之宮爲陋。登太山者。魯侯之邦蓋小。是知絳霄不極。九垓網絡于胸中。赤縣無涯。四海括囊于度內。何者。升山巢睫。竊比所以縣殊。朝菌靈椿。長短旨然相度也。若夫大樂云替。封豨盜鐘。大禮既湮。長鯨裂冕。酌撫石於無體。鈞天之響鬱輿。採埽地於無形。醴宗之道愈劭。則女希懋其創制。軒后歸其正名矣。至若比屋見誅。農夫化爲京觀。稟噍無類。芻牧窮于染鍔。重興粒食。頌棲畝之餘糧。首建騶驛。詠徒行之兼乘。則農皇貶于推轂。羲氏退以扶輪矣。旣而凝旒闡化。中外禔福。負扆勝殘。飛沈遂性。亭育侔於宇宙。就望體於雲日。荷其德以難名。用其功而無謝。故乃邈高辛之順義。孕顓頊之疏通矣。加以刑清政肅。委金科而罔施。毁犴空囹。設畫衣而莫犯。通關梁於覔服。共苑囿於黎蒸。擊壤而謠。傳清音於戎狄。耕田而食。建可封於阜隸。外戶設而不扃。神獸馴而靡觸。故以光融伊帝。景煥虞廷。至於卑宮菲膳。孝享通於鬼神。大路越席。至敬極於嚴配。黃屋建三辰之旆。垂絻裕於千祀。元哻垂九旒之藻。設法懸於萬代。小正調其玉燭。應祥蓂而不虧。中天朗其金鏡。與貞明而同晷。則文命以是伏膺。元王於茲負笈矣。洎乎翦商除害。夷項褰災。戮羹野而復皇猷。誅疇華而清帝道。提倚天之長劍。拯塗炭於遊魂。揮駐日之雕戈。暢懷生於仁壽。則駭文武之仍代。呑高光之累葉矣。論彼歎君。時聞一善。能兼之者。寔歸仁聖。若乃提封海外。總一寰中。日域窮芳華之津。月竁跨濛波之表。喁喁向內。並爲冠帶之倫。飄飄駕風。總萃王庭之會。賫北荒之明月。物天府以摛光。筐南州之火毛。鬻旗亭而吐曜。龍伯釣鰲之旅。咸編列於武臣。鳳洲君子之渠。各委質於文吏。斯乃書契之所未覩。超古先而絕類矣。竊惟域中三大。義均一體。感通由乎影響。彌綸切乎交際。是知德逾厚者貺逾深。功尤高者祥尤著。當今皞穹儲祉。浹天紘以宅心。后土錫符。總坤維而服化。由是百官累息。萬國聳神。僉發叩閽之請。佇副上靈之望。伏願時紆睿紱。遠振天聲。徵鴻儒。聘鯢齒。考逸義。緝遺編。摭秦煨之逸文。採魯壁之餘蠹。酌雲經而定議。憲河圖而繕儀。然後玉路乘春。金鑣肅景。五牛翻其析羽。六龍輝其鏤鍚。鼓豐隆而驚翠微。振列缺而清。綠野凝笳。發岫合萬歲於山。言飛蓋登巒。錯五松於林秀。登圜壇而接武。隆曜魄而齊尊。俾夫一代衣冠。寘其名於册府。四方夷狄。鑿其竅于靈宮。則普天欣賴。懷生再造。朝聞夕死。抃若登仙。臣等深荷玉成。不勝至願。重竭愚瞽。昧死以聞。詔曰。朕遐觀哲王。煥在方册。功既成矣。咸備禮以升中。道既行焉。必奉符而告禪。所以發揮天命。昭格上靈。其有建顯號以創鴻徽。施尊名而騰茂烈者。莫不揚輝於鏤玉。絢景於塗金。昭昭然麗三辰而並運。滔滔焉播四冥而極深。朕誠寡德。良深景慕。曩者氓俗凋弊。國步甫安。勉致隆平。日不暇給。而槐卿守闕。請繼美于云亭。岳牧叩閽。祈踵武於梁岱。自惟菲薄。至道未凝。抗禮皞穹。寔懷疑懼。緬尋幼齒。運鍾交喪。忘其家以徇天下。委其體以濟寰中。翊戴先皇。削平諸夏。出於萬死。首導五横之源。不顧一生。光錫兆人之命。越自鑪炭。獲返營魂。拔于鬼錄。並登仁壽。竊惟天地之大德。存于施生。朕以徑寸之小心。襲于造育。降期體泰。諒或緐兹。不然者何能致於此也。遂得沲隍象浦。苑囿龍沙。置一候于鵜林。同六爻於鰈水。寔資天睠。貢以咸亨。豈朕微庸而能及此。今兹列辟卿士。鴻生碩德。各述靈徵。累陳丹款。既迫羣議。當事敬從。乃詔有司。廣召搢紳先生。議方石圓壇之制。草封禪射牛之禮。修造羽儀輦輅。並送之雒陽宮。（册府元龜）

貞觀二十一年正月丁酉。詔以來歲二月有事於泰山。八月。泉州海溢。壬戌。停封泰山。唐書太宗本紀。

貞觀二十一年正月丁酉詔曰。朕聞天高地大。首播黎方，媧皇燧人。肇恭元籙。是知施生爲德。處崇高而不言。亭毒攸資。委欽明以司契。洎乎三正迭建。五運相遷。休烈存乎典墳。至道流乎雅頌。其有仰齊七政。俯會百神。察靈眷于祥符。報元功于昭告。莫不罄情梁岱。繼踵云亭。對越兩儀。盡先聖之能事。揚蕤三統。垂曩哲之尊名。懸鏡天衢。罔不繇於此也。自中陽絕紐。堙白水于窮流。宮尊紹興。阻黃星于天塹。永嘉東播。化金馬以爲牛。道武南徂。飛蒼鵝以登阼。周吞岳裔。逮三葉而巢傾。隋并舜後。及二帝而舟覆。莫不以凶易亂。以暴代昏。各肆巨壑之心。規享上靈之佑。卻行求進。其可得乎。由是寂寥千祀。無懷之風不嗣。泯棄七經。子長之言殆絕。遂使成山日觀。久闕升中之儀。汶上明堂。疇聞類帝之義。顧瞻禮樂。深有可嗟。朕幼踐危機。愍斯窮運。上同負翼。下靡息肩。負荷休徵。投旗鞠旅。肅恭儲祉。吟雲躍鱗。順朱鳥以行誅。騫丹鳳而遐舉。射九烏而懸日月。區品物以煦陽和。練五石以造乾坤。濟崩角以全眉壽。於是尊奉先帝。凝旒於廟堂。躬履兵鋒。憂勤於燮輔。旣而仰逼威命。俯順樂推。越自唐侯。言膺下武。深惟憂責之重。自勗若厲之懷。遂致靈貺無涯。翦毛頭而降錫。遊魂削衽。盡窮髮以開疆。東苑蟠桃。西池昧谷。咸覃正朔。並充和氣。較凝禎于往代。窮今古而罕聞。考光澤于前皇。罄縹緗而莫覩。豈朕眇身勤勞所逮。諒由高明垂鑒。祚此隆平。今茲三事大夫。百僚庶尹。各述天人之意。請蹑封禪之蹤。顧惟寡薄。推而不有。杜絕羣言。至于數四。

中外之情尤切。企佇之望逾深。朕又詳思。荷裁成于穹昊。自古賢哲。並歸功于大帝。迫斯至理。弗獲固辭。展禮上元。實增悚懼。可以貞觀二十二載仲春之月。式遵故實。有事於泰山。諸內外具僚。岳牧卿士。既相敦喻。將事告成。各罄乃心。無虧政道。恪居職務。以協時雍。所司宜與搢紳先生。載筆圓冠之士。詳求通典。裁其折中。深加嚴敬。稱朕意焉。仍令天下諸州。明揚側陋。其有學藝優洽。文蔚翰林。政術甄明。才膺國器者。並宜總集泰山。庶令作賦擲金。不韞天庭之掞。被褐懷玉。無溺屠釣之間。務得英奇。當加不次也。遣太常卿楊師道爲檢校封禪大使。戶部侍郎盧承慶爲副。後改令禮部尚書江夏郡王道宗爲大使。司空梁國公房元齡等議云。梁甫社首二山。並是古昔禪祭之所。十五年議奏請禪梁甫。今更奉詔詳議。梁甫去泰山七十里。又在東南。至于行事。未爲穩便。社首去泰山五里。是周家禪處。臣等參詳。請禪社首。有詔依奏。餘並依十五年議。八月壬戌。詔曰。朕聞探元賾者。先實而後賓。體至公者。本仁而末禮。名歸於己。往哲存而弗務。德利於人。前聖徇而爲急。是用範圍天地。權輕重以會時宜。取則陰陽。適變通以從眾欲。由古之封禪。無奪事機。所謂奉天。咸資務隙。朕仰窺前志。歷選哲王。無懷有巢。緬逾繩契之末。龜文鳳紀。越在俎豆之先。扣寂冥以傳疑。故可略而言也。至於三元立統。百物正名。步驟之軌非遙。損益之源可挹。雖堯心廣運。局疆域于流沙。禹跡遐宣。限提封于碣石。猶且先引郎敍。亦展玉帛之儀。首創賓門。方備云亭之典。告成之義。罔弗由茲。況朕奄有方輿。闢域該于千古。仰承靈貺。降福超于百王。巨海所環。莫非臣妾。長河攸括。並入封疆。日者夷夏同文。禎符狎至。謂可鳴鑾日觀。勒牒仙閭。許以來春。親行告禪。而今延陁一姓。流竄西陲。控弦萬計。初歸正朔。新就縶維。又以公卿庶僚。各陳誠請。遂有翠微之役。無非板築之勞。旣而山谷阻深。朝宗有礙。重披丹懇。請建玉華。且復頻有興造。恐致煩勞。兼聞河北數州。頗傷淹潦。朕爲人父母。思濟黎元。順動升中。理無兼遂。其介邱之禮。宜且權停。其玉華宮制度。務從菲薄。更令卑陋。庶免風雨。稱朕意焉。册府元龜。

案唐書謝偃傳。太宗時。偃爲宏文館直學士。撰玉牒眞紀以勸封禪。

唐實錄。貞觀五年正月。朝集使趙王孝恭等。請封禪。手詔不許。十二月己亥。朝集使表請。帝曰。未遑。六年。百僚又請。不許。十一年。帝將有事封禪。國子博士劉伯莊等皆上封禪事。言新禮簡略。勅呂儒及顏師古朱子奢參議得失。議者數十家。遞相駮難。不決。于是元齡徵師道采衆議。以爲永式。十四年十月甲戌。趙郡王元景等表請。壬辰。詔從。十五年三月庚辰。肅州言所部川原遍生芝草。先是百僚及雍州父老詣朝堂表請。四月辛卯朔。詔以來歲二月有事于泰山。詔太常卿韋挺爲檢校封禪大使。禮部侍郎令狐德棻副焉。祕書少監顏師古奏臣撰禮書。在十一年春。詔公卿定可否。多從師古之禮。六月己酉。有星孛太微宮。辛亥。起居郎褚遂良進曰。行至洛陽。彗星輒見。或有未允合者。丙辰。停封泰山。

顯慶四年六月。詔許敬宗議封禪儀。敬宗請以高祖太宗俱配昊天上帝。太穆文德二后並配地祇。從之。

通鑑。

麟德元年七月丁未。詔以三年正月有事於泰山。唐書高宗本紀

麟德元年七月丁未朔。詔宜以三年正月式遵故寔。有事於岱宗。所司詳求茂典。以從折衷。其諸州都督刺史。以二年十二月便集岳下。諸王十月集東都。緣邊州府襟要之處。不在集限。天下諸州。明揚才彥。或銷聲幽藪。或藏器下僚。並隨岳牧舉選。九月乙丑。詔曰。來年行幸岱宗。州縣不得浪有煩擾。其水淺可涉。不可繕造橋梁。所行之處。亦勿開道路。諸州及寺觀。并百姓。不得輒獻食。册府元龜

麟德二年二月壬午。如東都。十月丁卯。如泰山。唐書高宗本紀

麟德二年春正月壬午。幸東都。丁酉。幸合璧宮。甲子。以發向泰山。停選。五月。以司空英國公李勣。少師高陽郡公許敬宗。右相嘉興縣子陸敦信。右相鉅鹿男竇德元。爲檢校封禪使。冬十月戊午。皇后請封禪。司禮太常伯劉祥道上疏。請封禪。丁卯。將封泰山。發自東都。十一月丙子。次于原武。以少牢祭漢將紀信墓。贈驃騎大將軍。十二月丙午。御齊州大廳。乙卯。命有司祭泰山。丙辰。發靈巖頓。舊唐書高宗本紀。

麟德二年十月丁卯。帝發東都。赴東岳。從駕文武兵士及儀仗法物。相繼數百里。列營置幕。彌亙郊原。突厥。于闐。波斯。天竺國。罽賓。烏萇。崑崙。倭國。及新羅。百濟。高麗等諸蕃酋長。各率其屬扈從。穹廬氈帳。及牛

羊駝馬。塡候道路。是時頻歲豐稔。斗米至五錢。豆麥不列于市。議者以爲古來帝王封禪。未有若斯之盛者也。十二月丙午。至齊州。停十日。丙辰。發靈巖頓。至於泰岳之下。庚申。帝御行宮牙帳。以朝羣臣。（册府元龜）

乾封元年正月戊辰。封于泰山。庚午。禪于社首。以皇后爲亞獻。壬申。大赦改元。（唐書高宗本紀）

乾封元年。封泰山。爲圓壇山南四里。如圓丘、三壝。壇上飾以青。四方如其色。號封祀壇。玉策三。以玉爲簡。長一尺二寸。廣一寸二分。厚三分。刻以金文。玉匱一。長一尺三寸。以藏上帝之册。金匱二。以藏配帝之册。纏以金繩五周。金泥玉璽。璽方一寸二分。文如受命璽。石𥖁以方石再累。皆方五尺。厚一尺。刻方其中以容玉匱。𥖁旁施檢。刻深三寸三分。闊一尺。當繩刻深三分。闊一寸五分。石檢十枚。以檢石𥖁。皆長三尺。闊一尺。厚七分。印齒三道。皆深四寸。當璽方五寸。當繩闊一寸五分。檢立于𥖁旁。南方北方皆三。東方西方皆二。去𥖁隅皆一尺。𥖁纏以金繩五周。封以石泥。距石十二。分距𥖁隅皆再累。皆闊二尺。長一丈。斜刻其首。令與𥖁隅相應。又爲壇于山上。廣五丈。高九尺。四出陛。一壝。號登封壇。玉檢玉牒石𥖁。石距玉匱。石檢。皆如之。爲降禪壇於社首山上。八隅一成。八陛。加方丘三壝。上飾以黃。四方如其色。其餘皆如登封。其議略定。而天子詔曰。古今之制。文質不同。今封禪以玉牒金繩。而瓦尊匏爵秸席。宜改從文。於是昊天上帝褥以蒼。地祇褥以黃。配褥皆以紫。而尊爵亦更焉。是歲正月。天子祀昊天上帝于山下之封祀壇。以高祖太宗配。如圓丘之禮。親封玉册。置石𥖁。聚五色土封之。徑一丈二尺。高九尺。已事。升山。明日。又封玉册於登封壇。又明日。祀皇地祇于社首山之降禪壇。如方丘之禮。以太穆皇后文德皇后配。而以皇后武氏爲亞獻。越國太妃燕氏爲終獻。率六宮以登。其帷帟皆錦繡。羣臣瞻望。多竊笑之。又明日。御朝覲壇。以朝羣臣。如元日之禮。乃詔立登封壇曰萬歲臺。降禪壇曰景雲臺。以紀瑞焉。其後將封嵩岳。以吐番突厥寇邊而止。禮樂志。

高宗卽位。公卿數請封禪。則天旣立爲皇后。又密贊之。麟德二年十一月。車駕東發巡狩。詔禮官博士撰定封禪儀注。有司于乾封元年正月戊辰朔。先是有司齋戒于前祀七日。平旦。太尉誓百官於行從中臺。云。來月一日封祀。二日登封泰山。三日禪社首。各揚其職。不供其事。國有常刑。上齋於行宮四日。致齋三日。近侍之官應從升者。及從事羣官諸方客使。各本司公館淸齋一宿。前祀一日。諸衛令其屬。未後一刻。設黃麾半仗于外壝之外。與樂工人俱淸齋一宿。至其年十二月。車駕至山下。及有司進奏儀注。封祀壇以高祖太宗同配。禪社首以太穆皇后文德皇后同配。皆以公卿充亞獻終獻之禮。於是皇后抗表曰。伏尋登封之禮。遠邁古先。而降禪之儀。竊爲未允。其祭地祇之日。以太后昭配。至于行事。皆以公卿。以妾愚誠。恐未周備。何者。乾坤定位。剛柔之義已殊。經義載陳。中外之儀斯別。瑤壇作配。旣合于方祇。玉豆薦芳。實歸於內職。況推尊先后。親饗瓊筵。豈有外命宰臣。內參禋祭。詳于至理。有紊徽章。但禮節之源。雖興于昔典。而升降之制。尙缺于遙圖。且往代封岳。雖云顯號。或因時省俗。意在尋僊。或以情覬名。事深爲己。豈如化被乎四表。推美于神宗。道冠乎二儀。歸功于先德。寧可仍遵舊軌。靡創彝章。妾緣處椒闈。叨居蘭掖。祇以職惟中饋。道屬于蒸嘗。義切奉先。理光于蘋藻。罔極之思。載結于因心。祗肅之懷。實深於明祀。但妾早乖定省。已闕侍于晨昏。今屬崇禋。豈敢安於帷帟。是故馳情夕寢。睠嬴里而翹魂。疊慮宵興。仰梁郊而聳念。伏望展禮之日。總率六宮內外命婦。以親奉奠。冀申如在之敬。式展虔拜之儀。積此微誠。已淹氣序。既屬鑾輿將警。奠璧非賒。輒效丹心。庶裨大禮。冀聖朝垂則。永播于芳規。螢燭末光。增輝於日月。於是祭地祇。梁甫皆以皇后爲亞獻。諸王太妃爲終獻。丙辰。前羅文府果毅李敬貞論封禪須明水實樽。淮南子云。方諸見月。則津而爲水。高誘注云。方諸陰燧大蛤也。熟摩拭令熱。以向月。則水生。以銅盤受之。下數石。王充論衡云。陽燧取火於日。方諸取水於月。相去甚遠。而火至水來者。氣感之驗也。漢書儀云。八月飮酎。車駕夕牲。以鑑諸取水於月。以陽燧取火于日。周禮考工記云。金有六齊。金錫半謂之鑑燧之齊。鄭玄注云。鑑燧取水火于日月之器也。準鄭此注。則水火之器。皆以金錫爲之。今司宰有陽燧。形如圓鏡。以取明火。陰鑑形如方鏡。以取明水。但比年祀祭。皆用陽燧取火。應時得。以陰鑑取水。未有得者。嘗用井水替明水之處。奉勑令禮司研究。敬貞因說先儒是非。言及明水。乃云周禮金錫相半。自是造陽燧法。鄭玄錯解以爲陰鑑之制。依古取明水法。合用方諸。引淮南子等書用大蛤也。又稱敬貞曾八九月中取蛤一尺二寸者。依法試之。自人定至夜半。得水四五斗。敬貞所陳。檢有故實。又稱先經試驗確執。望請差敬貞自取蚌蛤。便赴泰山。與所司對試。是日制曰。古今典制。文質不同。至于制度。隨世代沿革。惟祀天地。獨不改張。斯乃自處于厚。奉天以薄。又今封禪。即用玉牒金繩。器物之間。復有瓦罇秸席。一時行禮。文質頓乖。駁而不倫。深爲未愜。其封祀降禪所設上帝后土位。先設稾秸瓦甒瓢杯等物。並宜改用裀褥罍爵。每事從文。其諸郊祀。亦宜準此。於是昊天上帝之座。褥以蒼。皇地祇褥以黃。配帝及后褥以紫。五方上帝及大明夜明席。皆以五色。內官以下席。皆以莞。舊唐書禮儀志。

乾封元年正月戊辰朔。有事於泰山。親祀昊天上帝於封祀之壇。己巳。帝登於泰山。封玉牒於介邱。庚午。降禪于社首山。皇后爲亞獻。越國太妃燕氏爲終獻。先是。李勣許敬宗等。議封禪儀注。請以高祖太宗二座俱配昊天上帝。詔從之。壬申。帝御朝覲壇受朝賀。大赦天下。癸酉。帝謂羣官曰。升中大禮。不行來數千載。近代帝王。雖稱封禪。其間事有不同。或爲求僊克禋。或以巡遊望拜。皆非尊崇祖業。近在隋朝。喪亂最甚。老者塡溝壑。少壯染兵鋒。高祖發自晉陽。撥亂反正。先朝躬擐甲冑。纘成大業。埽除氛祲。廓清區宇。遂得四海宅心。萬方仰德。朕丕承寶歷。十有七年。終日孜孜。夙夜無怠。屬國家無事。天下太平。華夷乂安。遠近輯睦。所以躬親展禮。褒贊先勳。情在歸功。固非爲己。遂得上應天心。下允人望。今大禮既畢。深以爲慰。公等休戚是同。故應共有此慶。欲與公等飲宴盡歡。各宜在外更衣。即求相見。仍勅所司撤幄帳。施玉牀。三品以上升壇。四品以下綴列坐壇下。縱酒設樂。羣臣及諸岳牧。競來上壽起舞。日晏方止。戊寅。詔兗州置寺觀各三所。觀以紫雲僊鶴萬歲爲稱。寺以封巒非煙重輪爲名。丙戌。發自泰山。改號封祀壇爲舞鶴臺。介邱壇爲萬歲臺。降禪壇爲景雲臺。以祀日各有靈鶴及山呼萬歲之瑞故也。冊府元龜。

乾封元年正月。帝親享昊天上帝於山下封祀之壇。如圜丘之儀。祭訖。親封玉策。置石䃭。聚五色土封之。圜徑一丈二尺。高九尺。其日。帝率侍臣以下升泰山。翌日。就山上登封之壇。封玉策訖。復還山下之齋宮。其明日。親祀皇地祇於社首山上降禪之壇。如方丘之儀。皇后爲亞獻。越國太妃燕氏爲終獻。翌日。上御朝覲壇。以朝羣臣。如元日之儀。禮畢。讌文武百寮。大赦改元。案本紀是年三月改元總章。舊唐書禮儀志。

案大唐新語。高宗乾封初封禪。岱宗行初獻之禮畢。執事者趨下。而宮官執帷。天后率六宮升壇行禮。帷席皆以錦繡爲之。識者咸非焉。

上元三年二月。詔今冬有事于嵩岳。閏三月。以吐蕃犯塞。停之。案本紀是年十一月改元儀鳳。

上元三年二月。詔以今冬有事于嵩岳。命所司草儀注。務從典故。閏三月。詔以吐蕃犯塞。停嵩岳封禪之禮。冊府元龜。

調露元年秋七月己卯。詔以今年冬至有事嵩岳。禮官學士詳定儀注。冬十月。單于大都護府突厥阿史德溫傅及奉職二部相率反叛。庚申。詔封嵩山宜停。舊唐書高宗本紀。

永淳二年春正月甲午朔。幸奉天宮。遣使祭嵩岳少室箕山具茨等山。西王母啓母巢父許由等祠。十一月癸亥。幸奉天宮。時天后自封岱之後。勸上封中岳。每下詔草儀注。卽歲飢邊事警急而止。至是復行封中岳禮。上疾而止。舊唐書高宗本紀。

高宗旣封泰山之後。又欲遍封五岳。至永淳元年。于洛州嵩山之南。置崇陽縣。其年七月。勅其所造奉天宮。二年正月駕幸奉天宮。至七月下詔。將以其年十一月封禪於嵩岳。詔國子司業李行偉。考功員外郎賈大隱。太常博士韋叔夏。裴守貞。輔抱素等。詳定儀注。於是議立封祀壇。如圜丘之制。上飾以元。四面依方色。爲圜壇三成。高二丈四尺。每等高三尺。壇上徑一十六步。三等各闊四步。設十二陛。陛皆上闊八尺。下闊一丈四尺。爲三重壝。距外壝三十步。內壝距五十步。燎壇在壇東南外壝之內。高三尺。方一丈五尺。南出陛。登封壇圓徑五丈。高九尺。四出陛。爲一壝。飾以五色。準封祀禪祭壇。上飾以金。四面依方色。爲八角方壇。再成。高一丈二尺。每等高四尺。壇上方十六步。每等廣四步。設八陛。其上壇陛皆廣八尺。中等陛皆廣一丈。下等陛皆廣一丈二尺。爲三重壝之大小。準封祀。爲埋埳在壇之未地外壝之內。方深取足容物。南出陛。朝覲壇于行宮之前。爲壇宮方三分壝二。在南壇方二十四丈。高九尺。南面兩陛。餘三面各一陛。封祀登封。五色土封石䃭爲圜封。上徑一丈二尺。下徑三丈。高九尺。禪祭五色土封。爲八角方封。大小準封祀制度。所用尺寸。準歷東封。並用古尺。諸壇並築土爲之。禮無用石之文。並度影以定方位。登封降禪四出陛。各當四方之中。陛各上廣七尺。下廣一丈二尺。封祀玉帛料。有蒼璧。四圭有邸。圭璧。禪祭有黃琮。兩圭有邸。無圭璧。又定登封降禪朝覲等日。準禮。冬至祭天于圜丘。其封祀請用十二日。準東封祀故事。十二日登封。十三日禪祭。十四日朝覲。若有故須改登封。已下期日。在禮無妨。又輦輿料云。封祀登封。皇帝出乘玉輅。還乘金輅。皇太子往還金輅。禪祭皇太子如封祀。又衣服料云。東封祀祭日。天皇服袞冕。近奉制依貞觀禮服大裘。又云。袞冕服一具。齋服之通天冠服一具。迴服之翼善冠服一具。馬上服之。皇太子袞冕服。又齋則服遠遊冠。受朝則公服遠遊冠服。馬上則進德冠服。（禮儀志。）

永淳二年七月庚申。詔以今年十月。有事於嵩岳。宜令禮官學士等審定儀注。務展誠敬。仍令天下岳牧。及京官五品以上。各舉所知有孝行儒學文武之士。於是詔禮官議射牛之事。太常博士裴守眞奏議曰。據周禮及國語。郊祀天地。天子自射其牲。漢武惟封泰山。令侍中儒者射牛行事。至於餘祀。亦無射牲之文。但親春射牲。雖是古禮。久從廢省。不可復行。據封禪祀禮。日未明十五刻。宰人以鸞刀割牲。質明而行事。比鑾駕至祠所。牢牲總畢。天皇惟奠玉酌獻而已。今若祀前一日射牲。事即傷早。祀日方始射牲。事又傷晚。若依漢武故事。即非親射之儀。事貴隨時。不可行用。神功破陣樂及功臣慶善樂二舞。每奏上皆立對。守眞又議曰。竊惟二舞肇興。謳吟攸屬。贊九功之茂烈。叶萬國之歡心。義均韶夏。用兼賓祭。皆祖宗聖德。而子孫享之。詳覽傳記。未有皇王立觀之禮。況升中大事。華夷畢集。九服仰垂拱之安。百蠻懷率舞之慶。陶甄化育。莫匪神功。豈於樂彝。別申嚴敬。臣等詳議。二彝時。天皇不合起立。詔並從之。尋以帝不豫。改用來年正月行封禪之禮。十月癸亥。車駕幸奉天宮。十一月丙戌。詔曰。朕聞仁者德之本。叶亭育之至途。禮者道之末。乃帝王之餘事。歷選往初。詳觀曩躅。惻隱以孚其化。變通以會其神。朕以虛薄。祗膺寶位。旰食宵衣。懼忝於宗社。如傷若厲。佇濟於黎元。每以皇基肇闢。範圍覆載。遺惠所覃。照格區宇。虔荷靈命。嘗慮下虧鴻業。遍刊羣岳。不足報元功。已升聞於日觀。思款謁於天臺。志在告成。諒非爲己。屬今茲豐稔。方有事於嵩邱。崇累聖之丕績。祈兆人之嘉佑。頃者分使出巡。存問風俗。河南河北。尚有十餘州旱澇。加以朔方寇盜。時或侵邊。關內流離。未能復業。一物失所。猶甚納隍。數郡不寧。豈宜備禮。前欲以來年正月封禪中岳者。宜停。（冊府元龜）

嗣聖十三年。（即武后萬歲通天元年。）臘月甲戌。如神岳。甲申。封於神岳。丁亥。禪於少室山。（唐書中宗本紀）

案王元感傳。天授中。元感直宏文館。武后時已郊。遂享明堂。封嵩山。紹與韋叔夏等草儀具。衆推練洽。

唐會要卷八 原闕今照四庫全書本增補

郊議

元宗開元十二年閏十二月辛酉。文武百官吏部尚書裴漼等。上請封東岳曰。臣聞道協乾坤。聖人之元德。功存禮樂。王者之能事。故旁徵前載。博考鴻名。躬歷數之期。遇天人之應。莫不發號施令。升中合符。澤浸黎元。以茂聲實者矣。伏惟開元神武皇帝陛下。握符提象。出震乘圖。英威邁於百王。至德加於四海。梯航接武。畢盡戎夷之獻。耕鑿終歡。不知堯舜之力。惡除氛沴。增日月之光輝。慶襲休榮。雜煙雲之氣色。靈物紹至。休祥沓委。江茅將鄗黍均芳。雙觡與一莖齊烈。固可以稽典訓。設壇場。悉符瑞之美。答神祇之貺。謙而不發。雖在於聖心。理則難辭。孰違於天意。臣幸遭昌運。謬齒周行。咸申就日之誠。願覩封巒之慶。無任勤懇之至。謹於朝堂奉表陳情以聞。帝手詔報曰。自中朝有故。國步艱難。天祚我唐。大命集於聖真皇帝。朕承奉丕業。十有餘年。德未加於百姓。化未覃於四海。將何以擬洪烈於先帝。報成功於上元。至若堯舜禹湯之茂躅。軒后周文之懿範。非朕之能逮也。其有日月之瑞。風雲之祥。則宗廟社稷之餘慶也。地平天成。人和歲稔。則羣公卿士之任職也。撫躬內省。朕何有焉。難違兆庶之情。未議封崇之禮。甲子。侍中臣乾曜。中書令臣說等奏。臣聞自古受天命居大寶者。必登崇高之邱。行封禪之事。所以展誠敬。報神祇。三五迄今。未之闕也。是以高宗因文武之業。盛岱亭之禮。方册所記。虞夏同風。聖移三朝。年經五紀。封崇之典。缺而未修。山川望幸。屬在今日。陛下靖多難。尊先朝。天所啓也。承大統。臨萬邦。天所命也。焉可不涉東岱。禪云亭。報上元之靈恩。紹高宗之洪烈。則天地之意。宗廟之心。將何以克厭哉。且陛下卽位以來。十有四載。創九廟。禮三郊。大舜之孝敬也。敦九族。友兄弟。文王之慈惠也。卑宮室。菲飮食。夏禹之恭儉也。道稽古。德日新。帝堯之文思也。憐黔首。惠蒼生。成湯之深仁也。化元漠。風太和。軒皇之至理也。至於日月星辰。山河草木。羽毛鱗介。窮祥極瑞。蓋以薦至而爲常。衆多而不錄。正以地平天成。人和歲稔。可以報於神明矣。鴻生碩儒。上章奏而請封禪者。前後千百。聖情撝挹。天鑒未回。臣等仰考神心。傍採衆望。封巒展禮。時不可抑。陛下縱不欲以成功告天。豈不可以天休報德。臣等昧死上請以聞。帝手詔報曰。夫登封之禮。告禪之儀。蓋聖人之能事。明王之盛業也。朕以眇身。託王公之上。夙夜祇懼。恐不克勝。幸賴羣公。以保宗社。至於休徵符瑞。皆先帝遺慶。朕何賴焉。豈可以禮百神。覲羣后。備岱亭之禮。展封祀之儀者哉。雖誠請是違。而宿心未暇。臣乾曜說等又上言曰。臣等考天人之際。稽億兆之情。以爲治定功成。登封告禪。鴻名盛則。屬在聖明。陛下讓德沖深。未允羣議。神祇闕望。臣等懼焉。且今四海和平。百蠻率職。莫不含道德之甘實。咀仁義之馨香。是以上帝聿懷。名山望幸。珍符薦至。年穀屢登。開闢以來。未之有也。臣聞自古受命而封禪者。七十二君。安有殊風絕業。足以方今也。然猶躡梁父。登泰山。飛英聲。騰茂實。而陛下功德之美。符瑞之富。固以孕虞夏含殷周矣。有何退讓逡巡於大禮哉。夫昭報天地。至敬也。嚴配祖宗。大孝也。厚福蒼生。博惠也。登封紀號。丕業也。陛下安可以闕哉。況天地之符彰矣。祖考之靈著矣。蒼生之望勤矣。禮樂之文備矣。陛下安可以辭哉。故臣等願因神祇之叶贊。順華夏之懇誠。早稽舊章。特垂新詔。庶幾仲夏乘農之隙。以展巡狩朝覲之儀。則天下幸甚。臣等昧死重請以聞。帝又詔報曰。夫治定然後制禮。功成然後作樂。朕承奉宗廟。恐不克勝。未能使四海乂安。此禮未定也。未能使百蠻效職。此功未成也。焉可以揚景化。告成功。雖欲答於神祇。終候安於兆庶。再省誠懇。惻恍良深。乾曜說等又再上言曰。臣聞聖人者與天地合德。故珍符休命。不可得而辭。鴻名盛典。不可得而讓。陛下功格上天。澤流厚載。三五之盛。莫能比崇。登封告成。理叶幽贊。故符瑞畢臻。天意也。書軌大同。人事也。菽粟屢登。和平也。刑罰不用。至理也。今陛下稽天意以固辭。違人事以久讓。是和平而不崇昭報。至理而闕薦祖宗。億兆之情。猶知不可。況上帝臨照。神宗顧諟。其可止乎。願納王公卿士列岳搢紳之望。迴命有司。速定大典。臣等不勝懇切。敢昧死再拜上請以聞。時儒生墨客。獻賦頌者數百計。帝不得已而從之。丁卯下詔曰。自古受命而王者。曷嘗不封泰山。禪梁父。答厚德。告成功。三代之前。率由斯義。自魏晉已降。迄至周隋。帝典闕而大道隱。王綱弛而舊章缺。千載寂寥。封崇莫嗣。物極而復。天祚我唐。文武二后。膺圖受籙。洎於高宗。重光累盛。承至理。登介邱。懷百神。震六合。紹殷周之統。接虞夏之風。中宗宏懿鑠之休。睿宗粹穆淸之道。巍巍蕩蕩。無得而稱者也。朕昔戡多難。稟略先朝。虔奉慈旨。嗣膺丕業。是用創九廟以申孝敬。禮二郊以展嚴禋。寶菽粟於水火。捐珠玉於山谷。兢兢業業。非敢追美前王。日愼一日。實以奉遵遺訓。至於巡狩大典。封禪鴻名。顧惟寡薄。未遑時邁。十四載於茲矣。今百穀有年。五材無眚。刑罰不用。禮義興行。和氣氤氳。淳風淡泊。蠻夷戎狄。殊方異類。重譯而至者。日月於闕廷。奇獸神禽。甘露醴泉。窮祥極瑞者。朝夕於林籞。王公卿士。罄洒誠於中。鴻生碩儒。獻其書於外。莫不以神祇合契。億兆同心。斯皆烈祖聖考。垂裕餘慶。故朕得荷皇天之景佑。賴祖宗之介福。敢以眇身而顯其讓。是以敬承羣議。宏此大猷。以光我高祖之丕圖。以紹我太宗之鴻業。永言陟配。祗感載深。可以開元十三年十一月十日。式遵故實。有事泰山。所司與公卿諸儒。詳擇典禮。預爲備具。勿廣勞人。務存節約。以稱朕意。所緣封禪儀注。兵馬陪集。並皆條奏。布告遐邇。（册府元龜）

開元十二年。四方治定。歲屢豐稔。羣臣多言封禪。中書令張說又固請。乃下制以十三年有事泰山。於是說與右散騎常侍徐堅。太常少卿韋縚。秘書少監康子元。國子博士侯行果。刊定儀注。立圓臺於山上。廣五丈。高九尺。土色各依其方。又於圓臺上起方壇。廣一丈二尺。高九尺。其壇臺四面爲一階。又積柴爲燎壇於圓臺之東南。量地之宜。柴高一丈二尺。方一丈。開上南出戶六尺。又爲圓壇於山下。三成十二階。如圜丘之制。又積柴於壇南爲燎壇。如山上。又爲玉册玉匱石䃭。皆如高宗之制。元宗初以謂升中於崇山精義也。不可諠譁。欲使亞獻已下。皆行禮山下壇。召禮官講議。學士賀知章等言。昊天上帝。君也。五方精帝。臣也。陛下享君於上。羣臣祀臣於下。可謂變禮之中。然禮成於三亞終之獻。不可異也。於是三獻皆升山。而五方帝及諸神皆祭山下壇。元宗問前世何爲秘玉牒。知章曰。玉牒以通意於天。前代或祈長年希神仙。旨尙微密。故外莫知。帝曰。朕爲民祈福。無一秘。請卽出玉牒以示百寮。乃祀昊天上帝于山上壇。以高祖配。祀五帝以下諸神于山下。其祀禮皆如圜丘。而卜日告天及廟社大駕所經及告至問百年朝覲。皆如巡守之禮。其登山也。爲大次于中道。止休三刻而後升。其已祭燔燎。侍中前跪稱具官臣某言請封玉册。皇帝升自南陛。北向立。太尉進昊天上帝神座前。跪取玉册。置于案以進。皇帝受玉册。跪內之玉匱。纏以金繩。封以金泥。侍中取受命寶。跪以進。皇帝取寶以印玉匱。侍中受寶。以授符寶郎。太尉進。皇帝跪捧玉匱授太尉。太尉退復位。太常卿前奏請再拜。皇帝再拜。退入于次。太尉奉玉匱之案于石䃭南。北向立。執事者發石蓋。太尉奉玉匱。跪藏于石䃭內。執事者覆石蓋。檢以石檢。纏以金繩。封以石泥。以玉寶遍印。引降復位。帥執事者以石距封固。又以五色土圓封。其配座玉牒。封于金匱。皆如封玉匱。太尉奉金匱從降。俱復位。以金匱內太廟。藏于高祖神堯皇帝之石室。其禪于社首。皆如方丘之禮。唐書禮樂志

上詔中書令張說。右散騎常侍徐堅。太常少卿韋縚。秘書少監康子元。國子博士侯行果等。與禮官於集賢書院刊撰儀注。元宗初以靈山好靜。不欲喧繁。與宰臣及侍講學士對議。用山下封祀之儀。於是張說謂徐堅韋縚等曰。乾封舊儀。禪社首。享皇地祇。以先后配享。王者父天而母地。當今皇母位。亦當往帝之

母也。子配母享。亦有何嫌。而以皇后配地祇。非古之制也。天鑒孔明。福善如響。乾封之禮。文德皇后配皇地祇。天后爲亞獻。越國太妃爲終獻。宮闈接神。有乖舊典。上元不佑。遂有天授易姓之事。宗社中圯。公族誅滅。皆由此也。景龍之季。有事圜丘。韋氏爲亞獻。皆以婦人升壇。執籩豆。媟黷穹蒼。享祀不潔。未及踰年。國有內難。終獻皆受其咎。掌座齋郎及女人執祭者。多亦夭卒。今主上尊天敬神。事資革正。斯禮以睿宗大聖貞皇帝配皇地祇。侑神作主。乃定議奏聞。上從之。舊禮。郊祀既畢。收取玉帛牲體。置於柴上。然後燔於燎壇之上。其壇於神壇之左。顯慶中。禮部尚書許敬宗等因修改舊禮。乃奏曰。謹案祭祀之禮。周人尚臭。祭天則燔柴。祭地則瘞血。宗廟則焫蕭灌鬯。皆貴氣臭。同以降神。禮經明白。義釋甚詳。委柴在祭神之初。理無所惑。是以三禮義宗等並云。祭天以燔柴爲始。然後行正祭。祭地以瘞血爲先。然後行正祭。又禮論說太常賀循上言。積柴舊在壇南。燎祭天之牲。用犢左胖。漢儀用頭。今郊用脅之九个。太宰令奉牲脅。太祝令奉圭璧。俱奠燎薪之上。此卽晉氏故事。亦無祭天之文。既云漢儀用牲頭。頭非神俎之物。且祭末俎皆升右胖之脅。惟有三禮。賀循既云用祭天之牲左胖。復云今儀用脅九个。足明燔柴所用。與升俎不同。是知自在祭初。別燔牲體。非於祭末燒神餘饌。此則晉氏以前。仍遵古禮。惟周魏以降。妄爲損益。納告廟之幣。事畢瘞埋。因改燔柴。將爲祭末。事無典實。禮闕降神。又燔柴正祭。牲玉皆別。蒼璧蒼犢之流。柴之所用。四圭騂犢之屬。祀之所須。故郊天之有四圭。猶祀廟之有圭瓚。是以周官典瑞。文勢相因。並事畢收藏。不在燔例。而今新禮引用蒼璧，不顧圭璜。遂亦俱燔。義既有乖。理難因襲。又燔柴作樂。俱以降神。則處置之宜。須相依準。燔柴在左。作樂在南。求之禮情。實爲不類。且禮論說積柴之處。在神壇之南。新禮以爲壇左。文無典故。請改燔爲祭。始位樂懸之南。外壝之內。其陰祀瘞埋。亦請準此。制可之。自是郊丘諸祀。並先焚而後祭。及元宗將作封禪之禮。張說等參定儀注。臣徐堅康子元等建議曰。臣等謹案顯慶年修禮官長孫無忌等奏改燔柴在祭前。狀稱祭祀之禮。必先降神。周人尚臭。祭天則燔柴者。臣等案禮迎神之義。樂六變則天神降。八變則地祇出。九變則鬼神可得而禮矣。則降神以樂。周禮正文。非謂燔柴以降神也。案尚臭之義。不爲燔之先後。假如周人尚臭。祭天則燔柴。容或燔臭先以迎神。然則殷人尚聲。祭天亦燔柴。何聲可燔。先迎神乎。又案顯慶中無忌等奏稱。晉氏之前。獨遵古禮。周魏以降。妄爲損益者。今案郭璞晉南郊賦。及注爾雅。祭後方燔。又案宋忠所論。亦祭後方燔。又檢南齊北齊及梁郊祀。亦飲福酒後方燔。又檢後周及隋郊祀。亦先祭後燔。據此。卽周遵後燔。晉不先燎。無忌之事。義乃相乖。又案周禮大宗伯職。以玉作六器。以禮天地四方。注云。禮謂始告神時。薦於神座也。下文云。以蒼璧禮天。以黃琮禮地。皆有牲幣。各如其器之色。又禮器云。有以少爲貴者。祭天特牲。是知蒼璧之與蒼牲。俱各奠之神座。理節不惑。又云。四圭有邸以祀天。旅上帝。卽明祀昊天上帝之時。以旅五方上帝明矣。其青圭赤璋白琥元璜。自是立春立夏立秋立冬之日。各於其方迎氣所用。自分別矣。今案顯慶所改新禮。以蒼璧與蒼牲蒼幣俱用先燔。蒼璧既已燔矣。所以遂加四圭有邸。奠之神座。蒼牲既已燔矣。所以更加騂牲。充其實俎。混昊天於五帝同用四圭。失特牲之明文。加爲二犢。深乖禮意。事乃無憑。考功員外郎趙冬曦。太學博士侯行果曰。先焚者本以降神。行之已久。若從祭義後焚。爲定。中書令張說執奏曰。徐堅等所議燔柴前後。議有不同。據祭義及貞觀顯慶已後。既先燔。若欲正失禮。求祭義。請從貞觀禮。如且因循不改。更請從顯慶禮。凡祭者本以心爲主。心至則通於天地。達於神祇。既有先燔後燎。自可斷於聖意。所至則通於神明。燔之先後。臣等不敢裁定。元宗令依後燔及先奠之儀。是後太常卿寧王憲奏請郊壇時祭並依此。先奠璧而後燎柴瘞埋。制從之。時又有四門助教施敬本駁奏舊封禪禮八條。其略曰。舊禮侍中跪取匜沃盥。非禮也。夫盥手洗爵。人君將致潔而尊神。故使小臣爲之。今侍中大臣也。而盥沃於人君。太祝小臣也。乃詔祝於天神。是接天神以小臣。奉人君以大臣。爲非禮。案周禮大宗伯曰。鬱人下士二人。贊祼事。則沃盥此職也。漢承秦制。無鬱人之職。故使近臣爲之。魏晉至今因而不改。然則漢禮侍中行之則可矣。今以侍中爲之則非也。漢侍中其始也微。高帝時籍孺爲之。惠帝時閎孺爲之。留侯子辟彊年十五爲之。至後漢樓堅以議郎拜侍中。邵闓自侍中遷步兵校尉。其秩千石。少府卿之屬也。少府卿秩中二千石。丞秩千石。侍中與少府卿班同。魏代蘇則爲之。舊侍中親省起居。故謂之執獸子。吉茂見謂之曰。仕進不止執獸子。是言其爲褻臣也。今侍中名則古官。人非昔任。掌同變理。寄實鹽梅。非復漢魏執獸子之班。異乎周禮鬱人之職。行舟不息．墜劍方遙．驗刻而求．可謂謬矣．夫祝以傳命．通主人之意．以薦於神明．非賤職也．故兩君相見．則卿爲上擯．況天人之際．其肅恭之禮．以兩君爲喻．不亦大乎．今太祝下士也．非所以重命而尊神之義也．然則周漢太祝．是禮矣．何者．按周禮大宗伯曰．太祝下大夫二人．上士四人．掌六祝之辭．大宗伯爲上卿．今禮部尚書．太常卿比也．小宗伯中大夫．今侍郎．少卿比也．太祝下大夫．今郎中．太常丞比也．上士四人．今員外郎．太常博士比也．故可以處天人之際．致尊極之辭矣．又漢太祝令秩六百石．與太常博士同班．梁太祝令與南臺御史同班．今太祝下士之卑．而居下大夫之職．斯又刻舟之論．不異於前矣．又曰．舊禮謁者引太尉升壇亞獻．非禮也．謁者已賤．升壇已重．是微者用之於古．而大體實變於今也．按漢官儀．尚書御史臺官屬有謁者僕射一人．秩六百石．銅印青綬．謁者三十五人．以郎中滿歲稱給事．未滿歲稱權謁者．又案漢書百官公卿表．光祿勳官屬有郎中員外．秩比二千石．有謁者．掌賓讚受事．員七十人．秩比六百石．古之謁者秩異等．今謁者班微．以之從事．可謂疏矣．又曰．舊禮尚書令奉玉牒．今無其官．請以中書令從事．案漢武帝時．張安世爲尚書令．遊宴後宮．從官以宦者一人出入帝命．改爲中書謁者令．至成帝．罷宦者．用士人．魏黃初改祕書．置中書監令．舊尚書幷掌制誥．旣置中書官．而制誥樞密皆掌焉．則自魏以來．中書是漢朝尚書之職．今尚書玉牒．是用漢禮．其官旣闕．故可以中書令主之．議奏．元宗令張說徐堅召敬本與之對議詳定．說等奏曰．敬本所議．其中四條．先已改定．有不同者．望臨時量事改攝．制從之十二年十一月丙戌。至泰山。去山趾五里。西去社首山三里。丁亥。帝服衮冕於行宮。致齋於供帳前殿。己丑日南至。大備法駕至山下。元宗御馬而登。侍臣從。先是元宗以靈山清潔。不欲多人上。欲初獻於山上壇行事。亞獻終獻於山下壇行事。因召禮官學士賀知章等入講儀注。因問之。知章等奏曰。昊天上帝君位。五方時帝臣位。帝號雖同。而君臣異位。陛下享君位於山上。羣臣祀臣位於山下。誠足以垂範來葉。爲變禮之大者也。禮成於三。初獻亞終。合於一處。元宗曰。朕正欲如是。故問卿耳。於是勅三獻於山上行事。其五方帝及諸神座於山下壇行事。元宗因問玉牒之文。前代帝王。何故秘之。知章對曰。玉牒本是通於神明之意。前代帝王。所求各異。或禱年算。或思神仙。其事微密。是故莫知之。元宗曰。朕今此行。皆爲蒼生祈福。更無秘請。宜將玉牒出示百僚。使知朕意。其詞曰。有唐嗣天子臣某。敢昭告於昊天上帝。天啓李氏。運興土德。高祖太宗。受命立極。高宗升中。六合殷盛。中宗紹復。繼體不定。上帝眷佑。錫臣忠武。底綏內難。推戴聖父。恭承大寶。十有三年。敬若天意。四海晏然。封祀岱宗。謝成於天。子孫百祿。蒼生受福。庚寅。祀昊天上帝於山上封臺之前壇。高祖神堯皇帝配享焉。邠王守禮亞獻。寧王憲終獻。皇帝飲福酒。癸巳。中書令張說進稱。天賜皇帝太一神策。周而復始。永綏兆人。帝拜稽首。山上作圓臺。四階。謂之封壇。臺上有方石再累。謂之石磩。玉牒玉册。刻玉塡金爲字。各盛以玉匱。束以金繩。封以金泥。皇帝以受命寶印之。納二玉匱於磩中。金泥磩際。以天下同文之印封之。壇東南爲燎。積柴其上。皇帝就望燎位。火發。羣臣稱萬歲。傳呼至山下。聲動天地。山下祀壇羣臣行事已畢。皇帝未離位。命中書門下曰。朕以薄德。恭膺大寶。今封祀初建。雲物休佑。皆是卿等輔弼之力。君臣相保。勉副天心。長如今日。不敢矜怠。中書令張說跪言。聖心誠懇。宿齋山上。昨夜則息風收雨。今朝則天淸日暖。復有祥風助樂。卿雲引燎。靈迹盛事。千古未聞。陛下又思愼終如初。長福萬姓。天下幸甚。先是車駕至岳西來蘇頓。有大風從東北來。自午至夕。裂幕折柱。衆恐。張說倡言曰。此必是海神來迎也。及至岳下。天地淸晏。元宗登山。日氣和煦。至齋次。日入後。勁風偃人。寒氣切骨。元宗因不食。次前露立。至夜半。仰天稱某身有過。請卽降罰。若萬人無福。亦請某爲當罪。兵馬辛苦。乞停風寒。應時風止。山氣溫暖。時從山上布兵。至於山壇。傳呼辰刻。及詔命來往。斯須而達。夜中燃火相屬。山下望之。有如連星自地屬天。其日平明。山上淸迴。下望山下。休氣四塞。登歌奏樂。有祥風自南而至。絲竹之聲。飄若天外。及行事日。揚火光。慶雲紛郁。遍滿天際。羣臣並集於社首山帷宮之次。以候鑾駕。遙望紫煙憧憧上達。內外歡譟。元宗自山上便赴社首齋次。辰巳間至。日色明朗。慶雲不散。百辟及蕃夷爭前迎賀。辛卯。享皇地祇於社首之泰折壇。睿宗大聖貞皇帝配祀。五色雲見。日重輪。藏玉策於石䃭。如封壇之儀。壬辰。元宗御朝覲之帳殿。大備陳布。文武百僚。二王後。孔子後。諸方朝集使。岳牧舉賢良。及儒生文士上賦頌者。戎狄夷蠻羌胡朝獻之國。突厥頡利發。奚契丹等王。大食。謝䫻。五天十姓。崑崙。日本。新羅。靺鞨之侍子及使。內臣之蕃。高麗朝鮮王。百濟帶方王。十姓摩阿史那。興昔可汗。三十姓。左右賢王。日南西竺。鑿齒雕題。牂柯烏滸之酋長。咸在位。制曰。朕聞天監惟后。后克奉天。旣合德以受命。亦推功而復始。厥初作者七十二君。道洽迹著。時至符出。皆用事於介邱。升中於上帝。人神之望。蓋有以塞之。皇王之序。可得而言。朕接統千歲。承光五葉。惟祖宗之德在人。惟天地之靈作主。往者內難。幽贊而集大勳。開無外虞。守成而纘舊服。未嘗不乾乾終日。思與公卿大夫。上下協心。聿求至理。以宏我烈聖。其庶乎馨香。今九有大寧。羣甿樂業。時必敬授而不奪。物亦順成而無夭。懋建皇極。幸致太和。洎乃幽遐。率由感被。戎狄不至。惟文告而來庭。麟鳳已臻。將覺情而在藪。以故凡百執事。亟言大封。顧惟不德。切欲勿議。伏以先聖儲祉。與天同功。荷傳符以在今。敢侑神而無報。大篇斯在。朕何讓焉。遂奉遵高宗之舊章。憲乾封之令典。時邁東土。柴告岱岳。精意上達。肸蠁來應。信宿行事。雲物呈祥。登降之禮斯畢。嚴配之誠獲展。百神羣望。莫不懷柔。四方諸侯。莫不來慶。斯是天下之介福。邦家之耿光也。無窮之休祉。豈獨在予。非常之惠澤。亦宜逮下。可大赦天下。封太山神爲天齊王。禮秩加三公一等。仍令所管。崇飾祠廟。環山十里。禁其樵採。給近山二十戶。復以奉祠神。元宗製紀泰山銘。御書勒於山頂石壁之上。其詞曰。朕宅位有十載。顧惟不德。懵於至道。任夫難任。安夫難安。茲朕未知獲戾於上下。心之浩蕩。若涉大川。賴上帝垂休。先后儲慶。宰相庶尹。交修皇極。四海會同。五典敷暢。歲云嘉熟。人用太和。百辟僉謀。唱余封禪。謂孝莫大於嚴父。謂禮莫盛於告天。天符旣至。人望旣積。固請不已。固辭不獲。肆余與夫二三臣。稽虞典。繹漢制。張皇六師。震嚮九寓。旌旗有列。士馬無譁。肅肅邕邕。翼翼溶溶。以至於岱宗。順也。爾雅曰。泰山爲東岳。周官曰。兗州之鎮山。實萬物之始。故稱岱焉。其位居五岳之伯。故稱宗焉。自昔王者受命易姓。於是乎啓天地。薦成功。序圖錄。紀氏號。朕統承先王。茲率厥典。實欲報元天之眷命。爲蒼生而祈福。豈敢高視千古。自比九皇哉。故設壇場於山下。受羣方之助祭。躬封燎於山上。冀一獻之通神。斯亦因高崇天。就廣增地之義也。乃仲冬庚寅。有事東岳。類於上帝。配我高祖在天之神。罔不畢降。粤翌日。禪於社首。佑我聖考。祀於皇祇。在地之神。罔不咸舉。暨壬辰。覲羣后。上公進曰。天子膺天符。納介福。羣臣拜稽首呼萬歲。慶合歡同。乃陳誡以德。大渾協度。彝倫攸敍。三事百揆。時乃之功。萬物由庚。兆人允植。列牧衆宰。時乃之功。一二兄弟。篤行孝友。錫類萬國。時惟休哉。我儒制禮。我史作樂。天地擾順。時惟休哉。蠻夷戎狄。重譯來貢。累聖之化。朕何慕焉。五靈百寶。日來月集。會昌之運。朕何惑焉。凡今而後。儆乃在位。一王度。齊象法。權舊章。補缺政。存易簡。去煩苛。思立人極。乃見天則。於戲。天生蒸人。惟后時乂。能以美利利天下。事天明矣。地德載物。惟后時相。能以厚生生萬人。事地察矣。天地明察。鬼神著矣。惟我藝祖文考。精爽在天。其曰懿爾幼孫。克享上帝。唯帝時若。馨香其下。丕乃曰。有唐氏文武之曾孫隆基。誕錫新命。纘我舊業。永保天祿。子孫其承之。余小子敢對揚上帝之休命。則亦與百執事尚綏兆人。將多於前功。而毖彼後患。一夫不獲。萬方其罪余。一心有終。上天其知我。朕惟寶行三德。曰慈儉謙。慈者覆無疆之言。儉者崇將來之訓。自滿者人損。自謙者天益。苟如是則軌迹易循。基構易守。磨石壁。刻金石。冀後之人。聽辭而見心。觀末而知本。銘曰。維天生人。立君以理。維君受命。奉天爲子。代去不留。人來無巳。德涼者滅。道高斯起。赫赫高祖。明明太宗。爰革隋政。奄有萬邦。罄天張宇。盡地開封。武稱有截。文表時邕。高宗稽古。德施周溥。茫茫九夷。削平一鼓。禮備封禪。功齊舜禹。巖巖岱宗。衛我神主。中宗紹運。舊邦維新。恭己南面。氤氳化淳。告成之禮。留諸後人。緬余小子。重基五聖。匪功伐高。匪德矜盛。欽若祀典。丕承永命。至誠動天。福我萬姓。古封泰山。七十二君。或禪亭亭。或禪云云。其迹不見。其名可聞。祗遹文祖。光昭舊勳。方士虛誕。儒書不足。佚后求仙。誣神檢玉。秦災風雨。漢汙編錄。德未合天。或承之辱。道在觀政。名非從欲。銘心絕巖。播告羣岳。於是中書令張說撰封祀壇頌。侍中源乾曜撰社首壇頌。禮部尚書蘇頲撰朝覲壇頌。以紀聖德。（舊唐書禮儀志。）

開元十三年四月乙丑。撫州三脊茅生。有上封事者言曰。昔齊桓公九合諸侯。一匡天下。將欲封禪。問於夷吾。夷吾對曰。江淮間三脊茅生。用以縮酒。乃可封禪。其時無茅。桓公大慙而罷。自歷千古。今始一生。昔宣王南征。責楚包茅不入。王祭不供。則是其地。其茅今高一尺。至八月長足。方堪縮酒。特望聖恩。至時令采用。祭泰山。幷掘根於苑內植之。時宰臣巳遣使於岳州採沅江茅。乃奏曰。管夷吾謂桓公是諸侯。不合封禪。故稱茅以拒之。及伐楚之日。尊周室。行伯道。乃責楚云。包茅不入。王祭不供。若以茅爲瑞。是不知經義。臣等歷任荊楚。博訪貢茅。沅江最勝。臣巳牒岳州取訖。今稱撫州有茅。請移根入苑。且貉不踰汶。橘不過淮。移根苑中。信是虛語。望敕撫州。且進六束。與沅江相比用之。帝曰。可。癸酉。詔朝集使各舉所部孝悌文武。集於泰山之下。十一月丙戌。至泰山下。去山趾五里。丁亥。帝衮冕服於行宮致齋。戊子。敕曰。封祀告成。爲萬姓祈福。必資淸潔。以副朕心。其行事官及齋郎應致齋者。宜令御史行齋。切勿容疏怠。有雄野雞飛入齋宮。馴而不去。久之。飛入仗衛。忽不見。邠王守禮等賀曰。臣謹案舊典。雌來者伯。雄來者王。又聖誕酉年。雞主於西。斯蓋王道遐被。天命休禎。臣請宣付史官。以彰靈貺。（冊府元龜。）

案唐書列傳。張說爲中書令。倡封禪議。受詔以諸儒草儀。及登封還。詔說撰登封壇頌。刻之泰山。

唐張說封禪壇頌。皇唐六葉。開元神武皇帝。再受命。致太平。乃封岱宗。禪社首。鑿石紀號。天文煥發。儒臣志美。立碣祠壇。曰。厥初生人。俶有君臣。其道茫昧。其氣樸略。因時欻起。與運而紛落。泯泯沒沒。而無聞焉。爾後聖人取法象。立名位。衣裳以等之。甲兵以定之。於是禮樂出而書記存矣。究其源。致敬乎天地。報其本。致美乎鬼神。則封禪者。帝王受天命。告成功之爲也。閱曩聖之奧訓。考列嗣之通術。疇若天而不成。曷背道而靡失。由是推之。封禪之義有三。帝王之略有七。七者何。傳不云乎。道德仁義禮智信。順之稱聖哲。逆之號狂悖。三者何。一位當五行圖錄之序。二時會四海昇平之運。三德具欽明文思之美。是謂與天合符。名不死矣。有一不足。而云封禪。人且未許。其如天何。言舊史者。君莫道於陶唐舜禹。臣莫德於皋陶稷卨。三臣備德。皆有天下。仲尼敘帝王之書。繫魯秦之誓。明魯祀周公用王禮。秦承伯錄接周統。孔聖徵旨。不其效歟。然秦定天下之功高。享天祿之日淺。天而未忘庭堅之德也。故大命復集於皇家。天之贊唐。不惟舊矣。其興之也。元靈啓迪。黄祇顧懷。應歸運以義舉。撫來蘇以利見。湯也無放夏之慙。武也無伐殷之戰。高祖創業。四宗重光。有德格天。漏泉蒸雲。濡露菌蠢。滋育氤氳。涵煦若天地之覆載。日月之照臨。溥有形而希景。罄無外而宅心。百有八年於茲矣。皇帝攘內難而啓新命。戴睿宗而纘舊服。宇宙更闢。朝廷始位。蓋羲軒氏之造皇圖也。九族敦序。百姓昭明。萬邦咸和。黎民於變。立土圭以步曆。革銅渾以正天。蓋唐虞氏之張帝道也。天地四時。六官著禮。井田三壤。五圻成賦。廣九廟以尊祖。定六律以和神。蓋三代之設王制也。武緯之。文經之。聖謨之。神化之。然猶戰戰兢兢。日愼一日。約規誨以進德。遂忠良以代工。講習乎無爲之書。討論乎集賢之殿。寵勇爵。貴金門。翼乎鵷鸞之列。在庭。毅乎貔貅之師居鄙。人和傍感。神寶沓至。乾符坤珍。千品萬類。超圖軼牒。未始聞記。我后以人瑞爲心。不以物瑞爲意。王公卿士儼然進曰。休哉陛下。孝至於天。故合於道。前年祈后土。入饗大穰。閒歲祀圜丘。日不奄朔。感祥以祚聖。因事以觀天。天人交合。其則不遠。意者喬岳埽路。望翠華之來。上帝儲思。俟蒼璧之禮久矣。焉可專讓而廢舊勛。羣臣固言。勤帝知罪。至於再。至於三。帝乃揖之曰。欽崇天道。俯率嘉話。恐德不類。敢憚於勤。其撰巡狩之儀。求封禪之故。既而禮官不誠而備。軍政不謀而輯。天老練日。雨師灑道。六甲案隊。八神警蹕。孟冬仲旬。乘輿乃出。千旗雲列。萬戟林行。霍濩燐爛。飛焰揚精。原野爲之震動。草木爲之風生。歷郡縣。省謠俗。問耆年。舉百祀。輿墜典。葺闕政。攸徂之人。室家相慶。萬方縱觀。千里如堵。城邑連歡。邱陵聚舞。其中垂白之老。樂過以泣。不圖蒿里之魂。復見乾封之事。堯雲往。舜日還。神華靈鬱。爛漫乎穹壤之間。是月。來至於岱宗。祗祓齋宮。滌濯靜室。凝神元覽。將款太一。議夫泰山者。聖帝受天官之宮。天孫總人靈之府。自昔立國。莫知萬類。克升中而建號。惟七十而有五。我高宗六之。而今七矣。非夫尊位盛時。明德曠代。邃闊難並之甚哉。先時將臻夫大封也。累封壇於高岡。築泰壇於陽阯。夫其天壇三襲。辰陛十二。咸秩眾靈。列座有次。崇牙樹羽。管磬鏞鼓。宮懸於重壝之內。干戚鑱殳。鉤戟戣戵。周衛於四門之外。伐國重器。傳代絕瑞。旅之於中庭。玉輦金轂。翠冒黃屋。夾之於端路。庶官百辟。羌夷蠻貊。褒成之後。讓王之客。敍立於禮神之場。髦頭弩牙。鐵馬金鎌。介冑如雪。旗幟如火。遠亙於清禁之野。於是乎以天正上元。法駕徐進。屯千乘於平路。留羣臣於谷口。皇帝御六龍。陟萬仞。獨與一二元老執事之人。出天門。臨日觀。次沆瀣。宿巉巖。赤霄可接。白雲在下。庚寅。祀高祖於上封。以配上帝。命眾官於下位。以享眾神。皇帝冕裘登壇。奠獻俯僂。金奏作。佾羽舞。擊黃鐘。歌大呂。開閶闔。與天語。請將信公。奉斗布度。懋建皇極。勤恤蒼生。招嘏乎未兆。禳災乎未萌。上下傳節。而禮成樂遍。福壽同歸。而帝賜神策。乃檢玉牒於中頂。揚柴燎於高天。庶衷誠而上達。若馮焰而騰煙。日轡方旋。神心餘眷。五色雲起。拂馬而隨。人萬歲山呼。從天而至地。越翌日。尊睿宗。侑地祇。而禮社首。遂張大樂。覲東后。

國風惟舊。無黜幽削爵之誅。王澤惟新。有眚災大賚之慶。不浹日至化洽於人心。不崇朝景福遍於天下。然後藏金匱於祏室。迴玉鑾於上都。煌煌乎眞聖朝之能事。而高代之盛節者也。於斯之時。華戎殊俗。異音同歎曰。岳合多雨。山峻多雲。豈有大舉百萬之師。尅期千里之外。乃行事之日。則天無點翳。地無纖塵。嚴冬變爲韶景。寒谷鬱爲和氣。非至德孰能動天。如此其順者乎。昔人云。自西自東。自南自北。無思不服。今信知聖人作而萬物覩。其心服之謂矣。或曰。祭泰折。主先后。非禮歟。曰。是禮也。非宜也。王者父事天。母事地。侑神崇孝。無嫌可也。且夫柴瘞外事。帝王主之。蒸嘗內事。后妃助之。是開元正人倫。革弊禮。起百王之法也。故令千載承末光。聆絕韻。咀甘實。漱芳潤。爍元妙之至精。流不已之淑聲。臣說作頌。告於神明。四皇墳而六帝典。雖吉甫亦莫能名。徒採彼輿人之詩曰。大矣哉。維天爲大。維皇則之。率我萬國。受天之祺。子孫百代。人神共保綏之云爾而已矣。

徐堅傳。元宗時。堅充集賢學士。從上封泰山。以參定儀典。加光祿大夫。

裴光庭傳。元宗有事岱宗。中書令張說以天子東巡。京師空虛。恐突厥乘間竊發。議欲加兵守邊。召光庭與謀。對曰。封禪所以告成功也。成功者德無不被。人無不安。萬國無不懷。今將告成而懼突厥。非昭德也。大興力役。用備不虞。非安人也。方謀會同而阻戎心。非懷遠也。此三者名實乖矣。且諸蕃突厥爲大。贄幣往來。願修和好有年矣。若遣一使召大臣使赴行在。必欣然應命。突厥受詔。則諸蕃君長。必相率而來。我偃旗息鼓。不復事矣。說曰。善。吾所不及。因奏用其策。突厥果遣使來朝。契丹酋長與諸蕃長皆從行在東封。還遷兵部侍郎。

康子元傳。子元越州會稽人。仕歷獻陵令。開元初。詔中書令張說舉能治易老莊者。集賢直學士侯行果薦子元及平陽敬會眞於說。藉說以聞。並賜衣幣。得侍讀。子元累擢秘書少監。會眞四門博士。俄皆兼集賢侍講學士。元宗將東之泰山。說引子元行果徐堅韋縚商裁封禪儀。初高宗之封。中書令許敬宗議周人尚臭。故前祭而燔柴。說堅子元白奏。周官樂六變天神降。是降神以樂。非緣燔也。宋齊以來。皆先飲福酒。乃燎。請先祭後燔。如貞觀禮。便行果與趙冬曦議。以爲先燎降神尙矣。若祭已而燔。神無由降。子元議挺不徙。說曰。康子獨出蒙輪。以當一隊耶。議未判。說請決於帝。帝詔後燔。（並唐書）

酉陽雜俎。明皇封禪泰山。張說爲封禪使。說壻鄭鎰本九品官。舊例封禪後。自三公以下皆遷轉一級。惟鄭鎰因說驟遷五品。兼賜緋服。因大酺次。元宗見鎰官位騰躍。怪而問之。鎰無詞以對。黃旛綽曰。此泰山之力也。

開元十八年。百寮及華州父老累表。請上尊號。並封西嶽。不允。（舊唐書元宗本紀。）

鑾駕進發。（禪儀無此篇。）皇帝將有事於泰山。有司卜日如別儀。告昊天上帝太廟太社。皆如巡狩之禮。（告太廟高祖祝文加）

封祀配神作主之意。告睿宗祝文。如禪祭配神作主之意。皇帝出宮。備大駕鹵簿。軷於國門。祭所過山川。古先帝王名臣烈士。皆如巡狩之禮。通事舍人承制問百年。所經州縣刺史縣令先待於境。至太山下。柴告昊天上帝於圓丘壇。皆如巡狩告至之禮。有司攝事。前祀所司以太牢祭於太山神廟。如常式。

齋戒。前七日。太尉戒誓百官。封云封於泰山。禪云禪於社首山。齋儀同封祀。皇帝散齋於行宮後殿四日。致齋於前殿三日。服袞冕結佩等。並如圓丘儀。百官如別儀。

制度。將作大匠先領徒於太山上立圓臺。廣五丈。高九尺。土色各依其方。又於圓臺上起方壇。廣一丈二尺。高九尺。其臺壇四面各為一陛。玉版長一尺三寸。廣五寸。厚五寸。刻牒為字。以金填之。用金匱盛。其玉牒文。中書門下取進止。所司承旨。請內鐫其名。檢等並如後制。郊社令積柴為燎壇於山上圓臺之東南。量地之宜。柴高一丈二尺。方一丈。開上南出戶。方六尺。又為圓壇於山下。三成。十二陛。如圓丘之制。隨地之宜。壇上飾以元。四面依方色。壇外為三壝。郊社令又積柴於壇南燎。如山上之儀。又為玉册。皆以金繩連編玉牒為之。每牒長一尺二寸。廣一寸二分。厚三分。刻玉填金為字。少府監量文多少為之。又為玉匱一。長一尺三寸。并檢方五寸。當纏繩處刻為五道。當封寶處刻深二分。方取容受命寶印。以藏在座玉册。制度如玉匱。又為黃金繩。以纏玉匱金匱。又為石璽。以藏玉匱。用方石再累。各方五尺。厚一尺。縱鑿石中。廣深令容玉匱。璽旁施檢處。皆刻深三寸三分。闊一尺。南北各二。東西各三。去隅皆七寸。纏繩處皆刻深三分。闊一寸五分。爲石檢十枚。檢石璽。皆長三寸闊一尺。厚七寸。皆刻爲三道。廣一寸五分。深四寸。當封處大小取容寶印。深二寸七分。皆有小石蓋。制與封刻處相應。以檢擫封印。其檢立於璽旁當刻處。又爲金繩三。以纏石璽。各五周。徑三分。爲石泥以封石璽。以石末和方色土爲其封玉匱金匱石璽同用受命寶並所司量時先奏請出之。 爲石距十二枚。皆闊二尺。厚一尺。長一丈。邪刻其首。令與璽隅相應。分距璽四隅。皆再累。爲五色土圓封。以封石璽。上徑一丈二尺。下徑三丈九尺。禪禮制度將祭將作先於社首山禪所爲禪祭壇如方丘之制八角三成每等高四尺上闊十六步設八陛上等陛廣八尺中等陛廣一丈下等陛廣一丈二尺爲三重壝量地之宜四面開門玉册石璽玉匱金匱金泥檢距圓封立碑等並如封祀之儀

陳設。 前祀三日。衛尉設文武侍臣次於山下封祀壇外壝東門之內道北。皆文官在左。武官在右。俱南向。設諸祀官次于東壝之外道南。北向西上。三師南壝之外道東。諸王于三師之南。俱西向北上。文官從一品以下九品以上。于祀官之東。皇親五等以上。諸親三等以上。于文官之東。東方諸州刺史縣令。又于文官之東。俱北向西上。介公酅公于南壝之外道西。東向。諸州使人于介公酅公之西。東向。諸方之客。東方南方于諸王東南。西向。西方北方于介公酅公西南。東向。皆以北爲上。武官三品以下九品以上。于西壝之外道南。北向東上。設諸饌幔各于內壝東門西門之外道北。南向。北門之外道東。西向。壇上及東方之饌陳于東門外

南方及西方之饌陳于西門外。北方之饌陳于北門外。前祀二日。太樂令設宮懸之樂于山下封祀壇之南內壝之外。如圜丘儀。右校埽除壇之內外。禪儀。祭前二日。尚舍壇長施大次于外壝東門內道北。尚舍鋪御座。守宮設文武官次于大次前。東西相向。諸祀官于東壝外。文官九品以上于祀官東。皇親諸親又于其東。蕃客又于其東。介公酅公于西壝外道南。武官九品于介公酅公西。蕃客又于其西。褒聖侯于三品文官下。有諸州使分于文武官後。設陳饌幔于內壝東西門外道北。南向。其壇上及東方饌陳于東門之外。南方西方北方饌陳于西門之外。其陳樂懸則樹靈鼓。右校埽除。又爲瘞埳于壇壬地。前祀一日。奉禮郎設祀官公卿之位于山下封祀壇內壝東門之外道南。分獻之官於公卿之南。執事者位於其後。每等異位。重行西向北上。設御史位於壇上。一位於東陛之南。西向。一位於西陛之南。東向。設奉禮位於樂懸東北。贊者二人在南。差退。俱西向。設協律郎位於壇南陛之西。東向。設太樂令位於北懸之間。當壇北向。設從祀之官位。三師位於懸南道東。諸王位於三師之東。俱北面西上。介公酅公位於道西。北面東上。文官從一品以下九品以上。於執事之南。東方諸州刺史縣令又於文官之南。每等異位。重行西向。俱以北爲上。武官三品以下九品以上。位於西方。値文官。皇親五等以上。諸親三等以下。於文官之南。每等異位。重行東向。諸州使人位於內壝南門之外道西。重行東面。皆以北爲上。設諸國客使位於內壝東門之外東方。於諸王東南。每國異位。重行北向。以西爲上。西方北方於介公酅公西南。每國異位。重行北向。以東爲上。其褒聖侯文官三品之下。諸州使人各於文武官後。禪儀。奉禮設御位於壇東南。設祭官位於內壝東門外道南。分獻官於祭官南。執事者位於後。設御史位二於壇東南西向。令史陪後。設奉禮位於懸東北。二者贊人在南。差退。協律郎於壇上。太樂令於北懸閒。並如常。設望瘞位於壇東北。從祭官於執事南。皇親又於南。諸州刺史縣令又於南。蕃客又於南。介公酅公於內壝西門外道南。武官於後。蕃客於武官南。設外位於東西壝門外道南。皆如設次之式。設牲牓於山下封祀壇之外。當門西向。蒼牲一。居前。正座。又蒼牲一。配座。青牲一。在北少退。南上。次赤牲一。次黃牲一。次白牲一。次元牲一。以上五方帝座。又青牲一。大明。又牲一。夜明也。禪禮設牲牓于東壝外。如式。正座黃牲一。居前。配座黃牲一。在北少退。神州黝牲一。在南少退。設廩犧令位於牲西南。令史陪其後。俱北向。設太祝位於牲東。各當牲後。祝史陪其後。俱西向。設太常卿省牲位於牲前。近北。又設御史位於太常卿之西。俱南向。設昊天上帝酒尊於圓臺之上下。太尊二。著尊二。犧尊二。山罍二。在壇上。於東南隅。北向。象尊二。壺尊二。山罍四。在壇下。於南陛之東。北面西上。設配帝著尊二。犧尊二。象尊二。山罍二。在壇上。皆於昊天上帝酒尊之東。北向西上。其山下封祀壇設五帝日月。俱太尊二。在神座之左。其內官於牲閒。各象尊二。在第二等。中官每陛閒。各壺尊二。在第三等。外官每陛閒。各概尊二。於內壝之內。眾星每道閒。各散尊二。於內壝之外。凡尊各設於神座之左而右向。五帝日月以上之尊。置於坫。內官以下尊。俱藉以席。皆加勺冪。設爵於尊下。禪儀設皇地祇太尊二。著尊二。犧尊二。山罍二。在壇上東南隅。北向。象尊二。壺尊二。山罍四。在壇下南陛之東北向。俱西上。設配帝著尊二。犧尊二。象尊二。山罍二。在壇上正座尊東。北向西上。神州太尊二。在第一等。每方嶽鎮海瀆。俱山尊二。山林川澤。各蜃尊二。邱賤以下。各散尊二。皆於壇下。皆加勺聽。設罍洗各於壇南陛東南。亞獻之洗。又於壇東南。俱北向。罍水在洗東。

篚在洗西南肆。篚實以巾爵。設分獻罍洗篚冪。各於其方陛道之左。俱西向。執尊罍篚冪者。各於尊罍篚冪之後。各設玉幣之篚於壇之上下尊坫之所。祀日未明五刻。太史令郊社令各服其服。升設昊天上帝神座於山圓臺之上。北方南向。以三脊茅爲神藉。設高祖神堯皇帝神座於東方西向。席以莞。神座皆於座首。又太史令郊社令設五方帝日月神座於山下封祀壇之上。青帝於東陛之北。赤帝於南陛之東。黃帝於南陛之西。白帝於西陛之南。黑帝於北陛之西。大明於東陛之南。夜明於西陛之北。席皆以藁秸。設五星十二辰河漢以及內官之座於第二等十有二陛之閒。各依方面。凡席皆內向。其內官中有北斗北辰位南陛之內差在行位前。設二十八宿及中官之座於第三等。亦如之。布外官席位於內壝之內。衆星席位於內壝之外。各依方次。席皆以莞。設神位各於座首。禪禮神位皇地祇神座於壇上北方南向。席以藁秸。睿宗大聖眞皇帝座於東方西向。席以莞。神州於第一等。席以藁秸。東南方嶽鎮以下於內壝內。各於其方。嵩嶽以下於壇之西南。俱內向。席皆以莞。所司陳其異寶及嘉瑞等於樂懸之東西廂。禪禮無瑞物。

省牲器。省牲之日午後十刻。去壇二百步所。諸衞之屬禁斷行人。晡後二刻。郊社令丞帥府史二人及齋郎以尊坫罍洗篚冪入設於位。凡升壇者各由其陛。贊引引御史諸太祝七人與祝史行埽除于下。其五星以下羊豕。所司各依令先備。如常儀。並如別儀。禪禮無五星以下羊豕。餘同。

鑾駕上下。羣無上山儀。前祀三日。本司宣攝內外。各供其職。衛尉設祀官從祀羣官五品以上便次於行宮朝堂。如常儀。前祀二日。尙舍直長施大次於圓臺東門外道北。又於山中道設止息大次。俱南向。尙舍奉御鋪御座。衛尉設從駕文武羣官及諸方使應從升者。於圓臺南門之外。文東武西。並如常儀。郊社令設御洗於圓臺南陛之東北向。罍水在洗東。篚在洗西南肆。設巾羃。其日。奉禮設御位於圓臺南。當壇北向。設羣官五品以上版位於御位之南。文東武西。重行北向。相對爲首。設東方諸州刺史縣令位於文官之東。諸州使人位於武官之後。設蕃客位。東方南方於文官東南。每國異位。北面西上。西方北方於武官西南。每國異位。北面東上。設御史位於圓臺東面。如祀禮。設奉禮贊者位於羣官東北。西向。設執事位於東門之內道南。西面。皆北上。前祀一日。未明七刻。搥一鼓爲一嚴。二嚴時節祀前三日侍中奏裁。未明五刻。搥二鼓爲再嚴。侍中版奏請中嚴。從祀官五品以上。俱就次。各服其服。所司陳大駕鹵簿。未明二刻。搥三鼓爲三嚴。諸衛之屬各督其隊。與鈒戟以次陳於行宮門外。謁者贊引引祀官。通事舍人分引從祀羣官諸侍臣。結珮。俱詣行宮門外奉迎。侍中負寶如式。乘黃令進輦於行宮門外。南向。侍中版奏請登山。皇帝服衮冕。乘輦以出。稱警蹕如常儀。黃門侍郎進當輦前跪奏稱。黃門侍郎臣某言。請鑾輿進發。俛伏興。退復位。鑾輿動。又稱警蹕。黃門侍郎侍中中書令以下。夾引以出。千牛將軍夾輿而趨。駕至侍臣上馬所。黃門侍郎奏請鑾輿權停。敕侍臣上馬。侍中前承制。退稱制曰可。黃門侍郎退稱侍臣上馬。贊者承傳。文武侍臣皆上馬。諸侍衛之官各督其屬。左右翊鑾輿。在黃麾內。符寶郎奉六寶與殿中監後部從。在黃鉞內。侍臣上馬。畢。黃門侍郎奏請鑾輿進發。退復位。鑾駕動。稱警蹕如常。鼓吹不鳴。不得諠譁。從祀官在元武隊後如常。若復先置則聽臨時節度。車輅鼓吹。侍於山下。御史大夫刺史縣令前導如式。至中道。止息大次。前迴輦南向。侍中奏請降輦如常。皇帝降輦之大次。羣臣皆隨便而舍。停大次三刻頃。侍中奏請皇帝出次。升輦進發。如初。駕至臺東門外大次前。迴輦南向。侍中進當駕前跪奏。稱侍中臣某言。請降輅。俛伏。興。皇帝降輦之大次。如常儀。通事舍人承旨敕從祀羣官退就門外位。禪儀鑾駕出行宮。如封泰山之儀。

薦玉幣。　祀日未明三刻。諸祀官各服其服。郊社令率其屬以玉幣及玉册置於山上圓臺壇上坫所。禮神之玉蒼璧。幣以蒼。配座之幣亦如之。又以玉匱金匱金繩金泥。盛於篚。置於石𥕢之側。良醞令帥其屬各入實尊罍玉幣。凡六尊之次。太尊為上。實以汎齊。著尊次之。實以醴齊。犧尊次之。實以盎齊。象尊次之。實以醍齊。壺尊次之。實以沈齊。山罍為下。實以清酒。配帝著尊為上。實以汎齊。犧尊次之。實以醴齊。象尊次之。實以盎齊。山罍為下。實以清酒。其元酒各實於五齊之上尊。禮神之玉。昊天上帝以蒼璧。昊天上帝及配帝之幣以蒼。禪祭日未明三刻以下。實尊至饌幔內。與夏至北郊同也。　太官令帥進饌者實諸籩豆簠簋。各設於饌幔內。未明二刻。奉禮帥贊者先入就位。贊引引御史以下行埽除如常儀。禪禮自未明二刻。下丞埽除訖。就位。與夏至方丘同。駕將至。謁者贊引各引祭官。通事舍人分引從祭羣官。諸方客使俱就門外位。自鑾輿至大次以下至進爵。並與方丘同。未明一刻。謁者贊引各引文武五品以上從祀之官。皆就圜臺南立。謁者引司空入行埽除訖。出復位。侍中版奏外辦。皇帝服大裘而冕出次。華蓋侍衞如常儀。侍中負寶陪從如式。博士引太常卿。太常卿引皇帝。凡太常卿前導。皆博士先引。入自東門。殿中監進大珪。尙衣奉御又以鎮珪授殿中監。殿中監受進。皇帝搢大珪。執鎮珪。繖蓋仗衞停於門外。近侍者從入如常。謁者引禮部尙書。太常少卿。陪從如常。大珪如搢不便。請先定近侍承奉之。皇帝至版位。北面立。每立定。太常卿與博士退立於左。謁者贊引各引祀官次入就位。立定。太常卿前奏請再拜。退復位。皇帝再拜。奉禮曰。衆官再拜。在位者皆再拜。太常卿前奏。有司謹具。請行事。退復位。正座配座太祝取玉幣於篚。各立於尊所。太常卿引皇帝詣壇。升自南陛。侍中中書令以下及左右侍衞量人從升。以下皆如之。皇帝升壇。北向立。太祝加玉於幣。以授侍中。侍中奉玉幣東向進。皇帝搢鎮珪受玉幣。凡受物皆搢鎮珪。奠訖。執鎮珪。俛伏。興。登歌作肅和之樂。以大呂之均。太常卿引皇帝進。北面跪奠於昊天上帝神座。禪則皇地祇神座。俛伏。興。太常卿引皇帝立於西方。東向。又太祝以幣授侍中。侍中奉幣北向進。皇帝受幣。太常卿引皇帝進。東面跪奠於高祖神堯皇帝神座。俛伏興。太常卿引皇帝少退東向再拜。訖。登歌止。太常卿引皇帝。樂作。皇帝降自南陛。還版位西向立。樂止。太祝還尊所。

山下封祀壇。其日自山下五步立人。直至下壇。遞呼萬歲。以爲節候。

祀日未明三刻。諸祀官各服其服。郊社令率其屬以五帝及中官外官以下之玉幣。各置於坫所。五帝之玉。以四珪有邸。日月以珪璧。幣各依方色。良醞令率其屬各入實尊罍玉幣。五帝俱以太尊。皆實以汎齊。日月之尊實以醴齊。其內官之象尊。實以醍齊。中官之壺尊。實以沈齊。外官之概尊。實以清酒。衆星之散尊。實以旨酒。其元酒各實於五齊之上尊。禮神之玉。青帝以青珪。赤帝以赤璋。黃帝以黃琮。白帝以白琥。黑帝以元璜。日月珪邸。五帝日月以下幣。皆從方色。太官令帥進饌者實諸籩豆簠簋。各設於饌幔內。未明二刻。奉禮帥贊者先入就位。贊引引御史以下入行埽除。如常儀。未明一刻。謁者贊引各引祀官皆就位。太樂令帥工人二舞次入就位。文舞入陳於懸內。武舞立於懸南道西。謁者引司空入行埽除。訖。出復位。於皇帝奠玉幣也。封祀壇謁者贊引各引祀官入就位。立定。奉禮曰。衆官再拜。在位者皆再拜。其先拜者不拜。協律郎跪。俛伏興。舉麾。鼓柷。奏元和之樂。乃以圜鍾之宮。黃鍾爲角。太簇爲徵。姑洗爲羽。圜鍾三奏。黃鍾太簇姑洗各一奏之。舞文舞之舞。樂舞六成。偃麾戛敔。樂止。奉禮曰。衆官再拜。在位者皆再拜。謁者七人各引獻官及諸太祝奉玉幣各進奠於神座。如常儀。將進奠。登歌作肅和之樂。以大呂之均。餘星座幣亦如之。進奠訖。各還本位。初。羣官拜訖。夜明以上。祝史各奉毛血之豆。立於門外。登歌止．祝史奉毛血．各由其陛升壇．以毛血各致其座．諸太祝俱迎受．各奠於神座前．諸太祝與祝史退．立於尊所．

進熟．　皇帝既升．奠玉幣．太官令出．帥進饌者奉饌．各陳於內壝門外．謁者引司徒出詣饌所．司徒奉昊天上帝之俎．初．皇帝既至位．樂止．太官令引饌入俎．初入門．雍和之樂作．以黃鍾之均．自後接神之樂皆用雍和．饌至陛．位．樂止．祝史俱進跪．徹毛血之豆．降自東陛以出．昊天上帝之饌升自午陛．配帝之饌升自卯陛．太祝迎引．各設於神座前．設訖．謁者引司徒太官令帥饌者降自東陛以出．司徒復位．諸太祝各還尊所．太常卿引皇帝詣罍洗．盥洗爵等並如圜丘儀．太常卿引皇帝．樂作．皇帝詣壇．升自南陛．訖．樂止．謁者引司徒升自東陛．立於尊所．齋郎奉俎從升．立於司徒之後．太常卿引皇帝詣昊天上帝酒尊所．執尊者舉冪．侍中贊酌汎齊．訖．壽和之樂作．皇帝每酌飲福皆作壽和之樂．太常卿引皇帝進昊天上帝神座前．北向跪．奠爵．俛伏．興．太常卿引皇帝少退．北向立．樂止．太祝二人持玉册進於神座之右．東面跪．又太祝一人跪讀册文．訖．俯伏．興．册文並中書門下撰進．少府監刻文．皇帝再拜．初讀册文訖．樂作．太祝進奠册於神座．還尊所．皇帝再拜．樂止．太常卿引皇帝詣配座．以下至終獻．光祿卿降．復位．並如圜丘儀．皇帝將升獻．太官令引饌入．其山下封祀壇五帝日月以下之饌．亦相次而入．俎初入門。雍和之樂作。以黃鍾之均。饌至陛。樂止。祝史俱進跪。徹毛血之豆。降自東陛以出。（木帝之饌升自寅陛。火帝之饌升自巳陛。土帝之饌升自未陛。金帝之饌升自酉陛。水帝之饌升自子陛。大明之饌升自辰陛。夜明之饌升自戌陛。其內官中官衆星之饌所由帥長皆先陳布。）諸太祝迎引於壇上。各設於神座。設訖。謁者引司徒。太官令帥進饌者俱降自東陛以出。司徒復位。諸太祝各還尊所。於山上太尉之亞獻也。封祀壇謁者七人。分列五方帝及大明夜明等獻官。詣罍洗盥手。洗匏爵訖。各由其陛升。俱酌汎齊訖。各引降還本位。初。第一等獻官將升。謁者五人次引獻官。各詣罍洗訖。各由其陛升。詣第二等內官酒尊所。俱酌醴齊。各進跪奠爵於內官首座。與餘座皆祝史齋郎助奠。相次而畢。謁者四人次引獻官。俱詣罍洗盥洗。各由其陛升壇。詣第三等中官酒尊所。俱酌盎齊以獻。贊引四人次引獻官。詣罍洗盥洗訖。詣外官酒尊所。俱酌醍齊以獻。贊引四人次引獻官。詣罍洗盥洗。詣衆星酒尊所。俱酌沈齊以獻。其祝史齋郎酌酒助奠。皆如內官之儀。訖。謁者贊引各引獻官還本位。武舞六成。樂止。舞獻俱畢。上下諸祝各進跪。徹豆。興。還尊所。奉禮曰。賜胙。贊者唱。衆官再拜。在位者皆再拜。元和之樂作。奉禮曰。衆官再拜。在位者俱再拜。樂作一成。止。燔燎。終獻將畢。侍中前跪奏曰。請就望燎位。太常卿引皇帝就望燎位。太祝奉玉幣等就柴壇。置於柴上戶內。訖。奉禮曰。可燎。東西面各六人。以炬燎火。半柴。侍中前跪奏。禮畢。太常卿引皇帝出。贊引引祀官以下皆出。其山下封祀壇獻官獻畢。奉禮曰。請就望燎位。諸獻官俱就望燎位。諸太祝各取玉幣等就柴壇。自南陛下置於柴上戶內。訖。奉禮曰。可燎。東西面各六人。以炬燎火。半柴。訖。奉禮曰。禮畢。獻官以下皆出。禪儀。皇帝既升奠玉幣。下至跪奠爵。俛伏興。與方丘同。太常卿引皇帝少退。北向立。樂止。太祝二人持玉册進於神座之右。東向跪。又太祝一人跪讀册文訖。俛伏興。皇帝再拜。祝文並中書門下進。少府監刻。初讀祝文訖。至配座讀册。皆亦如之。其拜奠並同方丘。配座初讀册訖。至瘞土半塪。太常卿引皇帝還版位。與方丘同。

封玉册。封檢附。燔燎畢。禪儀。皇帝既就望瘞位。侍中跪奏。稱具官臣某言。請封玉册。太常卿引皇帝自南陛升壇。北向立。近侍者從升。如式。少府監具金繩金泥等並所用物。立於御側。符寶郎奉受命寶。立於侍中之側。謁者引太尉進昊天上帝神座前。禪儀進皇地祇神座前。跪取玉册。置於案進。皇帝受玉册。跪疊之。內於玉匱中。纏以金繩。封以金泥。侍中取受命寶。跪以進。皇帝取寶以印玉匱。訖。興。侍中受寶。以授符寶郎。通事舍人引太尉進皇帝。跪捧玉匱授太尉。太尉跪受。皇帝興。太尉退復位。側身捧玉匱。太常卿前奏請再拜。皇帝再拜。訖。入次。如常儀。太尉奉玉匱之案於石礛南。北向立。執事者發石蓋。太尉奉玉匱跪藏於石礛內。執事者覆石蓋。檢以石檢。纏以金繩。封以石泥。訖。太尉以玉寶徧印。訖。引降復位。將作帥執事者以石距封固。又以五色土圜封。後續令畢其功。禪儀同。配座玉牒。禪儀太尉又進睿宗大聖貞皇帝座。跪取玉册內金匱。封以金匱。皆如封玉匱之儀。訖。太尉奉金匱從降。俱復位。封禪。還以金匱內太廟。藏於高祖神堯皇帝之石室。如別儀。太常卿前奏禮畢。若有祥瑞。則太史監跪奏訖。特稱奉賀。再拜三稱萬歲。內外皆稱萬歲訖。又再拜。太常卿引皇帝還大次。樂作。皇帝出東門。禪儀皇帝出中壝門。殿中監前受鎭珪。以授尚衣奉御。殿中監又前受大珪。華蓋侍衞如常儀。皇帝入次。樂止。謁者贊引各引祀官通事舍人分引從祀羣官以次出。復位立定。奉禮曰再拜。衆官在位者皆再拜。訖。贊引引出。工人二舞以次出。禪禮祭訖。以奇禽異獸合瑞典者。皆縱之神祀所。

鑾駕還行宮。　皇帝既還大次。侍中版奏請解嚴。將士不得輒離部伍。轉仗衞於還途。如來儀。二侍中版奏請中嚴。皇帝服通天冠。絳紗袍。諸祀官服朝服。皇帝出次。升輦。降山下至圓壇所。權停。乘黃令進玉輅。太僕升。執轡以下入宮。並如圜丘儀。禪儀同。

朝覲羣臣。禪登訖。行此禮。　禪之明日。朝覲羣臣及岳牧以下於朝覲壇。如巡狩儀。皇帝服袞冕。乘輿以出。曲直華蓋警蹕侍衞。入自北壝門。由北陛升壇。卽御座。符寶郎奉寶置於座。扇開。樂止。通事舍人引三品以上及岳牧以下入就位。如常儀。通事舍人引上公一人。舒和之樂作。公至西陛。就解劍席。樂止。脫舄。跪解劍置於席。興。相禮者與通事舍人引進當御座前。北面跪。稱具官臣名等言。天封肇建。景福維新。伏惟開元神武皇帝陛下。萬壽無疆。俛伏。興。通事舍人引上公降壇。詣解劍席。跪帶劍。納舄。樂作。通事舍人引復位。

立定。樂止。典儀曰。再拜。贊者承傳。上公以下皆再拜。侍中前承制。降詣上公之東北。西向稱有制。上公及羣臣皆再拜訖。宣云。封禪之慶。與公等同之。上公及羣臣又再拜舞蹈。三稱萬歲訖。又再拜。引退。

考制度。如巡狩儀。開元禮封禪儀。

開元二十三年九月丁卯。文武百官尚書左丞相蕭嵩等。累表請封嵩華二嶽。表曰。臣聞封巒之運。王者告成。當休明而闕典。乃臣子之深過。伏惟神武皇帝陛下。受命繼天。應期光宅。垂慶雲而覆露。暢和氣以生成。物荷深仁。時惟天道。文明之化洽矣。穆清之風被矣。濬源既泳。福應咸臻。盈於天壤。昭於方策。蓋非愚下所能頌美。且天之在上。日監在茲。嘉大聖之神功。降元符以表德。恭佇昭報。祗事升中。古昔大猷。執先茲道。臣等覩休徵以上請。陛下崇謙讓以固辭。事恐勞人。抑其勤願。德音所逮。自古未聞。昔虞巡四岳。周在一歲。書稱其美。不以爲煩。寧彼華嵩。皆列近甸。復茲豐稔。又倍他年。歲熟則餘糧。地近則易給。況費務蓋寡。咸有司存。儲峙無多。豈煩黎庶。吏當首路。以望屬車。陛下往封泰山。不秘玉牒。嚴禋上帝。本爲蒼生。今其如何而闕斯禮。伏願發揮盛事。差報元辰。先檢玉於嵩山。次泥金於華岳。天休既答。人望見從。上下交歡。生靈幸甚。臣等昧死。敢此竭誠。理在至公。祈於俯遂。無任悃款之至。謹詣朝堂陳請以聞。帝固讓不從。手詔報曰。升中於天。帝王盛禮。蓋謂臻茲湻化。告厥成功。今兆庶雖安。尙俟豐年之慶。邊疆則靜。猶有踐更之勞。況自愧於隆周。敢追跡於大舜。頃年迫于萬方之請。難違多士之心。東封泰山。於今愓厲。豈可更議嵩華。自貽慙恧。雖藉公卿。共康庶政。永惟菲薄。何以克堪。朕意必誠。宜斷來表也。冊府元龜。

天寶九載正月丁巳。詔以十一月封華嶽。三月辛亥。華嶽廟災。關內旱。乃停封。唐書元宗本紀。

天寶九載正月。文武百寮禮部尚書崔翹等。累上表請封西嶽。刻石紀榮號。帝固拒不許。翹等又奉表懇請曰。自今月辛亥。至于癸丑。累表誠祈。請紀榮號。聖心恭默。沖讓再三。臣等伏讀綸言。退增祇慄。敢重瀝愚懇。期諸必遂。臣聞聖人之言。與春秋而同信。上天之宰。將影響而合符。昭報不可以久稽。成命不可以固拒。今靈山警蹕。望玉鑾之升中。儒林展儀。思金匱之盛禮。發祥儲祉。喻以封山。人事天時。不可失也。伏惟開元天地大寶聖文神武應道皇帝陛下。祖武宗文。重熙累洽。雲風化而砥礪。在動植而昭蘇。外戶不扃。餘糧栖畝。其神功至道。廣瑞殊祥。前表縷陳。安敢浮說。夫修德以俟命。勸功以告成。將欲竭款神祇。雍熙帝載。未爲過越也。伏惟覽公卿之議。考封禪之禮。陟華蓋於翠微。轉鉤陳於雲路。泥金於菡萏之上。刻玉於明星之前。使三五六經。復再聞於唐典。七十二姓。不獨紀於夷吾。敷景福以浸黎元。錫大慶而後天地。蒼生之望也。朝廷之幸也。無任誠懇悃款之至。謹詣朝堂奉表陳請以聞。帝手詔不許曰。經修大典。所不願爲。時或傳中旨。請紀榮號。何如空言。請封西嶽。乙卯。羣臣又奉表請封西嶽曰。臣翹等伏稽古訓。上請增封。再奉明旨。未蒙允諾。臣等承詔惶駭。失圖。臣聞省方展義。君人之大典。登封告成。王者之丕業。是以古先哲后道洽則封。所以答神祇之功。增兆庶之福。無私於己。故行之者不思。必順於天。故言之者難奪。敢昧萬責竭誠終請。伏爲開元天地大寶聖文神武應道皇帝陛下紹文武之丕烈。合君臣於昌運。均雨露。和陰陽。四海無波。而靜默羣生。自樂而仁壽。繇是德懷蠻貊。澤洎昆蟲。宗廟祀典。罔不祗肅。要荒殊俗。亦莫不庭。自皇王以來。載籍所記。未有混區宇。窮禎祥。地平天成。德茂道洽。若今日之盛者與。固可告太平之功。展封崇之禮。故臣與王公侯伯。黎老緇黃。累陳白奏。備竭丹懇。豈謂聖恩猶阻。皇鑒未迴。伏奉癸丑詔書曰。輕修大典。所不願爲。臣等戰慄。匪遑寧處。實以陛下功成道洽。理實升中。且夫龜龍咸格。天意也。夷夏大同。人事也。時和年豐。太平也。無爲清淨。至理也。允應大典。豈謂輕修乎。奉若靈命。安可不爲乎。臣等敢冒宸極。重明其義。竊以西嶽華山。實鎮京國。黃虞之所循省。靈仙之所依憑。固可封也。況金方正位。合陛下本命之符。白帝臨壇。告陛下長生之籙。發祥作聖。抑有明徵。又可封也。昔周成王以翦桐爲戲。唐叔因是而定封。蓋人君之言。動有成憲。斯事至細。猶不忽也。況陛下眷言封祀。宿著神明。道已洽於升平。事未符於琬琰。豈可抑至公於私讓。棄誠信於神明乎。固不可得而辭也。日者封章累奏。嘉應必臻。一獻而甘雨流。再陳而瑞雪降。則知人天之意。影響合符。若然者。陛下安得稽天命以固辭。違人事以久讓。太平不告。其若休祥何。至理不答。其若神祇何。伏願仰答天心。允祇靈貺。上以揚祖宗之盛烈。下以副億兆之懇誠。克崇上報。永光大典。臣等幸甚。宗子又上表曰。臣徹等伏見禎祥委積。河海澄清。長瞻北極之尊．屢獻西封之疏．誠懇不達．天鑒未從．徘徊闕廷．隕越無地．陛下再造區寓．肇康生人．與天合符．與道合契．故得靈芝表瑞．玉版呈文．九穀歲衍於京坻．百蠻盡習其冠帶．能事備於典策．盛德光於祖宗．升中告成．是屬今日．惟夫太華高冠羣山．當其少陰．鎮此西土．自有虞巡狩．歷祀三千．夏殷以還．罕能肆覲．陛下雖加進寵號．增崇廟宇．而大禮未施．精意空潔．又陛下頃歲建碑．曰嘗勤報德之願．未暇封崇之禮．萬姓瞻予．言可復也．臣以爲天地之主．豈徒言哉．神祇厚望．故已久矣．伏願俯順百辟兆人之請．明徵刻石銘山之記．暫遷萬乘．降被三峯．奠珪璧於中壇．奏笙鏞於上帝．使普天蒙福．重錫無疆．頻冒宸嚴．並期必遂．無任懇切屏營之至．謹詣朝堂奉表陳請以聞．凡三上表．上乃許之．丁巳詔曰．以今載十一月有事華山．中書門下及禮官詳儀注奏聞．務從省便．是載三月．西嶽祠廟災．時關中久旱．詔曰．自春以來．久愆時雨．登封告禪．情所未遑．所封西嶽宜停．冊府元龜．

唐會要卷九上 原闕今照四庫全書本增補

雜郊議上

武德四年十一月甲申。有事于南郊。唐書高祖本紀。

武德初定令。每歲冬至。祀昊天上帝于圜丘。以景帝配。其壇在京城明德門外道東二里。壇制四成。各高八尺一寸。下成廣二十丈。再成廣十五丈。三成廣十丈。四成廣五丈。每祀則昊天上帝及配帝設位于平座。藉用藁秸。器用陶匏。五方上帝日月內官中官外官及衆星。並皆從祀。其五方帝及日月七座。在壇之第二等。內五星以下官五十五座。在壇之第三等。二十八宿以下中官百三十五座。在壇之第四等。外官百十二座。在壇下外壝之內。衆星三百六十座。在外壝之外。其牲。上帝及配帝用蒼犢二。五方帝及日月。用方色犢各一。內官以下。加羊豕各九。舊唐書禮儀志。

圜丘壇。北辰北斗天一。太一。紫微五帝座。並差在行位前。餘內官諸座及五星十二辰。河漢四十九座。在第二等十有二陛之間。中官市垣帝座七公日星帝席大角攝提太微五帝太子明堂軒轅三台五車諸王。月星。織女。建星。天紀十七座。及二十八宿。差在前列。其餘中官一百四十二座。皆在第三等十二陛之間。外官一百五。在內壝之內。衆星三百六十。在內壝之外。五星三辰。以象尊實醍齊。七宿以壺尊實沈齊。皆二。五星十二辰二十八宿。籩豆各二。簠簋俎各一。四時祭風師雨師靈星司中司命司人司祿。籩八豆八。簋一簠一俎一。牲皆少牢。席皆以莞。唐書禮樂志。

貞觀二年十一月辛酉。有事于南郊。唐書太宗本紀。

案裴寂傳。貞觀二年。太宗祠南郊。命寂與長孫無忌同升金輅。寂辭讓。太宗曰。以公有佐命之勳。無忌亦宣力于朕。同載參乘。非公而誰。遂同乘而歸。

劉黑闥傳。初秦王建天策府。其弧矢制倍于常。後餘大弓一。長矢五。藏之武庫。每郊丘重禮。必陳于儀物之首。以識武功云。

五年十一月丙子。有事于南郊。唐書太宗本紀。

自周衰。禮樂壞於戰國。而廢絕於秦。漢興。六經在者。皆錯亂散亡雜僞。而諸儒方共補緝。以意解詁。未得其真。而讖緯之書出。以亂經矣。自鄭玄之徒。號稱大儒。皆主其說。學者由此牽惑沒溺。而時君不能斷決。以爲有其舉之。莫可廢也。由是郊丘明堂之論。至於紛然。而莫知所止。禮曰。以禋祀祀昊天上帝。此天也。玄以爲天皇大帝者。北辰耀魄寶也。又曰。兆五帝于四郊。此五行精氣之神也。玄以青帝靈威仰。赤帝赤熛怒。黃帝含樞紐。白帝白招拒。黑帝汁光紀者。五天也。由是有六天之說。後世莫能廢焉。唐初貞觀禮。冬至祀昊天上帝于圜丘。正月辛日祀感生帝靈威仰于南郊。以祈穀。而孟夏雩于南郊。季秋大享於明堂。皆祀五天帝。其配神主。主貞觀初。圜丘明堂北郊以高祖配。而元帝惟配感帝。（禮樂志）

冬至祀昊天于圜丘樂章八首。（貞觀二年祖孝孫定雅樂。貞觀六年褚亮虞世南魏徵等作此詞。今行用。舊唐書音樂志）

降神用豫和。　上靈睠命兮膺會昌。盛德殷薦兮叶辰良。景福降兮聖德遠。元化穆兮天曆長。

皇帝行用太和。　穆穆我后。道應千齡。登三處大。得一居貞。禮惟崇德。樂以和聲。百神仰止。天下文明。

登歌奠玉帛用肅和。　闓陽播氣。甄燿垂明。有赫圓宰。深仁曲成。日嚴蒼璧。煙開紫營。聿遵虔享。式降鴻禎。

迎俎入用雍和。　欽惟大帝。藏仰皇穹。始命田燭。爰啓郊宮。雲門駭聽。雷鼓鳴空。神其介祀。景祚斯融。

酌獻飲福用壽和。　八音斯奏。三獻畢陳。寶祚惟永。煇光日新。

送文舞出迎武舞入用舒和。　疊璧凝影皇壇路。編珠流彩帝郊前。已奏黃鐘歌大呂。還符寶歷祚昌年。

武舞用凱安。　昔在炎運終。中華亂無象。酇郊亦烏見。印山黑雲上。大賚下周罝。禁暴開殷網。幽明何叶贊鼎祚。齊天壤。
送神用豫和　歌奏畢兮禮獻終。六龍馭兮神將昇。明德感兮非黍稷。降福簡兮祚休徵。
又郊天樂章一首。大樂舊有此辭。名不詳所起。
送神用豫和。　蘋蘩禮著。黍稷誠微。音盈鳳管。彩駐龍旂。洪歆式就。介福攸歸。迎樂有闋。靈馭遄飛。
貞觀十四年冬十一月甲子朔日南至。有事于圜丘。
十七年己卯。有事于南郊。唐書太宗本紀。
貞觀十七年十月甲寅。詔曰。朕聞上靈之應。疾于影響。茂祉之興。積于年代。朕嗣膺寶歷。君臨區宇。憑宗社之介福。賴文武之同心。時無風塵之警。野有京坻之積。厚地降祉。貞石來祥。瑩翠色而流光。發素質而成字。前紀厥初之德。次陳卜年之永。後述儲貳之美。並名字昭然。楷則相次。曠代之所未聞。耆老之所未覩。自天之祐。豈惟一人。無疆之福。方覃九土。自非大報泰壇。稽首上帝。則靡申奉天之志。寧副臨下之心。今年冬至。有事南郊。所司率由舊典。十一月己卯。有事于南郊。太宗升壇。皇太子從奠。于時累日陰雪。是旦猶雲霧晦冥。及太宗升壇。煙氛四散。風景清朗。文物昭映。禮畢。祝官讀謝天祝文曰。嗣天子臣世民。敢昭告于昊天上帝。世民纂成鴻基。君臨宇縣。夙興旰食。無忘于政道。導德齊禮。良媿于前聖。爰有成命。表瑞貞石文字昭然。歷數惟永。既旌高廟之業。又錫眇身之祚。逮于皇太子某亦降禎符。並具紀姓氏。兼列名字。仰瞻雲漢。寔銘大造。俯惟寡薄。彌增寅懼。敢因大禮。重薦玉帛。上謝明靈之貺。以申祇慄之誠。皇太子亦恭至泰壇。虔拜于蒼昊。庶憑眷祐之德。永膺無疆之休。初十六年。太宗遣刻受命元圭。玉璽白玉爲螭首。其文云。皇天景命。有德者昌。並神筆隸書。然後鐫勒。是日。侍中負之以從。册府元龜。

永徽二年冬十一月辛酉。有事于南郊。唐書高宗本紀。

高宗永徽二年。以太宗配祀明堂。而有司乃以高祖配五天帝。太宗配五人帝。太尉長孫無忌等。與禮官議。以爲自三代以來。歷漢魏晉宋。無父子同配于明堂者。祭法曰。周人禘嚳而郊稷。祖文王而宗武王。鄭玄以祖宗合爲一祭。謂祭五帝五神于明堂。以文武共配。而王肅駁曰。古者祖功宗德。自是不毀之名。非謂配食于明堂。春秋傳曰。禘郊祖宗報五者。國之典祀也。以此知祖宗非一祭。于是以高祖配于圜丘。太宗配于明堂。禮樂志。

永徽二年。太尉長孫無忌等奏議曰。據祠令及新禮。並用鄭玄六天之義。圜丘祀昊天上帝。南郊祀太微感帝。明堂祭太微五天帝。臣等謹案鄭玄此義。唯據緯書。所說六天。皆爲星象。而昊天上帝。不屬穹蒼。故注月令及周官。皆爲圜丘所祭昊天上帝爲北辰星耀魄寶。又說孝經郊祀后稷以配天。明堂嚴父配天。

皆爲太微五帝。考其所說。舛謬特深。按易云。日月麗乎天。百穀草木麗乎土。又云。在天成象。在地成形。足以明辰象非天。草木非地。毛詩傳云。元氣昊大。則稱昊天。遠視蒼蒼。則稱蒼天。此則天以蒼昊爲體。不入星辰之例。且天地各一。是爲兩儀。天尙無二。焉得有六。是以王肅羣儒。咸駮此義。又檢太史圜丘圖。昊天上帝座外。別有北辰座。與鄭義不同。得太史令李淳風等狀。稱昊天上帝圖位自在壇上。北辰自在第二等。與北斗並列。爲星官內座之首。不同鄭玄據緯之說。此乃羲和所掌。觀象制圖。推步有恆。相緣不謬。又案史記天官書等。太微宮有五帝者。自是五精之神。五星所奉。以其是人主之象。故況之曰帝。亦如房心爲天主之象。豈是天乎。周禮云。兆五帝于四郊。又云。祀五帝則掌百官之誓戒。唯稱五帝。皆不言天。此是太微之神。本非穹昊之祭。又孝經唯云郊祀后稷。別無圜丘之文。王肅等以爲郊即圜丘。圜丘即郊。猶王城京師。異名同實。符合經典。其義甚明。而今從鄭之說。分爲兩祭。圜丘之外。別有南郊。違棄正經。理深未允。且檢吏部式。唯有南郊陪位。更不別載圜丘。式文既遵王肅。祠令仍行鄭義。令式相乖。理宜改革。又孝經云。嚴父莫大于配天。下文即云。周公宗祀文王于明堂。以配上帝。則是明堂所祀。正在配天。而以爲但祭星官。反違明義。詔從無忌等議。存祀太微五帝于南郊。廢鄭玄六天之義。禮部尙書許敬宗等又奏稱。于新禮祭畢。收取玉帛牲體。置于柴上。然後燔柴。燔壇又在神壇之左。臣等謹按祭祀之禮。必先降神。周人尙臭。祭天則燔柴。祭地則瘞血。祭宗廟則焫蕭灌鬯。皆貴氣臭。用以降神。禮經明白。義釋甚詳。燔柴在祭初禮無所惑。是以三禮義宗等。並云祭天以燔柴爲始。然後行正祭。祭地以瘞血爲先。然後行正祭。又禮說晉太常賀循上言。積柴舊在壇南燎祭天之牲。用犢左胖。漢儀用頭。今郊天用脅之九个。太宰令奉牲脅。太祝令奉珪瓚。俱奠燔薪之上。卽晉代故事。亦無祭末之文。唯周魏以降。妄爲損益。約告廟之幣事畢瘞埋。因改燔柴將爲祭末。事無典實。禮闕降神。又燔柴正祭。牲玉皆別。蒼璧蒼犢之流。柴之所用。四珪騂犢之屬。祝之所須。故郊天之有四珪。猶廟之有珪瓚。是以周官典瑞文義相因。並事畢收藏。不在燔柴之例。今新禮引用蒼璧。不顧珪瓚。遂亦俱燔。義既有乖。理難因襲。詔從之。通典。

敬宗等又議籩豆之數曰。案今光祿式。祭天地日月岳鎭海瀆先蠶等。籩豆各四。祭宗廟籩豆各十二。祭社稷先農等。籩豆各九。祭風師雨師。籩豆各二。尋此式文。事深乖謬。社稷多于天地。似不貴多。風雨少于日月。又不貴少。且先農先蠶。俱爲中祭。或六或四。理不可通。又先農之神。尊于釋奠。籩豆之數。先農乃少。理既差舛。難以因循。謹案禮記郊特牲云。籩豆之薦。水土之品。不敢用褻味而貴多品。所以交于神明之義也。此卽祭祀籩豆。以多爲貴。宗廟之數。不可踰郊。今請大祀同爲十二。中祀同爲十。小祀同爲八。釋奠準中祀。自餘從座。並請依舊式。詔並可之。尊附于禮令。舊唐書禮儀志。

總章元年十二月丁卯。有事于南郊。唐書高宗本紀。

舊唐書高宗本紀。咸亨四年十一月丙寅。上製樂章。有上元。二儀。三才。四時。五行、六律。七政。八風。九宮。十洲得一。慶雲之曲。詔有司。諸大祠享。卽奏之。

上元三年十一月丁卯。勅新造上元舞。圓丘方澤享太廟用之。餘祭則停。

唐書韋萬石傳。上元中遷太常少卿。當時郊廟燕會樂曲。皆萬石與太史令姚元辯增損之。

乾封初。高宗東封迴。又詔依舊祀感帝及神州。司禮少常伯郝處俊等奏曰。顯慶新禮。廢感帝之祀。改爲祈穀。昊天上帝以高祖大武皇帝配。檢舊禮。感帝以世祖元皇帝配。今旣奉敕。依舊復祈穀爲感帝。以高祖大武皇帝配神州。又高祖依新禮見配圜丘昊天上帝。及方丘皇地祇。若更配感帝神州。便恐有乖古禮。案禮記祭法云。有虞氏禘黃帝而郊嚳。夏后氏亦禘黃帝而郊鯀。殷人禘嚳而郊冥。周人禘嚳而郊稷。鄭玄注云。禘謂祭上帝于南郊。又案三禮義宗云。夏正郊天者。王者各祭所出帝于南郊。卽大傳所謂王者禘其祖之所自出。以其祖配之是也。此則禘須遠祖。郊須始祖。今若禘郊同用一祖。恐于典禮無據。舊唐書禮儀志。

乾封二年十二月。詔曰。昔周京道喪。秦室政乖。禮樂淪亡。經典殘滅。遂使漢朝博士。空說六宗之文。晉代鴻儒。爭陳七祀之義。或同昊天于五帝。或分感帝于五行。其後遞相祖述。禮儀紛雜。自今以後。祭圜丘及五方明堂感帝神州等祠。高祖大武皇帝。太宗文皇帝崇配。仍總祭昊天上帝及五帝于明堂。禮儀志。

則天垂拱元年。詔有司議。卒用元萬頃范履冰之說。郊丘諸祠。以高祖太宗高宗並配。唐書禮樂志。

垂拱元年。成均助教孔元義奏。嚴父莫大配天。天于萬物爲最大。推父偶天。孝之大。尊之極也。易稱先王作樂崇德。殷薦之上帝。以配祖考。上帝天也。昊天之祭。宜祖考並配。請以太宗高宗配上帝于圜丘。神堯皇帝配感帝南郊。祭法祖文王而宗武王。祖始也。宗尊也。一名而有二義。經稱宗祀文王。文王當祖而云宗。包武王言也。知明堂以祖考配。與二經合。伯儀曰。有虞氏禘黃帝而郊嚳。祖顓頊而宗堯。夏后氏禘黃帝而郊鯀。祖顓頊而宗禹。殷人禘嚳而郊冥。祖契而宗湯。周人禘嚳而郊稷。祖文王而宗武王。鄭玄曰。禘郊祖宗。皆配食也。祭昊天圜丘曰禘。祭上帝南郊曰郊。祭五帝五神明堂曰祖宗。此爲最詳。虞夏退顓頊郊嚳。殷捨契郊冥。去取違舛。惟周得禮之序。至明堂始兩配焉。文王上配五帝。武王下配五神。別父子也。經曰。嚴父莫大于配天。又曰。宗祀文王于明堂。以配上帝。不言嚴武王以配天。則武王雖在明堂。未齊于配。雖同祭而終爲一主也。緯曰。后稷爲天地主。文王爲五帝宗。若一神而兩祭之。則薦獻數瀆。此神無二主也。貞觀永徽禮實專配。由顯慶後。始兼尊焉。今請以高祖配圜丘方澤。太宗配南北郊。高宗配五天帝。鳳閣舍人元萬頃范履冰等議。今禮昊天上帝等五祀。咸奉高祖太宗兼配。以申孝也。詩昊天章二后受之。易薦上帝。配祖考。有兼配義。高祖太宗既先配五祀。當如舊。請高宗歷配焉。自是郊丘三帝並配之。沈伯儀傳。

文獻通考。馬氏曰。並配之制。始于唐。自鄭康成有六天之說。魏晉以來。多遵用之。以爲曜魄寶亦天也。感生帝亦天也。均爲之天。則配天之祖。其尊一也。至唐人始以爲曜魄寶五帝皆星象之屬。當從祀南郊。而不當以祀天之禮事之。善矣。然感帝之祠。既能旋復。雖復其祠。而以爲有天帝之分。尊卑之別。遂于郊與明堂所配之祖。不然厚薄之疑。乃至每祭並配。而後得爲嚴父之禮。然則周公亦豈厚于后稷而薄于文王乎。則曷若一遵初議。若郊若明堂。皆專祀昊天。各以一祖配之。而感帝之屬。則從祀于天。于禮意人情爲兩得乎。

永昌元年九月。勅天無二稱。帝是通名。承前諸儒。互生同異。乃以五方之帝。亦謂爲天。假有經傳互文。終是名實未當。稱號不別。尊卑相渾。自今郊祀之禮。惟昊天上帝稱天。其餘五帝皆稱帝。通典。

證聖元年九月。親祀南郊。加尊號。改元天冊萬歲。舊唐書則天皇后本紀。

則天革命。天冊萬歲元年。加號爲天冊金輪大聖皇帝。親享南郊。合祭天地。以武氏始祖周文王追尊爲始祖文皇帝。后考應國公追尊爲無上孝明高皇帝。以二祖同配。如乾封之禮。禮儀志。

古者。祭天于圜丘在國之南。祭地于澤中之方丘在國之北。所以順陰陽因高下而事天地以其類也。其方位既別而其燎壇瘞坎樂舞變數亦皆不同。而後世有合祭之文。則天天册萬歲元年親享南郊始合祭天地。册府元龜。

長安二年十一月戊子。親享南郊。大赦天下。舊唐書則天皇后本紀。

長安二年九月。勅祠明堂圜丘神座並令著狀便爲常式。通典。

景龍三年十一月乙丑。親祀南郊。皇后登壇亞獻。左僕射舒國公韋巨源爲終獻。中宗本紀。

蘇瓌傳將拜南郊。國子祭酒欽明希庶人旨建議請皇后爲亞獻。安樂公主爲終獻。瓌深非其議。嘗于御前面折欽明。帝不悟。竟從欽明所奏。

褚無量傳中宗將親祀南郊。詔禮官學士修定儀注。國子祭酒祝欽明司業郭山惲皆希旨請以皇后爲亞獻。無量獨與太常博士唐紹蔣欽緒固爭。以爲不可。時左僕射韋巨源等阿旨協同欽明之議。竟不從無量所奏。

無量上皇后不合祭南郊議。議曰。夫郊祀者。明王之盛事。國家之大禮。行其禮者。不可以臆斷。不可以情求。皆上順天心。下符人事。欽若稽古。率由舊章。然後可以交神明。可以膺福祐。然禮文雖眾。莫如周禮。周禮者。周公致太平之書。先聖極由衷之典。法天地而行教化。辨方位而敍人倫。其義可以幽贊神明。其文可以經緯邦國。備物致用。其可忽乎。至如冬至圜丘。祭中最大。皇后內主。禮甚尊崇。（傳作禮位甚尊。）若合郊天助祭。則當具著禮典。今遍檢禮經。（傳作周官。）無此儀制。蓋由祭天南郊。不以地配。惟以始祖爲主。不以祖妣配天。故惟皇帝親行其禮。皇后不合預（唐策作助。）也。謹案大宗伯職云。若王不與祭祀。則攝位。注云。王有故。代行其祭事。下文云。凡大祭祀。王后不與。則攝而薦豆籩徹。若皇后合助祭。承此下文。則當云若不祭祀。則攝而薦豆籩。今于文上更起凡。明（傳作則。）是別生餘事。夫事與上異。則別起凡。凡者生上起下之名。不專繫于本職。周禮一部之內。此例極多。備在文中。不可具錄。又王后助祭。親薦豆籩而不徹。案九嬪職云。凡祭祀。贊后薦徹豆籩。注云。后進之而不徹。則知中徹者。爲宗伯生文。若宗伯攝祭。則宗伯親徹。不別使人。又案外宗。掌宗廟之祭祀。王后不與。則贊宗伯。此一文與上相證。何以明之。按外宗惟掌宗廟祭祀。不掌郊天。足明此文。是宗廟祭也。又按王后行事。總在內宰職中。檢其職文。唯云大祭祀后祼獻。則贊瑤爵。亦如之。鄭注云。謂祭宗廟也。注所以知者。以文云祼獻。祭天無祼。所以（傳作以此。）得知。又祭天之器。則用陶匏。亦無瑤爵。注以此得知是宗廟也。又內司服掌王后六服。無祭天之服。而巾車職。掌王后之五輅。亦無后祭天之輅。祭天七獻。無后亞獻。以此諸文參之。故知后不合助祭天也。唯漢書郊祀志。則有天地合祭。皇后預（唐策作助）。享之事。此則西漢末代。強臣擅朝（舊本作權）。悖亂彝倫。黷神諂祭。不經之典。事涉誣神。故易傳曰。誣神者殃及三代。太誓曰。王稽古立功立事。可以永年。承天。凝丕天之大績。斯史策之良誡。豈可不知。今南郊禮儀。事不稽古。臣忝守經術。不敢默然（舊本作緘默）。請旁詢碩儒。俯循（傳作據）。舊典。遵（傳作采）。曲臺之故事。行圜丘之正儀。使聖朝協昭曠之塗。天下知文物之盛。豈不幸甚（唐策作美）。謹議。（文苑英華。）

蔣欽緒傳。中宗始親郊。國子祭酒祝欽明建言。皇后應亞獻。以媚韋氏。天子疑之。詔禮官議。衆曲意阿徇。欽緒獨抗言不可。諸儒壯其節。

欽緒駁祝欽明請南郊皇后充亞獻議。議曰。周禮凡言祭祀享三者。皆祭之互名。本無定議。何以明之。按周禮典瑞職云。兩圭有邸以祀地。則祭地亦稱祀也。又司几筵云。設祀先王之昨（讀作胙）。席（明。一作則）。祭宗廟亦稱祀也。又內宗職云。掌宗廟之祭祀。此又非獨天稱祀。地稱祭也。又按禮記云。惟聖人爲能享帝。此卽祀天帝亦言享也。又按孝經云。春秋祭祀。以時思之。此卽宗廟亦言祭祀也。經典此文。不可備數。據此則欽明所執。天曰祀。地曰祭。廟曰享。未得爲定明矣。又周禮凡言大祭祀者。祭天地宗廟之總名。

非一作不。獨天地爲大祭祀也。何以明之。按鬱人職云。大祭祀與量人受舉斝之卒爵。按尸與斝皆宗廟之事。則宗廟亦稱大祭祀。又欽明狀引九嬪職。大祭祀。后祼獻。則贊瑤爵。據天無祼。亦無瑤爵。此乃宗廟稱大祭祀之明文。欽明所執舊本作云。大祭祀。則爲祭天地。未得爲定明矣。又周禮大宗伯職云。凡大祭祀王后有故不預舊本作赴。則攝而薦豆籩。欽明惟執此文。以爲王后有祭天地之禮。欽緒等據此乃是王后薦宗廟之禮。非祭天地之事。何以明之。按此文凡祀大神。祭大祇。享大鬼。臨一作帥執。事而卜日宿。視滌濯。涖玉鬯。省牲鑊。奉玉齍。制一作詔。大號。理其大禮。理字一作禮。制相天王之大禮。若王不與。舊本有大字。祭祀則攝位。此已上一舊本作云。凡。直是王兼祭天地宗廟之事。故通言大神大祇大鬼六字舊本作大祭。今以舊唐書祝欽明傳增入。之祭也。已下文云。凡大祭祀王后不與。則薦豆籩徹。此一凡直是王后祭宗廟之事。故惟言大祭祀也。若云王后合助祭天地。不應重起凡大祭祀之文也。爲嫌王后有祭天地之疑。故重起後凡。以別之耳。王后祭宗廟。自是大祭祀。何故取上凡相天王之禮。以混下凡王后祭宗廟之文。此是本經科段明白。又按周禮外宗。掌宗廟之祭祀。佐王后薦玉豆。凡王后之獻亦如之。王后不預。則贊宗伯。按此王后有故不預。則宗伯攝而薦豆籩。外宗贊之。內宗外宗所掌。皆佐王后宗廟之薦。本無佐祭天地之禮。但天地尚質。宗廟尙文玉豆宗廟之器。初非祭天所設。請問欽明。若王后助祭天地。在周禮使何人贊佐。若宗廟攝后薦豆祭天又命一作合。何人贊佐。並請明徵禮文。卽知攝薦是宗廟之禮明矣。按周禮司服云。王祀昊天上帝。則服大裘而冕。享先王則袞冕。內司服掌王后祭服。無王后祭天之服。按三禮義宗。明王后六服。謂褘衣。搖周禮注及唐史並作揄。英華皆作搖。翟。闕翟。鞠衣。展衣。褖衣也。褘衣從王祭先王則服之。搖翟從王祭先公則服之。闕翟饗諸侯則服之。鞠衣以采桑則服之。展衣以禮見王及見賓客則服之。褖衣燕居則服之。王后無助祭于天地。但有先王已下。又三禮義宗明后夫人之服云。后不助祭天地五岳。故無助祭天地四望之服。按此則王后無祭天之服明矣。又三禮義宗明王后五輅。謂重翟。厭翟。安車。翟車。輦車也。重翟者。后從王祭先王先公所乘也。厭翟者。后從王享諸侯所乘也。安車者。后宮中朝夕見于王所乘也。翟車者。后采桑所乘也。輦車者。后遊宴所乘也。按此則皇后無祭天之車明矣。又禮記郊特牲義贊云。祭天無祼。鄭玄注云。惟人道宗廟有祼。天地大神至尊不祼。圜丘之祭。與宗廟祫同。朝踐王酌泛齊以獻。是一獻。后無祭天之事。大宗伯次酌醴齊以獻之。是爲二獻。按此則祭圜丘大宗伯次王爲獻。非攝王后之事。欽明等所執。王后有故不預。則宗伯攝薦豆籩。更明攝王后宗廟之薦。非攝天地之祀明矣。欽明建議。只及引禮記祭統曰。夫祭也者。必夫婦親之。按此是王與后祭宗廟之禮。非關祀天地之義。按漢魏晉宋後魏齊梁周陳隋等。歷代典一作史。籍。與王令主郊天祀地。代有其禮。史不闕書。並不見往代王后助祭之事。又高祖神堯皇帝太宗文武聖皇帝南郊祀天。無皇后助祭處。高宗天皇大帝永徽二年十一月辛酉。親有事于南郊。又總章元年十二月丁卯。親祀南郊。亦並無皇后助祭處。又按大唐禮亦無皇后助祭南郊之禮。欽緒等幸忝禮官。親承聖問。竭盡聞見。不敢依隨。伏以主上稽古。志遵舊典。所議助祭。實無正一作明。文。若以王者制禮。自我作古。明主立斷。非臣所敢言。謹議。文苑英華。

舊唐書祝欽明傳。自入為國子祭酒。景龍三年。中宗將親祀南郊。欽明與國子司業郭山惲二人奏言。皇后亦合助祭。遂建議曰。謹按周禮。天神曰祀。地祇曰祭。宗廟曰享。大宗伯職曰。祀大神。祭大祇。享大鬼。理其大禮。若王有故不預。則攝位。凡大祭祀。王后不預。則攝而薦豆籩徹。又追師職。掌王后之首服。以待祭祀。又內司服職。掌王后之六服。凡祭祀。供后之衣服。又九嬪職。大祭祀。后祼獻。則贊瑤爵。亦如之。據此諸文。卽皇后合助皇帝祀天神祭地祇明矣。故鄭玄注內司服云。闕狄。后助王祭羣小祀之服。然則小祀尚助王祭。中大推禮可知。闕狄之上。猶有兩服。第一禕衣。第二揄狄。第三闕狄。此三狄皆助祭之服。闕狄卽助祭小祀。卽知揄狄助祭中祀。禕衣助祭大祀。鄭舉一隅。故不委說。唯祭宗廟。周禮王有兩服。先王袞冕。先公鷩冕。鄭玄因此以后助祭宗廟。亦分兩服。云禕衣助祭先王。揄狄助祭先公。不言助祭天地社稷。自宜三隅而反。且周禮正文凡祭王后不預。既不專言宗廟。卽知兼祀天地。故云凡也。又春秋外傳云。禘郊之事。天子親射其牲。王后親舂其粢。故世婦職但云詔王后之禮事。不主言宗廟也。若專主宗廟者。則內宗外宗職。皆言掌宗廟之祭祀。此皆禮文分明。不合疑惑。舊說以天子父天母地。兄日姊月。所以祀天于南郊。祭地于北郊。朝日于東門之外。以昭事神訓人事。君必躬親。以禮文有故。然後使攝。此其義也。禮記祭統曰。夫祭也者。必夫婦親之。所以備外內之官也。官備則具備。又哀公問于孔子曰。冕而親迎。不已重乎。孔子愀然作色而對曰。合二姓之好。以繼先聖之後。以爲天地宗廟社稷之主。君何謂已重焉。又漢書郊祀志云。天地合祭。先祖配天。先妣配地。天地合精。夫婦判合。祭天南郊。則以地配。一體之義也。據此諸文。卽知皇后合助祭。望請別修助祭儀注。同進。帝頗以爲疑。召禮官親問之。太常博士唐紹蔣欽緒對曰。皇后南郊助祭。于禮不合。但欽明所執。是祭宗廟禮。非祭天地禮。謹案魏晉宋及齊梁周隋等歷代史籍。至于郊天祀地。並無王后助祭之事。帝令宰相取兩家狀對定。欽緒與唐紹及太常博士彭景直。又奏議曰。周禮凡言祭祀享三者。皆祭之互名。本無定義。何以明之。按周禮典瑞職云。兩珪有邸。以祀地。則祭地亦稱祀也。又司筵云。設祀先王之胙席。則祭宗廟亦稱祀也。又內宗職云。掌宗廟之祭祀。此又非獨天稱祀。地稱祭也。又按禮記云。惟聖人爲能享帝。此卽祀天帝亦言享也。又案孝經云。春秋祭祀。以時思之。此卽宗廟亦言祭祀也。經典此文。不可備數。據此則欽明所執天曰祀。地曰祭。廟曰享。未得爲定明矣。又周禮凡言大祭祀者。祭天地宗廟之總名。不獨天地爲大祭祀也。何以明之。案鬱人職云。大祭祀與量人授舉斝之卒爵。尸與斝皆宗廟之事。則宗廟亦稱大祭祀。又欽明狀引九嬪職。大祭祀后祼獻則贊瑤爵。據祭天無祼。亦無瑤爵。此乃宗廟稱大祭祀之明文。欽明所執大祭祀。王后有故不預。則攝而薦豆籩徹。欽明唯執此文。以爲王后有祭天地之禮。欽緒等據此乃是王后薦宗廟之禮。非祭天地之事。何以明之。案此文。凡祀大神。祭大祇。享大鬼。帥執事而卜日。宿視滌濯。涖玉鬯。省牲鑊。奉玉齍。詔大號。理其大禮。詔相王之大禮。若王不與祭祀。則攝位。此以上一凡。直是王兼祭天地宗廟之事。故通言大神大祇大鬼之祭也。已下文云。凡大祭祀。王后不與。則攝而薦豆籩徹。此一凡。直是王后祭廟之事。故唯言大祭祀也。若云王后助祭天地。不應重起凡大祭祀之文也。爲嫌王后有祭天地之疑。故重起後凡以別之耳。王后祭廟。自是大祭祀。何故取上凡相王之禮。以混下凡王后祭宗廟之文。此是本經科段明白。又按周禮。外宗掌宗廟之祭祀。佐王后薦玉豆。凡后之獻亦如之。王后有故不預。則宗伯攝而薦豆籩。外宗無佐祭天地之禮。但天地尚質。宗廟尚文。玉豆宗廟之器。初非祭天所設。請問欽明。若王后助祭天地。在周禮使何人贊佐。若宗伯攝后薦豆。祭天又合何人贊佐。並請明徵禮文。即知攝薦是宗廟之禮明矣。按周禮司服云。王祀昊天上帝。則服大裘而冕。享先王則袞冕。內司服掌王后祭服。無王后祭天之服。案三禮義宗。明王后六服。謂褘衣。搖翟。闕翟。鞠衣。展衣。褖衣。褘衣從王祭先王則服之。搖翟從王祭先公則服之。闕翟饗諸侯則服之。鞠衣以采桑則服之。展衣以禮見王及見賓客則服之。褖衣燕居則服之。王后無助祭天地之服。但自先王以下。又三禮義宗明后夫人之服云。后不助祭天地五岳。故無助天地四望之服。按此則王后無祭天之服明矣。三禮義宗明王后五輅謂重翟。厭翟。安車。翟車。輦車也。重翟者。后從王祭先王先公所乘也。厭翟者。后從王饗諸侯所乘也。安車者。后宮中朝夕見于王所乘也。翟車者。后采桑所乘也。輦車者。后遊宴所乘也。案此則王后無祭天之車明矣。又禮記郊特牲義贊云。祭天無祼。鄭玄注云。唯人道宗廟有祼。天地大神至尊不祼。圜丘之祭。與宗廟不同。朝踐王酌泛齊以獻。是一獻。后無祭天之事。大宗伯次酌醴齊以獻。是爲二獻。按此則祭圜丘大宗伯次王爲獻。非攝王后之事。欽明等所執王后有故不預。則宗伯攝薦豆籩。更明攝王后宗廟之薦。非攝天地之祀明矣。欽明建議引禮記祭統曰。夫祭也者。必夫婦親之。案此是王與后祭宗廟之禮。非關祀天地之義。案漢魏晉宋後魏齊梁周陳隋等歷代史籍。興王令主。郊天祀地。代有其禮。史不闕書。並不見往代皇后助祭之事。又高祖神堯皇帝太宗文武聖皇帝。南郊祀天。無皇后助祭處。高宗天皇大帝永徽二年十一月辛酉。親有事于南郊。及總章元年十二月丁卯。親拜南郊。亦並無王后助祭處。又案大唐禮。亦無皇后助祭南郊之禮。欽緒等幸忝禮官。親承聖問。竭盡聞見。不敢依隨。伏以主上稽古。志遵舊典。所議助祭。實無明文。時尚書左僕射韋巨源。又希旨協同欽明之議。上納其言。竟以后爲亞獻。仍補大臣李嶠等女爲齋娘。以執籩豆。及禮畢。特詔齋娘有夫壻者。咸爲改官。景雲初。侍御史倪若水劾奏欽明及郭山惲曰。欽明等本是腐儒。素無操行。崇班列爵。實爲叨忝。而涓塵莫効。諂佞爲能。遂使曲臺之禮。圜丘之制。百王故事。一朝墜失。所謂亂常改作。希旨病君。人之不才。遂至于此。今明敭歷賢良。入用唯兹。小人猶在朝列。臣請並從黜放。以肅周行。于是左授饒州刺史。欽明與國子司業郭山惲。陰迎韋后意。謬立議。帝雖不睿。猶疑之。召禮官質問。時左僕射韋巨源助后掎掣帝。奪政事。卽傅欽明議。帝果用其言。以皇后爲亞獻。唐書祝欽明傳。景龍三年。中宗將親祀南郊。欽明與司業郭山惲。陰迎韋后意。謬立議曰。周官天神曰祀。地祇曰祭。宗廟曰享。大宗伯曰。祀大神。祭大祇。享大鬼。王有故不預。則攝而薦。追師掌后首服。以待祭祀。內司服掌后六服。祭祀則供。又九嬪凡大祭祀。后祼獻。則贊瑤爵。然則后當助天子祀天神。祭地祇。鄭玄稱闕狄。后助王祭羣小祀服。小祀尙助。而況天地哉。闕狄上。褘揄狄三服。皆以助祭。知褘衣助天祀也。王之祭服亦曰先王袞冕。先公鷩冕。故后助祭亦以褘衣祭先王。揄狄祭先公。不有助祭天地。舉此以明彼。反三隅也。春秋外傳。禘郊天子親射其牲。王后親舂其粢。世婦詔后之禮事。不專主宗廟祭。統曰。祭也者。必夫婦親之。所以備外內之官也。哀公問孔子曰。冕而親迎。不已重乎。答曰。合二姓之好。以繼先聖之後。以爲天地宗廟社稷之主。君何謂已重乎。則知后宜助祭。臣請由經誼制儀典。帝雖不睿。猶疑之。召禮官問。于是太常博士唐紹蔣欽緒對。欽明所引。皆宗廟禮。非祭天地者。周隋上無皇后助祭事。帝令宰相參訂。紹欽緒又引博士彭景直共議。時左僕射韋巨源助后掎掣帝奪政事。卽傅欽明議。帝果用其言。以皇后爲亞獻。取大臣李嶠等女爲齋娘。奉豆籩。禮成。詔齋娘有夫者。悉進官。通典、欽明又請以安樂公主爲終獻。唐紹蔣欽緒固爭。乃止。

景龍三年。中宗親祀昊天上帝樂章十首。舊唐書音樂志。

降神用豫和。天之歷數歸睿唐。顧惟菲德欽昊蒼。選吉日兮表殷薦。冀神鑒兮降閶陽。

皇帝行用太和。圜鐘宮。恭將寶位。肅奉瑤圖。恆思解網。每軫泣辜。德慙巢燧。化劣唐虞。期我良弼。式贊嘉謨。

告謝。圜鐘宮。得一流元澤。通三御紫宸。遠叶千齡運。遐銷九域塵。絕瑞駢闐集。殊祥絡繹臻。年登慶西畝。稔歲賀盈囷。

登歌用肅和。無射均之林鐘羽。悠哉廣覆。大矣曲成。九元著象。七曜甄明。珪璧是奠。醞酎斯盈。作樂崇德。爰暢咸英。

迎俎用雍和。圜鐘均之黃鐘羽。郊壇展敬。嚴配因心。孤竹簫管。空桑瑟琴。肅穆大禮。鏗鏘八音。恭惟上帝。希降靈歆。

酌獻用福和。圜鍾宮。　九成爰奏。三獻式陳。欽承景福。恭託明禋。

中宮助祭昇壇用。函鍾宮。　坤元光至德。柔訓闡皇風。芣苢芳聲遠。螽斯美化隆。叡範超千載。嘉猷備六宮。肅恭隆盛典。欽若薦禋宗。

亞獻用。函鍾宮。　三靈降饗。三后配神。虔敷藻奠。敬展郊禋。

送文舞出迎武舞入用舒和。圜鍾均之中呂商。　已陳粢盛敷嚴祀。更奏笙鏞協雅聲。璇圖寶歷欣寧謐。晏俗淳風樂太平。

武舞作用凱安。圜鍾均之無射徵。　堂堂聖祖興。赫赫昌基泰。戎車盟津偃。玉帛塗山會。舜日啓祥輝。堯雲卷征旆。風猷被有截。聲教覃無外。

景雲元年十一月十三日乙丑冬至。祀圜丘。時陰陽人盧雅侯藝等奏請促冬至就十二日甲子以爲吉會。右臺侍御史唐紹奏曰。禮所以冬至祭圜丘于南郊。夏至祭方澤于北郊者。以其日行躔次。極于南北之際也。日北極當晷度循半日。南極當晷度環周。是日一陽爻生。爲天地交際之始。故易曰。復其見天地之心乎。卽冬至卦象也。一歲之內。吉莫大焉。甲子但爲六旬之首。一年之內。隔月常遇。既非大會。晷運未周。唯總六甲之辰。助四時爲成歲。今避圜丘以取甲子。是背大吉而就小吉也。竟依紹議。通典。

先天元年正月辛巳。有事於南郊。己丑。大赦。改元曰太極。舊唐書元宗本紀。

太極元年正月初。將有事於南郊。時有司議。唯祭昊天上帝而不設皇地祇位。諫議大夫賈曾上表。謹按禮祭法曰。有虞氏禘黃帝而郊嚳。大傳曰。大祭曰禘。然則郊之與廟。俱有禘名。禘廟則祖宗之主。俱合于太祖之廟。禘郊則地祇羣望。俱合于圜丘。以始祖配享。皆有事而大祭。異于常祀之義。三輔故事。漢祭圜丘儀。上帝位正南面。后土位亦南面而少東。又東觀漢記云。光武于洛陽城南爲圜壇。天地位其上。皆南面西上。案兩漢時。自有后土及北郊祀。而此已于圜丘設地位。明是禘祭之儀。今之南郊。正當禘禮。固宜合配天地。咸秩百神。請備設皇地祇幷從祀等座。則禮惟稽古。義合緣情。時又將親享北郊。竟寢曾表。通典。

唐書賈曾傳。天子親郊。有司議不設皇地祇位。曾請合享天地如古制。幷從祀等座。睿宗詔宰相禮官議。皆如曾請。案此年五月戊寅。有事北郊。新書禮樂志又云。是時睿宗將祭地于北郊。故曾之議寢。據此是賈傳誤。

元宗卽位。未郊。張九齡建議曰。天者百神之君。王者所由受命也。自古繼統之主。必有郊配。蓋敬天命。報所受也。不以德澤未洽。年穀未登。而闕其禮。昔者周公郊祀后稷以配天。謂成王幼沖。周公居攝。猶用其禮。明不可廢也。漢丞相匡衡曰。帝王之事。莫重乎郊祀。董仲舒亦言。不郊而祭山川。失祭之序。逆于禮。故春秋非之。臣謂衡仲舒古之知禮。皆以郊之祭。所宜先也。陛下紹休聖緒。于今五載。而未行大報。考之于經義。或未通。今百穀嘉生。鳥獸咸若。夷狄內附。兵革用弭。乃怠于事天。恐不可以訓。願以迎日之至。升紫壇。陳采席。定天位。則聖典無遺矣。唐書張九齡傳。

開元十一年九月癸未。制宜以迎日之至。允備郊天之禮。所司詳擇舊典以聞。册府元龜。

開元十一年十一月戊寅。有事于南郊。大赦。唐書元宗本紀。

案通典。開元十一年十一月。親享圜丘。中書令張說為禮儀使。衞尉少卿韋縚為副。說建議。請以高祖配祭。始罷三祖同配之禮。

開元二十年九月乙巳。中書令蕭嵩等奏上開元新禮。舊唐書元宗本紀。

開元二十年。蕭嵩為中書令。改撰新禮。祀天一歲有四。冬至祀昊天上帝于圜丘。高祖神堯皇帝配。中官加為一百五十九座。外官減為一百四座。上帝則太尊。著尊。犧尊。象尊。壺尊各二。山罍六。配帝則不設太尊及壺尊。減山罍之四。餘同上帝。五方帝座則籩豆各十。簠簋甑俎各一。太尊二。大明夜明籩豆各八。餘同五方帝。內官。內官每豆二。簋俎各一。內官以上。設尊于十二階之間。每座籩道間著尊二。中官犧尊二。

外官著尊二。罍星壺尊二。正月上辛。祈穀祀昊天上帝于圜丘。以高祖配。孟夏雩祀昊天上帝于圜丘。以太宗配。季秋大享于明堂。祀昊天上帝。以睿宗配。禮儀志。

凡祀昊天上帝及配座。用蒼犢各一。五方上帝五人帝各用方色犢一。大明青犢一。夜明白犢一。若冬至祀圜丘。加羊各豕各。凡肉皆實俎。其牲皆升右胖體十一。前節三。肩臂臑。後節二。肫胳。正脊一。脡脊一。橫脊一。長脅一。短脅一。代脅一。皆二骨以並。脊從首爲正。脅旁中爲正。凡供別祭用太牢者。犢一。羊一。猪一。酒二斗。脯一段。醢四合。若供少牢者。去犢。減酒一斗。郊廟尊罍五齊三酒。並見本儀中也。凡用籩豆各十二。籩實以石鹽。乾魚。乾棗。栗黃。榛子仁。菱仁。芡仁。鹿脯。白餅。黑餅。糗餌。粉餈。豆實以韭菹。醓醢。菁菹。鹿醢。芹菹。兔醢。筍菹。魚醢。脾析菹。豚拍。酏食。糝食。用簠簋各二。簠實黍稷飯。簋實稻粱飯。又㽅實太羹。鉶實肉羹。通典

皇帝冬月至祀圜丘儀。正月上辛祈穀。孟夏雩祀及攝祀並附。卜日于太廟南門外。將卜前一日。以右校埽除太廟南門之外。守宮設太常卿以下次于門外之東。皆西向。其日平明。太卜令卜正占者俱就次。各服公服。守宮布卜席于闑西閾外。西向。謁者告事具。謁者引太常卿升立于門東。西面。贊引引太卜令卜正占者門西東面。卜正先抱龜奠于席上。西首。灼龜之具奠于龜北。執龜立于席東。北面。太卜令進受龜。詣太常卿前。視高。太常卿受視訖。太卜令受龜。少退俟。太常卿曰。皇帝來某日祇祀于某。尚饗。太卜令曰。諾。遂述命。還即席西面坐。命龜曰。假爾太龜有常。興。授卜正龜。負東扉。卜正坐。作龜訖。興。太卜令進受龜。示太常卿。卿受示。反

之太卜令。退復位東面與衆占之訖。不釋龜。進告太常卿。占者曰。某日從。授卜正龜。謁者進太常卿之左曰。禮畢。謁者引太常卿以下還次。卜者徹龜。守宮徹席以退。若上旬不吉。卜中旬。中旬不吉。卜下旬。皆如初禮。若卜吉日及非大事。皆太卜令涖卜。卜正占者。視高命還龜。通典。

唐會要卷九下 原闕今照四庫全書本增補

雜郊議下

齋戒。前祀七日皇帝散齋四日於別殿。致齋三日。其二日於太極殿。一日於行宮。前致齋一日。尚舍奉御設御幄於太極殿西序及室內。俱北向。尚舍直長張帷於前楹下。致齋之日。質明。諸衛所部屯門列仗。晝漏上水各一刻。侍中版奏請中嚴。諸衛之屬各督其隊入陳於殿庭。如常儀。通事舍人引文武五品以上袴褶陪位。如式。諸侍衛之官各服其器服。諸侍臣並結珮。凡齋者則結珮。俱詣閤奉迎。上水二刻。侍中版奏外辦。水三刻。皇帝服袞冕。上辛服通天冠絳紗袍。結珮。乘輿出自西房。曲直華蓋。警蹕侍衛如常儀。皇帝即御坐東向坐。侍臣夾侍如常。一刻頃。侍中前跪奏稱。侍中臣某言。請降就齋室。俛伏。興。還侍位。皇帝降座入室。文武侍臣各還本司。直衛者如常。通事舍人分引陪位者以次出。凡應祀之官散齋四日。致齋三日。散齋皆於正寢。致齋三日於本司。一日於祀所。其無本司者皆於祀所焉。近侍之官應從升者及從祀羣官諸方客使。各於本司館清齋一宿。無本司各於家正寢。諸祀官致齋日。給酒食及明衣布。各習禮于齋所。攝事無皇帝齋儀。上辛雩祀同。光祿卿監取明水火。太官令取水於陰鑑。取火於陽燧。火以供爨。水以實鑑焉。前祀二日太尉告高祖神堯皇帝廟。如常儀。告以配雩祀。侑神作主。孟夏太宗文武皇帝廟。前祀一日。諸衞令其屬未後一刻。各以器服守壝。與太樂工人俱清齋一宿焉。

凡大祀齋官皆前七日集尚書省。太尉誓曰。某月日祀昊天上帝於圜丘。其誓各隨祭享祀事有之。各揚其職。不供其事。國有常刑。凡散齋理事如舊。夜宿止於家正寢。惟不弔喪問疾。不作樂。不判署刑殺文書。不行刑罰。不預穢惡。致齋惟祀事得行。其餘悉斷。凡大祀官散齋四日。中祀三日。小祀二日。致齋大祀三日。中祀二日。小祀一日。其致齋日。三公於都省安置。所司鋪設。其餘官皇城內有本司者於本司。無者於太常社郊太廟齋坊安置。皆日未出前到齋所。至祀前一日。各從齋明晝漏上三刻。向祀所。仍令平明候請所行路道次。不得見諸凶穢衰絰。過訖任行。其哭泣之聲聞於祭所者。權斷訖事。非應散齋者。惟清齋一宿於本司及祀所。凡大祀中祀接神齋官。祀前一日皆沐浴。九品以上皆官給明衣。齋郎升壇行事。亦權給潔服。應齋官所習禮將時闕者。通攝行事。致齋之日。先不食公糧及無本司者。大官准品給食。祈告一日清齋者。設食亦如之。凡散齋有大功已上喪。致齋有周已上喪。並聽赴。即居緦麻已上喪者。不得行宗廟之祭。其在齋坊病者聽還。死於齋所。同房不得行事也。

陳設。前祀三日。尚舍直長施大次於外壝東門之內道北。南向。攝事守官設祀官公卿以下等次。於東壝之外道南。北向西上焉。尚舍奉御座。衞尉設文武侍臣次。上辛雩祀守宮設文武侍臣次焉。於大次之前。文官在左。武官在右。俱相向。上辛雩祀於大次之後俱南向。設諸祀官次於東壝之外道南從祀文官九品以上於祀官之東東方南方朝集使於文官之東東方南方蕃客又於其東俱重行每等異位北向西上介公酅公於西壝之外道南武官九品以上於介酅公之西西方北方朝集使於武官之西西方北方蕃客又於其西俱重行每等異位北向東上。其褒聖侯若在朝位於文官三品之上攝事無大次褒聖等儀上辛雩祀同。設陳饌幔於內壝東門西門之外道北南向北門之外道東西向。壇上及東方南方午陛之東饌陳於東門外西方及南方午陛之西饌陳於西門外北方之饌陳於北門外上辛雩祀但有壝東方之外饌焉。前祀二日大樂令設宮懸之樂於壇南內壝之外東方西方磬簴起北鐘簴次之南方北方磬簴起西鐘簴次之設十二鎛鐘於編懸之間各依辰位樹雷鼓於北懸之內道之左右植建鼓於四隅置柷敔於懸內。柷在左敔在右。設歌鐘歌磬於壇上近南北向磬簴在西鐘簴在東其匏竹者立於壇下重行北向相對爲首。凡懸皆展而編之。諸工人各位於懸後東方西方以北爲上南方北方以西爲上右校掃除壇之內外郊社令積柴於燎壇。其壇於神壇之壬丙地內壝之外。方一丈高丈二尺開上南出戶方六尺前祀一日奉禮設御位於壇之北南向設祀官公卿位於內壝東門之外。上辛雩祀則東門內攝事亦然。道南分獻之官於公卿之南。上辛雩祀無分獻位以下皆然。執事者位於其後每等異位俱重行西向北上設御史位於壇下一位於東南西向一位於西南東向設奉禮位於樂懸東北。贊者二人在南。差退。俱西向。又設奉禮贊者位於燎壇東北。西向。皆北上。設協律郎位於壇上南陛之西。東向。設太樂令位於北懸之間。當壇北向。設從祀文官九品以上位於執事之南。東方南方朝集使於文官之南。東方南方蕃客又於其南。俱每等異位。重行。西面北上。介公酅公位於中壝上辛雩祀內壝。西門之內道南。武官九品以上位於介公酅公之南。西方北方朝集使於武官之南。西方北方蕃客又於其南。俱每等異位。重行。東向北上。其褒聖侯於文武三品之下。諸州使人各分位於朝集使之後。攝事無褒聖已上至從祀位又設祀官及從祀羣官等門外位於東西壝門之外。如設次之式。設牲牓於東壝之外。當門西向。蒼牲一。又青牲一。在北少退。南上。次赤牲一。黃牲一。白牲一。元牲一。雩祀五方色牲各二又赤牲一。白牲一。上辛雩祀無日月牲在南。皆少退。以北爲上。又設廩犧令位於牲西南。祝史陪其後。俱北向。設諸大祝位於牲東。各當牲後。祝史陪其後。俱西向。設太常卿省牲位於牲前。近北。又設御史位於太常卿之西。俱南向。設酒尊之位。上帝太尊二。犧尊二。山罍二。在壇上東南隅。北向。象尊二。壺尊二。山罍四。在壇下南陛之東。北向。俱西上。設配帝著尊二。犧尊二。象尊二。山罍二。在壇上。於上帝酒尊之東。北向西上。五帝日月各太尊二。在第一等。上辛則五帝各太尊二。著尊二。犧尊二。罍二。在第一等神座之左而右向。無日月以下諸座。攝事亦然也。內官每陛間各象尊二。在二等。中官每陛間各壺尊二。在第三等。外官每道間各概尊二。在壇下。衆星每道間各散尊二。於內壝之外。凡尊各設於神座之左而右向。尊皆加勺冪。五帝日月以上。皆有坫以置爵。雩祀日月以下無。其五帝太尊犧尊各二。罍二在第一等。五人帝犧尊各二。在二等。五官象尊各二。在壇下。設御洗於午陛東南。亞獻終獻同洗於卯陛之南。俱北向。攝儀但設洗午陛東南北面。雩祀設亞獻之洗於御東南。五官洗於尊北。設分獻罍洗罍水。在洗東。篚在洗西南肆。篚實以巾爵。篚冪各於其方陛道之左。俱內向。執尊罍篚冪者。各於尊罍篚冪之後。設玉幣之篚於壇上下尊坫之所。祀前一日晡後。上辛雩祀皆祀日未明五刻焉。太史令郊社令各常服帥其屬升。設昊天上帝神座於壇上北方。南向。席以藁秸。設高祖神堯皇帝神座。雩祀則設太宗文武聖皇帝神座焉。於東方西向。席以莞。設五方帝日月神座於壇第一等。青帝於東陛之北。赤帝於南陛之東。黃帝於南陛之西。白帝於西陛之南。黑帝於北陛之西。雩祀又設五人帝座於第二等。如五方之陛位。又設五官座於壇下東南。西向北上。無日月以下諸星位。大明於東陛之南。上辛並無大明以下位矣。夜明於西陛之北。席皆以藁秸。又設五星十二辰河漢及內官五十五座於第二等十有二陛之間。各依方面。凡座皆內向。其內官有北辰座於東陛之北。曜魄寶於北陛之西。北斗於南陛之東。天一太一在北斗之東。五帝內座於曜魄寶之東。並差在行位前。又設二十八宿及中官百五十九座于第三等。其二十八宿及帝座七公日星帝座大角攝提太微太子明堂軒轅三台五車諸王月星織女建星天紀等十七座。

並差在行位前。又設外官百有五座於內壝之內。又設衆星三百六十座於內壝之外。各依方次十有二道之間。席皆以莞。設神位各於座首。所司陳異寶及嘉瑞等於樂縣之北。東西廂。昊天上帝及配帝五星日月之座設訖却收至祀日未明五刻郊社令太史各服其服升壇重設之。其內官中官外官衆星等諸座。一設定不收也。

省牲器。　省牲之日午後二刻。去壇二百步所。享明堂則於明堂所。廟享則於廟所皆二百步所焉。諸衛之屬禁斷行人。廟享則太廟令整拂神幄焉。晡後二刻。郊社令丞帥府史三人。諸儀二人。廟享則太廟令帥府史也。及齋郎以尊坫篚冪入設於位。廟享則籩豆簠簋鉶皆設位加以巾蓋諸器物皆濯而陳之。升壇者各由其陛。升廟堂者自東陛焉。晡後三刻。謁者贊引各引祀官公卿以下俱就東壝門外位。廟享則無壝外公卿位焉。諸太祝與廩犧令以牲就牓位。謁者引司空。諸儀並引太常卿也。贊引御史入詣壇東陛。升行掃除於上。降行樂縣於下。訖出還本位。初司空將升。又謁者引太常卿。贊引引御史入詣壇東陛。升視滌濯。於視濯執尊者皆舉冪告潔。廟享升東階。訖引降就省牲位。南向立。廩犧令少前曰。請省牲。退復位。太常卿省牲。廩犧令又前舉手曰腯。還本位。諸太祝各循牲一帀。西向舉手曰充。俱還本位。諸太祝與廩犧令以次牽牲詣廚授太官。謁者引光祿卿詣廚省鼎鑊申視濯溉。謁者贊引各引祀官御史。廟享但引御史。省視饌具。俱還齋所。廟享則進饌者入徹籩豆。簠簋。鉶。㽅。以出而已矣。祀日未明五刻。太官令帥宰人以鸞刀割牲。祝史以豆取毛血。各置於饌所。遂烹牲。廟享毛血。每座共實一豆。祝史洗肝於鬱鬯。又取膟膋。每座各實一豆。俱置饌所。膟膋。腸間脂也。

鑾駕出宮。上辛雩祀並同。前出宮三日。本司宣攝內外。供其職。尚舍設行宮於壇東南向。隨地之宜。守宮設從祀官五品以上次於承天門外東西朝堂。如常儀。前二日。太樂令設宮懸之樂於殿庭。如常儀。駕出。懸而不作。其日晝漏上水五刻。鑾駕發引前七刻。搥一鼓為一嚴。三嚴時節前一日侍中奏裁也。侍中奏開宮殿門及城門。未明五刻。搥二鼓為再嚴。侍中版奏請中嚴。奉禮郎設從祀羣官五品以上位。文官於東朝堂之前。西向。武官於西朝堂之前。東向。俱重行北上。從祀羣官五品以上。依時刻俱集朝堂次。各服其服。其六品以下及介公酅公褒聖侯朝集使諸方客使等。並駕出之日便赴於祀所。所司陳大駕鹵簿於朝堂。發前一刻。搥三鼓為三嚴。諸衛之屬各督其隊與鈒戟以次入陳於殿庭。通事舍人引從祀羣官各就朝堂前。衛侍衛之官各服其器服。侍中中書令以下俱詣西階奉迎。侍中負寶如式。乘黃令進玉輅於太極殿西階之前。南向。千牛將軍一人執長刀立於輅前。北向。黃門侍郎一人在侍臣之前。贊者二人在黃門之前。侍中版奏外辦。太僕卿攝衣而升。正立執轡。皇帝服袞冕。上辛服通天冠絳紗袍也。乘輿以出。降自西階。稱警蹕如常。千牛將軍執轡。皇帝升輅。太僕卿授綏。侍中中書令以下夾侍如常。黃門侍郎進。當鑾駕前跪奏稱黃門侍郎臣某言。請鑾駕進發。俛伏。興。退復位。凡黃門侍郎奏請。皆進鑾駕前跪奏稱某官臣某言。訖俛伏　鑾駕動。又稱警蹕。黃門侍郎與贊者夾引以出。千牛將軍夾輅而趨。駕出承天門至侍臣上馬所。黃門侍郎退稱侍臣上馬。贊者承傳。文武侍臣皆上馬。諸侍衞之官各督其屬左右翊駕。在黃麾內。符寶郎奉六寶與殿中監後部從在黃鉞內。侍中中書令以下夾侍於輅前。贊者在供奉官人內。侍臣上馬畢。黃門侍郎奏稱請勅車右升。侍中前承制。退稱制曰可。黃門侍郎退復位。千牛將軍升。黃門侍郎奏稱請鑾駕進發。退復位。鑾駕動。稱警蹕。鼓傳音如常。不鳴鼓吹。不得諠譁。其從祀之官在元武隊後。如常儀。駕將至。諸祀官俱朝服結珮。謁者引立於次前。重行。北向西上。駕至行宮南門外。迴輅南向。將軍降立於輅右。侍中進當鑾駕前跪奏稱侍中臣某言。請降輅。俛伏。興。還侍位。皇帝降輅。乘輿入行宮。繖扇華蓋侍衞警蹕。如常儀。宿衞如式。謁者贊引各引祀官通事舍人分引文武羣官集行宮朝堂。文左武右。舍人承旨勅羣官等各還次。

奠玉帛。　祀日未明三刻。諸祀官及從祀官各服其服。郊社令良醞令各率其屬入實尊罍玉幣。凡六尊之次。其太尊爲上。實以汎齊。著尊次之。實以醴齊。犧尊次之。實以盎齊。象尊次之。實以醍齊。壺尊次之。實以沈齊。山罍爲下。實以清酒。配帝著尊爲上。實以汎齊。犧尊次之。實以醴齊。象尊次之。實以盎齊。山罍爲下。實以清酒。五帝日月俱以太尊。實以汎齊。其內官之象尊。實以醍齊。中官之壺尊。實以沈齊。外官之概尊。實以清酒。衆星之散尊。實以旨酒。齊皆加明水。酒皆加元酒。各實於上尊。玉上帝以蒼璧。青帝以青珪。赤帝以赤璋。白帝以白琥。黑帝以元璜。黃帝以黃琮。日月以珪璧。昊天上帝及配帝之幣以蒼。日月內官以下各從方色。各長丈八尺。上圭。則五方五帝各大尊爲上。實以汎齊。著尊次之。實以醴齊。犧尊次之。實以盎齊。其用玉。昊天上帝以四珪有邸。餘同。無日月以下尊。雩祀同圜丘。又有五人帝之幣。亦放其方也。太祝以玉幣置於篚。太官令帥進饌者實諸籩豆簋簠等。各設於饌幔內。未明二刻。奉禮帥贊者先入就位。贊引引御史博士諸太祝及令史與執尊罍篚冪者。入自東壝門。當壇南重行北上。凡引導者每曲一逡巡也。立定。奉禮曰再拜。贊者承傳。凡奉禮有詞。贊者皆承傳。御史以下皆再拜。訖。執尊罍篚冪者各就位。贊引引御史諸太祝詣壇東陛。御史一人太祝二人升。行掃除於上。及第一等。御史一人太祝七八人升。行掃除於下。上辛雩祀贊引引御史諸太祝掃除於上。令史祝史掃除於下。訖。各引就位。未明一刻。謁者贊引各引祀官及從祀羣官客使等俱就門外位。攝儀無從祀羣官客使。上辛雩祀同。大樂令帥工人二舞次入就位。文舞入陳於懸內。武舞於懸南道西。其升壇者皆脫履於下。降納如常焉。謁者引司空入就位。立定。奉禮曰再拜。司空再拜。訖。謁者引司空詣壇東陛。升行掃除於上。降行樂懸於下。訖。引復位。謁者贊者各引祀官及從祀羣官客使等次入就位。初明三刻。諸衛列大駕仗衛。陳設如式。侍中版奏請中嚴。乘黃令進玉輅於行宮南門外。迴輅南向。若行宮去壇稍遠。嚴警如式焉。未明一刻。侍中版奏外辦。皇帝服衮冕。乘輿以出。繖扇華蓋侍衛如常儀。侍中負寶陪從如式。皇帝升輅。如初。黃門侍郎奏請鑾駕進發。還侍立。鑾駕動。稱警蹕如常。千牛將軍夾輅而趨。若行宮去壇稍遠。奏升輅如式。駕至大次門外。迴輅南向。若將軍升輅。即降立於輅右焉。侍中進當鑾駕前奏稱侍中臣某言。請降輅。俛伏。興。還侍立。皇帝降輅。乘輿之大次。繖扇華蓋侍衛如常儀。郊社令以祝版進御署訖。近臣奉出郊社令各受奠於坫。皇帝停大次半刻頃。通事舍人各引從祀文武羣臣介公酅公諸方客使皆先入就位。太常博士引太常卿立於大次門外。當門北向。侍中版奏外辦。質明。皇帝改服大裘而冕。上辛雩祀蓋服袞冕。出次。華蓋侍衛如常儀。侍中負寶陪從如式。博士引太常卿。太常引皇帝。凡太常卿前導。皆博士先引焉。至中壝門外。上辛雩祀內壝。殿中監進大珪。尚衣奉御又以鎮圭授殿中監。殿中監受進。皇帝搢大珪。執鎮圭。華蓋仗衛停於門外。禮部尚書與近侍者陪從如常儀。大圭如搢不便。請立定近侍承奉焉。皇帝至版位。西向立。每立定。太常卿與博士退立於左。太常卿前奏稱請再拜。退復位。皇帝再拜。攝事無未明三刻下至此再拜儀。上辛雩祀同。奉禮曰。衆官再拜。衆官在位者皆再拜。其先拜者不拜。太常卿前奏。攝則謁者進太尉之左。自上辛雩祀同焉。有司謹具。請行事。退復位。協律郎跪。俛伏。舉麾。凡取物者皆跪。俛伏而取以興。奠物則跪奠訖。俛伏而後興。他放此。鼓柷奏元國諱改焉。和之樂。乃以圜鍾爲宮。黃鍾爲角。太簇爲徵。姑洗爲羽。作文舞之舞。樂舞六成。圜鍾三奏。黃鍾太簇姑洗各一奏也。偃麾。戛敔。樂止。凡樂皆協律郎舉麾。工鼓柷而後作。偃麾戛敔而後止焉。太常卿前奏稱再拜。退復位。皇帝再拜。攝事無太常卿至皇帝拜。上辛雩祀同也。奉禮曰。衆官再拜。衆官在位者皆再拜。正座配座太祝跪取玉幣于篚。各立于尊所．諸太祝俱取玉及幣．亦各立于尊所．太常卿引皇帝．太和之樂作．皇帝每行．皆作太和之樂．攝則謁者引太尉．已下皆謁者引太尉．太和樂．上辛雩祀同．皇帝詣壇．升自南陛．侍中中書令以下及左右侍衞量人從升．以下皆如之．皇帝升壇．北向立．攝則太尉升南陛．北向立．樂止．正座太祝加玉于幣．以授侍中．侍中奉玉幣東向進．皇帝搢鎭珪．受玉幣．凡受物皆搢鎭珪．跪奠訖．執珪俛伏興．太尉則搢笏．登歌作肅和之樂．以大呂之均．太常卿引皇帝進．北向跪奠於昊天上帝神座．俛伏興．太常卿引皇帝立於西方東向．配座太祝以幣授侍中．侍中奉幣北向進．攝則太祝授太尉．太尉奉玉幣進奠．皇帝受幣．太常卿引進高祖神堯皇帝神座．雩祀則太宗座．俛伏興．太常卿引皇帝少退．東向再拜訖．登歌止．太常卿引皇帝．樂作．皇帝降自南陛．還版位西向立．樂止．攝則太尉行．還立無樂也．初．皇帝將奠配帝之幣．謁者七人各分引獻官奉玉幣俱進．跪奠於第一等神座．上辛則謁者五人．各分引獻官奉玉幣奠五方帝座．攝事同．雩祀五人帝五官相次而畢．餘星座之幣．謁者贊引各引獻官進奠於首座．餘皆祝史齋郎助奠訖．引還復位．攝則太尉奠配座．諸太祝及諸獻官各奉玉幣進於神座訖．還尊所．上辛無星以下座也．初．衆官拜訖．祝史各奉毛血之豆．立於門外．登歌止．祝史奉毛血入．各由其陛升．諸太祝迎取於壇上．俱進奠於神座．諸太祝與祝史退立於尊所．

進熟．皇帝既升．攝則太尉升．上辛雩祀同．奠玉幣．太官令出．帥進饌者奉饌．各陳於壝門外．謁者引司徒出詣饌所．司徒奉昊天上帝之俎。初皇帝既至位。樂止。太官令引饌入。攝事則於太祝奠毛血其太官引饌入上辛雩祀同。俎初入門。奏雍和之樂。以黃鍾之均。自後接神之樂皆奏黃鍾。饌各至其陛。樂止。祝史俱進徹毛血之豆。降自東陛以出。上帝之饌升自午陛。配帝之饌升自卯陛。青帝之饌升自寅陛。赤帝之饌升自巳陛。黃帝之饌升自未陛。白帝之饌升自酉陛。黑帝之饌升自子陛。大明之饌升自辰陛。夜明之饌升自戌陛。其內官中官諸饌各隨便而升。上辛無大明以下饌。攝事同。雩祀五人帝饌各由其陛升。諸太祝迎引於壇上。各設於神座前。籩豆蓋冪先徹乃升。簠簋既奠卻其蓋於下也。設訖。謁者引司徒太官令帥進饌者俱降自東陛以出。司徒復位。諸太祝各還罇所。又進設外官衆星之饌。相次而畢。上辛無外官以下饌。雩祀又進設五官饌。並無衆星饌也。初壇上設饌訖。太常卿引皇帝詣罍洗。攝則謁者引太尉詣罍洗。上辛雩祀同也。樂作。皇帝至罍洗。樂止。侍中跪取匜。興。沃水。又侍中跪取盤。承水。皇帝盥手。黃門侍郎跪取巾於篚。興。進。皇帝帨手。訖。黃門侍郎受巾。跪奠於篚。黃門侍郎又取匏爵於篚。興。進。皇帝受爵。侍中酌罍水。又侍中奉盤。皇帝洗爵。黃門侍郎又授巾。皆如初。皇帝拭爵。訖。侍中奠盤匜。黃門侍郎受巾奠於篚。皆如常。太常卿引皇帝。樂作。皇帝詣壇。升自南陛。訖。樂止。攝則太尉洗拭匏爵無樂作以下儀。謁者引司徒升自東陛。立於罇所。齋郎奉俎。從其後。太常卿引皇帝詣上帝罇所。執罇者舉冪。侍中贊酌汎齊。訖。壽和之樂作。皇帝每酌獻及飲福。皆作壽和之樂。攝則謁者引太尉升自南陛。詣上帝罇所。執事者奉冪。太尉酌汎齊。訖。樂作。太常卿引皇帝進昊天上帝神座前。北向跪奠爵。興。太常卿引皇帝少退。向北立。樂止。攝儀皆謁者引太尉。太祝持版進於神座之右。東向跪。讀祝文。維某年歲次月朔日子。嗣天子臣某。敢昭告於攝則云。天子某謹遣太尉封某臣名。敢昭告於昊天上帝。上辛雩祀同。昊天上帝。大明南至。長晷初昇。萬物權輿。六氣資始。式尊彝典。愼修禮物。上辛云。惟神化育羣生。財成庶品。雲雨作施。普博無私。爰因啓蟄。式尊農事。雩祀云。爰茲孟夏。龍見紀辰。方資長育。式遵常禮。敬以玉帛犧牲粢盛庶品。恭致燎祀。表其寅肅焉。敬以玉帛犧齊粢盛庶品。備茲禋燎。祗薦潔誠。高祖神堯皇帝配神作主。凡攝事祝版應御署訖。皇帝北向再拜。侍臣奉版郊社令受。遂奉出。皇帝再拜。攝則太尉再拜。初讀祝文訖。樂作。太祝進。跪奠版於神座。興。還尊所。皇帝拜訖。樂止。太常卿引皇帝詣配帝酒尊所。執尊者舉冪。侍中取爵於坫。進。皇帝受爵。侍中贊酌汎齊。訖。樂作。太常卿引皇帝進高祖神堯皇帝神位。雩祀太宗。東向跪。奠爵。俛伏。興。太常卿引皇帝少退。東向立。樂止。上辛又謁者五人各引五方上帝太祝。皆取爵於坫。酌汎齊。各進奠於神座。訖。還尊所。雩祀同。太祝持版進於神座之左。北向跪。讀祝文曰。維某年歲次月朔日子。孝曾孫開元神武皇帝臣某。攝則云皇帝臣某。謹遣太尉封臣某。敢昭告於高祖神堯皇帝。履長伊始。肅事郊禋。用致燔祀于昊天上帝。伏惟慶流長發。德冠思文。對越昭升。永言配命。上辛云。時惟孟春。敬祈嘉穀。用致禋祀昊天上帝。伏惟高祖睿哲徇齊。欽明昭格。紧祀之禮。爲奉舊章。雩祀云。時惟正陽。式遵常典。伏惟道叶乾元。德施品物。永言配命。對越昭升。謹以制幣犧齊粢盛庶品。式陳明薦侑神作主。侑饗訖。興皇帝再拜。初讀祝文訖。樂作太祝進跪奠版於神座。興還尊所皇帝再拜。訖樂止。太常卿引皇帝進昊天上帝座前北向立樂作。太祝各以爵酌上尊福酒合置一爵。太祝持爵侍中侍中受爵西向進。皇帝再拜受爵。跪祭酒啐酒奠爵俛伏興。太祝各率齋郎進俎。太祝減神前胙肉。（皆取前脚第二骨也。）加於俎。以胙肉共置一俎上。太祝持俎以授司徒。司徒奉俎西向進。（攝則言授。）皇帝受以授左右。（攝太尉受以授齋郎。）謁者引司徒降復位。皇帝跪取爵。遂飲卒爵。侍中進受爵以授太祝。太祝受爵復於坫。皇帝俛伏興再拜。樂止。太常卿引皇帝。樂作。皇帝降自南階。還版位西向立。樂止。文舞退。鼓柷作舒和之樂。退訖戛敔樂止。武舞入鼓柷作舒和之樂。立定戛敔。樂止。（自此以下。凡攝皆太尉爲初獻。其儀依皇帝行事。贊佐皆謁者太祝齋郎。）皇帝將復位。謁者引太尉（攝則太常卿爲亞獻。自下並改太尉爲太常卿。）詣罍洗盥手洗拭匏爵訖。謁者引太尉自阼升壇。詣昊天上帝著尊所。執尊者舉冪。太尉酌醴齊訖。武舞作。謁者引太尉進昊天上帝神座前北向跪奠爵。興。謁者引太尉少退北向拜訖。謁者引太尉詣配帝犧尊所。取爵於坫。執尊者舉冪。太尉酌醴齊訖。謁者引太尉進高祖神堯皇帝座前。（雩祀太宗。）東向跪奠爵。興。謁者引太尉少退東向再拜。（上辛五方祀各取爵酌醴齊供奠訖還尊所。雩祀同。）訖。謁者引太尉進昊天上帝神座前北向立。跪太祝各以爵酌罍福酒合置一爵。太祝持爵進太尉之右。西向立。再拜受爵。跪祭酒遂飲卒爵。太祝進受虛爵。

復於坫。興。拜訖。謁者引太尉卻復位。初太尉獻將畢。謁者引光祿卿。攝則同以光祿卿爲終獻。詣罍洗盥手洗拭匏爵。升酌盎齊。獻正座配座。雩祀幷獻五方帝也。終獻如亞獻之儀。上辛五帝祀。亦各配獻之。訖。謁者引光祿卿降復位。初太尉將升獻。攝則太常卿將升獻。謁者七人分引五方帝及大明夜明等獻官詣罍洗盥手洗拭匏爵訖。各由其陛升。雩祀太尉將升獻。贊引五帝獻官酌醴齊奠太昊氏餘座。齋郎助奠。五帝將畢。五官獻官酌醍齊奠勾芒氏餘座。祝史助奠。詣第一等。俱酌汎齊訖。各進跪奠於神座前。興。各引降還本位。初第一等獻官將升。謁者五人。次引獻官各詣罍洗。訖。各由其陛升壇。詣第二等內官酒尊所。俱酌醍齊。各進跪奠爵於內官座首。興。餘皆祝史齋郎助奠。相次而畢。謁者各引獻官還本位。初第二等獻官將升。謁者四人。次引獻官俱詣罍洗盥手。各由其陛升壇。詣第三等中官酒尊所。俱酌清酒沈齊。攝儀盎齊。以獻。贊引四人。次引獻官詣罍洗盥洗訖。詣外官酒尊所。酌清酒。攝儀醍齊。以獻。贊引四人。次引獻官詣罍洗盥洗訖。詣衆星酒尊所。酌旨酒。攝儀沈齊。以獻。其祝史齋郎酌酒助奠。皆如內官之儀。訖。謁者引贊各引獻官還本位。上辛雩祀無日月以下獻儀也。諸獻俱畢。武舞止。上下諸祝各進跪徹豆。興。還尊所。徹者籩豆各一少移於故處也。奉禮曰。賜胙。贊者唱。衆官再拜。衆官在位者皆再拜。已飲福者不拜。元和之樂作。太常卿前奏稱請再拜。退復位。皇帝再拜。樂作一成止。攝事則奉禮曰。衆官再拜。衆官在位者皆再拜。太常卿前奏請就望燎位。攝則謁者進太尉之左曰請就望燎位也。太常卿引皇帝。樂作。皇帝就望燎位。南向立。樂止。攝則謁者引太尉也。於羣官將拜。上下諸祝各執篚進神座前取玉幣祝版。日月已上齋郎以俎載牲體黍稷飯及爵酒各由其陛降壇南行。經柴壇西過壝東行。自南陛登柴壇。以玉幣祝版饌物置於柴上戶內。諸祝史又以內官已下之禮幣皆從燎。上辛無日月已下牲幣。雩祀有五帝幣。奉禮曰可燎。東西面各六人以炬燎火。半柴。太常卿前奏禮畢。攝則謁者前白禮畢。則太尉出。太常卿引皇帝還大次。樂作。皇帝出中壝門。上辛雩祀並內壝。殿中監前受鎮珪。以授尚衣奉御。殿中監又前受大珪。華蓋侍衛如常儀。皇帝入次。樂止。謁者贊引各引祀官通事舍人分引從祀羣官諸方客使。以次出。贊引引御史太祝已下俱復執事位。立定。奉禮曰再拜。御史以下皆再拜。贊引引出。工人二舞以次出。

鑾駕還宮。上辛雩祀同。皇帝既還大次。侍中版奏請解嚴。將士不離部伍。皇帝停大次一刻頃。搥一鼓爲一嚴。轉仗衛于還塗。如來儀。三刻頃。搥二鼓爲再嚴。將士布隊仗。侍中版奏請中嚴。皇帝服通天冠。絳紗袍。諸祀官服朝服。乘馬者服袴褶。五刻頃。搥三鼓爲三嚴。通事舍人分引羣官客使等序立於大次之前。近南。文武侍臣詣大次奉迎。乘黃令進金輅於大次門外。南向。千牛將軍立於輅左。侍中版奏外辦。太僕卿升執轡。皇帝乘輿出次。繖扇侍衛。警蹕如常儀。皇帝升輅。太僕卿立授綏。黃門侍郎奏稱請鑾駕進發。退復位。鑾駕動。稱警蹕如常儀。黃門侍郎贊者夾引。千牛將軍夾輅而趨。至侍臣上馬所。黃門侍郎奏稱請鑾駕權停。勅侍臣上馬。侍中前承制退稱制曰可。黃門侍郎退稱侍臣上馬。贊者承傳文武侍臣皆上馬畢。黃門侍郎奏稱請勅車右升。侍中前承制退稱制曰可。黃門侍郎退復位。千牛將軍升訖。黃門侍郎奏稱請鑾駕進發。退復位。鼓傳音。鑾駕動。鼓吹振作而還。文武羣臣導從如來儀。諸方客使便還館。駕至承天門外侍臣下馬所。鑾駕權停。文武侍臣皆下馬。千牛將軍降立於輅右。訖。鑾駕動。千牛將軍夾輅而趨。駕入嘉德門。大樂令令撞蕤賓之鐘。皆應鼓柷奏采茨之樂。至太極門戛敔樂止。入太極門。鼓柷又奏太和之樂。駕至橫街北。當東上閤。迴輅南向。侍中進鑾駕前跪奏稱侍中臣某言。請降輅。俛伏興還侍位。皇帝降輅。乘輿以入。繖扇侍衛。警蹕如常儀。侍臣從至閤。戛敔樂止。初文武羣臣官至承天門外。通事舍人承旨勅羣官並還。皇帝既入。侍中版奏請解嚴。扣鉦。將士各還其所。通典開元禮纂類。

開元年中。唐子元徐堅同議南郊先燔後祭議之曰。臣等謹案顯慶年修禮官長孫無忌等奏改燔柴在祭前狀稱祭祀之禮。必先降神。周人尙臭。祭天則燔柴者。臣等按禮記迎神之義。樂六變而一作則。天神降。八變而一作則。地祇出。九變則鬼神可得而禮矣。則降神以樂。周禮正文。非謂燔柴以降神也。按尙臭之義。不爲燔之先後。假如周人尙臭。祭天則燔柴。容或燔臭先以迎神。然則殷人尙聲。祭天亦燔柴。何聲可燔。

先迎神乎。又按顯慶中無忌等奏稱。晉氏之前。獨遵古禮。周魏以降。妄爲損益者。今按郭璞晉南郊賦。及註爾雅。祭後方燔。又案宋志所論。亦祭後方燔。又檢南齊北齊及梁郊祀。亦先飲福酒訖燔燎。（一作後方燔）又按後周及隋郊祀。亦先祭後燔。據此卽周遵後燔。晉不先燔。無忌之奏。（一作事）事。（一作義）乃相乖。又按周禮大宗伯職。以玉作六器。以禮天地四方。註云。禮爲始告神時。祭（一作薦）於神座也。又文。（一作下文）云。以蒼璧禮天。以黃琮禮地。皆有牲幣。各放（一作如）其器之色。又禮器云。有以少爲貴者。祭天特牲。是知蒼璧之與蒼牲。俱合奠之神座。理卽（一作節）不惑。又云。四珪有邸。以祀天旅上帝。卽明祀昊天上帝之時。以旅五方天帝明矣。其靑珪赤璋白琥元璜。自是立春立夏立秋立冬之日。各于其方迎氣所用。自分別矣。今按顯慶所改新禮。以蒼璧與蒼牲蒼幣。俱用先燔。蒼璧旣已燔矣。所以遵加四珪有邸。奠之神座。牲旣已燔矣。所以更加騂牲。充其寶（一作實）俎。混昊天于五帝。同用四牲。失特牲之明文。加爲二犢。深乖禮制。（一作意）事乃無憑。請依貞觀舊禮。先祭後燔。庶允經義。謹議。（文苑英華）

天寶元年二月丁亥。加上尊號。帝親享元元皇帝于新廟。甲午。親享太廟。丙申。合祭天地於南郊。（舊唐書元宗紀）

元宗旣定開元禮。天寶元年。遂合祭天地於南郊。其後遂以爲故事。終唐之世。莫能改也。（唐書禮樂志）

天寶元年二月丙戌。詔曰。凡所祭享。必在躬親。朕不親祭禮將有闕。其皇地祇宜就南郊乾坤合祭。三月丙申合祭天地於南郊。冊府元龜。

天寶元年二月二十日。合祭天地于南郊。自後有事圜丘。皆天地合祭。若冊命大事告圜丘。有司行事亦如之。文獻通考。

天寶五載詔曰。皇王之典。聿修於百代。郊祭之義。允屬於三靈。聖人旣因時以制宜。王者亦緣情以革禮。且尊莫大乎天地。禮莫崇乎祖宗。嚴配昭升。豈宜異數。今烝嘗之獻。旣著於恆式。南北之郊。未展于時享。自今以後。每載四時孟月。先擇吉日祭昊天上帝。其皇地祇合祭。以次日祭九宮壇。皆令宰臣行禮奠祭。務崇蠲潔。稱朕意焉。通典。

天寶五載十二月辛酉。詔曰。祈穀上帝。春祀先王。永惟因心。敢忘如在。頃以詳諸舊典。創以新儀。淸廟陳牲。加特於嘗饌。昊天冬祭。重增以時享。況履茲霜露。載感惟深。瞻彼郊壇。有懷昭事。宜以來歲正月。朕親謁太廟。便于南郊合祭。仍令中書門下。卽與禮官詳定儀注。六載正月戊子。親祀南郊。遵祀皇地祇。冊府元龜。

天寶九載十一月。制。自今告獻太淸宮及太廟。改爲朝獻。以告者臨下之義故也。冊府元龜。

十載正月壬辰。朝獻太淸宮。癸巳。朝饗太廟。甲午。有事於南郊。合祭天地。禮畢。大赦天下。舊唐書元宗紀。

天寶十載五月。以前郊祭天地。以高祖神堯皇帝配座。故將祭郊廟。告神堯皇帝室。禮儀志。

天寶十載正月。制曰。自今以後。攝祭南郊。薦獻太清宮。薦享太廟。其太尉行事前一日。於致齋取具羽儀鹵簿。公服引入。朕親授祝版。乃赴清齋。以展誠敬。册府元龜。

乾元元年四月甲寅。上親享九廟。遂有事於圜丘。翌日。御明鳳門。大赦天下。六月己酉。初置太乙神壇于圜丘東。是日。命宰相王璵攝行祠事。舊唐書肅宗本紀。

上元二年九月。去上元號。稱元年。以十月爲歲首。月以斗所建辰爲名。元年建丑月辛亥。有事於南郊。唐書肅宗本紀。

元年建子月。詔曰。皇王符瑞。應協於靈祇。典禮廢興。式存於禋告。頃以三代正朔。所尚不同。百王徽號。無闕異稱。爾茲薄德。思創常規。爰因行慶之日。將務惟新之典。而建元立制。册命應符。受於天地祖宗。申于百辟卿士。今既循諸古法。讓彼虛名。革故之宜。已宣於臣下。昭報之旨。未展於郊廟。因時備禮。擇日陳誠。宜取來月一日。祭圜丘及太乙壇。建丑月辛亥朔。拜南郊。祭太乙壇。禮畢。還宮。册府元龜。

廣德二年二月乙亥。有事於南郊。唐書代宗本紀。

廣德二年。有事南郊。從獨孤及議。卒以太祖配天。舊唐書本紀。

天寶十載五月已前。郊祭天地。以高祖神堯皇帝配座。寶應元年。杜鴻漸爲太常卿禮儀使。員外郎薛頎歸崇敬等議。以神堯皇帝爲受命之主。非始封之君。不得爲太祖。以配天地。太祖景皇帝始受封于唐。即殷之契。周之后稷也。請以太祖景皇帝郊祀配天地。告請宗廟。亦太祖景皇帝酌獻。諫議大夫黎幹議以太祖景皇帝非受命之君。不合配享天地。二年五月。幹進議狀。爲十詰十難曰。歸崇敬薛頎等稱禘謂冬至祭天於圜丘。周人則以遠祖帝嚳配。臣幹詰曰。國語曰。有虞氏夏后氏俱禘黄帝。商人禘舜。周人禘嚳。俱不言祭昊天於圜丘。一也。詩商頌曰。長發。大禘也。又不言祭昊天於圜丘。二也。詩周頌曰。雍。禘太祖也。又不言祭昊天於圜丘。三也。禮記祭法曰。有虞氏夏后氏俱禘黄帝。殷人周人俱禘嚳。又不言祭昊天於圜丘。四也。禮記大傳曰。不王不禘。王者禘其祖之所自出。以其祖配之。又不言祭昊天於圜丘。五也。爾雅釋文曰。禘。大祭也。又不言祭昊天於圜丘。六也。家語云。凡四代帝王之所郊。皆以配天也。其所謂禘者皆五年大祭也。又不言祭昊天於圜丘。七也。盧植云。禘祭名。禘者帝也。尊尊明禘。故曰禘。又不言祭昊天於圜丘。八也。王肅云。禘謂于五年大祭之時。又不言祭昊天於圜丘。九也。郭璞云。禘。五年之大祭。又不言祭昊天於圜丘。十也。臣幹謂禘是五年宗廟之大祭。詩禮經傳。文義昭然。臣見禮記祭法。及禮記大傳。商頌長發等三處鄭玄註。或稱祭昊天。或云祭靈威仰。臣精詳典籍。更無以禘謂祭天于圜丘及郊祭天者。審如禘是祭之最大。則孔子說孝經。爲萬代百王法。稱周公大孝。何不言卽禘祀帝嚳於圜丘以配天。而反言郊祀后稷以配天。是以五經俱無其說。聖人所以不言。輕議大典。亦何容易。猶恐不悟。今更作十難。其一難曰。周頌。雍。禘祭太祖也。鄭玄箋云。禘。大祭。太祖。文王也。商頌云。長發。大禘也。玄又箋云。大禘。祭天也。夫商周之頌。其文互說。或云禘太祖。或云大禘。俱是五年宗廟之大祭。詳覽典籍。更無異同。惟鄭玄箋長發。乃稱是郊祭天。詳玄之意。因此商頌禘。如大傳云大祭。如春秋大事於太廟。爾雅。禘。大祭。雖云大祭。亦是宗廟之祭。可得便稱祭天乎。若如所說大禘卽云郊祭天。稱禘卽是祭宗廟。又祭法說虞夏商周禘黃帝與嚳。大傳不王不禘。禘上俱無大字。玄因何復稱祭天乎。又長發文亦不歌嚳與感生帝。故知長發之禘。爲非禘嚳及郊祭天明矣。殷周五帝之大祭。羣經衆史及鴻儒碩學。自古立言著論。序之詳矣。俱無以禘爲祭天。何棄周孔之法言。獨取康成之小註。便欲違經非聖。誣亂祀典。謬哉。其二難曰。大傳稱禮不王不禘。王者禘其祖之所自出。以其祖配之。諸侯及其太祖者。此說王者則當禘。其謂祭法虞夏商周禘黃帝及嚳。不王則不禘。所當禘其祖之所自出。謂虞夏出黃帝。殷周出帝嚳。以近祖配而祭之。自出之祖。旣無宗廟。卽是自外至者。故同之天地神祇。以祖配而祀之。自出之說。非但於父在母亦然。左傳子產云。陳則我周之自出。此可得稱出於太微五帝乎。故曰不王不禘。王者禘其祖之所自出。以其祖配之。謂也。及諸侯之禘。則降於王者。不得祭自出之祖。只及太祖而已。故曰諸侯及其太祖。此之謂也。鄭玄錯亂。分禘爲三。注祭法云。禘謂祭昊天於圜丘。一也。注左傳稱郊祭天以后稷配靈威仰。箋商頌又稱郊祭天。二也。注周頌云。禘大祭大于四時之祭而小於祫太祖謂文王。三也。禘是一祭。玄析之爲三。顛倒錯亂。皆率胷臆。曾無典據。何足何憑。其三難曰。虞夏商周已前。禘祖之所自出。其義昭然。自漢晉魏以還千餘歲。其禮遂闕。又鄭玄所說。其言不經。先儒棄之。未曾行用。愚以爲錯亂之義。廢棄之注。不足以正大典。其四難曰。所稱今三禮行於代者。皆是鄭玄之學。請據鄭學以明之曰。雖云據鄭學。今欲以景皇帝爲始祖之廟。以配天。復與鄭議相乖。何者。王制云。天子七廟。玄云。此周禮也。七廟者。太祖及文武之祧。與親廟四也。殷則六廟。契及湯與二昭二穆也。據鄭學。夏不以鯀及顓頊昌意爲始祖。昭然可知也。而欲引稷契爲例。其義又異。是爰稽邃古。洎今無以人臣爲始祖者。惟殷以契。周以稷。夫稷契者。皆天子元妃之子。感神而生。昔帝嚳次妃簡狄。有娀氏之女。吞元鳥之卵。因生契。契長而佐禹治水。有大功。舜乃命契作司徒。百姓旣和。遂封於商。故詩曰。天命元鳥。降而生商。宅殷土芒芒。此之謂也。后稷者。其母有邰氏之女。曰姜嫄。爲帝嚳妃。出野履巨跡。歆然有孕生稷。稷長而勤於稼穡。堯聞。舉爲農師。天下得其利。有大功。舜封於邰。號曰后稷。唐虞夏之際。皆有令德。詩曰。履帝武敏歆。居然生子。卽有邰家室。此之謂也。舜禹有天下。稷契在其間。量功比德。抑其次也。舜授職則播百穀。敷五教。禹讓功則平水土。宅百揆。故國語曰。聖人之制祀也。功施於人則祀之。以死勤事則祀之。契爲司徒而人輯睦。稷勤百穀而死。皆居前代祀典。子孫有天下。得不尊而祖之乎。其五難曰。既尊鄭說。小德配寡。遂以后稷配。只一帝。尙不得合配五帝。今以景皇帝特配昊天。於鄭義可乎。其六難曰。衆難臣云。上帝與五帝一也。所引春官祀天旅上帝。祀天旅四望。旅訓衆。則上帝是五帝。臣曰不然。旅聽訓衆。出于爾雅。及爲祭名。春官訓陳。注有明文。若如所言。旅上帝便成五帝。則季氏旅於泰山。可得便是四鎭耶。其七難曰。所云據鄭學。則景皇帝親盡廟主合祧。却欲配祀天地。錯亂祖宗。夫始祖者。經綸草昧。體大則天。所以正元氣廣大。萬物之宗尊。以長至陽氣萌動之始日。俱祀于南郊也。夫萬物之始。天也。人之始。祖也。日之始。至也。埽地而祭。質也。器用陶匏。性也。牲用犢。誠也。兆于南郊。就陽位也。至尊至質。不敢同于先祖。禮也。故白虎通曰。祭天歲一者何。天至尊至質。事之不敢褻黷。故因歲之陽氣始達而祭之。今國家一歲四祭之。黷莫大焉。上帝五帝。其祀遂闕。怠亦甚矣。黷與怠。皆禮之失。不可不知。夫親有限。祖有常。聖人制禮。君子不以情變易。國家重光累聖。歷祀百數。豈不知景皇帝始封於唐。當時通儒議功度德。尊神堯克配彼天。崇太宗以配上帝。神有宗主。爲日已久。今欲黜神堯配含樞紐。以太宗配上帝。則紫微五精。上帝佐也。以子先父。豈禮意乎。非止神祇錯位。亦以祖宗乖序。何以上稱皇天祖宗之意哉。若夫神堯之功。太宗之德。格于皇天上帝。臣以爲郊祀宗祀。無以加焉。其八難曰。欲以景皇帝爲始祖。既非造我區寓。經綸草昧之主。故非夏始祖禹。殷始祖契。周始祖稷。漢始祖高帝。魏始祖武皇帝。晉始祖宣帝。國家始祖神堯皇帝。同功比德。而忽昇於宗祀圜丘之上。爲昊天匹。曾謂圜丘不如林放乎。其九難曰。昨所言魏文帝丕。以武帝操爲始祖。晉武帝炎。以宣帝懿爲始祖者。夫孟德仲達者。皆人傑也。擁天下之強兵。挾漢魏之微主。專制海內。令行草偃。服袞冕。陳軒懸。天子決事于私第。公卿列拜于道左。名雖爲臣。勢實陵君。後主因之而業帝。前王由之而禪代。子孫尊而祖之。不亦可乎。其十難曰。所引商周魏晉。既不當矣。則景皇帝不爲始祖明矣。我神堯拔出羣雄之中。廓淸隋室。拯生民于塗炭。則夏虞之勳不足多。成帝業於數年之間。則漢祖之功不足比。夏以大禹爲始祖。漢以高祖爲始祖。則我唐以神堯爲始祖。法夏則漢。于義何嫌。今欲革皇天之祀。易太祖之廟。事之大者。莫大于斯。曾無按據。一何寡陋。不愧於心。不畏於天乎。以前奉詔令諸司各據禮經定議者。臣幹忝竊朝列。官以諫爲名。以直見知。以學見達。不敢不罄竭以裨萬一。昨十四日。具以議狀呈宰相。宰相同朝臣與臣論難。所難臣者。以臣所見獨異。莫不騰辭飛辯。競欲碎臣理。鉗臣口。剖析毫釐。分別異同。序墳典之凝滯。指子傳之乖謬。事皆歸根。觸物不礙。但臣言有宗爾。豈辨者之流也。又歸崇敬。薛頎等。援引鄭學。欲蕪祀典。臣爲明辨。迷而不復。臣輒作十詰十難。援據墳籍。昭然可知。庶郊禘事得其眞。嚴配不失其序。皇靈降祉。天下蒙賴。臣亦何顏不蹈鼎鑊。謹敢聞達。伏增悚越。議奏。不報。舊唐書禮儀志。

廣德二年春夏旱。言事者云。太祖景皇帝追封于唐。高祖實受命之祖。百神受職。合依高祖。今不得配享天地。所以神不降福。以致愆陽。代宗疑之。詔百寮會議。太常博士獨孤及獻議曰。禮。王者禘其祖之所自出以其祖配之凡受命始封之君皆謂太祖繼太祖已下六廟則以親盡迭毀而太祖之廟雖百代不遷此五帝三王所以尊祖敬宗也故受命于神宗禹也而夏后氏祖顓頊而郊鯀纘禹黜夏湯也而殷人郊冥而祖契革命作周武王也而周人郊稷而祖文王則明自古必以首封之君配昊天上帝惟漢氏崛起豐沛豐公太公無位無功不可以爲祖宗故漢以高皇帝爲太祖其先細微也非足爲後代法伏惟太祖景皇帝以柱國之任翼周弼魏肇啓王業建封于唐高祖因之以爲有天下之號天所命也亦如契之封商后稷之封邰禘郊祖宗之位宜在百代不遷之典郊祀太祖宗祀高祖猶周之祖文王而宗武王也今若以高祖創業當躋其祀是棄三代之令典尊漢氏之末制黜景皇帝之大業同豐公太公之不祀反古違道失孰大焉夫追尊景皇廟號太祖高祖太宗所以崇尊之禮也若配天之位旣異則太祖之號宜廢祀之不修廟亦當毀尊祖報本之道其墜于地乎漢制擅議宗廟以大不敬論今武德貞觀憲章未改國家方將敬祀事和神人禘郊之間恐非所宜臣謹稽禮文參諸往制請仍舊典竟依歸崇敬等議以太祖配享天地焉禮儀志

廣德二年正月十六日禮儀使杜鴻漸奏郊太廟大禮其祝文自今已後請依唐禮板上墨書其玉簡金字者一切停廢如允臣所奏望編爲常式勅曰宜行用竹簡禮儀志

廣德二年二月癸酉。上親薦獻太淸宮。乙亥。祀昊天上帝于圜丘。卽日還宮。代宗紀。

永泰二年。禮儀使太常卿杜鴻漸奏。冬至祀昊天上帝。夏至祀皇地祇。請以太祖景皇帝配饗。孟春祈穀。祀昊天上帝。孟冬祀神州。請以高祖配饗。孟夏雩祀昊天上帝。請以太宗配饗。季秋大享明堂。祀昊天上帝。請以肅宗配饗。臣與禮官學士憑據經文。事皆明著。德音詳定。久未施行。勅旨依。通典。

大曆五年冬十一月庚寅。日長至。命有司祀昊天上帝于南郊。　七年冬十一月辛卯。日長至。命有司祀昊天上帝于南郊。不視朝。　八年冬十一月辛丑。日長至。不視朝。命有司祀昊天上帝于南郊。　十一年冬十一月丙辰。日長至。命有司祀昊天上帝于南郊。不受朝賀。　十三年冬十一月丁卯。日長至。命有司祀昊天上帝于南郊。不視朝。册府元龜。

大曆十三年十一月丁卯。日長至。有司祀昊天上帝于南郊。上不視朝故也。舊唐書代宗本紀。

貞元元年十一月癸卯。上親祀昊天上帝于圜丘。時河中渾瑊。澤潞李抱眞。山南嚴震。同華駱元光。邠寧韓游瓌。鄜坊唐朝臣。奉誠康日知等大將侍祠。郊壇畢。還宮。御丹鳳樓。大赦天下。德宗本紀。

崔縱傳。貞元元年。天子郊見。爲大禮使。歲旱。用屈縱撙裁。文物儉而不陋。

貞元元年十一月十一日。德宗親祀南郊。有司進圖。勅付禮官詳酌。博士柳冕奏曰。開元定禮。垂之不刊。

天寶改作。起自權制。此皆方士謬妄之說。非禮典之文。請一準開元禮。從之。禮儀志。

六年九月己卯。詔十一月八日有事於南郊太廟。行從官吏將士等一切並令自備食物。其諸司先無公廚者。以本司闕職物充。其王府官。度支量給廩物。其儀仗禮物。並仰御史撙節處分。十月己亥。文武百寮京城道俗。抗表請上徽號。上曰。朕以春夏亢旱。粟麥不登。朕精誠祈禱。獲降甘雨。旣致豐穰。告謝郊廟。朕倘因禋祀而受徽號。是有爲爲之。勿煩固請也。十一月庚午日南至。上親祀昊天上帝於郊丘。禮畢。還宮。御丹鳳樓。宣赦。見禁囚徒。減罪一等。立仗將士及諸軍兵。賜十八萬段匹。德宗本紀。

貞元六年十一月八日。有事于南郊。詔以皇太子爲亞獻。親王爲終獻。上問禮官。亞獻終獻合受誓誡否。吏部郎中柳冕曰。準開元禮。獻官前七日於內受誓誡。辭云。各揚其職。不供其事。國有常刑。今以皇太子爲亞獻。請改舊辭云。各揚其職。肅奉常儀。從之。禮儀志。

貞元九年十一月乙酉。有事于南郊。大赦。唐書德宗本紀。

册府元龜。貞元九年十一月癸未。帝朝獻太清宮。畢事。宿齋于太廟行宮。甲申。朝于太廟。畢事。齋于南郊行宮。乙酉日南至。帝郊祀。初。帝以是歲有年。蠻夷朝貢。思親告郊廟。于祀事尤重愼。及將散齋。謂宰臣曰。在禮。散齋歸正寢。攝心奉祀。不可聞外事。其常務勿奏。乃齋於別殿。及命皇太子諸王行祭者皆受誓一日。命妃媵辭於別所。故事。祈壇宮廟內壇及殿庭帝步武所。皆設黃道褥壇十一位。又施赤黃褥。將有事。皆命撤之。又故事。設御史版位于郊廟。咸藉以褥。及是。帝虔禮拜首於地。有司奉祠者莫不惕勵。

通典。貞元十三年。勅郊壇時祭。燔柴瘞埋。並依天寶十三年制。自今以後。攝祭南郊太尉行事前一日。于致齋所具羽儀鹵簿。公服引入。親受祝版。及赴清齋所。

唐書韋武傳。是時帝以反正告郊廟。大兵後典章苟完。執事者時時咨武。武酌宜約用。得禮之衷。羣司奉焉。

文獻通考。長慶三年。太常禮院奏。郊壇祠祀。遇大雨雪廢祭。其禮物條件如後。御署祝版。既未行祭禮。無焚毀之文。請於太常寺勅庫收貯。而其小祀。雖非御署。准此。玉幣燎柴神酒燎幣醴齊並榛栗脯醢及應行事燭等。請令郊社署各牒充次祭支用。牲牛參牲。既未行祭禮。無進胙賜胙之文。請比附禮記及祠令牲死則埋之例。委監察使及禮官于祠所瘞埋。其小祀不全用牢牲。舊例用豬羊肉。亦准此。粢盛瓜菹筍菹。應已造成饌物。請隨牲瘞埋。行事官明衣絹布等。准式既祭前給訖。合充潔服。既已經用。請便收破。公卿已下明房油㷄幕炭。應齋宿日所破用物。請收破。旨依。永爲定式。

寶曆元年正月乙巳朔。辛亥。親祀昊天上帝于南郊。禮畢。御丹鳳樓。大赦改元。舊唐書敬宗本紀。

太和三年十一月甲申。有事南郊。大赦。唐書文宗本紀。

崔甯傳。子黯。開成初爲監察御史。奏郊廟祭祀不虔。文宗語宰相曰。郊廟之禮。朕當親之。但千乘萬騎。國用不給。故使有司侍祠。然是日朕正衣冠坐以俟旦。今聞主者不虔。祭器皺惡。豈朕事神蠲潔意耶。公宜勅有司。遵朕斯意。黯乃具條以聞。

舊唐書王播傳。弟起。太和九年。判太常卿。充禮儀詳定使。創造禮神九玉。奏議曰。邦國之禮。祀爲大事。珪璧之儀。經有前規。謹案周禮。以蒼璧禮天。黃琮禮地。青珪禮東方。赤璋禮南方。白琥禮西方。黑璜禮北方。又云。四圭有邸。以祀天。兩圭有邸。以祀地。圭璧以祀日月星辰。凡此九器。皆祀神之玉也。又云。以禋祀祀昊天上帝。鄭玄云。禋。煙也。爲玉幣祭訖。燔之而升煙。以報陽也。今與開元禮義同。此則焚玉之驗也。又周禮掌國之玉鎭大寶器。若大祭。旣事而藏之。此則收玉之證也。梁代崔靈恩撰三禮義宗云。凡祭天神。各有二玉。一以禮神。一則燔之。禮神者訖事却收。祀神者與牲俱燎。則靈恩之義。合於禮經。今國家郊天祀地。祀神之玉常用。守經據古。禮神之玉則無。臣等請下有司。精求良玉。創造蒼璧黃琮等九器。祭訖則藏之。其燎玉卽依常制。從之。

會昌元年正月辛巳。有事于郊廟。禮畢。御丹鳳樓。大赦。改元。　五年正月辛亥。有事于郊廟。禮畢。御承天門大赦天下。武宗本紀。

舊唐書武宗本紀。會昌四年十二月。勅郊禮日近。獄囚數多。案款已成。多有翻覆。其兩京天下州府見繫獄囚。已結正及兩度翻案伏款者。並令先事結斷訖申。

大中元年正月甲寅。皇帝有事于郊廟。禮畢。御丹鳳門大赦改元。唐書宣宗本紀。

舊唐書宣宗本紀。大中五年。勅兩京天下州府。起大中五年正月一日已後三年內。不得殺牛。如郊廟享祀合用者。即與諸畜代。

咸通元年十一月丁未。上有事于郊廟。禮畢。御丹鳳門大赦改元。 四年正月庚午。上有事於圜丘。禮畢。御丹鳳樓大赦。舊唐書懿宗本紀。

龍紀元年十一月丁未。朝獻於太清宮。戊申。朝享于太廟。己酉。有事于南郊。大赦。唐書昭宗本紀。

龍紀元年十一月己丑朔。將有事于圜丘。辛亥。上宿齋于武德殿。宰相百寮朝服于位。時兩軍中尉楊復恭及兩樞密皆朝服侍上。太常博士錢珝李綽等奏論之曰。皇帝赴齋宮。內臣皆服朝服。臣檢國朝故事。及近代禮令。並無內官朝服助祭之文。伏惟皇帝陛下。承天御歷。聖祚中興。祇見宗祧。克承大禮。皆稟高祖太宗之成制。必循虞夏商周之舊經。軒冕服章。式遵彝憲。禮院先准大禮使牒稱。得內侍省牒。要知內臣朝服品秩。禮院已准禮令報訖。今參詳近朝事例。若內官及諸衞將軍。必須製冠服。即各依所兼正官。隨資品依令式服本官之服。事存傳聽。且可俯從。然亦不分明著在禮令。乞聖慈允臣所奏。狀入至晚不報。錢珝又進狀曰。臣今日巳時進狀。論內官冠服制度。未奉聖旨。伏以陛下虔事郊禋。式遵彝範。凡關典禮。必守憲章。今陛下行先王之大禮。而內臣遵服先王之法服。來日朝獻大聖祖。臣贊導皇帝行事。若侍臣服章有違制度。是爲非禮。上瀆祖宗。臣期不奉勅。臣謬當聖代。叨備禮官。獲正朝儀。死且不朽。脂膏泥滓。是所甘心。狀入。降朱書御札曰。卿等所論至當。事可從權。勿以小瑕遂妨大禮。于是內四臣遂以法服侍祠。甲寅。圜丘禮畢。御承天門大赦。舊唐書昭宗本紀。

唐書殷侑傳。孫盈孫爲太常博士。龍紀元年。昭宗郊祀。兩中尉及樞密皆以宰相服侍上。盈孫奏言。先代令典。無內官朝服侍祠。必欲之。當隨所攝資品。雖無援據。猶免僭逼。詔可。

舊唐書孔緯傳。十一月。昭宗謁郊廟。兩中尉內樞密請朝服。緯奏曰。中貴不衣朝服助祭。國典也。陛下欲以權道寵內臣。則請依所兼之官而爲之服。天子召諫官謂之曰。大禮日近。無宜立異。爲朕容之。于是內官以朝服助祭。

天祐二年七月卜郊。九月乙酉再卜郊。十一月庚午三卜郊。唐書哀宗本紀。

天祐二年五月庚午。勅所司定今年十月九日有事郊丘。其修製禮衣祭服。宜令宰臣柳璨判。祭器宜令張文蔚楊涉分判儀仗車輅。宜令太常卿張廷範判。　六月辛卯、太微宮使柳璨奏。前使裴樞充宮使日。權奏請元元觀爲太清宮。又別奏在京宏道觀爲太清宮。至今未有制置。伏以今年十月九日。陛下親事南禋。先謁聖祖廟。宏道觀既未修葺。元元觀又在北山。若車駕出城。禮非便穩。今欲只留北邙山上老君廟一所。其元元觀請拆入都城。于清化坊內建置太微宮。以備車駕行事。從之。丙午。朱全忠奏。得宰相柳璨記事。欲拆北邙山下元元觀。移入都內清化坊。取舊昭明寺基。建置太微宮。準備十月九日南郊行事。緣延資庫鹽鐵。並無物力。令臣商量者。臣已牒判六軍諸衞張全義。指揮工作訖。優詔嘉之。　九月乙酉。勅。先擇十月九日有事郊丘。備物之間。有所未辦。宜改用十一月十九日。　十一月丙辰。全忠自正陽渡淮而北。至汝陰。全忠深悔此行無益。丁卯。至大梁。時哀帝以此月十九日親祠圜丘。中外百司。禮儀法物已備。戊辰。宰相已下于南郊壇習儀。而裴迪自大梁迴。言全忠怒蔣元暉張廷範柳璨等。謀延唐祚。而欲郊天改元。元暉柳璨大懼。庚午。勅曰。先定此月十九日親禮南郊。雖定吉辰。改卜亦有故事。宜改取來年正月上辛。付所司。　十二月庚戌。勅。朕以謬荷丕圖。禮合親謁郊廟。先定來年正月上辛用事。今以宮闈內亂。播于醜聲。難以慙恧之容。入于祖宗之廟。其明年上辛親謁郊廟宜停。（冊府元龜。）

舊唐書哀帝紀。帝將親祀圜丘。全忠怒蔣元暉柳璨等欲郊天以延唐祚。天子懼。改卜郊。十二月。王殷誣譖蔣元暉私侍積善宮。求興唐祚。殺元暉而焚之。遂害太后于積善宮。天子下詔。以太后故停郊。

孔循傳。循與蔣元暉有隙。哀帝卽位。將有事于南郊。循與王殷（卽蔣殷。冒王氏。）譖于太祖曰。元暉私侍何太后。與張廷範等奉天子郊天。冀延唐祚。太祖大怒。時梁兵攻壽春敗歸。帝遣裴迪勞軍。太祖見迪怒甚。迪還。哀帝不敢郊。

蔣殷傳。哀帝方卜郊。殷與蔣元暉有隙。因譖之太祖。言元暉等教天子卜郊祈天。且待諸侯助祭者。以謀興復。太祖大怒。哀帝爲改卜郊。

唐會要卷十上 原闕今照四庫全書本增補

親拜郊 正月祈穀

高祖武德初定令。孟春辛日祈穀。祭感帝于南郊。元帝配。牲用蒼犢二。舊唐書禮儀志。

高宗顯慶二年。詔南郊祈穀。祭昊天上帝。罷感帝祠。文獻通考。

高宗顯慶二年。禮部尚書許敬宗與禮官等議曰。六天出于緯書。而南郊圜丘一也。元以爲二物。郊及明堂本以祭天。而元皆以爲祭太微五帝。傳曰。凡祀啓蟄而郊。郊而後耕。故郊祀后稷。以祈農事。而元謂周祭感帝靈威仰。配以后稷。因而祈穀。皆繆論也。由是盡黜元說。而南郊祈穀。祭昊天上帝。唐書禮樂志。

蕭德言傳。子子儒。字文舉。議月令孟春祈穀上帝。春秋啓蟄而郊。郊而後耕。故郊后稷以祈農。請春夏祈穀于上帝。皆祭天也。著之感帝。尤爲不稽。請郊明堂。罷六天說。止祀昊天。詔曰可。

乾封元年。詔祈穀復祀感帝。唐書禮樂志。

乾封初。詔依舊祀感帝。司禮少常伯郝處俊等奏曰。顯慶新禮。廢感帝之祀。改爲祈穀昊天上帝。以高祖太武皇帝配。檢舊禮。感帝以世祖元皇帝配。今既奉勅依舊。祈穀爲感帝。以高祖配者。高祖依新禮見配圜丘昊天上帝。若更配感帝。便恐有乖古禮。案禮記。周人禘嚳而郊稷之義。今若禘郊一祖同配。恐無所據從之。舊唐書禮儀志。開元中。起居舍人王仲丘議曰。案貞觀禮。祈穀祀感帝。而顯慶禮。祀昊天上帝。傳曰。郊而後耕。詩曰。噫嘻春夏祈穀于上帝。禮記亦曰。上辛祈穀于上帝。而鄭元乃云。天之五帝迭王。王者之興。必感其一。因別祭尊之。故夏正之月。祭其所生之帝于南郊。以其祖配之。故周祭靈威仰。以后稷配。因以祈穀。然則祈穀非祭之本意。乃因后稷爲配爾。此非祈穀之本義也。夫祈穀本以祭天也。然五帝者。五行之精。所以生九穀也。宜于祈穀祭昊天而兼祭五帝。唐書禮樂志。

王仲丘傳。開元中上言。貞觀禮。正月上辛祀感帝于南郊。顯慶禮。祀昊天上帝于圜丘。以祈穀。臣謂詩春夏祈穀于上帝。禮上辛祈穀于上帝。則上帝當昊天矣。鄭元曰。天之五帝遞王。王者必感之以興。故夏正月祭所生于郊。以其祖配之。因以祈穀。感帝之祀。貞觀用之矣。請因祈穀之壇。徧祭五方帝。五帝者。五行之精。九穀之宗也。請二禮皆用。詔可。

開元二十年。改撰新禮。祀天一歲有四。正月上辛祈穀。祀昊天上帝于圜丘。以高祖配。五方帝從祀。其上帝配帝。籩豆等同冬至之數。五方帝太尊著尊犧尊山罍各一。籩豆等亦同冬至之數。舊唐書禮儀志

天寶六載正月戊子。親祀圜丘。禮畢。大赦天下。舊唐書元宗本紀。

建中元年春正月辛未。有事于南郊。大赦。唐書德宗本紀。

元和二年正月辛卯。有事于南郊。大赦。唐書憲宗本紀。

元和二年正月己丑朔。上親獻太清宮太廟。辛卯。祀昊天上帝于郊丘。是日還宮。御丹鳳樓。大赦天下。先是將及大禮。陰晦浹辰。宰臣請改日。上曰。郊廟事重。齋戒有日。不可遽更。享獻之辰。景物晴霽。人情欣悅。舊唐書憲宗本紀。

元和十五年十二月。將有事于南郊。穆宗問禮官。南郊卜日否。禮院奏。伏準禮令。祠祭皆卜。自天寶已後。凡欲郊祀。必先朝太清宮。次日饗太廟。又次日祀南郊。相循至今。並不卜日。從之。及明年正月南郊禮畢。有司不設御榻。上立受羣臣慶賀。及御樓仗退。百寮復不于樓前賀。乃受賀于興慶宮。二者闕禮。有司之過也。舊唐書禮儀志。

長慶元年正月辛丑。有事于南郊。大赦。改元。唐書穆宗本紀。

長慶元年正月己亥朔。上親薦獻太清宮太廟。是日法駕赴南郊。日抱珥。宰臣賀于前。辛丑。祀昊天上帝于圜丘。即日還宮。御丹鳳樓。大赦天下。改元長慶。內外文武及致仕官三品以上賜爵一級。四品已下加一階。陪位白身入賜勳兩轉。應緣大禮移仗宿衞御樓兵仗將士。普恩之外。賜勳爵有差。仍準舊例賜錢物二十萬四千九百六十端匹。禮畢。羣臣于樓前稱賀。仗退。上朝太后于興慶宮。舊唐書穆宗本紀。

寶曆元年春正月辛亥。有事于南郊。唐書敬宗本紀。

會昌元年春正月辛巳。有事于南郊。大赦改元。五年正月辛亥。有事于南郊。大赦。作仙臺于南郊。唐書武宗本紀。

大中元年正月甲寅。有事于南郊。大赦改元。七年春正月戊申。有事于南郊。大赦。唐書宣宗本紀。

咸通四年春正月庚午。有事于南郊。唐書懿宗本紀。

乾符二年春正月辛卯。有事于南郊。唐書僖宗本紀。

親迎氣

武德貞觀之制。神祇大享之外。每歲立春之日。祀青帝于東郊。帝宓羲配。勾芒。歲星。三辰七宿從祀。立夏。祀赤帝于南郊。帝神農氏配。祝融。熒惑。三辰七宿從祀。季夏土王日。祀黃帝于南郊。帝軒轅配。后土。鎮星。從祀。立秋。祀白帝于西郊。帝少昊配。蓐收。太白。三辰七宿從祀。立冬。祀黑帝于北郊。帝顓頊配。元冥。辰星。三辰七宿從祀。每郊帝及配座。用方色犢各一。籩豆各四。簠簋各一。㼽俎各一。勾芒已下五星及三辰七宿。每宿牲用少牢。每座籩豆簠簋㼽俎各一。舊唐書禮儀志。

永昌元年。卽嗣聖六年。勅天無二稱帝是通名。從前諸儒互生同異。乃以五方之帝亦謂爲天。假有經傳互文。終是名實未當。稱號不別。尊卑相混。自今郊祀之禮。惟昊天上帝稱天。自餘五帝皆稱帝。通典。

元宗開元十一年正月十日制。獻歲之吉。迎氣方始。敬順天時。無違月令。所由長吏。可舉舊章。通考。

立春日祀青帝于東郊。以太昊配。勾芒歲星三辰七宿從祀。立夏日祀赤帝于南郊。以炎帝配。祝融熒惑三辰七宿從祀。季夏日祀黃帝于南郊。以軒轅配。后土鎭星從祀。立秋日祀白帝于西郊。以少昊配。蓐收太白三辰七宿從祀。立冬日祀黑帝于北郊。以顓頊配。元冥辰星三辰七宿從祀。正座配座籩豆各十二。五辰五官三辰七宿籩豆各二。餘各一也。文獻通考。

以上樂用本音。皆以黃鍾爲均。三成。准周禮云。圜鍾之均六變。天神皆降。可得而禮。記云。天神皆降。明五帝日月星辰。皆天神也。又周禮樂三變。唯致邱陵之祇。今改用六變。

齋戒。攝事祀官齋戒如圜丘儀。 前祀七日平明。太尉誓百官于尚書省曰。某月某日祀青帝于東郊。各揚其職。不供其事。國有常刑。皇帝散齋四日。致齋三日。如圜丘儀。

陳設。 前祀二日。尚舍直長施大次于外壝東門之內道北。南向。尚舍奉御鋪御座。攝事則衞尉設祀官公卿已下次于道南。北向西上。衞尉設陳饌幔于內壝東門之外道南。北向。設文武侍臣次。又設祀官及從祀羣官。諸州使。蕃客等次前祀二日。太樂令設宮縣之樂于壇南壝之內。設歌鍾歌磬于壇上。各如圜丘之儀。右校埽除壇之內外。郊社令積柴于燎壇。其壇于樂懸之南外壝之內。攝事則其壇于神壇之左內壝之外。方一丈。高丈二尺。開上南出戶。方六尺。前祀一日。奉禮設御位在壇之東南。西向。攝事則設祀官公卿位于內壝東門之內道北。執事位于道南。每等異位。重行西向。以北爲上。設望燎位于柴壇之北。南向。設祀官公卿位于內壝東門之外道南。分獻之官于公卿之南。執事位于其後。設祀官及從祀羣官位及門外等位。一如圜丘。攝事則御史位于壇上。設牲牓于東壝之外。當門西。配帝牲牓少退南上。設廩犧令位于牲西南。御史陪其後。俱北向。設諸太祝位于牲東。各當牲後。祝史陪其後。俱西向。設太常卿省牲位于牲前。近北南向。設青帝夏赤帝。季夏黃帝。秋白帝。冬黑帝。酒尊于壇之上下。太尊二。著尊二。犧尊二。山罍二。在壇上東南隅。北向。象尊二。壺尊二。山罍二。在壇下。皆于南陛之東。北向西上。設配帝著尊二。犧尊二。象尊二。山罍一。在壇上于青帝酒尊之東。北向。西上。歲星三辰勾芒氏。夏祝融。季夏后土。秋蓐收。冬元冥。已下放此。俱象尊二。各設于神座之左。皆右向。七宿壺尊二。設于神座之右而左向。上帝配帝之尊置于坫。星辰以下尊藉以席。皆加勺羃。設爵于尊下。設御洗于壇南陛東南。亞獻之洗又于東南。俱北向。罍水在洗東。篚在洗西南肆。篚實以巾爵。設星辰之尊罍洗篚。各于其方陛道之左。俱內向。執尊罍篚羃者。各于其後。又設玉幣之篚于壇上下尊坫之所。祀日未明五刻。太史令郊社令設青帝靈威仰神位（赤帝赤熛怒。黃帝含樞紐。白帝白招拒。黑帝叶光紀。）于壇上北方南向。席以槀秸。設帝太昊氏神座。（夏神農。季夏軒轅。秋少昊。冬顓頊。已下放此。）于東方西向。席以莞。設歲星三辰之座于壇之東北。七宿之座于壇之西北。各于其壇南向相對為首。設勾芒氏之座于壇之東面西向。席皆莞。設神位各于座首。

省牲器。（如別儀。）

鑾駕出宮。（如圜丘儀。）

奠玉帛。祀日未明三刻。諸祀官各服其服。郊社令良醞令各率其屬入實尊罍玉幣。（凡六尊之次。太尊為上。實以泛齊。著尊次之。實以醴齊。犧尊次之。實以盎齊。象尊次之。實以醍齊。壺尊次之。實以沈齊。山罍為下。實以清酒。配座著尊為上。實以泛齊。犧尊次之。實以醴齊。象尊次之。實以盎齊。其歲星三辰勾芒氏之象尊俱實以醍齊。七宿之壺尊俱實以沈齊。元酒各實于五齊之上尊。禮神之玉。東方以青珪。南方以赤璋。中央以黃琮。西方以白琥。北方以元璜。其幣各隨方色。長丈八尺。）太官令帥進饌者實籩豆簠簋入設于內壝東門之外饌幔內。未明二刻。奉禮帥贊者先入就位。贊引御史博士諸太祝及令史祝史與執尊罍篚冪者入自東壝門。當壇南重行北面西上。立定。奉禮曰再拜。贊者承傳。御史已下皆再拜。訖。執尊罍篚冪者各就位。贊引引御史博士諸太祝。詣卯陛升行埽除于上。令史祝史行埽除于下。訖。引就位。車駕將至。謁者贊引引祀官。通事舍人分引從祀羣官諸方客使先至者各就門外位。駕至大次門外迴輅南向。將軍降立于輅右。侍中進當鑾駕前跪奏稱侍中臣某言。請降輅。俛伏興。還侍位。皇帝降輅之大次。通事舍人各引文武九品已上從祀羣官就壝外位。攝則無車駕將至下至壝外位儀。太樂令帥工人二舞次入就位。文舞入陳于縣內。武舞立于縣南道西。謁者引司空入陳埽除訖。出復位。如常儀。皇帝停大次半刻頃。通事舍人贊引各引從祀羣官介公酅公諸方客使先入就位。太常博士引太常卿立于大次門。當門北向。侍中版奏外辦。攝則初司空入。謁者引祀官贊引引執事俱就門外位。司空埽除訖。各引入就位。贊再拜。謁者進太尉之左白有司謹具請行事。無皇帝停大次下至太常卿奏謹具儀。皇帝服大裘而冕。夏服衮冕。出次。華蓋侍衛如常儀。博士引太常卿太常卿引皇帝。凡太常卿前導。皆博士先引。至內壝外。殿中監進大珪。尚衣奉御又以鎮珪授殿中監。殿中監受進。皇帝搢大珪。執鎮珪。華蓋仗衛停殿門。近侍者從入。如常謁者引禮部尚書太常少卿陪從如常儀。皇帝至版位。西向立。每立定。太常卿博士卽立于左。謁者贊引各引祀官次入就位。立定。太常卿前奏稱請再拜。退復位。皇帝再拜。奉禮曰。衆官在位者皆再拜。其先拜者不拜。太常卿前奏。有司謹具。請行事。退復位。協律郎跪。俛伏。舉麾。鼓柷。奏角音。夏徵音。季夏宮音。秋商音。冬羽音。乃以黃鍾之均。文舞之舞。樂六成。偃麾。戛敔。樂止。太常卿前奏稱請再拜。退復位。皇帝再拜。攝事拜。奉禮曰。眾官再拜。眾官在位者皆再拜。上下諸太祝俱取玉幣于篚。各立于尊所。其奠玉幣及毛血。並如圜丘儀。攝則太尉爲初獻。受玉幣登歌作肅和之樂。餘亦如圜丘攝事之儀。

進熟。皇帝既升奠玉帛。其設饌盥洗奠。皆如圜丘之儀。攝事如圜丘攝事儀。太祝持版進于神座之右。東向跪。讀祝文曰。維某年歲次某月朔某日子。嗣天子臣某。攝事云嗣天子臣某。謹遣太尉封臣名。敢昭告于青帝靈威仰。獻春伊始。時維發生。品物昭蘇。式遵恆禮。敬以玉幣犧齊。粢盛庶品。肅恭燔祀。暢茲和德。帝太昊氏配神作主。尚饗。訖。與夏云昭告于赤帝赤熛怒。朱明戒序。長嬴馭節。庶品蕃碩。用遵恆典。敬以玉帛犧齊粢盛庶品。恭敬禋祀。肅昭養德。帝神農氏配神作主。季夏云黃帝含樞紐。爰茲溽暑。實惟土潤。戊已統位。黃鐘在宮。敬以玉幣犧齊粢盛庶品。恭修燔祀。式虔厚德。帝軒轅氏配神作主。秋云白帝白招拒。素秋伊始。品物收成。祗率舊章。展其恆禮。帝少昊氏配神作主。冬云黑帝叶光紀。元冥戒序。庶類安寧。賓此積歲。祗率恆典。帝顓頊氏配神作主。皇帝再拜。初讀祝文。訖。樂作。太祝進奠版于神座。興。還尊所。皇帝拜。訖。樂止。太常卿引皇帝詣配帝酒尊所。執尊者舉冪。侍中取爵。侍中贊酌汎齊。訖。樂作。太常卿引皇帝進。當太昊氏神座前。東向跪。奠爵。俛伏。興。太常卿引皇帝少退。東向立。樂止。太祝持版進于神座前。左北面跪。讀祝文曰。維某年歲次某月朔日子。開元神武皇帝臣某。敢昭告于帝太昊氏。爰始立春。盛德在木。用致燔燎。青帝靈威仰。惟帝布茲仁政。叨叶上元。謹以制幣犧齊。粢盛庶品。備茲明薦。配神作主。侑饗訖。與。（夏云。昭告于帝神農氏。時惟孟夏。火德方融。用致明禋于赤帝赤熛怒。惟帝表功協德。允斯作對。謹以制幣犧齊粢盛庶品。式陳明薦。配神作主。季夏云。告于帝軒轅氏。時惟季夏。位膺土德。奉明禋于黃帝含樞紐。惟帝功施厚地。道合上元。謹以云云。秋云。告于帝少昊氏。時惟立秋。金德在馭。用致燔燎于白帝白招拒。惟帝立茲義政。叶此神功。謹以云云。冬云。告于帝顓頊氏。時惟立冬。水德在馭。用茲禋燎于黑帝叶光紀。惟帝道合乾元。允茲升配。謹以云云。）其飮福及亞獻至還宮。並同圜丘之儀。（攝事同圜丘攝事儀。見開元禮。）

開元二十五年十月一日制。自今已後。每年立春之日。朕當帥公卿親迎春于東郊。其後夏及秋。常以孟月朔于正殿讀時令。仍令禮官卽修撰儀注。既爲常式。及是常禮。務從省便。無使勞煩也。（文獻通考。）

開元二十六年正月丁丑。迎氣于東郊。（唐書元宗本紀。）

開元二十六年。又親往東郊迎氣。祀青帝。以勾芒配。歲星及三辰七宿從祀。其壇本在春明門外。元宗以配所隘狹。始移于滻水之東面。而位望春宮。其壇一成。壇上及四面皆青色。勾芒壇在東南。歲星已下各爲一小壇。在青帝壇之北。親祀之時。有瑞雪。壇下侍臣及百寮拜賀稱慶。（舊唐書禮儀志。）

肅宗元年建卯月一日。赦文。朕敬授人時。愼徽月令。庶無極僁。以獲休徵。自今已後。每至四孟月迎氣之日。令所司明案典禮。宣讀時令。朕當與百辟卿士舉而行之。（文獻通考。）

德宗貞元元年十月二十七日。詔郊祀之義。本于至誠。制禮定名。合從事實。使名實相副。尊卑有倫。五方配帝。上古哲王。道濟蒸民。禮著明祀。論善計功。則朕德不類。統天御極。朕位攸同。而祝文稱臣以祭。既無益于誠敬。徒有黷于等威。宜從改正。以敦至禮。自今以後。祀五方配帝祝文。並不須稱臣。其餘禮數如舊。舊唐書禮儀志。

舊唐書歸崇敬傳。時有術士巨彭祖上疏云。大唐土德。千年合符。請每四季郊祀天地。詔禮官儒者議之。崇敬議曰。案舊禮。立春之日。迎春于東郊。祭青帝。立夏日。迎夏于南郊。祭赤帝。先立秋十八日。迎黃靈于中地。祀黃帝。秋冬各于其方。黃帝于五行爲土王。在四季生于火。故火用事之末而祭之。三季則否。漢魏周隋。共行此禮。國家土德。乘時亦以每歲六月土王之日。祀黃帝于南郊。以后土配。所謂合禮。今彭祖請用四季祠祀。多憑緯候之書。且據陰陽之說。事涉不經。恐難行用。又議祭五人帝不稱臣云。太昊五帝。人帝也。於國家即爲前後之禮。無君臣之義。若于人帝而稱臣。則于天帝復何稱也。議者或云。五人帝列于月令。分配五時。則五禮。五音。五祀。五蟲。五臭。五穀。皆備以備其時之色數。非必別有尊崇也。

雜錄

武德初。令每歲夏至。祭皇地祇于方丘。亦以景帝配。其壇在宮城之北十四里。壇制再成。下成方十丈。上成五丈。每祀則地祇及配帝設位于壇上。神州及五嶽四鎭。四瀆四海。五方山林川澤邱陵墳衍原隰並皆從祀。神州在壇之第二等。五嶽以下三十七座。在壇下外壝之內。邱陵等三十座。在壝外。其牲。地祇及配帝用犢二。神州用黝犢一。嶽鎮以下。加羊豕各五。孟冬祭神州于北郊。景帝配。牲用黝犢二。舊唐書禮儀志。

太宗貞觀時。奉高祖配地郊。通典。

中書令房元齡與禮官議。以爲禮有益于人則祀之。神州者。國之所託。餘八州則又不相及。近代通祭九州。今除餘州等八座。惟祭皇地祇及神州。以正祀典。

高宗永徽中。廢神州之祀。通考。

禮部尚書許敬宗議。方丘在祭地之外。別有神州。謂之北郊。分地爲二。既無典據。理又不通。請合于一祀。以符古義。仍並條附式令。永垂後則。可之。舊唐書禮儀志。

唐書蕭德言傳。方丘既祭地。又祭神州北郊。皆不載經。請止一祠。詔曰可。

乾封初。詔依舊祀神州皇地祇。壇依舊于渭水北置。通考。

太常博士陸遵等議。北郊之月。古無明文。漢光武正月辛未。始建北郊。東晉成帝咸和中。議北郊用正月。皆無明據。武德來。禮令即用十月。爲是陰用事。故于此時祭之。請依舊十月致祭。從之。

武后天册萬歲元年。親享南郊。合祭天地。唐書。

睿宗景雲三年。將祀南郊。有司請設皇地祇位。唐書。

先天元年夏五月戊寅。有事于北郊。辛巳。大赦。改元曰延和。賜內外官陪禮者勳一轉。民酺五日。唐書睿宗本紀。

開元十一年二月壬子。如汾陰。祀后土。唐書元宗本紀。

開元十一年。上將還西京。便幸并州。兵部尚書張説進言曰。陛下今因行幸。路由河東。有漢武后土之祀。此禮久闕。歷代莫能行之。願陛下紹斯墜典。以為三農祈穀。此誠萬姓之福。至十二年二月二十二日。祠后土于汾陰脽上。太史奏。榮光出河。休氣四塞。祥風繞壇。日揚其光。初有司奏脩壇。掘地獲古銅鼎二。其大者容四升。小者容一升。色皆青。又獲古甑。長九寸。有篆書千秋萬歲字。及長樂未央字。又有赤兔見于壇側。舊祠堂為婦人素像。則天時移河西梁山神素像。就祠中配焉。至十一年。有司遷梁山神像于祠外之別室焉。詔以中書令張嘉貞為壇場使。將作少監張景為壇場副使。張説為禮儀使。見文獻通考。

開元二十年九月乙巳。中書令蕭嵩等奏上開元新禮。十一月庚午。祀后土于脽上。大赦天下。舊唐書元宗本紀。

開元二十年十一月庚申。如汾陰。祠后土。唐書元宗本紀。

開元二十年。車駕欲幸太原。中書令蕭嵩上言云。十一年親祀后土。自是神明昭佑。累年豐登。有祈必報。禮之大者。且漢武親祠脽上。前後數回。伏請准舊事。至后土行報賽之禮。上從之。至十一月二十一日。祀后土于脽上。其文曰。恭惟坤元。道昭品物。廣大茂育。暢于生成。庶憑休和。惠及黎獻。博厚之位。粵在汾陰。

肅恭時巡。用昭舊典。敬以琮幣犧牲。粢盛庶品。備茲瘞禮。式展誠慤。睿宗皇帝配神作主。禮畢。令所司刊石于祠所。上自爲文。文獻通考。

開元二十年。蕭嵩爲中書令。改撰新禮。祀地一歲有二。舊唐書禮儀志。

祭地儀。夏至日祭皇地祇于方丘壇上。以高祖神堯皇帝配座。每座籩豆各十二。簠簋㽅俎各一。百七十二座。祭神州地祇于壇第一等。籩豆各四。餘如上也。祭五嶽四鎭四海四瀆五山五川五林五澤五邱五陵五墳五衍五原五隰于內壝之外。各依方面。每座籩豆各一。簠簋㽅俎各一。皆準舊禮爲定。立冬後祭神州地祇于北郊。以太宗文武聖皇帝配座。每座籩豆各十二。簠簋㽅俎各一也。文獻通考。

舊樂用姑洗三成。准周禮云。函鍾之均八變。則地祇皆降。可得而禮。鄭元云。祭地有二。一是大地崑崙爲皇地祇。則宗伯黃琮所祭者。二是帝王封城內之神州。則兩圭有邸所祭者。後禮則不立神州之祀。今依前禮爲定。既曰地祇。其樂合用函鍾之均八變。文獻通考。

皇帝夏日至祭方丘儀。后土同。孟冬祭神州及攝事並附。

齋戒。前祭七日。戒誓。皇帝服袞冕。前祭二日。太尉告高祖神堯皇帝廟。如常告之儀。告以配神作主。孟冬祭神州則告太宗文武聖皇帝廟。餘並如圜丘之儀。

陳設。前祭三日。尚舍直長施大次于外壝東門之外道北。南向。攝事。衞尉設祭官公卿以下次于東壝外道南。北向西上。尚舍奉御鋪御座。衞尉設文武侍臣次于大次之後。文官在左。武官在右。俱南向。設祭官次于東壝之外道南。北向西上。三師于南壝之外道東。諸王于三師之南。俱西向北上。文官九品以上于祭官之東。北向西上。介公酅公于南壝之外道西。東向。諸州使人東方南方于諸王東南。西向。西方北方于介公酅公西南。東向。皆北上。諸國之客。東方南方于諸州使人之南。西向。西方北方于諸州使人之南。東向。皆北上。武官三品以下七品以上于西壝之外道南。北向東上。褒聖侯于文官三品以下。攝事無御座以下至此儀。設陳饌幔于內壝東門西門之外道。北面南向。壇上及神州東方南方之饌。陳于東門外。西向。西方北方之饌陳于西門外。東向。神州無西門之饌。前祭二日。太樂令設宮懸之樂于壇南內壝之外。樹靈鼓于北懸之內道之左右。餘如圜丘儀。又為瘞埳于壇之壬地。內壝之外。方深取足容物。南出陛。前祭一日。奉禮設御位。攝事無御位。于壇之東南。西向。設望瘞位于壇西南。當瘞埳北向。設祭官公卿位于內壝東門之外道南。分獻官于公卿之南。執事者位于其後。每等異位。俱重行。西向北上。設御史位于壇上。正位于東南隅。西向。副位西南隅。東向。設奉禮位于樂懸東北。贊者二人在南。差退。俱西向北上。設奉禮贊者位于瘞埳西南。東向南上。設協律郎位于壇上南陛之西。東向。設太樂令位于北懸之間。當壇北向。設從祭之官三師位于懸南道東。諸王位于三師之東。俱北向西上。介公酅公位于道西。北向東上。文官從一品以下。九品以上。位于執事之南。每等異位。重行西向。武官三品以下。九品以上。位于西方。當文官。每等異位。重行東向。皆北上。諸州使人位東方南方于諸王東南。重行北面西上。西方北方于介公酅公西南。重行北面東上。設諸國客使位于內壝南門之外。東方南方于諸州使人之東。每國異位。重行北面西上。西方北方于諸州使人之西。每國異位。重行北面東上。攝事無三師以下至此儀。設門外位。祭官公卿以下。皆于東壝之外道南。每等異位。重行北面西上。三師位于南壝之外道東。諸王于三師之南。俱西向。介公酅公于道西東向。皆北上。文官從一品以下。九品以上。位于東壝之外。祭官之南。每等異位。重行北面西上。武官三品以下。九品以上。位于西壝之外道南。每等異位。重行北面東上。諸州使人位東方南方于諸王東南。重行西面西方北方于介公酅公西南。重行東面。俱北上。設諸國客位東方南方于諸州使人之南。每國異位。重行西面西方北方于諸州使人之南。每國異位。重行東面。皆北上。攝事無三師以下至此儀。牲牓于東壝之外。當門西向。黃牲一。居前。又黃牲一。在北。少退。元牲一。在南。少退。設廩犧令位于牲西南。祝史陪其後。俱北向。設諸太祝位于牲東。各當牲後。祝史陪其後。俱西向。設太常卿省牲位于牲前。近北。南向。設皇地祇酒尊于壇之上下。太尊二。著尊二。犧尊二。罍一。在壇上東南隅。北向。象尊二。壺尊二。山罍一。在壇下。皆于南陛之東。北向。俱西上。

設配帝著尊二。犧尊二。象尊二。罍一。在壇上。皆于皇地祇酒尊之東。北向西上。孟冬北郊酒尊于神州酒尊之東。同夏至之儀。神州太尊二。在第一等。每方嶽鎮海瀆俱山尊二。山林川澤俱蜃尊二。丘陵墳衍原隰俱概尊二。凡尊各設于神位之左而右向。神州以上之尊置于坫。以下之尊俱藉以席。皆加勺羃。設爵于尊下。孟冬儀壇上之尊置于壇坫。以下之尊藉以席。設御洗及設玉幣之篚等。並如圜丘儀。孟冬祭同。祭日未明五刻。太史令郊社令各服其服。帥其屬升。設皇地祇神座于壇上北方。南向。席以藁秸。設高祖神堯皇帝神座孟冬神州則設太宗文武聖皇帝神座。于東方西向。席以莞。設神州地祇神座于第一等東南方。席以藁秸。又設嶽鎮海瀆以下之座于內壝之內。各于其方。皆有原隰邱陵墳衍之座。又設中岳以下之座于壇之西南。俱內向。自神州以下六十八位。席皆以莞。設神位各于座首。

省牲器。如別儀。

鑾駕出宮。 服以袞冕。餘如上辛圜丘儀。孟冬北郊同圜丘。

奠玉帛。 祭日未明三刻。諸祭官各服其服。郊社令良醞令各帥其屬入實尊罍玉幣。凡六尊之次。太尊爲上。實以泛齊。著尊次之。實以醴齊。犧尊次之。實以盎齊。象尊次之。實以醍齊。壺尊次之。實以沈齊。山罍爲下。實以三酒。配帝著尊爲上。實以泛齊。犧尊次之。實以醴齊。象尊次之。實以盎齊。以上孟冬同。神州太尊實以沈齊。五方嶽鎮海瀆之山尊。實以醍齊。山林川澤之蜃尊。實以沈齊。邱陵以下之散尊。實以清酒。元酒各實于諸齊之上。尊禮神之玉。皇地祇以黃琮。其幣以黃。配帝之幣亦如之。神州之玉以兩圭有邸。其幣以元。孟冬同。岳瀆以下之幣各從方色。太官令帥進饌者入實饌。及禮官就位。御史太祝行埽除等。並如圜丘儀。孟冬同。駕將至。謁者贊引各引祭官從祭官客使等俱就門外位。駕至大次門外。迴輅南向。將軍降立于輅左。侍中進當鑾駕前跪奏稱。侍中臣某言。請降輅。俛伏。興。還侍位。五品以上從祭之官。皆就壝外位。攝事無駕至大次下儀。太樂令帥工人二舞次入就位。文舞入陳于縣內。武舞立于縣南道西。謁者引司空入行埽除訖。出復位。皇帝停大次半刻頃。謁者贊引各引祀官通事舍人分引從祀羣官。介公酅公諸方客使。皆先入就位。太常博士引太常卿立于大次門外。當門北向。侍中版奏外辦。皇帝服袞冕。孟冬神州大裘而冕。出次。華蓋侍衞如常儀。侍中負寶陪從如式。博士引太常卿。太常卿引皇帝至中壝門外。殿中監進大圭。尚衣奉御又以鎮圭授殿中監。皇帝搢大圭。執鎮圭。華蓋仗衞停于門外。侍者從入。謁者引禮部尚書太常少卿陪從。如常儀。皇帝至版位。太常卿請再拜。及請行事。並如圜丘儀。攝事如圜丘攝事儀。協律郎舉麾。工鼓柷。奏順和之樂。乃以林鍾爲宮。太蔟爲角。姑洗爲徵。南呂爲羽。作文舞之舞。樂舞八成。林鍾太蔟姑洗南呂皆再成。偃麾戛敔。樂止。太常卿前奏稱。請再拜。退復位。皇帝再拜。奉禮曰。衆官再拜。在位者皆再拜。皇帝奠玉幣及樂之節。並如圜丘。攝事則太尉奠玉幣。下放此。登歌作肅和之樂。以應鍾之均。太常卿引皇帝進。北向跪奠于皇地祇。孟冬神州。神座。俯伏。興。及奠配座。並如圜丘儀。攝事同圜丘攝事儀。

進熟。皇帝既升奠玉幣。太官令陳饌之儀。如圜丘。俎初入門。奏雍和之樂。以太簇之均。自後接神之樂用太簇。饌至陛。樂止。祝史俱進跪。徹毛血之豆。降自東陛以出。皇地祇之饌升自南陛。配帝之饌升自東陛。神州之饌升自北陛。孟冬神州升自南陛。諸太祝迎引于壇上。各設于神座前。設訖。謁者引司徒太官令帥進饌者。降自東陛以出。司徒復位。諸太祝還尊所。又進設嶽鎮以下之饌。相次而畢。太常卿引皇帝詣罍洗。樂作。其盥洗酌獻跪奠奏樂之儀。並如圜丘。攝事如圜丘攝事儀。太祝持版進於神座右。東向跪讀祝文曰。維某年歲次月朔日子。嗣天子臣某。攝則云謹遣太尉臣名下放此。敢昭告于皇地祇。乾道運行。日躔北至。景風應序。離氣效時。嘉承至和。肅若舊典。敬以玉幣犧齊粢盛庶品。備茲祇瘞。式表誠慤。高祖神堯皇帝配神作主。尚享。太祝俯伏。興。孟冬神州云。包含區夏。載植羣生。溥被域中。賴茲厚德。式遵彝典。用揀元辰。敬以玉幣犧齊。粢盛庶品。明獻厥誠。備茲祇瘞。皇祖太宗文武聖皇帝配神作主。皇帝再拜。攝則太尉再拜。初讀祝文訖。樂作。太祝進跪。奠版于神座。興。還尊所。皇帝拜訖。樂止。太常卿引皇帝詣配帝酒尊所。執尊者舉冪。侍中取爵于坫。進。皇帝受爵。侍中贊酌汎齊。訖。樂作。太常卿引皇帝進高祖神堯皇帝神座前。東向跪。奠爵。俯伏。興。太常卿引皇帝少退。東向立。樂止。太祝持版進于神座之左。北向跪讀祝文曰。維某年歲次月朔日子。孝孫開元神武皇帝臣某。敢昭告于高祖神堯皇帝。時唯夏至。肅敬訓典。用祇祭于皇地祇。唯高祖德叶二儀。道兼三統。禮膺光配。敢率舊章。孟冬云。皇曾祖太宗文武聖皇帝德被乾坤。格于上下。昭配之儀。欽率舊章。謹以制幣犧齊粢盛庶品。肅陳明薦。作主侑神。尚享。太祝俯伏興。皇帝再拜。初讀祝文訖。樂作。太祝奠版于神座。興。還尊所。皇帝飲福受胙。及亞獻終獻盥洗酌獻飲福。並如圜丘儀。唯皇地祇太尉亞獻。酌醍齊時。武舞作。合六律六同爲異耳。初太尉將升獻。謁者一人引獻官詣罍洗盥洗匏爵訖。升自巳陛。詣酒尊所。執尊者舉冪。酌沈齊。進奠于神州座前。引降還本位。謁者五人。次引獻官各詣罍洗盥洗訖。各詣酒尊所。俱酌醍齊訖。引獻官各進奠爵于諸方岳鎮海瀆首座。餘座皆祝史助奠。相次而畢。引還本位。又贊引五人引獻官詣罍洗盥洗。詣酒尊所。酌沈齊。獻山林川澤。如岳鎮之儀。訖。又引獻官詣罍洗盥洗訖。詣酒尊所。俱酌清酒。獻邱陵以下。及齋郎助奠。如上儀。訖。各引還本位。武舞六成。樂止。舞獻俱畢。諸祝徹豆。及賜胙。皇帝再拜。奏樂。並如圜丘儀。太常卿前奏。請就望瘞位。太常卿引皇帝。作樂。皇帝就望瘞位。北向立。樂止。于羣官將拜。上下諸祝各執篚進神座前。取玉幣。齋郎以俎載神州以上牲體稷黍飯爵酒。各由其陛降壇北行。當瘞埳西行。諸太祝以玉幣饌物置于埳。諸祝又以岳鎮以下之禮幣及牲體。皆從瘞。奉禮曰。可瘞埳。東西廂各六人。寘土半埳。太常卿前奏。禮畢。引皇帝還大次。樂作。從祀羣官諸方客使及御史以下出。並如圜丘儀。其祝版燔于齋所。通典開元禮纂類。

鑾駕還宮。如圜丘儀。

開元二十一年詔夏至日祀皇地祇于方丘。以高祖配。立冬祭神州于北郊。以太宗配。文獻通考。

天寶五載詔皇王之典聿修于百代。郊祭之儀允屬于三靈。聖人旣因時以制宜。王者亦緣情以定禮。且尊莫大于天地。禮莫崇于祖宗。嚴配昭升。豈宜異數。今烝嘗之獻。旣著于常式。南北之郊。未展于時享。自今以後。每歲四時孟月。先擇吉日祭昊天上帝。其以皇地祇合祭。以次日祭九宮壇。皆令宰臣行禮奠祭。務崇蠲潔。稱朕意焉。册府元龜。

代宗大歷十二年秋八月。增修北郊壇齋宮二十五間。

文宗太和三年六月。太常寺奏北郊祀皇地祇壇。先闕齋宮。請准祠例置一所。可之。册府元龜。

后土。社稷。

武德九年二月戊寅。親祠社稷。舊唐書高祖本紀。

武德貞觀之制。仲春仲秋時戊日。祭大社大稷。社以勾龍配。稷以后稷配。社稷各用太牢一。牲色並黑。籩豆籩簠簋各二。鉶俎各三。季冬蜡之明日。又祭社稷于社宮。如春秋二仲之禮。舊唐書禮儀志。

通典。唐社稷亦在含光門內之右。

册府元龜。武德九年正月丙子。詔曰。厚地載物。社主其祭。嘉穀養民。稷惟元祀。列聖垂範。昔王通訓。建邦正位。莫此爲先。爰曁都邑。建于州里。率土之濱。咸極莊敬。所以勸農務本。修始報功。敦序教義。整齊風俗。末代澆浮。祀典虧替。時逢喪亂。仁惠弛薄。壇壝闕昭備之禮。鄉閭無紀合之訓。朕握圖受歷。菲食卑宮。奉珪璧以尊嚴。潔粢盛而禋燎。尙想躬稼。厲精治本。永言享祀。宜存億紀。是以吉日惟戊。親祀大社。率從百僚。以祈九穀。今既南畝俶載。東作方興。九州致祀。宜盡祗肅。四方之民。咸勤殖藝。隨其性類。命爲宗社。京邑庶士。臺省羣官。里閈相從。共遵社法。以時供祀。各申祈報。兼行宴醑之義。用洽鄉黨之歡。且立節文。明爲典制。進退俯仰。登降折旋。明加誨厲。遞相勸獎。齊之以禮。有恥且格。布告天下。即宜遵用。戊寅。親祀社稷。

通典。唐初爲帝社。亦曰藉田壇。貞觀三年。太宗將親耕。給事中孔穎達議曰。禮。天子藉田南郊。諸侯東郊。晉武帝猶南郊。今帝社乃東壇。未合于古。太宗曰。書稱平秩東作。而靑輅黛耜。順春氣也。吾方位少陽。田宜于東郊。乃耕于東郊。

咸亨五年五月己未。詔春秋二社。本以祈農。如聞此外別爲邑會。此後除二社外。不得聚集。有司嚴加禁長壽元年九月。大赦改元。改用九月社。唐書武后本紀。

神龍元年五月。乙酉。立太廟社稷于東都。唐書中宗本紀。

先農。初爲帝社。亦曰籍田壇。垂拱中。武后籍田壇曰先農壇。神龍元年。禮部尚書祝欽明議曰。周頌載芟。春籍田而祈社稷。禮。天子爲籍千畝。諸侯百畝。則緣田爲社。曰王社侯社。今曰先農。失王社之義。宜正名爲帝社。太常少卿韋叔夏。博士張齊賢等議曰。祭法。王者立太社。然後立王社。所置之地。則無傳也。漢興已有官社。未立官稷。配立于官社之後。以夏禹配官社。以后稷配官稷。臣瓚曰。高祖立漢社稷。所謂太社也。官社配以禹。所謂王社也。至光武乃不立官稷。相承至今。魏以官社爲帝社。故摯虞謂魏氏故事立太社是也。晉或廢或置。皆無處所。或曰二社並處。而王社居西。崔氏皇甫氏皆曰。王社在籍田。案衛宏漢儀。春始東耕于籍田。引詩先農。則神農也。又五經要義曰。壇于田以祀先農。如社。魏秦靜議。風伯雨師靈星先農。社稷。爲國六神。晉太始四年。耕于東郊。以太牢祀先農。周隋舊儀。及國朝先農。皆祭神農于帝社。配以后稷。則王社先農不可也。今宜于籍田立帝社帝稷。配以禹棄。則先農帝社並祠。叶于周之載芟之義。欽明又議曰。籍田之祭本王社。古之祀先農。勾龍后稷也。烈山之子。亦謂之農。而周棄繼之。皆祀爲稷。共工之子曰后土。湯勝夏欲遷而不可。故二神社稷主。自黃帝以降。不以羲農列常祀。豈社稷而祭神農乎。社稷之祭。不取神農耒耜大功。而專于共工烈山。蓋以三皇洪荒之迹。無取為教。彼秦靜何人。而知社稷先農為二。而籍田有二壇乎。先農王社一也。皆后稷勾龍異名。而分祭牲以四牢。欽明又言漢祀禹繆也。今欲正王社先農之號而未決。乃更加二祀。不可。叔夏齊賢等乃奏言。經無先農。禮曰王自為立社。先儒以為在籍田也。永徽中猶曰籍田。垂拱後乃為先農。然則先農與社一神。今先農壇請改曰帝社壇。以合古王社之義。其祭準令以孟春吉亥祀后土。以勾龍氏配。于是為帝社壇。又立帝稷壇于西。如太社太稷。而不設方色。以異于太社。唐書禮樂志。

張齊賢傳。齊賢遷博士。時東都置太社。禮部尚書祝欽明問禮官博士周家田主用所宜木。今社主石。奈何。齊賢與太常少卿韋叔夏國子司業郭山惲尹知章等議。春秋君以軍行。祓社釁鼓。祝奉以從。故曰不用命戮于社。社稷主用石。以可奉而行也。崔靈恩曰。社主用石。以地產最實歟。呂氏春秋言殷人社用石。後魏天平中遷太社石主。其來尚矣。周之田主用所宜木。其民間之社歟。非太社也。于是舊主長尺有六寸。方尺七寸。問博士云何。齊賢等議。社主之制。禮無傳。天子親征。載以行。則非過重。禮社祭土。主陰氣。韓詩外傳。天子太社方五尺。諸侯半之。五土數。社主宜長五尺。以準數。五方二尺。以準陰偶。剡其上以象物生。方其下以象地體。埋半土中。本末均也。請度以古尺云。又問社稷壇隨四方用色而中不數尺。冒黄土謂何。齊賢等曰。天子太社。度廣五尺。分四方上冒黄土。象王者覆被四方。然則當以黄土覆壇上。舊壇上不數尺。覆被之狹。乖于古。于是以方色飾壇四面及陛。而黄土全覆上焉。祭牲皆太牢。其後改先農曰帝社。又立帝稷。皆齊賢等參定。

起居舍人王仲丘撰成百五十卷。名曰大唐開元禮。二十年九月。頒所司行用焉。以社稷帝社爲中祀。州縣之社稷爲小祀。舊唐書禮儀志。

社稷之壇廣五丈。以五土爲之。社以后土。稷以后稷。配以太尊實醍齊。著尊實盎齊。皆二。山罍一。州縣之社稷以象尊二。實醍齊。以兩圭有邸。幣以黑。小祀幣以白。籩豆皆十。簠二。簋二。鉶三。俎三。州縣祭籩豆皆八。簠二。簋二。俎三。春秋祭牲皆太牢。以黑。孟春祭帝社及配座。籩豆皆十。簠二。簋二。甑三。鉶三。俎三。文獻通考。

仲春仲秋上戊祭太社太稷。舊樂用姑洗之均三變。社稷之祀。于禮爲尊。豈同邸陵。止用三變。合依地祇。用函鍾之均。八變之樂。文獻通考。

皇帝仲春仲秋上戊祭太社太稷儀。攝事附。

齋戒。如方丘儀。

陳設。前祭三日。尚舍直長施大次于社宮西門之外道北。南向。尚舍奉御鋪御座。衛尉設文武侍臣次于大次之後．文官在左．武官在右．俱南向．設諸祭官次于齋坊之內．（攝事無設大次儀．但守臣設祭官次．）三師于北門之外．諸王于三師之北．俱東向南上．文官從一品以下．九品以上．于齋坊南門之外．重行東向北上．介公酅公于北門之外道東．西向．以南爲上．諸州使人東方南方于諸王西北．東面．西方北方于介公酅公東北．俱南上．武官三品以下．九品以上．于東門之外道北．南向．以西爲上．諸國之客于東門之外．東方南方于武官東北．南向．西方北方于道南．北向．俱以西爲上．（攝事無三師以下至此儀．）前祭二日．太樂令設宮懸之樂于壇北．東方西方磬簴起南．鐘簴次之．南方北方磬簴起東．鐘簴次之．設十二鎛鍾于編懸之間．各依辰位．樹靈鼓于南懸之內．道之左右．植建鼓于四隅．置柷敔于懸內．（柷在左．敔在右．）設歌鐘歌磬各于壇上．近北南向．皆磬簴在西．其匏竹者各立于壇下．南向．相對爲首．（凡懸皆展而編之．）諸工人各位于懸後．東方西方以南爲上．南方北方以東爲上．右校請埽除內外．又爲瘞埳二于南門之內稷壇西向．（攝事無埋坎二于樂懸之北．）方深取足容物．北出陛．前祭一日．奉禮設位北門之內．當社稷壇北．南向．（將祭．奉禮郎一人守之．在位版東北．立五步所．南向．）又設望瘞位于西門之內．當瘞埳南向．（攝事．無御位．以下至此儀．）設祭官公卿位于西門之內道北．執事位于其後．少北．每等異位．俱重行東面．以南爲上．設御史位于壇上．正位于太社壇東北隅．西向．副位于太稷壇西北隅．東向．（攝事令史陪後．）設奉禮位于樂懸西北．贊者二人在北。差退。俱東面南上。又設奉禮贊者位于瘞埳西北。東向北上。（攝事無奉禮位。）設協律郎位各于壇之上。東北隅。俱西向。設太樂令位于南縣之門。南向。設祭官位。三師位于北門之內道西。俱南面東上。設介公酅公位于道東。南面西上。文官從一品以下。九品以上。位于執事北。每等異位。俱重行東向。武官三品以下。九品以上。位于東方。値文官。每等異位。重行西向。皆以南爲上。諸州使人位。東方南方于北門之內道西。于諸王西北。重行南向。以東爲上。西方北方于道東。于介公酅公東北。重行南向。以西爲上。諸蕃客位于北門之內。東方南方于諸州使人之西。每國異位。俱重行南向。以東爲上。西方北方于諸州使人之東。每國異位。俱重行南向。以西爲上。設門外位。祭官公卿以下。皆于西門之外道南。每等異位。重行北向。以東爲上。三師位于北門之外道西。諸王于三師之北。俱東向。介公酅公位于道東。西向。皆以南爲上。文官從一品以下。九品以上。位于西門之外。祭官之南。每等異位。重行北面。以東爲上。武官三品以下。九品以上。位于東門之外道北。每等異位。重行南向。以西爲上。諸州使人位。東方南方于諸王西北。重行東面。西方北方于介公酅公東北。西向。俱南上。設諸國客位。東方南方于武官東北。每國異位。重行南向。西方北方于道南。每國異位。重行北向。皆以西爲上。（攝事無三師北門內位至此儀但設祭官門外之位。）設酒尊之位。太社太尊二。著尊二。罍二。壇上西北隅。南向。設后土氏象尊二。著尊二。罍二。太社酒尊之西。俱南向東上。各置于坫。皆加勺冪。（爵坫置于尊下。設太稷后稷酒尊于其壇上。如太社后土之儀。設御洗各于太社太稷壇之西北南向。亞獻之洗。又各于西北南向。俱罍水在洗西。篚在洗東北次。（篚實以巾爵也。）執尊罍篚冪者位于尊罍篚冪之後。各設玉幣之篚于壇上罇坫之所。晡後。謁者引光祿卿詣廚省饌具。訖。還齋所。祭日未明十刻。太官令帥宰人以鑾刀割牲。祝史以豆取毛血。（掌事齋郎取毛血。）置于饌所。遂烹牲。（牲皆用鬻。）未明五刻。太史令郊社令各服其服。升設太社太稷神座各于壇上近南北向。設后土氏于太社神座之右。后稷氏于太稷神座之左。俱東向。席皆以莞。設神座各于座首。

鑾駕出宮。（如方丘之儀。）

奠玉帛。祭日未明三刻。諸祭官各服其服。郊社令良醞令各帥其屬入實尊罍玉幣。（太尊爲上。實以醴齊。著尊次之。實以盎齊。罍爲下。實以清酌。配座之尊亦如之。齊加明水。酒加元酒。各實于上尊。禮神之玉。太社太稷俱以兩圭有邸。幣色皆以元。）太官令帥進饌者實諸籩豆簠簋。皆設于神廚。未明二刻。奉禮帥贊者先入就位。贊引引御史諸太祝及令史祝史與執尊罍篚冪者入自西門。當太社壇北。重行南面。以東爲上。（凡引尊者每曲一逡巡。）立定。奉禮曰再拜。贊者承傳。（凡奉禮有詞。贊者皆承傳。）御史以下皆再拜。訖。執尊者各升自西陛。

立于尊所。執罍洗篚冪者各就位。贊引引御史諸太祝。詣太社壇西陛。升。行埽除于上。令史祝史。行埽除于下。降又詣太稷壇行埽除。如太社之儀。訖。各引就位。駕將至。謁者贊引各引祭官通事舍人分引從祭羣官客使先至者俱就門外位。駕至大次門外。迴輅南向。將軍降立于輅右。侍中進當鑾駕前。跪奏稱侍中臣某奏請降輅。俯伏。興。還侍位。皇帝降輅之大次。謁者引文武五品以上從祭羣官。皆就門外位。攝事謁者贊引引祭官各就位。無駕將至至此儀。太樂令帥工人二舞次入就位。文舞入陳于懸內。武舞立于懸北道東。謁者引司空入就位。立定。奉禮曰。再拜。司空再拜。訖。謁者引司空詣壇西陛外。行埽除于上。升稷壇亦如之。訖。降。行樂懸訖。引就門外位。皇帝停大次半刻頃。謁者贊引各引祭官通事舍人分引從祭文武羣官介公酅公諸客使先入就位。太常博士引太常卿立于大次門外。當門北向。侍中版奏外辦。皇帝服絺冕。出次。華蓋侍衛如常儀。侍中負璽陪從如式。博士引太常卿。太常卿引皇帝。凡太常卿前導。皆博士先引。至社宮西門外。殿中監進大珪。執鎮珪。華蓋侍衛停于門外。近侍者從入如常儀。謁者引禮部尚書太常少卿陪從如常。皇帝至版位。南向立。每立定。太常卿與博士退立于左。謁者贊引。各引祭官次入就位。立定。太常卿前奏稱請再拜。退復位。皇帝再拜。奉禮曰。衆官再拜。在位者皆再拜。其先拜者不拜。太常卿前奏有司謹具。請行事。退復位。攝事。謁者白太尉。下放此。協律郎跪。俯伏。舉麾。凡取物者跪。俯伏而取以興。奠物則跪。奠訖。俯伏而後興。鼓柷奏順和之樂。乃以函鍾爲均。文舞八成。偃麾戛敔。樂止。凡樂皆協律郎舉麾。工鼓柷而後作。偃麾戛敔而後止。太常卿前奏稱請再拜。退復位。皇帝再拜。奉禮曰。衆官再拜。在位者皆再拜。諸太祝俱取玉幣于篚。各立于尊所。太常卿引皇帝。太和之樂作。皇帝每行皆作太和之樂。皇帝詣太社壇。升自北陛。侍中中書令下及左右侍衛量人從升。以下皆如之。皇帝升壇。南向立。樂止。太祝加玉于幣。以授侍中。侍中奉玉幣西向進。皇帝搢鎮圭。受玉帛。凡授物皆搢鎮圭。奠訖。執圭俯伏興。登歌作肅和之樂。乃以應鍾之均。太常卿引皇帝進。南向跪。奠于太社神座。俯伏興。太常卿引皇帝少退。南向再拜。太常卿引皇帝立于東方。西向。太祝以幣授侍中。侍中奉幣南向進。皇帝受幣。太常卿引皇帝進。西向跪。奠于后土氏神座。俯伏興。太常卿引皇帝少退。西向再拜訖。登歌止。太常卿引皇帝降自北陛。樂作。太常卿引皇帝詣太稷壇。升自北陛。南向立。樂止。太祝加玉于幣。以授侍中。侍中奉玉帛西向進。皇帝受玉帛。登歌作。太常卿引皇帝進。南向跪。奠于太稷神座。俯伏興。太常卿引皇帝少退。南向再拜訖。太常卿引皇帝立于東方。西向。又太祝以幣授侍中。侍中奉幣南向進。皇帝受幣。登歌作。太常卿引皇帝進。奠于后稷氏神座。俯伏。興。太常卿引皇帝少退。西向再拜訖。登歌止。太常卿引皇帝降自北陛。樂作。皇帝還版位。南向立。樂止。初羣官拜訖。祝史各奉毛血之豆。立于門外。登歌止。祝史奉毛血入。各由其陛升。諸太祝迎取于壇上。俱進奠于神座前。太祝與祝史退立于尊所。進熟。皇帝既升奠玉帛。太官令出帥進饌者奉饌陳于西門外。謁者引司徒出詣饌所。司徒奉太社之俎。初皇帝既至位。樂止。太官令引饌入。太社太稷之饌入自正門。配座之饌入自左闥。俎初入門。雍和之樂作。以太簇之均。饌至陛。樂止。祝史各進徹毛血之豆。降自西陛以出。太社太稷之饌升自北陛。配座之饌升自西陛。諸太祝迎引于壇上。各設于神座前。（籩豆蓋冪。先徹乃升。簠簋既奠。卻其蓋于下。）設訖。謁者引司徒以下。降自西陛。復位。諸太祝還尊所。太常卿引皇帝詣罍洗。樂作。其盥洗之儀。並如圜丘。太常卿引皇帝。樂作。皇帝詣太社壇。升自北陛。樂止。謁者引司徒。升自西陛。立于尊所。齋郎奉俎從升。立于司徒之後。太常卿引皇帝。詣太社酒尊所。執尊者舉冪。侍中贊酌醴齊。壽和之樂作。（皇帝每酌獻及飲福。皆作壽和之樂。）太常卿引皇帝進太社神座前。南面跪奠爵。俯伏。興。太常卿引皇帝少退。南向立。樂止。太祝持版進于神座之右。西面跪讀祝文曰。維某年歲次月朔日子。嗣天子某。（攝事云。謹遣太尉封臣名。下同。）敢昭告于太社。維神德兼博厚。道著方直。載生品物。含宏庶類。謹因仲春仲秋。祗率常禮。敬以玉帛。一元大武。柔毛剛鬣。明粢薌合。薌萁嘉蔬。嘉薦醴齊。備茲禋瘞。用伸報本。以后土勾龍氏配神作主。尚享。興。皇帝再拜。初讀祝文訖。樂作。太祝進奠版于神座前。還尊所。皇帝拜訖。樂止。太常卿引皇帝詣后土氏酒尊所。執尊者舉冪。侍中取爵于坫。進皇帝。受爵。侍中贊酌醴齊。樂作。太常卿引皇帝進后土氏神座前。西向跪奠爵。俯伏。興。太常卿引皇帝少退。西向立。太祝持版。進于神座之左。南面跪讀祝文曰。維某年歲次月朔日子。開元神武皇帝某。敢昭告于后土氏。爰茲仲春仲秋。揆日惟吉。恭修常祀。薦于太社。唯神功著水土。平易九州。昭配之義。實惟通典。謹以制幣。一元大武。柔毛剛鬣。明粢薌合。薌其嘉薦醴齊。陳于表位。作主侑神。尙享訖。興。皇帝再拜。初讀祝文訖。樂作。太祝進奠版于神座前。還尊所。皇帝拜訖。樂止。太常卿引皇帝進太社神位前。南向立。樂作。太祝各以爵酌上尊福酒。合置一爵訖。太祝持爵授侍中。侍中受爵。東向進。皇帝拜受爵。跪祭酒。啐酒。奠爵。俯伏。興。太祝帥齋郎進俎。太祝減太社神座前三牲胙肉。各置一俎上。太祝以俎授司徒。司徒持俎東向。以次進。皇帝每受以授左右。皇帝跪取爵。遂飲卒爵。侍中進受爵。復于坫。皇帝俯伏。興。再拜。樂止。太常卿引皇帝。樂作。皇帝降自北陛。詣罍洗。樂止。謁者引司徒降自西陛。以從。皇帝詣罍洗。盥手洗爵。侍中黃門侍郎贊洗如常。訖。太常卿引皇帝。樂作。皇帝詣太稷壇。升自北陛。樂止。謁者引三公。三公與齋郎奉俎。升自西陛。立于尊所。皇帝詣太稷酒尊所。執尊者舉冪。侍中贊酌醴齊。樂作。太常卿引皇帝進太稷神座前。南向跪奠爵。俯伏。興。太常卿引皇帝少退。南向立。樂止。太祝持版進于神座之右。西向跪讀祝文曰。維某年歲次月朔日子。嗣天子某。敢昭告于太稷。唯神播生百穀。首茲八政。用而不匱。功濟羣黎。恭以玉帛。一元大武。柔毛剛鬣。明粢薌其。薌合。嘉薦醴齊。式陳瘞祭。備修常禮。以后稷棄配神作主。尙享。訖。皇帝再拜。初讀祝文訖。樂作。太祝進奠版于神座。還尊所。皇帝拜訖。樂止。太常卿引皇帝詣后稷氏酒尊所。執尊者舉冪。侍中取爵于坫。進。皇帝受爵。侍中贊酌醴齊。樂作。太常卿引皇帝詣后稷氏神座前。西向跪奠爵。俛伏。興。太常卿引皇帝少退。西向立。樂止。太祝持版進于神座之左。南面跪讀祝文曰。維某年歲次月朔日子。開元神武皇帝某敢昭告于后稷氏。爰以仲春仲秋。式揀吉辰。敬修常禮。薦于太稷。唯神功叶稼穡。闡修農政。允茲從祀。用率舊章。謹以制幣。一元大武。柔毛剛鬣。明粢薌合。薌萁嘉薦。醴齊陳于表位。作主配神。尚享。訖。興。皇帝再拜。初讀祝文訖。樂作。太祝進奠版于神座前。還尊所。皇帝拜訖。樂止。太常卿引皇帝進太稷神座前。南向立。樂作。皇帝飲福受胙。如太社之儀。訖。樂止。太常卿引皇帝。樂作。皇帝降自北陛。還版位。南向立。樂止。謁者引司徒降自西陛。復位。文舞出。鼓柷作舒和之樂。出訖。戛敔。樂止。武舞入。鼓柷作舒和之樂。立定。戛敔。樂止。皇帝獻后土氏將畢。謁者引太尉（攝事則引太常卿。下同）詣罍洗。盥手洗爵。訖。謁者引太尉自西陛升壇。詣太社酒尊所。執尊者舉冪。太尉酌盎齊。武舞作。謁者引太尉進太社神座前。南向跪奠爵。興。謁者引太尉少退。南向再拜。謁者引太尉詣后土氏酒尊所。取爵于坫。執尊者舉冪。太尉酌盎齊。謁者引太尉進后土氏神座前。南向跪奠爵。興。謁者引太尉少退。西向再拜。謁者引太尉進太社神座前。南向立。太祝各以爵酌罍福酒。合置一爵。一太祝持爵進太尉之右。東向立。太尉再拜受爵。跪奠酒。遂飲卒爵。太祝進受爵。復于坫。太尉興。再拜。謁者引太尉降自西陛。詣罍洗爵。詣太稷壇升獻。如太社儀。訖。引降復位。初太尉獻后土將畢。謁者引光祿卿。攝事同與光祿卿爲終獻。詣罍洗盥手洗爵升酌盎齊。終獻如亞獻之儀。訖。謁者引光祿卿降。復位。武舞六成樂止。舞獻俱畢。諸太祝各徹豆還尊所。奉禮曰。賜胙。贊者唱。衆官再拜。在位皆再拜。已飲福受胙者不拜。順和之樂作。太常卿奏稱。請再拜。退復位。皇帝再拜。奉禮曰。衆官再拜。在位者皆再拜。樂一成止。太常卿前奏。請就望瘞位。太常卿引皇帝。樂作。皇帝就望瘞位。南向立。樂止。羣官將拜。諸太祝各執篚進神座前取幣。齋郎以俎載牲體稷黍飲爵酒。各由其陛壇南行。當瘞埳西行。諸太祝以玉幣饌置于埳。訖。奉禮曰。可瘞埳。東西面各四人。寘土半埳。太常卿前奏。禮畢。太常卿引皇帝還大次。樂作。皇帝出門。殿中監前受鎭珪。以授尚衣奉御。殿中監又前授大圭。華蓋侍衞如常儀。皇帝入次。樂止。謁者贊引引祭官通事舍人分引從祭羣官諸方客使以次出。贊引引御史以下俱復執事位。立定。奉禮曰。再拜。御史以下皆再拜。贊引引工人二舞以次出。其祝版燔于齋所。鑾駕還宮。如方丘之儀。

諸州祭社稷儀。諸縣祭社稷附。前三日。刺史。縣則縣令。下放此。散齋于別寢二日。致齋于廳事一日。亞獻以下應祭之官散齋二日。各于正寢。致齋一日。皆于壇所。上佐爲亞獻。錄事參軍及判司爲終獻。若判司上佐等有故。並次差攝之。縣則丞爲亞獻。主簿及尉通爲終獻。若縣令已下有故。以次差。不足則州官及比縣官充。諸從祭之官。各淸齋于公館一日。從祭官。刺史未出之前。先赴祭所齋。皆如別儀。前二日。本司先修除壇之內外。其壇方二丈五尺。高三尺四寸。出陛三等。爲瘞埳二于壇西門之外道北南向。縣埳于壇北方深足容物。設刺史次于社壇西門之外道北南向。縣令同。設祭官已下次于刺史次西北。俱南向。以東爲上。前一日晡後。本司帥其屬守社稷壇四門。去壝九十步所。縣七十步。禁止行人。本司設刺史位于北門之內道西南向。若刺史有故。攝祭初獻位于亞獻之前。東面。縣令位同。設亞獻終獻位于社稷壇西北。設掌事者位于西門之內道北。俱每等異位。東向南上。設贊唱者位于終獻東北。東面南上。設州官位于祭官掌事者之北。東面。縣從祭官位同。府官位于東方。當州官西面。俱重行南上。縣無府官。以下至此儀。設望瘞位于埳北。南向東上。設門外位。祭官以下于西門之外道南。州官于祭官之南。俱重行北面。以東爲上。縣從祭官位同。府官于東門外道南。重行北面。以西爲上。祭器之數。每座尊二。籩八。豆八。簋二。簠二。俎三。羊豕腊各一俎。縣同。掌事者以尊坫升自西階。各設于壇上西北隅。配座之尊在西。俱南向東上。皆加勺冪。社稷皆爵一。配座皆爵四。各置于坫。設洗于社稷北陛之西。去壇二步所。南向。罍水在洗西。加勺冪。篚在洗東北。肆實爵六。巾二。加冪。執尊罍洗篚者各位于尊罍洗篚之後。祭日未明。烹牲于廚。祝以豆二取牲血。夙興。掌饌者實以祭器。牲體羊豕皆載右胖。前腳三節。肩臂臑節一段。皆載之。後腳三節。節一段。去下一節。載上肫胳三節。又取正脊脡脊橫脊短脅正脅代脅各三骨以並。餘皆不設。簠實黍稷。簋實稻粱。籩實石鹽。乾魚。棗。栗。菱。芡。鹿脯。豆實韲菹。醓醢。菁菹。鹿醢。韭菹。兔醢。筍菹。魚醢。若土無者。各以其類充之。本司帥掌事者以席入自西門。詣壇西階升。設社稷神座各于壇上。近南北向。又設后土氏神座于社神之左。后稷氏神座于稷神之左。俱東向。席皆以莞。質明。諸祭官及從祭之官。各服其服。祭官服祭服。從祭之官應公服者公服。非公服者常服。本司率掌事者入實尊罍。每座尊二。一實元酒為上。一實醴齊次之。祝版各置于坫。祝以幣各置于篚。與血豆俱設于饌所。社稷之幣皆用黑。各長丈八尺。贊唱者先入就位。祝與執尊罍篚者入自西門。當社壇北。重行南向。以東為上。立定。贊唱者曰再拜。祝以下皆再拜。執尊者升自西階。立于尊所。執罍篚者各就位。詣社壇。升自西階。行埽除訖。降。詣稷壇。升埽除如社壇之儀。降埽除于下。訖。皆就位。刺史將至。縣則縣令將至。下放此。贊禮者引祭官及從祭之官與掌事者。俱就門外位。刺史至。參軍事引之次。贊唱者先入就位。縣令贊者引。下放此。刺史停于次少頃。服祭服出次。參軍事引刺史入自西門。就位南向。參軍事立于刺史之東。少退南向。贊禮者引祭官以下及從祭之官。以次入就位。凡導引者每曲一逡巡。立定。贊唱者曰再拜。刺史以下皆再拜。參軍事少進刺史之左。西面白請行事。退復位。本司帥執饌者奉饌陳于西門之外。祝以幣授刺史。參軍事引刺史北階升社壇。南向跪奠幣于社神座前。訖。興。少退。再拜。祝又以幣授刺史。參軍事引刺史升稷壇。南向跪奠幣于稷神座。如社壇儀。訖。參軍事引刺史降復位。本司引饌入社稷之饌。升自北階。配座之饌。升自西階。諸祝迎引于壇上。設于神座前。籩豆蓋冪先徹乃升。簠簋既奠。卻其蓋于下。籩居右。豆居左。簠簋居其間。羊豕二俎。橫而重于右。腊特于左。本司與執饌者降自西階。復位。諸祝各還尊所。參軍事引刺史縣贊禮者引。縣令下同。詣罍洗。執罍者酌水。執洗者跪取盤。興承水。刺史盥水。執篚者跪取巾于篚。興進。刺史帨手訖。執篚者受巾。跪奠于篚。執尊者遂取爵興以進。刺史受爵。執罍者酌水。刺史洗爵。執篚者跪取巾于篚。興進。刺史拭爵訖。受巾奠于篚奉盤者跪奠盤。興參軍事引刺史自社壇北階升詣社神酒尊所。執尊者舉冪。刺史酌醴齊。參軍事引刺史詣社神座前南向跪奠爵。興少退南向立。祝持版進于神座之右西向跪讀祝文曰。維某年歲次月朔日子某官姓名。敢昭告于社神。惟神德兼博厚。道著方直。載生品物。含養庶類。謹因仲春仲秋。祗率常禮。恭以制幣犧齊粢盛庶品。備茲明薦。用申報本。以后土勾龍氏配神作主。尚享。縣祝文以下並同。訖。祝興。刺史再拜。祝進跪奠版于神座。興還尊所。刺史拜訖。參軍事引刺史詣配座酒尊所。取爵于坫。執尊者舉冪。刺史酌醴齊。參軍事引詣后土氏神座前西向跪奠爵。興少退西向立。祝持版進于后土氏前。祝文曰。爰茲仲春仲秋。厥日惟戊。敬修常祀。薦于社神。惟神功著水土。平易九州。昭配之儀。實通祀典。謹以犧齊粢盛庶品。式陳明薦。作主侑神。尚享。祝興。刺史再拜。祝進跪奠版于神座。興還尊所。刺史拜訖。參軍事引刺史進當社神座南向立。祝各以爵酌福酒合置一爵。祝持爵進于刺史之右。東向立。刺史再拜。受爵跪祭。啐酒奠爵。興。祝帥執饌者以俎進。減社神座前胙肉。各取前脚第二骨。共置一俎上。興。祝持俎東向進。刺史受以授左右。刺史跪取爵。飲卒爵。祝進受爵。復于坫。刺史興。再拜。參軍事引刺史降自北階。詣罍洗盥手洗爵。自稷壇北階升。詣稷神酒尊所。執尊者舉冪。刺史酌醴齊。參軍事引刺史詣稷神座前南向跪奠爵。興。少退南向立。祝持版進于神座之右。曰敢昭告于稷神。惟神播生百穀。首茲八政。用而不匱。功濟羣黎。恭以制幣犧齊粢盛庶品。祗奉舊章。備茲瘞禮。以后稷棄配神作主。尚享。訖。祝與刺史再拜。祝進跪奠版于神座。興。還尊所。刺史拜。訖。參軍事引刺史詣配座酒尊所。刺史取爵于坫。執尊者舉冪。刺史酌醴齊。參軍事引刺史詣后稷氏座前西向跪奠爵。興。少退西向立。祝持版進于神座之右南面跪讀祝文曰。敢昭告于后稷氏。爰以仲春仲秋。恭修常禮。薦于稷神。惟神功叶稼穡。闡修農政。允茲從祀。用率舊章。謹以犧齊粢盛庶品。式陳明薦。作主配神。尚享。訖。祝與刺史再拜。祝進跪奠版于神座。興。還尊所。刺史拜。訖。參軍事引刺史詣稷神座前南向立。飲福受胙。如社壇之儀。訖。參軍事引刺史降自本階。還本位。初刺史獻將畢。贊者引亞獻詣罍洗。盥手洗爵。升獻。如刺史之儀。（唯不讀祝文。不受胙。）亞獻將畢。贊禮者引終獻詣罍洗升酌終獻。如亞獻之儀。訖。降復位。諸祝各進神座前跪徹豆。興。還尊所。贊唱曰。賜胙。再拜。非飲福受胙者皆再拜。贊唱者又曰。再拜。刺史已下皆再拜。參軍事少進刺史之左西面白請就望瘞位。參軍事引刺史就望瘞位。西向立。祝于神前取幣及血。置于坎。贊唱者曰。可瘞埋。東西面各二人寘土半坎。參軍事進刺史左。白禮畢。遂引刺史出。還次。贊禮者引祭官以下次出。諸祝及執尊罍篚者降復掌事位。贊唱者曰。再拜。祝以下皆再拜以出。其祝版燔于齋所。

諸里祭社稷儀。前一日。社正及諸社人應祭者。各淸齋一日于家正寢。正寢者。謂人家前堂待賓之所。應設饌之家。先修治神樹之下。又爲瘞埳于神樹之北。深取足容物。掌事者設社正位于稷座西北十步。東面。諸社人位于其後。東面南上。設祝奉血豆位于瘞埳之北。南向。祭器之數。每座尊酒二。並勺一。以巾覆之。俎一。籩二。豆二。爵二。簠二。簋二。無禮器者。量以餘器充之。祭日未明。烹牲于廚。唯以特豕。祀以豆取牲血。置于饌所。夙興。掌饌者實祭器。牲體載右胖。折節如州縣制。分載二俎。其尊一實元酒爲上。一實淸酒次之。籩實棗栗。豆實菹醢。簠實黍稷。簋實稻粱。掌事者以席入。社神之席設于神樹下。稷神之席設于神樹西。俱北向。質明。社正以下。各服其服。掌事者以盥水器入。設于神樹北十步所。加勺巾。二爵一。于其下。盛以箱。又以酒尊入。設于神北近西。社神之尊在東。稷神之尊在西。俱東上。南向。置爵二及祝版于尊下。執尊者立于尊後。掌事者入實尊酒訖。祝及執尊者其祝以社人有學識者充之。入。當社神北。南向。以東爲上。皆再拜。執酒尊者就尊後立。其執盥者就盥器後立。贊禮者引社正以下俱就位。立定。贊禮者贊再拜。社正以下皆再拜。祝詣尊所。贊禮者再拜。社正以下皆再拜。掌事者以饌入。各設于神座前。菹醢居前。左右籍黍稷在其間。俎在其外。訖。掌事者出。贊禮者引社正詣盥器所。執盥者酌水。社正洗手。取巾拭手。訖。洗爵。拭爵。訖。贊禮者引社正詣社神座前。跪奠爵于饌右。興。少退。南向立。祝持版進。社神座東。西面跪讀祝文曰。維某年歲次月朔日子。某坊村則云某村。以下准此。社正姓名。合社若干人等。今昭告于社神。惟神載育黎元。長茲庶物。時屬仲春仲秋日唯吉戊。謹率常禮。恭用特牲清酌粢盛庶品。祗薦社神。尙享。祝興。社正以下及社人等俱再拜。贊禮者引社正詣稷神尊所。取爵酌酒訖。贊禮者引社正詣稷神饌前南向跪。奠酒于饌右。興。少退。南向立。祝持版進于稷神座西東向跪讀祝文曰。若干人等敢昭告于稷神。唯神主茲百穀。粒此羣黎。今仲春吉戊。秋云仲秋。謹率常禮。恭以特牲清酌粢盛庶品。祗薦于稷神。尙享。祝興。社正以下及社人俱再拜。贊禮者引社正立于社神座前南向立。祝以爵酌社稷神福酒合置一爵。進社正之右。社正再拜受酒訖。跪祭酒。遂飮卒爵。祝受爵還尊所。社正興。再拜。贊禮者引社正還本位。立定。贊禮者再拜。社正及社人俱再拜訖。祝以血置于坮。坮東西各一人。置土半坮。贊禮者少前白禮畢。遂引社正等出。祝與執尊者復位再拜訖。出餘饌。社人等俱于此飮。如常會之儀。其祝版燔于祭所。通典開元禮纂類。

開元二十二年三月。詔州縣社仍用牲牢。通考。

天寶元年十月戊寅。詔社爲九土之尊。稷乃五穀之長。祭官宜精潔。其社壇側禁樵牧。　三載二月戊寅。詔社稷升爲大祀。以四時致祭。後又依開元禮爲中祀。通考。

通典天寶三載。詔社稷列爲中祀。頗紊大猷。自今以後。社稷及日月五星。並升爲大祀。仍以四時致祭。

至德二載秋九月壬寅。廣平王統朔方安西迴紇南蠻大食之衆。與賊將戰于香積寺西北。賊軍大敗。棄京城東走。癸卯。復西京。甲辰。捷書至行在。卽日遣裴冕入京。啓告郊廟社稷。舊唐書肅宗本紀。

開元十九年正月三十日。勅。普天率土。崇德報功。饗祀惟殷。封割滋廣。非所以全惠養之道。協靈祇之心。其春秋二時社及釋奠。天下諸州府縣等。並停牲牢。唯用酒脯。務存修潔。足展誠敬。自今以後。爲常式。至二十二年三月二十五日。勅。春秋祈報。郡縣常禮。比不用牲。豈云血祭。陰祀貴臭。神何以歆。自今以後。州縣祭祀。特以牲牢。宜依常式。其年六月二十八日。勅。大祀中祀及州縣社稷。依式合用牲牢。餘並用酒脯。至貞元五年九月十二日。國子祭酒包佶奏。春秋祭社稷。准禮。天子社稷皆太牢。至大歷六年十月三日。勅。中祀少牢。社稷是中祀。至今未改。勅旨。宜准禮用太牢。通考。

唐會要卷十下 原闕今照四庫全書本增補

藉田

貞觀三年正月癸亥。親耕藉田。舊唐書太宗本紀。

太宗貞觀三年正月。親祭先農。躬御耒耜。藉于千畝之甸。初晉時南遷。後魏來自雲朔。中原分裂。又雜以獯戎。代歷周隋。此禮久廢。而今始行之。觀者莫不駭躍。于是祕書郎岑文本獻藉田頌以美之。初議藉田方面所在。給事中孔穎達曰。禮天子藉田于南郊。諸侯于東郊。晉武帝猶于東南。今于城東置壇。不合古禮。太宗曰。禮緣人情。亦何常之有。且虞書云平秩東作。則是堯舜敬授人時。已在東矣。又乘青輅推黛耜者。所以順于春氣。故知合在東方。且朕見居少陽之地。田于東郊。蓋其宜矣。于是遂定。自後每歲常令有司行事。舊唐書禮儀志。

皇帝孟春吉亥。享先農。遂以耕藉。前享一日。奉禮設御坐於壇東。西向。望瘞位于壇西南。北向。從官位于內壝東門之內道南。執事者居後。奉禮位于樂縣東北。贊者在南。又設御耕藉位于外壝南門之外十步所。南向。從耕三公諸王尚書卿位于御坐東南。重行西向。以其推數爲列。其三公諸王尚書卿等非耕者位于耕者之東。重行西向。北上。介公酅公于御位西南。東向。北上。尚舍設御耒席于三公之北。少西。南向。

奉禮又設司農卿之位于南少退。諸執耒耜者位于公卿耕者之後。非耕者之前。西向。(御耒耜一具。三公耒耜三具。諸王尚書卿各三人合耒耜九具。以下耒耜。太常卿各令藉田農人執之。)皇帝已享先農。乃以耕根車載耒耜于御者間。皇帝乘車自行宮降大次。乘黃令以耒耜授廩犧令。橫執之左。耜寘于席。遂守之。皇帝將望瘞。謁者引三公及從耕侍耕者。司農卿與執耒耜者皆就位。皇帝出就耕位。南向立。廩犧令進耒席南。北向解韜出耒。執以興。少退。北向立。司農卿進受之。以授侍中。奉以進。皇帝受之。耕三推。侍中前受耒耜。反之司農卿。司農卿反之廩犧令。廩犧令復耒于韜。執以興。復位。皇帝初耕。執耒者皆以耒耜授侍耕者。皇帝耕止。三公諸王耕五推。尚書卿九推。執耒者前受之。皇帝還入自南門。出內壝東門。入大次。享官從享者出。太常卿帥其屬耕于千畝。皇帝還宮。明日班勞酒于太極殿。如元會。不賀。不爲壽。耕田之穀。斂而鍾之神倉。以擬粢盛及五齊三酒。穰槀以食牲。耕田槀先農。唐初爲帝社。亦曰藉田壇。(唐書禮樂志。)

永徽三年正月丁亥。耕藉田。(唐書高宗本紀。)

丁亥。親享先農。御耒耜。率公卿耕于藉田。賜羣官帛各有差。(册府元龜。)

乾封二年正月。行藉田之禮。躬秉耒耜而九推。禮官奏陛下合三推。上曰。朕以身帥下。自當過之。恨不終千畝耳。(文獻通考。)

初。將耕藉田。閱耒耜。有雕刻文飾者。謂左右曰。田器農人執之。在乎樸素。豈尚文飾乎，乃命撤之。

儀鳳二年正月乙亥。耕藉田。唐書高宗本紀。

帝親耕藉田于東郊。禮畢。作藉田賦以示羣臣。三年五月。幸藉田所觀區種。手種數區。册府元龜。

景雲三年。親耕藉田。通考。

則天時。改藉田壇爲先農。舊唐書禮儀志。

神龍元年。禮部尚書祝欽明議曰。周頌載芟。春藉田而祈社稷。禮。天子爲藉千畝。諸侯百畝。則緣田爲社。曰王社侯社。今曰先農。失王社之義。宜正名爲帝社。太常少卿韋叔夏。博士張齊賢等議曰。祭法。王者立太社。然後立王社。所寘之地。則無傳也。漢興。已有官社。未立官稷。乃立于官社之後。以夏禹配官社。以后稷配官稷。臣瓚曰。高祖立漢社稷。所謂太社也。官社配以禹。所謂王社也。至光武乃不立官稷。相承至今。魏以官社爲帝社。故摯虞謂魏氏故事。立太社是也。晉或廢或寘。皆無處所。或曰二社並處。而王社居西。崔氏皇甫氏皆曰。王社在藉田。案衞宏漢儀。春始東耕于藉田。引詩先農。則神農也。又五經要義曰。壇于田。以祀先農。如社。魏秦靜議。風伯雨師靈星先農社稷爲國六神。晉太始四年。耕于東郊。以太牢祀先農。周隋舊儀及國朝先農皆祭先農于帝社。配以后稷。則王社先農。不可一也。今宜于藉田立帝社帝稷。配以禹棄則先農帝社並祠，叶于周之載芟之義。欽明又議曰：藉田之祭本王社。古之祀先農，句龍后稷也。烈山之子亦謂之農，而周棄繼之，皆祀爲稷。共工之子曰后土，湯勝夏欲遷而不可，故二神社稷主也。黄帝以降，不以羲農列常祀，豈社稷而祭神農乎。社稷之祭，不取神農耒耜大功，而專于共工烈山，蓋以三皇洪荒之迹，無取爲教。彼秦靜何人，而知社稷先農爲二，而藉田有二壇乎。先農王社一也，皆后稷句龍異名而分祭，牲以四牢。欽明又言：漢祀禹謬也。今欲正王社先農之號而未決，乃更加二祀，不可。叔夏齊賢等乃奏言：經無先農，禮曰王自爲立社曰王社，先儒以爲在藉田也。永徽中猶曰藉田，垂拱後乃爲先農。然則先農與社一神，今先農壇請改曰帝社壇，以合古王社之義。其祭準令，以孟春吉亥祀后土，以句龍氏配。于是爲帝社壇，又立帝稷壇于西，如太社太稷，而壇不設方色，以異于太社。唐書禮樂志。

先天元年正月戊子，耕藉田。唐書睿宗本紀。

睿宗太極元年，親祀先農，躬耕帝藉，禮畢，大赦改元。舊唐書禮儀志。

開元十九年正月丙子，耕于興慶宮。唐書元宗本紀。

十九年，停帝稷而祀神農氏于壇上，以后稷配。唐書禮樂志。

元宗開元二十三年冬，禮部員外郎王仲邱又上疏請行藉田之禮。舊唐書禮儀志。

親祀神農于東郊。以句芒配。禮畢。躬御耒耜于千畝之甸。時有司進儀注。天子三推。公卿九推。庶人終畝。元宗欲重勸耕藉。遂進耕五十餘步。盡隴乃止。禮畢。還齋宮大赦。侍耕執牛官皆等級賜帛。舊唐書禮儀志。

開元二十三年正月十八日。親祀先農。禮畢。降至耕位。侍中執耒。太僕秉轡。帝謂左右曰。帝藉之禮。古則三推。朕今九推。庶九穀之報也。贊導者跪而奏曰。先王制禮。不可踰越。帝曰。夫禮豈不在濟民治國。勤事務功乎。朕發乎至誠。深惟嘉殖。將以勸南畝。供粢盛。豈非禮意也。于是九推而止。公卿以下終其田畝。制曰。昔者受命爲君。體元立極。未有不謹于禮而能見教于人。今嗣歲初吉。農事將起。禮先本于耕藉。義緣奉于粢盛。是何嚴祇。敢不敬事。故躬藏耒耜。親率公卿。以先萬姓。遂藉千畝。謂敦本之爲耳。何有澤之更深。宜有順于發生。俾無偏于行惠。可大赦天下。册府元龜。

皇帝吉亥享先農。攝事附。

齋戒。 前祀五日。皇帝散齋三日於別殿。致齋二日。一日於太極殿。一日於行宮。餘同上辛儀。

陳設。 前享三日。陳設如圜丘儀。前享二日。太樂令設宮懸樂。如圜丘儀。唯樂懸樹路鼓。爲瘞埳于壇壬地外壝之內。爲異。前享一日。奉禮設御位。如圜丘儀。唯設望瘞位于內壝東門之內道南。又設奉禮位于瘞埳西南。東面南上。爲異。攝事右校埽除壇之內外。前享二日。衛尉設享官公卿以下次于外壝東門外道南。北向西上。設陳饌幔于內壝東門外道南。北向。太樂令設宮懸。前享一日。奉禮郎設享官公卿位于壝東門內道北。執事位于道南西向北上。設御史位于壇下。如式。又設奉禮位于樂懸東北。贊者二人在南差退。俱西向北上。又設奉禮贊者位于瘞埳東面南上。設協律郎位于壇上南陛之西東向。太樂令于北懸間。享官門外位皆于東壝外道南。如式。又設御耕藉位于外壝南門之外十步所。南向。設從耕位。三公諸王諸尚書諸卿位于御座東南。重行西向。各依推數為列。其公王尚書卿等非耕者。位于耕者之東。重行西向。俱北上。介公酅公位于御位西南。東向以北為上。尚舍設御耒席于三公之北少西。南向。奉禮又設司農卿位于御耒席東少南。西面。廩犧令于司農卿之南少退。諸執耒耜者位于公卿耕者之後。非耕者之前。西面。御耒耜一具。三公耒耜三具。諸王尚書卿各三人合耒耜九具。以下耒耜。太常各令藉田農人執之。攝事無設耕藉位以下至此儀。設酒尊之位于壇上。神農氏犧尊二。象尊二。山罍二。東南隅北向。后稷氏犧尊二。象尊二。山罍二。在神農酒尊之東。俱北向西上。尊皆加勺冪。有坫以寘爵。設御洗于壇南陛東南。亞獻之洗于東陛之南。俱北向。執尊罍篚冪者。各位于尊罍篚冪之後。設幣篚于壇上。各于尊坫之所。晡後。郊社令帥齋郎以坫罍洗篚冪入設于位。升壇者自東陛。謁者引光祿卿詣廚。視濯溉。凡導引者每曲一逡巡。贊引引御史詣廚。省饌具。光祿卿以下每事訖各還齋所。享日未明十五刻。太官令帥宰人以鸞刀割牲。祝史以豆取毛血。各置于饌所。遂烹牲。未明五刻。太史令郊社令各服其服。升設神農氏神座于壇上北方。南向。設后稷氏神座于東方。西向。席皆以莞。設神位于座首。鑾駕出宮。乘耕根車于太極殿前。餘同圜丘儀。

饋享　享日未明三刻。諸享官及從享之官各服其服。郊社令良醞令帥其屬入實尊罍及幣。犧尊實以醴齊。象尊實以盎齊。山罍實以清酒。齊皆加明水。酒皆加元酒。各實于上尊。幣皆以青。太官令帥進饌者實諸籩豆簠簋等。入設于饌幔內。未明二刻。奉禮帥贊者先入就位。其御史及禮官等入再拜埽除及就位。如圜丘儀。未明一刻。謁者贊引各引享官以下就門外位。司空行埽除及從享羣官客使等次入就位。並如圜丘儀。攝事自未明三刻至此與正儀同。初未明三刻。諸衛列大駕仗衛。陳設如式。侍中版奏外辦。請中嚴。乘黃令進耕根車于宮南門外。迴車南向。若行宮去壇稍遠。嚴警如式。未明一刻。侍中版奏外辦。質明。皇帝服袞冕。乘輿以出。繖扇華蓋侍衛如常儀。侍中負璽陪從如式。皇帝升車訖。乘黃令進耒。太僕受載。如初。黃門侍郎奏請鑾駕發引。還侍立。鑾駕動之大次。並如圜丘儀。郊社令以祝版進御署訖。近臣奉出。郊社令受各奠于坫。如圜丘儀。初皇帝降車訖。乘黃令受耒耜授廩犧令。而橫執之於左。其耜之耕所。寘于席。遂守之。凡執耒耜皆橫之。授則先其耒後其耜。皇帝停大次半刻頃。其奏辦出次。太常卿請行事。並如圜丘儀。攝事眾官拜訖。謁者白太尉。有司謹具。請行事。無初未明三刻下至此儀。協律郎舉麾。工鼓柷。以角音奏永和之樂。以姑洗之均。自後接神皆奏姑洗。作文武舞樂舞三成。偃麾。戛敔樂止。太常卿前奏稱請再拜。退復位。皇帝再拜。及奠玉幣奏樂之節。並如圜丘儀。攝事謁者引太尉升奠幣太常卿引皇帝進。北面跪。奠于神農氏神座。俛伏。興。太常卿引皇帝少退。北向再拜訖。太常卿引皇帝又立于西方東向。又太祝以幣授侍中。侍中奉幣北向進。皇帝受幣。太常卿引皇帝進。東面跪。奠于后稷氏神座。俛伏。興。太常卿引皇帝少退。東面再拜訖。登歌止。太常卿引皇帝。樂作。皇帝降自南陛。還版位。西向立。樂止。初。羣官拜訖。祝史奉毛血之豆立于門外。于登歌止。祝史奉毛血入。升自南陛。配座升自東陛。太祝迎取于壇上。進奠于神座前。太祝退立于尊所。皇帝既升奠幣。太官令出帥進饌者奉饌。陳于內壝門外。謁者引司徒出詣饌所。司徒奉神農之俎。皇帝既至版位。樂止。攝事無。太官令引饌入。俎初入門。雍和之樂作。饌至陛。樂止。祝史進徹毛血之豆。降自東陛以出。神農氏之饌升自南陛。配座之饌升自東陛。太祝迎引于壇上。各設于神座前。籩豆蓋冪。先徹乃升。簋簠既奠。卻其蓋于下。設訖。謁者引司徒以下降自東陛。復位。太祝各還尊所。太常卿引皇帝攝事。謁者引太尉。詣罍洗。樂作。其盥洗奏樂及齋郎奉俎。並如圜丘之儀。太常卿引皇帝詣神農氏酒尊所。執尊者舉冪。侍中贊酌醴齊訖。壽和之樂作。皇帝每酌獻及飲福。皆作壽和之樂。太常卿引皇帝進神農氏神座前。北向跪。奠爵。俛伏。興。太常卿引皇帝少退。北向立。樂止。太祝持版進于神座之右。東面跪讀祝文曰。惟某年歲次月朔日子。開元神武皇帝某。攝事云。謹遣太尉封臣名。敢昭告于帝神農氏。獻春伊始。東作方興。率由典則。恭事千畝。

謹以制幣犧齊粢盛庶品．肅備常祀．陳其明薦．以后稷氏配神作主．尚享．訖．興．皇帝再拜．（攝事．太尉再拜．下倣此．）初讀祝文訖．樂作．太祝進跪奠版于神座．興．還尊所．皇帝拜訖．樂止．太常卿引皇帝詣后稷氏酒尊所．（酌獻樂作．並如神農氏．唯皇帝東向立爲異．）太祝持版進于神座之右．北向跪讀祝文曰．惟某年歲次月朔日子．開元神武皇帝某敢昭告于后稷氏．土膏脈起．爰修耕耤．用薦常祀于帝神農氏．唯神功協稼穡．實允昭配．謹以制幣犧齊粢盛庶品．式陳明薦．作主侑神．尚享．訖．興．皇帝再拜．初讀祝文訖．樂作．太祝進跪奠版于神座．俛伏．興．還尊所．皇帝拜訖．樂止．太常卿引皇帝進神農氏神座前．北向立．樂作．太祝各以爵酌上尊福酒．（攝事．太祝酌罍福酒．）其飲福受胙樂舞等．並如圜丘儀．（攝事亦同圜丘攝事．）初．皇帝將復位．謁者引太尉詣罍洗．（攝事．謁者引太常卿爲亞獻．）盥手洗爵訖．謁者引太尉自東陛升壇．詣神農氏象尊所．執尊者舉冪．太尉酌盎齊．武舞作．謁者引太尉進神農氏神座前．北向跪奠爵．興．謁者引太尉少退．北向再拜．謁者引太尉詣后稷氏象尊所．取爵于坫．執尊者舉冪．太尉酌盎齊．謁者引太尉進后稷氏神座前．東向跪奠爵．興．謁者引太尉少退．東向再拜．謁者引太尉進神農氏神座前．北向立．太祝各以爵酌罍福酒．合置一爵．訖．太祝持爵進太尉之右．西向立．太尉再拜受爵．跪祭酒．遂飲卒爵．太祝進受爵．復于坫．太尉興．再拜．謁者引太尉降復位．初．太尉獻將畢．謁者引光祿卿詣罍洗．

盥手洗爵升酌盎齊。終獻如亞獻之儀。訖。謁者引光祿卿攝事同。降復位。武舞止。諸祝各進跪徹豆。興。還尊所。徹者籩豆各一少移於故處。奉禮曰。賜胙。贊者唱。衆官再拜。在位者皆再拜。已飲福者不拜。永和樂作。太常卿前奏稱。再拜。退復位。皇帝再拜。奉禮曰。衆官再拜。在位者皆再拜。樂一成止。太常卿奏請就望瘞位。奉禮帥贊者就瘞埳西南位。太常卿引皇帝。太和之樂作。皇帝就望瘞位。北向立。樂止。于羣官將拜。祝各執篚進神座前。取幣。各由其陛降壇。詣埳。以幣寘于埳。訖。奉禮曰。可瘞。東西各四人寘土半埳。太常卿前奏。禮畢。請就耕藉位。攝事。謁者進太尉之左。白禮畢。享官執事再拜。出。如圜丘攝事。太常卿引皇帝。樂作。皇帝詣耕藉位。南向立。樂止。初白禮畢。奉禮帥贊者還本位。攝事無詣耕藉位。

耕藉。皇帝將詣望瘞位。謁者引三公及應從耕侍耕者各就耕位。司農先就位。諸執耒者皆就位。皇帝初詣耕位。廩犧令進詣御耒席南。北面跪。俛伏。搢笏。解耒韜。出執耒。起。少退。北面立。司農卿受耒。以授侍中。侍中奉耒進。皇帝受以三推。侍中前受耒耜。反于司農。司農反于廩犧令。訖。還本位。廩犧令復耒于韜。執耒起。復位立。皇帝初耕。執耒者以耒耜各授侍耕者。皇帝耕訖。三公諸王五推。尚書卿九推。訖。執耒者前受耒耜。退復位。侍中前奏。禮畢。退復位。太常卿引皇帝入自南門。還大次。樂作。皇帝出自內壝東門。殿中監前受鎮珪。以授侍衣奉御。殿中監又前受大珪。華蓋侍衞如常儀。皇帝入次。樂止。謁者贊引各引享官及從享羣官。諸方客使以次出。贊引引御史太祝以下俱復執事位。立定。奉禮曰再拜。御史以下皆再拜。贊引引出工人二舞以次出。太常卿帥其屬以次耕于千畝。其祝版燔于齋所。

鑾駕還宮。（如圜丘儀。）

勞酒。車駕還宮之明日。設會于太極殿。如元會之儀。（唯不賀不上壽爲異。以上見開元禮。）

藉田東郊儀

皇帝夾侍二人。正衣二人。（右以祀先農壇上行事夾侍正衣充。）中書門下先奏。侍中一人。（奉耒耜進耕。畢。復受奏禮畢。）中書令一人。（侍從。）禮部尚書一人。（侍從官以下並合便取祀先農壇上行事官充。）司農卿一人。（授耒耜于侍中。侍耕。）右衞將軍一人。（已上並侍衞。）太尉司徒司空各一人。行五推禮。（舊例宰臣攝行事。）九卿九人。行九推禮。（舊例差左右僕射六尚書御史大夫攝行事。）諸侯三人。行九推禮。（差正員三品官及嗣王攝行事。）禮儀使一人。（贊導耕藉禮。）太常卿一人。（贊導耕藉禮。已上官便合取祀先農壇上行事官充。）右禮司狀上中書門下。請奏差。如本官不足。差六品以下官充。並服袴褶。御耒耜二具。併韜。（並以青色。內一具副。準乾元故事。合依農人所執者制造。不合雕飾。事畢日收。）藉耒耜一。丈席二領。先農壇高五尺。方五尺。四出陛。其色靑祀前二十日修畢。三公九卿諸侯耒耜一十五具。御耒耜牛四頭。內二頭副。並牛衣。每隨牛一人。幷絳衣介幘。須明閑農務者。行事禮司專差人贊導。高品中官二人。執侍耒耜。並衣袴褶。太常帥其屬庶人。量用二十八人以備禮。郊社令一人。檢校。太常少卿一人。帥庶人赴耕所。太常博士六人。分贊導耕禮。如本司官不足。准舊例本司具名上中書門下。請差攝行事。司農少卿一人。檢校庶人終千畝。廩犧令二人。一人奉耒耜授司農卿。保差五品六品清資官攝充。一人掌耒耜。太常寺用本官。三公九卿諸侯耕牛四十頭。內十頭副。每頭隨牛人一人。須明閑農耕者差。庶人耒耜二十具。畚二具。鍤二具。以木爲刃。府司差一人專知。管藉田縣令一人。具朝服。當耕藉田時。立于田畔。候耕畢去。畿甸諸縣令。准舊例。集先期到城。藉田日。服常服赴耕所。陪位而立。耆老量定二十人。並常服。藉田日。於庶人耕藉田位之南陪位。以上見開元禮。

乾元二年正月戊寅。耕藉田，唐書肅宗本紀。

肅宗乾元三年春正月丁丑。將有事于九宮之神。兼行藉田禮。自明鳳門出至通化門。釋軷而入壇。行宿齋于宮。戊寅。禮畢。將耕藉。先至于先農之壇。因閱耒耜有雕刻文飾。謂左右曰。田器農人執之。在于樸素。豈文飾乎。乃命徹之。下詔曰。古之帝王。臨御天下。莫不務農敦本。保儉爲先。蓋用勤身率下也。屬東耕啓候。爰事典章。況紺轅縹軏。固前王有制。崇奢尚靡。諒爲政所疵。靖言思之。良用歎息。豈朕法堯舜重茅茨之意耶。其所造雕飾者宜停。仍令有司依農用常式。即別改造。庶萬方黎庶。知朕意焉。翌日己卯。致祭神農氏。以后稷配享。肅宗冕而朱紘。躬秉耒耜而九推焉。禮官奏陛下合三推。今過禮。肅宗曰。朕以身率下。自當過之。恨不能終于千畝耳。既而佇立久之。觀公卿諸侯王公以下耕畢。舊唐書禮儀志。

憲宗元和五年。詔以來歲正月藉田。太常修撰韋公肅言。藉田禮廢久矣。有司無可考。乃據禮經。參采開元乾元故事。爲先農壇于藉田。皇帝夾侍二人。正衣二人。侍中一人。奉耒耜。中書令一人。禮部尚書一人。侍從。司農卿一人。授耒耜于侍中。太僕卿一人。執牛。左右衞將軍各一人。侍衞。三公以宰相攝。九卿以左右僕射。尚書。御史大夫攝。三諸侯以正員一品官及嗣王攝。推數一用古制。禮儀使一人。太常卿一人。贊禮。三公九卿諸侯執牛三十八。用六品以下官。皆服袴褶。御耒耜二。併韜。皆以青。其制度取合農用。不雕飾。畢日收之。藉耒耜丈席二。先農壇高五尺。廣五尺。四出陛。其色青。三公九卿諸侯耒十有五。御耒之牛四。其二副也。併牛衣。每牛各一人。絳衣介幘。取閑農務者。禮司一人。贊導之。執耒持耜。以高品中官二人。不袴褶。皇帝詣望耕位。通事舍人分導文武就耕所。太常帥其屬。用庶人二十人。以郊社令一人押之。太常少卿一人。率庶人趨耕所。博士六人。分贊耕禮。司農少卿一人。督視庶人終千畝。廩犧令二人。一人奉耒耜。授司農卿。以五品六品清官攝。一人掌耒耜。太常寺用本官。三公九卿諸侯耕牛四十。其十副也。牛各一人。庶人耕牛四十。各二牛一人。庶人耒耜二十具。鍤二具。木爲。及主藉田縣令一人。具朝服。當耕時立田側畢乃退。畿甸諸縣令先期集。以常服陪耕所耆艾二十人陪于庶人耕位南。三公從者各三人。九卿諸侯從者各一人。以助耕。皆絳服介幘。用其本司隸。是時雖草具其儀。如此以水旱用兵而止。（唐書禮樂志）

九宮壇

天寶三載。有術士蘇嘉慶上言。請于京東朝日壇東。置九宮貴神壇。其壇三成。成三尺。四階。其上依位置九壇。壇尺五寸。東南曰招搖。正東曰軒轅。東北曰太陰。正南曰天一。中央曰天符。正北曰太一。西南曰攝提。正西曰咸池。西北曰青龍。五爲中。戴九履一。左三右七。二四爲上。六八爲下。符于遁甲。四孟月祭。尊爲九宮貴神。禮次昊天上帝。而在太清宮太廟上。用牲牢璧幣。類于天地神祇。元宗親祀之。如有司行事。卽宰相爲之。肅宗乾元三年正月。又親祀之。初九宮神位。四時改位。呼爲飛位。乾元之後。不易位。太和二年八月。監察御史舒元輿奏。七月十八日。祀九宮貴神。臣次合監祭。職當檢察禮物。伏見祝版九片。臣伏讀旣竟。竊見陛下親署御名。及稱臣于九宮之神。臣伏以天子之尊。除祭天地宗廟之外。無合稱臣者。王者父天母地。兄日姊月。比以九宮爲目。是宜分方而守其位。臣又觀其名號。及太一天一招搖軒轅咸池青龍太陰天符攝提。此九神于天地。猶子男也。于日月。猶侯伯也。陛下尊爲天子。豈可反臣于天之子男耶。臣竊以爲過。縱陰陽者流言其合祀。則陛下當合稱皇帝遣某官致祭于九宮之神。不宜稱臣與名。臣實愚瞽。不知其可。伏緣行事在明日雞初鳴時。成命已行。臣不敢滯。伏乞聖慈異日降明詔。禮官詳議。冀明萬乘之尊。無所虧降。悠久誤典。因此可正。詔都省議。皆如元輿之議。乃降爲中祠。祝版稱皇帝不署。會昌元年十二月。中書門下奏。準天寶三載十月六日勅。九宮貴神。實司水旱。功佐上帝。德庇下民。冀嘉穀歲登。災害不作。每至四時初節。令中書門下往攝祭者。準禮。九宮次昊天上帝。壇在太清宮太廟上。用牲牢璧幣。類于天地。天寶三載十二月。元宗親祠。乾元二年正月。肅宗親祠。伏自累年以來。水旱愆候。恐是有司禱請。誠敬稍虧。今屬孟春。合修祀典。望至明年正月祭日。差宰臣一人禱請。向後四時祭。並請差僕射少師少保尚書太常卿等官。所冀稍重其事。以申嚴敬。臣等十一月二十五日已于延英面奏。伏奉聖旨。令檢儀注進來者。今欲祭時。伏望令有司崇飾舊壇。務于嚴潔。勅旨。依奏。二年正月四日。太常禮院奏。準監察御史關牒。今月十三日祀九宮貴神。已勅宰相崔珙攝太尉行事。合受誓誡。及有司徒司空否。伏以前件祭。本稱大祠。準太和三年七月二十四日勅。降爲中祠。昨據勅文。祗稱崇飾舊壇。務于嚴潔。不令別進儀注。更有改移。伏恐不合卻用大祠禮料。伏候裁旨。中書門下奏曰。臣準天寶三載十月六日勅。九宮貴神。實司水旱。臣等伏覩。旣經兩朝親祠。必是祈請有徵。況自太和已來。水旱愆候。陛下常憂稼穡。每念烝黎。臣等合副聖心。以修墜典。伏見太和三年禮官狀云。縱司水旱兵荒。品秩不過列宿。今者五星悉是從祀。日月猶在中祀。竊詳其意。以星辰不合比于天官。曾不知統而言之。則爲天地。在于辰象。自有尊卑。謹按後魏王鈞志。北辰第二星。盛而常明者。乃爲元星露寢。天帝常居。始由道奥而爲變通之迹。又天皇大帝。其精曜魄寶。蓋萬神之祕圖。河海之命紀。皆稟焉。據元說。卽昊天上帝也。天一掌八氣九精之政令以佐天極。徵明而有常。則陰陽序。大運興。太一掌十有六神之法度。以輔人極。徵明而得中。則神人和而王道昇平。又北斗有權衡二星。天一太一參居其間。所以財成天地。輔相神道也。若一槪以列宿論之。實爲淺近。按漢書曰。天神貴者太一。佐曰五帝。古者天子以春秋祭太一。列于祀典。其來久矣。今五帝猶爲大祀。則太一無宜降祀。稍重其祀。固爲得所。劉向有言曰。祖宗所立神祇舊典。誠未易動。又曰。古今異制。經無明文。至尊至重。難以疑說正也。其意不欲非祖宗舊典。以劉向之博通。尙難于改作。況臣等學不究于天人。職尤懵于祀典。欲爲參酌。恐未得中。伏望更令太常卿與學官同詳定。庶獲明據。從之。檢校左僕射太常卿王起廣文博士盧就等獻議曰。伏以九宮貴神。位列星座。禳災致福。詔立祠壇。降至尊以稱臣。就東郊以親拜。在祀典雖云過禮。庇羣生豈患無文。思福黔黎。特申嚴奉。誠聖人屈己以安天下之心也。厥後祝史不明。精誠亦怠。禮官建議。降處中祠。今聖德憂勤。期臻壽域。兵荒水旱。痡瘝軫懷。爰命台臣緝興墜典。伏惟九宮所稱之神。卽太一攝提軒轅招搖天符靑龍咸池太陰天一者也。謹案黃帝九宮經及蕭嵩五行大義。一宮其神太一。其星天蓬。其卦坎。其行水。其方白。二宮其神攝提。其星天芮。其卦坤。其行土。其方黑。三宮其神軒轅。其星天衡。其卦震。其行木。其方碧。四宮其神招搖。其星天輔。其卦巽。其行木。其方綠。五宮其神天符。其星天禽。其卦離。其行土。其方黃。六宮其神靑龍。其星天心。其卦乾。其行金。其方白。

七宮其神咸池。其星天柱。其卦兌。其行金。其方赤。八宮其神太陰。其星天任。其卦艮。其行土。其方白。九宮其神天一。其星天英。其卦離。其行火。其方紫。觀其統八卦。運五行。土飛于中。數轉于極。雖數事迎釐。不聞經見。而範圍亭育。有助昌時。以此兩朝親祀而臻百祥也。然以萬物之精。上爲列星。星之運行。必繫于物。貴而居者。則必統八氣。總萬神。幹權化于混茫。賦品彙于陰騭。與天地日月。誠相參也。豈得緊賴于敷佑。而屈降于等夷。又據太尉攝祀九宮貴神舊儀。前七日受誓誡于尚書省。散齋四日。致齋三日。牲用犢。祝版御署。稱嗣天子臣。圭幣樂成。比類中祠。則無等級。今據江都集禮。又開元禮蜡祭之日。大明夜明二座。及朝日夕月。皇帝致祝。皆率稱臣。若以爲非泰壇配祀之時。得主日報天之義。卑緣厭屈。尊用德伸。不以著在中祠。取類常祀。此則中祠用大祠之義也。又據太社太稷。開元之制。列在中祠。天寶三載。勅改爲大祠。自後因循。復用前禮。長慶三年。禮官獻議。始準前勅。稱爲大祠。唯御署祝文。稱天子謹遣某官某昭告。文義以爲殖物粒民。則宜增秩。致祝稱禱。有異方丘。不以伸爲大祠。遂屈尊稱。此又大祠用中祠之禮也。參之日月既如彼。考之社稷又如此。所爲功鉅者因之以殊禮。位稱者不敢易其文。是前聖後儒。陟降之明徵也。今九宮貴神。既司水旱。降福禳災。人將賴之。追舉舊章。誠爲得禮。然以立祠非古。宅位有方。分職既異。其司存致祝。必參乎等列。求之折中。宜有變通。稍重之儀。有以爲比。伏請自今已後。卻用大祠之禮。誓官備物。無有降差。唯御署祝文。以社稷爲本。伏緣已稱臣于天帝。無二尊故也。勅旨依之。付所司。舊唐書禮儀志.

皇后親蠶

唐先蠶壇在長安宮北苑中.高四尺.周迴三十步.文獻通考.

貞觀元年三月癸巳.皇后親蠶.唐書太宗本紀.

九年三月.文德皇后率內外命婦有事于先蠶.同上.

永徽三年三月七日.制以先蠶爲中祀.后不祭.則皇帝遣有司享之.如先農.通典.

通考.有司言.案周官.宗伯.后不祭.則攝而薦豆籩徹.明王后之事.而宗伯攝行之.伏以農桑乃衣食萬民.不宜獨闕先蠶之祀.無已.皇帝遣有司享之.如先農.

顯慶元年三月辛巳.皇后親蠶.唐書高宗本紀.下同.

總章二年三月癸巳.皇后親蠶.

咸亨五年三月.皇后親蠶.

上元元年三月己巳.皇后親蠶.

二年三月丁巳.天后親蠶.

開元二年正月辛巳。皇后親蠶。元宗本紀。

自嗣聖以來。廢闕此禮。至是始重行焉。文獻通考。

乾元二年三月己巳。皇后親蠶。文獻通考。

后親蠶苑中。儀物甚盛。唐書張皇后傳。

顯慶元年。皇后武氏。先天二年。皇后王氏。乾元二年。皇后張氏。並有事於先蠶。其儀備開元禮。通典。

皇后季春吉巳享先蠶儀。攝事附。

齋戒。先祀五日。散齋三日于後殿。致齋二日於正殿。前致齋一日。尚寢設御幄於正殿西序及室中。俱東向。致齋之日。晝漏止水一刻。尚儀版奏請中嚴。尚服帥司仗布侍衛。司賓引內命婦陪位。並如式。六尚以下。各服其服。詣後殿奉迎。尚儀版奏外辦。止水三刻。皇后服鈿釵禮衣。結珮。乘輿出自西房。華蓋警蹕侍衛如常儀。皇后卽御座。東向坐。六尚以下侍衛如常。一刻頃。尚儀前跪奏稱。尚儀妾姓言。請降就齋室。輿退復位。皇后降座。乘輿入室。六尚以下各還寢。直衛者如常。司賓引陪位者退。散齋之日。內侍帥內命婦之吉者。使蠶于蠶室。攝事無以上儀。凡應享之官。散齋三日于其寢。致齋二日。一日於其寢。一日於其享所。亞獻終獻。

則致齋二日。六倘以下應從升者及從享內外命婦各於其寢清齋一宿。諸應享之官致齋之日。給酒食及皆于其所明衣。各習禮於齋所。光祿卿監取明水火。大官令取水于陰鑑。取火于陽燧。火以供爨。水以實尊前享一日。諸衞令其屬未後一刻。各以其方器服守衞壝門。每門二人。每隅一人。享日未明。給使代執與女工人等俱清齋一宿。攝事同陳設。前享三日。倘舍直長施大次于外壝東門之內道北南向。倘舍奉御鋪御座。倘舍直長設內命婦及六倘以下次于大次之後。俱南向。守宮設外命婦次大長公主長公主公主以下于南壝之外道西三公夫人以下在其南。俱重行。每等異位。東向北上。設陳饌幔於內壝東門之外道南北向。攝事守宮設享官次于東壝內道南北向。西上。設陳饌幔于內壝東門外道南北向。前享二日。太樂令設宮懸之樂於壇南內壝之內。如圜丘儀。諸女工人各爲位於懸後東方西方。以北爲上。南方北方以西爲上。右校掃除壇之內外。又爲瘞埳於壇之壬地內壝之外。方深取足容物。南出陛。爲採桑壇於壇南二十步所。方三丈。高五尺。四出陛。倘舍量施幃帳於外壝之外。四面開門。其東門使容厭翟車。前享一日。內謁者設御位於壇之東南。西向。設望瘞位於壇之西南。當瘞埳西向。設亞獻終獻位於內壝東門之內道南。執事者位於其後。每等異位。俱重行。西向北上。設典正位于壇下。一位于東南。西向。一位于西南。東向。女史各陪于後。設司贊位于樂懸東北。掌贊二人在南。差退。俱西面。又設司贊掌贊位于瘞埳西南。東面南上。設典樂舉麾位於壇上南陛之西。東向。設司樂位於北懸之間。當壇北向。設內命婦位於終獻之南。每等異位。重行西面北上。設外命婦位於中壝南門之外。大長公主以下于道東。西向。當內命婦位差退。太夫人以下于道西。去道遠近准公主。俱每等異位。重行相向北上。又設御採桑位于採桑壇上。東向。設內命婦採桑位于壇下。當御位東北。每等異位。南向西上。設外命婦採桑位於壇下。當御位東南。每等異位。北向西上。設執御鉤筐者位於內命婦之西。少南西上。尚功執鉤。司製執筐。設內命婦執鉤筐者位各于其採桑位之後。尚功以下四典執鉤。司製下女史執筐。設門外位。享官於東壝之外道南。從享內命婦于享官之東。俱每等異位。重行北面西上。從享外命婦于南壝之外道西。如設次之式。攝事內謁者設三獻位于內壝東門之內道北。執事位于道南。每等異位。重行西向。以北為上。又設望瘞位于壇之東北。當瘞埳道西向。又設典正位于壇下。一位于東南。西向。一位于西南。東向。女史各陪其後。糾察違失。設掌贊位于樂懸東北。女史二人在南。差退。俱西向。設掌贊女史位于瘞埳西南。東向南上。設典樂舉麾位于壇上南陛之西。東向。設司樂位于北懸之間。當壇北向。設三獻以下門外位于東壝之外道南。每等異位。北向西上。無設御位下至此儀。設酒尊之位于壇上東南隅。北向西上。犧尊二。象尊二。山罍二。尊皆加勺冪。有坫以置爵。設御洗于壇南陛東南。攝事無御洗。亞獻之洗。又于東南。俱北向。罍水在洗東。篚在洗西南肆。篚實以巾爵。執尊罍篚冪者。位于尊罍篚冪之後。設幣篚于壇上尊坫之所。晡後。內謁者帥其屬。

以尊坫罍洗篚冪入設於位。升壇者自東陛。享日未明十五刻。大官令帥宰人以鸞刀割牲。祝史以豆取毛血實於饌所。遂烹牲。其神廚及諸司供事便次守宮與金吾相之量於壇東張設。享日未明五刻。司設服其服。升設先蠶氏神座於壇上北方南向。席以莞。設神位于座首。

車駕出宮。前享一日。金吾奏請外命婦等應集壇所者。並聽夜行。其應採桑者四人。各具女侍者。進筐鉤。載之而行。監門先奏請享日未明四刻開所由苑門。諸親及命婦以下。以次入詣壇南次所。各服其服。其應採桑者筐鉤各具。女侍者執授內謁者。監內謁者監受之。以授執鉤筐者。享日未明三刻。搥一鼓為一嚴。三嚴時節前一日內侍奏裁。未明二刻。搥二鼓為再嚴。尙儀版奏請中嚴。內命婦各服其服。所司陳車駕鹵簿。未明一刻。搥三鼓為三嚴。司賓引內命婦入立於庭。重行西面以北為上。六尙以下各服其服。俱詣室奉迎。尙服負寶如式。內僕進厭翟車於閤外。尙儀版奏外辦。馭者執轡。皇后服鞠衣。乘輿以出。華蓋侍衛警蹕。如常內命婦從出門。皇后升車。尙功司製進筐鉤。載之。仗衛如常。內命婦及六尙等乘車陪從如式。其內命婦應採桑者四人。各服其服。典製等進筐鉤。載之。諸翊駕之官皆乘馬。駕動。警蹕如常。不鳴鼓吹。諸衞前後督攝如常。內命婦宮人以次從。

饋享。享日未明三刻。諸享官各服其服。尚儀及司醞各帥其屬。攝事則女史及司醞各帥其屬。入實尊罍及幣。犧尊實以醴齊。象尊實以盎齊。山罍實以清酒。齊皆明水。酒加元酒。各實以上尊。其幣以黑。太官令實諸籩豆簠簋俎等。內謁者帥其屬詣廚奉饌入設於饌幔內。內侍之屬與司膳等掌之。其牲之肉不上神俎者。亦太官付內謁者同時進入。以供頒胙。自餘供享之物。並請祠前一日先入。駕將至。女相者引先置享官。內典引引命婦俱就門外位。女相者以尚儀下女史充。攝享賓明。女相者引享官以下就壝外位。掌贊帥女史先入就位。女相者引典正女祝女史祝史典女執尊罍篚冪者入自東門。當壇南北面西上立定。掌贊曰再拜。女史承傳。典正以下皆再拜訖。典正以下各就位。司樂帥女工人就位。女祝以典贊充。女祝史以典贊下女史充。駕至大次門外。迴車南向。尚儀進車前跪奏稱。尚儀妾姓名。請降車。興。還侍位。皇后降車。乘輿之大次。華蓋繖扇。侍衛如常儀。尚儀以祝版進。御署訖。奉出。奠於坫。初皇后降車訖。尚功司製進受鉤筐以退。其內命婦鉤筐。則內命婦降車訖。典製等進受之。典贊引亞獻及從享內命婦就門外位。司贊帥掌贊先入就位。女相者引尚儀典正女史祝史。女祝史以尚儀下女史充。典女執尊罍篚冪者入自東門。當壇南北面西上立定。司贊曰再拜。掌贊承傳。凡司贊有詞。掌贊皆承傳。尚儀以下皆再拜訖。尚儀以下各就位。司樂帥女工人入就位。典贊引亞獻終獻。女相者引執事者。司贊引內命婦。內典引引外命婦。俱入就位。皇后停大次。半刻頃。司言引尚宮。尚宮立於大次門外。當門北向。尚儀版奏外辦。皇后出次。華蓋侍衛如常。尚服負寶。陪從如式。司言引尚宮。尚宮引皇后。凡尚宮前導。皆司言前引。入自東門。華蓋仗衞停於門外．近侍者從入如常．皇后至版位．西向立．每立定．尙宮與司言退立于左．立定．尙宮前奏稱．請再拜．退復位．皇后再拜．司贊曰．衆官再拜．享官及內外命婦在外者皆再拜．其先拜者不拜．尙宮前奏有司謹具．請行事．退復位．攝事女相者各引享官入就位．立定．掌贊曰．再拜．在位者皆再拜．女相者進尙宮之左．白有司謹具．請行事．無駕至以下至此儀．典樂跪舉麾．凡取物者皆跪而取．以興．奠物亦跪奠．訖而後興．鼓柷奏永和之樂．以姑洗之均．自後壇下享神之樂皆奏姑洗．三成．偃麾．戛敔．樂止．凡樂皆典樂舉麾．工鼓柷而後作．偃麾戛敔而後止．尙宮前奏稱．請再拜．退復位．皇后再拜．司贊曰．衆官再拜．享官及內外命婦在位者皆再拜．壇上尙儀跪取幣於篚．興．立於尊所．攝事．掌贊曰．再拜．在位者皆再拜．女祝史跪取幣於篚．興．立於尊所．尙宮引皇后．正和之樂作．皇后每行．皆作正和之樂．皇后詣壇．升自南陛．攝事．女相者引尙宮升壇．以下皆尙宮行事．六尙以下量人升從．以下升皆如之．皇后升壇．北面立．樂止．尙儀奉幣東向進．皇后受幣．登歌作肅和之樂．以南呂之均．尙宮引皇后進．北向跪奠於神座．興．尙宮引皇后少退．北向再拜．訖．登歌止．尙宮引皇后．樂作．降自南陛．還版位．西向立．樂止．初．內外命婦拜訖．女祝史奉毛血之豆．立於內壝東門之外．於登歌止．女祝史奉毛血入．升自南陛．尙儀迎引於壇上．進跪奠於神座前．興．女祝史退立於尊所．皇后既升奠幣．攝事．尙宮既升奠幣．下倣此．司膳出帥女進饌者奉饌陳於內壝東門之外皇后既降復位司膳引饌入俎初入門雍和之樂作（攝事自後酌獻皆奏雍和之樂）饌至陛樂止女祝史跪徹毛血之豆降自東陛以出饌升南陛尚儀迎引於壇上（攝事女祝史迎引於上）設於神座前（籩豆蓋冪先徹乃升簠簋既奠卻其蓋于下）設訖司膳帥女進饌者降自東陛復位尚儀（攝事女祝）還尊所尚宮引皇后詣罍洗樂作（攝事女相者引尚宮無樂）皇后至罍洗樂止尚儀跪取匜盥沃水司言跪取盤興承水皇后盥手又司言跪取巾於篚興進皇后帨手訖司言受巾跪奠於篚司言跪取爵於篚興進皇后受爵尚儀酌罍水司言奉盤皇后洗爵司言受巾皆如初皇后拭爵訖尚儀奠匜司言奠盤巾皆如常尚宮引皇后樂作詣壇升自東陛樂止尚宮引皇后（攝事無皇后至罍洗以下至此儀但女相者引尚宮詣酒尊所）詣酒尊所執尊者舉冪尚儀贊酌醴齊訖壽和之樂作（皇后每酌獻及飲福皆作壽和之樂攝事奏雍和）尚宮引皇后少退北向立樂止尚儀持版進於神座之右東向跪讀祝文曰維某年歲次月朔日子皇后某氏敢昭告於（攝事女祝持版祝云皇后某氏謹遣某官妾姓敢昭告於）先蠶氏唯神肇興蠶織功濟黔黎爰擇嘉時式遵令典謹以制幣犧齊粢盛庶品明薦於神尚享訖興皇后再拜初讀祝文訖樂作尚儀進跪奠版於神座興還尊

所。皇后拜訖。樂止。尚儀以爵酌上尊福酒。西向進。攝事。女祝以爵酌罍福酒。進於尚宮之右西向立。皇后再拜受爵。跪祭酒。啐奠。興。尚儀帥女進饌者。持籩俎進。尚儀減神前三牲胙肉。以取前腳第一骨。各置一俎上。又以籩取稷黍飯共置一籩。尚儀先以飯籩西向進。皇后受以授左右。尚儀又以胙俎以次進。皇后每受以授左右。皇后跪取爵。遂飲卒爵。尚儀進受。復于坫。皇后興。再拜訖。樂止。尚宮引皇后。樂作。降自南陛。還版位。西向立。樂止。自此以上。若攝事。儀皆尚宮行事。女相女祝贊之。以下倣此。皇后獻將畢。典贊引貴妃詣罍洗。盥手洗爵訖。攝事。則女相者引尚儀爲亞獻。典贊引貴妃自東陛升壇。詣象尊所。執尊者舉冪。貴妃酌盎齊。典贊引進神座前。北向跪奠爵。興。典贊引貴妃少退。北向再拜。尚儀以爵酌罍福酒。持爵進貴妃之右。西向立。貴妃再拜。受爵。跪祭酒。遂飲卒爵。尚儀進受爵。復於坫。貴妃再拜。典贊引貴妃降自東陛。復位。如初。貴妃獻將畢。又典贊引昭儀。攝事女相者引尚食爲終獻。詣罍洗。盥手洗爵。升酌盎齊。終獻如亞獻之儀。訖。典贊引昭儀降。復位。尚儀進神座前。跪徹豆。興。還尊所。徹者籩豆各一。少移於故處。司贊曰。賜胙。掌贊唱衆官拜。在位者皆再拜。已飲福酒者不拜。攝事賜胙。則掌贊唱賜胙。女史唱再拜也。永和之樂作。尚宮前奏稱。請再拜。退復位。皇后再拜。司贊曰。衆官再拜。在位者皆再拜。樂一成。止。尚宮前奏。攝事。女相者白。請就望瘞位。司贊帥掌贊就瘞埳西南位。尚宮引皇后。樂作。至望瘞位。西向立。樂止。于衆官將拜。尙儀執篚進神座前。取幣。自北陛降壇。西行詣瘞埳。以幣置于埳。訖。司贊曰。可瘞埳。東西各四人。寘土半埳。尙宮前贊禮畢。請就採桑位。尙宮引皇后。樂作。詣採桑壇。升自西陛。東向立。樂止。初白禮畢。司贊帥掌贊還本位。

親桑。皇后將詣望瘞位。司賓引內外命婦採桑者俱就採桑位。內外命婦一品各二人。二品三品各一人。諸執鉤筐者各就位。皇后既至採桑位。尙宮奉金鉤自北陛升壇進。典製奉筐從升。皇后受鉤採桑。典製奉筐受桑。皇后採桑三條止。尙宮前受鉤。典製以筐俱退。復位。皇后初採桑。典製等各以鉤授內外命婦。皇后採桑訖。內外命婦以次採桑。女史執筐者受之。內外命婦一品各採五條。二品三品各採九條。止。典製等受鉤。與執筐者退復位。司賓各引內外命婦採桑者退復位。司賓引婕妤一人詣蠶室。尙功帥執鉤筐者以次從至蠶室。尙功以桑受蠶母。蠶母受桑。切之。以授婕妤。婕妤食蠶。灑一簿。訖。司賓引婕妤還本位。尙儀前奏禮畢。退復位。尙宮引皇后還大次。樂作。入大次。訖。樂止。司賓引內命婦。內典引引外命婦。各還其次。尙儀典正以下俱復執事位。立定。司贊曰。再拜。尙儀以下皆再拜。訖。出。女工人以次出。其祝版燔于齋所。

車駕還宮。皇后既還大次。內侍版奏請解嚴。將士不得輒離部伍。皇后停大次一刻頃。搥一鼓爲一嚴。轉仗衞于還塗。如來儀。三刻頃。搥二鼓爲再嚴。尙儀版奏請中嚴。皇后服鈿釵禮衣。五刻頃。搥三鼓爲三嚴。內典引引外命婦出次，就門外位。司賓引內命婦出次，序立於大次之前。六尙以下依式奉迎。內僕進厭翟車於大次門外，南向。尙儀版奏外辦，馭者執轡，皇后乘輿出次，華蓋侍衞警蹕如常。皇后升車，鼓吹振作而行。內命婦以下乘車陪從，如來儀。車駕過，內典引引外命婦退還第。駕至正殿門外，迴車南向。尙儀進當前車跪奏稱：「尙儀妾姓言，請降車。」輿還侍位。皇后降車，乘輿入，侍衞如常。內侍版奏請解嚴，將士各還其所。車駕還宮之明日，內外命婦設會于正殿，如元會儀。唯不賀不上壽爲異。以上見開元禮。

勞酒。

唐會要卷十一

明堂制度

貞觀五年。太宗將造明堂。太子中允孔穎達。以諸儒立議。頗乖故實。上表曰。伏尋前勑。依禮部尚書盧寬。國子助教劉伯莊等議。以爲從崑崙道上層祭天。又尋後勑。爲左右閣道登樓設祭。臣謹按六藝羣書百家諸史。皆基上曰堂。樓上曰觀。未聞重樓之上而有堂名。孝經云。宗祀文王于明堂。不云明樓明觀。其義一也。又明堂法天。聖王示儉。或有翦蒿爲柱。葺茅作蓋。雖復古今異制。不可常然。猶依大典。貴在樸素。是以席惟藁秸。器尙陶匏。用繭栗以貴誠。服大裘以訓儉。今若飛樓架道。綺閣凌雲。考古之文。實堪疑慮。按郊祀志。漢武明堂之制。四面無壁。上覆以茅。祀五帝于上座。祀后土于下防。臣以上座正爲基上。下防維是基下。既云無四壁。未審伯莊以何知上層祭神。下有五室。且漢武所爲。多用方士之說。違經背正。不可師祖。又盧寬等議曰。上層祭天。下堂布政。欲使人神位別。事不相干。臣以古者敬重大事。與接神相似。是以朝覲祭祀。皆在廟堂。豈有樓上祭祖。樓下視朝。閣道升樓。路便窄隘。乘輦則接神不敬。步陟則勞勤聖躬。侍衞在傍。百司供奉。求之典誥。全無此理。臣非敢固執愚見。欲求己長。伏以國之大典。不可不愼。伏乞以臣愚表。下付羣官詳議焉。侍中魏徵議曰。稽諸古訓。參以舊圖。其上圓下方。複廟重屋。百慮一致。異軫齊軌。洎當塗曆籙。未追斯禮。典午聿興。無所取則。裴頠以諸儒持論。異端蜂起。是非舛互。靡所適從。遂乃以人廢言。止爲一殿。宋齊卽仍其舊。梁陳遵而不改。雖嚴配有所。祭饗不匱。求之典則。道實未宏。夫孝因心生。禮緣情立。心不可極。故備物以表其誠。情無以盡。故飾宮以廣其敬。宣尼美嘆。意在茲乎。臣等親奉德音。得參大議。思竭塵露。增崇山海。凡聖人有作。義重隨時。萬物斯覩。事資通變。若據蔡邕之說。則至理失于文繁。若依裴頠所爲。則大體傷于質略。求之情理。未允厥中。今之所議。非無用捨。請爲五室重屋。上圓下方。既體有則象。又事多故實。下室備布政之居。上堂爲祭天之所。人神不雜。禮亦宜之。其高下廣袤之規。几筵尺丈之度。則並隨時立法。因事制宜。自我而作。何必師古。廓千載之疑議。爲百王之懿範。不使泰山之下。惟聞黃帝之法。汶水之上。獨稱漢武之圖。則通乎神明。庶幾可俟。子來經始。成之不日。至十七年五月。祕書監顏師古議曰。竊以明堂之制。爰自古昔。求諸簡牘。全文莫覩。肇起黃帝。降及有虞。彌歷夏殷。迄於周代。各立名號。別創規模。衆說舛駮。互執所見。鉅儒碩學。莫有詳通。斐然成章。不知裁斷。究其指要。實布政之宮也。徒以戰國從橫。典籍廢棄。暴秦酷烈。經禮湮亡。今之所存。記傳雜說。用爲準的。理實蕪昧。然周書之敘明堂。紀其四面。則有應門雉門。據此一堂。固是王者之常居耳。其青陽總章元堂太廟及左个右个。與月令四時之次相同。則路寢之義。足爲明證。又文王居明堂之篇。帶以弓韣。祠於高禖。下九門磔禳。以禦疾疫。置梁除道。以利農夫。令國有酒。以合三族。凡此等事。皆合月令之文。觀其所爲。皆在路寢者也。又禮記云。昔者周公朝諸侯於明堂之位。天子負斧扆南嚮而立。明堂也者。明諸侯之尊卑也。周官又云。周人明堂度九尺之筵。東西九筵。堂一筵。據其制度。卽太寢也。尸子亦曰。黃帝曰合宮。有虞曰總章。殷曰陽館。周曰明堂。斯皆路寢之徵。知非別處。大戴所說。初有近郊之言。後稱文王之廟。進退無據。自爲矛盾。原夫負扆受朝。常居出入。既在皋庫之內。亦何云於郊野哉。孝經傳云。在國之陽。又無里數。漢武有懷創造。廣集縉紳。言論紛紜。終以不定。乃于汶水之上而宗祀焉。明其不拘遠近。無擇方面。孝成之世。表行城南。雖有其文。厥功靡立。平帝元始四年。大議營起。孔牢等乃以爲明堂辟雍大學。一實三名。金褒等又稱經傳無明文。不能分別同異。中興之後。蔡邕作論。復云。明堂太廟。一物二名。鄭玄則曰。在國之陽。三里之外。淳于澄又云。三里之外。七里之內。丙巳之地。潁容釋例亦曰。明堂太廟。凡有八名。其體一也。苟立同異。競爲巧說。並出自胸懷。曾無師祖審見且夫功成作樂。治定制禮。草創從宜。質文遞變。旌旗冠冕。今古不同。律度權衡。前後不一。隨時之義。斷可知矣。假使周公舊章。尤當擇其可否。宣尼彝則。尙或補其闕漏。況乎鄭氏臆說。淳于謏聞。匪異守株。何殊膠柱。愚謂不出墉雉。邇接宮闈。實允事宜。諒無所惑。但當上遵天旨。祇奉德音。作皇代之明堂。永貽範於來葉。區區碎議。皆略而不論也。又上表曰。明堂之制。陛下已發德音。久令詳議。但以學者耑固。人人異言。損益不同。是非莫定。臣愚以爲五帝之後。兩漢以前。高下方圓。皆不相襲。惟在陛下聖情創造。卽爲大唐明堂。足以傳於萬代。何必論戶牖之多少。疑階庭之廣狹。

若忞儒者互說一端。久無斷決。徒稽盛禮。昔漢武欲草封禪儀。博望諸生所說不同。莫知孰是。惟御史大夫倪寬勸上自定制度。遂成登封之禮。臣之愚誠。亦望陛下斟酌繁省。自爲節文。不可謙讓。以淹大典。永徽二年七月二日詔。朕聞上元幽贊。處崇高而不言。皇王提象。代神工而理物。是知五精降德。爰應帝者之尊。九室垂文。用紀配天之業。合宮靈符。創洪規於上代。太室總章。標茂範於中葉。雖質文殊制。奢儉異時。然其立天中。作人極。布政施教。歸之一揆。今國家四表無虞。人和歲稔。作範垂訓。今也其時。宜令所司。與禮官學士等考覈故事。詳議得失。務依典禮。造立明堂。庶曠代闕文。獲申於茲日。因心展敬。永垂於後昆。其明堂制度。宜令諸曹尚書及左右丞侍郎太常國子監秘書官宏文館學士。同共詳議。太常博士柳宣依鄭玄議。以明堂之制。當爲五室。前內直丞孔志約獻狀。據大戴禮及盧植蔡邕等議。以爲九室。曹王友趙慈皓秘書丞薛文思等各進明堂圖樣。諸儒紛爭。互有不同。上以九室之議。理有可依。乃令所司。詳定明堂形制大小。階基高下。及辟雍門闕等制度。務從典故也。明年六月二十八日。禮官學士詳議制度。久之不定。上乃內出九室樣。更令有司損益之。有司奏言。內樣堂基三重。每基階各十二。上基方九雉。八角。高一尺。中基方三百尺。高一筵。下基方三百六十尺。高一丈二尺。上基象黃琮。爲八角。四面安十二階。請從內樣爲定。基高下。仍請准周制高九尺。其方共作司約准二百四十八尺。中基下基望並不用。又內室各方三筵。開四闥八窗。室圓楣徑二百九十一尺。按季秋大享五帝。各在一室。商量不便。請依兩漢季秋合饗總於太室。若四時迎氣之祀。則各於其方之室。其安置九室之制。增損明堂故事。三三相重。太室在中央。方六丈。其四隅之室。謂之左右房。各方二丈四尺。當太室四面靑陽明堂總章元堂等室。各長六丈。以應太室。闊二丈四尺。以應左右房。室間並通巷。各廣一丈八尺。其九室并巷在堂上。總方一百四十四尺。法坤之策。屋圓楣楯檐。或爲未允。請據鄭玄盧植等說。以前梁爲楣。其徑二百十六尺。法乾之象。圓楣之下。所施圓柱。旁出九宮。四隅各七尺。法天以七紀。柱外餘基。共作司約。准面別各餘一丈一尺。內室別四闥八窻。檢與古合。請依爲定。其戶仍在外。設而不開。內外有柱三十六。每柱十梁。內有七間。柱根以上至梁。高三丈。梁以上至屋峻起。計高八十一尺。上圓下方。飛檐應規。請依內樣爲定。其蓋屋形制。仍望據考工記。改爲四阿。并依禮加重檐。准太廟安鴟尾。堂四向五色。請依周禮白盛爲便。其四向各隨方色。請施四垣及四門。辟雍。案大戴禮及前代說辟雍。多無水廣內徑之數。蔡邕云。水廣二十四丈。四周於外。三輔黃圖云。水廣四周。與蔡邕不異。仍云水外周堤。又張衡東京賦稱。造舟爲梁。禮記明堂位陰陽錄云。水左旋以象天。商量水廣二十四丈。恐傷於闊。今請減爲二十四步。垣外量取周足。仍依故事。造舟爲梁。其外周以圓堤。并取陰陽水行左旋之制。殿垣。案三輔黃圖。殿垣四周。方在水內。高不蔽日。殿門去殿七十二步。准今行事陳設。猶恐窄小。其方垣四門。去堂步數。請准太廟南門。去廟基遠近爲制。仍立四門八觀。依太廟門別各安三門。施元闕。四角造三重魏闕。自後羣儒紛競。各執異議。九室五室。俱有依憑。上令所司於觀德殿前依兩議張設。親與公卿觀之。謂公卿曰。明堂之制。自古有之。議者不同。所以未造。今設兩議。公等以何者爲宜。工部尚書閻立德奏曰。兩議不同。俱有典故。九室似闇。五室似明。取捨之宜。斷在聖意。上亦以五室爲便。以後制度未定而止。

乾封二年二月十二日詔。郊祀嚴配。未安太室。布政施行。猶闕合宮。所以日昃忘食。中宵輟寢。討論墳籍。錯綜羣言。採三代之精微。探九皇之至賾。斟酌前載。制造明堂。宜命有司及時起作。務從折衷。稱朕意焉。

總章二年三月九日詔。上考經籍。制爲明堂。處二儀之中。定三才之本。構茲一宇。臨此萬方。屬歲飢而止。于是大赦。改元總章。分萬年縣。改明堂縣。

光宅元年。梓州人陳子昂上疏曰。臣伏見天皇大帝得天地之統。封于泰山。盛德大業。與天比崇矣。然尚未建明堂之宮。遂朝上帝。使萬代鴻業。至今猶闕。陛下若欲調元氣。睦人倫。躋俗仁壽。興風禮讓。捨此道也。于何理哉。願陛下念先帝之休意。恢大唐之鴻基。于國南郊。建立明堂。使宇宙黎元。遐荒夷貊。昆蟲草木。天地鬼神。粲然知陛下方興三王五帝之事也。與天下更始。不其盛哉。昔者黃帝合宮。有虞總章。唐堯衢室。夏后世室。羣聖之所以調元氣。理陰陽。于此也。臣雖未學。竊聞明堂之制。有天地之則焉。有陰陽之統焉。二十四氣。八風。十二月。四時。五行。二十八宿。莫不率備。故不順其時。月之爲政也。則水旱與疾疫起。蟲螟爲害。雨雹成災。陰陽不和。元氣以錯。故昔者聖人所以爲政教之大業也。願陛下爲大唐建萬代之業者。意在茲乎。願陛下以臣此章。與三公九卿賢士大夫議之于廷。倘事便于今。道不違古。卽請陛下徵天下鴻生碩儒。博通古今皇王政治之術者。延問于庭。與之案周禮月令而建之。臣必知天下庶人子來。可不日而成也。乃正月孟春。陛下乘鸞輅。駕蒼龍。載青旂。佩蒼玉。三公九卿賢士大夫鴻儒碩老衣冠之倫。朝于青陽左个。天子負斧扆。憑玉几。南面以聽天下之政。乃令太史守典奉法。司天日月星辰之行。無失經紀。以初爲常。陛下躬耕藉田。親蠶事。以勸天下之農桑。養三老五更。以教天下之孝悌。明訟恤獄。以息天下之淫刑。除殘去暴。以致天下之仁壽。修文尙德。以止天下之干戈。察孝興廉。以除天下之貪吏。鰥寡孤獨疲癃羸老不能自存者。賑恤之。後宮美人非三妃九嬪八十一御女之數者。出嫁之。珠玉錦繡雕琢伎巧之飾。非益于治者。悉棄之。巫鬼淫祀誣惑良人者。悉禁之。天人之際既洽。鬼神之望允塞。然後作雅樂。潔粢盛。宗祀天皇於明堂。以配上帝。使萬國各以其職來祭。豈不休哉。

垂拱三年。毁乾元殿。就其地創造明堂。令沙門薛懷義充使。四年正月五日畢功。凡高二百九十四尺。東西南北各廣三百尺。凡有三層。下層象四時。各隨方色。中層法十二辰。圓蓋。蓋上盤九龍捧之。上層法二十四氣。亦圓蓋。亭中有巨木十圍。上下通貫。栭櫨樳桅。藉以爲本。亘之以鐵索。蓋爲鸑鷟。黃金飾之。勢若飛翥。刻木爲瓦。夾紵漆之。明堂之下施鐵渠。以爲辟雍之象。號萬象神宮。因改河南縣爲合宮縣。左史直宏文館劉允濟上明堂賦。百官賀明堂成。上表曰臣某已下若干人等言。臣聞上帝居高。懸太微之府。先王建國。闢宗祀之堂。不有大聖。誰能經始。伏惟天册金輪聖神皇帝陛下。尊祖揚禰。嚴禋之德再先。統天順時。布政之道尤急。親紆睿思。躬運元謨。故能上合乾象。下符坤策。柱將扶而已立。石未鑿而懸開。丹鷰踶甍。似鳴岗而遠至。蒼虬繞棟。疑出河而欲飛。神光熠燿。於向晚。仙樂清泠而方盡。月惟孟夏。時屬正陽。張文物於闕庭。震聲名於寓縣。聖皇戾止。諸侯在列。穆穆焉。顒顒焉。交喜氣於三靈。動懽心于萬類者也。臣等竊窺朝典。既逢嘗麥之辰。旋顧野誠。輕襲獻芹之禮。謹上食若干轝。如別項。滋蹠鶴鼎。味劣鱻庖。何以延蘢莆之涼。契芝英之壽。無任對懇之至。謹奉表隨進以聞。

證聖元年正月。詔十七日御端門。賜酺宴。十六日。明堂後夜佛堂災。延燒明堂。至明並盡。左拾遺劉承慶諫曰。明堂宗祀之所。今忽被災。陛下宜輟朝停酺。以答天譴。天后欲責躬避正殿。納言姚璹進曰。此實人火。非曰天災。至如成周宣榭火。卜世逾長。漢武建章宮災。盛德彌永。今明堂乃是布政之所。非宗廟之地。陛下將避正殿。於大禮有乖。從之。乃御端門。賜宴。二十二日。以災告廟。下制遣內外文武九品以上。各上封事。極言正諫。無有所諱。于是劉承慶上疏曰。日者變生人火。損及神宮。驚惕聖心。震動黎庶。臣謹按左氏傳曰。人火曰火。天火曰災。人火因人而興。故指火體而稱。天火不知所起。直以所災言之。其名雖殊。爲害不別。王者舉措營爲。必關幽顯。幽謂天道。顯謂人事。幽顯迹通。天人理合。今工匠宿藏其火。本無放燎之心。明堂教化之宮。復非延燒之所。孽煨潛扇。倏忽成災。雖則因人。亦關神理。臣愚以爲所營佛舍。既僻在明堂之後。又前逼牲牢之筵。兼以厥構崇大。功多難畢。立像宏法。本擬利益黎元。傷財役民。却且煩勞家國。承前大風摧木。天誡已顯。今者毒燄冥熾。人孽復彰。聖人動作。必假天人之助。一興功役。二者俱違。厥應昭然。殆將緣此。臣以爲明堂是正陽之位。至尊所居。展禮班常。崇化立政。玉帛朝會。神靈依憑。營之可曰大功。損之實非輕事。既失嚴禋之所。復傷孝治之情。陛下昨降明制。猶申寅畏之旨。羣寮理合兢畏震悚。勉力司存。豈合承恩耽樂。安然酺宴。但以火氣初止。尚多驚懼。餘憂未息。遽以歡事遏之。臣恐憂喜相爭。傷于情理。故傳曰。可憂而樂。取憂之道。夫火陽氣。歡樂陽事。火氣方勝。不可復興陽事。臣聞災變之興。至聖不免。聿修其德。來患可禳也。陛下垂制博訪。詳求至理。而左史張鼎以爲火流王室。彌表大周之祥。通事舍人逢敏奏稱當彌勒成佛道時。有天魔燒宮。七寶臺須臾散壞。斯實諂妄之邪言。實非君臣之正論。晻昧王化。無益萬機。審其致災之理。詳其降眚之由。無戾天人之心。而興不急之役。則兆民蒙賴。福祿靡窮。其年三月。又令依舊規制。重造明堂。凡高二百九十四尺。東西南北廣三百尺。上施寶鳳。俄以火珠代之。明堂之下。圜遶施鐵渠。以爲辟雍之象。至天册萬歲二年三月二日。重造明堂成。號通天宮。四月朔日。又行親享之禮。大赦。改元爲萬歲通天。其年四月三日。鑄銅爲九州鼎成。置于明堂之庭。各依方位列焉。蔡州鼎名永昌。高一丈八尺。受一千二百石。冀州鼎名武興。雍州鼎名長安。兗州鼎名日觀。青州鼎名少陽。徐州鼎名東源。揚州鼎名江都。荆州鼎名江陵。梁州鼎名成都。八州鼎各高一丈四尺。受一千二百石。用銅五十六萬七百一十二斤。鼎上各寫本州山川物產之象。仍令著作郎賈膺福。殿中丞薛昌容。鳳閣主事李元振。司農錄事鍾紹京等。分題之。尚方署令曹元廓圖畫之。仍令宰相諸王。率南北宿衛兵十餘萬人。并仗內大牛白象曳之。自元武門外曳入。天后自製曳鼎歌。調令曳者唱和焉。其時又造大儀鐘。斂天下三品金。竟不能成。

九鼎初成。制令以黃金千兩塗之。納言姚璹諫曰。夫鼎者神器。貴在質樸自然。無假別為浮飾。臣觀其狀。光有五彩。輝煥錯雜。其間。豈待金色。方為炫耀。從之。開元二年八月十八日。太子賓客薛謙光。獻東都九鼎銘。其蔡州銘。武后所制。文曰。羲農首出。軒昊膺期。唐虞繼踵。湯禹乘時。天下光宅。海內雍熙。上元降鑒。方建隆基。紫微令姚崇等奏曰。聖人啟運。休光必彰。請宣付史館。詔從之。

開元五年正月。幸東都。將行大享之禮。太常少卿王忠仁。太常博士馮宗陳貞節等。咸以則天所造明堂。有乖典制。奏曰。明堂之建。其所從來遠矣。自天垂像。聖人則之。蒿柱茅簷之規。上方下圓之制。考之大數。不踰三七之間。定之方中。必居丙巳之地者。豈非得房心布政之所。當太微上帝之宮乎。按漢武初議立明堂于長安城南。遭竇太后不好儒術。事乃中廢。孝成之世。又欲立于城南。議其制度。莫之能決。至孝平元始四年。創造南郊。以申嚴配。但取丙巳而已。斯蓋百王不易之道也。高宗天皇大帝。議明堂制度。久之不決。因而遂止者。何也。非謂財不足。力不堪也。將以周孔既遙。禮經且紊。事不師古。或爽天心。難用作程。神不孚祐者也。則天太后總禁闈之政。籍軒臺之威。屬皇室中圮之期。躡和憙從權之制。以為乾元大殿。承慶小寢。當正陽亭午之地。實先聖聽斷之宮。表順端門。儲精營室。爰從朝享。未始臨御。乃起工徒。挽令摧覆。旣毁之後。雷聲隱然。衆庶聞之。或以爲神靈感動之象也。於是增土木之麗。因府庫之饒。南街北闕。建天樞大儀之制。乾元遺址。興重閣層樓之基。煙焰蔽日。梁柱排雲。人斯告勞。天實貽誡。煨燼甫爾。遽加修復。況乎地殊丙巳。未答靈心。跡匪膺期。乃申嚴配。事昧彝典。神不昭假。況兩京上都。萬方取則。而天子闕當陽之位。聽政居便殿之中。職司其憂。豈容沈默。當須審攷歷之計。擇煩省之宜。不便者量事改修。可因者隨而適用。削彼明堂之號。克復乾元之名。則當宁無偏。人識其舊矣。詔令所司詳議奏聞。刑部尙書王志愔等奏議。咸請改易。依舊造乾元殿。乃下詔改明堂爲乾元殿。每臨御宜依正殿禮。自是駕在東都。常以元日冬至于乾元殿受朝賀。竟無改易。唯改其門名而已。

至十年十月十五日。復題乾元殿爲明堂。而不行饗祀之禮。至二十六年十月二日。詔將作大匠康𧶘素往東都毁明堂。𧶘素以毁拆勞人。遂奏請且拆去上層。卑于舊制九十五尺。又去柱心木。平座上置八角樓。樓上有八龍騰身捧火珠。珠又小于舊制。周圍五尺。覆以眞瓦。取其永遠。依舊爲乾元殿。開元二十七年八月。東京改作明堂。訛言官遷取小兒埋于明堂之下。以爲厭勝之法。村邑兒童藏于山谷。上聞之。乃令主客郎中王佶宣慰。久之乃定。先是貞觀十七年七月。京師訛言官遣棖棖殺人以祭天狗。遞相驚怖。月餘乃定。又天寶三年二月十七日有流星如月。墜于東南。有聲。京師訛言官遣棖棖捕人心肝以祭天狗。人頗驚懼。遣使安諭之。乃定。

唐會要卷十二

饗明堂議

顯慶元年六月十八日。修禮官太尉無忌等奏。伏見祠令。以高祖大武皇帝配五天帝於明堂。太宗配五人帝。亦在明堂之側座。臣等謹尋方册。歷考前規。宗祀明堂。必配天帝。而伏羲五代。本配五郊。參之明堂。自緣從祀。今以太宗作配。理有未安。伏見永徽二年七月制。建明堂。陛下天縱孝德。追奉太宗。已尊嚴配。當時高祖先在明堂。禮司致惑。竟未遷祀。率意定儀。遂便著令。乃以太宗文皇帝降配五人帝。雖後亦在明堂。不得對越天帝。深乖明詔之意。又與先典不同。謹按孝經云。孝莫大於嚴父。嚴父莫大於配天。昔者。周公宗祀文王於明堂。以配上帝。伏尋詔意。義在於斯。今所司行令。殊爲失旨。又尋漢魏晉宋歷代禮儀。並無父子同配明堂之義。惟祭法云。周人禘嚳而郊稷。祖文王而宗武王。鄭玄注云。禘郊祖宗。謂祭祀以配食也。禘謂祭昊天於圜丘。郊謂祭上帝於南郊。祖宗謂祭五帝五神於明堂也。尋鄭此注。乃以祖宗合爲一祭。又以文武共在明堂。連衽配食。良爲謬矣。故王肅駁曰。古者。祖有功而宗有德。祖宗自是不毀之名。非謂配食於明堂者也。審如鄭義。則孝經當言祖祀於明堂。不得言宗祀也。凡宗者。尊也。周人既祖其廟。又尊其祀。孰謂祖於明堂者乎。鄭引孝經以解祭法。而不曉周公本意。殊非仲尼之義旨也。又解宗武王云。配句芒之類。是謂五神位在堂下。武王降位。失君敍矣。又按六韜曰。武王伐紂。雪深丈餘。五車二馬。行無轍迹。詣營求謁。武王怪而問焉。太公對曰。此必五方之神。來受事耳。遂以其名召入。各以其職命焉。既而克殷。風調雨順。豈有生來受職。歿則配之。降尊敵卑。理不然矣。故春秋外傳曰。禘郊祖宗報。五者國之典祀。傳言五者。故知各是一事。非謂祖宗合祀於明堂也。臣謹上考殷周。下洎貞觀。並無一代兩帝同配於明堂。南齊蕭氏以武明昆季。並於明堂配食。事乃不經。未足援據。又檢武德時令。以元皇帝配於明堂。兼配感帝。至貞觀初。緣情革禮。奉祀高祖配於明堂。奉遷世祖。專配感帝。此即聖朝故事。已有遞遷之典。取法宗廟。古之制焉。伏惟太祖景皇帝構室有周。建絕世之丕業。啓祚汾晉。創歷聖之洪基。德邁發生。道符立極。又世祖元皇帝潛鱗韞慶。屈道事周。導濬發之靈源。肇光宅之垂裕。稱祖清廟。萬代不遷。請停配祀。以符古義。伏惟高祖大武皇帝。躬受天命。奄有神州。創制改物。體元居正。爲國始祖。抑有舊章。昔者炎漢高帝。當塗太祖。皆以受命。例並配天。請遵故事。奉祀高祖於圜丘。以配昊天上帝。伏惟太宗文皇帝道格上元。功清下瀆。拯率土之塗炭。協大造於生靈。請准詔書。宗祀於明堂。以配上帝。又請依武德故事。兼配感帝作主。斯乃二祖德隆。永不遷廟。兩聖功大。各得配天。遠協孝經。近申詔意。從之。

儀鳳二年七月。太常少卿韋萬石奏曰。明堂大享。准古禮。鄭玄義祀五天帝。王肅義祀五行帝。貞觀禮依鄭玄義祀五天帝。顯慶已來新修禮。祀昊天上帝。奉乾封二年勅。祀五帝。又奏制兼祀昊天上帝。伏奉上元三年三月勅。五禮行用已久。並依貞觀年禮爲定。又奉去年勅。並依周禮行事。今用樂須定所祀之神。未審依定何禮。臣以去年十二月錄奏。至今年未奉進止。所謂樂章不定。上及宰臣並不能斷。乃詔尚書省及學者更參議之。事仍不定。自此明堂大饗兼用貞觀顯慶二禮。禮司益無憑准。

天授二年春官郎中韋叔夏奏明堂大饗議曰。謹按禮。明堂大享。惟祀五方五帝。故月令季秋令云。是月也。大饗帝。則曲禮所云大饗不問卜。鄭玄注云。謂徧祭五帝於明堂。莫適卜是也。又按祭法云。祖文王而宗武王。鄭玄注云。祭五帝五神於明堂曰祖。故孝經云。宗祀文王於明堂以配上帝。據此諸文。明堂正禮。惟祀五帝。配以祖宗。及五帝五官五神等。自外餘神。並不合預。伏惟陛下。追遠情深。崇禮志切。故於明堂饗祀。加昊天上帝皇地祇。重之以先帝先后配享。此乃補前王之闕典。宏嚴配之虔誠。往以神都郊壇未建。乃於明堂之下。廣祭衆神。葢義出權時。非不刊之禮也。謹按禮經。其內官中官五岳四瀆諸神。並合從祀於二至。明堂總奠。事乃不經。然則宗祀配天。雜以小神。同薦於尊嚴之道。理有不安。望請每歲元日。惟祀天地大神。配以帝后。其五岳以下。請依禮於冬夏二至。從祀方丘圜丘。庶不煩瀆。從之。

聖歷元年閏臘月十九日制。每月於明堂行告朔之禮。司禮博士閭仁諝。班思簡等奏議。臣等謹按經史正文。無天子每月告朔之事。惟禮記玉藻云。天子聽朔於南門之外。周禮天官太宰。正月之吉。布治於邦國都鄙。干寶注云。周正建子之月。告朔之日也。此即玉藻之聽朔矣。今每歲首元日。通天宮受朝讀時令。

布政事。京官九品已上。諸州朝集使等。咸列於庭。此則聽朔之事畢。而合於周禮玉藻之文矣。而鄭玄注云。玉藻聽朔以秦制月令有五帝五官之事。遂云凡聽朔必以特牲。告其時帝及其神。配以文王武王。此鄭注之誤也。故漢魏至今莫之行用。按月令云。其帝太昊。其神句芒者。謂之宣布時令。告示下民。其令詞云。其帝其神耳。所以爲敬授之文。欲使人奉其時而務其業。每月有令。故謂之月令。非謂天子每月朔日以祖配帝而祭告之。其每月告朔者。諸侯之禮也。故春秋左氏傳曰。公旣視朔。遂登觀臺。又鄭玄注論語云。禮。人君每月告朔於廟。有祭。謂之朝享。魯自文公始不視朔。是諸侯之禮明矣。今王者行之。非所聞也。按鄭所謂告其帝者。卽太昊等五人。告其神者。卽重黎等五行官。雖並功施於民。列在祀典。無天子每月拜祭告朔之文。臣等謹按禮論及三禮義宗。江都集禮。貞觀禮。顯慶禮及祠令。並無天子每月告朔之事。若以爲近代無明堂。故無告朔之禮。則江都集禮。貞觀禮。顯慶禮及祠令。著祀五方上帝於明堂。卽孝經宗祀文王於明堂也。此則無明堂而著其享祭。何爲告朔獨闕其文。若以爲有明堂卽合告朔。則周秦有明堂。而經典正文並無天子每月告朔之事。臣等詳求今古。博考載籍。旣無具禮。不可習非。望請停每月一日告朔之祭。以正國經。竊以天子之尊。而用諸侯之禮。非所謂頒告朔令諸侯使奉而行之之義也。奉禮郎張齊賢議曰。禮官狀云。經史正文。無天子每月告朔之事者。謹按穀梁傳曰。閏月天子不告朔。是知他月則天子告朔矣。又按左氏傳。以魯侯不告朔。爲棄時政也。則諸侯閏月亦告朔矣。又按周禮太史職。

頒告朔于邦國之文。禮記玉藻。天子聽朔于南門之外。皆有閏月王居門之事。是天子亦以閏月告朔矣。非天子不告而諸侯告也。穀梁子去聖倘近。雖閏月告朔之義。與左氏不同。然皆以天子諸侯每月當行告朔之事。兩禮之設。其文甚著。不可謂經史無正文也。又禮官狀云。周禮天官太宰職云。正月之吉。始和布治于邦國都鄙。乃懸法于象魏。使萬民觀象。挾日而斂之。卽是謂禮記玉藻之聽朔。因此遂謂王者惟以歲首元日一告朔。此說非也。何者。太宰所云布治於邦國都鄙者。布其所掌之大典也。故地官司徒職。則布教典。春官宗伯職。則布禮典。夏官司馬職。則布政典。秋官司寇職。則布刑典。惟冬官司空職亡。以五官之職言之。則其職亦當布事典也。此乃六官各以正月之吉。宣布其職之典。非告朔也。干寶之注經。所云正月之吉者。卽是正月之朔日也。故解云吉是朔日也。今云告朔日者。是傳寫之誤。不可據以爲說也。又禮官狀云。每月告朔者。諸侯之禮。故曰左氏傳云。旣視朔。遂登觀臺。今王者行之。非所聞也。又云以天子之尊而用諸侯之禮。非所謂頒告朔令諸侯。使奉而行之謂。此大謬也。何者。左氏所言視朔者。猶玉藻之聽朔也。今禮官據左氏有魯侯行視朔之禮。卽謂諸侯每月當告朔。玉藻亦有天子行聽朔之禮。又有閏月王居門之事。若謂天子惟歲首一告朔。何其一取而一捨也。又孝經云。昔者明王事父孝。故事天明。又云。明王以孝治天下。豈有王者設教使諸侯尊祖告朔。而天子不告也。非所謂以明事神訓人事君之義。又禮官狀云。鄭所謂告其時帝者。卽大皞等五人帝。此又非也。何者。鄭注惟言告其時帝及其神配以文王武王。不指言天帝人帝。但天帝人帝並配。五方時帝之言。包天人矣。既以文王武王作配。則是並告天帝人帝。諸侯受朔於天子。故但于祖廟告而受行之。天子受朔于上天。治宜于明堂。告其時之天帝人帝。而配以祖考也。故玉藻疏載賀瑒義。亦以時帝爲之靈威仰等五天帝。且聖人爲能享帝。孝子爲能享親。今若但告人帝。則聖人之道未備。非所謂能享也。又禮官狀云。天子每月朔旦告祭。然後頒之。則諸侯安得受而藏之。告而行之。足明太宰以歲首宣布一歲之令。太史從而頒之。令既頒矣。政既行矣。而王猶月月告朔。復欲何所宣布者。春官太史職云。頒告朔于邦國。是總頒一歲之朔于天下諸侯。故諸侯受而藏之。告而行之。而王猶月月告朔者。頒之于官府都鄙也。此謂畿內。彼謂畿外。事不相關也。又禮官狀云。漢魏至今。莫之用者。秦人滅學。經典不存。漢祖馬上得之。未能備禮。自魏以下。喪亂宏多。豈可以漢魏廢禮。欲使朝廷法之也。又禮官狀云。禮論等及祠令。並無天子每月告朔之事者。謹按禮論王珉范甯等議。有明堂每月告朔之禮者。崔靈恩三禮義宗廟祭服義。亦載天子視朔之服。不可言無正文也。又貞觀顯慶禮及祠令。非徒無天子每月告朔之文。亦無天子歲首告朔之事。今禮官何以言天子歲首一告朔乎。借矛擊盾。昭然易了。每月告朔。在禮不疑。尊祖配天。于義爲得。若乃創制垂統。損益舊章。或欲每月聽政。或欲孟月視朔。此則斷在宸極。事關執政。固非羣議所得參詳。鳳閣侍郎王方慶又奏議曰。謹按明堂。天子布政之宮也。蓋非所以明天氣。統萬物。動法于兩儀。德被于四海者也。夏曰總室。殷曰重屋。周曰明堂。

此三代之名也。明堂天子太廟。所以宗祀其祖。以配上帝。東曰青陽南曰明堂。西曰總章。北曰元堂。中曰太室。雖有五名。而以明堂太廟爲主。漢代達學通儒。咸以明堂太廟爲一。漢左中郎將蔡邕立義。亦以爲然。取其宗祀。則謂之清廟。取其正室。則謂之太室。取其向陽。則謂之明堂。取其建學。則謂之太學。取其圜水。則謂之辟雍。異名而同事。古之制也。天子以孟春正月上辛日。於南郊總授十二月之政。還藏於祖廟。月取一政。班於明堂。諸侯以孟春之月。朝於天子。受十二月之政。藏于祖廟。月取一政而行之。葢所以和陰陽。順天道也。如此則禍亂不生。災害不作矣。故仲尼美而稱之曰。明王之以孝治天下者。人君以其禮告廟。則謂之告朔。聽視此月之政。則謂之視朔。亦曰聽朔。雖有三名。其實一也。今禮官議稱。經史正文。無天子每月告朔之事者。臣謹按春秋文公六年閏十月。不告朔。穀梁傳曰。閏附月之餘日。天子不以告朔。左氏傳曰。閏月不告朔。非禮也。閏以正時。時以作事。事以厚生。生民之道。於是乎在矣。不告閏朔。棄時政也。臣據此文。則天子閏月。亦告朔矣。寧有他月而廢其禮者乎。博考經籍。其文甚著。何以明之。周禮太史職云。頒告朔於邦國。閏月。告王居門終月。又禮記玉藻云。閏月則闔門左扉。立於其中。並是天子閏月而行告朔之事也。禮官又稱玉藻天子聽朔於南門之外。周禮天官太宰正月之吉。布治於邦國都鄙。干寶注云。周正建子之月。告朔日也。此卽玉藻之聽朔矣。今每歲元日。通天宮受朝。頒時令。布政事。京官九品以上。諸州朝集使等。咸列於庭。此聽朔之禮畢。而合於周禮玉藻之文矣。禮論及三禮義宗江都集禮。

貞觀禮。顯慶禮。及祠令。並無王者告朔之事者。臣謹按玉藻云。元冕而朝日於東門之外。聽朔於南門之外。鄭玄注云。朝日春分之時也。東門皆謂國門也。明堂在國之陽。每月就其時之堂而聽朔焉。卒事反宿於路寢。凡聽朔必以特牲告其時帝及其神。配以文王武王。臣謂今歲首元日通天宮受朝。讀時令及布政。自是古禮孟春上辛總授十二月之政。藏於祖廟之禮耳。而月取一政頒於明堂。其義昭然。猶未行也。卽如禮官所言。遂闕其事。臣又按禮記月令。天子每月居青陽明堂總章元堂。卽是每月告朔之事。先儒舊說。天子行事。一年十八度入明堂。大享不問卜。一入也。每月告朔。十二入也。四時迎氣。四入也。巡狩之年。一入也。今禮官立議。惟歲首一入耳。與先儒既異。在臣亦不敢同。鄭玄云。凡聽朔告其帝。臣愚以爲告其朔之時。則五方上帝之一帝也。春則靈威仰。夏則赤熛怒。秋則白招拒。冬則協光紀。季月則含樞紐。並以始祖配之焉。以人帝及神。列在祀典。亦於其月而享祭之。魯自文公始不視朔。子貢見其禮廢。欲去其羊。孔子以其羊存。猶可識禮。羊亡其禮遂廢。故云爾愛其羊。我愛其禮也。漢承秦滅學。庶事草創。明堂辟雍。其制遂闕。漢武帝封禪。始建明堂於泰山。既不立於京師。所以無告朔之事。至漢平帝元始中。王莽輔政。庶幾復古。乃建明堂辟雍。爲禘祫於明堂。諸侯王列侯宗室子弟九百餘人助祭。畢。皆益戶賜爵及金帛。增秩補吏各有差。漢末喪亂。尙傳其禮。爰至後漢。祀典仍存。明帝永平二年。郊祀五帝於明堂。以光武配祭。牲各一犢。奏樂如南郊。董卓西移。載籍湮滅。告朔之禮。於此而墜。暨乎晉末。戎馬在郊。禮樂衣冠埽地總盡。暨於元帝過江，是稱狼狽。禮樂制度，南遷蓋寡。彝典殘缺，無復舊章。軍國所資，臨事議定。旣闕明堂。寧論告朔。宋朝何承天纂集舊文，以爲禮論，雖加編次，事則闕如。梁代崔靈恩撰三禮義宗，但捃摭前儒，因循故事而已。隋大業中，煬帝命學士撰江都集禮，只抄撮禮論，更無異文。貞觀禮顯慶禮及祠令不言告朔者，蓋爲歷代不傳，所以其文遂闕。各有由緒，不足依據。今禮官引爲明證，在臣誠實有疑。陛下肇建明堂，聿遵古典，告朔之禮，猶闕舊章。欽若稽古，應須補葺。若每月聽政，於事亦煩。孟月視朔，恐不可廢。上又令春官廣集衆儒，取方慶所奏議定得失。當時大儒成均博士吳陽吾、太學博士郭山惲奏曰：臣等謹按周禮、禮記及三傳，皆有天子告朔之禮。天子頒告朔於諸侯。秦政焚滅詩書，由是告朔禮廢。今若循古，頒朔每月依行，禮貴隨時，事須沿革。望依方慶議，用四時孟月朔日，及季夏於明堂修復告朔之禮，以頒天下。其帝及神，請依方慶用鄭玄議，告五帝於明堂上。則嚴配之道，通於神明，至孝之德，光被四海。從之。

神龍元年九月五日，親祠昊天上帝、皇地祇於明堂，以高宗天皇大帝配。永泰三年正月，禮儀使杜鴻漸等奏：孟春祈穀，昊天上帝；孟冬祀神州，請以高祖神堯大聖大光孝皇帝配；孟夏雩祀昊天上帝，請以太宗文武大聖大廣孝皇帝配；季秋大享明堂，祀昊天上帝，請以肅宗文明武德大聖大宣孝皇帝配享。臣與禮官學官，憑據經文，講求正義，事皆明白，理無可疑。去年又與薛頎、歸崇敬同見延英，備承聖旨，祖宗配祭。宜以殷周爲法。昊天時祀。一遵皇唐之禮。德音詳定。久未施行。制曰可。元和元年八月。太常禮院奏曰。季秋大享明堂。祀昊天上帝。謹按孝經云。宗祀文王於明堂。以配上帝。謹按經云。今太廟附享禮畢。大享之日。准禮合奉皇考順宗至德大聖大安孝皇帝配神作主。詔曰。敬依典禮。十五年五月。太常禮院奏。季秋大享明堂。祀昊天上帝。謹按禮文。皇考配神作主。今年季秋。准禮合奉憲宗聖文章武皇帝配神作主。詔曰。敬依典禮。

廟制度

武德元年六月六日。立四廟於長安通義里。備法駕。迎宣簡公。懿王。景皇帝。元皇帝神主。祔於太廟。始享四室。貞觀九年。命有司詳議廟制度。諫議大夫朱子奢議曰。臣等謹按漢丞相韋元成。奏立五廟。諸侯同五。劉子駿議開七祖。邦君降二。鄭司農踵元成之轍。王子雍揚國師之波。分塗並騖。各相師祖。遂令歷代祧祀。多少參差。傳稱名位不同。禮亦異數。易云。卑高以陳。貴賤位矣。豈非尊君卑佐。升降無舛。所貴禮者。義在茲乎。若使天子諸侯。俱立五廟。便是賤可以同貴。臣可以濫主。名器無准。冠屨同歸。禮亦異數。義將安設。戴記又有以多爲貴者。天子七廟。諸侯五廟。若天子五廟。纔與子男相埒。以多爲貴。何所表乎。愚以爲諸侯立高祖已下。並太祖五廟。一國之貴也。天子立高祖已上。幷太祖七廟。四海之尊也。降殺以兩。禮之正焉。伏惟聖祖在天。山陵有日。祔祖嚴配。大事在斯。宜依七廟。用崇大禮。庶前依晉宋。傍愜人情。中書侍郎岑文本議曰。自義乖闕里。學滅秦庭。而宗廟制度。典章散逸。習所傳而競偏說。執所見而起異端。自昔迄今。多歷年代。語其大略。兩家而已。祖鄭玄者則陳四廟之制。述王肅者則引七廟之文。貴賤混而莫辨。是非紛而不定。陛下誠宜定一代之宏規。爲萬世之彝則。臣等奉述睿旨。討論載籍。紀七廟者實多。稱四廟者蓋寡。校其得失。昭然可見。春秋穀梁傳及禮記王制祭法禮器孔子家語。並云天子七廟。諸侯五廟。大夫三廟。士一廟。尙書咸有一德曰。七世之廟。可以觀德。至于荀卿孔安國劉歆班彪父子孔晁虞喜干寶之徒。商較今古。咸以爲然。故其文曰。天子三昭三穆。與太祖之廟而七。是以晉宋齊梁。皆依斯義。立親廟六。豈非有國之茂典。不刊之休烈乎。若使違羣經之明文。從累代之疑議。背子雍之篤論。尊康成之舊學。則天子之禮。下逼于人臣。諸侯之制。上僭于王者。非所謂尊卑有序。名分不同者也。臣等參議。請依晉宋故事。立親廟六。其祖宗之制。式遵舊典。制從之。于是增修七廟。始崇祔宏農府君及高祖神主。並舊四室爲六室焉。初議欲立七廟以涼武昭王爲始祖太子左庶子于志寧以爲武昭遠祖非王業所因不可爲始祖竟從之

貞觀二十三年八月二十三日。禮部尙書許敬宗奏。宗祖宏農府君廟。應迭毀。謹按舊儀。漢丞相韋元成以爲毀主瘞埋。但萬國宗享。有所從來。一旦瘞藏。事不允愜。晉博士范宣意欲別立廟宇。奉征西等主。安置其中。方之瘞埋。頗叶情理。然事無典故。亦未足依。又議者或言毀主藏于天府。按天府祥瑞所藏。本非斯意。今准量去祧之外。猶有壇墠。祈禱所及。竊謂合宜。今時廟制。與古不同。共堂別室。西方爲首。若在西

夾之中。仍處尊位。祈禱則祭。未絕祇享。方諸舊儀。情實可安。宏農府君。廟遠親殺。詳據舊章。禮合迭毀。臣等參議。遷奉神主於夾室。本情篤敬。在理爲允。從之。其年八月二十八日。太宗文皇帝祔於太廟。遷宣皇帝神主於夾室。初有司請依典禮。上欲留神主於內寢。旦夕申如在之敬。有詔停祠廟。英國公李勣等抗表固請曰。竊以祖功宗德。飾終之明典。武穆文昭。嚴配之洪訓。愛敬之至。率由茲道。禮有節文。事經列聖。苟違斯義。國家貽恥。況逾月之外。須仰大祫。下管登歌。發暢雅頌。郊天配帝。光華勳烈。如停祔禮。諸美咸棄。伏願取法前王。垂訓翼子。乃許焉。

神龍元年五月。東都創制太廟。太常博士張齊賢建議曰。昔荀卿子云。有天下者事七世。有一國者事五世。則天子七廟。古今達禮。故商書稱七世之廟。可以觀德。祭法稱王立七廟。一壇一墠。王制曰。天子七廟三昭三穆。與太祖之廟而七。莫不尊始封之君。謂之太祖。太祖之廟。百世不遷。祫祭之禮。毀廟之主。陳於太祖。未毀廟之主。皆昇合食於太祖之廟。太祖東向。昭南向。穆北向。太祖者。商之元王。周之后稷也。是太祖之外。更無始祖。商自元王已後。十有四代至湯而有天下。周自后稷已後。十有七代至武王而有天下其間世數既遠。遷廟親廟。皆出太祖之後。故得合食有序。尊卑不差。其後漢高受命。無始封祖。即以高皇帝爲太祖。太上皇高帝之父。立廟享祀。不在昭穆合食之列。爲尊於太祖故也。魏武創業。文帝受命。亦即以武帝爲太祖。其高祖太皇處士君等。並爲屬尊。不在昭穆合食之列。晉宣創業。武帝受命。亦即以宣帝爲太祖。其征西豫章潁川京兆府君等。亦以屬尊。不在昭穆合食之列。歷茲已降。至於有隋。宗廟之制。斯理不易。故宇文氏以文皇帝爲太祖。隋氏以武元皇帝爲太祖。國家誕受天命。累聖重光。景皇帝始封唐公。實爲太祖。中間世數既近。列在三昭三穆之內。故皇家太廟惟有六室。其宏農府君。宣光二帝。尊於太祖。親盡則遷。不在昭穆合食之數。今皇極再造。孝思匪寧。奉二月二十九日勅。七室已下。依舊號尊崇。又奉三月一日勅。既立七廟。須尊崇始祖。速令詳定者。伏尋禮經。始祖卽是太祖。太祖之外。更無始祖。周廟太祖之外。以周文王爲始祖。不合禮經。或又引白虎通義云。后稷爲始祖。文王爲太祖。武王爲太宗。及鄭玄注云。詩雍序云。太祖謂文王。以爲說者。其義不然。何者。彼以王者祖有功而宗有德。周人祖文王而宗武王。故謂文王爲太祖耳。非祫祭羣主合食之太祖。今之議者。或有欲立涼武昭王爲始祖者。殊爲不可。何者。昔在商周。稷契始封。湯武受命。湯武之興。祚由稷卨。故以稷卨爲太祖。卽皇家之景皇帝是也。涼武昭王勳業未廣。後主失國。土宇不傳。景皇始封。實基明德。今乃舍封唐之盛烈。崇西涼之遠構。考之前古。實乖典禮。魏氏不以曹參爲太祖。晉氏不以殷王卬爲太祖。宋氏不以楚元王爲太祖。齊梁不以蕭何爲太祖。陳隋不以胡公楊震爲太祖。則皇家安可以涼武昭王爲太祖乎。漢之東京大議郊祀。多以周郊后稷。漢當郊堯。制下公卿議者。僉同。帝亦然之。惟杜林正議。獨以爲周家之興。祚由后稷。漢業特起。功不緣堯。祖宗故事。所宜因循。竟從林議。又傳稱欲知天上事。問長人。以其近之。武德貞觀之時。主聖臣賢。其去涼武昭王。蓋亦近于今矣。當時不立者。必不可立故也。今既年代寖遠。乃復立之。是非三祖三宗之意。實恐景皇失職而震怒。武昭虛位而不答。非社稷之福也。宗廟事重。禘祫禮崇。先王以之觀德。或者不知其說。既灌而往。孔子不欲觀之。今朝命惟親。宜應慎禮。祭神如在。理不可誣。請准加太廟爲七室。享宣皇帝以備七世。其始祖不合別有尊崇。太常博士劉承慶尹知章又議曰。謹按王制。天子七廟。三昭三穆。與太祖而七。此載籍之明文。古今之通制。皇唐稽考前範。詳采列辟。崇建宗靈。式遵斯典。但以開國之主。受命之君。王迹有淺深。太祖有遠近。昔湯武受命。祚因稷卨。太祖代遠。出于昭穆之上。故七廟可全。若夏繼唐虞。功非由鯀。漢除秦項。力不因堯。及魏晉經國。周隋撥亂。皆勛崇近代。祖業非遠。受命始封之主。不離昭穆之親。故肇立宗祊。罕聞全制。夫太祖以功建。昭穆以親崇。有功百世而不遷。親盡七葉而當毁。或以太祖世淺。廟數非備。更於昭穆之上。遠立合遷之君。曲從七廟之文。深乖迭毁之制。皇家千齡啓旦。百葉重光。景皇帝濬德基唐。世數猶近。號雖崇于太祖。親尚列于昭穆。且臨六室之位。未申七代之尊。是知太廟當六。未合有七。故先朝惟有宣光景元神堯文武六代親廟。大帝登遐。神主升祔于廟室。以宣皇帝世數當滿。准禮復遷。今止有光皇帝已下六代親廟。非是天子之廟。數不當有七。本由太祖有遠近之異。故初建有多少之殊。敬惟三后臨朝。代多儒雅。神祊事重。禮豈虛存。規模可沿。理難變革。宣皇既非始祖。又廟無祖宗之號。親盡既遷。其廟不合重立。若禮終運往。建議復崇。實違王制之文。不合先朝之旨。請依貞觀之故事。無改三聖之宏規。光崇六室。無虧古義。其時有制。令宰臣更加詳定。禮部尚書祝欽明等奏言。傅士三百人自分兩議。張齊賢以始同太祖。不合更祖昭王。劉承慶以王制三昭三穆。亦不合重崇宣帝。臣等商量請依張齊賢以景皇帝爲太祖。依劉承慶尊崇六室。從之。其年八月。崇祔光皇帝。太祖景皇帝。世祖元皇帝。高祖神堯皇帝。太宗文武聖皇帝。皇考高宗天皇大帝。皇兄義宗孝敬皇帝于東都之太廟。親行享獻之禮。樂章並用貞觀舊詞。

開元四年七月十八日。太常卿姜皎。及禮官太常博士陳貞節。蘇獻等。上七廟昭穆議曰。禮。天子三昭三穆與太祖爲七。昭穆迭毀。而太祖常存。聖人之大典也。若禮名不正。則奠獻無序矣。謹按中宗孝和皇帝。在廟七室已滿。今睿宗大聖眞皇帝。是中宗之弟。以六月升遐。甫及仲冬。禮當遷祔。但兄弟入廟。古則有焉。遞遷之禮。昭穆須正。謹按禮論。太常賀循議云。兄弟不相爲後也。故殷之盤庚。不序于陽甲。而上繼于先君。漢之光武。不嗣于孝成。而上承于元帝。又曰。晉惠帝無後。懷帝承統。懷帝自繼于世祖。而不繼于惠帝。其晉惠帝當同陽甲。孝成別出爲廟。又曰。若兄弟相代。則共是一世。昭穆位同。不可兼毀二廟。此蓋禮之常例也。荀卿子曰。有天下者事七世。謂從禰已上也。尊者統廣。故恩及遠祖。若旁容兄弟。上毀祖考。此則天子有不得全祀于七世之義也。孝和皇帝有中興之功。而無後嗣。請同殷之陽甲。漢之成帝。出爲別廟。時祭不虧。大祫之辰。合食太祖。奉睿宗神主升祔太廟。上繼高宗。則昭穆永貞。獻祼長序。此萬代之典。敢不颺言。從之。初令以儀坤廟爲中宗廟。至八月九日。勑宜于太廟西少府監賜坊別造中宗廟。隸入太廟署。開元四年十一月十五日。徙中宗神主于四廟。十六日。祔睿宗昭成皇帝主于太廟。

十一年四月。國子祭酒徐堅上表曰。臣謹按禮稽命徵。虞夏五廟。殷六廟。周七廟。諸侯五廟。而魯用天子之禮。並后稷姜嫄爲七廟。故知五帝殊時。不相沿樂。三王異世。不相襲禮。伏以中宗孝和皇帝受命中興。化民以德。雖別廟薦享。而聖心未安。將革前規。移入太廟。臣參詳自古廟制。夏殷周漢。各自立廟。不同一處。漢光武以中興崇儉。故七室共堂。而歷代尊行。以爲折衷。今太廟七室。皆有神主。孝和皇帝旣須入廟。先有夾室見空。望奉移向此室內。旣同太廟八室。祭享是同。在于情理。實爲允愜。五月一日。遷中宗神主祔于太廟。其年七月二日。詔曰。朕聞王者乘時以設教。因事以制禮。沿革以從宜爲本。取捨以適會爲先。故損益之道有殊。質文之用斯異。且夫至德之謂孝。所以通于神明。大事之謂祀。所以虔于宗廟。嘗覽古典。爰詢廟制。遠則殷周事異。近則漢晉道殊。雖禮文之不同。固嚴敬之無二。況恩以隆殺而疏。廟以遷毀而廢。雖式瞻古訓。禮則不違。而永言孝思。情所未足。其祧室宜列爲正室。將使親而不盡。遠而不祧。廟以貌存。宗由尊立。俾四時式薦。不間于毀主。百代靡遷。匪惟于始廟。所謂變以合禮。動而得中。嚴配之典克崇。肅雍之美茲在。太廟宜置九室。令所司擇日啓告移造。

會昌五年七月。中書門下奏。孟州汜水縣武牢關。是太宗擒王世充竇建德之地。關城東峯有高祖太宗像在一堂之內。伏以山河如舊。城壘猶存。威靈皆畏於軒臺。風雲疑還於豐沛。誠宜百代嚴奉。萬邦所瞻。西漢故事。祖宗所嘗行幸。皆令郡國立廟。今緣定覺寺理合毀拆。望取寺中大殿材木。于東峯改造一殿。

四面兼置垣墻。伏望號爲昭武廟。以昭聖祖受功之盛。興功日。望令差東都分司郎中一人薦告。至畢功日。別差使展敬。制可。王者大勳。祓於率土。宗社之典。敬而不私。郡國立廟。非古也。

六年五月。禮儀使奏。武宗昭肅皇帝祔廟。并合祧去舊廟等事。伏以自敬宗文宗武宗。兄弟相及。已歷三朝。昭穆之位。與承前不同。所可疑者。其事有四。一者兄弟昭穆同位。不相爲後。二者已祧之主。復入舊廟。三者廟數有限。無後之主。則宜出置別廟。四者兄弟既不相爲後。昭爲父道。穆爲子道。則昭穆同班。不合異位。據春秋文公二年。躋僖公。何休云。躋。升也。謂西上也。惠公與莊公當同南面西上。隱桓與閔僖當同北面西上。孔穎達亦引斯義釋經。又賀循云。殷之盤庚。不序陽甲。漢之光武。上繼元帝。晉元帝簡文。皆用此義。毀之蓋以昭穆同位。不可兼毀二廟故也。尚書云。七世之廟。可以觀德。且殷家兄弟相及。有至四帝。不及祖禰。何容更言七世。于理無疑矣。二者今已兄弟相及。同爲一代。矯前之失。則合復祔代宗神主於太廟。或疑已祧之主。不宜更入太廟者。按晉代元明之時。已遷豫章潁川矣。及簡文即位。乃元帝之子。故復豫章潁川二神主於廟。又國朝中宗已祔太廟。至開元四年。乃出置別廟。至十年。置九廟。而中宗主復祔太廟。則已遷復入。亦可無疑矣。三者廟有定數。無後之主。出置別廟者。按魏晉之初。主多同廟。蓋取上古清廟一宮。尊遠神祇之義。自後晉武所立之廟。雖云七主。而實六世。蓋景文同廟故也。又按魯立姜嫄文王之廟。不計昭穆。以尊尚功德也。晉元帝上繼武帝。而別享惠懷愍三帝。時賀循等諸儒議以爲別立廟。親遠義疎。都邑遷異。於理無嫌也。今以文宗棄世纔六年。武宗甫爾復土。遽移別廟。不齒宗祖。在於有司。非所宜議。四者。添置廟之室。按禮論晉太常賀循云。廟以容主爲限。無拘常數。故晉武帝時廟有七主六代。至元帝明帝廟皆十室。及成康穆三帝。皆至十一室。自後雖遷故祔新。大抵以七世爲准。而不限室數。伏以江左名儒。通曉禮奧。事有明據。固可施行。今若不行是議。更以迭毁爲制。則當上不及高曾。未盡之親。下有忍臣子恩義之道。謹備討古今。參校經史。上請復代宗神主於太廟。以存高曾之親。下以敬宗文武二宗。同爲一代。於太廟東間添置兩室。定爲九代十一室之制。以全臣子恩敬之義。庶協大順之宜。得變禮之正。折古今之紛互。立羣疑之拘指。俾因心廣孝。永燭於皇明。昭德事神。無虧於聖代。勅旨。宗廟事重。實資參詳。宜令尚書省兩省御史臺。四品已上官。大理卿京兆尹。集議以聞。尚書左丞鄭涯等奏議曰。夫禮經垂訓。莫重於嚴配。必參損益之道。則合典禮之文。況有明徵。是資折衷。伏自敬宗文宗武宗三朝。祠位皆以兄弟。考於前代。理有顯據。今謹詳禮官所奏。並上稽古文。旁摭史氏。協於通變。允謂得宜。臣等商量。伏請並依禮官所議。從之。

唐會要卷十三

親饗廟

太宗二。貞觀三年正月十日。上有事於太廟。十七年四月十一日。親謁太廟。謝承乾之過。

蘇冕曰。貞觀六年。監察御史馬周上疏云。陛下踐阼已來。宗廟之享。未曾親事。遂使大唐一代之史。不書皇帝入廟之事。將何以貽厥孫謀。垂則來葉。且貞觀三年。已親饗廟矣。未知何事致此不同。

高宗四。永徽三年正月十八日。乾封元年四月八日。總章元年十一月十九日。儀鳳二年正月十四日。

中宗一。神龍元年十一月六日。親饗太廟。相王與左羽林將軍李多祚參乘。侍御史王覿上疏諫曰。多祚夷人。有功於國。適可加之寵爵。豈宜逼奉至尊。將帝弟以連衡。與吾君而共輦。誠恐萬方之人不允所望。昔漢文帝引趙談驂乘。袁盎伏車之前曰。臣聞天子所以共六尺輿者。皆天下英豪。今漢雖乏人。陛下獨奈何與刀鋸之餘共載。于是斥而下之。多祚雖無趙談之累。亦非卿相之重。不自循省。無聞固讓。豈國乏之良輔。更無其人。史官所書。將示于後。何袁盎之強諫。獨微臣之不及。

睿宗一。景雲三年正月一日。

元宗七。先天元年十月四日。開元六年十月六日。時有司撰儀注。祔祭之日。車駕發宮。上謂宰臣曰。祭先齋所以齊心也。據儀注。祭之日。發大明宮。又質明行事。縱侵星早發。猶是移辰方到。質明之禮。其可及乎。又朕不宿齋宮。卽安正寢。情所不敢。宜于齋所設齋宮。五日赴行宮宿。六日質明行事。庶合于禮。宋璟等稱聖情深至。請卽施行。詔有司改定儀注。六日。上自齋宮步詣太廟。十七年十一月四日。告巡陵也。皇帝乘玉輅。百官乘馬侍從。禮畢。乘馬還宮。初。儀注自大次施褥至殿前。有勅一切不許。及皇帝之出也。履地而行。禮畢。祀行神于西門。天寶元年二月十八日。六載正月十七日。十載正月九日至十日。赦文云。自今已後。攝祭薦享太廟。其太尉行事前一日。致齋。具羽儀鹵簿。公服引入。親授祝版。仍赴齋所。十三載二月八日。上高祖徽號。

肅宗二。　乾元元年四月三日。二年十一月二十九日。

代宗一。　廣德二年二月二十七日。

德宗四。　建中元年正月四日。貞元元年十月十日。六年十一月七日。九年十一月九日。前一日。有勅至廟行禮。不得施褥。至敬之所。自合履地而行。至南郊。亦宜准此。

憲宗一。　元和二年正月。上親薦獻太清宮。朝享太廟。初享諸室。備極誠敬。及享德宗順宗。流涕嗚咽。不自勝。侍臣及舉册讀册官等。皆相顧而感泣也。

穆宗一。　長慶元年正月。

敬宗一。寶歷元年正月。

文宗一。太和三年十一月。

武宗二。會昌元年正月五年正月。

宣宗一。大中元年正月。

懿宗二。咸通元年十一月四年正月。

僖宗一。乾符元年十一月。

昭宗二。龍紀元年十一月天復元年四月。

禘祫上

上元三年十月三日。有司將祫享於太廟。時議者以禮緯三年一祫。五年一禘。公羊傳云。五年一禘而再殷祭。兩文互異。莫能決斷。太學博士史元璨議曰。按禮記正義。引鄭玄禘祫志云。春秋傳僖公三十三年十二月薨。文公二年八月丁卯。大享于太廟。公羊傳云。大享者何。祫也。是三年喪畢。新君二年當祫。明年春。禘于羣廟。僖公宣公八年皆有禘。則後禘去前禘五年。以此定之。則新君二年祫。三年禘。自爾之後。五年而再殷祭。則六年當祫。八年當禘。又昭公十三年。齊姬薨。至十三年喪畢。當祫。爲平邱之會。冬。公如晉。至十四年祫。十五年禘。傳云。有事于武宮是也。至十八年祫。二十年禘。二十三年祫。二十五年禘。昭公二十五年有事于襄宮是也。如上所云。則禘已後隔三年祫。祫已後隔二年禘。此則有合禮經。不違傳義。自此禘祫之祭依元璨議。

開元十七年四月十日。禘享太廟九室。命有司攝行禮。初唐禮祫序昭穆。禘各于其室。時禮官太常少卿韋縚奏曰。准古禮。五年再殷祭。一祫一禘。其義合聚昭穆定次序。又孔安國王肅等先儒皆以爲序昭穆。惟鄭玄旨云。禘各于其室。若如鄭玄。則與常享不異。恐鄭說謬于周經。請依古禮如王肅等議。序列昭穆。許之。初開元六年秋。睿宗皇帝喪畢。祫享于太廟。自後相承三年一祫。五年一禘。各自紀年。不相通數。至二十七年。凡經五禘七祫。其年夏禘。訖冬又當祫。太常議曰。禘祫二禮。俱爲殷祭。祫爲合食祖廟。禘爲締序尊卑。仲先君逮下之慈。成羣嗣奉親之孝。事異常享。有時行之。然而祭不欲數。數則瀆。亦不欲疏。疏則怠。故王者法諸天道。制祀典焉。烝嘗象時。禘祫如閏。五歲再閏。天道大成。宗廟法之。再爲殷祭也。謹按禮記王制。周官宗伯。鄭玄註解。高堂所議。並云國君嗣位。三年喪畢。祫于太廟。明年禘于羣廟。自爾以後。五年再殷。一祫一禘。漢魏故事。貞觀實錄。並用此禮。又按禮緯及魯禮禘祫注云。三年一祫。五年一禘。所謂五年而再殷祭也。又按白虎通及五經通義。許慎異義。何休春秋。賀循祭議。並云三年一禘。何也。以爲三年一閏。天道小備。五年再閏。天道大備故也。此則五年再殷。通計其數。一禘一祫。迭相承矣。今太廟禘祫。各自數年。兩岐俱下。不相通計。或比年頻合。或同歲再序。或一禘之後。併爲再祫。或五年之內。驟有三殷。

法天象閏之期。既違其度。五歲再殷之祭。數又不同。求之禮文。頗爲乖失。說者或云。禘祫二禮。大小不侔。祭名有殊。年數相舛。祫以三紀殺六而合。禘以五斷至十而周。有玆參差。難以通計。竊以三祫五禘之說。本出禮緯。五歲再殷之數。同在其篇。會通二文。非相詭也。蓋以禘後置祫。二周有半。舉以全數。謂之三年。譬如三年一閏。只用三十二月。其禘祫異稱。各隨四時。秋冬爲祫。春夏爲禘。祭名雖異。爲殷則同。譬如禴祠烝嘗。其禮一也。鄭玄謂祫大禘小。傳咸謂祫小禘大。肆陳之間。或有增減。通計之義。初無異同。蓋象閏之法。相傳久矣。惟晉代陳舒有三年一殷之議。自五年八年至十一年十四年。尋其議文所引。亦以象閏爲言。且六歲再殷。何名象閏。五年一禘。又奚所施。矛盾之說。固難憑也。夫以法天之度。既有指歸。稽古之理。若玆昭著。禘祫二祭。通計明矣。今請以開元二十七年己卯四月禘。至辛巳年十月祫。至甲申年四月又禘。至丙戌年十月又祫。至己丑年四月又禘。至辛卯年十月又祫。自此五年再殷。周而復始。又祫禘之說。非惟一家。五歲再殷之文。既相師矣。法天象閏之理。大抵亦同。而禘後置祫。或近或遠。盈縮之度。有二法焉。鄭玄宗高堂生。則先三而後二。徐邈之議。則先二而後三。謹按鄭氏所注先王之法。約三祫五禘之文。存三歲五年之序。以爲甲年既禘。丁年當祫。己年又禘。壬年又祫。甲年又禘。丁年又祫。周而復始。以此相承。祫後去禘十有八月而近。禘後去祫三十二月而遙。分析不均。粗于算矣。假如攻乎異端。置祫於秋。則三十九月爲前。二十一月爲後。雖小有逾。其間尚偏。竊據本文。皆云象閏。二閏相去。則平分矣。兩殷之序。何不等耶。且又三年之言。本舉全數。二周有半。實概三年。於此置祫。不違文矣。何必拘滯隔三年乎。蓋千慮一失。通儒之蔽也。徐氏之議。有異于是。研覈周審。最爲可憑。以爲二禘相去。爲月六十。中分三十。置一祫焉。若甲年夏禘。丙年冬祫。己年夏禘。辛年冬祫。有象閏法。毫釐不偏。三年一祫之文。既無乖越。五歲再殷之制。疎數又均。校之諸儒。義實長久。今請依據。以定二殷。先推祭月。周而復始。時禮部員外郎崔宗之駁下太常。令更詳舊議。太常又執前議不改。中書令李林甫又令集賢學士陸善經更加詳覈。善經以其議爲允。于是太常卿韋縚奏曰。頃在四月。已行禘享。今指孟冬。又申祫祭。合食禮頻。恐違先典。臣忝在持禮職司。討論。輒據舊文。定其倫序。請以今年夏禘。便爲殷祭之源。自此之後。禘祫相代。五年再殷。周而復始。其今年冬祫。準禮合停。望令有司。但行時享。則嚴禋不黷。庶合舊章。從之。

天寶八載閏六月六日。勅文。禘祫之禮。以存序位。質文之變。蓋取隨時。國家系本仙宗。業承聖祖。重熙累盛。既錫無疆之休。合享登神。思宏不易之典。自今已後。每禘祫。並于太淸宮聖祖前設位序正。上以明陟配之禮。欽若元象。下以盡虔祭之誠。無違至道。比來每緣禘祫。時享則停。事雖適于從宜。禮或虧于必備。已後每緣禘祫。其常享以素饌。三焚香以代三獻。

建中二年九月四日。太常博士陳京上疏。言今年十月。祫享太廟。并合享遷廟獻祖懿祖二神主。春秋之義。毀廟之主。陳于太祖。未毀廟之主。皆升合食于太祖。太祖之位在西。東向。其下子孫昭穆相對。南北爲別。初無毀廟遷主不享之文。徵是禮也。自于周室。而國朝祀典。當與周異。且周以后稷配天。爲始封之祖。始封而下。乃立六廟。廟毀主遷。皆在太祖之後。禘祫之時。無先於太廟太祖者。正太祖東向之位。全其尊而不疑。然今年十月。禘享太廟。伏請據魏晉舊制爲比。則搆築別廟。東晉以征西等四府君爲別廟。至禘祫之時。則於太廟正太祖之位。以伸其尊。別廟祭高皇太皇征西等四府君。以敍其親。伏以國家若用此義。則宜別爲獻祖懿祖立廟。禘祫祭之。以重其親。則太祖於太廟。遂居東向。以全其尊。伏以德明興聖二皇帝。曩既立廟。至禘祫之時。當用享禮。今則別廟之制。便就興聖廟藏祔爲宜。勅下尚書省百寮集議。禮儀使太子少師顏眞卿議曰。議者或云獻祖懿祖親遠廟遷。不當祫享。宜永閟於西夾室。又議者云。二祖宜同祫享于太祖。並列昭穆。而空太祖東向之位。又議者曰。二祖若同祫享。卽太祖之位。永不得正。宜奉遷二祖神主。祔藏于德明皇帝廟。臣伏以三議俱未爲允。且禮經殘缺。既無明據。儒者能比方義類。斟酌其中。則可舉而行之。蓋協於正也。伏惟太祖景皇帝以受命始封之君。處百世不遷之廟。配天崇享。是極尊嚴。且至禘祫之時。暫居昭穆之位。屈己伸孝。敬奉祖宗。緣齒族之禮。廣尊先之道。此實太祖明神烝烝之本意。亦所以化被天下。率循孝悌也。請依晉蔡謨等議。至十月祫享之日。奉獻祖神主居東面之位。自懿祖太祖。洎諸祖宗。遍左昭右穆之例。此有以彰國家重本尚順之明義。足爲萬世不易之令典也。又議者請奉遷二祖神主于德明皇帝廟。行祫祭之禮。夫祫。合也。故公羊傳云。大事者何。祫也。若祫祭不行於太廟而享于德明廟。斯乃分食也。豈謂合食乎。名實既乖。尤失禮意。固不可行也。

貞元七年十一月二十八日。太常卿裴郁奏曰。禘祫之禮。殷周以遷廟皆出太祖之後。故得合食有序。尊卑不差。及漢高受命。無始封祖。以高皇帝爲太祖。太上皇高帝之父。立廟享祀。不在昭穆合食之列。爲尊于太祖故也。魏武創業。文帝受命。亦即以武帝爲太祖。其高皇太皇處士君等。並爲屬尊。不在昭穆合食之列。晉宣創業。武帝受命。亦即以宣帝爲太祖。其征西潁川等四府君。亦爲屬尊。不在昭穆合食之列。國家誕受天命。累聖重光。景皇帝始封唐公。實爲太祖。中間世數既近。在三昭三穆之內。故皇家太廟。惟有六室。其宏農府君宣光二祖。尊于太祖。親盡則遷。不在昭穆之數。著在禮志。可舉而行。開元中。加置九廟。獻懿二祖。皆在昭穆。是以太祖景皇帝未得居東向之尊。今二祖已祧。九室惟序。太祖之位。安可不正。伏以太祖上配天地。百世不遷。而居昭穆。獻懿二祖。親盡廟遷。而居東向。徵諸故實。實所未安。請下百僚會議。勑旨依行。

八年正月二十三日。太子左庶子李嶸等七人議曰。王制曰。天子七廟。三昭三穆。與太祖而七。周制也。七者。太祖及文王武王之祧。與親廟四也。太祖。后稷也。殷則六廟。契及湯與三昭三穆也。夏則五廟。無太祖。禹與二昭二穆而已。晉朝博士孫欽議曰。王者受命太祖及諸侯始封之君。其已前神主。據已上數過五代。即毀其廟。禘祫不復及也。禘祫所及者。謂受太祖之後。夫毀主上升。藏于二祧者也。雖百代禘祫及之。

伏以獻懿二祖。則太祖已前親盡之主也。擬三代已降之制。則禘祫不及矣。世祖神主。則太祖以下已毀之主也。公羊傳所謂已毀廟之主。陳于太祖者是也。謹按漢元帝下詔議罷郡國廟。及親盡之祖。丞相韋元成議。太上孝惠廟主皆親盡宜毀。太上廟主宜瘞于園。孝惠廟主遷于太祖廟。奏可。太上則太祖已前之主。瘞于園。禘祫不及故也。則今獻懿二祖之比。孝惠遷于太祖廟。明太祖以下子孫。皆禘祫所及。則今世祖元皇帝神主之比也。自魏晉及宋齊梁陳隋相承。始受命之君。皆立六廟。虛太祖之位。自太祖之後至七代君。則太祖當東向位。乃成七廟。太祖以前之主。魏明帝則遷處士主。置于園邑。歲時使令丞奉薦。世數猶近故也。至東晉明帝崩。以征西等三祖。遷入西除。名之曰祧。以准遠廟。至康帝崩。穆帝立。于是京兆遷入西除。同謂之祧。如前之禮。並禘祫所不及。國朝始享四廟。宣光并太祖世祖神主祔于廟。至貞觀七年。將祔高祖于太廟。朱子奢請准禮立七廟。其三昭三穆各置神主。太祖依晉宋以來故事。虛其位待遞遷方處之東向位。于是始祔宏農府君及高祖爲六室。虛太祖之位。而行禘祫。至二十三年。太宗祔廟。遷宏農府君。乃藏于西夾室。文明元年。高宗祔廟。始遷宣光皇帝于西夾室。開元十年。元宗特立九廟。于是追尊宣皇帝爲獻祖。復列于正室。光皇帝爲懿祖。以備九室。禘祫猶虛太祖之位。祝文于三祖不稱臣。明全廟數而已。至德二載。尅復後。新作九室神主。遂不造宏農府君神主。明禘祫不及故也。至寶應二年。祔元宗肅宗于廟。遷獻懿二祖於西夾室。始以太祖當東向位。以獻懿二祖爲是太祖以前親盡神主。准禮禘祫不及。凡十八年。至建中二年十月。將祫享。禮儀使顏眞卿狀奏。合出獻懿二祖神主行事。其布位次第。及東向尊位。請依東晉蔡謨等議爲定。遂以獻祖當東向。以懿祖于昭位南向。以太祖于穆位北向。以次左昭右穆陳列行事。且蔡謨當時雖有其議。事竟不行。而我唐廟祧。豈可爲准。臣嶫伏以嘗禘郊社。尊無二上。瘞毀遷藏。禮有義斷。獻懿爲親盡之主。太祖已當東向之尊。一朝改移。實非典故。謂宜復先朝故事。獻懿神主。藏于西夾室。以類祭法所謂遠廟爲祧。去祧爲壇。去壇爲墠。壇墠有禱則祭。無禱則止。太祖既昭配天地。位當東向之尊。庶上守貞觀之首制。中奉開元之成規。下遵寶應之嚴式。符合經義。不失舊章。吏部郎中柳冕等十二人議曰。天子受命之君。諸侯始封之祖。皆爲太祖。故雖天子。必有尊也。是以尊太祖焉。故雖諸侯。必有先也。亦以尊太祖焉。故太祖以下。親盡而毀。洎秦滅學。漢亦不及禮。不列昭穆。不建迭毀。晉既失之。宋又因之。于是有連五廟之制。于是有虛太祖之位。夫不列昭穆。非所以示人有序也。不建迭毀。非所以示人有殺也。連五廟之制。非所以示人有別也。虛太祖之位。非所以示人有尊也。此禮之所由廢也。謹按禮。父爲士。子爲天子。祭以天子。葬以士。今獻祖。祧也。懿祖。亦祧也。唐未受命。亦猶士禮也。是故高祖太宗以天子之禮祭之。不敢以太祖之位易之。今若易之。無乃亂先王之序乎。昔周有天下。追尊太王王季以天子之禮。及其祭也。親盡而毀之。漢有天下。尊太上皇以天子之禮。及其祭也。親盡而毀之。唐有天下。追王獻懿二祖。以天子之禮。及其祭也。親盡而毀之。則不可代太祖之位明矣。又按周禮有先公之祧。有先王之祧。先公之遷主。藏乎后稷之廟。其周未受命之祧乎。先王之遷主。藏乎文武之廟。其周巳受命之祧乎。故有二祧。所以異廟也。今獻祖已下之祧。猶先公也。太祖以下之祧。猶先王也。請築別廟。以居二祖。則行周之禮。復古之道。故漢之禮。因于周也。魏之禮。因于漢也。隋之禮。因于魏也。皆立三廟。有二祧。又立私廟四于南陽。亦後漢制也。以爲人之子事大宗。降其私親。故私廟所以尊本宗也。太廟所以尊正統也。雖古今異時。文質異禮。而知禮之情與聞禮之本者。莫不通其變。酌而行之。故上致其崇。則太祖屬尊乎上矣。下盡其殺。則祧主親盡于下矣。中處其中。則王者主祧于中矣。工部郎中張薦等議曰。昔殷周以稷契始封。遂爲不遷之祖。其毀廟之主。皆稷契之後。所以昭穆合祭。尊卑不差。如夏后氏以禹始封。遂爲不遷之祖。故夏五廟。禹與二昭二穆而已。據此則鯀之親盡。其主已遷。左氏旣稱禹不先鯀。是明遷廟之主。雖屬尊于始封祖者。亦在合食之位矣。又據晉宋齊梁北齊周隋史。其太祖已下。並同禘祫。未嘗限斷遷毀之主。伏以南北八代。非無碩學巨儒。宗廟大事。議必精博。驗于史册。其禮僉同。又詳魏晉宋齊梁北齊周隋故事。及貞觀顯慶開元所述禘祫。並虛東向。旣行之已久。實羣情所安。且太祖處淸廟第一之室。其神主雖百世不遷。永歆烝嘗。上配天地。位於郊廟。無不正矣。若至禘祫之時。暫居昭穆之列。屈己伸孝。以奉祖禰。豈非伯禹烝烝敬鯀之道歟。亦是魏晉及周隋之太祖。不敢以卑壓尊之義也。議者或欲遷二祖於興聖廟。及請別築室。至禘祫年享之。夫祫合也。此乃分食。殊乖禮意。又欲藏于西夾室。永不及祀。無異漢代瘞園。尤爲不可。輒敢徵據正經。考論舊史。請奉獻懿二祖與太祖並從昭穆之位。而虛東向。司勳員外郎裴樞議曰。禮之必立宗子者。蓋爲收其族人。東向之主。亦猶是也。若祔于遠廟。無乃中有一間。等上不倫。西位常虛。則太祖永厭於昭穆。異廟別祭。則祫饗何主乎合食。永闕比于姜嫄。則推祥禖而無事。禮云。親親故尊祖。尊祖故敬宗。敬宗故收族。收族故宗廟嚴。宗廟嚴故重社稷。由是言之。太祖之上。復有追尊之祖。則親親尊祖之義。無乃乖乎。太廟之外。輕置別祭之廟。則宗廟無乃不嚴。社稷無乃不重乎。且漢丞相韋元成請瘞於園。晉徵士虞喜請瘞于廟兩階之間。喜又引左氏說。古者先王日祭於祖考。月祀於曾高。時享及二祧。歲祫及壇墠。終禘及郊宗石室。是謂郊宗之上。復有石室之祖。斯最近矣。但當時議所處石室。未有准的。喜請於夾室中。愚以爲石室可據。處之之道未安。何者。夾室謂居太祖之下。毀主非是安太祖之上藏主也。未有卑處正位。尊在旁居。考理印心。恐非允協。今若建石室於園寢。遷神主以永安。採漢晉之舊章。依禘祫之一祭。修古禮之殘缺。爲國朝之典故。庶乎春秋之祭。皆中理焉。考功員外郎陳京議曰。臣前爲太常博士。已于建中二年九月四日奏議。祫饗獻懿二祖所安之位。請下百寮博採其議。其時禮儀使顏眞卿因是上狀。與京議異。京議未行。伏見去年十一月二十八日詔。下太常卿裴郁所奏。大旨與京舊議相合。伏以與聖皇帝。則獻祖之曾祖。懿祖之高祖。夫以曾孫元孫祔列於高曾之廟。豈禮之不可哉。實人情之大順也。京兆少尹韋武議曰。凡三年一祫。五年一禘。祫則羣廟大合禘則各序其祧。謂主遷彌遠。祧室既修。當祫之歲。宜以獻祖居於東向。而懿祖序其昭穆。以極所親。若行禘禮則太祖復延於西。以衆主列其左右。是則於太祖不爲降屈。於獻祖無所厭卑。考禮酌情。謂當行此爲勝。同官縣尉仲子陵議曰。今儒者乃援子雖齊聖不先父食之語。欲令已祧獻祖。權居東向。配天太祖。屈居昭穆。此不通之甚也。凡左氏不先食之言。且以正文公之逆祀。儒者安知非夏后廟數未足之時。而言禹不先鯀乎。且漢之禘祫。蓋不足徵。魏晉已還。太祖皆近。是太祖之上。皆有遷主。歷代所疑。或引閟宮之詩而永閟。或因虞主之義而瘞園。或緣遠廟爲祧。以築宮。或言太祖實卑而虛位。惟東晉蔡謨憑左氏不先食以爲說。令正西東向。詳其數事。此最不安。且蔡謨此議。非晉所行。前有司不本謨改築之言。取正西東向之一句。爲萬世法。此其不可甚也。臣又思之。永閟瘞園。則臣子之心有所不安。權虛正位。則太祖之尊無時而定。別築一室。義差可安。且興聖之於獻祖。乃曾祖也。昭穆有序。享祀以時。伏請奉獻懿二祖。遷祔於德明興聖廟。此其大順也。或以祫者合也。今二祖別廟。是分食也。何合之爲。臣以爲德明興聖二廟。每禘祫之年。亦皆饗薦。是亦合食。奚疑於二祖乎。其月二十七日吏部郎中柳冕上禘祫議證凡一十四道以備顧問幷議奏聞至三月十二日。祠部奏郁議狀。至十一年七月十二日。勅于頎等議狀所請各殊。理在討論。用求精當。宜令尚書省會百寮。與國子監儒官切磋舊狀。定其可否。仍委所司具事件奏聞。其月二十八日。左司郎中陸淳奏曰。臣竊尋七年百寮所議。雖有一十六狀。總其歸趣。三端而已。于頎等一十四狀。並云復太祖之位。張薦狀則云並列昭穆。而虛東向之位。韋武狀則云當祫之歲。獻祖居於東向。行禘之禮。太祖復延於西。謹按禮經及先儒之說。復太祖之位。位既正也。義在不疑。太祖之位既正。獻懿二主。當有所歸。詳考十四狀。其義有四。一曰藏諸夾室。二曰置之別廟。三曰遷於園寢。四曰祔於興聖。藏諸夾室。是無享獻之期。異乎周人藏於二祧之義。禮不可行也。置之別廟。始於魏明之說。禮經實無其文。晉義熙九年。雖立此義。已後亦無行者。遷於園寢。是亂宗廟之儀。既無所憑。殊乖禮志。事不足徵也。惟有祔於興聖之廟。禘祫之歲。乃一祭之。庶乎亡於禮者之禮。而得變之正也。寶應初。元宗神主祔廟。始遷獻祖懿祖神主于西夾室。是時有司以國喪畢。將行祫享。以太廟既位當東向。獻祖懿祖屬尊于太祖。若同祫享。卽太祖不得居正位。于是永閟二祖神主于西夾室。太常博士陳京議。請准魏晉以來祫禮。奉二祖出同合享。與太祖竝列昭穆。而虛東向之位。又云若以太祖失尊位。卽請奉二祖神主于德明皇帝廟合享。詔下尚書省雜議禮儀使顏眞卿請依晉蔡謨等立議。至祫享之日。奉獻祖神主居東向之位。自懿祖太祖及諸祖宗。遵左昭右穆之制。是日宰臣百僚。竝同眞卿之議。奏留中不下。將及祫享。眞卿又奏從之。

唐會要卷十四

禘祫下

貞觀十二年。祫祭太廟。近例祫祭及親拜郊。令中使引傳國寶至壇所。昭示武功也。至是。上以傳國大事。中使引之非宜。乃令禮官一人就內庫監引領至太廟焉。十九年三月。給事中集賢學士陳京奏。禘是大合祖宗之祭。必尊太祖之位。以正昭穆。今年遇禘。伏恐須定向來所議之禮。是月。勑禘祫之祭。禮之大者。先有衆議。猶未精詳。宜令百寮集議以聞。時尚書左僕射姚南仲等奏議狀五十七道。有進止。送尚書省更集百寮。都商議定奏聞。戶部尚書王紹等五十五人奏議。請奉遷獻祖懿祖神主。祔于德明興聖廟。爲修廟未成。今月十五日內移獻祖主於德明興聖廟中。一處安置。九室數已定。請於德明興聖廟東北量地之宜。權設幕屋爲行廟。奉安神主。候新廟成。準禮遷祔神主入新廟。每至禘祫年。各於本室行享禮。其月十五日。戶部尚書王紹等又奏。請於德明興聖廟添造兩室。奉安神主。今緣就舊廟增修。則德明興聖廟殿南垣內。陳設四室。權安神主。庶爲宜稱。勑旨從之。是月十五日。徙二祖神主于德明興聖廟。二十四日。有司行禘享于太廟。自此景皇帝始居東向之尊。元皇帝已下。依左昭右穆之列矣。時鴻臚卿王權議曰。按祭法曰。周人祖文王而宗武王。故毛詩清廟章云。清廟。祀文王也。不言太王王季也。又按雍禘章疏云。太王王季已上。皆祔于后稷之廟。蓋以太祖東向之位。至尊也。太王王季之尊。私禮也。祔之后稷之廟。天下爲。公不敢以私奪公也。又按鄭玄注云。祭法曰。古者先王遷廟之主。以昭穆合藏于始祖廟。今獻祖懿祖之主。愚臣竊以爲宜祔于興聖廟。不當祭于太廟也。如此。則太祖東向之位得其尊。獻祖懿祖之位得其所也。時前後議者。亦多言祔于興聖廟。然引據無文。上意不決。自寶歷已前。太祖尚在昭穆位。故虛東向。以祔太祖。廣德二年。太廟室數已滿。二祖居夾室。方正太祖東向之位。凡十七年。建中二年冬。祫祭。有司誤引東晉蔡謨議。請虛東向。當晉蔡謨議。本請築宮廟以居潁川京兆以上四府君。其宮廟未成。以前。請權虛東向之位。待別廟成。遷四府君神主于別廟。然後太祖正東向之位。雖有此議。屬晉室兵革。議不暇行。建中初。雖有司引蔡謨議。虛東向之禮。終亦不行。乃誤以宣皇帝居東向。降太祖在昭穆之位。及是。上覽羣臣之議。以太祖居東向。是百代不刊之典。以二祖皆是追崇。非有土宇人民之尊。禮當別祔廟。及覽權議。引據詩禮成文。上意遂定。遷二祖于德明興聖廟。每禘祫年一享。遂正太祖東向之位。乃下詔曰。奉遷獻祖懿祖神主。正太祖景皇帝東向之位。虔告之禮。當任重臣。宜令檢校司空平章事杜祐攝太尉告太清宮。門下侍郎平章事崔損。攝太尉告太廟。又下詔曰。國之大事。式在于明禋。王者孝享。莫重于殷祭。所以尊祖而重昭穆也。朕承列聖之休德。荷上天之眷命。虔奉牲幣。二十五年。永維宗廟之位。禘嘗之序。夙夜祗慄。不敢自專。是用延訪公卿。稽參古禮。博考詳議。至於再三。敬以令辰。奉遷獻祖宣皇帝神主。懿祖光皇帝神主。祔於德明興聖皇帝廟。太祖景皇帝正東向之位。宜令所司備禮。務極精嚴。祗肅祀典。載深感惕。咨爾中外。宜悉朕懷。

會昌六年十月。太常禮院奏禘祫祝文稱號。穆宗皇帝宣懿皇后韋氏。敬宗皇帝。文宗皇帝。武宗皇帝。緣從前但序親親。以穆宗皇后室稱爲皇兄。未合禮文。得修撰官朱儔等狀稱。禮序尊尊。不敍親親。陛下於穆宗敬宗武宗祝文。恐須但稱嗣皇帝臣某昭告于某宗。以下四室。勅旨令禮官同商量聞奏者。臣與令博士閔慶之。修撰官朱儔。檢討官王皥。同考禮經。更無別議。請依前狀。從之。仍付所司。

文德元年四月。將行禘祭。有司引舊儀。禘德明興聖二廟。及獻祖懿祖神主祔德明興聖廟。通爲四室。時黄巢之亂。廟已焚毁。及是將禘祫。俾議其儀。太常博士殷盈孫議曰。臣以德明等四廟。仍非創業。義止追封。且於今皇帝年代極遥。昭穆甚遠。可依晉韋泓屋毁乃已之例。因而廢之。勅下百僚都省會議。禮部員外郎薛昭緯奏議曰。伏以禮貴從宜。過猶不及。祀有常典。禮當據經。謹按德明追尊。實爲遐遠。徵諸歷世。莫有其倫。自古典禮該詳。無踰周室。后稷實始封之祖。文王乃建極之君。且不聞后稷之前。別議立廟。以至兩漢之於劉累。梁魏之於蕭曹。稽彼簡書。並無追號。迨于興聖。事非有據。蓋以始王于涼。遂列爲祖。類長沙於後漢之世。等楚元于宋高之朝。悉無尊祀之名。足爲憲章之驗。重以獻祖懿祖。皆非宗有德而祖有功。親盡宜祧。禮當毁瘞。遷于二廟。亦出一時。且武德之初。議宗廟之事。神堯聽之。太宗參之。碩學通儒。

森然在列。而不議立皐陶涼武昭之廟。蓋知其非所宜立也。尊太祖世祖爲帝。而以獻祖爲宣簡公。懿祖爲懿王。卒不加帝號者。謂其親盡則毁矣。春秋左氏傳曰。孔子在陳。聞魯廟災。曰其桓僖乎。已而果如其言。蓋以親盡不毁。宜致天災。炯然之徵。不可忽也。據太常禮院狀所引。至德二載克復後。不作宏農府君廟神主。及晉韋泓屋毁乃已之議。頗爲明據。深協禮經。其興聖等四室。請依禮院之議。從之。

大順元年。將行禘祭。有司請以三太后神主祔享於太廟。三太后者。孝明太皇太后鄭氏。宣宗皇帝母。恭僖皇太后王氏。敬宗皇帝母。貞獻皇太后韋氏。文宗皇帝母。三后之崩。皆作神主。有故不當入太廟。當時禮官建議。並置別廟。每年五享。三年一祫。五年一禘。皆於本廟行事。無奉神主入太廟之文。至是亂離之後。舊章散失。禮院憑曲臺禮。欲以三太后祔享太廟。太常博士殷盈孫獻議非之曰。臣謹按三太后。憲宗穆宗之后也。二帝已祔太廟。三后所以立別廟者。不可入太廟故也。與帝在位皇后別廟不同。今有司誤用王彥威曲臺禮。禘別廟太后於太廟。乖戾之甚。臣竊究事體。有五不可。曲臺禮云。別廟皇后禘祫于太廟。祔于祖姑之下。此乃皇后先崩。已造神主。夫在帝位。如昭成肅明元獻昭德之比。昭成肅明之崩也。睿宗在位。元獻之崩也。元宗在位。昭德之崩也。肅宗在位。四后於太廟。未有本室。故創別廟。當爲太廟合食之主。禘祫乃奉以入饗。其神主但題云某謚皇后。明其後太廟有本室。卽當遷祔。帝方在位。故皇后暫立別廟耳。本是太廟合食之祖。故禘祫乃升太廟。未有位。故祔祖姑之下。今恭僖貞獻二太后。皆穆宗之后。恭僖會昌四年造神主。合祔穆宗廟室。時穆宗廟已祔武宗母宣懿皇后神主。故爲恭僖別立廟。其神主直題云皇太后。明其終安別室。不入太廟故也。貞獻太后大中元年作神主。別立廟。其神主亦題爲太后。並與恭僖義同。孝明咸通五年作神主。合祔憲宗廟室。憲宗廟已祔穆宗之母懿安皇后。故孝明亦別立廟。是懿宗祖母。故題其主爲太皇太后。與恭僖貞獻亦同。帝在位后先作神主之例。今以別廟太后神主禘祭升享太廟。一不可也。曲臺禮別廟皇后禘祫于太廟儀注曰。內常侍奉別廟皇后神主入置于廟庭。赤黃褥位。奏云。某謚皇后禘祫祔享太廟。然後以神主升。今卽須奏云某謚太皇太后。且太廟中皇后神主二十一室。今忽以皇太后入列于昭穆。二不可也。若但云某謚皇后。卽與所題都異。神何依憑。此三不可也。古今禮要云。舊典周立姜嫄別廟。四時祭薦。及禘祫與七廟皆祭。惟不入太祖廟爲別配。文思甄后明帝母廟及寢依姜嫄之廟。四時及禘。皆與諸廟同。此舊禮明文。得以爲證。今以別廟太后禘祫於太廟。四不可也。所以置別廟太后。以孝明不可以懿安並祔憲宗之室。今禘享乃處懿安於舅姑之上。此五不可也。且祫合祭也。合猶不入太祖之廟。而況於禘乎。竊以爲並皆置於別廟爲宜。且恭僖貞獻二廟。以在朱陽坊。禘祫赴太廟。皆須備法駕。典禮甚重。儀衞至多。咸通之時。累遇大享。耳目相接。年代未遙。人皆見聞。事可詢訪。非敢以臆斷也。或曰以三廟故禘祫於別廟。或可矣。而將來有可疑焉。謹按睿宗親盡已祧。今昭成肅明二后。同在夾室。如或後代憲宗穆宗親盡而祧。三太后神主。其得不入夾室乎。若遇禘祫。則如之何。對曰。此又大謬也。三太后若親盡合祧。但當閟而不享。安得處于夾室。禘祫則就別廟行之。歷代已來。何嘗有別廟神主。復入太廟夾室乎。禘祫禮之大者。無宜錯失。時宰相孔緯以大祭日迫。不可遽改。時人非之。

獻俘

武德元年十一月二十三日。秦王平薛仁杲。凱旋。獻俘于太廟。三年四月二十四日。秦王破宋金剛。復幷州地。凱旋。獻俘于太廟。

四年七月九日。秦王平東都。被金甲。陳鐵馬一萬。甲士三萬。俘王世充竇建德及隋神器輦輅。獻俘於太廟。

貞觀四年三月二十九日。張寶相俘頡利可汗。獻俘于太廟。

二十三年正月。阿史那社爾執龜茲王訶利布失畢及其相那利等。獻于社廟。太宗釋之。以為左武衞大將軍。

永徽元年九月七日。高侃執突厥車鼻可汗。獻太廟。

顯慶三年十一月。蘇定方俘賀魯到京師。上謂侍臣曰。賀魯背恩。今欲先獻俘于昭陵。可乎。許敬宗對曰。古者出師凱還。則飲至策勳于廟。若諸侯以王命討不庭。亦獻俘于天子。近代將軍征伐克捷。亦用斯禮。

未聞獻俘于陵所也。伏以園陵嚴敬。義同淸廟。陛下孝思所發。在禮無違。亦可行也。十五日。還獻于昭陵。十七日告于太廟。皇帝臨軒。大會文武百寮夷狄君長。蘇定方戎服操賀魯獻于樂懸之北。上責之。不能對。攝刑部尙書長孫冲跪于階下奏曰。伊麗道獻俘賀魯。請付所司。大理官屬受之以出。詔免其死。

顯慶五年正月。左驍騎大將軍蘇定方討思結闕俟斤都曼。獻俘於東都。上御乾陽殿。定方操都曼等以獻。法司請斬之。定方請曰。都曼反叛。罪合誅夷。臣欲生致闕廷。與之有約。述陛下好生之德。必當待以不死。今旣面縛待罪。臣望與其餘命。上曰。朕屈法申恩。全卿信誓。乃宥之。

乾封元年十月二十一日。李勣平高麗還。上令領高藏等俘囚便道獻于昭陵。仍備軍容。奏凱歌于京城。獻于太廟。

總章元年十二月。以高麗平。獻俘于含光殿。大會。李勣及部將已下。大陳設于廷。

永隆二年十月。定襄道大總管裴行儉執降俘突厥阿史那伏念等獻之。初行儉許伏念以不死。侍中裴炎害其功。乃奏曰。伏念其副將程務挺逼逐窘急而降。上乃命斬于都市。封行儉聞喜縣公。行儉歎曰。渾濬前事。古今恥之。但恐殺降之後。無復來者。因稱疾不出。

開元二十六年六月。幽州節度使副大使張守珪大破契丹林胡。遣使獻捷。擇日告廟。

二十八年八月二十日。勅幽州節度奏破奚契丹。宜擇日告廟。自後諸軍每有克捷。必先告廟。

上元元年閏四月赦節文。其諸軍所獲首級。除元惡之外。一切不得傳送。

元和元年十月。東川節度使高崇文平西蜀。生擒逆賊劉闢以獻。上御興安門觀之。命中使詰其叛狀。劉闢曰。臣不敢反。五院子弟爲惡。臣不能制。上曰。朕遣中使送旌節等。何爲不受。闢引罪無詞。命斬于子城之西南隅。

二年十月。平浙西。擒逆賊李錡。至闕下。上御興安門親詰其反狀。錡曰。臣本不反。張子良教臣。上曰。汝以宗臣爲統帥。子良爲惡。何不斬之。而後入告。錡不能對。命獻太清宮太廟太社。卽與其男師回並腰斬于子城之西南隅。

十二年十一月。隋唐節度使李愬平淮西。擒逆賊吳元濟以獻。上御興安門。大陳甲士旌旗于樓南。文武羣臣。皇親。諸幕使人。皆列位。元濟既獻于太廟太社。露布引之。令武士執曳樓南。攝刑部尚書王播奏請付所司。制曰。可。大理卿受之以出。斬于子城之西南隅。

十四年二月。魏博節度使田宏正奏。今月九日。淄青兵馬使劉悟斬逆賊李師道。並男二人首級。請降上御興安門受田宏正所獻賊俘。羣臣稱賀於樓下。授劉悟義成軍節度使。封彭城郡王。李師道妻魏氏幷女沒入掖庭。堂弟師和配流嶺表。

長慶元年四月。中書門下奏。伏以太宗平突厥。高祖平高麗。皆告陵廟。蓋以高祖嘗蓄憤于北虜。太宗控銳氣于東夷。武功未終。後聖繼志。亦旣平盪。所宜啓告。伏以鎮冀一道。幽薊八州。不勞干戈。盡復區宇。禮宜獻俘函首。布告淸廟。下禮官擇日撰儀。薦告太廟。從之。

太和三年五月。宣慰使諫議大夫柏耆奏。斬李同捷于將陵滄。丁亥。御興安樓下受滄州所獻俘。其李同捷母妻幷男元達等。詔並宥之。令于湖南安置。百寮稱賀於樓前。翌日。貶宣慰使柏耆爲循州司戶。宣慰判官殿中侍御史沈亞之爲虔州南康尉。以擅入滄州取李同捷。爲諸鎮所怨。奏論故也。

會昌四年二月。河東監軍呂義忠奏。擒賊楊弁元榮幷同謀大將軍五十四人。獻俘于闕下。其年八月。平澤潞。梟逆賊劉稹。傳首京師。十八日。御安福門受獻。其日先告宗廟社稷畢。文武及在京九品官。宗子諸親。蕃客。諸道使客等。並在樓前立班稱賀。

中和三年七月。徐州節度使時溥函送黃巢首級以獻。帝受俘獻于行廟。

光啓二年。車駕幸興元。邠州節度使朱玫立嗣襄王熅于京城。十二月。敗奔河中。爲王重榮斬首以獻。上御興元城門。閱俘受賀。時太常博士殷盈孫獻議曰。伏以僞熅違背宗社。僭竊乘輿。已就誅夷。所宜稱賀。然物議之間。或有未允。臣按禮經。公族有罪。獄旣具。有司聞于君。曰某之罪在大辟。君曰赦之。如是者三。有司走出致刑。君復使謂之曰。雖然。固當赦之。有司曰。不及矣。君爲之素服不舉樂三日。今僞熅皇族也。雖犯誅死之罪。宜就屠戮。其可以朝羣臣而受賀乎。臣以僞熅迫脅之際。不能守節効死。而乃甘心逆謀。

宜黜爲庶人。絶其屬籍。其首仍委所在。以庶人禮葬。其大捷之慶。當以朱玫首級到日稱賀。從之。

龍紀元年二月。汴州行軍司馬李璠檻送秦宗權并妻趙氏以獻。上御延喜門受俘。百寮稱賀于樓前。以之徇市。告社廟。斬于獨柳樹。

乾寧二年十一月。慶州行營兵馬都統斬王行瑜函首級獻于京師。上御延喜門受俘馘。百僚稱賀于樓前。

唐會要卷十五

廟議上

貞觀九年十一月十八日。詔太原之地。肇基王業。事均豐沛。義等宛譙。理宜別建寢廟。以彰聖德。詳覽漢典。抑有成規。但先皇遺旨。務存儉約。虔奉訓誡。無忘啓處。宜令禮官與公卿等詳議以聞。祕書監顏師古議曰。臣究觀祭典。考驗禮經。宗廟皆在京師。不於下土別置。至若周之酆鎬。並爲遷都。乃是因事更營。非云一時俱立。其郡國造廟。爰起漢初。率意而行。事不稽古。源流漸廣。大違典制。是以貢禹韋元成匡衡等。招聚儒學。博詢廷議。據禮陳奏。遂從廢毁。自斯已後。彌歷年代。輟而不爲。今若增立寢廟。別安神主。有乖先旨。靡率舊章。垂裕後昆。理謂不可。固宜勉割深衷。俯從大禮。

開元四年十二月。太常卿姜皎與禮官陳貞節等上表曰。臣伏見太廟中則天皇后配高宗天皇大帝。題云天皇聖帝武氏。伏尋昔居寵秩。親承顧託。因攝大政。事乃從權。神龍之初。已去帝號。岑羲等不閑政體。復題帝名。若使帝號長存。恐非聖朝通典。夫七廟者。高祖神堯皇帝之廟也。父昭子穆。祖德宗功。非夫帝子天孫。乘乾出震者。不得升祔於斯矣。但皇后祔廟。配食高宗。位號舊章。無宜稱帝。今山陵日近。昇祔非遥。請申陳告之儀。因除聖帝之字。直題云則天皇后武氏。從之。

大歷十四年十月。代宗神主將祔。禮儀使顏眞卿以元皇帝世數已遠。准禮合祧。請遷于西夾室。其奏議曰。王制天子七廟。三昭三穆與太祖之廟而七。又禮器云。有以多爲貴者。天子七廟。又伊尹曰。七世之廟可以觀德。此經典之明證也。七廟之外。則曰去祧爲壇。去壇爲墠。故歷代儒者制迭毀之禮。皆親盡宜毀。伏以太宗文皇帝七世之祖。高祖神堯皇帝國朝首祚。萬葉所承。太祖景皇帝受命于天。始封於唐。元本皆在不毀之典。世祖元皇帝地非開統。親在七廟之外。代宗皇帝升祔。有日元皇帝神主。禮合祧遷。或議者以祖宗之名。難於迭毀。昔漢朝近古。不敢以私滅公。故前漢十二帝。爲祖宗者四而已。至後漢漸違經意。子孫以推美爲先。光武已下。皆有廟號。則祖宗之名。莫不建也。安帝以讒害大臣。廢太子。及崩無上宗之奏。後自建武已來。無毀者。因以陵號稱宗。至桓帝失德。尙有宗號。故初平中。左中郎蔡邕以和帝已下。功德無殊。而有過差。不應爲宗。餘非宗者。追尊三代。皆奏毀之。是知祖有功。宗有德。存至公之義。非其人不居。蓋三代制禮之本也。自東漢已來。則此道衰矣。魏明帝自稱烈祖。論者以爲逆自稱祖宗。故近代此名。悉爲廟號。未有子孫踐祚。而不祖宗先王者。以此明之。則不得獨據兩字。而爲不合祧遷之證。假令傳祚百代。豈可上崇百代。以爲孝乎。請依三昭三穆之義。永爲通典。寶應二年。升祔元宗肅宗。則獻祖懿祖已從迭毀。伏以代宗睿文孝皇帝卒哭而祔。則合上遷一室。元皇帝世數已遠。其神主准禮當祧。至禘祫之時。然後享祀。於是祧元皇帝於西夾室。祔代宗神主焉。

建中元年三月。禮儀使上言。東都太廟闕木主。請造以祔。詔下議之。初武后于東都立高祖太宗高宗三廟。至中宗已後。兩京太廟四時並享。至德亂後。木主多亡缺未祔。於是議者紛然。其大旨有三。其一曰。必存其廟。遍立羣主。時享之日。以他官攝。其二曰。建廟立主。存而不祭。若皇輿時巡。則就享焉。其三曰。存其廟。瘞其主。駕或東幸。則飾齋車奉京師羣廟之主以往。議皆不決而罷。

貞元十五年四月。膳部郎中歸崇敬上疏曰。東都太廟不合置木主。謹按典禮。虞主用桑。練主用栗。重作栗主。則埋桑主。所以神無二主。猶天無二日。民無二王也。今東都太廟是則天皇后所建。以置武氏木主。中宗去其主而存其廟。蓋將以備行幸遷都之所也。且殷八屢遷。前八後五。前後遷都一十三度。不可每都而別立神主也。議者或云。東都神主已曾虔奉而禮之。豈可一朝廢之乎。且虞祭則立桑主而虔祀。練祭則立栗主而埋桑主。豈桑主不曾虔祀而乃埋之。又所闕之主。不可更作。作之不時。非禮也。

永貞元年十一月。德宗神主將祔。禮儀使杜黃裳與禮官王涇等請遷高宗神主于西夾室。其議曰。自漢魏已降。沿革不同。古者祖有功宗有德。皆不毀之名也。自東漢魏晉。迄于陳隋。漸違經意。子孫以推美爲先。光武已下。皆有祖宗之號。故至於迭毀親盡。禮亦迭遷。國家九廟之尊。皆法周制。伏以太祖景皇帝受命于天。始封于唐。德同周之后稷也。高宗神堯皇帝國朝首祚。萬葉所承。德同周之文王也。太宗文皇帝應天靖亂。垂統立極。德同周之武王也。周人郊后稷而祖文王宗武王。聖唐郊景皇帝祖高祖而宗太宗。

皆在不遷之典。高宗皇帝今在三昭三穆之外。謂之親盡。旣德宗皇帝神主新入廟。禮合迭遷。藏于從西第一夾室。每至禘祫之月。合食如常。于是祧高宗神主于西室。祔德宗神主焉。

元和元年七月。順宗神主將祔。有司疑于遷毀。太常博士王涇建議曰。禮經。祖有功。宗有德。皆不毀之名也。惟三代行之。漢魏已降。雖曰祖宗。親盡則遷。無功亦毀。不得行古之道也。昔夏后氏十五世祖顓頊而宗禹。殷人十七世祖契而宗湯。周人三十六王。以后稷爲太祖。祖文王而宗武王。聖唐德厚流廣。遠法殷周。奉景皇帝爲太祖。祖高祖而宗太宗。皆在百世不遷之典。故代宗升祔。遷世祖也。德宗升祔。遷高宗也。今順宗升祔。中宗在三昭三穆之外。謂之親盡。遷于太廟夾室。禮則然也。或諫者以則天太后革命。中宗復而興之。不宜在遷藏之例。臣竊未喻也。日者高宗晏駕。中宗奉遺詔自儲副而陟元后。則天太后臨朝廢爲廬陵王。聖歷元年。太后詔復立爲皇太子。屬太后聖壽延長。御下日久。奸臣擅命。紊其紀度。敬暉桓彥範等五臣。俱唐舊臣。匡輔王室。翊中宗而承大統。此乃子繼父業。是中宗得之而且失之。母授子位。是中宗失之而復得之。二十年閒。再爲皇太子。復踐皇帝位。失之在己。得之在己。實與革命中興之義殊也。又以周漢之例推之。幽王爲犬戎所滅。平王東遷。周不以平王爲中興不遷之廟。其例一也。漢呂后專權。產祿秉政。文帝自代邸而繼立。漢不以文帝爲中興不遷之廟。其例二也。霍光輔宣帝再盛基業。而不以宣帝爲不遷之廟。其例三也。伏以中宗孝和皇帝于聖上爲六代伯祖。尊非正統。廟亦親盡。爰及周漢故事。是與中興功德之主亦同。奉遷夾室。固無疑也。是月二十四日。禮儀使杜黃裳奏曰。順宗皇帝神主。已升祔太廟。告祧之後。即合遞遷中宗皇帝神主。今在三昭三穆之外。准禮合遷于太廟後西第一夾室。每至禘祫之日合食如常。于是祧中宗神主于西夾室。祔順宗神主焉。先是令有司以山陵將畢。議遷廟之禮。有司以中宗爲中興之君。當百世不遷之位。宰臣召蔣武問之。武對曰。中宗以宏道元年于高宗柩前即位。時春秋已壯矣。及母后篡奪。神器潛移。其後賴張柬之等同謀。國祚再復。此蓋同于反正。恐不得號爲中興之君。凡非我失之。自我復之。謂之中興。漢光武晉元帝是也。自我失之。因人復之。晉孝惠孝安是也。今中宗與惠安二帝事同。即不可爲不遷之主也。有司又云。五王有再安社稷功。今若遷中宗廟。則五王永絕配享之典。武曰。凡配享功臣。每至禘祫年。方合食太廟。居常即無享禮。今遷中宗神主。而禘祫之年。毀廟之主。並陳于太廟。此則五王配食。與前時如一也。有司不能答。

十五年四月。禮部侍郎李建奏上大行皇帝謚曰。聖神章武孝皇帝。廟號憲宗。制曰。敬依典禮。先是。淮南節度使李夷簡上議曰。王者祖有功。宗有德。大行皇帝戡翦寇逆。累有武功。廟號合稱祖。陛下宜當決在宸斷。無信齷齪書生也。遂詔下公卿與禮官同議。大行皇帝廟號稱祖與稱宗孰宜。太常博士王彥威奏議曰。伏惟禮經及三代之制。始封之君。謂之太祖。太祖之外。又祖有功而宗有德。故夏后氏祖顓頊而宗禹。殷人祖契而宗湯。周人郊祀后稷。祖文王而宗武王。自東漢魏晉。漸違經意。沿革不一。子孫以推美爲先。故自始祖已下。並有建祖之制。蓋非典訓。不可法也。國朝祖宗制度。本于周禮。以景皇帝爲太祖。又祖神堯而宗太宗。至高宗以後。則但稱宗。謂之尊名。著爲成法。不然則何以太宗造有區夏。致理昇平。元宗埽清內難。翊戴聖父。肅宗龍飛靈武。收復兩京。此皆應天順人。撥亂反正。至于廟號。亦但稱宗。謹按經義。祖者始也。宗者尊也。故傳曰。始封必爲祖。書曰。德高可宗。故號高宗。今宜本三代之定制。去晉魏之亂法。守貞觀開元之憲章。而擬議大名。垂以爲訓。大行皇帝廟號宜稱宗。從之。其日。禮部奏。准貞觀故事。遷廟之主。藏于夾室西壁。今夾壁南北三間。第一間世祖室。第二間高祖室。第三間太宗室。伏以山陵日近。睿宗皇帝祧遷有期。夾室西壁三室外。無置室處。准江都集禮。古者遷廟之主。藏于太室北壁之中。今請于夾室北壁。以西爲上。置睿宗皇帝神主石室。制可。

長慶元年二月。分司庫部員外郎李渤奏。太微宮神主。請歸祔太廟。敕付東都留守鄭絪商量聞奏。絪奏云。臣謹詳三代典禮。上稽高祖太宗之制度。未嘗有並建兩廟。並享二主之禮。天授之際。祀典變革。中宗初復舊物。未暇詳考典章。遂于洛陽創立宗廟。是行遷都之制。實非建國之儀。及西歸上都。因循未發。德宗嗣統。墜典克修。東都九廟。不復告享。謹按禮記。仲尼答曾子問云。天無二日。民無二王。嘗禘郊社。尊無二上。所以明二主之非禮也。陛下接千載之大統。揚累聖之耿光。憲章先王。垂法後嗣。況宗廟之禮。至尊至重。違經黷祀。時謂不欽。特望擇三代令典。守高祖太宗之法度。鑒神龍權宜之制。遵建中矯正之禮。依經復古。允屬聖明。伏以太微宮光皇帝三代睿宗聖文孝武皇帝神主。參考經義。不合祔享。至于遷置神主之禮。三代已降。禮無明文。伏望委中書門下與公卿禮官質正詳定。敕付所司。太常博士王彥威奏議曰。謹按國初故事。無兩都並建宗廟。並行享祭之禮。伏尋周書召誥洛誥之說。實有祭告豐廟洛廟之文。是則周人兩都。並建宗祧。至則告享。然則兩都皆祭祖考。禮祀並興。自神龍復辟。中宗嗣位。廟既皆作享亦並行。天寶末。兩都傾陷。神主亡失。肅宗既復舊物。但建廟作主于上都。其東都神主。大歷中始于人間得之。遂寓于太微宮。不復祔享。臣等謹按經傳。王者之制。凡建宮室。宗廟爲先。廟必有主。主必在廟。是則兩都立廟。蓋行古之道。主必在廟。實依禮經。今謹參詳。理合升祔。謹按光皇帝是追王。高宗中宗睿宗。是祧廟之主。其神主合藏于太廟從西第一夾室。景皇帝是始封不遷之祖。其神主合藏于太廟從西第二夾室。高祖太宗元宗肅宗代宗。是創業有功親廟之祖。伏惟江都集禮。正廟之主。藏于太室之中。禮記羣廟之主。有故則聚而藏之祖廟。伏以德宗之下。神主未作。代宗之上。后主先亡。若歸本室。則有虛主。事雖可據。理或未安。今高祖已下神主。並合藏于太祖之廟。依舊准故事不享。如陛下肆覲東后。移都洛陽。自非祧主。合歸本室。其餘闕主。又當時而作。祔享時祭禘祫如儀。臣又按國家追王故事。太祖之上。又有德明興聖懿祖別廟。今光皇帝神主。即懿祖也。伏緣東都先無前廟。安光皇帝神主。今請權祔于太廟夾室。居元皇帝之上。如駕在東都。則請准上都式。營建別廟。作德明興聖獻祖神主。備禮升祔。又于太廟夾室。

奉迎光皇帝神主。歸別廟第四室。禘祫如儀。或問曰。禮作栗主。瘞桑主。漢魏並有瘞主之議大歷中亦瘞孝敬皇帝神主。今祔而不瘞。如之何。答曰作主依神理無可埋。漢魏瘞藏事非允愜孝敬奪非正統廟廢而主獨存從而瘞藏。爲叶情理又問古者巡狩必載遷主。今東都主又祔于廟。答曰古者師行以遷主。無則主命。自非遷祖之主。別無出廟之文。凡邑有宗廟先君之主曰都。則兩都宗廟各宜有主。又問者。古者作主。必因虞練。若主必歸祔。則室不可虛。則當補已亡之主。創當祔之主。禮無其說。如之何。答曰虞練作主。禮之正也。非時作主。事之權也。王者遇時爲法。因事制宜。苟無其常。則思其變。如駕或東幸。廟仍虛主。卽准肅宗廣德二年上都作主故事。特作闕主而祔。蓋主不可闕。故禮貴從宜春秋之義。變而之正者也。臣伏思祖宗之主。神靈所憑。寓于太微。不入宗廟。據經復本。允屬聖明。至是下尚書省集議。而郎吏所議。與彥威多同。丞郎則各執所見。或云神主合藏于太微宮。或云並合埋瘞。或云闕主當作。或云輿駕東幸卽載上都神主而東。咸以意言。不本經據。竟以紛議不定。遂不舉行。

四年五月。禮儀使奏。謹按周禮。天子七廟。三昭三穆。合太祖之廟爲七。荀卿子曰。有天下者祭七世。有一國者祭五世。則知天子上祭七廟。典籍通規。祖功宗德。不在其數。國朝九廟之制。法周之文。太祖皇帝始爲唐肇基天命。義同周之后稷。高祖神堯皇帝創業經始。化隋爲唐。義同周之文王。太宗皇帝神武應期造有區夏。義同周之武王也。其下三昭三穆。謂之親廟。四時常饗。自如禮文。今以新主立廟。元宗明皇帝在三昭三穆之外。是親盡之祖。雖有功德。禮合祧遷。禘祫之歲。則從合食。制從之。

開成五年。禮儀使奏。謹按天子七廟。祖功宗德。不在其中。國朝制度。太廟九室。伏以太祖景皇帝受封于唐。高祖太宗創業受命。有功之主。百世不遷。今文宗元聖昭獻皇帝升祔有時。代宗睿文孝武皇帝是親盡之祖。禮合祧遷。每至禘祫。合食如常。敕旨。敬依典禮。

唐會要卷十六

廟議下

會昌元年三月。中書門下奏請尊憲宗爲不遷廟曰。謹按祖有功宗有德。夏之祖宗。經傳無文。殷則一祖三宗。成湯爲始祖。太甲爲太宗。大戊爲中宗。武丁爲高宗。劉歆曰。天子七廟。苟有功德則宗之。所以勸帝者功德博矣。故周公作無逸。舉殷之三宗以勸成王。漢景帝詔曰。孝文皇帝德厚侔天地。利澤施四海。廟樂不稱。朕甚懼焉。其爲孝文皇帝廟爲昭德之舞。以明休德。然後祖宗之功。施于萬代。其與丞相列侯二千石禮官具儀禮奏焉。丞相中屠嘉等奏曰。功莫大于高皇帝。德莫盛于孝文皇帝。高皇帝廟宜爲帝者太祖之廟。孝文皇帝廟爲帝者太宗之廟。天子宜世世獻祖宗之廟。又漢宣帝詔曰。夙夜惟念孝武帝躬履仁義。選明將。討不服。功德茂盛。不能盡宣。而廟樂未稱。時有司奏請尊孝武廟爲世宗廟。奏盛德文始五行之舞。天子請世世獻之。此子孫崇褒祖宗之明據也。自天寶後。兵宿中原。彊侯綿交。髖髀甚衆。貢賦不入。刑政自出。包荒含垢。至於貞元。德宗懲奉天之難。厭征伐之事。戎臣優以不朝。終老於外。其卒則以幕吏將校代之。兩河藩鎮。或倉卒易帥。甚於奕碁。憲宗摅宿憤。舉昇平之典法。始命將帥。順天行誅。元年劉琳暨闢。季年梟元濟及李師道。豈有去天下之害。不享其名。致生民之安。不受其報乎。臣等敢遵古典。

請尊憲宗章武孝皇帝爲百世不遷之廟。表奏。留中不出。其年六月。制。朕近因載誕之日。展承顏之敬。太皇太后謂朕曰。天子之孝。莫大於丕承。人倫之義。莫大於嗣續。穆宗睿聖文惠孝皇帝。厭世已久。星霜屢遷。彌宮曠合食之禮。惟帝深濡露之感。宣懿太后長慶之際。德冠後宮。夙表沙麓之祥。實茂河洲之範。先朝恩禮之厚。中壼莫偕。況誕我聖君。纘承昌運。已協華於先帝。方延祚於後昆。思廣貽謀。庶宏博愛。爰遵舊典。以慰孝思。當以宣懿皇太后祔在穆宗睿聖文惠孝皇帝廟。率是彝訓。其敬承之。朕祗奉慈旨。載深感咽。宜盡令宣示中外。咸使聞知。

五年八月。中書門下奏。東都太廟九室神主。共二十六座。自祿山叛後。取太廟爲軍營。神主棄于街巷。所司潛收聚。見在太微宮內新造小屋之內。其太廟屋室並在。可以脩崇。太和中。太常博士王彥威議。以爲東都不合置神主。車駕東幸。即載主而行。至今因循。尚未脩建。望令尚書省集公卿及禮官學官詳議。如不要更置。須有收藏去處。如合置。望以所拆大寺材木脩建。李石既是宗室。官爲居守。便望令充脩東都太廟使。勾當修繕。奉敕。宜依。六年三月。太常博士鄭路等奏。東都太微宮神主二十座。去年二月二十九日。禮院分析聞奏。訖。伏奉今月七日敕。此禮至重。須遵典故。宜令禮官學官同議聞奏者。臣今與學官等詳議。訖。謹具分析如後。

獻祖宣皇帝。　宣莊皇后。

懿祖光皇帝。光懿皇后。文德皇后。

高宗天皇大帝。則天皇后。

中宗大聖大昭孝皇帝。和思皇后。昭成皇后。

孝敬皇帝。孝敬哀皇后。

已前十二座。親盡迭毀。宜遷諸太廟。祔於興聖廟。禘祫之歲。乃一祭之。東都無興聖廟可祔。伏請且權藏于太廟夾室。未題神主十四座。前件神主。既無題號之文。難伸祝告之理。今與禮官等商量。伏請告遷之日。但瘞於舊太微宮內空閑之地。參酌事理。庶協從宜。制可。太常博士段瓌等三十九人奏議曰。禮之所立。本於誠敬。廟之所設。實在尊嚴。既曰薦誠。則宜統一。昔周之東西有廟。亦可徵其所由。但緣卜洛之初。既須營建。又以遷都未決。因議兩留。酌其事情。匪務於廣。祭法明矣。伏以東都太廟。廢已多時。若議增修。少乖前訓。何者。東都始制寢廟於天后。中宗之朝。事出一時。非貞觀開元之法。前後因循不廢者。亦踵鎬京之文也。記曰。祭不欲數。數則煩。天寶之中。兩京悉爲寇陷。西都廟貌如故。東都因此散亡。是知九廟之靈。不欲歆其煩祀也。自建中不葺之後。彌歷歲年。今若廟貌惟新。卽須室別有主。舊主雖在。大半合祧。必几筵而存之。所謂宜祧不祧也。孔子曰。當七廟五廟無虛主也。謂廟不得無主者也。舊主如有留去。新廟便合創添。謹按左傳云。祔練作主。又大戴云。虞而立几筵。如或非時成之。便是以凶干吉。創添既不典。虛廟又非儀。考諸禮文。進退無守。或曰。漢於郡國置宗廟。凡百餘所。今止東西立廟。有何不安者。當漢氏承秦焚燒之餘。不識典故。至於廟制。率意而行。比及元成二帝之間。貢禹韋元成等繼出。果有正論。竟從毀除。足知漢初不本於禮經。又安可程法也。或曰。几筵不得復設。廟寢何妨脩營。候車駕時巡。便合於所載之主者。究其終始。又得以論之。昨者降敕參詳。本爲欲收舊主。主既不立廟。更何可施。假令行幸九州。一一皆立廟乎。臣愚以爲廟不可脩。主宜藏瘞。或就瘞於埳室。或瘞於兩階之間。此乃百世常行不易之道也。其年九月。敕段瓌等詳議東都不可立廟。李福等狀。又有異同。國家制度。須合典禮。證據未一。則難建立。並令赴都省對議。須歸至當。工部尚書薛元賞等議。伏以建中時。公卿奏請脩建東都太廟。當時之議。大旨有三。其一曰。必存其廟。備立其主。時享之日。以他官攝行。二曰。建廟立主。存而不祭。皇輿時巡。則就享焉。三曰。存其廟。瘞其主。臣等取其三議。參酌禮經。理宜存廟。不合置主。謹按禮祭義曰。建國之神位。右社稷而左宗廟。禮記曰。君子將營宮室。宗廟爲先。是知王者建邦設都。必先宗廟社稷。況周武受命。始都於豐。成王相宅。又卜於洛。烝祭歲於新邑。冊周公於太室。故書曰。戊辰。王在新邑。烝祭歲。王入太室。祼。成王厥後復歸於豐。雖成洛邑。未嘗久處。逮於平王。始定東遷。則周之豐鎬。皆有宗廟明矣。又按曾子問。廟有二主。夫子告以天無二日。民無二王。嘗禘郊社。尊無二上。未知其爲禮者。昔齊桓公作二主。夫子譏之。以爲僞主。是知二主不可並設。亦明矣。夫聖王建社以厚本。立廟以尊祖。所以京邑必有宗社。今國家定周秦之兩地。爲東西之兩宅。闢九衢而立宮闕。設百官而嚴拱衞。取法元象。號爲京師。旣嚴帝宅。難虛神位。若無宗廟。何謂皇都。然依人者神。在誠者祀。誠非外至。必由中出。理合親敬。用交神明。位宜存於兩都。廟可偕立。誠難專於二祭。主不並設。或以禮云七廟五廟無虛主。是謂不可無主。所以天子巡狩。亦有所尊嘗飾齋車。載遷主以行。今若修廟瘞主。則東都太廟九室皆虛。旣違於經。須徵其說。臣復探賾禮意。因得盡而論之。所云七廟五廟無虛主。是論見饗之廟不可虛也。今之兩都。雖各有廟。禘祫享獻。斯皆親奉於上京。神主几筵。不可虛陳於東廟。且禮云。惟聖人爲能享帝。孝子爲能享親。昔漢韋元成議廢郡國祀。亦曰立廟京師。躬親承事。四海之內。各以職來祭。人情禮意。如此較然。二室旣不並居。二廟豈宜偕祔。但所都之國。見享之廟。旣無虛室。則協通經義者。又欲置主不享。以俟巡幸。昔魯作僖公之主。不於虞練之時。春秋書而譏之。合祔之主。作非其時。尙爲所譏。今若置不合祔之主。不因時而作。違經越禮。莫甚於此。豈有九室合享之主。而有置而不享之文。兩廟始創於周公。二主獲譏於夫子。自古制作。皆範周孔。舊典猶在。足可明徵。臣所以言東都廟則合存。主不合置。今將修建廟宇。誠不虧於典禮。其見在太微宮中六主。請待東都修建太廟畢。具禮迎置於西夾室。闔而不饗。式彰陛下嚴祀之敬。以明聖朝尊祖之義。吏部郎中鄭亞等五人議。據禮院奏。以爲東都太廟旣廢。不可復修。見在太微宮神主。請瘞於所寓之地。有乖經訓。不敢雷同。臣所以別進議狀。請脩祔主。並依典禮。兼與建中元年禮儀使顏眞卿所奏事同。臣與公卿等重議．皆以爲廟固合修．主不可瘞．卽與臣等議狀意同．但衆議猶疑東西二廟各設神主．恐涉廟有二主之義．請脩廟虛室．以太微宮所寓神主．藏於夾室之中．伏以六主神位內有不祧之宗．今用遷廟之儀．猶未合禮．臣等猶未敢署衆狀．蓋爲闕疑．太學博士直宏文館鄭遂等七八議曰．夫論國之大事．必本於正而根乎經．以臻於中道．聖朝以廣孝爲先．以得禮爲貴．而臣下敢不以經對．三論六故．已詳於前議矣．再捧天問．而陳乎諸家之說．求於典訓．考乎大中．廟有必脩之文．主無可置之理．則正經正史．兩都之廟可徵．禮稱天子不卜處太廟．擇日卜建國之地．則宗廟可知．若廢廟之說．恐非所宜．按詩書禮三經及漢朝正史．兩都並設廟．而載主之制．久已行之．敢不明徵．而去其文飾．援據經文．不易前見．東都太廟合務脩崇．而舊主當瘞．請瘞於太微宮所藏之所．皇帝有事於洛．則奉齋車載主以行．太常博士顧德章議曰．夫禮雖緣情．事貴合道．將明厥要．實在得中．必過禮而求多．則反虧於誠敬．伏以神龍之際．天命有歸．移武氏廟於長安．卽其地而置太廟．以至天寶初復．不爲建都而設．議曰．中宗立廟於東都．無乖舊典．徵之古意．不亦謬乎．又曰．東都太廟．至於睿宗元宗．猶奉而不易者．蓋緣常所尊奉．不敢輒廢也．今則廢已多時．宜循莫舉之典也．又曰．雖貞觀之始．草創未暇．豈可謂此事非開元之法者．謹按定開元六典敕曰．聽政之暇．錯綜古今．法以周官．作爲唐典．覽其本末．千載一時．春秋謂考古之法也．行之可久．不曰然歟．此時東都太廟見在．六典序兩都宮闕．西都具太廟之位．東都則存而不論．足明事出一時．又安得云開元之法也。又三代禮樂。莫盛於周。昨者論議之時。便宜細參。取法於周。遷都而立廟。今立廟不因遷都。何美之而不能師之也。又曰建國神位。右社稷而左宗廟。君子將營宮室。宗廟爲先者。謹按六典。永昌中。則天以東都爲神都。爾後漸加營搆。宮室百司。於是備矣。今之宮室百司。乃武氏改命所備也。上都已建國立宗廟。不合引言。又曰東都洛陽祭孝宣等五帝。長安祭孝成等三帝。以此爲置廟之例。則又非也。當漢兩處有廟。所祭之帝各別。今東都建廟作主。與上都盡同。詳而論之。失之甚者。又曰今或東洛復置太廟。有司同日待祭。以此爲數。實所未解者。謹按天寶三載詔曰。頃四時有事於太廟。兩京同日。自今已後。兩京各宜別擇日。載在祀典。可得而詳。且立廟造主。所以祭神。而曰存而勿祀。出自何經。當七廟五廟無虛主。而欲立虛廟。法於何典。前稱廟貌如故者。卽指建中之中。就有而言。以爲國之先也。前以非時不造主者。謂見有神主。不得非時而造也。若江左至德之際。主並散亡。不可拘以例也。或曰廢主之瘞。請在太微宮者。謹按天寶二年敕曰。古之制禮。祭用質明。義兼取於尙幽。情實緣於旣沒。我聖祖澹然常在。爲道之宗。旣殊有盡之期。宜展事生之禮。自今已後。每至聖祖宮有昭告。宜改用卯時者。今欲以主瘞於宮所。旣與此敕全乖。又曰主不合瘞。請藏夾室者。謹按前代藏主。頗有異同。至如夾室。宜用以序昭穆也。今廟主俱不中禮。則無禘祫之文。又曰君子將營宮室。以宗廟爲先。則建國營宮室。而宗廟必設。今東都旣有宮室。而太廟不可不營。凡以論之。其義斯勝。而西周東漢。並列兩都。各有宗廟之證。經史昭然。又得以極思於揚搉。詩曰。其繩則直。縮版以載。作廟翼翼。大雅瓜瓞。言豐廟之作也。又曰。於穆淸廟。肅雍顯相。洛邑既成。以率文王之祀。此詩言洛之廟也。書曰。成王既至洛。烝祭歲。文王騂牛一。武王騂牛一。又曰。祼於太室。康王又居豐。命畢公保釐東郊。豈有無廟而可烝祭。非都而設保釐。則書東西之廟也。逮於後漢。卜洛西京之廟亦存。建武二年。於洛陽立廟。而成哀平三帝。祭於西京。一十八年。親幸長安。行禘禮。當時五室列於洛都。三帝留於京廟。行幸之歲。與合食之期相會。不奉齋車。又安可以成此禮。則知兩廟周人成法。載主以行。漢家通制。或以當虛一都之廟。爲不可。而引七廟無虛主之文。禮言一都之廟。室不虛主。非爲兩都各廟。而不可虛也。既聯出征之詞。更明載主之意。因事而言。理實相統。非如詩人。更可斷章以取義也。古人求神之所非一。奉神之意無二。故廢桑主。作栗主。既事埋之。以明其一也。或又引左氏傳築郿凡例。謂有宗廟先君之主曰都。而立建主之論。按魯莊公二十八年冬。築郿。左傳爲築發凡例。穀梁譏因藪澤之利。公羊稱避凶年造邑之嫌。三傳異同。左氏爲短。何則。當春秋二百年間。魯凡城二十四邑。惟郿一邑稱築。城其二十三邑。豈皆有宗廟先君之主乎。執此爲建主之端。又非通論。或又曰。廢主之瘞。何以在於太微宮所藏之所。宜舍故依新。前已列矣。按瘞主之位有三。或於北牖之下。或在西階之間。廟之事也。其不當立之主。但隨其所在以瘞之。夫主瘞於當立之廟。斯不然矣。以在所而言。則太微宮所藏之所。與漢之寢園無異。歷代以降。建一都者多。兩都者少。今國家崇東西之宅。極嚴奉之典。而以各廟爲疑。合以建都故事．以相質正．即周漢是也．今詳議所徵．究其年代．率皆一都之時．豈可以擬議．亦孰敢獻酬於其間．詳考經旨．古人謀寢．必及於廟．未有設寢而不立廟者．國家承隋氏之弊．草創未暇．後雖建於垂拱．而事有所合．其後當干戈寧戢之歲．文物大備之朝．歷於十一聖．不議廢之．豈不以事雖出於一時．廟有合立之理．不可一一革也．今洛都上自宮殿樓觀．下及百辟之司．與西京無異．鑾輿之至也．雖斯役之賤．必歸其所．理也．豈先帝之主．獨無其所安乎．時也．虞主尙瘞．廢主宜然．或以馬融李舟二人稱寢無傷於偕立．廟不妨於暫虛．是則馬融李舟可法於宣尼矣．以此擬議．乖當殊深．或稱凡邑有宗廟先君之主曰都．無曰邑．邑曰築．都曰城者．謹按春秋二百四十年間．惟郿一邑稱築．於城郎費之類．各有所因．或以他防．或以自固．謂之盡有宗廟．理則極非．或稱聖主有復古之功．簡册有考文之美．五帝不同樂．三王不同禮．遭時爲法．因事制宜．此則改作有爲．非有司之事也．如有司之職，但合一一據經．變禮從時．則須候明詔也．凡不脩之證．略有七條．廟主應遷．一也．已廢不舉．二也．廟不可虛．三也．非時不造主．四也．合載遷主行．五也．尊無二上．六也．六典不書．七也．謹按文王遷豐立廟．武王遷鎬立廟．成王遷洛立廟．今東都不因遷而欲立廟．是違因遷立廟也．謹按禮記曰．凡祭有其廢之．莫敢舉也．有其舉之．莫敢廢也．今東都太廟．已廢八朝．若果立之．是違已廢不舉也．謹按禮記曰．當七廟五廟無虛主．今欲立虛廟．是違廟不可虛也．謹按左傳丁丑作僖公主．書不時也．記又曰．過時不祭．禮也．合禮之祭．過時猶廢．非禮之主．可以作乎．今欲非時作主。是違非時不作主也。謹按曾子問古者師行。必以遷廟主行乎。孔子曰。天子巡狩。必以遷廟主行。載於齋車。言必有尊也。今也取七廟之主以行。則失之矣。皇氏云。遷廟主者。載遷一室之主也。今欲載羣廟之主以行。是違載遷之主也。謹按禮記曰。天無二日。民無二王。嘗禘郊社。尊無二上。今欲兩都建廟作主。是違尊無二上也。謹按六典序兩都宮闕及廟宇。此時東都有廟不載。是違六典不書也。遍考書傳。並不合脩。竊以武德貞觀之中。作法垂範之日。文物大備。儒彥畢臻。若可脩營。不應議不及矣。記曰。樂由天作。禮以地制。天之體。動也。地之體。止也。此明樂可作。禮難變也。伏惟陛下誠明載物。莊敬御天。孝方切於祖宗。事乃求於根本。再令集議。俾定所長。臣實職司。敢不條白以對。德章又有上中書門下及禮院詳議兩狀。並同載於後。其一曰。伏見八月六日敕。欲脩東都太廟。令會議。此事時已有議狀。准禮不合更脩。尙書丞郎已下三十八人。皆同署狀。德章官在禮寺。實忝司存。當聖上嚴禋敬事之時。會相公尙古黜華之日。脫國之祀典有乖禮文。豈惟受責於曠官。竊懼貽譏於明世。所以懃懃懇懇。將不言而又言。昨者異同之意。盡可指陳。一則以有都之名。便合立廟。次則欲崇脩廟宇。以候時巡。殊不知廟不合虛主。惟載一時。謹按貞觀九年詔曰。太原之地。肇基王業。事均豐沛。義等宛譙。約禮而言。須議立廟。時秘書監顏師古議曰。臣旁觀祭典。遍考禮經。宗廟皆在京師。不於下土別置。昔周之豐鎬。實爲遷都。乃是因事便營。非云一時別立。太宗許其奏。卽日而停。由是而言。太原豈無都號。太廟是時猶廢。東都不立可知。且廟室惟新。卽須有主。主既藏瘞。非虛而何。是有都立廟之言。不攻而自破矣。又按曾子問曰。古者師行。必以遷廟主行乎。孔子曰。天子巡狩。必以遷廟主行。載於齋車。言必有尊也。今也取七廟之主以行。則失矣。皇氏云。遷廟主者。惟載新遷一室之主也。未祧之主。無載行之文。假使候時巡。自可脩營一室。議構九室。有何依憑。夫宗廟尊事也。重事也。至尊至重。安得以疑文而定論。言苟不經。則爲擅議。近者敕旨。凡以議事。皆須一一據經。若無經文。任以史證。如或經史皆無據者。不得率意而言。則立廟東都。正經史無據。果從臆說。無乃前後相違也。書曰。三人占。則從二人之言。會議者四十八人。所同者六七人耳。比夫二三之喻。又何其多也。夫堯舜之爲帝。迄今稱咏之者。非有他術異智者也。以其有賢臣輔翼。能順考古道也。故堯之書曰。若稽古帝堯。舜之書曰。若稽古帝舜。孔氏傳曰。傅說佐殷之君。亦曰事不師古。匪說攸聞。考之古道既如前。驗以國章又如此。將求典實。無以易諸。伏希必本正經。稍抑浮議。踵皐夔之古道。法周孔之遺文。則天下守眞之儒。實所幸甚。其餘已具前議。其二曰。夫宗廟之設。主於誠敬。旋觀典禮。貳則非誠。是以匪因遷都。則不別立廟宇。記曰。天無二日。民無二王。嘗禘郊社。尊無二上。又曰。凡祭有其廢之。莫敢舉也。有其舉之。莫敢廢也。則東都太廟。已廢多時。若議增脩。稍違前志。何者。聖曆神龍之際。武后始復明辟。中宗取其廟易置太廟焉。本欲權固人心。非經久之制也。伏以所存神主。既請祧藏。今廟室惟新。即須有主。神主非時之造。廟寢又無虛議。如脩復以候時巡。則時巡惟載一主。備在方册。可得而詳。又引經中義有數等。或是弟子之語。或是他人之言。今廟不可虛。尊無二上。非時不造主。合載一主行。皆大聖祖及宣尼親所發明者。比之常據。不可同塗。又邱明脩春秋。悉以君子定褒貶。至陳泄治以忠獲罪。晉文以臣召君。於此數條。不復稱君子將評得失。特以宣尼斷之。傳曰危疑之理。須聖言以明也。或以東都不同他都。地有壇社宮闕。欲議構葺。似是無妨。此則酌於意懷。非曰經據也。但以遍討今古。無有壇社立廟之證。用以爲說。實所未安。謹按上自殷周。旁稽古實。除因遷都之外。無別立廟之文。制曰。自古議禮。皆酌人情。必若稷嗣知幾賈生達識。方可發揮大政。潤色皇猷。其他管窺。蓋不足數。公卿之議。實可施行。德章所陳。最爲淺近。豈得苟申獨見。妄有異同。事貴酌中。禮宜從衆。宜令有司擇日脩崇太廟。以留守李石充使勾當。六年三月。擇日既定。禮官既行。旋以武宗登遐。其事遂寢。至五月。宣宗卽位。復詔東都備法駕迎木主歸祔太廟。兩都太廟木主自此始也。

其年十一月。太常博士任疇上言。前月十七日。饗德明興聖廟。得廟直候論狀。稱懿祖室在獻祖之上。當時雖以爲然。便依行事。猶牒報監察使及宗正寺。請遇禮詳窺玉牒。如有不同。卽相知聞奏。爾後伏檢高祖神堯皇帝本紀。伏審獻祖爲懿祖之昭。懿祖爲獻祖之穆。昭穆之位。天地極殊。今廟室奪倫。不卽陳奏。倘爲苟且。罪不容誅。仍敕脩撰朱儔。檢討王皞。研精詳覈。得報稱天寶二年。制追尊咎繇爲德明皇帝。涼武昭王爲興聖皇帝。十載立廟。至貞元十九年。制從給事中陳京。右僕射姚南仲等一百五十人之議。以爲禘祫是祖宗以序之祭。凡有國者。必尊太祖。今國家以景皇帝爲太祖。太祖之上。施於禘祫。不可爲位。請按德明興聖廟共成四室。祔遷獻懿二祖。謹尋傳等所報。卽當時表奏並獻居懿上。伏以國之大事。宗廟爲先。禘祫之禮。不當失序。四十餘載。理難尋詰。伏祈聖鑒。卽垂詔勑。具禮遷正。其月。疇又奏曰。伏奉今月十三日勑。以臣所奏獻祖懿祖二室倒置事宜。令禮官集議聞奏者。去月十七日。緣遇太廟祫享太祖景皇帝已下羣主。准貞元十九年所祔獻祖懿祖於德明廟。共爲四室。准元勑各於本室行享禮。審知獻祖合居懿祖之上。昭穆方正。其時親見獻祖之室。倒居懿祖之下。於後遍檢圖籍。實見差殊。遂敢奏聞。今奉勑宜令禮官集議聞奏者。臣得奉禮郎李崗。太祝柳仲年。協律郎諸葛玫。李潼。檢討官王皡。脩撰官朱儔。博士閔慶之等七人狀稱。謹按高祖神堯皇帝本紀。及皇帝圖譜。并武德貞觀永徽開元已來諸禮。著在甲令者。並云獻祖宣皇帝是神堯之高祖。懿祖光皇帝是神堯皇帝之曾祖。以高曾辨之。則獻祖是懿祖之父。懿祖是獻祖之子。卽博士任疇所奏。倒祀不虛。臣等伏乞卽垂勑詔。具禮遷正。其事遂行。

大中六年正月。吏部尚書李景讓上疏。言穆宗敬宗文宗武宗四廟。當遷出。且穆宗是陛下兄。敬宗已下。是猶子。陛下拜兄尚不可。拜姪可乎。使陛下不得親事七廟。宜升代宗已下入廟。以正三昭三穆之序。下百寮集議。不定而止。

中和元年。黃巢犯闕。僖宗避賊於成都。夏四月。有司請享太祖已下十一室。詔公卿議之。太常卿牛叢與儒者同議其事。或曰。王者巡狩。以遷廟主行。如無遷廟之主。則祝史奉幣帛皮珪告於祖禰。遂奉以出載於齋車。每舍奠焉。今非巡狩。是失守宗廟。夫失守宗廟。則當罷宗廟之事。叢疑之。將作監王儉。太子賓客李匡乂。禮部員外郎袁皓。建議同異。及左丞崔厚爲太常卿。遂議立行廟。以元宗幸蜀時道宮元元殿之前架幄幙爲十一室。又無神主。題神版位而行事。達禮者非之。明年。乃特造神主。以祔行廟。

天祐二年二月二十七日。左僕射裴贄等二百六十七人奏。竊以昭宗皇帝山陵虞祭畢。祔太廟。合定祧遷。下尚書省集議。聞奏者。伏以廟朝大禮。宜循故實。今據太常博士李侗柳莊議狀。證引不同。只請准近朝例。祧順宗一室。入祔昭宗神主。從之。

唐會要卷十七

祭器議

永徽二年。禮部尚書許敬宗議籩豆之數曰。謹按光祿式。祭天地日月嶽鎭海瀆先蠶等。籩豆各四。宗廟。籩豆各十二。社稷先農等。籩豆各九。風師雨師等。籩豆各二。尋此式文事實乖戾。社稷多於天地。似不貴多。風雨少於日月。又不貴少。且先農先蠶。俱爲中祀。或四或六。理不可通。謹按禮記郊特牲云。籩豆之薦。水土之品。不敢用褻味而貴多品。所以交於神明之義也。此卽祭祀籩豆以多爲貴。宗廟之數。不可踰郊。今請大祀同爲十二。中祀同爲十。小祀同爲八。釋奠準中祀。自餘從座。並請依舊式。從之。

開元二十二年正月十八日。勅文宗廟致享。務在豐潔。禮經沿革。必本人情。籩豆之薦。或未能備物。宜令禮官學士詳議具奏。太常卿韋縚請宗廟之奠。每座各加十二。又酒爵制度全小。僅無一合。執持甚難。請稍令寬大。仍望付尚書省集衆官詳議。兵部侍郎張均及職方郎中韋述等議曰。謹按禮祭統曰。凡天之所生。地之所長。苟可薦者。莫不咸在。聖人知孝子之情深。而物類之無限。故爲之節制。使有常禮。物有其品。器有其數。上自天子。下至公卿。貴賤差降。無相踰越。百代常行。無易之道也。左傳曰。饗以訓恭儉。宴以示慈惠。恭儉以行禮。慈惠以布政。享之與宴。猶且異文。祭奠所陳。固不同矣。今欲取甘旨之物。肥濃之味。

隨所有者皆充祭用。苟踰舊制。其何限焉。雖籩豆有加。豈能備也。傳曰。大羹不致。粢盛不鑿。昭其儉也。若以今之珍饌。平生所習。求神無方。何必師古。自漢以降。諸陵皆有寢宮。歲時朔望。薦以常饌。此既常行。亦足盡至孝之情矣。宗廟正禮。宜依典故。率意變革。人情所難。又按舊制。一升曰爵。五升曰散。禮器稱宗廟之祭。貴者獻以爵。賤者獻以散。此明貴小賤大。示之節儉。豈可舍先王之道。以徇一時之所尚。廢棄禮經。以從流俗。裂冠毀冕。將安用之。君子愛人以禮。不求苟合。況在宗廟。敢忘舊章。請依古制。庶可經久。太子賓客崔沔議曰。竊聞識禮樂之情者能作。知禮樂之文者能述。述作之義。聖賢所重。禮樂之本。古今所崇。變而通之。所以久也。所謂變者。變其文也。所謂通者。通其情也。祭祀之典。肇於太古。人所飲食。必先薦獻。未有火化。茹毛飲血。則有毛血之薦。未有麴糵。汙樽抔飲。則有元酒之奠。施及後王。禮物漸備。作為酒醴。用其犧牲。以致馨香。以極豐潔。故有三牲八簋之盛。五齊九獻之殷。然神道至元。可存而不可測也。祭禮至敬。可備而不可廢也。是以毛血腥爓。元尊犧象。靡不畢登于明薦矣。然而薦貴於新。味不尚褻。雖則備物。猶存節制。故禮云。天之所生。地之所長。苟可薦者。莫不咸在。備物之情也。夫曰三牲之俎。八簋之實。美物備矣。昆蟲之異。草木之實。陰陽之物備矣。此節制之文也。鉶俎籩豆。簠簋尊罍之實。皆周人之時饌也。其用通於燕享賓客。而周公制禮。咸與毛血元酒同薦於先。晉中郎盧諶。近古之知禮者。著家祭禮。皆晉時常食。不復純用舊文。然則當時飲食。不可闕於祭祀明矣。是變禮文而通其情也。我國家由禮立訓。因時制範。考圖史於前典。稽周漢之舊儀。清廟時享。禮饌畢陳。用周制也。而古式存焉。園寢上食。時饌具設。遵漢法也。而珍味極焉。職貢來祭。致遠物也。有新必薦。順時令也。苑囿之內。躬稼所收。蒐狩之時。親發所中。割鮮擇美。薦而後食。盡誠敬也。若此至矣。復何加焉。但當申敕有司。祭神如在。其進貢珍羞。或時物鮮美。考諸祀典。無有漏略。皆詳名目。編諸甲令。因宜而薦。以類相從。則鮮肥盡在。不必加於籩豆之數也。至於祭器。隨物所宜。故太羹古食也。盛於登。登古器也。和羹時饌也。盛於鉶。鉶時器也。亦有古饌而盛於時器。故毛血盛於盤。元酒盛於尊。未有薦時饌而追用古器者。由古質而今文。便於事也。雖加籩豆十二。未足以盡天下美物。而措諸清廟。有兼倍之名。近於侈矣。又按漢書藝文志墨家之流。出於清廟。是以貴儉。由此觀之。清廟之不尚於奢舊矣。太常所請。恐未可行。又稱酒爵全小。須加廣大。稱據禮文。有以小爲貴者。獻以爵。貴其小也。小不及制。敬而非禮。是有司之失其傳也。固可隨失釐正。無待議而後革。未知今制。何所依準。請兼詳令式。據文而行。禮部員外郎楊仲昌議曰。鄭玄云。生人尚褻食。鬼神則不然。春秋曰。蘋蘩薀藻之菜。潢汙行潦之水。可薦于鬼神。又曰。太羹不致。粢盛不鑿。此明君人者有國奉先。敬神嚴享。豈肥濃以爲尚。將儉約以表誠。則陸海之物。鮮肥之類。旣乖禮文之情。而變作者之法。皆充祭用。非所宜也。易曰。樽酒簋貳用缶。納約自牖。此明祭尚簡易。不在繁奢。所以一樽之酒。貳簋之奠。爲明祀也。薦肥濃則褻味有登。加籩爵則事非師古。與其別行新制。甯如謹守舊章。又漢家園陵。八節上食。自茲以降。代行其典。貞觀之後。禮法刊定。今陵寢見有八節之奠。兼朔望常食。聖心追遠。每物加薦。不敢黷於宗廟。請施行之于園陵。愚忝主司。顧非知禮。布之執事。惟裁擇焉。戶部郎中楊伯成。左衛兵曹參軍劉秩。皆建議以爲請依舊禮。於是宰臣具沔述等議以奏。上曰。享祀粢盛。實思豐潔。不應法制者。亦不可用。於是更令太常量加品味。韋縚又請每室加籩豆各六。每四時異品。以當時新果及珍羞同薦。制可之。又酌獻酒爵。上令用龠升一升。合於古義。而多少適中。自是常依行焉。大歷元年七月五日。勅南郊太廟祭器。令所司造兩副供用。一副貯庫。諸壇廟祭器。更別造一副。諸雜用者。亦宜別造。不得效廟及諸壇祭器。

廟災變

開元五年正月二日。太廟四室崩。上素服避正殿。迎神主于太極殿。初將幸東都。而太廟崩。召宰臣宋璟蘇頲問其故。對曰。今三年之制未畢。誠不可幸。凡災變之發。皆所以明儆誡。陛下宜增崇大道。以答天意。且停幸東都。上又召姚崇。對曰。太廟殿本是苻堅時所造。隋文帝創立新都。移宇文廟故殿。改造此廟。歲月滋深。朽蠹而毀。山有朽壞。尙不免崩。木朽而摧。偶與行期相會。不是緣行乃崩。且天子以四海爲家。陛下爲關中不熟。所以爲人行幸。上曰。卿言正合朕意。遂幸東都。右散騎常侍褚無量請脩德。諫曰。臣聞尙書洪範傳曰。王者陰盛陽微。則先祖見其變。昔成湯遇旱。引事自責云。女謁盛邪。今太廟毀壞。卽是先祖見變。後宮之中。非所幸者。親享之後。簡出少多。以應其變。又竊聞左右近臣妄奏云。國家太廟。其材木本是苻堅時舊殿。按括地志云。隋文帝創立新都。移宇文廟故殿改造此廟。原非苻堅及宇文氏所作也。況我國家及隋文帝貴爲天子。富有四海。豈復遞取苻堅之舊殿。以充太廟者乎。此則言僞而辨。殊不足採納。伏願精選舉用賢良。節奢靡。輕賦稅。繼絕世。愼刑罰。納諫諍。察諂諛。夫如是則人和。人和則氣和。氣和則天地和矣。人天和會。災異自銷。伏願虔奉神心。克謹天誡。十月七日。伊闕人孫平子上封事曰。臣竊見今年正月太廟毀。此乃躋二帝之所致也。臣按左傳。君薨卒哭而祔。祔而作主。特祀于主。烝嘗禘于廟。今日有違於此也。昔魯文公二年。宗伯弗忌躋僖公于閔公上。後致太室壞。春秋異而書之。今日有同於彼也。君子以弗忌爲失禮。又按五行志書。僖公雖兄。嘗爲閔公臣。臣居君上。是爲失禮也。故太室壞。且兄臣於弟。猶不可躋之弟上。況弟臣于兄。豈可躋弟于兄上邪。昔莊公三十二年薨。閔公二年吉禘。自薨至禘。尙有二年。春秋猶非之。失禮況夏崩冬禘。不亦太速乎。且太廟中央曰太室。尊高象也。魯自是陵夷。將墮周公之祀。臣據此斷之。卽太廟毀。亦今日將欲陵夷之象。墮先帝之祀也。斯亦上天祐我唐國。乃降此災。以陛下去年禘孝和于別室。告祭于太廟。未祭孝和。先祭太上皇。此乃與僖閔事同。先臣後君也。昔躋兄弟上。今令弟先兄祭。過有甚于古也。昔登臣君上。今亦如之。事豈不同邪。昔太室壞。今太廟毀。變豈不同邪。若以兄弟同昭。則不合出置別廟。若以臣子一例。則孝和合進爲昭。昔武氏簒國十五餘年。孝和挺劍龍飛。再興唐祚。反正朔服色。咸依貞觀故事。此卽有大功於天下也。今禘于別室。是廢先聖之訓。棄中興之功。下君上臣。輕長重幼。昔晉太康五年。宣帝廟地陷。梁折。八年正月。太廟殿陷。改作殿宇。更營新廟。遠致名材。雜以銅柱。自八年九月造。至十年四月乃成。十一月。又梁折毁壞。由此言之。天降災譴。非枯朽也。晉不知過。天下分崩。王室大亂。特望天恩。少垂詳察。速召宰相已下。謀議移孝和入廟。何必苦違禮典。以同魯晉。詔下禮官議。太常博士陳貞節。馮宗。蘇獻等議曰。王制。天子七廟。三昭三穆。并太祖而七。昭穆者。父子之位。則知七世之廟。無兄弟之義矣。殷繼成湯。至于帝乙。父子兄弟。十有二君。其正世止六而已。易乾鑿度曰。殷之帝乙。六世王也。此則兄弟不數爲世之明據也。又殷人六廟。親廟四。並湯而六。殷世兄弟四人相次爲君。若以爲世。便當上毁四室。如此則無復祖禰之祭矣。古之廟位。自禰已上。極于太祖。雖數溢迭毁。隨而上遷。三昭三穆。未嘗有闕也。又禮大宗無子。則立支子。又曰。爲人後者爲支子。無兄弟相爲後之文。所以舍至親。取遠屬。蓋以兄弟一體。無父子之道。故父子曰繼。兄弟曰及。禮兄弟不相入廟者。假如兄弟代立。孫姪承統。告享之日。不得稱嗣子嗣孫。則當上列云伯考伯祖。下繫云姪子姪孫。此乃成七廟之位號。不成繼統之義焉。斯又不可之甚也。又殷十二世。惟三祖三宗。明兄弟相及。自別立廟。不必繼之七世。後漢世祖列序七廟。而惠帝不入其數。豈非文帝之嫡兄乎。及文武代立。子孫克昌。爲漢之大宗。晉景亦晉文之兄。緣景帝絕嗣。不列七廟之數。何以知之。據永興元年告謚世祖。稱景帝爲從祖也。若以晉武越次尊崇其父。而致廟壞。遂及亂亡。何因漢氏遷出惠帝。宗尊文帝。而享世二十有四。歷年四百三十般廟何嘗見崩。漢廟未始經折。殷漢之盛。委而不言。魯晉之災。引以爲喻。是以春秋書太室壞者。乃垂明誡。何必閔僖晉太廟所以毀折者。天誅奢麗。不以遷廟。然天子七廟。諸侯五廟。辨貴賤之差也。父子相繼。億萬人之心也。昭穆列序。重繼統之義也。今孝和皇帝若與聖眞皇帝相亞。在廟止成六世。何以辨貴賤乎。裔嗣絶滅。何以宗後世乎。昭穆失序。何以成繼統之義乎。況國家遠遵殷之陽甲。近法漢之成帝。特以孝和實中興之明主。開百世不毀之廟。別立園寢。永以寧神。歲時烝嘗。與國終始。有何不可乎。平子云。太廟崩。緣躋聖賢所致。引僖公薨遷居閔公之上。稱爲逆祀。取類當今。然孝和升新寢之後。聖眞皇帝方上祔高宗。斯則未嘗一日躋居孝和之上。引茲爲證。豈非誣罔朝廷。邪平子不識忌諱。肆其狂瞽。危言高論。謗訕朝廷。引衰晉之朝。比聖明之世。言僞而辨。禮所不容。狀入。久不決。上令宰臣召平子與禮官對定可否。博士固執前議。平子口辨。所引咸有經據。獻等又不能屈之。時蘇頲知政事。以獻是從祖之兄。頲黨之。議竟不行。平子上論不置。遂以平子爲康州都城縣尉。議者以平子之議是也。

至德二載十一月十五日。新作九廟神主于長安殿。安置。上親享之。先是京師宗廟被焚。上在彭城。原使人陷沒于鳳翔。先作神主。及是迎享。初。肅宗將復宮闕。遣左司郎中李巽先行告廟之禮。工部尚書顏眞卿謂禮儀使崔器曰。春秋時。新宮災。魯成公三日哭。今太廟爲盜焚毀。宜築壇于野。皇帝向東哭。然後遣使。事竟不行。又曰。告廟祝文稱嗣皇帝。上皇在蜀。稱嗣可乎。器遽奏改之。中旨歎重。宣勞焉。先是。御史大夫嚴郢為協律郎。知東都太廟。時安祿山陷東都。郢潛奉九廟神主于私第。至至德三載。東都收復。有司備法駕迎神主歸于太廟。以功遷大理司直。廣德初。代宗自陝將還。尚書右丞顏眞卿請皇帝先謁五陵廟。然後還宮。宰相元載謂眞卿曰。公所見甚美。其如不合事宜何。眞卿曰。用舍在相公耳。言者何罪。然朝廷之事。豈堪相公再破除邪。

建中二年二月。復肅宗神座于寢宮。初。寶應中。西戎犯京師。焚建陵之寢。至是始創復焉。

元和十一年正月。宗正寺奏。建陵黃堂南面丹景門。去年十一月。被賊斫破門戟四十七竿。詔曰。所由闕于周防。敢爾侵犯。各據事狀。宜有科懲。知山門押官決六十。削一任官。彍騎三衞並決四十。陵令馬敍罰一季俸料。陵丞李建罰一月俸。宗正卿李上公罰一月俸。大中五年十二月。景陵有賊驚動。斫損神門戟架等。至六年四月。下詔曰。景陵神門盜傷法物。其賊既抵極法。官吏等須有懲責。宗正卿及陵令縣令。已從別勑處分。京兆尹邦畿不能肅淸。封部責帥之義。其何以逃。宜罰兩月俸料。其日。貶宗正卿李文舉為睦州刺史。陵令吳閱為岳州司馬。奉先縣令裴讓為隨州司馬。權知縣事主簿張行之為邵州司戶。陵丞李咸停見任。仍殿三選。所由節級等科責。

光啓元年三月。中書門下奏曰。伏以前年冬月。有震俄然。巡幸主司。宗祀迫以倉徨。移蹕鳳翔。未敢陳奏。今將迴鑾。輅皆舉典章。淸廟再營。孝思式備。伏請降勑命。委所司參詳典禮。脩奉。詔從之。又脩奉太廟使宰相鄭延昌奏。太廟大殿十一室。二十三間。十一架。功績至大。兼宗廟制度有數。難爲損益。今不審依元料。脩奉爲復。更有商量。下禮官詳議。太常博士殷盈孫議曰。如依元料。難以速成。況帑藏方虚。須資變禮。竊以至德二載。以新脩太廟未成。其新造神主。權于長安殿安置。便行享告之禮。如同宗廟之儀。以俟廟成。方爲遷祔。今京城除充大内及正衙外。别無殿宇。伏聞先有詔旨。欲以少府監大廳。權充太廟。其廳五間。伏緣十一室于五間之中陳設隘狹。請更接續建成十一間。以備十一室薦享之所。其三太后廟。卽于監内取西南屋三間。以備三室告享之所。詔從之。

其年十二月。僖宗再幸寶雞。其太廟十一室。幷祧廟八室。及孝明太皇太后等别廟三室神主。緣室法物。宗正寺官屬奉之。隨駕至鄠縣。爲盜所劫。三年二月。車駕自興元還京。以宮室未備。權駐鳳翔。太常禮院奏。皇帝還宮。先謁太廟。今宗廟焚毁。神主失墜。請準例脩奉者。禮官議曰。按春秋新宮災。三日哭。傳曰。新宮。宣公廟也。三日哭。禮也。按國史。開元五年正月二十日。太廟四室摧毁。時神主皆存。迎奉于太極殿安置。元宗素服避正殿。寶應元年。肅宗還京師。以宗廟焚毁。於光順門外設次。向廟哭。歷檢故事。不見百官奉慰之儀。然上旣素服避殿。百官奉慰。亦合情理。竊循故事。比附參詳。恐須宗正寺具宗廟災毁神主失墜事由申奏。皇帝素服避殿受慰。訖。輟朝三日。下詔委少府監擇日依禮改造列聖神主。詔從之。

乾封元年六月二十三日詔。朕每惟宗廟至敬。虔誠祼享。而二等一奠。情有未安。思革舊章。用崇嚴配。自今已後。宗廟薦享爵及簠簋登鉶。各宜別奠。其餘牢饌。並依常典。

儀鳳二年二月二十九日。太常以仲春告祥瑞于太廟。上令禮官徵求故實。太常博士賈大隱對曰。古者祭以首時。薦用仲月。近代相承。元日奏祥瑞。二月然後告太廟。蓋緣告必有薦。便于禮也。又檢貞觀已來勅令無文。禮司因循。不知所起。上令依舊行焉。

開元十五年二月十五日勅。享宗廟差左右丞相尚書嗣王郡王攝三公行事。若人數不足。通取諸司三品以上長官。自餘祭享。差諸司長官及五品已下淸官。至二十三年正月二十日。自今已後。有大祭宜差丞相特進少保少傅尚書賓客御史大夫攝行事。至二十五年七月八日勅。太廟每至五饗之日。應攝三公。令中書門下及丞相師傅尚書御史大夫嗣王郡王中揀擇德望高者通攝。餘司不在差限。至二十七年二月七日制。宗廟致敬。必先于如在。神人所依。無取于非族。其應太廟五享。宜于宗子及嗣王郡王中揀擇有德望者。令攝三公行事。其異姓官更不須令攝。

二十一年二月十日勅。太廟九室。室長各三人。于見任齋郎中揀擇有景行。諳閑儀注者。送名禮部奏補。仍給廚食。滿十年與官。至天寶十載正月十日勅。文廟者貌也。取象存焉。禮由情起。因心則感。太廟宜制內官。以備嚴奉。仍于廟外造一院安置。庶申罔極之恩。無忘事生之禮。宜于舊中宗廟院安置內官。其室長停。不須更補。內官自肅宗剋復京城後遂廢。至乾元元年四月二十八日。宗正卿李遵奏。每室准格各置室長三人。至十年。並皆與官中間李彭奏停。伏望准格更置。勅旨依。貞元元年四月十三日勅。准建中三年二月二十三日勅。東都祠祭既停。其郊社齋郎不合更置。並停者。其東都太廟齋郎室長。請准郊社例停廢。

二十四年七月二十九日勅。宗廟祭享。籩豆宜加麞鹿鶉兔野雞等料。夏秋供臘。春冬供鮮。仍令所司祭前十日具數申省。准料令殿中省供送。至天寶五載四月十六日詔。祭神如在。傳諸古訓。以多為貴。著在禮經。膟膋之儀。蓋昔賢之尚。質甘旨之品。亦孝子之盡誠。既切因心。方資變禮。其已後享太廟。宜料外每室加常食一牙盤。仍令所司務盡豐潔。至十一載閏三月二十九日勅。每月朔望日。宜令尚食薦太廟。每一室一牙盤。內官薦享。仍五日一開門灑埽。至貞元十二年十月十三日勅。太廟九室及昭德皇后廟。每月朔望兩享。祭食共一十臺盤。先是尚食造供。今月八日中書門下奏。宜令宗正與太常計會。各令所司辦集。不須更待尚食供送。

天寶三載四月五日詔。頃四時有事于太廟。兩京同日告享。雖卜吉辰。俱遵上日。而義深如在。禮或有乖。自今已後。兩京宜各別擇吉日告享。九載十一月勅。自今已後。每親告獻太清太微宮及太廟。改為朝獻。有司行事為薦獻。巡陵為朝拜。有司行事為拜陵。告宗廟與祭天地饗祀祝文。改昭告為昭薦。以為告者臨下之制故也。

貞元元年十一月。有事于郊廟。太常博士陸贄奏。請准禮用祝板。祭畢焚之。

六年正月七日。祭官有慘服。既葬公除。及聞哀假滿者。請許吉服赴宗廟之祭。其同宮未葬。雖公除者。請依前禁之。

唐會要卷十八

緣廟裁制下

貞元九年九月制。昭德皇后廟神座褥。改用紫。初。昭德廟褥。出自禁中。因以赭黃。至是太常卿裴郁奏請。九室神座褥。並請用昭德色。上謂以尊後卑。不許。十二月。太常博士韋彤裴堪等議曰。謹按禮經。前代故事。宗廟無朔望祭食之儀。園寢則有朔望上食之禮。國家自貞觀至開元。備定禮令。皆遵舊典。至天寶十一載三月。初別令上食。朔望進食於太廟。自太廟已下。每室奠饗。其進奠之禮。內官主之。在臣禮司。並無著令。或云。當時禮官王璵。不本禮意。妄推緣坐之義。請用宴私之饌。此則可薦於寢宮。而不可瀆於太廟。一時之制。久未變更。至今論禮者。貶王璵之議。伏奉今月八日進止。其朔望進食。宗正與太常計會辦集者。伏以陛下虔奉宗廟。齋心自中。事歸有司。各令盡敬。然後詳議故實。臣得竭誠。按祭統云。夫祭者。非物自外至者也。自中出生於心也。怵而奉之以禮。由是牲牢有定制。籩豆有定數。馨天生地長之物。極昆蟲草木之異。苟可薦者。莫不咸在。先王以此享宗廟。交神明。全孝敬也。若王之食飲膳羞。八珍百品。可嗜之饌。隨好所遷。美脆旨甘。皆為褻味。先王以此宴賓客。接人情。示慈惠也。則知薦享宴會。於文已殊。聖人別之以異為敬。今若以熟食薦太廟。恐違禮本。又祭義曰。不祭欲數。數則煩。煩則不敬。祭不欲疏。疏則怠。怠則忘。是故禴祠烝嘗。感時致享。此聖人俯就之中制也。今園寢每月二祭。不爲疏也。太廟每歲五饗。不爲數也。則人臣執事在疏數之閒。得盡其忠也。若令牲牢俎豆之司。更備膳羞盤盂之饌。朔日月半。將以爲常。環四時之中。雜五饗之禮。爲數既甚。瀆亦隨之。雖曰不然。臣不信也。夫聖王之制。必師於古訓。不敢以孝思之極。而過於禮。不敢以殺膳之多。而褻於味。伏願陛下遵開元萬世之則。省天寶權宜之制。園寢之上。得極珍羞。宗廟之中。請依正禮。臣等忝司禮職。敢罄愚衷。上令宣示宰相等曰。此禮已經先朝所定。朕未敢遽有改移。待更商量。期於允當。至元和十四年二月。太常丞王涇上疏。請去太廟朔望上食。詔令百官詳議。開元禮。太廟每歲禴祠烝嘗臘。凡五饗。天寶末。元宗以上食每朔望具常饌。令宮闈令上食於太廟。後遂爲常。由是朔望不視朝。比於大祀故也。國子博士史館修撰李翺奏議曰。國語曰。王者日祭。禮記曰。王立七廟。皆月祭之。周禮不載日祭月祭。唯四時之祭。禴祠烝嘗。漢氏皆雜用之。蓋遭秦焚書。禮經燼滅。編殘簡缺。漢乃求之。先儒穿鑿。各申己見。皆託古聖賢之名。以信其語。故其所記，各不同也。古者。廟有寢而不墓祭。秦漢始建寢廟於園陵。而上食焉。國家因之而不改。貞觀開元禮。並無宗廟日祭月祭之禮。蓋以日祭月祭。既已行于陵寢矣。故太廟之中。每歲五饗六告而已。不然。若房元齡魏徵之徒。皆一代名臣。窮極經史。豈不見國語禮記有日祭月祭之辭乎。斯足以明矣。伏以太廟之享。籩豆牲牢。三代之通禮。是貴誠之義也。園寢之奠。改用常饌。秦漢之權制。乃食味之道也。今朔望上食於陵寢。循秦漢故事。斯爲可矣．若朔望上食于太廟．豈非用常褻味．而貴多品乎．且非禮所謂至敬不饗味．而貴氣臭之意也．傳稱屈到嗜芰．有疾召其宗老而囑之曰．祭我必以芰．及祭薦芰．其子屈建命去芰而用羊饋籩豆脯醢．君子是之．言事祖考之義．不當以其生存所嗜爲獻．蓋明非食味也．然則薦常饌於太廟．無乃與薦芰爲比乎．且非三代聖王之所行也．況祭器不設俎豆．祭官不命三公．執事者惟宮闈令與宗正卿而已．謂之上食可也．安得以爲祭乎．且時饗於太廟．有司攝事．祝文曰孝曾孫皇帝臣某．謹遣太尉臣名．敢昭告於高祖神堯皇帝祖妣太穆皇后竇氏．時維孟春．永懷罔極．謹以一元大武．柔毛剛鬣．明粢薌合薌萁嘉蔬．嘉薦醴齊．敬修時饗．以伸追慕尚享．此祝詞也．前饗七日質明．太尉誓百官於尚書省曰．某月某日時享於太廟．各揚乃職．不供其事．國有常刑．凡陪饗之官．散齋四日．致齋三日．然後乃可以爲祭也．宗廟之禮．非敢擅議．雖有知者．其誰敢言．故六十餘年．行之不廢．今聖朝以弓矢旣櫜．禮樂爲大．故下百寮．使得詳議．臣等以爲貞觀開元禮．並無太廟上食之文．以禮斷情．罷之可也．至若陵寢上食．採國語禮記日祭月祭之詞．因秦漢之制．修而存之．以廣孝道．如此則經義可據．故事不遺．大禮旣明．永息異論．可以繼二帝三王．而爲萬世法．與其黷禮越古．貴因循而憚改作．猶天地之相遠也．中書舍人武儒衡議曰．臣謹按開元禮．太廟九室．每年惟五饗六告．祭用牲牢俎豆而已．劉歆祭議曰．大禘則終王．壇墠則歲貢．二祧則時享．高曾則月祀．祖禰則日祭．國語云．王者日祭．月祀．時享．歲貢．此則往古之明徵．國朝之顯據．蓋日祭者．薦新也。言物有可薦則薦之。不必卜擇日時也。故叔孫通云。古有嘗果。今櫻桃方熟。可以爲獻。由是惠帝取以薦宗廟。是不卜日矣。當時叔孫通之言。且曰古有嘗果。足明古禮。非漢制也。月享者。告朔也。論語子貢欲去告朔之餼羊。孔子以爲不可。則告朔必具牲牢明矣。春秋又譏閏月不告朔。猶朝於廟。此則月祭。殷周已降。皆有之也。薦園寢者。始于秦世。漢氏因之而不改。人君三年之制。以日易月。喪紀既以二十七日而除。則朔望奠酹。不復親執。故既葬之後。移之園陵。又諸陵祠殿。月遊衣冠。取象平生。務從豐潔。所以陵寢朔望上食。與太廟日祭月享。本旨不同。今王涇所引太廟與陵寢同日時設祭。以爲越禮。臣竊謂王涇但宜論太廟陵寢朔望奠祭可行可廢之旨。不當以同日同時爲議。何者。漢朝宗廟園陵一百六十七所。郡國祠祀。豈不與宗廟同日同時者乎。在禮既祭于室。又繹於祊。蓋廣乎求神者也。則宗廟陵寢。嘗禴同時，理固無害。又韓臯引漢官儀。古不墓祭。韓臯議狀。檢不獲。臣據周禮冢人之職。凡祭墓。則爲之尸。則古亦墓祭。但與漢家陵寢不同耳。安得謂之無哉。又王涇狀以太廟設祭。別加常饌。以爲褻味。而韓臯則云。法饌依經。固非黷敬。臣按春官大宗伯以肆獻祼饗先王。肆者。謂解牲體。薦血腥。灌之以鬱鬯者也。又祭義曰。祭之日。君牽牲入廟門。麗于碑。卿大夫袒而割牛。尙耳。取膟膋。祭腥。敬之至也。夫豈謂常饌耶。蓋盡其慤焉。盡其禮而無過失焉。所以然也。是以簠簋有數。籩豆有殺。雖多更聖賢。不敢加也。今夫常饌。庖人羞之。膳夫熟之。糅以羶香。雜以鹹辛。具有司之烹炊。瀆神明于媟近。意雖不褻。而事已褻矣。況古者天子立七廟。又爲壇墠。以祭去祧之王。近則起土。遠則掃地。蓋彌遠而彌尊。益敬而益簡。臣以爲陵廟近也。親親也。朔望奠獻。尙潔務豐。宜備常膳。以廣孝也。宗廟遠也。尊尊也。禘祫時饗。告朔薦新。宜崇古制。以正禮也。惟太廟望祭。無所本據。蓋異時有司。因其陵寢有朔祭望祭。以爲宗廟既有朔祭。則望祭亦合行之。殊不知宗廟朔祭。乃告朔也。臣以爲宜罷此耳。仲尼三年無改於父之道。蓋言理有更改。則三年之外。斯可矣。況天寶之令。行于一時者哉。今陛下紹十聖之景光。廓八紘之氛祲。風掃長彗。神驅大妖。銷金戟以厚農。直玉斗而序政。博采羣議。詳求典經。將欲成一王之教。垂萬世之法。安可因陵寢緣情取象之禮。黷宗廟薦罍設饌之儀。甚不然也。事竟不行。

元和元年十二月。禮儀使高郢奏。六典。凡駕行幸。有夜警晨嚴之制。今署司所申。是幷警亦呼爲嚴。相承已久。樂官不能辨。伏奏開元禮。皇帝時饗太廟及上辛祈穀於圜丘。皆於正殿致齋。第三日欲赴行宮。前七刻五刻二刻。有三嚴之儀。並無五更三點以前四嚴及駕至橋一嚴之文。伏請勒停。準禮依時刻三嚴。又其時所設宮懸。懸而不作。鑾駕進發。不鳴鼓吹。至祀日太廟饗禮畢。鑾駕欲發。及南郊行事。鑾駕還宮之時。然後各有三嚴。皇帝既還大次。停一刻。須槌一鼓爲一嚴。三刻須槌二鼓爲再嚴。五刻須槌三鼓爲三嚴。往例儀注。皆準此禮。鼓吹署所申。並與禮文不同。又都不知準禮。是行事畢有三嚴之制。伏以立禮之旨。務於精誠。鑾駕出宮。在祀前之日。猶懸而不作。不鳴鼓吹。況祠所齋潔。明發行事。此夜誠合清淨。不應鉦鼓諠譁。其鼓吹署所申四嚴及臨上壇一嚴。伏請勒停。其行事畢後。南郊迴。請准禮依時刻三嚴。太廟宿。其後不嚴。及南郊迴。於明德門裏鼓吹引駕至丹鳳門。

二年九月。中書門下上言。先王制禮。皆有著定之文。後聖沿情。或徇一時之敬。過猶不及。遂至于煩。詢于有司。參酌禮意。若無釐革。稍黷舊章。其太廟諸陵薦新。諸陵節日遣使臣等。商量請每除太廟時饗及朔望上食。諸陵朔望奠。親陵朝晡奠外。餘享祀及忌日告陵等。並停。其果實甘橘蒲桃菱梨遠方所進。並請遣使於諸陵薦獻。果實之中。甘瓜時異。亦請至時上薦。其餘瓜果四時新物。並委陵令與縣司計會。及時薦獻。其專使亦停。制可。三年四月。太常禮院上言。太廟時享。及告廟朔望薦食同日。謹按禮經。祭不欲數。伏以太廟禘祫。祭禮重於時享。准禮。時享與禘祫同月。卽其月但行禘祫。不行時享。蓋不欲煩。是禮先重者。今時享重于朔望薦食。稽求禮情。參酌輕重。于時享之月。朔望薦食。亦合便停。若兩禮並行。卽祭恐煩黷。伏請每至時享及臘享。但行享禮。其月朔望薦食請停。餘月一准舊例。如告廟日與朔望薦食日同。伏請先行告禮。然後薦食。卽冀疏數有節。合于禮令。從之。

四年九月。監察御史劉遵古奏。太廟五享。攝祭三公等。伏准開元二十五年七月八日勅。每至五饗之日。應攝三公。令中書門下及丞相師傅尚書御史兼嗣郡王擇德望高者通攝。諸司不在差限者。伏以太廟攝祭公卿。准勅令先差僕射尚書及師傅等。如無此色官。亦合次差諸司三品。比來吏部因循。不守勅文。

用人稍輕。伏請起今年冬季已後。勅吏部准勅差定。如僕射尚書等闕。即差京師三品職事官充。勅。宜依。

十五年六月勅。今月祔享太廟。闕憲宗皇帝室祝版。劃睿宗皇帝室祝版勾當點檢幷進署官知廟宗正少卿嗣寧王李子鴻。監察御史崔銳。太常博士王彥威等各得款狀。勅。宗廟之禮。嚴肅是先。薦告之詞。精審爲切。方將升祔。安可九室皆同。旣已祧遷。豈宜四昭咸在。李子鴻專司廟事。錯進祝文。罪有根源。理難降減。宜停見任。博士旣失於詳定。御史又曠其監臨。若不薄懲。恐乖至當。王彥威罰兩月俸。仍削一階。崔銳罰一季俸。仍削兩階。餘並釋放。已後有禮合變文事宜中節者。太常博士不得更稱舊例。致令差殊。當舉嚴科。別有處分。故事。將祔禮。先告於廟庭。跪奏入室曰。以今吉辰。某皇帝神主祔謁。遂奉神主詣第七室祔享。而不再告享畢。祔於第九室。設安神之幕而韜之。然則告太廟者。以孫祔於祖。尊不得伸也。是時憲宗神主升祔。宰臣不詳舊典。令有司再告祔禮於太極殿。禮官執議不聽。適屬宗正寺進祝版。誤以憲宗尊號爲睿宗。御史博士職當省察。不知其誤。宰臣兼怒之。下詔削罰而變其舊禮。時甚非之。

長慶元年七月。監察御史路羣奏。今月九日孟秋享太廟。攝太尉國子祭酒韓愈。准式於太廟致齋。今于本寺監省。有違格式。勅。宜罰一季俸。太和二年享敬宗皇帝祝文稱皇孝弟。太常博士崔龜從奏議曰。臣審詳孝字。載在禮文。議本主于子孫。理難施于兄弟。按禮記卜虞之文。子孫曰哀。兄弟曰某。然則虞之稱哀。與祭之稱孝。其義一也。於祖禰則禮宜稱孝。于伯仲則止可稱名。又東晉溫嶠議宗廟祝詞。言孝字非子孫則不稱。若旁親則言敢告。故當時朝議。咸以爲宜。今臣上考禮經。無兄弟稱孝之義。下徵晉史。有不稱旁親之文。臣謂享敬宗廟。宜去孝弟兩字。從之。

五年五月。太廟第四室六室缺漏。上怒。罰宗正卿李銳將作監王堪。乃詔中使補葺之。右補闕韋溫上疏曰。臣聞吏舉其職。國家所以治。事歸於正。朝廷所以尊。夫設制度。立官司。事存典故。國有經費。而最重者。奉宗廟也。伏以太廟當修。詔下逾月。有司弛慢。曾不用心。宜黜慢官。以懲不恪之罪。擇可任者。責以繕完之功。此則事歸于正。吏舉其職也。而聖思不勞。百職無曠。今慢官不恪。止於罰俸。憂軫所切。使委內官。是許百司之官。公然廢職。以宗廟之重。爲陛下所私。羣官有司。便同委棄。此臣竊爲聖朝惜也。事關宗廟。皆書史冊。苟非舊典。不可率然。伏乞更下詔書。委所司營繕。則制度不紊。官業交修。疏奏。乃罷中使修葺。

開成五年五月。太常禮院奏。宣懿皇太后祔廟。伏惟開元禮。有皇后祔廟牲牢樂縣。典太廟享一室。禮同。今宣懿皇太后饗禮。伏請宣下勅旨。宜依。其年六月。太常禮院奏。宣懿皇太后寶册函。按晉太武帝追尊簡文鄭太后。問冕旒璽綬歸藏何處。徐邈答云。臣按太始元年追尊。四年太后崩。及開陵合葬。其綬藏于陵中。是元不埋之也。臣謂今藏於廟中。宜合前事。准國朝故事。讓皇帝及增諸太子寶册。並隨神主于廟中安置。勅旨。宜依。

大中三年十二月。詔曰。太常博士李稠所進狀。言追尊順宗憲宗謚號。禮官請別造神主。及改題事。請集通儒詳定者。宜令都省集議聞奏。於是左司郎中楊發。都官郎中盧搏。都官員外郎劉彥謨等五人議曰。臣等伏以栗主升祔之後。在禮無改造之文。亦無重加尊謚改題神主之例。求之曠古。復無其文。周加太王季歷文王之謚。但以德合王周。遂加王號。未聞改謚易主。且文物大備。禮法可稱。近在兩漢。並無其事。光武皇帝中興。定都洛陽。遣大司馬鄧禹入關。奉高祖已下十一帝后神主至洛陽。當草昧之時。兵力艱乏。專遣奉迎。時神主不合新造故也。事歷魏晉。下及周隋。雖易世一旅之君。亦有講學知禮之士。皆不聞加謚追尊。改主重題。書在史策。可覆視也。今惟引東晉重造鄭太后神主事爲證。伏以鄭太后本琅邪王妃。薨後已祔琅邪邸廟。其後母以子貴。將升祔太廟。賀循請重造新主。改題皇后之號。備禮告祔。當時用之。伏以諸侯廟主。與天子廟主。長短不同。若以王妃八寸之主。上配至極。禮似不同。時諂臣貪君。私用此謬禮。改造神主。比量晉事。義絕非宜。且宣懿非穆宗之后。實武宗之母。以子之貴也。祔別廟正爲得禮。章薦無虧。今若從祀至尊。題主稱爲太后。因臣因子。正得其宜。今若改造新主。題去太字。即是穆宗上僊之後。臣下追致妃嬪之禮。黷亂正經。實驚有識。臣當時並列朝行。知其謬戾。伏以漢律擅論宗廟者。以大不敬論。其時無詔下議。遂默塞不出言。今又欲重用東晉謬禮。穢媟聖唐大典。猥蒙下問。故敢盡言。又謹徵盛唐前例。甚有明文。國史云。武德元年五月。備法駕於長安通義里舊廟。奉迎宣簡公懿王景皇帝神主。升祔太廟。既言於舊廟奉迎。足明必奉舊主矣。其加謚追尊之禮。自古本無其事。自則天皇后攝政之後。

累累有之。自此之後。數用其禮。歷檢國史。並無改造及重題之文。若故事有之。無不書于簡策。臣等以爲卽當告新謚於廟而止。不重題易主明矣。今改造神主。自古並無其事。惟重題之禮。國史有開元初太常卿韋縚奏。以宗廟題后主云天后聖帝武氏。一廟二帝。事不師古。請削去舊號。直題云則天順聖皇后武氏。詔從之。則不知其時削去舊題乎。追用何代之禮耶。今禮之疑者。決在聖慮。伏俟奏聞。以臣等所識。當以新謚典册告于陵廟。正得其宜。神主不改造。不重題。爲得禮中書門下上言。改造改題。並無所據。酌情順理。題則爲宜。況今士族之家。通行此例。雖尊卑有異。而情理則同。望就神主改題。則爲通允。勅旨宜依。

配享功臣

貞觀禮。祫饗。功臣配享于廟庭。禘享則不配。後令大祫禘之日。功臣並得配享。初太常卿韋縚等議。功臣祫享之日。配享于廟庭。禘及時饗。則皆不預。其議遂行。至開元初。復令禘之日亦皆配饗。非舊典也。

高祖廟六人。　贈司空淮安靖王神通。贈司空河間元王孝恭。尙書右僕射鄖國公殷開山。贈民部尙書渝國公劉政會。並貞觀十四年十月十五日勅。贈司徒周定公武士彠。顯慶四年三月七日勅。文明元年停。贈太子太師魏國公裴寂。贈禮部尙書魯國公劉文靖。並天寶六載正月十三日勅。

太宗廟七人。　贈太尉梁文昭公房元齡。贈司徒申文獻公高士廉。贈尙書左僕射蔣忠公屈突通。並貞觀二十三年九月二十四日勅。至永徽四年二月。房元齡以子遺愛反停配享。贈太尉鄭文貞公魏徵神龍三年閏二月十五日勅。太尉趙國公長孫無忌。贈司徒衞景武公李靖。司空萊成公杜如晦。並天寶六載正月十二日勅。

高宗廟六人。贈太尉貞武文公李勣。贈開府儀同三司北平定公張行成。贈揚州大都督高陽恭公許敬宗。贈尚書右僕射高堂忠公馬周。並垂拱二年正月十一日勅。其許敬宗。神龍二年閏二月一日勅停。尚書右僕射河南文忠公褚遂良。贈司徒蓚縣文憲公高季輔。贈司空樂城文獻公劉仁軌。並天寶六載正月十二日勅。

中宗廟八人。侍中譙國公桓彥範。侍中平陽懿王敬暉。中書令漢南郡王張柬之。贈太尉博陸文獻王崔元暐。中書令南郡王袁恕己。並開元六年六月二十二日勅。贈司空梁文惠公狄仁傑。贈尚書左僕射齊貞公魏元忠。贈太子少保琅邪郡公王同皎。並天寶六載正月十二日勅。

睿宗廟二人。贈司空許文貞公蘇瓌。尚書左丞相徐文獻公劉幽求。並開元六年六月二十三日勅。

元宗廟三人。贈太師燕文貞公張說。贈太子少師代國公郭元振。中書令趙國公王琚。檢年月未獲。

肅宗廟二人。贈太師韓文憲公苗晉卿。大歷四年十月七日勅。贈太尉冀獻穆公裴冕。元和四年八月勅。

代宗廟一人。贈太尉汾陽忠武王郭子儀。建中二年十一月勅。

德宗廟三人。贈太師西平忠武王李晟贈太尉忠烈公段秀實。並元和四年八月勅。贈太師忠武公渾瑊元和四年九月四日勅。

憲宗廟四人。贈司徒宣懿公杜黃裳贈太師裴度會昌六年十月勅。贈司徒威武公高崇文贈太尉李愬會昌六年十一月勅。

蘇氏駁議曰。配食之義。用旌元勳。讓協經綸。功成締構。君臣義重。終始禮崇。生承帶礪之恩。死陪嚴敬之祀。國家憲章三代。垂範百王。配饗功臣。必資故實。惟肅宗一室。理有未安。且肅宗北狩之時。師統一旅。初至靈武。人心尙搖。裴冕于草創之中。建大義以勸進。肅宗登宸極之後。因物情于有君。收募驍雄。整備文物。十萬之師坐致。三千之儀無闕。定社稷計。允天下心。獨處廟堂。親承睿算。蓋其踰月。房太尉乃來。洎乎隔年。苗太師方至。論其前後。較然可知。語以勳勞。不言而辨。且裴冕贈太尉制詞云。臨喪之儀。不及于小殮。從享之禮。將配于大烝。敢徵前祠。以裨闕典。謁城佐命。蕭何首出于漢朝。配饗議功。裴寂豈遺于高廟。若以苗太師從祀之後。裴太尉乃薨。則合同享廟庭。豈不雅符前例。

雜錄

貞觀十六年四月二十九日。有司言將行禘祭。請集禮官學士等議。太常卿韋挺等一十八人議曰。古之王者。富有四海。而不朝夕上膳于宗廟者。患其過禮也。故曰。春秋祭祀。以時思之。至於臣有大功。享祿其後子孫率禮。潔粢豐盛。禴祀烝嘗。四時不輟。國家大祫。又得配焉。所以昭明其勳。尊崇其德。以勸嗣臣也。其禘及時享功臣皆不應預。故周禮六功之家。皆配大烝而已。先儒皆以大烝爲祫祭。高堂隆庾蔚之等。多遵鄭學。未有將爲時祭者。又漢魏祫祀。皆在十月。晉朝禮官欲用孟秋殷祭。左僕射孔安國啓彈坐免官者不一。梁初誤禘功臣。左丞何佟之駁議。武帝允而依行。降暨周齊。俱遵此義。竊以五年再殷。合諸天道。一大一小。通人雅論。小則人臣不預。大則兼及有功。今禮禘無功臣。誠謂禮未可易。詔改令從禮焉。秘書監顏師古議曰。謹按祫者合食。禘乃禘祭。禘小於祫。理則非疑。商書稱從與大享。周禮著祭于大烝。是知小祀不及功臣。其事又無可惑。魏晉已降。未嘗釐革。今欲改更。實謂非宜。六經莫見斯文。三雍不揚其跡。悠悠之論。蔑足云也。又尋古之配祭。皆在于冬。據其時月。益明非禘。況乎臣之立功。各因所奉。享祀之日。從主升配。禘之爲祭。自于本室。廟未毀者。不至太祖之庭。君旣不來。而臣獨當祀。列對揚尊極。乃非所事。豈容山河之誓。務乎殷重。霜露之感。從于簡略。論情卽理。孰曰可安。今請祫配功臣。禘卽不及。依經合義。進退爲允。

元和四年八月。詔曰。朕聞昔日之佐。制物者咸有大功。惟五官以配五帝。自時厥後。有國家者。莫不以輔弼社稷之勳。登名大烝。陪享清廟。苟非茂德。孰允盛儀。贈太尉冕。望重巖廊。時爲材幹。靈武艱阻。首贊經綸。宣力股肱。平心鼎餁。佐戡定之成業。推翼戴之嘉猷。贈太師晟。識精韜鈐。神假雄武。建中寇孽。躬踐憂虞。垂餌虎狼。致威脅俎。刷宮廟之塵穢。迴日月之光輝。贈太尉秀實氣全柔剛。節固金石。兇渠僭逆。躋厥根萌。矯命還師。衷刃決死。紓阽危於忱迫。挫狂狡之姦謀。並材爲時生。用當運否。感雲龍而應變。炳辰象以降靈。光復寰區。振揚風槩。勳庸藏於盟府。寵飾備於前朝。光陰不追。盛烈如在。朕頃因郊祀。爰舉典常。俾差茂勳。以配殷祭。惟咸有一德。允屬乎三臣。庶昭示於將來。式崇恩于既往。冕宜配於肅宗廟庭。晟秀實宜配饗德宗廟庭。九月四日。詔曰。旌勸是先。允協念功之義。薦羞爰舉。幸追配饗之儀。贈太師渾瑊。鍾秀誕靈。逢時翼聖。銘鏤金石。帶礪山河。績既著於先朝。業宜光於後辟。俾之從祀。用表遺勳。宜配享德宗廟庭。

會昌六年十月。太常禮院奏。十月十三日。太廟祫享廟庭配享功臣。得修撰官朱儔狀。自高祖至德宗。每室並有功臣配饗。伏以憲宗皇帝。誅盪淮蔡。削定河朔。武功英略。赫耀中興。啓沃謨猷。必資元輔。其配享功臣。伏請聞奏定名。降下。勑旨。宜令尚書省御史臺四品已上。兩省五品已上。同詳議聞奏。都省議曰。伏以憲宗皇帝元德英猷。邁越千古。神機睿算。恢復四荒。旣戮惠琳。聯誅闢錡。眷求良輔。果集大勳。乃覆淮蔡之妖巢。刈河朔之餘孽。皇威震耀。寰宇和寧。偃武修文。幾無遺事。陛下崇嚴享禮。爰軫孝思。將舉元勳。以顯丕績。臣等伏以故司徒兼中書令贈太師裴度。天縱公忠。道宏匡濟。始處司言之任。屢陳憂國之誠。嘗因別召。深得聖旨。乃貳邦憲。使於藩方。處嫌疑者。盡付心誠。懷顧慮者。必得腰領。俄升相位。專任大事。

遂乃擒元濟梟師道。承宗効順。劉總叩頭。程權來朝。同捷就戮。蓋憲宗有知人之明。而度盡致君之道也。於是息搶攘培根本。區宇無獷悍之俗。元和爲盛明之代。薰灼天下。將明帝圖。古往今來。善無與讓。卽宜祗配聖德。光揚大勳。詳考功行。無先於度。勅旨。朕以憲宗皇帝道協中興。威加寰海。開啓聖意。則有杜黃裳。弼成功業。則有裴度。宜同配享。祀又勅曰。論功配食。文武宜兼。元和一朝。武臣功力最高者。定一人與裳度同配享憲宗皇帝室。十一月。勅李愬有平蔡之績。高崇文有收蜀之功。較量二臣。勳勞最重。宜以李愬高崇文同配享憲宗廟庭。

大中三年四月。中書門下奏。武德已來。宰輔名跡在上等者。及配享功臣子孫。伏以勳德之後。慶賞所延。每有恩制。多令訪錄。將以興廢繼絕。尊賢報功。事歸奬勸。義主洗翳。近日諸家自論頗衆。史官曹闕。合用者稀。縱欲比擬。亦未詳悉。應前件兩色子孫。准前後制勅。令搜訪與官者。望許於吏部陳狀。便委磨勘。如審是嫡嗣。未有官名者。具狀聞奏。非時與一人解褐官。如有出身已曾任官。選日優與處分。如自以才行嘗登科第。及是諸房子孫。不承祭祀。并先因存奬以授正官者。並不在限。卽冀所加恩例。式協本條。勅旨。宜依。

四年五月。宗正少卿李從易奏。伏以周禮設六功之官。皆配烝祭。漢晉已降。或以祫配。國朝禘祫。二享功臣皆得配於廟庭。蓋以崇勳表忠。亦冀招賢廣類者也。故自武德已來。功臣列在祀典。三十八人。俾其按樽俎之榮。列君臣之位。祭神如在。因祭來旣。宗廟合祀之時。元勳配享之禮。苟非誠敬。曷表告虔。竊見今年四月十三日禘享功臣配食者。單席暴露。列在殿庭。雖有風雨。亦不移避。仰惟國之大典。卑褻至此。伏讀國史。開元十七年。元宗詔昭陵彷像。見太宗立於神遊殿前。及寢宮聞室中謦欬之音。又於寢宮門外設奠。以祭陪陵功臣將相蕭瑀房元齡等。如聞蹈舞之聲。事驗神徵。光輝史册。慢易乖敬。則何以上副高祖太宗待劉魏房杜之本意也。臣本官宗司。專奉廟事。庶修職業。不敢因循。伏請自今已後。勅有司先事修備幕次。及新潔席褥。以申如在之敬。用展報功之思。

唐會要卷十九

廟隸名額

太廟署舊隸太常。官有廟令丞各一員。至開元二十一年二月二日。勅宗廟所奉尊敬之極。因以名署。情所未安。宜令禮官詳擇所宜奏聞。至五月十六日。太常少卿韋縚奏曰。謹按經典。竊尋令式。宗廟享薦。皆主奉常。別置署司。事非稽古。其太廟署望廢。省本寺專奉其事。許之。至開元二十二年七月二十七日。勅宗正設官。實司屬籍。而陵寢崇敬。宗廟惟嚴。別隸太常。殊乖本系。奉先之旨。深所未安。自今已後。諸陵廟署並隸宗正寺。其宗正官屬。並擇宗子爲之。永以前奉園廟。敦敍親親。我之宗盟。異姓爲後。至天寶十二載五月十二日。太廟及諸陵署依舊隸太常寺。至德二載十一月二日。陵廟並依宗正寺收管。至永泰元年二月十九日。勅諸陵廟署並隸太常寺。至大歷二年八月二十五日。勅諸陵廟並宜依舊宗正寺檢校。

孝敬皇帝廟

儀鳳二年四月二日。勅孝敬皇帝神主再朞之後。宜祔于太廟之夾室。遷祔之日。神主遍朝六廟。仍令禮官考覈前經。發揮故實。具爲儀制。副朕意焉。至神龍元年六月十五日。祔孝敬皇帝神主于廟。號義宗。景雲元年十二月二十六日。禮儀使中書令姚元之等奏稱。准禮。先帝卽合祔廟。其太廟第七室。皇昆義宗孝敬皇帝哀皇后裴氏神主。伏以義宗未登大位。追尊神龍之初。乃令升祔。春秋之義。國君卽位未踰年者。不合列敍昭穆。又古者祖宗各別立廟。孝敬皇帝恭陵旣在洛陽州。望于東都別立義宗之廟。祔孝敬皇帝及哀皇后神主。有司以時享祭。則不違先旨。又協古制。在此神主。望入夾室安置。伏願以義斷恩。式存祀典。從之。

開元六年正月二十六日。將作大匠韋湊上疏曰。臣聞禮。祖有功而宗有德。祖宗之廟。百世不毁。故殷太甲曰太宗。太戊曰中宗。武丁曰高宗。周宗文王武王。漢則文帝爲太宗。武帝爲世宗。其後代有稱宗。皆以方制海內。德澤可宗。列于昭穆。期于不毁。稱宗之義。不亦大乎。況孝敬皇帝位止東宮。未嘗南面。聖道誠冠于儲副。德教不被于寰瀛。立廟稱宗。恐非合禮。況別起寢廟。不入昭穆。稽諸祀典。何義稱宗。以臣庸識。竊謂不可。望更令所司詳議。務合于禮。于是太常請以本謚孝敬爲廟稱。從之。至七年十月九日。祔孝敬皇帝神主于東都從善里新廟。故來廷縣署。　至十八年九月八日。勅緣祫享孝敬神主。當廟自爲享祭。大曆十四年十二月。有司言。孝敬皇帝尊非正統。且不列于昭穆。今廟廢而主存。請毁之。遂瘞主于廟。其廟自天寶後祠享久絕。

讓皇帝廟

開元二十九年十一月辛未。太尉寧王憲。追謚曰讓皇帝。又追贈妃元氏爲恭皇后。立廟于京城啓夏門內立政坊廟制如德明，四時有司行事。至天寶三載四月，勑讓皇帝今後四祭，宜爲大祀。上元二年，禮儀使太常卿劉晏奏，讓皇帝廟請停四時享獻，每至禘祫月，則一祭焉，樂用登歌一部，牲牢樽豆之禮，同太廟一室之儀。

開成四年三月，中書門下奏，伏以讓皇帝睿宗之子，元宗之兄，位止列藩，功非及物，元宗情深同氣，恩起權宜，贈王者之尊名，申友于之私分，別搆廟宇，以時烝嘗，求之古先，則匪經制。比及肅宗之代，歲月未深，禮儀使杜鴻漸言其不可，四時享獻，從此並停，每至禘祫之年，猶令一祭。伏以禘祫之禮，義理甚明，祫謂合祭祖宗，禘謂審諦昭穆，讓帝親非正統，名是贈加，久從禘祫，頗爲乖爽。臣等又以睿宗之尊崇，元宗之功德，皆以親盡祧去，藏主于夾室之中，而讓帝宗祀依然，廟宇仍舊，曾無昭穆之序，而有禘祫之儀，惟情與理，俱所未可。況自建立，于今九廟，比章懷孝敬，名位猶輕，與德明興聖，則尊卑頓異，豈可因循不毀，享獻無窮者也。伏以今年夏禘祭，俯臨，輒敢舉明，將希廢革。如或以臣等所見，不至乖殊，望下禮官詳議聞奏。其年四月，太常寺奏議曰，臣等伏以讓皇帝追尊位號，恩出一時，別立廟祠，不涉正統，既非昭穆，禘祫所及，又無子孫享獻之儀，親盡則疏，歲久當革。杜鴻漸所議禘祫之月時一祭者，蓋以時近恩深，未可頓忘故也。今睿宗元宗，既已祧去，又文敬等七太子，其中亦有追贈奉天承天皇帝之號，皆已停廢，則讓皇帝之廟，不宜獨存。臣等參詳，伏請准中書門下狀，便從廢毀，沿情定禮，實爲協宜。制從之。

儀坤廟

先天元年十月六日。祔昭成肅明二皇后于儀坤廟。廟在親仁里。

開元四年十一月十六日。昭成皇后祔于太廟。至八月九日。勅肅明皇后依前儀坤廟安置。初欲祔于太廟。太常博士陳貞節等。以肅明皇后。不合與昭成皇后配祔于睿宗。遂奏議曰。臣聞于禮。宗廟父昭子穆。皆有配座。每室一帝一后。禮之正儀。自夏殷而來。無易茲典。伏惟昭成皇后。太姒之德。已配食于睿宗。則肅明皇后無帝母之尊。自合別立一廟。謹按周禮云。奏夷則歌中呂。以享先妣者。姜嫄也。姜嫄是帝嚳之妃。后稷之母。特爲立廟。名曰閟宮。又禮論云。晉伏系之議云。晉簡文母鄭宣后。旣不配食。乃築宮于外。歲時就廟享祭而已。今肅明皇后無祔配之位。請同姜嫄宣后。別廟而處。四時享祀。一如舊儀。從之。于是遷昭成皇后神主。祔于睿宗之室。惟留肅明皇后神主于儀坤廟。八月二日。勅儀坤廟隸入太廟。不宜頓置官屬。至二十一年正月六日。遷祔肅明皇后神主于太廟。其儀坤廟爲肅明觀。

諸太子廟

舊制。諸贈太子廟令各一人。從八品上。丞一人。正九品下。錄事以下。准隱陵署例。神龍二年十一月十九日。嗣雍王守禮奏。勅賜臣父廟號陟岡。乞隸太常寺。仍請安國相王書額。

開元三年。右拾遺陳貞節。以諸太子廟不合守供祀享。上疏曰。王者祀典。義存德坊。猶且遠廟爲祧。去壇爲墠。親盡則毀。此皆爲繼體之君焉。苟非斯文。並從咸秩。伏見章懷太子等四廟。遠則從祖。近則堂昆。並非有功于民。立事于世。而寢廟相屬。獻祼連時。事不師古。以克永世。臣實疑之。今章懷太子等。乃以陵廟分署官寮。八處修營。四時祭享。物須官給。人必公差。合樂登歌。咸同列帝。夫金奏所以頌功德。登歌所以颺輝光。以感神祇。以和邦國。故詩曰。鐘鼓旣設。一朝饗之。錫有功也。若使無功而頌。無德而颺。乃以姑洗爲宮。甤賓爲羽。聲含六代。或類五郊。奏咸和以降神。歌肅雍以延祉。是使舞詠非虔。金石乖儀。謹按周禮。始祖以下。猶稱小廟。未知此廟。厥名維何。臣謂八署司存。員寮且省。四時祭祀。供給咸停。臣又聞磐石維城。旣開封建之典。別子爲祖。非無大小之宗。其四陵廟等。應須祭祀者。並令承後子孫。自修其事。崇此正典。冀合禮經。上令有司集羣官詳議奏聞。駕部員外郎裴子餘議曰。謹按前件四廟等。並前皇嫡胤。殞身昭代。聖上哀骨肉之深。錫烝嘗之享。憲章往昔。垂範將來。昔姬廟列周。戾園居漢。並位非七代。置在一時。斯並前史宏規。後賢令範。固知父子之愛。兄弟之恩。情有所殺。方崇大教。又按春秋。狐突適下國。遇太子。使登僕曰。將以晉畀秦。秦將祀予。此則太子之言。無後明矣。對曰。神不歆非類。民不祀非族。君祀無乃殄乎。此則晉有其祀。立廟必矣。雖史有詳略。而微旨見存。又定公元年。立煬宮。經傳更無異說。鄭元注云。煬公伯禽之子。季氏禱而立其宮也。竊以宮廟同號。建立不殊。季氏陪臣。煬公遠祖。因禱立廟。尙不爲嫌。豈與夫睿聖因心。闡揚至化。惟篤維親之祀。垂永久之法。考之漢儲晉嫡。則如彼。言乎周廟魯公。又如此。豈可使晉求秦祀。戾匪漢恩。所枉者深。所宜者鮮。黷神慢禮。理必不然。且尊以儲后。位絕諸侯。謚號旣崇。官吏有典。去羊存朔。非禮所安。徇利忘禮。何以爲國。太常博士段同泰議曰。伏據隱太子等。皆稟殊恩。式創陵寢。一羞蘋藻。驟移檀柘。豈非睦親繼絕。悼往推恩者歟。況漢置戾園。晉修虞祀。書稱咸秩。禮紀百神。紛綸葳蕤。可略言矣。隱太子等並特降綵綸。別營祠宇。義殊太廟。恩出當時。借如逝者之錫蘋藻。亦猶生者之開茅土。寵章所及。誰謂非宜。且自古帝王。封建子孫。寄以維城之固。咸登列郡之榮。豈必有功于民。立事于世。生者曾無異議。逝者輒此奏停。雖存歿之跡不同。而君臣之恩何別。此則輕重非當。情禮宜均。神道固是難誣。人情孰云其可。又謹按隱太子是皇帝曾伯祖。本服緦麻。章懷是伯父。本服周年。懿德節愍咸是堂昆。本服大功。親並未盡。廟不合廢。又班彪云。貢禹毀宗廟。匡衡改郊祀。皆數復紛紜。不定者何。禮文缺微。古今異制。各爲一家。未易可編定也。按匡衡之議。戾太子等以親未盡不毀。斯則遠窺靑史。無可廢之文。上固皇枝。有深根之美。一朝廢罷。竊爲不可。臣愚以爲置之則綏族。廢之則收恩。綏族則廟存。收恩則享絕。事關聖慮。奏定爲宜。禮部尚書鄭惟忠等二十七人議。稱隱太子等四廟。請祠如舊。陵廟旣在。官不可削。其府史等各請減半。從之。

開元三十二年七月二十六日。勅贈太子頃年官爲立廟。幷致享祀。雖欲歸厚。而情且未安。烝嘗之時。子孫不及。若專令官祭。是以疏間親。遂此爲常。豈爲敦孝。其諸贈太子有後者。但官置廟。各令子孫自主祭。

其署及官悉停。若無後者。宜依舊。至天寶六載正月十一日敕文。諸廟之主。禮有遵于合祭。同等則祔義亦取于旁通。其懿懷節愍惠文惠宣等太子。雖官爲立廟。比來子孫自祭。或時物有闕。禮儀不備。宜與隱太子及懿德太子列次諸室。簡擇一寬處。同爲一廟。應緣祭事所須及樂饌。並令官供。每差祭官。宜准常式。仍都置廟令。仍自餘所廢廟官宜停。按韋述兩京記。此廟地本是鬱萵等六州。即後爲乾封縣。移于永樂坊神龍初。遂立爲懿德太子廟。其後諸太子廟比各別坊。今並移就此廟。號爲七太子廟也。

上元二年二月。禮儀使太常卿杜鴻漸奏議曰。讓帝七太子廟等。停四時享獻。每至禘祫之月。則一祭焉。樂用登歌一部。時獻俎樽之禮。同太廟一室之儀。

貞元十五年九月。置文敬太子廟于常安坊。祭令各一人。四時獻奠。太子家令爲祭主。牲牢樂饌。所司供備。太常博士一人相禮。至太和四年四月。太常寺奏。文敬太子廟。准太和元年十一月二十三日勅。停禘獻。從太和二年四時享獻並停。伏准七太子及靖恭太子例。廟享既絕。神主理合埋瘞。從之。

元和元年。太常寺奏。七太子廟。文敬恭懿太子。兩京皆是旁親。伏詳禮經。無文享祀。官員所設。深恐非宜。其南京官吏。並請勅停。其屋宇請令宗正寺勾當者。勅旨依准。其見任官至考滿日停。其日又勅文敬太子廟。量留令一員。府史一人。三衛二人。餘並停。

寶歷二年二月。太常奏。追贈文敬太子廟在常安坊。惠昭太子廟在懷真坊。各置官吏。四時置享。禮經無文。況九廟遞遷。族屬彌遠。推恩降殺。禘獻宜停。又贈奉天皇帝廟。贈貞順皇后廟。及永崇坊隱太子以下七室。同爲一廟。并贈靖恭太子。亦祔在此廟。凡此制置。皆是追崇。或徇一時。且非禮意。日月既久。祀享尋停。其神主望準故事。瘞于廟地。庶情禮終始。不失經訓。請下太常禮院與百官議。起居郎劉敦儒議曰。謹按禮記云。殤與無後者。從祖祔食。又曰。王不祭殤亡。又曰。有陰厭。有陽厭。陰厭謂嫡殤也。注云。謂宗子之殤。祭于奧。爾雅云。西南隅謂之奧。此明幼殤而死。故祭于祖廟陰闇之處也。陽厭謂祭庶殤也。疏云。祭于宗子之家。祖廟之內。當室顯露之處。故曰陽厭。所以明嫡庶也。過此以往。則不祭矣。伏以惠昭太子。位登儲闈。業當主鬯。于親則高祖神堯皇帝之宗子。屬則于皇帝爲伯祖父。雖禮文于旁親無服。而骨肉之恩不移于宗子。若坎室于德宗皇帝廟內西南隅。遷祔神主。以特牲展祭。不舉樂。無折俎。去元酒。不告禮成。庶合古禮。若准魏晉故事。即晉愍懷太子。殤太子。哀太孫。沖太孫。皆于祖廟北牖而置陰室。歲時祔享。以至親盡。今伏以國家變三代之典。從東漢之制。九廟既有周殿之隘。一室難修處奧之儀。況別廟陰室。俱爲變禮。依前享獻。于事爲宜。其廟請不廢。禮官或云。惠昭太子棄東宮之日。已過殤年。若合祼享。宜同正祭。臣以爲古處于奧。今祭祀于廟。雖不以成人而別。以過殤之禮矣。又或云。若以成人。合有主後。臣以爲惠昭太子裔嗣。皆在宮中。若未勝冠。自宜抱奠。又有以同姓爲尸者。今但令宗正官屬主奠。即雅符祀典矣。其文敬太子生非繫本之重。歿有追命之榮。今于皇帝爲曾叔祖。非大功之親。詳禮經爲庶子而服屬已遠。列于常祀。實爲非經。請依太常所奏。又隱太子以下神主。或累朝嫡嗣。或聖代名藩。今者子孫。皆居列士。因緣食祿。亦謂承家。各令自列廟祧。用伸嚴配。臣伏詳開元中。勅諸贈太子有後者。咸令自主其祭。今請復行此制。各使子孫奉迎神主。歸祔私廟。庶別子爲祖。符列國不祧之尊。其無後之廟。及貞順皇后神主。卽請依太常所奏。其贈奉天皇帝承天皇帝神主。旣有常號。禮不可黷。蓋王者不享于下士。諸侯不敢祖天子之義。縱有主後。法不當祭。亦請依太常所奏。制從之。

開成三年二月。兵部尙書判太常卿事王起等奏。准堂帖。天寶初置七太子廟。異室同堂。國朝故事。足以師法。今欲以懷懿太子神主。祔惠昭及悼懷太子廟。宜選太常寺典禮官同議狀者。伏以三代已降。廟制不同。光武爲總立一堂。神主異室。親盡廟毀。昭穆遞遷。此蓋祖宗之廟也。然則太子廟出于近代。或散在他處。別置一室。或尊卑序列。共立一堂。伏准國初太子廟。各在諸坊。天寶六載。勅文章懷節愍惠莊惠宣等太子。宜與隱太子列次。同爲一廟。號七太子廟。應緣祭事。並令官給。又准大歷三年五月。以靖恭太子神主祔七太子廟。加一室。今懷懿太子以姪祔叔。享獻得宜。請于惠昭太子廟添置一室。擇日升祔。從之。

六中六年十一月。太常博士白宏儒奏。伏以惠昭太子廟。（元和七年立。）悼懷太子廟。（太和四年立。）懷懿太子廟。（開成三年入惠昭太子廟。）莊恪太子廟。（開成三年立。）前件太子四室。共置三廟。每當修飾。至其費用極多。四時奠享。所司未必豐潔。三處行事。人力實謂勞煩。將欲求其便宜。莫若移就一廟。且今太廟九室。尙在一處。太子各置廟宇。禮實非宜。

伏以莊恪太子廟地實高敞。建立又新。只添一間。可容三室。所費益寡。其利實繁。非止卽安。可以永逸。請待修理畢。擇日備禮。遷諸太子神主。皆祔莊恪廟中。列位次居。匪失彝倫之敍。祀事同享。無虧長幼之儀。其廢廟瓦木極多。諸廟添修。計亦合足。其廢廟官等。未得資者。望許非時參選。臣官守綿蕝。職忝參詳。事關禮文。合當舉請。勑白宏儒所奏。頗爲得宜。令太常卿集禮官重議聞奏。于是禮院奏議曰。伏以列聖祖宗。尙同太廟。追册儲嗣。不合別祠。蓋以年月各殊。寵恩有異。歲時已久。卽宜改更。況春秋薦享之時。禮樂牲牢之用。重煩人力。實爲皇居。今據從卑就尊。刱置年月。卽合移懷懿太子以下三廟。就惠昭太子廟地。旣卑下多有浸濕。非可經久。莊恪太子廟地居高敞。屋更寬廣。若移同一廟。只要增置廟室。謹詳遷就。誠謂久安。增其便宜。移廟未虧于典故。今列次增室。祔禮尊常。酌中之道可行。申奠之儀不失。臣與官寮等集議。請依宏儒所奏。事誠允當。實舉舊章。奉勑宜依。

公主廟

貞元十五年七月十五日。追册故唐安公主爲韓國貞穆公主。故義章公主爲鄭國莊穆公主。後詔令所司擇地置廟。祔祭之日。官給牲牢禮物。太常博士一人贊相。四時仲月。則子孫自備其禮。貞穆廟在靖安里。貞元十七年十一月十四日。追祔神主于廟。莊穆廟在嘉會里。貞元十七年三月二十九日。追祔神主于廟。莊穆貞穆二主。德宗皇帝愛女。悼念甚深。特爲立廟。權制也。

百官家廟

侍中王珪。通貴漸久。而不營私廟。四時烝嘗。猶祭于寢。貞觀六年。坐爲法司所劾。太宗優容之。因爲立廟。以愧其心。廟在永樂坊東北角。貞元八年。修唐安寺。移于寺西。

開元十二年。勅一品許祭四廟。三品許祭三廟。五品許祭二廟。嫡士許祭一廟。庶人祭于寢。

天寶元年四月。太子太師致仕蕭嵩。以私廟逼近曲江。因上表請移就他處。其詞曰。臣嵩言。昨日大將軍高力士奉口宣。俯令存問。以臣私廟逼近曲江。人物喧雜。非安神之所。許臣移轉。更就幽閒。又憐臣田園知無手力。擬令將作與臣營造。伏蒙殊渥。感戴交深。臣叨沐朝榮。獲祟私廟。禮尊祖考。粗奉烝嘗。而地接勝游。城連禁御。伏以神道靜謐。久議遷移。豈謂理會事宜。天從人願。聖情下逮。元獎曲成。遂使澤及幽明。慶沾存歿。邱山易負。恩惠難勝。今日已令下手移拆。訖所令官作。豈敢當之。臣爲衰老。自拙將攝。十數日來。加風氣發動。猶尙虛惙。未堪拜伏。不獲詣闕奉謝。批答云。卿立廟之時。此地閒僻。令傍江修築。舉國勝遊。與卿同之。須避喧雜。事資改作。遂令官司承已拆除。終須結搆。已有處分。無假致辭。建中宰臣楊炎不知其事。又買之爲廟。炎既與盧杞嚴郢有隙。因密奏曰。此地有王氣。是以元宗勅蕭嵩拆已成之廟。今炎復興之。必有異圖。杞後贊其言。上大怒。旣竄于崖州。遂殺之。

十載正月十日。赦文。天子七廟。諸侯五廟。大夫三廟。士一廟。今三品以上。乃許立廟。永言廣敬。載感于懷。

其京官正員四品淸望官及四品五品淸官．並許立私廟．

貞元十三年．勑贈太傅馬燧祔廟．宜令所司供少牢．仍給鹵簿．

元和二年六月．淄青節度使李師道立私廟．追祔曾祖祖父三代及兄師古神主．詔下太常議曰．伏以師古雖是師道親兄．師古身存之日．先未祔廟．今廟因師道而立．即師道便合是百世不遷之宗．謹按封爵令．傳襲之制．皆子孫以下相繼．並無兄弟相繼爲後之文．則明師古神主．不合入師道之廟．若師古男自有四品三品官．兼有封爵．准開元禮．合待三年喪終禮祭畢後．別立廟宇．設師古神主座行祔祭之禮．自承宗祀．庶合禮經．勑旨依奏．

七年十一月．太子少傅判太常卿事鄭餘慶建立私廟．將祔四代神主．廟有二夫人．疑于祔配．請禮院詳議定．修撰官太學博士韋公肅議曰．古者一娶九女．所以于廟無二嫡．自秦漢以下．不行此禮．遂有再娶之說．前娶後繼．並是正嫡．則偕祔之義．于禮無嫌．謹按晉驃騎大將軍溫嶠相繼有三妻．疑並爲夫人．以問太學博士陳舒．議以妻雖先歿．榮辱並隨夫也．禮祔于祖姑．祖姑有三人．則各祔舅之所生．如其禮意．三人皆夫人也．秦漢以來．諸侯不復一娶九女．旣生娶以正禮．歿不可貶．自後諸儒．咸用舒議．且嫡繼于古則有殊．制于今則無異．等今王公再娶．無非禮聘．所以祔配之議．不得不同．至于卿士之家．寢祭亦二妻位同几席．豈廟享之禮．而有異乎．是知古者廟無不嫡．防姪娣之爭競．今無所施矣．古之繼室．皆媵妾也。今之繼室。並嫡妻也。不宜援古一娶九女之制也。而使子孫祭享不及。或曰。春秋聲子不入魯侯之廟。如之何。謹按魯惠公元妃孟子卒。繼室以聲子。聲子之姪娣。非正也。自不合入魯公之廟。明矣。又武公生仲子。則仲子歸于魯。生桓公而惠公薨。立宮而奉之。追成父志。別爲宮也。尋求禮意。則當然矣。未見前例如之何。謹按魯南昌府君廟。有荀氏薛氏。景帝有夏侯氏羊氏。聖朝睿宗廟。有昭成皇后竇氏。肅明皇后劉氏。故太師顏魯公祖廟。有夫人殷氏。繼夫人柳氏。其流甚多。不可悉數。略稽禮文。參諸故事。二夫人並祔于禮爲宜。

寶歷二年七月十二日。太常禮院奏。伏奉四月二十八日勅。前同州朝邑縣尉韓約進狀。請祔亡父故金紫光祿大夫守尚書左僕射贈太子太保臯神主。祔禮院議定聞奏者。謹按禮經。諸侯二品以上祠四廟。五品以上祠三廟。今據韓臯祖休先已立先祖廟三室。今子孫見繼昭穆享祭。臯父滉是衆子。官至二品。身歿後。長子羣官至國子司業。已別立禰廟。祔滉神主入廟。今子孫承襲自爲一宗。臯是滉次子。官雖一品。身歿無升祔廟文。伏准禮記云。別子爲祖。繼別爲宗。繼禰者爲小宗。若臯子約官至五品清資郎。合別置禰廟。祔臯神主。自列昭穆。庶合禮經。勅旨依奏。

會昌五年二月勅。自今以後。百寮不得于京城內置廟。如欲于坊內置者。但准古禮于所居處。即不失敬親之禮。

大中五年四月。武昌軍節度使檢校戶部尚書韋損奏。臣四代祖湊。開元中于上都立政坊立廟。至建中四年。亡失木主。其廟屋及樹並在。今臣官階至三品。合立私廟。請祔享前件廟。勅旨宜依。先是韋損之門吏右司員外郎楊師復以此事問于禮官太常寺主簿韋儒實。對曰。准何修之禮問答云。始安靖王廟東城事亂。神主不存。廢祠未久。今欲造木主升祔。于禮如何。答曰。新造木主。成便合奉迎入室。當設酒脯之奠。然後卽安也。又准禮。文武官二品以上祠四廟。五品以上祠三廟。今韋尚書官至三品。自合得立三廟。緣四代祖河東節度使先立私廟。太師已曾祔廟訖。至建中四年失木主。自後子孫位卑。其祠久廢。今韋尚書官位三品。准祠祭令。各立三廟。卽合祭太師中丞及使君三神主。便合營造廟宇。以安木主。今河東節度舊廟木主亡失。廟宇見存。其河東節度是四代神祖。不合更祭。今祔太師以下三神主于其廟。在禮無嫌。

其年十一月。太常禮院奏。據中書侍郎兼吏部尚書平章事崔龜從奏。臣官准式合立私廟。伏准會昌五年二月一日勅旨。百官並不得京城內置廟。如欲于京城內置廟者。但准古禮。于所居處置。卽不失敬親之禮者。伏以武宗時緣南郊行事。見天門街左右諸坊有人家私廟。遂令禁斷。且本不欲令御路左右有廟宇。許令私第內置。則近北諸坊。漸逼宮闕。十年之內。悉是人家私廟。今若人家居第寬廣。或鄰里可兼併者。必便置廟。以展孝思。或居處褊狹。隣近無可開廣者。便是終身廢廟享之榮。公私情禮。皆極不便。國朝二百餘年。在私家側近者。不過三數家。今古殊禮。頗爲褻黷。其餘悉在近南遠坊。通行已久。今若緣南路不欲令置私廟。卻令居處建立廟宇。卽須種植松柏及白楊樹。近北諸坊。竊恐非便。以臣愚見。天門街左右諸坊。不許置廟。其餘園外遠坊。本是隙地并舊是廢廟者。許令建立。則天門街側近。旣無私廟。近北諸坊。又免百官占地立廟。并官至三品。盡得升祔祖禰。無乖禮經。中外官寮已至三品者。皆望有此釐革。伏請下太常禮院。重定立廟制度及去處。庶得祀禮可遵。行事無乖。當奉今月一日勅。宜依所奏。下太常禮院詳審制度。分析奏聞。伏以事亡如存。典禮攸重。今百官悉在京師。若不許于京內置廟。則烝嘗之禮。難復躬親。孝思之心。或乖薦奠。若悉令于居處置廟。又緣近北諸坊。便于朝謁。百官第宅。布列坊中。其間雜以居民。棟宇悉皆連接。令廣開則鄰無隙地。廢廟貌則禮闕敬親。若令依會昌五年勅文。盡勒于所居置廟。兼恐十數年間。私廟漸逼于宮牆。齊民必欲于吞併。臣具詳本末。冀便公私。今請夾天門街左右諸坊。不得立私廟。其餘園外遠坊。任取舊廟及擇空閑地建立廟宇。應立廟之初。先取禮司詳定。兼請准開元禮。二品以上祠四廟。三品祠三廟。三品以上不須爵者。四廟外有始封祖。通祠五廟。三品以上不得過九架。並廈兩頭。其三室廟制。合造五間。其中三間隔爲三室。兩頭各廈一間虛之。前後亦虛之。每室中西壁三分之一近南。去地四尺。開一埳室。以石爲之。可容兩神主。廟垣合開南門東門。並有門屋。餘並准開元禮及曲臺禮爲定制。其享獻之禮。除依古禮用少牢特牲饋食外。有設時新及今時熟饌者。並聽。仍請永爲定式。勅旨宜依。

天佑三年十月。兩浙節度使錢鏐請於本鎭立三代私廟。從之。

唐會要卷二十

陵議

貞觀九年。高祖崩。詔定山陵制度。令依漢長陵故事。務在崇厚。時限既促。功役勞弊。祕書監虞世南上封事曰。臣聞古之聖帝明王。所以薄葬者。非不欲崇高光顯。珍寶具物。以厚其親。然審而言之。高墳厚壠。珍物必備。此適所以爲親之累。非曰孝也。是以深思遠慮。安于菲薄。以爲長久萬世之計。割其常情以定之耳。昔漢成帝造延昌二陵。制度甚厚。功費甚多。諫議大夫劉向上書曰。孝文帝居霸陵。悽愴悲懷。顧謂羣臣曰。嗟乎。以北山石爲槨。用紵絮斮陳漆其間。豈可動哉。張釋之進曰。使其中有可欲。雖錮南山猶有隙。使其中無可欲。雖無石槨。又何戚焉。夫死者無終極。而國家有廢興。釋之所言。爲無窮計也。孝文寤焉。遂以薄葬。又漢氏之法。人君在位。三分天下貢賦。以一分入山陵。武帝歷年長久。比葬。陵中不復容物。霍光暗于大體。奢侈過度。其後至更始之敗。赤眉入長安。破茂陵取物。猶不能盡。無故聚斂百姓。爲盜之用。甚無謂也。魏文帝于首陽東爲壽陵。作終制。其略云。昔堯葬壽陵。因山爲體。無樹無封。無立寢殿園邑。爲棺槨足以藏骨。爲衣衾足以朽肉。吾營此不食之地。欲使易世之後。不知其處。無藏金玉銅鐵。一以瓦器。自古及今。未有不亡之國。是無不掘之墓。喪亂以來。漢氏諸陵。無不發掘。乃燒取玉柙金鏤。骸骨竝盡。豈不重痛哉。若違詔妄有變改。是爲戮屍于地下。死而重死。不忠不孝。使魂而有知。將不福汝。以爲永制。藏之宗廟。魏文此制。可謂達于事矣。向使陛下德止于秦漢之君。臣則緘口而已。不敢有言。伏見聖德高遠。堯舜猶所不逮。而俯與秦漢之君同爲奢泰。捨堯舜殷周之節儉。此臣所以戚戚也。今爲邱壠如此。其內雖不藏珍寶。亦無益也。萬世之後。人但見高墳大塚。豈謂無金玉也。臣之愚計。以爲漢文霸陵。既因山勢。雖不起墳。自然高敞。今之所卜地勢既平。不可不起。宜依白虎通所陳周制。爲三仞之墳。其方中制度事事減少。事竟之日。刻石于陵側。書明邱封大小高下之式。明器所須。皆以瓦木。合于禮文。一不得用金銀銅鐵。使後世子孫。竝皆遵奉。一通藏之宗廟。豈不美乎。且臣下除服。用三十六日。已依霸陵。今爲墳壠。又以長陵爲法。恐非所宜。伏願深覽古今。爲久長之慮。書奏不報。世南又上疏曰。漢家即位之初。便營陵墳。近者十餘歲。遠者五十年。方始成就。今以數月之間。而造數十年之事。其於人力。亦已勞矣。又漢家大郡五十萬戶。即日人衆。未及往時。而功役與之一等。此臣所以致疑也。又公卿上奏。請遵遺詔。務從節儉。太宗乃謂中書侍郎岑文本曰。朕欲一如遺詔。但臣子之心。不忍頓爲儉素。如欲稱朕崇厚之志。復恐百世之後。不免有廢毀之憂。朕爲此不能自決。卿等平章。必令得所。勿置朕於不孝之地。因出虞世南封事付所司詳議以聞。司空房元齡等議曰。謹按高祖長陵高九丈。光武陵高六丈。漢文魏文。竝不封不樹。因山爲陵。竊以長陵制度。過爲宏侈。二丈立規。又傷矯俗。光武中興明主。多依典故。遵爲成式。實謂攸宜。伏願仰遵顧命。循順禮經。詔曰。朕旣爲子。卿等爲臣。愛敬罔極。義猶一體。無容固陳節儉。陷朕于不義也。今便敬依來議。於是山陵制度。頗有減省。

十八年。太宗謂侍臣曰。昔漢家皆先造山陵。旣達始終。身復親見。又省子孫經營。不煩費人功。我深以此爲是。古者因山爲墳。此誠便事。我看九嵕山孤聳迴繞。因而傍鑿。可置山陵處。朕實有終焉之理。乃詔曰。禮記云。君卽位而爲椑。莊周云。息我以死。豈非聖人遠鑒深識。著之典誥。恐身後之日。子子孫孫。尚習流俗。猶循常禮。功四重之櫬。伐百祀之木。勞擾百姓。崇厚墳陵。今先爲此制。務從儉約。于九嵕之上。足容一棺而已。木馬塗車。土桴葦籥。事合古典。不爲世用。又佐命功臣。義深舟楫。追念在昔。何日忘之。漢氏將相陪陵。又給東園祕器。篤終之義。恩意深厚。自今以後。功臣密戚。及德業佐時者。如有薨亡。宜賜塋地一所。以及祕器。使窀穸之時。喪事無闕。至二十三年八月十八日。山陵畢。陵在醴泉縣。因九嵕層峯。鑿山南面。深七十五丈。爲元宮。緣山傍巖。架梁爲棧道。懸絕百仞。繞山二百三十步。始達元宮門。頂上亦起遊殿。文德皇后卽元宮。後有五重石門。其門外于雙棧道上。起舍宮人供養。如平常。及太宗山陵畢。宮人欲依故事。留棧道。惟舊山陵使閻立德奏曰。元宮棧道。本留擬有今日。今旣始終永畢。與前事不同。謹按故事。惟有寢宮安供養奉之法。而無陵上侍衞之儀。望除棧道。固同山岳。上嗚咽不許。長孫無忌等援引禮經。重有表請。乃依奏。上欲闡揚先帝徽烈。乃令匠人琢石。寫諸蕃君長。貞觀中擒伏歸化者形狀。而刻其官名。突厥頡利可汗右衞大將軍阿史那出苾。突厥頡利可汗右衞大將軍阿史那什鉢苾。突厥乙彌泥孰候利苾可汗右武衞大將軍阿史那李思摩。突厥都布可汗右衞大將軍阿史那社爾。薛延陀眞珠毘伽可汗、吐番贊普、新羅樂浪郡王金貞德、吐谷渾河源郡王烏地也拔勒豆可汗、慕容諾曷鉢、龜兹王訶黎布失畢、于闐王伏闍信、焉耆王龍突騎支、高昌王左武衛將軍麴智盛、林邑王范頭黎、帝那伏帝國王阿羅那順等十四人、列于陵司馬北門内九嵕山之陰、以旌武功、乃又刻石爲常所乘破敵馬六匹于闕下也。

神龍元年十二月、將合葬則天皇后于乾陵。給事中嚴善思上表曰、臣謹按天元房錄葬法云、尊者先葬、卑者不合於後開入。臣伏聞則天大聖皇后欲開乾陵合葬。然以則天皇后卑于天皇大帝、欲開陵合葬、即是以卑動尊。事既不經、恐非安穩。臣又聞乾陵元宮、其門以石閉塞、其石縫鑄鐵、以固其中。今若開陵、其門必須鐫鑿。然以神明之道、體尚幽元、今乃動衆加功、誠恐多所驚黷。又若別開門道、以入元宮、即往者葬時神位先定、今更改作、爲害益深。又以修築乾陵之後、國頻有難、遂至則天皇后總萬幾二十餘年、其難始定。今乃更加營作、伏恐還有難生。但合葬非古、著在古昔、在禮經緣情爲用、無足依准。況今事有不安、豈可復循斯制。伏見漢時諸陵、皇后多不合葬。魏晉之後、祚皆不長、雖受命應期、有因天假、然循機享德、亦在天時、但陵墓所安、必資勝地、後之胤嗣、用託靈根、或有不安、後嗣固難長享。伏望依漢朝之故事、改魏晉之頹綱、于乾陵之傍、更擇吉地、取生墓之法、別起一陵。既得從葬之儀、又成固本之業。伏以合葬者、緣人私情、不合葬者、前修故事。若以神道有知、幽塗自得通會、若以死者無知、合之復有何益。然以山川精氣、上爲星象、若葬得其所、則神安後昌、若葬失其宜、則神危後損。所以先哲垂範、具立葬經、欲使生人之道必安。死者之神永奉。伏望少迴天眷。俯覽臣言。行古昔之明規。割私情之愛欲。使社稷長享。天下永安。疏奏。百官詳議。尋有勑令准遺詔以葬之。

開元十七年。元宗因拜橋陵至金粟山。覩岡巒有龍盤鳳翔之勢。謂左右曰。吾千秋後。宜葬于此地。後遂追先旨葬焉。

天寶十三載二月制。獻昭乾定橋五署。改爲臺令。各升一階。自後諸陵例皆稱臺。又至德元年八月六日。前興定陵署焦士炎上表。請永康興寧二陵爲署。勑令中書門下。召禮官定其可否。太常禮院奏曰。禮記。追王太王王季。上祀先公以天子之禮。上文言追王王季。下文言上祀先公。是明追者全用天子之禮。先公惟祀事得用。故鄭玄注言。追王王季者。以近起焉。又言。追王者改葬之矣。葬且猶改。則其餘可知。伏以景皇帝竝是追尊。皆用天子之禮。陵臺之號。不合有殊。從之。

建中元年。德宗卽位。將厚奉元陵。刑部員外郎令狐峘上疏諫曰。臣聞傳曰。近臣盡規。禮記曰。事君有犯而無隱。臣讀漢書劉向傳。見論王者山陵之誡。良史稱歎。萬古芬芳。何者。聖賢之心。勤儉是務。必求諸道。不作無益。故舜葬蒼梧。不變其肆。禹葬會稽。不改其列。周武葬于畢陌。無邱壠之處。漢文葬于霸陵。因山谷之勢。禹非不忠也。啓非不順也。周公非不悌也。景帝非不孝也。其奉君親。皆從微薄。昔宋公始爲厚葬。用蜃灰。益車馬。其臣華元樂舉。春秋書爲不臣。秦始皇葬驪山。魚膏爲燈燭。水銀爲江海。珍寶之藏。不可勝計。千載非之。宋桓魋爲石槨。夫子曰。不如速朽。子游問喪具。夫子曰。稱家之有無。張釋之對孝文曰。使其中無可欲。雖無石槨。亦何戚焉。漢文帝霸陵。皆用瓦器。不以金銀爲飾。由是觀之。有禮者葬愈薄。無德者葬愈厚。昭然可睹矣。陛下自臨御天下。聖政日新。進忠去邪。減膳節用。不珍雲物之瑞。不近鷹犬之娛。有司給物。悉依元祐。利於人也。遠方底貢。惟供祀事。薄於己也。故澤州奏慶雲。詔曰。以時和爲嘉祥。邕州奏金坑。詔曰。以不貪爲寶。恭惟聖慮。無非至理。而獨六月一日制節文云。緣應山陵制度。務從優厚。常竭帑藏。以供費用者。此誠仁孝之德。切于聖衷。伏以尊親之義。貴于合禮。陛下每下明詔。發德音。追蹤唐虞。超邁周漢。豈取悅凡常之口。有違賢哲之心。與失德之君。競于奢侈者也。臣又伏讀遺詔曰。其喪儀制度務從儉約。陛下恭順先志。動無違者。若制度優厚。豈顧命之意也。疏奏。優詔從之。

貞元十四年四月。詔曰。昭陵舊寢宮在山上。置來多年。曾經野火燒爇。摧毀略盡。其宮尋移在瑤臺寺側。今屬通年。欲議修理。緣供水稍遠。百姓勞敝。今欲于見住行宮處修造。以冀久遠便安。又爲改移舊制。恐在所未周。宜令中書門下百官同商量可否聞奏。于是吏部員外郎楊於陵議曰。伏以陵園宮寢。非三代之制。自秦漢以來有之。但相沿于陵旁制寢。未聞去陵有遠近步數之節。在漢宣元之後。諸儒韋元成匡衡等。迭建陵寢之議。或興或廢。亦無明徵。陛下嚴恭禋祀。至誠至慎。俯擇羣議。上參天心。則葺修之理。可得指事而言也。竊以陵寢經界。在柏城之內。非遠于陵也。若諸陵寢宮。皆因高有定制。去陵有定限。則縱非太宗之寢。雖遠井泉。皆宜循舊。不可移也。如但止于柏城之內。去陵遠近不一。則昭陵舊寢焚爇既盡。行宮所卜展敬多年。今便于側近循造。不出柏城之內。則與諸陵寢廟復何異也。議者或以太宗創業垂統功德巍巍。寢宮舊規不合變易。復山上已毀之地。則爲展孝就山下載安之所。則爲遠陵。甚不然也。何者。因陵建寢。當時之事也。乘變改作。順時之宜也。夫園塋本于安靜。繕建彰于動作。燎火之恐。當不安矣。版築之勞。斯爲勤矣。將欲崇閟宇于荒廢。興大役于密邇。慮非聖靈之所憑依。區區財力之費。曾何足計。是則曩時之創立。以近爲便。今日之改制。以便爲宜。奚必于柏城封域之中。生近陵之嫌也。伏惟陛下虔奉祖宗。盡心園寢。上以追孝敬。下以庇烝黎。臣識陋學淺。莫探往制。馨竭所見。謂宜改修。太常博士韋彤奏議曰。歷代禮書及國朝故事。未見有不可改移之禮。先王建都立邑以安民也。有不便則爲之遷。況其有故乎。伏以文皇寢園。頃遇焚爇。遂奉仙駕。久移舊宮。事則因災。非無故也。歲月傳敍。神御已安。就其修建。可謂至順。且陵旁置寢。是秦漢之法。擇其高爽。務取清嚴。去陵遠近。本無著定。是以今之制置。里數不同。各于柏城。隨其便地。又非皆在山下也。臣訪聞昭陵舊寢。經火之後。人行遂少。林莽隱蔽。逕路欹危。伏以元宮尙幽。所奉宜靜。今若必須仍舊。土木興功。不惟負載至難。亦恐喧囂太逼。大道以變通則久。聖人以適時爲禮。今陛下孝思所切。營建惟新。是則通于神明。豈伊常情所及。聖旨所示。謂于瑤臺寺左側。是必于昭陵柏城之內。不在瑤臺寺明矣。既不越封兆。而力役易從。俯近井泉。則膳羞愈潔。規模一定。垂之無窮。酌其便宜。誠爲允當。初正月中。令有司修葺陵寢。以昭陵舊宮。先因火焚毀。故詔百官詳議。議者多云舊宮既被焚爇。請移就山下。或有議請修舊宮者。上意亦不欲遷移。由是復以山下爲定。于是遣右諫議大夫平章事崔損充修八陵使。及所司計料。獻昭乾定泰五陵各造屋三百七十八間。橋陵一百四十間。元陵三十間。惟建陵不復創造。但修葺而已。所緣寢陵中帷幄牀褥一事以上。竝令制置。上親閱焉。

寶曆二年二月。太常奏。追尊孝敬皇帝以下四陵。宜停朝拜事。孝敬皇帝恭陵。讓皇帝惠陵。奉天皇帝齊陵。承天皇帝順陵。前件四陵。昔年追尊大號。皆是恩制。緣情而行。當時已不合經典。今乃二時朝拜。上擬祖宗。竊以情禮之差。過猶不及。謹按禮記及歷代禮文。幷國朝故事。皇帝旁親無服。又云。五代而親屬盡。伏以四陵親非祖宗。事無功德。緣情權制。禮合變更。有司因循。尚爲常典。況今宗廟之上。遷世已遠。尊卑降殺。朝謁須停。勅旨依奏。

親謁陵 自開元十七年後。無親謁陵事。

貞觀十三年正月一日。太宗朝于獻陵。先是日。宿衛設黃麾仗。周衞陵寢。至是質明。七廟子孫。及諸侯百寮。蕃夷君長。皆陪列于司馬門內。太宗至小次。降輿納履。哭于闕門。西面再拜。慟絕不能興。禮畢。改服入于寢宮。親執饌。閱視高祖及先后服御之物。匍匐牀前。悲慟。左右侍御者。莫不歔欷。初。甲辰之夜。大雨雪。及太宗入陵。悲號嗚咽。百辟哀慟。有頃。雲出于邱陵之上。俄而彌布天地。晦冥。禮畢。太宗出自寢宮。步過司馬門。泥行二百餘步。于是風靜雪止。天色開霽。咸以爲孝感之所致焉。

永徽六年正月一日。親謁昭陵。文武百官宗室子孫並陪位。上降輦易服。行哭就位。再拜擗踊。禮畢。又改服奉謁寢宮。其崇聖宮妃嬪大長公主以下及越趙紀三國太妃等先于神座左右侍列。如平生。上入寢。哭踊。絕于地。進至東階。西面再拜。號慟久之。乃進太牢之饌。加珍羞具品。引太尉無忌司空勣越王貞趙王福曹王明及左屯衞大將軍程知節並入執爵進俎。上至神座前拜哭奠饌。閱先帝先后衣服。拜辭訖。行哭出寢北門。乃御小輦還宮。

開元十七年十一月十日。上朝于橋陵。陵在奉先縣。至壖垣西闕。下馬悲泣。步至神午門。號擗再拜。悲感左右。禮畢還。下詔曰。黃長軒臺。漢尊陵邑。名教之地。因心爲則。宜進奉先縣職望班員。一同赤縣。所管萬三百戶以供陵寢。卽爲永例。十二日。朝于定陵。如橋陵之禮。陵在富平縣。時每發行宮。將謁。天尙未曉。給事中劉彤上疏諫曰。將事發軫。路猶曛黑。紅塵四合。白刃交馳。往來不相知。左右不相識。假令有敗車逸馬。枯木朽株。則變在不虞。患生所忽。不可輕也。伏願慮及細微。以安宗社。拜陵之日。必假朝光。凡百歡心。普天幸甚。制曰。朕夙敬之志。惟在昧爽。卿重愼之誠。欲及辨色。國體宜爾。用納良言。然要須早朝。稍盡夜漏耳。十三日。朝于獻陵。十六日。朝于昭陵。陵在醴泉縣。掌事者仿像遙觀太宗立神遊殿前。及上入寢宮。聞室中謦欬之音。上又令寢宮門外設奠。以祭陪陵功臣將相蕭瑀房元齡等數十人。如聞其抃蹈之聲。十九日。朝于乾陵。陵在奉先縣。諸陵各取側近六鄉百姓。以供養寢陵之役。

公卿巡陵

顯慶五年二月二十四日。上以每年二月。太常卿少卿分行二陵。事重人輕。文又不備。鹵簿威儀有闕。乃詔三公行事。太常卿少卿爲副。太常造鹵簿事畢。則納于本司。仍著于令。

景龍二年三月。左臺御史唐紹以舊制元無諸陵起居之禮。惟貞觀式文。但以春秋仲月。命使巡陵。太后遂行每年四季之月。及忌日降誕日。遣使往諸陵起居。准諸故事。元無此禮。遂上表曰。臣伏以既安宅兆。禮不祭墓。所謂送形而往。山陵爲幽靜之宮。迎精而返。宗廟爲享薦之室。但以春秋仲月。命使巡陵。鹵簿衣冠。禮容必備。自天授以後。時有起居。因循至今。乃爲常事。起者以起動爲稱。居者以居止爲名。參候動止。蓋非陵寢之法。豈可以事生之道。行之於時。望停四季及忌日降誕日幷節日起居陵使。但准二時巡陵。庶得義合禮經。陵寢安謐。手勑答曰。乾陵每歲正旦冬至寒食。遣外使去。二忌日遣內使去。其諸陵竝依來表。

開元十五年二月二十四日。敕每年春秋二時。公卿巡陵。初發准式。其儀仗出城。欲至陵所十里內。還具儀仗。所須馬。以當界府驛馬充。其路次供遞車兩。來載儀仗。推輅三十人。餘差遣竝停。所司別供。須依常式。

二十七年八月十二日。勑。古者分命公卿。巡謁陵寢。率皆乘輅。以備其儀。雖禮則是常。不可廢闕。而事有適要。亦在變通。宜令太僕寺司。每陵各支輅兩乘。幷儀仗等。送至陵所貯掌。旣免勞煩。無虧肅敬。其公卿出城日如常儀。至陵所准此。二十八年七月十八日制。伏以八代祖宣皇帝七代祖光皇帝六代祖景皇帝五代祖元皇帝。自昔追尊號謚。稽古有則。而陵寢所奉。須廣彝章。其建初啓運二陵。仍准興寧陵例。置署官及陵戶。自今已後。每歲至春秋仲月。宜分命公卿。准諸陵例。分往巡謁。仍命所司准數造輅。于陵署收掌。以充備禮之用。其建初啓運興寧永康等四陵。年別四時及八節。委所由州縣。數與陵署相知。造食進獻。

天寶六載八月一日勅。每年春秋二時。巡謁諸陵。差公卿各一人。奉禮郎一人。右校署令一人。其奉禮郎右校署令。自今以後。宜停。至陵所差縣官及陵官攝行事。其巡陵儀式。宜令太常寺修撰一本。送令管陵縣收掌。長行需用。仍令博士助教習讀。臨時讚相。永爲常式。

貞元四年二月。國子祭酒包佶奏。每年二月八日。差公卿等朝拜諸陵。伏見陵臺所由引公卿至陵前。其禮簡略。因循已久。恐非盡敬。謹按開元禮。有公卿拜陵舊儀。望宣傳所司。詳定儀注。稍令備禮。以爲永式。勅旨。宜令所司酌禮量宜。取其簡敬。于是太常約用開元禮制及勅文舊例。修撰。五月勅旨施行。所司先擇吉日。公卿待輅車鹵簿。就太常寺發至陵所司先于陵南北步道東。設次西向北上。公卿等到次。奉禮設公卿位于北門外之左。西向。陵官在公卿位東南。執事官又于其南。西向北上。設奉禮位于陵官西靣。

贊者二人在南。少退。謁者引公卿出次就位。贊引諸官就位立。奉禮曰再拜。贊者承傳。在位者俱再拜。謁者引公卿。贊引引諸官出次。以奉行畢。退復位。奉禮曰再拜。贊者承傳。在位者皆拜。謁者引公卿。贊引引諸官各就次以還。若須洒埽及芟薙修理。即隨事處分。其奉禮郎典謁等應須權攝。請准天寶六載八月勅。所管縣及陵官博士助教等充。又准開元皇帝行諸陵。即設太牢之饌。其公卿朝拜。備奉巡檢之禮。竝無牲牢。元和元年正月。禮儀使杜黃裳奏。二月公卿拜諸陵。准禮。太上皇昇遐。惟祭天地社稷。其拜陵及諸享祀。竝令權停。制曰可。

長慶元年六月二十七日。吏部奏。公卿拜陵。通取尚書省及四品以上清望官。中書省及諸司五品以上清望官。及京兆少尹充。從之。三年正月。御史臺奏。應差定拜陵公卿。伏請除准式假外。如吏部差定奏下後。稱疾患事故者。望同臨祭出齋例論罰俸。應拜陵公卿。正衙辭後。竝合當日出城。近來因循。轉不遵守。動經累日。止宿于家。受命不恭。莫甚于此。臣請申明舊制。因事酌宜。計其道程。前後辭發。奏可。

議曰。按開元禮。春秋二仲月。司徒司空巡陵。春則埽除枯朽。秋則芟薙繁蕪。埽除者。當發生之時。欲使茂盛也。芟薙者。當秋殺之時。除去擁蔽。且慮火災也。今巡陵公卿。皆持斧斁樹三發。謂之告神。其爲不經。一何甚也。

唐會要卷二十一

緣陵禮物

舊儀注。品物時新。將堪供進。所司先進太常令尙食相知簡擇。仍以滋味與斯物相宜者配之。冬魚等凡五十六品。

永徽二年七月二十九日。有司言。謹按獻陵三年之後。每朔望上食。冬夏至伏臘淸明社節等日亦准朔望上食。來月之後。始復平常。昭陵所司上食。請依獻陵故事。從之。

神龍二年二月。太常博士彭景直以爲諸陵每日奠祭。乖於古禮。上疏。謹按三禮正文。無諸陵日祭之事。唯著宗廟月祭之禮。故祭法云。天下有王。建國置都。設爲廟祧壇墠而祭之。乃爲親疏多少之數。是故王立七廟。一壇一墠。曰考廟。曰王考廟。曰皇考廟。曰顯考廟。曰祖考廟。皆月祭之。遠廟爲祧。有二祧。享嘗乃止。去祧爲壇。去壇爲墠。有禱焉祭之。無禱乃止。則此禮典明文。義可求。景直又按禮論譙周祭志云。天子之廟。始祖及高祖曾祖祖考。皆每月朔望加薦。以象平生。朔食也。謂之月祭。二祧之廟。無月祭。此譙周所著。與古禮義相附近。亦無日祭之文。今諸陵月祭。有朔望幷諸節日料。則古禮殷事之義也。諸節日猶古薦新之義。故鄭玄注禮記云。殷事。月朔月半薦新之奠也。又注儀禮。月朔月半。猶平常之朝夕也。大祥之後。即四時焉。此則古者祭皆在廟。近代以來。始分朔望及諸節日祭於陵寢。在廟惟四時正享及臘為五享。前所奏定。並依古禮正文。更不旁引外傳。考據禮經。更無日祭。惟漢七廟議。京師自高祖下至宣帝。與太上皇悼皇考各自居陵旁立廟。又園中各有寢殿。日祭於寢。月祭於廟。時祭於便殿。至元帝時。貢禹以為太煩。奏請罷郡國廟。丞相韋元成等議。七廟外寢園。皆無復祭。奏可。議者亦以祭不欲數。數則黷。宜復古禮。四時祭於廟。丞相匡衡亦奏七廟迭毀之義。帝從之。又祭不欲疏。劉歆以為禮去事殺。引春秋外傳云。日祭月祀時享歲貢。祖禰則日祭。曾高則月祀。二祧則時享。壇墠則歲貢。至後漢陵寢致祭。無明文以言。魏氏三祖及晉。皆不祭於墓。至於江左。亦不崇園寢。及宋齊梁陳。其祭無聞。臣以為三禮者。不刊之書。懸諸日月。外傳所記。不與經合。不可依憑。國家率由典章。討論正理。模事作法。垂裕將來。擇善而行。依經為允。其諸陵日祭。請准禮停。疏奏。上謂侍臣曰。禮官奏言。諸陵准禮不合日別進食。但禮因人情。事有沿革。陵寢如昨。祗薦是常。乃援日月之期。請停朝夕之奠。乍覽此奏。哀慕增懷。乾陵宜依舊朝晡進奠。昭獻二陵。每日一進。必若所司供辦辛苦。可減朕膳。以為常式。

開元二年四月十五日。勅頃者別致鷹狗。供奉山陵。至於料度。極多費損。有乖儀式。無益崇嚴。其諸陵所有供奉鷹狗等。並宜即停。高宗時置。

二十三年四月。勅獻昭乾定橋恭六陵。朔望上食。歲冬至寒食日各設一祭。如節祭。共朔望日相逢。依節祭料。橋陵除此日外。仍每日進半口羊食。

二十八年七月十八日勅。其建初啟運興寧永康四陵。每年四時八節。委所司判與陵署相知。造食進獻。

天寶二年七月二十七日勅。朕纂承丕業。肅恭祀事。至於諸節。常修薦享。且詩著授衣。令存休澣。在于臣子。猶及恩私。恭事園陵。未標令式。自今以後。每至九月一日。薦衣於陵寢。貽範千載。庶展孝思。但仲夏端午。事無典實。傳之淺俗。遂乃移風。況乎以孝導人。因親設教。變遊衣於漢紀。成獻服於禮文。宜宣示庶僚。令知朕意。

大歷十四年九月。禮儀使顏眞卿奏曰。按後漢禮儀志云。古不祭墓。漢諸陵皆有園寢。承秦所爲也。建武以來。關西諸陵。但四時特牲祠。每帝幸長安諸陵。乃太牢祠。自洛陽諸陵至靈帝。皆以晦望二十四氣伏社臘日及四時祠。無每日上飯。其親陵一所。宮人隨鼓漏理被枕。其與洛陽諸陵及親陵降殺不同之文也。又春秋傳曰。祖禰則日祭。曾高則月祭。二祧則時享。壇墠則歲貢。大禘則終王。罔以親疎相推。遠近爲制。又祠部式獻昭乾定橋恭陵。並朔望上食。歲及冬至寒食。各設一祭。唯橋陵除此日外。每日供半口羊充薦。是則元宗之于親陵與諸陵。且有異矣。今請元陵除朔望及節祭外。每日更供半口羊充薦。准祠部式供擬。泰陵建陵則但朔望及歲冬至寒食伏臘社日。各設一祭。每日更不合上食。制曰。可。

元和元年七月。禮儀使杜黃裳奏。引故事。豐陵日祭。崇陵唯朔望節日伏臘。各設一祭。制可。

十五年四月。禮儀使奏按禮文令式。皇祖以上至太祖陵寢。朔望上食。其元日寒食冬至臘社日各設一祭。皇考陵朔望及節祭外。每日進食。今豐陵合停日祭。景陵日祭如式。制曰。可。

其年五月。殿中省奏。尙食局供景陵千味食數內魚肉委食味皆肥鮮。掩埋之後。薰蒸頗極。今請移魚肉食於下宮。以時進饗。仍令尙藥局據數以香藥代之。敕脯醢豬犢肉等。皆宜以香藥代。其酒依舊供用。

諸僭號陵

神龍二年四月十二日。贈后父故上洛郡王元貞爲酆王。廟號褒德陵。置六品八品丞各一員。韋庶人父也。

蘇氏曰。天寶九載。有詔發韋氏冢而平之。其時差長安縣尉薛榮先專知。及見銘誌。發冢日月。與葬日月同。舊爲陵號。榮先又與專知官薛榮先名同。自閉及開。凡四十五年。而兆應若是。足表僭溢過分。殃咎夙成。有以戒將來暴興者。其中寶玉已經盜發罄矣。而柩櫬狼狽。徒生嘆嗟。又足以誡將來厚葬者也。

三年三月二日。制令武氏崇恩廟依舊享祭。仍置五品令。七品丞。昊順二陵置令丞。如太廟。其年七月。武崇訓將葬。監護使司農少卿趙履溫諷安樂公主奏。依永泰公主例。爲崇訓造陵。制許之。給事中盧粲駁奏曰。伏尋陵之稱謂。本屬皇王及諸君。自有國以來。諸王及公主墓無稱陵者。唯永泰公主承恩特葬。事越常塗。不合引以爲名。左傳曰。唯名與器。不可以假人。魯王哀榮之典。誠別承恩。然國之名器。豈可妄假借。比貞觀以來。諸王舊例。足得豐厚。手勅曰。安樂公主與永泰公主無異。緣此特爲陵制。不煩固執。粲又奏曰。臣聞陵之稱謂。施於尊極。不屬王公以下。且魯王若欲論親等第。則不親於雍王。雍王之墓。尚不稱陵。魯王則不可因尙主而加號。且君之舉事。則載於方册。或稱之往典。或考自前朝。臣歷檢貞觀以來。駙馬墓無得稱陵者。且人君之禮。服絕于期。蓋爲不獨子其子。陛下以膝下之恩愛。施及其夫。贈之儀。哀榮足備。豈得使上下無辨。君臣一貫者哉。又奏曰。安樂公主承兩儀之澤。履福祿之源。指南山以錫年。仰北辰而永庇。魯王之葬。車服有章。加等之儀。備有常數。塋兆之稱。不應假永泰公主爲名。非所謂垂範將來。作則羣辟者也。上無以答。竟從粲奏。先是武氏昊陵順陵置守戶五百人。梁王三思及魯王崇訓墓各置守戶六十人。又韋氏褒德廟置守戶一百人。至景龍三年三月十六日。太常博士唐紹上疏曰。謹按昊順二陵。恩勅特令依舊。因循前例。守戶與昭陵數同。又先代帝王陵戶。准式二十人。今雖外氏特恩。亦須附近常典。請准式量減。取足防閑。庶無逼上之嫌。不失尊崇之道。又親王守墓。舊制例准得十人。梁魯近加追贈。不可越於本爵。准令贈官用蔭。各減正官一等。故知贈之與正。義有抑揚。禮不可踰。理須裁制。請同親王墓戶。各置十人爲限。又太廟宿衛。准備正兵。縱令壖內壖除。還以其兵應役。褒德別加廟戶。兼配軍人。既益煩勞。又虧常典。縱使恩加極禮。須准太廟汚隆。別置百人。亦請停廢。疏奏不納。至景雲元年七月一日。廢昊陵順陵二名。至二年五月五日。復昊順二陵。太平公主所請。至先天二年正月二十七日。又廢並稱太原王墓。

皇后諸陵議

大歷十三年七月。將葬貞懿皇后。命起陵寢于章敬寺後。嘗遊幸近地。左右莫敢言。于是右補闕姚南仲上疏曰。臣聞人宅于家。主宅于國。夫長安城。陛下皇居也。分布十二辰。卽章敬寺北。當帝城寅上之地。陛下本命之所在。其可穿鑿興動而建陵墓乎。此非所宜一也。夫葬者藏也。欲人之不得見也。蓋松柏當靜。靈祇貴幽。是以古帝前王之葬后妃。莫不憑邱原。遠郊郭。夫豈不愛。割情而已。今則西俯宮闕。南迫康莊。事非國經。義背神理。若使近而可見。歿而復生。雖在西宮。待之可也。如骨肉歸土。魂無不之。章敬之寺北。竟何所益。空勞恩想。極乖王度。示之兆庶。彰于愛。垂之萬世。損于明。此非所宜二也。夫帝王者。居高明。燭幽滯。登臺榭。候雲物。晨鑒東作。遐觀夏苗。先皇所以因龍首之岡。建望春之殿。蓋爲此也。今若築陵其下。穜柏其中。森然目前。動傷宸慮。夫心一傷。數日不平。天子之尊。豈不自惜。且匹夫向隅。滿堂爲之不樂。萬乘不樂。國人其可歡心乎。伏惟貞懿皇后。坤德配天。母慈逮下。六宮是式。九族載和。故得家道克昌。令聞不朽。陛下所以切軫旒扆。久俟蓍龜。始諡之以貞懿。終待之以褻近。臣竊惑焉。且皇后生而至賢。歿而至靈。豈願以墳陵之故。累陛下聖明哉。非所以稱述后德。光被下泉也。今國人皆曰。貞懿皇后之陵。邇于城下者。主上將日省而時望焉。乃有損于聖德。無益于貞懿。將欲寵之。而反辱之。此非所宜三也。凡此數事。

實玷大猷。天下咸知。准臣獻議。人皆愛死。臣獨愛君。伏惟陛下熟計而取其長也。夫以帝王之貴。令出惟行。愜意于一時之間。校德于千載之後。陛下三光同耀。五岳比崇。方得偃武靖民。登封頌聖。一誤于此。其傷實多。臣恐道路是非。史官褒貶。大明忽虧于掩蝕。至德翻後于堯舜。不其惜哉。今指事尚遙。改卜何害。避當寅之位。遠寧神之居。抑皇恩之殊眷。成貞懿之美號。天下幸甚。其疏奏上感悟。超加南仲五階。賜銀印珠紱。

元和十一年三月。莊憲皇太后山陵禮儀使李逢吉上言。昊天上帝。五方上帝。皇地祇。神州社稷之祀。謹按禮記。喪三年不祭。惟祭天地社稷。按周禮及開元禮。圜鍾之均六變。天神皆降。林鍾之均八變。地祇皆出。謹按不廢天地之祭。謂不敢以卑廢尊也。將祭必作樂者。所以降神也。苟有所闕。則祭不成禮。伏請准元和元年二月勅。用樂如舊。三年之內。不祭宗廟。山陵祔廟後。四時饗祀如式。制曰。可。

開成五年二月。祭穆宗妃韋氏。追謚爲宣懿太后。（武宗母也。時初嗣位。後追謚之。）初。武宗欲啓穆宗陵祔葬。中書門下奏曰。園寢已安。神道貴靜。光陵葬已二十餘載。福陵近又修崇。緜惟孝思。足彰嚴奉。今若載因合祔。須啓二陵。或慮聖陵不安。未合先旨。又以陰陽避忌。實有所疑。不移福陵。實合典禮。從之。乃詔就舊陵增築。仍依舊名曰福陵。

會昌五年二月。翰林待詔楊士端奏。義安殿大行皇太后陵地。准今月五日勅。奉光陵。准經今年太歲在己丑。季土王年。不宜於光陵柏城內興工動土。宜於光陵封外東西北三面。有地平穩處。別擇置陵。吉制曰。可。其年三月。太常寺博士崔立上言。伏准正月二十九日勅。除陵寢外。其並約莊憲皇后山陵制度者。伏以莊憲皇后合祔豐陵。不別置宮殿。今義安皇太后於光陵東別擇陵地。與莊憲皇后祔禮不同。其宮寢并諸色官員等。今與詳定官等同商量。伏恐合議建置。勅旨。宜並不要置。

陪陵名位

舊制。凡功臣密戚。請陪陵葬者。聽之。以文武分為左右而列。墳高四丈以下三丈以上。若父祖陪陵。子孫從葬者。亦如之。若宮人陪葬。則陵戶為之成墳。凡諸陵皆置留守。領甲士。與陵令相知巡警。左右兆域內。禁人無得葬埋。古墳則不毀之。

獻陵陪葬名氏。楚國太妃萬氏。館陶公主。河間王孝恭。襄邑王神符。清河王誕。韓王元嘉。彭王元則。道王元慶。鄭王元懿。虢王元鳳。酆王元亨。徐王元禮。滕王元嬰。鄧王元裕。魯王元夔。霍王元軌。江王元祥。密王元曉。并州總管張綸。榮國公樊興。平原郡公王長楷。譚國公丘和。巢國公錢九隴。刑部尚書劉德茂。刑部尚書沈叔安。

昭陵陪葬名氏。越國太妃燕氏。趙國太妃楊氏。紀國太妃韋氏。賢妃鄭氏。才人徐氏。鄭國夫人。彭城郡夫人。蜀王愔。趙王福。紀王慎。越王貞。嗣紀王澄。曹王明。蔣王惲。清河公主駙馬程知亮。晉國公主駙馬韋思安。豫章公主駙馬唐善職。新興公主駙馬長孫曦。蘭陵公主駙馬竇懷哲。高密公主駙馬段綸。長樂公主駙馬長孫冲。遂安公主駙馬王大禮。南平公主駙馬劉元懿。衡陽公主駙馬阿史那社爾。新城公主駙馬韋政舉。城陽公主駙馬薛瓘。長廣公主駙馬楊師道。襄城公主駙馬蕭銳。長沙公主駙馬豆盧讓。安康公主駙馬獨孤彥雲。臨川公主駙馬周道務。普安公主駙馬史仁表。中書令馬周。中書令岑文本并男方倩。中書令崔敦禮。英國公李勣。衛國公李靖。虞國公溫彥博。宋國公蕭瑀。申國公高士廉。梁國公房元齡。鄭國公魏徵。高陽公許敬宗。趙國公長孫無忌。莒國公唐儉。吏部侍郎馬載。戶部尚書李大亮。兵部尚書房仁裕。禮部尚書張復胤。國子祭酒孔穎達。禮部侍郎孔志約。工部侍郎孔元惠。太常卿褚亮。禮部尚書虞世南。工部尚書閻立德。吏部侍郎姜晦。太常卿姜皎。殿中監唐嘉會。學士姚思廉。衛尉卿魏叔玉。光祿大夫姜遠。祕書監岑景儔。宗正卿李芝芳。光祿卿房光義。并男原州別駕暉。咸陽縣丞曜。衛尉卿房光敏。并男閬州刺史誕。清河郡主壻贈鴻臚卿竇廷蘭。金州刺史虞正松。洪州刺史吳黑闥。晉州刺史裴藝。寧州刺史竇義節。衛州刺史蕭鄰。吏部郎中馬覬。幽州都督長孫敞。原州都督李政明。臨淮公李規。瑯琊公王珍。常山公李倩。千金公李俊。中山王李琚。汝州別駕房漸。左清道率房恆。江夏王道宗。雍州長史李弼。夔國公宏基。觀國公楊仁恭。原州都督史幼虔。陝王府司馬史爲謙。芮國公豆盧行業。西平郡王李璨。簡州刺史李震。安南都督姜簡。薛國公阿史那忠。鄂國公尉遲敬德。嘉國公周仁護。丹陽公李客師。雁門公梁建方．號國公張士貴．胡國公秦叔寶．周國公鄭仁泰．大將軍薛咄摩．大將軍蘇泥熱．大將軍漢東公李孟嘗．芮國公盧寬．大將軍尉遲寶林．大將軍阿史那道眞．大將軍邱行恭．大將軍賀蘭整．大將軍張世師．大將軍許洛仁．大將軍張延師．大將軍瑯琊王騈．大將軍懷德公于伯億．左金吾大將軍梁仁裕．大將軍史大奈．大將軍王波利．大將軍姜確．大將軍可汗阿史那步眞．大將軍史奕．大將軍李森．大將軍阿史那德昌．大將軍公孫雅靖．右監門將軍執失善．左金吾將軍房先忠．內侍張阿難．橫野軍都督拔拽．都督渾大寧．于闐王尉遲光．盧國公程知節．將軍仇懷古．將軍杜君綽．將軍龐仁靖．將軍賀拔儼．將軍何道．將軍楊思訓．將軍元仲文．將軍豆盧承基．將軍斛斯正貴．將軍徐定成．將軍康野．將軍段志元．將軍薛萬鈞．將軍元思元．將軍李承祖．將軍薛承慶．右衛郎將軍尉遲昱．左衛郎將軍姜昕．中郎將段存爽．天册府記室薛收．右衛大將軍李思摩．薩寶王贊普．新羅王女德眞．初長孫無忌自于昭陵封內先造墳墓．至上元元年九月七日．許歸葬．

乾陵陪葬名氏．章懷太子賢．懿德太子重潤．澤王上金．許王素節．邠王守禮．義陽公主．新都公主．永泰公主．安興公主．特進王及善．中書令薛元超．特進劉審禮．禮部尚書左僕射豆盧欽望．右僕射劉仁軌．左衛將軍李謹行．左武衛將軍高侃．

定陵陪葬名氏．節愍太子重俊．宜城公主．長寧公主．城安公主．定安公主．永壽公主．駙馬韋鐬．駙馬王同皎。

橋陵陪葬名氏。惠宣太子業。惠莊太子撝。惠文太子範。金仙公主。粱國公主。郎國公主。駙馬李思訓。

泰陵陪葬名氏。贈揚州大都督高力士。

建陵陪葬名氏。尙父汾陽王郭子儀。

元陵。無陪葬。

崇陵。無陪葬。

豐陵。無陪葬。

景陵陪葬名氏。惠昭太子寧。孝明太后鄭氏。懿安太后郭氏。賢妃王氏。

光陵陪葬名氏。恭僖太后王氏。貞獻太后蕭氏。

莊陵陪葬名氏。悼懷太子普。

章陵。無陪葬。

端陵陪葬名氏。賢妃王氏。

正陵陪葬名氏。婕妤柳氏。

簡陵。無陪葬。

靖陵。無陪葬。

和陵。無陪葬。

讓皇帝惠陵陪葬名氏、鄭王篘、嗣寧王琳、同安王珣、蔡國公主、

貞觀八年詔曰。佐命功臣。義深舟楫。或定謀帷幄。或推身行陣。同濟艱危。克成鴻業。追念在昔。何日忘之。漢氏將相陪陵。又給東園祕器。篤終之義。恩意深厚。自今以後。功臣密戚。及德業佐時者。如有薨亡。宜賜塋地一所。及賜以祕器。使窀穸之時。喪事無闕。十一年十月二日。又詔曰。諸侯列葬。周文創陳其禮。大臣陪陵。魏武重申其制。去病佐漢。還奉茂鄉之塋。夷吾相齊。終託牛山之墓。斯蓋往聖垂範。前賢遺則。存曩昔之宿心。篤始終之大義也。皇運之初。時逢交泰。謀臣武將等。先朝特蒙顧遇者。自今以後。身薨之日。所司宜卽以聞。並於獻陵左側。賜以墓地。並給東園祕器。二十三年八月二十八日。詔曰。周室姬公。陪於畢陌。漢廷蕭相。附彼高園。寵錫墳塋。聞諸前代。從窆陵邑。信有舊章。蓋以懿戚宗臣。類同本之枝幹。元功上宰。猶在身之股肱。今宜聿遵故實。取譬拱辰。庶在鳥耘之地。無虧魚水之道。宜令所司。於昭陵南左右廂。封量取地。仍卽標誌疆域。擬爲葬所。以賜功臣。其有父祖陪陵。子孫欲來從葬者。亦宜聽許。

永徽六年詔。其祖父先陪獻陵。子孫欲隨葬。亦宜聽許。

元和九年五月。左金吾衛大將軍郭釗奏。亡祖故尚父子儀陪葬建陵。欲於墳所種植楸松。勅。如遇年月通便。陵寢修營。宜令所司許其栽種。

諸陵雜錄

讓皇帝惠陵。在京兆府奉先縣界。天寶元年正月葬。

承天皇帝順陵。在京兆府咸陽縣界。大歷三年四月七日葬。

殤帝無陵號。在京兆府武功縣。

孝敬皇帝恭陵。在河南府緱氏縣界。上元二年八月十九日葬。初修陵。蒲州刺史李仲寂充使。將成。而以元宮狹小。不容送終之具。遽欲改拆之。留役滑澤等州丁夫數千人。過期不遣。丁夫恚苦。夜中投塼瓦以擊當作官。燒營而逃。遂遣司農卿韋機續成其功。機始于隧道左右開便房四所。以貯明器。于是撙節禮物。校量功程。不改元宮。及期而就。

奉天皇帝齊陵。在京兆府昭應縣界。元年建寅月六日葬。

宣懿太后韋氏福陵。在京兆府萬年縣界。

惠安太后王氏壽陵。在京兆府萬年縣界。

元昭皇后晁氏慶陵。在京兆府萬年縣界。
昭宗太后王氏安陵。在京兆府萬年縣界。
息隱太子建成陵。在京兆府長安縣界。
恭懿太子佋陵。在京兆府長安縣界。
昭靖太子邈陵。在京兆府萬年縣界。
文敬太子謜陵。在京兆府昭應縣界。
惠昭太子寧陵。在京兆府昭應縣界。
莊恪太子永陵。在京兆府昭應縣界。
恭哀太于倚陵。在京兆府昭應縣界。

永徽二年四月。進獻昭二陵令爲從五品。丞爲從七品。

景龍二年三月十一日勅。諸陵所使來往。宜令所支預料所須。送納陵署。仍令署官檢校。隨事供擬。不得差百戶私備支承。

開元二年。昭成皇后靖陵在洛陽。上令舅希瓘往樹碑。上曰。其文須取第一手。遂令魏知古宣旨令中書侍郎蘇頲爲碑文。頲因極言帝王及后。禮無神道碑。近則天皇后。崇尚家代。猶不敢稱碑。刻爲述聖紀。且事不師古。動不合法。若靖陵獨建。即陛下祖宗之陵。皆須追建。上從其言而止。

二十三年十二月三日。勅諸陵使至先立封。封內有舊墳墓。不可移改。自今以後。不得更有埋葬。

大歷十四年十月。代宗山陵靈駕發引。上號送于承天門。見轀輬不當道。指丁未間。問其故。有司對曰。陛下本命在午。故不敢當道。上號泣言曰。安有枉靈駕而謀身利。乃命直午而行。

貞元六年十一月十八日。勅諸陵柏城四面。合各三里內不得葬。如三里內一里外舊塋。須合祔者。任移他處。

元和元年十二月。太常奏。隱太子章懷懿德節閔惠莊惠文惠宣靖恭恭懿昭靖九太子陵。世數已遠。官額空存。今請除陵戶外。並停。從之。二年正月。停諸陵留守。四年閏三月二十八日。勅諸陵臺令。每季集宜令正衙辭見。八年七月。宗正卿王涯奏。永康興寧順三陵。及諸太子陵。並許三百步外任人興墓。從之。十五年二月。山陵使奏。准崇陵例。當使合置副使兩員。李翺官是宗卿。職奉陵寢。按行陵地。公事已終。便請兼充副使。專于陵所勾當。從之。

太和八年七月。大雨雹。定陵東廊下地裂一百三十七尺。深五尺。詔宗正卿李仍叔啓告修塞。

會昌二年四月二十三日。勅節文。諸陵柏栽。今後每至歲首。委有司于正月二月七月八月四箇月內。擇勳士利便之日。先下奉陵諸縣。分明榜示百姓。至時與設法栽植。畢日。縣司與守塋使同檢點。據數牒報。

典折本戶稅錢。

文德元年。僖宗晏駕。以左僕射平章事孔緯充山陵使。祔廟畢。准故事不入廟。上遣中使日赴延英。合令依舊視事。

唐會要卷二十二

社稷

舊儀注。祭犧牲不得捶扑傷損。死則埋之。若有創病者。別卜。

武德九年正月。親祀太社。詔曰。吉日惟戊。親祀太社。率從百僚。以祈五穀。今既南畝俶載。東作方興。州縣致祀。宜盡祗肅。四方之人。咸勤殖藝。別其姓類。命爲宗社。京邑庶士。臺省羣官。里閈相從。共遵社法。以時供祀。各申祈報。具立節文。明爲典制。

咸亨五年三月十日。詔春秋二社。本以祈農。比聞除此之外。別立當宗及邑義諸色等社。遠集人衆。別有聚斂。遞相承糾。良有徵求。雖於吉凶之家。小有裨助。在於百姓。非無勞擾。自今以後。宜令官司禁斷。

神龍元年五月。詔于東都建置太社。禮部尚書祝欽明問禮官博士曰。周禮田主。各用所宜之木。今太社主用石。何也。禮官太常少卿韋叔夏。國子司業郭山惲。太常博士張齊賢。尹知章議曰。春秋傳曰。君以軍行。祓社釁鼓。祝奉以從。書曰。不用命。戮于社。社之主。蓋用石爲之。奉謂將行也。是鄭玄以社主用石。崔靈恩三禮義宗曰。社之神用石。以土地所主最爲實。故用石也。又呂氏春秋云。殷人之禮。其社用石。後魏書云。天平四年四月。太社石主遷于社宮。是社主用石。古有明說。周禮田主。各用所宜之木者。彼謂人間之社．非太社也．又檢舊社主長一尺六寸．方一尺七寸．付禮官博士等議其制度．禮官韋叔夏等又議曰．社主制度長短．在禮無文．但天子親征．又載社主．謂之社事．則社之神主．可載而行．今詳議以爲主既可載．明非過重．按郊特牲云．社祭土而主陰氣．韓詩外傳云．天子大社方五丈．諸侯半之．蓋以五是土數．故壇方五丈．其社主請准五數．長五尺．准陰之二數．方二尺．剡其上以象物生．方其下以象地體．埋其半以根在土中．而本末均也．則神道設教．法象有憑．其尺請用古尺．又檢舊社稷壇上四方．設以方色．唯中央數尺．飾以黃土．韋叔夏等又議曰．韓詩外傳云．天子太社廣五尺．各分置四方色．訖．上冒以黃土．說者云．冒以黃土者．象王者覆被四方．據此．則合用黃土遍覆壇上．今檢舊壇之上．亦備方色．唯中央數尺．飾以黃土．則見覆被之道．有所不及．既乖舊制．望請准古改造．于是以方色飾壇之四面及四陛．其上則以黃土覆之．祝欽明又建議曰．周頌載芟篇敍曰．春藉田而祈社稷也．禮記．天子爲藉千畝．諸侯爲藉百畝．卽此緣有藉田．自爲立社．王社侯社．因此有名．卿大夫以下無藉田．所以成羣置社．藉田壇祭．止是王社．往者直云藉田．近日改名先農之祭．不知王社根本．魏世妄設三牢．羣說紛紜．乍毀乍立．晉氏徒云省費．不知仍在藉田千畝．共迷其日固久．不詳經典．致此諠譁．今者創立社稷．理宜正名典故．請改儀注及式．將先農以爲帝社．使人聽不惑．古義具存．移前代之末學．表當今之準繩．豈不美歟．諸禮官審加詳議．禮官韋叔夏．博士張齊賢等議曰．謹按祭法云．王者立太社．然王社所祭之處．書傳無文．漢書郊祀志．漢興已有官社。未立官稷。遂于官社後立官稷。以夏禹配食官社。以后稷配食官稷。臣瓚云。案高紀。立漢社稷。所謂太社也。時又有官社。配以夏禹。所謂王社也。見漢祠令。而未立官稷。至此始立之。光武中興。不立官稷。相承至今。魏以官稷爲帝社。故摯虞議曰。魏氏故事。立大社帝社是也。晉初或廢或置。皆不言當時所置之處。或云兩社同處。王社在大社之西。崔氏皇甫氏並云。王社在藉田。引詩藉田而祈社稷爲證。今謹按衞宏漢舊儀。春始東耕於藉田。官祀先農。則神農也。又五經要義云。立壇于田所。以祠先農。壇之制度如壇。魏秦靜議云。風伯雨師靈星先農與社稷爲國之六神。晉太始四年。上耕于東郊。以太牢祀先農。又周隋舊儀。及皇朝新禮。先農皆祭帝神農。配以后稷。是則王社先農。其來自遠。各在祀典。不可合而爲一。今欲崇立帝社。實違禮經。望於藉田之中。別立帝社帝稷。配以禹棄。則先農帝社。兩祠咸秩。協載芟之義。符祭法之文。祝欽明又議曰。藉田之祭。本是王社。承前若祠先農。共是勾龍后稷。烈山之子。亦謂之農。周棄繼之。皆祀爲稷。共工之子。后土主名。湯旣勝夏。欲遷不可。社稷主祭。唯此二神。祭法所載。祀典皆存。自黃帝以下。羲農二皇。不列常祀。豈有社稷之祭。上取炎皇。正經典籍。曾無此語。膚淺諸儒。妄爲曲說。假如蜡主先嗇。鄭玄云。若神農。徒見易之揉木。即云若神農耳。如其遠推邃古。磨蜃在神農前。將爲先嗇。有何不可。此鄭之謬妄。不尋祭法根源。後儒守株。即以爲定。始立社稷祈報。惟祭共工烈山。神農未報大功。何不遠取祈報。即明三皇以上。樸略洪荒。帝王之道。無取爲教。魏秦靜者。又何知社稷先農。妄分爲二。且六宗之義先儒猶且紛然六神之言秦靜憑何分析習俗迷謬殊不可依豈有一藉田中置四壇墠先農王社同貫異名固是一種后稷勾龍更無二道同途分祭四牢徒費豈是爾愛其羊又言漢祀禹神此義更殊未得若將禹平水土其功大於勾龍成湯革夏社時何不替勾龍之祀周棄既將易祀夏禹寧可獨遺漢德不逮殷湯祀禹無乃爲諂後王更無遵用明其一時謬僻禮官今欲效僻張禹無乃迂乎前以王社沒于先農欲依祀典正號今乃更加兩祀亦恐剌謬增多退傳禮官更加詳度具依經訓勿據俗儒於是韋叔夏張齊賢等又奏曰謹按經典無先農之文禮記祭法云王自爲立社曰王社先儒以爲其社在藉田之中詩載芟云春藉田而祈社稷是也永徽中猶名藉田垂拱以後刪定始改爲先農與社本是一神妄有改張以惑人聽其先農壇且請改爲帝社壇以應禮記王社之義其祭先農禮改爲帝社禮仍令用孟春吉亥祀后土以勾龍氏配之從之於是改先農壇爲帝社壇于帝社壇西置帝稷壇禮太社同太稷其壇不備方色所以異于太社也至開元定禮除帝稷之議祀神農氏於壇上以后稷配至今以爲常典也

開元十九年正月二十日勅普天率土崇德報功饗祀惟殷封劃滋廣非可以全惠養之道協靈祇之心其春秋二時社及釋奠天下諸州府縣等並停牲牢惟用酒脯務存修潔足展誠敬自今以爲常式至二十二年三月二十五日勅春秋祈報郡縣常禮比不用牲豈云血祭陰祀貴臭神何以歆自今以後州縣祭祀特以牲牢宜從常式其年六月二十八日勅大祀中祀及州縣社稷依式合用牲牢餘並用酒脯至

貞元五年九月十二日。國子祭酒包佶奏。春祭社稷。准禮。天子社稷皆太牢。至大歷六年十月三日。勅。中祀少牢。社稷是中祀。至今未改。勅旨。宜准禮用太牢。天寶元年十月九日。勅。社爲九土之尊。稷乃五穀之長。春祈秋報。祀典自尊。如聞祭官祗事。不全備禮。眹永惟典故。務在潔誠。俾官吏之盡心。庶蒼生之蒙福。今後祭官等。庶事之間。倍宜精潔。兩京委御史臺。諸郡委採訪使。有違犯者。具錄聞奏。其社壇側近。仍禁樵牧。其百姓私社。亦宜與官社同日致祭。所由檢校。三載二月十四日。詔。社稷列爲中祀。頗紊大猷。自今以後。社稷及日月五星。並升爲大祀。仍以四時致祭。諸星爲中祀。長慶三年正月。祠部員外充太常禮院修撰王彥威奏。謹按禮云。社者。神地之道也。郊特牲而社稷太牢。鄭玄以爲國中之神。莫貴于社。故前古爲大祀。至天寶三載二月十四日。勅云。祭祀之典。以陳至敬。名或不正。是相奪倫。況社稷孚祐百世。蒙福列爲中祀。頗紊大猷。自今以後。昇爲大祀。爾後因循。又依開元禮爲中祀。然而牲用太牢。太尉攝行事。祭之日不坐。並是大祀之義。列爲中祀。是因循謬誤。教人報本。未極尊嚴。有國之儀。唯此厭屈。今請准勅升爲大祀。庶合禮中。從之。開成五年十一月。吏部奏。准四年正月詔書。大祀並差三品以上官充祭。太社太稷。攝司徒司空。並合差三品官行事。伏緣諸司三品官員額絕少。其中或有假故。無官可差。其每年祭太稷。攝司徒司空。請准舊例。取左右庶子少詹事。及諸司少卿監通攝。制可。

祀風師雨師雷師及壽星等

天寶四載七月二十七日勅。風伯雨師。濟時育物。謂之小祀。頗紊彝倫。去載衆星以爲中祀。永言此義。固合同升。自今以後。並宜升入中祀。仍令諸郡各置一壇。因春秋祭祀之日。同申享祠。至九月十六日勅。諸郡風伯壇。請置在社壇之東。雨師壇在社壇之西。各稍北三十步。其壇卑小于社壇。其祀風伯。請用立春後丑。祀雨師立夏後申。所祭各請用羊一。籩豆各十。簠簋俎一。酒三斗。應緣祭須一物已上。並以當處羣公廨社利充。如無。即以當處官物充。其祭官准祭社例。取太守以下充。五載四月十七日詔曰。發生振蟄。雷爲其始。畫卦陳象。威物效靈。氣實本于陰陽。功乃施于動植。今雨師風伯。久列于常祠。唯此震雷。未登于羣望。其以後每祭雨師。宜以雷師同壇。祭共牲。別置祭器。至貞元二年四月二十三日。詔問禮官。其風師雷師祝版署訖合拜否。太常博士陸淳奏曰。以是小祠。准禮又無至尊親祭之文。今雖請御署。校詳經據。並無拜禮。詔曰。風師雨師爲中祠。有烈祖成命。況在風雨。至切蒼生。今禮雖無文。朕當屈己再拜。以申子育之意。仍永爲常式。本是小祀。開元禮無樂章。及升爲中祀。乃用登歌一部。天寶以來。嘗借天帝樂章用之。本太常卿董晉奏請補其闕。至貞元六年五月十四日。詔秘書監包佶補之。雨師亦准此。風師壇舊在通地門外道北二里。貞元三年閏五月二十一日。以宮城喧呼。虧于宿敬。又近章敬寺。恐神靈不安。詔有司于滻水東擇地移之。其年七月二十一日。遣太常少卿裴郁致祭告移之。四年四月。詔有司自開元以來。升風師雨師爲中祀。假郊廟樂章。未奏撰。遂令于邵等分撰之。六年五月。以風師雨師武成王等樂章付有司施行之。

元和十五年太常禮院奏。來年正月三日。皇帝有事于南郊。同日立春後丑。祀風師。按周禮大宗伯。以槱燎祀風師。鄭玄云。風箕星也。故令禮立春後丑于城東北就箕星之位。爲壇祭之。禮祀昊天上帝于圜丘。百神咸秩。箕星從祀之位。在壇之第三等。伏以皇帝有事南郊。徧祭之義。百師咸在。其五方帝并日月神州以下。緣對昊天上帝皇地祇。尊不得申。並爲從祀。悉無上公行事并御署祝版之儀。風師既是星神。厭降之儀。便當陪祭。如非遇郊祀。其時祭祀如常儀。

開元二十四年七月十二日。有上封事者。言月令云。八月日會于壽星。祠于大社壇。享之。勅曰。宜令所司特置壽星壇。常以千秋節日。修其祀典。二十六日。勅壽星壇宜祭老人星及角亢七宿。著之常式。

嶽瀆

武德二年十月二十九日。親祠華岳。舊儀。嶽瀆以上。祀版御署訖。北面再拜。證聖元年。有司上言曰。伏以天子父天而母地。兄日而姊月。于祀應有再拜之儀。謹按五嶽視三公。四瀆視諸侯。天子無拜諸侯之禮。臣愚以爲失尊卑之序。其日月以上。請依舊儀。五岳以下。署而不拜。制可之。

開元十一年四月二十六日。勅霍山宜崇飾祠廟。秩視諸侯。蠲山下十戶。以爲洒埽。晉州刺史春秋致祭。

二十五年十月八日。勅三時不害。百穀用成。遂使京坻。遍于天地。和平之氣。既無遠而不通。禮祀之典。亦有祈而必報。宜令中書令李林甫等。分祭郊廟社稷。尚書左丞相裴耀卿等。分祭五岳四瀆。至二十八年十月三日。勅。感而遂通。神之鑒也。祈而必報。禮之經也。今農以畢功。歲則大稔。京坻之積。寰海攸同。用陳蠲潔之薦。以答明禋之祉。宜令侍中牛仙客等分祭郊廟社稷岳瀆等。其四海四鎮。及名山岳瀆。使有道路由過者。亦宜便祭。至天寶元年十二月二十八日。詔今歲西成。頗爲善熟。宜令光祿卿嗣鄭王希言等分祭五岳。其四瀆名山。並委所由郡長官擇日致祭。至天寶七載十一月十七日。朕祗肅羣祀。所在三農。冀幽贊之有憑。必昭報而無闕。宜令工部尙書郭虛己等分祭五岳四瀆。八載九月二十日。詔稼穡豐穰。羣官樂業。思崇聖秩。用展虔誠。宜令宗正卿褒信王璆分祭五岳四瀆。又至天寶十載二月二十一日。遣嗣吳王祇等分祭五岳四瀆。具行册禮。至貞元二年八月。詔太常卿裴郁等十人各就方鎮祭岳瀆等。舊禮皆因郊祀望而祭之。天寶中始有遣使祈福之祀。至德中又加西嶽金天王。中嶽中天王。及諸岳瀆王公之號。今用遣使之禮。非正也。其年五月十五日。太常卿董晉奏。五嶽四瀆。准開元元年禮。各以五郊迎氣日祭之。其祝版並合御署。至上元元年。中祠小祠。一切權停。自後因循。不請御署。其祝版欲至饗祭日。所司准呈。先進取御署。附驛發遣。勅旨。宜依。仍委所司每至時先奏。附中使送往。十二年二月。太常博士裴堪奏。謹按舊儀。嶽瀆以祝版御署訖。北面再拜。證聖元年。有司上言曰。伏以王者父天母地。兄日姊月。於禮應有再拜之儀。謹按五嶽視諸侯之禮。其日月以上。請依舊儀。五岳以下。署而不拜。制可。至開元修理五嶽四瀆。皇帝無親祭禮儀。其祝文皆云。嗣天子某。謹遣某官。敢昭告于某嶽某瀆之神。讀訖。皆中再拜。祭五龍神。但云獻官再拜。此則有司行事。皆有拜文。今臣與禮官等。通詳典制。整辨所宜。伏聞禮擬于時。議則求古。無文可質正者。則推類以明之。臣愚以為三才之尊。各申所極。尊有所統。禮亦宜差。若無比視。何以辨等。故禮云。五嶽視三公。四瀆視諸侯。其餘山川視伯子男。議者以岳瀆既比公侯。則禮如人臣矣。其于祭也。則人君不合有拜臣之儀。謹按五經通義云。星辰日月五岳四瀆。皆天地之別神從官也。因郊而祭者。緣天地之意。亦欲及之也。又禮記云。非其臣則答拜。鄭玄注云。不臣人之臣也。則星辰嶽瀆。既是天地從官。恐人君不得如公侯之禮。而臣下之也。何以言之。王者父天母地。兄日姊月。星辰視昆弟。嶽瀆視公侯。以此明之。星辰嶽瀆。是天地之臣也。秩視人臣也。陛下與天地為子。遣使申祭。恐不合令受天父地母從官之拜。宜有以答之。故開元禮祭岳瀆祝文。皇帝稱名。又云謹遣。于義有必拜之文。是國家著禮。以明神為敬。不以臣下為禮。以臣等所見。並請依證聖元年定制。有司行事。須申拜禮。

前代帝王

顯慶二年七月十一日。太尉長孫無忌議曰。謹按祭法云。聖王之制祀也。法施于民則祀之。以死勤事則祀之。以勞定國則祀之。能禦大災則祀之。能捍大患則祀之。又云。堯舜禹湯文武。皆有功烈于民。及日月星辰。民所瞻仰。非是族也。不在祀典。唯此帝王。合與日月同例。常加祭享。義在報功。爰及隋世。並遵斯典。其漢高祖。祭法無文。但以前世及今。多行秦漢故事。始皇無道。所以棄之。漢高典章法。垂于後。自隋以上。

亦在祀例。伏惟大唐稽古垂化。網羅前典。唯此一禮。咸秩未申。親令禮及令無祭先代帝王之文。今請幸遵故實。修附禮文。令三年一祭。仍以仲春之月。祭唐堯于平陽。以契配。祭虞舜于河東。以皐陶配。祭夏禹于安邑。以伯益配。祭殷湯于偃師。以伊尹配。祭周文于酆。以太公配。祭武王于鎬。以周公召公配。祭漢祖于長陵。以蕭何配。詔可。

麟德二年。車駕東幸。將封岱嶽。十一月。至滎陽。頓祭紀信墓。贈驃騎大將軍。

開元二十二年正月一日。詔自古聖帝明王岳瀆海鎮。用牲牢。餘並以酒脯充奠祀。其年十一月六日。雲州置魏孝文帝祠堂。有司以時享祭。州有魏故明堂遺址。乃于其上置廟焉。

天寶三年三月二十八日。追尊皐陶為德明皇帝。涼武昭王為興聖皇帝。各與立廟。每歲四季月享祭。至寶應時。禮儀使杜鴻漸請停四時享獻。三載五月二十二日。置周文王廟。以同德十八四時配享。六載正月十一日。勅三皇五帝創物垂範。永言龜鏡。宜有欽崇。三皇伏羲。以勾芒配。神農。以祝融配。軒轅。以風后力牧配。五帝少昊。以蓐收配。顓頊。以元冥配。高辛。以稷契配。唐堯。以羲仲和叔配。虞舜。以夔龍配。其擇日及置廟地量事營立。其樂器請用宮懸。祭請用少牢。仍以春秋二時致享。共置令丞。令太常寺檢校。七載五月十五日。詔上古之君。存諸氏號。雖事先書契。而道著皇王。緬懷厥功。寧忘咸秩。其三皇以前帝王。宜於京城內共置一廟。仍與三皇五帝廟相近。以時致祭。天皇氏。地皇氏。人皇氏。有巢氏。燧人氏。其祭料及樂。請准三皇五帝廟。以春秋二時享祭。歷代帝王肇跡之處未有祠宇者。所由郡置一廟享祭。取當時將相德業可稱者二人配享。夏王禹都安邑。今夏縣，以虞伯益秩宗伯夷配。殷王湯都亳。今穀熟縣，以阿衡伊尹左相仲虺配。周文王都酆。今咸陽縣見有廟，以太師鬻熊齊太公望配。周武王都鎬。請入文王廟同享。太師周公太保召公配。秦始皇帝都咸陽。丞相李斯將軍王翦配。漢高祖起沛。今彭城縣。太傅張良相國蕭何配。後漢光武皇帝起南陽。司徒鄧禹將軍耿弇配。魏武皇帝都鄴。侍中荀彧太尉鍾繇配。晉武帝都故洛陽。司空張華大將軍羊祜配。後魏道武皇帝起雲中。太尉長孫嵩尚書崔元伯配。周文帝起馮翊。尚書蘇綽大將軍于謹配。隋文帝封隋漢東。僕射高熲大將軍賀若弼配。令郡縣長官。春秋二時。擇日粢盛蔬饌時果配酒脯。潔誠致祭。其忠臣義士孝婦烈女。史籍所載。德行彌高者。所在宜置祠宇。量事致祭。殷相傅說。汲郡。殷太師箕子。汲郡。宋公微子。睢陽郡。殷少師比干。汲郡。齊相管夷吾。濟南郡。齊相晏平仲。濟南郡。晉卿羊舌叔向。絳郡。魯卿季孫行父。魯郡。鄭卿東里子產。滎陽郡。燕上將軍樂毅。上谷郡。趙卿藺相如。趙郡。楚三閭大夫屈原。長沙郡。漢大將軍霍光。平陽郡。漢太傅蕭望之。萬年郡。漢丞相邴吉。魯郡。蜀丞相諸葛亮。南陽郡。以上忠臣一十六人。周太王子吳太伯。吳郡。伯夷叔齊。並河東郡。吳延陵季札。丹陽郡。魏將段干木。陝郡。齊高士魯仲連。濟南郡。楚大夫申包胥。富水郡。漢將軍紀信。滎陽郡。以上義士八人。周太王妃太姜。新平郡。周王季妃太任。扶風郡。周文王妃太姒。長安縣。配享文王之廟。魯大夫妻敬姜。魯郡。鄒孟軻母。魯郡。陳宣孝婦。睢陽郡。曹世叔妻大家。扶風郡。以上孝婦七人。周宣王齊姜。長沙郡。衛太子恭姜。汲郡。楚莊樊姬。富水郡。楚昭王女。富水郡。宋公伯姬。睢陽郡。梁宣高行陳留郡。齊杞梁妻。濟南郡。趙將趙括母。趙郡。漢成帝班婕妤。扶風郡。漢元帝馮昭儀。咸陽郡。漢太傅王陵母。彭城郡。漢御史大夫張湯母。萬年縣。漢河南尹嚴延年母。東海郡。漢淳于緹縈。濟南郡。以上烈女一十四人。並令郡縣長官春秋二時擇日准前致祭。歷代帝王廟每所差側近人不課戶四人有闕續塡。仍關戶部處分。至十二載七月二十八日。有勅停廢。九載十一月十六日。周武王漢高祖于京城內各置一廟。并置官吏。

至德二載八月。道士李國貞奏。皇室仙系。修崇靈路。請於昭應縣南三十里山頂置天華上宮露臺。天地婆父三皇道君太古天皇中古伏羲媧皇等祠堂。幷置洒埽宮戶一百人。又於縣之南義扶谷故湫置祠堂。並許之。昭應縣令梁鎮上疏。其略曰。天地婆父。祀典無文。言甚不經。義無可取。若陛下特與天地建祖宗之廟。必上天貽向背之責。又夫湫者。龍之窟也。龍得水則神。無水則螻蟻之匹也。故知水存則龍在。水竭則龍亡。今湫竭已久。龍安所在。何必崇飾祠宇。豐潔薦奠。其三皇五帝。則兩京及所都之處。已建宮觀祠廟。時設齋醮饗祀。其湫既竭。不可更置祠堂。又不當更爲天地建立宗廟。臣並請停。其三皇道君天皇伏羲女媧等。既先各有廟。望於本祠依禮齋祭。制曰。可。

永泰二年五月。詔道州舜廟。宜蠲近廟兩戶。充掃除。從刺史元結所請也。

大歷五年四月。鄜坊節度使臧希讓上言。坊州軒轅皇帝陵闕。請置廟。四時享祭。列于祀典。詔從之。

元和十四年正月。勅周文王武王祠宇在咸陽縣。宜令有司精加修飾。

天祐二年六月十五日。封楚三閭大夫屈原爲昭靈侯。舜帝二妃祠爲懿節祠。

龍池壇

開元二年閏二月。詔令祠龍池。六月四日。右拾遺蔡孚獻龍池篇。集王公卿士以下一百三十篇。太常寺考其詞合音律者。爲龍池篇樂章。共錄十首。紫微令姚元之右拾遺蔡孚太府少卿沈佺期黃門侍郎盧懷愼殿中監姜皎吏部尚書崔日用紫微侍郎蘇頲黃門侍郎李義府工部侍郎姜晞兵部侍郎裴璀等。更爲樂章。十六年。詔置壇及祠堂。每仲春將祭則奏之。十八年十二月二十九日。有龍見于興慶池。因祀而見也。勅太常卿韋縚草祭儀。縚奏曰。臣謹按周禮。以疈辜祭四方百物。祭法曰。能出雲爲風雨者。皆曰神。龍者四靈之畜。亦百物也。能爲雲雨。亦曰神也。禮有公食大夫饗之文。卽生曰食。亦曰饗矣。其饗之日。合用仲春之月。易曰。震爲龍。震者東方春用于時二月也。饗之法。請用二月。有司筮日。池傍設壇。官致齋。設籩豆如祭雨師之儀。以龍致雨也。其牲用少牢。樂用鼓鐘。奏姑洗。歌南呂。鄭玄云。風師雨師及小祀用此樂。凡六變者。三變而致鱗物。今享龍亦請三變。舞用帗舞。樽用散酒。以一獻。周禮曰。凡祭羣小祀用之也。詔從之。

二十三年五月一日。宗子請率月俸于興慶宮建龍池聖德頌。以紀符命。望令皇太子中書令張九齡。禮部尚書李林甫充檢校使。從之。五日。宗子請令寧王憲題額。侍中裴耀卿充模勒使。至天寶二年五月五日。又重建立。殿中監褒信王璆撰文。皇太子書并題額。

貞元六年六月。復祭五龍壇。

元和十二年四月。上以自春以來。時雨未降。正陽之月。可雩祀。遂幸興慶宮堂祈雨。忽有一白鸕鷀浮沉水際。羣類翼從左右。咸異之。俄而不見。方悟龍神之變化。遂相率蹈舞稱慶。後大雨果下。

唐會要卷二十三

武成王廟

開元十九年四月十八日。兩京及天下諸州各置太公廟一所。以張良配享。春秋取仲月上戊日祭。諸州賓貢武舉人。准明經進士行鄉飲酒禮。每出師命將。辭訖發日。便就廟引辭。仍簡取自古名將功成業著。宏濟生民。准十哲例配享。至乾元元年九月十二日。太常少卿于休烈奏。秋享漢祖廟。見傍無侍臣。享太公廟。有張良在側。伏以子房生於漢楚。翊奉高祖。坐籌帷幄。定天下。考其年代。不接太公。自古配食廟庭。陪葬陵寢。皆取當時佐命。同受哀榮。太公人臣。不合以張良配享。請移於漢祖廟。勅旨。依。

上元元年閏四月十九日。勅文定禍亂者。必先于武德。拯生靈者。諒在於師貞。昔周武創業。克寧區夏。惟師尙父。實佐興王。況德有可師。義當禁暴。稽諸古昔。爰崇典禮。其太公望可追封爲武成王。有司依文宣王置廟。仍委中書門下擇古今名將。准文宣王置亞聖及十哲等享祭之典。一同文宣王。至建中三年閏正月二十五日。禮儀使顏眞卿奏。武成王廟用樂。臣伏以自太公封武成王。追封之禮。與諸侯王名位義同。廟庭用樂。合准諸侯之數。今請每至釋奠。奏軒懸之樂。勅旨。宜付所司。至七月十一日。史館伏奏表。今年五月十五日。勅武成王廟配享八等。宜令史館參詳定名聞奏者。又准開元十九年四月勅。宜揀取自古名將充十哲。漢太子少傅張良。先以配享。齊大司馬田穰苴。吳將軍孫武。魏河西太守吳起。燕昌國君樂毅。秦武安君白起。漢淮陰侯韓信。蜀丞相諸葛亮。尚書右僕射衛國公李靖。司空英國公李勣。七十二弟子。

齊將孫臏。越相國范蠡。趙將信平君廉頗。齊將管仲。齊將安平君田單。趙將馬服君趙奢。大將軍武安君李牧。秦將王翦。漢相平陽侯曹參。梁王彭越。左丞相絳侯周勃。太尉條侯周亞夫。大司馬冠軍侯霍去病。大將軍長平侯衛青。後將軍營平侯趙充國。前將軍李廣。後漢太傅高密侯鄧禹。大司馬廣平侯吳漢。征西將軍夏陽侯馮異。建威將軍好畤侯耿弇。執金吾寇恂。左將軍膠東侯賈復。伏波將軍新息侯馬援。太尉新豐侯段熲。魏太尉鄧艾。征東將軍晉陽侯張遼。太尉槐里侯皇甫嵩。蜀前將軍壽亭侯關雲長。車騎將軍西鄉侯張飛。吳南郡太守周瑜。南郡太守孱陵侯呂蒙。大司馬陸抗。丞相陸遜。晉征南將軍南城侯羊祜。鎮南將軍當陽侯杜元凱。撫軍大將軍襄陽侯王濬。太尉長沙公陶侃。車騎將軍康樂侯謝元。前秦丞相王猛。前燕太宰慕容恪。宋司空武陵侯檀道濟。征虜將軍王鎮惡。後魏太尉長孫嵩。北齊右僕射燕郡公慕容紹宗。右丞相咸陽王斛律光。梁太尉王僧辯。周大冢宰宇文憲。太傅英國公于謹。右僕射鄖國公韋孝寬。陳司空南平公吳明徹。隋尚書令趙國公楊素。右武侯將軍宋國公賀若弼。上柱國新義公韓擒虎。上柱國太平公史萬歲。皇朝司空河間王孝恭。右武侯將軍鄂國公尉遲敬德。右武衛大將軍邢國公蘇定方。禮部尚書聞喜縣公裴行儉。夏官尚書王孝傑。左武衛大將軍韓國公張仁亶。兵部尚書中山郡公王晙。兵部尚書代國公郭元振。太尉臨淮王李光弼。太尉汾陽王郭子儀。

天寶六載正月。勅鄉貢武舉人上省。先令謁太公廟。每拜大將及行師剋捷。亦宜告捷。

貞元二年二月。刑部尚書知刪定禮儀關播奏。上元中。詔擇古今名將十人。於武成王廟配饗。如文宣王廟之儀。伏以太公古稱大賢。今其下置亞聖。賢之有聖。於義不安。且孔門十哲。皆是當時弟子。今所擇名將。年代不同。於義既乖。於事又失。臣請刪去名將配享之儀。及十哲之稱。從之。四月。詔武成王廟樂章。並未奏撰。宜令于邵等撰進。四年八月十三日。兵部侍郎李紓奏。准開元十九年勅。置廟以張良配享。准式以太常卿少卿丞等充三獻官、祝文云。皇帝遣某官敢昭告於齊太公。漢留侯。至上元元年。追贈爲武成王。享祭之典。一同文宣王。有司因差太尉充獻。兼進祝版親署。臣以今月三日。蒙差攝祭。方覩廟儀。伏以太公。卽周之太師。張良。卽漢之少傅。聖朝列於祀典。已極褒崇。載在祝詞。必資折衷。理或過當。神何敢歆。今者屈禮於至尊。施敬於臣佐。每謂御署並稱昭告於上下之祭。竊謂非宜。一同文宣王。恐未爲允。臣以爲文宣王垂教。百世宗師。五常三綱。非其訓不明。有國有家。非其制不立。故孟軻稱自生民以來。一人而已。由是正素王之法。加先聖之名。樂用宮懸。獻差太尉。尊師崇道。雅合正經。且太公述作。止於六韜。勳業形於一代。豈可擬其盛德。均其殊禮哉。前件祝文。請自今更不進署。其敢昭告。請改爲致祭。其獻官請准式差太常卿以下。詔令百寮集議聞奏。兼大理卿于頎等四十六人議。同李紓。尙書右司侍郎中嚴涚等議曰。謹按李紓所奏。援引訓典。比量禮度。祝文輕重之殺。獻官尊卑之節。誠至當矣。推而廣之。抑未盡也。夫人名徽號。先聖所以襃前哲。令德之人。謂其言可以範圍。其行可以施百世。其業可以振千古。苟未至也。則不虛美。其於太公。兵權奇計之人耳。當殷辛失德。八百諸侯皆歸於周。時惟鷹揚。以爲佐命。在周有大功矣。於殷。謂之何哉。祀典不云乎。法施於民則祀之。如仲尼之祖述堯舜。憲章文武。删詩書。定禮樂。使君君臣臣。父父子子。後王及學者。皆宗師之。可謂法施於民矣。貞觀中。以其兵家者流。始令磻溪立廟。開元中。漸著上戊釋奠之禮。其於進寵。不爲薄矣。上元之際。執事者苟以兵戎之急。遂尊武成封王之號。擬議於文宣王。優劣萬殊。不可以訓。禮不云乎。擬人必於其倫。太公之於聖人。非倫。太史公以韓非與老子同傳。民到於今非之。高祖封韓信爲侯。自恥與絳灌等列。況聖朝褒美之稱。其可雷同乎。愚以爲宜去武成及王字。依舊令爲齊太公廟。人無閒言矣。享獻之事。餘依李紓所奏。刑部員外郎陸淳等六人議曰。臣聞統天下者禮法也。救天下者權數也。拯難者常以權變禮。以數易法。有國者則尙德而賤數。尊禮而晦權。何者。禮法行則民安其分。務于修身。權數騁則人思變常。務於苟得。安其分。理之源也。思變常。亂之本也。故救一時之弊者。事不可貽於將來。垂萬世之法者。道必不行於當代。竊以武成王殷臣也。見紂之暴不能諫。而佐武王以傾之。於周則社稷之臣矣。於殷謂之何哉。且夫尊其道者。必師其人。必尙其行。使天下之人入是廟也。登是堂也。稽其人。可以思見師其道。所由致法。則俾夫立節死義之士。安所措其心乎。聖人所以尊堯舜。賢夷齊。不法桓文。不贊伊呂。先之以敬讓。尊之以禮樂。蓋謂此也。使武成之名與文宣爲偶。權數之略與道德齊衡。恐非不刊之典也。臣愚謂宜罷上元追封立廟之制。依貞觀於磻溪置祠。令有司以時享奠。斯得禮之正也。左領軍大將軍令狐建等二十四人議曰。當今兵革未偃。宜崇武教。以尊古重忠烈。以勸今。欲有貶損。恐非激勸之道也。追尊王位。以時祠之。爲武教之主。若不尊其禮。則無以重其教也。文武二教。固同其立。廢亦不可異。況其典禮之制。已歷三聖。今欲改之。恐非其宜也。至九月十六日。有勅。以上將軍以下充獻官。餘依李紓所奏。

天祐二年八月十三日中書門下奏。遷都以來。武成王廟猶未置立。今仍請改爲武成王選地建造。其制度配享。皆准故事。從之。

寒食拜埽

龍朔二年四月十五日詔。如聞父母初亡。臨喪嫁娶。積習日久。遂以爲常。亦有送葬之時。共爲歡飲。遞相酬勸。酣醉始歸。或寒食上墓。復爲歡樂。坐對松檟。曾無戚容。既玷風猷。並宜禁斷。

開元二十年四月二十四日勅。寒食上墓。禮經無文。近世相傳。浸以成俗。士庶有不合廟享。何以用展孝思。宜許上墓。用拜埽禮。於塋南門外奠祭。撤饌訖泣辭。食餘于他所。不得作樂。仍編入禮典。永爲常式。

二十九年正月十五日勅。凡庶之中。情禮多闕。寒食上墓。便爲燕樂者。見任官與不考前資。殿三年。白身人決一頓。

貞元四年正月詔。比來常參官請假往東郊拜埽。多曠廢職事。自今以後。任遣子弟以申情禮。

元和三年正月勅。朝官寒食拜埽。又要出城。並任假內往來。不須奏聽進止。

長慶三年正月勅。寒食埽墓。著在令文。比來妄有妨阻。朕欲令羣下皆遂私誠。自今以後。文武百官有墓塋域在城外。并京畿內者。任往拜埽。但假內往來。不限日數。有因此出城。假開不到者。委御史臺勾當。仍自今以後。內外官要覲親於外州。及拜埽。並任准令式年限請假。太和三年正月勅。文武常參官拜埽。據令式五年一給假。宜本司准令式處分。如登朝未經五年。不在給假限。八年八月勅。釐革應緣私事。並不許給公券。令臣等商量。惟寒食拜埽。著在令式。銜恩乘驛。以表哀榮。遽逢聖旨重頒新命。其應緣私事及拜埽不出府界。假內往來者。並不在給劵限。庶存經制。可久遵行。從之。

開成四年二月。中書門下奏。常參官寒食拜埽。奉進止。准往例給公劵者。臣等謹案舊制。承前常參官應爲私事請假。外州往來。並給劵牒。

緣祀裁製

舊儀。每祭籩豆之數各異。至顯慶二年。始一例。大祀籩豆各十二。中祀每十。小祀各八。

舊儀注。大祀中祀並前七日。十日。小祀並前五日。筮日皆於太廟南門之外。卜吉而往之。其遇廢務日。並不迴避。

貞元十五年十二月一日。太常卿齊抗等奏。每年大中小祀都七十祭。其四立二分二至臘上辛吉亥等日。蓋爲氣節也。其後寅後申後亥後丑等日。蓋謂星次也。伏以氣行有時刻。星位有次舍。或定用日。或定用辰。不可改移。請依舊制。其或有別禱祭。卽是太卜署擇日。並請准四月六日勅。廢務日不用。遂爲故典。

舊儀注無日蝕廢祭之文。元年建丑月。祠部奏曰。來年建寅月一日。祈穀祀昊天上帝。是月司天臺預奏。其日太陽虧。時禮儀使于休烈奏曰。臣謹按曾子問曰。當祭而日食。其祭也如之何。夫子曰。接祭而已矣。

牲至未殺則廢。漢初平四年正月。當祭南郊。日蝕。又行冠禮。博士殷盈孫與八座議。以爲正月元日。太陽虧而冠有祼獻之禮。有金石之樂。是爲聞災不嚴肅。見異不怵惕也。望下太常別擇日。其二日祭太一。准禮儀物同祠所。既緣日蝕。各守本司。亦望同下太常更擇日。制曰可。

舊制每歲大中小祀凡七十九祭。皆剋定日辰。著於祀典。其與本文相當。則祭。更不卜日。三十四祭准禮但言時月。不定日辰。太卜署至時擇日。

正月一十二祭。上辛祈穀祀昊天上帝於圜丘。祀前二日祭高祖一室。立春日祀青帝於東郊。亥日享先農於東郊。立春後丑日祀風師於國城東北。立春日祭東岳天齊王東鎮東安公東海廣德王東瀆長源公。以上准祠令著定日。薦獻太清宮享太廟祀九宮貴神於東郊。以上至時卜日。

二月十祭。　上丁釋奠文宣王。上戊釋奠武成王。春分祀朝日於東郊。祀日祭太社太稷。以上准禮令著定日。祭五龍壇。祭馬祖。開冰井祭司寒之神。祭東冰井西冰井。享文敬太子惠昭太子廟。並同日。以上至時卜日。

四月十祭。　立夏日祀赤帝於南郊。立夏後申日祀雨師雷師於國城西南。立夏日祀南岳司天王。南鎮永興公。南海廣利王。南瀆廣利公。以上著定日期。薦獻太清宮。享太廟。雩祀昊天上帝於圜丘。祀前二日告太宗一室。以上至時卜日。

五月四祭。夏至日。祭皇地祇於方丘。祭前二日。祭太宗一室。以上至時卜日。以上著定日期。祭先收。享文敬太子惠昭太子廟。以上
六月四祭。季夏土王日。祀黄帝於南郊。同日祭中霤。中岳中天王。以上著定日期。是日。復祭廣德王。
七月八祭。立秋日。祭白帝於西郊。立秋後辰日。祀靈星於國城西南。立秋日。祭西岳金天王。西鎮成德公。西海廣潤王。西瀆靈源公。以上著定日期。薦獻太清宫。享太廟。以上至時卜日。
八月八祭。上丁。釋奠文宣王。上戊。釋奠武成王。秋分。祀夕月於西郊。社日。祭太社太稷。以上著定日期。祭馬祖。享文敬太子惠昭太子廟。以上至時卜日。
九月二祭。季秋。大享明堂。享前二日。告憲宗一室。以上至時卜日。
十月十祭。立冬。祀黑帝於北郊。立冬後亥日。祀司中司命司民司祿。於國城西北。立冬日。祭北岳安天王。北鎮廣寧公。北海廣澤王。北瀆清源公。以上著定日期。薦獻太清宫。享太廟。祭神州地祇於北郊。祭前二日。告高祖一室。以上至時卜日。

十一月六祭。冬至日祀昊天上帝於圜丘。祀前二日告太祖一室。以上著定日期。貢舉人謁先師。祭馬步。享文敬太子惠昭太子廟。以上至時卜日。

十二月六祭。寅日蜡祭百神於南郊。卯日祭太社太稷。辰日臘享太廟。奏祥瑞。以上著定日期。季冬太淸宮奏祥瑞。藏冰祭司寒東冰井西冰井並同日用。以上至時卜日。

開元九年六月五日太常奏曰。伏准唐禮。祭五岳四瀆。皆稱嗣天子。祝版皆進署。竊以祀典五岳視三公。四瀆視諸侯。則不合稱嗣天子及親署其祝文。伏請稱皇帝謹遣某官某敬致祭於岳瀆之神。從之。

二十三年正月七日勑。承前所給明衣。多於齋夕付物。既不先造。徒有其名。自今以後。明衣絹布並祀前五日先給付監祭使。具點閱。仍永爲常式。至大歷六年十一月三日勑。自今以後。五品以上及監察御史。太常博士。宜准式給明衣絹及浴巾。餘准常例。其布絹支左藏庫靑苗物充。

其年正月二十日詔。自今以後。有大祭。宜差丞相特進少保少傅尚書賓客御史大夫攝行事。至天寶七載六月八日勑。自今已後。每差攝祭官。宜令吏部採擇朝廷有德望者充。

天寶五載五月。專知祠祭使王璵奏。諸色祭官等。並寬縱日久。不懼刑憲。當祭之日。或逢泥雨。或值節序。齋皆請假。曾無形跡。自今以後。臣皆私自察訪。實無事故。妄請假及不肅敬者。錄名奏聞。望加貶責。應緣行事或稍後到。小踈遺望請量事大小。便牒所司。奪其俸祿。勅旨從之。九載十一月三日。制曰。春秋祭享。用存昭敬。祝史陳信。必在正辭。苟名位之或乖。於上下而非便。承前有事宗廟。皆稱告享。茲乃臨下之辭。頗乖尊上之義。靜言斯稱。殊未爲允。自今以後。每親告享太清太微宮。改爲朝獻。有司行事爲薦享。親巡陵改爲朝陵。有司行事爲拜陵。應緣諸事告宗廟者。並改爲奏。其郊天后土及諸祀祝文云敢昭告。並改爲敢昭薦。以爲告者臨下之制故也。式從變禮。庶表誠心。宣示中外。令知朕意。其載四月二十九日。制頃者每祀黃帝。乃就南郊。義實有乖。禮亦非便。稽諸體式。理固不然。宜於皇城內西南。就坤地改置黃帝壇。朕當親祀。以昭誠敬。仍令中書門下與禮官等更深詳定聞奏。至十一月三日。詔禮神以玉。奠取其誠精潔表心。溫潤合德。自馮紹貞奏後。有司用珉。禮所謂君子貴玉而賤珉。不可用也。況國家之富。有萬方之助祭。豈於天地宗廟奠玉有虧。自今以後。禮神六器宗廟奠玉。並用眞玉。諸祀用珉。如以玉難得大者。寧小具制度。以取其眞。

寶應二年五月四日。吏部尚書劉晏奏。諸色祠祭委禮儀使撰禮料。爲常式。祭前點檢祭器及饌物明衣。有不在者。所由量事料決。其行事官若出齋宮及不到。明衣及料不得妄制。曰可。

上元元年四月勅文。有司所立秘祝之法。或移於歲。或移於人。君人之心。寧所忍也。自今以後。削去其法。其中祀下祀。並雜祭禮等。一切停。其諸應合祭禮。列於常典。所用祭料。一依古制。務從減省。以副朕心。至貞元元年二月十七日太常卿崔縱奏。立春後丑日祀風師。立夏後申日祀雨師。立秋後辰日祀靈星。立冬後亥日祀司中司命司民司祿。准上元元年制中祀小祀一切權停至永泰二年有勅復風師雨師其靈星司中司命等壇宜令所司准開元禮配享。

大歷七年八月禮儀使楊綰奏祀官祀前一日從齋所集於太常寺。一時赴祭所。如祭在皇城內者。則不集。制從之。仍永爲常式。至十四年六月十八日大內皇城留守張景所奏。得御史臺牒。景風安上等門每至祀祭日緣祭官到尚書省授誓戒了赴朝。准舊例合早開。又准監門式。皇城門無文早開。勅旨。自今以後祠祭授誓戒官。其日既赴尚書省。不須入朝。貞元六年正月詔書。官有私喪公除者。聽赴宗廟之祭。初御史監察者關白禮。凡有緦麻以上喪。不得享薦。於是吏部奏申明白令使行之可守。九月禫服既葬公除。及聞哀喪滿者。請許吉服赴宗廟之祭。其同宮未葬。雖公除者。請依前禁。使輕重有倫。以一王法。從之。

貞元八年七月。將作監元亘當攝太尉薦祭享昭德皇后廟。以其私忌日不受誓戒。爲御史劾奏。令尚書省與禮官法官集議。於是尚書左丞相盧邁等奏曰。謹按禮記云。大夫士將奉祭於公。既視濯而父母死。猶是奉祭也。又按唐禮。散齋有大功喪。致齋有周親喪。齋中疾病則還家。不奉祭祀。皆無忌日不受誓戒之文。雖假寧令忌日有給假一日。春秋之義。不以家事辭王事。今亘以假寧常式。而廢攝祭新命。酌其輕重。誓戒則祀之義。校其禮式。忌日乃循常之制。詳求典據。事緣薦獻。不宜以忌日爲辭。由是亘坐罰。

元和三年四月。太常禮院上言。太廟時享。及告廟朔望薦食同日。謹按禮經。祭不欲數。伏以太廟禘祫祭。禮重於時享。准禮時享與禘祫同日即其月但行禘祫。不行時享。蓋不欲煩。是禮先重者。今時享重於朔望薦食。詳求禮情參酌輕重。於時享之月。其朔望薦食。亦合便停。若兩禮兼行。卽祭恐煩黷。伏請每至時享及臘享。但行享禮。其月朔望薦食請停。餘月一准舊制。如告廟日與朔望薦食日同。伏請先行告廟禮。然後薦食。所冀疏數有節。合於禮中。從之。

長慶二年十一月。監祭使監察御史蘇景胤奏。祠祭稱定出齋宮等舊例。准廟參不到。四品以上罰二千文。五品以上。罰一千文。伏緣所罰稍輕。更請加罰。詔曰。郊廟之儀。本於恭恪。罰輕生慢。須議稍加。自今以後有臨祭出齋者。宜罰一月俸。仍委監祭使每具所罰官名銜聞奏。

太和九年十一月。兵部尚書判太常卿充禮儀詳定使王起請創造禮神九寶玉奏議曰。邦國之禮。祀爲大事。拜璧之儀。經有前規。謹案周禮。祀天地四方。以蒼璧禮天。黃琮禮地。青珪禮東方。赤璋禮南方。白琥禮西方。元璜禮北方。又曰。四珪有邸以祀天。兩珪有邸以祀地。圭璧以祀日月星辰。凡此九品器。皆禮神之玉也。又云。以禋祀祀昊天上帝。鄭玄云。禋。烟也。爲玉幣祭訖。燔之而升烟以報陽也。今與開元禮儀同。此則焚玉之驗也。又周禮。掌國之玉鎭大寶器。若大祭。旣事而藏之。此則收玉之證也。梁代崔靈恩撰三禮義宗云。凡祭天神。各有二玉。一以禮神。一則燔之。禮神者。訖事卻收。祀神者。與牲俱燎。則靈恩之義。合於禮經。今國家郊天報地。祀神之玉。常用守經據古。禮神之玉則無。臣等請下有司。精求良玉。創造蒼璧黃琮等九器。祭訖則藏之。其餘燎玉。則依常式。從之。

牲牢

武德元年十一月九日詔。祭祀之本。皆以爲民。窮民事神。有乖正直。殺牛不如禴祭。明德即是馨香。望古推今。民神一揆。其祭圜丘方澤宗廟以外。並可止用少牢。舊用者宜用特牲。待時和年豐。然後克修常禮。

開元二十二年正月一日勅。自古聖帝明王。岳瀆海鎭。祭用牲牢。餘並以酒脯充奠。

天寶三載閏二月勅。祭必奉牲。禮有歸胙。將興施惠之教。以廣神明之福。比來胙肉所進頗多。自玆以後。卽宜少進。仍分賜祭官。及應入衙常參官廚共食。

六載正月勅文。祭祀之典。犧牲所備。將有達於虔誠。蓋不資於廣殺。自今以後。每大祭祀。應用騂犢。宜令所司量減其數。仍永爲常式。其年起請天地合祭。四時各用二犢。五帝迎氣。各用一犢。冬至圜丘用一犢。夏至方澤用一犢。九宮貴神四時祭。每祭各用一犢。神州用一犢。太廟五享。每用一犢。東京准上文。宣王三祭。每祭各用一犢。東京三祭。五岳每載一祭。各用一犢。右據舊料。每載用犢五百一十四頭。今請減一百六十五頭。旣用三十九頭。餘祠享並請停用犢。至上元二年九月二十二日勅文。國之大事。郊祀爲先。貴其至誠。不美多品。黍稷雖設。猶或非馨。牲牢空多。未爲能享。圜丘方澤。任依常式。宗廟諸祠。但臨時獻熟。用懷明德之馨。庶合西鄰之祭。其年起請昊天上帝太廟各太牢一。羊豕各三。餘祭隨事而供。太廟羊豕舊各九頭。

大曆六年十二月三日。勅。五方上帝九宮並大祠。朝日夕月百神大社先農釋奠並中祠。自今以後。太社用犢。中祠用猪羊各一。委所司支給。送太常入滌。其副准前。

貞元十八年五月。太僕奏。每年四季送太常入滌羊犢。送後或稱暴死。准式埋訖。眞僞難明。伏以毛色羊犢。甚難擇採。如有病死者。望還太僕。卿准數送替。庶易辯明。永爲常式。制曰。可。

忌日

貞觀十九年。太宗親征高麗。以五月五日行。既至遼陽。屬高祖忌日。八座奏言。臣等謹按禮云。君子有終身之憂。而無一朝之樂。此所謂星迴歲改。親沒同辰。思其居處。不爲樂事。今陛下親御六軍。已登寇境。庶務繁擁。伏待剖決。可以尊先聖之常經。略近代之公議。望請所有軍機要切。百司依式聞奏。手詔答曰。今既戎旅大事。不可失在機速。所以仰順古風。俯從今請。

神功元年七月。淸邊道大總管建安王攸宜破契丹凱還。欲以是日詣闕獻俘。內史王及善以爲軍將入城。例有軍樂。今既國家忌月。請備而不奏。鳳閣侍郎王方慶奏曰。臣按禮經。但有忌日而無忌月。晉穆帝納后用九月。其月是康帝忌月。於時疑不定。下太常。禮官荀訥議稱。禮只有忌日無忌月。若有忌月。卽有忌時忌歲。益無禮據。當時從訥所議。軍樂是軍容。與常樂不等。臣謂振作於事無嫌。

貞元五年八月。勅天下諸上州。並宜國忌日准式行香。十二年五月。詔先聖忌辰。纔經敍慰。戚里之內。固在肅恭。而乃遽從燕遊。飲酒作樂。旣乖禮法。須有所懲。前邠州長史郭煦宜於袁州安置。前南鄭縣尉郭暄。於柳州安置。曹自慶配流冰州。其駙馬郭曖王仕平。仍令勒歸私第。先是初經代宗忌辰。駙馬諸親悉詣銀臺奉慰。及迴。王仕平遂邀駙馬郭曖。張昭賢。張怙。及曖女壻嗣許王昭。曖堂弟煦。暄。用教坊音聲人曹自慶。並於宅中歡樂。上怒之。故有此詔。尋亦許曖及仕平出入。

永貞元年十二月。中書門下奏。昭成皇后竇氏。按國史。長壽二年正月二日崩。其時緣則天臨御。用十一月建子為歲首。至中宗復舊用夏正。卽正月行香廢務。日須改正。以十一月二日為忌。

元和九年正月。修撰官太學博士韋公肅上疏曰。准禮無忌月禁樂。今太常及教坊以正月是國家忌月。停習郊廟享宴之音。中外士庶。咸罷慶樂。伏尋經典。切恐乖宜。臣謹按禮記。有忌日不樂。無忌月之文。漢魏以降。世襲斯旨。惟晉穆帝將納后。以康帝忌月。下議。禮官荀訥。王洽。曹耽。王彪之。並當時知禮者。皆稱禮有忌日無忌月。若有忌月。卽有忌時忌歲。益無禮據。時從其議。伏以仍前所禁。皆在二十五月之中。今旣世遠。禮須改革。臣又聞統人立法。必守先王之常經。企及俯就。不違聖哲之明訓。下盡羣言。上留元鑒。

不以私懷而踰於禮節。又記曰。禫月從樂。明王制禮。漸去其情。不應以追遠而立禮反重也。今太常停習郊廟之樂。是反重而慢神。有司禁中外之音。是無故而去樂。詳其前典。情禮不倫。考其沿襲。又無所據。倘陛下正因循之越度。法經典之明文。約禮之儀。傳於史册。天下幸甚。詔付中書門下。令召太常卿與禮官學官等詳議可否。中書門下奏曰。忌日太常寺及教坊悉停閱習。中外士庶亦皆禁斷。准禮文及歷代典故。並無忌月禁樂。請依常教習者。勅旨。宜依。其士庶之家。亦宜准此。

太和七年三月。勅。准令。國忌日惟禁飲酒舉樂。至於科罰人吏。部無明文。但緣其日不合釐務。官曹即不得決斷刑獄。大小笞責。在禮律固無所妨。起今後縱有此類。臺府更不要舉奏。均王傳王堪男損國忌日於私第決責從人。爲御史臺所奏。遂下此勅。

十五年五月。太常禮院奏。睿宗神主祧遷。其六月二十日忌。并昭成皇后十二月二日忌。准禮合廢。從之。

開成四年五月。太常寺奏。今月二十二日祀先農於東郊。其日與穆宗皇帝忌日同。太和七年十二月八日季冬蜡祭百神。與敬宗皇帝忌日同。准其年十二月六日勅。近廟忌辰。奏樂非便。冬季蜡祭。又不可移。變禮從宜。古有明據。宜令其日縣而不樂。庶叶典經。今月二十二日祀先農。欲准先勅。縣而不樂。從之。

其年十月。戶部侍郎崔蠡奏。臣伏以國忌行香。事不師古。聖心求治。動法典章。臣頃於延英奏陳。願有釐革。陛下令史官尋討。起置無文。昨日閣中。再承顧問。雖因循未變。亦無損於盛朝。而除去不經。冀流芳於異日。勅旨。朕以郊廟之禮。奉在祖宗。備物盡誠。庶幾昭格。恭惟忌日之感。所謂終身之憂。而近代以來。歸依釋老。徵二教而設食。會百辟以行香。將以仰奉聖靈。冥資福祐。有異皇王之術。頗乖教義之宗。昨因崔蠡奏論。遂遣討尋本末。經文令式。曾不該載。世俗因循。雅重釐革。其京城及天下州府國忌日寺觀設齋行香。起自今以後。並宜停。其月。御史臺奏請。國忌日天下依舊不舉樂。不視事。不鞭笞。伏以道釋二教。澶漫虛無。陛下靡所歸依。誠契至理。但以列聖忌日行香。及茲修崇示人。廣孝。兼以天下州縣。不舉樂。不視事。不鞭笞。以此海內蒼生。常知列聖廟號。今既停罷行香之後。勅內又無其日徹樂廢公。止行如舊之文。伏恐遐遠之地。迷其所向。便與居常之日。率皆無殊。臣思此事。終關聖慮。禮曰。君子有終身之憂。而無一朝之患。故忌日不樂。謂不舉吉事也。伏願陛下聖睿留想。若以設齋資福。事稍不經。起今罷之。已有詔旨。其日天下州縣。不舉音樂。不視公事。不行鞭笞。伏請重下明制。依前遵守。則凡在遐遠。逮於蠻貊。不忘廟號。有禆孝禮之源。勅旨。設齋行香。近已釐革。過密停務。自有典常。臺司舉奏。意在詳密。宜依。至宣宗即位之初。先以列聖忌辰行香。既久。合申冥助。用展孝思。其京城及天下州府諸寺觀。國忌行香。一切仍舊。

天祐二年八月八日。太常禮院奏。今月十三日。昭宗皇帝忌辰。其日百官閣門奏慰後。赴寺行香。請爲永式。從之。

諱

武德九年六月。太宗居春宮總萬幾。下令曰。依禮。二名義不偏諱。尼父達聖。非無前旨。近代以來。曲爲節制。兩字兼避。廢闕已多。率意而行。有違經誥。今其官號人名及公私文籍。有世及民兩字不連續者。並不須避。

永徽二年十月七日。尚書左僕射于志寧奏言。依禮。舍故而諱新。故謂親盡之祖。今皇祖宏農府君神主當遷。請依禮不諱。從之。

顯慶五年正月一日。詔孔宣設教。正名爲首。戴聖貽範。嫌名不諱。比見抄寫古典。至於朕名。或缺其點畫。或隨便改換。恐六籍雅言。會意多爽。九流通義。指事全違。誠非立書之本。自今以後。繕寫舊典文字。並宜使成。不須隨義改易。

景雲元年。賈曾除中書舍人。固辭以父名忠同音。議者以爲中書是曹司名。又與曾父音同字別。於禮無嫌。曾乃就職。

永貞元年十二月。改湻州爲睦州。還湻縣爲清溪縣。橫州湻風縣爲從化縣。湻于姓改爲于。以音與憲宗名同也。論者以古不諱嫌名。若禹與雨。驅與區。臨文不諱。若文王名昌。武王名發。周詩曰。克昌厥後。又曰。一之日觱發。魯莊公名同。春秋曰。同盟於幽。宣公名午。書曰。陳侯午卒之類。是也今古時變。故廣避焉。初憲宗爲廣陵王。順宗詔下將册爲皇太子。數日兵部尚書王詔上陳。請改名紹本名與憲宗諱同。時君子非之曰。皇太子亦人臣也。東宮之臣當請改耳。奈何非其屬而遽請改名以避東宮。豈爲禮事上耶。左司員外郎李藩曰。歷代故事。皆因無經學之臣而失之。卒不可復正。多此類。是時韋貫之爲監察御史。名與東宮同。獨不請改。旣而下詔以陸湻爲給事中。改名質。充皇太子侍讀。貫之不得已乃上疏改其名。大臣溺於風俗。以爲細事而不正之。非故事也。

開成元年十一月。中書舍人崔龜從奏。前婺王府參軍宋昂與御名同。十年不改。昨日參選。追驗正身。改更稍遲。殊戾勅旨。宜殿兩選。

會昌六年四月二十日勅。中外官寮有名與御名同者。及文字點畫相似。今後即任奏改。音韻文字點畫不同。不在奏改之限。

咸通十二年七月。侍御史李谿以奏狀內字與廟諱音同。罰一季俸。復執奏曰。臣按禮記。不諱嫌名。又職制律諸犯廟諱嫌名不坐。注云。若禹與雨。謂聲則同而字則異也。今若受罰。是違典例。乃免之。

天祐元年二月二十九日。中書門下奏。太常寺止敔兩字。敔字上犯御名。請改曰肇。從之。

唐會要卷二十四

受朝賀

舊制。元日大陳設。皇太子獻壽。次上公獻壽。次中書令奏諸州表。黃門侍郎奏祥瑞。戶部尙書奏諸州貢獻。禮部尙書奏諸蕃貢獻。太史奏雲物。侍中奏禮畢。然後中書令又與供奉官獻壽。時殿上皆呼萬歲。按舊儀。闕供奉官獻壽禮。但依位次立。禮畢竟無拜賀。開元二十五年。李林甫革其舊儀。奏而行之。冬至亦然。

貞觀十三年十月三日。尙書左僕射房元齡奏。天下太平。萬幾事簡。請三日一臨朝。詔許之。至二十三年九月十一日。太尉無忌等奏請視朝坐日。上報曰。朕幼登大位。日夕孜孜。猶恐擁滯衆務。自今以後。每日常坐。其後至永徽二年八月二十九日。下詔。來月一日。太極殿受朝。此後每五日一度。太極殿視事。朔望朝。卽永爲常式。

顯慶二年二月。太尉長孫無忌等奏。以天下無虞。請隔日視事。許之。

聖歷二年正月。制。朝官有期喪大功未葬。不得朝賀。神龍元年二月。朝則天皇帝於上陽宮。因勅每十日一朝。左臺侍御史盧懷愼上表曰。臣聞昔漢祖受命。五日一朝太公於櫟陽宮。今日陛下豈不欲爲此乎。臣度其事業與此有異。夫漢祖起布衣。登皇極。子有天下。尊歸於父。故行於此耳。今陛下守文繼統。嗣武開基。奉三聖之休烈。當千齡之寶命。順天立極。蓋曰其常。不知何爲。更用此道。遠自三五。洎乎夏殷。聖帝明王。臣所覽見。未有用此者。陛下安所取則哉。臣聞事不師古。匪說攸聞。禮煩則瀆。抑有其義。況應天去提象。纔至二里。餘騎不得成列。車不得方軌。於茲屢出。假令愚人萬一有犯屬車之塵者。陛下雖罪之。何及。縱使萬全。亦非重愼之道也。臣望陛下從今以後。遵其內朝。一則有暢於淸溫。二則無煩於出入。敬愼之道。誰曰不然。必以長至在辰。元正布曆。應天納祜。行慶有期。則願陛下備法駕。周羽儀。然後出朝。亦示天下大禮也。居常之日。竊願陛下思之。其年四月二十七日。上以時屬炎暑。制令每隔日不坐。右拾遺靳恆上疏諫曰。臣聞昔漢制。反支日亦通奏事。又光武在軍。躬自覽疏。明帝撫運。夜必讀書。豈以四氣炎寒。妨于政治。況陛下紹登大位。初啓中興。六合之內。莫不延首傾聽。威恩未著。忠信未孚。勤勞者未達。冤滯者未舉。逋逃者未還。浮僞者未息。兼之國用凋敝。倉廩空虛。獄訟猶繁。澆漓尙雜。外逼兇寇。調發未寧。內切饑寒。衣食不足。人思陛下。企望太平久矣。陛下固宜兢兢業業。居安慮危。絕嗜慾之源。從淸靜之化。宵衣旰食。以答蒼生之望。簡賢任能。以救蒼生之弊。使天下翕然。一變化俗。奈何以其微熱。遂闕一日萬幾之事。六合之內。家到戶說。必謂陛下安其宮室。重其晏閒。忽於黎庶。怠於聽政。復何以達堯心於天下。復何以垂令範於後世。臣愚竊爲陛下有所歎息。

開元八年九月。初正冬朝會宴見蕃國王。臨軒設樂懸。陳車輅。備鹵仗。其朝日受朝儀注減半。其年十一月十三日中書門下奏曰。伏以十四日冬至。一陽初生。萬物潛動。所以自古聖帝明王。皆以此日朝萬國。觀雲物。禮之大者。莫逾是時。其日亦祀圜丘。令攝官行事。質明既畢。日出視朝。國家以來。更無改易。緣新修條格。將畢。其日祀圜丘。遂改用立冬日受朝。若親拜南郊。受賀須改。既令攝祭。理不可移。伏請改正。從之。因勅自今以後。冬至日受朝。永爲常式。至天寶三年十一月五日甲子冬至。勅。伏以昊天上帝。義在尊嚴。恭惟祭典。每用冬至。既于是日有事圜丘。更受朝賀。實深兢惕。自今以後。冬至宜取以次日受朝。仍永爲常式。至永泰元年十一月三日。詔以十三日甲子冬至。令有司祭南郊。後於含元殿受朝賀。至建中二年十一月二十日。勅宜以冬至日受朝賀。

天寶六載十二月二十七日。勅中書門下奏。承前諸道差使賀正。十二月早到。或有先見。或有不見。其所賀正表。但送省司。又不通進。因循日久。於禮全乖。望自今以後。應賀正使並取元日隨京官例序立。便見。通事舍人奏知。其表直送四方館。元日伏下。候一時同進。勅旨依。

大歷九年十一月八日。勅。故源王發引遷神。廢冬至朝賀。十四年十二月三十日。勅元日門下侍郎奏祥瑞宜停。至貞元四年十一月十三日。中書侍郎李泌奏。冬至朝賀。請准元日中書令讀諸方表。勅旨宜依。

建中元年十一月朔。御宣政殿。朝集使及貢士見。自兵興以來。典禮廢墜。州郡不上計。內外不會同者二十五年。至此始復舊典。州府計吏至者一百七十有三。二年正月朔。御含元殿。四方貢獻。列爲庭實。復舊例也。

貞元七年四月二十八日勅。昔者聖賢仰觀法象。因天地交會之序。爲父子相見之儀。沿襲成風。古今不易。王者制事。在於因人。酌其情而用中。順其俗而爲禮。咸覲之儀。既行父子之間。資事之情。豈隔君臣之際。申恩卿士。自我爲初。自今以後。每年五月一日。御宣政殿。與文武百寮相見。京官九品以上。外官因朝參在京者。并聽就列。宜令所司卽量定儀注頒示。仍永編禮式。本以五月一日陰生。臣子道長。君父道衰。非善月也。因創是日朝見之儀。初欲冕服御宣政殿。屬塗潦。乃以常服御紫宸殿。至元和三年四月詔。五月一日御宣政殿受朝賀禮儀停。先是創有此禮。自後亦不多行。至是上以術數之說。禮經不載。遂罷之。九年正月朔。上御紫宸殿受朝賀。賦朝退觀仗歸營詩。十一年十一月日南至。不受朝賀。以司徒馬燧出葬故也。

會昌二年四月。中書門下奏。元日御含元殿。百官就列。惟宰相及兩省官皆未索扇前立于檻欄之內。及扇開。便侍立于御前。三朝大慶。萬拜稱賀。准宰相侍臣同介冑武夫。竟不拜至尊而退。酌于禮意。似未得中。臣等商量。請御殿日。昧爽。宰相兩省官對班于香案前。俟扇開。通事贊兩省官再拜訖。遂升殿侍立。從之。

咸通四年五月朔。宴迴鶻於上清殿。非常例也。

諸侯入朝

貞觀元年十一月。梁州都督竇軌請入朝。上曰。君臣共事。情猶父子。外官久不入朝。情或疑懼。朕亦須數見之問以人間風俗。許令入朝。至十五年正月。上謂侍臣曰。古者諸侯入朝。有湯沐邑。芻禾百車。待以客禮。漢家故事。爲諸州刺史郡守創立邸舍於京城。頃聞都督刺史充考使至京師。皆賃房與商人雜居。既復禮之不足。必是人多怨歎。至十七年十月一日。下詔令就京城內閑坊。爲諸州朝集使造邸第三百餘所。上親觀焉。至永淳元年。關中饑乏。諸州邸舍。漸漸殘毀。至神龍元年。司農卿趙履溫希權要。奏請出賣並盡。至建中元年十月二十九日。敕每州邸第。令本州量事依舊營置。至二年五月十四日。戶部奏。若令州府自置。事又煩費。伏請以官宅二十所分配。共給諸州朝集使。敕旨宜依。二十年。有司上言。按漢儀注。朝賀正月。常一王四侯。十餘載一至。又按史記。諸侯王朝凡四見。留長安不過二十日。今諸王入朝者甚多。非其示之簡要。宏之禮節。既乖古制有虧前典。臣請每歲二王入朝。禮畢還藩。敢以義請。從之。

顯慶二年十二月。敕諸都護刺史入朝日。及新授未辭。因便在京朝會一事以上。並同京官。

先天二年十月。敕諸蕃使都府管羈縻州。其數極廣。每州遣使朝集。頗成勞擾。應須朝賀。委當蕃都督與上佐及管內刺史自相通融。明爲次第。每年一蕃令一人入朝。給左右不得過二人。仍各分頒諸州貢物。于都府點檢。一時錄奏。

開元八年十月。敕諸督刺史上佐。每年分蕃朝集。限一月二十五日到京。十一月一日見。其年十一月十二日。敕諸州朝集使長官上佐。分蕃入計。如次到有故。判司代行。未經考者。不在禁限。其員外同正員。次正官後集。十四年二月勅。嶺南五府管内郡。武安萬安等三十二州。不在朝集之限。其承前貢物者。並附都府貢進。十八年十一月勅。靈勝涼相代黔巂豐洮朔蔚嬀檀安東疊廓蘭鄯甘肅瓜沙嵐鹽翼戎愼威西牢當郎茂驩安北庭單于會河岷扶拓安西靜悉姚雅播容燕順忻平靈臨薊等五十九州。爲邊州。揚益幽潞荆秦夏汴澧廣桂安十二州爲要州。都督刺史並不在朝集之例。

二十二年十一月勅。諸朝集使十日一參朔望。依常式。應須設食等准例處分。

永泰元年正月宰臣王縉等奏。春秋之義。臣子一例。今後有大臣入朝。百寮望請朝罷于中書行相見之禮。其宴餞准故事于鴻臚亭集。從之。時上優寵大臣入覲之日。建百官朝罷行相見之禮。

大曆十四年六月勅。諸州刺史入計如式。

建中二年七月二十二日勅。諸州府今年朝集使。宜且權停。其貢物及文解等。准例令考典赴上都。

貞元十三年徐州節度使張建封來朝。及命歸鎭。上御製詩以賜之。牧守共所重。才賢生爲時。宣風自淮甸。授鉞膺藩維。入覲展遐戀。臨軒慰來思。忠誠在方寸。感激陳情辭。報國爾所尙。恤人余是資。歡宴不盡懷。車馬當還期。穀雨將應候。行春猶未遲。勿以千里遙。而云無已知。又命中使齎所執鞭以賜之。曰。以卿大節。歲寒不移。故賜此鞭以表之。又十七年閏正月。夏州節度使右僕射韓全義來朝。自入覲及歸。不見不辭于正朝。時全義自夏州節度使爲蔡州招討，及敕吳少誠，全義至闕，不見不辭于正朝也。

元和十四年八月，魏博節度使田宏正來朝，賜宴于麟德殿，其大將三百餘人，賜物有差。

十五年二月，勅淄青統押海蕃每年皆有朝事，比差部領人數校多，今後差官正試相兼，不得過五人。

長慶四年勅，節度觀察使入朝，不得別有進獻。

會昌元年六月勅，東道節度使鄭復雖稱有疾，擅離本道，宜釋放，以後藩鎮，如更違越，必舉憲章。

大中五年正月勅，自今以後，諸道節度防禦經略等使，有請覲者，但先獻表章，請得詔旨許允，即任進發。務使行止之際，臨時不失事機。

二王三恪

武德元年五月二十二日，詔曰，革命創業，禮樂變于三王，修廢繼絕，德澤隆于二代，是以鳴條克罰，杞用夏郊，牧野降休，宋承殷祀，爰及魏晉，禪代相仍，山陽賜號于當塗，陳留受封于典午，上天迴睠，授歷朕躬，隋氏順時，遜其寶位，敬承休命，敢不對揚，永作我賓，宜開土宇，其以莒之酅邑，奉隋帝爲酅公，行隋正朔，車旗服色，一依舊章，仍立周後介國公，共爲二王後，至二年五月，酅公薨，追崇爲隋帝，謚曰恭。

貞觀二年八月，制曰，二王之後，禮數宜崇，寢廟不修，廩餼多闕，非所以追崇先代，式敬國賓，可令所司量置國官，營立廟宇。

永淳元年十一月一日制。以周漢之後爲二王。仍封舜禹成湯之裔爲三恪。至神龍元年五月十日制。宜依舊以周隋爲二王後。

開元三年二月勅。二王後每年四時享廟牲及祭服祭器。並官給。及帷幄几案有闕。亦官給。主客司四時省問子孫。准同正三品蔭。隋後每年給絹三百疋。米粟三百石。周後每年賜絹二百疋。粟二百石。並春秋支給。仍准見承襲人親兄爲分襲者與三分餘各一分。兄弟有得職事官者。其物卽還見襲人。十五年閏九月勅。二王後爲賓者。會賜同京官正三品。其夫人亦同諸王公以下。無子孫以兄弟爲會曾經侍養者聽承襲。贈爵者亦准此。若死王事。雖不曾經侍養。亦聽承襲。又二王後犯罪當除爵者。改立次賢。

天寶七載五月十三日制。自古帝王。建邦受命。必敬先代。周備禮文。旣存三恪之位。漢從損益。惟立二王之後。自茲以降。且復因循。將廣繼絕之恩。式宏復古之道。宜于後魏子孫中。擇揀灼然相承者一人。封爲韓公。准酅介公例。立爲三恪。

九載六月六日。處士崔昌上封事。以國家合承周漢。其周隋不合爲二王後。請廢。詔下尚書省。集公卿議。昌負獨見之明。羣議不能屈。會集賢院學士衞包抗表陳論。議之夜。四星聚于尾宿。天象昭然。上心遂定。乃求殷周漢後爲三恪。廢韓介酅等公。以昌爲贊善大夫。包爲虞部員外郎。至十二年五月九日。魏周隋依舊爲三恪及二王後。復封韓介酅等公。其周漢魏晉齊梁帝王廟。依舊制。六月九日。崔昌衞包等皆貶官。太和五年正月。鄜國公楊元湊奏。臣先祖隋文帝等陵四所。在鳳翔一所。揚州兩所。京兆府一所。准去年四月九日勅。二王後介國公先祖陵例。每陵每月合給看守丁三人。鳳翔府已蒙給丁訖。其京兆府及揚州未蒙准勅例給。勅旨。各令州府准元勅處分。

開成五年十月勅。介公宇文士元亡。宜輟今月五日朝參。便爲常式。

會昌三年八月。中書門下奏。二王後爲國賓。又是一品。前年方與輟朝。請編入令式。從之。

朔望朝參 常朝日附。

貞觀二十二年十月八日。令百寮朔望日服袴褶以朝。

永徽元年十月五日。京官文武五品依舊五日一參。

神龍元年四月十四日。初令文武官五品以上。每朔望參日升殿食。

先天二年十月勅。文武官朝參著袴褶珂繖者。其有不著入班者。各奪一月俸。若無故不到者。奪一季祿。其行香拜表不到。亦准此。頻犯者。量事貶降。其衣冠珂繖。乃許著到曹司。

開元中。蕭嵩奏。每月朔望。皇帝受朝於宣政殿。先列仗衛及文武四品以下于庭。侍中進外辦。上乃步自序西門出。升御座。朝罷。又自御座起。步入東序門。然後放仗散。臣以爲宸儀肅穆。升降俯仰。衆人不合得而見之。乃請備羽扇于殿兩廂。上將出。所司承旨索扇。扇合。上座定。乃去扇。給事中奏無事。將退。又索扇如初。令以常式。

開元二十五年御史大夫李通奏。每至冬至及緣大禮。應朝參官并六品清官。並服朱衣。餘六品以下。許通著袴褶。如有䅳故准式不合著朱衣袴褶者。其日聽不入朝。自餘應合著而不著者。請奪一月俸。以懲不恪。制曰可。

天寶三載二月三十日勑。百官朔望朝參。應服袴褶。并著珂繖。至閏二月一日宜停。自今以後。每逢此閏。仍永爲常式。

六載九月二十一日勑。自今以後。每朔望朝時。于常儀一刻進外辦。每座喚仗。令朝官從容至閤門。入至障外。不須趨走。百司無事。至午後放歸。無爲守成。宜知朕意。至十二載十一月十三日。御史中丞吉温奏。請京官朔望朝參。著朱衣袴褶。五品以上。著珂繖。制曰可。十三載九月。御史中丞吉温奏。朔望朝參。望自今以後。除仗衞官外。餘官不到兩人以上者。及本司官長。各奪一季祿。五人以上者。奏聽處分。至冬。令仍著袴褶。并珂繖。若不具者。請准勑彈奏。從之。

十四載三月一日勑。常參官分日入朝。尋勝宴樂。

乾元三年四月十五日勑。員外郎五品以上常參官。自今以後。非朔望日。許不入。賊平之後。依舊常參。時安史據河洛故也。

廣德二年九月一日勅。朝官遇泥雨。准儀制令停朝參。軍國事殷。若准式停。恐有廢闕。泥既深阻。許延三刻傳點。待道路通。依常式。以後亦宜准此。

大曆七年六月。御史大夫李栖筠奏。伏以朝廷之儀。義當祗肅。今者以手力貲錢。比俸祿舊罰。請准永泰元年八月勅。爲定。其一司之中。有三人以上是參官。其日並不到者。本司長官請罰一月手力貲錢。其一月內三度不到者。雖每度有罰。亦准前罰一月貲錢。每月仍便於左藏庫折納。其有久不朝謁。幷假過百日以上者。望令本司錄奏。如相容隱。臺司訪察彈奏。餘請依後勅處分。從之。又文武常參官或有晚入。幷全不到。及班列失儀。委御史臺錄名牒所由。奪一月俸。經三度以上者。彈奏。准開元二十二年五月勅。如聞朝官仗下多到門及中書門下不散。自今以後。宜令臺司糾察。除公事見宰相。一切從正門出。違者彈奏。又准乾元元年勅。朝參官無故不到。奪一月俸。

貞元二年八月一日。御史中丞竇參奏。准儀制令。泥雨合停朝參。伏以軍國事殷。恐有廢闕。請令每司長官一人入朝。有兩員。幷副貳。亦許分日。其夜甚雨至明不止。許令仗下後到外廊食訖。入中書。其餘官及王府長官。並請停朝。任於本司勾當公事。泥雨經旬。亦望准此。

七年十一月。詔。常參官入閤。不得奔走。其有周以下喪者。禁褖服朝會。服衣綾袍金玉帶。初。金吾將軍沈房有弟喪。公服不衣褖服入門。上問宰臣。董晉對曰。准式。朝官有周以下喪者。許服絕縵衣。不合淺色。上曰。南班何得有之。對曰。因循而然。又曰。在式朝官。皆以綾爲袍。五品以上服金玉帶。取其文綵華飾。以奉上也。昔尚書郎含香。此意也。

八年十月。復命金吾置門籍。

十二年四月。御史中丞王顏奏。吏部兵部禮部侍郎郎中員外郎。共一十二員。起去年十一月一日至今年三月三十日。並不朝。臣比謂選限內不朝。實憑格勅。去三月二十一日輟朝。前件官並闕奉慰。臣刺中書門下省并兵部吏部檢勅格無文。伏以國朝故事。開元以前。旬假節日。百官盡入朝。至天寶五載。始放旬節假日不入。近年又賜分日伏緣優貸之厚。有改慢易之愆。詔自今以後。吏部兵部尚書侍郎。除試人銓注唱官。并禮部侍郎兵部南曹官試人及入宿日。其餘朝參等官。並准式。尋爲吏部兵部禮部奏舉。詔又可之。

十三年正月。御史臺奏。諸司常參文官。隔假三月以上。並橫行參假。其武班每月先配九參。比來或經冬至及歲寒食等三節假滿。不足本配入日。並不橫行。事實乖闕。請從自今以後。每經三節假滿。縱不是本配入日。亦請依文官例參。從之。其年六月十二日。勅。卿等朝謁是常。或陰雨不聞鼓聲。則不免奔波走馬。忽有墜損。深軫朕懷。自今以後。縱鼓聲差池。亦不得走馬。及時暑稍甚。雨雪泥潦。亦量放朝參。

十五年四月。膳部郎中歸崇敬。以百官朔望朝服袴褶。非古禮。上疏曰。按三代典禮。兩漢史籍。並無袴褶之制。亦未詳所起之由。隋代以來始有服者。事不師古。請罷之。奏可。

元和元年三月。准吏部兵部尚書侍郎郎官幷禮部侍郎御史中丞武元衡奏。前件等司。近起十月至來年三月稱在選舉限內。不奉朝參。令式無文。禮敬斯闕。一年之內。半歲不朝。准貞元十二年中丞王顏奏勅釐革載在明文。尋又因循。輒自更改。若以兵部禮部選舉限內事繁。卽中書門下御史臺度支京兆府公事至重。朝請如常而況旬節已賜歸休。常參又許分日。一月之內。纔奉十日朝參。其間甚熱甚寒。皆蒙矜放。臣以爲王顏舉奏甚詳。當時勅文處分甚備。請准貞元十二年四月勅旨。自今以後。永爲常式。他年妄改前條。請委臺司彈奏。庶使班行式序。典法無虧。依奏。

二年十二月。御史臺奏文武常參官。准乾元元年三月勅。如有朝堂相弔慰及跪拜。待漏行立不序。談笑喧嘩。入衙門執笏不端。行立遲慢。至班列不正。趨拜失儀。言語微喧。穿班仗出閤門不卽就班。無故離位廊下食行坐失儀語鬧。入朝及退朝。不從正衙出入。非公事入中書。每犯奪一月俸。今商量舊條每罰各減一半。有犯必舉。不敢寬容。如所由指揮尚抵拒非。卽請准舊例錄奏貶官。從之。

四年十月。御史中丞李夷簡奏准貞元十二年四月。中丞王顏元和元年三月。中丞武元衡奏。兵部吏部禮部侍郎官。每年舉選限內不奉朝參。又今年所造選格不詳。勅文復請明日朝參。臣合彈奏。勅宜准貞元十二年四月勅處分。

九年十二月勅。起來年正月以後。每朔望日。刑部侍郎。郎中員外。大理卿。少卿。及中丞一人時對。其日宰相并次對中朝官並不用來。

十年三月壬申朔。御延英殿召對宰臣。故事。朔望日御宣政殿見羣臣。謂之大朝。元宗始以朔望陵寢薦食不聽政。其後遂以爲常。今之見宰臣。時特以事召也。其年六月勅。御史臺自今以後。常參官每入班以見到人名銜進來。其朔望及雙日勿進。是月詔。自今以後。許寅後二刻傳點。及是質明後。朝騎有尙在街中者。待坐紫宸殿久之。而朝班未至。因命宰臣宣諭之。乃復。時命宰臣戒九卿御史。以中丞裴度遇盜故也。

十四年二月詔。朔望據錢多少。每貫罰二十五文。仍委御史臺糾察聞奏。至大中四年十月望。不視事。比之大祠故也。

太和元年六年勅。文武常參官。朝參不到。御史中丞魏謨奏。准兵部吏部禮部三司。尙書侍郎等官一十二員。主舉選試。五箇月不朝參。近已降流聞奏訖。奉勅。前後勅文處分。有司不合妄更奏論。准貞元十二年元和四年彈奏前件三司除試人及入宿外。並不合不朝參。勅文曾未經年。三司復此論奏。今具前後勅文。如前勅者。本是五箇月不朝。今許不過一兩月。奏不權放。必恐擁滯。准兵部選事勞逸。尤與吏部不同。選限內遇公事繁併日。任具事由牒臺。尋常不在放朝參限。

天祐二年十二月勅。漢宣帝中興。五日一聽朝。歷代通規。宜爲常式。今後每月只許一五九日開延英。計九度。其入閤日。仍于延英日一度指揮。如有大段公事。中書門下具牓子奏請開延英。不拘日數。

三年六月。勅文武百僚每月一度入閤于貞觀殿。貞觀大殿。朝廷正衙。正至之辰。受羣臣朝賀。比來視朔。未正規儀。今後于崇勳殿入閤。

廊下食

貞觀四年十二月。詔所司于外廊置食一頓。出國朝故事。正史檢不獲。

貞元二年九月。舉故事。置武班朝參。其廊下食等。亦宜加給。

貞觀二年九月[illegible]
貞觀四年十二月詔，朔望日于外廊置食一頓。（[illegible]）

[illegible]

[illegible]入閤。

三年六月，以[illegible]入閤于宣政殿[illegible]

[illegible]其入閤日[illegible]

唐會要卷二十五

輟朝

開元十八年十二月。左丞相燕國公張説薨。輟朝五日。廢元日朝會。

二十九年十一月。寧王憲薨。輟朝十日。

貞元十五年七月。以黔府觀察使王礎卒。輟朝一日。故事。團練觀察使卒。未有廢朝者。自礎始焉。其年九月。義成軍節度使盧羣卒。輟朝。故事。節度使卒。從旨先廢朝。然後除代。至是先除尚書右丞李光素。然後輟朝。非也。十六年。以徐泗濠等州節度使張建封卒。輟朝。近例。節度使帶僕射以上卒。輟朝三日。尚書以下。都團練觀察使則否。洎貞元八年。嗣曹王皐。十一年。李自良。皆以節度使帶尚書卒。各輟朝三日。至十四年。樊澤以僕射卒。輟朝一日。十五年。黔府觀察使王礎卒。時爲輟朝一日。

元和九年六月丙子。天德軍經略使周懷義卒。輟朝一日。經略使廢朝。自懷義始也。

太和元年七月。太常博士崔龜從奏大臣薨輟朝曰。伏以廢朝軫悼。義重君臣。所貴及哀。尤宜示信。自頃以來。輟朝非奏報之時。備禮於數日之外。雖遵常制。似不本情。臣不敢遠徵古書。請引國朝故事。貞觀中。任瓌卒。有司對仗奏聞。太宗責其乖禮。岑文本既歿。其夕爲罷警嚴。張公謹之亡。哭之不避辰日。是知憫悼之意。不宜過時。臣謂大臣薨。禮合輟朝。縱有疑務急速。便殿須召宰臣。不臨正朝。無爽事體。如此則由衷之信。載感於幽明。彌情之文。無虧於禮典。太常寺參定上言曰。伏以近日文武三品以上官薨卒。皆爲輟朝。其間有未經親重之官。今任是列散者。爲之變禮。誠恐非宜。自今以後。文武三品以上。非曾任將相。及曾在密近。宜加恩禮者。餘請不在輟朝例。其餘並請依元勅。又中書門下奏。覆古有當祭告喪。義在申情同體。過時而哭。於理爲乖。禮院所請合輟朝者。各以聞喪之時。明日請依。餘約太常寺所奏。別具品列輕重進定。謹按儀制令。百官正一品喪。皇帝不視事一日。又准官品令。太師太傅太保太尉司徒司空以上正一品。太子太師太子太傅太子太保以上從一品。侍中中書令以上正二品。左右僕射。太子少師。太子少傅。太子少保。三京牧。大都護。上將軍。統將以上從二品。門下中書侍郎。六尚書。左右散騎常侍。太常宗正卿。左右衞及金吾大將軍。左右神策神武龍武羽林大將軍。內侍監以上正三品。御史大夫。殿中祕書監。七寺卿。國子祭酒。少府監。將作監。京兆河南尹以上從三品。緣令式舊文。三品以上薨歿。通有輟朝之制。伏以君臣之間。禮情所及。事必繫于委遇。官則以時重輕。一用舊儀。咸乖中道。臣等參配色目如前。其留守節度觀察都護防禦經略等使。並請各據所兼官爲例。依奏。其年九月。中書門下奏。近奏定合輟朝官品。勅已尋行。其致仕官多是優禮。合同貞觀勅例。未該須有處分。自今以後。其致仕官如非曾任三品以上正官。及歷四品清望。並不在此例。依奏。勅。應官至丞郎亡歿。合有廢朝。況班在諸司三品之上。自

今以後。宜準諸司三品官例處分。因尚書左丞庾敬休奏。乃降是勅也

太和八年七月。太僕卿段伯綸卒。伯綸秀實之子。自古歿身以利社稷。無如秀實者。文宗乃特加贈。仍輟朝一日。以禮忠臣之嗣。

會昌三年八月。中書門下奏。親王公主葬日。準德宗以前實錄。並合輟朝一日。請自今以後。準故事處分。又京官一品。尚書省二品。及時舊相。方臻此位。比來同刺史曾任監例。輟朝一日。恐輕重不倫。起今後並望輟朝兩日。又二王後爲國賓。又是一品。前年方與輟朝。請編入令式。又駙馬登朝之初例除四品。既是國戚。不合繫於品秩。望輟朝一日。並依奏。

大中十一年。右羽林統軍鄭光卒。上之元舅也。詔贈司徒。輟朝三日。御史大夫李景儉上疏曰。鄭光是陛下親舅。外族之愛。誠軫聖心。今以輟朝之數。比于親王公主。即前例所無。縱有似不可施用。何者。先王制禮。所貴防微。大凡人情。于外族則深。于宗屬則薄。先王制禮。割愛厚親。據開元禮。外祖父母親舅喪。止服小功五月。若親伯叔親兄弟。即服齊縗周年。所以疏其外而密于內也。有天下者。尤不可使外戚強盛。今鄭光輟朝日數。望速改詔命。輟朝一日或兩日。示其升降有差。恩禮無僭。垂之百王。永播芳烈。疏奏。乃詔罷朝兩日。

開元元年十二月勅。諸文武官三品以上及中書黃門侍郎。若遇雨。聽著雨衣及帽至殿門外。幷聽著出入。又諸文武三品以上帶職事者。欲向田莊不出四面關者。不須辭見。致仕朝朔望者準此。

二年閏二月七日勅。每受朝日平明後。仗未下前。皇城內正南街宜斷人馬來往。

十五年十月勅文。諸道遙授官。自非路便。卽不須赴謝。天寶十三載七月勅。自今以後。應正衙引辭官當日不發。委御史臺察訪聞奏。

貞元十三年六月詔。自今以後。時暑及雨雪泥潦。亦量放朝參。

十五年正月丁亥。不視事。以公卿等朝拜諸陵故也。初。是月七日拜陵官發。其日本視事。適會董晉卒。廢朝。至十六年二月。公卿拜陵發日。遂不親視事。迄今因循行之。

元和元年三月。御史中丞武元衡奏。中書門下御史臺五品以上。尚書省四品以上。諸司正三品以上官。及從三品職事官。東都留守。轉運鹽鐵節度觀察使。團練防禦招討經略等使。河南尹。同華州刺史。諸衞將軍三品以上官除授。皆入閤謝。其餘官許于宣政南班拜訖便退。從之。

三年六月。百官初入待漏院。候禁門啓入朝。故事。建福望仙等門。昏而閉。五更而啓。與諸里門同時。至德中。有土蕃自金吾仗亡命。因勅晚開。宰相待漏太僕寺車坊。至是始令有司各據班品置院於建福門。

五年十二月。義武軍節度使張茂昭舉族歸朝。至京師。故事。雙日不坐。是日特開延英。

十四年八月。上謂宰臣曰。今天下雖漸平。尤須勤於政治。若遇休假頻不坐朝。有事即詣延英請對。勿拘常制。

十五年正月十三日。延英閣宰臣及羣官往對。已而上却不坐。以中書侍郎令狐楚有事于太清宮故也。

其年十月下元假。召宰臣對于延英。議邊事也。

太和七年正月。戶部侍郎庾敬休奏。當司未有待漏院。今請於鹽鐵度支待漏院側創造。依奏。

九年八月。御史臺奏。應文武朝參官新除授。及諸道節度觀察經略防禦等使。及入朝赴鎮。並合取初朝謝日。先就廊下參見臺官。然後赴正衙辭謝。或有於除官之日。及朝覲到城。忽遇連假三日以上。近例便許于宣政門外見謝。訖。至假開。亦須特到廊下參臺官者。請自今以後。如遇連假已見謝訖。至假開。亦須特到廊下參臺官。依奏。

開成元年正月勅。自今以後。每遇入閤日。次對官未要隨班並出。並于東階松樹下立。待宰臣奏事退。令齊至香案前。各奏本司公事。左右史待次對官奏事訖。同出。其年五月。中書門下奏。自今以後。除刺史並望延英對了。奏發日限。促不遇坐日。許于臺司通。將待延英開日。辭了進發。從之。

三年二月。御史臺奏。宣自今以後。遇延英開。擬中謝官委司臺立一日。依官班具名列奏。如先奏即不在中謝限。又勅新授方鎮。延英開日。便令中謝。其兩省官中謝。即不在令本司前一日奏聞。餘依其年二月堂帖奉宣新授刺史。於閤內及延英中謝。不必須候延英開。其月。中書門下奏。僕射尚書侍郎左右丞。五監九寺大卿監準開成元年三月勅。每遇延英開。並令候對。如入閤日班退後。各於紫宸殿前東西松樹下依位立。本司有公事即聞奏者。伏以兩衙坐日。宰臣及次對官奏事。比及退朝。已是辰巳之間。若更祗候。即廢闕公務。今日延英面論。並請停罷。如須顧問。隔宿及臨時宣召。必不稽遲。依奏。其年十月。昭恪太子薨。中書門下奏。輟朝合至月末。舊無起居之禮。頗乖臣子之心。臣等商量。隔三日一赴延英。進問起居。應協情禮。從之。

四年正月。中書門下奏。尚書省四品以上官及諸卿監等。遇兩衙坐日。宜令兩人循環於閤內及延英祗候者。勅前件官等。若當待制之日。重差定。慮妨公事。起今以後。合祗候官。請不在待制之限。依奏。其年二月。御史中丞高元裕奏。伏以近日丞郎以上官未就食之前。時有稱疾便請先出。請自今合候對官遇延英開日。有事要與宰臣商量者。即請拜食後先出。仍事須前牒臺司。或年齒衰遲不任每度就食者。量許三度仗下後先出。其餘官不在此限。如違。請每月終一度具名聞奏。依奏。

百官奏事

舊制。六品以下官奏事。皆自稱官號臣姓名。然後陳事。通事舍人。侍御史。殿中侍御史。則不稱官號。

貞觀四年五月五日。上謂房元齡等曰。君于臣子。情亦無別。前如晦亡。朕爲不視事數日。惻愴之。今任瓌亡。豈有內外殊異。所司不進狀。乃對仗便奏。此豈識朕意。如朕子弟不幸死亡。公等可如此奏耶。今日後不得如此。

永徽二年十二月詔。五品以上上封事。不能進。聽仗下面奏。

景龍二年三月七日勅。仗下奏事人。宜對中書門下奏。若有祕密未應揚露。及太史官不在此限。至三年二月二十六日勅。諸司欲奏大事。並向前三日錄所奏狀一本。先進令長官親押判官對仗面奏。其御史彈事。亦先進狀。至開元五年九月十二日詔。比來百司及詔使奏陳。皆待仗下。頗乖公道。須有革正。自今以後。非灼然祕密。不合彰露者。並令對仗。如文書浩大。理文雜著。仍先進狀。其太史官自依舊例。至六年七月二十八日詔曰。百司及奏事。皆合對仗公言。比日以來。多仗下獨奏。宜申明舊制。告語令知。如緣曹司細務。及有祕密不可對仗奏者。聽仗下奏。

開元十八年四月二十一日勅。五品以上要官。若緣兵馬要事。須面陳奏。聽。其餘常務。並令進狀。

興元元年九月。上謂宰臣曰。近者朝官諫言。都不陳奏時之利病。何以知之。自今每正衙及延英坐日。常令朝官三兩人面奏時政得失。庶有宏益。

貞元十四年二月。太常卿齊抗奏。元日朝賀奏事。戶部尚書司天監奏開元禮。並令於橫班。同羣官拜訖。然後依次奏事。自後並未拜以前。先就階上立奏事。畢。隨例便退。既無禮度。則有闕儀。今請依開元禮。戶部尚書以上。於南班再拜訖。便隨上公升于階。就東向位立。準儀注奏事。以補舊儀。可之。

十八年七月。嘉王府諮議高宏本正衙奏事。自理逋債。因下勅曰。比來百官每於正衙奏事。至於移時。爲弊亦甚。自今以後。不須於正衙奏事。如要陳奏者。並於延英進狀請對。正衙奏事。不易之制。貞觀之間。孜孜治道。講陳政事。其後正衙奏御。凡在列位。無不上達。今宏本自理。罪之可也。因人而廢其事。不可。

長慶二年七月。御史臺奏。文武常參官閤內奏事。近年無例。昨者。威衞將軍高扶。援引德音。迴出班位。緣非彈奏本條。未敢舉勘。起今以後。其文武常參官。應有諫論合守進狀常例。有違。卽請奏彈。從之。

會昌元年六月勅。今後應有朝官及上封事人。進章表論人罪惡。並須證驗明白。狀中仍言請付御史臺。不得更云請留中不出。如軍國要機事關密切。不在此例。

親王及朝臣行立位

貞觀十二年正月十五日。禮部尚書王珪奏言。三品以上遇親王于途。皆降乘。違法申敬。有乖儀注。上曰。卿輩皆自崇貴。卑我兒子乎。特進魏徵進曰。自古迄茲。親王班在三公之下。今三品皆天子列卿。乃八座之長。爲王降乘。非王所宜當也。求諸故事。則無可憑。行之于今。又乖國憲。上曰。國家所以立太子者。擬以爲君也。然則人之修短。不在老幼。設無太子。則母弟次立。以此而言。安得輕我子者。徵又曰。殷家尚質。有兄終弟及之義。自周以降。立嫡以長。所以絕庶孽之窺窬。塞禍亂之源。本爲國者宜知所慎。于是遂可珪奏。

開元六年八月一日。右散騎常侍褚無量上疏曰。臣謹詳諸史氏。案以禮經。有親親之義。尊尊之道。所以重王室。敬耆年。今陛下纘舊惟新。睦親尚齒。朝儀品列。宜更申明。至若命以嗣主。用崇主祭。養夫國老。蓋在乞言。會于朝班。合從上列。準令嗣王正一品。今乃居庶官之次。頗爲閒雜。須有甄明。臣伏見開府儀同三司。在三品前立。望請嗣王亦與開府同行。諸致仕官各于本司之上。則重親尚齒。典禮式存。五日勅。九族既睦。百官有序。至于班列。宜當分位。嗣王實光于主祭。國老有貴于乞言。比在朝儀。尚爲閒雜。非所謂睦親敦舊之義也。嗣王宜與開府儀同三司等。致仕官各居本司之上。用永爲常式。

七年八月勅。諸王入朝及別恩近至朝參日。未入閤于便近處坐。仍令所司陳設。

建中元年十一月詔。親王出閤就本列。至貞元三年七月詔。宗廟尚爵。朝廷尚官。今嗣郡王。爵雖居高官或在下。列于上官之上。非制也。至四年七月勅。自今以後。嗣郡王列于本官之下也。

貞元二年十月九日。御史臺奏。每有慶賀及須上表。並合上公行之。如無上公。即尚書令僕以下行之。其嗣王合隨宗正。若有班立位。合依三品。

四年七月二十七日勅。今後嗣郡王列於官班之上。庶子宜在卿之上。

文武百官朝謁班序

貞元二年六月。御史中丞竇參奏。起今以後。班七人以上。同日不到者。請具名聞奏。從之。其年九月五日勅。應文武百官朝謁班序。

中書門下。（侍中。中書令。同中書門下平章事。各以本官序。）供奉官。（左右散騎常侍。門下中書侍郎。諫議大夫。給事中。中書舍人。起居郎。及舍人。左右補闕。左右拾遺。通事舍人在橫班序。）若入閤。即各隨左右省。其御史大夫中丞侍御史。（在左。）殿中侍御史。（在右。）通事舍人。（分左右立。）若橫行參賀辭見。（御史大夫在散騎常侍之上。中丞在諫議大夫之下。）御史臺。（御史大夫在三品官之上。別立。中丞在五品官之上。別立。）留守副元帥都統節度使觀察使都團練都防禦使并大都督大都護持節度者。即入班在正官之次。餘官兼者。各從本官班序。（御史在六品班之後也。）諸使司下無本官。準授內供奉裏行者。即入班亦在正官之次。有本官兼者。各從本官班序。如本官不是常參官。并憲官是攝者。惟聽於御史班中辭見。殿中省官監少監。尚衣尚舍尚輦奉御。分左右隨繖扇立。若入閤亦如之。

一品班。　三太三公太子三太嗣郡王散官開府儀同三司爵開國公等同班。

二品班。　尚書左右僕射太子三少京兆河南牧大都督大都護散官特進光祿大夫爵開國郡公開國縣公并勳官上柱國柱國同。

三品班。　六司尚書。太子賓客。九寺卿。國子祭酒。三監。京兆等七府尹。詹事。親王傅。中都督。上都護。下都

護。下都督。上州刺史。五大都督府長史。上都督府下都護。散官金紫光祿大夫。爵開國侯。勳上護軍。下護軍。

四品班。尚書左右丞。六司侍郎。太常少卿。宗正少卿。左右庶子。祕書少監。左右七寺少卿。國子司業。少府。祕書少監。京兆河南太原少尹。少詹事。左右諭德。家令。率更令。僕。親王府長史司馬。鳳翔等少尹。中州刺史。下州刺史。大都督大都護司馬。散官正議大夫。通議大夫。大中大夫。中大夫。爵開國伯。勳官上輕車都尉。輕車都尉。

五品班。尚書諸司郎中。國子博士。都水司使者。萬年等六縣令。太常宗正祕書丞。著作郎。殿中丞。尚食。尚藥。尚舍。尚輦。奉御。大理正。中允。左右贊善。中書舍人。洗馬。親王諮議。友。散官中散大夫。朝請大夫。朝散大夫。爵開國子。開國男。勳官上騎都尉。騎都尉。

武班供奉宣政殿前立位。從北千牛連行立。次千牛中郎將。次千牛將軍一人。次過狀中郎將一人。次接狀中郎將一人。次押柱中郎將一人。次又押柱中郎將一人。次排階中郎將一人。次又押散手仗中郎將一人。以上在橫階北。次南金吾左右大將軍入閤升殿夾階座。左右從南千牛將軍一人。次千牛郎將一人。次千牛將軍一人。次千牛運行。立柱外過狀中郎將一人。接狀中郎將一人。次押柱中郎將一人。次又押柱中郎將一人。排階中郎將一人。階下排散手仗中郎將一人。金吾將軍俱分左右立。應當本日入閣人各依前件立。其不合入閣人各依本職事立。非當上人。遇合參日。並從本官品第班序。其入閣升殿。除千牛衞將軍中郎將外。餘並以左右衞中郎將充。其諸衞及率府中郎將皆不得升殿。

一品班。郡王。散官驃騎大將軍。爵國公。

二品班。散官輔國大將軍。鎭國大將軍。爵開國郡公。開國縣公。勳官上柱國。柱國。

三品班。左右衞。左右金吾衞。左右驍衞。左右武衞。左右威衞。左右領軍衞。左右監門衞。左右千牛衞大將軍。諸衞將軍。散官冠軍大將軍。雲麾將軍。爵開國侯。勳官上護軍。護軍。

四品班。左右千牛衞。左右監門衞中郎將。親勳翊衞中郎將。太子左右衞。太子左右衞司率。淸道內率。監門副率。太子親勳翊衞中郎將。上府折衝都尉。中府折衝都尉。散官忠武將軍。壯武將軍。宣威將軍。明威將軍。爵開國伯。勳官上輕車都尉。輕車都尉。

五品班。親勳翊衞郎將。太子親勳翊衞郎將。親王府典軍。親王府副典軍。下府折衝都尉。上府果毅都尉。散官定遠將軍。寧遠將軍。游騎將軍。游擊將軍。爵開國子。開國男。勳官上騎都尉。騎都尉。

尙書省官。據周禮先敍六官。準六典尙書爲百官之本。今每班請以尙書省官爲首。

東宮官。王府官。外官。　東宮官既爲宮臣。請在上臺官之次。王府官又次之。三太三少。賓客。右庶子。王傅。既爲師傅賓相。不同官屬。請仍舊。

太常宗正丞。並隨寺望合在祕書丞上。
尚食奉御。尚藥奉御。本局旣隸殿中省合在殿中丞之下。
諸王府官。行列合以王長幼爲序。
檢校官兼官及攝試知判等官。並在同位正官之次。其有行所檢校兼試攝判等官職事者。卽依正官班敍。除留守副元帥都統節度使觀察使都團練都防禦使并大都督大都護持節兼外餘應帶武職事位在西班。仍各以本官品第爲班序。
含元殿前龍尾道下敍班。舊無此儀。惟令於通乾觀象門南敍班。自李若水任通事舍人奏更於龍尾道下敍班。旣非典故。今請停廢。
文武官行立班序。通乾觀象門外序班。武次於文。至宣政門。文由東門而入。武由西門而入。至閤門亦如之。其退朝並從宣政西門而出。
文官充翰林學士皇太子侍讀諸王侍讀武官充禁軍職事。準舊例並不常朝參。其翰林學士大朝會日。準興元元年十二月二十九日勅朝服班序。宜準諸司官知制誥例。在集賢史館等諸職事者。並請朝參訖。各歸所務。
辭見宴集班列先後。請依天寶三載七月二十八日禮部詳定所奏勅公式令諸文武官朝參行立二王後位在諸王侯上。餘各依職事官品爲序。職事同者。以齒致仕官各居本品之上若職事與散官勳官合班列文散官在當階職事者之下。武散官次之。勳官又次之。官同者。異姓爲後。若以爵爲班者。爵同者亦準此。其男以上任文武官者。從文武班。若親王嗣王任卑者職事。仍依本品。郡王在三品以下。職事官在階品上。自外無文武官者。嗣王在太子太保下。郡王次之。國公在正三品下。郡公在從三品下。縣公在正四品下。侯在從四品下。伯在正五品下。子在從五品下。男在從五品下。即前資官被召見及赴朝參致仕者。在本品見任上。以理解者。在同品下。其在本司參集者。各依職事。諸司散官三品以上在京者。正東朝會依百官例。自餘朝集及須別使臨時聽勅進止。

儀制令　諸在京文武官職事九品以上。朔望日朝。其文武官五品以上。及監察御史員外郎太常博士。每日朝參。文武官五品以上。仍每月五日十一日二十一日二十五日參。三品以上。九日十九日二十九日又參。當上日不在此例。其長上折衝果毅。若文武散官五品以上。直諸司及長上者。各準職事參。其宏文館崇文館及國子監學生。每季參。若雨霑失容及泥潦。並停。諸文武九品以上。應朔望朝參者。十月一日以後。二月二十日以前。並服袴褶。五品以上者。著珂繖。周喪未練。大功未葬。非供奉及諸宿衛官。皆聽不赴。

常參文武官。準令每日參。自艱難以來。人馬劣弱。遂許分日。望許依前分日參。待戎事稍平。加其俸祿。即依常式。其武官準令五品以上每月六參。三品以上更加三參。頃並停廢。今請準令。却復舊儀。其朔望朝參及宏文館崇文館國子監學生每季參等。請續商量聞奏。以前御史中丞竇參等奏。伏奉今年四月三日敕。宜付所司與御史臺以近日體例參議禮文。務從簡正。詳定訖聞奏者。臣等準敕詳定如前。敕旨。二品武班。宜以左右金吾等十六衛上將軍依次爲班首。其檢校官兼及攝試知判等本官二品以上者。位望崇重。禮異羣僚。宜依本班朝會。餘依十三年十月徐泗節度使張建封入朝覲詔參令入大夫班。亦優禮也。二十年十月。御史中丞武元衡奏。準貞元二年班序敕。使下三院御史有本官是常參官兼者。即入本官班。如內供奉裏行。即入御史班。緣使下御史近例並不在內供奉班內。請自今以後。諸使下御史內供奉者入閤日幷依宣政殿前班位次員外郎之後。在正臺監察御史之上。使爲常式。從之。

二十一年五月。御史臺奏。準貞元二年九月班序敕。已有定制。其橫行位次。請一切依本班先後。如遇雨泥。廊下立班。卽依舊位。又常參官辭見班令。緣御史多帶兼官。高下不等。今請兼大夫者。在諸司四品之上。丞郎及供奉官五品之下。兼中丞者。在諸司五品之上。供奉官五品之下。兼侍御史者。在諸司六品之上。供奉官六品之下。兼殿中監察者。在諸司七品之上。及供奉官本品之下。如本官帶常參官攝御史者。依本官班序。仍舊例。準入辭見。如本官不是常參官攝御史者。不在此例。又諸文武官朝參行立。各依職事官品爲序者。緣有檢校官高職事官卑及嗣王郡王任職事官高卑不等。今請應檢校僕射尙書以上。

及嗣王郡王任職事官者。一切在職事本品之上。又準紫宸門外班。除供奉官。餘其一切宣政殿前班序。登階後。任依舊位。如違。請準乾元元年三月勅。奪一月俸。依奏。

元和元年四月。御史中丞武元衡奏。貞元二年。御史中丞竇參奏。凡諸使兼憲官職。除元帥都統節度使。觀察都團練防禦等使。餘並列在本官之位。請自今以後。常參官御史大夫中丞者。準檢校省官例。立在本品同類官之上。從之。

會昌二年十月。中丞李回奏。準元和元年四月勅。常參官兼御史大夫中丞。立在本品同類官之上。自後。尚書諸司侍郎兼憲官。與左右丞不常並置。至於序立式有所疑。臣伏請依前遵守。永爲定制。依奏。尚書左丞孫簡奏。伏以班位等差。本係品秩。近者官兼臺省。立位稍遷。頗紊彝制。理亦未通。今據臺司重舉元和元年所奉勅。常參官兼大夫中丞者。準檢校官立在左右丞之上者。承前列曹侍郎兼大夫者至少。准京兆尹往往帶此官。其京兆尹是從三品。至今班位只在本品同類官從三品卿監之上。在太常宗正卿三品之下。其尚書左丞是正四品上。戶部侍郎是正四品下。今戶部侍郎兼大夫。只合在本品同類官正四品下。諸曹侍郎之上。不合在正四品丞郎之上。與京兆尹在正三品卿監之下無異。又據尚書右丞是正四品下。吏部侍郎是正四品上。今吏部侍郎班位在右丞之下。蓋以右丞官居省轄。職在糾繩。吏部侍郎品秩雖高。猶居在下。推此言之。則左丞品秩既高。又處綱轄之地。戶部侍郎雖兼大夫。豈可驟居其上。

今據散官自將侍郎上至開府特進。每品從上下名級各異。則從上下。又不得謂之同品。今取於理切近者。用以比方今京兆河南司錄及諸州錄事參軍。皆操紀律。糾正諸曹。與尚書省左右丞。綱紀六典略同。設使諸曹掾因其功勞。朝廷就加臺省官。立位豈得使在司錄及錄事參軍之上。施於州縣。尚謂非宜。況在朝廷。實爲倒置。且尚書左丞自置此官。職業至重。按六典。得彈射八座。主省內禁令及宗廟祠祭之事。御史糾劾不當。得彈奏之。豈可不究是非。輕爲措置。今臺司所奏。但言往例。曾不揣摩事。若循理。雖無往例。亦合遵行。事若非宜。雖有往例。便合改正。今據元和元年臺司所奏。勑戶部侍郎兼大夫。班位合在兵部侍郎之上。在左右丞吏部侍郎之下。今若因循往例。不宜改正。遣戶部侍郎兼大夫。位在左右丞之上。則京兆尹兼御史大夫。班位合在太常宗正卿之上。不唯有紊典章。實恐重違元勑。謹具貞元二年以後勑旨如前。伏乞重賜參詳。庶合事理。勑旨。緣御史臺與臺省各執所見。因此須爲定制。其宜令兩省官詳議聞奏。

三年二月。庫部郎中知制誥崔于奏。兼御史大夫中丞一班位。奉勑宜令兩省官詳議聞奏者。伏以御史大夫中丞。掌邦國憲法。朝廷紀綱。兼此官者。皆以所領務重。時爲寵奬。近來諸司侍郎兼大夫者。並在左右丞之上。相承不改。待之已久。況今使下監察御史裏行朝謝之時。列在左司郎中之上。以此參比。足可辨明。況奉去年十月勑。御史大夫進爲正三品。寺丞進爲正四品下。郎官望等裏九重往時。酌從宜之文。

定可久之法合崇憲職。庶叶朝儀。請準前例。諸行侍郎兼御史大夫中丞者。在尚書左丞之上。勅宜依崔于等所奏。

唐會要卷二十六

册讓

貞觀八年。勑拜三師。三公。親王。尚書令。雍州牧。開府儀同三司。驃騎大將軍。左右僕射。並臨軒册授。太子三少。侍中。中書令。六尚書。諸衞大將軍。特進。鎭國大將軍。光祿大夫。太子詹事。九卿。都督。及上州刺史。在京者。朝堂受册。至光宅元年。並停。

顯慶元年九月二十七日。勑拜三師。三公。親王。尚書令。雍州牧。開府儀同三司。驃騎大將軍。左右僕射。侍中。中書令。諸曹尚書。諸衞大將軍。特進。領軍。鎭國大將軍。光祿大夫。太子詹事。太常卿。都督。及上州刺史。在京者。詣朝堂受册。至景雲九年八月十四日。勑左右丞相。侍中。中書令。六尚書。已上欲讓者聽。餘並不須。至開元中。宰相李林甫奏兩省侍郎。及南省諸司侍郎。左右丞。雖是四品。職在清要。亦望聽讓。

大歷十四年五月。臨軒册尚父子儀於宣政殿。自開元已來。册禮久廢。惟天寶末册楊國忠爲司空。至是復行。

貞元三年三月。御宣政殿。備禮册拜李晟爲太尉。晟受册訖。具羽儀乘輅謁太廟。遂赴任於尚書省。故事。臨軒册拜三公。中書令讀册。侍中奏禮畢。如闕。卽宰相攝之。時宰相張延賞欲輕其禮。始奏令兵部尚書崔漢衡攝中書令讀册。左散騎常侍劉滋攝侍中奏禮畢。臨軒册命宰臣不親行事。自此始也。延賞素與晟有隙。至是故特降減其禮。欲以輕之也。

舉人自代

武德五年三月勅。令京官五品已上及諸州總管刺史。各舉一人。其有志行可錄。才用未申。亦許聽自己具陳藝能。當加顯擢。授以不次。

顯慶四年十一月詔。百官羣僚公卿尹除命多存飾讓。自茲已後宜各舉所知以自代。仍具才行送轉中書省敍用。

宏道元年正月。京官六品已上清望官。及諸州岳牧。各以己之職。推讓三人。並以名聞。隨即升擢。

上元二年九月二十一日勅文。每除京官五品已上正員清望官。及郎官御史諸州刺史。皆令推薦一兩人以自代。仍具錄行能聞奏。審其所舉。以行殿最。

建中元年正月五日勅文。常參官及節度觀察防禦軍使。城使。都知兵馬使。諸州刺史。少尹。赤令。畿令。并七品已上清望官。及大理司直評事。授訖三日內。於四方館上表。讓一人以自代。其外官與長吏勾當。附驛聞奏。其表付中書門下。每官闕。即以見舉多者。量而授之。

貞元二年正月二十四日。新授三日內。上表舉人自代者。比來所舉。少有摭實。殊乖求才之意。自今已後。每舉人皆令指陳其承前事跡分析言之。

元和六年十月中書門下奏。准建中元年勅。常參官舉人後。便具所奏舉人兼狀上中書門下。如官缺。於此選擇進擬。從之。

咸通四年正月勅。中外官宜准建中元年勅。授官後三日。舉一人自代。

讀時令

貞觀十四年正月二日。命有司讀春令。詔百官之長。升太極殿。列坐而聽焉。

長安四年。司禮少卿崔融上表曰。臣伏見去年元日。明堂受朝。讀時令。謹按讀時令。自魏晉已來。創有此禮。每歲立春立夏大暑立秋立冬。常讀五時令。帝升御坐。各服五時之色。尙書令已下就位。尙書三公郎奉時令。就位伏讀。凡五時皆如之。所以祇迓天和。至宋朝亦行斯禮。此後尋廢。迄至國初。但存讀令之文。亦不行其事。自陛下御極。創建明堂。舊典缺本。莫不補輯。每至元日受朝布政。因以時令之禮。附於元日行之。今布政等禮已停。不合更讀時令。所司因循。去年元日尙讀。有乖古典。事須停廢。臣謹與鸞臺鳳閣考古詳議。已停讀訖。不敢不奏。

開元二十六年四月一日。命太常卿韋縚每月進月令一篇。是後每孟月朔日。上御宣政殿。側置一榻。東西置案。令韋縚坐而讀之。諸司官長。每升殿列坐聽焉。歲餘罷之。

乾元元年十二月二十八日。立春。御宣政殿。命太常卿于休烈讀春令。常參官五品已上。並升殿坐而聽之。

貞元六年二月制。自今已後。每至四孟月迎氣之日。令所司宣讀時令。朕當與百辟卿士舉行之。

太和八年六月。中書門下奏。漢丞相魏相奏云。陰陽者五事之本。羣生之命。自古聖賢。未有不由者也。請選明經通知陰陽者四人。各主一時。時至明言所職。宣帝納用。遂致太平。國朝開元中。詔令春夏秋冬常令。以孟月于正殿受朝讀時令。天寶已後。盛典久廢。災沴之作。實恐由斯。臣等商量。來年正月。依禮讀時令。命太常寺先撰儀注。務于簡便。從之。

命婦朝皇后 應儀制附。

國朝命婦之制。皇帝妃嬪及皇太子良娣以下。爲内命婦。公主及王妃已下。爲外命婦。王之母妻爲妃。

永徽五年十一月。武后初立。羣臣命婦朝皇后。舊儀。冬至元日。百官不于光順門朝賀皇后。至乾元元年。張皇后遂行此禮。禮儀使工部侍郎于休烈奏曰。據周禮。有命夫朝人主。命婦朝女君。自永徽五年已來。則天爲皇后。始行此禮。其日命婦又朝光順門。朝官命婦。並入雜處。殊爲失禮。有詔乃停。

景雲四年六月。勅文武官五品已上。母妻未受邑號告身者。不在朝會之限。其月。勅宗族命婦。第一第二第三品。並每月二十六日參。又諸親命婦非應朝參及須辭見謝者。皆不得輒奏。其會集所司。錄人數送內侍省。內謁者監前一日奏。其日平明於宮城門外車馬集。內謁者監點引至命婦朝堂下車。訖。又點定。然後奏帳。訖。各報所由。若辭見參謝及有獻奉。亦平明至宮門。整比一時總奏。如勅追喚者。隨至聞奏。又諸親五等已上。內命婦才人已上。并外命婦朝參乘馬者。聽乘至命婦朝堂。從人數準乘車例。即入內者。令一人監門校尉。內侍省高品官對看。然後入。若從內出。準此。其下從入者。即監搜。若有婦人男婦。並不得入。諸親第一第二等及親王太妃妃下從婦女六人。扶車三人。散使二人。外命婦二品已下。上從婦女二人。扶車。親王及太妃妃公主遣阿嬭及內監參。下從扶車散使一人。諸親及外命婦朝賀辭見參謝入內。從聽依前件。至內命婦朝堂及夫子官品高於等從高。仍並不得乘擔子。其尊屬年老。勅賜擔子者。不在此例。又外命婦品。大長公主長公主並視正一品。郡主視從一品。縣主視正二品。王妻為妃。嗣王郡王母妻亦同。文武官一品及國公其非始封者帶三品已上者同。母妻為國夫人。三品已上母妻為郡夫人。四品若勳官二品有勳。母妻為郡君。五品若勳官三品有封。母妻為縣君。帶職者若勳官四品有封。母妻為鄉君。其母邑號皆加太字。各視夫子之品。即夫子兩有官及爵。或准一人有官及爵者。皆聽從高蔭。及內命婦四品已上母並加邑號。一品二品母為正四品郡君。三品四品母並為正五品縣君。東宮命婦亦准此。其會朝依命婦制。凡外婦人不因夫及子號別加邑號。夫人云某品郡君。某縣君。鄉君。並准此。諸因夫子應授妃已下者。見任官從本司。無本司從本貫陳牒所司。申奏給告身。其申奏者。所司總爲抄奏。若未給授而夫子薨卒者。不在給限。諸庶子有五品已上官封者。若嫡母在。所生之母不得爲太妃。已下無者聽之。承重者不給。又諸親婦人并命婦應長參者。每月二十六日。及歲朝冬至寒食五月五日。並命所司。於命婦朝堂供養。入諸命婦朝參。若行立次第。各准夫子。同班則母在上。非二王後夫人及職事五品已上命婦。並不在朝參之例。散官三品以上王及國公得朝參者。母妻準夫子例當參。自有制者依常參。諸蕃人三品已上母妻應加邑號者。並授諸外命婦每朝參。光政景運永安等門車馬兩門放出入。

元和元年十月。太常奏。外命婦參賀皇太后儀制。自今以後。每年元日冬至。外命婦有邑號者。并准式赴皇太后所居宮殿門進名參賀。其立夏立秋立冬。并進名參。如泥雨卽停。依奏。

二年七月勅。每年元日冬至立夏立秋立冬日。外命婦朝謁皇太后。自有常儀。不合前卻。自今已後。諸公主郡縣主。宜委宗正寺勾當。常參官母妻。御史臺勾當。如有違越者。夫子奪一月俸。無故頻不到者。有司具狀聞奏。

十五年二月。太常寺奏。內外命婦請至朝賀參奉前五日。宗正寺光祿內侍省計會進名。御史臺具集日轉牒諸司。餘准元和元年勅處分。依奏。

長慶四年三月。禮儀使奏。故事。命婦有邑號者。正至四立。並合行起居之禮。緣其日兩宮起居。若依舊章。

事涉煩褻。今請正至日。卽詣興慶宮起居。訖詣光順門起居。制可。

天祐二年七月二十三日勅。册皇太后內外命婦比合朝賀。今緣命婦未有院宇。兼慮或闕禮衣。若准舊儀。恐難集事。宜令各據章表稱賀。

皇太子冠

貞觀三年正月。有司上言。皇太子將行冠禮。宜用二月爲吉。請退兵備儀注。上曰。今東作方興。恐妨農事。令改用十月。太子少保蕭瑀奏稱。准陰陽家。用二月爲勝。上曰。陰陽拘忌。朕所不行。若動靜必依陰陽。不顧禮義。欲求福祐。其可得乎。若行所當行。皆遵正道。自然當與吉會。且吉凶在人。豈假陰陽拘忌。農時甚要。不可暫失。

開元六年。侍中宋璟上表曰。臣伏以太常狀。以皇太子冠。准東宮典記。有上禮之儀。謹按上禮非古。從南齊後魏。始有此事。而垂拱神龍。更扇其道。羣臣斂錢獻食。君上厚賜答之。姑息施恩。方便求利。每緣一事。有此再煩。齊魏之風。故不足效。後車轍有前車之戒。應當取適。皇太子冠乃盛禮。自然合有錫賚。上臺東宮兩處宴會。非不優厚。其上禮儀宜停。

皇太子加元服

貞觀八年二月三日。皇太子加元服。

永徽六年二月五日。皇太子加元服。內外文武官爲父後者。賜爵一級。

顯慶四年十月十二日。皇太子加元服。

開元八年正月十一日。皇太子加元服。十二日。太子謁太廟。十三日。宴百官於太極殿。

皇太子見三師禮

貞觀十一年七月。禮部尚書王珪兼魏王師。上問黃門侍郎韋挺曰。泰昨與珪相見。若爲禮節。挺對曰。見師之禮。拜答如儀。訖。王問珪忠孝。珪答曰。陛下王之君也。事君思盡忠。陛下王之父也。事父思盡孝。忠孝之道。可以享天祐。餘芳可以垂後葉。王曰。忠孝之道。已聞教矣。願聞所習。答曰。漢東平王蒼云。爲善最樂。上曰。我常語泰。汝之事師。如事我也。泰每先拜珪。珪亦以師道自居。物議善之。

十七年四月二十一日。上謂房元齡蕭瑀曰。太子三師。以德導人者也。若師禮卑。則太子無所取則。於是詔令撰三師儀注。太子出殿門迎。先拜三師。答拜。每門讓。三師坐。太子乃坐。與三師書。前名惶恐。後名惶恐再拜。其年。皇太子承乾失德。魏王有奪嫡之漸。內外擬議。上惡之。謂侍臣曰。當今朝臣忠謇。無踰魏徵。我遣傅皇太子。用絕天下之望。及草詔曰。徵其辭乎。皆曰。徵已拜侍中。必不受師傅。上曰。徵識吾此意。當不固辭。及詔爲太子太師。徵自陳有疾。詔答曰。漢之太子。四皓爲助。我之賴卿。卽其義也。知公疾病。當臥護之。卽拜奉詔。其年四月。英公勣爲特進太子詹事。乃同中書門下三品。上謂勣曰。我兒新登儲貳。卿舊長史。今以宮事相委。故有此授。雖屈階資。可勿怪也。屬以幼孤。思之無越卿者。公往不遺李密。今豈有遺朕哉。勣雪涙致詞以謝。

是月。詔宰臣劉洎岑文本褚遂良往來東宮。與皇太子遊處。爲賓客。初。洎上疏。以皇太子初立。宜尊師重學。與正人遊。故上嘉歎行焉。

太和八年十月。太常禮院奏。今月十七日。皇太子與太師相見。請前一日。開崇明門內外門。所司陳設。依奏。

開成三年四月。勅宣令師保賓客詹事左右春坊五品已上官。每至朔望日。仗門下。與前件官詣崇明門謁見皇太子。其一官兩員已上者。任分番。如遇陰雨休假。其輟朝放朝。並權停。

其年八月。勅太子太師鄭覃每月與賓詹左右春坊五品已上官謁見皇太子。宜令每月更添一日。以二十六日。二十一日。詣崇明門謁見。若遇陰雨休假。其輟朝放朝。即取以次雙日。餘准今年四月勅處分。九月。勅太子太師及東宮每月二十六詣崇明門謁皇太子宜停。

皇太子不許與諸王及公主抗禮

貞觀十一年。中書舍人高季輔上疏曰。臣竊見密王元曉等。俱是懿親。陛下友愛之懷。義高古昔。分以車服。委以藩維。須依禮儀。以副瞻望。比見帝子拜諸叔。諸叔亦答拜。王爵雖同。家人有禮。豈合如此顛倒昭穆。伏望一垂訓戒。永循彝則。

顯慶三年正月二十一日詔。父母之尊。人倫以極。舅姑之敬。禮經攸重。苟違斯義。有斁彝倫。如聞公主出適。王妃作嬪。舅姑父母。皆降禮答拜。此乃子道亡替。婦德不修。何以式序家邦。儀刑列闢。自今已後。可明加禁斷。一依禮法。

神龍元年二月十五日。制曰。朕臨茲寶極。位在崇高。負扆當陽。雖受宗枝之敬。退朝私謁。仍用家人之禮。近代已來。罕遵軌度。王及公主。曲致私情。姑叔之尊。拜於子姪。違背禮典。情用憮然。自今已後。宜從革弊。安國相王及鎮國太平公主。更不得輒拜衛王重俊兄弟及長寧公主等。宣示尊屬。知朕意焉。

鄉飲酒

貞觀六年詔曰。比年豐稔。閭里無事。乃有惰業之人。不顧家產。朋遊無度。酣宴是耽。危身敗德。咸由於此。每覽法司所奏。因此致罪。實繁有徒。靜言思之。良增軫歎。自匪澄源正本。何以革茲俗弊。當納之軌物。詢諸舊章。可先錄鄉飲酒禮一卷。頒行天下。每年令州縣長官。親率長幼。齒別有序。遞相勸勉。依禮行之。庶乎時識廉恥。人知敬讓。

唐隆元年七月十九日。勅。鄉飲酒禮之廢。爲日已久。宜令諸州每年遵行鄉飲酒禮。

開元六年七月十三日。初頒鄉飲酒禮於天下。令牧宰每年至十二月行之。至十八年。宣州刺史裴耀卿上疏曰。州牧縣宰。所主者宣揚禮樂。典校經籍。所教者。返古還淳。上奉君親。下安鄉族。聖朝制禮作樂。雖行之日久。而外州遠郡。俗習未知。徒聞禮樂之名。而不知禮樂之實。竊見以鄉飲酒禮。頒於天下。比來唯貢舉之日。略用其儀。閭里之間。未通其事。臣在州之日。率當州所管縣。一一與父老百姓。勸遵行禮。奏樂歌至白華華黍南陔由庚等章。言孝子養親。及羣物遂性之義。或有泣者。則人心有感。不可盡誣。但州縣久絕雅聲。不識古樂。伏計太常具有樂器。大樂久備和聲。望天下三五十大州。簡有性識人。于太常調習雅聲。仍付笙竽琴瑟之類。各三兩事。令比州轉次造習。每年各備禮儀。准令式行禮。稍加勸奬。以示風俗。

二十五年三月。勑。應諸州貢人。上州歲貢三人。中州二人。下州一人。必有才行。不限其數。其所貢之人。將申送一日。行鄉飲酒禮。牲用少牢。以現物充。

大射

武德二年正月。賜羣臣大射于元武門。四年八月。賜三品已上射于武德殿。

貞觀三年三月三日。賜重臣大射于元德門。

五年三月三日。賜文武五品已上射于武德殿。

六年三月三日。賜羣臣大射于武德殿。

十一年三月三日。引五品已上大射於儀鳳殿。

十六年三月三日。賜百僚大射于觀德殿。其年九月九日。又賜文武五品已上射於元武門。

永徽三年三月三日。幸觀德殿。賜羣臣大射。

五年九月三日。御丹霄樓。觀三品已上行大射禮。四日。賜五品已上射于永光門樓以觀之。

麟德元年三月三日。展大射禮。自後遂不行此禮。

景雲二年。諫議大夫源乾曜請行射禮。上表曰。臣聞聖王之理天下也。必制禮以正人情。人情正。則孝于家而忠于國。此道不替。所以理也。故君子三年不爲禮。禮必壞。是以古之擇士。先觀射禮。所以明和容之義。非取樂一時。夫射者。別正邪。觀德行。中祭祀。辟寇戎。古先哲王。莫不遞襲。臣竊見數年以來。射禮便廢。或緣所司惜費。遂使大射有虧。臣愚以爲所費者財。所全者禮。故孔子云。爾愛其羊。我愛其禮。伏望令聖人之教。今古常行。天下幸甚。

先天元年九月九日。御安福門。觀百僚射。至八日乃止。

開元四年三月三日。賜百官射。時金部員外郎盧廙與職方員外郎李蕃俱非善射者。雖引滿。俱不及垛而互言工拙。蕃戲曰。與盧箭俱三十步。左右不曉。蕃箭去垛三十步。盧箭去身三十步也。八年九月七日。制。賜百官九日射。給事中許景先駁奏曰。近以三九之辰。頻賜宴射。已著格令。猶降綸言。但古制雖存。禮章多缺。官員累倍。帑藏未充。水旱相仍。繼之師旅。既不足以觀德。又未足以威邊。耗國損人。且爲不急。夫古天子以射選諸侯。以射飾禮樂。以射觀容志。故有騶虞貍首之奏。采蘩采蘋之樂。天子則以備官爲節。諸侯以時會爲節。卿大夫以循法爲節。士以不失職爲節。皆審志固行。德美事成。陰陽克和。暴亂不作。故諸侯貢士亦試於射宮。容禮有虧。則黜其地。是以諸侯君臣皆重意于射。射之禮也大矣哉。今則不然。衆官既多。鳴鏑亂下。以苟獲爲利。以偶中爲能。素無五善之容。頗失三侯之禮。冗官厚秩。禁衞崇班。動盈累千。其算無數。近河南河北水潦處多。林胡小蕃見寇郊壘。聖八憂勤。降使招恤。猶未能安。今一箭偶中。費一工庸。調用之既無惻隱。獲之固無慚色。考古循今。則爲未可。且禁衞武官。隨番許射。能中的者必有賞焉。此則訓武習戎。時亦不闕。待寇寧歲稔。率由舊章。則愛禮養人。天下幸甚。疏奏。遂罷之。至二十一年八月二十三日。勅大射展禮。先王彝儀。雖沿革或殊。而遵習無曠。往有陳奏。遂從廢寢。永鑒大典。無忘舊章。將射侯以觀德。豈愛羊而去禮。緬惟古詞。罔不率由。自我而闕。何以示後。其三九射禮。卽宜依舊遵行。以今年九月九日。賜射于安福樓下。（自此已後。射禮遂廢。）

講武

武德元年十月四日。詔殺氣方嚴。宜順天時。申耀威武。可依別勅。大集諸軍。朕將躬自循撫。親臨校閱。至八年十一月十日。講武于同官縣。

貞觀八年十二月二十九日。皇帝從太上皇閱武于城西。

顯慶二年十一月二十一日。講武於滍水之南。行三驅之禮。上設次于尚書臺以觀之。許州長史封道宏奏。尚書臺本因漢南郡太守馬融講尚書于此。因以爲名。今陛下親降此臺。以觀校習。請改爲講武臺。從之。

五年三月二十八日。講武于并州城北。上御飛龍閣。引羣臣臨觀之。左衞大將軍張延師爲左軍。左右驍武等六衞左羽林騎士屬焉。左武候大將軍梁建方爲右軍。領威武候等六衞右羽林騎士屬焉。一鼓而示衆。再鼓而整列。三鼓而交前。左爲曲直圓銳之陣。右爲方銳直圓之陣。三挑而五變。步退而騎進。五合而各復其位。許敬宗奏曰。延師整而堅。建方敢而銳。皆良將也。李勣曰。甲胄精新。將士齊力。觀之者猶震恐。況當其事乎。上曰。講閱者安不忘危之道也。梁朝衣冠甚盛。文物亦多。侯景以數千人渡江。一朝瓦解。武不可黷。又不可棄。此之謂也。

麟德二年四月二十五日。講武於邙山之陽。上御北城樓以觀之。

聖歷二年十月。欲以季冬講武。有司稽緩。延入孟春。麟臺監王方慶上疏曰。謹按禮記曰。月令孟冬之月。天子命將帥講武。習射御。角力。此乃三時務農。一時講武。以習射御。校才力。蓋王者常事。安不忘危之道也。孟春之月。不可以講兵。兵者干戈甲胄之總名。兵。金也。金性克木。春盛德在木。而舉金以害盛德。逆生氣也。孟春行冬令。則水潦爲敗。雪霜大摯。首種不入。蔡邕月令章句云。太陰新收。少陽尚微。而行冬令。以導水氣。故水潦至而敗生物也。雪霜大摯。折傷者也。太陰干時。雨雪而霜。故大傷首種。首種。謂宿麥也。麥以秋種。故謂之首種。入收也。春爲沍寒所傷。故夏至麥不成長也。孟春講武。是行冬令。陰政犯陽氣。害發生之德。臣恐水潦敗物。雪霜損稼。夏麥不登。無所收入也。伏望天恩不違時令。至孟冬教習。以順天道。手制答曰。循覽所陳。深合典禮。若違卿意。此乃月令虛行。佇起直言。用依來表。

先天二年十月十三日。講武於驪山之下。徵兵二十萬。戈鋋金甲。耀照天地。列大陣于長川。坐作進退。以金鼓之聲節之。三軍出入。號令如一。上體擐戎服。持大鎗。立于陣前。兵部尚書郭元振。以虧失軍容。坐于纛下。將斬之。宰臣劉幽求張說跪于馬前諫曰。元振翼戴上皇。有大功于國。雖犯軍令。不可加刑。願寬宥以從人望。乃捨之。配流新州。給事中知禮儀使唐紹。以董軍儀有失。斬之。上旣怒唐紹。左右猶望寬之。會有金吾衛將軍李邈遽請宣敕斬之。時人痛惜紹而深咎邈。尋有制罷邈官。遂擯廢終身。薛訥爲左軍節度。衆以元帥及禮官得罪。諸部頗亦失敍。惟訥及解琬軍不動。上令輕騎召訥等。至軍門不得入。禮畢。特加慰勞。

開元八年八月勅。國家偃武教修文德。百年于茲矣。自運屬清平。人忘爭戰。俎豆之事。則嘗聞之。軍旅之禮。我所未暇。且五材並用。誰能去兵。四方雖安。不可忘戰。故周禮以軍禁糾邦國。以蒐狩習戎旅。不教人戰。是謂棄之。宜差使于兩京及諸州。揀取十萬人。務求灼然驍勇。不須限以蕃漢。皆放番役差科。惟令團伍教練。辨其旗物。簡其車徒。習攻取進退之方。陳威儀貴賤之等。俾夫少長有禮。疾徐有節。將以伐叛懷服。將以保大定功。協于師貞。以宏武備。應須期集及有蠲免。所司明爲條制。仍別作優賞法聞奏。

至德二年八月。御鳳翔府門大閱。三年正月。御翔鸞閣習武。自後遂廢

大中六年五月。勅天下軍府有兵馬處。宜選會兵法能弓馬等人充教練使。每年依禮教習。仍以其數申兵部。

牋表例

舊例。上所及下。其制六。天子曰制。曰勅。曰册。皇太子曰令。親王公主曰教。尙書省下州。州下縣。縣下鄉。皆曰符也。下之達上。其制有六。上天子曰表。其近臣亦爲狀。上皇太子曰牋。啓于其長。上公文皆爲牒。庶人之言曰辭。諸司相質問有三。曰關。關通其事。曰刺。刺舉。曰移。移其事于他司。移則通判之官皆曰連署。

貞觀十九年正月。上征遼。發定州。皇太子奏請飛驛遞表起居。又請遞勅垂報。許之。飛表奏事。自此始也。

其年五月十日。高士廉劉洎等表稱。皇太子與百官書疏。先無體式。請定其儀。詔凡是處分論事之書。皇太子並畫令。太子左右庶子已下署姓名。宣奉行。書案畫日。其餘與親友師傅等。不在此限。

天册二年二月一日勅。自今已後。施勅行制及內外官司奏狀文案。並大字。至聖歷元年四月十一日制。勅。公文錢物倉庫。計贓科罪。傳符過所。各依式及別勅作大字。餘尋常文按。解牒進奏。並依常式。

景龍三年二月。有司奏。皇帝踐阼及加元服。皇太后加號。皇后皇太子立。及元日。則例。諸州刺史都督若京官五品已上在外者。並奉表疏賀。其長官無者。次官五品以上者賀表。當州遣使。餘並附表。令禮部整比。送中書錄帳總奏。又應上表啓及奏狀。並大書一行。不得過一十八字。其署名不得大書。諸奏軍國事者。並須指陳實狀。不得漫引古今。凡須奏請者。皆爲表狀。不得輒牒中書省。若事少者。即于表內具陳。使盡事情。若多不可盡書者。任于事前作一事條。表內不許重述。

景雲二年六月。勅。南衙北門及諸門進狀。及封狀意見。及降墨勅。並于狀上晝題時刻。夜題更籌。

先天二年三月三十日。誥。制勅表狀書奏牋牒。年月等數。作一十二十三十四十字。

開元二年閏三月。勅。諸司進狀奏事。並長官封題進。仍令本司牒所進門。并差一官送進。諸奏事亦准此。中書門下御史臺不須引牒。其有告謀大逆者。任自封進。除此之外。不得爲進。如有違者。并先決杖三十。

七年三月。勅。胡書進表。並令西蕃所由州府繙訖封進。

十一年七月五日。勅。三都留守兩京每月一起居。北都每季一起居。並遣使。即行幸未至所幸處。其三都留守及京官五品已上三日一起居。若暫出行幸。發處留守亦准此。並遞表。

二十三年八月。儀制令。皇帝天子。夷夏通稱。陛下。對策上表通稱。至尊。臣下內外通稱。乘輿。服飾所稱。車駕。行幸所稱。諸赴車駕所。及諸行在所。皇太子已下。率土之內。于皇帝皆稱臣。皇后已下。率土之內。於皇帝太皇太后皇太后皆稱妾。六宮百官上疏於太皇太后皇太后稱殿下。自稱皆曰臣。百官及東宮對皇太子皆稱殿下。上啓以下。率土婦人於皇后皆稱妾也。表同。百官自稱名宮官自稱臣。

天寶十一載十一月五日勅。比來牧守初上。准式附表申謝。或因便使。或有差官。事頗勞煩。亦資取置。自今已後。諸郡太守等謝上表。宜並附驛遞進。務從省便。至十三載十一月二十九日詔。自今已後。每載賀正及賀赦表。並宜附驛遞進。不須更差專使。

會昌五年八月。御史臺奏。應諸道管內州合進元日冬至端午重陽等四節賀表。自今已後。其管內州並仰付當道專使發遣。仍及時催促同到。如闕事。知表狀判官罰本職一月俸料。發表訖。仍先於急遞中申御史臺。除四節外。非時別有慶賀。使司便牒支郡取表狀。急遞至上都。委留後官進奏。緣使司賀表先來。其郡表則待齊到。一時付遞中書發遣。如前卻。亦准四節制例處分。舊例支郡不賀者。即不用聚表賀奏。

大中三年。應邊鎮及諸道奏事表。時有不題事由。舊制引進狀內。每具所奏事由。時邊鎮節將。以討伐黨項羌。兵機急速。恐外人先知。因有此請。自後諸道。率多爲例。亦無正勅及中書門下處分。

待制官

貞觀元年閏三月二十九日。太宗謂蕭瑀曰。朕少好弓矢。自謂能盡其妙。近得良弓十數。以示弓工。弓工乃曰。此皆非良材也。朕問其故。工曰。木心不正。則脈理皆邪。弓雖剛勁。而遣箭不直。非良弓也。朕始悟焉。朕以弓矢定四方。用弓多矣。而有天下日淺。得爲治之意。固未及於弓。弓猶失之。何況於理。自是遂延耆老。問以政術。京官五品已上。更宿中書兩省。太宗每延與語。詢訪外事。務知百姓疾苦。政教之得失焉。

永徽六年十二月五日。詔禮部尚書宏文館學士許敬宗。每日待制于武德殿之西門。

顯慶四年二月二十八日。引諸色目舉人謁見。下詔策問之。凡九百人。李巢張九齡秦相如崔行功郭待封五人爲上第。令待詔宏文館。每坐日。令五人隨仗供奉。

文明元年九月五日。勅文京官五品已上淸官。每日于章善明福門。各一人待制。證聖元年。左衛冑曹參軍員半千充使吐蕃。辭日。則天謂之曰。久聞卿名。謂是古人。不意乃在朝列。境外小事。不足煩卿。宜且留待制也。遂與王處知石抱忠並爲宏文館學士。仍與著作佐郎路敬淳分日于明德門待制。

先天三年十月五日。勅京淸官及朝集使六品已上。每日兩人隨仗待制供奉。及宿衛官不在此例。至開元十四年七月。詔曰。比令百官更直待制。期於讜議。時納箴規。不聞一言。甚無謂也。凡百庶僚。宜體朕懷。各盡昌言。以副虛佇。於是太子左庶子吳兢等各上疏。極言得失。

永泰元年三月。勅惟政之難。非賢勿乂。必稽於衆。允執其中。實使羣材。用宏庶績。朕以國步未康。朝經或闕。思與文武藎臣。咨謀善道。尚書左僕射裴冕。右僕射郭英乂。太子少傅裴遵慶。太子少保兼御史大夫白志貞。太子詹事兼御史大夫臧希讓。左散騎常侍楊璀。檢校刑部尚書王昂。檢校刑部尚書崔渙。吏部侍郎李季卿。王延昌。禮部侍郎賈至。杞王傅吳令珪等。並集賢待制。

大歷十四年六月八日。門下侍郎崔祐甫奏。伏以先天二年。令羣臣直日待制。以備顧問。自今已後。准元勅文官一品以下。更直待制。待奏事官盡退。然後趨出便于兩廊賜食。待進止。至酉時後放。陛下閒暇之際。時有召問。庶或上裨聖政。奉勅。宜依。其待制官每日未時放歸。至建中二年五月二日。勅宜令中書門下兩省分置待制官三十員。仍于見任前資及同正兼試九品已上官中。簡擇文學理道兵鋒法度優深者。具名聞奏。度支據品秩量給俸錢。并置本收利供廚料。所須幹力什器廳宇等。并計料處分。左拾遺史館修撰沈既濟上疏論之曰。伏以陛下今日之理。患在官煩。不患員少。患在不問。不患無人。且中書門下尚書省官。自常侍諫議補闕拾遺。總四十員。及常參待制之官。日有兩人。皆備顧問。亦不少矣。中有二十一員尚闕人未充。他司缺職。累倍其數。陛下若謂見官非才。不足以議。則當選求能者。以待其人。若欲廣務聰明。畢收淹滯。則當擇其可者。先補缺員。則朝無曠官。俸不徒費。且夫置錢息利。是有司權宜。非陛下經理之法。今官三十員。皆給俸錢。幹力廚料什器建造庭宇。約計一月。不減百萬。以他司息利準之。當以錢二千萬為之本。方獲百萬之利。若均本配人。當復除二百戶。反復計之。所損滋甚。當今關輔大病。皆為百司息錢。傷人破產。積于府縣。實思改革。以正其源。又臣常計天下財賦耗斁之大者。唯二事焉。最多者兵資次多者官俸。其餘雜費。十不當二事之一。所以黎人重困。杼軸猶空。方期緝熙。必藉裁減。豈俾閑官。復爲宂食。藉舊而置。猶可苟也。若之何加焉。疏奏。從之。

貞元元年八月二十八日勅。宜令每日待制官各陳所見一條。仗下後封進。觀古略兼補闕拾遺。有足匡時固宜無隱。如事煩細。非理道所切者。不須。其年十二月詔。延英視事日。令常參官七人對。見問以時政有誑訐。及不適事理者。上亦優容以遣之。

三年四月詔。常參官各以所見封進。每坐日三四人陳奏利害。

七年十月詔。自今已後。每御延英殿。令諸司官長二人奏本司事。俄又令常參官每日二人引見。訪以政事。謂之巡對。

元和元年四月。正衙待制官兩員。御史中丞武元衡奏。本置前件官。以備顧問。比來多不奏事。有同虛設。又貞元七年。更有次對官。雖議兩置。去歲已停。今唯以六品已下淸官。前例恐非盡善。伏請自今已後。兼以中書門下省。御史臺。拾遺。監察御史。及尚書省六品。諸司四品已上職事官。東宮師傅。賓客。詹事。及王府諸傅等。每坐日兩人待制。正衙退後。令于延英候對。以爲常式。勅。中書省。御史臺官。故事並不待制。如要論奏。但于延英候對。餘依。

其年九月詔。自今兩省官每日令一人對。

二年二月。起居舍人鄭隨次對面奉進止。令宣與兩省供奉官自今已後。有事卽進狀。其次對官宜停。

四年十月。御史臺奏。應諸色請對官及待制。自今已後。並令前一日進狀來者。伏以延英開日。羣臣皆不前知。遇陛下坐時。方進狀請對。或本司各有要事。便不得奏聞。今遣應候對官前一日進狀。若以尋常公事。不假面論。但表章足以陳露。倘臨時恐有切務文字。不可進言。更俟後坐。動逾數辰。處置之間。便有不及。又請狀入之時。須在卯前。如後時者。聽不收覽。依奏。

太和二年九月。應合待制官。御史臺奏。舊例。諸司官署簿前三日具名銜報臺司。前一日具名銜聞奏。近皆逼日方報錄奏。常恐失時。請自今已後。如不是先陳牒請假。臨時不署簿者。請準朝參不到例。一任加罰。如併三度違犯。卽具名聞奏。依奏。

開成五年三月。勑。制。法官朔望不要候對。初二年八月。文宗御延英。對刑部郎中于乘王含。大理少卿李武章紓等。自後朔望卽對刑法官。以詳重輕也。　至大中三年十月。宣。待制官與諫官法官循環對。

侍讀

開元三年十月。勑。朕每讀史籍中有闕疑時。須質問。宜選耆儒博學一人每日侍讀。遂命光祿卿馬懷素。右散騎常侍褚無量。更日入。

開成元年十一月。宰相李石奏。太子有侍讀。諸王亦曰侍讀。無降殺之禮。今後請改爲諸王講讀。從之。

大中十二年四月。以諫議大夫鄭覃兵部郎中李鄴。爲鄆王侍讀。居十六宅。後數日。改充夔王已下五王侍讀。居大明宮。仍五日一入乾符門講讀。懿宗卽位。遂寢其事。

右補闕大同[illegible]日一人[illegible]行[illegible]其事。

大中十二年閏[illegible]月，以諫議大夫[illegible]中[illegible]十八[illegible]日[illegible]十[illegible]

唐會要卷二十七

行幸

武德六年四月。幸故宅。改爲通義宮。九年三月。幸昆明池習水戰。

貞觀五年正月。幸左藏庫。賜三品已上帛。盡重而出焉。

六年三月十五日。幸九成宮。監察御史馬周上疏曰。伏見明勅。以四月二日幸九成宮。臣竊惟太上皇春秋已高。陛下宜朝夕視膳。而晨昏起居。今所幸宮。去京三百餘里。鑾輿動軔。嚴蹕經旬。非可以旦暮至也。脫太上皇情或思感。而欲卽見陛下者。將何以赴之。且車駕今幸。本爲避暑而往。然則太上皇尚留熱所。而陛下自逐涼處。溫凊之道。臣竊未安。勅書旣出。事已成就。願示速返之期。以開衆惑。

其年七月。幸慶善宮。賦詩。詩在雅樂卷。

其年冬。幸洛陽。至灞上。命祭漢文帝。至華陰。祭漢太尉楊震。上自爲文。因謂司空无忌等曰。昔朕在隋朝。數數經此。買飡而食。賃舍而宿。自平定禍亂。君臨四海。越十餘載。不涉此塗。今者出關。六軍淸道。自省德薄。甚增祗懼。煬帝上承文帝餘業。海內殷阜。若止兩京去來。豈至傾敗。迺不顧萬姓。行役无休。身戮國滅。爲天下笑。雖帝祚長短。委以先天。而福善禍淫。亦由人事。豈直其君而已。近侍之臣。相次滅誅。若欲君臣長久。國無危敗。君有違失。臣須極言。我聞卿等言。縱不能當時即從。再三思量。終擇善而用。无忌等拜舞稱賀。

七年。上將幸九成宮。散騎常侍姚思廉進諫曰。陛下高居紫極。寧濟蒼生。應須以欲從人。不可以人從欲。離宮遊幸。此秦皇漢武之事。非堯舜禹湯之所爲也。上喻之曰。朕有氣疾。熱便頓劇。固非情好遊幸。甚嘉卿意。十一年二月九日。幸洛陽宮。至十二年二月五日還京。乙丑幸河北縣。觀砥柱。因令勒名於上。以陳盛德。十日。幸蒲州。刺史趙元楷課父老服黃紗單衣。迎謁路左。盛飾廨宇。修營樓雉。欲以求媚。又潛飼羊百餘口。魚數千頭。將饋貴戚。上知而數之曰。朕省河洛。經歷數州。凡有所須。皆資官物。卿飼羊養魚。雕飾院宇。此乃亡隋獘俗。不可復行。當識朕心。改卿舊態。十四年。上欲幸同州校獵。櫟陽縣丞劉仁軌上疏曰。四時蒐狩。前王常典。事有沿革。未必因循。今年甘雨應時。秋稼甚盛。盡力收穫。月半猶未畢功。貧家無力。禾下始擬種麥。直據尋常科喚。田家已有所妨。今旣祇供獵事。兼之修理橋道。縱大簡略。動費一二萬工。百姓收斂。實爲狼狽。臣願陛下少留萬乘之尊。垂聽一介之說。退延旬日。收刈總了。則人盡閒暇。家得康寧。鑾駕徐動。公私交泰。上降璽書勞之。十九年正月。上征遼。親率領六軍。發洛陽。至定州。詔皇太子監國。至幽州。大饗軍士。車馬渡遼。圍遼東城。破之。以其城爲遼州。又進次安市城。依山大戰。虜其將帥。因名所幸山爲駐蹕山。遂還。命中書侍郎許敬宗爲文。刻石以記其跡。敬宗曰。聖人與天地合德。山名駐蹕。蓋天意也。乘輿不復東矣。初。上將發。諫議大夫褚遂良上疏曰。臣徧求史籍。訖于近代。爲人之主。無自伐遼人臣往征則有之矣。漢朝則荀彘楊僕。魏代則毌邱儉王頎司馬懿。猶爲人臣。慕容真僭號之子。皆爲其主。長驅高麗。虜其人民。削平城壘。陛下立功同于天地。美化包于古昔。自當超邁百王。豈止俯同六子。陛下昔翦平寇逆。大有爪牙。年齒未衰。尤堪任用。唯陛下之所使。亦何行而不克。今太子新立。年實幼少。自餘藩屏。陛下所知。今一朝棄金湯之全。渡遼海之外。臣每三思。煩愁並集。特乞天慈。一垂省察。

二十年正月。幸晉祠。樹碑製文。

二十一年九月。太宗辟人從兩騎幸故未央宮。遇一衞士佩刀不去。車駕至。惶懼待罪。太宗謂之曰。仗司之失。非汝之罪。今若付法。當死者便數人。因赦去之。

永徽五年。車駕幸萬年宮。中夜。山水暴至。衝突元武門。宿衞者散走。右領軍郎將薛仁貴曰。安有天子有急。輒敢懼死。遂登門桄叫呼。以警宮內。上遽出乘高。俄而水入寢殿。上使謂仁貴曰。賴卿得免淪溺。始知有忠臣也。至上元中。召謂曰。往九成宮遭水。無卿已爲魚矣。

顯慶二年閏正月十四日。幸洛陽。勅每事儉約。道路不許修理。是日微雨。至灞橋。御馬蹶。御史中丞許圉師劾進馬官監門將軍斛斯政。則罪合死刑。請付法。上曰。馬有蹶失。不可責人。特原之。

三年十月十七日。上因于古長安城遊覽。問侍臣曰。朕觀故城舊址。宮室似與百姓雜居。自秦漢已來。幾代都此。禮部尚書許敬宗對曰。秦都咸陽。郭邑連跨渭水。故云渭水貫都。以象天河。至漢惠帝。始築此城。其後苻堅姚萇後周。並都之。上又問曰。昆明池是漢武帝何年開鑿。敬宗對曰。武帝遣使通西南夷。爲昆明國所蔽。故因鎬之舊澤。以穿此池。用習水戰。元狩三年是也。上因命檢秦漢已來歷代宮室處所以聞。

龍朔元年九月。幸天宮寺。以高祖龍潛時舊宅故也。

麟德二年十月二十九日。發東都。赴東岳。十一月二十日。至濮陽。上問丞相竇德元曰。濮陽爽塏信良邑也。古謂之帝邱。何也。德元不能對。禮部尚書許敬宗策馬前曰。臣能知之。昔者顓頊實居此地。以王天下。其後昆吾氏因之。至春秋時。衛成公自楚邱徙居之。旣是顓頊所居。故謂之帝邱。爰在漢晉。隸于京師。臣聞有德者啓其國土。失道則喪其疆宇。自古名都美邑。居者不一姓。故有國有家者。不可不慎也。上曰。濟水與濟源斷絕。不可屬。何故使然。對曰。禹貢導兗水東流爲濟。入于河。自此潛流地下。過河而南。侵出爲滎澤。又潛流至曹濮之閒。散出平地。漸合而東流爲汶水。自南注之。古者五行皆有官守。水官不失其職。故辨其味與色。潛流復出。合而更分。皆能識之。尚書所載。與今同矣。上曰。濟水細微而稱四瀆。何也。對曰。爾雅云。瀆者獨也。言不因餘水。能獨赴海故也。且天有五星。運而爲四時。地有五岳。流而爲四瀆。人有五事。用而爲四支。五陽數也。陽者光曜。陰者晦昧。故晨星潛伏而難見。濟水潛流而數絕。狀雖微細。其實尊也。上稱善。敬宗退而告人曰。大臣不可無學。我以德元不能對。心實恥之。德元聞之曰。人各有能有不能。善守其拙。不強其所不能。我所能也。英國公李勣曰。敬宗多聞。信美矣。德元之言。亦善也。

總章二年八月一日。詔以十月幸涼州。時隴右虛耗。議者咸云。車駕西巡不便。上聞之。召五品以上謂曰。帝王五載一巡狩。羣后四朝。此蓋常禮。朕欲暫幸涼州。今聞在外咸謂非宜。何也。宰臣已下。莫有對者。詳刑大夫來公敏曰。陛下巡幸涼州。遐宣王略。求之故實。未虧令典。但隨時度事。臣下竊有所疑。既是明制施行。所以不敢塵黷。奉勅顧問。敢不盡言。近高麗雖平。扶餘尚梗。兼西道經略。兵猶未停。且隴右諸州人戶尤少。供億鸞駕。備擬稍難。臣聞在外實有竊議。上曰。卿等既有此言。我止度隴存問父老。蒐狩即還。竟下詔停西幸。無何。擢公敏爲黃門侍郎。賞能直言也。

調露元年九月七日。幸并州。以度支郎中狄仁傑爲知頓使。并州長史李沖元。以道出妒女祠。俗云。盛服過者。必致風雨雷霆之災。遂發數萬人別開御道。仁傑曰。天子之行。千乘萬騎。風伯淸塵。雨師灑道。何患妒女之害。遽令罷之。上聞之。歎曰。眞大丈夫。

聖曆三年七月。幸三陽宮。有胡僧邀駕看葬舍利。上許之。千乘萬騎。咸次于野。內使狄仁傑跪于馬前曰。佛者夷狄之神。君者天下之主。當重闈難見。居安慮危。上路崎嶇。既爲難衞。庸僧詭惑。何足是憑。且君舉必書。不可不慎。上中路而還。曰。庶成吾直臣之氣也。

長安四年正月。幸西涼。洛陽縣尉楊齊哲上書諫曰。臣聞古先哲后。咸以爲獨智不可以任己。專欲不可以違衆。所以樹板徵謗。懸鼓納諫。思聞過而從善。全直言而沃心。用能綱紀天下。統成大業。經曰。無爲而理者。其舜也與。夫何爲哉。安人之道。貴于省事。陛下以大足元年冬。迺睠咸京。長安三年冬。還洛邑。四年。又將西幸。聖躬得無窮于車轝乎。士卒得無弊于暴露乎。扈從僚屬。假裝而不濟。隨駕商旅。栖泊而匪寧。東周之人。咸懷嗟怨。昔者周穆王欲周行天下。使皆有車轍馬跡。祭公謀父作祈招之詩。以止王心。陛下玉琯四周。金輿三駕。車轍馬跡。雖未出于兩都。巡狩省方。事不師于五載。雷動天轉。海運山移。儼彼六龍。歲適千里。此亦近于刑人之力矣。安人之道。臣用有疑。此邦父老。抗表留駕。陛下告以吐蕃和親爲詞。臣愚以爲未得也。況吐蕃蕞醜。西隅咫尺。自京到洛。曾不崇朝。陛下乃欲務其艱遠。惠然從之。夫千鈞之弩。倘不爲鼷鼠發機。況萬乘之君。輕爲邊戎枉駕。夫人至賤而不可簡。至愚而不可欺。經曰。可畏非人。是人不可欺也。今陛下此言。是欺下也。使國史何以書之。臣朽才淺學。竊爲陛下籌之。陛下今幸長安也。乃是背逸就勞。破益爲損。何者。神都帑藏儲粟。積年充實。淮海漕運。日夕流衍。地當六合之中。人悅四方之會。陛下居之。國無橫費。長安府庫及倉。庶事空缺。皆藉洛京。轉輸價直。非率戶徵科。其物盡官庫酬給。公私糜耗。蓋亦滋多。陛下居之。是國有橫費。人疲重徭。由此言之。陛下之居長安也。山東之財力日匱。在洛邑也。關西百姓。賦役靡加。背逸就勞。破益爲損。殷鑒不遠。伏惟念之。文王敬授民時。所重惟穀。今陛下鑾輅以明年正月卽塗。歲首是就耕之初。鸞行非務農之意。無乃不可乎。

神龍三年十月十七日勅。行幸每頓入宿兵。及三衛。並令伍伍相保。其押官責名品。明作文簿。別送與金吾。

景龍二年十二月。幸新豐溫湯。迴。幸兵部尙書韋嗣立山莊。封爲逍遙公。改鳳凰原爲淸虛原。鸚鵡谷爲幽棲谷。四年五月。上微行。與后觀燈部邑。因幸中書令蕭至中宅。令宮女數千人看燈。多有逃逸。其年四月。又幸龍慶池。泛舟宴侍臣。

開元五年正月十日。幸東都。右散騎常侍褚無量陳意見上表曰。臣聞巡方問俗。大化所先。故帝舜巡狩。望秩山川。遍于羣神。漢景帝巡狩。祠黃帝于橋山。章帝東巡。祠帝堯于咸陽。武帝巡狩。望祠虞舜于九疑。宣帝幸甘泉。郊泰畤。幸河東。祠后土。高祖過魏。祠無忌之墓。過趙。封樂毅之後。章帝巡狩。至沛。祠桓譚之冢。魏武祠喬元之墓。自古巡狩。咸致享祀。略而言之。有如此者。伏願陛下行幸所過之處。有名山大川。邱陵墳衍。古之帝王及忠臣烈士。備在祠典。皆合致祭。望令所管州縣。據圖經具錄先報。又天子巡狩所至之處。命太師陳詩以觀人好惡。不敬不孝。削地黜爵。有功于人。加秩進賞。蓋慮夫州牧縣宰。德化未敷。下情不得上通。故親問風俗。臣又聞堯都平陽。舜都蒲坂。禹都安邑。今河東地也。誠以欽明文思。光宅天下。堯之道也。明四目。達四聰。舜之德也。奠山川。定貢賦。禹之功也。雖其人已沒。而其教克明。陛下將幸東都。仍從北路。豈不觀覽聖跡。想象遺風。且人主行幸。禮必有名。請下制書。曉示天下。知取北路之意。自古受命之君。必興滅繼絕。崇德報功。故禮曰。武王克殷。未下車而封帝舜之後于陳。下車而封大禹之後于杞。

漢武帝過洛陽。以周子南君。封爲周後。漢高祖撥亂。日不暇給。猶修祀六國。成帝追蕭何曹參周勃靳歙。夏侯嬰陳平張良等一百餘人。皆復爵紹家。傳之不絕。周以蕃屏爲約。事在繼代。漢以山川爲誓。義存長久。臣又聞之。存人之國。大于救人之災。立人之後。重于封人之墓。伏願駕到東都。先崇繼絕。唐初已來。至于今日。有功臣名相。並加收敍。其有正嫡已絕。請傳支庶。故殷朝繼及。無廢近親。周室興亡。貴存身後。繼高密者。累葉豈專鄧禹之主。裔嗣平陽者。累世何必曹參之嫡孫。臣愚謂生有其功。死非其罪者。雖在黎庶。並聽承襲。臣所上事。如堪收錄。伏願裁之。及車駕至永寧縣崤谷。馳道隘陋。車騎停擁。河南尹李朝隱。知頓使戶部侍郎王怡。並失其部署。上令黜之。侍中宋璟奏曰。陛下富有春秋。方事巡狩。一以墊隘致罪大臣。恐將來人受艱弊。于是遽命捨之。璟拜謝曰。陛下責之。是怨歸于上。而恩出于下。請且待罪于朝。然後詔復其職。則進退得其度矣。上深善之。

十一年正月二日。發東都北巡。二十五日。至并州。兵部尚書張說進言曰。太原是國家大業所起。陛下宜因行幸。振威耀武。并建碑紀德。以申永思之意。若便入京。路由河東。有漢武脽上后土之祀。此禮久闕。歷代莫能行之。願陛下紹斯墜典。以爲三農祈穀。此誠萬姓之福也。上從其言。

十二年十一月四日。幸東都。十日。至華州。命刺史徐知仁與信安郡王禕。勒石于華岳祠南之通衢。上親制文及詩。（舊路在岳北。因是移于岳南也。）至十三年七月七日。碑成。乃打本立架。張于應天門。以示百僚。

十三年十月十一日。發東都。赴東岱。十三日。至嘉會頓。上校獵。引諸番酋長入仗。並與之弓箭。供奉左右。時有兔起于御馬前。上引弓旁射獲之。突厥朝命使阿史那德吉利發。便下馬捧兔。跳躍蹈舞。謂譯者曰。天可汗神武。天上則有。人世無也。上因問飢不對曰。仰觀聖代如此。十日不食。猶爲飽也。自是常令突厥入仗馳射。起居舍人呂向上疏諫曰。鴟梟不鳴。未爲瑞鳥。猛虎雖服。豈齊馴獸。由是醜性毒行。久務常積也。夫突厥者。正同此類。今陛下收其頭𩔗。雜以從官。赴封禪之禮。參玉帛之會。詔許侍遊。召入禁仗。賜以馳逐。操弓乘馬。競飛鏃于前。同獲獸之樂。儻此等各懷犬吠。交肆盜憎。荊卿詭動。何羅竊至。蹔逼嚴蹕。稍冒清塵。縱單于爲醢。穹廬爲瀦。何塞過責。伏願勿復親近。使有分限。待不失常。歸于得所。孰不幸甚。太子左庶子吳兢諫曰。陛下緣自洛邑。告禪岱宗。行經數州。屢以畋獵爲事。伏恐外荒之攸漸。誠非致治之所急。況登封告成。禮容甚大。伏願罷此畋遊之事。充備文物之儀。又貞觀時。太宗文皇帝凡有巡幸。則博選識達古今之士。以在左右。每至前代興亡之地。皆問其所由。用爲鑒誡。伏願陛下遵而行之。則與夫騁奔馬于澗谷。要狡獸于叢林。不慎垂堂之危。不思馭朽之變。安可同年而較其優劣也。

二十年十月十二日。自東都幸太原。至太行坂。路隘。棹車。問左右曰。車中何物。左右奏曰。禮。天子出則載棹車以從。先王之制也。上曰。焉用此。命焚之。天子出。從无棹車。自此始也。

二十四年十月二十一日。勅。兩京行幸。緣頓所須。應出百姓者。宜令每頓取官錢一百千。又作本取利充。

仍令所由長官專勾當。不得抑配百姓。

貞元三年十二月。上獵于新店。幸野人趙光奇家。問曰。百姓樂乎。對曰。不樂。上曰。仍歲頗稔。何不樂乎。對曰。蓋由陛下詔令不信于人。所以然也。前詔云。于兩稅之外。悉無他徭。今非兩稅而誅求者。殆過之。後詔云。和糴于百姓。曾不識一錢。而強取之。始云所糴粟麥。納于道次。今則遣致于京西。破產奉役。不能支也。百姓愁苦如此。何有于樂乎。雖頻降優恤之詔。而有司多不奉之。亦恐陛下深在九重。未之知也。上感異之。因詔復除其家。

七年七月。幸章敬寺。賦詩曰。招提邇皇邑。複道連重城。法筵會早秋，駕言訪禪扃。嘗聞大僊教。清淨終無生。七物匪吾寶。萬行先求成。名相既雙寂。繁華奚所榮。金風扇微涼。遠烟凝翠晶。松院靜苔色。竹房深磬聲。境幽眞慮恬。道勝外物輕。意識本非悅。含毫空復情。百寮畢和。亦書于壁。其後京兆尹薛珏請以上詩序。皇太子書。刻于石而塡之以金。從之。

十二年四月。左右十軍使奏云。鑾駕去冬巡幸諸營。于銀臺門外立石碑。以紀聖迹。可之。其碑立于亭子門外。高二丈二尺。

元和十五年六月。時以皇太后居興慶宮。穆宗皇帝與六宮侍從。迴幸左神策軍。賜物有差。自後凡三日一幸左右神策軍。及晨輝樓。九僊望僊等門。觀角觝諸戲。其年七月。幸安國寺。觀盂蘭會。

其年八月，幸勤政樓，問人疾苦。九月，幸魚藻池，大張樂，觀競渡。

十一月二十日，將幸華清宮溫湯，宰臣疏請罷行，御史大夫李絳，率百寮與常侍崔元略等又疏諫，三請不從。又伏延英門，及暮方退。二十一日，上以天未辨色，由複道而往，即日還宮闕。

十二月，幸右軍擊鞠，遂畋于城西。

長慶二年十月，上由複道幸咸陽，止于善因佛寺，施僧錢百萬，縣令絹百尺。其年十一月，太后幸華清宮石甕寺，命景王率禁軍五百騎侍，翌日，上幸華清宮，迎太后，遂狩於驪山。

四年二月，上初聽政，羣臣展入閤之儀，退朝，幸飛龍廄。

寶曆二年二月，將幸東都，勅檢修東都已來舊行宮。上自臨御以來，常欲東幸，宰臣等无不諫，上意益堅。常正色謂宰臣曰：朕去意已定，李逢吉頓首言曰：陛下貴爲天子，富有四海，天下一家，何往不可？臣等以爲不可者，以干戈未甚戢，邊鄙未甚寧，竊恐人心動搖。伏惟稍迴聖慮，天下幸甚。上竟不聽，乃命檢計。人情大擾，百執事相繼獻疏，亦不省。會裴度自興元入朝，因别對奏云：國家建立都邑，蓋備巡遊，然自艱難已來，此事遂絶。今東都宮闕營壘廨宇，悉已荒廢，陛下必欲行幸，亦須緩緩修葺。上曰：如卿言，即不去亦得，何止後期？遂罷行計。其年三月，上幸魚藻宮，觀競渡。六月，幸凝碧池，觀魚。

太和四年七月，幸梨園，會昌殿觀新樂。

九年八月。幸左軍龍首殿。因幸梨園會。含光殿大合樂。

開成元年三月。幸龍首池觀內人賽雨。因賦暮春喜雨詩曰。風雲喜際會。雷雨遂流滋。薦幣虛陳禮。動天實精思。漸浸九夏節。復在三春時。霢霂垂朱闕。飄颻入綠墀。郊坰旣霑足。黍稷有豐期。百辟同康樂。萬方佇雍熙。

大中十一年正月。車駕將幸華淸宮。時兩省官進狀論奏。乃下詔曰。朕以驪山近宮。貞聖廟貌。未曾修謁。聽政之暇。或議一行。蓋崇禮敬之心。非以盤遊爲事。卿等援經據古。列狀獻章。深睹盡忠。已允來請。

咸通十二年五月。幸安國寺。賜講經僧沈香高座。

唐會要卷二十八

蒐狩

武德元年六月二十四日。萬年縣法曹孫伏伽上書曰。陛下龍舉晉陽。天下響應。計不旋踵。大位遂崇。陛下勿以唐得天下之易。不知隋失天下之不難也。陛下貴爲天子。富有天下。動則左史書之。言則右史書之。既爲竹帛所拘。何可恣情不愼。凡有蒐狩。須順四時。既代天理物。安得非時妄動。

五年十二月九日。諫議大夫蘇世長從幸涇陽之華池校獵。上謂朝臣曰。今日畋樂乎。世長曰。陛下遊獵。薄廢萬機。不滿十旬。未爲大樂。高祖色變。既而笑曰。狂態發耶。世長曰。爲臣私計則狂。爲陛下國計則忠矣。

八年十月二十日。校獵于周氏陂。秦王文學褚亮以寇亂漸平。每冬畋狩。遂上疏諫曰。陛下旰食思政。廢寢憂人。用農隙之餘。遵冬狩之禮。獲車之所遊踐。虞旍之所涉歷。網惟一面。禽止三驅。縱廣成之獵士。觀上林之手搏。斯固畋弋之常規。而皇王之壯觀。至于親迫猛獸。臣竊惑之。何者。筋力驍悍。爪牙輕健。勁弩一發。未必挫其凶威。長戟纔揮。不能當其憤氣。猝然驚軼。事生慮外。如或奔近林藂。未塡坑谷。駭屬車之後。乘犯官騎之淸塵。小臣怯懦。私懷悚慄。陛下以至聖之姿。垂將來之教。降情納下。无隔直言。敢緣天造。

冒陳丹懇。上納之。

其年十二月。高祖謂侍臣曰。蒐狩以供宗廟。朕當躬其事。以申孝享之誠。于是狩于鳴犢泉之野。

貞觀五年正月十三日。大狩于昆明池。蕃夷君長咸從。上謂高昌王麴文泰曰。大丈夫在世。樂事有三。天下太平。家給人足。一樂也。草淺獸肥。以禮畋狩。弓不虛發。箭不妄中。二樂也。六合大同。萬方咸慶。張樂高宴。上下歡洽。三樂也。今日王可從禽。明當歡宴耳。

其年十月二十日。上將逐兔于內苑。左領軍執失思力諫曰。天授陛下。爲華夷父母。何得自輕。儻使萬一馬有顛躓。將若之何。上顧而異之。又將逐兔。思力乃脫帶巾。跪而固請。上爲止焉。

十一年十月。射猛獸洛陽苑。羣豕突出林中。上引弓四發。殪四豕。有雄彘突及馬鐙。民部尙書唐儉投馬搏之。上拔劍斷豕。顧笑曰。天策長史。不見上將擊賊耶。何懼之甚。對曰。漢祖以馬上得之。不以馬上理之。陛下以武定四方。豈復逞雄心于一獸。上納之。因爲罷獵。特進魏徵上表諫曰。臣聞漢孝武帝好格猛獸。司馬相如諫曰。力稱烏獲。捷言慶忌。人誠有之。獸亦宜然。卒然遇逸材之獸。駭不存之地。雖烏獲逢蒙之伎不得用。而枯木朽株。盡爲難矣。雖萬全而無患。然本非天子所宜近也。臣伏聞車駕近出。親格猛獸。晨趨夜還。以萬乘之尊。闇行荒野。踐深林。汚豐草。甚非萬全之計。願陛下割私情之娛。罷格獸之樂。則天下幸甚。至十一月十五日。狩于濟源之陵山。上曰。古者先驅以供宗廟。今所獲鹿。宜令所司造脯醢。以充薦享祕書監虞世南諫曰。陛下因聽覽之餘辰。順天道以殺伐。將欲躬摧班掌。親御皮軒。窮猛獸之窟穴。盡逸材之林藪。夷凶翦暴。以衞黎元。收革擢羽。用充軍器。舉旗效獲。式遵前古。然黃屋之尊。金鞶之貴。八方之所仰德。萬國之所係心。淸道而行。猶戒銜橛。斯蓋重愼防微。爲社稷計也。是以馬卿直諫于前。張昭變色于後。臣誠微末。敢忘斯義。且雕弧星畢。所殪已多。頒禽賜獲。皇恩亦溥。伏願時息獵車。且韜長戟。不拒芻蕘之請。降納涓澮之流。袒裼徒搏。任之羣下。則貽範百王。永光萬世。

十六年十二月二十三日。狩于驪山。時寒陰晦冥。圍兵斷絕。上乘高望見之。欲捨其罰。恐虧軍令。乃迴轡入谷以避之。

永徽元年。高宗出獵。在路雨。因問諫議大夫谷那律曰。油衣若何爲得不漏。對曰。能以瓦爲之。必不漏矣。上悅。因此不復獵。

龍朔元年十月五日。狩于陸渾縣。六日。至飛山頓。高宗親御弧矢。獲四鹿及雉兔數十頭。晚次御營。望見大官烹羊。欲供百官之膳。因問侍中許圉師曰。朕目擊彼羊在于格下。見其無罪就戮。非無惻怛之情。今欲以死獸易之。可乎。圉師曰。昔齊宣王見人欲將牛以釁鐘。因曰。我觀此牛觳觫。似無罪而就死地。乃不釁鐘。陛下取已死之鹿。代欲封之羊。則堯舜之用心也。遂釋其羊不殺。九日。又于山南布圍。大順府果毅王萬輿以輒先促圍。集衆欲斬之。上謂侍臣曰。軍令有犯。罪在不赦。但恐外人謂我翫好畋獵。輕棄人命。

又以其曾從征遼有功。特令放免。上于是製冬狩詩。

總章二年九月。車駕自九成宮還京。仍西狩。校習自麟遊西北。遶岐梁。歷普潤至雍。爲兩圍。殿中侍御史杜易簡賈言忠監圍。山阜縣危。蹯蹻杖策。不得暫停。凡五日而合。劾奏將軍劉元意黃河上等處斷圍。元意竟抵罪。黃河上圍日。軍容齊整。詔特原之。

先天元年十月七日。幸新豐。獵于驪山之下。至十一月三日。侍中魏知古上詩諫曰。常聞夏太康。五子訓禽荒。我后來冬狩。三驅盛禮張。順時鷹隼擊。講事武功揚。奔走未及去。翾飛豈暇翔。非熊從渭水。瑞翟想陳倉。此欲誠難縱。茲遊不可常。子雲陳羽獵。僖伯諫漁棠。得失鑑齊楚。仁恩念禹湯。雍熙諒在宥。亭毒非多傷。辛甲令爲史。虞箴遂孔彰。手制曰。卿所進獵渭濱十韻。三復研精。良增歎美。予向溫湯。觀省風俗。時因暇景。掩渭而畋。開一面之羅。展三驅之禮。無情校獵。偶慕前禽。卿有箴規。輔予不逮。合賜物十五段。以申勸獎。

開元三年十月二十四日。大蒐于鳳泉湯。制曰。今四方無事。百穀有成。因孟冬之月。臨右輔之地。戒茲五校。爰備三驅。非謂獲多。庶以除害。昨日長圍已合。大綏未舉。而夜間朔風。天降微雪。狐裘且御。未免祁寒。鶉衣不充。寧堪凍露。朕爲父母。育彼黎元。中宵耿然。明發增惕。其圍兵並放散。各賜布二端。綿一屯。

七年十月。右補闕崔向上疏曰。臣聞千金之子。坐不垂堂。百金之子。立不倚衡。況居大寶之位也哉。陛下宜保萬壽之體。副三禮之望。安可輕出入。重盤遊乎。天子三田。前古有訓。豈惟爲乾豆賓客庖廚者哉。亦將以閱兵講武。誡不虞也。詩美宣王之田。徒御不驚。有聞無聲。謂畋獵時人皆銜枚。有善聞而無諠譁也。又曰。悉率左右。以燕天子。爲悉驅禽順其左右之宜。以安待王射也。則知大綏將下。亦有禮焉。側聞畋于渭濱。有異于是。六飛馳騁。萬騎騰躍。衝翳薈蹴蒙籠。越嶃險靡榛藂。紅塵坐昏。白日將暗。毛羣擾攘。羽族繽紛。左右戎夷並申勇敢。攢鏑亂下交刃霜飛。而降尊亂卑爭捷于其間。豈不殆哉。夫環衞而居。暴客攸待。清道而出。行人尙驚。如有墜駕之虞。流矢之變。獸窮則搏。鳥窮則攫。陛下何以當之哉。靜言思之。臣深爲陛下戰慄也。書曰。不畏入畏。又曰。從諫則聖。惟陛下深思遠慮。以誡後圖。則天下孰不幸甚。

貞元十一年十二月臘日。畋于苑中。止其多殺。行三驅之禮。軍士無不知感。畢事。幸神策軍左廂。勞饗軍士而還。

元和三年七月。上謂宰臣曰。朕昨因閱秋稼。行至苑東。祇以鷹犬自隨。本非畋獵。于時雖覺行人聚觀。亦無傷稼之意。而諫官在外。章疏頗煩。不解何爲。卿等知否。李吉甫對曰。陛下軫念黎元。親問禾黍。察閭里之疾苦。知稼穡之艱難。此則聖主憂勤。天下幸甚。但以弧矢前驅。鷹犬在後。田野縱觀。見車從之盛。以爲萬乘校獵。傳說必多。諫諍之臣。義當守職。既有聞見。理合上諫。拱默則懷尸素之慙。獻言又懼觸鱗之禍。果決以諫。實謂守官。正當嘉尙。非足致詰。夫蒐狩之制。古今不廢。必在三驅有節。無馳騁之危。戒銜橛之變。既不殄物。又不數行。則禮經所高。固非有害。然逐兎呼鷹。指顧之樂。忘危履險。易以溺人。故老氏譬以發狂。昔賢以爲至誡。陛下每與臣等討論古昔。追踪堯舜。固當棄常俗之末務。詠聖祖之格言。願以徇物爲心。克己爲慮。則昇平可致。聖祚無疆。羣臣異議。不禁自息。上曰。卿言是也。朕亦深悟矣。

五年十一月。上頻出遊畋。吏部郎中柳公綽欲因事諷諫。乃獻醫箴一篇。曰。天布寒暑。不私于人。品類既一。崇高以均。惟人謹好愛。能保其身。清淨無瑕。輝光以新。寒暑滿天地之間。浹肌膚于外。好愛溢耳目之前。誘心志于內。端潔爲隄。奔射猶敗。氣行無間。隙不在大。睿聖之姿。清明絶俗。心正無邪。志高寡欲。謂天高矣。氛蒙晦之。謂地厚矣。横流潰之。聖情超越。萬方賴之。飲食所以資身也。過則生患。衣服所以表德也。侈則生慢。惟過與侈。心則隨之。氣與心流。疾則伺之。聖心不惑。孰能移之。畋游恣樂。流情蕩志。馳騁勞形。叱咤傷氣。天下之重。從禽爲戲。不養其外。前修所忌。聖心非之。孰敢違之。乘氣而生。嗜慾以萌。氣離有患。氣凝則成。巧必喪貞。智必誘情。去彼煩慮。在此誠明。醫之上者。理于未然。患居慮後。防處事先。心靜樂行。體和道全。然後能德施萬物。以享億年。聖人在上。各有攸處。庶政有官。羣藝有署。臣司太醫。敢告諸御。帝深嘉納之。

長慶四年三月敕文。鷹犬之流。本備蒐狩。委所司量留多少。其餘勒州府。更不得進來。

會昌元年十月。車駕幸咸陽校獵。

二年十月。校獵于太白原。諫議大夫高少逸。于閤内論奏曰。陛下校獵太頻。出城稍遠。萬機廢弛。晨去暮歸。況方用兵。師尤宜停止。上改容勞之。少逸退。上謂宰臣曰。諫官甚要。朕時聞其言。庶幾減過也。

祥瑞上

儀制令。諸祥瑞若麟鳳龜龍之類。依圖書大瑞者。卽隨表奏。其表惟言瑞物色目及出處。不得苟陳虛飾。告廟頒下後。百官表賀。其諸瑞並申所司。元日以聞。其鳥獸之類有生獲者。放之山野。餘送太常。若不可獲。及木連理之類有生卽具圖書上進。詐爲瑞應者。徒二年。若災祥之類。史官不實對者。黜官三等。

武德元年十二月。新豐鸚鵡谷水清。世傳云。此水清。天下平。開皇之初暫清。復濁。至是復清。

七年閏七月十三日。長安古城見渠水生鹽。色紅白而味甘。狀如方印。

八年四月十三日。赤雀巢于殿門。

九年四日二十五日。甘露降于中華殿之桐樹。凝泫如冰雪。以示羣臣。

貞觀二年九月三日。詔。朕每見諸方表奏符瑞。慙懼增深。且安危在于人事。吉凶繫于政術。若時主肆虐。嘉貺未能成其美。如治道休明。庶徵不能致其惡。以此而言。未爲可恃。今以後。麟鳳龜龍大瑞之類。依舊表奏。自外諸瑞。宜申所司。其大瑞應奏者。惟錄瑞物色目及出見處所。更不得苟陳虛詞。

其年九月上曰。比見羣臣屢上表賀祥瑞。夫家給人足而無瑞。不害爲堯舜。百姓愁怨而多瑞。不害爲桀紂。後魏之世。吏焚連理木。煮白雉而食之。豈足爲至治乎。嘗有白鵲搆巢于寢殿上。合歡如腰鼓。聲相應和。左右稱賀。上曰。我嘗笑隋帝好祥瑞。瑞在得賢。此何足賀。命毁其巢。縱散飛于野外。

十一年六月六日。滁州言。野蠶成繭。徧于山阜。至十三年。野蠶又食槲葉成繭。大如柰。其色綠。凡收六千五百七十石。至十四年六月。又收八千三百石。

十四年二月十四日。陝州刺史房仁裕奏。所管界内二百餘里。正月元日黄河載清。四日乃止。

十七年三月二日。皇太子初立。有雄雉飛集東宮顯德殿前。上問褚遂良。是何祥也。遂良對曰。昔秦文公時。有童子化爲雉。雌者鳴于陳倉。雄者鳴于南陽。童子言曰。得雄者王。得雌者霸。文公遂以爲寶雞祠。漢光武得雄。遂起南陽而有四海。陛下舊封秦王。故雄雉見于秦地。此所以彰表明德也。上大悦曰。立身之道。不可無學。

十七年九月。皇太子寢室中産紫芝二十四莖。並爲龍鳳之形。

十八年十月八日。山南獻木連理。交錯玲瓏。有同羅目。一丈之餘。并枝者二十餘所。司徒長孫无忌曰。自從嘉祥雜遝。陛下推而勿居。遂令史臣閣筆。無以示後。因相率拜賀。上曰。朕觀古之帝王。覩妖災則懼而修德者。福自至。見祥瑞則逸而行惡者。禍必臻。今瑞應之來。朕當勞心勞力。以答天地耳。何煩致賀。

二十年十一月。汾州上言。青龍白龍見。白龍吐物。初在空中。有光如火。至地陷入地二尺。掘之。則元金也。

二十一年正月。玉華宮李樹連理。隔澗合校。

顯慶四年八月二十五日。司勳員外郎源行守家毛桃樹生李桃。太子詹事李寬等上表陳賀。上謂侍臣曰。凡厥休祥。雖云美事。若其不實。取笑後人。朕嘗見先朝說隋煬帝好聞祥瑞。嘗有野雀集于殿上。校尉唱云。此是鸞鳥。有衞士報云。村野之中大有此物。校尉乃笞衞士。仍奏爲鸞。煬帝不究眞虛。卽以爲瑞。仍名此殿爲儀鸞。嗤笑至今未弭。人之舉措。安可不思。今李寬等所言。得無類此。凡祥瑞之體。理須明白。或龍飛在泉。衆人同見。雲色雕綺。觀者非一。如此之輩。始號嘉祥。自餘虛實難明。不足信者。豈得妄想牽率。稱賀闕前。

龍朔三年十二月十六日。絳州麟見。二十六日。含元殿前麟趾見。至來年正月一日。改元麟德。

上元三年十一月一日。陳州上言。宛邱縣鳳凰集。衆鳥數萬。前後翔從。行列齊整。色別爲羣。三日。遂改元儀鳳。

長壽二年正月元日。大雪。質明而晴。上謂侍臣曰。俗云元日有雪。則百穀豐。未知此語故實。文昌左丞姚璹對曰。汜勝之農書云。雪是五穀之精。以其協和。則年穀大穰。又宋孝武帝大明五年元日降雪。以爲嘉瑞。上曰。朕御萬方。心存百姓。如得年登歲稔。此卽爲瑞。雖獲麟鳳。亦何用焉。

開元十三年九月十三日。潞州獻瑞應圖。上謂宰臣曰。朕在潞州。但靖以恭職。不記此事。今旣固請編錄。

卿喚取藩邸舊僚。問其實事。然後修圖上。又謂宰臣曰。往昔史官惟記災異。將令王者懼而修德。故春秋不書祥瑞。惟記有年。聖人之意明矣。遂勅天下諸州不得更奏祥瑞。至大曆十四年閏五月十四日。澤州進慶雲圖。制曰。朕以時和年豐爲嘉祥。以進賢遂忠爲良瑞。如慶雲靈草異木。自今已後並不須進。諸道亦宜準此。

十九年四月一日。揚州奏穭生稻二百一十頃。再熟稻一千八百頃。其粒與常稻無異。

天寶三載三月六日。武威郡奏番禾縣嘉瑞鄉天寶山有醴泉湧出。嶺石化爲瑞麫。遠近貧乏者取以給食。遂改番禾縣爲天寶縣。

大歷二年嶺南節度使徐浩奏。十一月二十五日。當管懷集縣陽雁來。乞編入史。從之。先是。五嶺之外。翔雁不到。浩以爲陽爲君德。雁隨陽者。臣歸君之象也。

五年九月。太原奏文水縣冬蠶成繭。

八年七月。解縣安邑兩池生乳鹽。戶部侍郎判度支韓滉請薦于清廟。編之史冊。從之。至十一年十一月。賜號寶應慶靈池。

興元元年八月。亳州眞源縣大空寺李樹植來十四年。長一丈八尺。今春枝忽上聳。高六尺。周迴似蓋。九十餘尺。先天觀元元皇帝太后陵槐樹下。有靈泉湧出。上有雲氣五色。黃龍再見于泉中。

貞元八年正月。鄂州觀察使何士幹獻白鹿。上曰。朕初卽位。卽止祥瑞。士幹致白鹿。其謂我何。還之。彼當慚懼。留之。遠近復獻。竟不視。遂放于苑中焉。

十年正月。西川奏。當管甘露降。松柏樹竹藥等二千四百四十二處。

其年。懷州奏獲白雀二。

十一年二月。同州進五色雁。八月。潞州進白鶴。

十一月。潭州進赤烏。

十二年七月。東都留守奏。苑內生芝草一株。是月。河陽進白鸜鵒二。

十八年八月。滄州言白龍見。

唐會要卷二十九

祥瑞下

永貞元年八月。荆南進毛龜二。詔曰。朕以所寶爲賢。至如嘉禾神芝。奇禽異獸。蓋虛美也。所以光武形于詔令。春秋不書祥瑞。但准令式申報有司。不得輒有聞獻。珍禽奇獸。亦宜停進。

元和二年八月。中書門下奏。諸道草木祥瑞。及珍禽異獸等。准永貞元年八月勑。自今以後。宜竝停進者。伏以貢獻祥瑞。皆緣臘饗告廟。及元會奏聞。若例停奏進。卽恐闕于盛禮。准儀制令。其大瑞卽隨表奏聞。中瑞下瑞。申報有司。元日聞奏。自今以後。望准令式。從之。

七年十一月。梓州上言。龍州界嘉禾生。有麟食之。每來。一鹿引之。羣鹿隨焉。光華不可正視。使畫工就圖之。并嘉禾一函以獻。

九年八月。夏州奏。修城掘得釜大小二百五十四。如新器物。伏以錡釜之用。火化是因。今大軍始集。此物自出。望宜付史館。從之。

十年四月。滑州上言。靑龍見于新開河。其年五月。臨碧院使奏。壽昌殿南獲白鹿麑。進之。

十三年八月。鹽鐵使奏。鄜城上蔡等三縣生菽蓄草。引蔓結實。味甘。人賴爲食。

長慶元年正月二日。有事于南郊。出東省門。日抱珥五色。宰臣供奉官竝于駕前稱賀。其年六月。鄆州奏。濮州雷澤縣界有烏巢。因風墜二雛。鵲引而哺之。其年七月。壽昌殿內檣柱上產玉芝一莖。長六尺。九月。靈州奏。黃河清。從硤口至定遠界二百五十里見底。

二年五月。有自吐蕃至者。稱隴上自去歲已來。出異獸。如猴而腰尾皆長。色青赤。迅猛。見蕃人即捕而食之。遇漢人則否。

三年二月詔。近日諸道多奏祥瑞。自今以後。除合准式申奏外。餘一切不得妄有進獻。其年七月。幽州奏。棠李樹兩根竝生。相去七寸。連理。其樹去地二尺。合爲一幹。向上一體。外分布枝葉。高一丈三尺。有實二百二十一顆。

四年五月。淄青奏。登州蓬萊山谷間約四十里。野蠶成繭。其絲可織。

太和元年十一月。河中奏。當管虞鄉縣有白虎入靈峯觀。瑞應圖云。白虎義獸也。一名騶虞。王者德至烏獸。澤洞幽冥則見。今并圖奏進。

其年。福建進瑞粟一千莖。中書門下奏。伏以陛下勤求治本。澄清化源。不以靈芝白鴈爲瑞。應方將時安人和爲嘉祥。宸翰昭宣。睿情斯屬。伏請自今以後。祥瑞。俱申有司。更不令進獻。依奏。

四年八月。太原節度使柳公綽奏。雲蔚代三州山谷間。石化爲麪。人取食之。

六年七月。廣州奏。慶雲見。

開成二年十月。陳許蔡界內野蠶自生桑上。三遍成繭。連綿九十里。百姓收拾。竝得抽絲。得絲綿竝織成紬絹。

三年五月勅。朕以慈惠恭儉爲休徵。以人和年豐爲上瑞。至于嘉穎連理之祥。飛禽走獸之異。出于郡國。來獻闕庭。虛美推功。非予所尚。歲晏奏陳于淸廟。元正列薦于上朝。探討古今。亦無明據。恭惟靈聖。豈俟薦聞。諸道應有三等祥瑞。不得更有聞奏。亦不要申牒所司。其臘饗太廟。及薦獻太淸宮。幷元日受朝奏祥瑞儀注。竝停。

大中二年七月十六日。福建觀察使殷儼進瑞粟十一莖。莖有五六穗。中書門下奏。請今後諸道所有瑞物。俱報有司。不在進獻。從之。

六年九月二日。淮南節度使杜悰奏。海陵高郵兩縣百姓。于官河中漉出得異米。資食。呼爲聖米。

十一年十二月。舒州吳塘堰有衆禽成巢。闊七尺。高一丈。而水禽山鳥鷹隼鸞雀之類。無不馴狎于其中。

乾符三年三月。奉天鎭上言。金龍晝見。自河昇天。

文德元年九月。雲韶殿前穿井。得甘泉。

天祐元年九月二十日。汴州進白兎一。

二年八月。河南府奏。穀水村地內嘉禾合穗。

追賞

貞觀十七年十一月。詔曰。天下宜賜酺三日。自漢魏以來。或賜牛酒。牛之爲用。耕稼所資。多有宰殺。深乖惻隱。其男子年七十以上。量給酒米麪。

先天二年八月二十五日。勅。賜酺合宴。止欲與人同歡。廣爲聚斂。固非取樂之意。今後宴會所作山車旱船。結綵樓閣寶車等。俱是無用之物。竝宜禁斷。

開元十八年正月二十九日。勅百官不須入朝。聽尋勝遊宴。衞尉供帳。太常奏集。光祿造食。自宰臣及供奉官。嗣王郡王。諸司長官。少卿少監。少尹。左右丞。侍郎。郎官。御史。朝集使。皆會焉。因下制曰。自春末以來。每至假日。百司及朝集使。任追游賞。至十九年二月八日。勅。至春末以來。每至假日。宜準去年正月二十九日勅。賜錢造食。任逐游賞。至二十年二月十九日。許百僚于城東官亭尋勝。因置檢校尋勝使。以厚其事。至二十五年正月七日。赦文。朝廷無事。天下大和。百司每旬節休假。竝不須親職事。任追勝爲樂。至天寶十載正月十七日。勅。自今以後。非惟旬及節假。百官等曹務無事之後。任追游宴樂。至十四年三月一日。許常參官分日入朝。尋勝宴樂。二十二年六月。勅。自今以後。宜聽五日一辰。盡其歡宴。餘兩日但休假而已。任用當處公廨。不得別更科率。兼有宰殺採捕等。天寶八載正月。勅。今朝廷無事。思與百辟同茲宴賞。其中書門下及百官等。共賜絹二萬匹。其外官取當處官物。量郡大小。及官人多少。節級分賜。至春末以來。每旬日休假。任各追勝爲樂。

貞元元年五月。詔曰。今兵革漸息。夏麥又登。朝官有假日遊宴者。令京兆府不須聞奏。

四年九月二日。勅。正月晦日。三月三日。九月九日。前件三節日。宜任文武百僚擇地追賞爲樂。每節宰相以下及常參官。共賜錢五百貫。翰林學士共賜一百貫。左右神威神策龍武等三軍。共賜一百貫。金吾英武威遠及諸衛將軍。共賜二百貫。各省諸道奏事官。共賜一百貫。委度支每節前五日。准此數支付。仍從本年九月九日起給。永爲定制。

十四年正月。勅。比來朝官或有諸處過從。金吾衛奏。自今以後。更不須聞奏。

元和二年十二月。宰臣奉宣。如聞百官士庶等。親友追遊。公私宴會。乃晝日出城餞送。每慮奏報。人意未舒。自今以後。各暢所懷。務從歡泰。

天祐二年三月。勅命宰臣文武百寮。自今月二日後。至十六日。令取便選勝追遊。

節日

顯慶二年四月十九日。詔曰。比至五月五日。及寒食等諸節日。幷有歡慶事。諸王妃公主及諸親等營造衣物。雕鏤雞子以進。貞觀中已有約束。自今以後。竝宜停斷。

龍朔元年五月五日。上謂侍臣曰。五月五日。元爲何事。許敬宗對曰。續齊諧記云。屈原以五月五日投汨羅而死。楚人哀之。每至此日。以竹筒貯米投水祭之。漢建武中。長沙區回白日忽見一士人。自稱楚三閭大夫。謂區回曰。常所遺。多爲蛟龍所竊。今若允惠。可以楝樹葉塞筒。并五采絲縛之。則不敢食矣。今俗人五月五日作粽。并帶五采絲及楝葉。皆汨羅遺風。上曰。我見一記有云。五色絲可以續命。刀子可以辟兵。此言未知眞虛。然亦俗行其事。今之所賜。任者使續命。行者使辟兵也。

神龍三年四月二十七日。制。自今應是諸節日及生日。竝不得輒有進奉。又所在五月五日。非大功以上親。不得輒相贈遺。

景雲二年十一月。勅太子及諸王公主。諸節賀遺。竝宜禁斷。惟降誕日及五月五日。任其進奉。仍不得廣有營造。但進衣裳而已。諸親及百官。一切不得進。

開元十七年八月五日。左丞相源乾曜。右丞相張說等上表。請以是日爲千秋節。著之甲令。布于天下。咸令休假。羣臣當以是日進萬壽酒。王公戚里進金鏡綬帶。士庶以絲結承露囊。更相遺問。村社作壽酒宴樂。名賽白帝。報田神。制曰。可。至天寶二年八月一日。刑部尙書兼京兆尹蕭炅及百寮請改千秋節爲天長節。制曰。可。至寶應元年八月三日。勅。八月五日本是千秋節。改爲天長節。其休假三日。宜停。前後各一日。

二十五年六月勅。五月五日。細碎雜物。五色絲算。竝宜禁斷。

二十六年正月勅。比來流俗之間。每至寒食日。皆以雞鵝鴨子。更相餉遺。旣順時令。固不合禁。然諸色雕鏤。多造假花果及樓閣之類。竝宜禁斷。

天寶十載三月勅。禮標納火之禁。語有鑽燧之文。所以燮理寒燠。節宣氣候。自今以後。寒食竝禁火三日。

乾元元年九月三日。上降誕日。宜爲天平地成節。休假三日。至寶應元年九月一日。其休假三日宜停。前後各一日。永泰元年。太常博士獨孤及上表曰。臣聞天有春夏秋冬之氣。時也。時有分至啓閉之候。節也。至若寒食上巳端午重陽。或以因人崇尚。亦播風俗。況歷運光啓。聖人降生。固宜紀載誕之辰。與八節同號。故元宗生日。命曰天長節。肅宗生日。命曰天平地成節。竝以飲食宴樂。布慶萬方。使賜及同軌。風流後代。陛下纂祖宗之純懿。與天地同德。禮樂必循憲章。咸備。而誕聖日未有嘉名。伏願以十月十二日爲天興節。王公士庶。上壽作樂。竝如開元乾元故事。表奏不報。建中元年四月癸卯。上誕之日也。初代宗時。每歲端午及降誕日。四方貢獻者數千。悉入內庫。及是。上以爲非旨。不納。

貞元四年九月。重陽節。賜宰臣百僚宴于曲江亭。帝賦詩錫之云。早衣對庭燎。躬化勤意誠。時比萬機暇。適與佳節幷。曲池潔寒流。芳菊舒金英。乾坤爽氣澄。臺殿秋光淸。朝野慶年豐。高會多歡聲。永懷無荒誡。

良士同斯情。仍勑中書門下簡定有文辭士應制。同用淸字。上自考其詩。以劉太眞李紓等四人爲上等。鮑防于邵等四人爲次。張蒙殷亮等二十三人爲下。李晟馬燧李泌三宰相詩不加考第。

五年正月十一日勑。四序嘉辰。歷代增置。漢崇上巳。晉紀重陽。或說禳除。雖因舊俗。與衆宴樂。誠洽當時。朕以春方發生。候維仲月。句萌畢達。天地同和。俾其昭蘇。宜助暢茂。自今以後。以二月一日爲中和節。內外官司竝休假一日。先勑百僚以三令節集會。今宜吉制嘉節以徵之。更晦日于往月之終。揆明辰于來月之始。請令文武百寮以是日進農書。司農獻穜稑之種。王公戚里上春服。士庶以尺刀相遺。村社作中和酒。祭句芒神。聚會宴樂。名爲饗句芒祈年穀。仍望各下州府。所在頒行。

六年二月。百官以中和節晏于曲江亭。上賦詩以錫之。其年以中和節始令百官進太后所撰兆人本業記三卷。司農獻黍粟種各一斗。

八年正月詔。在京宗室每年三節。宜集百官列宴會。若大選集。賜錢一百千。非大選集。錢三分減一。又詔。三節宴集。先已賜諸衞將軍錢。其率府已下。可賜錢百千。

九年二月。中書門下奏狀。以中和節初賜宴錢。給百官宰臣以下。于曲江合宴。供辦爲府縣之弊。請分給是錢。令諸司各會于他所。從之。自是三節公宴悉分矣。

十二年二月。以寒食節御麟德殿內宴。宰臣位後施畫屏風。圖漢魏名臣。仍紀其嘉言美行。題之于下。

其年四月庚午。上降誕之日。近歲常以此時會沙門道士于麟德殿講論。至是。兼召儒官講論三教。

十四年三月上巳日。賜宰臣百官宴于曲江亭。時徐州節度使張建封來朝。上寵遇之。特令與宰相同榻而食。

十五年九月。詔自今以後。二月一日。九月九日。每節前放開屠一日。

永貞元年十二月。太常奏。太上皇正月十二日降誕。皇帝二月十四日降誕。並請休假一日。從之。

元和二年正月。詔停中和重陽二節賜宴。其上巳日仍舊。其年二月。御史大夫李元素。太常卿高郢等上言。元宗肅宗降誕日。據太常博士王涇奏。按禮經及歷代典故。並無降誕日爲節假之說。惟國朝開元十七年。左丞相源乾曜。以八月五日。是元宗降誕之辰。請以此日爲千秋節。休假一日。羣臣因獻甘露萬歲酎酒。士庶村社宴樂。由是天下以爲常。乾元元年。太子太師韋見素。以九月三日。肅宗降誕之辰。又請以此日爲天平地成節。休假一日。自後代宗德宗順宗卽位。雖未別置節日。每至降誕日。天下亦皆休假。臣以爲乾曜見素等所奏以爲節假者。蓋當時臣子之心。喜君父聖壽無疆。以爲榮慶。今園陵既修。升祔將畢。謹尋禮意。不合更存休假之名。請付尚書省集百官與學官參議。勅宜依者。臣等聞君子名之必可言。言之必可行。故可言不可行。君子不言。伏以元宗肅宗代宗德宗順宗五聖。威靈在天已久。而當時慶誕猶存。正可言不可行之禮。請依王涇奏議。並停。制可。

四年閏三月勅。其諸道進獻除降誕端午冬至元正任以上貢修其慶賀其餘雜進除二日條所供外一切勅停。如違越者所進物送納左藏庫仍委御史臺具名聞奏。

七年二月癸卯降誕節宰臣舊例進衣一副惟李吉甫方固恩澤別進馬二匹賜通天犀帶以答之。

九年十月勅停臘日京兆府饗狐兎進獻。

十五年七月勅令月六日是朕降誕之辰奉迎皇太后宮中上壽其日竝賜于光順門內殿與百官相見永爲常式後竟以禮無所據罷之。

長慶元年七月六日勅自降誕之辰百官于紫宸殿稱賀畢詣昭德門外命婦光順門竝進名奉賀皇太后緣去年降誕稱賀百官與命婦幷集光順門羣情以爲非便故改其儀。

二年九月勅蕃客等使皆遠申朝聘節遇重陽宜共賜錢二百貫文以充宴賞仍給太常音樂。

三年九月尙書左丞兼集賢學士韋綬因奏重陽日百官有曲江宴時請以修撰校理等自爲一會從之。仍別賜宴錢。

三年三月勅內侍省每年上巳重陽日如有百官宴會宜每節賜錢五百十貫文令度支支給。

寶歷元年四月中書門下奏皇帝降誕日准故事休假一日從之。

其年五月詔停諸親端午恭賀。

太和五年勅。端午節辰。方鎮例有進奉。其雜綵匹段。許進生白綾絹。

七年十月。中書門下奏。請以十月十日爲慶成節。著于甲令。是日。上于宮中奉迎皇太后。與昆弟諸王宴樂。羣臣詣延英門奉觴。上千萬壽。天下州府。竝置宴一日。從之。

開成元年二月。京兆尹歸融奏。甫近上巳。準故事。曲江賜宴。今緣兩公主出降。府司供帳事殷。望請改日。上曰。去年重陽。改九月十九日。未失重九之義。今宜改十三賜宴。

二年九月勅。慶成節。朕之生辰。不欲屠宰。宴會蔬食。任陳脯醢。仍爲永制。（至四年。復令其日肉食。）

其年九月勅。慶成節。宜令京兆府準上巳重陽例。于曲江宴會文武百官。其延英奉觴宜停。

三年十月。京兆府奏。慶成節及上巳重陽。百官于曲江亭子宴會。綵觴船兩隻。請以舊船上杖木爲舫子。過會拆收。遇節即用者。勅。其上巳節。置慶成節。及重陽節停。

五年四月。中書門下奏。請以六月一日爲慶陽節。休假二日。著于令式。其天下州府。每年常設降誕齋。行香後。便令以素食宴樂。惟許飲酒及用脯醢等。京城內宰臣與百官就詣大寺。共設僧一千人齋。仍望田里借教坊樂官。充行香慶讚。各移本廚。兼下令京兆府別置歌舞。依奏。（是年。文宗崩。武宗纂嗣。以誕慶日爲慶陽節。）

會昌元年二月勅。我聖祖降誕昌辰。宜改爲降聖節。休假一日。其年六月。中書門下奏。慶陽節準勅。其日設齋錢。臣等請以百官共率料錢三百貫文充。從之。

二年五月勅。今年慶陽節。宜準例。中書門下等竝于慈恩寺設齋。行香後。以素食合宴。仍別賜錢三百貫文。委度支給付。令京兆府量事陳設。不用追集坊市歌舞。

六年六月奏。中書門下奏。請以降誕日爲壽昌節。天下州府竝置宴一日。以爲慶樂。前後休假三日。永著令式。從之。

龍紀元年二月。中書門下奏。請今月二十二日降聖日。爲嘉會節。

天祐元年八月。中書門下奏。皇帝降誕日。請爲乾和節。從之。

唐會要卷三十

大內

武德元年五月二十一日。改隋大興殿爲太極殿。改隋昭陽門爲順天門。至神龍元年二月。改爲承天門。顯慶五年八月。有抱屈人齎鼓於朝堂訴。上令東都置登聞鼓。西京亦然。

景雲元年十月二十一日。以京大內爲太極宮。

宏義宮

武德五年七月五日。營宏義宮。初秦王居宮中承乾殿。高祖以秦王有克定天下功。特降殊禮。別建此宮以居之。至九年七月。高祖以宏義宮有山林勝景。雅好之。至貞觀三年四月。乃徙居之。改爲太安宮。六年二月三日。太宗正位于太極殿。監察御史馬周上疏曰。臣伏見太安宮在城之西。其牆宇門闕之制。方之紫極。尙爲卑小。臣伏以皇太子之宅。猶處城中。太安宮乃至尊所居。更在城外。雖太上皇遊心道素。志存淸儉。陛下重違慈旨。愛惜人力。而番夷朝見。及四方觀者。有不足瞻仰焉。臣願營築雉堞。修起門樓。務從高敞。以稱萬方之望。則大孝昭乎天下矣。

通義宮

武德六年四月二十四日。幸龍潛舊宅。改爲通義宮。祭元皇帝於舊寢。以貞元皇后配享。上悲不自勝也。於是置酒高會。詔曰。爰擇良辰。言遵邑里。禮同過沛。事等歸譙。故老咸臻。旅姻斯會。肅恭薦享。感慶兼集焉。其年十二月九日。勑以奉義監爲龍躍宮。即高祖舊居。

慶善宮

武德元年十月十八日。以武功舊宅爲武功宮。至六年十二月九日。改武功宮爲慶善宮。太宗誕於此宮。至貞觀六年九月二十九日。太宗幸慶善宮。賦詩。在樂卷。其年。諫議大夫蘇世長侍宴於披香殿。酒酣奏曰。此殿隋煬帝所作耶。何雕麗之若此。高祖謂曰。卿好諫似直。其心實詐。豈不知此殿是我所造。何須設詭而疑煬帝乎。世長曰。臣實不知。若陛下作此。誠非所宜。臣昔在武功。幸常陪侍。見陛下宅宇。纔蔽風霜。當此之時。亦以爲足。今初有天下。而於隋宮之內。又加雕飾。欲撥其亂。寧可得乎。

太和宮

武德八年四月二十一日。造太和宮於終南山。貞觀十年廢。至二十一年四月九日。上不豫。公卿上言。請修廢太和宮。厥地清涼。可以清暑。臣等請徹俸祿。率子弟微加功力。不日而就。手詔曰。比者風虛頗積。爲弊至深。況復炎景蒸時。溫風鑠節。沈痾屬此。理所不堪。久欲追涼。恐成勞擾。今卿等有請。卽相機行。於是遣將作大匠閻立德於順陽王第取材瓦以建之。包山爲苑。自裁木至於設幄。九日而畢功。因改爲翠微宮。正門北開。謂之雲霞門。視朝殿名翠微殿。寢名含風殿。幷爲皇太子搆別宮。正門西開。名金華門。殿名喜安殿。

洛陽宮

武德四年十二月七日。使行臺僕射屈突通焚乾元殿應天門紫微觀。以其太奢。至貞觀三年。太宗將修洛陽宮。民部尚書戴冑諫曰。關中河外。近置軍團。富室強丁。並從戎旅。重以九成作役。餘丁向盡。去京二千里內。先配司農將作。假有遺餘。勢何足紀。亂離甫弭。戶口單弱。一人就役。舉家便廢。入軍者督其戎仗。從役者責其糇糧。盡室經營。多不能濟。以臣愚慮。恐致怨嗟。今丁既役盡。賦調不減。費用不止。帑藏空虛。且洛陽宮殿。足蔽風雨。數年功畢。亦謂非晚。若頓修營。恐傷勞擾。上嘉之。因謂侍臣曰。戴冑於我無骨肉之親。但以忠直勵行。情深體國。事有機要。無不上聞。至四年六月二十二日。發卒又修洛陽宮。給事中張元素諫曰。陛下承百王之末。屬凋弊之餘。必欲節以禮制。陛下宜以身爲先。東都未有幸期。卽令補葺。豈民人之所望也。陛下初平東都之始。層樓廣殿。皆令撤毀。天下翕然。同心欣仰。豈有初則惡其侈靡。今乃襲其雕麗。臣每承德音。未卽巡幸。此則事不急之務。成虛費之勞。國無兼年之積。何用兩都之好。臣聞阿房成。秦人散。章華就。楚衆離。又乾元畢功。隋人解體。以陛下今時功力。何如隋日役瘡痍之人。襲亡隋之弊。恐甚於煬帝。深願陛下思之。無爲由余所笑。則天下幸甚。上大悅。謂房元齡曰。洛陽土中。朝貢道均。朕故修營。意在便於百姓。今元素上表。實亦可依。後必事理須行。露坐亦復何苦。所有作役。宜卽停之。

顯慶元年。勅司農少卿田仁汪因舊殿餘址。修乾元殿。高一百二十尺。東西三百四十五尺。南北一百七十六尺。至麟德二年二月十二日。所司奏乾元殿成。其應天門先亦焚之。及是造成。號爲則天門。神龍元年三月十一日。避則天后號。改爲應天門。唐隆元年七月。避中宗號。改爲神龍門。開元初。又爲應天門。天寶二年十二月四日。又改爲乾元門。

垂拱四年二月十日。拆乾元殿。於其地造明堂。至開元二十七年九月十日。於明堂舊址造乾元殿。

上元二年。高宗將還西京。乃謂司農少卿韋機曰。兩都是朕東西之宅也。見在宮館。隋代所造。歲序既淹。漸將頹頓。欲修殊費財力。爲之奈何。機奏曰。臣曹司舊式。差丁採木。皆有雇直。今戶奴採斫。足支十年。所納丁庸。及蒲荷之直，在庫見貯四十萬貫。用之市材造瓦。不勞百姓。三載必成矣。上大悅。乃召機攝東都將作少府兩司事。使漸營之。於是機始造宿羽高山等宮。其後上遊於洛水之北。乘高臨下。有登眺之美。乃勅韋機造一高館。及成臨幸。卽令列岸修廊。連亙一里。又于澗曲疏建陰殿。機得古銅器。如盆而淺。中有蹙起雙鯉之狀。魚間有四篆字。長宜子孫。至儀鳳四年。車駕入洛。乃移御之。卽今之上陽宮也。尚書左僕射劉仁軌謂侍御史狄仁傑曰。古之陂池臺榭。皆在深宮重城之內。不欲外人見之。恐傷百姓之心也。韋機之作。列岸修廊。在於闉堞之外。萬方朝謁。無不覩之。此豈致君堯舜之意哉。韋機聞之曰。天下有道。百司各奉其職。輔弼之臣。則思獻替之事。府藏之臣。行詔守官而已。吾不敢越分也。

大明宮

貞觀八年十月。營永安宮。至九年正月。改名大明宮。以備太上皇清暑。公卿百僚。爭以私財助役。至龍朔二年。高宗染風痺。以宮內湫溼。乃修舊大明宮。改名蓬萊宮。北據高原。南望爽塏。六月七日。制蓬萊宮諸門殿亭等名。至三年二月二日。稅延。雍。同。岐。豳。華。寧。鄜。坊。涇。虢。絳。晉。蒲。慶等十五州。率口錢。修蓬萊宮。二十五。減京官一月俸。助修蓬萊宮。四月二十二日。移仗就蓬萊宮新作含元殿。二十五日。始御紫宸殿聽政。百僚奉賀新宮成也。初遣司稼少卿梁孝仁監造。悉於庭院列白楊樹。左驍衛大將軍契苾何力入宮中縱觀。孝仁指白楊曰。此木易長。不過三數年。宮中可得蔭映。何力不答。但誦古詩曰。白楊多悲風。蕭蕭愁殺人。意謂此特冢墓木也。孝仁遽令伐去之。更植梧柏。謂人曰。禮失求之于野。固不虛也。東臺侍郎張文瓘諫曰。人力不可不惜。百姓不可不養。養之逸則富以康。使之勞則怨以叛。秦皇漢武。廣事四夷。多造宮室。致使土崩瓦解。戶口減半。臣聞制治於未亂。保邦於未危。人罔常懷。懷于有仁。陛下不制之于未亂之前。安能救之于既危之後。百姓不堪其弊。必搆禍難。殷鑒不遠。近在隋朝。臣願稍安撫之。無使生怨。上深納其言。

永隆二年正月十日。王公已下。以太子初立。獻食。勅于宣政殿會百官及命婦。太常博士袁利貞上疏曰。伏以恩旨于宣政殿上兼設命婦坐位。奏九部伎及散樂。並從宣政門入。臣以爲前殿正寢。非命婦宴會之處。象闕路門。非倡優進御之所。望請命婦會于別殿。九部伎從東門入。散樂一色。伏望停省。若于三殿別所。自可備極恩私。上從之。改向麟德殿。至開元十六年五月六日。唐昌公主出降。有司進儀注。于紫宸殿行五禮。右補闕施敬本。左拾遺張烜。右拾遺李銳等連名上疏曰。竊以紫宸殿者。漢之前殿。周之路寢。陛下所以負黼扆。正黃屋。饗萬國。朝諸侯。人臣致敬之所。猶元極可見。不可得而升也。昔周女出降于齊。而以魯侯爲主。但有外館之法。而無路寢之事。今欲紫宸殿會禮。卽當臣下攝行。馬入于庭。醴升于牖。主人授几。逡巡紫座之間。賓使就筵。登降赤墀之地。又據主人辭稱吾子有事。至于寡人之室。言詞僭越。事理乖張。旣黷威靈。深虧典制。其問名納采等。並請權于別所。上納其言。移于光順門外。設次行禮。

咸亨元年三月四日。改蓬萊宮爲含元殿。

長安元年十一月。又改爲大明宮。十二月一日。改含元殿爲大明殿。

神龍元年二月。復改爲含元殿。

上元二年七月。延英殿當御坐生玉芝一莖三花。親制玉靈芝詩三章。章八句曰。玉殿肅肅。靈芝煌煌。重英發秀。連葉分房。宗廟之福。垂其耿光。原闕二句。元氣產芝。明神合德。紫微間彩。白蕣呈色。載啓瑞圖。庶符皇極。天心有眷。王道惟則。幸生芳本。當我宸旒。効此靈質。寶玉獻 。神惟不愛。道亦無求。端拱思維。永荷天休。

建中元年九月。將作監言。請修內廊。是歲孟冬。爲魁罡。不利修作。太史請卜佗時。上曰。啓塞從時。詭妄之書。勿信。乃命修之。

貞元三年十二月。初作元英門觀于大明宮北垣。

玉華宮

貞觀二十一年七月十三日。剏造玉華宮于坊州宜君縣之鳳凰谷。正門曰南風門。殿名玉華殿。皇太子所居南風門東。正門曰嘉禮門。殿名暉和殿。正殿瓦覆。餘皆葺之以茅。意在清涼。務從儉約。至永徽二年九月三日。廢玉華宮以爲佛寺。苑內舊是百姓田。並還本主。至二十二年四月二十四日。太宗以新造離宮務從卑儉。終費人力。謂侍臣曰。唐堯茅茨不翦。以爲儉德。不知堯之時無瓦。爲蓋桀紂之爲。若於無瓦之晨。爲茅茨者。未爲儉德。不翦之言。蓋書史粉飾之耳。朕今構采椽于椒風之日。立茅茨于有瓦之時。將爲節儉。自當不謝古者。昔宮室之廣。人役之勞。切以此再思。不能無愧。其月。徐充容上表曰。妾聞爲政之本。貴在無爲。竊見土木之工。不可兼遂。北闕初見南營。翠微曾未逾時。玉華復興。因山藉水。非無架築之勞。損之又損。頗有工力之費。終以茅茨示約。猶興木石疲民。假使和僦取人。不無煩擾之弊。是以卑宮菲食聖王之所安。金屋瑤臺。驕主之所麗。故有道之君。以逸逸人。無道之君。以樂樂身。願陛下使之以時。則力不竭矣。用而息之。則人斯悅矣。

二十二年四月。太宗御製玉華宮銘。詔令皇太子已下並和。

九成宮

永徽二年九月八日。改九成宮爲萬年宮。至乾封二年二月十日。改爲九成宮。三年四月。將作大匠閻立德造新殿成。移御之日。謂侍臣曰。朕性不宜熱。所司頻奏。請造此殿。既作之後。深懼人勞。今既暑熱。朕在屋下。尙有流汗。匠工暴露。事亦可愍。所以不令精妙者。意祇避炎暑耳。長孫無忌曰。聖心每以恤民爲念。天德如此。臣等不勝幸甚。

五年三月。幸萬年宮。上謂太尉無忌曰。此宮非直涼冷。宜人。且去京不遠。朕離此十年。屋宇無多損壞。昨者不易一椽一瓦。便已可安。不知公等得安堵否。曹司廨署周足否。乃親制萬年宮銘并序。七百餘字。羣臣請刊石建于永光門。詔從之。

奉天宮

永湻元年七月。造奉天宮於嵩山之南。仍置嵩陽縣。監察御史李善感諫曰。自古帝皇。莫不以登封告成爲盛事。天皇以封泰山。告太平。致羣瑞。則與三皇五帝比隆矣。但數年以來。菽粟不稔。百姓餓死。道路相望。兼之四夷交侵。日有徵發。天皇恭默思讜。方便營造宮室。勞役不已。天下聞之。莫不失望。臣聞不矜細行。終累大德。臣忝任御史。是國家耳目。竊以此爲憂。上雖優容之。竟不納。其時承平已久。諫諍殆絕。善感既進諫書。時人甚稱美之。

宏道元年十二月。遺詔廢之。

文明元年二月。改爲嵩陽觀。

三陽宮 興泰宮附

聖曆三年十一月二十八日。造三陽宮于嵩陽縣。

久視元年七月三日。左補闕張說以車駕在三陽宮不時還都。上疏曰。陛下屯萬乘幸離宮。暑退涼歸。未降還旨。愚臣固陋。恐非良策。請爲陛下陳其不可。三陽宮去洛城一百六十里。有伊水之隔。嶁坂之峻。過夏涉秋。水潦方積。道壞山險。不通轉運。河廣無梁。咫尺千里。扈從兵馬。日費資給。連雨彌旬。恐難周濟。陛下太倉武庫。並在都邑。紅粟利器。蘊若山邱。奈何去宗廟之上都。安山谷之僻處。是猶倒持劍戟。示人鐏柄。夫禍變之生。在人所忽。故曰。安樂必誡。無行所悔。今國家北有胡寇覷邊。南有夷獠騷徼。關西小旱。耕稼是憂。安東近平。輸漕方始。臣願陛下及時旋軫。天下羣生。莫不幸甚。

長安四年正月二十二日。毀三陽宮。取其材木。造興泰宮於壽安縣之萬安山。左拾遺盧藏用上表諫曰。

臣愚雖不達時變。竊嘗讀書。見古帝王之迹衆矣。臣聞土階三尺。茅茨不翦。采椽不斲者。唐堯之德也。卑宮室。菲飲食。盡力乎溝洫者。大禹之行也。惜中人十家之產。而罷露臺之制者。漢文之明也。並能垂名無窮。為帝皇之烈。豈不以克念徇物。博施濟衆。以臻於仁恕哉。今陛下崇臺邃宇。離宮別館。亦已多矣。更窮人之力以事土木。臣恐議者以為陛下不愛人務奉己也。左右近臣多以順意為忠。朝廷具僚皆以犯忤為患。至令陛下不知百姓失業。百姓亦不知左右傷陛下之仁也。小臣固陋。不識忌諱。敢冒死上聞。乞下臣此章。與執政者議其可否。

興慶宮

開元二年七月二十九日。以興慶里舊邸為興慶宮。初。上在藩邸。與宋王等同居于興慶里。時人號曰五王子宅。至景龍末。宅內有龍池湧出。日以浸廣。望氣者云。有天子氣。中宗數行其地。命泛舟以駈象踏氣以厭之。至是為宮焉。後于西南置樓。西面題曰花萼相輝之樓。南面題曰勤政務本之樓。至二十五年。元宗謂諸王曰。我自奉先帝宮室。不敢有加。時時補葺。已愧于勞人矣。惟興慶創制。乃朝廷百辟卿士以吾舊邸。因欲修建。不免羣卿考室之詞。以俟庶民子來之請。亦所以表休徵之地。新作南樓。本欲察甿俗。採風謠。以防壅塞。是亦古闢四門達四聰之意。時有作樂宴慰。不徒然也。又因大哥讓朱邸。以成花萼相輝之美。歷觀自古聖帝明王。有所興作。欲以助教化也。我所冀者。式崇敦睦。漸漬薄俗。令人知信厚爾。至十六年正月三日。始移仗于興慶宮聽政。二十四年六月。廣花萼樓。築夾城至芙蓉園。十二月三日。毁東市東北角道政坊西北角。以廣花萼樓前。

天寶十載四月二十一日。興慶宮造交泰殿成。

元和十四年三月。詔左右軍各以官健二千人。修勤政樓。

太和三年十月。勅修南内天同殿十三間及勤政樓明光樓。

大中五年。詔修明儀樓。

華清宮

開元十一年十月五日。置温泉宮於驪山。至天寶六載十月三日。改温泉宮爲華清宮。至天寶九載九月。幸温泉宮。改驪山爲會昌山。至十載。又改爲昭應山。仍于秦坑儒之處立祠。以祀遭難諸儒。

天寶元年十月。造長生殿。名爲集靈臺。以祀神。

六載十二月。發馮翊華陰等郡丁夫。築會昌羅城于温陽。置百司。

七載十二月二日。元元皇帝降于朝元閣。改爲降聖閣。八載四月。新作觀風樓。

諸宮

武德七年五月十七日。造仁智宮于宜州宜君縣。

貞觀二年八月。上每日視于西宮。公卿奏以宮中卑溼。請立一閣。上曰。若遂來請。縻費良多。昔漢文帝將起露臺。而惜中人十家之產。朕德不逮乎漢帝。而所費過之。豈爲人父母之道哉。竟不許。十一年正月十四日。新作飛山宮。七月二十日。廢明德宮及飛山宮之園囿。以分給遭水之家。

十四年八月五日。營襄城宮。初。太宗將幸洛陽。遣將作大匠閻立德訪可清暑之地。以建離宮。遂于汝州西山前臨汝水傍通廣城澤以置宮焉。役工一百九十萬。雜費稱是。至十五年三月七日。幸襄城宮。及至。暑熱甚。又多毒虺。太宗大怒。九日。免立德官。而罷其宮。分賜百姓。

顯慶五年四月八日。於東都苑內造八關涼宮。五月二十二日。改爲合璧宮。儀鳳三年正月七日。于藍田縣新作涼宮。宜名萬全宮。宏道元年十二月七日。遺詔廢之。

儀鳳四年五月十九日。造紫桂宮于澠池縣西。至永淳元年四月十三日。改芳桂宮。宏道元年。遺詔廢之。

長安二年六月。于雍州永安縣置涼宮。以永安爲名。仍令特進武三思充使營造。

景龍元年十月。勑宮殿門。皇城門。京城門。禁苑門。左右內外各給交魚符一合。巡魚符一合。左廂給開門魚一合。右廂給閉門魚一合。左符付監門掌。交番巡察。每夜并非時開閉則用之。

開元十一年正月十四日。改潞州舊宅爲飛龍宮。

雜記

武德三年七月八日。勅隋代離宮別館。遊憩所。並廢。九年六月。改東宮宏禮嘉福等門爲重光宣明門。

長安二年正月十七日。太子左庶子王方慶上言。請準舊制。改東宮殿及各門與皇太子名同者。上疏曰。謹按史籍所載。人臣與人主言及上表。未有稱皇太子名者。當爲太子皇儲。其名尊重。不敢指斥。所以不言。西晉僕射山濤啓事。稱皇太子而不言名。濤中朝名士。必詳典籍。故不稱名。應有憑準。朝官尙猶如此。宮臣諱則不疑。今東宮殿及門名。皆有觸犯。臨事論啓。迴避甚難。孝敬皇帝爲太子時。改宏教門爲崇教門。沛王爲皇太子時。改崇賢館爲崇文館。皆避名諱。以尊禮典。此則成例。足爲規模。上從之。

神龍元年十一月二十五日。有司奏。以宮殿名與沛王諱同者。悉改焉。遂改昭慶殿章德殿昭賢侯廟。

三年八月二十一日。改元武樓爲神武制勝樓。

開元二十六年正月六日。修望春宮。至十月。兩京路行宮。各造殿宇及屋千間。

貞元四年十月二十五日。戶部侍郎班宏奉勅修延喜門。築夾城。五年正月十九日。宏又修元武樓。

十二年八月六日。戶部尙書裴延齡奉勅修望仙樓。至十三日。令又築望仙樓東夾城。其年十二月。度支郎中兼御史中丞副知度支蘇弁奉勅改造三殿前會慶亭。

十三年九月。上謂戶部侍郎判度支裴延齡曰。朕以浴堂院殿一栿損壞。欲換之而未能。裴延齡曰。陛下自有本分錢物。用之不竭。上驚曰。本分錢物何也。對曰。準禮經。天下賦稅三分。一分充乾豆。一分充賓客。

一分充君之庖廚。乾豆者供宗廟也。亦不能分財物。至于諸國蕃客。及迴紇馬價。皆極簡儉。庖廚之餘。其數尚多。陛下本分也。用修數十殿。亦不合疑。何況一栿邪。上頷之而已。又奏近于同州檢得一谷材木可數千條。皆長七八丈。上曰。人言天寶中側近求覓長五六十尺者。尚無。今何近處忽有此木。延齡曰。生自闕輔。蓋爲聖時。豈前時合得有也。其姦佞如此。

十四年三月三日。造會慶亭于麟德殿前。

元和二年六月。詔左神策軍新築夾城。置元化門晨輝樓。

三年十月。勅修南內宮牆舍。共一千六百間。

五年十一月。上謂宰臣曰。朕以禁中舊殿歲久傾危。欲漸修葺。緣國用未足。每務簡儉。至於車服食飲。亦畏奢侈。不知竟可營造否。權德輿對曰。仲尼謂大禹卑宮室。菲飲食。惡衣服。爲無間。漢文帝欲起露臺。以百金中人十家之產。吾奉先帝宮室。常恐羞之。何以臺爲。遂止。是以文帝之代。四海庶富。俗知禮讓。今陛下至誠恭儉。有過前王。當爲天下幸甚。

六年五月。詔毀興安門南竹亭。

十二年四月。詔右神策軍以衆二千築夾城。自雲韶門過芳林門。西至修德里。以通於興福佛寺。其年閏五月。新造蓬萊池周廊四百間。

十三年二月。詔六軍使創修麟德殿之右廊。是月。浚龍首池。起承暉殿。雕飾綺煥。徙植佛寺之花木以充焉。

十五年二月。詔於西廊內開便門。以通宰臣自閤中赴延英路。七月。新作永安殿及寶慶殿。修日華門。通乾門并朝堂廊舍。八月。發神策六軍三千人浚魚藻池。十月。發右神策兵各千人。於門下省東少陽院前築牆及造樓觀。

長慶元年五月。禁中造百尺樓。時帑藏未實。內外多事。土木之工屢興。物議喧然。

寶歷元年五月。神策軍於苑內古長安城中修漢未央宮。掘地獲白玉一。長六尺。其年九月。勅長春宮莊宅宜令內莊宅使營建。

太和元年四月。詔毀昇陽殿東放鴨亭望仙門側看樓十間。並敬宗所造也。

二年八月。勅修安福樓及南殿院屋宇一百八十八間。又修兩儀殿及甘露殿共一百七十二間。

九年七月。勅修紫雲樓於芙蓉北垣。九月。內出新造紫雲樓彩霞亭額。左軍中尉仇士良以鼓吹迎於銀臺門。時上好詩。每吟杜甫曲江行云。江頭宮殿鎖千門。細柳新蒲爲誰綠。乃知天寶已前。曲江四面皆有行宮臺殿。思復昇平故事。故爲樓殿壯之。

會昌元年三月。勅造靈符應聖院。五年正月。造仙臺。其年六月。修望仙樓及廊舍。共五百三十九間。

大中元年二月。勅修百福殿院八十間。其年七月。勅親親樓號雍和殿。別造屋宇廊舍七百間。二年正月。勅修右銀臺門樓屋宇。及南面城牆至叡武樓。

天祐二年四月勅。自今年五月一日後。常朝出入。取東上閤門。或遇奉慰。即開西上閤門。永爲定制。其年五月四日勅。改東都延喜門爲宣仁門。重明門爲興教門。長樂門爲光政門。光範門爲應天門。乾化門爲乾元門。宣政門爲敷政門。宣政殿爲貞觀殿。日華門爲左延福門。月華門爲右延福門。萬壽門爲萬春門。積慶門爲興善門。含章門爲膺福門。含淸門爲延義門。金鑾門爲千秋門。延和門爲章善門。以保寧殿爲文思殿。其見在門名。與西京門同名。並宜改復洛京舊門名。

唐會要卷三十一

輿服上

裘冕

舊制。天子之服。則有大裘冕。袞冕。鷩冕。毳冕。絺冕。元冕。通天冠。武弁。黑介幘。白紗帽。平準帽。翼善冠之服。並出於殿中省。皇后之服。則有褘衣。鞠衣。鈿釵禮衣之服。並出於內侍省。太子之服。則有袞冕。具服遠遊冠。公服遠遊冠。烏紗帽。弁服。平巾幘。進德冠之服。並出於左春坊。凡王公第一品服袞冕。二品服鷩冕。三品服毳冕。四品服絺冕。五品服元冕。六品至九品服爵弁。

武德四年七月定制。凡衣服之令。天子之服有十二等。大裘冕。袞冕。鷩冕。毳冕。絺冕。元冕。通天冠。武弁。黑介幘。白紗帽。平巾幘。白帢是也。

顯慶元年九月十九日。修禮官臣無忌。志寧。敬宗等言。準武德初撰衣服令。乘輿祀天地。服大裘冕。無旒。臣勘前件令。是武德初撰。雖憑周禮。理極未安。謹按郊特牲云。周之始郊。日南至。被袞以象天。戴冕藻十有二旒。則天數也。而此二禮。俱說周郊。袞與大裘。事乃有異。按月令。孟冬。天子始裘。明以禦寒。理非當暑。若啓蟄祈穀。冬至報天。行事服裘。義歸通允。至於夏季迎氣。龍見而雩。炎熾方隆。如何服之。謹尋歷代。唯服袞章與郊特牲義旨相協。按周遷輿服志云。漢明帝永平二年。詔採周官禮記。始制祀天地服。惟天子備十二章。沈約宋書志云。魏晉郊天。亦皆服袞。宋魏周齊隋禮令。祭服悉同。斯則百王通典。炎涼無妨。復與禮經。事無乖舛。今請憲章故實。郊祭天地。皆服袞冕。其大裘請停。仍改禮令。又檢新禮。皇帝祭社稷。絺冕四旒。衣三章。祭日月。服元冕。三旒。衣無章。謹按令文。是四品五品之服。此三公亞獻。皆服袞衣。孤卿助祭。服毳及驚。斯乃乘輿章數。同於大夫。君少臣多。殊爲不可。周禮云。祀昊天上帝。則服大裘而冕。祀五帝亦如之。享先王則袞冕。享先公則驚冕。祀四望山川則毳冕。祭社稷五祀則絺冕。祀諸小祀則元冕。又云。公侯伯子男孤卿大夫之服。袞冕已下。皆如王之服。所以三禮義宗。遂有二釋。一云。公卿大夫助祭之日。所服之服。降王一等。又云。悉與王同。求其折衷。俱未通允。但名位不同。禮亦異數。天子以十二爲節。義在法天。豈有四旒三章。翻爲御服。若諸臣助祭。冕與王同。便是貴賤無分。君臣不別。如其降王一等。則王著元冕之時。羣臣次服爵弁。既屈天子。又貶公卿。周禮此文。久不施用。是故漢魏以來。下迄隋代。相承舊事。唯用袞冕。今新禮親祭日月。仍服五品之服。臨事施行。極不穩便。請遵歷代故實。諸祭並用袞冕。制可之。無忌等又奏曰。皇帝爲諸臣及五服親舉哀。依禮著素服。今令乃云白帢。禮令乖舛。須歸一塗。且白帢出自近代。事非稽古。雖著令文。不可行用。請改從素服。以合禮文。制從之。

儀鳳二年。太常博士蘇知機又上表。以公卿以下冕服。請別立節文。勅下有司詳議。崇文館學士校書郎楊炯議曰。今表請制大明冕十二章。乘輿服之者。謹按日月星辰。已施於旌旗矣。龍虎火山。又不逾於古矣。而云麟鳳有四靈之名。元龜有負圖之應。雲有紀官之號。水有感德之祥。此蓋別表休徵。終是無逾比象。然則皇王受命。天地興符。仰觀則璧合珠連。俯察則銀黃玉紫。盡南宮之粉壁。不足寫其形狀。罄東觀之鉛黃。無以紀其名實。固不可畢陳於法服也。雲也者。從龍之氣也。水也者。藻之自生也。又不假別爲章目也。鷩冕八章。三公服之。鷩者。太平之瑞也。非三公之德也。鷹鸇者。鷙鳥也。適可以辨祥刑之職也。熊羆者。猛獸也。適可以旌武臣之力也。又稱藻爲水草。無所法象。引張衡賦云。蔕倒茄於藻井。披江葩之狎獵。謂爲蓮花。取其文采者。夫茄蓮也。若以蓮花代藻。變古從今。既不知木草之名。亦未達文章之意。又毳冕六章。三品服之者。按此王者祀四望服之名也。今三品乃得同王之毳冕。而三公不得同王之袞名。豈惟顚倒衣裳。抑亦自相矛盾。又絺冕四章。五品服之。考之於古。則無其名。驗之於今。則非章首。此則不經之甚也。夫禮惟從俗。則命爲制。令爲詔。乃秦王之故事。猶可以適於今矣。若乃義取隨時。則出稱警。入稱蹕。乃漢朝之舊儀。猶可以行於代矣。亦何取變周公之軌物。改宣尼之法度者哉。由是竟寢。知機所請。

開元十一年冬。將有事於南郊。中書令張說奏稱。准令。皇帝祭昊天上帝。服大裘之冕。事出周禮。取其質也。永徽二年。高宗享南郊。用之。顯慶元年。修禮。改用袞冕。事出郊特牲。取其文也。自則天已來用之。若遵古制。則應用大裘。若便於時。則袞冕爲美。令所司造二冕。呈進。上以大裘樸略。冕又無旒。既不可通用於寒暑。乃廢而不用之。自是元正朝會用衮冕及通天冠。大祭祀依郊特牲。亦用衮冕。自餘諸服。雖著在令文。不復施用。

二十六年。肅宗爲皇太子受册。太常所撰儀注。有服絳紗袞之文。太子以爲與皇帝所稱同。上表辭不敢當。請有司易之。上令百官詳議。尙書左丞相裴耀卿太子太師蕭嵩等奏曰。謹按衣服令。皇太子具服有遠遊冠。三梁。加金附蟬九首。施珠翠。黑介幘。髮纓綏。犀簪導。絳紗袞。白紗中單。皁領。褾襈。白裙襦。方心曲領。絳紗蔽膝。革帶。劍佩。綬等。謁廟還宮。元日冬至朔日入朝。釋奠。則服之。其絳紗袞則是冠衣之內一物之數。與裙襦劍佩等無別。至於貴賤之差。尊卑之異。則冠爲首飾。名制有殊。並珠旒及裳綵章之數。多少有別。自外不可事事差異。亦有上下通服。名制是同。禮重則具服。禮輕則從省。今以至敬之情。有所不敢。衣服不可減省。稱謂須更變名。望所撰儀注。不以絳紗衮爲稱。但稱爲具服。則尊卑有差。謙光成德。議奏。上手勅。改爲朱明服。下所司行用焉。

章服品第

舊儀。有朝服。亦名具服。一品已下五品已上。陪祭朝享拜表大事則服之。六品已下。唯無劍佩綬。又有公服。亦名從省服。一品已下五品已上。朔望朝謁及見東宮則服之。六品已下。去紛鞶囊。皆雙綬。又九品已上。朔望朝參者。十月一日已後。二月三十日已前。並服袴褶。五品已上著珂傘。

貞觀四年八月十四日。詔曰。冠冕制度。以備令文。尋常服飾。未爲差等。於是三品已上服紫。四品五品已上服緋。六品七品以綠。八品九品以青。婦人從夫之色。仍通服黃。至五年八月十一日。勅七品以上服龜甲雙巨十花綾。其色綠。九品以上服絲布及雜小綾。其色青。至龍朔二年九月二十三日。孫茂道奏稱。準舊令。六品七品著綠。八品九品著青。深青亂紫。非卑品所服。望請改六品七品著綠。八品九品著碧。朝參之處。聽兼服黃。從之。

咸亨五年五月十日。勅。如聞在外官人百姓。有不依令式。遂於袍衫之內。著朱紫青綠等色短衫襖子。或於閭野。公然露服。貴賤莫辨。有斁彝倫。自今以後。衣服下上。各依品秩。上得通下。下不得僭上。仍令有司嚴加禁斷。

上元元年八月二十一日。勅。一品已下文官。並帶手巾算袋刀子礪石。其武官欲帶者。亦聽之。文武三品已上服紫。金玉帶十三銙。四品服深緋。金帶十一銙。五品服淺緋。金帶十銙。六品服深綠。七品服淺綠。並銀帶九銙。八品服深青。九品服淺青。並鍮石帶九銙。庶人服黃。銅鐵帶七銙。前令九品已上朝參及視事。聽服黃。以洛陽縣尉柳延服黃夜行。爲部人所毆。上聞之。以章服紊亂。故以此詔申明之。朝參行列。一切不得著黃也。

文明元年七月五日。詔。八品已下。舊服青者。並改爲碧。

神龍二年九月二十七日勑。停京官六品已下著緋袴褶。令各依本品爲定。

景雲二年四月二十四日制。令內外官依上元元年勑。文武官咸帶七事。謂佩刀。刀子。礪石。契苾眞。噦厥針筒。火石袋。鞊鞢等。其腰帶一品至五品。並用金。六品至七品。並用銀。八品九品。並用鍮石。

開元二年七月二十四日勑。百官所帶跨巾算袋等。每朔望朝參日著。外官衙日著。餘日停。其年七月二十五日勑。珠玉錦繡。既令禁斷。準式。三品已上飾以玉。四品已上飾以金。五品已上飾以銀者。宜於腰帶及馬鐙酒杯杓依式。自外悉斷。

十九年六月勑。應諸服袴褶者。五品已上。通用紬綾及羅。六品已下。小綾。除幞頭外。不得服羅縠及著獨窠繡綾。婦人服飾。各依夫子。五等以上諸親婦女。及五品已上母妻。通服紫。九品已上母妻。通服朱。五品已上母妻。衣腰襻褾緣。用錦繡。流外及庶人。不得著紬綾羅縠五色線鞾履。几襉色衣不過十二破。渾色衣不過六破。帽子皆大露面。不得有掩蔽。正朝會及大禮陳設事。緣供奉官攝官者。並依攝官服之。

元和十二年六月九日。太子少師鄭餘慶奏。內外官服朝服入祭服者。其中五品多有疑誤。約職事官。自今已後。其職事官是五品者。雖帶六品已下散官。卽有劍佩綬。其六品已下職事官。縱有五品已下散官。並不得服劒佩綬。

龍紀元年十一月。將有事圜丘。上宿齋於武德殿。宰臣百寮朝服於位。時兩軍中尉楊復恭及兩樞密皆朝服侍上。太常博士錢琍李綽等奏曰。今皇帝赴齋內臣朝服。竊詳國朝故事。及近代禮令。並無內官朝服助祭之文。若須要冠服。請各依所兼正官。隨資品依令式服本官之服。從之。

內外官章服

舊制。凡授都督刺史。皆未及五品者。並聽著緋佩魚。離任則停之。若在軍賞緋紫魚袋者。在軍則服之。不在軍不在服限。若經敍錄。不合得者。在軍亦停之。

開元三年四月勅。宰臣自朝廷出鎮。請朝官至侍御史已上者。卽許兼受章服。便爲久例。

其年八月詔。駙馬都尉從五品階。自今已後。宜準令式。仍借紫金魚袋。駙馬都尉借紫自此始也。

四年二月二十三日詔。彰施服色。分別貴賤。苟容僭濫。則有乖儀式。如聞內外絕無官者。皆詐著綠。不以爲事。又軍將在陣賞借緋紫。本是從戎缺胯之服。一得之後。遂別造長袍。遞相倣傚。又入蕃使別勅借緋紫者。使回合停。自今已後。衙內宜專定殿中侍御史糺察。天授二年八月二十日。左羽林大將軍建昌王攸寧賜紫金帶。九月二十六日。除納言。依舊著紫帶金龜。借紫自此始也。

八年二月二十日勅。都督刺史品卑者。借緋及魚袋。永爲常式。

二十五年五月三日勅。緋紫之服。班命所崇。以賞有功。不可僭濫。如聞諸軍賞借人數甚多。曾無甄別。是何道理。自今已後。除灼然有戰功外。餘不得輒賞。

大中元年。中書門下奏。幕府遷授章服。貞元元年之間。使府奏職至侍御史。然後許兼省官至章服。皆計考效。近日奏行殿中及戎卒便請朱紫。數事俱行。其中自綠腰金。皆非典故。今請自侍御史待年月足後。更奏始與省官。至於朱紫。許於本使府有事績尤異者。然後許奏請。惟副使行軍奏職。特加先著綠便許緋。餘不在此限。

三年五月。中書門下奏。增秩賜金紫。雖有故事。如觀察使奏刺史善狀。並須指事而言。不得虛爲文飾。其諸道副使判官。如事績尤異。然後許奏論。惟副使行軍。先著綠便許賜緋。其餘不在此限者。諸使奏請。或資品尚淺。即請章服。或賜緋未幾。又請賜紫。準令入仕十六考。職事官散官皆至五品。始許著緋。三十考。職事官四品。散官三品。然後許衣紫。除臺省清要牧守常典。自今已後。請約官品爲例。判官上檢校五品者。雖欠階考。量許奏緋。副使行軍。俱官至侍御史已上者。縱階考未至。亦許奏緋。如已檢校四品官。兼中丞。先賜緋經三周年已上者。兼許奏紫。其有職事尤異。關錢穀者。須指事上言。監察已下。量與減年限。進改殿中已上。然後可許賜章服。公事尋常者。不在奏限。依奏。

雜錄

乾封二年二月。禁工商不得乘馬。

神龍二年九月。儀制令。諸一品已下。食器不得用渾金玉。六品已下。不得用渾銀。

太和元年五月勅．衣服車乘器用宮室侈儉之制．近日頗差．宜準儀制令品秩勳勞．仍約今時所宜．撰等級送中書門下參酌奏聞．

三年九月勅．兩軍諸司內官不得著紗縠綾羅等衣服．

六年六月勅．詳度諸司制度條件等．禮部式．親王及三品已上．若二王後．服色用紫．飾以玉．五品已上服色用朱．飾以金．七品已上．服色用綠．飾以銀．九品已上．服色用青．飾以鍮石．應服綠及青人．謂經職事官成．及食祿者．其用勳官及爵．直司依出身品．仍聽佩刀礪紛帨．流外官及庶人．服色用黃．飾以銅鐵．其諸親朝賀宴會服飾．各依所準品．又請一品二品許服玉及通犀．三品許服花犀斑犀及玉．又服青碧者．許通服綠．餘依禮部式．又應三省御史臺兩京諸司．及諸道在城職掌官等．諸不許用本官本品例．仍並不得服犀玉及車馬．不得飾以金銀．又袍襖衫等曳地．不得長二寸已上．衣袖不得廣一尺三寸已上．婦人制裙．不得闊五幅已上．裙條曳地．不得長三寸已上．襦袖等不得廣一尺五寸已上．又六典及禮部式．諸文武官赴朝．諸府道從職事．一品及開府儀同三司．聽七騎．二品及特進．聽五騎．三品及散官三騎．四品五品二騎．六品已下．一騎．其散官及以理去官．五品已上．將從不得過兩騎．若京城外．不在此限．今約品秩職事官一品職七騎．二品及中書門下三品五騎．三品及中書門下御史臺五品尚書省四品三騎．四品五品兩騎．鞍通用銀裝．六品一騎．通用鍮石裝．其散官及以理去官者．五品已上．不得過一騎．其若在京城外．及勳績顯著．職事繁重者．不在此限．七品已下．非常參官．並不得以馬從．未任者．聽乘蜀馬．鞍用烏漆裝．又請一品二品九騎．三品七騎．四品五騎．五品兩騎．六品一騎．其京城內應職事繁重者．不在此限．六品以下．非常參官不得馬從．其六品已上．非常參官．周親未任者．聽乘馬．餘未任者．聽乘蜀馬小馬．鞍用烏漆裝．其胥吏雜色人．不在此限．其鞍轡裝飾．據所司條流．得用銀者．四品已下．並得許用垂頭押胯．其用銀及鍮石者．並不得用鬧裝．其軍容隊伍．要資華飾．不在此限．餘並請依所司條流．又制飾度使準儀制令．諸軍一品已下．五品已上．皆通用幰．六品已下．皆不得用幰．令非册拜及婚會．並不得用幰．又準少府式．公主出降．犢車兩乘．一金銅裝．郡主犢車兩乘．一銅裝．縣主犢車兩乘．一銅裝．又準鹵簿令．外命婦一品．厭翟車．從車六乘．二品三品．白銅飾犢車一乘．從車四乘．四品白銅飾犢車一乘．從車兩乘者．今此附前件令式．參酌今時之宜．且婦人本合乘車．近來率用檐子．事已成俗．教在因人．今請外命婦一品二品．中書門下三品母妻．金銅飾犢車檐子．舁不得過八人．三品金銅飾犢車檐子．舁不得過六人．非尚書省御史臺郎以白銅飾檐子．舁不得過四人．四品五品．白銅飾犢車白銅飾檐子．舁不得過四人．六品以下．畫奚車檐子．舁不得過四人．胥吏及商賈妻．並不得乘奚車及檐子．其老疾者．聽乘葦軬車及兜籠．舁不得過二人．庶人准此．右伏緣白銅先已禁斷．今請應合用白銅者．通用鍮石．其胥吏及商賈妻女老病者．聽乘座車及葦軬車．餘並准所司條流處分．勅旨．並依奏．又奏．婦人高髻險妝．去眉開額．甚乖風俗。頗壞常儀．費用金銀．過爲首飾．並請禁斷。其妝梳釵篦等。伏請勒依貞元中舊制．仍請勅下後諸司及州府榜示限一月內改革．又吳越之間織造高頭草履．亦請切加禁絕．其以彩帛縵成高頭履．及平頭小花草履既任依舊．餘請准所司條流．又奏准營繕令．王公已下．舍屋不得施重栱藻井．三品已上堂舍．不得過五間九架．廳厦兩頭門屋．不得過五間五架．五品已上堂舍．不得過五間七架．廳厦兩頭門屋．不得過三間兩架．仍通作鳥頭大門．勳官各依本品．六品七品已下堂舍．不得過三間五架．門屋不得過一間兩架．非常參官．不得造軸心舍及施懸魚對鳳瓦獸通栿乳梁裝飾．其祖父舍宅．門廕子孫雖廕盡．聽依仍舊居住．其士庶公私第宅．皆不得造樓閣臨視人家．近者或有不守勅文．因循制造．自今以後．伏請禁斷．又庶人所造堂舍．不得過三間四架．門屋一間兩架．仍不得輒施裝飾．又準律．諸營造舍宅．於令有違者．杖一百．雖會赦令．皆令改正．其物可賣者．聽賣．若經赦百日不改去．及不賣者．論如律．又奏商人乘馬．前代所禁．近日得以恣其乘騎．雕鞍銀鐙裝飾煥爛．從以童騎．最爲僭越．請一切禁斷．庶人準此．師僧道士除綱維及兩街大德．餘並不得乘馬．請依所司條流處分．諸部曲客女奴婢服絁紬絹布．色通用黃白．飾以銅鐵．客女及婢．通服青碧．聽同庶人．兼許夾纈．丈夫許通服黃白．如屬諸軍諸使諸司．及屬諸道．任依本色目流例．其女人不得服黃紫爲裙．及銀泥罨畫錦繡等．餘請依令式．又制度衣服車乘器用宮室等．其諸軍使職掌官等．並請約文武官例各委本道本軍本使．以職掌高下．約爲等第．比類聞奏．又應諸色條流。請委御史臺知彈御史兩巡使。京兆尹。東都留守。河南尹。留臺御史。外州府長吏。準條流月日切加糾察。如違越沒入所犯物。仍量加決責。其常參官具名聞奏。其在城諸軍使各委本司句當。不及者委臺司覺察聞奏。勑旨。理道所關。制度最切。其喪葬婚嫁吉凶禮物。雖不在條件之內。亦委所司準令式句當。仍加捉搦。其禁軍仗衛雜飾。及諸道節鎮等使軍裝衣服。卽不在此限。餘並依奏。

其年七月。度支戶部鹽鐵三司奏。准今年六月勑。令三司官典及諸色場庫所由等。其孔目。句檢。句覆。支對。句押。權遣。指引進庫官。門官等。請許服細葛布。折造及無紋綾充衫及袍襖。依前通服綠。閤銀藍鐵充腰帶。不得乘毛色大馬。鞍轡踏鐙用鍮石。其驅使官有正官及在城及諸色倉場官等。請許服細葛布。折造及庶人紋綾充衫袍。依前服綠。藍鐵充腰帶。乘小馬。鞍轡銜鐙用鍮石。其驅使官未有正官及輿行按令史等。請許麤葛布及官絁等充衫襖。亦請依前通服綠。銅鐵腰帶。乘蜀馬。其鞍用烏漆鐵踏鐙。聽於每司各許三人著綠布衫。其不行按令史並書手服白。仍並不許乘馬及馬從。通引官許依前麤紫絁及紫布充衫袍。藍鐵腰帶。乘小馬。鞍用烏漆鐵踏鐙。其行官門子等。請許依前服紫麤絁充衫襖。藍鐵腰帶。仍不許乘馬。其騾綱。車綱等。緣常押驢騾於諸州府搬運。及送遠軍衣賜。須應程期。請許依前麤紫絁充襖。藍鐵腰帶。乘驢車。出塞卽請許乘麤牡馬。餘並不得違元勑。揀子及諸色小所由。並請服白布衫。及應向外監院職掌所由。請勑下後。約省使條流。遞減一等處分。除此外。餘並準元勑處分。依奏。

七年八月九日勅。今年十月服冬裘後。其衣服輿馬。並宜準太和六年六月十七日勅處分。如固違制度。九品已上。量加黜責。其布衣。五年不得選舉。

開成四年二月。淮南觀察使李德裕奏。臣管內婦人衣袖先闊四尺。今令闊一尺五寸。裙先曳地四五寸。今令減五寸。從之。

五年六月。御史中丞黎植奏。伏以朝官出使。自合驛馬。不合更乘檐子。自此請不限高卑。不得輒乘檐子。如病。即任所在陳牒。仍申中書門下及御史臺。其檐夫自出錢雇。節度使有病。亦許乘檐子。不得便乘臥輦。宰相三公師保尙書令正省僕射及致仕官疾病者。許乘之。餘官並不在乘限。其檐子任依漢魏故事。準載步輿步輿之制。不得更務華飾。其三品已上官及剌史赴任。有疾亦任所在陳牒。許暫乘。病瘥日停。不得驛中停止。人夫並須自雇。又中書門下奏。臺司所奏條流檐子事。更須商量。其常參官或諸司長史。品秩高者。有疾及筋力綿怯。不能控馭。望許牒臺暫乘檐子。患損勒停。其出使郎官中路遇疾。令自雇夫者。若所詣稍遠。計費極多。制下檢身。不合貸借。輕齎則不濟所要。無偏則不可支持。如中路遇疾者。所在飛牒申奏。差替去。以此商量。庶爲折衷。餘請依御史臺所奏。

冠

唐制。親王服遠遊三梁冠。五品已上。兩梁冠。九品已上。一梁冠。武官及中書門下九品已上。服武弁平巾幘.御史服法冠.武德四年七月勑.折上巾軍旅所服.卽今幞頭是也.自後紗帽漸廢.貴賤用之.故事.全復皁而向後幞髮.俗謂之幞頭.周武建德中裁爲四脚

其年十二月.高祖問秘書丞令狐德棻曰.丈夫冠.婦人髻.競爲高大.何也.對曰.在人之身.冠髻爲上.所以古人方諸君子.昔東晉之末.君弱臣强.江左之士.莫不衣小而裳大.及宗武正位之後.君尊而臣卑.俄亦變改.此卽近事之徵.

貞觀八年五月七日.太宗初服翼善冠.賜貴臣進德冠.因謂侍臣曰.幞頭起於周武帝.蓋取便於軍容耳.今四方無虞.當偃武事.此冠頗採古法.兼類幞頭.乃宜常服.至開元十七年.廢不行用.

開元十九年六月勑.應五品已上.行六品冠.去琪珠.

二十五年.工部太常寺衣冠祭服.并幘.諸司供奉官衣冠履舄等.所司七年一替.三年一給.未滿三年.有損壞者.並自修理.

乾元元年十月一日.知司天臺事韓穎奏.五官正奉勑創置.其官職配五方.上稽五緯.臣請冠上加一星珠.衣從本方正色.每至元日冬至.朔望朝會.及諸大禮.卽服以朝見.仍望永爲恆式.勑旨依.

貞元七年十一月.上問冠冕於宰臣.時董晉對曰.古之人服冠冕者.動有佩玉之響.以節步也.故大禹惡衣服而致美於黻冕.上然之.

巾子

武德初。始用之。初尚平頭小樣者。

天授二年。則天內宴。賜羣臣高頭巾子。呼爲武家諸王樣。景龍四年三月。內宴。賜宰臣已下內樣巾子。其樣高而踣。皇帝在藩時所冠。故時人號爲英王踣樣。

開元十九年十月。賜供奉及諸司長官羅頭巾及官樣圓頭巾子。

永泰元年。裴冕爲左僕射。自創巾。號曰僕射樣。

太和三年正月。宣令諸司小兒勿許裹大巾子入內。

魚袋

永徽二年四月二十九日。開府儀同三司及京官文武職事四品五品。並給隨身魚袋。

五年八月十四日。勅。恩榮所加。本緣品命。帶魚之法。事彰要重。豈可生平在官。用爲褒飾。纔至亡沒。便即追收。尋其始終。情不可忍。自今已後。五品已上有薨亡者。其隨身魚袋不須追收。

咸亨三年五月三日。始令京官四品五品職事佩銀魚。是日。出內魚袋賜之。

垂拱二年正月二十日。赦文。諸州都督刺史。並準京官帶魚袋。

天授元年九月二十六日。改內外官所佩魚爲龜。至神龍二年二月四日。京文武官五品已上。依舊式佩魚袋。

久視元年十月十三日。職事三品已上龜袋。宜用金飾。四品用銀飾。五品用銅飾。上守下行。皆依官給。

神龍元年六月十七日赦文。嗣王郡王有階級者。許佩金魚袋。至開元元年八月二十日。諸親王長子先帶郡王官階級者。亦聽著紫佩魚袋。

二年八月。制京文官五品已上。依舊式佩銀魚袋。

景龍三年八月。令特進佩魚。散職佩魚。自茲始也。

蘇氏記曰。自永徽以來。正員官始佩魚。其離任及致仕。即去魚袋。員外判試幷檢校等官。並不佩魚。至開元九年九月十四日。中書令張嘉貞奏曰。致仕官及內外官五品已上檢校試判及內供奉官。見占闕者。聽準正員例。許終身佩魚。以爲榮寵。以理去任。亦許佩魚。自後恩制賞緋紫。例兼魚袋。謂之章服。

景雲二年四月二十四日赦文。魚袋著紫者金裝。著緋者銀裝。

開元二年閏二月勅。承前諸軍人多有借緋及魚袋者。軍中卑品。此色甚多。無功濫賞。深非道理。宜勅諸軍鎭。但是從京借。並軍中權借者。並委勅封收取。待立功日。據功合德。即將以上者。委先借後奏。其靈武和戎大武幽州鎭軍赤水河源瀚海安西定遠等軍。旣臨賊衝。事藉懸賞。量軍大小。各封金魚袋一二十枚。銀魚袋五十枚。並委軍將臨時行賞。

唐會要卷三十二

輿服下

笏

武德四年八月十六日。詔五品已上執象笏。已下執竹木笏。舊制。三品已下。前挫後直。五品已上。前挫後屈。武德已來。一例上圓下方。其日勅。凡笏周制。七周禮。諸侯以象。大夫以魚須文竹。晉宋以來。謂之手板。自西魏後。五品已上通用象牙。六品以下兼用竹木。近唯尚書郎執笏。公卿但以手板。後周保定四年。百官始執笏。至晉宣時。內外婦人執笏。其拜俛伏與俱執之。

開元八年九月。勅諸笏。三品已上前屈後直。五品已上前屈後挫。並用象。九品已上竹木。上挫下方。男以上聽依品爵執笏。假板官亦依例。

異文袍

武德四年八月十六日勅。三品已上服大料紬綾及羅。其色紫。飾用玉。五品已上服小料紬綾及羅。其色朱。飾用金。六品已上服絲布雜小綾交梭及雙紃。其色黃。六品七品飾銀。八品九品鍮石。流外及庶人服紬絹絁布。其色通用黃白。飾用銅鐵。

天授三年正月二十二日。內出繡袍。賜新除都督刺史。其袍皆刺繡作山形。繞山勒回文銘曰。德政惟明。職令思平。清慎忠勤。榮進躬親。自此每新除都督刺史。必以此袍賜之。

延載元年五月二十二日。出繡袍以賜文武官三品已上。其袍文仍各有訓誡。諸王則飾以盤龍及鹿。宰相飾以鳳池。尚書飾以對雁。左右衛將軍飾以對麒麟。左右武衛飾以對虎。左右鷹揚衛飾以對鷹。左右千牛衛飾以對牛。左右豹韜衛飾以對豹。左右玉鈐衛飾以對鶻。左右監門衛飾以對獅子。左右金吾衛飾以對豸。文銘皆各爲八字回文。其辭曰。忠貞正直。崇慶榮職。文昌翊政。勳彰慶陟。懿沖順彰。義忠慎光。廉正躬奉。謙感忠勇。

開元十一年六月。勅諸衛大將軍中軍郎將袍文。千牛衛瑞牛文。左右衛瑞馬文。驍衛虎文。武衛鷹文。威衛豹文。領軍衛白澤文。金吾衛辟邪文。監門衛獅子文。每正冬陳設朝日著甲。會日著袍。

貞元三年三月。初賜節度觀察使等新制時服。上曰。頃來賜衣文綵不常。非制也。朕今思之。節度使文以鶻銜綬帶。取其武毅以靖封內。觀察使以雁銜儀委。取其行列有序。冀人人有威儀也。

其年十一月九日。令常參官服衣綾袍。金玉帶。至八年十一月三日。賜文武常參官大綾袍。

太和六年六月。勅三品已上許服鶻銜瑞草。雁銜綬帶。及對孔雀綾袍襖。四品五品許服地黃交枝綾。六品已下常參官。許服小團窠綾。及無紋綾隔織獨織等充除此色外應有奇文異制袍襖綾等並禁斷其中書門下省尚書省御史臺及諸司三品官。並勅下後許一月日改易。應諸司常參官。限勅下後兩月日改易。除非常參官及供奉官外州府四品已上官。許通服絲布。仍不得有花文。一切禁斷其花絲布及繚綾。除供御服外。委所在長史禁毁訖聞奏。其不可服絲布者。勅下後限一月並須改易。

輅車

武德初。著令。天子鑾輅五等。玉金象革木。以供服乘用之。屬車十乘。指南車。記里鼓車。白鷺車。鸞旗車。辟惡車。皮軒車。安車。耕根車。四望車。羊車。

貞觀元年十一月。始加豹尾車。黃鉞車。通爲十二乘也。以爲儀仗之用。大駕行幸。則分前後。施于鹵簿之內。若大陳設。則分左右。施于儀衞之中。高祖太宗大禮。則乘大輅。高宗不喜乘輅。每有大禮。則御輦。至則天以爲常。元宗以輦不中禮。廢而不用。舊制。輦有七。一曰大鳳輦。二曰大芳輦。三曰仙遊輦。四曰小輕輦。五曰芳亭輦。六曰大玉輦。七曰小玉輦。轝有三。一曰五色轝。二曰常平轝。其用如七輦之儀。三曰腰轝。則常御焉。

開元十一年冬。祀南郊。乘輅而往。禮畢。騎還。自是行幸郊祀。皆騎于儀衞之內。其五輅腰轝。陳于鹵簿而已。

貞元十一年十一月十三日。戶部侍郎裴延齡奉進止。修造法駕御輅排城等。

元和十年十月。上閱新作指南車記里車于麟德殿。

會昌六年十一月。太僕寺奏請重修御輅鼓法駕等車二十四乘。并調馬拖車一十三乘。

乘車雜記

貞觀十三年。上幸九成宮。時中郎將結社爾反。犯御營。馬騎得踰長幕。宿衞官拒之。方敗走。太宗乃遣造爲漆盾於三衞幕外。編以爲城。於盾面綵畫爲獸頭。咸外向。令馬騎見之不敢進。遂爲永式。至顯慶三年九月二十四日。有司奏請造排車七百乘。擬車駕行幸運載排城。上以爲勞煩。乃令于舊頓築牆爲固。

顯慶二年十月。左僕射于志寧奏請駕行日須三部張設。更造九十連帳及三梁等。上曰。九十連帳。非惟營造費功。又大須車牛運輦。朕坐小帳。足以自安。行日止用兩部帳幕。不須辦三部。其殿中帳幕兩部外。宜迴與衞尉。無忌奏曰。陛下每事儉約。非惟不造大帳。又減一部。事多省約。彌彰聖德。抃舞稱賀。

二年十一月。詔朕近尋殿中舊帳。寶鈿鞍轡甚多。既非所須。徒煩貯掌。其殿中供奉及妃嬪已下寶鈿並金裝鞍轡韉鞦等。並宜令毁剔。各依儀式。須賜人者量留。

開元十五年七月。勅殿中鞍轡繖扇及諸司雜物。須修理造作者。本司迗至作所修理訖。自往請受。不得追匠就本司。其不可迗作司者。給匠修理。其物應納庫藏。亦本司自迗。

天寶元年正月。勅。黃鉞古來以金爲飾。金者。應五行之數。其黃鉞宜改爲金鉞。副威武之義也。

七載正月二十八日。太常卿韋縚奏。御案褥牀帳。望去紫用赤黃。制曰。可。十載七月。勅近改旗幟爲赤黃。以符土德。其諸衞隊仗緋色者。宜令所司依內出黃色樣。卽造其槍並用赤稠木。仍依本色。不須更染。別色長一丈四尺爲限。其諸軍職掌。有先用火焰緋幡處。宜各依一樣送付諸道。準此改換。先用赤色宜停。

羃䍦

武德初。襲齊隋舊制。婦人多著羃䍦。雖發自戎夷。而全身障蔽。至永徽已後。皆用帷帽。拖裙到頸。卽漸爲淺露矣。龍朔三年。有勅禁斷。初雖暫息。旋又仍舊。

咸亨二年八月二十二日。又勅。下百官家口。咸預士流。至于衢路之間。豈可全無障蔽。比來多著帷帽。遂棄羃䍦。曾不乘車。別坐檐子。遞相倣效。寖成風俗。過爲輕率。深失禮容。前者已令漸改。如聞猶未止息。理須禁斷。自後不得更然。

戟

景龍三年七月。皇后表請。婦人不因夫子而加邑號者。請見同任職事官。聽子孫用蔭。門施棨戟。制從之。

開元八年九月。勅。廟社宮門。正一品。開府儀同三司。嗣王。郡王。上柱國。柱國帶職事二品已上。及京兆河南尹。大都督。大都護。開國及護軍帶職事三品。若下都督。諸州門。其門戟幡。有破壞。五年一易。百官門不在官易之限。薨者葬訖。追納。若子孫合給者。聽準數留。不足更給。其以理去任。及改爲四品官。非被貶責。

並不合追收。元宗朝衞尉卿張介然爲河隴行軍司馬。因入奏上言曰。臣今三品合立棨戟。臣河東人。若得本鄉立之。百代榮盛。上曰。卿且將戟歸故鄉。朕更別給卿戟。列于京宅。本鄉立戟。介然始也。（檢年月未獲）

天寶六載四月八日。勅改儀制令。廟社門宮殿門每門各二十戟。東宮每門各十八戟。一品門十六戟。嗣王郡王。若上柱國柱國帶職事二品。散官光祿大夫已上。鎮國大將軍已上。各同職事品。及京兆河南太原府大都督大都護門十四戟。上柱國柱國帶職事三品。上護軍帶職事二品。若中都督上州上都護門十二戟。國公及上護軍帶職事三品。若下都督中下州門各十戟。並官給。

上元元年閏正月。宰臣呂諲令立戟。有司送戟至宅。或曰。吉慶之事。不宜以凶服受之。諲遂權釋縗服衣吉。當中而拜。識者譏其失禮。

貞元四年七月。詔試大理評事兼監察御史李愿爲銀青光祿大夫兼太子賓客。仍賜上柱國。以晟功高。故寵異之。賜勳俾與父並列門戟。

五年十二月十九日。中書門下奏。應請列戟官。准儀制令。正一品開府儀同三司嗣王郡王幷勳官上柱國柱國等帶職事三品已上。並許列戟。準天寶六載勅。

六年四月八日勅。文散官光祿大夫鎮軍大將軍已上。各同職事品。近日散試官使帶高階者衆。恐須商量者。伏請準舊制令本文。取帶三品已上正員職事官爲定。勅旨宜依。

元和六年十二月勅。立戟官階勳。悉至三品。然後申請。仍編于格令。

其年勅立戟。官京兆尹上柱國賜紫金魚袋元義方。朝議大夫戶部侍郎護軍賜紫金魚袋盧坦。立戟雖令式所著。似有闕文。造次而行。殊乖審慎。宜令各罰一月俸料。其戟仍令所司收納。左司郎中陸質。句檢不精。禮部員外郎崔備。工部員外郎元祐等。守官假器。其過尤深。各罰一季俸料。緣兵興以來。勳官超越。其所立戟。須有明文。宜令所司準舊制。待官階勳並至三品。然後申請。仍編於格令。近列立戟官。率有銀青階。而元義方獨據令文上柱國官三品者十二戟。無以階敍戟之文。牒省申請。省司不能議準式立戟。後轉爲四品官。自非貶受。兼判勳階。其戟不奪。既而盧坦以前任宣州刺史。是三品兼護軍。又請立戟。以列于門。議者以坦居四品官。狀亦無據。臺司將劾而未舉。吏部尚書鄭餘慶以爲不可。臺司因移牒給禮部。狀稱令文內。祇言勳官。並不言階。自貞元以來。立戟一十八人。並無銀青色下階者。遂以上聞。故皆坐罰。而申之續放免。陸質及崔備元祐。俱罰一季俸料。

十一年十月。禮部奏。寧武軍節度使李愿奏云。貞元三年立戟十二竿。經今三十餘年。戟竿及衣幡破壞。準儀制令。官戟五年一換。勅旨。李愿立戟年深。稱要修換。有司詳檢在格無文。以其家承忠勳。身著勞効。特宜賜與。用示恩榮。卽與重換。其戟收納舊者。

十五年三月。左右神策軍護軍中尉馬進潭。梁守謙。左右監門衛將軍魏簡。陳宏慶。劉承偕。韋元素。仇士良。李藏用。李朝盛等奏。臣等準格令。合有棨戟之榮。事下禮部。而員外郎賈鍊以爲進潭等三人合立棨戟。其陳宏慶已下六人。緣官是員外郎置。與節文不同。奏罷之。

長慶二年十月。以禮部尚書韋綬爲山南西道節度使。辭日。請門戟十二。自持赴鎮。從之。

咸通二年。楊汝士與諸子位皆至正卿。所居靜恭里。兄弟並列門戟。時人榮之。

天祐四年。太常禮院奏。兩浙節度使錢鏐受册訖。舊立門戟一十二枝。合準禮例。更添四枝。仍五年一易。從之。

議曰。按禮祭法。上古祭名。不聞有戟神節神。近代受節。置於一室。朔望必祭之拜之。非也。凡戟。天子二十四。諸侯十。今之藩鎮。古之諸侯也。在其地則施於公府門。爵位崇顯者。亦許列之私第。苟祭之拜之。不經之甚也。

雅樂上

高祖受禪。軍國多務。未遑改創樂府。尚用隋氏舊文。武德九年正月十日。始命太常少卿祖孝孫考正雅樂。至貞觀二年六月十日。樂成奏之。太宗謂侍臣曰。禮樂之作。蓋聖人緣物設教。以爲撙節。治之隆替。豈此之由。御史大夫杜淹對曰。前代興亡。實由於樂。陳之將亡也。爲玉樹後庭花。齊之將亡也。而爲伴侶曲。行路聞之。莫不悲泣。所謂亡國之音也。以是觀之。蓋樂之由也。太宗曰。不然。夫音聲感人。自然之道也。故歡者聞之則悅。憂者聽之則悲。悲悅之情。在於人心。非由樂也。將亡之政。其民必苦。然苦心所感。故聞之則悲耳。豈樂聲哀怨。能使悅者悲乎。今玉樹後庭花。伴侶之曲。其聲俱存。朕當爲公奏之。知公必不悲矣。

尚書右丞魏徵進曰。古人稱禮云禮云。玉帛云乎哉。樂云樂云。鐘鼓云乎哉。樂在人和。不由音調。上然之。

初孝孫以陳梁舊樂。雜用吳楚之音。周齊舊樂。多涉胡戎之伎。於是斟酌南北。考以古音而作大唐雅樂。以十二律各順其月旋相爲宮。按禮記大樂與天地同和。故制十二和之樂。合三十二曲。八十有四調。祭圜丘以黃鍾爲宮。方澤以林鍾爲宮。宗廟以太簇爲宮。五郊朝賀饗宴。則隨月用律爲宮。初隋但用黃鍾一宮。惟扣七鍾。餘五鍾虛懸而不扣。及孝孫建旋宮之法。扣鍾皆徧。無復虛懸者矣。凡祭天神奏豫和之樂。地祇奏順和。宗廟奏永和。天地宗廟登歌俱奏肅和。皇帝臨軒奏太和。王公出入奏舒和。皇帝食舉及飲酒奏休和。皇帝受朝奏正和。皇太子軒懸出入奏承和。元日冬至皇帝禮會登歌奏昭和。郊廟俎入奏雍和。皇帝祭享酌酒讀祝文及飲福受胙奏壽和。五郊迎氣各以月律而奏其音。又郊廟祭享奏化康凱安之舞。周禮旋宮之義。亡絕已久。莫能知之。一朝復古。自孝孫始也。

貞觀初。張文收善音律。嘗覽蕭吉樂譜。以爲未甚詳悉。乃取歷代沿革。截竹爲十律二。吹之。備盡旋宮之義。太宗召文收于太常。令與少卿祖孝孫參定雅樂。大樂有古鍾十二。近代惟用其七。餘有五鍾。俗號啞鍾。莫能通者。文收吹調律之。聲皆響徹。時人咸服其妙。尋授協律郎。及孝孫卒。文收復採三禮。更加釐革。依周禮。祭昊天上帝以圜鍾爲宮。黃鍾爲角。太簇爲徵。姑洗爲羽。奏元和之舞。若封泰山。同用此樂。祭地祇方丘以函鍾爲宮。太簇爲角。姑洗爲徵。南呂爲羽。奏順和之舞。禪梁父同用此樂。祫禘宗廟。以黃鍾爲宮。太呂爲角。太簇爲徵。應鍾爲羽。奏永和之舞。五郊日月星辰。及類上帝。黃鍾爲宮。奏元和之曲。大蠟大報。以黃鍾太簇姑洗蕤賓夷則無射等調。奏元和順和永和之曲。明堂雩。以黃鍾爲宮。奏元和之曲。神州社稷藉田。宜以太簇爲宮。雨師以姑洗爲宮。山川以蕤賓爲宮。並奏順和之曲。饗先妣。以夷則爲宮。奏永和之曲。大饗讌。奏姑洗蕤賓二調。皇帝郊廟食舉。以月律爲宮。並奏休和之曲。皇帝郊廟出入。奏太和之曲。臨軒出入。奏舒和之樂。並以姑洗爲宮。皇帝大射。以姑洗爲宮。奏騶虞之曲。皇太子奏貍首之曲。皇太子軒懸。以姑洗爲宮。奏永和之曲。凡奏黃鍾。歌大呂。奏太簇。歌應鍾。奏姑洗。歌南呂。奏蕤賓。歌林鍾。奏夷則。歌中呂。奏無射。歌夾鍾。凡黃鍾蕤賓爲宮。其樂九變。大呂林鍾爲宮。其樂八變。太簇夷則爲宮。其樂七變。夾鍾南呂爲宮。其樂六變。姑洗無射爲宮。其樂五變。中呂應鍾爲宮。其樂四變。天子十二鍾。上公九。侯伯七。子男五。卿六。大夫四。士三。然後樂教大備。

貞觀十四年六月一日。詔曰。殷薦祖考。以崇功德。比雖加以誠潔。而廟樂未稱。宜令所司。詳諸故實。制定奏聞。祕書監顏師古議曰。近奉德音。俾令釐革。嘉名創立。實宜允副。伏惟皇祖宏農府君。宣簡公。懿王。並積德累仁。重光襲軌。化覃行葦。慶隆瓜瓞。詩云。濬哲惟商。長發其祥。言殷之先祖。久有深智。虞夏二代。發其祥也。三廟之樂。請同奏長發之舞。其登歌則各爲辭。太祖景皇帝迹肇沮漆。教漸豳岐。胥宇之志既勤。靈臺之萌始附。詩云。君子萬年。永錫祚胤。言遐遠之期。惟天所命。長與福祚。流于子孫也。廟樂請奏永錫之舞。世祖元皇帝。丕承鴻緒。克紹宏猷。實啓蕃昌。用集寶命。易大有象曰。其德剛健而文明。應乎天而時行。言德應天道。行不失時。剛健靡滯。文明不配也。廟樂請奏大有之舞。高祖大武皇帝應期馭歷。揖讓受終。奄有四方。仰齊七政。介以景福。申茲多祜。式崇勿替。誕保無疆。易曰。大明終始。六位時成。謂終始之道。皆能大明。故不失時。成六位也。詩有大明之篇。稱文王有明德。廟樂請奏大明之舞。文德皇后厚德載物。凝暉麗天。易曰。含宏光大。品物咸亨。言坤道至靜。柔順利貞。資生庶類。皆暢達也。廟樂請奏光大之舞。給事中許敬宗議曰。臣聞七廟觀德。義冠于宗祀。三祖在天。式章于嚴配。前聖所履。莫大于茲。鍾律革音。鏗鏘于享薦。羽籥成列。申蹈厲于烝嘗。爰詔典司。乃加隆稱。循聲覈實。敬闡尊名。謹備樂章。式昭彝範。皇祖宏農府君宣簡公懿王廟樂。請同奏長發之舞。太祖景皇帝廟樂。請奏永錫之舞。世祖元皇帝廟樂。請奏大有之舞。高祖大武皇帝廟樂。請奏大明之舞。文德皇后廟樂。請奏光大之舞。七廟登歌。請每室別奏。詔曰。可。

麟德二年七月二十四日。詔。國家平定天下。革命創制。紀功旌德。久被樂章。今郊祀四懸。猶用干戚之舞。先朝作樂。韜而未申。其郊廟享宴等所奏宮懸。文舞宜用功成慶善之樂。皆著履執緋。依舊服袴褶。童子冠。其武舞宜用神功破陣之樂。皆被甲持戟。其執纛之人。亦著金甲。人數並依八佾。仍量加簫笛歌鼓等。于懸南列坐。若舞。即與宮懸合奏。其宴樂內二色舞者。仍依舊別設。

咸亨四年十一月十五日。上自製樂十四首。有上元。二儀。三才。四時。五行。六律。七政。八風。九宮。十州。得一。慶雲之曲。詔有司諸大祀享並奏之。

上元三年十一月三日。勅新造上元之舞。先令大祀享皆將陳設。自今以後。圜丘方澤太廟祀享。然後用此舞。餘祭並停。

儀鳳二年十一月六日。太常少卿韋萬石奏。據貞觀禮。郊享日文舞奏豫和順和等樂。其舞人著委貌冠服。手執籥翟。其武舞奏凱安。其舞人著平冕。手執干戚。奉麟德三年十月勅。文舞改用功成慶善樂。武舞改用神功破陣樂。并改器服。但以慶善不可降神。神功破陣樂又未入雅樂。雖改用器服。其舞曲依舊。迄今不改。事既不安。恐須別有處分。詔曰。舊文舞武舞。既不可廢。並器服總宜依舊。若軒懸作上元舞日。仍奏神功破陣樂。及功成慶善樂。并殿庭用舞。並須引出懸外作。其安置舞曲。宜更商量作安穩法。并錄凱安六變法象奏聞。二十二日。萬石又與刊正樂官等奏曰。謹按凱安舞是貞觀年中所造武舞。準貞觀禮及今禮。但郊廟祭享奏武舞之樂。即用之。凡有六變。一變象龍興參墟。二變象剋靖關中。三變象東夏賓服。四變象江淮寧謐。五變象獫狁讋伏。六變復位象兵還振旅。謹按貞觀禮。祭享曰武舞。准作六變。亦如周之大武。六成樂止。按樂有因人而作者。則因人而止。如禮云。諸侯相見。揖讓而入門。入門而懸興。揖讓而升堂。升堂而樂闋。是也。有著成數者。數終則止。不得取行事賒促。爲樂終早晚。如禮云三闋六成八變九變是也。今禮奏武舞六成。而數終未止。既非師古。不可依行。武舞凱安。望請依古禮及貞觀禮。六成樂止。立部伎內破陣樂五十二遍。修入雅樂。祇有兩遍。名曰七德。立部伎內慶善樂七遍。修入雅樂。祇有一遍。名曰九功。上元舞二十九遍。今入雅樂。一無所減。每見祭享日。三獻已終。上元舞猶自未畢。今更加破陣樂慶善樂。恐酌獻已後。歇舞更長。其雅樂內破陣樂慶善樂及上元舞三曲。並望修改通融。令長短與禮相稱。冀望于事爲便。破陣樂有象武事。慶善樂有象文事。按古六代舞有雲門大咸大夏大韶等。是古之文舞。殷之大濩。周之大武。是古之武舞。儒先相傳。國家以揖讓得天下。則先奏文舞。若以征伐得天下。則先奏武舞。望請應用二舞日。先奏神功破陣樂。次奏功成慶善樂。先奉勅于圜丘方澤太廟祀享日。則用上元舞。臣據見行禮。欲于天皇酌獻降復位已後。卽作凱安六變樂止。其神功破陣樂功成慶善樂上元之舞三曲。待改修訖。以次通融作之。卽新舊並行。前後有序。詔從之。

開元八年九月。瀛州司法參軍趙愼言論郊廟用樂表曰。祭天地宗廟樂合用商音。又周禮三處大祭俱無商調。鄭玄云。此無商調者。祭尙柔。商堅剛也。以臣愚知。斯義不當。但商金聲也。周家木德。金能剋木。作者去之。今皇唐土王。卽殊周室。五音損益。須逐便宜。豈可將木德之儀。施土德之用。又說者以商聲配金。卽作剛柔理解。殊不知聲無定性。音無常主。剛柔之體。實由其人。人和則音柔。人怒則聲烈。故禮稱怒心感人者。其聲粗以厲。愛心感者。其聲和以柔。祇如宮聲爲君。商聲爲臣。豈以臣位配金。金爲臣道。便爲剛乎。是知周制無商。不爲堅剛見闕。蓋以扶木德。忌金行。故國祚靈長。後業昌盛。卜世三十。卜年八百。是去金之應也。卽人神之心可見。剛柔之理全乖。原夫聖人之心。詳夫作者之旨。車服器械。爲易代之通規。郊禋聲調。避德王之刑剋。此不疑之理也。其三祭並請加商調。去角調。又郊廟二舞人。不依古制。未協人神。按周禮以樂舞教國子。舞雲門大咸大濩大武。是知古之舞者。卽諸侯之子孫。容服鮮麗。故得神祇降福。靈光燭壇。今之舞人。並容貌蕞陋。屠沽之流。用以接神。欲求降福。固亦難矣。有隋之際。猶以品子爲之。號爲二舞郎。逮乎聖朝。遂變斯制。誠願革茲近誤。考復古道。其二舞。聖人望取品子年二十已下。顏修正者充。令太常博士主之。准國子學給料。行事之外。習六樂之道。學五禮之儀。經十周年。量文武授散官。號曰雲門生。又按周禮。奏太簇。歌應鍾。以享地祇。注云。地祇。謂神州社稷也。太簇。陽也。位在寅。應鍾。陰也。位在亥。故斗柄建亥。則日月會于寅。斗柄建寅。則日月會于亥。是知聖人之制。取合于陰陽。歌奏之儀。用符于交會。今之祭社。卽乖古法。乃下奏太簇。上歌黃鍾。俱是陽律。上下歌奏不異。仍是陽合于陽。非特違其禮經。抑亦乖于會合。其社壇歌黃鍾。望改爲應鍾。又五郊工人舞人衣服。合依方色。按周禮以蒼璧禮天。以黃鍾禮地。以靑圭禮東方。以赤璋禮南方。以白琥禮西方。以元璜禮北方。是知五天帝德色玉不同。四時文物。各隨方變。冀以同色相感。同事相宜。陰陽交泰。莫不由此。今祭器茵褥。總隨于五方。五郊衣服。獨乖于方色。舞者常持皁飾。工人恆服緋衣。以臣愚知。深爲不便。但五行相剋。賢愚共悉。緋爲火色。有忌于金方。皁爲水位。則妨于火德。事理乖迕。居然可明。其工人舞人衣。望各依方色。其宗廟黃色。仍各以所主色襟袖。又以樂理身心。禮移風俗。請立樂教。以化兆民。周禮曰。以樂德教國子。中和祇庸孝友。其國子諸生。望教以樂經。同于禮傳。則人人知禮。家家知樂。自然風移俗易。災害不生。其樂經章目雖詳。稍乖旨要。望委通明博識修撰。訖。然後頒下。二十五年。太常卿韋縚令博士韋逌直大樂季尙沖樂正沈元禮郊社令陳虔申懷操等。銓敍前後所行用樂章。爲五卷。以付大樂鼓吹兩署。令工人習之。時太常舊相傳有讌樂五調歌詞各一卷。或云貞觀中侍中楊恭仁趙方等所銓集。詞多鄭衛。皆近代詞人雜詩。至是縚又令大樂令孫元成更加釐革。編爲七卷。

開元十三年。詔燕國公張說改定樂章。上自定聲度。說爲之詞。令太常樂工。就集賢院教習。數月方畢。因定封禪郊廟詞曲及舞。至今行焉。司徒杜佑論曰。夫音生於人心。心慘則音哀。心舒則音和。然人心復因音之哀和。亦感而舒慘。故韓娥曼聲哀哭。一里愁悲。曼聲長歌。衆皆喜忭。斯之謂矣。是故哀樂喜怒敬愛六者。隨物感動。播于形氣。叶律呂。諧五聲。舞也者。咏歌不足。故手之舞之。足之蹈之。動其容。象其事。而謂之樂。樂也者。聖人之所樂。可以善人心焉。古之天子諸侯卿大夫。無故不撤樂。士無故不去琴瑟。以平其心。以暢其志。則和氣不散。邪氣不干。此古先哲后立樂之方也。周衰政失。鄭衛是興。秦漢已還。古樂淪缺。世之所存。韶武而已。下不逮振鐸。上不達謳謠。但更其名。示不相襲。知音復寡。罕能制作。而況古雅莫尙。胡樂薦臻。其聲怨思。其狀迂怪。方之鄭衛。又何遠乎。爰自永嘉。戎羯迭亂。事有先兆。其在于茲。貞觀初作破陣樂。舞有發揚蹈厲之容。歌有和易嘽發之音。以表興王之盛烈。何讓有周之大武。豈近古相習所能思關哉。而人間胡戎之樂。久而未革。古者因樂以著教。其感人深。乃移風俗。將欲閑其邪。正其頹。惟樂而已。太宗文皇帝留心雅正。厲精文教。命考隋氏所傳南北之樂。梁陳盡吳楚之聲。周齊皆胡虜之音。乃命太常卿祖孝孫正宮調。起居郎呂才習音韻。協律郎張文收考律呂。平其散濫。爲之折衷。西漢以來。郊祀明堂有夕牲迎神登歌等曲。近代加祼地迎牲飲福酒。今夕牲祼地不用樂。公卿攝事。又去飲福酒之樂。周享神諸樂。多以夏爲名。宋以永爲名。梁以雅爲名。後周亦以夏爲名。隋氏因之。國朝以和爲名。旋宮之樂久喪。漢章帝建初三年。鮑鄴始請用之。順帝陽嘉二年復廢。累代習黃鍾一均。變極七音。則五鍾廢而不擊。反謂之啞鍾。孝孫始爲旋宮之法。造十二和樂。合四十八曲。八十四調。至開元中。又造三和樂。又製文舞武舞。文舞朝廷謂之九功舞。武舞朝廷謂之七德舞。樂用鐘磬柷敔晉鼓琴瑟箏竽笙簫笛篪塤錞于。鐃鐸。舞拍。舂牘等。謂之雅樂。唯郊廟元會冬至及册命大禮。則辨其曲度章句。而分始終之次。二十九年六月。太常奏東封太山日所定雅樂。其樂曰豫和六變。以降天神。順和八變。以降地祇。皇帝行用太和之樂。其封泰山也。登歌奠玉幣用肅和之樂。迎俎用雍和之樂。酌福飲福用壽和之樂。送文迎武用舒和之樂。亞獻終獻用凱安之樂。送神用夾鍾宮元和之樂。禪社首送神用林鍾順和之樂。享太廟迎神用太和之樂。獻祖宣皇帝酌獻。用光大之舞。懿祖光皇帝酌獻。用長發之舞。太祖景皇帝酌獻。用大政之舞。世祖元皇帝酌獻。用大成之舞。高祖神堯皇帝酌獻。用大明之舞。太宗文武皇帝酌獻。用崇德之舞。高宗天皇大帝酌獻。用鈞天之舞。中宗孝和皇帝酌獻。用太和之舞。睿宗大聖貞皇帝酌獻。用景雲之舞。徹豆用雍和之舞。送神黃鍾宮永和之樂。臣以樂章殘缺。積有歲時。自有事東巡。親謁九廟。聖情敦禮。精祈感通。皆祠前累月。考定音律。請編諸史册。萬代施行。乃下制曰。王公卿士爰及有司。頻詣闕上言。請以唐樂爲名者。斯至公之事。朕安得辭之焉。然則大咸。大韶。大濩。大夏。皆以大字表其樂章。今依所請。宜曰大唐樂。

〔宋〕王溥撰

唐會要

中

中華書局

唐會要

中

〔宋〕王溥撰

中華書局

唐會要卷三十三

雅樂下

乾元元年三月十九日。上以太常舊鐘磬自隋以來。所制五聲。或有差錯。謂太常少卿于休烈曰。古者聖人作樂。以應天地之和。以合陰陽之序。和則人不夭札。物不疵癘。且金石絲竹。樂之器也。以親享郊廟。每聽樂聲。或宮商不倫。或鐘磬失度。可盡將鐘磬來。朕當於內自定。太常進入。帝集樂工。考試數日。審知差錯。然後令再造及磨刻。二十五日。一部先畢。召太常樂工。帝臨二殿親觀考擊。皆合五音。送太常。二十八日。帝又於內造樂音三十一章。送赴太常。郊廟歌之。

廣明初。黃巢干紀。樂工淪散。金奏幾亡。及昭宗即位。將親謁郊廟。有司進造樂懸。詢於舊工。莫知制度。時太常博士殷盈孫。乃按周官考工記。究其銑于鼓鉦舞之法。用算法乘除鎛鐘之輕重高低。乃定懸下編鐘。正黃鐘九寸五分。倍應鐘三寸三分半。凡四十八等。口項之量。徑衡之圍。悉爲圖進。遣金工依法鑄之。凡二百四十口。修奉使宰臣張濬。求知聲者。令先較定石磬。合而擊拊之。八音克諧。觀者聳聽。時議者論樂懸之架不同。濬復奏議曰。臣伏準舊制。太廟含元殿並設宮懸三十六架。太清宮南北郊社稷及諸殿庭。並二十架。今修奉樂懸。太廟合造三十六架。臣今參議。請依古禮。用二十架。伏自兵興已來。雅樂淪缺。

將爲修奉事實重難。變通宜務於酌中。損益當循於寧儉。臣聞諸舊史。昔武王定天下。至周公相成王。始暇制樂。魏初無樂器及伶人。後稍得登歌會舉之樂。明帝大明末。詔增益之。咸和中。鳩集遺逸。尙未有金石之音。至孝武太元中。四廟金石始備。郊祀猶不舉樂。宋文帝元嘉九年。初調金石。二十四年。南郊始設登歌。廟舞猶闕。孝武建元中。有司奏郊廟宜設備樂。始爲詳定。故後魏孝文太和初。司樂上書。陳樂章有闕。請集羣官議定廣修器數。正立名品。詔雖行之。仍有殘缺。隋文踐阼。太常議正雅樂。九年之後。唯奏黃鐘一宮。郊廟止用一調。據禮文。每一代之樂二調。並奏六代之樂。凡十二調。其餘聲律。皆不復通。高祖受隋禪。軍國多務。未遑改創樂府。尙用隋氏舊文。武德九年。命太常考正雅樂。貞觀二年。考畢上奏。蓋其事大。故歷代不能速成。今時近郊天。式脩雅樂。制度之間。亦宜撙節。伏準儀禮宮懸之制。陳鎛鐘十二架。當十二辰之位。甲丙庚壬各設編鐘一架。乙丁辛癸各設編磬一架。合爲二十架。樹建鼓於四隅。當乾坤艮巽之位。以象二十四氣。宗廟殿庭。皆用此制。無聞異同。漢魏晉宋齊六朝。並用二十架。隋氏平陳。檢梁故事。乃設三十六架。國初因之不改。高宗皇帝初成蓬萊宮。充庭七十二架。尋乃省之。則簨虡架數。太多本近於侈。止於二十架。正協禮經。從之。古制雅樂宮懸之下。編鐘四架十六口。近代二十四口。正聲十二。倍聲十二。各有律呂。凡二十四聲。登歌一架。亦二十四鐘。雅樂淪滅。至是復全。

太常樂章

太淸宮薦獻大聖祖元元皇帝奏混成紫極之舞。

天寶元年四月十四日。有司奏請降神用混成之樂。送神用太一之樂。樂章十一。檢撰人未獲。

饗德明興聖皇帝廟酌獻並奏長發之舞。樂章九。吏部侍郎李紓撰。

獻祖宣皇帝室酌獻。奏光大之舞。

貞觀十四年。祕書監顏師古議。皇祖宏農府君宣簡公懿皇三廟之樂。請同奏長發之舞。至開元十三年。封禪定廟樂。改用光大之舞。樂章闕。

懿祖光皇帝室酌獻奏長發之舞。

開元十三年定議。依舊用長發之樂。至貞元十四年四月。太常奏。與德明興聖獻祖廟並同用宮縣祭月享之樂章闕。

太祖景皇帝室酌獻。奏大政之舞。

貞觀十四年。祕書監顏師古定議。請奏永錫之舞。給事中許敬宗議。奏大有之舞。至開元十年。改定用大政之舞。樂章闕。

世祖元皇帝室酌奏。用大成之舞。

貞觀十四年。祕書監顔師古議。請奏大有之舞。許敬宗改用大成之舞。樂章闕。

高祖神堯大聖大光孝皇帝室酌獻。奏大明之舞。

貞觀十四年。祕書監顔師古議。奏大明之舞。

太宗文武大聖大廣孝皇帝室酌獻。奏崇德之舞。

先是。文德皇后廟樂。貞觀十四年。顔師古請奏光大之舞。許敬宗議同。及太宗祔廟。遂停光大之舞。樂章闕。

高宗天皇大聖大宏孝皇帝室酌獻。奏鈞天之舞。

中宗孝和大聖大昭孝皇帝室酌獻。奏太和之舞。

睿宗元眞大聖大興孝皇帝室酌獻。奏景雲之舞。

已上廟。貞觀十四年六月。顔師古許敬宗已定樂章廟舞之號。至開元二十九年六月。太常又奏。准十三年封禪日。有司所定九廟酌獻用舞之號。皆列於次。

元宗至道大聖大明孝皇帝室酌獻。奏廣運之舞。中書令郭子儀撰樂章。

肅宗文明武德大聖大宣孝皇帝室酌獻。奏惟新之舞。吏部尚書劉晏撰樂章。

代宗睿文孝武皇帝室酌獻。奏保大之舞。中書令郭子儀撰樂章。

德宗神武孝文皇帝室酌獻。奏文明之舞。尚書左丞平章事鄭餘慶撰樂章。

順宗至德大聖大安孝皇帝室酌獻。奏大順之舞。中書侍郎平章事鄭絪撰樂章。

憲宗聖神章武孝皇帝室酌獻。奏象德之舞。中書侍郎平章事段文昌撰樂章。

穆宗睿聖文思孝皇帝室酌獻。奏和寧之舞。中書侍郎平章事牛僧孺撰樂章。

敬宗睿武昭愍孝皇帝室酌獻。奏大鈞之舞。中書侍郎章處厚撰樂章。

文宗元聖昭獻孝皇帝室酌獻。奏大成之舞。中書侍郎崔琪撰樂章。

武宗至道昭肅孝皇帝室酌獻。奏大定之舞。中書侍郎李回撰樂章。

宣宗聖武獻文孝皇帝室酌舞號。檢撰人未獲。

懿宗昭聖恭惠孝皇帝室酌舞號。檢撰人未獲。

僖宗惠聖恭定孝皇帝室酌舞號。檢撰人未獲。

昭宗聖穆景文孝皇帝室酌獻奏咸寧之舞。撰樂章人闕。

享讓皇帝廟樂章六。吏部侍郎李紓撰。

饗諸太子廟樂章六。檢撰人未獲。

儀坤廟樂章十二。散騎常侍徐彥伯撰。

惠昭太子廟樂章六。左散騎常侍歸登。諫議大夫杜羔。給事中李逢吉。孟簡。職方郎中知制誥王涯等共撰。

悼懷太子廟樂章六。檢撰人未獲。

莊恪太子廟樂章六。給事中裴泰章。蘇滌等共撰。

祀五帝樂章十五。顯慶元年。左僕射于志寧撰。

立春日祀青帝壇。降神奏角音之舞。六變。立夏日祀赤帝壇。降神奏徵音之舞。六變。季夏土王祀黃帝壇。

降神奏宮音之舞。六變。立秋日祀白帝壇。降神奏商音之舞。六變。立冬日祀黑帝壇。降神奏羽音之舞。六變。冬至日祭昊天上帝樂章三。奏豫和之舞。六變。夏至日祭皇地祇樂章三。奏順和之舞。八變。開元十二年。禮部侍郎賀知章撰。

祭神州地祇樂章三。奏順和之舞。八變。貞觀十七年。太府卿蕭璟撰。

春分日祀朝日樂章三。奏元和之舞。六變。顯慶元年禮部侍郎許敬宗撰。至乾元元年中書舍人徐浩又撰。

祭大社大稷樂章四。貞觀十七年左僕射于志寧撰。

祭風師樂章四。降神奏元和之舞。貞元六年祕書監包佶撰。

祭雨師雷師樂章五。降神奏元和之舞。貞元六年。祕書監包佶撰。

蜡祭百神樂章四。降神奏豫和之舞。禮部侍郎許敬宗撰。

祭先農樂章三。奏豐和之舞。二變。顯慶三年。太子洗馬郭瑜撰。

祭先蠶樂章二。奏永和之舞。顯慶三年太子洗馬郭瑜撰。

釋奠樂章八。文宣公廟奏宣和之舞。顯慶三年國子博士范頵等撰。

武成王廟樂章五。奏宣和之舞。三變。貞元六年原王傅于邵撰。

祀九宮貴神樂章六。奏元和之舞。檢撰人未獲。

祭龍池樂章十。

開元元年內出編入雜樂。十六年築壇於興慶宮。以仲春之月祭之。紫微令姚元崇等撰。

殿庭元日冬至朝會樂章七。

元日迎送皇帝奏太和。開元十三年侍中源乾曜撰。

羣官行奏舒和。上公上壽奏休和。顯慶五年中書侍郎李義府撰。

皇帝受酒登歌奏昭和。檢撰人未獲。

中宮朝會樂章四。皇后受册奏正和。中書侍郎李義府撰。

東宮朝會樂章五。迎送皇太子。奏永和。中書侍郎李義府撰。

太子受酒登歌。奏昭和。檢撰人未獲。

鄉飲。樂章十七。

鹿鳴三奏。南陔一奏。嘉魚四奏。崇邱一奏。關雎五奏。鵲巢三奏。

大射。樂章四。

皇帝射騶虞一奏。王公射貍首一奏。卿大夫射采蘋一奏。士射采蘩一奏。

凱樂

太和三年八月。太常禮院奏。謹按凱樂。鼓吹之歌曲也。周官大司樂。王師大獻。則奏凱樂。注云。獻功之樂也。又司馬之職。師有功則凱樂。獻於社。注云。兵樂曰凱。司馬法曰。得意則凱樂。所以示喜也。左氏傳載晉文公勝楚。振旅凱以入。魏晉以來。鼓吹曲章。多述當時戰功。是則歷代獻捷。必有凱歌。太宗平東都。破宋金剛。其後蘇定方執賀魯。李勣平高麗。皆備軍容。凱歌入京師。謹檢貞觀顯慶開元禮書。並無儀注。今參酌今古。備其陳設及奏歌曲之儀。如後。凡命將征伐。有大功獻俘馘者。其日備神策兵衞於東門外。如獻俘常儀。其凱歌用鐃吹二部。笛。篳篥。簫。笳。鐃。鼓。每色二人。歌工二十四人也。樂工等乘馬執樂器。次第陳列。如鹵簿之式。鼓吹令丞前導。分行於兵馬俘馘之前。將入都門。鼓吹振作。迭奏破陣樂應聖期賀朝歡君臣同慶樂等四曲。破陣樂詞曰。受律辭元首。相將討叛臣。咸歌破陣樂。共賞太平人。應聖期詞曰。聖德期昌運。雍熙萬寓清。乾坤資化育。海嶽共休明。闢土欣耕稼。銷戈遂偃兵。殊方歌帝澤。執贄賀昇平。賀朝歡詞曰。四海皇風被。千年德永清。戎衣更不著。今日告功成。君臣同慶樂詞曰。主聖開昌歷。臣忠奏大猷。君看偃革後。便是太平秋。候行至大社及太廟門。工人下馬。陳列於門外。據周禮大司樂注云。獻於祖。大司馬云。先凱樂獻於社。謹詳禮儀。則社廟之中。似合奏樂。伏以尊嚴之地。鐃吹諠譁。旣無明文。或乖肅敬。今請並各於門外陳設不奏歌曲。俟告獻禮畢。復導引奏曲如儀。至皇帝所御樓前兵仗旌門外二十步。樂工皆下馬。徐行前進。兵部尚書介冑執鉞。於旌門內中路前導。周禮。師有功則大司馬左執律。右秉鉞。以先凱樂。注云。律所以聽軍聲。鉞所以示將威。今吹律聽聲。其術久廢。惟請秉鉞以存禮文。次協律郎二人。公服執麾。亦於門外分導。鼓吹令丞引樂工等至位。立定。太常卿於樂工之前跪。具官臣某奏事。請奏凱樂。協律郎舉麾。鼓吹大振作。遍奏破陣樂等四曲。樂闋。協律郎偃麾。太常卿又跪奏。凱樂畢。兵部尚書太常卿退。樂工等並出旌門外立訖。然後引俘馘入獻及稱賀如別儀。（別有獻俘馘儀注。）俟俘囚引出方退。伏請宣付當司。編入新禮。仍令樂工教習。依奏。

讌樂

武德初。未暇改作。每讌享。因隋舊制。奏九部樂。一讌樂。二清商。三西涼。四扶南。五高麗。六龜茲。七安國。八踈勒。九康國。至貞觀十六年十二月。宴百寮。奏十部樂。先是。伐高昌。收其樂。付太常。乃增九部爲十部伎。今通典所載十部之樂。無扶南樂。祇有天竺樂。不見南蠻樂。其後分爲立坐二部。立部伎有八部。一安樂。周平齊所作。周代謂之城舞。二太平樂。亦謂之五方師子舞。三破陣樂。四慶善樂。五大定樂。亦謂之八紘同軌樂。太宗平遼時作也。六上元樂。高宗所作也。七聖壽樂。武太后所作。舞時行列成字。字有聖超千古。道泰百王。皇帝萬年。寶祚彌昌。八光聖樂。高宗所造。自安樂已下。每奏皆擂大鼓。同用龜茲樂。並立奏之。其大定樂加以金鉦。唯慶善樂獨用西涼樂。最爲閑雅。其破陣上元慶善三舞。皆易其衣冠。合之鐘磬。以享郊廟。自天后臨朝。此禮遂廢。神龍二年八月。勅立部伎舞人。以後更不得改補入諸色役。坐部伎有六部。一讌樂。張文收所作也。又分爲四部。有景雲慶善破陣承天等樂。二長壽樂。武太后長壽年所作。三天授樂。武太后天授年所作。四鳥歌萬歲樂。武太后所作。因養吉了鳥嘗稱萬歲。故爲樂以像之。五龍池樂。元宗所作。帝在藩邸時。居崇慶坊宅中。經雨地忽爲池。及即位。以宅爲宮。故爲樂以表其祥。大小破陣樂。元宗所作。生於立部伎。舞用四人。被之金甲。自長壽已下。皆用龜茲樂。舞人皆著靴。唯龍池用雅樂。而無鐘磬。舞人躡履而行。其樂章。又有破陣樂詞七首。中和樂詞五首。五方師子詞五首。南詔舞聖樂詞五首。聖壽荷皇恩詞樂四首。聖壽樂詞四首。大定樂詞六首。上元樂詞一十五首。文武順聖樂詞九首。貞觀末有裴神符者。妙解琵琶。作勝蠻奴火鳳傾盃樂三曲。聲度清美。太宗深愛之。高宗末。其伎遂盛。於是洎天后至神龍之際。大增加立坐部伎諸舞。尋亦廢之。

清樂

清樂。九代之遺聲。其始即清商三調是也。並漢氏巳來舊曲。樂器製度。幷諸歌章古調。與魏三祖所作者。皆被於史籍。自晉氏播遷。其音分散。不復存於內地。苻堅滅涼得之。傳於前後二秦。及宋武定關中收之。入于江南。及隋平陳後獲之。隋文聽之。善其節奏。曰。此華夏正聲也。因更損益。去其哀怨者而補之。因置清商署。總謂之清樂。至煬帝乃立清樂西涼等爲九部。隋室喪亂。日益淪缺。天后朝。猶有六十三曲。今其詞存者有白雪。公莫舞。巴渝。明君。鳳將雛。明之君。鐸舞。白鳩。子夜。吳聲四時歌。前溪。阿子。歡聞。團扇。懊儂。白紵。玉樹後庭花。春江花月夜。長史變。丁督護。讀曲。烏夜啼。石城。莫愁。襄陽。栖烏夜飛。估客。楊叛兒。雅歌。驍壺。常林歡。三洲。採桑。堂堂。泛龍舟等三十二曲。明之君。雅歌各二首。四時四首。合三十七首。又七曲有聲無詞。上林。鳳雛。平調。清調。瑟調。平折。命嘯。通前四十四篇存焉。（見通典）當江南之時。巾舞。白紵。巴渝等。衣服各異。至梁武改省之。宋以江左諸曲哇淫。然而從容雅緩。猶有士君子之風焉。自長安以後。朝廷不重古曲。工伎漸缺。能合於管弦者。惟明君。楊叛兒。驍壺。春歌。秋歌。白雪。堂堂。春江花月夜等八曲。舊樂章多或數百言。明君尚能四十言。今所傳二十六言。漸漸訛失。與吳音轉遠。宜取於吳人使之傳習。開元中有歌工李郎子。北人也。聲調已失。云學於俞才生。郎子亾後。淸樂唯歌一曲。詞典而音雅。自周隋以來。多用西涼樂。鼓舞曲多用龜茲樂。其曲度皆時俗所知也。唯琴家猶傳楚漢舊聲。及淸調琴調蔡邕五弄。謂之九弄。雅聲獨存。非朝廷郊廟所用。故不載。自唐虞迄三代。舞用國子。樂用瞽師。漢魏後皆以賤隸爲之。惟雅樂尙選良家子。國家每歲閱司農戶容儀端正者。歸之太樂。與前代樂戶總名音聲人。歷代滋多。至於萬數。

散樂

散樂歷代有之。其名不一。非部伍之聲。俳優歌舞雜奏。總謂之百戲。跳鈴。擲劍。透梯。戲繩。緣竿。弄枕珠。大面。撥頭。窟礧子。及幻伎。激水化魚龍。秦王捲衣。笮鼠。夏育扛鼎。巨象行乳。神龜負岳。桂樹白雪。畫地成川之類。至于斷手足。剔腸胃之術。自漢武帝幻伎始入中國。其後或有或亾。至國初通西域。復有之。高宗惡其驚俗。勅西域關津不令入中國。具百戲。後魏道武明元二帝增修之。每大設於殿前。後周武帝保定初罷之。至宣帝復召之。作殿庭。晝夜不息。隋文時並放遣之。煬帝大業二年。又總追集於東都。命太常教習每歲正月。於建國門內廊八里爲戲場。百官起棚夾觀。昏以繼曉。十五日而罷。兩都各一親王主之。自彈弦吹管以上萬八千人。元宗以其非正聲。置教坊於禁。以處之。若尋常饗會。先一日具坐立部樂名。太常上奏御注。其下會日先奏坐部伎。次奏立部伎。次奏蹀馬。次奏散樂。然後奏部次第並取當時進止。舊制之內。散樂一千人。

其數各繫諸州多少輪次隨月當番遇閏月六番人各徵資錢一百六十七文一補之後除考假輪半次外不得妄有破除貞觀二十三年十二月詔諸州散樂太常上者留二百人餘並放還神龍三年八月勅太常樂鼓吹散樂音聲人並是諸色供奉乃祭祀陳設嚴警鹵簿等用須有矜恤宜免征徭雜科

破陣樂

貞觀元年正月三日宴羣臣奏秦王破陣樂之曲太宗謂侍臣曰朕昔在藩邸屢有征伐世間遂有此歌豈意今日登於雅樂然其發揚蹈厲雖異文容功業由之致有今日所以被於樂章示不忘本也尚書右僕射封德彝進曰陛下以聖武戡難立極安民功成化定陳樂象德實宏濟之盛烈爲將來之壯觀文容習儀豈得爲比太宗曰朕雖武功定天下終當以文德綏海內文武之道各隨其時公謂文容不如蹈厲斯爲過矣七年正月七日上製破陣樂舞圖左圓右方先偏後伍魚麗鵝鸛箕張翼舒交錯屈伸首尾回互以象戰陳之形起居郎呂才依圖教樂工一百二十人被甲執戟而習之凡爲三變每變爲四陣有來往疾徐擊刺之象以應歌節數日而就其後令魏徵虞世南褚亮李百藥改制歌詞更名七德之舞十五日奏之於庭觀者覩其抑揚蹈厲莫不扼腕踴躍懍然震悚武臣烈將咸上壽云此舞皆陛下百戰百勝之形容於是皆稱萬歲

永徽二年十一月二日。上祀南郊。黃門侍郎宇文節奏言。依舊儀。明日朝羣臣。除樂懸。請奏九部樂。上因曰。破陳樂舞者。情不忍觀。所司更不宜設。言訖。慘愴久之。至顯慶元年正月十五日。詔改破陳樂舞爲神功破陳樂。至儀鳳三年七月八日。上在九成宮咸亨殿宴。韓王元嘉。霍王元軌。及南北軍將軍等。樂作。太常少卿韋萬石奏言。破陳樂舞者。是皇祚發跡所由。宣揚祖宗盛烈。傳之於後。永永無窮。自太皇臨御四海。寢而不作。既緣聖情感愴。羣臣不敢開言。臣忝職樂司。廢缺是懼。依禮祭之日。天子親總干戚。以舞先祖之樂。與天下同樂也。今破陳樂久廢。羣下無所稱述。將何以發孝思之情。臣望每大宴會。先奏此舞。以光祖宗之功烈。上瞿然改容。俯遂所請。樂闋。上歔欷久之。顧謂韓王等曰。不見此樂。垂三十年。乍此觀聽。實深哀感。追思往日。王業艱難。朕今嗣守洪業。豈可忘武功也。古人云。富貴不與驕奢爲期。而驕奢自至。朕謂時見此舞。以自誡。冀無盈滿之過。非謂歡樂陳奏之耳。侍臣咸稱萬歲。先是每奏神功破陳樂及功成慶善樂二舞。上皆立對。至永淳元年二月。太常博士裴守貞議曰。竊惟二舞肇興。謳吟攸屬。義均韶夏。用兼賓祭。皆祖宗盛德。而子孫享之。詳覽傳記。未有皇王立觀之禮。況升中大事。華夷畢集。九服仰垂拱之安。百蠻懷率舞之慶。甄陶化育。莫非神化。豈于樂舞。別申嚴敬。臣等詳議。每奏二舞時。天皇不合起立。詔從之。

慶善樂

貞觀六年九月二十九日。幸慶善宮。在武功縣。即高祖舊宅也。宴從臣於渭濱。其宮卽太宗降誕之所。上賦詩十韻云。壽邱唯舊跡。酆邑乃前基。粵余承累聖。懸弧亦在茲。弱齡逢運改。提劍鬱匡時。指麾八荒定。懷柔萬國夷。梯山咸入款。駕海亦來思。單于陪武帳。日逐衞文螭。端扆朝四岳。無爲任百司。霜節明秋景。輕冰結水湄。芸黃遍原隰。禾穎卽京坻。共樂還鄉宴。歌此大風詩。賞賜閭里。有同漢之宛沛焉。於是起居郞呂才。播于樂府。被之管弦。名曰功成慶善樂之曲。令童兒八佾。皆冠進德冠。紫袴褶。爲九功之舞。冬至享讌。及國有大慶。與七德之舞。皆進於庭。

諸樂

太常梨園別教院。教法曲樂章等。王昭君樂一章。思歸樂一章。傾盃樂一章。破陳樂一章。聖明樂一章。五更轉樂一章。玉樹後庭花樂一章。泛龍舟樂一章。萬歲長生樂一章。飮酒樂一章。鬭百草樂一章。雲韶樂一章。十二章。

貞觀十四年。有景雲見。河水淸。協律郞張文收。採古朱雁天馬之義。制景雲河淸歌。名曰讌樂。奏之管弦。爲諸樂之首。今元會第一奏者是也。

顯慶二年。以琴中雅曲。古人歌之。近代以來。此聲頓絕。令所司修習舊曲。至三年十月八日。太常丞呂才奏．按張華博物志云．白雪．是天帝使素女鼓五十弦琴曲．又楚大夫宋玉對襄王云．有客於郢中．歌陽春白雪．國中和者數十人．是知白雪琴曲本宜合歌．以其調高人和遂寡．自宋玉以來．迄今千祀．未有能歌白雪曲者．臣令准勅依倣琴中舊曲．定其宮商．然後教習．並合於歌．輒以御製雪詩爲白雪歌詞．又按古今樂府．奏正曲之後．皆別有聲．君倡臣和．事彰前史．輒取侍中許敬宗等奉和雪詩十六首．以爲送聲．各十六節．上善之．仍付太常編於樂府．

龍朔元年三月一日．上召李勣李義府任雅相許敬宗許圉師張延師蘇定方阿史那忠于闐王伏闍．上官儀等．讌於城門觀屯營新教之舞．名之曰一戎大定樂．其時．欲親征遼東．以象用武之勢．

調露二年正月二十一日．則天御洛城南樓．賜宴太常．奏六合還淳之舞．

延載元年正月二十三日．製越古長年樂一曲．大足元年．天后幸京師．同州刺史蘇瓌進聖主還京樂舞．御行宮樓觀之．賜以束帛．令編於樂府．

天寶十三載七月十日．太樂署供奉曲名．及改諸樂名．太蔟宮時號沙陁調．龜茲佛曲改爲金華洞眞．因度玉改爲歸聖曲．承天．順天．景雲．君臣相遇．九眞．九仙．天冊．永昌樂．永代樂．慶雲樂．冬樂．長壽樂．紫極．萬國歡．封禪．曜日光．舍佛兒胡歌改爲欽明引．河東婆改爲燕山騎．俱倫僕改爲寶倫光．色俱騰改爲紫雲騰．摩醯首羅改爲歸眞．火羅鵖鵒鹽改爲白蛤鹽．羅刹末羅改爲合浦明珠．勿薑賤改爲無疆壽．蘇莫剌耶改爲玉京春。阿箇盤陁改爲元昭慶。急龜茲佛曲改爲急金華洞眞。蘇莫遮改爲萬宇淸。舞仙鶴乞裟婆改爲仙雲昇。

太簇商時號大食調。破陣樂。大定樂。英雄樂。歡心樂。山香樂。年年樂。武成昇平樂。興明樂。黃驄驃。人天雲卷。白雲遼帝釋婆野娑改爲九野歡。優婆師改爲泛金波。半射渠沮改爲高唐雲。半射沒改爲慶惟新。耶婆色雞改爲司晨寶雞。野鵲鹽改爲神鵲鹽。捺利梵改爲布陽春。蘇禪師胡歌改爲懷思引。萬歲樂。

太簇羽時號般涉調。太和萬壽樂。天統九勝樂。元妃眞元妃樂。急元妃。太監女采樂。眞女采樂。山水白鶴。郎剌耶改爲芳桂林。移師都改爲大仙都。借渠沙魚改爲躍泉魚。俱倫朗改爲日重輪。蘇剌耶改爲未央年。吒鉢羅改爲芳林苑。達摩支改爲泛蘭叢。悉爾都改爲瓊臺花。春楊柳。天禽寶引。蘇剌耶胡歌改爲寶廷引。

太簇角。大同樂。六合來庭。安平樂。戎服來賓。安公子。紅藍花。

林鐘宮時號道調。道曲。垂拱樂。萬國歡。九仙步虛。飛仙。景雲。欽明引。玉京寶輪光。曜日光。紫雲騰。山剛改爲神仙。急火鳳改爲舞鶴鹽。

林鐘商時號小食調。天地大寶。迎天歡心樂。太平樂。破陣樂。五更轉。聖明樂。卷白雲。凌波神。九成樂。汎龍舟。月殿蟬曲。英雄樂。山香會。羅仙。迎祥。翊聖。司晨寶雞。九野歡。訖陵伽胡歌改來賓引。胡殘改儀鳳。蘇羅宻改昇朝陽。須婆粟特改芳苑墟。撥洛背陵改爲北戎還淳。金波借席改爲金風。厥磨賊改爲慶淳風。慶惟新。

林鐘羽時號平調。火鳳。眞火鳳。急火鳳。舞媚娘。長命西河。三臺。監行天。急行天。濮陽女。神白馬。春楊柳。無愁改爲長歡。因地利支胡歌改爲玉關引。大仙都。春臺。東祗羅改爲祥雲飛。文明新造。勝蠻奴改爲塞塵清。

林鐘角調。紅藍花。綠沉杯。赤白桃李花。大白紵。堂堂。十二時。天下兵改爲荷來蘇。

黃鐘宮。封山樂。

黃鐘商時號越調。破陳樂。天授樂。無爲。傾盃樂。文武。九華。急九華。大疊。瑞蟬曲。北雒歸淳。慶淳風。杜蘭烏多回改爲蘭山吹。老壽改爲天長寶壽。春鶯囀吹。急蘭山。高麗改爲來賓引。耶婆地胡歌改爲靜邊引。婆羅門改爲霓裳羽衣。思歸達牟雞胡歌改爲金方引。昇朝陽。三部羅改爲三輔安。

黃鐘羽時號黃鐘調。火鳳。急火鳳。春楊柳。飛仙。大仙都。天統。思歸達菩提兒改爲洞靈章。明鳳樂。眞明鳳。阿濫堆。百舌鳥改爲濮陽女。

中呂商時號雙調。破陳樂。太平樂。傾盃樂。大酺樂。迎天樂。蟬曲。山香。月殿。大百歲老壽改爲天長寶壽。五更轉。同昌還城樂。慶惟新。金風。泛金波。司晨寶雞。金方引。俱摩尼佛改紫府洞眞。神雀鹽。北雒歸淳。

南呂商。時號水調。破陣樂。九野歡。泛金波。淩波神。昇朝陽。蘇莫遮歡心樂。蟬曲。來賓引。天地大寶。五更轉。

金風調。蘇莫遮改爲感皇恩。婆伽兒改爲流水芳菲。

上雲曲。自然眞仙曲。明明曲。難思曲。平珠曲。無爲曲。有道曲。調元曲。立政曲。獻壽曲。高明曲。開天曲。儀鳳曲。同和曲。閑雅曲。多稼曲。金鏡曲。諸樂並不言音調數目。

司空楊國忠。左相陳希烈奏。中使輔璆琳至奉宣進止。令臣將新曲名一本。立石刊於太常寺者。今既傳之樂府。勒在貞珉。仍望宣付所司。頒示中外。勅旨所請依。

貞元三年四月。河東節度使馬燧。獻定難曲。御麟德殿。命閱試之。十二年十二月。昭義節度使王虔休。獻繼天誕聖樂一曲。大抵以宮爲調。表五音之奉君也。以土爲德。知五運之居中也。凡二十五遍。法二十四氣。而成一歲之功也。不聞慼戀之聲。以叶中和之樂。其曲譜同進上。先時有太常樂人劉玠流落至潞州。虔休因令造此曲以進。今中和樂起於此。十四年二月。上自制中和舞是也。又奏九部樂。及禁中歌舞妓者十數人。布列在庭。上製中春麟德殿會百僚觀新樂詩。仍令太子書示百官。序曰。朕以中春之望。紀爲令節。聽政之暇。韻於詩歌。象中和之容。作中和之舞。聊復成篇。以言其志。詩曰。芳歲肇嘉節。物華當仲春。乾坤既昭泰。煙景含氤氳。德浸荷元貺。樂成思治人。前庭列鐘鼓。廣殿延羣臣。八卦隨舞意。五音轉曲新。顧非咸池奏。庶叶南風薰。式宴禮所重。浹歡情必均。同和諒在茲。萬國希可親。中書門下等稱賀。謝賜觀製中和樂詩。請付所司。頒示天下。仍編入樂府之中。可之。

太和八年十月。宣太常寺準雲韶樂舊用人數。令於本寺閱集進來者。至開成元年十月教成。其年。太常卿李程進上。至三年。武德司奉宣索雲韶樂縣圖二軸進上。光化四年正月。宴于保寧殿。上制曲名曰讚成功。時鹽州雄毅軍使孫德昭等殺劉季述。反正。帝乃制曲以褒之。仍作樊噲排君難戲以樂焉。

四夷樂

周禮。鞮鞻氏掌四方之樂。與其聲歌。祭祀則歛而歌之。讌亦如之。國家以周隋之後。與陳北齊接近。故音聲歌舞雜有四方云。

東夷二國樂高麗。百濟。

高麗百濟樂。宋朝初得之。至後魏大武滅北燕。亦得之。而未具。周武滅齊。威振海外。二國各獻其樂。周人列於樂部。謂之國伎。隋文平陳。及文康禮曲。俱得之。百濟。貞觀中滅二國。盡得其樂。至天后時。高麗樂猶二十五曲。貞元末。唯能習一曲。衣服亦漸失其本風矣。其百濟。至中宗時。工人死散。開元中。岐王範爲太常卿。復奏置焉。文康禮曲者。東晉庾亮殁後。伎人所作。因以亮諡爲樂之名。流入樂府。至貞觀十一年。黜去之。今亾矣。

南蠻諸國樂 扶南．天竺．南詔．驃國．

扶南天竺二國樂．隋代全用天竺列於樂部．不用扶南．因煬帝平林邑國．獲扶南工人及其匏琴．樸陋不可用．但以天竺樂轉寫其聲．

南詔樂．貞元十六年正月．南詔異牟尋作奉聖樂舞．因西川押雲南八國使韋臯以進．特御麟德殿以閱之．

驃國樂．貞元十八年正月．驃國王來獻．凡有十二曲．以樂工三十五人來朝．樂曲皆演釋氏經論之詞．驃國在雲南西．與天竺國相近．故樂多演釋氏之詞．每爲曲皆齊聲唱．各以兩手十指齊開齊斂．爲赴節之狀．一低一昂．未嘗不相對．有類中國柘枝舞．驃一作僄．其西別有彌臣國．樂舞亦與驃國同．多習此伎以樂後．勑使袁滋郄士美至南詔．並皆見此樂．

西戎五國樂 高昌．龜茲．疏勒．康國．安國．

高昌樂．西魏與高昌通．始有此樂．至隋開皇六年．來獻聖明曲．至太宗朝．討其國．盡得其樂．事見十部伎門．

龜茲樂．自呂光破龜茲．得其聲．呂氏亾．其樂分散．至後魏有中原．復獲之．於時曹婆羅門者．累代相承．傳其業．至孫妙達．尤爲無比．至隋有兩國龜茲之號．凡三部．開元中大盛．齊文宣常愛此曲．每彈常自擊胡鼓和之。及周武帝聘突厥女爲后。西域諸國皆來賀。遂薦有龜茲疏勒康國安國之樂。

北狄三國樂鮮卑。吐谷渾。部落稽。

北狄樂。皆馬上樂也。鼓吹本軍旅之音。自漢以來。總隸鼓吹署。至後魏始有北歌。卽魏史所謂眞人歌是也。周隋之代。與西涼樂雜奏。今存者五十三章。其名目可解者。數章而已。解在通典。按今大角。卽後魏簸邏迴是也。其曲多可汗之詞。又吐谷渾亦鮮卑別種之一。歌曲皆鮮卑中出也。但音不可曉耳。與北歌較之。其音異。開元中。歌工長孫元忠習北歌。相傳如此。雖譯者不能通知其詞。音旣難曉。久亦失眞。唯琴尙有笳聲。大角者。金吾所掌。工人謂之角手。備鼓吹之列。

唐會要卷三十四

論樂

武德元年六月二十四日。萬年縣法曹孫伏伽上書曰。百戲散樂。本非正聲。有隋之末。始見崇用。此謂淫風。不可不改。近者太常官司。于人間借婦女裙襦五百餘具。以充散樂之服。云擬于元武門遊戲。臣竊思量。非貽厥孫謀。爲萬世法也。又論語曰。樂則韶舞。以此言之。散樂定非功成之樂。如臣愚見。請並廢之。則天下幸甚。至其年十月。拜舞人安叱奴爲散騎侍郎。既在朝列。禮部尚書李綱諫曰。臣按周禮。大樂胥不得參于士伍。雖復才如子野。妙等師襄。皆終身繼世。必不易其業。故魏武帝欲使禰衡擊鼓。先解朝服。露體而擊之。曰不敢以先王之法服。爲伶人衣。雖齊末高緯封曹妙達爲王。授安馬駒爲開府。有國家者以爲殷鑒。今新定天下之業。起義功臣。行賞未徧。高才碩學。尤滯草萊。而先令胡舞。致位五品。鳴玉曳組。趨馳廊廟。恐非創規模。貽子孫之道也。

四年九月二十九日。詔太常樂人。本因罪譴。沒入官者。藝比伶官。前代以來。轉相承襲。或有衣冠繼緒。公卿子孫。一霑此色。累世不改。婚姻絕於士庶。名籍異於編甿。大恥深疵。良可矜愍。其大樂鼓吹諸舊樂人。年月已久。時代遷移。宜並蠲除。一同民例。但音律之伎。積學所成。傳授之人。不可頓闕。仍令依舊本司上下若已經仕宦。先入班流。勿更追補。各從品秩。自武德元年配充樂戶者。不在此例。樂工之雜士流。自茲始也，大常卿竇誕又奏用音聲博士。皆爲大樂鼓吹官僚。於後箏簧琵琶人白明達術踰等夷。積勞計考。並至大官。自是聲伎入流品者。蓋以百數。

貞觀六年。監察御史馬周上疏曰。臣聞致化之道。在於求賢審官。爲政之本。必於揚淸激濁。故孔子曰。惟名與器。不可以假人。是言愼舉之爲重也。臣見王長通白明達本自樂工。輿皁雜類。韋槃提斛斯正則更無他材。獨解調馬。來格縱使術踰儕輩。材能可取。止可厚賜錢帛。以富其家。豈得列在士流。超授官爵。遂使朝會之位。萬國來庭。鄒子伶人。鳴玉曳綬。與夫朝賢君子。比肩而立。同坐而食。臣竊恥之。岑文本謂所親曰。我見馬君論事多矣。援引事類。揚搉古今。舉要刪蕪。會文切理。一字不可加。一言不可減。昔之蘇張終賈之儔耳。

永徽元年正月。有司奏。依禮。祀郊廟。皆奏宮懸。比停數習。恐致廢忘。伏尋故實。兩漢升祔之後。庶事如故。國之大禮。祀典爲先。今既踰年。理宜從吉。若不肄習。實慮不調。誠敬有虧。致招罪責。並從之。

上元元年九月。高宗御含元殿東翔鸞閣。大酺。當時京城四縣及太常音樂。分爲東西朋。雍王賢爲東朋。周王顯爲西朋。務以角勝爲樂。中書侍郎郝處俊諫曰。臣聞禮所以示童子無誑者。恐其欺詐之心生也。伏以二王。春秋尙少。意趣未定。當須推多尙美。相待如一。今忽分爲二朋。遞相誇競。且俳優小人。言辭無度。酬樂之後。難爲禁止。恐其各爭勝負。譏誚失禮。非所以導仁義。示和睦也。上瞿然曰。卿之遠識。非衆所及也。遽令止之。

調露二年。皇太子使樂工于東宮新作寶慶之曲成。命工者奏于太淸觀。始平縣令李嗣貞。謂道士劉槩。輔儼曰。此樂宮商不和。君臣相阻之徵也。角徵失位。父子不協之兆也。殺聲旣多。哀調又苦。若國家無事。太子受其咎矣。居數月而皇太子廢爲庶人。槩儼奏其事。擢嗣眞爲太常丞。使掌五禮儀注。嗣貞私謂人曰。禍猶未已。主不親庶務。事無巨細。決於中宮。將權與人。收之不易。宗室雖衆。皆在散位。居中制外。其勢不敵。我恐諸王藩翰。皆爲中宮所蹂踐矣。有隋以來。樂府有堂堂之曲。再言堂者。是唐氏再受命也。中宮僭擅。復歸子孫。則爲再受命矣。近日閭里又有側堂堂撓堂堂之謠。側者不正之辭。撓者不安之稱。我見患難之作。不復久矣。

神龍元年正月。給事中嚴善思上表曰。臣伏見太常奏。公除後。請習樂以供郊廟享祀。奉勅不允。臣與衆官詳審。以爲樂音氣化。所以感天地。動鬼神。調五行。均四序。故哲王垂制。被之樂章。六變而神祇降饗。九成而祖考來格。今陛下以服未一周。久停六律。稽象德于太廟。寢祈福于近郊。何以昭永歷於上元。助成功于先聖。考之典禮。恐或未安。臣以漢魏喪禮。以日易月者。蓋爲三年不爲禮。禮必壞。三年不爲樂。樂必崩是也。以樂因陽來。禮由陰作。樂崩則陽伏。禮廢則陰愆。風雨或違。粢盛遂闕。豐潔之祠有謬。兆庶于是不安。所以變諒闇之舊儀。遵適時之新禮。斯實存至公于天下。割臣痛于私情。祈社稷之永安。庶宗廟之長享。孝道之大。何以加之。使漢魏之禮未然。則當自我作古。況其得禮之變。詎可越而不從。伏請依太常所請。許其教習。

其年正月。享西京太廟。太樂丞裴知古謂萬年令元行沖曰。金石諧和。當有吉慶之事。其在唐室子孫乎。其月。中宗卽位。復國爲唐。

二年三月。幷州清源縣尉呂元泰上疏曰。比見都邑城市。相率爲渾脫。駿馬胡服。名爲蘇莫遮。旗鼓相當。軍陣之勢也。騰逐喧譟。戰爭之象也。錦繡誇競。害女工也。徵斂貧弱。傷政體也。胡服相效。非雅樂也。渾脫爲號。非美名也。安可以禮儀之朝。法戎虜之俗。軍陣之勢。列庭闕之下。竊見諸王亦有此好。自家刑國。豈若是也。詩云。京邑翼翼。四方是則。非先王之禮樂而將則四方者。臣所未喻也。夫樂者。動天地。感鬼神。移風易俗。布德施化。重犬戎之曲。不足以移風也。非宮商之度。不足以易俗也。無八佾之制。不足以布德也。非六代之樂。不足以施化也。四者無一。何以教人。臣本凡愚。不識忌諱。忠于國者。以臣爲讜言。佞于朝者。以臣爲誹謗。惟陛下少留意焉。

先天元年正月。皇太子令宮臣就率更寺閱女樂。太子舍人賈曾諫曰。臣聞作樂崇德。以感神人。韶夏有容。咸英有節。婦人媟黷。無廁其間者。昔魯用孔子。幾致于霸。齊人懼之。饋以女樂。魯君旣受。孔子遂行。戎有由余。兵強國富。秦人反間。遺之女樂。戎王耽悅。由余乃奔。斯則大聖名賢。疾之已久矣。良以婦人爲樂。必務治容。娃姣動心。蠱惑喪志。上行下效。淫俗將成。敗國亂民。實由茲起。殿下監撫餘閑。宴私多豫。後庭妓樂。古或有之。至于所司教習。彰示羣僚。謾妓淫聲。實虧睿化。伏願並令禁斷。至開元二年八月七日勅。自有隋頹靡。庶政凋弊。徵聲徧于鄭衞。衒色矜于燕趙。廣場角牴。長袖從風。聚而觀之。寖以成俗。此所以戎王奪志。夫子遂行也。朕方大變澆訛。用除災蠹。眷茲技樂。事切驕淫。傷風害政。莫斯爲甚。旣違令式。尤宜禁斷。

二年正月。胡僧婆陀。請夜開門。燃百千燈。其夜。太上皇御安福樓門觀樂。凡四日方罷。是月。又追作先天元年大酺。太上皇御諸樓觀之。以夜繼晷。盡月不息。左拾遺嚴挺之。疏諫。乃止。

大曆十四年十二月十五日。禮儀使吏部尚書顏眞卿奏。謹按周禮大司樂職云。諸侯薨。令去樂。大臣死。令弛縣。鄭注云。去謂藏之。弛謂釋下也。是知哀輕者則釋。哀重者則藏。又晉元后秋崩。武帝咸寧元年。饗萬國。不設樂。晉博士孔恢議。朝廷有故。縣而不樂。恢以爲宜都去縣。設樂旣不作。則不宜縣。國喪尙近。謂金石不可陳於庭。伏請三年未畢。朝會不設縣。如有大臣薨歿。則量事輕重。縣而不作。勅付所司。

永貞元年十月。太常奏。內外公私聲樂。祭祠等。漢魏已來。旣葬祔廟之後。皆復其常。本朝行之。以爲故事。今德宗皇帝十一月四日。行升祔之禮。訖事。請皆如舊。詔可。

雜錄

武德元年。相國參軍盧牟子獻琵琶。萬年縣法曹孫伏伽上疏曰。陛下貴爲天子。富有四海。動則左史書之。言則右史書之。旣爲竹帛所拘。何可恣情不愼。盧牟子所獻。頻蒙賞勞。但普天之下。莫非王土。率土之濱。莫非王臣。陛下必有所欲。何求不得。陛下少者。豈此物哉。

顯慶元年正月。御安福門觀大酺。有伎人欲持刀自刺。以爲幻戲。詔禁之。

龍朔元年正月。禁婦人倡優雜戲。皇后所請也。二月六日。勅太常寺。六日停教音樂。太宗皇帝文德皇后忌日故也。

乾封元年五月。勅音聲人及樂戶祖母老病應侍者。取家內中男及丁壯好手者充。若無所取中丁。其本司樂署博士及別教子弟應充侍者。先取戶內人及近新充。

如意元年五月二十八日。內教坊改爲雲韶府。內文學館教坊。武德以來。置在禁門內。

神龍二年三月。并州淸源縣尉呂元泰上疏曰。臣謹按洪範曰。謀時寒若。君能謀事。則燠寒順之。何必裸露形體。澆灌衢路。鼓舞跳躍而索寒也。禮曰。立秋之月。行夏令。則寒暑不節。夫陰陽不調。政令之失也。休咎之應。君臣之感也。理均影響。可不戒哉。

其年九月。勅三品已上。聽有女樂一部。五品已上。女樂不過三人。皆不得有鐘磬。樂師凡教樂。淫聲過聲凶聲慢聲。皆禁之。淫聲者。若鄭衛。過聲者。失哀樂之節。凶聲者。亡國之音。若桑間濮上。慢聲者。惰慢不恭之聲也。

景雲三年。右拾遺韓朝宗諫曰。傳曰。辛有適伊川。見被髮野祭者。曰。不及百年。此其戎乎。其禮先亡矣。後秦晉遷陸渾之戎于伊川。以其中國之人習戎狄之事。一言以貫百代可知。今之乞寒。濫觴胡俗。伏乞三思。籌其所以。至先天二年十月。中書令張說諫曰。韓宣子適魯。見周禮而歎。孔子會齊。數倡優之罪。列國如此。況天朝乎。今外國請賀。選使朝謁。所望接以禮樂。示以兵威。雖曰戎狄。不可輕易。焉知無駒支之辨。由余之賢哉。且乞寒潑胡。未聞典故。裸體跳足。盛德何觀。揮水投泥。失容斯甚。法殊魯禮。褻比齊優。恐非干羽柔遠之義。樽俎折衝之道。願擇芻言。特罷此戲。至開元元年十月七日。勅。臘月乞寒。外蕃所出。漸浸成俗。因循已久。自今已後。無問蕃漢。即宜禁斷。

開元二年。上以天下無事。聽政之暇。于梨園自教法曲。必盡其妙。謂之皇帝梨園弟子。

其年十月六日。勅。散樂巡村。特宜禁斷。如有犯者。并容止主人及村正。決三十。所由官附考奏。其散樂人仍遞送本貫入重役。

二十三年。勅。內教坊博士及弟子。須留長教者。聽用資錢陪其所留人數。本司量定申者。爲簿音聲。內教坊博士及曹第一第二博士房。悉免雜徭。本司不得驅使。又音聲人得五品已上勳。依令應除簿者。非因征討得勳。不在除簿之列。

天寶十載九月二日勅。五品已上正員清官。諸道節度使及太守等。並聽當家畜絲竹。以展歡娛。行樂盛時。覃及中外。

大曆十四年五月。詔罷梨園伶使及官冗食三百餘人。留者隸太常。

永貞元年九月。詔除教坊樂人投正員官之制。

元和五年二月。宰臣奏請不禁公私樂。從之。時以用兵。權令斷樂。宰臣以爲大過。故有是請。至六月六日。詔減教坊樂官衣糧。

六年。太子少傅兼判太常卿鄭餘慶奏。太常習樂。請復用大鼓。從之。先是。德宗自南山還宮。繼有懷光吐蕃之虞。都下人情驚擾。遂詔太常習樂去大鼓。至是復用之。

八年四月。詔除借宣徽院樂人官宅。制自貞元以來。選樂工三十餘人出入禁中。宣徽院長出入供奉。皆假以官第。每奏伎樂稱旨。輒厚賜之。及上卽位。令分番上下。更無他錫。至是收所借。

其年十月。汴州節度使韓宏進獻聖朝萬歲樂曲譜。凡三百首。

十四年正月。詔徙仗內教坊於布政里。

十五年。賜教坊本錢五千貫文。

長慶四年三月，賜教坊樂官綾絹三千五百疋，又賜錢一萬貫，以備行幸。樂官十三人，并賜紫衣魚袋。

其年八月，以太常卿趙宗儒爲太子少師。先是，太常有師子五方之色，非常朝聘饗不作焉。至是，教坊以牒取之，宗儒不敢違，以狀白宰相。以事正有司，不合關白，而宗儒憂恐不已。宰相責以怯懦，故換秩焉。

寶曆二年九月，京兆府奏：「伏見諸道方鎮，下至州縣軍鎮，皆置音樂，以爲歡娛，豈惟誇盛軍戎，實因接待賓旅。伏以府司每年重陽上巳兩度宴遊，及大臣出領藩鎮，皆須求雇教坊音聲，以申宴餞。今請自於當已錢中，每年方圖三二十千，以充前件樂人衣糧。伏請不令教坊收管，所冀公私永便。」從之。蓋京兆尹劉棲楚所請也。棲楚出河北，大率不讀書史，乖於聞識，曾不知從前非物足而闕於制置也。蓋以京邑四方取則之地，務繁權重，豈以聲樂倡優方鎮宴遊爲事哉。失之甚矣。屬宰臣有黨於棲楚者，遂可其奏，時議惜之。

太和九年，文宗以教坊副使雲朝霞善吹笛，新聲變律，深愜上旨，自左驍衛將軍宜授兼帥府司馬。宰臣奏：「帥府司馬品高，郎官不可授伶人。」上亟稱朝霞之善。左補闕魏謩上疏論奏，乃改授潤州司馬。

開成三年四月，改法曲名仙韶曲，仍以伶官所處爲仙韶院。

四年三月，勅：「每月賜仙韶院樂官料錢二千貫文，支用不盡，令數內宜停三百貫文。」

會昌二年四月二十三日，勅節文：「京畿諸院太常樂及金吾角手，今後只免正身一人差使，其家丁並不在影庇限。

三年十二月。京兆府奏。近日坊市聚會。或動音樂。皆被臺府及軍司所由恐動。每有申聞。自今已後。請皆禁斷。從之。

大中六年十二月。右巡使盧潘等奏。准四年八月宣。約教坊音聲人。於新授觀察節度使處求乞。自今已後。許巡司府州縣等捉獲。如是屬諸使。有牒送本管。仍請宣付教坊司爲遵守。依奏。

咸通中。伶官李可及善音律。尤能轉喉爲新聲。音辭曲折。聽者忘倦。京師屠酤少年效之。謂之拍彈。時同昌公主除喪。懿宗與郭淑妃悼念不已。可及爲歎百年舞曲。舞人皆盛飾珠翠。仍畫魚龍地衣以列之。曲終樂闋。珠翠覆地。詞語悽惻。聞者流涕。又常於安國寺作菩薩蠻舞。上益憐之。可及常爲子妻婦。帝賜酒二銀樽。啓之乃金翠也。時宰相曹確。中尉李元皆屢論之。懿宗不納。至僖宗即位。宰相崔彥昭奏逐。死於嶺表。

唐會要卷三十五

學校

武德元年十一月四日。詔皇族子孫及功臣子弟。于祕書外省別立小學。貞觀五年以後。太宗數幸國學太學。遂增築學舍一千二百間。國學太學四門亦增生員。其書算等各置博士。凡三千二百六十員。其屯營飛騎。亦給博士。授以經業。已而高麗百濟新羅高昌吐蕃諸國酋長。亦遣子弟請入國學。于是國學之內。八千餘人。國學之盛。近古未有。

光宅二年。梓州陳子昂上疏曰。臣竊獨有私恨者。陛下方欲興崇大化。而不知國家太學之廢。積以歲月久矣。學堂蕪穢。略無人蹤。詩書禮樂。罕聞習者。陛下明詔。尚未及之。愚臣所以私恨也。臣聞天子立太學。所以聚天下賢英。爲政之首。故君臣上下之禮。于是興焉。揖讓樽俎之節。于此生焉。是以天子得賢臣由此也。今則荒廢委而不論。而欲睦人倫。興禮讓。失之于本。而求之于末。豈可得哉。君子三年不爲禮。禮必壞。三年不爲樂。樂必崩。柰何天子之政。而輕禮樂哉。陛下何不詔天下胄子。使歸太學而習業乎。斯亦國家之大務也。

聖歷二年十月。鳳閣舍人韋嗣立上疏曰。臣聞禮記曰。化民成俗。必由學乎。學之於人。其用益博。故立太學以教於國。設庠序以化於邑。王之諸子。卿大夫士之子。及國之俊選。皆造焉。故自天子至于庶人。未有不須學而成者。國家自永淳以來。二十餘載。禮樂廢散。胄子棄缺。時輕儒學之官。莫存章句之選。貴門後進。競以僥倖升班。寒族常流。復因凌替弛業。考試之際。秀茂罕登。驅之臨人。何以從政。又垂拱以後。文明在辰。盛典鴻休。日書月至。因藉際會。入仕尤多。陛下誠能下明制。發德音。廣開庠序。大敦學校。三館生徒。即令追集。王公已下子弟。不容別求仕進。皆入國學。服膺訓典。崇飾館廟。尊尚師儒。盛陳奠菜之儀。宏敷講說之會。使士庶觀聽。有所發揚。宏獎道德。於是乎在。則四海之內。靡然向風矣。

神龍二年九月。勑學生在學。各以長幼爲序。初入學。皆行束脩之禮。禮於師。國子太學各絹三疋。四門學。絹二疋。俊士及律書算學。州縣各絹一疋。皆有酒酺。其束脩三分入博士。二分助教。以每年國子監所管學生。國子監試。州縣學生。當州試。並選藝業優長者爲試官。仍長官監試。其試者通計一年所受之業。口問大義十條。得八已上爲上。得六已上爲中。得五已上爲下。及其學九年。（律生則六年。）不貢舉者。並解追。其從縣向州者。年數下第。並須通計。服闋重仕者。不在計限。不得改業。

開元二十一年五月。勑諸州縣學生。年二十五已下。八品九品子。若庶人生年二十一已下。通一經已上。及未通經。精神通悟。有文詞史學者。每年銓量舉選。所司簡試。聽入四門學。充俊士。即諸州人省試不第。情願入學者。聽國子監所管學生。尚書省補。州縣學生。長官補。諸州縣學生。專習正業之外。仍令兼習吉凶禮。公私禮有事處。令示儀式。餘皆不得輒使。許百姓任立私學。欲其寄州縣受業者亦聽。

二十六年正月十九日勑。古者鄉有序。黨有塾。將以宏長儒教。誘進學徒。化民成俗。率由於是。其天下州縣。每鄉之內。各里置一學。仍擇師資。令其教授。

貞元三年正月。右補闕宇文炫上言。請京畿諸縣鄉村廢寺。並爲鄉學。幷上制置事二十餘件。疏奏。不報。

太和七年八月赦節文。應公卿士族子弟。取來年正月以後。不先入國學習業者。不在應明經進士之限。

會昌五年正月制。公卿百官子弟。及京畿內士人寄客。脩明經進士業者。並宜隷於太學。外州縣寄學及士人。並宜隷各所在官學。

褒崇先聖 先師已下附。

武德二年六月一日。詔曰。盛德必祀。義在方册。達人命世。流慶後昆。爰始姬旦。主翊周邦。創設禮經。大明典憲。啓生民之耳目。窮法度之本源。粤若宣尼。天資濬哲。四科之教。歷代不刊。三千之徒。風流無歇。惟茲二聖。道著生民。宗祀不脩。孰明褒尙。宜令有司於國子監立周公孔子廟各一所。四時致祭。仍博求其後。具以名聞。詳考所宜。當加爵土。

貞觀二年十二月。尙書左僕射房元齡。國子博士朱子奢建議云。武德中。詔釋奠於太學。以周公爲先聖。孔子配享。臣以周公尼父。俱稱聖人。庠序置奠。本緣夫子。故晉宋梁陳。及隋大業故事。皆以孔子爲先聖。

顏回爲先師。歷代所行。古人通允。伏請停祭周公。升夫子爲先聖。以顏回配享。詔從之。

十一年七月二十四日。脩宣尼廟于兗州。給戶二十。充享祀焉。

三十一年二月十五日。詔以左邱明。卜子夏。公羊高。穀梁赤。伏勝。高堂生。戴聖。毛萇。孔安國。劉向。鄭衆。杜子春。馬融。盧植。鄭康成。服子愼。何休。王肅。王輔嗣。杜元凱。范寧。賈逵等二十二人。代用其書。垂于國胄。自今有事于太學。並令配享尼父廟堂。

顯慶二年七月十一日。太尉長孫無忌等議曰。按新禮。孔子爲先聖。顏回爲先師。又准貞觀二十一年。以孔子爲先聖。更以左邱明等二十二人。與顏回俱配尼父於太學。並爲先師。今據永徽令文。改用周公爲先聖。遂黜孔子爲先師。顏回左邱明並爲從祀。謹按禮記云。凡學春官釋奠于其先師。鄭元注曰。官謂詩書禮樂之官也。先師者。若禮有高堂生。樂有制氏。詩有毛公。書有伏生。可以爲師者。又禮記曰。始立學釋奠于先聖。鄭元注曰。若周公孔子也。據禮爲定。昭然自別。聖則非周卽孔。師則偏善一經。漢魏以來。取舍各異。顏回孔子。互作先師。宣父周公。迭爲先聖。求其節文。遞有得失。所以貞觀之末。親降綸言。依禮記之明文。酌康成之奧說。正孔子爲先聖。加衆儒爲先師。永垂制於後昆。革往代之紕繆。而今新令不詳制旨。輒事刊改。遂違明詔。但成王幼年。周公踐極。制禮作樂。功比帝王。所以禹湯文武成王周公爲六君子。又說明王孝道。乃述周公嚴配。此卽姬旦鴻業。合同王者祀之。儒官就享。實貶其功。仲尼生衰周之末。拯文喪之弊．祖述堯舜．憲章文武．宏聖教於六經．闡儒風於千世．故孟軻稱生民以來．一人而已．自漢已降．奕葉封侯．崇奉其聖．迄于今日．胡可降茲上哲．俯入先師．且左邱明之徒．見行其學．貶爲從祀．亦無故事．今請改令從詔．於義爲允．其周公仍依別禮配享武王．從之．

三年．文宣王廟樂．詔用宣和之舞．國子博士范頵撰樂章．

乾封元年正月三十日．追贈孔子爲太師．至天授元年．封孔子爲隆道公．總章元年二月一日．顏回贈太子少師．曾參贈太子少保．至太極元年二月十六日．追贈顏回爲太子太師．曾參爲太子太保．並配享孔子廟．至開元二十七年八月二十四日．詔曰．宏我王化．在乎師儒．能發明此道．啓迪含靈．則生民以來．未有如夫子者也．所謂自天攸縱．將聖多能．德配乾坤．身揭日月．故能立天下之大本．成天下之大經．美政教．移風俗．君君臣臣．父父子子．民到于今受其賜．不其猗歟．嗚呼．楚王莫封．魯公不用．俾夫大聖．才列陪臣．棲遑旅舍．固可嘆矣．年祀寖遠．光靈益彰．雖代有褒稱．而未爲崇峻．不副于實．人其謂何．夫子既稱先聖．可追諡爲文宣王．令三公持節册命．其後嗣褒聖侯．改封嗣文宣王．昔周公南面．夫子西坐．今位既有殊．豈宜仍舊．宜補其墜典．永作成式．其兩京國子監．及天下諸州．夫子南面坐．十哲等東西行列侍．且門人三千．見稱十哲．包夫衆美．實越等夷．暢元聖之風規發人倫之耳目．並宜褒贈．以寵賢明．其顏子既云亞聖．須優其秩．顏子贈兖國公閔子騫贈費侯冉伯牛贈鄆侯仲弓贈薛侯冉有贈徐侯子路贈衛侯宰我贈齊侯端木子貢贈黎侯子游贈吳侯卜子夏贈魏侯．又夫子格言．參也稱魯．雖居七十之數不載四科之目頃雖參于十哲終未殊于等倫允稽先旨俾循舊位庶乎禮得其序人焉式瞻二十七日命尚書右丞相裴耀卿攝太尉持節就國子廟册命畢所司奠祭亦如釋奠之禮又遣太子少保崔琳往東都就廟行册禮二十一日勅兩京及兗州舊宅廟像宜改服冕衮其諸州及縣廟宇既小但移南面不須改其衣服兩京樂用宮懸春季二仲上丁令三公攝行事七十子並宜追贈曾參贈郕伯顓孫師陳伯澹臺滅明江伯宓子賤單伯原憲原伯公冶長莒伯南宮适郯伯公晳哀郳伯曾點宿伯顏路杞伯商瞿蒙伯高柴共伯漆雕開滕伯公伯寮任伯司馬牛向伯樊遲樊伯有若卞伯公西華鄀伯巫馬期鄫伯梁鱣梁伯顏柳蕭伯冉儒紀伯曹卹曹伯虞鄒伯公孫龍黃伯冉季東平伯秦子南少梁伯漆雕子斂武城伯顏子驕琅琊伯漆雕徒父須句伯壤駟赤北徵伯商澤睢陽伯石作蜀石邑伯任不齊任城伯公夏首元父伯公良孺東牟伯后處營邱伯秦子開彭衙伯奚容箴下邳伯公肩定新田伯顏相臨沂伯鄡單銅鞮伯句井疆淇陽伯罕父黑乘邱伯秦商上洛伯申黨召陵伯公祖子之期思伯榮子期雩婁伯縣成鉅野伯左人郢臨淄伯燕伋漁陽伯鄭子徒滎陽伯秦非汧陽伯施之常乘氏伯顏噲朱虛伯步叔乘淳于伯顏之僕東武伯原亢萊蕪伯樂欬昌平伯廉潔莒父伯顏何開陽伯叔仲會瑕邱伯狄黑臨濟伯邽巽平陸伯孔忠汶陽伯公西輿如重邱伯公西箴祝阿伯

制曰道可褒崇豈限今古追贈之典旌德存焉夫子十哲之外曾參六十七人同升孔門傳習經術子之四教爾實行之親授微言式揚大義是稱達者不其盛歟欽若古風載崇元聖至於十哲皆被寵章而曾子之倫未有稱謂宜亞四科之士以疏五等之封俾與先師咸膺盛禮

神龍元年正月一日勅文諸州孔子廟堂有不向南者改向正南

開元八年三月十八日。國子司業李元瓘奏言。京國子監廟堂先聖孔宣父。配坐先師顏子。今其像見在立侍。准禮授坐不立。授立不跪。況顏子道亞生知。才充入室。既當配享。其像見立。請據禮文。合從坐侍。又四科弟子閔子騫等。並伏膺儒術。親承聖教。雖復列像廟堂。不參享祀。謹按祠令。何休等二十二賢猶霑從祀。豈有升堂入室之子。獨不霑配享之餘。望請春秋釋奠。列享在二十二賢之上。七十子者。則文翁之壁。尚不闕如。豈有國庠。遂無圖繪。請令有司圖形於壁。兼爲立贊。庶敦勸儒風。光崇聖烈。曾參孝道可崇。獨受經於夫子。望准二十二賢從享。詔曰。顏回等十哲。宜爲坐像。悉令從祀。曾參大孝。德冠同列。特爲塑像。坐於十哲之次。因圖畫七十弟子及二十二賢于廟壁上。以顏子亞聖。親爲製贊。書于石。仍令當朝文士。分爲之贊。題其壁焉。

蘇氏議曰。撿貞觀顯慶年勑。並稱二十二賢。又撿太極開元年勑。卽稱二十二賢。將前勑及學令比類。于服虔之下。有杜范賈未知何年月附入。

建中三年閏正月。以文宣王三十七代孫齊卿爲兗州司馬。襲文宣王。

元和四年二月。以文宣王三十八代孫惟昉爲兗州參軍。十三年正月。以文宣王三十八代孫惟晊。襲文宣王。

會昌二年十月。以文宣王三十九代孫榮爲國子監丞。襲文宣王。

大中三年十一月。國子祭酒馮審奏。文宣王廟始太宗立之。睿宗書額。武后初政之日。改篆題大周二字。請削去。從之。

大順元年二月。宰臣兼國子祭酒孔緯奏。文宣王祠廟經兵火焚毀。有司釋奠無所。請內外文臣各于本官料錢上每一緡抽十文。助脩國學。從之。

釋奠

武德七年二月十七日。幸國子學。親臨釋奠。引道士沙門與博士雜相駁難。久之。

貞觀十四年二月十日。幸國子監。親臨釋奠。

二十年二月。詔皇太子于國學釋奠于先聖先師。皇太子爲初獻。國子祭酒張復裔爲亞獻。光州刺史攝司業趙宏智爲終獻。既而就講。宏智演孝經忠臣孝子之義。右庶子許敬宗上四言詩以美其事。

二十一年。中書侍郎許敬宗等奏。按禮記文王世子。凡學官春釋奠于先師。鄭元注曰。官謂詩書禮樂之官也。彼謂四時之學。將習其道。故儒官釋奠。各于其師。既非國學行禮。所以不及先聖。至于春秋二時合樂之日。則天子視學。命有司典秩節。總祭先聖先師焉。秦漢釋奠。無文可撿。至于魏武。則使太常行事。自晉宋已降。時有親行。而學官主祭。全無典實。且名稱國學。樂用軒懸。樽俎威儀。並皆官備。在于臣下。理不合專。況凡在小神。猶皆遣使行禮。釋奠既准中祀。據理必須稟命。今後國學釋奠。令國子祭酒爲初獻。祝詞稱皇帝謹遣。仍令司業爲亞獻。國子博士爲終獻。其諸州刺史爲初獻。上佐爲亞獻。博士爲終獻。縣學令爲初獻。丞爲亞獻。博士既無品秩。請主簿通爲終獻。若缺。並以次差攝州縣釋奠。既請遣刺史縣令親爲獻主。望准祭社給明衣。脩附禮令爲永式。學令祭以太牢。樂用軒懸六佾之舞。並登歌一節。與大祭祀相遇。改用中丁。州縣常用上丁。無學祭用少牢。

總章元年二月二十九日。皇太子宏釋奠於國學。

永隆二年二月。皇太子親行釋奠之禮。

開耀元年二月十九日。皇太子釋奠國學。

景雲二年七月。皇太子親釋奠于國學。有司草儀注。令從臣皆乘馬著衣冠。太子左庶子劉子元進議曰。古者自大夫已上。皆乘車。而以馬爲騑服。魏晉已降。迄於隋世。朝士又駕牛車。至如李廣北征。解鞍憩息。馬援南伐。據鞍盼顧。則鞍馬之設。行於軍旅。戎服所乘。貴於便習者也。按江左官至尚書郎。而輒輕乘馬。則爲御史所彈。又顏延年罷官後。好騎馬出入閭里。當世稱其放誕。此則專車憑軾。可擐朝衣。單馬御鞍。宜從褻服。求之近古。灼然之明驗也。褻衣博帶。方履高冠。本非馬上所施。自是車中之服。且長裾廣袖。

襜如。翼如。鳴佩紆組。鏘鏘奕奕。馳驟于風塵之內。出入于旌棨之間。倘馬有驚逸。人從顛墜。遂使屬車之右。遺履不收。清道之傍。絓縿相續。固以受嗤行路。有損威儀。其乘馬衣冠。竊謂宜從廢改。皇太子令付外宣行。仍編入令。以爲常式。

太極元年二月二十八日。皇太子親釋奠。開講筵。國子司業褚無量執經。

開元七年十一月十一日。以貢舉人將謁先師。質問疑義。勅皇太子及諸子。宜行齒胄禮。二十一日。皇太子謁先聖。皇太子初獻。亞獻終獻。並以胄子充。右散騎常侍褚無量講孝經幷禮記文王世子篇。初詔侍中宋璟爲亞獻。中書侍郎蘇頲爲終獻。及臨享。上思齒胄之義。乃改焉。

十一年九月七日。勅春秋二時釋奠。諸州府並停牲牢。惟用酒脯。自今已後。永爲常式。

二十六年正月。勅諸州鄉貢見訖。令引就國子監謁先師。學官爲之開講。質問疑義。有司設食。宏文崇文兩館學生。及監內舉人。亦聽參焉。遂爲常式。每年行之。

二十八年二月五日。勅文宣王廟春秋釋奠。宜令三公行禮。著之常式。二十日。國子祭酒劉瑗奏。准故事。釋奠之日。羣官道俗。皆合赴監觀禮。依故事著之常式。制可。

建中三年二月。國子司業歸崇敬奏。上丁釋奠。其日准舊例。合集朝官講論五經文義。自大歷五年以前。常行不絕。其年八月以後。權停講論。今旣日逼。恐須復依舊奏。

貞元二年二月。釋奠自宰臣已下畢集於國學。學官升講座。陳五經大義。及先聖之道

九年九月。太常奏以十一月貢舉人謁先師。令與親享太廟日同。准六典。上丁釋奠。若與大祀同日。卽用中丁。謁先師請別擇日。從之。

十五年四月。歸崇敬爲膳部郎中。奏議每年春秋二時釋奠。祝版御署訖。北面而揖。臣以爲其禮太重。按大戴禮。師尙父授周武王丹書。武王東面受之。請參酌輕重。庶得其宜。

元和九年十一月。禮部貢院奏。貢舉人見訖。謁先師。准格。學官爲開講。質定疑義。常參及致仕官觀禮。舊例至時舉奏。詔宜謁先師。餘著停。後雖每年舉奏。並不復行。

經籍

武德五年。祕書監令狐德棻奏。今乘喪亂之餘。經籍亡逸。請購募遺書。重加錢帛。增置楷書。專令繕寫。數年間。羣書畢備。至貞觀二年。祕書監魏徵。以喪亂之後。典章紛雜。奏引學者。校定四部書。數年之間。祕府粲然畢備。

乾封元年十月十四日。上以四部羣書傳寫訛謬。並亦缺少。乃詔東臺侍郎趙仁本。兼蘭臺侍郎李懷儼。兼東臺舍人張文瓘等。集儒學之士。刊正。然後繕寫。

文明元年十月。勅兩京四庫書。每年正月。據舊書聞奏。每三年比部勾覆具官典及攝官替代之日。據數

交領。如有欠少。即徵後人。

景雲三年六月十七日。以經籍多缺。令京官有學行者。分行天下。搜檢圖籍。

開元三年。右散騎常侍褚無量馬懷素侍宴。言及內庫及祕書墳籍。上曰。內庫書。皆是太宗高宗前代舊書。整比日常令宮人主掌。所有殘缺。未能補緝。篇卷錯亂。檢閱甚難。卿試爲朕整比之。至七年五月。降勅於祕書省昭文館禮部國子監太常寺及諸司。并官及百姓等。就借繕寫之。及整比四部書成。上令百姓官人入乾元殿東廊觀書。無不驚駭。

七年九月勅。比來書籍缺亡。及多錯亂。良由簿歷不明。綱維失錯。或須披閱。難可校尋。令麗正殿寫四庫書。各於本庫每部爲目錄。其有與四庫書名目不類者。依劉歆七略。排爲七志。其經史子集。及人文集。以時代爲先後。以品秩爲次第。其三教珠英。既有缺落。宜依舊目。隨文脩補。

十九年冬。車駕發京師。集賢院四庫書。總八萬九千卷。經庫一萬三千七百五十二卷。史庫二萬六千八百二十卷。子庫二萬一千五百四十八卷。集庫一萬七千九百六十卷。其中雜有梁陳齊周及隋代古書。貞觀永徽麟德乾封總章咸亨年奉詔繕寫。

二十四年十月。車駕從東都還京。有勅。百司從官。皆令減省。集賢書籍。三分留一。貯在東都。至天寶三載六月。四庫更造見在庫書目。經庫七千七百七十六卷。史庫一萬四千八百五十九卷。子庫一萬六千一百八十七卷。集庫一萬五千七百二十卷。從三載至十四載。庫續寫又一萬六千八百四十三卷。

天寶三載七月勅。先王令範。莫越于唐虞。上古遺書。並稱于訓誥。雖百篇奥義。前代或亡。而六體奇文。舊規尤在。其尚書應古體文字。並依今字繕寫施行。其舊本仍藏書府。

其載十二月勅。自今已後。宜令天下家藏孝經一本。精勤教習。學校之中。倍加傳授。州縣官長。明申勸課焉。

十一載十月。勅祕書省檢覆四庫書與集賢院計會塡寫。

貞元七年十二月。祕書監包佶奏。開元禮所與月令相涉者。請選通儒詳定。從之。

開成元年七月。分察使奏。祕書省四庫見在新舊書籍。共五萬六千四百七十六卷。並無文案。及新寫文書。自今已後。所塡補舊書。及別寫新書。並隨日校勘。並勒創立文案。別置納歷。隨月申臺。並外察使每歲末計課申數。具狀聞奏。從之。

大中三年正月。祕書省據御史臺牒。准開成元年七月勅。應寫書及校勘書籍。至歲末聞奏者。令勒楷書等。從今年正月後。應寫書四百一十七卷。

四年二月。集賢院奏。大中三年正月一日以後。至年終。寫完貯庫。及塡缺書籍。三百六十五卷。計用小麻紙一萬一千七百七張。

五年正月。祕書省牒報御史臺。從今年正月已後。當司應校勘書四百五十二卷。

書法

太宗嘗于晉史右軍傳後論之曰。鍾書布纖濃。分疏密。霞舒雲卷。無所間然。但其體古而不今。字長而逾制。獻之雖有異風。殊俗新巧。疏瘦如凌冬之枯樹。雖楂枒而無屈伸。拘束若嚴家之餓隸。惟羇羸而不放縱。蕭子雲無丈夫之氣。行行如縈春蚓。步步如綰秋蛇。臥王濛于紙中。坐徐姬于筆下。以茲播美。豈濫名耶。所以詳察古今。研精篆素。盡善盡美。其惟王逸少乎。觀其點曳之工。裁成之妙。烟霏露結。尖若斷而復連。鳳翥龍蟠。勢若曲而還直。玩之不覺爲倦。覽之莫識其端。心務力追。此人而已。

貞觀六年正月八日。命整治御府古今工書鍾王等眞迹。得一千五百一十卷。至十年。太宗嘗謂侍中魏徵曰。虞世南死後。無人可與論書。徵云。褚遂良下筆遒勁。甚得王逸少體。太宗卽日召命侍讀。嘗以金帛購求王羲之書跡。天下爭齎古書。詣闕以獻。當時莫能辨其眞僞。遂良備論所出。一無舛誤。

十四年四月二十二日。太宗自爲眞草書屏風。以示羣臣。筆力遒勁。爲一時之絕。（初購求人間書。凡眞行二百九十紙。裝爲七十卷。草二千紙。裝爲八十卷。每聽政之暇。則臨看之。）嘗謂朝臣曰。書學小道。初非急務。時或留心。猶勝異日。凡諸藝業。未有學而不得者也。病在心力懈惰。不能專精耳。朕少時爲公子。頻遭陣敵。義旗之始。乃平寇亂。執金鼓必自指揮。觀其陣卽知強弱。每取我強對其強。以我弱對其弱。敵犯我弱。追奔不踰百數十步。我擊其弱。必突過其陣。自背而反擊之。無不大潰。多用此制勝。思得其理深也。我今臨古人之書。殊不學其形勢。惟在求其骨力。及得骨力而形勢自生耳。然我知所爲。皆先作意。是以果能成也。初置宏文館。選貴臣子弟有性識者爲學生。內出書命之令學。又人間有善書。追徵入官。十數年間。海內從風。至十八年二月十七日。召三品已上。賜宴於元武門。太宗操筆作飛白書。羣臣乘酒。就太宗手中相競。散騎常侍劉洎登御牀引手。然後得之。其不得者咸稱洎登牀。罪當死。請付于法。太宗笑曰。昔聞婕妤辭輦。今見常侍登牀。

十八年五月。太宗爲飛白書。作鸞鳳蟠龍等字。筆勢驚絕。謂司徒長孫無忌。吏部尚書楊師道曰。五日舊俗。必用服翫相賀。朕今各賜君飛白扇二枚。庶動淸風。以增美德。

龍朔二年四月。上自爲書與遼東諸將。請降。敬宗曰。許圉師常自愛書。可于朝堂開示。圉師見而驚喜。私謂朝官曰。圉師見古迹多矣。魏晉已後。惟茲二王。然逸少少力而妍。子敬妍而少力。今見聖迹。兼絕二王。鳳翥鸞迴。實古今聖書。

神功元年五月。上謂鳳閣侍郎王方慶曰。卿家多書。合有右軍遺迹。方慶奏曰。臣十代再從伯祖羲之書。先有四十餘卷。貞觀十二年。太宗購求。先臣並以進訖。惟有一卷見在。今亦進訖。臣十一代祖導。十代祖洽。九代祖珣。八代祖曇首。七代祖僧綽。六代祖仲寶。五代祖騫。高祖規。曾祖褒。并九代三從伯祖晉中書令獻之已下二十八人書共十卷。上之。上御武成殿。示羣臣。仍令中書舍人崔融爲寶章集。以敍其事。復賜方慶。當時以爲榮。

開元六年正月三日。命整治御府古今工書鍾王等眞跡。得一千五百一十卷。十六年五月。內出二王眞迹及張芝張昶等古迹。總一百六十卷。付集賢院。依文榻四本進內。分賜諸王。初。貞觀中搜訪王羲之等眞跡。人間古本畢集。令魏徵虞世南褚遂良等定其眞跡。及小王張芝等。亦各隨多少勒爲卷帙。以貞觀字爲印。印縫及卷之首尾。其章迹又令遂良眞書小字貼紙。影其古本。亦有是梁隋官本者。梁則滿騫徐增朱异等。隋則江總姚察等署記。太宗又令魏褚等卷下更書名記其後。蘭亭一本。相傳云將入昭陵。又一本長安神龍之際。太平安樂公主奏借出入搨寫。因此遂失所在。開元五年。勅陸元悌魏哲劉懷信等。檢校見換標爲兩卷。總八十卷。餘並墜失。元悌又奏云。前代名賢押署之跡。唯以己之名氏代焉。上自書開元二字爲印。以印記之。王右軍凡一百三十卷。小王二十卷。張芝張昶書各一卷。右軍眞行書。唯有黃庭告誓等四卷存焉。

元和十四年九月。考功郎中蕭祐。進古今書畫二十卷。

開成三年。以諫議大夫柳公權爲工部侍郎。依前翰林侍書學士。公權初學王書。徧閱近代筆法。體勢勁媚。自成一家。上都西明寺金剛經碑。備有鍾王歐虞褚陸之體。尤爲得意。文宗夏日與學士聯句。上曰。八皆苦炎熱。我愛夏日長。公權曰。薰風自南來。殿閣生微涼。上吟久之。因令題于殿壁。字方圓五寸。帝曰。鍾王復生。無以加焉。帝召升殿御前書三紙。軍容使西門李元捧硯。樞密使崔巨源過筆。一紙眞書十字曰。衛夫人傳筆法于王右軍。一紙行書十一字曰。永禪師眞草千字文得家法。一紙草書八字曰。謂語助者。焉哉乎也。常評硯以青州石末爲第一。言墨易冷。絳州黑硯次之。

唐會要卷三十六

修撰

武德七年九月十七日。給事中歐陽詢奉勅撰藝文類聚成。上之。

貞觀五年九月二十七日。祕書監魏徵撰羣書政要。上之。太宗欲覽前王得失。爰自六經。訖于諸子。上始五帝。下盡晉年。徵與虞世南褚亮蕭德言等始成。凡五十卷。上之。諸王各賜一本。

十三年十一月三日。揚州長史李襲譽撰忠孝圖二十卷。奏之。

十四年五月二十一日。詔以特進魏徵所撰類禮。賜皇太子及諸王。幷藏本于祕府。初。徵以禮經遭秦滅學。戴聖編之。條流不次。乃刪其所說。以類相從。爲五十篇。合二十卷。上善之。賜物一千段。

十五年正月三日。魏王泰上括地志五十卷。上嘉之。賜物一萬段。其書宜付祕閣。初。泰好學。愛文章。司馬蘇勖勸泰表請修撰。詔許之。于是大開館宇。廣召時俊。遂奏引著作郎蕭德言。祕書郎顧允。記室參軍蔣亞卿。功曹參軍謝偃等。人物輻輳。門庭若市。泰稍悟過盛。欲其速成。于是分道諸州。披檢疏錄。凡四年而成。

其年四月十六日。太常博士呂才及諸陰陽學者十餘人。撰陰陽書。凡五十三卷。幷舊書行者四十七卷。詔頒下之。太宗以陰陽書行之日久。近代以來。漸至訛僞。穿鑿既甚。拘忌亦多。遂命有司總令修撰。其妄穿鑿拘忌者。才駁之曰。易曰。上古穴居而野處。後世聖人易之以宮室。蓋取諸大壯。逮于殷周之際。乃有卜宅之文。故詩稱相其陰陽。書云卜惟洛食。此則卜宅吉凶。其來尚矣。至于近代。師巫更加五姓之說。言五姓者。謂宮商角徵羽等。天下萬物。悉配屬之。行事吉凶。依此爲法。至于張王等爲商。武庾等爲羽。欲以同韻相求。及其以柳爲宮。以趙爲角。又非四聲相管。其間亦有同是一姓。分屬宮商。復有複姓數字。徵羽不別。驗于經典。本無斯說。卽陰陽書亦無此語。直是野俗口傳。竟無所出之處。惟按堪輿經云。黃帝對于天老。乃有百姓之言。且黃帝之時。不過姬姜數姓。曁于後代。賜族者多。至如管蔡郕霍魯衞毛聃郜雍曹滕畢原酆郇。並是姬姓子孫。孔殷宋華向蕭亳皇甫。並是子姓苗裔。自餘諸國。推例皆然。因邑因官。分枝布葉。未知此等諸姓。是誰配屬宮商。又檢春秋。以陳衞及秦。並同水族。齊鄭及宋。皆爲火姓。或承所出之祖。或繫所屬之星。或取所居之地。亦非宮商角徵羽。共相管攝。此則事不稽古。義理乖僻者也。又敍祿命曰。謹按史記。賈誼宋忠司馬季主云。夫卜筮者。高談祿命。以悅人心。矯言禍福。以盡人財。又按王充論衡云。見骨體而知祿命，見祿命而知骨體。此則祿命之書行之久矣。言多或中。人乃信之。今更研尋。本非實錄。但以積善餘慶。不假建祿之吉。積惡餘殃。豈由刦殺之灾。皇天無親。常與善人。禍之所應。其猶影響。故有夏多罪。天命勦絕。宋景修德。妖孛夜移。學也祿在。豈待生當建王。憂勤損壽。不關月値空亡。長平坑卒。未聞共犯三刑。南陽貴士。何必俱當六合。歷陽成湖。非獨河魁之上。蜀郡炎燎。豈由災厄之下。今時有同建同祿。而貴賤懸殊。共命共胎。而夭壽更異。按春秋魯桓公六年九月。魯莊公生。今檢長歷。莊公生當乙亥之歲。建申之月。以此推之。莊公乃當祿之空亡。依祿命書。法合貧賤。又犯勾絞六空。背驛馬生。身刻驛馬。驛馬三刑。當此生者。並無官爵。火命七月。生當病鄉。爲人尪弱。身合矬陋。今按齊詩譏莊公猗嗟昌兮。頎而長兮。美目揚兮。巧趨蹌兮。惟有問命一條。法當長壽。依檢春秋。莊公薨時。計年四十五矣。此祿命不驗一也。又按史記。秦莊襄王四十八年。始皇帝生。宋忠注云。因正月生。爲此命政。依檢襄王四十八年。歲在壬寅。此年正月生者。命當背祿。法無官爵。假得祿合。奴婢尙少。始皇又當破驛馬生。驛馬三刑。身刻驛馬。法當望官不到。金命正月生。當絕下。爲人無始有終。而彌吉。今檢史記。始皇乃是有始無終。老更彌凶。唯建命生。法合長壽。計其崩時。不過五十。祿命不驗二也。檢漢武故事。武帝以乙酉歲七月七日平旦時。亦當祿空亡下。法無官爵。雖向驛馬。尙隔四辰。依祿命法。少無官榮。老而方盛。今驗漢書。武帝卽位。年始十六。末年以後。戶口減半。祿命不驗三也。又檢後魏書云。高祖孝文皇帝皇興元年八月生。今按長歷。其年歲在丁未。以此推之。孝文皇帝背祿背命。并驛馬三刑。身刻驛馬。依祿命書。法無官爵。當父死中生。法當生不見父。今檢魏書。孝文皇帝身受其父之禪禮云。嗣主位定。在于初喪。踰年之後。方始正號。是以天子無父。事三老也。孝文受禪。異于常禮。躬爲天子。以事其親。而祿命到云不合識父。祿命不驗四也。又按沈約宋書云。宋高祖癸亥三月生。依此推祿與命。並當空亡。依祿命書。法無官爵。又當子墓中生。惟宜嫡子。假有次子。法當早卒。今據宋書。高祖長子。先被篡弒。次子義隆。享國多年。高祖又當祿祖下生。法得嫡孫財祿。今檢宋書。其孫劉劭劉濬。並爲篡宋。幾失宗祧。祿命不驗五也。敍葬書曰。易曰。古之葬者。厚衣以薪。不封不樹。喪期無數。後世聖人易之以棺槨。蓋取諸大過。禮云。葬者藏也。欲人之不見也。然孝經云。卜其宅兆而安厝之。以其復土事畢。長爲感慕之所。窀穸禮終。永作魂神之宅。朝市遷變。豈得先測于將來。泉石交侵。不可先知于地下。是以謀及龜筮。庶無後艱。斯乃備于慎終之禮。曾無吉凶之義。暨于近世已來。加之陰陽葬法。或選年月便利。或量墓田遠近。一事失所。禍及死生。巫者利其貨賄。莫不擅加妨害。遂令葬書一術。乃有百二十家。各說吉凶。拘而多忌。且天覆地載。乾坤之理備焉。一剛一柔。消息之義詳矣。或成晝夜之道。感于男女之化。三光運於上。四氣通於下。斯乃陰陽之大經。不可失於斯須也。至於喪葬之吉凶。乃附此爲妖妄。傳云。王者七日而殯。七月而葬。諸侯五日而殯。五月而葬。大夫經時而葬。士逾月而葬。此貴賤不同。禮亦異數。欲使同盟同軌。赴弔有期。量事制宜。遂爲常式。法旣一定。不得違之也。故先期而葬。謂之不懷。後期而不葬。譏之殆禮。此則葬有定期。不擇年月。其義一也。春秋又云。丁巳葬定公。雨不克葬。至戊午襄事。禮經善之。禮記云。卜葬先遠日。蓋選月終之日。所以避不懷也。今檢葬書。以己亥之日用葬最凶。謹按春秋之際。此日葬者。凡有二十餘件。此則葬不擇日。其義二也。禮記云。周尙赤。大事用平旦。殷尙白。大事用日中。夏尙黑。大事用昏時。鄭元注云。大事者何。謂喪葬也。此則直取當代所尙。不擇時之早晚。春秋又云。鄭卿子產及子太叔葬鄭簡公。

於時司墓大夫室當葬路。若壞其室。卽平旦而堋。不壞其室。卽日中而堋。子產不欲壞室。而待日中。子太叔云。若至日中而堋。恐久勞諸侯大夫來會葬者。然子產旣云博物君子。太叔乃爲諸侯之選。國之大事。無過喪葬。必是義有吉凶。斯等豈得不用。今乃不問時之得失。惟論人事可否。曾子問云。葬逢日蝕。捨其路左。待明而行。所以備非常也。若依葬書。多用乾艮二時。並起半夜。此卽文與禮違。今檢禮傳。葬不擇時。其義三也。葬書云。富貴官品。皆由安葬所致。年命延促。亦由墳壠所招。然孝經云。立身行道。揚名於後世。以顯父母。易曰。聖人之大寶曰位。何以守位曰仁。是以日愼一日。則澤及於無疆。有德不建。而人無援。此則非由安葬吉凶而論福祚延促。臧孫有後於魯。不關葬得吉日。若敖絕祀於荊。不由遷厝失所。此則安葬吉凶不可信用。其義四也。今之喪葬吉凶。皆依五姓便利。古之葬者。並在國都之北。兆域旣有常所。何取姓墓之義。趙氏之葬。並在九原。漢之山陵。散在諸處。上利下利。蔑爾不論。大墓小墓。其義安在。及其子孫富貴不絕。或與三代同風。或分六國而王。此則五姓之義。大無稽考。吉凶之理。何從而生。其義五也。且人臣名位。進退何常。亦有初賤而後貴。亦有始泰而終否。是以子文三已令尹。展禽三黜士師。卜葬一定。更不迴改。冢墓旣成。曾不革易。何因名位無時蹔安。故知官爵宏之在人。不由安葬所致。其義六也。野俗無識。皆信葬書。巫者詐其吉凶。愚人因此僥倖。遂使擗踊之際。擇葬地而希官品。荼毒之秋。選葬時以覬財祿。或云辰日不宜哭泣。遂莞爾而受弔問。或云同屬忌於臨壙。乃吉服而不送其親。聖人設教。豈其然也。葬書敗俗。一至於斯。其義七也。

蘇氏曰。今世之人。正惑於此。故載呂才駁議。用矯正之。庶乎惑者少悟也。

其年十月二十五日。尚書左僕射申國公士廉等。撰文思博要成。凡一千二百卷。詔藏之祕府。同撰人特進魏徵。中書令楊師道。中書侍郎岑文本。禮部侍郎顏相時。國子司業朱子奢。給事中許敬宗。國子博士劉伯莊。太常博士呂才。祕書監房元齡。太學博士馬嘉運。起居舍人褚遂良。晉王友姚思廉。太子舍人司馬宅相。祕書郎宋正人。

二十三年正月二十日。太宗撰帝範十三篇。賜皇太子。顧謂王公曰。聖躬闡政之道。備在其中矣。

永徽三年三月三日。符璽郎顏揚庭。上其父師古所撰匡謬正俗八卷。令付祕閣。

顯慶元年十月。詔禮部尚書宏文館學士許敬宗等。修東殿新書。上曰。略看數卷。全不如抄撮文書。又日月復淺。豈不是卿等用意至此。因親製序四百八十字。

二年六月。上製元首前星維城股肱論。令敬宗等注釋。名曰天訓。至三年正月五日。修新禮成。一百三十卷。頒于天下。其年五月九日。以西域平。遣使分往康國及吐火羅等國。訪其風俗物產及古今廢置。畫圖以進。令史官撰西域圖志六十卷。許敬宗監領之。書成。學者稱其博焉。十月二日。許敬宗修文館詞林一千卷上之。

六年正月二十七日。右內率府錄事參軍崇賢館直學士李善上注文選六十卷。藏于祕府。

龍朔元年六月二十六日。許敬宗等撰累壁六百三十卷。上之。

三年十月二日。皇太子宏遣司元太常伯竇德元進所撰瑤山玉彩五百卷上之。詔藏書府。

儀鳳元年十二月二日。皇太子賢上所注後漢書。初太子右庶子張太安。洗馬劉訥言。洛州司戶參軍格希元。學士許叔牙。成元一。史藏諸。周寶寧等。同注范曄後漢書。詔付祕書省。

調露二年二月一日。詔故符璽郎李延壽撰政典一部。寫兩本。一本付秘書省。一本賜皇太子

永隆元年十二月。太史李淳風進注釋五曹孫子等十部算經。分爲二十卷。

垂拱二年四月七日。太后撰百寮新誡及兆人本業記。頒朝集使。

大足元年十一月十二日。麟臺監張昌宗撰三教珠英一千三百卷成上之。初聖歷中。以上御覽及文思博要等書。聚事多未周備。遂令張昌宗召李嶠。閻朝隱。徐彥伯。薛曜。員半千。魏知古。于季子。王無競。沈佺期。王適。徐堅。尹元凱。張說。馬吉甫。元希聲。李處正。高備。劉知幾。房元陽。宋之問。崔湜。常元旦。楊齊哲。富嘉謩。蔣鳳等二十六人同撰。于舊書外。更加佛道二教。及親屬姓名方城等部。

開元七年五月。左庶子劉子元上議。今之所注老子。是河上公注。其序云。河上公者。是漢文帝時人。結草菴于河曲。因以爲號。以所注老子授文帝。因沖空上天。此乃不經之鄙言。流俗之虛語。漢書藝文志。注老

子者有三家。河上所釋。無虛聞焉。王弼義旨爲優。請黜河上公。升輔嗣所注。司馬貞亦注云。漢史實無其人。然所注以養神爲宗。以無爲爲體。請河王注令學者俱行。從之。

九年十一月十三日。左散騎常侍元行沖上羣書四部錄二百卷。藏之內府。凡二千六百五十五部。四萬八千一百六十九卷。分爲經史子集四部。經庫是殷踐猷王愜編。史庫韋述余欽。子庫毋照劉彥直。集庫王灣劉仲。其序例韋述撰。其後毋照又略爲四十卷。爲古今書錄。

十年六月二日。上注孝經。頒于天下及國子學。至天寶二年五月二十二日。上重注。亦頒于天下。

十三年。詔康子元等注解東封儀注以進。

十五年五月一日。集賢學士徐堅等纂經史文章之要。以類相從。上制名曰初學記。至是上之。欲令皇太子及諸王檢事綴文。

十七年九月十一日。上令左丞相張說修八陣圖十卷及經二卷成。

十九年二月。禮部員外郎徐安貞等撰文府二十卷。上之。十二月十一日。侍中裴光庭上瑤山往則維城前軌各一卷。上以賜皇太子及慶王。

二十三年正月。勅中書令張九齡光祿卿韋縚與禮官就集賢院撰耤田儀注。

其年三月二十七日。上注老子。并修疏義八卷。并製開元文字音義三十卷。頒示公卿。

二十七年二月。中書令張九齡等撰六典三十卷成。上之。百官稱賀。

天寶十四載四月。內出御撰韻英五卷。付集賢院行用。

其年十月八日。頒御注道德經幷疏義。分示十道。各令巡內傳寫。以付宮觀。

乾元二年十一月。四明山人沈若進廣孝經十卷。制授秘書郎集賢院待詔。

大曆十二年十一月二十五日。刑部尚書顏眞卿撰韻海鏡原三百六十卷。表獻之。詔付集賢院。

建中元年十月。濠州刺史張鎰撰五經微旨十四卷。孟子音義三卷。上之。

貞元十一年八月。國子司業裴澄撰乘輿月令十二卷。上之。

十二年二月。夏州節度使韓潭進統載四十卷。十月。昭義節度判官賀蘭正九進用人權衡。輔佐記各十卷。舉選衡鏡三卷。

十四年十月。左僕射平章事賈耽撰郡國別錄六卷。通錄四卷。上之。十一月。西川節度使韋皋進開復西南夷事狀十卷。

十七年七月。太常寺進大唐貞元新集開元復禮二十卷。十月。宰臣賈耽撰海內華夷圖一軸。幷序古今郡國縣道四夷述四十卷。上之。耽好地理學。四方之使自蕃方來者。必問其土地山川之所終始。凡三十年。問既備。因撰海內華夷圖。廣三丈。縱三丈三尺。率以一寸折一百里。入有披圖以問其郡人者。皆得其實無虛詞焉。

十九年二月。淮南節度使杜佑。撰通典二百卷上之。其書凡九門。取食貨十二篇。選舉六篇。職官二十二篇。禮一百篇。樂七篇。兵六篇。刑十七篇。州郡十四篇。邊防十六篇。佑多該涉。尤精歷代之要。修通典。識者知其必登公輔之位。其書既出。遂行于時。又杭州刺史蘇弁。撰會要四十卷。弁與兄冕。纘國朝故事爲是書。弁先聚書至二萬卷。皆手自刊正。今言蘇氏書。次於集賢芸閣焉。給事中陸贄。著集注春秋二十卷。君臣圖翼三十五卷上之。元和二年十二月。李吉甫等撰元和年國計簿十卷上之。總計天下方鎮。凡四十八道。管州府二百九十五。鎮縣一千四百五十三。見定戶二百四十四萬二百五十四。其鳳翔。鄜坊。邠寧。振武。涇原。銀夏。靈鹽。河東。易定。魏鎮。冀。范陽。滄州。淮西。淄青等一十五道。合七十一州。並不申戶口數目。

四年四月。給事中馮伉。著三傳異同三卷。

其年七月。製君臣事跡十四篇。上以天下無事。留意典文。每覽前代興亡得失之事。皆三復其言。又讀貞觀開元實錄。見太宗撰金鏡書及帝範上下篇。元宗撰開元訓誡。思繼前躅。遂採尙書。春秋後傳。史記。班范漢書。三國志。晏子春秋。吳越春秋。新序。說苑等書。君臣行事可爲龜鑑者。集成十四篇。一曰君臣道合。二曰辨邪正。三曰誡權諍。四曰戒微行。五曰任賢臣。六曰納忠諫。七曰愼征伐。八曰愼刑法。九曰去奢泰。十曰崇節儉。十一曰奬忠直。十二曰修政教。十三曰諫畋獵。十四曰錄勳賢。分爲上下卷。上自製其序曰。

前代君臣事跡。至是以其書寫於屏風。列之御座之右。書屏風六扇於中書。宣示宰臣李藩裴洎曰。朕近撰此屏風。親所觀覽。故令示卿藩等進表稱賀。

八年二月。宰臣李吉甫撰元和州縣郡國圖三十卷。百司舉要一卷成。上之。吉甫又常綴錄東漢魏晉元魏周隋故事。記其成敗損益。因爲六代略。凡三十卷。分天下諸鎭絕域山川險易故事。各寫其圖於篇首。爲五十四卷。號爲元和郡國圖。

九年四月。檢校左拾遺李渤撰御戎新錄二十卷。上之。

十二年十二月。翰林學士沈傳師等奏。元和辨謗略兩部。各十卷。一部進上。一部請付史館。從之。

其年。處州刺史馬總進武德至貞元年奏議二十卷。

十三年六月。宰臣袁滋撰雲南紀五卷上之。八月。洛陽尉禮院檢討官王彥威撰元和曲臺新禮三十卷上之。自開元二十一年至元和十三年正月已前。新撰定禮典舊儀不同者。謹備集錄。幷禮勒成三十卷。

其年十二月。祕書少監史館修撰馬宇撰鳳池錄五十卷。成。上之。

長慶元年十一月。商州刺史王公亮進新撰兵書一十八卷。

二年四月。翰林侍講學士韋處厚路隨撰六經法言三十卷。成。上之。

寶歷元年三月。翰林侍講學士崔郾與高重進纂要十卷。

二年五月。祕書省著作郎韋公肅注太宗文皇帝帝範一十二篇上之。

太和元年六月。國子直講徐鄖上周易新義三卷。

八年四月。集賢學士裴潾撰通選三十卷。

其年九月。宰相李德裕進御臣要略及柳氏舊史。

九年五月。御集春秋左氏列國經傳三十卷。

其年。宰臣兼集賢大學士李宗閔准宣與校理修撰等撰五常傳二十卷并目錄一卷進上。

開元二年二月。戶部侍郎王彥威以所撰唐典七十卷上之。起武德終永貞。

其年十月。勑改天后朝所撰三教珠英爲海內珠英。

三年八月。右拾遺韋籌進唐書唐史解表共五通。

會昌二年七月。宰臣德裕進異域歸忠傳兩卷。

大中五年十一月。太子詹事姚思廉撰通史三百卷上之。通史自開闢至隋末。編年纂帝王美政善事。詔令可利于時者。必載于時政。鹽鐵。筦榷。和糴。賑貸。錢陌。兵數。虛實。貯糧。用兵利害。邊事。戎狄。無不備載。下至釋道燒煉。妄求無驗。皆敘之矣。　十二月。又撰帝王政統十卷上之。

七年十月。尚書左僕射門下侍郎平章事崔鉉。上續會要四十卷。修撰官楊紹復。崔瑑。薛逢。鄭言等。賜物有差。

氏族

氏族者。古史官所記。故官有世冑譜有世官。過江則有僑姓。王謝袁蕭爲大。東南則有吳姓。朱張顧陸爲大。山東則有郡姓。王崔盧李鄭爲大。關中亦號郡姓。韋裴柳薛楊杜爲大。代北則有虜姓。元長孫宇文于陸源竇爲大。各於其地自尙其姓爲四姓。今流俗相傳。獨以崔盧李鄭爲四姓。加太原王氏爲五姓。蓋不經之甚也。

武德元年。高祖嘗謂內史令竇威曰。昔周朝有八柱國之貴。吾與公家。咸登此職。今我已爲天子。公爲內史令。本同末異。無乃不可乎。威曰。臣家昔在漢朝。再爲外戚。至于後魏。三處外家。今陛下龍興。復出皇后。臣又階緣戚里。位忝鳳池。自惟叨濫。曉夕兢懼。高祖笑曰。比見關東人崔盧爲婚。猶自矜伐。公世爲帝戚。不亦貴乎。

三年。高祖嘗從容謂尙書右僕射裴寂曰。我李氏昔在隴西。富有龜玉。降及祖禰。姻婭帝王。及舉義兵。四海雲集。纔涉數月。升爲天子。至如前代皇王。多起微賤。劬勞行陣。下不聊生。公復世冑名家。歷職清要。豈若蕭何曹參。起自刀筆吏也。惟我與公。千載之後。無愧前修矣。

蘇氏議曰。創業君臣。俱是貴族。三代以後。無如我唐。高祖八柱國唐公之孫。周明懿隋元眞二皇后外戚。娶周太師竇毅女。毅則周太祖之壻也。宰相蕭瑀。陳叔達。梁陳帝王之子。裴矩。宇文士及。齊隋駙馬都尉。竇威。楊恭仁。封德彝。竇抗。並前朝師保之裔。其將相裴寂。唐儉。長孫順德。屈突通。劉政會。竇軌。竇琮。柴紹。殷開山。李靖等。並是貴胄子弟。比夫漢祖蕭曹韓彭門第。豈有等級以計言乎。

武德中。李守素與虞世南論及氏族。初言江左。世南獨相酬對。及言北地諸姓。次第如流。陳其事業。皆有援證。世南但撫手而已。不復能答。歎曰。肉譜實可畏。許敬宗曰。肉譜非雅名也。世南曰。昔任彥升善談經籍。梁代稱爲五經笥。今日號倉曹爲人物笥矣。守素以諳時氏族。時人謂之肉譜。

貞觀十二年正月十五日。修氏族志一百卷成。上之。先是。山東士人。好自矜誇。以婚姻相尚。太宗惡之。以爲甚傷教義。乃詔禮部尚書高士廉。御史大夫韋挺。中書侍郎岑文本。禮部侍郎令狐德棻及四方士大夫諳練族姓者。普索天下譜諜。約諸史傳。考其眞僞。以爲氏族志。以崔幹爲第一等。書成。太宗謂曰。我與山東崔盧家。豈有舊嫌也。爲其世代衰微。全無官宦。人物販鬻婚姻。是無禮也。依託富貴。是無恥也。我不解人間何爲重之。我今定氏族者。欲崇我唐朝人物冠冕。垂之不朽。何因崔幹爲一等。列爲第三等。合二百九十三姓。千六百五十一家。分爲九等。頒於天下。

顯慶四年九月五日。詔改氏族志爲姓錄。上親製序。仍自裁其類例。凡二百四十五姓。二百八十七家。以皇后四家。酅公。介公。贈台司。太子三師。開府儀同三司。僕射。爲第一等。文武二品及知政事者三品爲第二等。各以品位爲等第。凡爲九等。並取其身及後裔。若親兄弟。量計相從。自餘枝屬。一不得同譜。初貞觀氏族志稱爲詳練。至是。許敬宗以其書不敍明皇后武氏本望。李義府又恥其家無名。乃奏改之。於是委禮部侍郎孔志約著作郎揚仁卿太子洗馬史元道太常丞呂才等十二人商量編錄。遂立格以皇朝得五品者書入族譜。入譜者縉紳士大夫咸以爲恥。議者號其書爲勳格。李義府又奏收貞觀氏族志焚之

長安四年。鳳閣舍人劉知幾撰劉氏三卷。推漢氏爲陸終苗裔。非堯之後。彭城叢亭里諸劉。出自宣帝子楚孝王囂曾孫司徒居巢侯劉愷之後。不承楚元王交。皆按據明白。前代所誤。雖爲流俗所譏。學者服其該博。

神龍元年五月十八日。左散騎常侍柳沖上表曰。臣聞姓氏之初。世本著其義。昭穆之序。周譜列其風。漢晉之年。應摯明宗系之說。齊梁之際。王賈述衣冠之源。使夫士庶區分。懲勸攸寄。昭之後世。實爲盛典。臣今願敍唐朝之崇。修氏族之譜。使九圍仰止。百代承風。豈不大哉。上從之。遂令尚書左僕射魏元忠。工部尚書張錫。禮部侍郎蕭至忠。岑羲。兵部侍郎崔湜。刑部侍郎徐堅。工部侍郎劉憲。左補闕吳兢等重修　至先天二年三月。柳沖奏所備姓族錄成。上之。凡二百卷。又於今判定。至開元二年七月二十一日畢。上之。

上元二年九月二十一日勑文。其氏族並得之久遠。有餘俗諱及僻疾同聲者。宜改與本族望所出大姓。

任自遂便穩。其時桓彥範孫改姓姜氏。

乾元元年。著作郎賈至撰百家類例十卷。其序旨曰。以其婚姻承家冠冕備盡。則存譜。大譜所紀者。唯尊官清職。傳記本原。分爲十卷。爰列百氏。其中須有部折。各於宗族注之。通爲百氏。以隴西李氏爲第一。至貞元中。左司郎中柳芳論氏族序四姓。則分甲乙丙丁。頒之四海。世族則先山東。載在唐歷。

永泰二年十月七日。宗正卿吳王祇奏。修史館太常博士柳芳撰皇室永泰譜二十卷上之。

大曆三年正月二十四日。太子中允李良佐及諸房譜。依舊姓獨孤氏。從之。

元和七年七月。尚書兵部員外郎知制誥王涯撰姓纂十卷上之。

開成四年正月。勅大理寺少卿李衢修撰皇后譜牒。

其年閏正月。勅翰林學士柳璟修續皇室永泰新譜。以永泰初。璟祖考爲史官。嘗撰皇家永泰譜二十卷成上之。至是復令璟修續其書焉。

大中六年十二月。宗正寺奏。得當司修圖譜官李宏簡狀。伏以德明皇帝之後。興聖皇帝以來。宗紡有序。昭穆無差。近日修撰。率多紊亂。遂使冠履僭儀。元黃失位。數從之內。昭序便乖。今請宗子自常參官并諸州府及縣官等。各具始封建諸王及五代祖及見在子孫。錄一家狀。送圖譜院。仍每房納。於官取高處昭穆取尊。卽轉送至本寺所司磨勘屬籍。稍獲精詳。依奏。

蕃夷請經史

垂拱二年二月十四日。新羅王金政明遣使請禮記一部。幷雜文章。令所司寫吉凶要禮。幷文館詞林。採其詞涉規誡者。勒成五十卷賜之。

開元十九年正月二十四日。命有司寫毛詩禮記左傳文選各一部。以賜金城公主。從其請也。祕書正字于休烈上表投招諫匭言曰。臣聞戎狄國之寇也。經籍國之典也。國之利器。不可以示人。昔東平王求史記諸子。漢朝不與。蓋以史記多兵謀。諸子雜詭術。夫以東平帝之懿戚。尚不欲示征戰之書。況西戎國之遠蕃。曷可貽經典之事。且魯秉周禮。齊不加兵。吳獲乘車。楚屬奔命。傳曰。惟名與器。不可以假人。必不得已。請去春秋。當周德既衰。諸侯強盛。則有以臣召君之事。取威定霸之謀。若與此書。國之患也。表入。勅下中書門下議。侍中裴光庭等曰。西戎不識禮經。心昧德義。頻負明約。孤背國恩。今所請詩書。隨時給與。庶使漸陶聲教。混一車書。文軌大同。斯可使也。休烈雖見情僞變詐。於是乎生。而不知忠信節義。於是乎在。上曰。善。乃以經書賜與之。

二十六年六月二十七日。渤海遣使求寫唐禮及三國志晉書三十六國春秋。許之。

附學讀書

神龍元年九月二十一日。勅吐蕃王及可汗子孫。欲習學經業。宜附國子學讀書。

永泰二年正月十四日。國子祭酒蕭昕上言。請崇儒學。以正風教。其月二十九日。勅曰。頃以戎狄方虞。急於經略。太學空設。諸生盆寡。絃誦之地。寂寥無聲。函丈之間。殆將不埽。念每及此。甚用憫焉。其諸道節度觀察都團防禦使等。朕之腹心。各鎭方面。誡兹子弟。各奉義方。幷宰相朝官及神策六軍子弟。欲習業者。自今已後。並令補國學生。欲其業重籯金。器成琢玉。日新厥德。世不乏賢。其中身雖有官。欲附學讀書者。聽。其學官委中書門下揀擇。尤精堪爲師範者充。學生員數多少。所習經業。考試第等。幷所供糧料。及緣修理。各委本司作條件聞奏。

開成元年六月。勅新羅宿衞生王子金義宗等。所請留住學生員。仰准舊例留二人。衣糧准例支給。

二年三月。渤海國隨賀正王子大俊明。幷入朝學生。共一十六人。勅渤海所請生徒習學。宜令靑州觀察使放六人到上都。餘十人勒迴。又新羅差入朝宿衞王子。幷准舊例。割留習業學生。並及先住學生等。共二百十六人。請時服糧料。又請舊住學習業者。放還本國。勅新羅學生內許七人。准去年八月勅處分。餘時十馬畜糧料等。旣非舊例。並勒還蕃。

唐會要卷三十七

五禮篇目

武德初朝廷草創。未遑制作。郊祀享宴。悉用隋代舊制。至貞觀初。詔中書令房元齡。祕書監魏徵。禮官學士備攷舊禮。著吉禮六十一篇。賓禮四篇。軍禮二十篇。嘉禮四十二篇。凶禮六篇。國恤禮五篇。總一百三十八篇。分爲一百卷。初元齡與禮官建議以爲月令蜡法唯祭天宗。謂日月已下。近代蜡五天帝。五人帝。五地祇。皆非古典。今並除之。神州者。國之所託。餘八州則義不相及。近代通祭九州。今唯祭皇地祇及神州以正祀典。又皇太子入學。及太常行山陵。天子大射。合朔。陳五兵于太社。農隙講武。納皇后。行六禮。四孟月讀時令。天子上陵朝廟。養老于辟雍之禮。皆周隋所闕。凡增二十九條。餘並依古禮。七年正月二十四日獻之。詔行用焉。

蘇氏曰。五禮等威。三代沿革。蓋上聖有作。情必備于吉凶。後世遵行。事豈變于文質。源清則流永。根正則苗長。我唐始基。刊定禮樂。去亡隋之繁雜。備前古之雅正。作萬代法。成四海儀。光闡皇猷。永固帝業。而修禮官不達睿旨。坐守拘忌。近移凶禮。寘於末篇。斯爲妄矣。房梁公魏鄭公庶務自殷。一心有限。雖統其事。無暇參詳。爲禮官所誤。不然者。白圭無斯玷矣。暨乎永徽之初。再修典禮。遂刪去國恤禮。以爲預凶事非臣子之所宜言此又乖也且禮有天子卽位爲椑歲一漆而藏焉漢則三分租賦而一奉陵寢周漢之制豈謬誤耶是正禮也且東園祕器曾不廢於有司國恤禮文便謂預於凶事何貴耳而賤目背實而向聲有以見敬宗義府之大妄也

永徽二年議者以貞觀禮未備又詔太尉長孫無忌中書令杜正倫中書侍郎李義府中書侍郎李友益黃門侍郎劉祥道許圉師太子賓客許敬宗太常少卿韋琨太學博士史道元符璽郎孔志約太常博士蕭楚材孫自覺賀紀等重加緝定勒成一百三十卷二百二十九篇至顯慶三年正月五日奏上之高宗自爲之序詔中外頒行焉初五禮儀注自前代相沿吉凶備舉蕭楚材孔志約以國恤禮爲預凶事非臣子之宜言敬宗義府深然之於是刪而定之其時以許敬宗李義府用事其所損益多涉希旨學者紛議以爲不及貞觀禮

至上元三年二月勅五禮行用已久並依貞觀年禮爲定至儀鳳二年八月又詔顯慶已來新修禮多不師古其五禮並宜依周禮行事自是禮司益無憑每有大事皆參會古今禮文臨時撰定

開元十年詔國子司業韋縚爲禮儀使專掌五禮十四年通事舍人王嵒疏請撰禮記削去舊文而以今事編之詔付集賢院學士詳議右丞相張說奏曰禮記漢朝所編遂爲歷代不刊之典今去聖久遠恐難改易今之五禮儀注貞觀顯慶兩度所修前後頗有不同其中或未折衷望與學士等更討論古今刪改行用制從之初令學士右散騎常侍徐堅左拾遺李銳太常博士施敬本等檢撰歷年不就說卒後蕭嵩

代爲集賢學士。始奏起居舍人王邱撰成一百五十卷。名曰大唐開元禮。二十九年九月。頒所司行用焉。

元和十三年八月。禮官王彥威集開元二十一年已後至元和十三年五禮裁制勅格。爲曲臺新禮。上疏曰。臣聞禮之所始。及損益之文。布于前書。不敢悉數。開元中。命禮官大臣改撰新禮。五禮之儀始備。又按自開元二十一年已後。迄于聖朝。垂九十餘年矣。法通沿革。禮有廢興。或後勅已更裁成。或當寺別稟詔命。貴後權變。以就便宜。又國家每有禮儀大事。則命禮官博士。約舊爲之損益。脩撰儀注。以合時變。然後宣行。卽臣今所集開元以後至元和十三年。奏定儀制。不惟與古禮有異。與開元儀禮已自不同矣。又檢脩禮官故事。每詳定儀制訖。則約文爲之禮科。以移責于百司。又約之以供備。然後禮事畢舉。禮科者。名數之總。與儀注相扶而行者也。闕一不可。臣今所集。備禮科之單複。具供給之司存。欲使謁者贊引之徒官長辟除之吏。開卷盡在。按文易徵。其他五禮之儀式。或舊儀所不載。而與新創不同者。莫不次第編錄。竊以聖朝典禮。于元和中集錄。又曲臺者。實禮之義疏。故名曰元和曲臺新禮。幷目錄勒成三十卷。謹詣光順門奉表以聞。伏乞裁下。從之。

禮儀使

高祖禪代之際。溫大雅與竇威陳叔達參定禮儀。自後至開元初。參定禮儀者。並不入銜。無由檢敍。

開元九年正月。韋縚除國子司業。仍知太常禮儀事。至二十三年二月。凡四改官。至太常卿。並帶禮儀事。

又至天寶九載正月。除太子少師。方罷禮儀事。

天寶九載正月。置禮儀使。以太子左庶子韋述爲之。至十五載六月。更不改易。

至德二載閏八月二十九日。御史中丞崔器除兼戶部侍郎。知禮儀事。至乾元元年四月。太常少卿王璵。兼知禮儀事。其月十八日。除中書侍郎同中書門下平章事。充禮儀祠祭等使。二年九月七日。太常少卿于休烈除工部侍郎。充禮儀使。

廣德元年。太常卿杜鴻漸充禮儀使。

永泰二年八月十三日。禮部尚書裴士淹除禮儀使。

大歷五年三月二十六日。勅停禮儀使事。歸太常。至七年正月十九日。復置使。以太常卿楊綰爲之。十四年五月十二日。吏部尚書顏眞卿除禮儀使。建中元年停。自後不置。每有南郊大禮。權置使。畢日停。

服紀上

貞觀十四年。太宗嘗從容謂禮官曰。同爨尚有緦麻之恩。而嫂叔無服。又舅之與姨。親疏相似。而服紀有殊。理未爲得。宜集學者詳議。餘有親重而服輕者。亦附奏聞。祕書監顏師古議曰。竊以舊館脫驂。尙云出涕。鄰里有殯。且輟巷歌。況乎昆季之親。嚴親是奉。夫之昆季。資業本同。遂乃均諸百姓。絕于五服。當其喪沒。闔門縞素。己獨晏然。元黃不改。靜言至理。殊匪宏通。無益防閑。實開偸薄。相爲制服。孰謂非宜。又外氏之親。俱緣于母。姨舅一例。等屬齊尊。姨既小功。舅乃緦麻。曲生異義。茲亦未安。愚謂昆季之妻。服當五月。夫之昆弟。戚亦如之。爲舅小功。同于姨服。則親疏中節。名數有倫。至如舅姑爲婦。其服太輕。冢婦止于大功。衆婦小功而已。但著代之重。名義特崇。饋奠之勤。誠愛兼極。略其恩禮。有虧慈惠。猶子之婦。普服大功。己子之妻。翻成減降。今請冢婦周服。衆婦大功。既表授室之親。又答執笲之養。叔仲之後。諸婦齊同。則周給齊平。更無窒礙矣。侍中魏徵。禮部侍郎令狐德棻等。與禮官定議曰。夫親族有九。服紀有六。隨恩以厚薄。稱情以立文。原夫舅之與姨。雖爲同氣。權之于母。輕重相懸。何則。舅爲父之本宗。姨乃外戚他族。考之經典。舅誠爲重。故周王念齊。每稱舅甥之國。秦伯懷晉。實切渭陽之詩。今在舅服止一時。爲姨居喪五月。循名責實。逐末棄本。蓋古人之情。有所未達。今之損益。實在茲乎。禮記曰。兄弟之子。猶子也。蓋引而進之也。嫂叔之無服。蓋推而遠之也。禮繼父同居。則爲之朞。未嘗同居。則不爲服。從母之夫。舅之妻。二夫人相爲服。或曰同爨緦麻。然則繼父之徒。並非骨肉之親。服重由乎同爨。恩輕在乎異居。故知制服雖繫于名。蓋亦緣恩之厚薄者也。或有長年之嫂。遇孩童之叔。劬勞鞠養。情若所生。分饑共寒。契闊偕老。譬同居之繼父。方他人之同爨。情義之深淺。寧可同日而言哉。在其生也。愛之同于骨肉。及其死也。則曰推而遠之。求之本源。深所未喻。推而遠之。爲是則不可生而共居。生而共居。爲是則不可死而同行路。重其生而輕其死。厚其始而薄其終。稱情立文。其義安在。今謹按曾祖父母舊服齊衰三月。請加爲齊衰五月。嫡子婦舊服大功。請加爲朞。衆子婦舊服小功。今請與兄弟子婦同爲大功九月。嫂叔舊無服。今請服小功五月。其弟妻及夫兄亦小功五月。舅舊服緦麻。請與從母同服小功。制曰可。

二十三年五月。禮部尙書許敬宗奏言。伏奉遺詔。臣下喪服。以日易月。皆從三十六日之限。但大行在殯。皇帝主喪。山陵事畢。方釋衰絰。依禮。近臣君服斯服。敢緣斯義。請延至葬畢後除。從之。

顯慶元年九月二十九日。脩禮官長孫無忌等奏曰。依古喪服。甥爲舅緦麻。舅報甥亦同此制。貞觀年中。八座議奏。舅服同姨小功五月。而今律疏舅報于甥。服猶三月。謹按傍親之服。禮無不報。己非正尊。不敢降之也。故甥爲從母五月。從母報甥小功。甥爲舅緦麻。舅亦報甥三月。是其義矣。今甥爲舅。使同從母之喪。則舅宜進甥。以同從母之報。脩律疏人不知禮意。舅報甥服。尙止緦麻。于例不通。理須改正。今請修改律疏。舅報甥亦小功。又曰。庶母古禮緦麻。新禮無服。謹按庶母之子。卽是己之昆季。昆季爲之杖朞。而己與之無服。同氣之內。吉凶頓殊。求之禮情。深非至理。今請依典故。爲服緦麻。制從之。

龍朔二年八月。有司奏。同文正卿蕭嗣業。嫡繼母改嫁身亡。請申心制。有司奏稱。據令。繼母改嫁。及爲長子。並不解官。乃下勑曰。雖云嫡母。終是繼母。據理緣情。須有定制。付所司議定奏聞。司禮太常伯隴西郡王博義等奏議曰。緬尋喪服。母名斯定。嫡繼慈養。皆在其中。唯出母之制。特言出妻之子。明非生己。則皆無服。是以令云。母嫁之服。又云。出妻之子。出言其子。以明所生。嫁則言母。通包養嫡。俱當解任。並合心喪。

其不解者。唯有繼母之嫁。繼母爲名。正據前妻之子。嫡於諸孽。禮無繼母之文。甲令今既見行。嗣業理申心制。然奉勅議定。方垂永則。令有不安。亦須釐正。竊以嫡繼慈養。皆非所生。出之與嫁。並同行路。嫁雖比出稍輕。於父終爲義絶。繼母之嫁。既殊親母。慈嫡義絶。豈合心喪。望請凡非所生。父卒而嫁。爲父後者無服。非承重者杖朞。並不心喪。一同繼母。有符情禮。無玷舊章。又心喪之制。唯施厭降。杖朞之服。不悉解官。而令文三年齊斬。亦入心喪之制，杖朞解官。又有妻服之舛。又依禮。庶子爲其母緦麻三月。既是所生。無服。准例亦合解官。令文漏而不言。於事終須修附。既以嫡母等嫁。同一令條。總議請改。理爲允愜者。依文武官九品以上議。得司衞正卿房仁裕等七百三十六人議。請一依司禮狀。嗣業不合解官。得右金吾衞將軍薛孤吳仁等二十六人議。請解嗣業官。不同司禮。禮狀者。母非所生。出嫁義絶。仍令解職。有紊緣情。杖朞解官。不甄妻服。三年齊斬。謬曰心喪。庶子爲母緦麻。漏其中制。並令文疏舛。理難因襲。望請依房仁裕等議。總加脩附。垂之不朽。其禮及律疏有相關涉者。亦請准此改正。嗣業既非嫡母改醮。不合解官。詔從之。

上元元年十二月二十七日。天后上表曰。夫禮緣人情而立制。因時事而爲範。變古者未必是。循舊者不足多也。至如父在爲母止服一朞。雖心喪三年。服由尊降。竊謂子之於母。慈養特深。生養勞瘁。恩斯極矣。所以禽獸之情。猶知其母。三年在懷。理宜崇報。若父在爲母止一朞。尊父之敬雖同。報母之慈有缺。且齊斬之制。足爲差減。更令周以一朞。恐傷人子之志。今請父在爲母終三年之服。遂下詔依行焉。當時亦未行用。至垂拱年中。始編入格。至開元五年。左補闕盧履冰上言。准禮。父在爲母一周除靈。三年心喪。則天皇后請同父沒之服。三年然後始除靈。雖則權行。有紊彝典。今陛下孝治天下。動合禮經。請仍舊章。庶協通典。于是下制。令百官詳議。幷舅及嫂叔服。不依舊禮。亦令議定。刑部郎中田再思建議曰。乾尊坤卑。天一地二。陰陽之位分矣。夫婦之道配焉。至若死喪之威。隆殺之等。禮經五服之制。齊斬有殊。考妣三年之喪。貴賤無隔。以報免懷之德。思酬罔極之恩。稽之上古。喪期無數。自周公制禮之後。孔父刊經已來。方殊厭降之儀。以標服紀之節。重輕從俗。斟酌隨時。自古以來。升降不一。三年之制。說者紛然。鄭元以爲二十七月。王肅以爲二十五月。又改葬之禮。鄭元云。服緦麻三月。王肅云。訖葬而除。又繼母出嫁。鄭元云。皆服。王肅云。從子繼育。乃爲之服。又無服之殤。鄭元云。子生一月。哭之一日。王肅云。以哭之日易服之月。鄭王等祖經宗傳。各有異同。荀摯采古求遺。互爲損益。方知去聖漸遠。殘缺彌多也。故曰。會禮之家。名爲聚訟。寧有定哉。而父在爲母三年。行之已踰四紀。編之于格。服之已久。前王所是。疏而爲律。後王所是。著而爲令。何必乖先帝之旨。阻人子之情。虧仁孝之心。背德義之本。而欲服之周年。與伯叔母齊焉。與姑姊妹同焉。夫三年之喪。如白駒之過隙。君子喪親。有終身之憂。何況再周乎。服之有制。使愚人企及。衣以斬衰。使見之摧痛。以此防人。人猶有朝死夕忘者。以此制人。人猶有釋服從吉者。方今漸歸澆樸。須敦孝義。抑賢引。慼理資寧戚。食稻衣錦。所不忍聞。禮記云。父之親子也。親賢而下無能、母之親子也、賢則親之無能則憐之。今據齊斬升數。麤細已降。何忍節制。減至于朞。使後代士盡忘枯骨。循古未必是。依今未必非也。又舅及姨之服。並太宗之制。行之百年矣。輒爲刊復。實用有疑。于是紛議不定。履冰又上疏曰。禮。女在室以父爲天。出嫁以夫爲天。又在家從父。出嫁從夫。夫死從子。本無自專抗尊之法。則喪服四制云。天無二日。民無二王。國無二君。家無二尊。以一治之也。所以父在爲母服朞者。避二尊也。伏惟陛下正持家國。孝治天下。而不斷在宸衷。詳正此禮。但隨末俗。顧念兒女之情。臣恐後代復有婦奪夫政之敗者。疏奏未報。履冰又上表曰。臣聞夫婦之道。人倫之始。尊卑法于天地。動靜合于陰陽。陰陽和而天地生成。夫婦正而人倫式序。自家刑國。牝鷄無晨。四德之禮不僭。三從之義斯在。卽喪服四制云。家無二尊。以一治之也。故父在爲母朞者。見無二尊也。准舊儀。父在爲母一周除靈。再周心喪。父必三年而後娶者。達子之志焉。豈先聖無情於所生。固有意於家國者矣。原夫上元肇年。則天已潛秉政。將圖僭篡。預自崇先。請升慈愛之喪。以抗尊嚴之禮。雖齊衰之儀不改。而几筵之制遂同。數年之間。尙未通用。天皇晏駕。中宗蒙塵。垂拱之初。始編入格。垂拱之末。果行聖母之僞符。載初之元。遂啓易代之深釁。孝和雖則反正。韋氏復效晨鳴。孝和非意暴崩。韋氏旋卽稱制。不蒙陛下英算。宗廟何由克復。且臣所獻者。蓋請正夫婦之綱。豈忍忘子母之道。諸議所非者。大凡只論罔極之恩。喪也寧戚。禽獸識母而不識父。豈得與伯叔母服同。豈得與姑姊妹制等。此並道聽而塗說之言。未習先王之旨。又安足以議經邦治俗之禮乎。臣前狀單略。議者未識臣之懇誠。謹重以聞。請付中書門下商量處分。左散騎常侍元行沖奏議曰。古之聖人。徵性識本。緣情制服。則有申厭。天父天夫。故斬衰三年。情理俱盡者。因心立極也。生則齊體。死則同穴。比陰陽而配合。同兩儀而化成。而妻喪杖朞。情禮俱殺者。蓋遠嫌疑。尊乾道也。父爲嫡子三年斬衰。而不去職者。蓋尊祖重嫡。崇禮殺情也。資於事父以事君。孝莫大於嚴父。故父在爲母罷職。齊周而心喪三年。謂之尊厭者。則情申而禮殺也。斯制也。可以異於飛走。別於華夷。羲農堯舜。莫之易也。文武周孔。所同尊也。今若捨尊厭之重。虧嚴父之義。畢純素之嫌。貽非聖之責。則事不師古。有傷名教矣。姨兼從母之名。又即母之女黨。加於舅服。有理存焉。嫂叔不服。避嫌疑也。若引同爨之緦。以忘推遠之跡。既乖前聖。亦謂難從。謹詳三者之儀。並請依古爲當。自是百家議竟不決。至七年八月二十六日。詔曰。周公制禮。當歷代不刊。況子夏爲傳。乃孔門所受。格令之內。有父在爲母齊衰三年。此而有爲。爲非重厭之義。與其改作。不如師古。諸服紀宜一依喪服文。自是卿士之家。父在爲母行服不同。議者是非紛然。元行沖謂人曰。聖人制厭降之禮。豈不知母恩之深。但尊祖貴禰。欲其遠別禽獸。近異夷狄故也。人情易搖。淺識者衆。一紊其度。其可正乎。至二十年。蕭嵩與學士改修五禮。又議請依上元元年勅。父在爲母齊衰三年爲定。及頒禮。乃一切依行焉。

聖歷元年。太子左庶子王方慶書問太子文學徐堅曰。女子年幼稚而早孤。其母貧窶。不能守志。攜以適人爲後夫之所鞠養。及長出嫁。不復同居。今母後夫亡。欲制繼父服。不知可否。人間世上士庶。此例皆是。至於服紀有何等差。前代通儒若爲議論。堅答曰。儀禮喪服。繼父同居齊衰朞。謂子無大功之親。與之適人所適亦無大功之親。而所適者以貨財爲之築宮廟。歲時使之祀焉者也。鄭元曰。大功之親。同財者也。築宮廟於家門之外。神不歆非族也。以恩服耳。未嘗同居。則不服也。小戴禮記繼父服並有明文。斯禮經之正說也。至於馬融王肅賀循等。並稱達禮。更無異文。唯傅元著書以爲父無可繼之理。不當制服。此禮焚書之後。俗儒妄造也。袁準作論。亦以爲此則自制文亂名之大者。竊以父猶天也。愛敬斯極。豈宜覥貌。繼以他人哉。然而藐爾窮孤。不能自立。旣隨其母。託命他宗。本族無鞠養之人。因託得存其世嗣。在其生也。實賴其長育。及其死也。頓同之行路。重其生而輕其死。篤其始而薄其終。稱情立文。豈應如是。故袁傅之駮。不可爲同居者施焉。昔朋友之死。同爨之喪。並制緦麻。詳諸經典。比之於此。蓋亦何嫌。繼父之服。宜依正禮。今女子母攜重適人。寄養他門。所適慈流。情均膝下。長而出嫁。始不同居。此則筭緦之儀。無不殫備。與築宮立廟。實無異焉。蓋有繼父之道也。戴德喪服記曰。女子適人者。爲繼父服齊衰三月。不分別同居異居。梁氏集說亦云。女子適人者。爲繼父服齊衰服。繼父與不同居者服同。今爲服齊衰三月。竊爲折衷。方慶深善其答。

其年。四門博士王元感云。三年之喪。合三十六月。鳳閣侍郎張柬之駮曰。三年之喪。二十五月。不刊之典也。春秋魯僖公三十三年十二月乙巳。公薨。文公二年冬。公子遂如齊納幣。左傳云禮也。此則春秋三年之喪。二十五月之明驗也。尙書伊訓云。成湯既沒。太甲元年。惟元祀十有二月。伊尹祀于先王。奉嗣王祗見厥祖。孔安國注云。湯以元年十一月崩。據此二年十一月小祥。三年十一月大祥。故太甲中篇云。惟三祀十有二月朔。伊尹以冕服奉嗣王歸于亳。此尙書三年之喪。二十五月之明驗也。禮記三年問曰。三年之喪。二十五月而畢。又喪服小記云。再朞之喪。三年也。朞之喪。四時也。九月七月之喪。三時也。五月之喪。二時也。三月之喪。一時也。此禮記三年之喪。二十五月之明驗也。儀禮士虞禮云。朞而小祥。又朞而大祥。中月而禫。是月也吉祭。此禮周公所制。則儀禮三年之喪。二十五月之明驗也。此四驗並禮經正文。或周公所制。或仲尼所述。吾子豈得以禮記戴聖所修。輒欲排毀也。議者以束之所駁。頗合于禮典。

神龍元年五月十八日。皇后表請天下士庶出母終者。令制服三年。至天寶六載正月十二日。勅文。五服之紀。所宜企及。三年之數。以報免懷。齊斬之紀。雖存出母之制。顧復之慕。何申孝子之心。其出嫁之母。宜終服三年。

開元二十三年正月十八日勅文。服紀之制。有所未通。宜令禮官學士詳議具奏。太常卿韋縚奏曰。謹按喪服。舅緦麻三月。從母小功五月。傳曰。何以小功。以名加也。堂姨舅舅母。恩所不及。外祖父母小功五月。傳曰。何以小功。以尊加也。舅緦麻三月。並以親情而服。屬疏者。外祖正尊。同於從母之服。姨舅一等。服則輕重有殊。堂姨舅親卽未疏。恩絕不相爲服。親舅母來承外族。同爨之禮不加。竊以古意。猶有所未暢者。且以外祖小功。此則正尊情甚親而服屬疏者也。請加至大功九月。姨舅儕類。親既無別。服宜齊等。請爲舅加至小功五月。堂姨舅疏降一等。親舅母從服之例。先無服制之文。並望加至袒免。望付尚書省集衆官吏詳議。務從折衷。永爲典則。太子賓客崔沔議曰。竊聞大道旣隱。天下爲家。聖人因之。然後制禮。禮教之設。本於正家。家道正而天下定矣。正家之道。不可以二。總一定議。理歸本宗。父以尊崇。母以厭降。豈忘愛敬。宜存倫序。是以內有齊斬。外服皆緦麻。尊名所加。不過一等。此先王不易之道也。前聖所志。後賢所傳。其來久矣。昔辛有過伊川。見被髮而祭於野者。曰。不及百年。此其戎乎。其禮先亡矣。貞觀修禮。時改舊章。漸廣渭陽之恩。不尊洙泗之典。及宏道之後。唐隆之間。國命再移於外族。此則禮亡徵兆。因斯見矣。天人之際。可不戒哉。開元初。補闕盧履冰進狀。論喪服輕重。勅令僉議。於時衆議紛如。各安積習。太常禮部奏。依舊定。陛下運稽古之思。發獨斷之明。開元八年。特降別勅。一依古禮。事符典故。人知向方。式固宗盟。社稷之福。更圖異議。竊所未詳。願守八年明旨。以爲萬代成法。職方郎中韋述議曰。上自高祖。下至元孫。以及其身。謂之九族。由近以及遠。稱情以立文。差其輕重。遂爲五服。雖則或以義降。或以名加。教有所存。理不踰等。百王不易。三代可知。日月同懸。咸所仰也。謹按儀禮喪服傳曰。外親之服皆緦麻。鄭元謂外親異親。正服不過緦麻。外祖父母小功五月。以尊加也。從母小功五月。以名加也。舅甥外孫中外昆弟。皆依本服緦麻三月。若以匹敵。外祖則祖也。舅則伯叔父也。父母之恩不殊。而獨殺于外氏。聖人之心。良有以也。喪服傳曰。禽獸知母而不知父。野人曰。父母何算焉。都邑之士。則知尊禰矣。大夫及學士。則知尊祖矣。諸侯及其太祖。天子及其始祖。聖人究天道而厚于祖禰。繫姓族而親其子孫。近則別于賢愚。遠則異于禽獸。由此言之。母黨比于本族。不可同貫明矣。且家無二尊。喪無二斬。人之所奉。不可二也。特重于大宗者。降其小宗。爲人後者。減其父母之服。女子出嫁。殺其本宗之喪。蓋所存者遠。而所抑者私也。今若外祖及舅。更加一等。堂舅及姨。列于服紀之內。則中外之制。相去幾何。廢禮徇情。所務者末。且五服有上殺之義。必循源本方及條流。伯叔父母本服大功九月。從父昆弟亦大功九月。並以上出於祖。其服不得過于祖也。從祖祖父母。從祖父母。從祖昆季。皆小功五月。以其出于曾祖。其服不得過于曾祖也。族祖祖父母。族祖父母。族父母昆季。皆緦麻三月。以其出于高祖。其服不得過于高祖也。其堂舅姨既出于外曾祖。若爲之制服。即外曾祖父母。及外伯叔祖父母。亦宜制服矣。外祖加至大功九月。則外曾祖合至小功。外高祖合至緦麻。若舉此而舍彼。事則不均。棄親錄疏。理則不順。推而廣之。是與本族無異矣。服皆有報。則堂外甥曾孫姪女之子。皆須制服矣。聖人豈薄其骨肉。背其恩愛。情之親者。制服乃輕。蓋本于公者薄于私。存其大者略其細。義有所斷。不得不然。苟可加也。亦可減也、往聖可得而非。則禮經亦可得而隳矣。先王之制。謂之彝倫。奉以周旋。猶恐失墜。一紊其敍。庸可正乎。且舊章淪胥。爲日已久。所存無幾。又欲棄之。雖曰未達。不知其可。請依儀禮喪服爲定。禮部員外郎楊仲昌議曰。臣聞儀禮曰。外服皆緦。又曰。外祖父母以尊加。從母以名加。並爲小功五月。其爲舅緦麻。鄭文貞公魏徵已議同從母例。加至小功五月。訖今之所加。豈異前旨。雖文貞賢也。而周孔聖也。以賢改聖。後學何從。堂舅堂姨堂舅母並升爲袒免。則何以祖述禮經乎。如以外祖父母加至大功。則豈無加報于外孫乎。如以外孫爲報服大功。則本宗庶孫何同等而相淺乎。竊恐外內乖序。親疏奪倫。情之所沿。何所不至。理必然也。禮不云乎。無輕議禮。況夫喪服之紀。先王大猷。奉以周旋。以匡人道。一詞寧措。千載是遵。涉于異端。豈曰宏教。伏望各依正禮。以厚儒風。太常所請增加。愚見以爲不可。戶部郎中楊伯成。左監門錄事參軍劉秩。並同是議。與沔等略同。議奏。上又謂侍臣等曰。朕以爲親姨舅既服小功。則舅母于舅有三年之喪。是受我而厚。以服制情。則舅母之服。不得全降于舅。宜服緦麻。堂姨舅古今未制服。朕思敦睦九族。引而親之。宜服袒免。又鄭元注禮記曰。同爨緦麻。若比堂姨舅于同爨。親則厚矣。又喪服傳云。外親之服皆緦。是亦不隔于堂姨舅也。若以所服不得過本。而須爲外曾祖父母及外伯叔祖父母服制。亦何傷乎。是皆親親敦本之意。卿等更熟詳之。侍中裴耀卿。中書令張九齡。禮部尚書李林甫等奏曰。外族之親。無厭降。外甥既爲舅母制服。舅母還合報之。夫外甥既合報服。則與夫之姨舅。以類是同。外甥之妻。不得無服。所增者頗廣。能引者漸疏。微臣愚蒙。猶有未達。上又手制答曰。從服有六。此其一也。降殺之制。禮無明文。此皆自身率親。用爲服制。所有存抑。盡是推恩。朕情有未安。故令詳議。非欲苟求變古。以示不同。卿等以爲外族之親。禮無厭降。報服之節。所引甚疏。且姨舅者屬從之至近也。以親言之。則亦姑伯之匹敵也。豈有所引者疏而降所親者服。又婦從夫者也。夫之姨舅。夫既有服。從夫而服。由是睦親。實欲令不肖者企及。賢者俯就。卿等宜熟詳之。耀卿等奏曰。陛下體至仁之德。廣推恩之道。將宏引進。以示睦親。再發德音。更令詳議。臣等謹按大唐新禮。親舅加至小功。與從母同服。此蓋當時特命。不以輕重遞增。蓋不欲參於本宗。愼於變禮者也。今聖制親姨舅小功。更制舅母緦麻。堂姨舅袒免等服。取類新禮。垂示將來。通於物情。自我作古。則羣儒風議。徒有稽留。並望准制施行。從之。

唐會要卷三十八

服紀下

貞元二年十一月。德宗王皇后崩。上及百官已釋服。唯皇太子及舒王誼以下則否。將及三年之制也。初。禮官議大行皇后喪服節。攝太常博士柳冕等七八奏請皇太子依魏晉故事。爲大行皇后喪服。既葬而虞。虞而卒哭。卒哭而除。心喪終制。則存厭降之禮。既而事下中書。宰臣召問禮官等曰。今豈可令皇太子縗服侍膳。直至于既葬乎。博士張薦等請依宋齊間皇后爲父母服三十日公除例。爲皇太子喪服之節。既及公除。詣于正內。則服墨縗。歸至本院。縗麻如故。庶允通變之情。宰臣具以聞奏。左補闕穆質上疏曰。臣謹按禮經。兼徵近古。皇太子居母后之喪。竝無降殺之禮。唯西晉杜元凱。有既葬除服之論。蓋穿鑿詭詞。以說時主。誠不足爲後王法也。臣愚以爲遵三年之制。則太重。從三十日之服。則太輕。唯行古之道。以周年爲定。乃得禮之中矣。詔宰臣更與所司議之。宰臣以穆質所奏召問禮官。而不言質名。禮官柳冕張薦對曰。準禮。三年之喪。無貴賤一也。豈有父母貴賤而差降喪服之節乎。且禮有公門脫齊衰。開元禮云。皇后爲父母服十三月。其稟朝旨。則十三日而除。皇太子爲外祖父母服五月。其從朝旨。則五日而除。所以然者。恐喪服侍奉。有傷至尊之意也。故從權制變。昭著國章。公門脫縗。義亦在此。豈皆爲金革乎。皇太子今若抑哀公除。墨縗朝覲。至本院依舊縗麻。酌于變通。庶可傳繼。宰臣然其對。遂命太常卿鄭叔則草議奏曰。准禮。子爲母齊衰杖周。更無貴賤降殺之別。伏以聖上以大中立教。以至孝興理。憲章古道。肅慎禮文。皇太子稟訓睿哲。因心孝敬。緣情酌禮。復古爲宜。准禮。既葬卒哭。十一月小祥。十三月大祥。十五月禫。至于昏定晨省。問安視膳。不可服衰麻。密近宸扆。伏請每詣正內覲謁。暫服墨縗。歸至本院。依舊縗麻。庶適變通。允叶情禮。上令宰臣召穆質議焉。對曰。雖不能遂皇太子三年之志。且遠依古禮。猶愈魏晉之文。請降制命。宣行于外。亦不妨皇太子在內墨縗也。制可之。其月。詔百官及宗室諸親。舉哀兩儀殿。臨畢。百辟素服視事。及大殮成服。百官服三日。及甲辰之夕。釋之。用晉文明皇后崩天下發哀三日止之義。其文武六品以上。非常參官。及士庶等。各于本家素服臨。外命婦各于本家素縵朝夕臨五日。

六年正月。詔百官有私喪公除者。聽赴宗廟之祭。初。御史監察者。以開元禮。凡有緦麻以上喪。不得饗廟。移牒吏部。告以差奏祭官有私喪者。于是吏部奏曰。准禮。諸侯絕周。大夫緦者。所以殺旁親之喪。不敢廢大宗之祭。士則緦不祭者。謂同宮未葬。欲人之吉凶不相瀆也。魏晉以降。變禮從權。緦以上喪。假內衣縗。謂之喪服。假滿卽吉。謂之公除。凡既葬公除。則無事不可。故江右潭殷仲堪竝云。既葬公除廢祭者。非也。故其時公除者。則行公祭。蓋大夫不敢以家事辭王事。春秋之義也。今國家行公除之令。既已卽吉。于祭無嫌。私家之祭。則無廢者。公家之祭。則猶禁之。是有司限文。進退維谷。若以服爲禁。則懼虧祭禮。若以例奏差，則懼違令文。先王立禮，所以進人爲善也。立法，所以禁人爲非也。彼公除者，人各思君親，莫不欲祭。使子得祭其父，孝莫大焉。臣得祭其君，義莫重焉。苟祭而不許，是禁人爲善也。苟私祭不禁，則公祭無嫌。是則垂之空文。不若行其變禮。今請申明舊令，使行之可守。凡有慘服既葬公除，及聞哀假滿者，許吉服赴宗廟之祭。其同宮未葬，雖公除者，請依前禁之。庶輕重有倫，以一王法。從之。八年九月，以前太子賓客李愿爲太子賓客，前衞尉少卿李愬爲韶王傅。愿愬皆太尉晟之子，居母喪，既大祥而除官。晟以二子未禫，訪于諸相。趙璟陸贄謂曰，故事有大祥授官者，皆終禫而後朝請。晟乃奏行之。

貞元十一年，河中府倉曹參軍蕭據狀稱，堂兄姪女子適李氏，壻見居喪。今時俗婦爲舅姑服三年，恐爲非禮。請禮院詳定垂下。詳定判官前太常博士李岩議曰，謹按大唐開元禮，五服制度，婦爲舅姑及女子適人爲其父母，皆齊衰不杖周。稽其禮意，抑有其由也。蓋以婦人之道，以專一不得自達，必繫于人。故女子適人，服以夫斬，而降其父母。喪服傳曰，女子以適人爲父母何以周也。婦人不二斬。婦人從人無專用之道。故未嫁從父，既嫁從夫，夫死從子。父者子之天也。夫者妻之天也。先聖格言，歷代不易。以此論之，父母之喪，尚止周歲。舅姑之服，無容三年。且服者報也。雖有加降，不甚相懸。故舅姑爲婦大功九月，以卑降也。婦爲舅姑齊衰周年，以尊加也。其父母舅姑除變之節，十二月小祥除腰絰，十三月大祥除衰裳，去絰。十五月而禫，逾月復吉。

永貞九年九月。禮儀使奏。孫爲祖母合服齊衰五月。漢魏以來。時君皆行易月之制。皇帝爲曾太皇太后沈氏合五日而除。內外百寮竝令從服。以五日爲制。其在興慶宮嘗侍奉太上皇者。十三日而除。從之。

開成三年十月。中書門下奏。皇太子今月十六薨。自十六日舉哀。二十八日公除。臣等參詳惠昭太子例。蓋緣在公除內。今從舉哀日數至二十八日。十三日滿。合公除。不合更待輟朝日滿。臣等商量。望令百寮二十九日概行參假。便赴延英奉慰。勅旨。宜依。

會昌五年正月。兵部尚書歸融奏。伏覩義安殿皇太后遺令。皇帝三日不聽政。十三日小祥。二十五日大祥。二十七日釋服者。皇帝遵奉遺旨。將欲施行。臣等商量。事貴得中。禮從順變。伏以宣懿皇太后常奉太皇太后之命。追尊徽名。祔配廟室。今之議禮。合有等衰。伏請皇帝降服期。行以日易月之制。十三日釋服。其內外臣寮亦請以此除釋。至于營奉陵寢。制度法物。即請准舊例。更無降制。從之。

大中六年十月。詔有司。宰臣周親慘故。欲行宣弔之禮。宜令參酌。太常禮院奏。伏查宰臣周親。如是伯叔及親兄弟。或曾居重任。或位列朝行七品以上官。則請行宣弔之禮。如年齒幼官位卑。及其餘周親。事竝請不用遣使。庶輕重之宜有節。降殺之義得中。若宣弔例以朞年。伏慮有煩聖聽。從之。

奪情

武德二年正月四日。尚書左丞崔善奏曰。欲求忠臣。必于孝子。比爲時多金革。頗遵墨縗之義。丁憂之士。

例從起復無識之輩。不復戚容。如不糾劾。恐傷風俗。至九月。制曰。文官遭父母喪。聽去職。

儀鳳二年十一月六日。太常少卿韋萬石奏。太常博士弟子等有遭憂者。請百日之後量追赴上。奉勑依。

侍御史劉思立奏曰。竊以移風易俗。莫善于樂。睦親化人。莫先于孝。所以三年之禮。貴賤咸遵。金革之事。始有墨縗。縱此輩小人先無俯就。猶須在其上者勖以企及。若遣釋服作樂。則甚紊禮經。帶絰理音。又全虧國體。豈以其居家不能報禮。遂欲曹司約爲非法。萬石身居禮樂之官。輒昧吉凶之本。頒之士卒。理恐未安。旣爽風化之源。請舉糾繩之典。萬石請付法司科斷。音聲人請停追。至開元十三年。車駕將赴東岳。太常追孝假音聲人從駕。華州刺史楊瑒奏曰。臣竊考經傳喪記有文。歷代相因。損益無替。斯事體大。人誰敢違。國家孝理天下。超跡百王。焉可以苴絰之人。叶鏞磬之樂。旣傷往教。復玷淸猷。良史見書。難爲直筆。臣職惟宣化。期不奉詔。上嘉之。調露二年。中書舍人歐陽通起復本官。每入朝。必徒跣至城門外。然後著鞾韈而朝。直宿在省。則席地藉藁。非公事不言。亦未嘗啓齒。歸必衣衰絰。號慟無常。國朝奪情者多矣。惟通能合典禮。

長安三年正月二十六日。勑。三年之喪。自非從軍更籍者。不得輒奏請起復。至廣德二年二月二十一日勑。三年之喪。謂之達禮。自非金革。不可從權。其文官自今以後。竝許終制。一切不得輒有奏聞。

景龍三年。以前工部侍郎張說起復爲黃門侍郎。說乞終喪制。上表許之。其年十一月。以前昭容上官氏。起復爲婕妤。

貞元十三年七月。張茂宗將尙公主。太常博士裴堪上疏曰。伏見駙馬都尉張茂宗。猶在母喪。聖恩念其亡母遺表。許公主今年八月出降。仍令茂宗借吉就昏者。伏以夫婦之義。人倫大端。所以關雎冠詩之首者。王化之先也。天屬之親。孝行爲本。所以齊衰在服之重者。人道之厚也。聖王知二端爲訓人之本。不可變也。故制昏禮曰。納采問名納吉納徵。皆主人几筵聽命於廟。稱事立禮。通謂之嘉。所以上承宗廟繼嗣也。又制喪禮曰。創巨者其日久。痛甚者其愈遲。三年之喪。二十五月而畢。稱情立文。通謂之凶。所以送死者有已。復生有節也。然後夫義婦順。父慈子孝。馴致不失。臻于太和。歷代寶之。以爲至教。昔魯侯改服晉襄墨縗。事重于奪情。義許其權變。又兵法鑿門而出。以喪禮處之。以情相因。體或有類。若茂宗釋縗服而衣冠裳。去堊室而行親迎。雖云輟哀借吉。是亦以凶瀆嘉。豈惟失先王之重典。抑亦爲國家之爽法。儻茂宗留俟免喪。則日月非遠。今公主指期下嫁。又儀注有嫌。固不可廢重而就輕。捨大而取小。伏惟皇帝陛下體天撫運。統天立法。何嘗不守先王之至德。往聖之明謨。下盡羣言。上留元鑒。彝倫式序。懿範昭明。所以八表肅清。四夷歸化。方宏禮義之日。大敦名教之時。于無爲之朝。有異議之事。衆情未達。疑懼交深。伏願抑茂宗亡母之誠。顧典章不易之義。待其終制。然後賜昏。收天情于至難。察有司之懇守。垂之史册。聖德彌光。則天下幸甚。

大中五年八月。宰臣奏。伏以通喪三年。臣庶一致。金革無避。軍旅從權。近日諸使及諸道多奏請與人吏職掌官并進奏官等起復。因循既久。訛弊轉深。非惟大啓倖門。實亦頗紊朝典。臣等商量。自今以後。除特勅及翰林并軍職外。其諸司諸使人吏職掌官并諸道進奏官。竝不在更請起復授官限。其間或要藉驅使官任。准舊例舉追署職。令句當公事。待服闋日。卽依前奏官。從之。

十二年二月。以前右金吾將軍鄭漢璋前鴻臚少卿鄭漢卿竝起復授本官。以國舅光之子也。

葬

舊制。銘旌。三品以上長九尺。五品以上長八尺。六品以下七尺。皆書云某官封姓名之柩。舊制。凡詔喪大臣一品則鴻臚卿護其喪事。二品則少卿。三品丞一人往。皆命司儀示以制。舊制。應給鹵簿職事四品以上。散官二品以上及京官職事五品以上。本身婚葬皆給之。舊制。碑碣之制。五品以上立碑。螭首龜趺。上高不過九尺。七品以上立碑。圭首方趺。趺上不過四尺。若隱淪道素。孝義著聞。雖不仕亦立碣。凡石人石獸之類。三品以上用六。五品以上用四。

武德六年二月十二日。平陽公主葬。詔加前後鼓吹。太常奏議。以禮婦人無鼓吹。高祖謂曰。鼓吹是軍樂也。往者公主于司竹舉兵以應義軍。既常爲將。執金鼓。有克定功。是以周之文母。列于十亂。公主功參佐命。非常婦人之匹也。何得無鼓吹。宜特加之。以旌殊績。至景龍三年十二月。皇后上言。自妃主及五品以上母妻。并不因夫子封者。請自今婚葬之日。特給鼓吹。宮官准此。左臺侍御史唐紹上疏諫曰。竊聞鼓吹之作。本爲軍容。昔黃帝涿鹿有功。以爲警衞。故棡鼓曲有靈夔吼。鵰鶚爭。石墜崖。壯士怒之類。自昔功臣備禮。適得用之。丈夫有四方之功。所以恩加寵錫。假如郊祀天地。誠是重儀。唯有宮懸。而無案架。故知軍樂所備。尙不給于神祇。鉦鼓之音。豈得接于閨閫。准式。公主王妃以下葬。唯有團扇方扇綵幃錦帳之色。加之鼓吹。歷代無聞。又准令。主官婚葬。先無鼓吹。京官五品。得借四品鼓吹儀。今特給五品以下母妻五品官。則不當給。限便是班秩本因夫子。儀飾乃復過之。事非倫次。難爲定制。參詳義理。不可常行。請停前勑。各依常典。至元年建卯月三日。婚葬鹵簿。據散官封至一品。事職官正員三品。幷駙馬都尉。許隨事量給。餘一切權停。

太極元年六月。右司郎中唐紹上疏曰。臣聞王公以下。送終明器等物。具標格令。品秩高下。各有節文。孔子曰。明器者。備物而不可用。以芻靈者善。爲俑者不仁。傳曰。俑者謂有面目機發。似于生人者也。以此而葬。殆將于殉。故曰不仁。比者王公百官。競爲厚葬。偶人象馬。雕飾如生。徒以炫燿路人。本不因心致禮。更相扇動。破產傾資。風俗流行。下兼士庶。若無禁制。奢侈日增。望請王公以下送葬明器。皆依令式。竝陳于墓所。不得衢路舁行。

開元二年六月二日勑。緣喪葬事。非崇舊德。別有處分。不得輒請官供。四年七月。王仁皎葬。其子駙馬都尉守一。請同昭成皇后父竇孝諶故事。墳高五丈一尺。侍中宋璟。中書侍郎蘇頲上表曰。臣聞儉德之恭。

侈。惡之大。高墳乃昔賢所誡。厚葬實君子所非。則知奢侈過度。故非達識。故周孔設齊斬緦免之差。衣衾棺槨之度。賢者俯就。不肖者企及。或云竇太尉墳最高。取則不遠者。縱令往日無極言者。其事偶行。令出一時。故非常式。豈若韋庶人父追加王位。擅作酆陵。禍不旋踵。爲天下笑。況令之所設。先作于紀綱。情既無窮。故爲之制度。不因人以搖動。不變法以愛憎。所謂金科玉條。蓋以此也。儻中宮情不可奪。陛下不能苦違。即准令一品合陪陵葬者。墳高三丈以上。四丈以下。降勅使同陪陵之例。即極是高下得宜。臣參樞近。不敢不奏。

二十九年正月十五日勅。古之送終。所尚乎儉。其明器墓田等。令于舊數內遞減。三品以上明器。先是九十事。請減至七十事。五品以上。先是七十事。請減至四十事。九品以上。先是四十事。請減至二十事。庶人先無文。請限十五事。皆以素瓦爲之。不得用木及金銀銅錫。其衣不得用羅錦繡畫。其下帳不得有珍禽奇獸魚龍化生。其園宅不得廣作院宇。多列侍從。其輀車不得用金銀花結綵爲龍鳳及垂流蘇畫雲氣。其別勅優厚官供者。准本品數十分加三等。不得別爲華飾。其墓田。一品塋地先方九十步。今減至七十步。墳先高一丈八尺。減至一丈六尺。二品先方八十步。減至六十步。墳先高一丈六尺。減至一丈四尺。三品墓田先方七十步。減至五十步。墳先高一丈四尺。減至一丈二尺。其四品墓田先方六十步。減至四十步。墳高一丈二尺。減至一丈一尺。五品墓田先方五十步。減至三十步。墳先高一丈。減至九尺。六品以下墓田先方二十步。減至十五步。墳高八尺。減至七尺。其庶人先無步數。請方七步。墳四尺。其送葬祭盤。不得作假花果及樓閣。數不得過一牙盤。

大曆五年五月十五日勅。應准勅供百官喪葬人夫幔幕等。三品以上。給夫一百人。四品五品。五十人。六品以下。三十人。應給夫須和雇價直。委中書門下文計處置。其幔幕鴻臚衛尉等供者。須所載幔幕張設人。並合本司自備。如特有處分。定人夫數。不在此限。

十四年八月二十六日勅。如聞士庶在外身亡。將櫬還京。多被所司不放入城。自今以後。不須止遏。

貞元九年十二月。故太尉西平郡王太師晟備禮葬于鳳政原。是日。廢朝。上御南望春宮臨祭。令中使宣弔于柩車。文武常參官。皆素服送至長樂坡。哭拜于路。時太常卿裴郁草儀。設引令式。書隔品致敬之文。乃請宰臣及二品以上官者。哭而不拜。乃禮官失也。

十一年十一月勅。故司徒兼侍中贈太傅燧。今月九日葬。七日發引。百官不須入朝。便于城外送發引。

十三年五月。宗正卿嗣義王巘奏。簡王府諮議參軍嗣寧王子澥葬。請鹵簿。宰臣等議。以子澥官卑。不合特給。詔令給。

其年七月勅。自今以後。嗣王薨葬日。宜令所司並供鹵簿。仍永爲常式。

十四年十一月勅。自今以後。應緣喪葬。俱給鹵簿。即遂便于街市宿幔。

元和三年五月。京兆尹鄭元修奏。王公士庶喪葬節制。一品二品三品爲一等。四品五品爲一等。六品至九品爲一等。凡命婦各准本品。如夫子官高。聽從夫子。其無邑號者。准夫子品。廕子孫未有官者。降損有差。其凶器悉請以瓦木爲之。是時厚葬成俗久矣。雖詔命頒下。事竟不行。

六年十二月。條流文武官及庶人喪葬。三品以上。明器九十事。四神十二時。在內園宅。方五尺。下帳高方三尺。共置五十舁。挽三十六人。輀車用闕轅車。油幰。朱絲網絡。兩廂畫龍。幰竿末請用流蘇。四披六鐸。左右各八翣。黼翣二。黻翣一。畫翣二。士皆布幘深衣。輴車。誌石車。任畫雲氣。不得置幰竿額帶等。方相車除載方相外。及魂車除幰網裙簾外。不得更別加裝飾。並用合轍車。纛竿九尺。不得安火珠貼金銀立鳥獸旗旛等。五品以上。明器六十事。四神十二時。在內園宅。方四尺。下帳高方二尺。共置三十舁。減誌石車。幰竿減四尺。流蘇減二十道。帶減一重。披引鐸翣各減二。挽歌一十六人。並無朱絲網絡。方相用魌頭車。纛竿減一尺。魂車准前。九品以上。明器四十事。四神十二時。在內園宅。方三尺。下帳高方一尺。共置一十舁。減輴車。輀車。幰竿減三尺。流蘇減一十五道。披引鐸翣各減二。帶減一重。挽歌十八人。纛竿減一尺。幃額魌頭魂車准前。以前明器並用瓦木爲之。四神不得過一尺。餘人物等不得過七寸。並不得用金銀雕鏤帖毛髮裝飾。其散試官但取散官次第。如散官品卑者。即據試官品。第五品以上。遞降一等。六品以下。依本官制度。內侍省品秩高。各隨本秩。有章服者。紫同三品。緋同五品以上。綠及應官並同九品以上。命婦及文武官母妻無邑號命婦。各准本品。如夫子官高。聽從夫子。無邑號者。各准夫子品。輛車准令合用綠及紫色。有品廕家子孫未有官品者。三品以上降三等。五品以上降二等。九品以上降一等。所用品廕。以祖父爲日升降。庶人明器一十五事。共置三舁。喪車用合轍車。幰竿減三尺。流蘇減十道。帶減一重。幃額魌頭車魂車准前。挽歌鐸翣四神十二時各儀。請不置。所造明器。竝令用瓦。不得過七寸。以前刑部尙書兼京兆尹鄭元修。詳定品官葬給。素有章程。歲月滋深。名數差異。使人知禁。須重發明。制庶可經久。伏以喪葬條件。明示所司。如五作及工匠之徒。捉搦之後。自合准前後勅文科繩。所司不得更之。喪孝之家。妄有捉搦。只坐工人。亦不得句留。令過時日。勅旨。宜依。

十五年閏正月。時宰相公卿僉議。憲宗皇帝山陵。前勅用十二月二十八日。太遠。待詔僧惟英請改用五月十九日。太常博士王彥威復奏曰。臣按禮經。天子七月而葬。國朝故事。高祖六月而葬。太宗四月而葬。高宗九月而葬。中宗六月而葬。睿宗五月而葬。順宗七月而葬。元宗肅宗二聖山陵。以聖誕吉凶相屬。有司懼不給。故竝十二月而葬。蓋有爲而然。非常典也。今國哀在正月。并閏至六月。卽合禮經七月之數。按春秋之義。天子告崩。不志葬。葬必其時也。舉天下而葬一人。其道不疑。故過期不葬。春秋譏之。待詔楊士端遠卜十二月二十八日。今計葬訖而虞。凡虞用九日。虞訖而卒哭。卒哭而祔廟。竝擇日行事。計至來年正月中旬方畢。卽改元及朝賀賜之禮。須發于始。自國哀以至虞祔凶毀之儀。首尾十四月。國朝且無故事。豈惟禮經不合。臣謹參詳禮文。用六月爲便。

長慶三年十二月。浙西觀察使李德裕奏。緣百姓厚葬。及于道途盛設祭奠。兼置音樂等。閭里編甿。罕知報義。生無孝養可紀。歿以厚葬相矜。喪葬僭差。祭奠奢靡。仍以音樂榮其送終。或結社相資。或息利自辦。生業以之皆空。習以爲常。不敢自廢。人戶貧破。抑此之由。今百姓等喪葬祭。並不許以金銀錦繡爲飾。及陳設音樂。其葬物涉于僭越者。勒禁。結社之類。任充死亡喪服糧食等用。伏以風俗之弊。誠宜改張。緣人心習于僭越。莫肯循守。纔知變革。尋則隳違。臣今已施行。人稍知勸。若後人不改。積漸還濫。伏請臣當道自今以後。如有人卻置。准法科罪。其官吏以下。不能節級懲責。仍請常委出使郎官御史訪察。所冀遐遠之俗。皆知憲章。勅旨。宜依。

太和元年十月。勅。故太尉王武俊妻晉太夫人李氏。以武俊橫流之中。拯定奔潰。屬當葬事。宜加贈卹。宜令有司。特給儀仗事。

會昌元年十一月。御史臺奏。請條流京城文武百寮及庶人喪葬事。三品以上。輀用闊轜車。方相魂車。誌石車。並須合轜油幰流蘇等。任准令式。挽歌三十六人。六鐸六翣。明器並用木爲之。不得過一百事。數內四神不得過一尺五寸。餘人物等。不得過一尺。舁止七十舁。內外官同。五品以上。輀車及方相魂車等。同三品。不得置誌石車。其油幰等。任准令式。挽歌十六人。四鐸四翣。明器不得過七十事。數內四神。不得過一尺二寸餘人物不得過八寸。舁止五十舁。內外官同。九品以上。輀車魂車等竝同合轄車。其方相魌頭。竝不得用楯車及誌石車。其輀車除油幰流蘇等各准令式外。不得用繒綵結絡兼銀器裝飾。挽歌一十人。一鐸二翣。明器不得過五十事。四神不得過一尺。餘人物不得過七寸。舁止三十舁。內外官同。散試官等。任于階官之中取最高品第五品以上。遞降一等。六品以下。依令品有品廕家子孫。未有官者。用三品以上廕者。降三等。用五品以上廕者。降二等。用八品以上廕者。降一等。用九品者不降。仍竝須是祖父母廕。內外官同工商百姓諸色人吏無官者。諸軍人無職掌者。喪車魌頭同用合轄車。喪車不用油幰流蘇等飾。兼不得以繒綵結絡及金銀飾。挽歌鐸翣。竝不得置。喪車之前。不得以鞍馬爲儀。其明器任以瓦木爲之。不得過二十五事。四神十二時。竝在內。每事不得過七寸。舁十舁。伏以喪葬之禮。素有等差。士庶之室。近罕遵守。踰越既甚。糜費滋多。臣忝職憲司。理當禁止。雖每令舉察。亦怨謗隨生。苟全廢糾繩。又譏責立至。總以承前令式及制勑。皆務從儉省。減刻過多。遂令人情易踰禁。將求不犯。實在稍寬。臣酌量舊儀。創立新制。所有高卑得體。豐約合宜。免令無知之人。更懷不足之意。伏乞聖恩。宣下京兆府。令准此條流。宣示一切供作行人。散榜城市及諸城門。令知所守。如有違犯。先罪供造行人賈售之罪。庶其明器。竝用瓦木。永無僭差。以前條件。臣尋欲陳論。伏候進止。承前已于延英具奏。訖勑旨宜依。

辰日

貞觀六年。御史大夫韋挺。論風俗失禮表曰。臣聞父母之恩。昊天罔極。創巨之痛。終身何已。至于喪服之數。哭泣之哀。聖人作範。布在禮經。亡祿之家。鮮克由禮。今朝廷貴臣。搢紳士族。衣冠遞襲。教義是聞。丁父母重哀。拘攣俗忌。至辰日不哭。謂之重喪。信陰陽之書。惑吉凶之說。忽仁孝之至道。忘聖哲之丕訓。浸以成俗。爲日已久。有斁皇風。事須懲革。至四月。茹國公張公謹卒。太宗聞之。將出次發哀。有司奏子在辰不可哭。太宗曰。君臣之義。同于父子。情發于哀。安避辰日。遂哭之。

雜記

聖曆元年十月。鳳閣侍郎王方慶奏言。准令。期喪大功未葬。竝不得參朝賀。仍終喪不參宴會。比來朝官不依禮法。身有哀慘。陪列朝賀。手舞足蹈。公違憲章。名教既虧。實玷皇化。請申明更令禁斷。詔曰可。

唐會要卷三十九

定格令

高祖初入關。除苛政。約法十二條。唯制殺人刼盜背軍叛逆者死。餘並蠲除之。武德元年六月一日。詔劉文靜與當朝通識之士。因隋開皇律令而損益之。遂制爲五十三條。務從寬簡。取便于時。其年十一月四日。頒下。仍令尚書令左僕射裴寂吏部尚書殷開山大理卿郎楚之司門郎中沈叔安內史舍人崔善爲等。更撰定律令。十二月十二日。又加內史令蕭瑀禮部尚書李綱國子博士丁孝烏等同修之。至七年三月二十九日成。詔頒于天下。大畧以開皇爲准。正五十三條。凡律五百條。格入于新律。他無所改正。

貞觀十一年正月十四日。頒新格于天下。凡律五百條。分爲十二卷。大辟者九十二條。減流入徒者七十一條。分爲三十卷。二十七篇。一千五百九十條。格七百條。以爲通式。

永徽二年閏九月十四日。上新刪定律令格式。太尉長孫無忌開府儀同三司李勣尚書左僕射于志寧尚書右僕射張行成侍中高季輔黄門侍郎宇文節柳奭尚書右丞段寶元吏部侍郎高敬言刑部侍郎劉燕客太常少卿令狐德棻給事中趙文恪中書舍人李友益刑部郎中賈敏行少府監丞張行實大理丞元詔。太府丞王文端等同修。勒成律十二卷。令三十卷。式四十卷。頒于天下。遂分格爲兩部。曹司常務者爲留司格。天下所共者爲散頒格。散頒格下州縣。留司格本司行用。至三年五月。詔律學未有定疏。每年所舉明法。遂無憑準。宜廣召解律人修義疏奏聞。仍使中書門下監定。參撰律疏。成三十卷。太尉長孫無忌。司空李勣。尚書左僕射于志寧。刑部尚書唐紹。大理卿段寶元。尚書右丞劉燕客。御史中丞賈敏行等同撰。四年十月九日上之。詔頒于天下。龍朔二年二月。改易官名。勅司刑太常伯源直心等重定格式。唯改曹局之名。而不易篇第。至麟德二年。奏上之。至儀鳳二年。官號復舊。又勅刪輯。三月九日。刪輯格式畢。上之。尚書左僕射劉仁軌。尚書右僕射戴至德。侍中張文瓘。中書令李敬元。太子右庶子郝處俊。黄門侍郎來恆。太子左庶子高智周。吏部侍郎裴行儉。馬戴。兵部侍郎蕭德昭。裴炎。工部侍郎李義琰。刑部侍郎張楚金。右司郎中盧律師等。至垂拱元年三月二十六日。刪改格式。加計帳及勾帳式。通舊式成二十卷。又以武德以來。垂拱已前。詔勅便于時者。編爲新格二卷。內史裴居道。夏官尚書岑長倩。鳳閣侍郎韋方質。與刪定官袁智宏等十餘人同修。則天自製序。其二卷之外。別編六卷。堪爲當司行用。爲垂拱留司格。時韋方質詳練法理。又委其事于咸陽縣尉王守慎。有經理之才。故垂拱格式。議者稱爲詳密。其律唯改二十四條。又有不便者。大抵仍舊。至神龍元年六月二十七日。又刪定垂拱格及格後勅。尚書左僕射唐休璟。中書令韋安石。散騎常侍李懷遠。禮部尚書祝欽明。尚書右丞蘇瓌。兵部郎中姜師度。戶部郎中狄光嗣等。同刪定至神龍二年正月二十五日已前制勅。爲散頒格七卷。又刪補舊式爲二十卷。表上之。制令頒于天下。

景龍元年十月十九日。以神龍元年所刪定格式漏略。命刑部尚書張錫集諸明閑法理人。重加刪定。至景雲元年。勅又令刪定格令。太極元年二月二十五日。奏上之。名爲太極格。戶部尚書岑羲。中書侍郎陸象先。左散騎常侍徐堅。右司郎中唐詔。刑部員外郎邵知與。大理丞陳義海。左衛長史張處斌。大理評事張名播。左衛倉曹參軍羅思貞。刑部主事閻義顓等同修。

開元三年正月。又勅刪定格式令。上之。名爲開元格六卷。黃門監盧懷愼。刑部尚書李乂。紫微侍郎蘇頲。紫微舍人呂延祚。給事中魏奉古。大理評事高智靜。韓城縣丞侯郢璡。瀛州司法參軍閻義顓等同修。至七年三月十九日。修令格。仍舊名曰開元後格。吏部尚書宋璟。中書侍郎蘇頲。尚書左丞盧從愿。吏部侍郎裴漼。慕容珣。戶部侍郎楊縚。中書舍人劉令植。大理司直高智靜。幽州司功參軍侯郢璡等同修。十九年。侍中裴光庭。中書令蕭嵩。又以格後制勅行用之後。與格文相違。于事非便。奏令所司刪撰格後長行勅六卷。頒于天下。二十五年九月一日。復刪輯舊格式律令。中書令李林甫。侍中牛仙客。中丞王敬從。前左武衛冑曹參軍崔冕。衛州司戶參軍直中書陳承信。酸棗縣尉直刑部俞元杞等。共加刪緝舊格式律令及勅。總七千二十六條。其一千三百二十四條。于事非要。並刪除之。二千一百八十條。隨事損益。三千五百九十四條。仍舊不改。總成律十二卷。律疏三十卷。令三十卷。式二十卷。開元新格十卷。又撰格式律令事類四十卷。以類相從。便于省覽。奉勅于尚書都省寫五十本。頒于天下。二十五年九月三日。兵部尚書李林甫奏。今年五月三十日前勅。不入新格式者。並望不任行用限。至貞元元年十月。尚書省進貞元定格後勅三十卷。留中不出。至元和二年七月。詔刑部侍郎許孟容。大理少卿柳登。吏部郎中房式。兵部郎中熊執易。度支郎中崔光。禮部員外郎韋貫之等。删定開元格後勅。八月。刑部奏改律卷第八爲鬬競。至十年十月。刑部尚書權德輿奏。自開元二十五年。修格式律令事類三十卷。處分長行勅等。自大曆十四年六月。元和二年正月。兩度制删之。並施行。伏以諸司所奏。苟便一時。事非經久。或舊章既具。徒更煩文。獄理重輕。繫人性命。其元和二年准制删定。至元和五年删定畢。所奏三十卷。歲月最近。伏望且送臣本司。其元和五年已後。續有勅文合長行者。望令諸司錄送刑部。臣請與本司侍郎郎官參詳錯綜。同編入本續具聞奏。庶人知守法。吏絕舞文。從之。至十三年八月。鳳翔節度使鄭餘慶等。詳定格後勅三十卷。左司郎中崔鄾。吏部郎中陳諷。禮部員外郎齊庾敬休。著作郎王長文。集賢校理元從質。國子博士林寶。用修上。其年。刑部侍郎許孟容蔣乂等。奉詔删定格後勅。勅成三十卷。刑部侍郎劉伯芻等。考定修爲三十卷。至長慶三年正月。刑部奏請戶部郎中王正。司門員外郎齊推。詳正勅格。從之。其月。又請奏本司郎中裴潾。司門郎中文格。本司員外郎孫革。王永。大理司直楊倞。與本司尚書崔植。侍郎景重。詳正勅格。奏可。

至開成元年三月。刑部侍郎狄兼謩奏。伏准今年正月日制。刑法科條。頗聞繁冗。主吏縱捨。未有所徵。宜擇刑部大理官。即令商量條流要害。重修格式。務于簡當。焚去冗長。以正刑名者。伏以律令格式。著目雖始于秦漢。歷代增修。皇朝貞觀開元。又重删定。理例精詳。難議刊改。自開元二十六年删定格令後。至今九十餘年。中外百司。皆有奏請。各司其局。不能一秉大公。其或恩出一時。便爲永式。前後矛盾。是非不同。吏緣爲姦。人受其屈。伏見自貞元已來。累曾別勑選重臣置院删定。前後數四。徒涉歷三十歲。未堪行用。今若只令刑部大理官商量重修格式。遽焚冗長。伏恐姦吏緣此舞文。伏請但集蕭嵩所删定建中以來制勑。分朋比類。删去前後矛盾及理例重錯者。條流編次。具卷數聞奏。行用所删去者。伏請不焚。官同封印。付庫收貯。仍愼擇法官。法署省等所斷刑獄。有不當者。官吏重加貶黜。所冀人知自効。吏不敢欺。上副陛下哀矜欽恤之意。言者宜依。至大中五年四月。刑部侍郎劉瑑等奉勑修大中刑法統類六十卷。起貞觀二年六月二十八日。至大中五年四月十三日。凡二百二十四年雜勑。都計六百四十六門。二千一百六十五條。至七年五月。左衞率府倉曹參軍張戣編集律令格式條件相類者一千二百五十條。分爲一百二十一門。號曰刑法統類。上之。

景龍三年八月九日勑。應酬功賞。須依格式。格式無文。然始比例。其制勑不言自今以後永爲常式者。不得攀引爲例。文明元年四月十四日勑。律令格式。爲政之本。內外官人。退食之暇。各宜尋覽。仍以當司格令書于廳事之壁。俯仰觀瞻。使免遺忘。

開元十四年九月三日勅。如聞用例破勅及令式。深非道理。自今以後。不得更然。

貞觀二年七月二十三日。刑部侍郎韓洄奏。刑部掌律令。定刑名。按覆大理及諸州應奏之事。並無爲諸司尋檢格式之文。比年諸司。每有與奪。悉出檢頭。下吏得生奸。法直因之輕重。又文明勅當司格令。並書于廳事之壁。此則百司皆合自有程式。不唯刑部獨有典章。訛弊日深。事須改正。勅旨。宜委諸曹司各以本司雜錢。置所要律令格式。其中要節。仍准舊例錄在官廳壁。左右丞勾當事畢日奏聞。其所諸司于刑部檢事。待本司寫格令等了日停。

寶歷二年十月。大理卿裴向進前本寺丞盧紓所撰刑法要錄十卷。

太和四年七月。大理卿裴誼奏。當寺格後勅六十卷。得丞謝登狀。准御史臺近奏。從今已後。刑部大理寺詳斷刑獄。一切取最後勅爲定。

會昌元年九月。庫部郎中知制誥紇干泉等奏。准刑部奏。犯贓官五品以上。合抵死刑。請準獄官令賜死于家者。伏請永爲定式。勅旨。宜依。

議刑輕重

武德九年九月八日。吏部尚書權檢校左武衞大將軍長孫無忌被召。不解佩刀入東上閤門。尚書右僕射封德彝議。以監門校尉不覺。合死。無忌誤帶刀入。徒二年。罰銅二十斤。詔從之。大理少卿戴冑駁曰。校尉不覺。與無忌帶入同爲誤耳。臣子之于君。不得稱誤。準律云。供御湯藥飲食舟船。誤不如法者。皆死。陛下若錄其功。非憲司所決。若當據法。罰銅未爲得衷。太宗曰。法者非朕一人之法也。何得以無忌國親便欲阿之。更令重議。德彝執議如初。冑又駁曰。校尉緣無忌以致罪。法當輕。若論其過。則其情一也。生死頓殊。敢以固請。乃免校尉死刑。其年九月。盛開選舉。或有詐僞資蔭者。上令自首。不首者死。俄有詐僞者。大理少卿戴冑斷流。上曰。朕下勑不首者死。今斷流。示天下以不信。卿欲賣獄乎。冑曰。陛下當即殺之。非臣所及。今既付所司。臣不敢虧法。上曰。卿自守法。而令我失信耶。冑曰。法者國家之所以大信于天下。言者當時喜怒之所發耳。陛下發一朝之忿。而許殺之。既知不可。寘之于流。此乃忍小忿而存大信。若順忿違信。臣竊爲陛下惜之。上曰。法有所失。公能正之。朕何憂也。

貞觀元年三月。蜀王府法曹參軍裴宏獻駁律令不便于時者四十事。宏獻于是與房元齡建議。以爲古者五刑。刖居其一。及肉刑既廢。制爲死流徒杖笞五等。以備五刑。今復設刖足。是謂六刑。然減死意在於寬。加刑又加繁峻。乃與八座定議奏聞。于是又除斷趾法。改爲加役流三千里。居作二年。又舊條。兄弟分後。蔭不相及。連坐俱死。祖孫配流。會有同州人房強弟任統軍于岷州。以謀反伏誅。強當從坐。太宗嘗錄囚徒。憫其將死。爲之動容。令百寮詳議。元齡等復定議曰。按禮。孫爲王父尸。案令。祖有蔭孫之義。然則祖孫親重而兄弟屬輕。應重反流。合輕翻死。據理論情。深爲未愜。請定律。祖孫與兄弟緣坐。俱配流。其以惡言犯法。不能爲害者。情狀稍輕。兄弟免死配流爲允。從之。

十一年五月。上問大理寺卿劉德威曰。近來刑網稍密。何也。對曰。誠在君上。不由臣下。主好寬則寬。好急則急。律文失入減三等。失出減五等。今則反是。失入則無辜。失出則獲大罪。所以吏各自愛。競執深文。畏罪之所致耳。太宗然其言。由是失於出入者。各依律文。

十六年七月。勅今後自害之人。據法加罪。仍從賦役。自隋季政亂。徵役繁多。人不聊生。又自折生體。稱爲福手福足以避征戍無賴之徒尚習未除故立此例

十八年九月。茂州童子張仲文。忽自稱天子。口署其流輩數人爲官司。大理以爲指斥乘輿。雖會赦猶斬。太常卿攝刑部尚書韋挺奏。仲文所犯。止當妖言。今旣會赦。准法免死。上怒挺曰。去十五年。懷州人吳法至浪入先置鉤陳。口稱天子。大理刑部皆言指斥乘輿。咸斷處斬。今仲文稱妖。乃同罪異罰。卿乃作福於下。而歸虐於上耶。挺拜謝趨退。自是憲司不敢以聞。數日。刑部尚書張亮復奏。仲文請依前以妖言論。上謂亮曰。韋挺不識刑典。以重爲輕。當時怪其所執。不爲處斷。卿今日復爲執奏。不過欲自取刪正之名耳。屈法要名。朕所不尙。亮默然就列。上謂之曰。爾無恨色。而我有猜心。夫人君含容。屈在于我。可申君所請。屈我所見。其仲文宜處以妖言。二十一年。刑部奏言。准律。謀反大逆。父子皆坐死。兄弟處流。此則輕而不懲。望請改重法。制遣百寮詳議。司議郎敬播議曰。昆弟孔懷。人倫雖重。比于父子。情理已殊。生有異室之

文。死有別宗之義。今有高官重爵。本蔭惟逮子孫。胙土析珪。餘光不及昆季。豈有不霑其蔭。輒受其辜。背理違情。恐爲太甚。必其反茲春令。踵彼秋荼。創次骨于道德之辰。建深文于刑措之日。臣將不及。物論謂宜。詔從之。

永徽二年七月二十五日。華州刺史蕭齡之。前任廣州都督。受左智遠及馮盎妻等金銀奴婢等。詔付羣臣議奏。上怒。令于朝廷處盡。御史大夫唐臨奏曰。臣聞國家大典。在于刑賞。古先聖王。惟刑是恤。今天下太平。合用堯舜之典。比來有司多行重法。敍勳必須刻削。論罪務從重科。非是憎惡前人。止欲自爲身計。今議齡之之事。有輕有重。重者至流。輕者請除名。以齡之受委大藩。贓罰狼籍。原情取事。死有餘辜。然既遣詳議。終須近法。臣竊以律有八議。並依周禮舊文。矜其異于衆臣。所以特制議法。禮王族刑於僻處。所以議親。刑不上大夫。所以議貴。明知重其親貴。議欲緩刑。非爲嫉其賢能。謀致深法。今議官必于常法之外。議令入重。正與堯舜相反。不可爲萬代法。臣既處法官。不敢以聞。詔遂配流嶺南。

神龍元年正月。趙冬曦上書。臣聞夫今之律者。昔乃有千餘條。近者隋之姦臣。將弄其法。故著律曰。犯罪而律無正條者。應出罪則舉重以明輕。應入罪則舉輕以明重。立夫一條。而廢其數百條。自是迄今。竟無刊革。遂使死生罔由乎法律。輕重必由乎愛憎。受罰者不知其然。舉事者不知其犯。臣恐賈誼見之。必爲之慟哭矣。夫立法者。貴乎下人盡知。則天下不敢犯耳。何必飾其文義。簡其科條哉。夫科條省則下人難知文義深則法吏得便。下人難知。則暗陷機穽矣。安得無犯法之人哉。法吏得便。則比附而用之矣。安得無弄法之臣哉。臣請律令格式。復更刊定。其科條言罪。直書其事。無假飾其文。以准加減比附量情。及舉輕以明重。不應得爲而爲之類。皆勿用之。使愚夫愚婦。聞之必悟。則相牽而遠之矣。亦安肯知而故犯哉。苟有犯。雖貴必坐。則宇宙之內。肅肅然咸服矣。故曰。法明則人信。法一則主尊。書曰。刑期于無刑。誠哉是言。

開元十年十一月。前廣州都督裴伷先下獄。中書令張嘉貞奏請決杖。兵部尚書張說進曰。臣聞刑不上大夫。以近于君也。故曰。士可殺不可辱。臣今秋巡邊。中途聞姜皎朝堂決杖。流皎是三品。亦有微功。不宜決杖廷辱。以卒伍待之。且律有八議。勳貴在焉。伷先既不可輕。豈可決罰。上然其言。嘉貞不悅。退而謂說曰。何言事之深也。說曰。宰相者。時來即爲。豈能長據。若貴臣盡當可杖。但恐吾等行當及之。此言非爲伷先。乃爲天下士君子也。

天寶六載正月十三日。勅。自今已後。所斷絞斬刑者。宜削除此條。仍令法官約近例詳定處分。

乾元元年十二月十四日。刑部奏。准名例律法云。獄成謂贓狀露驗。及尚書省斷訖未奏。疏曰。贓謂所犯之贓。見獲本物。狀謂殺人之類。得狀爲驗。雖在州縣。並爲獄成。若尚書省斷訖未奏。即刑部覆訖未奏。亦爲獄成。今法官商量。若款自承伏。已經聞奏。及有勅付法。刑名更無可移者。謂同獄成。臣今與法官審加詳議．將爲穩便．如天恩允許．仍永爲常式．勅旨依．二年六月十四日．刑部奏．謹按五刑．笞杖徒流死是也．今准勅．除削絞死．唯有四刑．每定罪．須降死刑．不免還計斬絞．勅律互用．法理難明．又應決重杖之人．令式先無分析．京城知是蠹害．決者多死．外州見流嶺南．決不至死．決有兩種．法開二門．勅旨斬絞刑．宜依格律處分．至寶應元年九月八日．刑部大理奏．准式．制勅處分與一頓杖者．決四十．至到與一頓及重杖一頓．並決六十．無文至死者．爲准式處分．又制勅或有令決痛杖一頓者．式文既不載杖數．請准至到與一頓決六十．並不至死．勅旨依．至建中三年八月二十七日．刑部侍郎班宏奏．其十惡中．惡逆已上四等罪．請准律用刑．其餘犯別罪應合處斬刑．自今已後．並請決重杖一頓處死．以代極法．重杖既是死刑．諸司便不在奏請決重杖限．勅旨依．

元和二年十一月．斬李錡．並男師回于子城西南隅．初詔書削錡屬籍．宰臣鄭絪李吉甫等．議其所坐親疎未定．乃召兵部郎中蔣乂問曰．詔罪錡一房．當是大功內耶．乂曰．大功是錡堂兄弟．卽淮安王神通之下．錡卽淮安王五代孫也．淮安有大功于國．陪陵配饗．事著史册．今若以其裔孫叛逆之罪．而上累淮安．非也．吉甫又問曰．錡親兄弟當連坐否．乂曰．錡親昆弟．皆是若幽之子．若幽累著功勳．死于王事．卽使錡之兄弟從坐．若幽便當籍沒者．于典禮亦所未安．宰臣頗以爲然．

五年五月．勅李師古嘗經任使．待以始終．雖是師道近親．典章宜有差降．其妻裴氏及女宜娘．並于鄧州安置。又勅李宗奭本于兇狠。自抵誅夷。用戒倡狂。合從孥戮。故其徽細。已正刑章。特示含宏。載寬緣坐。其妻韋氏及男女等。先收在掖庭。並宜放出。前數日上謂宰臣曰。李師古雖自襲祖父。然朝廷待以始終。其妻于師道。卽嫂叔也。雖曰逆人親屬。量其輕重。宜降等。又宗奭雖抵嚴憲。其情比之大逆。亦有不同。其妻士族也。今與其子女。俱在掖庭。于法。皆似過深。卿等曾留意否。崔羣對曰。聖情仁惻。罪止凶魁。其妻子近屬。儻獲寬恕。實合宏覆之道。上遂出之。准法。逆人親屬。得原免者。唯止一身。至是。其奴婢資貨。悉令還付。

長慶二年四月。刑部員外郎孫革奏。准京兆府申。雲陽力人張莅欠羽林官騎康憲錢米。憲徵理之。莅乘醉拉憲。氣息將絕。憲男買得年十四。將救其父。以莅角觝力人。不敢揮解。遂將木鍤擊莅之首。見血。後三日致死者。准律。父爲人所毆。子往救。擊其人折傷。減比鬬三等。至死者。依常律。卽買得合當死刑。伏以律令者。用防凶暴。孝行者。以開教化。今買得救父難。是性孝。非暴擊。張莅是心切。非兇。以髫丱之歲。正父子之親。若非聖化所加。童子安能及此。王制稱五刑之理。必原父子之親。春秋之義。原心定罪。周書以訓。諸罰有權。今買得生被皇風。幼符至孝。哀矜之宥。伏在聖慈。職當讞刑。合申善惡。謹先具事由陳奏。伏冀下中書門下商量。勅旨。康買得尚在童年。能知子道。雖殺人當死。而爲父可哀。若從沉命之科。恐失原情之義。宜付法司。減死罪一等處分。

寶歷三年。京兆府有姑鞭婦致死者。奏請斷以償死。刑部尚書柳公綽議。以尊毆卑。非毆也。且其子在。以妻而戮其母。非教也。遂減死焉。

太和四年十二月。刑部員外郎張諷。大理少卿崔圯等奏議親議貴事。其一議親曰。皇帝至太皇太后皇后親有內外服同者。皆在議條。伏以親疏之序。既有等衰。郎雨露之恩。皆宜沾洽。此實皇王大猷。自家刑國。親九族。協萬邦之旨也。近者絳州刺史裴銳所犯贓罪至深。陛下以太皇太后之親。下尚書省集議。此乃陛下知刑賞之理重。與衆共之。伏請今後親有任刺史監臨主守。犯贓罪得蒙減死者。必重其過。直以贓罪爲汙累。定刑流決外。其後子孫。並不得任理人官及爲監臨主守。庶得家知其恥。人革非心。其一議貴曰。謹按禮經。貴謂近于君也。非獨高秩厚俸之爲貴。今後刺史非在朝文武職事三品官任者。於所部犯贓抵死罪。並不得以刺史品秩議貴。徵司議條。免所犯罪。如先任在朝三品。合在議條者。卽准議親條決流外。子孫者未得任理人官及監臨主守。如有法官及本官推官。不詳官品。妄有引議。請科違勅罪。其功勤賓故等。有犯贓罪同者。並請准親貴之法。勅官必任親賢。貴無宜輕授。罰不及嗣。經訓具有明文。若坐子孫。慮傷事理。此一節且仍舊。餘依。

六年五月。興平縣民上官興因醉殺人而亡。官捕其父囚之。興自歸有司請罪。京兆尹杜悰。御史中丞宇文鼎。以興自首免父之囚。其孝可獎。請免死。詔兩省官參議。皆言殺人者死。古今共守。興不可免。久不決。上竟以興免父囚。近于義。依悰等議。免死。決杖八十。配流靈州。

開成三年五月。刑部奏。准今年二月八日赦書。官典犯罪。不在此限者。伏以律載贓名。其數有六。官典有犯。並列科則。其間有入己者。罪即懸別。今請監臨主守將官物私自貸用。並借貸人。及百端欺詐等。不在赦限。如將官物還充公用。文記分明者。並請原免。勅旨。宜依。

會昌元年十二月。都省奏。准開成五年十二月十四日中書門下奏。准律。竊盜五匹以上。加役流。今自京兆河南尹。逮于牧守。所在為政。寬猛不同。或以百錢以下。斃踣。或至數十千不死。輕重既違法律。多以收禁為名。法自專行。人皆異政。然禁嚴則盜賊屏息。閭里皆安。政緩則攘竊盜行。平人受弊。定其取捨。在峻典刑。自今已後。天下州府竊盜賊。計贓幾貫。須處極法。臣等商量。望委中書門下五品以上。尚書省四品以上。御史臺五品已上。與京兆尹同議奏聞。仍編入格令。所冀巽懦者政無寬縱。剛戾者刑不至殘。各奉朝章。法歸畫一。其強盜賊。法律已重。不在此限。仍委出使郎官御史及度支鹽鐵巡院察訪。務令遵守。不得隳違者。伏以竊盜本無死刑。遂使刑法不一。臣等既奉詔旨。敢不盡心。臣請自今已後。入不應竊盜賊贓至絹三疋。即處極法。如未滿二疋。即任節級科處。不失罪人。其計贓數。即請准律以所在估絹為定。其兩京及軍府浩穰之地。或事繁一時。制斷有異。則請許量情定罪。務在得中。自然法禁不虧。刑名可守。勅旨。朝廷施令。所貴必行。合于事情。方可經久。自今已後。竊盜計贓至錢一貫以上。處極法。抵犯者便准法處分。不得以收禁為名。其奴婢本主及親戚同居行盜。並許減等。任長使酌度輕重處分。如再四抵犯及有徒黨須懲。不在此例。

三年十二月。澤潞劉稹平。欲定其母裴氏罪。令百寮議之。刑部郎中陳商議曰。周禮司寇之職。男子入于罪隸。女子入于舂槀。漢律云。妻子沒爲奴婢。鍾繇曰。自古帝王。罪及妻子。又晉朝議。在室之女。從父母之誅。旣適之婦。從夫家之罰。謹按奴婢舂槀。罪罰之類。名則爲重。而非罪刑。然事出一時。法由情斷。裴氏爲惡有素。爲姦已成。分衣固其人心。申令安其逆志。臣等參議。宜從重典。從之。

五年正月三日。制節文。據律已去任者。公罪流已下勿論。公罪之條。情有輕重。苟涉欺詐。豈得勿論。自後公罪有情狀難恕。並不在勿論之限。

大中四年正月。勅。攘竊之興。起于不足。近日刑法頗峻。竊盜益煩。贓至一千。便處極法。輕人性命。重彼貨財。旣多殺傷。且乖教化。況非舊制。須議更改。其會昌元年二月二十六日勅。宜令所司重詳定條流。

四年四月。請依建中三年三月二十四日勅。每有盜賊贓滿絹三疋已上。決殺。如贓數不充。量情科處。

五年十月。勅。今後有官典犯贓及諸色取受。但是全未發覺已前。能經陳首。卽准律文與減等。如知事發。已有萌兆。雖未被追捕勘問。亦不許陳首之限。

乾符四年正月五日。勅。法律有去任勿論之條。頗爲僥倖。今後應刪。吏所犯諸罪。五年之後。去任勿論。五年內同見任官例追收。據事定刑。

唐會要卷四十

君上慎恤

武德二年二月。武功人嚴甘羅行劫。爲吏所拘。高祖謂曰。汝何爲作賊。甘羅言。饑寒交切。所以爲盜。高祖曰。吾爲汝君。使汝窮乏。吾罪也。因命捨之。

貞觀二年十月三日。殿中監盧寬持私藥入尚食廚。所司議當重刑。上曰。秖是錯誤。遂赦之。

三年三月五日。大理少卿胡演進每月囚帳。上覽焉。問曰。其間罪亦有情或可矜。何容皆以律斷。對曰。原情宥過。非臣下所敢。上謂侍臣。古人曰。鬻棺之家。欲歲之疫。非惡於人。而利於棺。故今之法司覆理一獄。必求深刻。欲成其考。今作何法。得使平允。王珪奏曰。但選良善平恕人。斷獄允當者。賞之。卽姦僞自息。上曰。古者斷獄。必訊於三槐九棘之官。今三公九卿。卽其職也。自今天下大辟罪。皆令中書門下四品已上。及尚書議之。至三月十七日。大理引囚過。次到岐州刺史鄭善果。上謂胡演曰。鄭善果等官位不卑。縱令犯罪。不可與諸囚同列。自今三品已上犯罪。不須將身過朝堂聽進止。四年十一月十七日。制決罪人不得鞭背。初。太宗以暇日閱明堂孔穴圖。見五臟之系。咸附于背。乃嘆曰。夫箠。五刑之最輕者也。豈容以最輕之刑。而或致之死。古帝王不悟。不亦悲夫。卽日遂下此詔。

五年八月二十一日。詔死刑雖令即決。仍三覆奏。在京五覆奏。以決前一日三覆奏。決日三覆奏。惟犯惡逆者。一覆奏。著于令。初河內人李好德風疾瞀亂。有妖妄之言。詔大理丞張蘊古按其事。蘊古奏好德顛病有徵。法不當坐。治書侍御史權萬紀劾蘊古貫屬相州。好德兄厚德爲其刺史。情在阿縱。遂斬于東市。旣而悔之。遂有此詔。至上元元年閏四月十九日。赦文。自今已後。其犯極刑。宜令本司。依舊三覆。

其年十一月九日。勅。前勅在京決死囚。日進蔬食。自今已後。決外州囚。第三日。亦進蔬食。因謂三品已上曰。今曹司未能奉法。在下仍多犯罪。數行刑戮。使朕數食空飯。公等豈不爲媿。宜各存心。以盡匡救。

六年十二月十日。親錄囚徒。放死罪三百九十人歸于家。令明年秋來就刑。其後應期畢至。詔悉原之。

七年十二月十二日。詔三品已上。犯公罪流。私罪徒。送問皆不追身。

總章二年五月十一日。上以常法外先決杖一百。各致殞斃。乃下詔曰。別令於律外決杖一百者。前後總五十九條。決杖旣多。或至於死。其五十九條內。有盜竊及蠹害尤甚者。今後量留一十二條。自餘四十七條。並宜停。開元十二年四月。勅。比來犯盜。先決一百。雖非死刑。大半殞斃。言念於此。良用惻然。今後抵罪人合杖。勅杖並從寬決杖六十。一房家口移隸磧西。其嶺南人移隸安南。江淮人移隸廣府。劍南人移隸姚嶲州。其磧西姚嶲安南人。各依常式。

天寶元年二月二十一日。勅。官吏准律應枉法贓十五匹合絞者。自今已後。特宜加至二十匹。仍即編諸律。著爲不刊。

四年八月十二日勑。刑之所設。將以閑邪。法不在嚴。貴於知禁。今後應犯徒罪者。並量事宜。配于諸軍効力。

貞元八年十一月勑。比來所司斷罪。拘守科條。或至死刑。猶先決杖。處之極法。更此傷殘。惻隱之懷。實所不忍。自今已後。罪之死者。先決杖宜停。

十三年四月勑。農事方興。時雨猶少。言念囚繫。慮有滯寃。京城百司及畿內有禁囚李士政等六人。合處極法。宜從寬典。各決四十。配流諸州。其餘禁繫者。委御史臺與諸司計會。勑到後五日內疏理訖聞奏。

元和四年二月勑。自今已後。在京諸司應決死囚。不承正勑。並不得行決。如事迹兇險。須速決遣。幷有特勑處分者。亦宜令一度覆奏。時右街功德使吐突承璀牒京兆府稱奉勑令杖死殺人僧惠寂。府司都不覆奏。故有是詔。八年九月詔書。減死戍邊。前代美政。量其遠近。宜有便宜。自今已後。兩京及關內河南河東河北淮南山南東西兩道州府犯罪繫囚。除大逆及手殺人外。其餘應入死罪。並免死配流天德五城諸鎭。有妻兒者。亦任自隨。又緣頃年已來。所有配隸。或非重辟。便至遠遷。有司上陳。又煩年限。今後如有輕犯。更不得配流五城。

開成四年五月勑。京城百司及府縣禁囚。動經歲月。推鞫未畢。其有絕小事者。經數箇月不速窮詰。延至暑時。蓋由官吏因循。致茲留獄。炎蒸在候。冤滯難堪。宜付御史臺。委裴元裕選強明御史三兩人。各本司分閱文按。據理疏決聞奏。如官吏稽慢。亦具名銜聞奏。

其年十月勅。自今已後。將勅決死囚。不令覆奏者。有司亦須準故事覆奏。

太和二年二月。刑部奏。伏準今年正月三日制。刑獄之內。官吏用情。推斷不平。因成冤濫者。無問有贓無贓。並不在原免之限。又准律文。出入人罪。合當坐者。不言有贓無贓。今請准律科本罪。不得原免。勅旨。依。

三年三月勅。京畿之內。萬類聚居。觸刑章者。多於天下。加以百役牽應。由斯致咎。若一一不恕。則殺戮滋多。應京畿內見禁囚犯死者。降一等。從流當徙者。以遠近節級遞減一等處分。

四年四月勅。法寺用法。或持巧詐。分律兩端。遂成其罪。既奸吏得計。則黎庶何安。今後宜令每書罪定刑。但直指其事。不得舞文妄有援引。仍須頒示天下。長吏嚴加覺察。不得輒用奸吏。如有此色。當即停解。

八年四月勅。朕比屬暇日。周覽國史。伏覩太宗因閱明堂孔穴圖。見五臟之系。咸附于背。乃制決罪人不得鞭背。且人之有生。系於臟腑。針灸失所。尚致夭傷。鞭撲苟施。能無枉橫。況五刑之內。笞最為輕。豈可以至輕之刑。而或致之死。朕恭承丕業。思奉貽謀。言念于茲。載懷惻隱。其天下州府應犯輕罪人。除罪狀巨蠹。法所難原者。其他過誤罪愆。及尋常公事違犯。並宜准貞觀四年十一月十七日制處分。不得鞭背。今年以後。每立夏至秋已前。犯罪人就州府常條之中。亦宜量與矜減。仍速為疏理。不得久令禁繫。仍並委御史臺切加糾察。永爲常式。

咸通十四年五月勑。愼恤刑獄。大易格言。語曰。如得其情。則哀矜而勿喜。而獄吏苛刻。務在舞文。守臣因循。罕聞親事。以此械繫之輩。溢於狴牢。逮捕之徒。繁於簡牘。實傷和氣。用致沴氛。況時屬歊蒸。化先茂育。宜覃赦宥。以順生成。其諸州府罪人。並委本道十日內速理。或信任人吏。生情繫留。觀察使判官州府本曹官必加懲譴。

光化元年八月二十七日勑。近日用刑。皆隳舊例。多黷斧鑕。鮮行鞭笞。今後應天下州縣科斷罪人。切須明于格律。不得以軍法戮人。

臣下守法

武德四年。王世充竇建德平。大赦天下。旣而責其黨與。並令遷配。治書侍御史孫伏伽上表諫曰。今月十三日。發雲雨之制。旣云常赦不免。皆赦除之。非直赦其有罪。亦是與天下以更新。因何世充建德部下。赦後又欲遷之。此是陛下自違本心。欲遣下人。若何取法。如臣愚見。經赦合免責罰。諸欲遷配者。請並放之。則天下幸甚。

貞觀元年。太宗務正奸吏。乃遣人以財物試之。有司門令史受餽絹一匹。上怒。將殺之。民部尚書裴矩諫曰。此人受賂。誠合重誅。但陛下以物試之。卽行極法。所謂陷人於罪。恐非道德齊禮之義。上納其言。謂百寮曰。矩能廷折。不肯面從。每事如此。天下何憂不理。其年。溫州司戶參軍柳雄。於隋資妄加階級。人有言之者。上令其自首。若不首。與爾死罪。固言是眞。竟不肯首。大理推得其僞。將處雄死罪。少卿戴胄奏據法止合徒。上曰。我已與其斷。當與死罪。胄曰。陛下旣不卽殺。付臣法司。罪不至死。不可酷濫。上作色遣殺胄言之不已。至四五。然後赦之。仍謂之曰。曹司但能爲我如此守法。豈畏濫有誅夷也。

七年。貝州鄃縣令裴仁軌私役門夫。上欲斬之。殿中侍御史李乾佑奏曰。法令者。陛下制之於上。率士遵之於下。與天下共之。非陛下獨有也。仁軌犯輕罪而致極刑。便乖畫一之理。臣忝憲司。不敢奉制。

十四年。尚書左丞韋悰勾司農木橦七十價。百姓者四十價。奏其乾沒。上責有司。召大理卿孫伏伽。亟書司農罪。伏伽曰。司農無罪。上驚問之。伏伽曰。只爲官木橦貴。所以百姓者賤。向使官木橦賤。百姓無由賤矣。但見司農不識大體。不知其過也。上乃悟。顧謂韋悰曰。卿識用不逮伏伽遠矣。遂罷司農罪焉。

永徽元年正月。有洛陽人李宏泰。誣告太尉長孫無忌謀反。上令不待時而斬之。侍中于志寧上疏諫曰。陛下情篤功臣。恩隆右戚。以無忌橫遭誣告。事並是虛。故戮告人。以明賞罰。竊據左傳聲子曰。賞以春夏。刑以秋冬。順天時也。又按禮記月令曰。孟春之月。無殺昆蟲。省囹圄。去桎梏。無肆掠。止獄訟。又漢書董仲舒曰。王者欲有所爲。宜求其端于天。天道之大者。在于陰陽。陽爲德。陰爲刑。刑主殺。而德主生。陽常居大夏。而以生育長養爲事。陰常居大冬。而積于空虛不用之處。以此見天之任德不任刑也。伏惟陛下暫迴聖慮察古之言。儻蒙垂納。則生靈幸甚。疏奏。從之。

上元三年九月七日。左威大將軍權善才。右監門中郎將范懷義。並爲斫昭陵柏木。大理奏以官減死。幷除名。上特令殺之。大理丞狄仁傑執奏稱不當死。上引入。謂曰。善才斫陵上柏。是我不孝。必須殺之。仁傑又執奏。上作色令出。仁傑進曰。臣聞逆龍鱗。忤人主。自古爲難。臣愚以爲不然。居桀紂時則難。居堯舜時則易。臣今幸逢堯舜。不懼比干之誅。昔漢文時有盜高廟玉環。張釋之廷諍。罪止棄市。魏文將徙其人。辛毗引裾而諫。亦見納用。且明主可以理奪。忠臣不可以威懼。今陛下不納臣言。臣恐瞑目之後。羞見釋之。辛毗于地下也。陛下作法。縣之于象魏。徒罪死罪。具有等差。豈有犯罪極輕。即令賜死。法既無常。則萬姓何以措手足。陛下必欲變法。請從今日爲始。古人云。假使盜長陵一抔土。陛下何以加之。今陛下以昭陵一株柏殺二軍將。千載之後。謂陛下爲何如主。此臣所以不敢奉詔殺善才。陷陛下于不道。上意乃解。謂仁傑曰。既能爲善才正我。豈不能爲我正天下也。

神龍元年正月。韋月將上變。告武三思謀逆。中宗大怒。命斬之。大理卿尹思貞以發生之月。執奏以爲不可行刑。竟決杖流嶺南。三思令所由司以非法害之。思貞又固爭之。三年。節愍之誅武三思事變之後。其詿誤守門者並配流。未行。有韋氏黨密奏請盡誅之。上令鞫斷。大理卿鄭惟忠奏曰。今大獄始決。人心未寧。若更改推。必遞相驚恐。則反側之子無由自安。遂依舊斷。

開元二年八月。監察御史蔣挺有犯。勅朝堂杖之。黃門侍郎張廷珪執奏曰。御史憲司淸望。耳目之官。有犯當殺即殺。當流即流。不可決杖。可殺而不可辱也。

十年八月。冀州武強縣令裴景仙犯乞取贓積五千匹。事發。上大怒。令集衆殺之。大理卿李朝隱奏曰。景仙緣是乞贓。罪不至死。又景仙曾祖故司空寂。往屬締構。首參元勳。載初年中。家陷非罪。凡其兄弟皆被誅夷。唯景仙獨存。今見承嫡。據贓未當死坐。准犯猶入議條。十世宥賢。功實宜錄。一門絕祀。情或可哀。願寬暴市之刑。俾就投荒之役。則舊勳不棄。平典斯允。手詔不許。朝隱又奏曰。有斷自天。處之極法。生殺之柄。人主合專。輕重有條。臣下當守。枉法者。枉理而取。十五匹便抵死刑。乞取者。因乞爲贓。數千匹止當流坐。若今乞取得罪。便處斬刑。後有枉法當科。欲加何辟。所以爲國惜法。期守律文。非敢以法隨人。曲矜仙命。射兔魏苑。驚馬漢橋。初震皇赫。竟從廷議。豈威不能制。而法貴有常。又景仙曾祖寂。定爲元勳。恩倍常數。若寂勳都棄。仙罪特加。則叔向之賢。何足稱者。若敖之鬼。不其餒而。捨罪念功。乞垂天聽。遂決杖一百。配流。

元和三年三月。御史中丞盧坦奏。前山南西道節度使柳晟。授任方隅。所寄尤重。至於赦令。理合遵行。一時歸朝。固違明旨。復修貢賦。有紊典章。伏請付法。又奏前浙東觀察使閻濟美到城。亦有進獻。當時劾者。稱離越州後。方見赦文。道路已遙。付納無處。既經恩赦。須爲商量。將誠來者之心。必舉贖刑之典。已書罰訖。伏准今年正月制。自今已後。諸道長吏有離任赴闕廷者。並不得取本道財物。妄稱進奉。苟有違越。必舉憲章。柳晟等既違新令。不敢不奏。上曰。山南所進。與柳晟並不相關。先釋放訖。閻濟美制書頒下之時。尋離本道。身已在近。物須有歸。以此奏請進納。非赦文所革之意。其罰亦宜釋放。坦既奏晟濟美二人皆當罪。上召坦等褒慰久之曰。晟等所獻。皆是家財。朕已許原。不可失信。坦奏曰。赦令陛下之大信也。天下皆知之。今二臣違令。是不畏法。陛下奈何受小利而失大信乎。上曰。朕已受之。如何。坦曰。歸之有司。不入內藏。使四方知之。以昭聖德。上嘉納之。

六年九月。富平縣人梁悅。爲父報讐殺人。自投縣請罪。勑。復讐殺人。固有彝典。以其申冤請罪。視死如歸。自詣公門。發於天性。志在殉節。本無求生。寧失不經。特減死。宜決一百。配流循州。於是史官職方員外郎韓愈獻復讐議曰。伏奉今月五日勑。復讐據禮經。則義不同天。徵法令。則殺人者死。禮法二事。皆王教大端。有此異同。固宜辨論。宜令都省集議聞奏者。伏以子復父讐。見於春秋。見於禮記。見於周官。見於諸子史。不可勝數。未有非而罪之者也。最宜詳于律。而律無其條。非闕文也。蓋以爲不許復讐。則傷孝子之心。而乖先王之訓。許復讐。則人將倚法專殺。無以禁止其端矣。夫律雖本于聖人。然執而行之者。有司也。經之所明者。制有司者也。丁寧其義于經。而深沒其文于律者。其意將使法吏一斷于法。而經術之士。得引經而議也。周官曰。凡殺人而義者。令勿讐。讐之則死。義宜也。明殺人而不得其宜者。子得復讐也。如百姓相讐者也。公羊傳曰。父不受誅。子復讐可也。不受誅者。罪不當誅也。誅者。上施于下之辭。非百姓之相殺者也。又周官曰。凡報讐者。書于士。殺之無罪。言將復讐。必先言于官。則無罪也。今陛下垂意典章。思立定制。惜有司之守。憐孝子之心。示不自專。訪議羣下。臣愚以爲復讐之名雖同。而其事各異。或百姓相讐。如周官所稱。可議于今者。或爲官吏所誅。如公羊所稱。不可行于今者。又周禮所稱。將復讐。先告于士。則無罪者。若孤稚羸弱。抱微志而伺敵人之便。恐不能自言于官。未可以爲斷于今也。然則殺之與赦。不可一例。宜定其制曰。凡有復父讐者。事發。具其事申尚書省。集議奏聞。酌其宜而處之。則經律無失其指矣。

八年二月。僧鑒虛付京兆府。決重杖一頓處死。仍籍其財產。鑒虛在貞元中。以講說丐斂。用貨利交權貴。恣爲姦濫。事發。中外掌權者。欲便保捄之。有詔初命釋其罪。時御史中丞薛存誠不受詔。翌日又宣旨。吾要此僧面詰其事。非赦之也。存誠又奏曰。鑒虛陛下欲召之。請先貶臣。然後取。上嘉其有守。遂令杖殺之。

開成二年八月。上御紫宸殿。召御史中丞狄兼謩。問李伯展獄如何。兼謩奏曰。不知陛下疑何事。李伯展。盧行簡及和州知場官盧元度。已結奏訖。並合處極法。臣是法官。只知有法。陛下若欲原宥。特降恩旨。卽得。上嘉嘆之曰。從前法不一。是向前大臣不守。

定贓估

開元十六年五月三日。御史中丞李林甫奏。天下定贓估。互有高下。如山南絹賤。河南絹貴。賤處計贓。不至三百。卽入死刑。貴處至七百已上。方至死刑。卽輕重不侔。刑典安寄。請天下定贓估絹。每匹計五百五十價爲限。勅依其應徵贓入公私。依常式。至上元二年正月二十八日。勅先准格例。每例五百五十價估當絹一匹。自今已後。應定贓數。宜約當時絹估。並准實錢。庶叶從寬。俾在不易。刑部尚書盧正已奏。

天寶六年四月八日勅。節文。其贖銅如情願納錢。每觔一百二十文。若負欠官物。應徵正贓及贖物無財。以備官役折庸。其物雖多。止限三年。一人一日折絹四尺。若會恩旨。其物合免者。停役。

上元二年正月勅。名例律。評贓者。皆據犯處當時物價。及上絹估。評功庸者。計一人一日爲絹三尺。牛馬驢騾車亦同。其船及碾磑邸店之類。各依當時賃直。庸雖多。不得過其本價。自今已後。應定贓數。宜約當時絹估。並准實錢。

元和三年正月勅。今後應坐贓及他罪當贖者。諸道委觀察判官一人專勾當。及時申報。如蔽匿不申者。節級科貶加罪。不係奏官。長量情處置者。其贓但准前申送御史臺。充本色給用。仍差御史一人專知贓贖。不得以贓罰爲名。如罪名未正。妄罰其財。亦委觀察判官勾當。差定後。先具名聞奏。

太和九年十月。大理丞周太元奏。准制條云。雜物依上估絹結贓。所犯若干匹。並無估定計折字者。伏以監利物與兩稅物。好惡有殊。一例科決。慮憂有屈。今請盜換兩稅綢綾絹等物。請依元盜換匹數結罪科斷。更不估定。如盜換監利物雜麻布焦葛匹段絲綿紙及諸色進貢物。不是兩稅匹段等。請准法式估定數依上絹結贓科斷．勅旨依奏．

大中六年閏七月勅．應犯贓人其平贓定估等議．取所犯處及所犯月上絹之價．假有蒲州盜鹽．巂州事發．鹽已費使．依令懸平．卽蒲州中估之鹽．准蒲州上絹之價．於巂州決斷之類．縱有賣價貴賤．所估不同．亦依估爲定．其年十月．中書門下奏．其犯贓人平贓定估等．其外州府比者．雖准律文．取當處上估絹定贓平估．或有不出土絹處．縱有出處．亦慮結獄之時．須爲勘估．因其貴賤．便生異端．兼以州府絹價．除果閬州外．無貴於宋亳州上估絹者．則外州府不計有土絹及無土絹處．並請一例取宋亳州上絹估．每匹九百文結計．如所取得絹已費使．及不記得當時州土色目．卽請取犯處市肆見貨當處中估絹價平之．如不出絹處．亦請以當處見貨雜州中估絹價平之．庶推劾有准．斷覆無疑．從之．

論赦宥

貞觀二年七月．上謂侍臣曰．凡赦唯及不軌之輩．古語云．小人之幸．君子不幸．一歲再赦．善人喑啞．凡養稂莠者傷禾稼．惠奸宄者賊良人．昔文王作罰．刑茲無赦．夫小仁者．大仁之賊．故我有天下已來．不甚放赦．今四海安寧．禮義興行．數赦則愚人常冀僥倖．唯欲犯法．不能改過．當須慎赦．

證聖元年．獲嘉縣主簿劉知幾上表曰．臣聞小不忍．亂大謀．小仁者．大仁之賊．竊以赦之爲用．復何益于國哉．若乃皇業權輿．天地初闢．嗣君卽位．黎元更始．則時藉非常之慶．申以再造之恩．必求之政術．猶爲未允。況乃時非變革。代屬淸平。而輒降彼謬恩。原玆罪罰者乎。是以歷觀自古兩漢舊事。匡衡儒學之俊才。吳漢弼諧之良輔。至於讜言規主。惟願勿赦。劉先主亦嘗謂諸葛亮曰。我周旋陳元方鄭康成間。每見啓告理亂之道備矣。曾不語赦也。若劉景升季玉父子。歲歲赦宥。何益於理。及後主嗣業。蜀赦漸多。故孟光於衆中責費禕曰。夫赦者偏枯之物。非明世所宜有也。今主上仁賢。百寮稱職。有何旦夕之急。而數惠奸宄之徒。上違天時。下違人理。豈具瞻之美。所望於明德哉。自是蜀政凌遲。浸以彫弊。自皇家受命。赦宥之澤。可謂多矣。近則一年再降。遠則每歲無遺。至若違法悖禮之徒。無賴不仁之輩。編戶則敓攘爲業。當官則贓賄是求。莫不公然故犯。了無疑憚。設使身嬰桎梏。跡窘狴牢。而元日之朝。指期天澤。重陽之節。佇降皇恩。如其忖度。咸果釋免。且下愚不移。習性難改。雖頻煩肆眚。每放自新。而見利忘義。終焉不易。用使俗多頑悖。時罕廉隅。爲善者不沐恩光。作惡者獨承僥倖。若乃方正直言之士。守善嫉惡之夫。每欲覽轡埋輪。效鷹鸇而報國。褰帷露冕。去蟊賊以安人。而遇赦無以效其功。閱恩無所施其巧。古語云。小人之幸。君子不幸。其斯之謂也。伏望遠覽匡吳陳鄭之說。近尋劉葛費孟之談。而今而後。頗節於赦。

開成元年五月。上御紫宸殿。問宰臣曰。爲政之道。自古所難。宰臣李石曰。但朝廷法令行。則易。上曰。凡犯罪過人。不得赦宥。

唐會要卷四十一

斷屠釣

武德二年正月二十四日。詔自今以後。每年正月九日。及每月十齋日。並不得行刑。所在公私宜斷屠釣。

如意元年五月。禁天下屠殺。

聖歷三年。斷屠殺。鳳閣舍人崔融議曰。春生秋殺。天之常道。冬狩夏苗。國之大事。豺祭獸。獺祭魚。自然之理也。一乾豆。二賓客。不易之義也。上自天子。下至庶人。莫不揮其鸞刀。烹之鶴鼎。所以充庖廚故能幽明感通。人祇輯穆。百王千帝。殊途同歸。今若禁屠宰。斷弋獵。三驅莫行。一切不許。便恐違聖人之達訓。紊明主之善經。一不可也。且如江南諸州。乃以魚爲命。河西諸國。以肉爲齋。一朝禁止。倍生勞弊。富者未革。貧者難堪。二不可也。又如貧賤之流。刲割爲事。家業儻失。性命不全。雖復日戮一人。終慮未能總絕。但益恐嚇。唯長奸欺。外有斷屠之名。內誠鼓刀者衆。勢利依倚。請託紛紜。三不可也。雖好生惡殺。是君子之用心。而考古會今。非國家之大體。但使順月令。奉天經。造次合禮儀。從容中刑典。自然人得其性。物遂其生。何必改革。方爲盡善。

景龍元年。遣使江淮分道贖生。以所在官物充直。中書舍人李乂上疏曰。江南水鄉。採捕爲業。魚鼈之利。

黎元所資。雖雲雨之私。有沾于末類。而生成之惠。未洽于平人。何則。江湖之饒。生育無限。府庫之用。支供易殫。費之若少。則所濟何成。用之儻多。則常支有闕。與其拯物。豈若憂民。且生鬻之徒。惟利是視。錢刀日至。網罟年滋。施之一朝。營之百倍。未若迴救贖之錢物。減貧無之徭賦。治國愛人。其福勝彼。

景龍二年九月八日勑。鳥雀昆蟲之屬。不得擒捕。以求贖生。犯者先決三十。宜令金吾及縣市司嚴加禁斷。

先天元年十二月勑。禁人屠殺雞犬。

二年六月勑。殺牛馬騾等。犯者科罪。不得官當蔭贖。公私賤隸犯者。先決杖六十。然後科罪。

開元十八年三月二十八日勑。諸州有廣造簺滬取魚。並宜禁斷。

二十二年十月十三日勑。每年正月七月十月三元日。起十三日至十五日。並宜禁斷宰殺漁獵。

二十三年八月十四日勑。兩京五百里內。宜禁捕獵。如犯者。王公以下錄奏。餘委所司量罪決責。

天寶五載七月二十三日。河南道採訪使張倚奏。諸州府今後應緣春秋二時私社。望請不得宰殺。如犯者。請科違勑罪。從之。

六載正月二十九日詔。令屬陽和。布氣蠢物。懷生在於含養。必期遂性。其滎陽僕射陂。陳留蓬池。自今以後。特宜禁斷採捕。仍改僕射陂為廣仁陂。蓬池為福源池。

七載五月十三日勑文。自今以後。天下每月十齋日。不得輒有宰殺。

至德二年十二月二十九日勑。三長齋月。并十齋日。並宜斷屠釣。永爲常式。

乾元元年四月二十二日勑。每月十齋日及忌日。並不得採捕屠宰。仍永爲式。

建中元年五月勑。自今以後。每年五月。宜令天下州縣。禁斷採捕弋獵。仍令所在斷屠宰。永爲常式。并委州府長吏嚴加捉搦。其應合供陵廟。並依常式。

貞元六年正月二十八日勑。每年中和節及九月九日。自今以後。逼節放三日開屠。

開成二年八月勑。慶成節宜令內外司及天下州府。但以素食。不用屠殺。永爲常式。

會昌四年四月中書門下奏。正月五月九月斷屠。伏以齋月斷屠。出於釋氏。緣國初風俗。猶近梁陳。卿相大臣。頗遵此教。又弛禁不一。只斷屠羊。宰殺驢牛。其數不少。鼓刀者坐獲厚利。糾察者皆受賄財。比來人情。共知此弊。臣等商量。正月一歲之首。萬物生育之初。請起元日斷三日。每遇列聖忌日。斷一日。國家崇元祖之道。竭嚴奉之誠。旣以廣闡其風。卽須參用其教。仍望准開元二十二年十月二十日勑。正月七月十月三元日。各斷屠三日。餘望並停。緣斷屠日數旣少。法令所宜畫一。望委御史臺。別條流聞奏。從之。

大中二年二月。制爰念農耕。是資牛力。絕其屠宰。須峻科條。天下諸州屠牛。訪聞近日。都不遵守。自今以後。切宜禁斷。委所在州府長官。并錄事參軍等。嚴加捉搦。如有牛主自殺牛。并盜竊殺者。宜准乾元元年二月五日勅。先決六十。然後准法科罪。其本界官吏不鈐轄。即委所在長吏節級重加科責。庶令止絕。
五年正月勅。畿甸及天下州應屠宰牛犢。宜起大中五年正月一日後三年內不得屠宰。仍切加禁斷。如郊廟饗祀合用牛犢者。卽以諸畜代之。其年五月勅。壽昌節天下不得屠殺。
咸通十一年六月赦文。其京城久旱未降雨間。宜權斷屠宰。
天祐元年九月勅。乾和節文武百寮諸道進奏官准故事于寺觀設齋。不得宰殺。許設酒果脯醢。

左降官及流人

貞觀十四年正月二十三日制。流罪三等。不限以里數。量配邊要之州。十五年四月勅。犯反逆免死配流人。六歲之後。仍不聽仕。
垂拱四年十一月一日勅。犯罪之色。授以文武遠官。年考未滿。方便解退者。宜令依舊重任。續前考滿。計前後勞考。
長壽三年五月三日勅。貶降官並令于朝堂謝。仍容三五日裝束。至任日。不得別攝餘州縣官。亦不得通。
開元七年三月十六日勅。左降人考未滿間。重有犯應解免及放歸田里者。並申奏。更據狀輕重量貶。若是五流及餘犯。自依常法。
十年六月十二日勅。自今以後。准格及勅。應合決杖人。若有便流移左貶之色。決訖。許一月內將息。然後發遣。其緣惡逆指斥乘輿者。臨時發遣。

天寶五載七月六日勅。應流貶之人。皆負譴罪。如聞在路多作逗遛。郡縣阿容。許其停滯。自今以後。左降官量情狀稍重者。日馳十驛以上赴任。流人押領綱典畫時遞相分付。如更因循。所由官當別有處分。

十三載二月九日赦文。左降官承前遭憂。皆不得離任。孝行之道。所未宏通。情禮之間。深可哀恤。如有此類。並宜放還。仍申省計至服滿日。准法處分。自今以後。編入常式。

乾元元年二月五日勅節文。其左降官非反逆緣坐及犯惡逆名教枉法強盜贓。如有親年八十以上及患在牀枕。不堪扶持。更無兄弟者。許停官終養。其流移人亦准此。

建中三年正月勅。諸流貶人及左降官身死。並許親屬收之本貫殯葬。其造蠱毒移鄉人。不在此限。

其年四月。御史臺奏。天下斷獄。一切請待讞報。以正刑名。唯除殺人當罪。自徒以上結竟者。並徒置邊州。

京兆尹嚴郢駮奏曰。臣伏以徒置邊州者。流之異名。流罪者有三等。一例移配。或恐未當。其死罪除殺人之外。有十惡重罪。造偽刻印。幷主典偽用印。及強盜光火等。若一切免罪徒邊。於法太輕。不足懲戒。其徒罪條目至多。或鬬毆爭競。小有傷損。或夫妻離異。不犯義絕。或養男別姓。或立嫡違式。或私行度關。或相冒合戶。如此之類。不可悉數。今一切徒邊。與十惡造偽同等。即輕重懸殊。又准刑部格。京城殷雜。僭犯百端。觸網陷刑。徒罪偏廣。若皆遞覆。繫滯實多。其徒以下罪。非除免官當及勅杖者。宜准外州縣例。量事處分。令若天下徒罪悉申所司。皆待讞報。法司斷結。准式有程。州縣禁囚。動盈千百。計每月徒配。必不啻五六千人。此則百姓動搖。刑章紊撓。又邊州及近邊。犯死罪及徒流者。復何以處。伏請下刪定使詳覆。然後施行。從之。

貞元三年七月。詔停省天下州府官員。其左降官仍舊。

十一年五月。左降官于邵。劉歜。並量移授官。故事。量移六品以下官。皆吏部旨授。至是特制授之。

元和六年閏十二月。廬州奏。量移官司戶參軍員外置同正員顏頫。母在揚州。十二月二十七日身亡。今請奔喪者。准貞元十八年五月十九日勅。自今以後。流人左降官稱遭憂奔喪者。宜令所司先奏聽進止。

八年正月。刑部侍郎王播奏。天德軍五城及諸邊城配流人。臣等竊見諸處配流人。每逢恩赦。悉得放還。唯前件流人。皆被本道重奏。稱要防邊。遂令沒身。終無歸日。臣又見比年邊城犯流者。多是胥徒小吏。或是鬬打輕刑。據罪可原。在邊無益。伏請自今以後。流人及先流人等。准格例滿六年後。並許放還。冀抵法者足以悛懲。滿歲者絕其愁怨。從之。

十二年四月。勅。應左降官流人。不得補職。及留連宴會。如擅離州縣。具名聞奏。

其年七月。勅。自今以後。左降官及責授正員官等。並從到任後。經五考滿。許量移。今日以前左降官等。及量移未復資官。亦宜准此。處分考滿後。委本任處州府。具元貶事例。及到州縣月日。申刑部勘責。俾吏部量資望位量移官。仍每季具名聞奏。并申中書門下。其曾任刺史、都督、郎官、御史、并五品以上。及常參官。刑部檢勘其所犯事由聞奏。中書門下商量處分。其月勅左降官等考滿量移。先有勅令因循日久。都不舉行。遂使幽遐之中。恩澤不及。自今以後。左降官及量移未復資官。亦宜准此處分。如是本犯十惡五逆。及指斥乘輿。妖言不順。假託休咎。反逆緣累。及贓賄數多。情狀稍重者。宜具事由奏聞。其曾任刺史都督郎官御史五品以上常參官。刑部檢勘具元犯事由聞奏。并申中書門下商量處分。未滿五考以前遇恩赦者。准當時節文處分。其復資度數。准元和二年六月二十七日勅。

其年九月。刑部奏。准今年七月二十一日勅。諸道左降官等經五考滿日。許量移者。其貶降日授正員官。或無責辭。亦是責授。並請至五考滿。然後許本任處申闕。并餘左降官緣任處州府多是遐遠。至考滿日。其有申牒稽遲。致留滯者。其刺史本判官錄事參軍等。請與下考。如考滿後。雖已申牒未經量移間。其祿料並准天寶貞元兩度勅文依舊支給。其本犯十惡等罪。已有正名。仍請依舊。從之。

其年十月勅。自今以後。流人不得因事差使離本處。

十四年十一月。吏部奏。今請應責授官前制已改轉者。各勅依今任考數。停替日便放東西。合選時任自參選。不要反更有檢轄。庶使人無凝滯。事有指歸。勅旨依奏。

長慶元年正月三日制。應亡官失爵。及放還流人。如先有莊田。不經沒官。被人侵射作主。如本主及子孫已歸。並委州府卻還。務令安業。

四年四月。刑部奏。准其年三月三日起請。准制以流貶量移。輕重相懸。貶則降秩而已。流爲擯死之刑。部寺論理條件聞奏。今謹詳赦文。流爲減死。貶乃降資。量移者卻限年數。流放者便議歸還。准今年三月赦文。放還人其中有犯贓死及諸色免死配流者。如去上都五千里外。量移校近處。如去上都五千里以下者。則約一千里內與量移近處。如經一度兩度移。六年未滿者。更與量移。亦以一千里爲限。如經三度兩度量移。如本罪不是減死者。請准制放還。如左降官未復資。遇恩滿五考者。請准元和十二年九月敕。與量移。又准今年正月德音。諸色流人與減一年。除贓限外。滿五年卽放還收敍。其配流在德音以後者。不在減限。又天德五城流人。准長慶元年正月三日制。以十年爲限。又限准三月十二日敕。縱遭恩赦。不在放歸限。今請待十年滿。卽放歸。仍任取配流日計年數。不在援引德音減年之限。制可之。

開成元年二月敕。貶責降資授正員官員。及曾經譴累停免。未經引用者。並與進改。左降官有事情可恕。才用足稱者。中書門下量才處分。

四年五月敕。諸州府有責授六品以下正員官。起今以後。宜委吏部許終四考滿與替。仍先具事由。申中書門下取指檢。不得同尋常員闕使用。

其年十月五日敕節文。今後流人。宜准名例律及獄官令。有身名者。六年以後聽赦。無官爵者。六年滿日放歸。

會昌六年五月赦書節文。應徒流人在天德振武者。官中量借糧種。俾令耕田。以爲生業。

大中三年六月勅。先經流貶罪人。歿于貶所。有情非惡逆。任經刑部陳牒。許歸葬。絕遠之處。仍量事給棺櫬。

四年正月勅。徒流人比在天德者。以十年爲限。既遇鴻恩。例減三年。但使循環添換。邊不闕人。次第放歸。人無怨苦。其秦原威武諸州諸關。先准格徒流人亦量與立限。止于七年。如要住者亦聽。

其年十一月勅。收復成維扶等三州。建立已定。條令制置。一切合同。其已配到流人。宜准秦原威武等州流人例。七年放還。

其年五月。御史臺奏。起請赦書節文。流人該恩例。須磨勘文書。雖曰放還。尙爲拘絆。其人經三度量移者。赦書後委所在長吏子細檢勘。無可疑者。便任東西。訖具名聞奏。臣今條流。其流人每每量移之時。請委刑部具先流甚處。相承牒准赦文。當日放東西。訖具名聞奏。其流人未有處分者。請委刑部准此磨勘牒報本道。並其事由報臺。庶免留滯。五年十一月。中書門下奏。今後有配長流及本罪合死。遇恩得減等者。並勒將妻同去。有兒女情願者亦聽。如流人所在身死。其妻等並許東西。州縣不在句留。情願住者亦聽。

乾符二年九月十六日勅。應殘疾篤廢犯徒流罪。或是連累。卽許徵贖。如身犯罪。不在免限。其年十五以下者。准律文處分。

五年五月二十六日。刑部侍郎李景莊奏。配州府流人。流刑三等。流二千里至流三千里。每五百里爲一等。准律。諸犯流應配者。二流俱役一年。稱加役流。三千里。役三年。役滿及會赦免役者。即于配所從戶口例。今後望請諸流人應配者。依所配里數。無要重城鎭之處。仍逐罪配之。准得就近。勅旨。從之。

酷吏

載初元年九月。來俊臣主制大獄。每鞫囚。不問輕重。多以醋灌鼻。禁地牢中。或盛之于甕。圍炙以火。絕其餱糧。至有抽衣絮以噉之者。又令寢處糞穢。備諸苦毒。但入新開獄者。自非身死。終不得出。每有制書赦宥囚徒。俊臣必先遣獄吏盡殺之。然後宣示。公卿入朝。默遭收捕。故每出必與家人訣曰。不知重見否。其月。于都城麗景門內。別置推事院。（謂之新開獄。）作大枷。凡有十號。一曰定百脈。二曰喘不得。三曰突地吼。四曰著即承。五曰失魂魄。六曰實同反。七曰反是實。八曰死豬愁。九曰求即死。十曰求破家。（王宏義戲謂麗景門爲例竟門。）

天授二年正月。御史中丞知大夫事李嗣眞。以來俊臣等用法嚴酷。上疏曰。臣聞陳平事漢祖。謀疎楚君臣。乃用黃金五萬觔。行反間之術。項王果疑臣下。陳平反間遂行。今告事紛紜。虛多實少。當有兇慝。焉知必無陳平先謀。疏陛下君臣。後謀國家良善。陛下昨語臣云。我比來已作此意。是愚臣管測。先天而天弗達。至如羅織之徒。卽疏間之漸。陳平反間。其遠乎哉。王制曰。凡用刑決獄。以成告于正。正聽之。以獄成告于大司寇。大司寇聽之棘木之下。與孤卿大夫公侯伯子男以獄成告于王。王命三公參聽之。三公以獄成。又告于王。王三宥之。然後制刑。臣竊見比日獄官。一單車使推訖。萬事卽定。法家隨斷。不令重推。或有臨時使決。不待聞奏。此權由臣下。非審慎之法。儻有寃濫。何由可知。況乎九品之官。專命推覆。按覆旣不在秋官。省審復不由門下。事非可久。物情駭懼。老子云。國之利器。不可以示人。今日假此威權。便是窺國家之利器也。不可不慎。

長壽元年。有上封事人言嶺南流人有陰謀逆者。乃遣司刑評事萬國俊攝監察御史。就案之。若得反狀。便許斬決。國俊至廣州。徧召流人。擁之水濱。以次加戮。三百餘人。一時併命。然後鍛鍊曲成反狀。仍誣奏云。諸流人咸有怨望。若不推究。爲變不遙。則天然其奏。又命攝監察御史劉光業。王德壽。鮑思恭。王處貞屈貞筠等。分往劒南黔中安南嶺南等六道。案鞫流人。於是光業誅九百人。德壽誅七百人。其餘少者。不減數百人。時周興來俊臣相次受制推究大獄。又與侯思正。王宏義。郭霸。衞遂忠等。招集告事者數百人。共爲羅織。以陷良善。又造羅織經一卷。其意旨皆網羅前人。織成反狀。海內震懼。道路以目。麟臺正字陳子昂上書曰。臣聞之。聖人出必有驅除。蓋天人之符。應休命也。日者東南微孽。敢謀亂常。陛下順天行誅。罪惡咸服。豈非天意欲彰陛下神武之功哉。而執事者不察天心。以爲人意。惡其首亂倡禍。法合誅屠。將息奸源。窮其黨與。遂使陛下大開詔獄。重設嚴刑。冀以懲創于天下。大或流血。小禦魑魅。今朝廷惶惶。莫能自固。海內傾聽。以相驚恐。愚臣昧焉。竊恐非五帝三王伐罪弔人之意也。頃年已來。伏見諸方告密。囚累百千。大抵所告。皆以揚州爲名。及其窮竟。百無一實。遂使奸惡之黨。快意相讎。睚眦之嫌。即稱有密。一人被訟。百人滿獄。使者推捕。冠蓋如市。或謂陛下愛一人而害百人。天下喁喁。莫知寧所。伏願念之。天下幸甚。萬年縣主簿徐堅上疏曰。臣聞書有五聽之道。慮失情實也。今著三覆之奏。恐致虛枉也。比見有勅。勘當反逆。命使者得實便行決殺。人命至重。死不可生。儻萬分之中。有一不實。欲訴無路。懷枉誰明。飲恨吞聲。赤族從戮。豈不痛哉。此不足肅奸逆而明刑典。適所以長威福而生疑懼。臣望絕此處分。依法覆奏。則死者甘伏。知泣辜之恩。生人歡悅。見詳刑之意。鳳閣舍人韋嗣立上疏曰。臣聞堯舜之日。畫其衣冠。文景之時。幾致刑措。歷茲千載。以爲美談。今四海多銜冤之人。九泉有抱痛之鬼。並自揚豫之後。刑獄漸興。用法之伍。務于窮竟。連坐相牽。數年不絕。遂使巨奸大猾。伺隙乘間。內包豺狼之心。外示鷹鸇之跡。陰圖潛結。共相影會。搆似是之言。成不赦之罪。皆深爲巧詆。恣行楚毒。人不勝痛。便乞自誣。公卿士庶。連頸受戮。道路藉藉。雖知非辜。而鍛鍊已成。辨占皆合。縱臯陶爲理。于公定刑。則謂汚宮毀柩。猶未塞責。雖陛下仁慈。哀念恤獄緩死。及覽辭狀。便已周密。皆謂勘鞫得情。是其實罪。雖欲寬捨。其如法何。于是小乃身誅。大則族滅。相緣共坐者。不可勝言。此豈宿搆讎嫌。將申報復。皆圖苟成功效。自求官賞。當時稱傳。謂爲羅織。弄法舞文。傷人實甚。且如仁傑元忠。俱罹枉陷。被勘鞫之際。亦皆以自誣。向非陛下至明。無以省察。則菹醢之戮。已及其身。欲望輸忠聖世。安可復得。陛下擢而升之。遂各爲良輔。國之棟幹。稱此二人。何乃前非而後是耶。誠由枉陷與甄明耳。陛下儻錄垂拱已來伏法者。並追還官爵。緣累之徒。普沾恩造。如此則天下皆知彼所陷罪。元非陛下之意。監察御史魏靖上疏曰。夫酷吏者。資矯佞以事君。行刻薄以臨下。矯佞似乎用意。刻薄類乎無私。侮憲害公。弄權撓法。臣見周興來俊臣等。恣意騁暴。縱虐含毒。讎疾在位。安忍朝臣。罪逐情加。刑隨意改。當其時也。囹圄如市。朝廷以目。既而神靈不昧。寃魂有託。竊見來俊臣身處極法者。以其羅織良善。屠陷忠賢。籍沒以勸將來。顯戮以謝天下。臣又聞之道路。上至聖主。傍洎貴臣。明知有羅織之事矣。俊臣既死。推者獲功。索元禮超遷。裴談受賞。中外稱慶。朝野載安。破其黨者。既能賞不逾時。被其陷者。豈可銜寃累歲。且稱反之徒。須得反狀。唯據片辭。即請行刑。拷楚妄加。疑似何限。臣又聞之。郭霸自刺而唱快。萬國俊被遮而遽亡。崔獻可臨終。膝拳于項。李敬仁將死。舌至于臍。備在人謠。不爲虛說。伯有晝見。殆無以過。此亦羅織之一據也。臣以至愚。不識大體。儻使平反者數人。衆共詳覆。來俊臣等所推大獄。庶鄧艾獲申于今日。孝婦不濫于昔時。渙恩一流。天下幸甚。來俊臣所推鞫人身死籍沒者。令三司重檢勘。有寃濫者。並皆雪寃。聖曆元年。則天謂侍臣曰。往者來俊臣等推勘制獄。朝臣遞相牽引。咸承反逆。中間疑有枉濫。更遣近臣就獄親問。皆得手狀。承引不虛。近日俊臣死後。更無聞有反者。然則已前受戮者。不有寃濫耶。夏官侍郎姚元崇對曰。比破家者。皆是寃酷自誣告者。持以爲功。天下號爲羅織。甚于漢之黨錮。陛下令近臣就獄親問者。近臣亦不得自保。何敢動搖。今日以後。臣以一門百口保見在內外官吏無反者。乞陛下得告狀收掌。更不須推問。則天大悅曰。以前宰相皆順成其事。陷朕爲淫刑之主。

萬歲通天二年九月。初契丹平。命神兵道大總管河內王懿宗。按撫河內諸州。懿宗所過殘酷。有犯法應死者。必生取膽。然後殺之。雖流血盈庭。言笑自若。先賊帥何阿小攻陷冀州。亦多屠害士女。故時人號懿宗阿小爲兩河語曰。唯此兩河殺人最多。嫉之甚矣。

神龍元年三月二日制。故司僕少卿徐有功。執事平恕。追贈越州都督。特受一子官。又以劉光業。王德壽。王處貞。劉景陽。屈貞筠。邱神勣。來子珣。萬國俊。周興。來俊臣。魚承煜。王景昭。索元禮。傅遊藝。王宏義。張知默。裴籍。焦仁亶。侯思立。郭霸。李敬仁。皇甫文備。陳嘉言等二十三人。自垂拱以來。任濫殺人。所有官爵。並令追奪。唐奉一。李秦授。曹仁哲。依前配流。至開元二年二月一日勑。周利貞。裴談。張福貞。張思敬。王承暉。楊允。姜暐。封行珣。張知衞。遂忠。公孫琰。鍾思廉等十三人。皆爲酷吏。比周興。來俊臣。侯思立等事跡稍輕。並宜放歸草澤。終身勿齒。至十三年三月十一日勑。周酷吏來子珣等。身在者宜長流嶺南。身沒。子孫亦不許仕。陳嘉言。魚承煜。皇甫文備。傅遊藝。宜配嶺南。身沒子孫亦不許仕。

元年建子月。御史中丞敬羽。貶夔州刺史。初。肅宗將收兩京。以國用不足。自得若虛敬羽。以苛刻徵剝求進。相繼爲中丞。皆爲上親信。乃爲大枷。號鮑尾榆。著即悶絕。又臥囚于地。以門關輾其腹。號肉餺飥。掘地爲坑。實以叢棘。以敗席覆之。四至則臨坑以訊。不服者投于萬刺之中。人多濫死。又有裴昇畢曜。亦以酷聞。時號毛敬裴畢。

貞元二十一年二月。貶京兆尹李實爲通州長史。實爲京兆尹。自國哀已後。殘害人吏。悉不聊生。無辜斃踣者甚衆。及譴日。市井歡呼。人皆袖瓦礫。將碎其首。間道獲免。

元和十四年七月。沂海觀察使王遂爲衆所殺。遂初到鎮。好以汙俗詆將卒。曰反殘賊。喜怒不中理。其將王弁乘人心不堪。率衆爲亂。遂竟遇害。始遂每有笞撻。其杖率過制。既遇禍。監使封其杖來獻。命中使出示於朝。以作誡焉。

雜記

貞觀十一年正月。勅。在京禁四。每月奏。自立春至秋分。不得奏決死刑。

十三年八月。勅。身體髮膚。受之父母。不合毀傷。比來訴競之人。即自刑害耳目。今後犯者。先決四十。然後依法。

十六年十月二十六日詔。盜賊之作。爲害實深。州縣官人。多求虛譽。苟言盜發。不欲陳告。村鄉長正。知其此情。遞相勸止。十不言一。假有被論。先劾物主。爰及鄰伍。久嬰縲絏。有一於斯。實虧政化。自今以後。勿使更然。

永徽五年三月制。州胥吏犯贓一匹以上。先決一百。然後准法。

六年十一月二十七日詔。投匿名書。國有常禁。凡厥寮庶。咸應具悉。近遂有人向朝堂之側。投書於地。藏其姓名。誣人之罪。朕察其所陳。皆極虛妄。此風若扇。爲蠹方深。自今以後。內外法司及別勅據事宜並依律文。勿更別爲酷法。其匿名書亦宜准律處分。

永淳二年二月制。官人犯決經斷後得雪者。並申尚書省詳定。前被枉斷及有妄雪者。具狀聞奏。

延載元年勅。盜公私尊像。入大逆條。盜佛殿內物。同乘御物。

神龍三年八月七日。反逆緣坐人應沒官者。年至十六以上。並配嶺南遠惡州爲城奴。

景雲二年九月二十六日勅。新授官以上者。不得更訴屈。

開元三年二月勅。禁別宅婦人。如犯者。五品以上。貶遠惡處。婦人配入掖庭。

四年正月六日勅。除長官以外。因公事責決。罰不過十下。其使及專執當者。不得過二十。

二十二年十月九日勅。犯罪逃走者。其贓卽先徵納。後捉獲推勘。贓數減少。不在卻還之限。

天寶五載十一月五日勅。其僞晝印。宜用僞鑄印刻印之例處分。永爲常式。

九載十二月二十九日勅。責情狀專知官有二十。減十下。自今以後。判司縣令一人犯。奪太守一季祿。丞簿尉一人有犯。與縣令中下考。三人以上。既量事貶黜。至建中元年二月十五日勅。責情狀宜准格式處分。至貞元六年十一月八日勅。自今以後太守縣令有犯贓者。宜令加常式一等

元年建丑月二十一日京兆尹魏少遊奏。令長職在親民。丞簿尉有犯無不委悉。比來各相蒙蔽。悉徇人情。百姓艱辛職由于此。今以後丞簿尉有犯贓私。連坐縣令。其罪減所犯官二等。冀遞相管轄。不得爲非。勅旨。依天下諸州准此。

乾元元年二月五日勅節文。州縣佐官以下。笞杖不得過十下。以上。須取長官處分。

廣德元年七月十一日勅節文。應天下刑獄。大理正斷。刑部詳覆。下中書門下處分。

元和六年三月二十七日。御史臺奏。決囚准令。以未後者。不得至申時。如州府及諸司。已至未後者。許至來日。仍請勒本司官准制。與御史同監行決。從之。

長慶二年九月勅。應犯贓罪。今後不得以散試官當罪。

元和三年四月勅。應勳官及六品以下階。宜准散試官例。不得當罪。

大中五年四月勅。應諸道州府及京諸司所有推勘奏狀。宜令具小節目狀于大狀前同進。今天下謂之小狀。自此始也。

七年四月六日勅。法司斷罪。每脊杖一下。折法杖十下。臀杖一下。折笞杖五下。則吏無逾制。法守常規。

唐會要卷四十二

曆

武德元年五月。太史令庾儉。丞傅奕上言。東都道士傅仁均能爲歷算。于是下詔令仁均與儉等議造唐歷。是歲九月歷成。仁均奏新術七事。其一曰。昔洛下閎以漢武太初元年。歲在丁丑。更歷起元。元在丁丑。今大唐以戊寅年受命。甲子日登極。所造之歷。卽上元之歲。歲在戊寅。命日又起甲子。以三元之法。一百八十去其積歲。

武德元年戊寅爲上元之首。則日月如合璧。五星如連珠。懸合于今日。其二曰。堯典云。日短星昴。以正仲冬。前代造歷。莫能允合。臣今創法。五十餘年。冬至輒差一度。則卻檢周漢。千載無違。其三曰。經書日蝕毛詩爲先。十月之交。朔蝕辛卯。臣今立法。卻推得周幽王六年十月辛卯朔蝕。卽能明其中間。並皆符合。其四曰。春秋命歷序云。魯僖公五年壬子朔旦冬至。諸歷莫能符合。臣今造歷。卻推僖公五年春正月壬子朔日冬至則同。自斯以降。並無差爽。其五曰。古歷日蝕。或在于晦。或在二日。月蝕或有望前。或在望後。臣今立法。月有三大三小。則日蝕常在于朔。月蝕常在于望。卻檢魯史。並無違爽。其六曰。前代造歷。命辰不從子半。命度不起虛中。臣今造歷。命辰起子半。命度起于虛六度。命合辰得中于子。符陰陽之始。會歷術之宜。其七曰前代諸歷月行或有晦。猶東見朔已西朓。臣今已遲疾定朔。永無此病。疏奏。上善之。擢拜仁均員外散騎侍郎。尋改太史令。明年。遂施行。戊寅元歷至武德三年。太史奏。正月望及二月八月朔當蝕。比不效。其後。中書令封德彝奏言歷謬。詔吏部郎中祖孝孫考其得失。孝孫使算學博士王孝通以甲辰歷法駁仁均所繆。仁均援引答難。孝孫乃略去尤疏闊者。餘依仁均。舊時武德九年九月。詔大理卿崔善爲考正歷數。善爲所改。凡三十餘條。至貞觀元年。將仕郎李淳風又奏駁太史歷十有八事。詔下善爲課二家得失。其七條改從淳風。餘一十一條。並依舊也。

十四年十一月甲子朔旦冬至。初。太史令傅仁均定歷。以癸亥爲朔旦。詔下公卿八座詳議。公卿以下奏曰。伏見李淳風表稱。古歷分日。起于子半。勘得今歲十一月當甲子合朔冬至。故太史令傅仁均欲苟異張胄元法。減餘稍多。子初爲朔。遂差三刻。用乖天正。又南宮子明薛頤等並云。子初及半。日月未離。淳風子午之法。推校春秋已來晷度薄蝕。事皆符合。奉勅付所司。及公卿詳加考定。謹與國子祭酒孔穎達等一十一人。尚書八座。參議得失。惟仁均定朔。事有微差。淳風推校。理尤精密。請從淳風議。至十八年。太史丞李淳風與司歷使士通等上言。故太史令傅仁均武德初云。歷代已來。日月薄蝕。或差于朔望者。此由一月大。一月小。晦朔或致參差。今所制法。三大三小。日月之蝕。必在朔望。今依仁均造法。一十九年九月後。四月頻大。即仁均之術。于古法有違。詔令集諸解歷者詳之。不能取定。其後制令所造歷。還依傅仁均平朔法。迄于麟德元年至二年正月二十日。以祕閣郎中李淳風所撰麟德歷。頒于天下。詔曰。朕仰觀七曜。傍總五家。去其繁衍。裁以要密。古所未通。今卽備載。而改元之初。占歷歲推甲子。得于天正合朔之夜。應以嘉祥。五緯若連珠。二曜如合璧。以此授農。升平可致。昔洛下閎漢歷律云。後八百歲。當有聖人受之。自我大唐。年將八百。事異當仁。朕亦何讓。宜卽宣布。永為詁範。可名曰麟德歷。來年正月行用之。又太史瞿曇羅上經緯歷法九卷。詔令與麟德歷相參行。

宏道元年十二月。太史頒歷。是月當小盡。去八月有勑。來年正月。宜用朔。故加癸未焉。三十日癸未。

神功二年閏十月二十六日。制改正月為閏十月。臘月二日為正月一日。臘月詔曰。頃者所司造歷。以臘月為閏。稽考史籍。便紊舊章。遂令一歲之中。晦仍見月。重更尋討。果差一日。可以本月為閏十月。來月為正月。是歲得甲子合朔冬至。

神龍元年。太史丞南宮說奏。麟德歷加時浸疏遠。詔更治乙巳元歷。至景龍中成之。

開元十六年八月十六日。特進張說進開元大衍歷。命有司行用之。先是九年。太史頻奏日蝕不驗。詔沙門一行刊定律歷。上本顓頊。下至麟德。洎十五年。一行定草。詔說成之。因編以勒成一部。經章十卷。長歷五卷。歷議十卷。立成法天竺九執歷二卷。古今歷書二十四卷。略例奏章一卷。凡五十二卷。

乾元元年六月十七日。頒山人韓穎等所造新歷。每節後加舊歷二日。

代宗用郭獻之五紀歷。

德宗用徐承嗣貞元歷。

元和二年二月司天徐昴造新歷成。獻之。詔名元和觀象歷。

渾儀圖

貞觀初。李淳風上言。靈臺候儀。是後魏遺範。法制疎略。難爲占步。上因令淳風改造渾儀。鑄銅爲之。至七年三月十六日。直太史局將仕郎李淳風。鑄渾天黃道儀成。奏之。置于凝暉閣。其制度以銅爲之。表裏三重。下據準基。狀如十字。末樹鼇足。以表四極焉。

第一儀名六合儀。有天經雙規。渾緯規。金常規。相結于四極之內。備二十八宿。十干。十二辰。緯三百五十五度。

第二儀名三辰儀。圜徑八尺。有璿璣規。黃道規。月遊規。天宿矩度。七曜所行。幷備于此。轉于六合之內。

第三儀名四遊儀。元樞爲軸。以連結玉衡遊筩而貫約規矩。又元樞北樹北辰。南距地軸。傍轉于內。又玉衡在元樞之間。而南北遊。仰以觀天之辰宿。下以識器之晷度。因撰法象志七卷。以論前代渾儀得失之差。

開元八年六月十五日。左金吾衞長史南宮說奏。渾天圖空有其書。今臣既修九曜占書。要須量校星象。

望請造兩枚。一進內。一留曹司。許之。

九年。太史頻奏日蝕不效。詔改新歷。沙門一行奏曰。今欲創歷立元。須知黃道進退。請更令太史測候。時率府兵曹參軍梁令瓚待制于麗正書院。因造游儀木樣。甚爲精密。一行乃上言曰。黃道游儀。古有其術而無其器。以黃道隨天運動。難用常儀格之。故昔人潛思。皆不能得。今梁令瓚創造此圖。日道月交。莫不自然契合。既于推步尤要。望就書院更以銅爲之。庶得考驗星度。無有差舛。從之。至十三年造成游儀。又上疏曰。舜典云。在璿璣玉衡。以齊七政。說者以爲取其轉運者爲樞。持正者爲衡。皆以玉爲之。用齊七政之變。知其盈縮進退。得失政之所在。即古太史渾天儀也。自周室衰微。疇人喪職。其制度遺象。莫有傳者。漢興。丞相張蒼首創律歷之學。至武帝詔司馬遷等更造漢歷。乃定東西。立晷儀。下漏刻。以追二十八宿相距星度。與古不同。故唐都分天部。洛下閎運算轉歷。今赤道歷星度。則其遺法也。後漢永元中。左中郎將賈逵奏曰。臣前上傅安等用黃道度日月弦望。多合。近太史官一以赤道度之。不與天合。願請太史官日月宿簿。及星辰晷度。與待詔星官考校。奏可。問典星待詔姚崇等十二人。皆曰。星圖有規法。日月實從黃道。官無其器。不知施行。甘露二年。大司農丞耿壽昌奏。以圓儀度日月行。考驗天運。日月行赤道。至牽牛東井。日行一度。月行十五度。至婁角。日行一度。月行十三度。此前代所共知也。是歲永元四載也。明年始詔太史造黃道銅儀。冬至日在斗十九度四分度之一。與赤道定差二度。史官以校日月弦望。雖密近而不爲望日銅儀黃道。與度運轉難候。是以少終其事。其後。劉洪因黃道渾儀。以考月行出入遲速。而後世治曆者。不遵其法。更從赤道命文。以驗賈逵所言。差謬益甚。此治歷者之大惑也。今靈臺鐵儀。後魏明元時都匠解蘭所造。規製樸略。度刻不均。赤道不動。乃如膠柱。不置黃道。進退無準。此據赤道月行。以驗入曆遲速。多者或至十七度。少者僅出十度。不足以上稽天象。敬授人時。近祕閣郎中李淳風著法象志。備載黃道渾儀法。以玉衡旋規。別帶日道。傍列二百四十九交。以推月遊。用法頗雜。其術竟寢。臣伏承旨。更造游儀。使黃道運行。以追列舍之變。因二分之中。以立黃道。交于軫奎之間。二至陟降二十四度。黃道之內。又施白道月環。用究陰陽朓朒之數。動合天運。簡而易從。足以制器垂象。永傳不朽。于是上親爲製銘。置之于靈臺。以考星度。二十八宿及中外官與古經不同者。凡數十條。又詔一行與梁令瓚及諸術士。更造渾天儀。鑄銅爲之。若圓天之象。上具列宿赤道及周天度數。注水激輪。令其自轉。一日一夜。天轉一周。又別置二輪。絡在天外。綴以日月。令得運行。每天西轉一帀。日東行一度。月行十三度十九分度之七。凡二十九轉有餘。而日月會。三百六十五轉。而日行帀。仍置木櫃。以爲地平。令儀半在地上。半在地下。晦明朔望。遲速有準。又立二木人于平地之上。前置鐘鼓。以候辰刻。每一刻。作自然擊鼓。每一辰。則自然撞鐘。皆于櫃中各施輪軸。鉤鍵交錯。關鎖相持。既與天道合同。當時甚稱其妙。鑄成。命之曰水運渾天俯視圖。置于武成殿前。以示百寮。無幾。而銅鐵漸澁。不能自轉。遂收置于集賢院。不復行。

測景

儀鳳四年五月。太常博士檢校太史令姚元辯奏。于陽城測影臺。依古法立八尺表。夏至日中測影有一尺五寸。正與古法同。調露元年十一月十一日。于周立測影臺所得圭長二尺七寸。

開元十二年四月二十三日。命太史監南宮說及太史官大相元太等。馳傳往安南朗蔡蔚等州。測候日影。迴日奏聞。數年伺候。及還京。與一行師一時校之。安南景北極高二十一度六分。冬至日影長在表北七尺九寸四分。春秋二分。影二尺九寸三分。夏至影在表南三寸三分。測影使者大相元太云。交州望極纔出地二十餘度。以八月自海中南望老人星殊高。老人星下。衆星粲然。其明大者甚衆。圖所不載。莫辨其名。大率去南極二十度已上。其星皆見。自古渾天家以爲常沒地中。伏而不見之所也。蔚州橫野軍北極高四十度。冬至影一丈五尺八寸九分。春秋二分。影六尺六寸二分。夏至影在表北二尺二寸九分。此二所爲中土南北之極。其朗襄蔡許河南府滑太原等州。各有使往。並差不同。一行以南北日影校量。用句股法算之。大約南北極相去纔八萬餘里。其諸州測影尺寸如左。林邑國北極高十七度四分。冬至影在表北六尺九寸。定春秋分影在表北二尺六寸五分。夏至影在表南五寸七分。安南都護府北極高二十一度六分。冬至影在表北七尺九寸四分。定春秋分影在表北二尺九寸三分。夏至影在表南三寸三分。朗州武陵北極高二十九度五分。冬至影在表北一丈五寸三分。定春秋分影在表北四尺四寸七分。夏至影在表北七寸七分。襄州。恆春分影在表北四尺八寸。蔡州武津館北極高三十三度八分。冬至影在表北一丈二尺三寸八分。夏至影在表北一尺。三寸六分。許州扶溝。北極高三十四度三分。冬至影在表北一丈二尺五寸。定春秋分影在表北五尺三寸七分。夏至影在表北一尺四寸四分。河南府告成。北極高三十四度七分。冬至影在表北一丈二尺七寸一分。定春秋分影在表北五尺四寸五分。夏至影在表北一尺四寸九分。汴州浚儀太岳臺。北極高三十四度八分。冬至影在表北一丈二尺八寸五分。定春秋分影在表北五尺五寸。夏至影在表北一尺五寸三分。滑州白馬。北極高三十五度三分。冬至影在表北一丈三尺。定春秋分影在表北五尺五寸六分。夏至影在表北一尺五寸七分。太原府。恆春分影在表北六尺。蔚州橫野軍。北極高四十度。冬至影在表北一丈五尺八寸九分。定春秋分影在表北六尺六寸二分。夏至影在表北二尺二寸九分。

地震

貞觀十二年正月二十二日。松叢二州地震。壞人廬舍。二十年九月十五日。靈州地震。有聲如雷。二十三年八月。晉州地震。壞人廬舍。壓死者五十餘人。三日又震。十一月五日又震。

永徽元年四月一日。地震。六月十二日又震。上以晉地屢震。謂羣臣曰。朕政教不明。使晉地屢有震動。侍中張行成曰。天陽也。地陰也。君象陽。臣象陰。君宜動轉。臣宜安靜。今晉州地震。彌旬不休。臣恐女謁用事。大臣陰謀。且晉州陛下本封。今地屢震。尤彰其應。曹願深思遠慮。以杜其萌。帝深然之。

九年三月丙辰。巂州地震。晝夜八十震。壞廬舍。死傷者百餘人。

十五年閏正月。京師地震。半刻已下。

開元二十二年二月十八日。秦州地震。令右丞相蕭嵩致祭山川。又令倉部員外郎韋伯陽往宣慰存恤所損之家。委隨事處置聞奏。先是秦州百姓聞州西北地下殷殷有聲。俄而地震。廨宇及居人廬舍悉崩毁。地裂而復合。經時不定。壓死官吏及百姓四千餘人。

至德元年十一月。河西地震。有聲。坼裂陷廬舍。張掖酒泉尤甚。二年三月。河西又震。

大曆四年二月十六夜。京師地震。有聲如雷。

建中四年三月甲子。京師地震。生毛。或白或黃。有長尺餘者。其年五月辛巳夜。京師地又震。

貞元三年十一月。京師地夕三震。巢鳥驚散。東都蒲陝地並震。

四年正月庚戌。上御丹鳳門宣赦。是夕。京師地震。辛亥。又震。丁卯。又震。庚午。又震。詔修政以答天譴。癸酉。又震。乙亥。又震。是月。金州房州地震尤甚。江溢山裂。屋宇摧壞。至二月辛未。又震。甲申。又震。乙酉。又震。丙申。又震。己未。京師又震。庚午。又震。三月甲寅。又震。四月丙寅。又震。八月甲午。又震。其聲如雷。上謂宰相曰。朕寡德。數震。當修政道。以答災譴。甲午。又震。

九年四月辛酉。京師地震。有聲如雷。河中關輔尤甚。壞屋壁廬舍。或地裂湧出水。

十年夏四月戊申。京師地震。癸丑。又震。

十三年七月乙未。司天監奏。今日午時地震。從東來。須臾而止。

元和七年八月。京師地震。上謂宰臣曰。昨者地震。草樹皆動搖。何祥也。宰臣李絳曰。在昔元元皇帝。以大聖明睿通于天人之理。因周三川之震云。天地之氣。不過其序。若過其序。人政亂也。人政乖錯。則上感陰陽之氣。陽伏而不能出。陰迫而不能升。於是有地震。又孔子修春秋。所紀災異。先地震日蝕。蓋地載萬物。日爲君象。政有感傷。天地見告。書之示戒。用儆後王。伏願陛下勉勵虔恭之戒。動以利萬物。綏萬方爲念。則變異自消。休徵自致。

開成元年二月。京師地震。屋瓦皆墮。二年十一月乙丑。京師地震。

大中三年十一月。京師地震。振武。天德。靈武。夏州。鹽州。皆奏地大震。壞軍城廬舍。雲迦鎮使及荆南押防秋兵馬小使。並壓死。傔卒死者數十輩。

十四年五月庚戌。京師地震。山谷禽獸驚走。

咸通八年五月丁未。河中。晉。絳三州地大震。廬舍壓仆。傷人有死者。

乾符三年。雄州奏。自六月地震。至七月不止。壓傷人甚衆。

日蝕

高祖朝四。　武德元年十月壬申朔。四年八月丙戌朔。六年十二月壬寅朔。九年十月丙辰朔。

太宗朝十五。　貞觀元年閏三月癸丑朔。九月庚戌朔。二年三月戊申朔。七月乙巳朔。三年八月己巳朔。

四年正月丁卯朔。六年正月乙卯朔。九年閏四月丁卯朔。十一年三月丙戌朔。十二年閏二月庚辰朔。十三年八月辛未朔。十七年六月己卯朔。十八年十月辛丑朔。二十年閏三月癸巳朔。二十二年八月己酉朔。

高宗朝十二。顯慶五年六月庚午朔。乾封二年八月己丑朔。總章二年六月戊申朔。咸亨元年六月壬寅朔。二年十一月甲午朔。三年十一月戊子朔。上元元年三月辛亥朔。調露二年四月乙巳朔。十一月壬寅朔。開耀元年十月丙寅朔。永湻元年四月甲子朔。十一月庚申朔。

天后朝十三。垂拱二年二月辛未朔。四年六月丁亥朔。天授二年四月壬寅朔。如意元年四月丙申朔。長壽元年九月丁亥朔。三年九月壬午朔。延載元年九月壬午朔。證聖元年二月己酉朔。聖歷三年五月乙酉朔。久視元年五月己酉朔。長安二年九月乙丑朔。三年三月壬戌朔。九月庚寅朔。

中宗朝二。神龍三年六月丁卯朔。景龍元年十二月乙丑朔。

睿宗朝一。太極元年二月丁卯朔。

元宗朝十七。先天元年九月丁卯朔。開元三年七月庚辰朔。六年五月乙丑朔。七年五月己丑朔。九年五月乙巳朔。十二年閏十月壬辰朔。十七年十月丙午朔。二十年二月癸酉朔。八月辛未朔。二十一年十月己丑朔。二十二年十二月戊子朔。二十三年閏十一月壬午朔。二十六年九月丙申朔。二十八年三月丁亥朔。天寶元年七月癸卯朔。五載五月壬子朔。十二載六月乙丑朔。

肅宗朝二。上元二年七月癸未朔。蝕既。大星皆見。至德元年十月辛巳朔。

代宗朝二。大歷三年三月己巳朔。四年正月庚午朔。

德宗朝七。貞元三年八月辛巳朔。日有蝕之。有司奏準禮。請伐鼓于社。未許。太常卿董晉奏曰。伐鼓于社。所以責羣陰助陽光也。所宣詔命。不合經義。奏請不報。竟不伐鼓。六年正月戊戌朔。先是有司奏元日太陽虧。遂罷朝會。至時不蝕。百寮稱賀。七年六月庚寅朔。先是司天監奏。是日太陽虧。至時以陰雲不見。百寮稱賀。八年十一月壬子朔。日有蝕之。上不視朝。司天監徐承嗣奏。據歷數合蝕八分。今退蝕三分。計減強半。準古君盛明。則陰匿而潛退。請宣示朝廷。編諸史册。詔付所司。十年三月壬寅。司天奏。四月癸卯朔。太陽虧。巳後五刻蝕既。未後五刻復滿者。舊例合宣行太常博士姜公復狀奏。準開元禮。太陽虧。皇帝不視事。其朝會合停。勅旨依奏。至時陰雲不見。百官表賀。十二年八月乙未朔。十七年五月壬戌朔。

憲宗朝五。元和三年七月癸巳。上謂宰臣曰。昨太史奏太陽虧。及朔日。上瞻如言皆驗。其故何也。又素服救日之儀。有何所憑。李吉甫對曰。日月運行。遲速不齊。凡周天三百六十五度有餘。日行一度。月行十三度有餘。率二十九日半而與日會。又月行有南北九道之異。或進或退。若晦朔之交。又南北同道。卽日爲月之所掩。故有薄蝕之變。雖自然常數。可以推步。然日爲陽精。人君之象。若君行有緩急。卽日爲之遲速。稍踰常制。爲月所掩。卽陰侵于陽。亦猶人君行或失中。應感所致。故禮記云。男教不修。陽事不得。謫見于天。日爲之蝕。婦順不修。陰事不得。謫見于天。月爲之蝕。古者。日蝕則天子素服。而修六官之職。月蝕則后素服。而修六宮之職。所以懼天戒自省惕也。君人者居物之上。易爲驕盈。故聖人制禮。務乾恭兢惕。以奉順天道。苟德大備。則天人合應。百福來臻。陛下恭已嚮明。日愼一日。又顧憂天譴。則聖德益固。昇平何遠。伏望長保睿志。以永無疆之休。臣等不勝歡幸之至。因與同列稱賀。上深然其言。謂吉甫等曰。書傳皆言天人交感。妖祥應德。蓋如卿說。且素服救日。乃自貶之旨。朕自維不德。實懼有以致譴咎。載深兢惕。卿等當悉心務理。匡我不逮也。十年八月己亥朔。十三年六月壬子朔。

穆宗朝一。長慶二年三月。大禮院奏。四月一日太陽虧。準開元禮。其日廢務。皇帝不視事。居數日。上謂戶部尚書韋綬曰。災可禳。福可禱乎。對曰。可以德禳。宋景公善言。而罰星爲之退舍是也。福不可以求致。故漢文帝於祠祀。命有司敬而不祈。用能變已成之災。享自致之福。著于史傳。其理甚明。今人或不愼行。以祈災銷媚于神而冀福至。神苟有知。當因致譴。上深然其言。

文宗朝三。太和八年二月壬午朔。開成元年正月丙辰朔。二年十二月庚寅朔。司天奏。是日太陽虧。至時陰雪不見。

武宗朝四。會昌三年二月庚申朔。四年三月甲寅朔。五年七月丙午朔。六年十二月戊辰朔。

宣宗朝一。大中二年五月己未朔。

昭宗朝一。天祐元年十月辛卯朔蝕在心宿初度十五分之三。

哀帝朝一。天祐三年四月癸未朔蝕在畢十二度。屬趙分。太常禮院奏。準故事。伐鼓于社。皇帝素服避正殿。百官素服。各守本局。于廳事前重行。每等異位。向日端立。俟復明而止。

月蝕

高祖朝八。武德元年九月丁巳望。二年閏二月己卯望。四年十二月丁卯望。六年六月庚申望。十二月丁巳望。七年十一月乙卯望。八年四月乙卯望。九年十月庚午望。

太宗朝十八。貞觀二年二月壬辰望。三年二月丁亥望。八月甲申望。四年七月戊寅望。六年六月丁酉望。十一月乙未望。七年五月辛卯望。九年九月戊申望。十一年九月丁酉望。十三年正月乙未望。十四年七月庚戌望。十二月丁未望。十五年十二月乙酉望。十七年十月辛酉望。十八年十月乙卯望。二十一年八月庚申望。二十二年四月乙巳望。二十三年十二月乙酉望。

高宗朝二十五。永徽元年六月壬午望。十二月辛巳望。二年六月丁丑望。十一月甲戌望。四年十月癸巳望。五年九月戊子望。顯慶二年閏正月甲辰望。七月辛丑望。龍朔元年十一月丙午望。二年五月甲申望。麟德元年九月庚申望。乾封二年閏十二月辛未望。總章二年十二月庚申望。咸亨元年六月丁巳望。三年四月壬戌望。十月癸丑望。四年四月庚午望。上元二年八月丙戌望。儀鳳元年二月甲申望。二年七月乙亥望。永隆元年九月乙酉望。十二月丁酉望。永淳元年三月戊申望。二年九月庚子望。

天后朝十九。文明元年二月丁巳望。八月甲午望。垂拱二年七月癸丑望。三年十月乙巳望。四年六月辛巳望。永昌元年十月甲子望。載初元年四月辛酉望。天授二年十月乙酉望。長壽二年二月乙亥望。證聖元年七月辛酉望。通天二年六月乙酉望。聖曆二年正月辛未望。三年正月丙寅望。九月辛卯望。大足元年九月乙酉望。長安二年九月庚辰望。三年八月癸酉望。四年正月壬寅望。七月戊戌望。

中宗朝三。神龍元年正月丙申望。二年十二月甲申望。景龍元年十日己丑望。

睿宗朝三。景雲二年八月丁巳望。太極元年三月乙卯望。八月辛未望。

元宗朝十一。開元二年十二月戊辰望。三年十二月壬戌望。四年六月庚申望。五年五月甲寅望。六年十月丙子望。十年二月丁亥望。十一年正月辛巳望。七月戊寅望。十二年七月癸酉望。天寶三載十一月丁未望。

肅宗朝二。乾元二年二月癸酉望。八月丁卯望。

代宗朝二。寶應元年十二月庚申望。永泰三年三月辛未望。

蘇氏曰。載月甚詳。然仲尼修春秋。二百四十二年。日星之變。必書。而月蝕不紀。解之者云。月。諸侯道也。夷狄象也。彼有虧。則王者中國之政勝矣。故不謂爲災。或云。蓋取詩人彼月而蝕。則惟其常之義。會要亦國史之支也．學于史．宜取法春秋．以是不宜備書．

唐會要卷四十三

彗孛

武德九年二月二十三日。有星孛于胃昴之間。二十八日。又有星孛于卷舌。

貞觀八年八月二十三日。有星孛于虛危。歷于元枵。凡十一日乃滅。太宗問虞世南曰。是何妖也。對曰。昔齊景公時。有彗見。晏嬰對曰。君穿池沼畏不深。築臺榭畏不高。行刑罰畏不重。是以天見彗星。爲公戒耳。景公懼而修德。十六日而星滅。臣聞政德不修。雖麟鳳數見。終無補也。苟政教無闕。雖有災變。何損于時。伏願陛下勿以功高古人而自矜大。勿以太平漸久而自驕惰。愼終如始。彗何足憂。太宗曰。吾十有八舉義兵。二十四定天下。二十九卽帝位。三代以來。撥亂之主。莫臻于此。頗有自矜之意。以輕天下之士。此吾之罪也。上天見變。良有是乎。秦始皇平六國。隋煬帝富有四海。旣驕且逸。一朝而敗。吾亦何得自驕也。言念于此。不覺惕懼。魏徵進曰。自古帝王。未有無災變者。但能修德。災變自銷。温彥博進曰。宋公一言。星三徙舍。陛下見變而懼。災其銷乎。

十三年三月二十二日。有星孛于畢昴。

十五年六月十九日。有星孛于太微。犯郎位。七月甲戌滅。

總章元年四月。有彗見于五車上。避正殿。減膳。令內外五品以上。各上封事。極言得失。許敬宗上言。星雖孛而光芒小。此非國眚。不足上勞聖慮。請御正殿。復常膳。不從。敬宗又進曰。星孛于東北。王師問罪。此高麗將滅之徵。上曰。我爲萬國之主。豈得推過於小蕃哉。二十二日。星滅。

上元二年十月十三日。彗見于角亢之南。長五尺。

三年七月二十一日。彗見于東井。指南河積薪。長三尺餘。漸向東北。光芒益褎。長半天。埽中台。指文昌經五十八日乃滅。八月十九日。御史大夫樂彥瑋卒。

永隆二年九月一日。萬年縣女子劉靜凝。乘白馬。著白衣。男子從者八九十人。入太史局。昇令廳床。座問比見有何災異。太史令姚元辨執之以聞。是夜。彗見天市中。長五尺。漸小。向東行。出天市。至河鼓右旗。十七日滅。

永湻二年三月十八日。彗見于五車之北。凡二十五日滅。

文明元年七月二十二日。西北方有彗。長丈餘。經四十二日滅。

光宅元年九月二十九日。有星如半月。見西方。

景龍元年十月十八日。有彗見于西方。四十三日滅。

二年七月七日。有星彗于胃昴之閒。

三年八月八日有星孛于紫微垣。

太極元年七月四日有彗入太微垣。

延和元年六月。彗自軒轅入太微。至大角滅。時睿宗以爲彗者除舊布新之象。乃下詔傳位太子。

開元十八年六月十一日。彗見于五車。三十日有星孛于畢昴。

二十六年三月八日。有星孛于紫微垣中。歷斗魁。十餘日。因陰雲不見。

乾元三年四月二十七日。彗見于東方。在婁胃閒。色白。長四尺。疾行向東北。歷昴畢觜參井鬼柳軒轅宿。至太微西右執法西七尺許滅。凡經五十餘日。

上元元年閏四月二十一日。妖星見于西方。長數丈。至五月滅。

大歷元年十二月十七日。彗見于匏瓜。芒漸侵宦者星。長尺餘。二旬滅。

五年四月二十七日。彗出于五車。長五丈餘。六月二十八日滅。

七年十二月二十日。長星見。

元和十二年正月戊子。彗見于畢南。指西南。凡三日。南近參旗滅。

長慶元年正月二十一日。有星孛于東南方。二十九日又有星孛于辰上。

太和二年七月甲辰。彗出右攝提南二尺。

八年九月辛亥夜彗起太微越郎位西北。五日乃滅。庚申彗復出東方。長三尺。芒耀甚偉。

開成二年二月丙午夜。彗出東方。長七尺。在危西。指南斗。辛酉。彗復出。長丈餘。直西行。稍南指。在虛一度半。壬戌。漸長二丈餘。廣三尺。在女九度。三月乙丑夜。彗長五丈。岐分兩尾。其一指氐。其一掩房。至戊辰。漸長八丈。西北行。在張十四度。勅尙食云。自後每一日食料。分爲十日。乃停內中修造。以答天譴。

三年十月十九日。有彗出于辰上。長二丈餘。二十日夜。見于辰上。長三丈五尺。二十一日夜。見于辰。長三丈餘。西指軫東南星。二十二日夜。見于辰。長三丈五尺餘。西指軫魁。

四年正月三十日。有彗見于室南。歷壁奎婁胃等宿。至閏二月十三日。又見于卷舌北。凡三十有三日。後二十四日。二十五日陰。二十六日晴。已滅。

會昌元年十一月六日。有彗見于西南室宿之分。凡五十六日滅。

大中十一年九月乙未。彗出于房。長三尺。

光啓二年五月。星孛于箕尾。歷北斗攝提。

天祐二年四月甲辰夜。彗起北河。貫文昌。長三丈。在西北方。詔以孛彗謫見。放京畿軍鎭諸司禁囚。常赦不原外。罪無輕重。遞減一等。限三日內疏理。

其年五月乙酉夜。西北彗星長六七十丈。自軒轅大角及天市西垣。光芒猛怒。其長竟天。

五星臨犯

武德五年十二月甲戌。太白犯軒轅。

七年六月三日。熒惑犯左執法。尚書右僕射蕭瑀上表遜位。不許。

八年九月二十二日。熒惑入太微。

九年五月。傅奕密奏。太白晝見于秦。秦國當有天下。高祖以狀授太宗。及太宗即位。召奕謂曰。汝前奏事。幾累于我。然今日之後。但須悉心盡言。無以爲慮。

貞觀十三年五月。熒惑犯右執法。司空長孫無忌上奏請遜位。不許。

十五年二月十五日。熒惑逆行。犯太微東藩上相。十七年正月十七日。特進魏徵卒。

十七年三月七日。熒惑守心前星。十九日退。其月二十二日。又犯鉤陳。四月一日。大理囚紇干承基上變。稱太子承乾。漢王元昌等謀反。六日太子廢爲庶人。元昌並賜死。吏部尚書侯君集誅。六月十九日。尚書右僕射高士廉遜位。七月二十日。司空房元齡丁憂。

其年九月二十九日。熒惑犯太微西藩上將。

十九年九月二十四日。太白在太微。犯左執法。光芒相及。十二月十四日。侍中劉洎賜死。

永徽三年六月二日。熒惑犯右執法。三日。太白入太微。犯右執法。四年正月。侍中宇文節配流桂州。九月十三日。右僕射張行成薨。十二月。侍中高季輔卒。

顯慶五年二月三日。熒惑入南斗。

龍朔元年七月十四日。太白犯太微左執法。

乾封三年五月十日。熒惑入軒轅。

咸亨元年十二月。熒惑入太微。

上元二年正月九日。熒惑犯房星。

儀鳳四年四月九日。熒惑入羽林。

調露二年五月二十四日。太白經天。

長安四年。熒惑入月及塡星。犯天關。太史令嚴善思奏曰。法有亂臣伏罪。臣下謀上之象。歲餘。誅張易之兄弟。

神龍二年九月十一日。焚惑犯左執法。其月十七日。左散騎常侍李懷遠卒。

景龍三年六月八日。太白晝見于東井。

景雲二年三月二十七日。太白入羽林。

其年八月十七日。歲星犯左執法。竇懷貞請罷所職爲安國寺奴。罷職從之。爲寺奴不許。

蘇氏議曰。吉凶悔吝。惟人所召。人守中道。天不上變。豈有位登宰輔。名踐國公。以諂諛爲政。事用姦妄。爲身計而欲以上穹示誡。下就臧獲。其可得乎。先天之誅。天道不昧矣。

太極元年二月三日。熒惑入東井。四月十二日。熒惑與太白守東井。

先天元年八月十六日。太白襲月。

開元十年七月二十九日。熒惑入南斗。

天寶十三載五月。熒惑守心五十餘日。

至德元年十一月二十六日。熒惑與太白同犯昴。

大歷四年三月三日。熒惑守上相。經二十一日。退入氐。十一月十九日。門下侍郎同中書門下平章事杜鴻漸卒。七月十二日。熒惑入羽林。

九年六月十三日。熒惑入太微。

貞元三年閏五月戊寅。太白晝見四十餘日。

其年六月癸卯。熒惑退行入羽林。

六年五月戊辰。太白與月并。間容一指。戊寅。熒惑犯塡星。不及者一寸。

八年十月乙酉。太白犯太微左執法。
十年夏四月。太白晝見。
十一年九月。熒惑太白犯上將星。其年。北平王馬燧薨。
二十一年正月己酉。太白犯昴。
永貞元年十二月己酉。歲星犯太微西垣。
元和十五年七月庚申。熒惑退行入羽林。
長慶元年八月壬辰。太白犯太微垣南第一星一尺所。九月戊戌。入太微。
四年二月癸卯。太白犯東井北轅。三月甲子。熒惑犯歲星。壬申太白犯東井。八月丁丑。熒惑犯塡星。癸未。犯東井。丁亥。復入東井。己丑。太白犯軒轅右角。
寶曆元年九月癸未。太白犯南斗。
太和六年九月癸卯。熒惑入太微。犯右執法。
九年八月二日。太白犯太微。
其年九月八日。熒惑犯氐西南星。二十八日。又犯鉤鈐。開成元年十月三日。熒惑入氐。
二年五月十二日。太白犯畢。十月二十五日。又犯房。

三年五月五日。太白犯輿鬼。六月一日。犯熒惑。二十八日。又犯右執法。十月七日。又犯南斗。

會昌元年九月癸巳。熒惑犯輿鬼。閏九月丁酉。貫鬼宿。戊戌。在鬼中。

二年六月乙丑。熒惑犯歲星。丙寅。太白犯東井。

三年七月癸巳。熒惑蒼赤色。動搖于井中。至八月十六日。犯輿鬼。

四年五月戊午。太白犯塡。

五年二月五日。太白掩昴北側。在昴宿一度。五月辛酉。太白入畢口。距星東南一尺。八月七日。太白犯軒轅大星。九月二十九日。熒惑犯上將星。

大中十一年八月。熒惑犯東井。

星聚

武德二年三月二十七日。太白辰塡聚于東井。

九年六月十一日。辰歲會于東井。二十三日。辰歲又會于東井。

貞觀十八年五月。太白辰會于東井。

十九年九月。太白入太微。時太宗平高麗初下白巖城也。

二十年七月丁未。歲星守東壁。

景雲二年七月。太白塡同在張宿。

太極元年四月。熒惑太白同守東井。

至德二載四月乙酉。太白與熒惑集于東井。

乾元元年四月庚戌。熒惑與塡星聚于營室。時上立張氏爲皇后。

大曆三年七月。五星聚于東井。九月。四星聚于東井。

貞元四年乙亥。熒惑歲塡三星聚營室三十餘日。

六年閏四月庚戌。太白辰聚于東井。

元和十一年五月丁卯。辰星與歲會東井。六月己未。辰星歲星會于東井。相去一尺。十一月戊子。塡熒惑會于虛危。

十四年八月丁丑。太白辰星歲星聚于軫。

太和九年八月三日。太白熒惑會于角五度。

開成四年正月丙辰。熒惑太白辰會于南斗。

流星

武德三年十月三十日。有流星墜于東都城內。殷殷有聲。高祖謂侍臣曰。此何祥也。起居舍人令狐德棻曰司馬懿之伐遼東也。有流星墜遼東梁水上。尋而公孫淵敗走。晉軍追之。至其星墜所。斬之。此王世充滅亡之兆也。

貞觀十六年六月甲辰。有流星狀如月。西南流三丈乃滅。

十八年五月五日。有流星如斗。出東壁。光照地。聲如雷。景龍二年二月十九日。有大星墜于西南。有聲如雷。野雉皆雊。

景雲二年八月十七日。東方有流星出五車。至上台。

其年九月十二日。北方有流星出中台。至相滅。十月三日。韋安石郭元振張說李日知並罷相。

太極元年正月二十一日。有流星出太微。至相而滅。

天寶三年閏二月十七日。有流星如月。墜于東南。有聲。元和二年十二月己巳。西北角有流星亘天。尾迹散落如珠。

九年四月辛巳。北方有大流星。尾迹長五丈。光芒照地。至右攝提西三尺滅。

十一年正月壬辰夜。有流星長二丈餘。出天井之西。有尾迹。

十三年七月庚寅。有星色白。尾長一丈五尺。東南入濁。八月己未。東方一大流星。其色赤。西流至危滅。

十五年五月己亥。西北有大流星。長二丈餘。出北斗魁南。抵軒轅而滅。

其年七月癸亥。有大流星出鉤陳南。至婁北滅。

長慶元年正月丙辰。南方有大流星。色赤。尾有迹。長三丈。光明照地。出狼星北三尺。東北流至七星南三尺滅。其年七月己丑。東方有大流星。色黃有尾迹。長六七丈。光明照地。出西北。西流至羽林滅。

二年八月丙子。東方有大星。西流至昴滅。有聲如雷。

四年七月丙子。有大星出天大將軍。東北流入濁滅。

其年十二月甲午夜。西北有流星出閣道。至北極滅。

寶歷元年閏七月庚子。有流星出北極。至南斗柄滅。

二年七月丙戌日初入。有流星向南滅。八月丙申。北方有大流星。長四丈餘。出王良。流至北斗杓滅。

太和四年六月辛未。自昏至戌夜。流星或大或小。不能數。

九年六月二十三日。有流星縱橫。大小約有二十餘。出沒多近天河。

開成元年十一月十日。西方有流星。大如一斗器。光明照地。尾跡凝著天。良久不滅。出上台。經中台西北滅。

三年四月二十一日。東方有流星。尾跡凝著天。良久不滅。出天市中帛星。經宗人星東南滅。

其年七月六日未後。東北方有流星。尾跡光明三丈餘滅。其聲如雷。九月五日。北方有流星。尾跡凝著天。

光明照地。至室宿向南滅。
四年二月二十六日。從四更至五更。上方及四方。約有流星大小共二百餘。並西流。皆有尾跡。長一丈或三丈至五丈。三月二十三日。一更至五更。上方及四方有流星大小百餘。交橫出滅。
其年八月辛未夜。有流星出羽林。尾長八十餘尺。滅後有聲如雷。十月二十六日。南方有流星。尾跡凝著天。光明照地。出參右足。近九斿南滅。
會昌元年六月二十九日。從一更至五更。有小流星五十餘。于四方交橫散流。七月二日。北方有流星。光明照地。東北流。有聲如雷。十一月六日。有大流星。光明照地。東北流。有聲如雷。
六年二月丁酉。東北有流星。色赤。其光燭地。尾跡入大角。西流穿紫微。

山摧石隕

武德六年七月二十日。巂州山崩。川水咽流。
貞觀八年七月七日。隴右山崩。大蛇屢見。太宗問祕書監虞世南曰。是何災異。對曰。春秋時。梁山崩。晉侯召伯宗而問焉。對曰。國主山川。故山崩川竭。君爲之不舉樂。降服出次。祝幣以禮焉。晉侯從之。故得無害。漢文帝九年。齊楚地二十九山同日崩。文帝出令。郡國無來貢獻。施惠于天下。遠近歡洽。亦不爲災。後漢靈帝時。青蛇見御座。晉惠帝時。大蛇長三百步。經市入廟。今蛇見山澤。蓋深山大澤。實生龍蛇。亦不足怪也。惟修德可以銷變。上然之。

永徽四年八月二十日。隕石十八于同州馮翊縣。光耀有聲如雷。上問于志寧。此何祥也。當由朕政之有闕也。對曰。春秋隕石于宋五。內史過曰。是陰陽之事。非吉凶所生。自古災變。杳不可測。但恐物之自然。未必關于人事。今陛下發書誡懼。責躬自省。未必不爲福也。

開元十七年四月五日。大風震雷。藍田山開百餘步。

大歷十三年十一月。郴州黄芩山摧。震壓殺數百人。

貞元十五年正月。柳州藍山縣山摧。得古鍾四枚。

水災上

貞觀十一年七月一日。黄氣竟天。大雨。穀水溢入洛陽宮。深四尺。壞左掖門。毁宮寺一十九所。漂六百餘家。中書舍人岑文本上疏曰。伏惟陛下覽古今之事。察安危之機。上以社稷爲重。下以億兆爲念。明選舉。愼刑罰。進賢才。退不肖。聞過卽改。從諫如流。爲善在于不疑。出令期于必信。頤神養性。省畋遊之娛。去奢從儉。減工役之費。務靜方內。而不求闢土。載櫜弓矢。而無忘武備。凡此數者。惟願陛下行之不怠。則至道之美。與三五比隆。雖桑穀龍蛇。猶當轉禍爲福。變咎爲祥。況水雨之患。陰陽常理。豈可謂之天譴。而繫聖心哉。特進魏徵諫曰。昔貞觀之始。聞善若驚。暨五六年閒。猶悅以從諫。自時厥後。漸惡直言。雖或勉強。時有所容。非復曩時之豁如也。謇諤之士；稍避龍鱗。便佞之徒。肆其巧辨。謂同心者爲朋黨。謂告奸者爲至公。謂強直者爲擅權。謂忠讜者爲誹謗。謂之朋黨。雖忠信而可疑。謂之至忠。雖矯僞而無咎。強直者畏擅權之議。忠讜者慮誹謗之尤。至于竊發生疑。投杼致惑。正人不得盡其言。大臣莫能與之爭。熒惑視聽。鬱于大道。妨治損德。其在茲乎。而欲無水之災。不可得也。十三日。詔曰。暴雨爲災。大水汎濫。靜思厥咎。朕甚懼焉。文武百寮各上封事。極言朕過。無有所諱。諸司供進。悉令減省。凡所作役。量事停廢。遭水之處。賜帛有差。二十日。廢明德宮及飛山宮之元圃院。分給河南洛陽遭水戶。九月。黃河汎濫。溢壞陝州河北縣及太原倉。毀河陽中潭。幸白司馬坂以觀之。

永徽五年六月。七日。滹沱州河水泛溢。損五千三百家。

總章二年七月。益州大雨。壞居人屋宇凡一萬四千二百九十家。害田四千四百九十六頃。九月十八日括州海水翻上。壞永嘉安固二縣百姓廬舍六千八百四十三家。溺死人九千七十。牛五百頭。田四千一百五十頃。咸亨四年七月二十七日。婺州暴雨。山川泛溢。溺死者五千人。

永湻九年五月十四日。連日澍雨。二十三日。洛水溢。壞天津橋。損居人千餘家。

文明元年七月。溫州大水。損四千餘家。

如意元年七月一日。洛水溢。損居人五千餘家。

神龍元年七月二十七日洛水暴漲壞百姓廬舍二千餘家溺死者數百人八月一日以水災令文武九品以上直言極諫右衞騎參軍宋務光上疏曰伏見明制令文武九品以上直言極諫大哉德音眞堯舜之用心禹湯之罪己也臣嘗謂天人相與之際休咎冥符之兆有感必通其閒甚密是以政失于此變生于彼亦猶影之象形響之赴聲動而輒隨各以類應故曰天垂象見吉凶聖人象之竊見自夏已來水氣悖戾郡國多罹其災去月二十七日洛水暴漲漂損百姓臣謹按五行傳曰簡宗廟廢祭祀則水不潤下夫王者卽位必郊祀天地嚴配祖宗是故鬼神歆饗多獲福助自陛下光臨寶極緜歷炎涼郊廟遲留不時殷薦山川寂寞未議懷柔水之貽災殆因此發臣又按水者陰類臣妾之道陰氣盛滿則水泉迸溢加以虹蜺紛雜澍雨滯霪雖丁厥時而汩常度亦陰勝陽之沴也臣恐後庭近習或有離中饋之職干外朝之政伏願陛下深思天變杜絕其萌以萬方爲念不以聲色爲娛以百姓爲憂不以犬馬爲樂暫勞宵旰用緝明良豈不休哉夫災變應天實繫人事故日蝕修德月蝕修刑若乃雨暘或愆則貌言爲咎雩禜之法存乎禮典今暫降霖雨卽閉坊門棄先聖之明訓遵後來之淺術時偶中之安足神耶蓋當屛翳收津豐隆戢響之日也豈有一坊一市遂能感召皇靈暫開暫閉便欲發揮神道必不然矣何其謬哉至今巷議街談共呼坊門爲宰相謂能節宣風雨燮理陰陽天工人代乃爲虛設悠悠蒼生復何望哉尙書右僕射唐休璟以水雨爲害咎在主司上表曰臣聞天運其工以人代之而理神行其化爲政資之以和得其

理則陰陽以調。失其和則災沴斯作。故舉才而授。帝惟其難。論道于邦。官不必備。頃自中夏。及乎首秋。郡國水災。屢爲人害。夫水陰氛也。臣實主之。臣忝職右樞。致此陰沴。是不能調理其氣。而曠居其官。雖運屬堯年。則無治水之用。位侔殷相。且闕濟川之功。猶負明刑。坐逃皇譴。皇恩不棄。其若天何。昔漢家故事。丞相以天災免職。臣竊遇聖朝。豈敢覥顏居位。乞解所任。待罪私門。冀移陰咎之徵。復免夜行之責。

二年四月。洛水漲。壞天津橋。損居人廬舍。死者數千人。

唐會要卷四十四

水災下

開元八年六月二十一日。東都穀洛瀍三水溢。損居人九百六十一家。溺死八百一十五人。許衞等州田廬蕩盡。掌關兵士溺死者一千一百四十八人。

十四年七月十四日。瀍水暴漲入洛。損諸州租船數百艘。損租米十七萬二千八百石。十八日。懷衞鄭汴滑濮大雨。人皆巢居。死者千計。

大歷四年京師大雨。水斗米直八百。佗物稱是。命閉市北門。置一土臺。臺高五尺。上置五方壇。壇上立一黃旛以祈晴。

貞元三年閏五月。東都河南江陵大水。壞人廬舍。汴州尤甚。揚州江水泛漲。

四年八月連雨。灞水暴溢。溺殺渡者百餘人。

八年八月。河北山南江淮凡四十餘州大水。漂溺死者二萬餘人。又幽州奏。七月大雨。水深一丈已上。鄚涿薊檀平等五州。幷平地水深一丈五尺。十月。徐州奏。從五月二十五日雨至七月八日方止。平地水深一丈二尺。苗田屋宇。漂蕩倒塌。村閭向盡。百姓多就高處。及移居鄰郡。

十一年。復州竟陵等三縣。遭朗蜀二水泛漲。沒溺損戶一千六百六十五。田四百一十頃。

十二年。福建等州大水。六月。嵐州暴雨。水深二丈餘。損屋宇田苗。

十五年。鄭滑大水。

十八年。蔡申光等州水。賜物五萬段。米十萬石。鹽三千石。以賑貧民。

永貞元年九月。朗州武陵龍陽二縣江水暴漲。漂萬餘家。十一月。京兆府長安等九縣山水泛漲。害田苗。

元和元年十二月。幽州徐州水損田苗。

二年。蔡州上言。大水平地水深八尺。

三年。京師大雨水。

四年七月。渭南縣暴水泛溢。漂損廬舍二百一十三戶。秋田十有六頃。溺死者千八。命京兆府發義倉救之。

七年正月。振武界黃河溢。毀東受降城。五月。饒撫虔吉信五州山水暴漲。沒毀廬舍。虔州尤甚。深處四丈餘。

八年。許州大水。摧大隗山。其年六月庚寅。京師大水。風雨毀屋揚瓦。人多壓死者。水積於城南。深數丈餘。入明德門。猶漸車輻。辛卯。渭水暴漲。絕濟者一月。時所在霖雨。百源皆發。川瀆多不由故道。

九年十二月。淮南宣州大水。

十一年五月。昭應雨水。漂溺居人。是月。衢州山水湧出三丈餘。壞州城。百姓溺死。損田千餘頃。是月。浮梁樂平二縣暴雨。百姓溺死者一百七十人。其爲漂泛不知所在者四千七百戶。闕兩稅錢三萬五千貫。十一月。潤常陳許等州以水害。闕田不發者萬餘頃。十二月。京兆府水害田苗。潤常湖衢陳許六州大水。

十二年六月。京師大雨。含元殿一柱傾。市中水深三尺。壞坊民二千家。河北水災。邢洺尤甚。平地或深二丈。

十三年六月。淮水溢。壞人廬舍。十二月。奉先等十一縣。水害麥田。

十五年九月。滄景大雨。敗田三百頃。壞屋舍二百九十間。又江西奏吉州大水。

長慶二年七月。好畤山水泛漲。漂損居人三百餘家。其月。詔陳許兩州災頗甚。百姓廬舍漂溺。復多言念疲氓。豈忘救卹。宜賜米粟共五萬石。充賑給。以度支先於管內見收貯米粟充。本道觀察使審勘責所漂溺貧破人戶。量家口多少作等第。分給聞奏。

寶歷元年七月乙酉。鄜坊大水。九月。華州暴水傷稼。

太和二年六月。陳州水害秋稼。八月。京畿奉先等十七縣水。

三年七月。宋亳水害秋稼。

四年九月。舒州太湖宿松望江大水災。溺民戶六百八十。詔本道以義倉斛斗賑貸。
其年十一月。京畿河南江南湖南等道。大水害稼。詔本道節度觀察使出官米賑給。
五年六月。蘇杭湖三州雨水害稼。東川奏元武江水漲二丈。壞梓州羅城入廬舍。
六年二月。以去歲蘇湖大水。宜賑貸二十二萬石。以本州常平義倉斛斗充給。
八年十一月。滁州奏清流等三縣。四月雨至六月。諸山發洪水。漂溺戶一萬三千八百。
開成二年八月。山南東道諸州大水。田稼漂盡。丁酉。詔大河西南。幅員千里。楚澤之北。連亙數州。以水潦暴至。堤防潰溢。既壞廬舍。復損田苗。言念黎元。罹此災沴。宜令給事中盧宣。邢郎中崔瑨宣慰。

火

貞觀二十三年三月。少府監甲弩庫火。
證聖元年正月十六日夜。明堂災。至明。並為煨燼。
景龍四年二月。東都淩空觀殿宇並煨燼。唯一眞人獨存。目有淚迹。
開元十八年二月十一日。大雨雪。俄又震雷。飛龍廄災。
天寶二年六月七日。應天門觀災。延至左右延福門。經日火不滅。
九年三月。西嶽廟災。

十年正月。陝州運船火燒船二百一十五隻。損米一百萬石。舟人死者六百人。商人船數百隻。八月六日。武庫災。燒二十八間十九架。燒兵器四十七萬件。

廣德元年十二月二十五日夜。鄂州失火。燒船三千隻。延及岸上居人二千餘家。死者四千餘人。

貞元七年四月。蘇州大火。

十三年正月。東都尙書省火。

十九年四月。家令寺火。

二十年四月。開業寺火。

元年四年三月。御史臺佛舍火。當直御史李應罰一季俸。

七年六月。鎭州甲仗庫火。延燒一十三間。兵器皆盡。王承宗久畜叛謀。至是兇氣稍息。

十年四月。河陰轉運院火。盜所爲也。是日昏暮。有盜發於河橋。凡數十人。縱發弓矢。人吏奔駭。因砕毁院門。又東藁爇火以焚之。十一月。盜焚獻陵寢宮永巷。

十一年十一月。元陵火。罰李祐一月俸。十二月。未央宮及飛龍草場火。

十二年五月。神龍寺火。

十四年十一月戊寅。度支火。

十五年正月。京師西市火。焚死者衆。

太和二年十一月。禁中昭德宮火。延燒宣政殿之東垣及門下省。至晡。北風起。火勢益甚。迨暮方息。初火發。上命神策兵士救之。公卿內臣集於日華門外。御史中丞溫造不到。與兩巡使崔蠡姚合等各罰一月俸。

八年五月。飛龍神駒中廄火。

九年六月。西市火。

開成四年十二月。乾陵火。

會昌三年六月。萬年縣東市火。燒屋貨財不知其數。又西內神龍宮火。

大順二年七月。汴州相國寺佛閣災。是日曉。微雨震電。寺僧見塊火在三門樓藤網中。良久火發。復飛越前殿。延燒佛閣。二夕方止。

木冰

儀鳳三年十二月十四日。雨木冰。其月三十日。黃門侍郎同三品來恒卒。明年正月十日。戶部尚書許圉師卒。庚戌。尚書右僕射臧至德薨。

開元二十九年十一月二十二日。雨木冰。凝寒凍裂。數日不解。寧王憲見而嘆曰。此俗謂之樹架。諺曰。樹生架。達官怕。必有大臣當之。其死矣。二十四日。寧王憲薨。

大歷二年十一月辛未。紛霧如雪。草木冰。

螟蜮

貞觀二年六月十六日。總南等縣蝗。上至苑中。掇蝗數枚呪之曰。人以穀爲命。而汝食之。是害吾百姓也。百姓有過。在予一人。爾若有靈。但當蝕我。無害百姓。將呑之。侍臣曰。恐致疾。遽來諫止。上曰。所冀移災朕躬。何疾之避。遂呑之。自是蝗不爲災。

開元四年五月。山東諸州大蝗。分遣御史捕而埋之。汴州刺史倪若水拒御史。執奏曰。蝗是天災。自宜修德。劉聰時除既不得。爲害滋深。宰相姚崇牒報之曰。劉聰僞主也。德不勝妖。今日聖朝也。妖不勝德。古之良守。蝗蟲避境。若言修德可免。彼豈無德致然。今坐看食苗。忍而不救。因此飢饉。將何自安。卒行埋瘞之法。獲蝗一十四萬石。投之汴水。流下者不可勝數。朝議喧然。上復以問崇。崇對曰。凡事有違經而合道。有反道而適權者。彼庸儒不足以知之。縱除之不盡。猶勝養以成災。上又曰。殺蟲太多。有傷和氣。公其思之。崇對曰。若救人殺蟲致禍。崇所甘心。八月二十四日己卯。勅河南河北檢校殺蝗蟲使狄光嗣。康瓘。敬昭道。高昌。賈彥璿等。宜令待蟲盡。看刈禾有次序。卽入京奏事。諫議大夫韓思復以爲蝗是天災。當修德以禳之。恐非人力所能翦滅。上疏曰。臣聞河南河北蝗蟲。頃日更益繁熾。經歷之處。苗稼都損。今漸翾飛向西。游食至洛。使命來往。不敢昌言。山東數州。甚爲惶懼。且天災流行。埋瘞難盡。臣望陛下悔過責躬。發使宣慰。損不急之務。召至公之人。上下同心。君臣一德。持此至誠。以答休咎。前後驅蝗使等。伏望總停。上出韓疏付姚崇。崇乃請思復往山東。檢視蝗蟲所損之處。還具實奏。

興元元年四月。自春大旱。麥枯死。禾無苗。關中有蝗。百姓捕之。蒸暴。颺去足翅而食之。明年五月。有蝗起自東海。西至隴坻。羣飛蔽天。旬日不息。所至苗稼無遺。八月大旱。關輔以東。穀大貴。餓饉枕道。幷皆無水。國用裁可支七旬。人心大恐。

開成二年六月。魏博淄青河南府並奏蝗害稼。七月乙酉。京兆尹李紳奏蝗入京畿。不食民田。詔書褒美。仍刻石於相國寺以紀之。

三年八月。魏博六州蝗食秋苗並盡。

四年十二月。鄭滑兩州蝗。兗海中都等縣並蝗。

五年四月。鄆州兗海管內並蝗。又汝州有蟲食苗。五月。河南府有黑蟲生。食田苗。汝州管內蝗。兗海臨沂等五縣。有蝗蟲於土中生子。食田苗。六月。淄青登萊四州蝗蟲。河陽飛蝗入境。幽州管內有地蝻蟲食田苗。魏博河南府河陽等九縣。沂密兩州。滄州易定鄆州陝府虢州六縣蝗。

會昌元年三月。鄧州穰縣蝗。

咸通三年五月。淮南河南蝗。

九年。江夏飛蝗害稼。
光啓二年三月。荆襄仍歲蝗。米斗三十千。人相食。
雜災變
貞觀十三年四月二十九日。雲陽石燃方丈。晝如灰。夜即光見。投草木於其上則焚。歷年乃止。
十七年閏六月。司農寺豕生子。一首八足。自頸分爲二體。
其年七月。京師訛言。官遣棖棖殺人。以祭天狗。云其來也。身衣狗皮。指如鐵爪。每於暗中捕人。必取人心肝。更相震怖。皆彀弓矢以自防。太宗惡其妖訛。遣通夜開諸坊門。宣旨慰諭。稍定。
永徽五年七月。萬年宮有小鳥生大鳥。
龍朔元年十二月二十八日。洛州言猫鼠同居。
調露二年。突厥温傅等未叛。有鳴鸐群飛入塞。相繼蔽野。邊人相驚曰。此名突厥雀。南飛。突厥犯塞之候也。至二年正月。還復北飛。至靈夏已北。悉墮地而死。視之則無頭矣。裴行儉問於右史苗神客曰。鳥獸之祥。乃應人事。何也。對曰。人雖至靈。而稟性含氣。同於萬類。故吉凶兆於彼。而禍福應於此。聖人受命。龍鳳爲嘉瑞者。和氣同也。故漢高斬蛇。而驗秦之必亡。仲尼感麟。而知己之將死。夷羊在牧。殷紂以絶。鸜鵒來朝。魯昭出奔。鼠舞端門。燕刺誅死。大鳥飛集。昌邑以敗。是故君子虔恭寅畏。動必思義。雖在幽獨。如承大事。知明神之照臨。懼患難之及己也。雉昇鼎耳。殷宗側身以修德。鵩止坐隅。賈生作賦以叙命。卒無患者。德勝妖也。

垂拱元年九月二十四日。揚州地生毛。如馬鬣。

長壽三年三月。大雪。鳳閣侍郎蘇味道以爲瑞。修表將賀。左拾遺王求禮止之曰。三月降雪。此災也。乃誣爲瑞。若三月雪是瑞雪。臘月雷爲瑞雷乎。乃止。

神龍二年三月九日。洛陽東七里有水影。側近樹木車馬。皆歷歷影見水中。月餘乃滅。四月己亥。雨毛於越州之鄮縣也。

景龍元年九月十八日。有赤氣竟天。其光燭地。經三日止。

唐隆元年六月八日。虹蜺竟天。

開元十五年七月四日。雷震興教門兩鴟吻。欄檻及柱災。

蘇氏駁曰。東海有魚。虬尾似鴟。因以爲名。以噴浪則降雨。漢柏梁災。越巫上厭勝之法。乃大起建章宮。遂設鴟魚之像於屋脊。畫藻井之文於梁上。用厭火祥也。今呼爲鴟吻。豈不誤矣哉。

天寶元年十一月一日。魏郡上言。猫鼠同乳。經二十六日。望編入史册。詔從之。

寶應元年七月。西北方有赤氣亙天。貫紫微。漸流於東。彌漫北方。照耀數十里也。

大歷三年六月二十四日。隴右節度使奏。隴右汧源縣趙貴家猫鼠同乳。獻以爲瑞。中書舍人崔祐甫上議曰。中使吳承倩宣進止。以猫鼠示百寮者。臣聞禮曰。迎猫爲其食田鼠也。然則猫之食鼠。載在禮典。以除其害。則雖微必錄。今此猫對鼠而不食。仁則仁矣。無乃失其性乎。猫受人養。棄職不修。亦何異於法吏不勤觸邪。疆吏不勤扞敵。又按禮部式具列三瑞。無猫不食鼠之目。以兹稱慶。臣所未詳。

建中四年。京師地生毛。

貞元二年正月。大雨雪。平地深尺餘。雪上有黃黑色。狀如浮埃。五月。日有黑暈。自辰及申方散。

四年正月。上御丹鳳樓宣赦。是日。含元殿前階檻三十餘間崩。甲士死傷者十餘人。又陳留雨木。皆大如指。長寸餘。每木有孔通中。所下其立如植。二月。太僕郊牛犢生六足。太僕卿周皓白宰臣李泌。請上聞。泌戲答之而不許。其時。京城民家豕生子兩首四足。以白御史中丞竇參。亦不許上聞。七月。自陝州至河陰。水盡黑。其黑水流入汴河。止於汴州城下。一宿而復。又鄭汴二州羣鳥皆去界內。入田緒李納境內。銜木爲城。高二三尺。緒納令焚之。信宿復如之。鳥口多流血。

十年十一月。有大鳥飛集宮中。食雜骨。數月獲之。不食而死。

十二年十二月。大雪。平地二尺。竹多死。環國王所獻犀牛甚珍愛之。是冬凍死。

十七年二月丁酉。京師雨雹。己亥。雨霜。戊申。夜霆震。雨霜。庚戌。大雨兼雹。

元和元年。京師大風折樹。

三年四月。大風毁含元殿西闕欄干十四間。七月六日。舒州上言。桐城縣梅天陂內。有青黃白三龍。自陂中乘風雷躍起。高二百尺。凡六里。入浮塘陂。

八年三月丙子。大風壞崇陵寢殿鴟吻。折門戟。六月四日。長安西市有豕生子。三耳八足。自尾分爲二。

長慶二年六月乙亥。大風震雹。墜太廟鴟吻。霹御史臺樹皆仆。其年十一月。頻雪後恒燠。水不冰凍。草木萌發如正二月。

四年六月庚辰。大風吹敗延喜景風門。

寶歷元年十二月乙酉夜。有霧起。須臾遍天。霧上有赤氛。或深或淺。久而乃散。

開成元年閏五月。有羣鳥萬餘。集唐安寺。逾月方散。

四年四月壬戌。有鸒出太廟。

大中十一年十二月。舒州奏。有鳥人面綠毛。喙皆紺色。其聲曰甘。人呼之爲甘蟲。

咸通元年七月戊戌。白虹橫亙西方。十一月丁酉戌時。妖星初出。如匹練亙空。化爲雲而沒。在楚分。

廣明元年四月。大雨雹。大風拔京兩街樹十二三。東都長夏門內古槐自拔而仆。殿宇鴟吻皆墮地。

中和元年五月。大風天雨土。

二年七月丙午夜。西北有赤氣如絳。竟天。其年九月。太原上言。諸山桃杏有花結實。其年十月。西北無雲而雷鳴。天狗墮。

光啓二年九月。白虹見西方。

光化二年春。有白氣竟天如練。自西南徹東北而旋。

天祐元年四月。東京大風雨土。跬步不辨物色。日暄稍止。是年。昭宗移洛陽。車馬以其日入京城。而有是變。朱氏革命之兆也。

其年十一月辛酉。有日黃色白暈。旁有青赤紐。

太史局

久視元年五月十九日。改太史局爲渾天監。不隸秘書省。天后召尙獻輔拜太史令。固辭曰。臣久從放誕。不能屈事官長。遂改爲渾天監。至七月六日。又改爲渾儀監。長安二年八月二十八日。獻輔卒。渾儀監依舊爲太史局。隸秘書省。監官並廢。至景龍二年六月二十六日。改爲太史監。罷隸秘書省。景雲元年七月二十八日。又改爲太史局。隸秘書省。八月十日。改又爲太史監。十一月二十一日。又改爲太史局。二年閏九月十日。又改爲渾儀監。開元二年二月二十一日。又改爲太史監。十五年正月二十七日。改爲太史局。隸秘書省。至天寶元年十月三日。改爲太史監。罷隸秘書省。至乾元元年三月十九日。太史監改爲司天臺。仍置五官正五人。司天臺內別置一院。名之曰通元院。應有術藝人並徵辟到京。皆於通元院安置。司天臺總置官六十員。大監一人。從三品。少監二人。正四品上。丞三人。正六品上。主簿三人。正七品上。主事二人。正八品下。五官正各一人。正五品上。五官副正各一人。正六品上。五官靈臺郎各一人。正七品下。五官保章正各一人。從七品上。五官挈壺正各一人。正八品上。五官監候各一人。正八品下。五官司歷各一人。從八品上。五官司晨各三人。正九品上。觀生歷生七百二十六人。其臺宜於永寧坊張守珪宅置。制曰。建邦設都。必稽元象。分曹列局。皆應物宜。靈臺三星。主觀察雲物。天文正位。在太微西南。今興慶宮。上帝廷也。考符所合。以置靈臺。宜令所司量事修理。舊置在秘書省南。至寶應元年六月九日。司天少監瞿曇譔奏。司天丞請減三員。監候減二員。司辰減七員。五陵司五員。勅旨依初天寶十三載三月十四日勅太史監官除朔望朝外。非別有公事。一切不須入朝及充保識。仍不在點檢之限。

大足元年九月十九日。勅在史局歷生天文觀生等。取當色子弟充。如不足。任於諸色人內簡擇。

開元二十三年九月八日。勅太史局歷生每番留兩人當上。餘並七月一日上。至十月三十日下。

乾元元年十月一日。權知司天監韓穎奏。司天臺五官正既職配五方。上稽五緯。臣請每至正冬朔望朝會及諸大禮。幷奏本方事。各依本方正色。其冠上加一星珠。仍永爲恒式。從之。

大歷二年正月二十七日。勅。艱難以來。疇人子弟流散。司天監官員多闕。其天下諸州官人百姓。有解天文元象者各委本道長吏具名聞奏。送赴上都。

開成五年十二月勅。司天臺占候災祥。理宜秘密。如聞近日監司官吏及所由等。多與朝官并雜色人交游。既乖慎守。須明制約。自今以後。監司官吏。並不得更與朝官及諸色人等交通往來。仍委御史臺訪察。

雜錄

武德九年八月詔。私家不得輒立妖神。妄設淫祀。非禮祈禱。一切禁斷。龜易五兆之外。諸雜占亦皆禁止。

載初元年六月勅。相書及朔計家書。多妄論禍福。並宜禁斷。

開元十年六月勅。百姓不得與卜祝人交遊往來。

唐會要卷四十五

功臣

武德元年八月六日。詔曰。朕起義晉陽。遂登皇極。經綸天下。實仗羣材。尚書令秦王。右僕射裴寂。或合契元謀。或同心運始。並蹈義輕生。捐家殉節。艱辛備履。金石不移。論此忠勤。理宜優異。官爵之榮。抑惟舊典。勳賢之議。宜有別恩。其罪非叛逆。可聽恕一死。其太原元謀勳效者。宜以名聞。及所司進簿。尚書右僕射裴寂。納言劉文靜。加恕二死。左驍衛大將軍長孫順德。右驍衛大將軍劉宏基。都水監趙文恪。右屯衛大將軍竇琮。衛尉少卿劉政會。鴻臚卿劉世龍。吏部侍郎殷開山。左翊衛大將軍柴紹。內史侍郎唐儉。庫部郎中武士彠。驃騎將軍張平高。左驍衛長史許世緒。李思行。李高遷等。並恕一死。

三年二月十日。詔曰。貴爵尚齒。列代通規。進善優賢。有國彝訓。尚書左僕射魏國公寂。太子少保新昌縣公綱。左武候大將軍陳國公抗。太常卿沛國公元璹。納言漢東郡公叔達。內史令宋國公瑀。兵部尚書蔣國公通。戶部尚書榮陽郡公善果。右武候大將軍羅侯。御史大夫滑國公无逸。並職司近侍。任兼心膂。恩禮所加。義從隆渥。寂已下奏事及侍立。並令升殿。其年三月。隋尚舍奉御郭宏道來歸。引見帝。泣曰。臣識龍顏在天下之先。今拜闕庭。在衆人之後。遂拜同州刺史。每參見奏事。並升殿。

九年九月二十四日詔曰．褒賢昭德．昔王令典．旌善念功．有國彝訓．吏部尚書上黨縣公長孫無忌．中書令臨淄縣侯房元齡．右武候大將軍尉遲敬德．兵部尚書建平縣男杜如晦．左衞將軍全椒縣子侯君集等．或夙預謀謨．綢繆帷幄．竭心傾懇．備申忠益．或早從任使．契闊戎麾．誠著艱難．績宣內外．義冠終始．志堅金石．誓以山河．實允朝議．無忌封齊國公．元齡封邢國公．敬德封鄂國公．如晦封萊國公．君集封潞國公．其食邑各三千戶．遣侍中陳叔達於殿階下唱名示之．上謂曰．朕敍公卿勳勞．量定封邑．恐不能盡當．各自言．從叔父淮安王神通進曰．義旗初起．臣率兵先至．今房元齡杜如晦等．刀筆之人．功居第一．臣竊不伏．上曰．義旗初起．人皆有心．叔父雖得率兵．未嘗身履行陣．山東未定．受委專征．建德南侵．全軍陷沒．劉黑闥翻動．望風而破．今計勳行賞．元齡等有籌謀帷幄．定社稷之功．所以漢之蕭何．雖無汗馬．指蹤推轂．故得功名第一．叔父于國至親．誠無所愛．但以不可緣私．濫與勳臣共賞耳．初將軍邱師利等．咸自矜其功．或攘袂指天．以手畫地．及見淮安王理屈．自相謂曰．陛下以至公行賞．不私其親．吾屬何宜妄訴．

貞觀六年九月．宴于慶善宮．時有班居尉遲敬德上者．敬德怒曰．汝有何功．合坐我上．任城王道宗因解諭之．敬德拳毆道宗．目幾眇．太宗不懌而罷．嘗謂敬德曰．朕舊覽漢史．見漢高祖功臣獲罪者多．意常尤之．及居大位以來．恆欲保全功臣．令子孫無絕．然卿居官．輒犯憲法．方知韓彭夷戮．非漢祖之愆．國家大事．惟賞與罰．非分之恩．不可數行．勉自修飭．無貽後悔．數年．敬德遂飛鍊金石．閑居服雲母粉．穿築池臺．

常奏清商樂。以自奉養。不與外人交通。凡十六年。至顯慶三年十月卒。許敬宗請加贈。上曰。敬德功業。誰之儔也。對曰。武德末年。二凶構亂。經綸中興之業。能置宗廟之安者。敬德功當第一。太尉無忌曰。敬德早從征伐。勳庸茂著。貞觀之初。特效殊績。比諸將帥。超越等倫。李靖南定荆吳。北平突厥。外內之功。雖別論其勳效。實宜相準。上以爲然。遂贈司徒。并州都督。

十七年二月二十八日。詔曰。自古皇王。褒崇勳德。旣勒名於鐘鼎。又圖形於丹青。是以甘露良佐。麟閣著其美。建武功臣。雲臺紀其跡。司徒趙國公無忌。司空河間王孝恭。故司空萊國公如晦。故太子太師鄭文貞公徵。司空梁國公元齡。開府儀同三司右僕射申國公士廉。開府儀同三司鄂國公尉遲敬德。特進衞國公靖。特進宋國公瑀。故揚州都督褒國忠壯公志元。輔國大將軍夔國公宏基。故尚書左僕射蔣國公通。故陝東道大行臺尚書右僕射鄖國公開山。故荆州都督譙襄公紹。故荆州都督邳襄公順德。洛州都督鄖國公張亮。吏部尚書陳國公侯君集。故左驍騎大將軍郯襄公公謹。左領軍大將軍盧國公程知節。故禮部尚書永興文懿公虞世南。故戶部尚書渝襄公劉政會。戶部尚書莒國公唐儉。兵部尚書英國公李世勣。故徐州都督胡壯公秦叔寶等二十四人。宜酌故實。宏茲令典。可並圖畫于凌煙閣。庶念功之懷。無謝于前載。旌賢之義。永貽於後昆。

永徽三年十二月二十八日。勅功臣貞觀二十三年已來。簡退者。特宜同致仕例。其太原元從。及秦府左右仍各加階。先有正四品者。不在此例。

五年二月四日詔。屈突通。殷開山。並贈司空。長孫順德。贈開府儀同三司。竇琮。贈特進。史大奈。贈輔國大將軍。溫大雅。贈尚書右僕射。權宏壽。贈太子少師。劉政會。武士彠。並贈幷州都督。張公謹。贈荆州都督。李高遷。贈涼州都督。李思行。贈洪州都督。張平高。贈潭州都督。時武昭儀用事。贈其父。故引功臣以贈之。總章元年三月六日詔。太原元從西府舊臣。令親詳覽。具爲等級。贈司徒士彠。贈司空開山。贈司馬淮安王神通。幷州都督劉宏基。贈幷州都督劉政會。幷州都督唐儉。左衞大將軍竇琮。荆州都督長孫順德。涼州都督史大奈。贈幽州都督龐卿惲。潭州都督錢九隴。贈華州刺史柴紹。贈潭州刺史張平高。贈工部尚書裴寂。洪州都督李思行。洪州都督秦行師。贈靈州都督許世緒。涼州都督李高遷。齊州刺史劉義節。贈太尉高士廉。贈司空屈突通。贈太尉房元齡。贈司空杜如晦。贈司徒尉遲敬德。揚州都督段志元。益州都督程知節。徐州刺史秦叔寶。涼州都督宇文士及。荆州都督張公謹。荆州都督杜君綽。荆州都督公孫武達。荆州都督李安遠。代州都督鄭仁泰。荆州都督李孟嘗。幽州都督獨孤彥雲。始州刺史劉師立等。並立爲第一功臣。其家見在朝無五品已上官者。子孫及曾孫擢一人授五品官。若先有四品五品者。加授子孫等一人兩階。若三品已上。加爵三等。其第二等功臣見在朝無五品已上官者。其子孫及曾孫擢一人授從六品。若有五品已上者。加一階。六品官者。加兩階。三品已上官者。加爵一等。時皇后欲褒崇其父。特在功臣之上故也。

神龍元年七月制。段志元。屈突通。蕭瑀。李靖。秦叔寶。長孫順德。劉宏基。宇文士及。錢九隴。程知節。龐卿惲。竇琮。苑君璋。李子和。張平高。張公謹。梁恪仁安修仁。秦行師。獨孤彦雲。蘇定方。李安遠。鄭仁泰。杜君綽。李孟嘗等二十五家。所食實封並依舊給。

其年九月勅。自宏道以前經任相三年已上。及秦府晉府寮佐四品已上。并食實封功臣。雖經罪責。不致破家子孫無任京官者。特宜優與一官。英府周府舊寮五品已上子孫。亦宜準此。

至德二載十二月朔日赦文。扈從劍南緜構靈武册勳三十三人。太子太師豳國公韋見素。加開府儀同三司。實封三百戶。開府儀同三司齊國公高力士。加實封三百戶。右龍武大將軍潁川郡公陳元禮。封蔡國公。實封三百戶。左龍武大將軍田長文。封鴈門郡公。實封二百戶。右龍武大將軍張崇俊。封南陽郡公。實封二百戶。左羽林大將軍杜休祥。封馮翊郡公。實封二百戶。尚書左僕射裴冕。加開府儀同三司。封冀國公。實封三百戶。殿中監同正員判行軍李輔國。加開府儀同三司。殿中監判行軍事。封成國公。實封五百戶。宗正卿兼工部侍郎李遵。加特進。封鄭國公。實封二百戶。鴻臚卿中軍都虞候李鼎。開府儀同三司。封保定郡公。實封一百戶。鴻臚卿同正中軍都知兵馬使管崇嗣。封鉅鹿郡公。實封二百戶。右武衛大將軍王競。加特進。太原縣侯。封一百戶。尚書左僕射同中書門下平章事朔方軍節度使子儀。加司徒代國公實封一千戶。鴻臚卿朔方兵馬使僕固懷恩。封豐國公實封二百戶。左金吾衞大將軍四鎮伊西北庭行軍兵馬使李嗣業。加兼衞尉卿。封虢國公實封二百戶。司徒兼戶部尙書太原尹同中書門下平章事薊國公光弼。加司空兼兵部尙書。封魏國公實封八百戶。御史大夫兼工部尙書招討兩京幷定武威武興平等軍。兼關內節度使。河西隴右伊西四鎮行軍兵馬使王思禮。加開府儀同三司。封霍國公實封三百戶。太常卿司正兼御史大夫。淮南西道節度採訪使。潁川郡公來瑱。加開府儀同三司。潁國公實封一百戶。太僕卿南陽太守知襄陽郡事金鄉公魯炅。加開府儀同三司。岐國公實封二百戶。京兆尹京畿採訪計會招召宣慰使崔光遠。加特進禮部尙書。鄴國公實封三百戶。開府儀同三司李光進。封范陽郡公。實封二百戶。左相苗晉卿。加特進。行侍中。韓國公實封五百戶。憲部尙書同中書門下平章事李麟。加金紫光祿大夫。封褒國公實封五百戶。中書侍郎同中書門下平章事崔圓。加特進中書令。趙國公實封五百戶。中書侍郎同中書門下平章事。河南節度採訪使張鎬。加銀青光祿大夫。南陽郡公。太子少師房琯加金紫光祿大夫。清河郡公。太子少保虢王巨。加光祿大夫。御史大夫趙國公李峘。加金紫光祿大夫。戶部尙書。吏部尙書郇國公韋陟。加金紫光祿大夫。禮部尙書李峴。加光祿大夫兼御史大夫京兆尹。封梁國公。戶部侍郎蘇震。加銀青光祿大夫。吏部侍郎。

大歷十四年閏五月。詔司徒兼中書令汾陽郡王子儀。賜號尙父。兼太尉中書令。加實封通前二千戶。月給千五百人糧。二百匹馬芻穀。

其年六月一日制。武德已來宰相及實封功臣子孫沈翳者。量與一人正員官。七月二十六日。吏部請委史館精加檢勘審定名跡。至建中元年九月五日。史館奏武德已來實封陪葬配饗功臣名跡崇高者十一人。第一等。司空魏國公裴寂。納言魯國公劉文靜。太尉趙國公長孫无忌。尚書左僕射衛國公李靖。司空英國公李勣。中書令漢陽王張柬之。中書令博陵王崔元暐。侍中平陽王敬暉。侍中扶陽王桓彥範。中書令南陽王袁恕己。尚書左僕射徐國公劉幽求。二十四人。第二等。司空河間王孝恭。開府儀同三司鄂國公尉遲敬德。特進莒國公唐儉。輔國大將軍夔國公劉宏基。左驍衛大將軍辪國公長孫順德。行臺尚書左僕射蔣國公屈突通。行臺尚書左僕射鄖國公殷開山。戶部尚書渝國公劉政會。工部尚書應國公武士彠。荊州都督譙國公柴紹。揚州都督褒國公段志元。右驍騎大將軍郯國公張公謹。右領軍大將軍盧國公程知節。徐州都督胡國公秦叔寶。禮部尚書永興縣公虞世南。工部尚書武陽縣公李大亮。散騎常侍豐城縣男姚思廉。左武候大將軍邢國公蘇定方。夏官尚書耿國公王孝傑。右武衛大將軍韓國公張仁愿。光祿卿琅琊郡公王同皎。兵部尚書代國公郭元振。尚書左丞相燕國公張說。兵部尚書中山郡公王晙等三十四人。第三等。司空淮安王神通。特進江夏王道宗。中書令郢國公宇文士及。行臺左僕射酇國公竇軌。大府卿葛國公劉義節。左屯衛大將軍襄武郡公劉師立。右驍衛大將軍梁國公安興貴。右武衞大將軍中國公安修仁。左衞大將軍譙國公竇琮。夔州都督息國公張長遜。黔州都督夷國公李季和。右光祿大夫羅國公張平高。左監門大將軍滎國公樊興。左武候大將軍郇國公錢九隴。右武候大將軍沔陽郡公公孫武達。左武衞大將軍懷寧縣公杜君綽。右驍衞將軍安化縣公龐卿惲。涼州都督廣德郡公李安遠。涼州都督同安郡公鄭仁泰。刑部尙書吳興郡公沈叔安。右領軍大將軍虢公張士貴。左驍衞大將軍畢國公阿史那社爾。右武衞大將軍琅琊郡公牛進達。輔國大將軍嘉州郡公周護仁。右武候大將軍天水郡公邱行恭。尙書左僕射宋國公唐休璟。右羽衞大將軍遼陽王李多祚。吏部尙書齊國公崔日用。戶部尙書越國公鍾紹京。左武衞將軍平陽郡公薛訥。右金吾大將軍涼國公李延昌。光祿卿中國公許乾輔。中書侍郎趙國公王琚。特進鄧國公張暐等。至德已來將相功効明著已亡歿者八人。第一等。尙書左僕射冀國公裴冕。吏部尙書淸河郡公房琯。門下侍郎衞國公杜鴻漸。開府儀同三司武威郡王李嗣業。衞尉卿顏杲卿。常山郡太守袁履謙。御史中丞張巡。將軍南霽雲八人。第二等。太尉臨淮王李光弼。兵部尙書涼國公李抱玉。司空霍國公王思禮。御史大夫劉正臣。范陽長史賈循。尙書右僕射信都郡王田神功。左羽林大將軍辟景僊。睢陽太守許遠七人。第三等。太子太師豳國公韋見素。侍中韓國公苗晉卿。尙書左僕射趙國公崔圓。尙書右僕射辛雲京。尙書右僕射扶風郡王馬璘。右散騎常侍太原尹鄧景山。史館奏。按史傳考詳事實。約爲三等。具列如前。勅旨宜付尙書省。百寮與史官對定奏聞。

建中元年十二月勅。國初以來將相功臣名跡崇高。功效明著者。宜差次分爲二等。其月。定武德已來宰臣以房元齡。杜如晦。蕭瑀。高士廉。魏徵。王珪。戴胄。岑文本。馬周。劉洎。褚遂良。于志寧。張行成。高季輔。韓瑗。來濟。張文瓘。郝處俊。李義琰。裴炎。蘇良嗣。狄仁傑。婁師德。王方慶。王及善。魏元忠。姚崇。朱敬則。蘇瓌。宋璟。魏知古。陸象先。蘇頲。張嘉貞。李元紘。韓休。張九齡。三十七人爲上等。竇威。陳叔達等四十人爲次等。功臣以裴寂。劉文靜。長孫无忌。河間王孝恭。李靖。李勣。尉遲敬德。屈突通。殷開山。劉宏基。長孫順德。唐儉。柴紹。段志元。劉政會。張公謹。程知節。秦叔寶。虞世南。李大亮。蘇定方。王孝傑。張柬之。崔元暐。敬暉。桓彥範。袁恕己。張仁愿。劉幽求。崔日用。郭元振。張說。王琚。王晙。三十四人爲上等。淮安王神通等五十人爲次等。至德以來將相既歿者。以裴冕。房琯。杜鴻漸。李嗣業。劉正臣。顏杲卿。袁履謙。張巡。許遠。盧弈。南霽雲。十一人爲上等。李光弼等十五人爲次等。

二年六月。中書令郭子儀自蒲來朝。子儀勳伐居最。代宗不名。常呼爲大臣。洎幸陝還。賜以鐵券。圖形凌煙閣。及上卽位。恩禮益厚。每謁見。乘肩輿入自光順門。以造內殿。崇貴近古無匹。旣病。上御紫宸殿。命舒王謨制書省之。是日子儀薨。上聞傷痛久之。爲廢朝五日。册命曰。尊爲尙父。官協太師。雖爵秩則同。而禮望尤重。斂以袞冕。旌我元臣。聖祖園陵。所宜陪葬。軾墓重文侯之德。象山追去病之勳。千載如存。九原可作。可贈太師。仍令所司備禮册命。贈絹三千匹。布千端。米麥三千石。凶喪所須。並令官給。及葬。上御安福門臨哭送之。百寮陪位。特賜謚爲忠武。配饗代宗廟庭。

興元元年正月一日赦文。諸軍諸使諸道應赴奉天。及進收京城將士等。宜並賜名奉天定難功臣。身有過犯。遞減罪三等。子孫有過犯。遞減二等。四月。詔諸軍從奉天隨從將士。並賜名元從奉天定難功臣。從谷口以來隨從將士。賜名元從功臣。

貞元元年八月。詔九廟配饗功臣。封爵廢絶者。宜令紹封。以時饗祀。

三年三月。册拜李晟爲太尉。依前兼中書令。

四年。詔爲晟立五廟。贈晟高祖之隴州刺史。贈曾祖嵩澤州刺史。贈祖思恭幽州大都督。及令官給牲牢祭器牀帳。禮官贊儀以祔焉。尋詔晟長子愿爲嫡嗣。兼監察御史。特拜銀青光祿大夫。太子賓客。賜上柱國。使其得列棨戟。五年九月。晟與侍中馬燧召見于延英殿。上嘉其有大勳勞。乃詔曰。昔我烈祖。乘乾坤之滌盪。埽隋季之荒屯。體元御極。作人父母。則有熊羆之士。不二心之臣。左右經綸。參翊締構。昭文德。恢武功。威不若。康不乂。用端命于上帝。俾懷柔于四方。宇宙既清。日月既正。王業既成。太階既平。乃圖厥容。列于斯閣。懋昭績效。表式儀形。一以無忘于朝夕。一以永垂于來裔。君臣之義。厚莫重焉。貞元己巳歲孟秋七月。我行西宮。瞻宏閣崇構。見老臣遺像。顒然肅然。和敬在色。想雲龍之叶應。感致業之艱難。覩往思今。取類非遠。且功與時並。才爲代生。苟蘊其材。遇其時。尊主庇人。何代不有。在中宗則桓彥範等著匡戴之績。在元宗則劉幽求等。中翼奉之勳。在肅宗則郭子儀埽殄氛祲。今則李晟等保寧朕躬。咸宣力肆勤。光復宗祏。繼之前烈。夫豈多謝。闕而未錄。孰謂旌賢。況念功紀德。文祖所爲也。在予曷其敢怠。有司宜敍年代先後。各圖其像。列于舊臣之次。仍令皇太子書。朕是命紀于壁焉。庶永播嘉庸。昭示天下。俾後之來者。知元勳之不朽。于是史官考其功績。第其前後。以褚遂良蘇定方郝處俊等二十七人充之。復命皇太子書其文。以賜晟。刻石于門左。

七年二月。詔授張巡男去病涇陽令。許遠男峴饒州司馬。南霽雲男承嗣溫州別駕。顏眞卿男羣府河中戶曹參軍。顏杲卿孫議左內率府兵曹參軍。旌忠烈之後也。

九年八月。太尉兼中書令西平郡王晟薨。上聞之。震悼出涕。比大斂。遣使親致書于柩前曰。皇帝遣宮闈令第五守進。伸旨于故前太尉兼中書令西平郡王贈太師之靈曰。天祚我邦。是生才傑。稟陰陽之粹氣。實山岳之降靈。宏濟艱難。保佑王室。埽盪氛祲。廓淸上京。忠誠感于人神。功業施于社稷。匡時定亂。實賴元勳。方將與國同休。永爲邦翰。比嬰疾恙。雖歷旬時。日冀痊除。重期相見。弼予在位。終致和平。豈圖藥餌无徵。奄至薨逝。君臣之義。追慟益深。循省遺章。倍增感切。卿一門允嗣。朕必終始保持。況愿等兄弟。承卿教訓。朕之志意。豈忘平生。卿縱不言。朕亦存信。比者卿在之日。卻未見朕深心。今卿與朕長乖。冀知朕誠志。無以爲念。發言涕零。是用躬述數行。遣申所懷得盡。臨紙遣使。不能飾辭魂而有知當體朕意時初域鹽州。復鹽池。上賜宰臣新鹽。惻然思晟。命致鹽于靈座。又時遣中使至晟第。存撫諸子。敎戒備致。每聞其子愿等有一善。上喜形于色。鴻勳盛業。恩寵始終。自古及今。無與晟比。其年十月。司徒兼侍中馬燧對于延英殿。初燧以足疾。許不朝謁。是日燧以冬首朝請。上召對。命無拜而坐。謂之曰。曩故太尉晟常與公俱來。今獨覩公。不覺悲慟。歔欷久之。既而燧請退。病甚。仆于地。不能興。上親起之。送于階。命中貴人扶掖燧頓首泣謝而出。先是燧自平汴宋魏博河中。其功益高。上乃下詔褒美。遷光祿大夫兼侍中。并賜宸扆台衡二銘并序。勒石于起義堂西偏。上爲題額。其恩寵如此。

十七年三月。成德軍節度使檢校太尉兼中書令王武俊薨。廢朝五日。羣臣詣延英奉慰。如渾瑊故事。太常謚曰威烈。上曰。武俊竭忠奉國。賜謚忠烈。

元和二年七月。錄配饗功臣之後。以蘇瓌孫繫爲京兆府司錄參軍。崔元暐孫元方。張說孫嵒。並爲監察御史。狄仁傑孫元範爲左拾遺。敬暉孫元亮。袁恕己孫師德。相次錄用焉。

四年三月。上覽貞觀故事。嘉魏徵諫諍匪躬。詔令京兆尹訪其子孫及故居。則質賣更數姓。析爲九家矣。上愍之。出內庫錢二百萬贖之。以賜其孫稠及善雋等。禁其質賣。

六年九月。勅奉天定難功臣子孫。有犯殺人。宜令所司準法。其餘並準處分。

八年。勅張茂昭立功河朔。舉族歸朝。義烈之風。史册攸載。如聞身歿之後。家無餘財。追懷舊勳。特越常典。

宜歲賜絹二千四。春秋二時支給。

其年八月詔曰。君臣運合。故徇國以忘家。勸賞義明。在褒功而顯節。存則酬其爵祿。歿則錄其子孫。然後忠義不遺。典章斯在。故磁晉隰等州觀察使檢校兵部尚書康日知。故徐州刺史兼御史大夫李洧等一十家。皆有懋功。藏于盟府。故命搜訪後裔。光賁前人。今志寧等或服戎著緒。或從宦有成。或投迹軍府之中。或滯才州縣之職。咸皆甄錄。各茂官榮。庶乎有祿者无忘于聿修。懷忠者使知其必報。勉膺光寵。無替前勞。

十五年六月。勑以大理正段文通爲殿中侍御史。前淮南營田副使殿中侍御史顏顒爲員外郎。長安縣丞顏諗權知大理正。渭南縣尉郭承嘏爲監察御史。并準二月五日制。勳閥之後。可任臺省官者。故有此命。

太和二年六月。詔曰。朕詳覩列聖紀册。祖宗盛業。燦然在前。其或道有汚隆。政有善否。未始不繫乎當時輔弼。常因便殿言諸宰臣。勉其匡益。協心推戴。且以去歲乙巳登應門。敷大號。俾疇賢相。以訪遺裔。或血食不繼。宗祊已蕪。如遂良之委笏面諍。名垂史書。仁傑之恢復廟社。事形先覺。宋璟之文吏骨鯁。功參治平。元紘之守規畫一。時成有裕。其胄僅存。不絕若髮。各授邑吏。使其自試。故中書令褚遂良五代孫虔可汝州臨汝縣尉。內史狄仁傑曾孫元封懷州修武縣尉。侍中宋璟曾孫渤岳州沅江縣尉。中書侍郎李元紘曾孫伉。鄧州向城縣尉。

大中二年正月三日勅節文。功臣墳墓。無子孫者。委所在長吏差人巡檢。其年七月十一日。史館奏續選堪上凌煙閣功臣。除所有舊圖形。并有子孫在中外任官。令寫進外。三十七人。禮部尚書兼門下侍郎平章事李峴。侍中永寧郡公王珪。吏部尚書戴冑。中書令岑文本。中書令馬周。中書令兼修國史韓瑗。侍中兼修國史郝處俊。納言婁師德。文昌左相王及善。同鸞臺鳳閣平章事朱敬則。侍中梁國公魏知古。尚書左丞中書門下同三品陸象先。中書令張九齡。司空魏國公裴寂。納言魯國公劉文靜。中書令漢陽郡王張柬之。中書令博陵郡王崔元暐。侍中扶陽郡王桓彥範。尚書左僕射劉幽求。兵部尚書郭元振。吏部尚書房琯。常山郡太守袁履謙。北庭行營節度使李嗣業。主客郎中河南節度副使張巡。睢陽太守許遠。御史中丞盧奕。右驍衛將軍南霽雲。中書侍郎蕭華。中書侍郎張鎬。司徒李勉。平章事監修國史張鎰。門下侍郎蕭復。兵部侍郎平章事柳渾。檢校司空平章事賈耽。北平郡王馬燧。東都留守李憕。勅旨宜令御史臺散牒諸州。尋訪子孫。圖寫眞形進送。

三年四月。宰臣奏。伏以勳德之後。慶賞所延。每有恩制。多令訪錄。所以興廢繼絕。尊賢報功。事歸勸獎。義主沈鬱。近日諸家。自論者衆。吏曹官闕。合用者稀。縱欲比擬。亦未詳悉。應前件兩色子孫。準前後制勅。令搜訪與官者。望許於吏部陳狀。便委磨勘。如審是嫡嗣。未有官名者。具狀聞奏。非時與一正員解褐官。如有出身及已曾任官者。選日優與處分。如自以才行。嘗登科第。及有諸房子孫。不承祭祀。并及先因奬錄。已授正官者。並不在此限。即冀所加恩例。式叶本條。勅旨。宜依。

咸通九年正月五日。安南觀察使高駢奏。愛州日南郡北五里。有故中書令河南元忠公褚遂良墓。前都護崔耿大中六年。因訪邱墳。別立碑記云。顯慶三年。歿于海上。殯于此地。二男一孫。祔焉。伏乞尋訪苗裔。護喪歸葬。從之。仍勅嶺南各委本道搜訪。如有褚氏事跡相類者。尋訪聞奏。當加優憫。

乾符六年十月。京兆府奏。故尙父子儀廟。因霖雨倒塌。勅減賜御膳錢三千貫。雇丁匠修築。仍令所司。明年仲春。以太牢祭于廟。時禮部員外郞崔祐甫與諫官俱稱過當。章疏屢上。宰臣亦相次奏之。惟中書舍人李拯上疏。請行前詔。乃以太牢祀之。而是非相半。其月。勅以故衞國公李德裕孫延吉起家爲集賢校理。

天祐元年七月。中書門下奏。西都舊有凌煙閣。盡圖國初功臣。今遷都東京。乞委營造一閣。圖寫梁王全忠。勅旨。令于皇城内擇地營造。仍賜名天祐旌功之閣。

唐會要卷四十六

前代功臣

永徽三年九月。詔以周司沐大夫裴融贈尚書左丞封孝琰。有功前代。擢其子孫旌之。其年五月詔隋儀同三司豆盧毓。御史中丞游楚客。齊侍中崔季舒。給事黃門侍郎裴澤。並標忠烈。其子孫令所司量材敍用。先是。有詔追錄前代忠鯁子孫。周相州總管尉遲迥曾孫文禮訴言。迥忠于周室。爲隋所誅。上遣議之。太常卿江夏王道宗等議。皆以迥死節于周。宜有甄錄。褚遂良進曰。竊窺史籍。咸以救君難則爲忠。不救則爲逆。春秋趙穿弒晉靈公。趙盾爲正卿。不討賊。太史書曰趙盾弒其君。由此言之。尉遲迥受周重寄。旣聞隋文作相稱兵鄴下。南通于陳。北達突厥。頓兵六十餘日。不赴國難。免其罪惡爲幸。若謂之忠鯁。臣所深惑。羣議然之。

封建

崔氏曰。蘇冕所載封建篇。蓋以貞觀初。太宗文皇帝嘗欲法周漢故事。分圭以王子弟。裂地以封功臣。諸儒議論紛紜。事卒停寢。故有表疏可編。自後封諸王。或王功臣。但崇以爵等。食其租封而已。劉秩所云。設爵無土。署官不職者也。今子弟功臣封爵者。皆列之。

高祖受禪。以天下未定。廣封宗室。以威天下。皇從弟及姪。年始孩童者。數十人皆封爲郡王。太宗卽位。因舉屬籍問侍臣曰。封宗子於天下便乎。尙書右僕射封德彝對曰。不便。歷觀往古封王者。今日最多。兩漢以降。唯封帝子及親兄弟。若宗室遠疎者。非有功如周之郇滕。漢之賈澤。並不得濫叨名器。所以別親疎也。先朝敦睦九族。一切封王。爵命旣崇。多給力役。蓋以天下爲私。殊非至公馭物之道也。太宗曰。然。朕理天下本爲百姓。非欲勞百姓以養己之親也。於是卒以屬疎降爵。唯有功者數人得王。餘並封爲縣公。

武德元年六月。立世子建成爲皇太子。封皇子元吉爲齊王。宗室子孝基爲永安王。道元爲淮陽王。叔良爲長平王。神通爲永康王。神符爲襄邑王。德良爲新興王。幼良爲長樂王。道素爲竟陵王。博乂爲隴西王。奉慈爲渤海王。八月。涼州賊帥李軌以其地來降。封爲梁王。十月。封從弟瑒爲襄武王。瑗爲廬江王。杜國孝常爲義安王。

三年六月。封皇子元景爲趙王。元昌爲魯王。元亨爲酆王。皇孫承宗爲太原王。承道爲安陸王。承乾爲恆山王。恪爲長沙王。泰爲宜都郡王。

四年三月。徙封宜都郡王泰爲衞王。四月。封皇子元方爲周王。元禮爲鄭王。元嘉爲宋王。元則爲荆王。元茂爲越王。十二月。徙封宋王元嘉爲徐王。

貞觀二年正月。徙封漢王恪爲蜀王。衞王泰爲越王。楚王祐爲燕王。

五年正月。封皇弟元裕爲鄶王。元名爲譙王。靈夔爲魏王。元祥爲許王。元曉爲密王。又封皇子愔爲梁王。貞爲漢王。惲爲郯王。治爲晉王。愼爲申王。囂爲江王。簡爲代王。

十年正月。徙封趙王元景爲荆王。魯王元昌爲漢王。鄭王元禮爲徐王。徐王元嘉爲韓王。荆王元則爲彭王。滕王元懿爲鄭王。吳王元軌爲霍王。豳王元鳳爲虢王。陳王元慶爲道王。魏王靈夔爲燕王。蜀王恪爲吳王。越王泰爲魏王。燕王祐爲齊王。梁王愔爲蜀王。郯王惲爲蔣王。漢王貞爲越王。申王愼爲紀王。

十一年正月。徙封鄶王元裕爲鄧王。譙王元名爲舒王。六月。徙封任城王道宗爲江夏郡王。趙郡王孝恭爲河間郡王。許王元祥爲江王。

十三年六月。封皇弟元嬰爲滕王。

二十一年八月。封皇子明爲曹王。

永徽元年二月。封皇子孝爲許王。上金爲杞王。素節爲雍王。

六年正月。封皇子宏爲代王。賢爲潞王。

顯慶二年二月。徙封雍王素節爲郇王。

儀鳳三年。徙封郇王素節爲葛王。

文明元年三月。徙封杞王上金爲畢王。又改澤王。徙封葛王素節爲許王。

垂拱三年正月．封皇子成義爲恆王．

其年十一月．改封千金王復爲零陵王．

三年正月．封皇子隆範爲衛王．隆業爲趙王．

聖歷三年十二月．封皇太子男重潤爲邵王．重福爲平恩王．重俊爲義興王．重茂爲北海王．

景龍元年五月．封韓王元嘉男訥爲嗣韓王．故霍王元軌長子江都王緒男暉爲嗣霍王．虢王元鳳男巨爲嗣虢王．故紀王慎男安封郡王鐵成爲嗣紀王．故魯王靈夔孫范陽郡王藹長男道堅爲魯王．故曹王明孫允爲嗣曹王．各賜實封四百戶．又封皇從兄境爲歸政郡王．睿宗子成器爲蔡王．千里爲壽春郡王．禧爲天水郡王．初侍中敬暉以唐室中興．削武氏諸王．封宗姓爲王爵．故有是命也．

唐隆元年六月．進封皇子衡陽郡王成義爲申王．巴陵郡王隆範爲岐王．彭城郡王隆業爲薛王．

景雲元年十月．以故吳王恪孫禕爲嗣江王．

其年九月．封皇太子男嗣直爲許昌郡王．嗣謙爲眞定郡王．

先天元年八月．封皇太子男嗣升爲陝王．嗣直爲郯王．嗣謙爲郢王．

開元二年十一月．封皇第四子嗣眞爲鄫王．第五子嗣初爲鄂王．第六子嗣元爲鄄王．

十二年四月．封皇再從兄將作大匠禕爲信安郡王．蜀王楡爲廣漢郡王．再從叔太子員外率更令嗣密王徹爲濮陽郡王。再從兄太子家令嗣趙王琚爲中山郡王。勑曰。傍繼國王。禮有停廢。以朕近屬。特宜並封郡王。

十三年二月。封皇第八子滉爲光王。第十二子漼爲儀王。第十三子澐爲潁王。第十六子澤爲永王。第十八子清爲壽王。第二十子洄爲延王。第二十一子沐爲盛王。第二十二子溢爲濟王。

二十一年九月。封皇子沔爲信王。泚爲義王。漼爲陳王。澄爲豐王。潓爲恆王。漩爲涼王。滔爲深王。

二十八年九月。封皇太子之子僖爲南陽郡王。倓爲建寧郡王。佖爲西平郡王。僅爲新城郡王。僴爲潁川郡王。又封慶王子儼爲新平郡王。仲爲平原郡王。封棣王子僎爲汝南郡王。僑爲宜都郡王。封榮王子俌爲濟陽郡王。偕爲北平郡王。封儀王子侁爲豫章郡王。健爲廣陵郡王。封永王子偒爲襄城郡王。封壽王子伾爲河間郡王。封延王子倬爲彭城郡王。封濟王子傃爲永嘉郡王。

至德二載十二月。進封南陽王傑爲趙王。新城王僅爲彭城王。潁川王僴爲兗王。第九男倕爲襄王。第十男佋爲興王。第十一男偲爲杞王。第十二男侗爲定王。

元年建丑月。封皇太子第二男邈爲益昌郡王。第三男迥爲延慶郡王。趙王長男建爲武威郡王。第二男遹爲興道郡王。彭王長男述爲常山郡王。

大歷十年二月。封第四子述爲睦王。充嶺南節度度支營田等大使。第五子逾爲郴王。充渭北鄜坊等州節度大使。第六子連爲恩王。第七子迥爲韓王。充汴宋等州節度大使。第八子遘爲鄜王。第十三子造爲忻王。充昭義軍節度大使。第十四子暹爲韶王。第十五子運爲嘉王。第十六子遇爲端王。第十七子遹爲循王。第十八子通爲恭王。第十九子逵爲原王。第二十子逸爲雅王。

十四年六月。封元子誦爲宣王。次子謨爲舒王。諶爲通王。諒爲虔王。詳爲肅王。又封皇弟迺爲益王。迅爲隨王。又封彭王第三男適爲新城郡王。襄王長男遙爲伊吾郡王。杞王長男連爲同昌郡王。潁王第六男僙爲歙國公。延王第八男代爲兗國公。陳王第五男倰爲潭陽郡王。儀王第八男佖爲南川郡王。恆王長男循爲清河郡王。又封蜀王長男訓爲東平郡王。德王長男謂爲恭化郡王。長男讚爲武都郡王。諗爲馮翊郡王。

建中元年八月。封嗣舒王藻爲嗣郢王。

三年正月。封涇王迨男爲延德郡王。

四年六月。徙封郴王逾爲丹王。鄜王遘爲簡王。豫章郡王侁爲汧陽郡王。

興元元年八月。合川郡王李晟改封西平郡王。樓煩郡王渾瑊改封咸寧郡王。

貞元元年四月。改封晉王誼爲舒王。

四年四月。封皇第七子諒爲邕王。仍拜開府儀同三司。皇太子長子湻開府儀同三司。封廣陵郡王。二子澳爲建康郡王。三子沔爲洋川郡王。四子洵。殿中監臨淮郡王。五子浼。祕書監宏農郡王。六子泳。漢東郡王。七子湜。少府監晉陵郡王。八子淑。國子祭酒高平郡王。九子滋。雲安郡王。十子淮。太常卿宜城郡王。十一子涓。德陽郡王。十五子浥。光祿卿河東郡王。十六子況。衞尉卿洛交郡王。舒王第二子涉。太僕卿寧塞郡王。三子汭。太府卿清河郡王。睦王子諷。太常卿洪源郡王。丹王子訪。宗正卿寧邦郡王。恩王子誨。大理卿景城郡王。簡王子証。司農卿平恩郡王。忻王子諸。太常卿武威郡王。韶王子諴。鴻臚卿晉昌郡王。嘉王子訢。太僕卿新安郡王。端王子誠。衞尉卿新興郡王。循王子護。光祿卿平樂郡王。

二十一年四月封第十弟謜爲欽王。第十一弟諴爲珍王。男建康郡王沔爲均王。改名緯。臨淮郡王洵爲漵王。改名縱。宏農王浼爲莒王。改名紓。漢東郡王泳爲密王。改名綢。晉陵郡王湜爲郇王。改名總。高平郡王淑爲邵王。改名約。雲安郡王滋爲宋王。改名結。宣城郡王淮爲集王。改名緗。德陽郡王涓爲冀王。改名絿。河東郡王浥爲和王。改名綺。第十七男絢。封衡王。十九男纁。封會王。二十男綰。封福王。二十一男紘。封撫王。二十三男緄。封岳王。二十四男紳。封袁王。二十五男綸。封桂王。二十七男繟。封翼王。庚戌。封皇太子長子寧爲平原郡王。二子寬爲同安郡王。三子宥爲延安郡王。四子察爲彭城郡王。五子寰爲高密郡王。六子寮爲文安郡王。

元和元年八月。制封皇太子男平原郡王寧爲鄧王。同安郡王寬爲澧王。延安郡王宥爲遂王。彭城郡王寮爲深王。高密郡王寰爲洋王。文安郡王寮爲絳王。第十男審爲建王。

長慶元年三月。封弟憬爲鄜王。悅爲瓊王。惲爲沔王。懌爲婺王。愔爲茂王。怡爲光王。協爲淄王。憺爲衢王。悅爲澶王。皇子湛爲鄂王。涵爲江王。湊爲漳王。溶爲安王。瀍爲潁王。宜令有司擇禮册命。鄂王尋改爲景王。

太和八年十一月勅。故澧王長子漢可封東陽郡王。次男源可封安陸郡王。三男演可封臨川郡王。故深王長男潭封河內郡王。次男淑封吳興郡王。故絳王長男洙封新安郡王。次男滂封高平郡王。故潄王長男湧封潁川郡王。淄王長男漧封許昌郡王。沔王長男瀛封晉陵郡王。祁王長男溥封平陽郡王。

開成二年八月。敬宗皇帝第二子休復封梁王。第三子執中封襄王。第四子言揚封汜王。第六子成美封陳王。

五年三月。故襄王男寀封樂安郡王。故陳王第十六男儼封宣城郡王。

會昌六年五月勅。長男温可封鄆王。第二男涇可封雅王。第三男滋可封蘄王。第四男沂可封慶王。

大中二年二月。封第五男澤爲濮王。

三年十一月。封憲宗皇帝第十七男惕爲彭王。

五年。封第六子潤爲鄂王。

六年十二月。封憲宗皇帝第十八男惴爲棣王。
八年。封第七子洽爲懷王。第八子汭爲昭王。第九子汶爲康王。
十一年。封第十子灌爲衞王。第十一子澭爲廣王。
十四年。封憲宗子憻爲信王。
咸通三年。封長子佾爲魏王。第二子侹爲涼王。第三子佶爲蜀王。第四子佀爲威王初封郡王。封憲宗子憤爲榮王。
八年。封順宗第二十二子緝爲蘄王。
十三年。封第六子保爲吉王。第八子倚爲睦王。
中和元年九月十六日。封長子震爲建王。
光啓三年十一月十四日。封第二子陞爲益王。
乾寧元年十月十八日。封第二子祤爲棣王。第三子禊爲虔王。第四子禋爲沂王。第五子禕爲遂王。
四年正月二十二日。封第六子祕爲景王。第七子禖爲祁王。
光化二年十一月十九日。封第八子禎爲雅王。第十子祥爲瓊王。
封建雜錄上

貞觀二年十二月十六日。太宗以宇內清晏。思以致理。謂公卿曰。朕欲使子孫長久。社稷永安。其理如何。尙書右僕射宋國公瑀對曰。臣觀前代國祚所以長久者。莫不封建諸侯。以爲磐石之固。秦幷六國。罷侯置守。二世而亡。漢有天下。衆建藩屛。年踰四百。魏晉廢之。不能永久。封建之法。實可遵行。上然之。始議分封裂土之制。禮部侍郎李百藥論曰。周氏以鑒夏殷之長久。遵黃唐之並建。維城磐石。深根固本。雖王綱弛廢。而枝幹相持。故使逆節不生。宗祀不絕。秦氏背師古之訓。棄先王之道。踐華恃險。罷侯置守。子弟無尺土之邑。兆庶罕共理之憂。故一夫號澤。七廟隳祀。臣以爲自古皇王君臨宇內。莫不受命上元。飛名帝籙。締搆遇興王之運。殷憂屬啓聖之期。雖魏武攜養之資。漢高徒役之賤。非止意有覬覦。推之亦不能去也。若其獄訟不歸。菁華已竭。雖帝堯之光被四表。大舜之上齊七政。非止情存揖讓。守之亦不可固焉。以放勳重華之德。尙不能克昌厥後。是知祚之長短。必在天時。政或盛衰。有關人事。宗周卜世三十。卜年七百。雖淪胥之道斯極。而文武之器猶在。斯則龜鼎運祚。已懸定於杳冥也。至使南征不返。東遷避逼。禋祀如綫。郊畿不守。此乃陵夷之漸。有累於封建焉。暴秦運距閏餘。數終百六。受命之主。德異禹湯。繼世之君。才非啓誦。借使李斯王綰之輩。咸開四履。將閭子嬰之徒。俱啓千乘。豈能逆帝王之勃興。抗龍顏之祚命耶。然則得失成敗。各有由焉。而著述之家。多守常轍。莫不情忘今古。理蔽澆淳。欲以百王之季。行三代之法。天下五服之內。盡封諸侯。王畿千里之間。俱爲采地。是以結繩之化。行虞夏之朝。用象刑之典。理劉曹之末。鏤船求劒。未見其可。膠柱成文。彌所多惑。徒知問鼎請隧。有懼霸王之師。白馬素車。無復藩籬之援。不悟望夷之釁。未堪羿浞之災。復思高貴之殃。寧異申鄫之酷。此乃欽明昏亂。自繫安危。固非守宰公侯。以成興廢。且數代之後。王室寖微。自藩屏化爲仇敵。家殊俗。國異政。強凌弱。衆暴寡。疆埸彼此。干戈侵伐。狐駘之役。女子盡髽。崤陵之師。隻輪不返。斯蓋略舉一隅。其餘不可勝數。陸士衡方規規然云。嗣王委其九鼎。凶族據其大邑。天下晏然。以理待亂。斯言謬也。而設官分職。任賢使能。以循良之才。膺共理之寄。刺郡分竹。何代無人。至使地或呈祥。天不愛寶。人稱父母。政比神明。曹元首方區區然稱與人共其樂者。人必憂其憂。與人同其安者。人必拯其危。豈容委以侯伯。則同其安危。任之牧宰。則殊其憂樂。何斯言之妄也。封君列國。藉慶門資。忘先業之艱難。輕自然之崇貴。莫不代增淫虐。時益驕侈。離宮別館。切漢凌雲。或刑人力而將盡。或召諸侯而共樂。陳靈則君臣悖禮。共侮徵舒。衞宣則父子聚麀。終誅壽朔。乃云爲己思理。豈若是乎。內外羣官。選自朝廷。擢士庶以任之。澄水鏡以鑒之。年勞優其階品。考績明其黜陟。爵非代及。用賢之路斯廣。人無定主。附下之情不固。此乃愚智所辨。安可惑哉。至如滅國殺君。亂常干紀。春秋二百年間。略無寧歲。次睢咸秩。遂用玉帛之君。魯道有蕩。每等衣裳之會。縱使西漢哀平之際。東漢桓靈之時。下吏淫暴。必不至此。爲政之理。可以一言蔽焉。陛下獨照宸衷。永懷前古。將復五等而修舊制。建萬國而親諸侯。竊以漢魏以還。餘風之弊未盡。勛華既往。至公之道斯革。請待琢琱成朴。以質代文。刑措之教一行。登封之禮云畢。然後定疆理之制。議山河之賞。未爲晚焉。中書侍郎顏師古論封建表曰。伏聞前年。陛下親發聖慮。特降明勅。博問卿士。議欲封建。既合事宜。實惟理要。然而議者不一。各執異端。或欲追法殷周。遠遵上古。天下之地。盡爲封國。庶姓羣官。皆錫茅社。或云凋弊之後。人稀土廣。封建之事。蓋未可行。此皆不臻至理。兩失其衷。臣愚以爲當今之要。莫如量其遠近。分置王國。均其戶邑。強弱相濟。畫野分疆。不得過大。間以州縣。雜錯而居。互相維持。永無傾奪。使各守其境。而不能爲非。協力同心。則足扶京室。陛下然後分命諸子。各就封之。爲置官寮。皆一省選用。法令之外。不得擅作威刑。朝貢禮儀。具爲條式。一定此制。萬代永久。則狂狡絕暴慢之心。本朝無怵惕之慮。特進魏徵議曰。臣聞三代之利。建藩屏。保乂皇家。兩漢之大啓山河。同獎王室。故楚國不恭。齊桓有召陵之舉。諸呂構難。朱虛奮北軍之謀。九鼎危而復安。諸侯傲而還肅。比夫秦之孤立。子弟爲匹夫。魏氏虛名。藩捍若囹圄。豈可同年而語哉。至於同憂共樂之談。百足不僵之義。曹冏六代。陸機五等。論之詳矣。陛下發明詔。封五等。事雖盡善。時即未遑。何也。自隋氏亂離。百殃俱起。黎元塗炭。十不一存。始蒙覆至仁。以流元澤。沐春風而霑夏雨。一朝棄之爲諸侯之隸。衆心未定。或致逃亡。其未可一也。既立諸侯。當建社稷。禮樂文物。儀衞左右。頓闕則理必不安。粗修則事有未暇。其未可二也。大夫卿士。咸資祿俸。薄賦則官府困窮。厚斂則人不堪命。其未可三也。王畿千里。地稅不多。至於貢賦所資。在於侯甸之外。今並分爲國邑。京師府藏。必虛。諸侯朝宗。無所取給。其未可四也。今燕秦趙代。俱帶蕃夷。黠羌旅拒。匈奴未滅。追兵內地。遠赴邊庭。不堪其勞。將有他變。難安易動。悔或不追。其不可五也。原夫聖人舉事。貴在相時。時或未可。理資通變。敢進芻蕘之議。惟明主擇焉。六年。監察御史馬周上疏曰。伏見詔書令宗室勳賢作鎭藩部。貽厥子孫。嗣守其政。非有大故。則無黜免。臣竊惟陛下封之者。愛之重之。欲其胄裔承守。而與國無疆也。臣以爲如詔旨者。陛下思所以安存之富貴之。然後使爲世官也。古者以堯舜之父。猶有朱均之子。儻有孩童嗣職。萬一驕愚。則兆庶被其殃。而國家受其敗。正欲絕之。則子文之理猶在。正欲留之。而欒黶之惡已彰。與其毒害於見存之百姓。則寧使割恩於已亡之一臣明矣。然則向所謂愛之者。乃適所以傷之也。臣謂宜賦以茅土。酧其戶邑。必有材器。隨器方授。則雖其翰翮非強。亦可以獲免凶累。昔漢光武不任功臣以吏事。所以終全其代者。良得其術也。願陛下深思其宜。使夫得奉天恩。而子孫終其福祿也。

十一年六月六日。詔曰。設官司以制海內。建藩屏以輔王室。莫不明其典章。義存於至理。崇其賢戚。志在於無疆者也。今採按部之嘉名。參建侯之舊制。共理之職重矣。分土之實存矣。已有詔書。陳其至理。繼世垂範。貽厥後昆。維城作固。同符前烈。荆州都督荆王元景。涼州都督漢王元昌。徐州都督徐王元禮。潞州都督韓王元嘉。遂州都督彭王元則。鄭州刺史鄭王元懿。絳州刺史霍王元軌。虢州刺史虢王元鳳。豫州刺史道王元慶。壽州刺史舒王元名。鄧州刺史鄧王元裕。幽州都督燕王靈夔。蘇州刺史許王元祥。安州都督吳王恪。相州都督魏王泰。齊州都督齊王祐。益州都督蜀王愔。襄州刺史蔣王惲。揚州都督越王貞。并州都督晉王治。秦州都督紀王慎等。或地居旦奭。夙聞詩禮。或望乃間平。早稱才藝。並爵崇土宇。寵兼車服。誠孝之心。無忘於造次。風政之譽。克著於朞月。宜冠藩垣。胙以休命。其所署刺史。咸令子孫世世承襲。

唐會要卷四十七

封建雜錄下

貞觀十一年六月十五日。又以司空長孫無忌爲趙州刺史。改封趙國公。尚書左僕射房元齡爲宋州刺史。改封梁國公。故司空杜如晦密州刺史。封蔡國公。特進李靖爲濮州刺史。改封衛國公。特進高士廉爲申州刺史。改封申國公。趙郡王孝恭爲觀州刺史。改封河間郡王。同州刺史尉遲敬德爲宣州刺史。改封鄂國公。光祿大夫李勣爲蘄州刺史。改封英國公。左驍衞大將軍段志元爲金州刺史。改封褒國公。左領軍大將軍程知節爲普州刺史。改封盧國公。兵部尚書侯君集爲陳州刺史。改封陳國公。任城王道宗爲鄂州刺史。改封江夏郡王。太僕卿劉宏基爲朗州刺史。改封夔國公。金紫光祿大夫張亮爲隰州刺史。改封鄖國公。詔曰。周武定業。胙茅土于子孫。漢高受命。誓帶礪于功臣。豈止重親賢之地。崇其典禮。抑亦固磐石之基。寄以藩翰。但今之刺史。古之諸侯。雖立名不同。而監統一也。故申命有司。斟酌前代。宜條委共理之寄。象賢存世及之典。司空無忌等並策名運始。功參締構。卽令子孫世世承襲。非有大故。無或黜免。餘官食邑並如故。其後無忌將之國。情皆係戀。不願是行。辭不獲免。謬出怨言。以激上怒。云。臣披荆棘以事陛下。今海內寧一。乃令世牧外州。復與遷徙何異。因上表固讓。太宗曰。割地以封功臣。古今之通義也。

意欲公之枝葉。翼朕子孫。長爲藩翰。傳之永久。情在此耳。而公等薄山河之誓。發言怨望。朕亦安可強公以土宇邪。太子左庶子于志寧以今古事殊。恐非久安之道。上疏爭之。竟從志寧議。二十日勅五等封加開國之稱。

劉秩政典曰。我皇帝思侔前古。永傳後裔。下無山甫將明之才。乃聽百藥偏昧之說。從羣臣之小議。挫爲國之大經。設爵無土。署官不職。王澤不布。人無承化。遂令刑辟未弭。國用不殷。權柄擅于后氏。社稷絕而復存。揆久安之由。在于取順而難爲逆。絕欲奪之原。在于單弱而無所憚。此卽事之明驗也。百藥不詳秦漢晉宋齊隋得失之異。謂不足法。復忽渲于賈曹劉陸成敗之說。委之天命。天之所命。人事而已。棄人事。捨天理。滅聖智。任存亡也。故建侯者。所以正家嫡。安父子之分。使不相猜貳。豈藩屏王室已哉。夫先王之尙封建也。非止貴於永久。貴其從化而省刑。故郡建則督責。督責則刑生。國開則明教。明教則從化。從化之行。因於封建。封建則諸侯之制。與天子備同。備同而禮殺。禮殺然後可宣教化。宣教化則仁義長。仁義長則尊卑別。尊卑別則禍亂息。此封建之所以易爲理也。郡縣之理。可以小寧。不可以久安。可以責成。不可以化俗。嗚呼。上無堯舜猶可也。有堯舜之德。欲廣其澤。捨此何以哉。自漢以降。雖封建失道。然諸侯猶皆就國。今封建子弟。有其名號。而無其國邑。空樹官僚。而無莅事。聚居京輦。食租衣稅。國用所以不足也。

十六年。皇子年幼者。多任都督刺史。諫議大夫褚遂良上疏曰。昔兩漢以郡國理人。除郡以外。分立諸子。割土分疆。雜用周制。皇唐州縣。麤依秦法。皇子幼年。或授刺史。陛下豈不以徧王骨肉。鎮捍四方。此之造制。道高前烈。如臣愚見。有小未盡。何者。刺史郡帥。民仰以安。得一善人。部內蘇息。遇一不善。闔州勞弊。是以人君愛恤百姓。常爲擇賢。或稱河潤九里。京師蒙福。或人興歌詠。生爲立祠。漢宣帝云。與我共理者。惟良二千石乎。如臣愚見。陛下王子之內。年齒尚幼。未堪臨人者。且留京師。教以經學。一則畏天之威。不敢犯禁。二則觀見朝儀。自然成立。因此積習。漸知爲人。審堪臨州。然後遣出。臣謹按漢明章和三帝。能友愛子弟。自茲以降。取爲準的。封立諸王。各有國土。年尚幼小者。召留京師。訓以禮法。垂以恩惠。訖三帝世。諸王數千百人。唯二王稍惡。自餘餐和染教。皆爲善人。此則前代事已驗。惟陛下察焉。上納之。

大足元年二月。冀州人蘇安恒上疏曰。臣聞自昔明王之孝理天下者。不見二姓而俱王。當今梁定河內建昌諸王等。承陛下蔭覆。並得封王。臣恐千秋萬歲之後。於事非便。臣請黜爲公侯。任以閒簡。又聞陛下有二十餘孫。今無尺土之封。此非久長之計也。臣請四面都督府。及要衝州郡。分土而王之。縱令年尚幼小。未閑養人之術。臣請擇立師傅。成其孝敬之道。將以夾輔周室。藩屏皇家。使累葉重光。饗祀不輟。斯爲美矣。豈不大哉。

神龍元年二月十四日。追封后父韋元貞爲上洛郡王。左拾遺賈虛己上疏諫曰。臣聞孔子曰。唯名與器。

不可以假人。其非李氏而王。自古盟書所弃。今陛下創制謀始。垂範將來。爲皇王令圖。子孫明鏡。匡復未幾。后族有私。臣雖愚庸。尙知不可。史官執簡。必是直書。先朝贈太原郡王。殷監不遠。如渙汗既行。憚改成命。臣望請皇后抗表固辭。使天下知引讓之風。彤管著沖謙之德。不納。

其年五月十五日。侍中敬暉等以唐室中興。武氏諸王宜削其王爵。乃率羣臣上表曰。臣聞神器者。天下之至公。必歸於有德。王極者。域中之大寶。必順乎天命。歷考前史。詳觀帝業。皆不並興。莫不更王。故三皇氏沒而五帝氏興。夏殷氏息而周漢氏作。何則。帝王之歷數。必應乎五行。水盛則火衰。木衰則金盛。天地之氣運。必順乎四時。春往則夏來。暑退則寒集。則知五行之數。帝王不可違。違之則宗社不安。生人不理。四時之序。天地不能變。變之則霜露不時。水旱交錯。自有隋失御。海內分崩。天歷之重。歸於唐室。萬方樂業。荷撥亂之功。三聖重光。布生成之德。可謂有功於四海。有德於烝人。自則天皇后臨御帝圖。明目達聰。躬親庶政。則有讒邪凶孽。誣惑睿哲。搆害宗枝。誅夷殆盡。忠臣義士。實所痛心。自天授之際。時稱改革。武家子弟。咸預封建。十餘年間。實亦榮極于時。國家屏藩。豈待並封。事有升降。時使然也。今神器大寶。重歸陛下。百姓謳歌，欣復唐業。臣又聞之。業不兩盛。事不兩大。故天無二日。土無二王。前聖之格言。先哲之明誡。自皇階反正。天命維新。武氏諸王。封建依舊。生者既加茅土。死者仍追賦邑。萬夫失望。卿士寒心。何則。開闢已來。空有斯理。帝王之道。實無此法。陛下縱欲開恩。以行私惠。豈可違五行歷數乎。乖四時寒暑乎。

又海內衆情。朝廷竊議。爲武氏諸王身計。實將有損。何則。處之未得其所。居之實恐未安。陛下雖欲寵之。翻乃禍之。亦於事未立定分。於理不遵古典故也。且唐歷有歸。周命已去。爵重則難保。祿輕則易全。又武氏諸王。並居京輦。不降舊封。天下之心。竊將不可。陛下縱欲敦崇外戚。曲流恩貸。奈宗廟社稷之計何。奈卿士黎庶之議何。伏願陛下爲社稷之遠圖。割私情之小愛。上崇經邦之要。外順遐邇之心。又故韓魯霍舒紀澤等諸王。並遭非命。枉被誅戮。今遺孤餘緒。雖罕有存者。繼絕興亡。義無或闕。伏望謀擇近親。繼其禋祀。更開茅土。並列於朝。豈不固宗社之本。允人靈之願。則陛下巍巍之業。貫三光而洞九泉。親親之義。上有倫而下有序。臣等並承榮寵。固竭丹衷。既爲唐臣。實爲唐計。伏乞聖慈。俯垂矜納。疏奏。遂降武三思等爲郡王。懿宗等爲國公。

開元八年五月十八日。勅準令。王妻爲妃。文武官及國公妻爲國夫人。母加太字。餘人有官及爵者。聽從高敍。但王者名器。殊恩或殞。異姓妻合從夫授秩。甲令更無別條。率循舊章。須依往例。自今已後。郡嗣王及異姓王母妻。宜準令爲妃。

封諸嶽瀆

垂拱四年七月一日。封洛水神爲顯聖侯。享齊於四瀆。封嵩山神爲神嶽天中王。至萬歲通天元年四月一日。神嶽天中王可尊爲神嶽天中皇帝。至神龍元年二月。復爲天中王。

先天二年八月二十日。封華嶽爲金天王。

開元十三年。封泰山神爲齊天王。禮秩加三公一等。

天寶五載正月二十三日。詔曰。五方定位。嶽鎮總其靈。萬物阜成。雲雨施其潤。上帝攸宅。寰區是仰。且岱宗西嶽。先已封崇。其中嶽等三方典禮。所尊未齊名秩。永言光被。用叶靈心。其中嶽神封爲中天王。南嶽神封爲司天王。北嶽神封爲安天王。

六載正月十二日。勅文。四瀆五嶽。雖差秩序。興雲播潤。蓋同利物。崇號所及。錫命宜均。其五嶽既已封王。四瀆當昇公位。遞從加等。以答靈心。其河瀆宜封爲靈源公。濟瀆封爲清源公。江瀆封爲廣源公。淮瀆封爲長源公。仍令所司擇日奏使告祭。

七載十二月九日。封昭應山爲元德公。

八載閏六月五日。勅文。封太白山爲神應公。其九州鎮山。除入諸嶽外。並宜封公。

十載正月二十三日。封東海爲廣德王。南海爲廣利王。西海爲廣潤王。北海爲廣澤王。封沂山爲東安公。會稽山爲永興公。嶽山爲成德公。霍山爲應聖公。醫巫閭山爲廣寧公。

至德二年十二月十五日。勅。吳山宜改爲吳嶽。祠享官屬。並準五嶽故事。

上元二年十月。改華山爲太山。華陰縣爲太陰縣。

元和十五年閏正月勅。北嶽宜改爲鎮嶽。避穆宗諱也。

開成二年四月十一日勅。每聞京師舊說。以爲終南山興雲。卽必有雨。若晴霽。雖密雲佗至。竟不霑霈。況茲山北面闕庭。日當顧矚。修其望祀。寵數宜及。今聞都無祀宇。巖谷湫卻在命祀。終南山未備禮秩。湫爲山屬。捨大從細。深所謂闕于興雲致雨之祀也。宜令中書門下。且差官設奠。宣告致禮。便令擇立廟處所。迴日以聞。然後命有司卽時建立。至八月。勅終南山宜封爲廣惠公。

三年。太常禮院奏。準去年十月六日勅。終南山封廣惠公。册命訖。宜準四鎮例。以本府都督勅使充獻官者。今合每年一祭。仍請以季夏土王日祭之。應緣祭事。並令本州府備具祀文。所司祭前五日送京兆府。

乾寧五年十月一日。勅封少華山爲佑順侯。

天祐二年六月十六日。封洞庭湖君爲利涉侯。青草湖君爲安流侯。

議釋教上

武德七年七月十四日。太史令傅奕上疏。請去釋教。高祖付羣官詳議。太僕卿張道源稱奕奏合理。尚書右僕射蕭瑀與之爭論曰。佛聖人也。奕爲此議。非聖人無法。請寘嚴刑。奕曰。禮本事親。終于奉上。而佛踰城出家。逃背其父。以匹夫而抗天子。以繼體而悖所親。蕭瑀非出空桑。乃遵無父之教。瑀不能答。合掌云。地獄所設。正爲是人。太宗嘗臨朝謂奕曰。佛道元妙。聖迹可師。卿獨不悟何也。奕對曰。佛是胡中桀黠。欺誑夷俗。遵尚其道。皆是邪僻小人。模寫莊老元言。文飾妖幻之教耳。于百姓無補。于國家有害。上然之。至九年二月二十二日。以沙門道士虧違教跡。留京師寺三所。觀三所。選耆老高行以實之。餘皆罷廢。至六月四日勅文。其僧尼道士女冠。宜依舊定。

貞觀八年。上謂長孫無忌曰。在外百姓。大似信佛。上封事欲令我每日將十箇大德共達官同入。令我禮拜。觀此乃是道人教上其事。侍中魏徵對曰。佛道法本貴清淨。以遏浮競。昔釋道安如此名德。符永固與之同輿。權翼以爲不可。釋惠琳非無才俊。宋文帝引之升殿。顏延之云。三台之位。豈可使刑餘之人居之。今陛下縱欲崇信佛教。亦不須道人日到參議。

顯慶二年詔曰。釋典沖虛。有無兼謝。正覺凝寂。彼我俱忘。豈自遵崇。然後爲法。聖人之心。主於慈孝。父子君臣之際。長幼仁義之序。與夫周孔之教。異轍同歸。弃禮悖德。朕所不取。僧尼之徒。自云離俗。先自尊高。父母之親。人倫以極。整容端坐。受其禮拜。自餘尊屬。莫不皆然。有傷教名。實斁彝典。自今已後。僧尼不得受父母及尊者禮拜。所司明爲法制。卽宜禁斷。

開元二年閏二月十三日勅。自今已後。道士女冠僧尼等。並令拜父母。至於喪祀輕重。及尊屬禮數。一準常儀。庶能正此頹弊。用明典則。

開元二年正月。中書令姚崇奏言。自神龍已來。公主及外戚皆奏請度人。亦出私財造寺者。每一出勅。則因爲姦濫。富戶强丁。皆經營避役。遠近充滿。損汚精藍。且佛不在外。近求於心。但發心慈悲。行事利益。使蒼生安樂。即是佛身。何用妄度姦人。令壞正法。上乃令有司精加銓擇。天下僧尼僞濫還俗者。三萬餘〔八〕。

大歷十三年四月。劍南東川觀察使李叔明奏請澄汰佛道二教。下尚書省集議。都官員外郎彭偃獻議曰。王者之政。變人心爲上。因人心次之。不變不因。循常守故者爲下。故非有獨見之明。不能行非常之事。今陛下以維新之政。爲萬代法。若不革舊風。令歸正道者。非也。當今道士有名無實。時俗鮮重。亂政猶輕。惟有僧尼。頗爲穢雜。自西方之教。被於中國。去聖日遠。空門不行五濁。比邱但行麁法。爰自後漢。至于陳隋。僧之教滅。其亦數四。或至坑殺。殆無遺餘。前代帝王。豈惡僧道之善。如此之深耶。蓋其亂人。亦已甚矣。且佛之立教。清淨無爲。若以色見。即是邪法。開示悟入。惟有一門。所以三乘之人。比之外道。況今出家者。皆是無識下劣之流。縱其戒行高潔。在於王者。已無用矣。今叔明之心甚善。然臣恐其奸吏詆欺。而去者未必非。留者不必是。無益於國。不能息奸。既不變人心。亦不因人心。强制力持。難致遠耳。臣聞天生蒸民。必將有職。遊行浮食。王制所禁。故有才者受爵祿。不肖者出租稅。此古之常道也。今天下僧道。不耕而食。不織而衣。廣作危言險語。以惑愚者。一僧衣食。歲計約三萬有餘。五丁所出。不能致此。舉一僧以計天下。其費可知。陛下日旰憂勤。將去人害。此而不救。奚其爲政。臣伏請僧道未滿五十者。每年輸絹四疋。尼及女道士未滿五十者。輸絹二疋。其雜色役與百姓同。有才智者令入仕。請還俗爲平人者聽。但令就役輸課。爲僧何傷。臣竊料其所出。不下今之租賦三分之一。然則陛下之國富矣。蒼生之害除矣。其年過五十者。請皆免之。夫子曰。五十而知天命。列子曰。不斑白。不知道。八年五十歲。嗜慾已衰。縱不出家。心已近道。況戒律檢其性情哉。臣以爲此令既行。僧尼規避還俗者。固已大半。其年老精修者。必盡爲人師。則道釋二教。益重明矣。上深嘉之。

元和十三年。功德使奏。鳳翔府法門寺有護國眞身塔。塔內有釋迦牟尼佛指骨一節。其本傳以爲當三十年一開。開則歲豐人安。至來年合發。詔許之。命中使領禁兵。與僧徒迎護至京。上開光順門以納之。留禁中三日。乃送京城佛寺。王公士庶。瞻禮施舍。如恐不及。百姓有廢業竭產。燒頂灼臂而云供養者。又有開肆惡子。不苦焚烙之痛。譎言供養。而爇其肌膚。繇是佛骨所在。往往盜發。既擒獲。皆向之自灼者。農人多廢東作。奔走京城。於是刑部侍郎韓愈上疏極諫曰。臣伏以佛者。夷狄之一法耳。自後漢時始流入中國。上古未嘗有也。昔者黃帝在位百年。年百一十歲。少昊在位八十年。年百歲。顓頊在位七十九年。年九十八歲。帝嚳在位七十年。年百五歲。帝堯在位九十八年。年百一十八歲。帝舜及禹年皆百歲。此時天下太平。百姓安樂壽考。然而中國未有佛也。其後殷湯亦年百歲。湯孫太戊在位七十五年。武丁在位五十九年。書史不言其年壽所極。推其年數。蓋亦不減百歲。周文王年九十七歲。武王年九十三歲。穆王在位百年。此時佛法亦未入中國。非因事佛而致然也。漢明帝時。始有佛法。明帝在位纔十八年耳。其後亂亡相繼。運祚不永。宋齊梁陳元魏以下。事佛漸謹。年代尤促。唯梁武帝在位四十八年。前後三度。捨身施佛。宗廟之祭。不用牲牢。晝日一餐。止於菜果。其後竟爲侯景所逼。餓死臺城。國亦尋滅。事佛求福。乃更得禍。由此觀之。佛不足事。亦可知矣。高祖始受隋禪。則議除之。當時羣臣材識不遠。不能深知先王之道。古今之宜。推闡聖明。以救斯弊。其事遂止。臣常恨焉。伏惟睿聖文武皇帝陛下。聖神英武。數千百年以來。未有倫比。卽位之初。卽不許度人爲僧尼道士。又不許創立寺觀。臣常以爲高祖之志。必行於陛下之手。今縱未能卽行。豈可恣之轉令盛也。今聞陛下令京都僧於鳳翔迎取佛骨。御樓以觀。舁入大內。又令諸寺遞迎供養。臣雖至愚。必知陛下不惑於佛。作其崇奉。以祈福祥也。直以年豐人樂。徇人之心。爲京師士庶設詭異之觀。戲翫之具耳。安有聖明若此。而肯信此等事哉。然百姓愚冥。易惑難曉。苟見陛下如此。將謂眞心信佛。皆云天子大聖。猶一心敬信。百姓賤微。於佛豈合更惜身命。焚頂燒指。百千爲羣。解衣散錢。自朝至暮。轉相倣效。惟恐後時。老少奔波。棄其業次。若不卽加禁遏。更歷諸寺。必有斷臂臠身。以爲供養者。傷風敗俗。傳笑四方。非細事也。夫佛本夷狄之人。與中國言語不通。衣服殊製。口不言先王之法言。身不服先王之法服。不知君臣之義。父子之情。假如其身至今尚在。奉其國命。來朝京師。陛下容而接之。不過宣政一見。禮賓一設。賜衣一襲。衛而出之於境。不令惑於衆也。况其身死已久。枯朽之骨。凶穢之餘。豈宜令入宮禁。孔子曰。敬鬼神而遠之。古諸侯行弔於其國。尙令巫祝先以桃苅。除去不祥。然後進弔。今無故取朽穢之物。親臨觀之。巫祝不先。桃茢不用。羣臣不言其非。御史不舉其失。臣實恥之。乞以此骨付之有司。投諸水火。永絕根本。斷天下之疑。絕萬代之惑。使天下之人。知大聖人之所作爲。出於尋常萬萬也。豈不盛哉。豈不快哉。佛如有靈。能成禍福。凡有殃咎。請加臣身。上天鑒臨。臣不怨悔。疏奏。上怒甚。間一日。出以示宰臣。將加重法。裴度崔羣對曰。韓愈上忤尊聽。誠宜得罪。然非內懷忠懇。不避黜責。豈能至此。伏乞稍賜寬容。以來諫者。上曰。愈言我奉佛太過。我猶爲容之。至謂東漢奉佛之後。帝王咸致夭促。何乖誕也。愈爲人臣。而敢爾狂忽。不可赦。於是人情驚惋。至於國戚。亦以罪愈爲人臣戒。而給事中崔植泊諸諫官皆上疏論救。不納。遂貶潮州刺史。

會昌五年八月。制。朕聞三代已前。未嘗言佛。漢魏之後。像教寖興。是逢季時。傳此異俗。因緣染習。蔓衍滋多。以至於耗蠹國風。而漸不覺。以至於誘惑人心。而衆益迷。泊乎九有山原。兩京城闕。僧徒日廣。佛寺日崇。勞人力於土木之功。奪人利爲金寶之飾。遺君親於師資之際。違配偶於戒律之間。壞法害人。莫過於此。且一夫不田。有受其餒者。一婦不織。有受其寒者。今天下僧尼。不可勝數。皆待農而食。待蠶而衣。寺宇招提。莫知紀極。皆雲構藻飾。僭擬宮殿。晉宋齊梁。物力凋瘵。風俗澆詐。莫不由是而致也。況高祖太宗以武定禍亂。以文理華夏。執此二柄。足以經邦。而豈可以區區西方之教。與我抗衡哉。貞觀開元。亦嘗釐革。剷除不盡。流衍轉滋。朕博覽前言。旁求輿議。弊之可革。斷在不疑。而中外諸臣。叶予至意。條疏至當。宜從所請。誠懲千古之蠹源。成百王之典法。濟物利衆。予不讓焉。其天下所拆寺四千六百餘所。還俗僧尼二十六萬餘人。收充兩稅戶。拆招提蘭若四萬餘所。收膏腴上田數千萬頃。收奴婢爲兩稅戶十五萬人。隸僧尼屬主客。顯明外國之教。勒大秦穆護祆三千餘人還俗。不雜中華之風。於戲。前古未行。似將有待。及今盡去。豈謂無時。驅游惰不業之徒。已踰千萬。廢丹艧無用之居。何啻億千。自此淸淨訓人。慕無爲之理。簡易爲政。成一俗之功。將使六合黔黎。同歸皇化。尙以革弊之始。日用不知。下制明廷。宜體予志。宣布中外。咸使知聞。

唐會要卷四十八

議釋教下

大中六年十二月。祠部奏。當司伏准累年赦文及别敕建置佛堂。並剃度僧尼等。伏以陛下護持釋教。以濟羣生。自出聖慈。孰不知感。非欲華飾寺宇。廣度僧尼。興作勞人。匱竭物力。近日天下未喻聖心。建置漸多。剃度彌廣。奢靡相尚。浸以日繁。恐黎甿因茲受弊。臣職司其局。不敢曠官。當陛下求理納諫之時。是小臣罄竭肝膽之日。伏乞允臣所奏。明立新規。舊弊永除。天下知禁。如此見佛法可久。民不告勞。時宰臣因是上言。伏以西方之教。清淨爲宗。拯濟爲業。國家宏闡已久。實助皇風。然度僧不精。則戒法隳壞。造寺無節。則損費過多。有司舉陳。實當職分。但須酌量中道。使可久行。自後應諸州准元勅置寺外。如有勝地名山靈蹤古跡。實可留情。爲衆所知者。即任量事修建。卻仍舊名。其諸縣有戶口繁盛。商旅輻輳。願依香火。以濟津梁。亦任量事各置院一所。於州下抽三五人住持。其有山谷險難。道途危苦。羸車重負。須暫憩留。亦任因依舊基。卻置蘭若。並須是有力人自發心營造。不得令姦黨因此遂抑斂鄉閭。此外更不得輒有起建。如引别勅處分。不在此限。其僧尼踰濫之源。皆緣私度。本教遮止。條律極嚴。不得輒有起建。如可容姦。必在禁絕。犯者准元勅科斷訖。仍具鄉貫姓號申祠部。上文牒。其官度僧尼。數內有闕。即仰本州集律僧衆同議。揀擇聰明有道性。已經修鍊。可以傳習參學者度之。貴在教法得人。不以年齒爲限。若惟求長老。卽難奉律儀。剃度訖。仍具鄉貫姓號申祠部請告牒。其僧中有志行堅精。願尋師訪道。但有本州公驗。卽任遠近遊行。所在關防。切宜覺察。不致眞僞相雜。藏庇姦人。制可。

咸通二年。上以志奉釋氏。怠於朝政。左散騎常侍蕭倣上疏論之曰。臣聞元祖之道。用慈儉爲先。素王之風。以仁義爲本。如佛者。方外之教。非帝王所能慕也。昔貞觀中。高宗在東宮。以長孫皇后疾厲。上言度僧以資福事。后曰。佛者異方之教。存而勿論。豈以一女子而紊王道乎。故謚曰文德。且母后之論。尙能若此。哲王之心。安可反是哉。疏奏。上甚嘉之。

六年。尙書右丞李蔚復上疏諫曰。臣聞孔子聖者也。言必稱周任之言。荀融賢者也。諫必稱王猛之議。誠以事求師古。詞貴達情。陛下自纂帝圖。克崇佛事。臣採本朝名臣奏啓之言。以證奉佛始終之要。天后時。曾營大像。狄仁傑諫曰。功不使鬼。必在役人。物不天來。皆從地出。中宗時。公主貴戚奏度僧尼。姚崇諫曰。佛不在外。求之於心。睿宗爲金仙玉眞二公主造二道宮。辛替否諫曰。自夏以來。淫雨不解。穀荒於壠。麥爛於場。陛下聖人也。遠無不知。陛下明君也。細無不見。而造不急之觀。賈六合之怨。又諫造寺曰。釋教以淸淨爲基。慈悲爲主。今三時之月。穿池沼。損命也。殫府庫。損人也。廣殿宇。營身也。損命則不慈悲。損人則不濟物。營身則不淸淨。臣觀仁傑。天后時上公也。崇。開元時賢相也。替否。睿宗之直臣也。每覽斯言。未嘗不廢卷。嘆惜其言之不行也。伏望詳前事之安危。覽昔賢之啓奏。營繕之閒。稍宜停減。疏奏。優詔嘉之。

寺

開業寺　豐樂坊。本隋仙都宮。武德元年。高祖爲尼明照廢宮置證果寺。貞觀九年。廢寺立爲高祖別廟。號靜安宮。儀鳳元年十一月十五日。勅廢宮立開業寺。其宮中內人移就獻陵。

會昌寺　金城坊。本隋海陵公賀若誼宅。義寧元年。義師入關。太宗頓兵於此。武德元年。因置爲寺。

崇義寺　長壽坊。本隋延陵公于銓宅。武德三年。桂陽公主爲駙馬趙慈景所立。

楚國寺　晉昌坊。本隋廢興道寺。高祖起義太原。第五子智雲在京。爲留守陰世師所害。後追封楚王。因立寺。

興聖寺　通義坊。本高祖潛龍舊宅。武德元年。以爲通義宮。貞觀元年。立爲尼寺。

龍興寺　頒政坊。貞觀五年。太子承乾立爲並光寺。神龍元年。改名。

興福寺　修德坊。本王君廓宅。貞觀八年。太宗爲太穆皇后追福。立爲宏福寺。神龍元年。改名。

西明寺　延康坊。本隋越國公楊素宅。武德初。萬春公主居住。貞觀中。賜濮王泰。泰死。乃立爲寺。

慈恩寺　晉昌坊。隋無漏廢寺。貞觀二十二年十二月二十四日。高宗在春宮。爲文德皇后立爲寺。故以慈恩爲名。寺內浮圖。永徽三年。沙門元奘所立。

青龍寺　新昌坊。本隋靈感寺。龍朔二年。新城公主奏立爲觀音寺。景雲二年改名。

崇敬寺　静安坊。本隋廢寺。高祖爲長安公主立爲尼寺。高祖崩後。改爲宫以爲别廟。後又爲寺。

資聖寺　崇仁坊。本太尉長孫無忌宅。龍朔三年。爲文德皇后追福。立爲尼寺。咸亨四年。復爲僧寺。

招福寺　崇義坊。本乾封二年。睿宗在藩所立。其地本隋正覺廢寺。南北門額。並睿宗親題之。

崇福寺　林祥坊。本侍中楊恭仁宅。咸亨二年九月二日。以武后外氏宅立太原寺。垂拱三年十二月。改爲魏國寺。載初元年五月六日。改爲崇福寺。

光宅寺　光宅坊。儀鳳二年。望氣者言此坊有異氣。勅令掘。得石盌。得舍利萬粒。遂於此地立爲寺。

薦福寺　開化坊。半以東。隋煬帝在藩舊宅。武德中。賜尚書右僕射蕭瑀爲園。後瑀子銳尚襄城公主。不欲與姑異居。遂於園後地造宅。公主卒後。官市爲英王宅。文明元年三月十二日。勅爲高宗立爲獻福寺。至六年十一月。賜額改爲薦福寺也。

興唐寺　太寧坊。神龍元年三月十二日。勅太平公主爲天后立爲罔極寺。開元二十年六月七日。改爲興唐寺

永壽寺　永安坊。景龍三年。爲永壽公主所立。

安國寺　長樂坊。景雲元年九月十一日。勅捨龍潛舊宅爲寺。便以本封安國爲名。

章敬寺　通化門外。大歷二年七月十九日。内侍魚朝恩請以城東莊爲章敬皇后立爲寺。因拆哥舒翰宅。及曲江百司看屋。及觀風樓造焉。

寶應寺　道政坊。大歷四年正月二十九日。門下侍郎王縉。捨宅奏爲寺。以年號爲名。

龍興寺　寧仁坊。貞觀七年立爲衆香寺。至神龍元年二月。改爲中興寺。右補闕張景源上疏曰。伏見天下諸州各置一大唐中興寺觀。固以式標昌運。光贊鴻名。稱有未安。芻言是獻。至于永昌登封。創之爲縣名者。是先聖受圖勒名之所。陛下思而奉之。不令更改。今聖善報慈。題之爲寺閣者。是陛下深仁至孝之德。古先帝代。未之前聞。況唐運自崇。周親撫政。母子成業。周替唐興。雖紹三朝。而化侔一統。況承顧復。非謂中興。夫言中興者。中有阻間。不承統歷。旣奉成周之業。實揚先聖之資。君親臨之。厚莫之重。中興立號。未益前規。以臣愚見。所置大唐中興寺觀。及圖史並出制誥。咸請除中興之字。直以唐龍興爲名。庶望前後君親。俱承正統。周唐寶歷。共叶神聰。上納之。因降勅曰。文叔之起舂陵。少康之因陶正。中興之號。理異於茲。思革前非。以歸事實。自今已後。不得言中興之號。其天下大唐中興寺觀。宜改爲龍興寺觀。諸如此例。並卽令改。

天宮寺　觀善坊。高祖龍潛舊宅。貞觀六年立爲寺。

天女寺　敦業坊。貞觀九年置爲景福寺。武太后改爲天女寺。

敬愛寺　懷仁坊。顯慶二年。孝敬在春宮。爲高宗武太后立之。以敬愛寺爲名。制度與西明寺同。天授二年。改爲佛授記寺。其後又改爲敬愛寺。

福先寺　遊藝坊。武太后母楊氏宅。上元二年。立爲太原寺。垂拱三年二月。改爲魏國寺。天授二年。改爲福先寺。

長壽寺　嘉善坊。長壽元年。武后稱齒生髮變。大赦改元。仍置長壽寺。

崇先寺　證聖元年正月十八日。以崇先府爲寺。開元二十四年九月一日。改爲廣福寺。

聖善寺　章善坊。神龍元年二月。立爲中興。二年。中宗爲武太后追福。改爲聖善寺。寺內報慈閣。中宗爲武后所立。景龍四年正月二十八日。制東都所造聖善寺。更開拓五十餘步。以廣僧房。計破百姓數十家。監察御史宋務光上疏諫曰。陛下孝思罔極。崇建佛寺。土木之功。莊嚴斯畢。僧房精舍。宴坐有餘。禪宇道場。經行已足。更事開拓。奪人便利。貧者有溝壑之憂。富者無安堵之所。行非急切。何至于斯。況陽和發生。播植伊始。興役丁匠。廢棄農功。一夫不耕。必有飢者。三時之務。安可奪焉。臣聞失鬼神之心。可因巫祝而謝。失君長之心。可因左右而謝。失父母之心。可因親戚而謝。唯失百姓之心。不可解也。陛下以萬邦爲念。何用傷一物之心。應須拓寺。請俟農隙。疏奏。上不納。

安國寺　宣教坊。本節愍太子宅。神龍二年。立爲崇恩寺。後改爲衞國寺。景雲元年十二月六日。改爲安國寺.

荷澤寺　宜人坊太極元年二月十七日.睿宗在藩.爲武太后追福所立.初名慈澤寺.神龍二年.改爲荷澤寺.其時於西京亦立荷恩寺.

奉國寺　修行坊本張易之宅.未成而易之敗.後賜太平公主乳母奉國夫人.尋奏爲寺.

昭成寺　道光坊本沙苑監之地.景龍元年.韋庶人立爲安樂寺.韋氏誅.改爲景雲寺.尋又爲昭成皇后追福.改爲昭成寺.

華嚴寺　景行坊.景雲三年立爲寺.開元二十一年.改爲同德寺.

唐興寺　貞觀三年十二月一日詔.有隋失道.九服沸騰.朕親總元戎.致茲明伐.誓牧登陑.曾無寧歲.思所以樹立福田.濟其營魄.可於建義以來.交兵之處.爲義士凶徒.隕身戎陣者.各建寺刹.招延勝侶.法鼓所振.變炎火于青蓮.清梵所聞.易苦海于甘露.所司宜量定處所.並立寺名.支配僧徒.及修院宇.具爲事條以聞.仍命虞世南.李百藥.褚遂良.顏師古.岑文本.許敬宗.朱子奢等爲碑記.銘功業.破劉武周于汾州.立宏濟寺.宗正卿李百藥爲碑銘.破宋老生于呂州.立普濟寺.著作郎許敬宗爲碑銘.破宋金剛于晉州.立慈雲寺.起居郎褚遂良爲碑銘.破王世充于邙山.立昭覺寺.著作郎虞世南爲碑銘.破竇建德于氾水.立等慈寺.秘書監顏師古爲碑銘.破劉黑闥于洺州.立昭福寺.中書侍郎岑文本爲碑銘.已上並貞觀四

年五月建造畢．

慈德寺　京兆府武功縣慶善宮西百步．貞觀五年．爲太穆皇后故置．以慈德名之．

永徽六年正月三日．昭陵側置一寺．尚書右僕射褚遂良諫曰．關中既是陛下所都．自長安而制四海．其間衞士已上．悉是陛下爪牙．陛下必欲乘釁滅遼．若不役關中人．不能濟事．由此言之．理須愛惜．今者昭陵建造佛寺．唯欲早成其功．雖云和雇．皆是催迫發遣．豳州已北．岐州已西．或一百里．或二百里．皆來赴作．遂積時月．豈其所願．陛下昔嘗語宏福寺僧云．我義活蒼生．最爲功德．且又今者所造．制度準禪定寺則大宏福．寺自不可大於宏福．既有東道征役．此寺亦宜漸次修營．三二年得成．亦未爲遲．

乾封元年正月十七日．兗州置觀寺各三所．觀以紫雲僊鶴萬歲爲稱．寺以封岳非煙重輪爲名．各度二七人．

天授元年十月二十九日．兩京及天下諸州各置大雲寺一所．至開元二十六年六月一日．並改爲開元寺．

景雲二年七月．左拾遺辛替否疏諫曰．夫釋教以清淨爲本．慈悲爲主．故恆體道以濟物．不爲利欲以損人．故恆忘己以全眞．不爲營身以害教．三時之月．掘山穿地．損命也．殫府虛帑．損人也．廣殿長廊．營身也．損命則不慈悲．損人則不濟物．營身則不淸淨．豈大聖大神之心乎．臣以爲非崇教也．自像王西下．佛教東傳。青螺不入于周前。白馬方行于漢後。風流雨散。千帝百王。飾彌盛而國彌空。信彌重而禍彌大。覆車繼軌。曾不改途。晉臣以奉佛取譏。梁王以捨身構隙。若以造寺必期爲治體。養人不足爲經邦。則殷周已往皆暗亂。漢魏已降皆聖明。殷周已往爲不長。漢魏已降爲不短。臣聞夏爲天子二十餘代而殷受之。殷爲天子二十餘代而周受之。周爲天子三十餘代而漢受之。自漢以後。歷代可知也。何者有道之長。無道之短。豈因其窮金玉。修塔廟。方見享祚乎。臣以爲減琢雕之費。以賑貧人。是有如來之德。息穿掘之苦。以全昆蟲。是有如來之仁。罷營構之直。以給邊陲。是有湯武之功。減不急之祿。以購廉清。是有唐虞之治。陛下緩其所急。急其所緩。親未來而疏見在。失眞實而冀虛無。重俗人之所爲。輕天子之功業。臣切痛之矣。當今出財依勢者。盡度爲沙彌。避役姦訛者。盡度爲沙彌。其所未度。惟貧人與善人耳。將何以作範乎。將何以租賦乎。將何以力役乎。臣以爲出家者捨塵俗。離朋黨。無私愛。今殖貨營生。仗親樹黨。畜妻養子。是致人以毁道。非廣道以求人。伏見今之宮觀臺榭。唯京師之與洛陽。不增修飾。猶恐奢麗。陛下嘗欲塡池塹。捐苑囿。以贍貧人無產業者。今天下佛寺。蓋無其數。一寺堂殿。倍陛下一宮。壯麗甚矣。用度過矣。是十分天下之財。而佛有其七八。陛下何有之矣。百姓何食之矣。臣竊痛之。

景龍二年九月并州清源縣尉呂元太上疏曰。陛下六合爲家。萬邦作主。布慈悲于沙界。樹功業于元劫。蜺旌寶蓋。接影都畿。鳳刹龍宮。相望都邑。然釋氏眞教。平等爲宗。本之以慈悲。加之以布施。伏願陛下廣平施之德。成育養之恩。回營構之資。充疆場之費。則如來布施之法也。賜之穀帛。惠及饑寒。則如來慈悲之化也。絲綸既行。中外胥悅。則如來平等之教也。臣謹按金剛般若經云。若以色見我。以音聲求我。是人行邪道。不能見如來。是知大乘之宗。聲色不見。豈釋迦之意。在雕琢之功。今之作者。臣所未喻。三年正月二十七日。宴侍臣近親于梨園。因問以時政得失。絳州刺史成珏對曰。夫釋教之設。以慈悲為主。蓋欲饒益萬姓。濟收羣生。若乃邃宇珍臺。層軒寶塔。耗竭府庫。勞役生人。懼非菩薩善利之心。或異如來大悲之旨。臣備職方岳。叨膺洪運。敢陳芻蕘。狂妄死罪。中書令蕭至忠奏曰。方今百姓貧乏。邊境未寧。府藏內空。倉廩不實。誠宜節財用之費。省土木之功。務存農事。愛惜人力。寺觀之役。實可且停。成珏之言。伏希採納。兵部尚書同中書門下三品韋嗣立上疏曰。臣竊見比者營造寺觀。其數極多。皆務宏博。競崇瓌麗。大則費一二十萬。小則尚用三五萬。餘略計都用資財。動至千萬已上。運轉木石。人牛不停。廢人功。害農務。事既非急。時多怨咨。故曰。不作無益害有益。功乃成。不貴異物賤用物。人乃足。誠哉此言。且元象秘妙。歸于寂滅。苟非脩心定慧。諸法皆涉有為。至如土木雕刻等。惟是殫竭人力。但學互相誇麗。豈關降伏身心。凡所興功。皆須掘鑿。蟄蟲在土。種類最多。每日殺傷。動卽萬計。連年如此。損害可知。于至道既有乖。在生人極為損。陛下豈不深思之。

貞元十三年四月。勅曲江南彌勒閣宜賜名貞元普濟寺。

元和二年九月敕成都府宜置聖壽南平二佛寺。
十二年二月。置元和聖壽佛寺于右神策軍。
長慶元年三月。劉總請以幽州私第爲佛寺。詔以報恩名。仍遣中官焦僊晟以寺額賜之。
太和二年十月。河中觀察使薛苹奏。中條山蘭若營建之初有兩泉湧出。請賜額爲太和寺。從之。
會昌五年七月。中書門下奏。天下諸州府寺。據令式。上州以上。並合國忌日集官吏行香。臣等商量。上州已上合行香州各留寺一所。充國忌日行香。列聖眞容便移入合留寺中。其下州寺並合廢毁。勅旨。所合留寺。如舍宇精華者。卽留。如是廢壞不堪者。亦宜毁除。但國忌日當州宮觀內行香。不必定取寺名。餘依。
其月又奏。請兩街合留寺十所。每寺留僧十八。勅旨。宜每街各留寺兩所。每寺各留三十人。
六年正月。左右街功德使奏。准今月五日赦書節文。上都兩街。先各留寺兩所。依前委功德使收管。其所添寺。於廢寺中揀擇堪修建者。臣今左街謹具揀擇置寺八所。及數內回改名額分析如後。兩所依前名額。興唐寺。保壽寺。六所改名舊額。僧寺四所。寶應寺改爲資聖寺。青龍寺改爲護國寺。菩提寺改爲保唐寺。清禪寺改爲安國寺。緣閒架數少。取華陽寺連接充數。尼寺二所。法雲寺改爲唐安寺。崇敬寺改爲唐昌寺。右街置八所。二所先准勅留。西明寺請改爲福壽寺。莊嚴寺改爲聖壽寺。八所添置。二所請依舊名額。僧寺一所。千福寺。尼寺一所。興元寺。六所請改名。僧寺五所。化度寺改爲崇福寺。永泰寺改爲萬壽寺。

温國寺改爲崇聖寺。經行寺改爲龍興寺。奉恩寺改爲興福寺。尼寺一所。萬善寺改爲延唐寺。護定揀擇添置及改名額分析如前勅旨宜依。

大中元年閏三月勅。會昌季年。並省寺宇。雖云異方之教。無損爲政之源。中國之人。久行其道。釐革過當。事體未宏。其靈山勝景。天下州府。會昌五年四月所廢寺宇。有宿舊名僧。復能修創。一任住持。所司不得禁止。二年正月三日勅。節文。上都除元置寺外。每街更各添置寺五所。東都共添置五所。僧寺三所。尼寺二所。仍每寺度五十人。益荆揚潤汴幷蒲襄等八道。除元置寺五所外。更添置僧寺一所。尼寺一所。諸道節度刺史州。除元置寺外。更添置寺一所。其所置僧寺。合度三十人。諸道管內州。未置寺處。宜置僧尼寺各一所。每寺度三十人。五臺山宜置僧寺四所。尼寺一所。如有見存者。便令修飾。每寺度五十人。其僧尼年幾限約。並諸條流。並準會昌六年五月五日條例處分。

五年正月詔。京畿及郡縣士庶。要建寺宇村邑。勿禁。衆許度僧尼住持營造。其年七月。宰臣奏。陛下崇奉釋教。臣子皆願奔走。慮士庶等物力不逮。擾人生事。望令兩畿及州府長吏與審度事宜。撙節聞奏。不必廣爲建造。驅役黎甿。其所請度僧尼。亦須選有道行。爲州縣所稱信者。不得容隱凶惡之流。卻非敬道。望委長吏精加揀擇。其村邑佛堂。望且待兵罷建置爲便。十月十七日。宰臣等上言。近有勅許罷兵役後建置佛堂蘭若。若今邊事寧息。必恐奏請繼來。若不先議條流。臨事恐難止約。伏以釋門之教。本貴正眞。奉之精嚴，則人用加敬。今諸州府寺宇新添，功悉未畢，百姓等若志願崇奉，則宜並力同修。自今已後，有請置佛堂蘭若者，望所在長吏分明曉示，待一切畢後，或有云州府遠處大縣，即許量事建置一所，其餘村坊，不在更置佛堂蘭若限。制可

唐會要卷四十九

像

久視元年八月十五日。將造大像。稅天下僧尼人出一錢。內史狄仁傑上疏曰。今之伽藍。制逾宮闕。功不使鬼。必役于人。物不天來。終須地出。不損百姓。將何以求。生之有時。用之無度。編戶所奉。恆苦不充。痛切肌膚。不辭箠楚。僧道一說。矯陳禍福。翦髮解衣。仍嫌其少。亦有離間骨肉。事均路人。身自納妻。謂無彼此。皆託佛法。詿誤生人。里閈動有經坊。闤闠亦有精舍。化誘所急。切于官徵。法事所須。嚴于制勅。逃丁避罪。併集法門。無知之僧。凡有幾萬。且一夫不耕。猶受其弊。浮食者衆。又劫人財。臣每思惟。實所悲痛。今之大像。若無官助。義無得成。若費官財。又盡人力。一旦有難。將誰救之。

大足元年正月。成均祭酒李嶠諫曰。臣以法王慈敏。菩薩護持。唯擬饒益衆生。非要修營土木。殿堂佛宇。處處皆有。見在足堪供養。無煩更有修營。竊見白司馬坂欲造大像。雖稅非戶口。錢出僧尼。不得州縣祇承。必是不能濟辦。終須科率。豈免勞擾。但天下編戶。貧弱者衆。亦有傭力客作。以濟餱糧。亦有賣舍貼田。以供王役。伏聞造修之錢。見有一十七萬餘貫。若將散施。廣濟貧窮。人與一千。自然濟得一十七萬餘戶。拯飢寒之弊。省勞役之勤。順諸佛慈悲之心。沾聖君亭毒之意。人神胥悅。功德無窮。方作過後因緣。豈如見在果報。垂九霄之澤。收萬姓之心。開此恩造。誰不感悅。

長安四年十月九日。勑大像宜於白司馬坂造爲定。仍令春官尚書建安王攸寧。充檢校大像使。監察御史張廷珪諫曰。夫佛者以覺知爲義。因心而成。不可以諸相窺也。故經云。若以色見我。以音聲求我。是人行邪道。不能見如來。此明如來之果。不可外求也。陛下信心歸依。壯其塔廟。廣其尊容。已遍於天下矣。蓋有住於像而行布施。非最上第一希有之法。何以言之。經云。若人滿三千大千世界七寶。以用布施。及恒河沙等身命布施。其福甚多。若人於經中受持及四句偈等。爲人演說。其福勝彼。如佛所言。則陛下傾四海之財。殫萬人之力。窮山之木以爲塔。極冶之金以爲像。雖勞則甚矣。費則多矣。而所獲福緣。不愈於殫勞之匹夫。沙門之末學。受持精進。端坐思惟。理亦明矣。臣竊爲陛下小之。今陛下廣樹薰修。又置精舍。則經云。菩薩所作福德。不應貪著。蓋有爲之法。不足尚也。況此營造。事殷土木。或開發盤礴。峻築基階。或塡塞川澗。通轉採斫。輾壓蟲蟻。動盈巨億。豈佛標坐夏之義。愍蠢動而不忍害其生哉。今陛下何以爲之。又役鬼不可。唯人是營。通計工匠。率多貧窶。朝驅暮役。勞筋苦骨。簞食瓢飲。晨炊星飯。飢渴所致。疾疫交集。豈佛標徒行之義。愍畜獸而不忍殘其力哉。今陛下何以爲之。伏惟愼之重之。思菩薩之行。爲利益一切衆生。應如是布施。則經所謂不住色布施。不住聲香味觸法布施。其福德若東西南北四維上下虛空。不可思量矣。何必勤勤於住相。彫蒼生之財。崇不急之務。臣以時政論之。則宜先邊境。蓄府庫。養生力。以釋教言之。則宜救苦厄。滅諸相。崇無爲。伏惟陛下察臣之愚。行佛之意。務以治爲上。不以人廢言。帝從其言。即停作。

建中元年四月。妃父王景仙。駙馬高怡。獻金銅佛像以爲壽。上使謂曰。有爲功德。吾不欲爲久矣。舁而還之。

元和五年十月。新羅王遣其子獻金銀佛像。

僧道立位

貞觀十一年正月十五日。詔道士女冠宜在僧尼之前。至上元元年八月二十四日辛丑。詔公私齋會及參集之處。道士女冠在東。僧尼在西。不須更爲先後。至天授二年四月二日。勅釋教宜在道教之上。僧尼處道士之前。至景雲二年四月八日。詔自今已後。僧尼道士女冠並宜齊行並集。

僧尼所隸

延載元年五月十一日。勅天下僧尼隸祠部。不須屬司賓。

開元二十四年七月二十八日。中書門下奏。臣等商量。緣老子至流沙化胡成佛法。本西方興教。使同客禮。割屬鴻臚。自爾已久。因循積久。聖心以元元本係。移就宗正。誠如天旨。非愚慮所及。伏望過元日後。承春令便宜。其道僧等既緣改革。亦望此時同處分。從之。至二十五年七月七日。制道士女冠宜隸宗正寺。

僧尼令祠部檢校。至天寶二載三月十三日制。僧尼隸祠部。道士宜令司封檢校。不須隸宗正寺。

元和二年二月詔。僧尼道士同隸左街右街功德使。自是祠部司封。不復關奏。

會昌五年七月。中書門下奏。奉宣僧尼不隸祠部。合繫屬主客。與復合令鴻臚寺收管。宜分析奏來者。天下僧尼。國朝已來。並隸鴻臚寺。至天寶二年。隸祠部。臣等據大唐六典。祠部掌天下宗廟大祭。與僧事殊不相及。當務根本。不合歸尚書省。屬鴻臚寺。亦未允當。又據六典。主客掌朝貢之國。七十餘番。五天竺國。並在數內。釋氏出自天竺國。今陛下以其非中國之教。已有釐革。僧尼名籍。便令繫主客。不隸祠部及鴻臚寺。至爲允當。從之。

六年五月制。僧尼依前令兩街功德使收管。不要更隸主客。所度僧尼。令祠部給牒。

雜錄

貞觀二年五月十九日勑。章敬寺是先朝創造。從今已後。每至先朝忌日。常令設齋行香。仍永爲恆式。

開元二年二月十九日勑。天下寺觀。屋宇先成。自今已後。更不得創造。若有破壞。事須條理。仍經所司陳牒檢驗。先後所詳。七月十三日勑。如聞百官家多以僧尼道士等爲門徒。往還妻子。等無所避忌。或詭託禪觀。禍福妄陳。事涉左道。深斁大猷。自今已後。百官家不得輒容僧尼等至家。緣吉凶要須設齋者。皆于州縣陳牒寺觀。然後依數聽去。二十九日勑。佛教者在于清淨。存乎利益。今兩京城內。寺宇相望。凡欲歸依尼申禮敬。如聞坊巷之內。開鋪寫經。公然鑄佛。自今已後。村坊街市等。不得輒更鑄佛寫經爲業。須瞻仰尊容者。任就寺禮拜。須經典讀誦者。勒于寺贖取。如經本少。僧爲寫供。諸州寺觀亦宜准此。

十二年六月二十六日。勅有司試天下僧尼年六十已下者。限誦二百紙經。每一年限誦七十三紙。三年一試。落者還俗。不得以坐禪對策義試。諸寺三綱統。宜入大寺院。

十九年六月二十八日。勅朕先知僧徒至弊。故預塞其源。不度人來向二十餘載。訪聞在外有二十已下小僧尼。宜令所司及府縣檢責處分。又曰。惟彼釋道。同歸凝寂。各有寺觀。自宜住持。如聞遠就山林。別爲蘭若。兼亦聚衆。公然往來。或妄說生緣。輒在俗家居止。即宜一切禁斷。

天寶五載二月二十五日。京兆尹蕭炅奏。私度僧尼等。自今已後有犯。請委臣府司。男夫幷一房家口移隸磧西。

會昌五年七月。中書門下奏。以天下廢寺銅像及鐘磬等委諸道鑄。事具泉貨門。其月。又奏天下士庶之家所有銅像。幷限勅到一月內送官。如違此限。並准鹽鐵使舊禁銅條件處分。其土木等像。並不禁。所由不得因此擾人。其京城及畿內諸縣。衣冠百姓家。有銅像。並望送納京兆府。自拆寺以來。應有銅像等。衣冠百姓家收得。亦限一月內陳首送納。如輒有隱藏。並准舊條處分。勅旨宜依。八月。中書門下奏。諸道廢毀寺鐵像。望令所在銷爲農器。鍮石之像。望令銷付度支。勅旨依。

六年八月勑。准今年五月三日赦書節文。如緣脩飾佛像。但用土木足以致敬。不得用金銀銅鐵及寶玉等。如有犯衣冠。錄名聞奏。

燃燈

先天二年二月。胡僧婆陁請夜開城門燃燈百千炬。三日三夜。皇帝御延喜門觀燈縱樂。凡三日夜。左拾遺嚴挺之上疏曰。竊惟陛下孜孜庶政。業業萬幾。蓋以天下爲心。深戒安危之理。奈何親御城門。以觀大酺。累日兼夜。臣愚竊所未喻。且臣卜其晝。未卜其夜。史册攸傳。君舉必書。帝王重愼。今乃暴衣冠于上路。羅伎樂于中宵。陛下反樸復古。宵衣旰食。不矜細行。恐非聖德所宜。臣以爲不可一也。譙何警夜。代鼓通晨。以備非常。古之善教。今陛下不深惟戒愼。輕違動息。重門弛禁。巨猾多徒。倘有躍馬奔車。厲聲駭叫。一塵淸覽。有軫宸衷。臣以爲不可二也。陛下北宮多暇。西牖暫陟。靑春日長。已積埃塵之弊。紫微漏永。重竆歌舞之樂。倘有司跛倚。下人飢倦。以陛下近猶不恤。聖情攸闕。豈不凜然。祗畏臣以爲不可三也。伏望晝盡歡娛。暮令休息。務斯兼夜。恐無益于聖朝。惟陛下裁擇。

開元二十八年。以正月望日御勤政樓。讌羣臣。連夜燃燈。會大雪而罷。因命自今常以二月望日夜爲之。

天寶三載十一月勑。每載依舊正月十四十五十六日開坊市燃燈。永爲常式。

病坊

開元五年。宋璟奏。悲田養病。從長安以來。置使專知。國家矜孤恤窮。敬老養病。至於安庇。各有司存。今驟聚無名之人。著收利之便。實恐逋逃爲藪。隱沒成姦。昔子路於衛。出私財爲粥。以飼貧者。孔子非之。乃覆其饋。人臣私惠。猶且不可。國家小慈。殊乖善政。伏望罷之。其病患人令河南府按此分付其家。

會昌五年十一月。李德裕奏云。恤貧寬疾。著于周典。無告常餒。存于王制。國朝立悲田養病。置使專知。開元五年。宋璟奏悲田乃關釋教。此是僧尼職掌。不合定使專知。元宗不許。至二十二年。斷京城乞兒。悉令病坊收管。官以本錢收利給之。今緣諸道僧尼。盡已還俗。悲田坊無人主領。恐貧病無告。必大致困窮。臣等商量。悲田出於釋教。並望改爲養病坊。其兩京及諸州。各於錄事者壽中。揀一人有名行謹信。爲鄉里所稱者。專令勾當。其兩京望給寺田十頃。大州鎮望給田七頃。其他諸州。望委觀察使量貧病多少給田五頃。以充粥食。如州鎮有羨餘官錢。量予置本收利。最爲稔便。勅悲田養病坊。緣僧尼還俗。無人主持。恐殘疾無以取給。兩京量給寺田拯濟。諸州府七頃至十頃。各于本置選耆壽一人勾當。以充粥料。

僧籍

天下寺五千三百五十八。僧七萬五千五百二十四。尼五萬五百七十六。兩京度僧尼。御史一人涖之。每三歲。州縣爲籍。一以留州縣。一以上祠部。

新羅日本僧入朝學問。九年不還者。編諸籍。

會昌五年。勅祠部檢括天下寺及僧尼人數。凡寺四千六百。蘭若四萬。僧尼二十六萬五百人。

大秦寺

貞觀十二年七月。詔曰。道無常名。聖無常體。隨方設教。密濟羣生。波斯僧阿羅本。遠將經教。來獻上京。詳其教旨。元妙無爲。生成立要。濟物利人。宜行天下。所司卽於義寧坊建寺一所。度僧廿一人。天寶四載九月。詔曰。波斯經教。出自大秦。傳習而來。久行中國。爰初建寺。因以爲名。將欲示人。必修其本。其兩京波斯寺。宜改爲大秦寺。天下諸府郡置者。亦準此。

摩尼寺

貞元十五年四月。以久旱令摩尼師祈雨。

元和二年正月庚子。迴紇請于河南府太原府置摩尼寺。許之。

會昌三年勅。摩尼寺莊宅錢物。並委功德使及御史臺京兆府差官檢點。在京外宅修功德迴紇。並勒冠帶。摩尼寺委中書門下條疏奏聞。

唐會要卷五十

尊崇道教

武德三年五月。晉州人吉善行于羊角山見一老叟。乘白馬朱鬣。儀容甚偉。曰。謂吾語唐天子。吾汝祖也。今年平賊後。子孫享國千歲。高祖異之。乃立廟于其地。乾封元年三月二十日。追尊老君爲太上元元皇帝。至永昌元年。卻稱老君。至神龍元年二月四日。依舊號太上元元皇帝。至天寶二年正月十五日。加太上元元皇帝號爲大聖祖元元皇帝。八載六月十五日。加號爲大聖祖大道元元皇帝。十三載二月七日。加號大聖高上大道金闕元元皇帝。

開元二十九年正月。河南採訪使汴州刺史齊澣奏。伏以至道沖虛。生人宗仰。未免鞭撻。孰瞻儀型。其道士僧尼女冠等有犯。望准道格處分。所由州縣官不得擅行決罰。如有違越。請依法科罪。仍書中下考。勅旨。宜依。五月。上夢元元告以休期。因令圖寫眞容。分布天下。

天寶元年正月七日。陳王府參軍田同秀上言。元元皇帝降於丹鳳門之通衢。告賜靈符在尹喜之故宅。上遣使就函谷故關令尹喜臺西得之。於是置元元皇帝廟於大寧坊西南角。東都置於積善坊臨淄舊邸。廟初成。命工人於大白山砥石爲元元皇帝聖容。又採白石爲元宗聖容。侍立於元元皇帝之右。衣以王者衮冕之服。又于像東設立白石爲李林甫陳希烈像。林甫犯事。又改刻石爲楊國忠。代焉。至德中克復上都。盡毁瘞之。

其年二月二十日。勅曰。古今人表。元元皇帝升入上聖。自今已後。每有薦新。先獻元元廟。其緣告享所奏樂。宜令所司詳定奏聞。并差宗正寺官一員。及差戶灑埽兩京崇元學。各置博士助教一員。學生一百人。資蔭正同國子學例。每祠享所齋郎。便以學生充當。

其年五月。宰臣奏。兩京及諸郡崇元學生。准開元二十九年正月二十五日制。前件舉人合習道德南華通元沖虛四經。又准天寶元年二月二十九日制。改庚桑子爲洞靈眞經。准請條補崇元學生亦合習讀。其洞靈眞經。人間少本。臣近令諸觀寺尋訪。道士全無習者。本既未廣。業實難成。并通元沖虛二經。亦恐文字不定。元教方闕。學者宜精。其洞靈等三經。望付所司各寫千卷。較定訖。付諸道採訪使頒行。其貢舉司及兩京崇元學生。亦望各付一本。今冬崇元學生。望且准開元二十九年正月詔條考試。其洞靈眞經等。請待業成後准試。從之。其年六月。勅大道先於兩儀。天地生於萬物。是以聖哲之後。咸竭其誠。今後應緣國家制命表疏簿書。及所試制策文章一事已上。語指道教之事。及天地乾坤之字者。並一切平闕。宜宣示中外。

其年九月二十五日。勅兩京元元廟。改爲太上元元皇帝宮。天下准此。至二年三月十二日。制。聖祖所理。本在諸天。將欲降靈。固宜取象。況惟帝號。豈可名宮。其在京元元宮。宜改爲太淸宮。東都改爲太微宮。天下諸郡改爲紫極宮。

二年二月。勑兩京元元宮及道院等。宜委崇元館大學士都檢校。務在精修。勿令喧雜。仍不更隸宗正。其道士等名籍。任依常式。

其年三月十一日勑。古之制禮。祭用質明。義旣取於尙幽。情實緣於旣沒。我聖祖澹然常在。爲道之宗。旣殊有盡之期。須展事生之禮。自今已後。每聖祖宮有昭告。宜改用卯時已前行禮。

四載四月十七日勑。比太淸宮行事官。皆具冕服。及奏樂未易舊名。幷告獻之時。仍陳策祝。旣非事生之禮。皆從降神之儀。且眞俗殊倫。幽明異數。理有非便。亦在從宜。自今已後。每太淸宮行禮官。宜改用朝服。兼停祝版。改爲靑詞于紙上。其告獻辭及新奏樂章。朕當別自修撰。仍令所司具議儀注奏聞。

十三載正月十二日。令有司每至春日。則修薦獻上香之禮。仍永爲常式。

上元二年正月。置漆園監官生員。

興元元年十二月十九日。詔以太常卿亞上香。光祿卿終上香。改三禮拜爲再拜。

貞元元年正月二日。勑薦享太淸宮。亞獻太常卿充。終獻光祿卿充。仍永爲常式。

元和九年二月。內出道教神仙圖像經法九轝。以賜興唐觀。

長慶二年五月。勑諸色人中有情愿入道者。但能暗記老子經及度人經。灼然精熟者。卽任入道。其度人經情愿以黃庭經代之者。亦聽。宜令所司具令立文狀條目。限降誕月內投名請試。今年十月內試畢。

寶曆元年。上有事于南郊。將謁太淸宮。長安縣主簿鄭翦時主役于御院。忽于縣之西隅見一白衣老人云。此下有井。正道眞皇帝過路。汝速識之。不然罪在不測。翦惶懼。領役人修之。其處已陷數尺。命發之。則古井存焉。驚顧之際。已失老人所在。始悟神告。默不敢告。展轉傳布。功德使護軍中尉劉宏規以事上聞。上旣至宮朝獻畢。赴南郊。于宮門駐馬。宰臣及供奉官于馬前蹈舞稱賀。遂命翰林學士兵部侍郎韋處厚撰記。令起居郎柳公權書石。寘于井之上。以表神異。其名曰聖瑞感應記。乃賜翦緋魚袋。

會昌元年二月十五日勅。元元皇帝降誕日。近覽天寶二年勅。我聖祖澹然常在。爲道之宗。旣殊有盡之期。須展事生之禮。令太淸宮薦告。皆用朝謁之儀。卽降誕昌辰。理難停廢。宜改爲降神聖節。休假百官。庶表貽謀之慶。以申嚴敬之誠。

其年六月。道士趙歸眞等八十一人入內。于三殿造九天道場。便令上食供食。駕幸三殿九天壇道場受籙。

其月。右拾遺王哲進狀。請廢進士明經爲道士。不從。

其月。左補闕劉彥謨諫求仙事。貶河南府戶曹參軍。

二年十一月。以道士趙歸眞爲歸道門兩街都教授博士。時武宗志學神仙。歸眞乘間排毁釋氏。言非中國之教。宜盡去之。帝然之。乃澄汰天下僧尼。

五年九月。勅取東都宏聖寺。改修太微宮。

其年十月。勑傳度道門法籙歸衡嶽道士劉元靖可加銀青光祿大夫。充崇元館學士。仍賜號廣成先生。

其年十一月。東都留守奏。太微宮畢元元館眞容。卽欲移就元宗眞像便合從遷。伏以聖祖尊崇。嚴奉須備。移動之日。宜擇良辰。伏乞天恩降勑有司擇日。奉勑。宜令所司擇日聞奏。

六年十月。中書門下奏。東都新置太微宮初成。元元皇帝玉聖容。元宗肅宗玉眞容。今已就位。望差右散騎常侍裴泰章充使薦獻。從之。

其年九月。衡嶽道士賜紫劉元靖奏。皇帝十月十五日授三洞法籙。請禁斷屠釣。百司不決死刑。伏請宣下。勑旨。從之。十月十一日至十八日。禁斷。

大中元年二月。道門威儀鄧元表。賜謚通元先生。

觀

龍興觀。崇教坊。貞觀五年。太子承乾有疾。勑道士秦英祈禱。得愈。遂立爲西華觀。垂拱三年。改爲金臺觀。神龍元年。又改爲中興觀。三年三月二十四日。復改爲龍興觀。

昊天觀。全一坊地。貞觀初。爲高宗宅。顯慶元年三月二十四日。爲太宗追福。遂立爲觀。以昊天爲名。額高宗題。

東明觀。普寧坊。顯慶元年。孝敬升儲後所立。

宏道觀。盡一坊地。本修仁坊。舊有隋國子學及右屯衛大將軍麥鐵杖宅。顯慶二年。盡併一坊。爲雍王第。王升儲後。永隆元年八月。立爲觀。

太平觀。大業坊。本徐王元禮宅。太平公主出家。初以頒政坊宅爲太平觀。尋移于此。公主居之。時頒政坊觀改爲太清觀。

光天觀。務本坊。本司空房元齡宅。景龍二年閏九月十三日。韋庶人立爲觀。名翊聖觀。景雲二年。改爲景雲女冠觀。天寶八載。改爲龍興道士觀。至德三載。改爲光天觀。

景雲觀。修業坊。景龍二年。韋庶人立爲翊聖觀。景雲元年。改名景雲觀。景龍三年四月。大理少卿盧懷愼上疏曰。伏准去年閏九月十三日。勅宜于兩京及荆揚益蒲等州。各置景雲翊聖等觀。圖樣內出。候農隙起作者。近聞所在已有起作。率計一觀。將數萬功。併而言之。爲役凡幾。日計未見其損。歲終或受其弊。謹據元勅。重人遵道。式稽老氏無爲者。養神亦何在其速就哉。又月令云。日短至。可以伐木。今孟夏而採斫林藪。天害昆蟲。旣違順時之宜。且非好生之義。夫修建塔廟。不在朝夕。務茲稼穡。如救水火。安可急其所閒。有妨農要。伏望天恩。重申前勅。使移此功力。咸勸播殖。待及有秋。式遵揆日。又諸州申請。欲用當處官錢。旣違成規。亦不可允。

景龍觀。崇仁坊。本中國公高士廉宅。西北方金吾衛。神龍元年。併爲長寧公主宅。韋庶人敗後。遂立爲觀。仍以中宗年號爲名。

福唐觀 崇業坊。本新都公主宅。景雲元年。公主子武僊官出家爲道士。立爲觀。

金仙觀 輔興坊。景雲元年十二月十七日。睿宗爲第八女西寧公主入道立爲觀。至二年四月十四日。爲公主改封金仙。所造觀便以金仙爲名。

玉眞觀 輔興坊。與金仙觀相對。本工部尚書竇誕宅。武后時爲崇先府。景雲元年十二月七日。爲第九女昌隆公主立爲觀。二年四月十日。公主改封玉眞。所造觀便以玉眞爲名。諫議大夫甯悌原曰。臣觀老尙虛無。釋崇寂滅。義極幽元之旨。思遊通方之外。故入道流者。則虛室生白。靜慮元門。該釋教者。則春池得寶。澄心靜域。然後法貫羣有。道垂兼濟。過此以往。莫非邪教。其鬻販先覺。詭飾浮言。以複殿爲經坊。用層臺爲道法。皆無功於元虛。誠有害於生人。梁武靡報於前。先朝殷鑒非遠。咸耳目所接。黎元憤咎。伏以公主入道。京城置觀。雖昭報之誠。有切於天旨。而社稷之計。難踰於安人。若使廣事修營。假飾圖像。盡宇內之功力。傾萬國之資儲。爲福則靡効於先朝。樹怨則取謗於天下。又自隋室以降。寺觀已多。禪定東明之域。足受緇黃之衆。更爲建立。罕見其宜。後失請收。前弊未遠。上覽而善之。

景雲二年。金仙玉眞二公主入道。制各造一觀。左散騎常侍魏知古諫曰。陛下爲公主造觀。將樹功德。以祈福祐。季夏之月。興土功。犯時令。欲益反損。何功德之有焉。況兩觀之地。皆百姓之宅。卒然逼迫。令其轉移。扶老攜幼。投竄無所。剔椽發瓦。吁嗟道路。乖人事。違天時。起無用之作。崇不急之務。羣心搖搖。衆口藉藉。陛下爲人父母。何以安之。臣愚必以爲不可。伏願俯順人心。仰稽天意。降德音。下明勅。速罷力役。收之桑楡。則天下幸甚。吏部員外郎崔蒞上奏曰。伏承陛下緣兩公主造觀。可爲尊德敬道矣。割慈忍愛。上爲七聖崇福。下爲萬邦作因。豈不願神力潛資。靈功密祐。社稷永固。宗廟長存者乎。臣謂功奪其成。凶與其敗。寧邦致亂。修福招殃。何則。季夏事殷。時多禁忌。斬木發土。移石開山。非直苦人。必是傷物。欲益反損。求安乃危。臣知其否。未見其可。然則救犯不暇。何福助之有焉。且季夏者。土德正王之月。炎陽方暑之月。草木茂盛之月。昆蟲繁育之月。天地鬱蒸之月。黍稷鋤耨之月。夫土德正王之月。不可發洩地氣。恐犯時禁。則必有天殃。有天殃則人心不附。禍亂作矣。炎陽方暑之月。不可興動版築。恐致霖潦。必無成功。無成功則人力不存。怨望結矣。草木茂盛之月。不可以斬伐山林。恐非堅實。則速蠹敗。速蠹敗則人勞不衷。獎勸阻矣。昆蟲繁育之月。不可以穿鑿原隰。恐乖惻隱。乖惻隱則必生災變。生災變則人業不安。逃亡衆矣。天地鬱蒸之月。不可以徭役丁夫。恐爲痁癘。則必多夭枉。多夭枉則人情不樂。風俗離矣。黍稷鋤耨之月。不可以妨奪農桑。恐傷禾稼。則必闕歲計。闕歲計則食用不足。盜賊聚矣。行此六者。謂之六殃。書曰。德惟善政。政在養人。傳曰。新作南門。書不時也。又曰。凡土功。龍見而興務。成事也。火見而致用。水昏正而栽。日至而畢。此言功作從時者。所以順於天地也。詩曰。定之方中。作爲楚宮。此言宮室合時也。禮曰。季夏之月。樹木方盛。無有斬伐。無搖養氣。不可以興土功。妨農事。則有天殃。違此四者。謂之四犯。陛下營兩觀而降六殃。損萬人而招四犯。欲將致理。不亦難乎。臣望順時從人。休功罷役。俟定中以建事。占水正而修栽。所冀天地鬼神降福。臣聞漢明帝永平三年夏大旱。是時大起宮室。尚書僕射鍾離意免冠上疏曰。昔成湯遭旱。以六事自責。政不節耶。使人疾耶。宮室營耶。女謁盛耶。苞苴行耶。讒夫昌耶。竊見此宮大作。人失農時。此所謂宮室營也。自古非苦宮室小狹。直患人不安寧。須應天心。請罷勞役。帝善而從之。諸作減省。即日澍雨。今者雖非宮室起功。終是觀寺興造。伏望俯從臣請。待冬初。庶得伐木各宜。役功無犯矣。必以天文徵應。神理須然。用厭禨祥。事資興建。與其積怨傷國。孰若施恩養人。往者宋景一言。熒惑猶能退舍。但令陛下從諫。凶咎定不爲災。中書舍人裴漼上疏曰。臣按禮記春秋月令曰。無聚大衆。無起大役。不可興土功。恐妨農事。若號令乖戾。役使不時。則人加疾疫之危。國有水旱之變。此五行之必應也。今自春將夏。時雨愆期。下人憂心。莫知所出。陛下雖有哀矜之旨。兩都仍有寺觀之作。時旱之應。實此之由。且春令告期。東作方始。正是丁壯就功之日。而土木方興。臣恐所妨尤多。所益甚少。耕夫蠶妾。飢寒之源。故春秋莊公三十年。冬不雨。五行傳以爲不時作南門。勞人興役。伏望陛下降明詔。發德音。順天時。副人望。兩京公私營造。及諸司市木。並請且停。則蒼生幸甚。右補闕辛替否上疏曰。正往見明詔。自今已後。一依貞觀故事。且貞觀之時。豈有今日之造寺營觀。加僧尼道士。益無用之勞。行不急之務。而亂政者也。臣聞出家修道。

不參人事．專其身心．以虛淡爲高．以無爲爲妙．依兩卷老子．視一軀天尊．無欲無營．不損不害．何必璇臺玉樹．寶像珍龕．使人困窮．然後爲道哉．伏願陛下以兩觀之財．爲公主貸貧乏．塡府庫．則公主之福德無窮矣．不然．臣恐下人怨望．不減于前朝矣．太極元年四月十七日．制爲金仙玉眞出家造觀．報先慈也．外議不識朕意．書奏頻煩．將爲公主所置．共造兩觀．宜停．其觀便充金仙玉眞公主邑司．令竇懷貞檢校．所有財物瓦木一事已上．附公主邑司收掌．朕別更創造．終不煩勞百姓．此度修營．公私無損．若有干諛．當寘嚴刑．大理少卿韋湊上表曰．臣竊計卽時庫物．如此日常用．備支一世．殊恐不足．而觀寺興功．土木所料．動支鉅萬．更空竭之．必不支一世矣．今所造觀寺者．葢謂爲善造福．將以禳害延祥也．以臣寡聞．稽諸史策．人君修德．有異于是．昔殷太戊時．桑穀合生于朝．七日大拱．太戊問于伊陟．陟曰．臣聞妖不勝德．帝其修德．太戊懼．早朝晏退．務撫百姓．三年．遠方重譯而至者十六國．桑穀自枯死．殷道中興．此豈由造寺觀哉．宋景公時．熒惑守心．公召子韋而問焉．子韋曰．禍當君．雖然．可移於宰相．公曰．宰相所與理國家也．無宰相誰乃爲之理乎．曰．可移於人．曰．人死．寡人將誰爲君乎．曰．可移於歲．曰．歲飢饉．人必死．爲人君而殺其人．誰以我爲君乎．韋曰．君有至德之言三．天必三賞君．熒惑必三徙舍．舍行七星．星當一年．君延年二十一矣．果如子韋之言．此由仁發於衷．亦非造寺觀也．且修德者．躋仁壽於萬姓．不徇私於一己．任忠直．退諂諛．輕其賦．省其役也．自陛下御極．修之久矣．何災不禳．何祥不至．而欲忽生靈之命．崇棟宇於空祠。適足妨名。何益聖德。此臣竊爲陛下不取也。況道德之崇與者乎。元元皇帝其經曰。聖人後其身而身先。外其身而身存。又曰。我好靜而人自正。我無事而人自富。又曰。人之飢。以其上食稅之多。人之難理。以其上之有爲。以皆抱素守眞。薄己厚物。輕稅節用。淸淨無爲之旨也。今欲困人病國。峻宇雕牆。思竭班輸。飾窮壯麗。以希至道。其可得乎。次有鸞鶴登天。驂龍上漢。玉京金闕。自建於神功。紫府淸都。不資於人力。廣爲廊廡。又何益哉。近古修黃老術者。漢之文景。豈造觀乎。寡欲淸心。愛人省費。此得之矣。臣伏見勅停西觀。以救農時。可謂爲得矣。今承使司市木仍舊。又太淸觀內所費不停。諸觀修營。見將錢物。農工所急。雖軫皇情。國用將空。未聞天聽。度支一失。天下不安。臣忝職司。敢忘寧寢。竇懷貞族弟詹事府司直維金先謂懷貞曰。兄位極台衮。當思獻可替否。以輔明主。奈何校量瓦木。廁迹工匠之間。欲令海內何所瞻仰。懷貞不能對。及尹思正爲將作大匠。懷貞調發夫匠。思正減之。懷貞大怒。思正曰。公盛興土木。害及黎元。受小人之譖。輕辱朝臣。今日之事。不能苟免。請從此辭。拂衣而去。杜門不出。上聞。特令視事。及懷貞被誅。代懷貞爲御史大夫。

咸宜觀　親仁坊。本是睿宗藩國地。開元初。置昭成肅明皇后廟。號儀坤。後昭成遷入太廟。開元四年九月八日。勅肅明皇后前於儀坤廟安置。二十一年五月六日。肅明皇后祔入太廟。遂爲道士觀。寶曆元年五月。以咸宜公主入道。與太眞觀換名焉。

太眞觀　道德坊。本隋秦王浩宅。

都元觀　道德坊。本隋秦王浩宅。天后朝。置永昌縣。神龍元年。縣廢。遂爲長寧公主宅。景雲元年。置道士觀。開元五年。金仙公主居之。改爲女冠觀。十年七月。改爲都元觀。

安國觀　正平坊。本太平公主宅。長安元年。睿宗在藩。國公主奉焉。至景雲元年。置道士觀。仍以本衙爲名。十年。玉眞公主居之。改爲女冠觀。

元都觀　本名通達觀。周大象三年。于故城中置。隋開皇二年。移至安善坊。元都觀有道士尹崇。通三教。積儒書萬卷。開元年卒。天寶中。道士荆朏。亦出道學。爲時所尚。太尉房琯每執師資之禮。當代知名之士。無不遊荆公之門。初。宇文愷置都。以朱雀門街南北盡郭。有六條高坡。象乾卦。故于九二置宮闕。以當帝之居。九三立百司。以應君子之數。九五貴位。不欲常人居之。故置元都觀興善寺以鎭之。

三洞觀　醴泉坊。本靈應道士觀。開皇七年立。貞觀二十三年。朱崇坊移換於此。

淸虛觀　豐邑坊。隋開皇七年。文帝爲道士呂師辟穀鍊氣。故以淸虛爲之名。

天長觀　侍賢坊。本名會聖觀。隋開皇七年。文帝爲秦孝王俊所立。開元二十八年。改千秋觀。天寶七載。改名天長觀。

五通觀　安定坊。隋開皇八年。爲道士焦子順能役鬼神。告隋文受命之符。及立。隋授子順開府柱國。辭不受常咨謀軍國帝恐其往來疲困每遣近宮置觀以五通爲名旌其神異也號焦天師。

崇眞觀　新昌坊本李齊古宅開元初置立。

興唐觀　長樂坊本司農園地開元十八年造觀其時有勅令速成之遂拆興慶宮通乾殿造天尊殿取大明宮乘雲閣造門屋樓白蓮花殿造精思堂屋拆甘泉殿造老君殿。

昭成觀　頒政坊本楊士建宅咸亨元年九月二十三日皇后爲母度太平公主爲女冠因置觀初名太清觀尋移於大業坊垂拱二年遂改爲魏國觀載初元年改爲崇福觀開元二十七年爲昭成皇后追福改爲昭成觀。

九華觀　通義坊開元二十八年蔡國公主捨宅置其地本左光祿大夫李安遠宅開元初爲左羽林大將軍李思順宅。

玉芝觀　延福坊本越王貞宅爲新都公主宅公主捨宅爲新都寺廢爲郯王府天寶二年立名爲玉芝觀。

新昌觀　崇業坊天寶六載新昌公主因駙馬蕭衡亡奏請度爲女冠遂立此觀。

華封觀　平康坊天寶七載永穆公主出家捨宅置觀其地西北隅本梁公姚元崇宅以東即太平公主宅其後勅賜安西都護郭虔瓘今悉幷爲觀號華封。

元眞觀　崇仁坊東半以左僕射高士廉宅。西北隅左金吾衛。神龍中。爲長寧公主宅。又呑人數十屋。主旣承恩盛加雕飾。朱樓綺閣。驚絕一時。韋氏敗後。公主隨夫外任。遂奏爲景龍觀。初欲出賣。官估木二十萬。山池仍不爲數。天寶十三載。改爲元眞觀。

福祥觀　布政坊本開府竇瑊宅。天寶十三載置。

宗道觀　永崇坊本興信公主宅。賣與劍南節度使郭英乂。其後入官。大歷十二年。爲華陽公主追福立爲觀。元和八年七月。命中尉彭忠獻帥徒三百人。修興唐觀。賜錢十萬。使壯其舊制。其觀北拒禁城。因是開複道爲行幸之所。是日又命以內庫絹千匹。茶千斤。爲興唐觀複道夫役之賜。又以莊宅錢五十萬。雜穀千石。充修齋醮之費。

雜記

永徽四年四月。勅道士女冠僧尼等。不得爲人療疾及卜相。

文明元年二月十一日。金闕亭置一女冠觀。並度內人奉天宮置一道士觀。芳桂萬全等各爲僧寺。各以舊宮爲名。

其年九月。册元元皇帝妻爲先天太后。尊像于老君廟所。

先天二年五月十四日。勅王公以下。不得輒奏請將莊宅置寺觀。

開元九年十二月．天台山道士司馬承員上言．今五岳神祠．山林之神．非正眞之神也．五岳皆有洞府．有上淸眞人降任其職．山川風雨陰陽氣序．是所理焉．冠冕章服．佐從神仙．皆有名數．請別立齋祠之所．上奇其說．因敕五嶽各置眞君祠一所．

二十二年十月十三日．詔．道家三元．誠有科戒．朕嘗精意久矣．而物未蒙福．今月十五日．是下元齋日．禁都城內屠宰．自今已後．及天下諸州．每年正月七月十月三元日．十三日至十五日．並宜禁斷屠宰．

二十四年五月十三日．敕．每年春季．鎭金龍王殿功德事畢．合獻投山水龍璧．出日．宜差散官給驛送．合投州縣．便取當處送出．准式投告．

二十五年十月二十七日．敕．諸州元元皇帝廟．自今已後．每年二月降生日．宜准西都福唐觀．一例設齋．

二十六年六月一日．敕．每州各以郭下定形勝觀寺．改以開元爲額．至天寶元年四月八日．開元觀主李昭宗奏．本觀先是淸都觀．敕改爲開元觀．屬元元降符．陛下加號．往年改額．題開元文字．今日崇號．合兼天寶之名．其額望請改爲大唐開元天寶之觀．敕依．其天下諸州開元觀．並加天寶字．

二十七年五月二十八日．敕．祠部奏．諸州縣行道散齋觀寺．准式以同華等八十一州郭下僧尼道士女冠等．國忌日各就龍興寺觀行道散齋．復請改就開元觀寺．敕旨．京兆河南府．宜依舊觀寺爲定．唯千秋節及三元行道設齋．宜就開元觀寺．餘依至貞元五年八月十三日．處州刺史齋黃奏．當州不在行香之數。乞伏同衢婺等州行香。勅旨依。其天下諸上州。未有行香處。並宜准此。仍爲恆式。

二十九年九月七日勅。諸道眞容近令每州於開元觀安置。其當州及京兆河南太原等諸府有觀處。亦各令本州府寫貌分送安置。天寶三載三月。兩京及天下諸郡於開元觀開元寺。以金銅鑄元宗等身天尊及佛各一軀。

天寶元年二月二十二日勅文。追贈莊子南華眞人。所著書爲南華眞經。文子。列子。庚桑子。宜令中書門下更討論奏聞。至其年三月十九日。宰臣李林甫等奏曰。莊子旣號南華眞人。文子請號通元眞人。列子號沖虛眞人。庚桑子號洞靈眞人。其莊子。文子。列子。庚桑子。並望隨號稱從之。

二年三月二十八日。上親祠元元皇帝廟。追尊元元皇帝父周上御史大夫。復追尊爲先天太上皇。母益壽氏號先天太后。

其年十二月二十日。太子賓客賀知章請爲道士。還鄉。捨會稽宅爲千秋觀。至七年八月十五日。勅兩京及諸郡所有千秋觀寺。宜改天長名。

四載十月二十三日。詔。其墳籍中有載元元皇帝及南華眞人舊號者。並宜改正。其餘編錄經義等書。宜以道德經在諸經之首。南華等經。不宜編列子書。

五載二月十三日。太淸宮使門下侍郎陳希烈奏。大聖大祖元元皇帝以二月十五日降生。旣是吉辰。請四月八日佛生日准令休假一日。從之。

六載五月十三日。後漢張天師册贈太師。梁貞白先生陶宏景册贈太保。

八載閏五月五日制。文宣王與聖祖同時。俱爲教首。雖考言比德。理在難明。而問禮序經。迹親授受。思廣在三之義。用崇德一之尊。宜于太淸太微宮聖祖前更立文宣王道像。與四眞列侍左右。

其年八月二十日。司封奏。道士籍每一載一度。永爲恆式。

至德二載十一月二十七日勅。道士女冠宜依前屬司封。

貞元七年四月。吉州刺史閻寀上言。請爲道士。從之。賜名遺榮。

元和二年二月詔。僧尼道士。同隸左右街功德使。自是祠部司封不復關奏。

其年三月詔。男丁女工。耕織之本。雕牆峻宇。耗蠹之源。天下百姓。或冒爲僧道士。苟避徭役。有司宜備爲科制。修例聞奏。

大中五年五月。河中節度使鄭先奏。永樂縣道士侯道華上昇。詔改所居道淨院爲昇仙院。仍賜帛五百疋。以飾廊房。

八年八月。勅改望仙臺爲文思院。始會昌中。武宗好神仙之事。于大明宮築臺。號曰望仙。及上卽位。殺趙歸眞。以懲其弊。是年。復命葺之。右補闕陳嘏抗論。立罷修營。遂改爲文思院。

十一年九月。上命中使齎詔。就羅浮山迎道士軒轅集。左拾遺王譜右拾遺薛廷傑上疏極諫。上謂宰相崔愼由曰。爲朕言于諫臣。雖少翁欒大復生。不能相惑。但聞軒轅生高士。欲與之一言爾。至十二年正月。至京師。上召入禁中。謂曰。長生可致乎。對曰。徹聲色。去滋味。哀樂如一。德施周給。自然與天地合德。何必別求長生耶。上深嘉美之。

唐會要卷五十一

官號

侍中

隋爲納言。武德初因舊制。四年三月十日。改爲侍中。龍朔二年四月四日。改爲東臺左相。咸亨元年十二月二十三日。改爲侍中。光宅元年九月五日。改爲納言。神龍元年二月四日。改爲侍中。開元元年十二月一日。改爲黄門監。五年九月六日。改爲侍中。天寶元年二月二十日。改爲左相。至德二載十二月十五日。改爲侍中。舊是三品。大歷二年十一月九日。改爲從二品。與中書令同。

中書令

武德元年爲内史令。三年。改爲中書令。龍朔二年。改爲西臺右相。至咸亨元年。改爲中書令。光宅二年。又爲内史。神龍元年復爲中書令。開元元年爲紫微令。五年。復爲中書令。天寶二年。改爲右相。至德二載。復爲中書令。舊制宰相常於門下省議事。謂之政事堂。故長孫无忌魏徵房元齡皆知門下事。至永淳三年七月。中書令裴炎以中書執政事筆。其政事堂合在中書。遂移在中書省。至開元十一年。張說奏改政事堂爲中書門下。其政事印亦改爲中書門下之印。至德二載三月。宰相分直主政事。執筆每一人知十日。至貞元十年五月八日又分每日一人執筆。

名稱

武德元年六月。裴寂除尚書左僕射。知政事。貞觀元年九月。御史大夫杜淹除參議朝政。三年二月。魏徵除祕書監。參議朝政。四年二月。蕭瑀除御史大夫。與宰相參議朝政。戴冑除民部尚書。與左右僕射。侍中。中書令同平章國計。七年十二月。岑文本兼中書侍郎。專典機密。八年十一月。詔李靖加特進。患若小瘳。每三日兩日至門下中書平章政事。九年十一月。蕭瑀特進。參議政事。十月六日。魏徵改特進。知門下省事。朝章國典。參議得失。十三年十一月。劉洎除黃門侍郎。參知政事。十七年正月。李勣除太子詹事。同中書門下三品。其年高士廉除開府儀同三司。仍同中書門下平章政事。二十二年正月。崔仁師除中書侍郎。參知機務。永淳元年四月。郭待舉等各守本官。並加同中書門下同承受進止平章事。初上欲用待舉等。謂參知政事崔知溫曰。待舉等歷任尚淺。未可與卿等同名稱。自是外司四品已下知政事者。以平章事爲名稱。十二月。劉齊賢除黃門侍郎。同中書門下平章事。神龍元年六月。尚書左僕射豆盧欽望加平章軍國重事。景雲三年七月。竇懷貞除尚書右僕射。軍國重事宜共平章。唐隆元年六月。劉幽求除中書舍人。參議機務。

蘇氏駁曰。同中書門下三品。是李勣除太子詹事。創有此號。原夫立號之意。以侍中中書令。是中書門下正三品官。而令同者。以本官品卑。恐位及望雖不等。故立此號。與之同等也。勣至二十三年七月。遷開府儀同三司。八月。又改尚書左僕射。並同中書門下三品。且開府是從一品。僕射是從二品。又令同者。豈不與立號之意乖乎。謹按後漢殤帝以鄧騭爲車騎將軍儀同三司。觀其創、置之意。亦可上企三公也。可以爲證矣。永隆二年閏七月。崔知溫薛元超除中書令。並云同中書門下三品。又大乖也。

元和二年正月。司徒平章事杜佑告老。詔起之。令以後每月三度入朝。便至中書商量軍國事務。亦冀延於內殿。沃朕虛心。

太和四年五月。制以司空兼門下侍郞同平章事裴度可司徒平章軍國事。待疾損日。每三日一度入中書。散官勳封如故。度勳望特高。以疾在假淹時。上將去相印。而又惜之。故有是詔。以示優寵。

識量上

貞觀元年二月二十日。御史大夫杜淹奏。諸司文卷。恐有稽失。請令御史大夫就諸司檢校。上問尚書右僕射封德彝曰。此事何如。德彝曰。分理庶務。各有司存。御史見有愆違。乃須彈糺。若復搜案求疵。則太爲煩碎。淹默然而止。上謂淹曰。何不更執論。淹曰。臣荷重寄。唯思報國。至公之理。善則從之。德彝所奏。亦是大體。臣伏詳其議。更先所論。上曰。公等各舉其事。朕甚悅之。

二年。上與侍臣論周秦修短。蕭瑀對曰。紂爲不道。武王征之。周及六國無罪。始皇滅之。得天下雖同。失人心則異。上曰。公知其一。未知其二。周得天下。增修仁義。秦得天下。益尙詐力。此修短之所以殊也。蓋取之或可以逆得。而守之不可以不順也。瑀謝不及。

其年。有上書請去佞臣者。上問佞臣爲誰。對曰。願陛下與羣臣言。陽怒以試之。彼執理不屈者。直臣也。畏威順旨者。佞臣也。上曰。君自爲詐。何以責臣下之直。朕方以至誠治天下。卿策雖善。朕不取也。

七年。遣使詣西域立葉護可汗。未還。又別遣使多齎金銀錢帛。將歷諸國市馬。侍中魏徵諫曰。今發國使。以立可汗爲名。可汗未立。便歷諸國市馬。彼必謂意在市馬。不爲專立可汗。可汗得立。則不甚懷恩。不得立。則深爲恐懼。諸蕃聞之。必不重中國。但願使彼安寧。則諸國之馬。不求自至。上納其言而止。

八年。蜀王妃父楊譽在省競婢。爲都官郎中薛仁方留身勘問。未及與奪。其子爲千牛。於殿庭陳訴云。五品以上。不合留身。以是國親。故生節目。不肯斷決。淹歷歲年。上聞之大怒曰。知是我之親戚。故作如此艱難。卽令杖二百。解所任官。侍中魏徵進曰。仁方既是職司。能爲國家守法。豈可橫加嚴罰。以成外戚之私乎。此源一開。萬端爭起。後必悔之。將無所及。自古能禁斷此事。唯陛下一人。先備不虞。國家之常道。豈可以水未橫流。欲自毀隄防。臣竊思度。未見其可。上曰。誠如公言。向者實不思之。

十五年。太子少師房元齡。尙書右僕射高士廉。於路逢少府少監豆德素。問北門近來更有何營造。德素以聞。上乃謂元齡等曰。卿但知南衙事。我北門小小營造。何妨君事。元齡等拜謝。特進魏徵進曰。臣不解陛下責。亦不解元齡等拜謝。元齡等既任大臣。卽陛下股肱耳目。有所營造。何容不知。責其訪問官司。臣所未解。且所爲有利害。役功有多少。陛下所爲若是。當助陛下所爲。不是。雖營造。當奏罷之。此君使臣臣事君之道。元齡等不識所守。但知拜謝。臣亦不解。上深然之。

二十年。太宗於寢殿側置一室。令太子居之。絕不令往東宮。黃門侍郎參綜朝政褚遂良諫曰。臣聞文王問安。三至必退。漢儲視膳。五日乃來。前賢作法。規模宏遠。禮曰。男子十年。出就外傅。出宿於外。學書計也。則古之達者。豈無慈愛。思使成立。凡人尙猶如此。況君之世子乎。自當春誦夏絃。親近師傅。體人間之庶事。識君臣之大道。況新樹太子。莫不欣然。既云廢昏立明。須稱天下瞻望。而教成之道。實深乖闕。不離膝下。常居宮內。保傅之說無暢。經籍之談蔑如。伏願遠覽殷周。近遵漢魏。不可頓革。事須階漸。但計旬日半遣還宮。專學藝以潤身。布芳聲於天下。則微臣雖死。猶曰生年。上從之。

總章元年十月七日。東天竺烏茶國長年婆羅門盧伽逸多受詔合金丹。上將餌之。東臺侍郎郝處俊諫曰。脩短有天命。未聞萬乘之主。輕服蕃夷之藥。昔貞觀末年。先帝令婆羅門僧那羅邇娑婆寐依其本國仙方合長生神藥。胡僧既有異術。徵求靈草祕石。歷年而成。先帝服之。竟無異效。大漸之際。名醫莫知所爲。議者欲歸罪於胡人。將申大戮。又恐取笑夷狄。法遂不行。龜鑑若是。惟陛下深察。上納之。遂不服其藥。

儀鳳元年四月。上以風疹。欲下詔令天后攝理國政。與宰臣議之。中書令郝處俊曰。臣聞禮經云。天子理陽道。后理陰德。外內和順。國家以治。然則帝之與后。猶日之與月。陽之與陰。各有所主。不相奪也。若失其序。上則謫見於天。下則禍成於人。昔魏文帝著令。雖有少主。尙不許皇后臨朝。所以追鑒成敗。杜其萌也。況天下者。高祖太宗之天下。陛下正合愼守宗廟。傳之子孫。誠不可持國與人。有私於后。且曠古以來。未有此事。伏乞特垂詳審。中書侍郎李義琰曰。處俊所引經典。其言至忠。聖慮無疑。則蒼生幸甚。

上元元年九月。上御含元殿東翔鸞閣。觀大酺。時京城四縣及太常音樂。分爲東西兩朋。帝令雍王賢爲東朋。周王顯爲西朋。務以角勝爲樂。中書令郝處俊進諫曰。臣聞禮所以示童子無誑者。恐其欺詐之心生也。伏以二王春秋尙少。意趣未定。當須推功讓美。相視如一。今忽分爲二朋。遞相誇競。且俳優小人。言辭無度。酣樂之後。難爲禁止。恐爲交爭勝負。譏誚失禮。非所以遵仁義。示和睦也。高宗瞿然曰。卿之遠識。非衆人所及也。遂命止之。

天授二年。太學生王修之上表。以鄉有水潦。乞假還。上臨軒曰。情有所切。特宜許之。地官侍郎狄仁傑跪而言曰。臣聞君人者。當深視高居。黈纊塞耳。唯生殺之柄。不以假人。至於簿書期會之間。則有司存之而已。故左右丞已下不勾。左右丞相流已上方判。以其漸貴所致。況天子乎。且學生假。蓋一丞簿事耳。若特降一勅。則效者相尋。冑子三千。凡須幾勅。爲恩不普。衆怨方深。若聖旨宏慈。不欲違願。請降明制以論之。上曰。微卿之言。何以聞善。

如意元年七月。洛陽人王慶之上表。請立武承嗣為皇太子。則天命內史李昭德詰問。昭德遂杖殺之。因密奏曰。承嗣陛下之姪。又為親王。不宜處機衡。以惑衆庶。且自古帝王父子之間。猶有篡奪。況姑姪乎。臣又聞文武之道。布在方册。豈有姪為天子。而為阿姑立廟者乎。皇嗣陛下子也。陛下正合傳之子孫。為萬世計。天子之子。續莫重焉。陛下承天皇顧託。而有天下。若立承嗣。臣恐天皇不血食矣。則天悟之。乃止。

神功元年。則天嘗召天官侍郎陸元方。問以外事。對曰。臣備位宰相。有大事卽奏。人間碎務。不敢以煩聖覽。

聖歷二年九月。則天內出梨花一枝。示宰臣曰。是何祥也。諸宰臣曰。陛下德及草木。故能秋木再花。雖周文德及行葦。無以過也。鳳閣侍郎杜景儉獨曰。謹按洪範五行傳。陰陽不相奪倫。瀆之卽為災。春秋云。冬無愆陽。夏無伏陰。春無凄風。秋無苦雨。今已秋矣。草木黃落。而復生此花。瀆陰陽也。臣恐陛下布教施令。有虧典禮。又臣等忝為宰臣。助天理物。理而不和。臣之罪也。於是再拜謝罪。則天曰。卿眞宰相也。

三年臘月。張易之兄弟貴寵踰分。懼不自全。請計於天官侍郎吉頊。頊曰。公兄弟承恩深矣。非有大功於天下。自古罕有全者。唯有一策。苟能行之。豈止全家。亦當享茅土之封耳。除此之外。非頊所謀。易之兄弟涕泣請之。頊曰。天下思唐德久矣。主上春秋已高。武氏諸王。殊非所屬意。公何不從容請立廬陵相王。以副生民之望。易之乃乘間屢言之。則天意乃易。旣而知頊之謀。乃召問頊。頊曰。廬陵相王。皆陛下子。高宗初託於陛下。當有所主。上意乃追中宗焉。其事密。睿宗立。左右乃發明之。遂追贈頊爲御史大夫。制詞云。王命中否。人謀未輯。首陳返政之議。克副祈天之基。

長安二年。鸞臺侍郎韋安石嘗於內殿賜宴。張易之引蜀商宋霸子等數人博於上前。言辭犯禮。安石奏曰。商估賤類。不合參登此筵。乃顧左右逐出之。時坐者失色。陸元方退而告人曰。向見韋公叱博徒。吾等爲之寒心。此眞宰相。

四年八月。則天臥疾。宰相不得召見者累日。及疾少間。鸞臺侍郎知政事崔元暐奏曰。皇太子相王。仁明孝友。足可親侍湯藥。至於宮禁事重。伏願不令異姓人出入。則天謂曰。深領卿厚意。

神龍三年九月。蘇瓌除尚書右僕射。時公卿大臣。初拜官。例許獻食。名曰燒尾。瓌因內宴。將作大匠宗晉卿謂曰。拜僕射竟不燒尾。豈不喜耶。帝默然。瓌奏曰。臣聞宰相者。主調陰陽。助天理物。今粒食踊貴。百姓不足。臣見宿衛兵。至有三日不得食者。臣愚不稱職。所以不敢燒尾。至四年。中宗遺制。韋庶人輔少主知政事。安國相王參謀輔政。中書令宗楚客謂韋溫曰。今旣請皇太后臨朝。宜停相王輔政。且皇太后於相王居嫂叔不通問之地。甚難爲儀注。理全不可。瓌獨正色拒之。謂曰。遺制是帝意。若可改。何名遺制。楚客大怒。竟削相王輔政。而宣行焉。

景雲二年二月。睿宗謂侍臣曰。有術士言。五日內有急兵入宮。卿等爲朕備之。中書侍郎張說進曰。此是讒人設計。搖動東宮。陛下若使太子監國。則君臣分定。窺窬望絶。姚元之曰。如説之言。社稷之計。上大悦。是日下制太子監國。其月。上召中書令韋安石謂曰。聞朝廷傾心東宮。卿何不察也。安石對曰。陛下何得亡國之言。此必太平之計。太子有大功於社稷。仁明孝友。天下所稱。願陛下無信讒言。以致惑也。睿宗瞿然曰。朕知之矣。卿勿言也。

開元五年。令中書門下爲皇太子制名。及封邑并公主等邑號。又令別進一佳名者。侍中宋璟。中書侍郎蘇頲奏曰。七子均養。百王至仁。今若同等別封。或緣母寵子愛。骨肉之際。人所難言。天地之中。典有常度。昔袁盎降愼夫人之席。文帝竟納之。愼夫人亦不以爲嫌。美其得久長之計。臣等今並同進。更不別封。上彰覆載無偏之德。上稱嘆久之。

二十一年。范陽節度使張守珪。使安祿山奏事。中書令張九齡見之。謂侍中裴光庭曰。亂幽州者。此胡人也。及祿山爲平盧將軍。失利。守珪奏請斬之。九齡劾曰。穰苴出軍。必誅莊賈。孫武行令。亦斬宮嬪。守珪軍令若行。祿山不宜免死。上惜其勇銳。但令免官。使白衣展効。九齡執請誅之。上曰。卿豈以王夷甫識石勒。便臆斷祿山難制耶。元宗至蜀。追恨不從九齡之言。遣中使至曲江祭酹之。至建中元年十一月五日。上以九齡先覩未萌。追贈司徒。

大歷十四年閏五月。中書侍郎平章事崔祐甫。以尚父子儀年老。久掌兵權。其下裨將。皆已崇貴。慮子儀一旦謝世。而難相統攝。遂罷子儀。而命懷光等分統其衆。論者伏焉。

建中二年六月。宰臣崔祐甫在相位。神策軍使王駕鶴掌禁軍十餘年。權傾中外。上初卽位。欲以白琇珪代之。懼其生變。祐甫召駕鶴與語。留連久之。琇珪已赴北軍視事矣。時淄青節度使李正己。畏懼上威德。表請進錢三十萬貫。上欲納之。復慮以他計逗遛。如止之。又未有其詞。顧問宰相。祐甫進曰。正己多譎詐。誠如聖慮。臣請因使往淄青。便令宣慰將士。以所進錫賚軍人。且遣深荷聖慈。又令外藩知朝廷不重財貨。上悅從之。正己大慙。而心畏服焉。祐甫謀猷啓沃。多所宏益。天下以爲復貞觀開元之太平也。

三年正月。太僕卿趙縱。貶循州司馬。初。縱家奴當千發縱陰事。縱下御史。當千留于內省。于是宰相張鎰上疏諫曰。伏見趙縱爲奴所告下獄。人皆震懼。未測聖情。貞觀二年三月。太宗謂侍臣曰。比有奴告其主謀逆。此極弊法。特須禁斷。假令有謀反者。必不獨成。自有他人論之。豈藉其奴告也。自今以後。奴告主者。皆不須受。盡令斬決。由是賤不得干貴。下不得陵上。教化之本旣正。悖亂之漸不生。爲國之經。百世難改。欲全其體。貴在防微。頃者長安李濟得罪因奴。萬年令霍鷃得罪因婢。愚賤之輩。悖慢成風。主反畏之。動遭誣告。充溢府縣。不能斷決。建中元年五月二十八日。詔書曰。准鬬競律。諸奴婢告主。非誣叛以上者。同自首法。並准法處分。自此奴婢復順。獄訟稍息。今縱事非叛逆。奴實姦兇。奴在禁中。縱獨下獄。考之法理。或恐未正。將相之功。莫大乎子儀。人臣之位。莫高于尙父。身歿未幾。墳土僅乾。兩壻前以得罪。趙縱今又下獄。設令縱實抵法。所告非奴。纔經數旬。連罪三壻。錄勳念舊。或猶可容。況在章程。本宜宥免。陛下方誅羣賊。大用武臣。雖見寵於當時。恐息望於他日。太宗之令典尚在。陛下之明詔始行。一朝背違。不與衆守於教化恐失。於刑法恐煩。所忿悉無。所傷至廣。臣非私趙縱。非惡此奴。叨居股肱。職在匡弼。斯事大體。敢不極言。伏乞聖慈。納臣愚懇。於是上以縱所告雖重。左貶而已。當千杖殺之。鎰乃令召子儀家僮數百人。以死奴示之。

興元元年。門下侍郎平章事蕭復。充宣撫等使回。與諸宰相對訖。獨留奏曰。陛下自還宮闕。勳臣已蒙官爵。唯旌善懲惡。未有區分。陳少游。將相之寄最崇。首敗臣節。韋皐。名位最卑。特建忠義。請令韋皐代少游。則天下昭然知逆順之理。上從之。復出。諸相李勉。盧翰。劉從一。同歸中書。中使馮欽緒續至。揖從一附耳語而退。諸相各歸閤。從一詣復曰。中使宣旨。令與公商量。朝來所奏。便進擬來。勿令李勉盧翰知。復曰。適來奏對。亦聞斯旨。然未諭聖心。而已陳論。上意倘爾。復未敢言所陳事。又曰。唐虞有僉曰之論。朝廷每事尙合與公卿同議。今李勉盧翰。不可在相位。即去之。既在。合同商量。何故獨避之。此一節事。且與公行之無爽。但恐寖以成俗。此政之弊也。竟不以所奏事言於從一。從一奏之。上寖不悅復之言。先是淮南節度使陳少游。首稱臣於李希烈。鳳翔將李楚琳。殺節度使張鎰。以應朱泚。鎰判官韋皐。先知隴州。誅隴州之叛卒數百人。拒泚。故復請行勸懲之命焉。

貞元三年正月。上命玉工爲帶墜。有一銙誤墮地壞焉。工者六人私以錢數萬市玉以補壞者。既與諸銙相埒矣。及獻。上卽指其所補者曰。此銙光彩何不相類。工人叩頭伏罪。上震怒。令于京兆府各決重杖處死。責其欺罔。詔至中書。宰相柳渾執奏曰。陛下若便賜死則已。今事下有司。請存詳理。況玉工之罪。或未詳審。只緣人命至重。所以獄讞有疑。且方春極刑。恐傷和氣。容臣條奏。以正刑典。遂案律文。但罪壞玉者以誤傷乘輿器服。杖一人。餘五人並釋之。以聞。詔可其奏。先韓滉自淛西入覲。上虛己待之。至于調兵食籠鹽鐵。勾官吏贓罰。鋤豪強兼并。上委仗焉。每奏事。或踰日旰。他相充位而已。公卿救過不暇。莫敢枝梧者。滉嘗於省中榜吏至死。渾雖滉所引。惡其專權。正色謂之曰。先相公狷察爲相。不經年而罷。況省闥非刑人之地。相公奈何蹈前非。行於今日。專立威福。豈尊主卑臣之道。滉感悟媿悔。爲霽震威焉。渾判門下省。吏白當過官。渾悄然曰。守職宜委有司。更紛擾之。非賢者用心也。士或千里辭家。以干微祿。小邑主簿。豈慮無能。況旌善進賢。事不在此。其年。吏曹擬官無退量者。及渾瑊與吐蕃會盟於平涼。其日。上御便殿謂宰臣曰。和戎息師。國之大計。今日將士與卿同歡。馬燧前賀曰。此之一盟。國家將百年內更無蕃寇之患。渾跪對曰。五帝無誥誓。三王無盟詛。是知盟詛之興。在於季末。今盛明之朝。豈可復行夷狄之心。易以兵制。難以信結。今日會約。臣切憂之。李晟繼前曰。臣生長邊城。備知蕃人動先詐僞。今日之事。誠如柳渾所變。上變色曰。柳渾書生。未達邊事。大臣智術英果。亦有斯言乎。渾晟咸頓首俯伏。遂令歸中書。其夜三更邠寧節度使韓遊瓌．遣使叩開苑門奏云．盟會不成．將士覆沒．上驚．翌日臨軒．慰勉渾曰．卿文儒之士．乃知軍戎情僞．言成先覺．有足嗟賞．自此驟加禮異．

八年四月．宰臣陸贄奏請臺省長官自薦屬官．有曠敗則連坐舉主．上許之．俄旨曰．外議以諸司所舉多引用親黨．兼通賂遺．不得實才．今後卿等宜自選擇．贄曰．今之臺省長官．皆是當朝華選．孰肯徇私妄舉．以傷名取利耶．所謂臺省長官．卽僕射．尚書．左右丞．侍郎．及御史大夫．中丞是也．陛下比擇輔相．多亦出於其中．今之宰臣．卽往日臺省長官也．今之臺省長官．卽將來之宰相也．但是職名暫異．固非行業頓殊．豈有爲長官之時．不能擇一二屬吏．居宰相之位．則可擇千百具僚．物議悠悠．其惑頗甚．上竟不行．

二十一年三月．左僕射平章事賈耽．以王叔文用事．稱疾歸第．鄭珣瑜亦稱疾不起．二相皆天下重望．相次歸臥．諸宰臣方會食於中書．故事．丞相方食．百僚無敢通見者．王叔文召直省令報．直省懼．入白韋執誼．起迎．就其舍語．時杜佑．高郢．珣瑜皆停箸以待．報云．王嗣使索飯．韋相公亦與之同食閣中矣．佑．郢等心知不可．畏懼叔文．執誼而不敢言．珣瑜獨嘆曰．吾豈可復處此乎．顧左右索馬．徑歸不起．叔文亦無所顧忌焉．

元和元年九月．平西蜀．初．劉闢作亂．上不欲用兵．羣議未決．宰臣杜黃裳堅請討除．以高崇文爲行營節度使．文珍爲都監．數月無功．黃裳奏曰．往年討吳少誠於淮西．韓全義兵敗．緣當時所徵之兵．各有主將．

又制自監軍故也今日用兵與貞元時不異臣竊爲陛下惜之若獨任崇文必濟上從之及蜀平諸相入賀上獨勞黃裳曰卿之功也黃裳自始經營討闢至於成功指授崇文無不懸合崇文素憚保義軍節度使劉澭黃裳謂曰若不奮命當以劉澭代之由是得崇文之死力時宿將專征者甚衆自謂當選詔出用崇文人人大驚及王師入成都擒劉闢以獻詔刻石紀功於鹿頭山下

二年二月上謂宰相曰朕常覽前史見歷代帝王或怠於聽治或煩於親政互有得失其理安在杜黃裳對曰帝王之務在於修己簡易擇賢任之宵衣旰食以求人瘼捨己從人以務厚下固不可怠肆安逸然事有綱領大小當務知其遠者大者至如簿書獄讞官吏能否本非一人之所自任也秦始皇自程決事見嗤前代諸葛亮伯國之相耳罰二十以上皆自省之亦下爲敵國所誚知不久堪魏明帝欲案尙書省疑事陳矯稱不可隋文帝日昃聽政每令衞士傳餐太宗文皇帝亦笑其煩察則爲人上之體固不可代下司職但擇人委任責其功效賞罰苟信誰不盡心傳稱帝舜之德曰夫何爲哉恭己而已能舉十六相去四凶也豈與勞神疲體自任耳目之主同年而語哉但人主之道患其不能推誠人臣之弊患其不能自竭由是上疑下詐禮貌或虧欲求共治自然難致苟去此弊何不至於治上深然其言

其年十月淮西節度使李錡請朝覲上問宰臣武元衡曰不可且錡先請朝覲詔既許之卽又稱疾是可否在錡也今陛下新臨寶位天下屬耳目焉若使奸臣得遂其私則威令從此去矣上曰然遽命追之錡

果計窮而反。

三年十一月。上問爲治之要何先。宰臣裴垍對曰。先正其心。上深然之。

五年正月。上謂宰臣禳災祈福之說。其事信否。李藩對曰。臣竊觀自古聖賢。皆不禱祠。故楚昭王有疾。卜者謂河爲祟。昭王以河不在於楚。非所獲罪。孔子以爲知天道。仲尼疾病。門人子路請禱。仲尼以爲天道助順。繫於所行。已既全德。無愧屋漏。故答子路云。丘之禱久矣。書云。惠迪吉。從逆凶。言順道則吉。從逆則凶。詩云。自求多福。則禍福之來。咸應行事。若苟爲非道。則何福可求。是以漢文帝每有祭祀。使有司敬而不祈。其見超然。可謂盛德。若使神明無知。則安能降福。必期有知。則私己求媚之事。君子尚不可悅之也。況於神明乎。由此言之。則履信思順。自天祐之。苟異於此。實難致福。故堯舜之務。唯求修己。以安百姓。管仲云。義於人者。和於神。蓋以人爲神主。故但務安人而已。虢公求神。以致危亡。王莽妄祈。以速漢兵。古今明誡。書傳所紀。伏乞陛下以漢文孔子之意爲準。則百福具臻矣。上深嘉之。

唐會要卷五十二

識量下

元和五年八月。上謂宰臣曰。神仙長生之說。可信乎。李藩對曰。神仙之說。出於道家。然道之所宗。以元元五千言爲本。按其文。皆去華尙樸。絕棄健羡。以執柔見素爲道。少思寡欲爲貴。其言皆於六經符協。是故歷代寶之。以爲治國治心之要。未曾有神仙不死之說。後代虛誕之徒。假託聖賢之言。爲怪譎之論。末流漸廣。及秦始皇漢武帝志求長生。延召方士。於是有盧生韓生少君欒大之類。售其欺詐。以爲禱祠神仙可求不死。二主溺信之。始皇遣方士入海。求三山靈藥。遂外匿不歸。漢武以女妻方士欒大。後亦無驗。欒大坐腰斬。此則前代帝皇惑於虛說者。著在前史。其事甚明。貞觀末年。有胡僧自天竺至中國。自言能治長生之藥。文皇帝頗信待之。數年藥成。文皇帝因試服之。遂致暴疾。及大漸之際。羣臣知之。遂欲戮胡僧。慮爲外夷所笑而止。載在國史。實爲至誡。古人云。服食求神仙。多爲藥所誤。誠哉是言也。君人者。據宇宙之廣。撫億兆之衆。但當嚴恭夙夜。務爲治安。則四海樂推。無思不服。天命所祐。自知延長。不可聽誘惑之虛說。陛下春秋鼎盛。方志昇平。倘能深鑒流弊。斥遠方士。則百福自生。坐臻永年。伏願詳考古今。以保至正。則天下幸甚。

其年十月以前河東節度使王鍔爲檢校司徒。充太原節度使。初。鍔以錢千萬賂中貴求兼相位。宰相李藩與權德輿奉密旨曰。王鍔可兼宰相。宜即擬來。藩以爲不可。遂以筆塗兼相字。復奏上。德輿失色曰。縱不可。別宜作奏。豈可以筆塗詔耶。藩曰。勢迫矣。出今日便不可止。日且暮。何暇別作奏。權德輿又續有疏曰。夫平章事非序進而得。國朝方鎭帶相者。蓋有大忠大勳。大歷已來。又有跋扈難制者。不得已而與之。今王鍔無大忠大勳。又非姑息之時。欲假此名實。恐不可從。

崔氏曰。此乃不諳事故者之妄傳。史官之謬記耳。旣稱奉密旨。宜擬來。則是得擬狀中陳論。固不假以筆塗詔矣。凡欲降白麻。若商量於中書門下。皆前一日進文書。然後付翰林草麻制。又稱藩曰。勢迫矣。出今日便不可止。尤爲疏闊。蓋由史氏以藩有直亮之名。欲委曲成其美。豈所謂直筆哉。

七年。上謂宰臣曰。卜筮之事。習者罕精。或中或否。近日風俗。尤更崇尙。何也。宰相李絳對曰。臣聞古先哲王。畏天命。示不敢專。邦有大事可疑者。必先謀於卿士庶人。次及於卜筮。俱協則行之。末俗浮僞。幸以徼福。正行慮危。邪謀覬安。遲疑昏惑。謂小數能決之。而愚夫愚婦。假時日鬼神者。欲利欺詐。參之見聞。用以刺射。小近其事。神而異之。由是風俗近巫。成此弊俗。聖旨所及。實辯邪源。存而不論。弊斯息矣。

七年五月。上謂宰臣曰。比者見卿等累言。吳越去歲水旱。昨有御史推覆。至自江淮。乃言不至爲災。人非甚困。不知竟有此否。李絳對曰。臣昨見浙西東及淮南奏狀云。本道水旱。稻麥不登。至有百姓逐食。多去鄉井。各請設法招攜。意懼朝廷罪責。苟非事實。何敢上陳。況天災流行。年歲代有。方隅授任。皆朝廷信重之臣。此固非虛說也。御史官輩。選擇非必能賢。奏報之間。或容希媚。此正當奸佞之臣。近有兩輩御史至江淮。推鞫。今理當詰逐。不知言者之名。伏望明示典法。推誠於人。夫本任大臣以事。不可以小臣之言間之。上曰。卿言是也。朝廷大體。以恤人爲本。苟一方不稔。當卽日賑救。濟其饑寒。不可疑之也。向者不思而有此問。朕知言之過矣。絳等稽首陳賀。於是命自今凡有被饑饉之境。速蠲其賦。

其年十一月。勑王稷家告事奴。付京兆府決一頓處死。初。奴告稷換其父鍔遺表。隱沒所進錢物。卽令鞫其奴於內仗。又發中使就東都檢責其家財。宰臣裴度奏曰。王鍔亡歿之後。其家進獻已多。今因奴上告。又命檢責其家。臣恐天下將帥聞之。必有以家爲計者。於是亟罷其使。而殺其奴。

十四年。上謂宰臣曰。聽受之間。大是難事。推誠委任。謂所委必盡心。及至臨事。不無偏黨。朕命學士集前代曖昧之事。爲謗略。每欲披閱。以爲鑒戒耳。崔羣對曰。無情曲直。辯之至易。稍懷欺詐。審之實難。故孔子衆好衆惡之論。浸潤膚受之說。蓋以曖昧難辯也。若擇賢而任之。待之以誠。糾之以法。則人自歸公。孰敢行僞。陛下詳觀載籍。以廣聰明。實天下幸甚。

十五年十月。上謂宰臣曰。用兵者有必勝之道乎。蕭俛對曰。兵者凶器。戰者危事。聖王不得已而用之。必以仁討不仁。義討不義。先務招懷。不施掩襲。古之明王之討叛。不斬祀。不殺厲。不獲二毛。不犯田稼。安民禁暴。如救人於水火之中。故曰王者之師。有征無戰。此必勝之道也。如或肆小忿。輕動衆。敵人結怨。師出無名。非唯不勝。乃自危之道。固可深戒。上深嘉其言。

長慶元年。穆宗謂宰臣曰。前史稱漢文帝惜十家之產。而罷露臺。又云身衣弋綈。足履革舄。集上書囊以爲殿帷。何太儉也。信有此乎。宰臣崔植對曰。良史所記。必非妄言。漢興承亡秦殘酷之後。項氏戰爭之餘。海內彫弊。生民力竭。漢文仁明之主。起自代邸。知稼穡之艱難。是以卽位後。躬行儉約。繼以景帝。猶遵此風。由是海內黔首。咸樂其生。家給戶足。迨至武帝。公私殷富。用能出師征伐。威行四方。錢至貫朽。穀至紅腐。上務侈靡。資用復竭。末年稅及舟車六畜。民不聊生。戶口減半。乃下哀痛之詔。封丞相爲富民侯。皆漢史明徵。用爲事實。且耕蠶之勤。出自人力。用旣無度。何由以致富強。據武帝嗣位之初。物力阜殷。前代無比。固當因文帝勤儉之致也。上甚善其言。

開成三年。文宗御延英。謂宰臣曰。人傳符讖之語。自何而來。宰相楊嗣復對曰。漢武帝好以符讖之書決事。近代隋文帝亦信此言。自是符讖日滋。只如班彪王命論所引。蓋矯意以止賊亂。非所重也。李珏曰。喪亂之時。佐命者務伸命符。治平之代。只合推諸人事。上又曰。天后用人。有布衣至宰相者。當時還得力否。楊嗣復對曰。天后重行刑辟。輕用官爵。皆自圖之計耳。凡用人之道。歷試方見其能否。當艱難之時。或須拔置。無事之日。不如且循資級。古人拔士爲相。拔卒爲將。非治平之時。蓋不獲已而用之也。上又問新修開元政要。敍致何如。嗣復對曰。臣等未見。陛下若欲傳之子孫。請宣付臣等參詳可否。元宗或好遊畋。或好聲色。與貞觀之政不同。故取舍須當。方可流傳。從之。

四年。文宗謂宰臣曰。朕在位十四年。屬天下無事。雖未至治平。亦少有如今日也。李珏對曰。邦國安危如人身。四體平和之時。長宜調養。如恃安自忽。則疾患旋生。朝廷當無事之時。思省闕失而補之。則禍亂不作矣。

會昌三年。澤潞節度使劉從諫卒。軍人以其姪稹擅總留後事。上令宰臣議可否。宰臣李德裕曰。澤潞國家內地。不同河朔。前後命帥。皆用儒臣。頃者李抱貞成立此軍。身歿之後。德宗尚不許繼襲。令李緘護喪歸洛。洎劉悟作鎮。長慶中頗亦自專。屬敬宗因循。遂許從諫繼襲。今若不加征伐。何以號令四方。若因循授之。則藩鎮相效。自茲威令去矣。上曰。卿算用兵必剋否。德裕曰。劉稹所恃河朔三鎮。但得魏鎮不與稹同。破之必矣。請遣重臣一人。傳達聖旨。言澤潞命帥。不同河朔三鎮。自艱難以來。列聖皆許三鎮嗣襲。已成故事。今國家欲加兵誅稹。其山東三川。委魏鎮出兵攻之。至四年。果平劉稹。德裕以功兼太尉。進封衞國公。

大中三年。以戶部侍郎魏謩兼平章事。中謝日奏曰。臣無稷契之才。居稷契之任。將何以仰報。今邊戍粗安。海內寧息。臣愚所切。陛下未立東宮。俾正人傳導。以存儲貳之重。因泣下。宣宗感而聽之。先是。累朝人君。不欲人言立儲貳。若非人主已欲。臣下不敢獻言。宣宗春秋高。嫡嗣未辨。蓍作相之日。率先啓奏。人士重之。

天祐元年四月。和王傅張廷範善音律。求爲太常卿。汴滑節度使朱全忠以廷範舊將吏。薦用。宰相裴樞以廷範非樂卿之才。不允所薦。

忠諫

貞觀元年。太宗嘗閒居。與侍中王珪宴語。時有美人侍側。本廬江王瑗之嬪。太宗指示之曰。廬江不道。賊殺其夫而納其室。暴虐之甚。豈有不亡乎。珪曰。陛下以廬江取此婦人爲是耶。爲非耶。上曰。殺人而取其妻。卿乃問朕是非何也。珪曰。臣聞於管仲曰。齊桓公之郭。問其父老曰。郭何故亡。父老曰。以其善善而惡惡也。桓公曰。若子之言。乃賢君也。何至於亡。父老曰。郭君善善而不能用。惡惡而不能去。所以亡也。今此婦人尚在左右。臣竊以聖心爲是之。陛下若以爲非。所謂知惡不去也。太宗雖不出美人。而甚重其言。其年。上以瀛州刺史盧祖尚才兼文武。命鎭交趾。祖尚拜而出。旣而悔之。辭以疾。上遣杜如晦等諭旨。祖尚固辭。上怒。斬之。他日。與羣臣論齊文宣帝何如人。魏徵曰。文宣狂暴。然人與之爭事。理屈則從之。上曰。然。向者盧祖尚雖失大臣之義。朕殺之以爲太暴。由此言之。不如文宣矣。命復其官蔭。徵容貌不逾中人。而有膽略。善回人主意。每犯顏苦諫。或逢上怒甚。徵神色不移。上亦爲之霽威。徵嘗謁告上冢。還言于上

曰人言陛下欲幸南山外皆嚴裝已畢而竟不行何也上笑曰實有此心畏卿嗔故中輟耳上嘗得佳鷂自臂之望見徵來匿懷中徵奏故久鷂竟死懷中

六年十二月四日上臨朝有誠懼之言中書令温彦博曰陛下爲政若貞觀之初則無憂于不治矣上曰朕其怠乎侍中魏徵進曰陛下貞觀之初勵精思治從諫如流每因一事觸類爲善志存節儉無所營求比者造作微多諫者頗忤以此爲異耳上拊掌大笑曰良有是夫

十五年於益州造綾錦金銀等物特進魏徵諫曰金銀珠玉妨農事者也錦繡纂組害女工者也一夫不耕天下有受其饑一女不織天下有受其寒古人或投之深谷或焚之通衢而陛下好之臣實深恥之

永徽五年召長孫无忌李勣于志寧褚遂良等李勣稱疾不至皆曰當緣昭儀事或曰長孫太尉當先言之遂良曰太尉上之元舅脫事有不如意使上有怒舅之名不可又曰英公勣上之所重當先言之遂良曰司空國之元勳有不如意使上有罪功臣之名不可遂良躬奉遺詔若不盡其愚誠何以下見先帝及上謂長孫无忌曰莫大之罪絶嗣爲重皇后無嗣息昭儀有子今欲立爲皇后公等以爲何如遂良曰皇后出自名家先朝所娶伏事先帝無愆婦德先帝疾甚執陛下手以語臣曰我好兒好新婦今將付卿陛下親承德音言猶在耳皇后未有愆過恐不可廢臣不敢從上違先帝之命上不悅翌日又言之遂良曰陛下必別立皇后伏請妙擇天下令族何必要在武氏且昭儀經事先帝衆所共知陛下豈可蔽天下耳

目。使萬世之後。何以稱傳此事。陛下倘虧人子之道。自招不善之名。敗亂之端。自此始也。臣上忤聖顏。罪合萬死。倘得不負先帝。則甘從鼎鑊。遂置笏於殿階。叩頭流血曰。還陛下此笏。乞放歸田里。上大怒。命引出之。侍中韓瑗因奏事涕泣諫曰。皇后是陛下在藩府時先帝所娶。今無愆過。卽便廢黜。四海之士。誰不惕然。且國家屢有廢立。非長久之術也。願陛下爲社稷大計。上不納。及褚遂良貶官。瑗復上疏理之曰。遂良竭忠公家。親承顧託。一德無二。千古凜然。此不待臣言。陛下自知之矣。無聞罪狀。斥去朝廷。內外氓黎。咸嗟舉措。上曰。遂良悖戾犯上。以此責之。朕豈有過耶。卿言何若是之深也。瑗曰。遂良可爲社稷忠臣。昔微子去之而殷國以亡。張華不死而綱紀不亂。國之欲謝。善人其衰。伏願違彼覆車。救以往過。不納。表請歸田里。不許。瑗又上疏曰。臣聞王者立后。以作配天地。比德日月。若日月並明。則臨照四海。若日月薄蝕。則天地昏矣。且匹夫匹婦。尚相簡擇。況天子乎。夫皇后母儀萬國。善惡由之。故嫫母輔佐于黃帝。妲己傾覆于殷王。前載之事。殷鑒不遠。詩云。赫赫宗周。褒姒滅之。每覽前古。未嘗不輟卷太息。不謂今日。塵黷聖世。今如不法。後嗣何觀。伏惟陛下詳之。無爲後人所笑。若使殺身以益國家。葅醢之戮。臣之分也。昔吳王不用子胥之言。子胥云。臣見麋鹿遊于姑蘇。臣恐海內失望之後。有荊棘生于闕庭。宗廟不血食。期有日矣。中書侍郎來濟又密表諫曰。臣聞王者之立后也。將以上合乾坤之道。象二儀敷育之義。主承宗廟。母臨天下。匹配后土。執饋皇姑。必擇禮教名家。幽閒淑令。副四海之望。稱神祇之意。是故周文造周。姒氏興關雎之化。百姓蒙祚。漢孝成任心從欲。以婢爲后。遂使皇統中絕。社稷淪傾。有周之崇既如彼。大漢之禍又如此。惟陛下詳察。

顯慶元年四月二十五日。上謂侍臣曰。馭下之道。前王深以爲難。計古先帝王。應有其要。公等可思此術。爲我具論之。中書令來濟對曰。臣聞齊桓公出遊。見一饑寒老人。命食之。老人曰。請遺天下食。公遺之衣。老人曰。請遺天下衣。桓公曰。府庫有限。安能周及。老人曰。不然。春不奪農時。人卽有食。夏不奪蠶務。人卽足衣。由此言之。省其徭役。人自安之。近者爲山東役丁。年別有數萬人。將爲煩擾。欲取其庸直。在京僱人充役。復恐非宜。臣等商量。望長久法。依舊役丁爲便。凡所施令。貴在長行。今正課外無別徭役。足爲穩便。

神龍元年二月。侍中桓彥範上疏曰。昔孔子論詩。以關雎爲始。言后妃者。人倫之本。治亂之端也。故皇英降而虞道興。任姒歸而周宗盛。桀奔南巢。禍階妹喜。魯桓滅國。惑以齊媛。伏見陛下每臨朝聽政。皇后必施帷幔於殿上。得聞政事。臣愚歷選列辟。詳求往代。帝王有與婦人謀及政事者。莫不破國亡身。傾輈繼路。其以陰乘陽。違天也。以婦凌夫。違人也。違天不祥。違人不義。由是古人譬以牝鷄之晨。惟家之索。易曰。无攸遂。在中饋。言婦人不可參預國政也。伏願陛下覽古人之言。察古人之意。上以社稷爲重。下以蒼生爲念。宜令皇后無往正殿。干預外朝。專在中宮。聿修陰教。則坤儀式固。鼎命惟永。又道路藉藉。皆云胡僧惠範。矯託佛教。詭惑后妃。出入禁闈。撓亂國政。陛下又微行。數幸其私第。上下媟黷。有虧尊嚴。又聞興化致治。必由進善。康國寧人。莫大棄惡。故孔子曰。執左道以亂政者殺。假鬼神以疑衆者殺。今惠範之罪甚於此也。若不急誅。必生變亂。除惡務本。去邪勿疑。實賴天聰。早加裁貶。上不納。

景雲元年六月。睿宗初即位。與侍臣議立皇太子。中書舍人參知機務劉幽求進曰。臣聞除天下之禍者。享天下之福。拯天下之危者。受天下之安。伏以平王除社稷之危。救君親之難。論功則莫大。語德則最賢。臣又聞宋王已下。以平王有大功。咸懷推讓。上意乃定。

開元二十一年。萬年縣尉李美玉得罪。上令流於嶺外。黃門侍郎韓休進諫曰。今朝廷有大奸。尚不能去。豈得捨大而取小也。臣竊見金吾大將軍程伯獻。恃怙恩寵。所在貪冒。第宅輿馬。僭擬過甚。臣請先出伯獻而後罪美玉。上不許。休固爭曰。美玉微細。尚猶不容。伯獻巨猾。豈能無罪。陛下若不出伯獻。臣即不敢奉詔流美玉。上以其言切直。竟從之。宋璟聞之曰。不謂韓休乃能如此。是仁者之勇也。

二十四年。崔希逸代牛仙客為河西節度。奏河西軍資儲蓄萬計。遂令刑部員外郎張利貞覆之。有實。上悅。將與之尚書。中書令張九齡諫曰。不可。尚書古之納言。若非歷踐內外清貴之地。妙有德望者。不得充之。仙客河湟一使典耳。拔升清流。齒班常伯。此官邪也。又將與之封。九齡曰。邊將積穀帛。繕兵器。蓋將帥之常。而陛下賞之金帛即可。尤不可裂地而封。上怒曰。卿以仙客寒士嫌之耶。卿豈有門籍。九齡頓首謝曰。臣荒陬孤生。陛下以文學用臣。仙客起自吏胥。目不知書。韓信淮陰一壯士。羞與絳灌齊列。陛下必大用仙客。臣亦恥之。

元和七年。上謂宰臣曰。大凡行事。恆患不通于理。已然之失。追悔誠難。古人處此。復有道否。李絳對曰。行事過差。聖哲之所不免。故天子致羣臣。以匡其失。故主心治于中。臣論正于外。制治于未亂。銷患于未萌。主或有過。則諫以止之。故上下同體。猶手足之于心膂。交相爲用。以致康寧。此亦常理。非難遵之事。但矜得護失。常情所蔽。古人貴改過不吝。從善如流。良爲此也。臣等備位。無所發明。但陛下不廢芻言。則端士賢臣。必當自效。上曰。朕擢用卿等。所欲冀直言。各宜盡心。以匡不逮。無以護失爲慮也。

九年十二月。釋下邽令裴寰之罪。初每歲冬。以鷹犬出近畿習狩。謂之外按使。領徒數百輩。恃恩恣横。郡邑懼擾。皆厚禮迎犒。恣其所便。止舍私邸。百姓畏之如寇盜。每留旬日。方更其所。至是行次下邽。寰爲令。嫉其強暴擾人。但據文供饋。使者歸。乃譖寰有慢言。上大怒。將以不敬論。宰相武元衡等于延英懇救理之。上怒不改。及出。逢御史中丞裴度入。元衡等謂曰。裴寰事。上意不開。恐不可論。度唯唯而入。抗陳其事。謂寰無罪。上愈怒曰。如卿言。裴寰無罪。則當決五坊小使。如小使無罪。則當決裴寰。度曰。誠如聖旨。但以裴寰爲令長。愛惜陛下百姓。如此。豈可罪之。上怒稍解。初令書罰。翌日釋之。

十三年二月。上以淮蔡既平。將欲内宴。因是稍恢宫觀。廣制度。詔六軍使淅修麟德殿之東廊。公費不足。至有出家財以助軍使。張奉國白於執政。裴度從容上言曰。陛下有將作監内作營搆之役。有司具存。豈可使功臣破產修造。上怒奉國輩漏洩。令奉國致仕。斥李文悅梁希逸歸私第。俄釋不問。

其年十月。杖殺五坊使楊朝汶。初有賈人張陟負五坊息利錢。徵理經時不獲。楊朝汶遂取張陟私家簿記有姓名者。雖已償訖。悉囚捕重令償之。其間或不伏者。卽列拷捶之具于庭。平民恐懼。遂稱實負陟錢。互相牽引。繫囚至數十百人。中書門下御史臺皆爲追捕。又於陟家得盧載初負錢文記。云是盧大夫書跡。遂追故東川節度使盧坦家僮。促期使納。坦男不敢申理。盡以償訖。徵其手記。乃鄭滑節度使盧羣筆也。羣字載初。既而坦男理其事。五坊使曰。此錢已上進。不可得矣。於是御史中丞蕭俛洎諫官累上疏陳其暴蠹之狀。宰臣裴度崔羣因對。又極言之。上曰。且欲與卿等商量用軍。此小事我自處置。裴度進曰。用兵小事也。五坊使追捕平人大事也。兵事不理。只憂山東。五坊使橫暴。恐亂輦轂。上不悅。及對罷。上乃大悟。召五坊使數之曰。嚮者爲爾使吾羞見宰臣。遂杖殺之。卽日原免坐繫者。

其年十二月。上嘗與宰臣議及人臣事主。當力行善事。自致公望。何乃好樹朋黨。朕甚惡之。裴度對曰。臣聞方以類聚。物以羣分。故君子小人。未有無徒者。但君子爲徒。則是同心同德。小人爲徒。則是朋黨。此事外甚相似。中實相遠。在聖主觀其所行之事以辨之耳。上良久曰。他人有言。亦與卿等相似。豈易辨之。度等退相謂曰。聖上今日所論君子小人之事。可謂誠言。是則聖主以爲難辨則易矣。以爲易辨則難矣。今陛下以爲辨之難。則君子與小人。彌當自區別矣。他日宰臣或以當今利病。欲有所釐改。及陳爲臣事君之道。上必往復詰問。既盡理之後。則曰。凡好事口說則易。躬行則難。卿等既爲朕言之。當須行之。勿空陳說而已。宰臣起而對曰。書曰。非知之艱。行之惟艱。陛下今日處分。可爲至言。臣等敢不策勵。以副天心。然亦以天下之人。從陛下所行。不從陛下所言。臣亦願陛下每言之則行之耳。

十四年九月。上謂宰臣曰。朕讀元宗實錄。見開元之初。銳意求治。至十五六年。則稍懈。至開元末。又似不及中年。其故何也。崔羣對曰。元宗生長民間。身經屯難。故卽位之初。知人疾苦。躬恤庶政。有姚崇、宋璟、盧懷愼。輔以道德。蘇頲。張嘉貞。李元紘。杜暹。韓休。張九齡。皆孜孜守正。以故稱治。其後承平日久。安於逸樂。漸遠正士。而近小人。宇文融以聚斂媚上心。李林甫以奸邪惑上志。而終之以楊國忠。故及於亂。今陛下以開元初爲法。以天寶末爲戒。是乃社稷無疆之福也。時有以諂刻欺蔽在相位者。故羣以是諷焉。

長慶元年八月。上謂宰臣曰。國家貞觀中致治昇平。蓋太宗文皇帝躬行至德。以啓王業。及至開元。累有內難。元宗臨御。興復不易。而一朝聲名最盛。歷年最久。何以致之也。崔植對曰。前代創業之君。多起自民間。知百姓之疾苦。初承丕業。皆能勵精。太宗又特稟上聖之資。同符堯舜。是以貞觀一朝。四海寧泰。又有房元齡。杜如晦。魏徵。王珪之輩爲輔佐。動皆直言。事無不治。元宗守文繼體。嘗經天后朝久遭艱危。開元初得宋璟。姚崇委之爲政。此二人者。皆天生俊傑。動每推公。又每進忠言。致君於道。璟嘗自寫尚書無逸一篇爲圖以獻。元宗置之內殿。出入觀省。常記在心。故任賢戒慾。朝夕孜孜。開元之末。因無逸圖壞。始以山水圖代之。自後旣無座右箴規。又奸臣用事。希恩養慾。實兆亂萌。建中初。德宗皇帝問先臣開元天寶間事。先臣具以此事陳奏。臣在童丱。卽聞其說。信知古人以韋弦作戒。其益宏多。伏願陛下以無逸爲元龜。天下幸甚。上深納其言。

四年五月。上以富有春秋。畋獵之暇。好治宮室。嘗建別殿。以新讌遊。及庇徒葳事。功用至廣。宰臣李程諫曰。自古聖帝明王。率資儉德以化天下。況諒陰之內。豈宜興作。願陛下悉以見在瓦木及工役之費。回奉陵寢。上嘉納焉。

咸通八年。懿宗命伶官李可及爲左威衞將軍。中書侍郎監修國史曹確執奏曰。臣覽貞觀故事。太宗初置官品令。文武官共六百四十三員。顧謂元齡曰。朕設此官員。以待賢士。工商雜色之流。假令術踰儕類。止可厚給財物。必不可授之官秩。大和中。文宗欲以伶官尉遲璋爲王府率。拾遺竇洵直極諫。乃改光州長史。伏望以兩朝故事。別授可及之官。疏奏。不從。

十一年。同昌公主薨。懿宗尤所鍾愛。以翰林醫官韓宗邵等用藥無效。繫之獄。宗族連引三百餘人。宰相劉瞻召諫官。令上疏。諫官無敢言之者。瞻乃自上章極言。帝怒。貶爲虢州刺史。

唐會要卷五十三

舉賢

貞觀元年三月。上謂尚書右僕射封德彝曰。比來令卿舉賢才。未嘗有所推薦。天下事重。宜分朕憂。對曰。臣愚豈敢不盡心。但今所見。未有奇才異行。上曰。前代明王使人如器。不借才於異代。皆取士於當時。何代無賢才。但患遺之不知耳。德彝慚而退。

三年。太宗謂宰臣曰。朕今孜孜求士。欲專心正道。聞有好人。則抽擢驅使。而議者多稱彼皆宰相親故。但公等至公。行事勿避此言。便爲形迹。古人內舉不避親。外舉不避讎。而爲後代稱者。以其舉得賢故也。卿等但能舉用得才。雖是子弟及有讎嫌。不得不舉。

十三年。桂州都督李宏節以清慎聞。身歿之後。其家賣珠。上聞之。乃宣言於朝曰。此人生平。宰相皆言其清白。今日既然。所舉者豈得無罪。必當理之。不可捨也。特進魏徵諫曰。陛下言此人不清。未見受財之所。聞其賣珠。將罪舉者。臣不知所謂。自聖朝以來。爲國盡忠。清正自守。終始不渝者。屈突通。張道源而已。通子三人來選。有一疋羸馬。道源兒子不能存立。未見一言及之。今宏節爲國立功。前後大蒙賞賚。居官終末不言貪殘。妻子賣珠。未爲有罪。審其清者。無所存問。疑其濁者。傍罪舉人。雖云疾惡情深。亦實好善未篤。臣竊思度。未見其可。恐有識聞之。必生橫議。伏惟再思。上撫掌曰。造次不思、遂有此語。方知談不容易。

十五年。太宗謂宰臣曰。致太平之運者。唯在得賢才。卿等既不能知。朕又不可偏識。日復一日。無得人之理。今欲令人自舉。於事何如。魏徵曰。知人者智。自知者明。知人既以爲難。自知誠亦不易。且矜能伐善。恐長澆競之風。

開元四年。黃門監盧懷愼上疏曰。臣待罪樞密。頗積年序。報國之心。空知自許。推賢之志。終未克申。臣自染疾。轉益危頓。雖鳧鴈之飛。未爲之少。而犬馬之志。終祈上聞。其鳴也哀。乞垂聖察。竊見廣州都督宋璟。立性公直。執心貞固。文學可以經務。識略可以佐時。動惟直道。行不苟合。聞諸朝野之說。實爲社稷之臣。衢州刺史李朝隱。操履堅貞。才識通贍。守文奉法。頗懷鐵石之心。事上竭誠。實盡人臣之節。豫州刺史盧從愿。淸貞謹愼。理識周密。始終若一。朝野共知。簡要之才。不可多得。並明時重器。聖世良臣。比經任使。微有愆失。所坐者小。所棄者大。所累者輕。所貶者遠。日月雖近。譴責傷深。望垂矜錄。漸加進用。臣瞑目不遙。厚恩未報。黜殯之義。敢不庶幾。城郢之言。思有聞薦。謹令外生監察御史鄭齊嬰奉表以聞。

大歷十四年閏五月。以河南少尹崔祐甫代常衮爲門下侍郎平章事。先是永泰之後。四方既定。而元載秉政。公道隘塞。官由賄成。中書主事卓英倩李待榮輩用事。天下官爵。大者出元載。小者出倩榮。四方齎金帛者。相屬於路。綱紀大壞。及載敗後。楊綰尋卒。常衮當國。杜絕其門、四方奏請。莫有過者。雖權勢與匹夫等非詞賦登科者．莫得進用．賄賂雖絶．然無所甄異．而賢愚同滯．及祐甫代袞．薦延推舉．無復凝滯．作相未逾年．除吏八百員．多稱允當．上嘗謂曰．有人謗卿所除授人多涉親故．何也．祐甫曰．頻奉聖旨．所任庶官．必須諳其才行者．臣與相識．方可粗諳．若平生未相識．何由知其言行．獲謗之由在此．上深然之．

太和元年．文宗勤於聽政．然浮於決斷．宰相韋處厚論奏曰．陛下不以臣等不肖．用爲宰相．參議大政．凡有奏請．初蒙聽納．尋乃中變．若出自宸斷．卽示臣等不信．若出於横議．臣等何名鼎司．且裴度元勳舊德．歷輔四朝．陛下固宜親重．竇易直長厚忠事先朝．陛下固宜委信．上深然之．自是宰臣敷奏．人不敢横議．

委任

貞觀元年．尚書右僕射杜如晦奏言．監察御史陳師合上狀論事．兼言人之思慮有限．一人不可總知數職．以論臣等．太宗謂戴胄曰．朕以至公治天下．今用元齡如晦．非爲勳舊．以其有才故也．此人妄事毁謗．上狀欲離間我君臣．昔蜀後主昏弱．齊文宣狂悖．然國稱治者．以任諸葛亮楊遵彥不猜之故也．朕今任如晦等．亦復如此．於是流師合於嶺外．

上元二年．張文瓘加侍中．或時在家．朝廷每有大事．上必問諸宰臣曰．與文瓘議未．奏云未議者．則遣其籌之．奏云已議者．皆報可．

永隆二年八月．高宗嘗謂中書令薛元超曰．長得卿在中書．不藉多人也．

建中元年六月。中書侍郎平章事崔祐甫薨。自冬染疾。輿入中書。臥而承旨。或休假在私第。大事必密咨以決焉。

元和二年十一月。上銳於爲治。謂宰相裴垍曰。朕喜得人。聽政之暇。偏讀列聖實錄。見貞觀開元故事。竦慕不能釋卷。又謂垍等曰。太宗之創業如此。我讀國史。始知萬倍不及先聖。當先聖之代。猶須宰臣與百官同心輔助。豈朕今日獨能爲治哉。事有乖宜。望卿盡力匡救。垍等蹈舞進賀曰。陛下言及於此。宗社無疆之福。臣等駑劣。不副聖心。垍亦孜孜奉上。每思獻奏。伏引太宗躬勤聽覽。以諷上。上嘉納之。自是延英議政。晝漏率下五六刻。自貞元十年以後。朝廷威柄日削。方鎮權重。德宗不任宰臣。以事人間細務。多自臨決。裴延齡等得以姦進。而登台輔者。備位而已。上在藩累月。言事者頗以此爲言。上亦知其非。及永貞監國。羣臣謁見宰相杜黃裳。首以君臣大義。激起上心。上既聞黃裳之言。聳聽延納。黃裳首建誅劉闢之策。又李吉甫自翰林學士。參定平蜀。蜀平而吉甫出鎮。垍又繼之。故自臨御。迄於元和。軍國樞機。盡歸之宰府。由是中外咸治。綱目用張焉。

十二年八月。時以討元濟。聚天下之兵四年矣。財殫力屈。宰相三人。唯裴度獨言賊可滅。上病之。因使三相俱以狀陳利害。唯度獨不言利害。唯請以身自督戰。明日。延英對宰臣將出。上獨止度。謂曰。卿必能行乎。度稽首流涕曰。臣誓不與此賊偕生。上爲之動。度又言賊已困。但以羣帥不一。故未降耳。上深嘉之。即用度爲淮西宣慰使．但以彰義軍節度使韓宏故．未爲都統．而度實行元帥事．仍以郾城爲治所．

崇獎

龍朔二年．諸宰臣以政事堂供饌珍美．議減其料．東臺侍郎張文瓘曰．此食天子所以重機務．待賢才也．吾輩若不任其職．當卽陳乞以避賢路．不可減削公膳．以邀求名譽也．國家之所以費．不在於此．苟有益於公道．斯亦不爲多也．衆乃止．

聖曆三年四月初三日．勅同中書門下平章事賜食．並同中書門下三品例．

開元十年八月．有上書者．以爲國之執政．同其休戚．若不稍加崇寵．何以責其盡心．至十一月二十八日．勅曰．侍中源乾曜．中書令張嘉貞．兵部尚書張說等．忠誠輔弼．以致昇平．褒德賞功．先王制也．自今已後．中書門下宜供食實封三百戶．自我禮賢．爲百代法．仍令所司．卽令文給．

二十年十二月．制宰臣兼官者．並兩給俸祿．

天寶五載六月三日．勅三伏內令宰相辰時還宅．

大曆十三年正月．中書侍郎平章事楊綰．居位旬日．爲風恙所中．優詔令就中書攝養．每引見延英殿．特許扶入．及綰疾亟．上日發中使就第存問．又出內醫藥．一日之中．數輩相望於路．臨終．中使在門．以凶聞．走馬入奏．上驚悼久之．卽日下詔．贈司徒．發使柩前册授．令及未斂．宰臣百官就第弔喪．上令宣旨謂百官曰。天不使朕致太平。何奪我楊綰之速也。俯及大斂。與卿等悲悼。太常初謚曰文貞。有詔改謚曰文簡。

十四年九月二十四日。勅自今已後。宰臣出守方鎮。中書門下幷百官並許迎送。不須聞奏。

建中四年正月。故事。每日出內廚食以賜宰相。家其食可食數人。常袞特請罷之。迄今便爲故事。又將固讓堂廚食。同列以爲不可而止。議者以爲厚祿重賜。所以優賢崇國政也。不能當辭位。不宜辭祿食。

貞元十三年七月。宰相盧邁請告。五上表乞避位。上命羣臣問疾於私第。

元和三年。杜佑以去年春已乞致政。上於舊臣極隆恩禮。表再請。上許。遂減其朝謁。居一歲。復令入中書議政事。復以不逮爲請。遂許一月三度朝謁。

七年六月。以平章事杜佑爲光祿大夫守太保致仕。朝朔望。春日遣中使就宅賜絹五百疋。錢五百貫文。以佑前後懇請休退。遂有優賜。

長慶元年五月。勅宰相裴度自今後不用早入。以仗下赴中書及候對。

開成四年二月。詔曰。司徒兼中書令裴度。盛有勳業。累踐台衡。比緣疾恙。仍未謝上。須加優異。用示恩榮。其本官俸料。所司起今日支給。

其年。宰臣楊嗣復累上表請退。優詔不許。尋又遣內官弓箭庫使張克己就第宣曰。凡大臣引退。或以年以疾。未有偷勇退之名。忘君臣大義。卿心以爲知止。朕卻以爲近名。大臣進退。須繫朕心。不可因儕列之一言。決然捨朕。於理未當。卿更思之。明日。朕開延英。卿便須參假候對。卿若不至。朕亦不坐。及翌日。惶遽朝謁。上又慰安勉勵。曰。我未放卿。焉得捨我。其委重如此。

雜錄

貞觀二年五月二日。勅中書令侍中。於朝堂受詞訟。衆庶已上有陳事者。悉令封上。朕將親覽焉。

顯慶三年七月。上謂宰臣曰。四海之廣。唯在任賢。卿等用人。多作形迹。讓避親知。不能盡意。甚爲不取。昔祁奚舉子。古人爲美談。卽使卿等兒姪有材。必須依例進舉。

乾封二年八月。高宗引侍臣。責以不進賢良。司刑少常伯李安期進曰。臣聞聖帝明王。莫不勞於求賢。逸於任使。且十室之邑。必有忠信。況天下至廣。非無英彥。但比來公卿有所薦引。卽遭囂謗。以爲朋黨。沈屈者未申。而在位者已損。所以人思苟免。競爲緘默。若陛下虛己招納。務於搜訪。不忌親讐。唯能是用。讒毀旣不入。誰敢不竭忠誠。此皆事由陛下。非臣等所能致也。上深然之。

神功元年。納言師德密薦狄仁傑。除鸞臺侍郎平章事。仁傑不知師德之薦也。及爲同列。頗輕師德。頻擠之外使。則天覺之。嘗問仁傑曰。師德賢乎。對曰。爲將謹守。賢則臣不知。又問師德知人乎。對曰。臣嘗同官。未聞其知人。則天曰。朕之知卿。師德薦也。亦可謂知人矣。仁傑旣出。歎曰。婁公盛德。我爲其所容。莫窺其際也。

聖歷三年。則天曰。朕令宰相各舉尚書郎一人。狄仁傑獨薦男光嗣。由是拜地官尚書郎。莅事有聲。則天謂仁傑曰。祁奚內舉。果得人也。

長安二年。則天令狄仁傑舉賢。仁傑舉荆州長史張柬之。其人雖老。眞宰相才也。且久不遇。若用之。必盡節於國家矣。乃召爲洛州司馬。他日又求賢。仁傑曰。臣前言張柬之。猶未用也。則天曰。已遷之矣。對曰。臣薦之請爲相也。今爲洛州司馬。非用之也。又遷秋官侍郎。四年。夏官尚書靈武大總管姚元之將赴鎮。則天命舉外內堪爲宰相者。元之對曰。秋官侍郎張柬之沈厚有謀。能斷大事。且其人年老。惟陛下急用之。

五年。則天嘗令宰臣各舉爲員外郎者。鳳閣侍郎韋嗣立薦岑羲。

垂拱元年四月。司門員外郎房先敏得罪。左授衞州司馬。詣宰相陳訴。內史騫味道謂曰。此是皇太后處分。中書侍郎劉禕之謂先敏曰。緣坐改官。例從臣下奏請。則天聞之。以味道善則歸己。過則推君。貶靑州刺史。加禕之太中大夫。因謂侍臣曰。夫爲人臣之體。實須揚君之德。君德發揚。豈非臣下美事。且君爲元首。臣作股肱。情同休戚。義均一體。未聞手足有疾。移於腹背而得一體安者。納言王德眞奏曰。昔戴至德雖才異行殊。能爲時所服。然其每有善事。必推於君。太后曰。先朝每稱至德。此事逮其終殁。有制褒崇。爲臣之道。豈過斯也。傳名萬世。可不善歟。

蘇氏駮曰。謹按房先敏通天二年三月。自眉州長史除司門員外郎。聖歷二年四月。改曹州長史。比垂拱元年在位十四年矣。驀劉二相昇黜年月即同。且稱皇太后。非通天二年之事明矣。先敏又不曾任衢州司馬。恐是別人前史誤耳。

景龍元年中書侍郎蕭至忠上疏曰。臣伏見貞觀永徽故事。宰相子弟多居外職。近來勢要親識。罕有才藝。遞相囑託。虛踐官階。伏望降明勑。令宰臣已下及諸司長官各通當家內外緦麻已上見任京官九品已上者。精加簡擇。每家量留一兩人在京。餘並改授外官。庶望分職四方。共寧百姓。

開元九年四月。侍中源乾曜上疏曰。臣竊見勢要之家。併求京職。俊乂之士。多任外官。王道均平。不合如此。臣三男俱是京官。望出二人與外官。以叶均平之道。上從之。

十三年正月。國子祭酒楊綰拜中書侍郎平章事。詔出。朝野相賀。綰素以德行顯著。質性貞廉。車服儉樸。居廟堂未數月。人心自化。御史中丞崔寬家富於財。有別墅在皇城之南。池館臺榭。當時第一。寬即日潛遣毀折。中書令郭子儀在邠寧行營。聞綰拜相。座內音樂減散五分之四。京兆尹黎幹以承恩。每出入騶馭百餘。亦即日減損。其餘望風變奢從儉者。不可勝數。

建中三年正月。詔曰。古者天子不修德。下民罹其禍。則內府損服御。太常減膳。以克責朕德。信不著。姦臣不制。令兩河之間。兵革未戢。郡道疲於徵斂。百姓失業。不得農桑。朕是以對案輟食。私自貶損。其供常膳。有司宜省之。太子諸王已下食物。亦各節其數。於是宰臣上言。堂廚錢并百官月俸。各請三分省一。

四年。常袞爲中書侍郎平章事。政事堂舊有後門。蓋宰相過中書舍人院。咨訪政事。袞欲自尊大。乃塞其門。以絕往來。

貞元九年七月。詔宰相以旬秉筆決事。初至德中。宰相迭秉筆處斷。每十日一易。及賈耽。趙憬。陸贄。盧邁同平章政事。百寮有司問白。相讓不言。於是奏議。請旬秉筆者出應之。其後又請每日更秉筆。迭以應事。

十一年二月。門下侍郎平章事趙憬進上審官六議。憬初爲尚書左丞。甚有稱望。時宰相竇參惡其不附己。將加黜貶。德宗不從。及參逐。以憬與陸贄同爲宰相。深於治道。論議多正。時裴延齡傾巧。特承恩幸。頗欲中傷良善。憬每爲保護。而淸正守約。德宗尤器重之。嘗於延英獨對。開陳大體。以任賢尚儉爲本。至是又上審官六議。上甚嘉納之。

十二年八月。賈耽私行。絕宰相班。中使出召。主書承旨。

永貞元年八月。以尚書左丞鄭餘慶守本官平章事。時滑渙猶干大柄。宰臣等漠然不測。遂與歡狎。及餘慶當國。復以胥吏畜之。時論歸重。

元和二年七月。上謂宰臣曰。當今政教。何者爲急。李吉甫對曰。爲政所重。諒非一端。自非事舉其中。固不可致於治理。然國以民爲本。親民之任。莫先牧宰。能否實繫一方。若廉察得人。委之臨撫。列郡承式。政化自宣。苟或非才。爲蠹實甚。由是而言。觀察刺史之任爲切。自昔唐虞三載考績。三考黜陟。故得久於其事。

風化可成。而末世命官。多輕外任。選授之際。意涉沙汰。委以藩部。自然非才。刺史數廣。然非愼擇。加以更代促遽。民無安志。迎送之費。財耗不供。此最爲弊。聖慮所及。實窮政本。伏望愼守良能。改革前失。則四海蒙福。民無苟且之心矣。上深納之。

四年七月。以御製前代君臣事跡十四篇。書於六扇屏風。宣示宰臣。李藩等表謝之。

八年六月。時以積雨。延英不開者十五日。至是上使謂宰臣等曰。每至三日雨。一對來。

十年。宰相裴度奏。羣賊未誅。宜延接奇士。共爲籌畫。乃請就私第見客。從之。自德宗朝。朝官相過從。多令金吾密奏。故宰相不敢於私第見賓客。至度始奏之。

十二年。上謂宰臣曰。朕覽國書。見文皇帝行事。少有過差。諫臣論諍。往復數四。況朕之寡昧。涉道未明。今後事或未當。卿等每事十論。不可一二而止。

十三年九月。宰臣皇甫鎛奏。舊例。平章事判度支。並中書省借闕官廳置院。臣以爲事體非便。今請權借外命婦院內舍十數間。隔截置官典院。又舊例。置郎官二人。於中書判案。人中差定。并量抽官典七八人。隨官勾檢文案。伏以臣職在中書。務兼司計。錢穀事重。須自躬親。臣今酌量簡要。並自判抽。其餘尋常公事。各有本判郎官。今依條流勾當處置。臣仍請每月三度。候中書事簡。入南省。從之。

太和元年五月十一日。勑。元首股肱。君臣象類。義深同體。理在坦懷。然自魏晉已降。參用霸制。虛儀搜索。

因習尚存。朕方推表大信。寘人心腹。自今後。紫宸坐朝。衆寮旣退。宰臣復進奏事。其監搜宜停。九年五月勅。江西湖南共以傔資一百二十分。送上都充宰臣召顧手力。宰臣李石堅讓。乞祇以金吾司手力充引從。從之。時初誅李訓後也。

大中十二年七月。除宰相夏侯孜爲劍南節度時。値中元假。十四日三更三點。通事舍人無在館者。宣令捧麻。皆兩省人吏。自後令通事舍人雖遇假。在館俟命。

唐會要卷五十四

省號上

門下省

武德初因隋舊制爲門下省。龍朔二年二月四日改爲東臺。咸亨元年十二月二十三日改爲門下省。光宅元年九月改爲鸞臺。神龍元年二月四日改爲門下省。開元元年十二月一日改爲黄門省。五年九月六日仍改門下省。至今不改。

中書省

武德元年因隋舊制曰內書省。三年三月十日改爲中書省。龍朔二年改爲西臺。咸亨初復爲中書省。光宅元年改爲鳳閣。神龍中復爲中書省。開元元年改爲紫微省。五年復爲中書省。故事。凡王言之制有七。一曰册書。立后建嫡。封樹藩屏。寵命尊賢。臨軒備禮。則用之。二曰制書。行大賞罰。授大官爵。釐革舊政。赦宥降恩。則用之。三曰慰勞制書。褒賢贊能。勸勉勤勞。則用之。四曰發勅。謂御書發勅日也。增減官員。廢置州縣。徵發兵馬。除免官爵。授六品以下官。處流以下罪。用庫物五百段。錢二百千。倉糧五百石。奴婢二十人。馬五十匹。牛五十頭。羊五百口以上。則用之。五曰勅旨。謂百司承旨而爲程式。奏事請施行者。六曰論事勑書。慰諭公卿。誡約臣下。則用之。七曰勑牒。隨事承旨。不易舊典。則用之也。皆宣署申覆而施行焉。舊制。冊書詔勑總名曰詔。天授元年。避諱改詔曰制。凡下之通於上其制有六。一曰奏抄。謂祭祀之支度國用。授六品以下官。斷流以下罪。及除免官爵者。並爲奏抄。二曰奏彈。謂御史糾劾百司不法之事也。三曰露布。謂諸軍破賊。申尚書兵部而聞奏焉。四曰議。謂朝之疑事。下公卿議。理有異同。奏而裁之。五曰表。六曰狀。皆省署申覆而施行焉。覆奏畫可訖。留門下省爲案。更寫一通。侍中注制可。印署訖。送尚書省施行者。武德三年。高祖嘗有勑。而中書門下不時宣行。高祖責其遲。由內史令蕭瑀曰。臣大業之日。見內史宣勑。或前後相乖者。百司行之。不知何所承用。所謂易雖在前。難必在後。臣在中書日久。備見其事。今皇階初構。事涉安危。若遠方有疑。恐失機會。比每授一勑。臣必審勘。使與前勑不相乖背者。始敢宣行。遲晚之愆。實由於此。高祖曰。卿能用心若此。我有何憂。

貞觀元年。上謂侍臣曰。中書門下。機要之司。擢才而居。委任實重。詔勑如有不便。皆須執論。比來唯覺阿旨順情。唯唯相尚。遂無一言諫諍者。豈是道理。若唯署勑文書而已。人誰不堪。何須簡擇。以相委付。自今已後。詔勑疑有不穩。必須執之。

聖歷三年四月三日。勑賜物。中書門下省官。正三品準二品。四品準三品。

其年四月三日勑。應賜外國物者。宜令中書具錄賜物色目。附入勑函內神龍三年二月勅諸色理訴。兼抑論內狀出付中書。應制勅處分者。留爲商量自餘並封本狀。牒送所司處分。

景龍三年八月九日勅應酬功賞賜須依格式。格式無文。然後比例。其制勅不言自今已後及永爲常式者。不得攀引爲例。

開元七年八月十日勅。中書門下廚雜料破用外。有餘宜分收。

十三年十月。始用黃麻紙寫詔。至上元三年閏三月。詔制勅並用黃麻紙。

十九年四月二十六日勅。加階入三品。幷授官及勳封甲幷諸色闕等進畫出至門下省。重加詳覆。有駁正者。便卽落下墨塗訖。仍於甲上具注事由。幷牒中書省。

二十一年閏三月十三日勅。每月當番武官。番滿日過中書門下。

天寶八載七月。中書門下奏。比來諸司使及諸郡並諸軍。應緣奏事。或有請中書門下商量處分者。凡所陳奏。皆斷自天心。在於臣下。但宜行制勅。旣奏之內。則不合別請商量。乃承前因循。有此乖越。自今已後。應奏事一切更不合請付中書門下。如有奏達聽進止。勅旨從之。

乾元三年四月二十六日勅。諸司使諸州府進奏文狀。應合宣行三紙已上。皆自寫宣付四本。中書省宣過。中書省將兩本與門下省。

寶應二年四月二十二日內外六品以下正員自今已後差主事一人令史四人專知至建中三年閏正月十八日中書門下奏准貞觀故事京常參官及外官五品已上每有除拜中書門下皆立簿書謂之具員取其年課以爲遷授此國之大經也自艱難已來此法遂廢垂將三十載伏望自大歷十四年已來量署具員據前資見任員量與改轉從今已後刺史四考郎中起居侍御史各兩考餘官各三考與轉其升進黜退並准故事處分仍下天下州縣審勘責前資見任其鄉貫歷任官諱同一狀中書門下

廣德二年三月十四日勅中書門下兩省直省自今已後所補不得取郎將已上官

大歷十三年四月十六日勅中書門下先置法官兩人宜停

建中三年六月詔中書門下兩省各置印一面

四年六月中書門下兩省狀應送諸司文狀檢勘節限中考文狀等並是每年長行之事尚書省各依限錄奏舊例經一宿卽出如經三日不出請本司更修單狀重奏又三日不出卽請本司長官面奏取進止其內狀到各令本司兩日內具省案及宣黃送到中書依前件所定限勘會宣下卽事免稽滯又准開元十九年四月勅應加階并授及勳封甲并諸色闕等進畫出至門下省重加詳覆駁正者宜便注簿落下以墨塗訖仍於甲上具注事由牒中書省勅旨從之

貞元二年五月二十八日勅中書門下兩省供奉官及尚書省御史臺現任郎官御史等自今已後諸司

諸使並不得奏請任使。仍永爲常式。

長慶元年正月制。自今已後。中書門下所有除授。宜依元和二年具員勅處分。

太和三年四月。中書門下奏。內外文武官除授。伏以爲官擇人。實資進選。舉能考績。固切旁求。必當按實循名。聽言觀行。事合先於徇衆。道必惡於自媒。進退之間。風俗所繫。近日人多干競。跡罕貞修。或日詣宰司。自陳功狀。或屢瀆宸扆。曲祈恩波。乏受爵讓能之賢。啓施勞伐善之弊。亦有粗因勞績。已授官榮。及居今任。別無課効。唯引向前事狀。祇希更與遷陞。凡是此流。稍要立制。伏望自今後。應緣官闕。須有除授。先選吏跡有聞。行已務實者。隨才獎用。如有志涉浮躁。事近邀求者。量加擯斥。所覬官修其方。人思勵行。勅旨。宜依。

其年五月。中書門下奏。內外常參官改轉。伏以建官蒞事。曰賢與能。古之王者。用此致治。不聞其積日以取貴。踐年而遷秩者也。況常人自有常選。停年限考。式是舊規。然猶慮拘條格。或失茂異。遂於其中。設博學宏詞。書判拔萃。三禮。三傳。三史等科目以待之。今不限選數聽集。是不拘年數考數。非擇賢能之術也。故經國治民。惟繫人才。黜幽陟明。在課職業。據元和二年五月十八日具勅。勅內常參官並限年考。各與遷轉。則官修者出滯。職曠者僥倖。恐非朝廷循名責實之意。積課語勞之道。頻奉進止。數遣商量。須令百吏勤官。衆官得人。舉直措枉。行於授受之際。伏望從今以後。內外常參官並不論年考。議事而遷位。位均以才．才均以望位．望均然後以日月班之．而第用之．則冀有司竭力盡知．務治其職．而以起功．唯御史臺刑憲是司．責任頗重．其三院御史．望約舊勅例比量處分．勅旨依奏．

九年十二月勅．中書門下．吏部各有甲歷．名爲三庫．以防蹤濫．如聞近日請處奏官．不經司檢尋．未免姦僞．起今已後．諸司諸使諸道應奏六品以下諸色人稱舊有官及出身．請改轉并請授官．可與商量者．除進士及登科衆所聞知外．宜令先下吏部及中書門下及三庫．委給中書舍人吏部格式郎中各與甲庫官同檢勘．具有無申報中書門下．審無異同者．然後依資進擬．如諸司諸道奏論不實．以有爲無者．臨時各加懲罰．務使仕進稽實．永絕僥倖．

開成二年十二月．中書門下奏．武官舍人郎將等．其堪送名者．請中書門下准吏部送名例．磨勘．仍先過堂．然後批擬．從之．

三年二月．勅．中書文狀．悉在中書斷割．裁量須歸根本．如關錢穀刑獄等事．有宜付諸司處置者．宜更令覆奏．候旨勅施行．

門下侍郎

龍朔二年．改爲東臺侍郎．咸亨元年．改爲黃門侍郎．垂拱元年二月二日．改爲鸞臺侍郎．神龍元年．復爲黃門侍郎．天寶元年二月二十日．改爲門下侍郎．乾元元年．改爲黃門侍郎．大歷二年四月．復爲門下侍郎。其年九月。陞爲正三品。中書侍郎同門下之稱。至今不改。

武德二年四月。温大雅爲黄門侍郎。弟彦博爲中書侍郎。對居近侍。高祖謂曰。我起義晉陽。爲卿一門耳。

至五年三月。彦博又爲中書侍郎。

貞觀十八年。黄門侍郎褚遂良上疏曰。卽日内外官人。諸王僚佐。咸云陛下供給皇弟。頓少於親王。大臣深知形跡不奏。私説竊語。殊非光益。臣伏惟聖主奉義。天心豈不恐其多財縱溢。或至自敗。必不得積貨驕盈。寧使儉急不足。雖不比於皇子。亦須微允物望。臣是以謹訪荆韓漢魯四弟。自足資財。滕密霍道四王。尤爲缺少。臣於芳春殿。冒以奏聞。伏惟天明。必記臣語。若厚於諸弟。人皆聞見。六月四日詔便是至公。若供給諸弟事。皆儉陋。卽似叔季昆弟。由是情薄。臣是以不避斧鉞。更敢陳聞。昔漢明帝每賜子弟。必語羣臣云。不得使朕子多於先帝子。美哉斯言。王者德音。終後漢皆以明帝爲法。臣聞君施教令。謂之風。人隨上行。謂之俗。陛下厚於諸弟。太子亦厚於諸弟。相承恩篤。豈不美哉。伏願陛下疑闕短者。因而賜之。所用不多。德音流布。

神龍元年五月。武三思恃寵執權。嘗請託於黄門侍郎宋璟。璟正色謂之曰。當今復子明辟。王宜以侯就第。何得尚干朝政。王獨不見產祿之事乎。

開元二年八月。李乂爲黄門侍郎。多所校正。紫微令姚崇遂薦爲紫微侍郎。外託薦賢。其實引在己下。去其糾駁之權。建中二年十月。門下侍郎盧杞密啓中書主事過咎。逐之。楊炎怒曰。中書吾局也。吏有過。吾自治之。奈何相侵耶。

中書侍郎

武德元年。因隋舊制。號內史侍郎。三年三月十日。改爲中書侍郎。龍朔中。改爲西臺侍郎。咸亨中。改爲中書侍郎。垂拱元年二月。改爲鳳閣侍郎。神龍元年二月四日。又爲中書侍郎。開元元年十二月一日。改爲紫微侍郎。大歷二年十一月十四日。升爲正三品。五年九月六日。復爲中書侍郎。

貞觀十九年。中書侍郎許敬宗以太子承乾官僚多被除削。又未收敍。上疏曰。竊見廢官僚五品以上。除名棄斥。頓歷寒温。但庶人疇昔之年。身處不疑之地。包藏悖逆。陰結宰臣。所同奸謀。多連宗戚。禍生慮表。非可防萌。宮內官僚。迥無關及。今乃投鼠及器。孰謂無冤。焚山毁玉。稍同遷怒。伏尋先典。例有可原。昔吳國陪臣。則爰絲不坐。於劉濞昌邑中尉。則王吉免緣於海昏。讐諸欒布。乃策名於彭越。比於田叔。亦委質於張敖。主以凶逆陷夷戮。臣以忠良荷收擢。今張元素、令狐德棻、趙宏智、裴宣機、蕭鈞等。並砥節勵操。有雅望於當朝。經明行修。布芳名於天下。或以直言而遭箠撲。或以忤旨而見猜嫌。一概雷同。並罹天憲。恐於王道。傷在未宏。

其年四月。中書侍郎顔師古以譴免職。溫彦博言於太宗曰。師古諳練政事。長於文誥。時無逮者。冀上復用之。太宗曰。我自舉一人公勿憂也。遂以岑文本爲中書侍郎。專典機密。及遷中書令。歸有憂色。母怪而問之。文本曰。非勳非舊。濫登榮寵。位高責重。古人所懼。撫己循心。所以憂耳。親賓有來賀者。輒曰。今日受弔不受賀。及興遼東之役。凡所制度。一切委之。料配糧用甲兵。神思頓竭。言辭舉措。頗異平常。太宗見而憂之。謂左右曰。文本今與同行。恐不與我同返。定州遇暴疾卒。時年五十一。

垂拱三年。鳳閣侍郎劉禕之嘗竊謂人曰。太后何用臨朝稱制。不如返政。以安天下之心。則天聞之。特令肅州刺史王本立推鞫。本立宣勑示禕之。禕之曰。不經鳳閣鸞臺。宣過何名爲勑。則天大怒。以爲拒捍制使。特賜死。

開元元年十二月。上詔宰臣謂曰。從工部侍郎有得中書侍郎者否。對曰。任賢用能。非臣等所及。上曰。蘇頲可除中書侍郎。仍令宰臣宣旨。移入政事院。便供政事食。明日加知制誥。今知制誥有政事食者。自頲始也。及入謝固辭。上曰。朕常欲用卿。每一好官缺。即望諸宰相論及此。皆卿之故人。遂無賢卿者。朕常歎息。中書侍郎。朕極重惜。自陸象先改官後。朕每思之。無出卿者。二年。弟詵除給事中。頲屢陳情。上曰。古來有內舉不避親耶。頲曰。晉大夫祁奚是也。上曰。若然者。朕自用蘇詵。何得屢言。近日卿父子猶在中書。兄弟有何不得。卿言非至公也。至三年二月。上謂曰。前朝有李嶠蘇味道。時人謂之蘇李。朕今有卿及李乂。

亦不讓之。卿所制文。朕自識之。自今已後。每進書皆別錄一本云。臣某進。朕要留中。迄今以爲故事。

十二年六月。中書令張說薦崔沔爲中書侍郎。或謂沔曰。今之中書。皆是宰相承宣制命。侍郎雖是副貳。但署位而已。甚無謂也。沔曰。不然。設官分職。上下相維。各申所見。方爲制理。豈可俛然偷安而懷祿仕也。自是每有制勅及南曹事。沔多異同。張說頗不悅焉。

建中元年。中書侍郎平章事崔祐甫薨。册贈太傅。故事。中書侍郎未嘗有贈三師者。上以祐甫謇謇有大臣節。特寵異之。

左右散騎常侍

武德令。以爲從三品散官。貞觀十七年六月四日。改爲職事官。置兩員。以黃門侍郎劉洎爲之。隸門下省。顯慶二年十二月二十八日。分左右各兩員。其左隸門下省。右隸中書省。龍朔二年。改爲左右侍極。咸亨元年。改爲左右常侍。廣德二年五月二十二日。陞爲正二品。中書門下省各加置四員。與元元年正月二十九日。各加一員。貞元四年正月一日。勅元額四員。其新加員宜依元數停。

貞觀十七年。散騎常侍劉洎諫詰難公卿表曰。臣聞帝皇之與凡庶。聖哲之與庸愚。上下相懸。擬倫斯絕。是知以至愚而對至聖。以極卑而對極尊。徒思自強。不可得也。陛下降恩旨。假慈顏。凝旒以聽其言。虛襟以納其說。猶恐羣下未敢對揚。況動神機。縱天辯。飾詞以折其理。援古以排其義。欲令凡庸何階應答。臣聞皇天以無言爲貴。聖人以不言爲德。老君稱大辨若訥。莊生言至道無文。此皆不欲煩也。是以齊侯讀書輪扁竊笑。漢皇慕古長孺陳譏。此亦不欲勞也。且多記則損心。多語則損氣。心氣內損。形神外勞。初雖不覺。後必爲累。須爲社稷自愛。豈有性好自傷乎。竊以今日昇平。皆陛下力行所致。欲其久長。匪由辨博。但當忘彼愛憎。慎茲取舍。每事敦樸。無非至公。若貞觀之初則可矣。至如秦政強辨。失人心於自矜。魏文宏才。虧衆望於虛說。此才辨之累。較然可知矣。伏願略茲雄辨。浩然養氣。簡披緗圖。澹焉怡目。古萬壽於南岳。齊所性於東邱。則天下幸甚。手詔答曰。非慮無以臨下。非言無以述慮。比有談論。遂至繁多。輕物驕人。恐由茲道。形神心氣。非足爲勞。今聞讜言。虛懷以改。

寶應二年五月一日。勅散騎常侍且各置常參官兩人。合自簡擇聞奏。參典亦置兩人。

興元元年二月。以奉天解圍。百僚稱賀。右常侍賈隱林抃舞。因質言曰。陛下性多太急。不能容忍。若舊性不改。雖朱泚敗亡。臣亦恐憂未艾也。上虛懷納之。

貞元四年二月十八日。勅左右散騎常侍是中書門下正三品官。謂之侍極。宰臣次列。除特委方面者。餘不合兼任使。先已授者。宜改與別官。自今已後。更不得注授。

長慶四年五月。諫議大夫李渤奏。據六典常侍奉規諷。其官久不舉職。習以成例。若設官不責其事。不如罷之。以省其費。苟未能罷。臣請特勅令准故事行其職業。從之。

太和五年。神策中尉王守澄。誣奏宰相宋申錫謀逆。文宗卽令追捕。左散騎常侍崔元亮。與諫官等奏請不於內中鞫。乃改用法司鞫之。申錫方免死。責授開州司馬。

給事中

武德元年。因隋舊制爲給事郎。三年三月十日。改爲給事中。龍朔二年。改爲東臺舍人。咸亨元年。改爲給事中。

貞觀十五年。太宗臨軒。謂侍臣曰。朕所以不能恣情慾。取樂當年。而勵精苦心。正爲蒼生爾。我爲人主。兼行將相之事。豈不是奪公等名。昔漢高得蕭曹韓彭。天下寧晏。舜禹湯武有稷离伊呂。四海乂安。此事朕並兼行之。給事中張行成諫曰。陛下聖德含光。規模宏遠。雖文武之烈。實兼將相。何用臨朝對衆。與其較量。以萬乘至尊。共臣下爭功哉。臣聞天何言哉。四時行焉。臣輒陳狂直。伏待葅醢。

十六年。刑部奏請反叛者兄弟並坐。給事中崔仁師駁之曰。誅其父子。足警其心。此而不恤。何憂兄弟。議遂寢。

開元二十一年二月。定安公主初降王皎。後降韋濯。又降博陵崔銑。銑卒。及是公主薨。其子駙馬王繇請與其父合葬。勑旨依。給事中夏侯銛駁之曰。公主初昔降婚。梧桐半死。逮乎再醮。琴瑟兩亡。則生存之時。已與前夫義絕。殂謝之日。合從後夫。禮葬。今若依繇所請。卻祔舊姻。但恐魂若有知。王皎不納於幽壤。死而可作。崔銑必訴於元天。國有典章。事難逾越。原緣此意。雖申罔極之情。求禮而行。或致不稽之誚。銛謬膺駁正。敢曠司存。請旁移禮官。幷求指定。下太常寺。請議公主合與王皎合葬可否。報之。

貞元十八年二月。以前攝浙東團練副使試大理評事兼監察御史齊總爲衢州刺史。羣議以爲超獎過當。詔至門下。給事中許孟容上表封還曰。臣伏見今日恩制。除衢州刺史齊總。臣愚竊有所慮。恐驚物聽不敢聞於陛下。若以兵戎之地。或有不得已。非次擢授者。今衢州無他虞。齊總無殊績。忽此超授。羣情驚駭。又齊總是判官。今詔勅擢浙東觀察留後攝都團練副使。向前未有勑令今便用此下詔。尤恐不可。齊總若可選拔。不假此事。若未可選拔。假此益使人疑。陛下臨御以來。凡所選用。皆爲至公。既非聖情所難改移。卽臣下安得不勸。有論諍若齊總必有可錄。陛下必須酬能。卽明書勞課。超一兩資與改。今臣聞四海舉朝之人。不知齊總功能。衢州浙東大郡。自大理評事兼監察御史授之。使遐邇不甘。兇惡騰口。伏乞聖慈少回神理。覽臣所奏。允臣之請。陛下若謂臣不切不懇。伏乞陛下試停此詔。密使人察聽。必賀聖明開納。聖朝無私。臣授官中謝日。具已面奏。詔勅有不便者。伏請封進。今齊總詔謹隨狀封進。時左補闕王武陵。右補闕劉伯芻復上疏言之。故詔書留中不出。後數日。不得雨。不視事。特開延英。召孟容對。上慰諭開納曰。使百執事皆如卿。朕何憂也。自給事中袁高論盧杞後。來未嘗有可否。是時齊總竭浙東進奉。遂超授。逾等江淮之間。人多困急。無不罪總。及孟容此奏入。聞者皆感上聖明虛心之德。嘉孟容之當官不面從。其年八月。以嶺南節度掌書記試大理評事張貞元爲邕州經略使。給事中許孟容上疏論奏。張貞元非次遷授。封還張貞元詔書。右補闕劉伯芻繼有封章。上命中使宣諭孟容。詔亦遂止。

十九年六月。給事中孟容上疏曰。臣竊聞陛下數勅有司。走於羣望。祈於百神。而密雲不雨。首種未入。豈觴牢有闕。巫祝非誠。爲陰陽適然。豐歉前定。何聖意精至。甘澤未答也。臣歷觀自古天人交感。未有不由百姓利病之急切者。邦家教令之遠大者。京師是萬國所會。強幹弱枝。自古通規。其一年稅錢及地租出入一百萬貫。臣伏冀陛下即日下令全放免之。其次三分放二。使旱涸之際。更免流亡。若播種無望。徵斂如舊。則必愁怨遷徙。不顧墳墓矣。臣愚以爲德音一發。膏澤立應。變災爲福。期在斯須。戶部所收掌錢。非度支歲計。本防緩急別用。今此歉旱。直支一百餘萬貫。代京兆百姓一年差科。實陛下巍巍睿謀。天下鼓舞歌揚者也。復更省察庶政之中。有流移征防。當還而未還者。徒役禁錮。當釋而未釋者。逋懸饋送。當免而未免者。沈滯鬱抑。當伸而未伸者。有一於此。則特降明命。令有司條晰。三日內聞奏。其當還當釋當免當伸者。仍詔下之日。所在即時施行。臣愚以爲如此而天不鑒歲不稔。從古未之有也。疏寢不報。

元和三年。以國子司業李藩爲給事中。時制勅有不可。遂於黃勅後批之。吏曰。宜別連白紙。藩曰。祇是文狀。豈曰批勅。裴洎言之。上以爲有宰相器。俄而鄭絪罷免。遂拜藩門下侍郎平章事。

四年三月。以淮南節度判官孔戡爲衞尉寺丞。分司東都。戡嘗爲佐昭義節度使盧從史。數以事爭論不從因謝病去。從史強以禮遣。而陰銜之。居東都。爲淮南節度使李吉甫所辟。而從史忿嫉。累請貶降。始貞元中。姑息節將。其從事有不合意。或知其邪心。欲免去。則誣以他罪論奏。更不驗理。或黜或徙。訖貞元。軍府化之。至是。上雖不許。猶授以散員。制旣下。給事中呂元膺封還。上奏曰。孔戡以公正。爲盧從史所忌。且離職已久。吉甫以宰相出鎭。辟請非涉嫌疑。推類言之。河陽節度行軍司馬楊同慈。史官崔國楨。或處近職。或倅戎府。皆爲吉甫奏在幕庭。從史以嫌忿干黷朝典。豈可曲徇其志。且孔戡官序雖非黜退。但因此改易。則長奸邪之心。臣恐忠正之士。各懷疑懼。事不可許。上令中使宣諭元膺。制書乃下。

其年十月。以同州刺史呂元膺復爲給事中。初。元膺自給事中除同州刺史。及入謝。上問以時事得失。元膺論奏詞甚激切。上嘉其剛正。異日。謂宰臣曰。呂元膺有讜言直氣。今欲留左右。使言得失。卿等以爲何如。李藩裴垍進賀曰。陛下納諫。超冠前王。乃宗社無疆之福。臣等不能廣求直士。又不能數進直言。孤負聖心。合當罪責。今請以元膺復給事中。以備顧問。上悅而從之。

七年七月。瓊林庫使奏。巧兒舊挾名勅外。別定一千三百四十六人。請宣下州府爲定額。特免差役。時給事中薛存誠以爲此皆奸人竄名。以避征徭。不可以許。又咸陽尉袁儔與鎭軍相競。軍人無理。遂肆侵誣。儔反受罰。二勅繼至。存誠皆執之。上聞甚悅。命中使嘉勞。由是選拜御史中丞。

十四年三月。以撫州司馬令狐通爲右衞將軍。給事中崔植封詔上言。通嘗刺壽州。用兵失律。前罪未塞。

不宜遂加獎用。上命宰相論植以通父彰有功。不忍棄其子。詔遂行。

其年六月。判度支皇甫鎛重奏諸道州府監院。每年送上兩稅榷酒鹽利米價等疋段。加估定數。又奏近年天下所納鹽酒等利。擡估者一切追徵。詔既可。給事中崔植抗論。以爲用兵歲久。百姓凋殘。往者雖估踰其實。今固不可復追。疏奏。命宰臣召植。宣旨嘉諭。許輟已行之詔。物議美之。

十五年閏正月。上曰。諫官給事中若除授有司。政乖允當。各令論駁。舉其職業。時以李遜爲浙東道監察使有政能。入遷爲給事中。嘗密論時政。以爲事君之義。有犯無隱。陳誠豈必擇辰。今羣臣敷奏。乃俟隻日。是舉歲臣下睹天顏獻可替否能幾何。憲宗嘉之。遷戶部侍郎。

長慶初。穆宗皇帝觀諸軍雜樂。嘗召給事中丁公著問曰。比聞外間。自公卿至庶士。多爲酣宴。皆極歡娛。此皆時和民安。有足撫慰。公著對曰。誠有此事。然以臣愚見。風俗如此。亦不足佳。百司所職。漸恐煩勞聖慮。上曰。何故。公著對曰。賓嘉之禮。古人所重。皆務達誠展敬。不繼以淫。詩人所以美樂且有儀。譏其屢舞前代名士會賓客者。或清談賦詠。雅歌投壺。其以杯觴獻酬。不至於亂。國家自天寶已後。風俗奢靡。宴處羣飲。以諠譁沈湎爲樂。而居重位秉大權者。優雜倨肆於公吏之前。曾無愧恥。公私相效。漸以成俗。由是物務多廢。獨聖心求治。安得不勞宸慮乎。陛下方宏本革弊。誠特降訓命。禁其過差。則天下幸甚。上嘉其言。

太和三年八月勑。凡制命頒行。事有不可。給事中職合封進。省審既畢。宣布百司。稽停晷刻。皆著律令。自今尚書省御史臺所有制勑及官屬除不當。宜封章上論。其事狀分明。亦任舉按。須指事據實。更言風聞及滯詔旨。并不放上。如郎官御史出使訪聞按舉。自準前後勑文。不在此限。

五年。將作監王堪修奉太廟弛慢。罰俸。仍改官爲太子賓客。制出。給事中李固言封還。曰東宮調護之地。不可令被罰弛慢之人處之。乃改均王傅。

開成三年八月勑。給事中封駁制勑。宜令季終具所駁聞奏。如無。亦宜聞奏。

會昌五年十二月。給事中韋宏景上疏。論中書權重。三司錢穀不合相府兼領。宰相李德裕論奏曰。臣等昨於延英召對。恭聞聖旨。常欲朝廷尊。臣下肅。此是陛下深究理本也。臣按管子云。凡國之重器。莫重於令。令重則君尊。君尊則國安。國安在於尊君。尊君在於行令。明君治民之本。莫要乎出令。故曰。虧令者死。益令者死。不行令者死。不從令者死。又曰。行令於上。而不論可否。是上失其威。下繫於人也。自太和以來。其風大弊。令出於上。非之於下。昨韋宏景所論宰相不合兼領錢穀。臣等敢以事體陳聞。昔匡衡云。所以爲大臣者。國家之股肱。萬姓所瞻仰。明主所愼擇。傳曰。下輕其上。賤人圖柄。則國家搖動。宏景受人教導。輒獻封章。是賤人圖柄矣。蕭望之漢朝名儒。爲御史大夫。奏云。今歲首日月少光。罪在臣等。上以望之意輕丞相。乃下御史詰責。賈誼有云。人主如堂。羣臣如陛。陛高則堂高。亦由將相重則君上尊。其勢然也。昔東漢處士横議。遂有黨錮事起。此事深要懲絕。上然之。宏景乃坐貶官。時李德裕在相位久。朝臣爲其所抑者。皆怨之。裴垍崔鉉杜悰罷相後。中貴人屢言德裕太專。上不悦。故白敏中教宏景有此奏。

唐會要卷五十五

省號下

中書舍人

武德初因隋號爲內史舍人。三年三月十日。改爲中書舍人。龍朔二年。改爲西臺舍人。咸亨元年。復爲中書舍人。光宅年改爲龍閣舍人。神龍年復爲中書舍人。開元元年十二月一日。改爲紫微舍人。五年復爲中書舍人。

貞觀元年。中書舍人高季輔上封事曰。時已平矣。功已成矣。然而刑典未措者。何哉。良由謀猷之臣。不宏簡易之政。臺閣之吏。昧於經遠之道。執憲者以深刻爲奉公。當官者以侵下爲益國。未有坦平恕之懷。副聖明之旨。伏願隨方訓誘。使各揚其職。敦樸素。革澆浮。使家識孝慈。人知廉恥。杜其利欲之心。載以清淨之化。自然家肥國富。禍亂何由而作。上善之。特賜鍾乳一劑曰。卿進藥石之言。故以藥石相報。

咸亨元年二月二十一日。西臺舍人徐齊聃上奏曰。齊獻公。陛下外氏。雖子孫有犯。不合上延於祖。今周忠孝公廟甚修。而齊獻公廟毀壞。不審陛下將何以垂示海內。以彰孝治之風。上納之。

其年三月十九日。勑令突厥酋長子弟事東宮。齊聃又上疏曰。昔姬誦與伯禽同業。晉儲以師曠爲友。匪唯專賴師資。故亦詳觀近習。皇太子自可招尋園綺。寵寀應劉。陛闥小臣。必採於端士。驅馳所任。並歸於正人。方流好善之風。永播崇賢之美。今乃使氈裘之子。解辮而事春闈。冒頓之苗。削衽而陪望苑。在於道義。臣竊有疑。詩云。敬慎威儀。以近有德。書曰。任官惟賢才。左右惟其人。蓋殷勤於此。防微之至也。

天授元年。壽春郡王成器兄弟五人初出閣。同日受册。有司撰選儀注。忘載册文。及百僚在列。方知闕禮。宰相相顧失色。中書舍人王勮立召小吏五人。各令執筆口授。分寫同時須臾俱畢。詞理典贍。時人歎服。

大足元年。則天常引中書舍人陸餘慶入。令草詔。餘慶回惑。至晚竟不能裁一詞。由是轉左司郎中。

景龍四年六月二日。初定內難。唯中書舍人蘇頲在太極殿後。文詔塡委。動以萬計。手操口對。無毫氂差誤。主書韓禮。談子陽轉書詔草。屢謂頲曰。望公稍遲。禮等書不及。恐手腕將廢。中書令李嶠見之。歎曰。舍人思若湧泉。嶠所不測也。

開元二年十二月二十日。紫微令姚崇奏。中書舍人六員。每一人商量事。諸舍人同押連署狀進。說凡事有是非。理均與奪。人心既異。所見或殊。抑使雷同。情有不盡。臣令商量。其大事執見不同者。望請便作商量狀。連本狀同進。若狀語交互。恐煩聖思。臣既是官長。望於兩狀後略言二理優劣。奏聽進止。則人各盡能。官無留事。勑曰。可。

五年。高仲舒爲中書舍人。侍中宋璟每詢訪故事。時又有中書舍人崔琳。達於政治。璟等亦禮焉。嘗謂人曰。古事問高仲舒。今事問崔琳。又何疑也。

十三年。行封禪之禮。中書令張說。自定升山之官。多引兩省錄事主書。及己之所親。攝官而上。中書舍人張九齡言於說曰。官爵者。天下之公器。德望爲先。勞舊次焉。若顛倒衣裳。則誹謗起矣。今登封霈澤。千載一遇。清流高品。不沐殊恩。胥吏末班。先加章紱。但恐制出之後。四方失望。今進草之制。事猶可改。唯審籌之。不可貽後悔也。說曰。事已決矣。悠悠之談。何足慮也。後果爲宇文融所劾。

建中二年六月六日。門下侍郎盧杞奏。六典云。中書舍人給事中充監中外考使。重其事也。今者有知考使。無監考使。既闕相臨。難令詳揀。請依舊置監使。勅旨令依。其年十月。舊制。中書舍人分押尚書六曹。以憑奏報。開元初。廢其職。至是。門下侍郎盧杞請復之。中書侍郎楊炎固以爲不可而止。

貞元初。中書舍人五員皆缺。在省唯高參一人。未幾。亦以病免。唯庫部郎中張濛獨知制誥。宰相張延賞李泌累以才可者上聞。皆不許。其月。濛以姊喪給假。或須草詔。宰相命他官爲之。中書省案牘不行者十餘日。

四年二月。以翰林學士職方郎中吳通微。禮部郎中顧少連。起居舍人吳通元。左拾遺韋執誼。並知制誥。故事。舍人六員。通微等與庫部郎中張濛凡五人。以他官知制誥。而六員舍人皆缺焉。

十八年八月。中書舍人權德輿獨直禁垣。數旬一歸家。嘗上疏請除兩省官。詔報曰。非不知卿勞苦。以卿文雅。尙未得如卿等比者。所以久難其人。德輿居西掖八年。其間獨掌者數歲。及以本官知禮部貢舉。事畢。仍掌命書。

元和十三年二月勅。舊制。刑憲皆大理寺刑部詳斷聞奏。然後至中書裁量。近多不至兩司。中書使自處置。今後先付法司。具輕重聞奏。下中書。令舍人等參酌。然後據事例裁斷。

十五年閏正月上曰。中書舍人職事。准故事。合分押六司。以佐宰臣等判案。沿革日久。頓復稍難。宜漸令修舉。有須愼重者。便令參議。知關機密者。卽且依舊。

長慶二年七月勅。自今已後。員外郞知制詔勅。復授本官。通計二周年。然後各依本行轉郞中。亦依二周年與正除。如是中行後行郞中。仍更轉前行。一周年。卽與正除。如更是卑官知誥。合轉員外者。亦以二周年爲限。諫議大夫知者。同前行郞中。給事中幷翰林學士。別宣。並不在此限。

其年六月。武儒衡以諫議大夫知制誥。膳部郞中元稹。繼掌命書。稹常通結內官魏宏簡。約車僕自詣其家。不由宰臣而得掌誥。時人皆鄙之。莫敢言者。獨儒衡一日會食公堂。有靑蠅入瓜上。忽發怒命掣去之曰。適從何所來。而遽集於此。一座皆愕然。儒衡神氣自若。

太和四年七月。中書門下奏。伏以制誥之選。參用高卑。遷轉之時。合係勞逸。頃者。緣無定制。其間多有不均。准長慶二年七月二十七日勅。始令自員外以上及卑官知者。同以授職滿一年後。各從本秩。遞與轉官。如至前項正郎。即以周歲爲限。皆計在職日月。以爲等差。不論本官年考。頗叶通理。凡是因職轉敍。皆與此文相當。其有本官已是前行郎中。年月已深。方被獎用。即授官數月。合正除。比類舊制。卻成僥倖。將垂永久。須有商量。自今以後。從前行郎中知者。並不許計本官日月。但約知制誥滿一周年。即與正授。其從諫議大夫知者。亦宜準此。即遲速有殊。比類可遵。并請依長慶二年七月二十七日敕處分。敕旨。依奏。

其年十月二十二日敕。今後大理寺結斷行文不當。刑部詳覆。於事不精。即委中書舍人舉書其輕重出入所失之事。然後出。

會昌四年十一月。中書門下奏。請復中書舍人故事。伏見天寶以前。中書舍人六員。除樞密遷授之後。其他政皆得商量。宰臣姚崇奏云。事有是非。理均與奪。人心既異。所見或殊。抑使雷同。情有不盡。臣既居官長。望於狀後略言事理優劣。奏聽進止。自艱難以來。務從權便。政頗去於臺閣。事多係於軍期。決遣萬機。事在宰弼。伏以陛下神武功成。昧旦思治。精覈庶政。在廣詢謀。詩云。不愆不忘。率由舊章。前漢魏相好觀故事。以爲古今異制。方今務在奉行故事而已。數條漢興以來國家便宜行事。奏請施行。臣等商量。今日以後。除樞密及諸鎮奏請。有司支遣錢穀等。其他臺閣常務。關於沿革。州縣奏請。係於典章及刑獄等。並令中書舍人依故事商量。臣等詳其可否。當別奏聞。敕旨。從之。

大中六年六月敕。太和中敕旨條流。制誥改轉事。頗爲得中。實重官業。自後因循不守。有紊典章。遂便遷轉頻繁。近日卻成壅滯。自今以後。宜舉太和四年舊勅。便永遵行。仍每選知制誥。於尚書六行郎中。宜精擇有文學行實公論顯著者。以備擢用。不得偏取前行正郎。餘準太和四年七月十三日勅處分。

景福二年十月。以翰林學士禮部尚書李谿爲中書侍郎平章事。宣制日。水部郎中知制誥劉崇魯。抱其麻哭之。奏云。李谿奸邪。協附權倖。不合爲相。乃左授太子少師。時宰相薛昭緯與谿不協。密遣崇魯沮之。

諫議大夫

武德五年六月一日。置四員。龍朔二年二月四日。改爲正諫大夫。神龍元年二月。復爲諫議大夫。至德元年九月十日勅。諫議大夫論事。自今以後。不須令宰相先知。

乾元二年四月四日勅。兩省諫官十日一上封事。直論得失。無假文言。冀成殿最。用存沮勸。大曆七年二月十一日。其四員外。內供奉不得過正員數。貞元四年五月十五日。分爲左右。加置八員。左右各兩員。其左右諫議隸中書省。至元和元年閏六月。詔卻置四員。罷左右名。

貞觀元年正月十五日。上謂侍臣曰。朕雖不明。至於大奸大惡。容或知之。幸諸公數相諫正。諫議大夫王珪曰。臣聞木從繩則正。后從諫則聖。故古聖王必設諫臣七人。言而不用。則繼以死。自是中書門下及三品以上入內平章國計。必使諫官隨入。得聞政事。有所開說。太宗必虛己以納之。

其年三月。上謂侍臣曰。爲政之道。唯在得人。須以德行學識爲本。諫議大夫王珪對曰。人臣若無學業。不識前言往行。豈堪大任。漢昭帝時。時有詐稱衞太子。聚觀者數萬人。莫不致惑。京兆尹雋不疑。斷以蒯聵之事。由是衆皆信服。昭帝曰。大臣當用經術明於古義者。此固非刀筆俗吏可以比擬。上曰。信如卿言。

二年。上問魏徵曰。人主何爲而明。何爲而暗。對曰。兼聽則明。偏信則闇。昔堯淸問下民。故有苗之惡得以上聞。舜明四目。達四聰。故共鯀驩苗不能蔽也。秦二世偏信趙高。以成望夷之禍。梁武帝偏信朱异。以取臺城之辱。煬帝偏信虞世基。以致鼓城閣之變。是故人君兼聽廣納。則貴臣不得壅蔽。而下情得以上通也。上曰善。上又謂侍臣曰。人言天子至尊。無所畏憚。朕則不然。上畏皇天之鑒臨。下憚羣臣之瞻仰。兢兢業業。猶恐不合天意。未副人望。魏徵曰。此誠至治之要。願陛下愼終如始。則善矣。

十七年。太宗問諫議大夫褚遂良曰。舜造漆器。禹雕其俎。當時諫舜禹者十有餘人。食器之間。苦諫何也。遂良對曰。雕琢害農事。綦組傷女工。首創奢淫。危亡之漸。漆器不已。必金爲之。金器不已。必玉爲之。所以諍臣必諫其漸。及其滿盈。無所復諫。太宗以爲然。因曰。夫爲人君。不憂萬姓而事奢淫。危亡之機。可反手而待也。

永徽二年九月一日。左武候引駕盧文操。踰垣盜左藏庫物。上以引駕職在糾繩。而身行盜竊。命有司誅之。諫議大夫蕭鈞進曰。文操所犯。情實難原。然準諸常法。罪未至死。今致之極刑。將恐天下聞之。必謂陛下輕法律。賤人命。任喜怒。貴財物。臣之所職。以諫爲名。愚臣所懷。不敢不奏。上納之。謂鈞曰。卿職在司諫。

遂能盡規。特爲卿免其死。顧侍臣曰。眞諫議也。

五年八月十七日。太常樂工宋四通入監內教。因爲宮人通傳消息。上令處斬。仍遣附律。蕭鈞奏曰。四通等所犯。在未附律前。不合至死。上曰。今喜得蕭鈞之言。特免死。配流遠處。

景龍三年。中宗宴侍臣及朝集使。曰酒酣。各爲回波詞。衆皆爲諂佞之文。及自邀榮位。次至諫議大夫李景伯。曰。回波爾時酒巵。微臣職在箴規。侍晏既過三爵。諠譁雜混。竊恐非儀。上不說。中書令蕭至忠曰。此眞諫議大夫。

開元十二年四月。勅令自今以後。諫官所獻封事。不限旦晚。任封狀進來。所由門司。不得有停滯。如須側門論事。亦任隨狀面奏。即便令引對。如有除拜不稱於職。詔令不便於時。法禁乖宜。刑賞未當。征求無節。寃抑在人。並極論失。無所迴避。以稱朕意。其常詔六品以上。亦宜准此。

貞元二年六月。以秘書郎陽城爲諫議大夫。仍遣長安縣尉楊寧齎束帛詣夏縣所居致禮。城遂以褐衣赴京師。且詣闕上表陳讓。上使中官齎章服衣之。而召見。賜帛五十疋。其後陸贄李充等以讒毀受譴。朝廷震懼。上怒未解。勢不可測。滿朝無敢言者。城聞而起曰。吾諫官也。不可令天子殺無罪人。即率拾遺王仲舒等數人。守延英門。上疏論延齡奸佞。贊等無罪。上大怒。召宰臣入語。將加城等罪。良久乃解。令宰相諭遣之。於是金吾將軍張萬福。武將不識文字。亦知感激。端笏詣城與諸諫官等。泣而且拜曰。今日始知聖朝有直臣。時議以爲延齡朝夕爲宰相。城獨謂同列曰。延齡倘入相。吾唯抱白麻慟哭。後竟坐延齡事。改爲國子司業。

十三年八月。以左諫議大夫薛之輿爲國子司業。之輿少居於海岱之間。永泰中。淄青節度使李正己辟爲從事。因奉使京師。之輿逗遛不歸。正己召之再三。之輿報曰。大夫旣未入朝。之輿焉敢歸。使因逃匿於山險間十餘年。建中後。方復仕宦。上知之。故賞慰以爲諫議大夫。奏諫官所上封章事皆機密。每進一封。須門下中書兩省印署文牒。每有封奏。人且先知。請別鑄諫院印。須免漏洩。又累上言時事。上不說。故改官無幾。以疾免。

元和四年正月。先是。諫議大夫段平仲充册立南詔及弔祭使。諫議大夫呂元膺充河南江西宣慰。議者以爲諫官盡去。恐傷大體。於是元膺罷行。平仲繼止。

六年十一月。左衞上將軍知內侍省事吐突承璀出監淮南軍。時劉希昂與承璀皆久居權任。旣黜之。有李涉者。託附承璀。邪險求投匭上疏。曰。承璀公忠。才用可輔政化。旣承恩寵。不合斥棄。諫議大夫知匭使孔戣覽其副章。大怒。命逐之。涉乃以賂進光順門。達其疏。戣聞之。因上陳古今之佞倖可爲鑒戒者。又言涉之奸險欺天。請加顯戮。上悟。貶涉而黜承璀焉。

十二年十月。以比部員外郎張宿爲權知諫議大夫。初。上欲以諫議大夫授宿。宰臣崔羣王涯奏曰。諫議大夫。前時亦有拔自山林。然起於卑位者。其例則少。用皆有由。或道德章明。不求聞達。或材行卓異。出於等倫。以此選求。實愜公議。其或事跡未著。恩由一時。雖有例超升。皆時論非允。張宿本非文詞入用。望實稍輕。臣等所以累有奏請。依資且與郎中。事貴適中。非於此人有薄厚耳。授宿職方郎中。上命如初。羣等乃請以權知命之。宿爲布衣時。上在藩邸。因軍使張茂宗得出入東宮。辨譎敢言。洎監撫登位之時。驟承顧倖。擢居諫列。以舊恩數召入禁中。機事不密。貶郴州郴縣尉。十餘年。徵入。歷贊善補闕比部員外郎。擢爲諫議大夫。頗恃恩顧。掌權者往往因之搏擊。宿思逞其志。頗害淸直之士。韋貫之出。時人亦以爲宿有力焉。宿亦陰事左右。以固恩寵。及爲淄靑宣慰使。卒於道路。正直相賀焉。

十四年。穆宗卽位之始。頻出遊宴。時吐蕃寇邊。諫議大夫鄭覃等進奏曰。陛下卽位以來。宴樂過多。畋遊無度。今蕃寇在境。緩急奏報。不知乘輿所在。臣等忝備諫官。不勝憂惕。伏願稍減畋遊。留心政道。伏聞陛下晨夜昵狎倡優。近習之徒。賞賜太厚。凡金銀貨帛。皆出自生靈膏血。不可使無功之人。濫霑賞賜。縱內帑有餘。亦乞用之有節。如邊上有急。則支用無闕。免令有司重斂百姓。實天下幸甚。穆宗初不悅其言。顧宰相蕭俛曰。此輩何人也。俛對曰。諫官也。帝意乃解曰。朕之過失。臣下盡規。忠也。召覃謂曰。閤中奏事。殊不從容。今後有事面陳。延英相見。時人無閤中奏事。覃等抗論。人皆相賀。

十五年十月。諫議大夫鄭覃。崔郾。右補闕辛邱度。左拾遺韋瓘。溫會。於閤中奏事。諫以上宴樂過度。上曰朕有所闕。臣下能犯顏直諫。豈非忠耶。宰臣等皆拜舞賀。上又謂覃等曰。允卿所請。至延英對宰臣。又令宣諭焉。

長慶二年三月。以處士李源爲諫議大夫。詔曰。禮著死綏。傳稱握節。殞身守位。取重人倫。爲義甚明。其風咸替。言念於此。慨然興懷。而朝之公卿。有上言者。稱天寶之季。盜起幽陵。振蕩生靈。呑噬河洛。贈司徒忠烈公李憕。處難居守。正色就屠。兩河聞風。再固危壁。首立殊節。至今稱之。其子源。有曾閔之行。可貫於神明。有巢由之風。可希於太古。山林以寄其跡。爵祿不入於心。泊然無營。五十餘載。夫褒忠可以勸臣節。旌孝可以激人倫。尙義可以鎭澆浮。敬老可以厚風俗。舉茲四者。大儆於時。是用擢自衡門。登於文陛。處以諫職。冀聞讜言。仍加印綬。式示光寵。可守諫議大夫。仍賜魚袋。河南尹差官。命所在敦諭發遣。初李憕旣爲羯胡所害。源方八歲。羣賊所虜。流浪南北。展轉人家。凡六七年。逮洛陽平。父之故吏有識認者。以金帛贖之。歸於親近。代宗聞之。授河南府參軍。源遂絕酒肉。不婚娶。不役僮。常依洛城北之慧林寺。即憕之別墅也。寓於一室。依僧而食。人未嘗見其所習之業。齊榮辱。混是非。熙熙而無不合。蓋自有得也。先命穴其野。以備終制。時往眠其間。至是。御史中丞李德裕抗表薦。故有是命。時源年已八十餘。

四年八月。以諫議大夫賈直言爲檢校右庶子。兼御史丞。充昭義軍司馬。仍賜金紫。初直言父德宗時得罪死。且飲之以毒藥。直言在側。適中使手中掣得藥。一飲而盡。中使蒼黃復奏。德宗感其事。遂不之罪。直言飲藥迷死。一日藥潰左肋而出。卻得生活。身遂偏枯。久之。又李師道請爲從事。直言具以逆順諭師道。遂以紙畫檻車二枚呈師道。師道問是何物。答曰。此是檻車。囚送罪人至京師者。天子神聖。公爲反逆不悛。必當滅公父子同載於此車送都市顯戮。豈不悲乎。因大哭於前。師道命殺之。左右感其義。莫有應者。師道懼不敢殺。遂牢囚之。劉悟破師道。得直言於狴獄中而用之。鄆帥之情。皆因之以歸。無動搖者。後失帥。亦不變於前。宰臣上陳直言。寵其官秩。遂非次除諫議大夫。劉悟累表乞留。云軍中事非直言不可從其請。改復有斯授。

其年三月十九日。上坐朝甚晚。自卽位以來。坐朝皆晚。此日尤甚。羣臣候朝至宣武門。已立數刻。至紫宸門。又絕晚。不召羣官。有至不任端立。欲傾仆者。諫議大夫李渤出次白宰相曰。昨日已有疏論坐晚。今又益晚。不能回上意。是某之罪。遂出閤門。赴金吾仗待罪。有頃。喚仗入。退朝。百官趨出。左拾遺劉栖楚獨進諫曰。歷觀前王嗣位之初。莫不躬勤庶政。坐以待旦。陛下卽位以來。放情嗜寢。樂色忘憂。安寢宮闈。日晏方起。西宮密邇。未過山陵。鼓吹之聲。日喧于內。臣伏見憲宗皇帝。大行皇帝。皆是長君。勤恪庶政。四方猶有叛亂。陛下運當少主。卽位未幾。惡德布聞。恐福祚之不久也。臣忝位諫官。致陛下有此。請碎首以謝陛下。遂以額叩龍墀。振響之聲。聞于閤外。門下侍郎李逢吉懼栖楚致死。遂宣言曰。栖楚休叩額。聽進止。栖楚捧首起立。又奏宦官中大行時。有協比邪人動搖國本事。又叩額如前。上爲之動容。以袖連揮栖楚。栖楚又奏云。可臣奏卽退。不可臣奏臣卽碎首而死。叩額。中書侍郎牛僧孺遽請宣付棲楚云。所奏知。門外侍進止。棲楚乃拜舞而出。以袂掩血。行至仗頭。則不能起矣。棲楚出後。宰臣於上前。更贊其事。上心定。乃自仗下。遂降中書宣諭棲楚。令歸私第。是日聞者莫不感異。以爲耳目所聞見諫官論事。未有如今日之盛。後一日。有進止令中使持緋衫牙笏就宅宣賜棲楚。旋拜起居郎。堅讓不起。遂歸東洛。至十二月。拜諫議大夫。以旌直諫也。

會昌二年十二月。檢校司徒兼太子太保牛僧孺等奏。伏奉十二月二十八日勅。中書門下奏。諫議大夫。巡六典。隋氏門下省置諫議大夫七員。從四品下。正五品上。自大歷二年。門下中書侍郎爲正三品。兩省遂闕四品。建官之制。有所未備。謹案左氏傳。袞職有闕。惟仲山甫補之。能補過也。仲山甫卽周之大臣。漢書汲黯稱願出入禁闥。補過拾遺。張衡爲侍中。常居幃幄。從容諷議。拾遺左右。此皆大臣之任。其秩峻。其任重。則君敬其言而用其道。況謇諤之地。宜有老成之人。秩不優崇。則難用耆德。其諫議大夫望改爲正四品下。分爲左右。以備兩省四品之缺。向後爲丞郎出入迭用。以重其選。伏以前代帝王建官設正之制。互有沿革。升降廢置。並于一時所宜。苟得其宜。則爲當代之美。臣等伏據六典故事。諫議大夫官歷代之品制。位不常定。至于諷議之所賴。則古今之任不殊。今陛下方啓納諫之門。俾崇品秩。迭用丞郎。蓋千年一時之盛美也。臣等又據故事。諫議大夫掌規諫諷諭。侍從贊相。今分置左右。以備兩省四品之缺。臣等參詳事理。衆議僉同。伏請著於典章。永爲定制。勅旨依奏。

匭

垂拱二年六月。置匭四枚。共爲一室。列於廟堂。東方木位。主春。其色青。配仁。仁者以亭育爲本。宜以青匭置之於東。有能告朕以養人及勸農之事者。可投書於青匭。名之曰延恩匭。南方火位。主夏。其色赤。配信。信者風化之本。宜以丹匭置之於南。有能正諫論時政之得失者。可投書於丹匭。名之曰招諫匭。西方金位。主秋。其色白。配義。義者以決斷爲本。宜以素匭置之於西。有欲自陳屈抑者。可投書於素匭。名之曰申寃匭。北方水位。主冬。其色元。配智。智者謀慮之本。宜以元匭置之於北。有能告朕以謀智者。可投書於元匭。名之曰通元匭。宜令正諫大夫補闕拾遺一人充使。於廟堂知匭事。每日所有投書。至暮並進。又三司授事。本防枉滯。如有人訴寃屈抑。不得與投匭之列。後方獲申明所由之官節級科罪。冀寰中靡隔。天下無寃。理匭以御史中丞侍御史一人充使。

萬歲通天元年。侍御史徐有功上疏曰。陛下所令朝堂受表。設匭投狀。空有其名。竟無其實。並不能正直。各自防閑。延引歲時。拖曳來去。叩閽不聽。撾鼓不聞。抱恨銜寃。吁嗟而已。至誠所感。和氣必傷。豈不由受委任者不副天心。是陛下務使直申其寃。是有司務在重增其枉。塵埃聖德。掩蔽宸聰者。其三司受表及理匭申寃使不速與奪。致令壅滯。臣望准前彈奏。

天寶九載三月十八日。改理匭爲獻納使。

至德元年十月。復改爲匭令。右補闕閻式請先視其事狀。然後爲投。上責𡏖塞。貶式爲朗州武陵縣。至大歷十二年十二月二日。有勅。理匭使但任投匭人投表狀於匭中。依進來。不須勘責副本。并妄有盤問及方便止遏。

大歷十四年七月。理匭使崔造奏。亡官失職。婚田兩競。追理財物等。并合先本司。本司不理。然後省司。省司不理。然後三司。三司不理。然後合報投匭進狀。如進狀人未經三處理。及事非寃屈。輒妄來進狀者。不在進限。如有急切須上聞。不在此限。其妄進狀者。臣今後請并狀牒送本司及臺府處理。勅旨依奏。

建中二年六月六日。勅御史中丞依前充理匭使。擇諫議大夫一人充知匭使。

貞元三年十二月。知匭使右諫議大夫裴佶奏。其使典與準大歷十四年六月十四日勅。前四人糧料。今依六典置二人。請置驅使官二人。勅旨依奏。

長慶三年。理匭使諫議大夫李渤奏。今後有投匭進狀者。請事之大者奏聞。次申中書門下。小者各牒諸司處理。處理不當。再來投匭者。即具事聞奏。如無理妄訴。本罪外加一等。從之。

四年七月。理匭使諫議大夫李渤奏。伏準寶應元年五月勅。給事中韓賞。中書舍人楊綰。同充理匭使。其時二人奏。大理評事盧翰充判官。又準六典。匭使常以御史中丞及侍御史爲之。臺中人吏強幹。首列百司。明勅特并入匭。實同創置其官吏手力食料紙筆。委本司條流聞奏。至其年九月。遂罷匭使。初渤以故事至重。請增置胥吏及添給課料。事多不允。渤遂請詔罷。亦從之。

開成三年八月。諫議大夫知匭使事李中敏奏。應舊例所有投匭進狀及書策文章。皆先具副本呈匭使。其有詭異難行。不令進入。臣檢尋文案。不見降勅處。所由等但云貞元中奏宣。恐是一時之事。臣以爲本置匭函每日從內將出。日暮進入。意在使寃濫無告。有司不爲申理者。或論時政。或陳利害。宜通其必達之路。所以廣聰明而慮幽枉。若使有司先具裁其可否。即非重密其事。俾壅塞自申於九重之意也。臣伏請自今以後。所有進狀及封章。臣等但爲狀引進。取舍可否。斷自中旨。庶使名實在茲。明置匭之本意。勅旨依奏。其月。知匭使事諫議大夫李中敏奏。伏準今年八月一日勅。朝廷體設諫匭。將防漏塞。若徵副本。恐不盡言。依中敏所奏。仍令本司及金吾所由。須知進狀人姓名住居去處。或要召問。如過旬日無處分。即任東西者。伏以舊例。詣光順門進狀。即有金吾押官責定住處。匭院投狀。即本司收投使狀人名。便差院子審復家第及主人。旋牒報京兆府。若又令牒金吾責狀。恐進狀人勞擾。又慮煩併。今伏請準前準牒京兆府。勅旨依奏。

五年四月。勅匭函所設。貴達下情。近者所投文狀。頗甚煩碎。極言不諱。豈假匿名。如知朝廷得失。軍國利害。實負寃屈。有司不爲申明者。任投匭進狀。所由晝時引進。其餘並不在投匭之限。宜與匭使准此勾當。

仍具副本。

會昌元年四月勅。應投匭進封事人等。宜起今後。並須將所進文書。到匭院驗卷軸。入匭函。不得便進。如軸稍大。入函不得。即依前降使宣取。仍永爲常式。

大中四年七月勅。應投匭及詣光順門進狀人。其中有已曾進狀。令所司詳考。無可採取。放任東西。未經兩三個月。又潛易姓名。依前進擾公廷。近日頗甚。自今以後。宜令知匭使及閤門使。如有此色。不得收狀與進狀。如故違與進者。必重書罰。

唐會要卷五十六

起居郎起居舍人

貞觀二年。移起居舍人於門下省。改爲起居郎。顯慶三年十二月十五日。又改爲中書省起居舍人。兩員。品同起居郎。龍朔三年。改爲左右史。咸亨元年。復爲起居舍人。天授元年。又改爲左右史。神龍元年。復爲起居舍人焉。

蘇氏曰。貞觀中。每日仗退後。太宗與宰臣參議政事。卽令起居郎一人執簡記錄。由是貞觀注記政事。稱爲畢備。及高宗朝會。端拱無言。有司唯奏辭見二事。其後許敬宗李義府用權。多妄論奏。恐史官直書其短。遂奏令隨仗便出。不得備聞機務。因爲故事。

貞觀元年。上問中書令房元齡曰。往者周隋制勅文案。並不在。元齡對曰。義寧之初。官曹草創。將充故紙雜用。今見並無。太宗曰。周隋官蔭。今並收敘。文案既無。若爲憑據。因問中書侍郎劉林甫曰。蕭何入關。先收圖籍。卿多日在內。何因許行此事。林甫對曰。臣當時任起居舍人。不知省事。上謂公卿曰。爲長官不可自專。自專必敗。臨天下亦爾。每事須在下量之。至如林甫。卽推不知也。又謂侍臣曰。朕每日坐朝。欲出一言。卽思此言於百姓有利益否。所以不能多言。給事中兼起居杜正倫進曰。君舉必書。言存左史。臣職當修起居注。不敢不盡愚直。陛下若一言乖於道理。則千載累於聖德。非直當今有損於百姓。願陛下慎之。

上大悅。

開元十五年。禮部尚書蘇頲卒。優贈之制不出。起居舍人韋述上疏曰。臣伏見貞觀永徽之時。每有公卿大臣薨卒。皆輟朝舉哀。所以成終始之恩。厚君臣之義也。上有旌賢錄舊之德。下有生榮死哀之美。列於史册。以示將來。故禮部尚書蘇頲。累葉輔弼。世傳忠清。頲又伏事軒陛。二十餘載。入參謨猷。出總藩牧。誠績斯著。操履無虧。天不慭遺。奄違聖代。伏願陛下思帷蓋之舊。念股肱之親。循先朝之盛事。鑒晉平之遠跡。爲之輟朝舉哀。以明同體之義。使歿者荷德於泉壤。存者盡節於周行。凡百卿士。孰不幸甚。上即日舉哀洛城南門。輟朝兩日。贈尚書右丞相。

貞元十二年正月。宰相賈耽盧邁皆假。故趙憬獨對延英。上問曰。近日起居所注記何事。憬奏曰。古者左史記事。右史記言。人君動止。有言有事。隨即記錄。今起居之職是也。國朝自永徽以後。起居雖得對仗承旨。仗下後謀議。皆不得聞。其所注記。但於制勅內採錄。更無他事。所以長壽中。姚璹知政事。以爲親承德音。謨訓若不宣自宰相。史官無從得書。遂請仗下後所言軍事政要。專知撰錄。號爲時政記。每月送史館。無何此事又廢。上曰。君舉必書。義存勸誡。既有時政紀。丞相宜依故事爲之。

元和十二年九月。勅記言記事。史官是職。昭其法誡。著在典常。如聞近者。難得詳實。思有釐改。用存舊章。

舉而必書．朕所深望．自今以後．每坐日．宰臣及諸司對後．如有事可備勸誡．合紀述者．委其日承旨宰相．宣示左右起居令其綴錄．仍准舊例．每季送史館．以爲常例．自隋氏因前代史官有起居注．故置起居舍人．以紀君舉．國朝因之．貞觀初置郎．而省舍人．顯慶中始兩置之．分侍左右仗下．秉筆隨相入禁殿．命令謨猷．皆得詳錄．若仗在紫宸閣內．則夾香案分立殿下．正直第二螭首．和墨濡翰．皆卽螭首之坳處．由是諺傳謂螭頭．有水官．既密侍．號爲淸美．永徽之後．始與百官仗下俱退．長壽年中．姚璹爲相．以史官不聞獻替．表請宰臣一人．撰錄軍國政要．號爲時政紀．隨月移之史館．及起居既錄．自宰臣事同銘述．於是推美讓善之義行．而信史直書之義闕．既而歲月稍久．樞務復繁．注記漸簡．未幾皆廢．其後執事者．時或修綴．百無一二．而左史所守．猶因於制勑．時存筆削．至於左史職在記言．但編集詔書．繕寫而已．至是起居舍人庾敬休上疏．求復故事．累請於時．宰臣皆樂復焉．既陳奏而制行．故事漸復．公議稱美．

十四年十月．出起居舍人裴潾爲江陵令．上近年垂意方士．及李道古薦柳泌．上餌信金丹藥石之說．推心腹之無疑焉．先潾抗疏論諫．聽用方士．故及於貶．或有竊知者．傳言時頗惜之．其疏曰．臣聞除天下之害者．受天下之利．共天下之樂者．饗天下之福．故上自黃帝顓頊堯舜禹湯．下及文王武王．咸以功濟生靈．德配天地．故皆報之以上壽．垂祚於無疆．伏惟陛下以大孝安宗廟．以至仁育黎元．自踐阼以來．劉積世之妖兇．開削平之洪業．而又敬禮宰輔．待以始終．內能大斷．外寬小故．夫此神功聖化．皆自古聖主明君所不能及。今陛下躬親行之。實光映千古矣。是則天地神祇。必報陛下以山岳之壽。宗廟聖靈。必福陛下以億萬之齡。四海蒼生。咸祈陛下以覆載之永。自然萬靈保佑。聖壽無疆。伏見自去年已來。諸處薦藥術之士。有韋山甫柳泌等。或更相稱引。迄今薦送漸多。臣伏見以眞仙有道之士。皆匿其名姓。無求於世。潛遁山林。滅影雲壑。唯恐人見。唯恐人聞。豈有干謁公卿。自鬻其術。今者所奏有夸衒其藥術者。必非知道之士。咸爲求利而來。自言飛鍊爲神。以誘權貴賄賂。大言怪論。驚聽惑時。及其假偽敗露。曾不恥於遁逃。如此情狀。豈可深信其術。親餌其藥哉。禮曰。夫人食味別聲被色而生者也。春秋左氏傳曰。味以行氣。氣以食志。又曰。水火醯醢鹽梅以烹魚肉。宰夫和之。濟之以味。君子食之。以平其心。夫三牲五穀。稟自五行。發爲五味。蓋天地生以奉人。是以聖人節而食之。以致康強之福。若夫石藥者。前聖以之療疾。蓋非常食之物。況金石皆含酷烈熱毒之性。加之燒治。動經歲月。既兼烈火之氣。必恐難爲防制。若乃遠徵前史。則秦漢之君。皆信方士。至如盧生徐福欒大李少君。其後皆姧偽事發。其藥竟無所成。事著史記漢書。皆可驗視。禮曰。君之藥。臣先嘗之。親之藥。子先嘗之。臣子一也。臣願所有金丹之藥。伏乞先令鍊藥人及所薦之人。皆先服一年。以考眞偽。則自然明驗矣。伏惟元和聖文神武法天應道皇帝陛下。合日月照臨之明。稟乾元利貞之德。崇正若指南。受諫如轉規。是必發精金之刃。斷可疑之網。所有藥術虛誕之徒。伏乞特賜罷遣。禁其幻惑。使浮雲盡徹。朗日增輝。道化侔羲農。悠久配天地。實在於此矣。伏以貞觀以來。左右起居。有褚遂良。杜正倫。呂向。韋述等。咸能竭其忠誠。悉心規諫。小臣謬忝侍從。職奉侍臣之中。最近左右。傳曰近臣盡規則近侍之臣。上達忠款。實本職也。

太和九年十二月勅。宜令起居郎起居舍人。準故事入閤日。賫紙筆於螭頭下記言記事

開成三年。魏謩自左補闕授起居舍人。紫宸中謝日。文宗謂之曰。以卿論事忠切。有文貞之風。故不循月限。授此官。又謂之曰。卿家有何舊圖書。詔謩對曰。比多失墜。惟簪笏見存。上遂令進來。時宰相鄭覃奏曰。在人不在笏。文宗曰。鄭覃殊不會我意。此即甘棠之義。非在笏也。謩將退。又召誡之曰。事有不當。即諫論奏對。曰臣頃爲諫官。合伸規諷。今爲起居。職在記言。臣不敢輒踰職分。文宗曰。凡兩省官並合論事。勿拘此言。尋以本官兼値宏文館。

大中六年九月勅。郎官御史遺補。皆有月限。唯起居未有分明制置。自今以後。特恩超擢外。宜中滿二十個月爲改轉。

左右補闕拾遺

垂拱元年二月二十九日勅。記言書事。每切于旁求。補闕拾遺。未宏于注選。瞻言共理。必藉衆才。寄以登賢。期之進善。可置左右補闕各二員。從七品。左右拾遺各二人。從八品上。掌供奉諷諫。行列次于左右史之下。仍附于令。至天授二年二月五日。各加置三員。通前五員。大歷四年十二月一日。補闕拾遺各置內

供奉兩員。又七年五月十一日敕。補闕拾遺宜各加置兩員。

天授三年。左補闕薛謙光上疏曰。戎夏不雜。自古所誡。夷狄無信。易動難安。故斥居塞外。不遷中國。前史所稱。其來已久。然而帝德廣被。有時朝謁。願受向化之誠。請納梯山之禮。貢事畢。則歸其父母之國。導以指南之車。此三王之盛典也。自漢魏以後。遂革其風。務飾虛名。徵求侍子。諭令解辮。使襲衣冠。築室京師。不令歸國。此又中葉之故事也。較其利害。則三王是而漢魏非。論其得失。則拒邊長而徵質短。殷鑒在乎往世。豈可不懷經遠之慮哉。昔郭欽獻策於武皇。江統納簡於惠主。咸以爲夷狄處中夏。必爲變更。晉武不納二臣之遠策。好慕向化之虛名。縱其習史漢等書。官之以五部都尉。皆失計也。竊惟突厥吐番契丹等。往因入侍。並叨殊獎。或執戟丹墀。策名戎秩。或曳裾庠序。高步黌門。服改氈裘。語兼中夏。明習漢法。覩衣冠之儀。目擊朝章。知經國之要。窺成敗於圖史。察安危於古今。識邊塞之盈虛。知山川之險易。或委以經略之功。令其展效。或矜其首邱之志。放使歸蕃。於國家雖有冠帶之名。在夷狄廣其從横之智。雖有慕化之美。苟悅於當時。而狼子孤恩。旋生於過後。及歸部落。鮮不稱兵邊鄙。罹災。實由於此。故老子曰。國家之利器。不可以示人。在於齊民。猶不以示之。況於夷狄乎。又按漢桓帝遷五部匈奴於汾晉。其後卒有劉石之難。向使五部不徙。則晉祚猶未可量也。鮮卑不遷幽州。則慕容無中原之僭。又按漢書陳湯云。夫胡兵五而當漢兵一。何者。兵刃樸鈍。弓弩不利。今聞頗得漢工。然猶三而當一。由是言之。利兵尚不可使胡人得法。況處之中國。而使其習見哉。臣竊計漢初冒頓之強盛。乘中國之虛弊。高祖餒厄平城。而冒頓不能入中國者。何也。非兵不足以侵諸夏。力不足以破汾晉。其所以解圍而縱高祖者。爲不習中土之風。不安中國之美。生長磧漠之北。以穹廬賢於城邑。以氈罽美於章紱。既安其所習。而樂其所生。是以無窺中國之心者。爲生不在漢故也。豈有心不樂漢而欲深入者乎。劉元海五部離散之餘。而卒能自振於中國者。爲少居內地。明習漢法。元海悅漢。而漢亦悅之。一朝背誕。四面響應。遂鄙單于之號。竊帝王之寶。賤沙漠而不居。擁平陽而鼎峙者。爲居漢故也。向使元海不會內徙。正當劫邊人繒綵麴櫱。以歸陰山之北。安能使王彌崔懿。爲其用邪。當今皇風遐覃。含識革面。凡有虺性。莫不懷馴。方使由余効忠。日磾盡節。以愚臣慮者。國家方傳無窮之祚於後。脫備守不謹。邊防失圖。則夷狄稱兵。不在方外。非所以肥中國。削四夷。經營萬乘之業。貽厥孫謀之道也。臣愚以爲願充侍子者。一皆禁絕。必若在中國。亦可使歸蕃。則夷人保疆。邊邑無事矣。

通天二年六月。孫萬榮寇陷河北數州。河內王懿宗擁兵不敢進。比賊散。懿宗奏請族誅滄瀛等州百姓爲詿誤者。左拾遺王求禮廷折之曰。此百姓等素無良吏教習。城池又不完固。則畏懼苟且從之。今請殺之。切將違背天道。而懿宗擁強兵十餘萬。聞賊將至。輒退走保城池。罪當誅戮。今乃移禍於草澤詿誤之人以求自免。豈是爲臣之道。請先斬懿宗以謝河北百姓。羣官愕然。謂之切當。遂令魏州刺史狄仁傑充使。安撫流移。後聖曆二年。右補闕朱敬則。告絕羅織之徒。上疏曰。臣聞李斯之相秦也。行申商之法。重刑名之家。杜私門。彊公室。棄無用之費。損不急之官。惜日愛功。急耕疾戰。人繁國富。遂屠諸侯。此救弊之術也。故曰。刻薄可施於趨進。變詐可陳於攻戰。兵猶火也。不戢自焚。況鋒鏑已銷。石城又毀。諒可易之以寬泰。潤之以淯和。八風之樂以柔之。三代之禮以導之。秦既不然。淫虐滋甚。往而不返。卒至土崩。此不知變之禍也。陸賈叔孫通之事漢王也。當滎陽成皐之間。糧饋已窮。智勇俱困。不敢開一說。効一奇。進豪猾之材。薦貪暴之客。及區宇適平。干戈向戢。金鼓之聲未歇。傷痍之病尚聞。二子顧盼雍容。綽有餘態。乃陳詩書。說禮樂。闡王道。謀帝圖。高皇帝忿然曰。吾以馬上得之。安事詩書乎。對曰。陛下馬上得之。安可馬上治之乎。高皇默然。於是陸賈著新語。叔孫通定禮儀。始知天子之尊。方覺皇帝之貴。此則知變之善也。向使高祖排二子而不收。置詩書而不顧。重攻戰之吏。尊首級之材。複道爭功。張良已知其變。拔劍擊柱。吾屬不得無謀。卽晷漏難逾。何十二帝乎。亡秦是續。何二百年乎。故曰。仁義者。聖人之蘧廬。禮樂者。聖人之陳迹。然則祝詞向畢。芻狗須焚。淯精已流。糟粕可棄。仁義尙舍。況輕於此者乎。自文明草昧。天地屯蒙。二叔流言。四凶構難。不設鉤距。無以應天順人。不峻刑名。不可摧奸息暴。故置神匭以開告端。曲直之影必呈。包藏之心盡露。神道助直。無罪不除。人心保能。無妖不戮。以茲妙算。窮造化之幽深。用此神謀。入天人之秘術。故能計不下席。聽不出闈。蒼生晏然。紫宸易主。大哉偉哉。無得而稱也。豈比造攻鳴條。大戰牧野。血變草木頭折不周可同年而語乎。然而急趨無善跡。膠柱少和聲。拯溺不規行。療饑非鼎食。卽向時之妙策。乃當今之芻狗也。伏願覽秦漢之得失。考時事之合宜。審糟粕之可遺。覺蘧廬之須毀。見機而作。豈勞終日乎。陛下必不可偃蹇太平。徘徊中路。伏願改法制。立章程。下怡愉之詞。流曠蕩之澤。刓萋菲之牙角。頓奸險之鋒鋩。杜告訐之源。絶羅織之迹。使天下蒼生。坦然大悅。豈不樂哉。

神龍元年二月十四日。追贈后父韋元貞爲上洛郡王。左拾遺賈受上疏諫曰。臣聞孔子曰。惟名與器。不可以假人。其非劉氏而王。自古盟書所棄。今陛下創制謀始。垂範將來。爲皇王之令圖。子孫之明鏡。匡復未幾。后父有私臣庸愚何知不可。史官執簡必直書。今萬姓顒然聞一善令。莫不歌頌向風。忻然慕化日恐不及。陛下奈何行私惠。使樵夫議之。而先朝贈太原王。殷鑒不遠。固雲生於膚寸。使木起於蘖栽。誠可惜也。如渙汗已行。憚改成命。臣望皇后抗表固辭。使天下知宏讓之風。彤管著謙沖之德。是則巍巍聖鑒。無得而稱。

三年八月。節愍太子誅後。兵部尚書宗楚客。侍御史冉祖雍。共誣安國相王及太平公主與太子連謀。請收付制獄。右補闕吳兢上疏曰。臣聞庶物不可以自生。陰陽以之亭育。大寶不可以獨守。子弟成其藩翰。武王聖主也。成王賢嗣也。然封建魯衛。以匡社稷。所以龜鼎相傳。七百餘載。始皇絶昭襄之業。承戰爭之弊。忽先王之典制。比宗親於黔首。孤立無輔。二代而亡。及諸呂用權。將傾劉氏。朱虛爲其心腹。絳侯作其爪牙。劉氏復安。豈非宗子之力。國之安危。在於藩屏。故設官分職。先親後疎。且安國相王者。陛下之同氣。六合至廣。親莫加焉。今賊臣同謀。欲寘極法。此禍亂之漸。不可不察。伏願陛下降明旨。曉羣邪。下全棠棣之美。上慰罔極之心。則羣生幸甚。

景雲二年。左補闕辛替否論時政上疏曰。臣請以有唐以來。治國之得失。陛下之所眼見者。以言爲陛下聽之。太宗文皇帝。陛下之祖。得至治之體。設簡要之方。省其官。淸其吏。舉天下之職司。無一虛授。用天下之財帛。無一枉費。不多造寺觀。而福德日至。不多度僧尼。而殃咎自滅。自古帝王。未有若斯之神聖也。陛下何不取而則之。孝和皇帝。陛下之兄。居先人之業。忽先人之化。不取賢良之言。而恣妻女之意。官爵非擇。虛食祿者數千人。封建無功。妄食土者百餘戶。造寺不止。枉費錢者數百億。度人不休。免租庸者數千萬。倉不停卒歲之儲。庫不停兩年之帛。奪百姓口中之食。以養貪殘。剝萬人體上之衣。以塗土木。於是人怨神怒。水旱不調。享國不永。受終於兇婦人。此陛下之所眼見。何不棄而改之。今陛下族阿韋之兇宗而不改阿韋之亂政。忍棄太宗文皇之治本。不忍棄孝和之亂階。陛下又何以繼祖宗而觀萬國。昔陛下在阿韋之時。危亡是懼。常切齒於羣兇。今貴爲天子。富有四海。內不改羣兇之事。臣恐復有切齒於陛下者也。先朝之時。愚智知敗。人雖有口。而不敢言。言未發聲。禍將及矣。韋月將受誅於丹獄。燕欽融見殺於紫廷。此人皆不惜其身。而納忠於主。身旣死矣。主亦危矣。是故先朝誅之。陛下賞之。是陛下知直言之事。有裨於國。臣今日愚言。亦當代之直。伏惟察之。

先天元年正月。大酺。睿宗御安福門觀百司酺宴。經月不息。右拾遺嚴挺之上疏曰。夫酺者。因人所利。合醵爲歡。無相奪倫。不致生弊。且臣卜其晝。史策猶存。君舉必書。帝王重愼。今乃暴衣冠於路上。置妓樂於中宵。雜鄭衞之音。縱倡優之樂。陛下還淳復古。宵衣旰食。不矜細行。恐非聖德所宜。臣以爲一不可也。雖則警夜伐鼓。通晨以備非常。古之善教。今陛下不深惟戒愼。輕違動息。重門弛禁。巨猾多徒。倘有躍馬奔車。流言駭叫。一塵聽覽。有累宸衷。臣以爲二不可也。且一人向隅。滿堂不樂。一物失所。納隍增慮。倘令有司跛倚。下人饑倦。陛下近猶不恤。況於遠乎。臣以爲三不可也。其元正首祚。大禮頻光。百姓顒顒。咸謂業盛配天。功垂曠代。今陛下恩已薄於衆望。酺則過於往年。王公大人。各承微旨。州縣坊曲。競爲課稅。損萬民之財。營百戲之資。臣以爲四不可也。伏願晝則歡娛。暮令休息。若令兼夜無益聖明。從之。

廣德二年九月二十一日。勅諫官令每月一上封事。指陳時政得失。

永泰元年正月二十三日。勅諫官奏事。不須限官品次第。于每月奏事官數內。聽一人奏對。

大歷十二年四月十二日。勅自今以後。諫官所獻封事。不限早晚。任封狀以進。

十二年七月。賜右補闕姚南仲緋。遷左拾遺何士幹爲左補闕。時葬貞懿皇后。代宗恩寵所屬。令繕陵寢。邇章敬寺後。爲遊幸近地。左右莫敢言。南仲等上疏極諫。代宗覽表歎息。立從其議。因錫南仲緋。遷士幹之官。以褒之。是日。遣內常侍吳承清宣諭百僚。令付史館。

元和元年九月。以拾遺杜從郁爲祕書丞。郁司徒佑之子。初自太子司議郎爲左補闕。右拾遺崔羣韋貫之左拾遺獨孤郁等上疏。以爲宰相之子。不合爲諫諍之官。于是降左拾遺。羣等又奏云。拾遺與補闕雖資品不同。而皆是諫官。父爲宰相。而子爲諫官。若政有得失。不可使子論父。于是改授。

十五年八月。山陵始復土。先是。追邠寧節度使李光顏徐泗節度使李愬赴闕。或言欲及重陽節與百寮內宴。拾遺李珏宇文鼎溫會韋瓘馮約等上疏曰。臣聞人臣之節。本於忠藎。苟有所見。卽宜上陳。況臣等爲陛下諫官。食陛下美祿。豈得隱默。孤負恩榮。臣聞諸道路。不知信否。皆云追光愬及重陽令節。欲內宴百寮。倘誠有之。乃陛下覩羣臣宏德澤之慈旨也。然使以元朔未改。園陵倘新。雖陛下當易月之期。俯從人欲。而禮經著三年之制。猶服心喪。遵同軌之會。適去于中邦。告遠夷之使。未復其來命。遏密弛禁。蓋爲齊民。合讌內廷。事將未可。夫明主行爲天下則。言爲天下法。臣恐王言忽降。其出如綸。苟紊皇猷。徒彰直諫。臣等是以昧死上聞。曲突徙薪。義實在此。其李光顏李愬。久統戎旅。皆有忠勞。今者時當盛秋。務拓邊寇。及至之日。陛下降恩召見。詢訪才謀。褒其舊勳。付以疆事。如此則與夫歌鐘賜宴。酒食邀歡。固不同年而語矣。臣竊見陛下自臨御以來。施號發令。無非孝治。因心屢形於詔勅。行已實感於人倫。惟在敬愼威儀。保全聖德。臣等不敢緘默。輒貢狂言。懼不允當。伏待刑憲。

寶歷元年閏七月。右拾遺薛廷老。與同僚入閤奏事曰。臣伏見近日除拜。往往不由中書進擬。或是宣出。伏恐紀綱漸壞。奸邪恣行。上曰。更諫何事。拾遺舒元褒曰。近日宮室修造太多。廷老曰。臣等職在諫官。凡有所聞。即合論奏。乞勿罪其言。上改容勞之。

其年十一月。以右拾遺內供奉史館修撰薛廷老爲河中府臨晉令。時鄭權因交通鄭注。得嶺南節度。權到鎮後。盡以府庫所有。輦送京師。酬遺權幸。廷老聞知上疏請按。由是釁結中外。人盡危之。廷老性本強直。未幾又譏張權與程昔範不宜居諫官之列。事皆不行。遂自請假。滿十旬。爲宰相李逢吉所出。

二年九月。以新授濠州刺史陳岵爲太常少卿。岵常好釋氏。學佛經。中尤好維摩。自爲有得。即加注釋。輒復上獻。遂有宣令與好官。乃追前命。例在清賢。羣議紛然。諫官劉寬夫等七人同疏論曰。岵來由徑求事因供奉僧進經。上覽疏奏。謂不直言。宣與宰相等云。陳岵所進經。實不因僧。諫官何處得此語。卿等可即勘問。并推排頭首奏來。左補闕劉寬夫上表自言。昨論岵之時。不記得先後。唯執筆草狀。即是微臣。今既論事不合。臣甘當罪。若令尋究根本。自相推排。恐或遞相誣執。有損事體。凡所論差誤。臣盡甘當罪。疏奏。勅諫官六人各罰一季俸。劉寬夫獨能當罪。釋放。然岵尋改少府監。

大和元年十一月。勅以右補闕高允中爲侍御史。允中自爲諫官。甚舉職業。危言直論。不避時忌。寶歷中。常上疏云。東頭勢重于南衙。樞密權傾于宰相。敬宗驚悟久之。雖無明賞。而直名昭然。人情危懼。恐有禍及終致非辜。至是稍遷正人相賀。

三年五月。左拾遺舒元褒等奏。今年四月。左補闕李虞與御史中丞溫造街中相逢。溫造怒李虞不迴避。遂提李虞祗承人車從。送臺中禁身一宿。決脊杖十下者。臣等謹按國朝故事。供奉官行。除宰相外。無迴避。今溫造蔑棄朝廷典故。陵陛下近臣。恣行胸臆。曾無畏忌。伏以事雖小而關分理者。不可失也。分理一失。亂由之而生。拾遺補闕官秩雖卑。乃陛下侍臣也。御史中丞官秩雖高。乃陛下法吏也。侍臣見凌。是不廣敬。法吏壞法。何以持繩。臣等又聞元和長慶中。御史中丞行李遵從。不過半坊。今乃遠至兩坊。謂之籠街喝道。唯以尊崇自處。不思僭擬之嫌。陛下若不因此時特有懲革。伏恐從此供奉官輩便須迴避中丞。累聖制度。失自陛下。臣等官參諫列。實爲陛下惜之。勅。憲綱之主。在指佞觸邪。不在行李自大。侍臣之職。在獻可替否。不在道途相高。其臺官與供奉官同道。聽先後而行。遇途但祗揖而過。其參從各隨本官之後。少相迴避。勿言衝突。自今已後。應各有遵從官行李傳呼。前後並不過三百步。

會昌四年六月。中書門下奏。諫官論事。臣等商量。望令各陳所見。不要連狀。涉于糾雜。如有大段意見。及朝廷重事。必須連狀者。卽令同商量進狀。不得輒有代署。勅旨依奏。

咸通四年十一月。以長安縣尉令狐滈爲左拾遺。左拾遺劉蛻起居郎張雲上疏。論滈父綯秉權之日。廣納賂遺。取李琢財物。除安南。致蠻寇侵擾。不當居諫官之列。時綯鎭淮南。上表論訴。乃貶雲興元少尹。蛻華陰令。

符寶郎

本名符璽郎。延載元年五月十一日。改爲符寶郎。神龍元年正月二十二日。復改爲符璽郎。開元元年十一月十日勑。傳國八璽。旣改爲寶。其符璽郎宜改爲符寶郎矣。舊制。天子八寶。一曰神寶。所以承百王。鎭萬國。二曰受命寶。所以修封禪。禮神祇。三曰皇帝行寶。答疏於王公則用之。四曰皇帝之寶。勞來勳賢則用之。五曰皇帝信寶。徵召臣下則用之。六曰天子行寶。答四夷書則用之。七曰天子之寶。慰撫蠻夷則用之。八曰天子信寶。發番國兵則用之。

貞觀十六年。太宗刻受命元玉璽。白玉爲螭首。其文曰。皇天景命。有德者昌。天寶五載六月十一日勑。玉璽旣改爲寶。其璽書爲寶書。至十載正月十五日。復改爲傳國寶。後又改爲承天寶。

典儀。皇朝置二人。隸門下省。初用人皆輕。至貞觀末。李義府爲之。是後常用士人焉。

唐會要卷五十七

翰林院

開元初置。已前掌內文書。武德已後。有溫大雅。魏徵。李百藥。岑文本。褚遂良。許敬宗。上官儀等。時召入草制。未有名目。乾封已後。始號北門學士。劉懿之。禕之兄弟。周思茂。元萬頃。范履冰為之。則天朝。以蘇味道。韋承慶等為之。後上官昭容在中宗朝獨任其事。睿宗即位後。以薛稷。賈膺福。崔湜為之。其院置在右銀臺門內。駕在興慶宮。院在金明門內。駕在大內。院在明福門內。

翰林院者。本在銀臺門內。麟德殿西廂重廊之後。蓋天下以藝能技術見召者之所處也。學士院者。開元二十六年之所置。在翰林之南。別戶東向。考視前代。即無舊名。貞觀中。祕書監虞世南等十八人。或秦府故僚。或當時才彥。皆以宏文館學士。會于禁中。內參謀猷。延引講習。出侍輿輦。入陪宴私。十數年間。多至公輔。當時號為十八學士。其後永徽中。故黃門侍郎顧悰。復有麗正之稱。開元初。故中書令張說等。又有集仙之比。日用討論。親侍。未有典司。元宗以四隩大同。萬樞委積。詔勅文誥。悉由中書。或慮當劇而不周。務速而時滯。宜有編掌。列于宮中。承遵邇言。以通密命。由是始選朝官有詞藝學識者。入居翰林。供奉勅旨。于是中書舍人呂向。諫議大夫尹愔。元充焉。雖有密近之殊。亦未定名。制詔書勅。猶或分在集賢。時中書舍人張九齡．中書侍郎徐安貞等．迭居其職．皆被恩遇．至二十六年．始以翰林供奉改稱學士．由是別建學士院．俾掌內制．于是太常少卿張洎．起居舍人劉光謙等．首居之．而集賢所掌．于是罷息．自後給事中張淑．中書舍人張漸．竇華等．相繼而入焉．其後有韓雄．閻伯璵．孟匡朝．陳兼．蔣鎮．李白等．舊在翰林中．但假其名．而無所職．至德已後．軍國務殷．其入直者．並以文詞共掌詔勅．自此翰林院始有學士之名．其後又置東翰林院于金鑾殿之西．隨上所在．而選取其便穩．大抵召入者一二人．或三四人．或五六人．出于所命．蓋不定數．亦有以鴻儒碩學．經術優長．訪問質疑．爲人主之所禮者．頗列其中．初自德宗建置已來．秩序未立．延覲之際．各趨本列．暨貞元元年九月．始別勅令．明預班列．與諸司官知制誥例同．故事．中書以黃白二麻．爲綸命重輕之辨．近者所由．猶得用黃麻．其白麻皆在此院．自非國之重事．拜授于德音赦宥者．則不得由于斯矣．

建中四年十月．德宗幸奉天．時祠部員外郎翰林學士陸贄隨赴行在．天下騷擾．遠邇徵發．書詔日數十下．皆出贄．贄操筆持紙．成于須臾不復起草．初若不經思慮．既成．無不曲盡事情．中于機會．倉卒疊委．同職皆拱手嗟嘆．不能有所助．常啟德宗云．今書詔宜痛自引過罪己．以感動人心．德宗從之．故行在制詔始下．聞者雖武夫悍卒．無不揮涕感激．議者咸以爲德宗之克平寇難．不惟神武成功．爪牙盡力．蓋亦文德廣被．腹心有助焉．貞元初．李抱眞來朝．因前賀曰．陛下之幸奉天山南時．勅書至山東．士卒無不感泣

思奮者。臣當時見之。即知諸賊不足平也

其月。上倉黃自苑北便門出。翰林學士姜公輔叩馬諫曰。朱泚常爲帥涇原。素得士心。昨以朱滔叛命。坐奪兵權。泚恆憂憤不得志。不如使人捕之。恐羣兇立之。必貽國患。上曰。已無及矣。及泚僭立。中外稱其先覺。

興元元年十二月二十九日。勅翰林學士朝服班序。宜準諸司官知制誥例。四年。翰林學士陸贄奏曰。學士私臣。元宗初待詔內廷。止于應和詩賦文章而已。詔誥所出。本中書舍人之職。軍興之際。促迫應務。權令學士代之。今朝野乂寧。合歸職分。其命將相制詔。請付中書行遣。物議是之。

貞元八年。徵衛次公左補闕。尋兼學士。二十一年正月。德宗升遐。時順宗居東宮。疾恙方甚。倉卒召學士鄭絪等於金鑾殿。時中人或云。內中商量所立未定。衆人未對。次公遽言曰。皇太子雖有疾。然地居冢嫡。內外繫心。必不得已。當立廣陵王。若有異圖。禍難立成。絪等隨而唱之。衆議方定。及順宗在諒闇。外有王叔文輩操權樹黨。無復經制。次公與鄭絪處內廷。多所匡正。

元和二年。崔羣爲翰林學士。爲憲宗嘉賞。常宣旨云。今後學士進狀。並取崔羣連署。方得進來。羣以禁密之司。動爲故事。自爾學士或惡直醜正。其下皆無由上言。堅不奉詔。三疏論奏方允。

其年二月。制以浙江西道水旱相承。蠲放去年兩稅上供錢三十四萬餘貫。凡白麻制誥。皆在廷代言。命輔臣。除節將。恤災患。討不庭。則用之宰臣于正衙受付通事舍人。若命相之書。則通事舍人承旨。皆宣讀訖。始下有司。時內詔不宣。便令奉行。

三年。淄青節度李師道。進絹爲魏徵子孫贖宅。翰林學士白居易諫曰。徵是陛下先朝宰相。太宗嘗賜殿材成其正室。尤與諸家第宅不同。官中自可贖之。而令師道掠美事。實非宜。憲宗深然之。

五年十二月。以司勳郎中知制誥李絳爲中書舍人。依前翰林學士。面諭吐突承璀用兵無功。合加明責。先是。承璀于軍中立聖政碑。絳又以爲非舊制。不可許。上初甚怒。色變。絳執奏不已。辭旨懇切。因泣下。上徐察其意。其色稍和。卒大開悟。故有是拜。亟命軍中拽去所立碑。曰。微卿言。不知此爲損我。翌日又面賜紫衣金魚。上親爲絳擇良笏。勉之曰。爾他時無易此心也。

其年八月九日。以前朔方巡鹽節度使王佖爲右衞將軍。佖在鎭無智術。又召至踰月。而授以衞將軍。凡將相出入。皆翰林草制。謂之白麻。佖始以貴奏罷中書草制。以至李進賢。皆用此例也。

十三年二月。上御麟德殿。召對翰林學士張仲素段文昌沈傳師杜元穎。以仲素等自討叛奉書詔之勤。賜仲素以紫。文昌等以緋。

十五年閏正月。翰林院奏學士及中書待詔共九人。每日各給雜買錢一百文。以戶部見錢充。每月共米四石。麪五石。令司農供。勅旨從之。翰林院加給。自此始也。

長慶元年。翰林學士李德裕上疏曰。伏見國朝故事。駙馬緣是親密。不合與朝廷要官往來。開元中。禁止尤切。訪聞近日輒至宰相及要官私第。此輩無他才技可以延接。唯是洩漏禁密。交通中外。羣情所知。似爲甚弊。其朝官素是雜流。則不妨來往。若職在淸列。豈可知聞。伏望宣示宰臣。其駙馬諸親。今後公事卽于中書見宰相。不得更詣私第。上然之。初穆宗在東宮。素聞李吉甫之名。及卽位。旣見德裕。尤重之。禁中書詔大手筆。多令德裕草之。常與李紳元稹俱在翰林。以學識才名。深相款密。

四年三月。翰林學士韋處厚上疏曰。臣聞汲黯在朝。淮南不敢謀反。干木在魏。諸侯不敢加兵。夫王霸之理。皆以一士而止百億之師。以一賢而制千里之難。伏以裴度勳高中夏。聲聞外夷。廷湊克融。皆憚其用。吐蕃回鶻。悉服其名。今若置之巖廊。委其參決。西夷北虜。未測中華。河北山東。必稟廟算。況幽鎭未靖。尤資重臣。管仲曰。人離而聽之則愚。合而聽之則聖。治亂之本。非有他術。順人則治。違人則亂。伏承陛下當食嘆息。恨無蕭曹。今有一裴度。尙不留驅策。此所以馮唐感悟漢文。雖有廉頗李牧不能用也。大都宰相。當委之信之。親之禮之。於事不效。於國無勞。則置之散僚。黜之遠郡。如此則在位者不敢不勵。將進者不敢苟求。陛下存始終之分。但不永棄。則君臣之厚也。今進者皆負四海責望。退亦不失六曹尙書。不肖者無因而懲。賢者無因而勸。臣與逢吉素無私嫌。臣被裴度無辜貶官。今之所陳。上答聖明。下達羣議。披肝感激。伏地涕泣。伏乞鑒臣愛君。矜臣體國。則天下幸甚。初山南東道節度使牛元翼家屬。悉爲鎭州節度使王廷湊所害。穆宗深嘆宰輔之不才。致使奸凶久不率化。因是處厚疏薦裴度。

其年四月。賜翰林學士高釴錦綵七十匹。以上在左軍夜宿直之故也。

其年七月。翰林學士韋處厚於浴堂中因諫游畋及晏起曰。臣有大罪。願碎首于陛下前。上曰。何事。處厚對曰。臣不以死諫先聖。令先聖好畋及色。以致不壽。合當誅戮。所以不死諫者。爲陛下在春宮年已十五。今陛下皇子始一歲。臣是以不避死亡之誅。上大悅。深感其言。賜錦綵一百匹。銀器四事。

其年十月。翰林院侍講學士諫議大夫高重。侍講學士中書舍人崔郾。中書舍人高釴。於思政殿中謝。崔郾奏。陛下授臣職以侍講。已八箇月。未嘗召問經義。臣內慙尸祿。外愧羣僚。上答曰。朕機務稍閒。當召卿等請益。高釴對曰。意雖求治。誠恐萬方或未之信。若未加躬親。何以示憂勤之至。上深納其言。各賜錦綵五十匹。銀器二事。

寶歷元年。路隨爲翰林學士。有以金帛謝除制者。必叱而卻之曰。吾以公事接私財耶。終無所納。

二年。敬宗以翰林學士崇重。不可褻狎。欲別置東頭學士以備曲宴賦詩。京兆尹劉栖楚薦前進士熊望。文藝可充學士。事未行而帝崩。

太和元年四月。翰林院奏。準舊例。學士每人每日於戶部請雜買錢一百文。伏以數目至少。雜買不充。伏請每人每日於戶部更加一百文。冀免欠闕。勅旨依奏。

開成四年二月。勑翰林學士宜準舊例。遇節假每一人入直。

大中六年十二月。勑翰林學士。自今以後官至郎中令知制誥。其餘並依本官月限。及准外制例處分。

十年。党項屢擾河西。上召翰林學士問邊計。學士畢諴。即援引古今論列破羌之計。上悅曰。吾方擇能帥。安集河西。不期頗牧在吾禁署。卿爲朕行乎。諴欣然從命。即日授邠寧節度河西供軍安撫等使。諴至軍。遣使告諭叛徒諸羌率化。又以邊境禦戎兵多。積穀爲上策。乃召募軍士開置屯田。歲收穀三十萬斛。詔書嘉之。

十四年三月。勑左拾遺劉鄴。充翰林學士。

中和二年。僖宗幸蜀。時黃巢犯京畿。關東用兵。書詔重委。翰林學士杜讓能。草辭迅速。筆無點竄。動中事機。上嘉之。遷戶部侍郎承旨。及沙陀逼京師。僖宗倉黃出幸。是夜。讓能宿直禁中。聞難作。步出從駕。出城十餘里。得遺馬一匹。無羈靮。以紳絡而乘之。駕在鳳翔。朱玫兵遽至。僖宗急幸寶雞縣。近臣唯讓能獨從。再幸梁洋。棧道險阻之間。不離左右。帝顧之曰。朕之失道。再致播遷。險阻之中。卿常在側。古所謂忠於所事。卿無負矣。讓能對曰。臣家世歷重任。蒙國厚恩。陛下不以臣愚。擢居近侍。臨難苟免。臣之恥也。獲扞牧圉。臣之幸也。帝益嘉之。

大順二年十月。宣每進書詔書。別錄小字本留內。永爲定式。

乾寧二年十月。賜渤海王大瑋瑎勑書。翰林稱加官合是中書撰書意。諮報中書。三年二月。承旨榜子。凡中書覆狀奏錢物如賜召徵促但略言色額其數目不在言內。但云並從別勑處分。中書覆狀如云。中書門下行勑。其詔語不得與覆狀語同。

其年七月。翰林學士承旨陸扆拜中書侍郎平章事。故事。三署除拜。有光署錢以宴舊僚。內署即無此例。扆入相之日。送學士光院錢五百貫。特舉新例。內署榮之。仍定例。將相各二百千。使相五百千。觀察使三百千。度支三百千。鹽鐵二百千。戶部一百千。

天復三年七月二十一日。學士柳璨准宣於興政殿令到院宣示待詔。自今後。寫勑書後面不得留空紙。但圜融書勑交日便當日示訖。

尚書省諸司上

尚書省

武德元年。因隋舊制。爲尚書省。龍朔二年二月四日。改爲中臺。咸亨元年十二月二十三日。改爲尚書省。光宅元年九月五日。改爲文昌臺。垂拱元年二月二日。改爲都臺。咸亨初。復爲尚書省。長安三年閏四月十五日。又改爲中臺。神龍元年二月四日。改爲尚書省。

故事。內外百司所受之事。尚書省皆印其發日。爲立程限。京府諸司。有符移關牒下諸州府。必由都省以遣之。故事。除兵部吏部外。共用都司印。至聖曆二年二月九日。初備文昌臺二十四司印。本司郎官主之。歸則收於家。建中三年。左丞趙涓始令納於直廳。其假日及不及日。卽都用當郎官本司印。餘印亦都不開。

故事。叔父兄弟不許同省爲郎官。格令不載。亦無正勑。貞觀二年十一月。韋叔謙除刑部員外郎。三年四月。韋季武除主爵郎中。其年七月。韋叔諧除庫部郎中。太宗謂曰。知卿兄弟並在尙書省。故授卿此官。欲成一家之美。無辭稍屈階資也。其後同省者甚多。近日非特恩除拜者。卽相迴避。

龍朔三年六月十五日。上謂左肅機崔餘慶曰。中臺政本。衆務所歸。分列曹僚。司存是屬。事無大小。咸藉用心。至如科料雜物。須詳出處。比來曹司曾不以留意。致使科取不詳出處。不料遠方百姓勞弊特甚。當官者此豈無所愧。自今以後。不得更然。

上元三年閏三月二十日制。尙書省頒下諸州府縣。並宜用黄紙。

久視元年九月二十二日勑。都省諸司。旣有主事。更不須著八帖直。

神龍二年九月一日勑。門下及都省。宜日別錄制勑。每三月一進。

開元二年四月五日勑。在京有訴寃者。並於尙書省陳牒。所由司爲理。若稽延致有屈滯者。委左右丞及御史臺訪察聞奏。如未經尙書省。不得輒入于三司越訴。

十九年四月二十六日勅。尚書省諸司。有勅後起請及勅付所司商量事。並錄所請及商量狀。送門下及中書省各連於元勅後。所申仍于元勅年月前云起請及商量如後。

永泰二年四月十五日制。周有六卿。分掌國柄。各率其屬。以宣王化。今之尚書省。卽六官之位也。古稱會府。實曰政源。庶務所歸。比于喉舌。猶天之有北斗也。朕纂承丕緒。遭遇多難。典章故事。久未克舉。其尚書宜申明令式。一依故事。諸司諸使及天下州府。有事准令式各申省者。先申省司取裁。幷所奏請。勅到省有不便于事者。省司詳定聞奏。然後施行。自今以後。其郞官有闕。選擇多識前言。備諳故事。志業正直。文史兼優者。勿收虛名。務取實用。六行之內。衆務畢舉。事無巨細。皆中職司。酌于故實。遵我時憲。凡百在位。悉朕意焉。

大曆五年三月二十六日勅。西漢以二府分治。東京以三公總務。至於領錄天下之綱。緫覈萬事之要。邦國善否。出納之由。莫不處正於會府也。令僕以綜詳朝政。丞郞以彌綸國典。法天地而分四敍。配星辰而統五行。元元本本。於是乎在。九卿之職。亦中臺之輔。大小之政。多所關決。自王室多難。內外經費。徵求調發。皆迫於國計。切于軍期。率以權便裁之。新書從事。且救當時之急。殊非致治之道。今外虞既平。罔不率俾。將明畫一之法。大布維新之令。甄陶化源。去末歸本。其度支使及諸道轉運常平鹽鐵等使。宜停。國之安危。不獨注于將相。政之治亂。固亦在于庶官。尚書侍郞。左右丞。參領要重。朕所親倚。固當朝夕進見。以之匡益也。又省寺之務。多有所分。簡而無事。曠而不接。令大舉綱目。重頒憲章。並宜詳校所掌。明徵典故。

十四年六月。勅天下諸使及州府須有改革處置事。一切先申尚書省。委僕射以下商量聞奏。不得輒自奏請。建中三年正月。尚書左丞庾準奏。省內諸司文案。準式並合都省發付諸司。判訖。都省句檢稽失。近日以來。舊章多廢。若不由此發句。無以總其條流。其有引勅及例。不由都省發句者。伏望自今以後。不在行用之限。庶絕舛繆。式正彝倫。從之。

貞元二年正月。宰相崔造奏請尚書省六職。令宰臣分判。乃以宰臣齊映判兵部承旨及雜事。李勉判刑部。劉滋判吏部禮部。崔造判戶部工部。至三月三日。勅尚書郎除休暇。宜每日視事。自至德以來。諸司或以事簡。或以餐錢不充。有間日視事者。尚書省皆以間日。先是。宰相張延賞欲事歸省司。恐致稽擁。准故事。令每日視事。無何延賞薨。復間日矣。

八年。勅令授臺省官者。各具舉主名于授官書詔。先是。郎官缺。左右丞舉之。御史缺。大夫中丞舉之。詔書不具所舉官名。及趙憬陸贄爲相。建議郎官不宜專於左右丞。宜令尚書及左右丞侍郎。各舉本司。其授官詔書。仍具所舉官名。御史亦如之。異日考殿最。以觀舉主能否。乃從之。

十一年十月。罷吏部司封司勳寫急書告身官九十一員。自天寶以來。征伐多事。每年以軍功官授官十萬數。皆有司寫官告。送本道。兵部因置寫官告官六十員。給糧。經五年後。酬以官。無何。吏部司封司勳兵部各置十員。大曆已後。諸道多自寫官告。急書官無事。但爲諸曹役使。故宰臣請罷之。

元和二年正月。尚書左丞鄭元璹請取河中羨餘三千貫。充助都省廚本錢。從之。

三年五月。尚書右僕射判度支裴均奏請取荆南羨餘錢一萬貫。修尚書省。從之。州府羨餘而用之於尚書省。以爲功。遂從其請。其失亦甚。

十三年。敕應同司官有大功已上親者。非連判及句檢之官長。則不在迴避改授之限。況故事不必明文具存。其有官署同職異司。雖父子兄弟。亦無所嫌。起今已後。宜准天寶二年七月敕處分。時刑部員外楊嗣復以父於陵新除戶部侍郎。遂以近例避嫌。請出省。宰臣等舉令式奏請。故有是命焉。

太和元年六月。敕元和長慶中。皆因用兵。權以濟事。所下制敕。難以通行。宜令尚書省取元和以來制敕。參詳刪定訖。送中書門下議定聞奏。

會昌五年六月。敕漢魏以來。朝廷大政。必下公卿詳議。博求理道。以盡羣情。所以政必有經。人皆向道。比事深關禮法。羣情有疑者。令本司申尚書省。下禮官參議。如是刑獄。亦先令法官詳議。然後申刑部參覆。如郎官御史有能駁難。或據經史故事。議論精當。卽擢授遷改以獎之。如言涉浮華。都無經據。不在申聞

六年八月。太僕卿渾侃乘馬過都堂門。敕旨。渾侃久在班行。合知典故。致此論列。須示薄懲。宜罰一月俸

大中四年。兵部侍郎令狐綯拜中書門下平章事。奏曰。故事。帶尚書省官。合先省上。上曰。同列集於少府監。先是。白敏中崔龜從曾爲太常博士。至相位。欲榮其舊署。乃改集於太常禮院。今請依舊集少府監。從

之。

尙書省分行次第

武德令吏禮兵民刑工等部。貞觀令吏禮民兵刑工等部。光宅元年九月五日。改爲六官。准周禮分。卽今之次第乃是也。故事以兵吏及左右司爲前行。刑戶爲中行。工禮爲後行。每行各管四司。而以本行名爲頭司。餘爲子司。顯慶元年七月二十一日。改戶部尙書爲度支尙書侍郞亦准此。遂以度支爲頭司。戶部爲子司。至龍朔二年二月四日。復舊次第也。

尙書令

武德初。因隋舊制。尙書令置官一員。龍朔二年二月七日。廢尙書令官員。貞觀元年六月一日。除秦王。廣德元年七月十一日。除雍王。十一月三日。除郭子儀。大歷十四年閏五月十五日。除太尉。加尙父。寶歷元年五月三日。李輔國除司空。加尙父。國朝尙父惟此二人。故附於尙書令之下也。德宗既封雍王。爲天下兵馬元帥。收復東都。至廣德元年。遂拜爲尙書令。自太宗爲此官。爾後廢省。至是代宗以德宗有大勳。特拜焉。至建中二年十一月。除郭子儀。尋亦懇讓而罷。

左右僕射

龍朔二年二月四日。改爲左右匡政。咸亨元年十二月二十三日。改爲左右僕射。光宅元年九月五日。改爲文昌左右相。神龍元年二月四日。又改爲左右僕射。開元元年十二月一日。改爲左右丞相。天寶元年二月二十日。復改爲左右僕射。

尙書左右僕射。自武德至長安四年已前。並是正宰相。初豆盧欽望自開府儀同三司拜左僕射。旣不言同中書門下三品。不敢參議政事。數日後。始有詔加知軍國重事。至景雲二年十月。韋安石除左僕射東都留守。不帶同三品。自後空除僕射。不是宰相。遂爲故事。

貞觀二年。勑尙書細務屬左右丞。惟大事應奏者。乃關左右僕射。房元齡明達吏事。輔以文學。不以求備取人。不以己長格物。與杜如晦引拔士類。常如不及。至於臺閣規模。皆二人所定。上每與元齡謀事。必曰。非如晦不能決。及如晦至。卒用元齡之策。蓋元齡善謀。如晦能斷故也。二人深相得。同心徇國。故唐世稱賢相者。推房杜焉。

三年三月十日。太宗謂房元齡杜如晦曰。公爲僕射。當須廣開耳目。求訪賢哲。有武藝謀略。才堪撫衆者。任以邊事。有經明德修。通悟性理者。任以侍臣。有明幹淸慤。處事公平者。任以劇務。有學通古今。識達政術者。任以治人。此乃宰相之宏益也。比聞聽受詞訟。日不暇給。安能助朕求賢哉。因勑尙書細務。屬于左右丞。惟枉屈大事合聞奏者。關於僕射。

上元二年．劉仁軌爲左僕射．戴至德爲右僕射．每遇伸訴冤滯者．仁軌輒美言許之．至德即先據理難詰．若有理者．密爲奏之．終不露己之斷決．由是時譽歸于仁軌．常于仁軌更日受詞訟．有老嫗陳詞．至德已收牒省視．老嫗前曰．本謂是解事僕射．所以來訴．公乃是不解事僕射．卻付牒來也．至德笑而還之．議者尤稱長者．或有問至德不露己斷決之事者．至德曰．夫慶賞刑罰．人主之權柄．凡爲人臣．豈得與人主爭柄哉．

元和三年四月．裴均于尚書省都堂上僕射．其送印及呈孔目唱案授案．皆尚書郎爲之．文武三品以上官．升階列坐．四品五品郎官侍御史．以次謁見．拜於廳下．然後召御史中丞左右丞侍郎．升階答拜．初開元中．張說爲右丞相．元宗令其選日上．因制儀注．極其尊大．自非中書門下及諸三品已上．是日皆坐受其禮．時人或徵其所從來．答曰．聖歷中．王及善豆盧欽望同日拜文昌左右相．亦嘗用此儀．當時以說方承恩寵．不敢復詰．因爲故事．非舊典也．

六年十月．御史中丞竇易直奏．臣謹案唐禮．諸册拜官．與百僚相見．無受拜之文．又諫議大夫至拾遺御史中丞至殿中侍御史．並爲供奉官．不合異禮．今僕射初上之日．或答拜階上．合拜庭中．因循踳駮之制．每致沸騰之議．伏請下尚書太常禮院詳議．永爲定制．使得遵行．于是太常卿崔邠召禮官等參議．禮官議曰．按開元禮．有册拜官上儀．初上者．咸與卑官答拜．今左右僕射．皆册拜官也．令准此禮爲定．伏尋今之所行儀注。其非典禮之文。又無格勅爲據。斯乃越禮隨時之法。有司尋合釐正。豈待議而後革也。伏以開元禮者。其源太宗創之。高宗述之。元宗纂之。曰開元禮。後聖于是乎取則。其不在禮者。則有不可以傳。今僕射初上受百僚拜。是舍高宗元宗之祖述。而背開元之正文。是有司失其傳。而又云禮得無咎哉。今既奉明詔詳定。宜守禮文以正之。議者或云致敬之禮。或有三品拜一品。四品拜二品。如之何致敬則先拜。所以下文云。丞相令助教拜博士。郎令丞及助教必先拜之。是也。非不答拜。何者。禮記云。大夫士相見。貴賤不敵。主人敬客。則先拜客。客敬主人。則先拜主人。是謂致敬。又曰。非國君無不答拜者。鄭元注曰。禮尚往來。又曰。君于士不答拜。非其臣則答之。鄭元注曰。不敢臣人之臣。今僕射不答拜。是臣其百僚。不亦重乎。又按漢制。八座及丞郎初拜官。並集都堂交禮。僕射八座也。又無不答之文。伏以左右僕射舊左右丞相也。次三公。答拜而僕射受之。固非倫也。且約三公上儀。及開元禮而爲儀注。庶幾等威之序。允歸至當之論。太常卿崔邠。博士衞中行馮宿等。並同所見。于是修改舊儀。送都省集衆官詳議。七年二月。尚書左丞段平仲奏曰。謹按開元禮。應受册官初上儀。並合與卑官答拜。又准令文。僕射班品在三公之次。三公上議。而嘗與卑僚答拜。僕射上獨受侍郎中丞等拜。考之國典。素無明文。因循乖越。切在釐革。太常所定儀制。依據三公上儀。其間或有增損。事體深爲折衷。酌爲永制。可以施行。應同所見。各得連署。太常禮院儀注。及兵部尚書王詔等三十三人參議。所見如前。制可。

十五年。時以僕射上事儀注。前後不定。中丞李漢奏定。朝議未允。中書門下奏。請依元和七年已前儀注。左右僕射上日受諸司四品六品丞郎以下拜。諫議大夫兼史館修撰王彥威奏論曰。臣謹按開元禮。凡受册官並與卑官答拜。國朝官品令。三師三公正一品。尚書令正二品。並是册拜授官。上之日。亦無受朝官再拜之文。僕射班次三公。又是尚書令副貳之職。雖端揆之重。有異百僚。然與羣官比肩事主。禮曰。非其臣則答之。又曰。大夫之臣不稽首。非尊家臣。以避君也。即僕射上日受常參官拜。事頗非儀。況元和七年七月。已經奏議。酌爲定制。編在國章。近年上儀。又有拜受之禮。物論未安。請依元和七年勅爲定。時李程爲左僕射。宰執難于改革。雖不從其議。論者稱之。

太和三年四月。中書舍人李啓奏。伏奉勅旨。宜令左右常侍。諫議大夫。給事中。中書舍人。審同詳議。僕射與御史中丞以下街衢相遇儀式奏聞者。謹按儀制令。諸文武官隔品卑者皆拜。其準令應致敬而非相統屬者。則不拜。致敬之式。在途則斂馬側立。又按舊儀。僕射上日。除兩省供奉官外。尚書省。御史臺。及諸司四品以下。皆拜于階下。蓋以端揆之重。師長百僚。雖在別司。皆爲統屬。故用隔品拜禮。非爲無據。臣續准元和七年二月七日勅。雖停拜禮。每至上日。臺官就僕射廳事列班送上。與尚書省官不異。則途遇致敬。在不疑。臣等又按令文。屬官于街衢相遇。隔品者致敬。禮絕者下馬。無迴避之文。雖令所言。轉避貴重賤者。祇謂迂直之間。各申遜讓。非令藏匿。惟車駕出入。警蹕行人。事關嚴上。不屬臣下。但卑僚自後。多就他途。百姓無知。亦皆相效。道途廻避。因此成例。就中臺官以職在彈糾。人情畏奉。他官相遇。苟務推崇。始自私敬。漸爲公禮。相循既久。將謂合然。籠街專道。止絕行旅。奔避不及。卽以爲罪。徵異說于前古。訪近例于走卒。國章明具。不復檢尋。遂于師長。亦欲均禮。臣等自奉勅詳定。累牒禮部及太常禮院御史臺。檢詳武德以來禮令制勅。各得牒報。並無臺官於僕射合與司官不同之文。臣等詳議。伏請自今以後。御史中丞以下。與僕射相遇。依令致敬。斂馬立侍。僕射過。僕射謝官日。大夫中丞與三院御史。就幕次參見。其觀象門外立班。既以後至爲重。大夫中丞到班後。朝堂所由引僕射就立。傳呼贊導。如大夫就列之儀。僕射朝退。出宣政門。朝堂所由贊引至幕次。及與化門。待與參從相得而退。御史大夫與僕射既隔品。自合分道而行。庶輕重得宜。典章不紊。勅旨。僕射實百僚師長。國初爲宰相正官。品秩至崇。儀制特異。近或勳臣居任。遂使故事不行。卑列上淩。舊章下替。昨令參議。頗爲得中。宜付所司。永爲定制。

四年九月。中書門下奏。左右僕射。伏准僕射上儀故事。自御史中丞吏部侍郎以下。羅拜階下。准元和七年。雜定儀注。全無受拜之禮。當時蓋以僕射非其人。所以殺禮。臣等以爲祇合係官之輕重。不合爲人而升降。受中丞侍郎拜。則似太重。答郎官以下拜。則似太輕。臣等商量。令諸司四品以下官及御史臺六品以下。幷郎官。並望准故事。餘依元和七年勅處分。勅旨。宜依。

其年十一月。中書門下奏。左右僕射上。請受四品六品丞郎以下拜。並望准元和七年以前儀注。便令所司約此撰儀注。從之。

會昌二年正月。宰臣陳夷行崔珙等。請改僕射上日受京四品官拜儀注。臣等伏尋禮令。並無僕射上日。受京四品官拜儀注。近年禮變。多傳舊例。省司四品官自左右丞部侍郎御史中丞。皆羅拜階下。以爲隔品致敬。按諸禮致敬。是先拜後拜之儀。非受拜之謂。又准禮。皇太子初見上臺羣官。即行致敬之禮。羣官先拜後答拜。蓋以尊無二上。禮須避嫌。僕射與四品官。並列朝班。比肩事主。豈宜務修僭越。獨示優崇。況事有應變從權。禮有沿革損益。受拜既無根據。隨俗則亂憲章。臣等嘗見故吏部尙書鄭餘慶議。僕射上日儀制。不與隔品官抗禮。其時竇易直爲御史中丞。奏非鄭餘慶所議。及易直爲僕射。貪榮近利。忘棄前志。羣情鄙之。在列有拂衣而請告者。臣等過蒙寵異。擢任師長。不願失禮。取誚於時。臣等又按禮記云。大夫士非見國君。無不答拜。又曰。君子士不答拜。今僕射不答拜。是臣其百僚。傳爲故事。何所取法。伏准開元元年。改左右僕射爲左右丞相。位次三公。三公答拜。而僕射受之。固非宜也。臣等上日。伏請依三公上儀。垂爲定制。如蒙聽允。望令所司約此撰儀注。從之。

大中三年正月三日。勅節文。三公僕射不常除官。每至上時。須有聚會。宜令度支戶部。准開貢例。句當局席。取京兆府本色錢。不得令府司差派百姓。

唐會要卷五十八

尚書省諸司中

左右丞

武德元年。因隋舊制不改。至龍朔二年二月四日。改爲左右肅機。咸亨元年十二月二十三日。復爲左右丞。舊左丞正四品上。右丞正四品下。永昌元年三月二十日。勅曰。元閣會府。區揆實繁。都省勾曹。管轄綦重。還依仍舊之職。未協維新之政。其文昌左右丞。進爲從三品階。其盧獻李景諶並宜三品依舊任。如意元年八月十六日。復爲四品。至今不改。

貞觀元年。左僕射蕭瑀免官。右僕射封德彝卒。太宗謂尚書左丞戴冑曰。尚書省天下綱維。百司所稟。若一事有失。必受其弊。今無令僕。係之於卿。當稱朕所望也。

二年。魏徵爲尚書右丞。或有言徵阿黨親戚者。上使御史大夫溫彥博按驗無狀。彥博奏曰。徵爲人臣。須存形迹。不能遠避嫌疑。遂招此謗。雖情在無私。亦有可責。上令彥博讓徵。且曰。自今以後。不得不存形迹。他日。徵入奏曰。臣聞居臣協契。義同一體。不存公道。唯事形迹。若君臣上下。同遵此路。則邦之興喪。或未可知。上矍然改容曰。吾已悔之。徵再拜曰。願使臣爲良臣。勿使臣爲忠臣也。上曰。忠良豈有異乎。徵曰。良臣稷契咎陶是也。忠臣龍逄比干是也。良臣使身獲美名。君受嘉號。子孫傳世。福祿無疆。忠臣身受誅夷。君陷大惡。家國並喪。空有其名。以此而言。相去遠矣。帝深納其言。

其年。上謂公卿曰。昔禹鑿山治水。而民無謗讟者。與民同利故也。秦始皇營宮室。而民怨叛者。病人以利己故也。朕欲營一殿。材用已具。鑒秦而止。王公以下。宜體朕此意。由是二十年間。風俗素朴。公私富給。

其年。侍御史張元素奏。慶州樂蟠縣令叱奴騭盜用官倉。推逐並實。上令決之。中書舍人楊文瓘奏。據律不合死。上曰。倉糧朕之所重。若不加罰。恐犯者更多。尚書右丞魏徵對曰。陛下設法。與天下共之。今若改張。多將法外畏罪。且後有重者。又何以加之。

其年。太宗謂侍臣曰。人皆以祖孝孫爲知音。今其所教聲曲。多不諧音韻。此猶未至精妙。人亦以許崇爲良醫。全不識藥性。尚書右丞魏徵對曰。陛下生平不愛音聲。今忽爲教女樂。差舛責孝孫。臣恐天下怪愕。上怒曰。卿是朕腹心。應須進忠直。何乃附下罔上。爲孝孫分疏。彥博等拜謝。徵與王珪進曰。祖孝孫學問立身。乃何如白明達。陛下平生禮遇孝孫。復何如白明達。今過聽一言。便謂孝孫可疑。明達可信。臣恐羣臣衆庶。有以窺陛下者。上意乃解。

三年正月。放裴寂還鄉。表乞住京師。久不肯去。上令問稽留所由。韋挺奏。留一十九日。長安縣令王文楷。又不准勅發遣。令決杖三十。尚書右丞魏徵諫曰。裴寂所爲。事合萬死。但以陛下念其舊功。不致於法。惟解其官止削半封今流入尙得裝束。假況寂放還鄕宅。古人有言。進人以禮。退人以禮。文楷識陛下恩寬。見寂大臣不即璽迫。論其此情未合得罪。上曰。放寂拜埽。豈非禮耶。乃釋而不問焉。

十年。治書侍御史劉洎上書曰。臣聞尙書萬機。實爲政本。伏尋此選。授受誠難。是以八座比于文昌。二丞方於輨轄。爰至曹郎。上應列宿。苟非稱職。竊位興譏。伏見比來尙書省詔勅稽停。文案擁滯。臣誠雖庸劣。請述其源。貞觀之初。未有令僕。于時省務繁雜。倍多于今。左丞戴胄。右丞魏徵。並曉達吏方。質性平直。事應彈舉。無所迴避。陛下假以恩慈。自然肅物。百司匪懈。抑此之由。及杜正倫續任右丞。頗亦勵下。比者綱維不舉。並爲勳親在位。尙書不得斷決。故事稽延。案牘雖理屈詞窮。仍更放下。去無程限。來不責遲。一經出手。便涉年載。天工人代。焉可妄授。至于懿戚元勳。宜優禮秩。久妨賢路。殊爲不可。將欲救弊。且宜精簡尙書左右丞及左右郎中。如並得人。自然綱維克舉。亦當矯正趨競。豈惟息其稽滯哉。

二十年。宇文節爲尙書左丞。明習法令。以幹局見稱。時江夏王道宗以私事見託。節奏之。太宗大悅。勞之曰。朕所以不置左右僕射者。以卿在省耳。

龍朔二年。有宇文化及子孫理資蔭。所司理之。至于勾曹。右肅機楊昉未詳案狀。訴者自以道理已成。而復疑滯。劾而逼昉。昉謂曰。未食。食畢詳之。訴者曰。公云未食。亦知天下有累年羇旅訴者乎。昉遽命案立判之曰。父殺隋主。子訴蔭資。生者猶配遠方。死者無宜使慰。

儀鳳四年，韋仁約除尚書左丞，約奏曰：陛下爲官擇人，無其人則闕，今不惜美錦，令臣製之，此陛下知臣之深矣，微臣盡命之日矣。仁約遂振舉綱目，略無留事，羣曹肅然。

元和八年六月，裴佶爲左丞，時兵部尚書李巽兼鹽鐵使，將以使局置於本行，經搆已半，會佶拜命，堅執以爲不可，遂令撤之，巽恃恩而強，時重佶之有守。

十三年，淄青節度使李師道平鎮州王承宗，懼，上章請割德棣二州自贖，又令二子入侍。憲宗選使臣宣諭，以尚書右丞崔從中選，議者以承宗罪惡貫盈，每多奸譎，入朝二子，必非血忱，人頗憂之。從次魏州，節度使田宏正以路由寇境，欲以五百騎衞之，從辭之，以童奴十數騎往至鎮州，于鞠場宣勅，三軍大集，乃諭以逆順，辭情慷慨，軍士無不感動，承宗泣下，禮貌甚恭，遂按德棣戶口符節而還。

十五年三月，呂元膺爲左丞，時度支使潘孟陽、太府少卿王遂互相奏論，孟陽除散騎常侍，遂爲鄧州刺史，皆假以美詞，元膺封還詔書，請明示曲直。又江西觀察使裴堪奏處州刺史李將順贓狀，朝廷不覆按，遽貶將順道州司戶，元膺曰：廉使奏刺史贓罪，不覆驗，卽譴去，縱堪之詞足信，而亦不可爲天下法，又封還詔書，請發御史按問，宰臣不能奪。

會昌二年十月，左丞孫簡奏：伏以班位等差，本繫品秩，近者官兼臺省，立位稍遷，已是從權，頗乖儀制，況據勅例，理亦未通，今據臺司重舉元和元年所奉勅，常參官兼大夫中丞者，准檢校官，在本品同類官之上。自後諸行侍郎兼大夫。並在左右丞之上者。仍前例。左侍郎兼大夫者至少。唯京兆尹則往往帶此官。當時講論。非不至當。其京兆尹是從三品。至今班位祇在本司同類官從三品卿監之上。在太常宗正卿正三品之下。其左丞是正四品上。戶部侍郎是正四品下。今戶部侍郎兼大夫。祇合在本品同類正四品下。諸曹侍郎之上。不合在正四品丞郎之上。與京兆尹在正三品卿監之下無異。又據右丞是正四品下。吏部侍郎是正四品上。今吏部侍郎在右丞之下。蓋以右丞官居省轄。職在糾繩。吏部侍郎品秩雖高。猶居其下。推此言之。則左丞品秩既高。又居綱轄之地。戶部侍郎雖兼大夫。豈得驟居其上。今據散官自將仕郎上至開府特進。每品正從上下。名級各異。則正從上下。又不得謂之同品。今又取其於理切近者。用以比方。今京兆河南司錄及諸州府錄事參軍。皆操紀律。糾正諸曹。與尚書省左右丞紀綱六聯。略同。設使諸曹緣因其功勞。朝廷就加臺省官。立位豈得便在司錄及錄事參軍之上。施於州郡。尚且為非宜。況在朝倫。實為倒置。且左丞官業至重。得彈劾八座。主省內官業。及宗廟祠祭之事。御史糾劾不當。得彈奏之。豈可不究是非。輕為建置。今臺司所奏。但言成例。曾不揣摩。事若循理。雖無往例。亦合遵行。事若非宜。雖有往例。便合改正。今據元和元年臺司所奏。勑戶部侍郎兼大夫班位。合在兵部侍郎之上。左右丞吏部侍郎之下。若今因循往例。不議改正。遣戶部侍郎兼大夫在左右丞之上。有紊典章。實恐重違元勑。謹具貞元以後勑旨。如前。伏乞重賜參詳。庶得盡理。勑旨。御史臺與都省各執所見。因此須為定制。宜令兩省官詳議聞奏者。

三年三月庫部郎中知制誥崔于等言。文武常參官兼御史大夫中丞班位。奉勅。緣御史臺都省各執所見。因此須爲定制。宜令兩省官詳議聞奏者。伏以御史大夫中丞。掌邦國憲法。朝廷紀綱。崇其班位。以峻風望。兼此官者。皆以所領務重。特爲寵異。須勅諸行侍郎兼御史大夫者。並在左右丞之上。相承不改。行之已久。况今使下監察御史裏行。朝謝時列在左右司郎中之上。以此參彼。足可辨明。况奉去年十月二十八日勅。御史大夫進爲正三品。中丞進爲正四品。郎官望等尤爲重任。合崇憲職。式協朝章。請准前例。諸行侍郎兼御史大夫中丞者。列于尚書左右丞之上。勅旨。班序相循已久。故事足可遵行。昨者務廣詢謀。理宜從衆。依崔于等狀。便爲定制。

左右司郎中

隋朝但稱左右司郎。本朝加中字。武德元年八月。省貞觀二年正月十三日。復置。龍朔二年二月四日。改爲左右丞務。咸亨元年十二月二十日。復爲左右司郎中。

開元十六年六月十六日勅。郎中皆從省正門出入。若泥雨。聽隨便門。

永泰二年四月二十六日詔。自今已後。郎中與中州刺史。員外郎與下州刺史。

建中元年三月。於朝堂別置三司。以決庶獄。爭者輒擊登聞鼓。右司郎中裴諝上疏曰。夫諫鼓謗木之設。

所以達幽枉。延直言。今輕猾之人。援桴鳴鼓。始動天聽。因競纖微。若然者。安用吏乎。上然之。悉命歸于有司。

貞元五年正月。左司郎中嚴涗奏。按公式令。應受事。據文案大小。道路遠近。皆有程期。如或稽違。日短少差。加罪。今請程式。常務計違一月以上。要務違十五日以上。不報。按典請決二十。判官請奪見給一季料錢。便牒戶部收管。符牒再下。猶不報。常務通計違五十日以上。要務通計違二十五日已上。按典請決四十。判官奪料外。仍牒考功與下考。如符牒至三度。固違不報。常務通計違八十日以上。要務通計違四十日已上。按典請決六十。判官請吏部用闕。長官及勾官。既三度不存勾當。五品以上。請牒上中書門下。殿罰。六品以下。亦請牒吏部用闕。其急要文牒。請付當道進奏院。付送本使。委觀察使判官一人。發遣送州。取領具月日先報。常務請依常式。以前御史臺奏。伏奉去年二月三日勅。宜付御史臺商量作條件聞奏者。除京兆府州縣及城內百官。並以符到京兆府日爲程。如往來累路停滯日月懸遠者。請兼勘責緣路所由。准令式處分。從之。

左右司員外郎

永昌元年十月五日。置各一人。以侍御史顧宗爲左司員外郎。洛州司戶參軍元懷貞爲右司員外郎。神龍元年三月初八日廢。二年十二月復置。

開元四年六月十九日敕。部以下官令所司補授。其員外郞御史幷供奉官。宜進名勑授。

五年四月九日勑。尙書省天下政本。仍令有司各言職事。吏部員外郞褚璆等十八案牘稽滯。璆稽四道。戶部員外郞呂太一四道。刑部員外郞崔廷玉二道。兵部員外郞李廷言。刑部員外郞張悟。倉部員外郞何鸞。祠部郞中孔立言。刑部郞中楊孚。虞部郞中田再思各一道。虞部員外郞崔賞三道。且六官分事。四方取則。尙書郞皆是妙選。須稱職司。焉可尸祿悠悠。曾無斷決。昨者試令詢問。遂有如此稽逋。動卽經年。是何道理。至如行判程限。素標令式。自今後各置懲革。再若有犯。別當處分。

吏部尙書

武德元年。因隋舊制。龍朔二年。改爲司列太常伯。咸亨元年。復爲吏部尙書。光宅元年。改爲天官尙書。神龍二年。復爲吏部尙書。天寶十一年三月二十七日。改爲文部尙書。至德二載十二月十五日。復爲吏部尙書。掌銓六品七品選。侍郞掌銓八品九品選。至景雲元年。宋璟爲吏部尙書。始相通與侍郞分知。因爲故事者也。

蘇氏駁曰。貞觀二十二年二月。民部侍郞盧承慶兼檢校兵部侍郞。仍知五品選事。承慶辭曰。五品選事。職在尙書。臣今掌之。便是越局。太宗不許。曰。朕今信卿。卿何不自信也。由此言之。卽尙書兼知五品選事明矣。

故事。選受之制。每歲集於孟冬。去王城五百里之內以上旬。千里之內以中旬。千里之外以下旬。尚書侍郎。分爲三銓。尚書爲尚書銓。侍郎二人分爲東銓西銓也。故事。注擬必先正其官階團甲。送門下。

大歷十四年七月十九日勅。流外出身人。今後勿授刺史縣令錄事參軍。諸軍諸使亦不得奏請。仍委所由檢勘。雖恩制所授。並不得與上同會。缺不成赴集。如須要甄錄者。牒中書門下吏部。改與別官。

元和六年。吏部尚書鄭餘慶請復置吏部考官三員。吏部侍郎楊於陵執奏。以爲不便。乃詔考官韋顗等二人。只考及第科目人。其餘吏部侍郎自定。

七年十一月。有醫士崔環自淮南小將爲黃州司馬。勅至南省。吏部尚書鄭餘慶執之。封還。以爲諸道散將無故受正員五品官。是開僥倖之路。且無闕可供。言或過理。由是稍忤時宰。改太子少傅。

大中六年十一月。吏部奏條流諸司流外入流令史等。請減下四百五十四員。勅旨。應屬流外銓人所減員額。並宜依。

吏部侍郎

武德初。因隋舊制。至七年二月。省。貞觀二年正月十日。復置。龍朔二年。改爲司列少常伯。咸亨元年。改爲吏部侍郎。光宅元年。改爲天官侍郎。神龍二年。復爲吏部侍郎。天寶十一載三月二十七日。改爲文部侍郎。至德二載十二月十五日。復爲吏部侍郎。本一員。總章二年四月一日。加一員。以裴行儉爲之。本員爲中銓。新加員爲東銓。永昌元年三月二十一日又加一員。以李景諶爲之。通前三員。聖歷二年五月八日。減一員。乾元二年八月二日侍郎崔器以中銓闕承前多貶降。遂奏改爲西銓。仍轉廳居之。其侍郎事迹。具在選部。

吏部郎中

武德元年因隋舊號爲選部郎。三年。加中字。至五年六月一日。又改爲吏部郎中。七年廢侍郎。加郎中秩正四品上。掌流內選事。貞觀二年復置侍郎。乃降依本秩。亦罷掌選事。龍朔二年改爲司列大夫。已後並隨省改復。載初元年加一員。以李元素爲之。通前三員。聖歷二年八月。卻減一員矣。

元和八年六月。罰吏部郎中張惟素一月俸料。懲慢官也。吏部素以郎中主印。時房啓除桂管觀察使。其本道邸使潛賂印史。得印啓官誥。飛遞送之。及上命中使賜啓官誥。畏使者邀重賂。乃戲曰。先五日得之矣。中人紿請視之。因懷歸以進。旣而令都省覆訊。罰郎中而杖令史。

吏部員外郎　官名改復。與郎中同。

判廢置一員。判南曹一員。南曹起於總章二年。司列少常伯李敬元奏置。未置已前。銓中自勘責。故事兩轉廳。至建中元年。侍郎邵說奏各挾闕替南曹郎王錫已後。遂不轉廳。貞元十一年閏八月一日。侍郎杜黃裳奏。當司郎官判南曹廢置。請准舊例轉廳。勅旨依奏。初。武太后延載元年。加一員。以周賨爲之。聖歷二年八月省。開元十二年四月十六日。勅兵吏各專定兩人判南曹。以陳希烈席豫爲之。尋卻一人判。貞元元年九月十六日。又以兩人判南曹。以庫部員外郎崔銳比部員外郎劉執經權判。事畢日停。至十二年閏八月二日。又卻以一員判也。

長慶元年正月。左武衛大將軍張克勤奏。近准赦文。許五品官一子官恩。今臣子幼。請迴授外甥。狀至中書。下吏部員外郎判廢置裴夷直執奏曰。一子官恩在念功。貴于廷賞。若無己子。許及宗男。張克勤自有息男。妄以外甥奏請。苟涉賣官。實爲亂法。所請望宜不許。仍永爲定例。從之。

司封郎中

武德元年。因隋舊號爲主爵郎中。龍朔二年。改爲司封大夫。咸亨元年。改爲主爵郎中。垂拱元年二月二日。改爲司封郎中。神龍元年九月五日。改爲主爵郎中。開元二十四年九月二十六日復故。

司封員外郎 改復與郎中同。

開元十五年閏九月十一日。勅王公以下。子孫應承襲者。先申無子。輒首正。不在承襲之限。

寶歷元年八月。膳部員外郎王敦史上言。中外官僚。准制封贈。多請迴授祖父母。臣謹詳古禮。及國朝故事。追贈出於鴻恩。非由臣下之求。不繫子孫之便。開元新詔。惟許宰相迴贈於祖。蓋以宰相位高。封贈崇極。故許迴授。近日常僚。率援此例。夫推讓於祖。在父則然。改奪於朝。爲子何忍。伏望宣付宰相。重依典法詳議。從之。

元和十二年十月。司封奏。文武官五品以上。請准式敍母妻邑號。乖濫稍多。或國敍軍功。妄參勳籍。或偶逢慶澤。冒引詔條。今請應在城諸軍衞官。未至將軍。使在外未至都知兵馬使押衙都虞候。縱有散官與勅旨文相當者。並不許敍封。其流外官諸司諸吏職務。幷伎術官等。跡涉雜類。並請不在封限。從之。

司勳郎中

隋爲司勳郎。武德初。加中字。龍朔元年二月四日。改爲司勳大夫。咸亨二年。復改爲司勳郎中。

司勳員外郎

改復與郎中同。

員外郎本一員。長安二年閏四月十二日。文昌丞李嶠奏加一員。以楊祇令爲之。永徽五年十二月四日夜。司勳大火。甲歷並燼矣。

天寶四載六月十三日勅。准制及格式敍勳。今復宜令司勳員外郎二人。除曹務之外。每有勳甲團進。後專知磨勘所須主事令史。任簡擇差定。如有疎略。委本官奏錄。

考功郎中

隋爲考功郎。武德初。加中字。龍朔二年。改爲司績大夫。咸亨元年。復爲考功郎中。舊郎中知貢擧。其外官考。貞觀以後。每年定諸司長官一人。判校京官。卽考功郎中自判。至貞元二年九月二十日。停考使。其考課付所司准式授定。遂令員外校外官考。

貞元六年正月。以司勳員外郎判考功趙宗儒。復行貶考之令。自至德以來。考績之司。事多失實。常參官及諸州刺史。未嘗分其善惡。悉以中上考褒之。及是褒貶稍明。人知戒懼。上善之。遷宗儒考功郎中。

其年六月三日。考功奏。准天寶七載六月勑。內外官初考無赴上日。未考不具得替日。便注破不在校限。

其月又奏。諸使下兼憲官及檢校郎官。并諸色官充職掌者。並仰本使每年具在使功課。兼具考第申省。

七年八月。考功奏。前時諸司官皆校功過。定其考第。自至德後。一切悉申中上考。今請覈其能否。以定升降。從之。自諫議大夫。給事中。郎官。有書中中考者。尚書左丞相趙憬自言。薦果州刺史韋誕。坐贓廢。請降其考。校考使吏部尚書劉滋。以憬能知其過。奏中上考。

元和十四年十一月十二日。考功奏。外官應申考解。先無限約。請自今以後。限十一月十五日到省畢。如違本牒。使罰本判官。決本典。

考功員外郎改復與郎中同。

考功員外郎。貞觀已後知貢舉。至開元二十四年三月十二日。以員外郎李昂爲舉人李權所訟。乃移貢舉於禮部也。

開元二十九年十一月十九日。禮部侍郎韋陟奏。准舊例。掌舉官親族。皆於本司差郎中一人考試。有及第者。尙書覆定。然後附奏臣本司今闕尙書。縱差郎官。是臣麾下。事在嫌疑。所望釐革。伏望天恩。許臣移送吏部差考功員外郎試諫侍郎覆定。任所在聞奏。卽望浮議止息。勅旨依。

長慶元年五月。貶考功員外郎李渤爲虔州刺史。渤旣請書宰相等下考。時人以宰輔曠官。不上疏陳列。而越職釣奇。非盡事君之道。至是杜元穎等奏。渤賣直沽名。動多狂躁。遂出之。

戶部尙書

武德元年。因隋爲民部尙書。貞觀二十三年六月二十日。改爲戶部尙書。顯慶元年七月二十一日。改爲度支尙書。龍朔二年。改爲司元太常伯。咸亨元年。復爲戶部尙書。光宅元年。改爲地官尙書。神龍元年。復爲戶部尙書。

武德九年十月二十九日。民部尙書裴矩奏。突厥殘暴之處。戶請給絹一疋。太宗謂曰。朕於天下。惟誠與信。不欲空有存恤之名。而無其實。但戶有大小。各須存濟。給物雷同。豈公思之未至也。治書侍御史孫伏伽進曰。裴矩受國恩賞。未聞陳議救恤百姓。則欲苟釣虛名。用心若此。豈當朝寄。請鞫其罪。太宗從之。其後計口爲率。貧民賴焉。

開元六年五月四日。勅諸州每年應輸庸調資課租及諸色錢物等。令尙書省本司豫印紙送部。每年通爲一處。每州作一簿。預皆量留空紙。有色數並於腳下具書綱典姓名。郎官印置。如替代。其簿遞相分付。

二十四年勅。以每年租稅雜支輕重不類。令戶部修長行旨條五卷。諸州刺史縣令替日。並合令遞相交付。省司每年但據應支物數進畫頒行。附驛遞送。其支配處分。並依旨文爲定。

元和五年二月。戶部尚書李仁素准元和四年五月勅釐革諸道州府應徵留使留州錢物色目。幷帶使州合送省錢。便充留州給用等。據諸道申報。除與勅文相當外。或稱土宜不同。須重類會起置者。諸州府先配供軍錢。迴充送省。帶使州府先配送省錢。便留供軍。則供軍見錢。盡在帶使州府。事頗偏併。宜令於管內州據都徵錢數。逐貫均配。其先不徵見錢州郡。不在分配限。如坊郭戶配見錢須多。鄉村戶配見錢須少。即但都配定見錢。一州數。任刺史於數內看百姓穩便處置。其勅文不加減者。即准州所申爲定額。如于勅額見錢外。輒擅配一錢。及納物不依送省中估。刺史縣令錄事參軍節級科貶焉。

戶部侍郎。改復名號。與尚書同。

舊制本一員。垂拱四年四月十一日。加一員。以武攸寧爲之。

蘇氏駁曰。故事度支案。郎中判入。員外郎判出。侍郎總統押案而已。官銜不言專判度支。至乾元元年十月。第五琦改戶部侍郎。帶專判度支。自後遂爲故事。至今不改。若別官來判度支。即云知度支事。或云專判度支。

貞元四年二月。上以度支自有兩稅及鹽鐵榷酒錢物。以充經費。遂令收除陌錢。及闕官料。幷外官闕官職田及減員官諸料。令戶部侍郎竇參專掌。以給京文武官員料錢。及百司紙筆等用。至今行之。

元和六年四月。戶部奏請置巡官二人。從之。其年七月。戶部請減使及判案郎官每月雜給錢。從之。

八月。戶部侍郎李絳奏。請諸州府闕官職田祿米。及見任官抽一分職田。所在收貯。以備水旱。從之。

十二年十二月。戶部奏。淮西夷𤣥蜴攸居。歷年貢賦不入有司。羞之。今則化被齊民。便爲善地。其申光蔡等州。令所貢𪄺𪆰綾生石斛等。並同日到。其諸道貢物。舊例至今月十五日已進納訖。臣今便欲取申光蔡貢物。以元日陳於樂懸之南。示中外。禮畢。請准式送納。從之。

十三年十月。中書門下奏。戶部度支鹽鐵三司錢物。皆繫國用。至於給納。事合分明。比來因循。都不剖析。歲終會計。無以準繩。蓋緣根本未有綱條。所以名數易爲盈縮。伏請起自今以後。每年終各令具本司每年正月一日至十二月三十日所入錢數。及所用數。分爲兩狀。入來年二月內聞奏。併牒中書門下。其錢如用不盡。須具言用外餘若干見在。如用盡及侵用來年錢。幷收闕。並須一一具言。其鹽鐵使所收。議列具一年都收數。幷已支用及送到左藏庫欠錢數。其所欠亦具監院額。緣某事欠。未送到戶部出納。亦約此爲例。條制既定。亦絕隱欺。如可施行。望爲常典。從之。

寶歷二年正月。戶部侍郎崔元略奏。准賦役令。內外六品以下官。及京司諸色職掌人。合免課役。請自今以後。應諸司見任官。及准式合蠲免職掌人等。並先於本司陳牒責保。待本司牒到。然後與給符。其前資官。卽請於都省陳狀。准前勘責事。若不實。准詐僞律論。其孝子順孫。義夫節婦。及割股奉親。比來州府免課役。不由所司。今後請應有此色。勅下後亦須先牒當司。如不承戶部文符。其課役不在免限。從之。

開成元年。湖南觀察使盧周仁進羨餘錢十萬貫。戶部侍郎歸融奏曰。天下一家。何非君土。中外財賦。皆陛下府庫也。周仁輒陳小利。妄說異端。言南方火災。恐成灰燼。進于京國。如徇私恩。臣恐天下倣傚。以羨餘爲名。刻剝生民。其所進錢。請還湖南。代貧戶租稅。

三年四月。勅戶部侍郎兩員。自今已後。先授上者宜令便判錢穀。如帶平章事。及判鹽鐵度支。兼中丞翰林學士。卽不在此限。仍爲永例。

五年三月。戶部侍郎崔蠡奏。天下州府。應合管係戶部諸色斛斗。自今已後。刺史觀察使除授到任交割後。並須分析聞奏。勅旨。宜依。

大中二年十一月。兵部侍郎判戶部魏扶奏。下州應管當司諸色錢物斛斗等。前件錢物斛斗。散在天下州府。緣當司無巡院覺察。多被官吏專擅破除。歲久之後。卽推在所腹內。徒煩勘詰。終無可徵。今後諸州府錢物斛斗文案。委司錄事參軍專判。仍與長史通判。每至交替。各具申奏。並無懸欠。至考滿日。遞相交割。請准常平義倉斛斗例。與減選。仍每月量支紙筆錢。若盜使官錢。及將借貸與人。並請准元勅。以贓論。如徵收欠折。及違限省條。並請量加懲殿。如缺司錄。卽請令選諸強幹官員專知。不得令假攝官權判。從之。

咸通四年六月。河南江淮等道分巡院。荆襄江西道分巡院。並宜勅停。

唐會要卷五十九

尚書省諸司下

度支使

乾元元年。第五琦除度支郎中河南五道度支使。五年十二月。吕諲除兵部侍郎同中書門下平章事。充句當度支使。上元元年五月。劉晏除戶部侍郎。句當度支使。元年建子月。元載除戶部侍郎。句當度支使。貞元元年二月。韓滉加度支使。五年二月。竇參同中書門下平章事。充度支使。八年三月停。

建中元年五月十七日。度支奏。諸色錢物及鹽井利等。伏緣財賦新有釐革。支計闕供。在臣職司。夙夜憂負。今後望指揮諸州。若不承度支文牒。輒有借使及擅租賃迴換。本州府錄事參軍本縣令專知官並請同入已枉法贓科罪。庶物無乾隱。事有條流。其應合徵收諸色錢物。所由官有違程限。致闕軍須。請停給祿料。勑旨。依奏。其年八月。宰相楊炎論奏曰。夫財賦。邦國之大本。生人之喉命。天下治亂輕重。皆由焉。是以前代歷選重臣主之。猶懼不集。往往覆敗。大計一失。則天下搖矣。先朝權制。內臣領其職。以五尺宦豎操邦國之本。豐儉盈虛。雖大臣不得知。無以計天下利害。臣愚待罪宰輔。陛下至德。惟民是恤。參校蠹弊。無斯之甚。請出之以歸有司。然後可以議政。上然之。詔今後財賦。皆歸在藏庫。一用舊式。每歲量進三五十萬入大盈。而度支先以全數聞奏。初國家舊制。天下財賦。皆納於左藏庫。而太府四時以聞奏。尚書比部覆其出入。上下相轄。無甚失誤。及第五琦爲度支鹽鐵使。時京師多豪將。求取無節。琦不能禁。乃悉以租賦進入大盈內庫。以中人主之。意天子以取給爲便。故不復出。是以天下公賦。爲人君私積。有司不得窺其多少。國用不能計其贏縮。迨二十年。中官以冗名持簿書。領其事者三百人。皆奉給其間。連結根固。不可動。及炎作相。片言復之。中外稱美焉。

貞元初。度支杜佑讓錢穀之務。引李巽自代。先是。度支以制用惜費。漸權百司之職。廣置吏員。繁而難理。佑始奏營繕歸之將作。木炭歸之司農。染練歸之少府。綱條頗整。公議多之。

二年十二月。度支奏請於京城及畿縣行榷酒法。每斗榷一百五十文。其酒戶並蠲免雜役。從之。

永貞元年八月。度支使奏。當司別貯庫。往年裴延齡領使務。始奏置之。只將正庫物減充別貯。唯是虛言。更無實益。又創置官典守等。不免加彼料糧。伏請併入正庫。庶事且費省。從之。

元和十四年六月。判度支皇甫鎛奏。諸道州府監院每年送上都兩稅榷酒鹽利支放米價等疋段。加估定數。從之。給事中崔植抗論。以爲用兵歲久。百姓凋弊。往者雖估逾其實。不可復追。疏奏不從。

長慶二年三月。以鴻臚卿判度支張平叔爲戶部侍郎。依前判度支。時幽鎮行營諸軍。以出境仰給度支者。十五萬餘人。魏博滄景之師。皆歷賊境而壘。亦籍兵數。徵計司所給。自河北置供軍院。其布帛衣賜往往不至供軍院。遽爲諸軍強見驅奪懸師前鬬者反無支給。其饋餉主吏由此得罪者。前後相次。平叔知國用空乏。遂以邪計得司邦賦。至是又寵之地卿。然竟無術以救其闕。驟塵顯級。人皆罪之。未幾又上言度支所管榷鹽舊法爲弊年深。臣令官中自糶鹽。法可以富國強兵。勸農積貨。疏其利害十八條。詔下其奏。令公卿議之。中書舍人韋處厚抗論不可。以平叔條制不周。經畫未盡。以爲利者反害。以爲簡者至煩。乃即其條目。隨以設難。事多不載。末云。臣竊以古人云。利不百不變法。功不十不易器。改更之事。自古所難。臣於平叔無讎。所陳者非挾情。所議者歸利害。唯聖主獨斷。歸於至公。然強人之所不能。事必不立。禁人之所必犯。法必不行。臣嘗爲開州刺史。當時被鹽監吏人橫擾官政。亦欲鹽歸州縣。總領其權。常試研求。事有不可。蓋以設法施行。須徇風俗。或東州便即西州害。或南州易即北州難。且據山南一道明之。與元巡管不用見錢。山谷貧人。隨土交易。布帛既少。食物隨時。市鹽者或一斤麻。或一兩絲。或蠟或漆。或魚或雞。瑣細叢雜。皆因所便。今逼之布帛。則俗且不堪其弊。官中貨之以易絹。則勞而無功。伏惟聖慮裁擇。時平叔輕巧恃恩。自謂言無不允。及處厚駁奏。上賢之。稱善。令示平叔。詞屈。其法遂罷。

會昌六年十一月。刑部尚書判度支崔元式奏。諸道所出次弱綾絹紗等。宜令禁斷。其舊織並不得行使。仍令所在官中收納。如更織造買賣。同罪。

咸通八年十月。戶部判度支崔彥昭奏。當司應收管江淮諸道州府今年已前兩稅榷酒諸色屬省錢。准舊例。逐年商人投狀便換。自南蠻用兵以來。置供軍使。當司在諸州府場院錢。猶有商人便換。齎省司便換文牒。至本州府請領。皆被諸州府稱准供軍使指揮占留。以此商人疑惑。乃致當司支用不充。乞下諸道州府場監院依限送納。及給還商人。不得託稱占留。從之。

別官判度支

開元二十二年九月。蕭炅除太府少卿。知度支事。二十三年八月。李元祐除太府少卿。知度支事。天寶七載。楊釗除給事中。兼御史中丞。權判度支。貞元八年三月。戶部尚書班宏加專判度支。其年七月。司農少卿裴延齡加權判度支。十二年三月。改爲戶部尚書判度支。九月。蘇弁除度支郎中。兼御史中丞。副知度支。貞元已前。他官來判者甚衆。自後多以尚書侍郎主之。別官兼者希矣。故事。度支按郎中判入。員外判出。侍郎總統押案而已。官銜不言專判度支。開元以後。時事多故。遂有他官來判者。或尚書侍郎專判。乃曰度支使。或曰判度支使。或曰知度支事。或曰句當度支使。雖名稱不同。其事一也。建中初。欲使天下錢穀皆歸金部倉部。終亦不行。

戶部郎中

隋爲民部郎中。貞觀改戶部郎中。自後改復名號。與侍郎中。

天寶八載。郎中張傳濟。廢帳房爲戶部員外郎廳。次北爲戶部郎中廳。皆至宏麗。又於省街東。奏取都水監地。以諸州籍帳錢造考堂。制度又過於省中。移都水監於省西北。割右武衛園地置之。乾元以後。毀拆並盡。今爲戶部園。

戶部員外郎改復並與郎中同。

開元四年五月二十九日勅。鐲符每年令當州取緊厚紙。背上皆書某州某年及紙次第。長官句當同署印記。京兆河南六百張。上州四百張。中州三百張。下州二百張。安南道廣桂容等五府。准下州數。管內州鐲同。此紙不別書題州名。並赴朝集使送戶部本判官掌納。依次用之。

二十九年七月十七日。每鄉置望鄉。天下諸州上縣。不得過二十人。中縣不得過十五人。下縣不得過十人。其長安萬年每縣以五十人爲限。太原上黨晉陽三縣各以三十人爲限。並取耆年宿望。諳識事宜。灼然有景行者充。

天寶十二載七月十三日勅。諸郡父老。宜改爲耆壽。

會昌元年二月。中書門下奏。伏以南省六曹。皆有職分。若各守官業。即不因循。比來戶部度支兩司。尚書侍郎。多奏請諸行郎官判錢穀文案。遂令本司郎吏束手閑居。至於廳事。皆爲他官所處。臣等商量。請自今已後。其度支戶部錢穀文案。望悉令本司郎官分判。不在更請諸行郎官限。仍委尚書侍郎。同諸司例。便自於司內選擇差判。不必更一一聞奏。其戶部行郎官。仍望委中書門下。皆選擇與公務相當除授。如本行員數欠少，亦任於諸行稍閑司中，選其才職資序相當者，奏請轉授。所冀莅事有常，分官無曠，庶或可久，以革從權。勅旨依奏。

度支郎中

隋爲度支郎，武德初，加中字。龍朔二年，改爲司度大夫。咸亨元年，復爲度支郎中。

度支員外郎 改復與郎中同。

開元二十四年三月六日，戶部尚書同中書門下三品李林甫奏：「租庸丁防和糴雜支春綵稅草諸色旨符，承前每年一造，據州府及諸司計，紙當五十餘萬張，仍差百司抄寫，事甚勞煩。條目既多，計檢難遍，緣無定額，支稅不常，亦因此涉情，兼長奸僞。臣今與採訪使朝集使商量，有不穩便於人，非當土所出者，隨事沿革，務使允便，即望人知定準，政必有常。編成五卷，以爲常行旨符，省司每年但據應支物數，進書頒行。每州不過一兩紙，仍附驛送。」勅旨依。

貞元十二年九月，以倉庫郎中判度支案蘇弁授度支郎中，副知度支事，仍命立於正郎之首。有副知之號，自弁始也。

元和三年十月，度支使鄭元奏：「當司判案郎官，先有六員，今請用四員爲定。」從之。

四年十一月，加度支判案郎官一員。

長慶三年十二月。度支奏。主客員外郎判度支案白行簡。前以當司判案郎官刑部郎中韋詞。近差使京西句當和糴。遂請白行簡判案。今韋詞卻回。其白行簡合歸本司。伏以判案郎官。比有六人。近或止四員。伏請更置郎官一員判案。留白行簡充。勅旨依奏。

金部郎中

隋爲金部郎。武德三年。加中字。龍朔二年。改爲司珍大夫。咸亨元年復舊。天寶十一載三月七日。改爲司金郎中。至德二載十二月十五日復舊。

金部員外郎改復與郎中同。

倉部郎中

隋爲倉部郎。武德三年。加中字。龍朔二年。改爲司庾大夫。咸亨元年復舊。天寶十一載三月七日。改爲司儲郎中。至德二載十二月十五日復舊。

倉部員外郎改復與郎中同。

天寶三載七月二十三日。金倉令史。不許轉選及充使典。

建中二年正月詔。天下錢穀。皆歸金部倉部。中書門下簡兩司郎官。准格式條理。

鑄錢使

開元二十五年二月。監察御史羅文信充諸道鑄錢使。天寶三載九月。楊愼矜除御史中丞。充鑄錢使。四載十一月。度支郎中楊釗充諸道鑄錢使。上元元年五月。劉晏除戶部侍郎。充句當鑄錢使。其年五月二十五日。殿中監李輔國加京畿鑄錢使。寶應元年六月二十八日。劉晏又除戶部侍郎。充句當鑄錢使。廣德二年正月。第五琦除戶部侍郎。充諸道鑄錢使。其年六月三日。禮部尚書除兼御史大夫李峴充江南西道句當鑄錢使。永泰元年正月十三日。劉晏充東都淮南浙東西湖南山南東道鑄錢使。第五琦充京畿關內河東劍南山南西道鑄錢使。大歷四年三月。劉晏除吏部尙書。充東都河東淮南山南東道鑄錢使。五年三月二十六日停。

延資庫使

會昌五年九月。勅置備邊庫。收納度支戶部鹽鐵三司錢物。至大中三年十月。勅改延資庫。初以度支郎中判。至四年八月。勅以宰相判。右僕射平章事白敏中。崔鉉相繼判。其錢三司率送。初年戶部每年二十萬貫疋。度支鹽鐵每年三十萬貫疋。次年以軍用足。三分減其一。諸道進奉助軍錢物。則收納焉。咸通五年七月。延資庫使夏侯孜奏。鹽鐵戶部先積欠當使咸通四年已前延資錢絹三百六十九萬餘貫疋。內戶部每年合送錢二十六萬四千二百八十五貫疋。從大中十二年至咸通四年九月已前除納收外欠一百五十萬五千七百一十四貫疋。當使緣戶部積欠數多。先具申奏。請於諸道州府場監院合納戶部所收八十文除陌錢內割一十五文。屬當使自收管。勅命雖行。所送稽緩。今得戶部牒稱。所收管除陌錢。除錢絹外。更有諸雜貨物。延資庫徵收不便。請起今年合納延資庫錢物。一時便足。其已前積欠。候物力稍充。積漸塡塞。其所割十五文錢。卽當使仍舊收管。又緣累歲已來。嶺南用兵。多支戶部錢物。當使不欲堅論舊欠。請依戶部商量。合納今年一年額色錢絹。須足。明年卽依舊制。三月九月兩限送納畢。其已前積欠。仍令戶部自立塡納期限者。勅旨。依之。

八年九月。延資庫使曹確奏。戶部每年合送當使三月九月兩限絹二十一萬四千一百疋。錢五萬貫。自大中八年已後。至咸通四年。積欠一百五十萬五千七百餘貫疋。前使杜悰申奏。起請咸通二年正月以後。於諸道州府場鹽院合送戶部八十文除陌錢內割十五文。當使收管。以塡積欠。續據戶部牒稱。州府除陌錢有折色零碎。請起咸通五年所合送延資庫錢絹。逐年兩限須足。其除陌十五文。當司仍舊收管。前使夏侯孜具事由申奏。且請依戶部論請期限。其咸通五年錢絹。戶部已送納。自六年至八年。其錢絹依前不全送。又積欠三十六萬五千五百七十貫文者。伏以所置延資庫。初以備邊爲名。至大中三年。始改今號。若財貨不充。則名額虛設。當置之時。所令三司逐分減送當使收管。元勅只有錢數。但令本司減割送庫。不定色目。以此因循。漸墮舊制。年月既久。積欠轉多。既無計以徵收。乃指色以取濟。稍稱備邊名號。得遵元勅指揮。乃割戶部除陌八十文內十五文收管。及戶部請逐年送庫。須且稟從。今既積欠又多。終慮不及期限。臣今酌量。請諸道州府場監院合送戶部錢絹內分配。令勒留不合送延資庫數目。令本處別爲綱運。與戶部綱同送上都。直納延資庫。則戶部免有逋懸。不至累年積欠。從之。

出納使

開元二十六年九月。侍御史楊愼矜充太府出納使。天寶二年六月。殿中侍御史張瑄充太府出納使。四載八月。殿中侍御史楊釗充司農出納錢物使。六載三月。楊愼矜改戶部侍郎。充兩京含嘉倉出納使。其載。楊釗替充兩京含嘉倉出納使。乾元元年。度支郎中第五琦充兩京司農太府出納使。

禮部尙書

龍朔二年。改爲司禮太常伯。咸亨元年復舊。光宅元年。改爲春官尙書。神龍元年。復爲禮部尙書。

太和七年八月勅。每年試帖經官。以國子監學官充。禮部不得別更奏請。其宏文崇文兩館生齋郎。並依令試經畢。仍差都省郎官兩人覆試。

禮部侍郎改復與尙書同

開元二十四年三月十二日。以考功員外郎李昂爲擧人所訟。乃下詔曰。每歲擧人。頃年以來。惟考功郎所職。位輕務重。名實不倫。欲盡委長官。又銓選委積。但六官之列。體國是同。況宗伯掌禮。宜主賓薦。自今以後每年諸色舉人及齋郎等簡試。並於禮部集。既衆務煩雜。仍委侍郎專知。

貞元十五年十月高郢爲禮部侍郎。時應進士舉者多務朋遊以取聲名。唯務讌集罕肄其業。郢性專介。尤疾其風。既領職。拒絕請託。雖同列通熟無敢言者。志在經義專考程試。凡三歲掌貢士。進幽獨抑聲華。浮濫之風一變。元和九年二月。韋貫之爲禮部侍郎。選士皆抑浮華。先行實。由是趨競息焉。

禮部郎中

隋號儀曹郎。武德初因隋舊號不改。三年十月。改爲禮部郎中。龍朔二年。改爲司禮大夫。咸亨三年。復爲禮部郎中。光宅元年。改爲春官郎中。神龍元年。復爲禮部郎中。

禮部員外郎 改復與郎中同。

貞元十二年二月。授許孟容禮部員外郎。有公主之子。請補兩館生。孟容舉令式不許。主訴於上。命中使問狀。孟容執奏。竟不可奪。遷本曹郎中。

元和三年。少府監金忠義以機巧進。請廕其子爲兩館生。禮部員外郎韋貫之上疏論奏曰。工商之子不當仕。忠義以藝通權倖。不宜汚辱朝廷。竟罷去之。

太廟齋郎

開元二十四年三月十二日。勅齋郎簡試。並於禮部集。至二十五年正月七日。勅諸陵廟並宜隸宗正寺。

其齋郎遂司封補奏。至天寶十二載五月十一日。陵廟依舊隸太常寺。齋郎遂屬禮部。至大曆二年八月二十五日勅。陵廟宜令宗正寺檢校。其齋郎又司封收補聞奏。至貞元三年九月二十六日。禮部尙書蕭昕奏。太廟齋郎。准式禮部補。大曆三年後。被司封官稱管陵廟。便補奏齋郎。亦無格勅文。准建中元年正月五日制。每事並歸有司。其前件齋郎。合於禮部補奏。勅旨。依付所司。准格式處分。至今禮部員外郎補。

貞元十二年十月。朝廷欲以太學生令於郊廟攝事。將去齋郎。以從省便。太常博士裴堪因奏議曰。嚴奉宗廟。時享月祭。帝王展孝之重典也。故致齋淸宮。設齋郎執事。使夫習肄虔恪。肅恭神人。內盡其敬也。太學置生徒。服勤儒業。宏闡教化。發明德義。用嚴師以訓之。縣美祿以待之。限其課第。考其否臧。外獎其學也。夫如是。齋郎官員。焉可廢也。太學生徒。焉可亂也。若慮不素潔。則無以觀其敬矣。志不宿著。則無以成其業矣。故提其名而目之。表其從事也。績其勤而祿之。使其服志也。罷齋郎。則失重祭之義。用學生。則撓敬業之道。將何以見促數之節。肅敬之容。強立之成。待問之奧。知必不能至矣。況國家有典。崇儒有制。豈以齋郎瀆易是病。而思去之。學生宂惰無取。而思役之。誠宜名分有殊。課第自別。使俎豆有楚弓冶知訓。供職有賞勤之利。敦學得樂羣之至。禮舉舊典。人知向方。庶乎儳牘無能代之煩。監寺絕往來之弊矣。將敦要本。在別司存。俾不相參。庶合事體。從之。

元和六年十一月。禮部奏。准今年九月吏部所奏勅。應補太廟齋郎。用蔭官並五品已上子。六品常參官子補者。今詳節文。所用五品六品蔭者。唯許子並不該孫。又節文其應補太廟齋郎。郊社齋郎。孫用祖蔭。子用父蔭。即孫之與子。並許收補。恐前後文字有所差錯。今格限已及須守勅文。其孫用祖五品已上蔭者。恐須准舊例收補。勅旨。宜令准格收補。

寶歷元年九月。禮部奏。准今年四月制。當司合釐革條流兩館生齋郎資蔭年限等。據舊勅。應補兩館生。所用蔭第。皆門地清華。勳賢胄裔。近者時有源流或異。支屬全疏。罔冒門資。變易昭穆。今請如有此色。自本司磨勘得實。坐其家長。所用廕告身。用本司印。印郎官押署。更不在行用之限。保官具事由申上中書門下。請諸司官典檢報不實。並請准法科處分。其太廟郊社齋郎。亦並准此處分。若用廕曾經流貶。未復本資。或便身亡。不曾申雪。即用舊廕。切恐非宜。請便駁放。其太廟齋郎。亦准此處分。伏緣兩館生員闕不多。請補者衆。今請一家不得用兩蔭。許隔二年收補。每用廕補人。請明置簿歷。具注所補人年名日月。用本司印。郎官押署。至補人數足後。給其告身。不在用限。太廟齋郎。准開元六年九月勅。取五品已上子孫。六品清資常參官子補充。郊社齋郎。用祖廕官階。並須五品以上。用父廕須六品以上常參官。及兩府司錄判司。詹事府丞。大理司直。并有五品階者。所補齋郎。皆用五保。其保請以六品已上清資官充。其一家不得周年保兩人。仍不得頻年用蔭。並請准兩館生例處分。勅旨。依奏。

祠部郎中

隋爲祠部郎。武德三年。加中字。龍朔二年。改爲司禋大夫。咸亨元年。復爲祠部郎中。

祠部員外郎。改復與郎中同。

延載元年五月十一日勅。天下僧尼道士。隸祠部。不須屬司賓。開元十年正月二十三日勅。祠部。天下寺觀田。宜准法據僧尼道士合給數外。一切管收。給貧下欠田丁。其寺觀常住田。聽以僧尼道士女冠退田充。一百人以上。不得過十頃。五十人已上。不得過七頃。五十人以下。不得過五頃。

二十五年正月七日。道士女道士。割隸宗正寺。僧尼令祠部檢校。

膳部郎中

隋爲膳部郎。武德三年。加中字。龍朔二年。改爲司膳大夫。咸亨元年。復爲膳部郎中。

膳部員外郎。改復與郎中同。

主客郎中

隋爲司蕃郎。皇朝爲主客郎中。龍朔二年。改爲司蕃大夫。咸亨元年。復爲主客郎中。

主客員外郎。改復與郎中同。

景龍二年九月三日勅。應差冊立諸國使。並須選擇漢官。不得差蕃官去。

祠祭使

天寶六載十一月。度支郎中楊釗充祠祭使。至德三載五月二十四日。中書侍郎王璵兼知祠祭使。

兵部尚書

龍朔二年。改爲司戎太常伯。咸亨元年。復爲兵部尚書。光宅元年。改爲夏官尚書。神龍元年。復爲兵部尚書。天寶十一載二月二十八日。改爲武部尚書。至德二載二月五日。復爲兵部尚書。

舊制。凡武舉每歲孟冬。亦與計偕。有二科。一曰平試。射長垛三十發。不出第一院。二曰武舉。試長垛。騎射。馬槍。步射。材貌。言語。翹關舉重。其勳官五品以下。並三衛報仗。乘君品子半考已滿者。並放選。勳官六品以下者。并應宿衛人及品子五考已上者。並授散官。餘並帖仗。然後授散官也。

開元十七年正月二十日敕。兵部兩銓令史。各與一第一人簿帳。共與一人。並准吏部銓史第一人官資注擬。十九年四月二十六日敕。吏部選人請武選者。宜取強壯身材六尺以上。籍年四十以下。堪統領者。其兵部選人請文選者。宜取材堪治民。工於書判。並無負犯。十二月內定品奏聞。一送以後。並不在卻關之限。

廣明元年正月敕。入仕之門。兵部最濫。全無根本。頗壞紀綱。近者武官多轉入文官。依資除授。宜懲僭倖。以辨品流。今後武官不得輒入文官選。改內司不在此限。

兵部侍郎 改復與尚書同。

總章二年四月二日加一員。以李處繹爲之。長壽二年正月二十四日又加一員。以侯知一爲之。通前三員。長安四年十二月三日減一員。

長安二年正月十七日敕。天下諸州宜教武藝。每年准明經進士貢舉例送。

開元二十六年十一月十四日敕。所設武舉。以求材實仕進之漸。期爲根本取舍之間。尤宜審慎。比來所試。但委郎官。品位既卑。焉稱其事。自今以後。應武舉人等。宜令侍郎專知。

天寶元年十月十三日敕。自今以後。應試選舉人長垜。宜以十隻箭爲限。並入第一院。與兩單上八隻入第一院。兩隻入第二院。與一單上次上十隻不出第三院。與單上十隻不出第四院。與次上。餘依常式。

三載閏二月八日敕。習武入官。已經精簡。隨番更試。事頗爲煩。其武官自今已後因番試及過中書門下宜停。

建中元年四月十七日。敕兵部闕送吏部武官。自今已後宜停。

貞元十四年九月。敕鄉貢武舉。并應百隻箭及三十隻箭人等。今年宜權停。時諫議大夫田敦因蒙召對。奏言。兵部武舉。每年常數百人。挾持弓矢。出入皇城間。恐非所宜。上聞而矍然。故命停之。其實武舉者每歲不過十人。時議惡敦虛辭。輒亂舊章。以圖稱旨。自是訖于貞元。更不復置。

元和三年五月。兵部奏。伏准貞元十四年九月勅。鄉貢舉人權停者。伏以取士之方。文武並用。舉選之制。國朝舊章。參調者既積資勞。入仕者必先貢舉。自經停廢。今已十年。別趨倖門。漸絕根本。典彝具在。可舉而行。其鄉貢舉。恐須准式卻置。勅旨。依奏。

六年八月。中書門下奏。得兵部侍郎許孟容等狀。當司准六月二日減省官員。及鸞革三衞等應管京官及外官。共三千三百二十九員。京官七百六員。武官員數不多。俸錢比文官較少。又在中書門下兩省御史臺。左右神策。及諸軍諸使。挾勅驅使。員闕至少。難議停省。並請仍舊。外官二十六萬二十三員。所管諸府自折衝以下。總無料錢。例多闕乏。空有府額。其鎭戍官等。或有任者。不過數員。縱使停減。並無損益。伏請存舊例。六番三衞。都四千九百六十三人。縱使分番當上。配役處多。移牒勘會。須得詳請。續商量聞奏。勅旨。依奏。

其年六月。盜殺宰相武元衡。幷傷議臣裴度。時淮夷逆命。兇威方熾。王師問罪。未有成功。言事者繼上章疏請罷兵。及是盜賊竊發。人情愈惑。兵部侍郎許孟容詣中書涕而言曰。昔漢廷有一汲黯。耳奸臣尙爲寢謀。今主上英聖。朝廷未有過失。而狂賊敢爾。無狀寧謂國有人乎。然轉禍爲福。此其時也。莫若上聞。起裴中丞爲相。令主兵柄。大索賊黨。窮其奸源。後數日。度果爲相。而下詔行誅。時謂孟容議論。有大臣風采。

太和五年三月。兵部奏。准四年五月起請節文。伏以三衞出入禁署。子弟期於恭恪。近日頗弊。皆非正身諸司公言納資訪聞亦不雇召士庶假蔭混雜搢紳倖隙一開奸濫紛入其資三衞並請停廢勅旨宜依。其他釐革三衞事條至多故不具載。

大中五年十月中書門下兩省奏。應赴兵部武選門官驅使官等今年新格令守選二年得驅使官盧華等狀稱各在省驅使實緣長官辛苦事力不濟所以假此武官若廢舊格貧寒不逮卽須漸請停解公事交見廢闕勅旨兩省御史臺人吏前舊例不選數許赴集宜令依舊例放選。

兵部郎中

隋爲兵部郎武德三年加中字。龍朔二年改爲司戎大夫。咸亨元年復爲兵部郎中。

兵部員外郎改復與郎中同。

本兩員。大足元年更加一員以趙履温爲之。

職方郎中

隋爲職方郎武德三年加中字。龍朔二年改爲司城大夫。咸亨元年復爲職方郎中。

職方員外郎改復與郎中同。

建中元年十一月二十九日。請州圖每三年一送職方。今改至五年一造送。如州縣有創造。及山河改移。

郎不在五年之限．後復故．

駕部郎中

隋爲駕部郎．武德三年加中字．龍朔中改司輿大夫．咸亨元年復爲駕部郎中．

駕部員外郎改復與郎中同．

庫部郎中

隋爲庫部郎．武德三年加中字．龍朔二年改爲司庫大夫．咸亨元年復爲庫部郎中．

庫部員外郎改復與郎中同．

開元十八年十月四日敕．衛內甲仗經行從者．三年一換．不經行從者．四年一換．非理欠損者勒陪．

刑部尙書

龍朔二年．改爲司刑太常伯．咸亨元年．復爲刑部尙書．光宅元年．改爲秋官尙書．神龍元年．復爲刑部尙書．天寶十一載．改爲憲部尙書．至德二載．復爲刑部尙書．

刑部侍郎改復與尙書同．

垂拱四年四月十一日．加一員．以魏尙德爲之．長安四年十二月四日．減一員．

元和十年。以御史中丞裴度兼刑部侍郎。時度宣慰淮西迴。所言軍機。多合上旨。故以兼官寵之。自徵兵討淮西。凡十餘鎮之兵。皆環於申蔡。未立戰功。裴度使還。且令與諸朝賢詳議。乃入奏曰。臣觀諸將。唯李光顔見義能勇。必能立功。果首敗賊於時曲。上尤賞之。

寶曆元年四月。宣中書以諫議大夫劉栖楚爲刑部侍郎。丞郎宣授。自栖楚始也。

刑部郎中

隋爲憲部郎。唐因之。武德三年。改刑部。加中字。龍朔二年。改爲司刑大夫。咸亨元年。復爲刑部郎中。

刑部員外郎 改復與郎中同。

貞元十二年五月。信州刺史姚驥。舉奏員外司馬盧南史贓犯。鞫按南史。准例配得直典一人。每月請紙筆錢一千文。南史以官閒冗無職事。放典令歸。納其紙筆直。前後五年。計贓六十萬貫。又云南史私買鉛燒黄丹。是日令監察御史鄭楚相。刑部員外郎裴澥。大理寺評事陳正儀充三司。同往覆按之。將行。並召對於延英。上謂曰。卿等必須詳審推按。無令漏罪銜寃。三人將退。澥獨留奏曰。臣仔細詳覽姚驥奏狀。只如所按南史取直典紙筆。計贓六十餘萬貫文。雖公法有違。既非巨蠹。或可務恕。上曰。此事亦應甚有。但未知燒鉛事如何。澥曰。燒鉛爲黄丹。格令不禁。姚驥所奏。准天寶十載勅。鉛銅錫並不許私家買賣貿易。蓋防私鑄錢。本文亦不言不許燒黄丹。然南史違勅買鉛。不得無罪。伏以陛下自登寶位。及天寶大歷以來、未曾降三司使至江南、今忽緣此小事、差三司使、損耗州縣、亦恐遠處聞之、各懷憂懼、臣聞開元中、張九齡爲五嶺按察使、有錄事參軍告其非法、朝廷唯令大理評事往按、近大歷中、鄂岳觀察使吳仲孺與轉運使判官劉長卿紛競、仲孺奏長卿犯贓三千萬貫、時監察御史苗丕就推、今姚驥所奏事旣無多、臣若堪任此行、卽請獨往、恐不要令三司盡行、上曰、卿言是也、可召楚相等兩人來、及入、並賜坐、上謂曰、朕懵於理道、處事未精、適裴澥所奏、深叶事宜、亦不用三人總去、著一人往按問、卽得、卿可宜付宰臣、太和五年四月、勅鹽鐵判官守尙書刑部郎中李石宜守本官、自今已後、刑部郎中、諸司諸使、更不得奏請充職、

都官郎中

隋爲都官郎、置二人、皇朝因之、置一人、武德三年、加中字、龍朔二年、改爲司僕大夫、咸亨元年、復爲都官郎中、

都官員外郎 改復與郎中同、

比部郎中

隋爲比部郎、唐因之、武德三年、加中字、龍朔二年、改爲司計大夫、咸亨元年、復爲比部郎中、

比部員外郎 改復與郎中同、

建中元年四月。比部狀稱天下諸州及軍府赴句帳等格。每日諸色句徵。令所由長官錄事參軍本判官。據案狀子細句會。其一年句獲數及句當名品申比部。一千里已下正月到。二千里已下二月到。餘盡三月到。盡省司檢勘續下州知都至六月內結數關度支便入其年支用。旨下之後。限當年十二月三日內納足者。諸軍支使亦准此。又准大歷十二年六月十五日勑。諸州府請委當道觀察判官一人。每年專按覆訖。准限比部者。自去年以來。諸州多有不到。今請其不到州府。委黜陟使同觀察使計會句當。發遣申省。庶皆齊一。法得必行。勑旨依奏。

貞元八年閏十二月十七日。尚書右丞盧邁奏。伏詳比部所句諸州。不更句諸縣。唯京兆府河南府。既句府並句縣。伏以縣司文案。既已申府。府縣並句。事恐重煩。其京兆府河南府。請同諸州。不句縣案。勑旨依。

十一年正月制。令比部復舊勑句京兆留府稅租。

長慶元年六月。比部奏。准制。諸道年終句帳。宜依承前勑例。如聞近日刺史留州數內。妄有減削。非理破使者。委觀察使風聞按舉。必重加科貶。以誡削減者。其諸州府。仍請各委錄事參軍每年據留州定額錢物數。破使去處。及支使外餘剩見在錢物。各具色目。分明造帳。依格限申比部。准常限每限五月三十日都結奏。旨下之後。更送戶部。若違限及隱漏不申。錄事參軍及本判官並牒吏部使闕勑旨宜從。

太和四年九月。比部奏。准太和三年十一月十八日赦文。天下州府兩稅占留支用。有定額。其殘欠羨餘錢物。並合明立條件。散下諸州府者。伏以德澤宏深。優裕郡國。申明舊勅。曉示新規。使其政有準繩。法無差繆。實天下幸甚。又諸州應有城郭及公廨屋宇器械舟車什物等。合建立修理。須創制添換。又當州或屬將校所由有巡檢非違。追捕盜賊。須行賞勸。合給程糧者。又當州或百姓貧窮。納稅不逮。須矜放要添貸額者。又當州遇年穀豐熟。要收糴貯備。以防災歉者。勅旨宜依。

司部郎中

隋爲司部郎。武德三年。加中字。龍朔二年。改司門大夫。咸亨元年。復爲郎中。

司部員外郎 改復與郎中同。

開元二年閏二月十日勅。諸司進狀奏事。並長官封題。仍令本司牒所進衙門。幷差一官送進。諸司使奏事。亦準此。除有告謀反大逆者。任自封進。

工部尚書

隋爲起部尚書。武德元年。因而不改。三月。改爲工部尚書。龍朔二年。改爲司平太常伯。咸亨元年。復爲工部尚書。光宅元年。改爲冬官尚書。神龍元年。復爲工部尚書。大歷六年十二月十一日勅。京城內諸坊市宅舍。輒不得毀拆。有犯聞奏。

十四年六月一日勅。諸坊市邸店樓屋。皆不得起樓閣。臨市人家。勒百日內毀拆。至九月二十日。京兆尹嚴郢奏坊市邸店舊樓請不毁。

工部侍郎（改復與尚書同。）

工部郎中

隋爲起部郎。武德三年改工部郎中。龍朔二年。改司平大夫。咸亨元年。復爲工部郎中。

工部員外郎（改復與郎中同。）

屯田郎中

隋爲屯田郎。武德三年。加中字。龍朔二年。改爲屯田大夫。咸亨元年。復爲屯田郎中。

屯田員外郎（改復與郎中同。）

長春宮使

開元八年六月。同州刺史姜師度。兼營田長春宮使。二十年三月。左衛郎將皇甫惟明。攝侍御史。充長春宮使。天寶六載三月。御史中丞王鉷。兼長春宮使。上元元年六月四日。殿中監李輔國。充長春宮使。寶應元年。殿中監樂子昂。充長春宮使。至大歷九年。宋誨除同州刺史。充長春宮使。自後遂令同州刺史充長春宮使也。

開元九年十二月十七日。勅同蒲絳河東西幷沙苑內。無問新舊注田蒲萑。並宜收入長春宮。仍令長春宮使檢校。

二十九年十一月十七日勅。新豐朝邑屯田。令長春宮使檢校。朝邑屯田。開元八年十月七日同州刺史姜師度開置。

虞部郎中

隋爲虞部郎。武德三年。加中字。龍朔二年。改司虞大夫。咸亨元年。復爲虞部郎中。

虞部員外郎 改復與郎中同。

大歷十四年八月。虞部奏。准式。山澤之利。公私共之者。比來除長春宮所收占恡甚多。望令關內州府審勘頃畝。先均給貧下百姓。據厚薄節給。輕稅五分之一。徵納訖。市輕貨送上都。如所由輒有隱漏及收管不盡。並請准條科罪。勅旨依奏。

水部郎中

隋爲水部郎。武德三年。加中字。龍朔二年。改司川大夫。咸亨元年。復爲水部郎中。

水部員外郎 改復與郎中同。

開元十一年正月二十一日。改丹水爲懷水。

天寶五載正月七日。詔天下山水名稱或同。義且不經。多因於里諺。事若仍舊。何成于禹別。宜所司各據圖籍改定訖聞奏。

十一載五月。潼關口河灘上有樹五株。雖水暴長。亦不漂沒。時人謂之女媧墓。是月。因大風。遂失所在。至乾元二年六月十八日。虢州刺史王奇光奏。所部閿鄉縣界女媧墓。天寶十一載。失所在。今月一日夜。河上側近忽聞雷聲。曉見其墓湧出。上有雙柳樹。下有巨石。其柳各高丈餘。

貞元元年十二月九日。敕立春日前。內外兩井納冰。總二千五百段。每段長一尺。厚一尺五寸。宜令府縣句當。澄濾淨潔供進。

開成五年七月。河南尹奏。皇城內伊洛等四水。伏以伊洛四水。載在典墳。今人所呼。其名甚著。其第三水字。御名同。東周之人。所以請更其名者。臣遂勒所府官司錄以下參議其事。今得司錄參軍韋瓊等狀。謹按尙書。周公將營洛邑。卜瀾水東。瀍水西。惟洛食。孔安國傳云。初卜黎水上。不吉。迨卜此二水之間。吉。伏請改第三水字爲吉水者。臣竊以周居洛宅。卜年惟永。今改此水。雅叶祥符。　具如前。勅旨宜依。

唐會要卷六十

御史臺上

御史臺

武德初。因隋舊制爲御史臺。龍朔二年四月四日。改爲憲臺。咸亨元年十月二十三日。復爲御史臺。光宅元年九月五日。改爲左肅政臺。專管在京百司及監軍旅。更置右肅政臺。其職員一准左臺。令按察京城外文武官僚。以中宗英王府材石營之。殿中御史石抱貞繕造焉。神龍元年二月四日。改爲左右御史臺。景雲三年二月二日。廢右臺。先天二年九月一日。又置右臺。停諸道按察使。其年十月二十五日。又置諸道按察使。廢右臺。初置兩臺。每年春秋發使。春曰風俗。秋曰廉察。令地官尚書韋方質爲條例。方質删定爲四十八條。以察州縣。載初以後。奉勅乃巡。每年不出使。鄴都故事云。臺門北開者。法司主陰。取冬殺之義。或云隋初移都之時。兵部尚書李圓通。兼御史大夫。欲使尚書省便近。故開北門。

蘇氏駁曰。此說或近之矣。若取冬殺之義。則東都臺門亦合北開。何故南啓。況本置臺司。以察寃濫。是有國者好生之德。豈創冬殺之意。以入人罪者乎。

故事。御史臺無受詞訟之例。有詞狀在門。御史採有可彈者。卽略其姓名。皆云風聞訪知。其後御史疾惡公方者少．遞相推倚．通狀人頗壅滯．至開元十四年．始定受事御史．人知一日劾狀．遂題告事人名．乖自古風聞之義．至今不改．

蘇氏駁曰．御史臺正朝廷綱紀．舉百司紊失．有彈邪佞之文．無受詞訟之例．今則重於此而忘於彼矣．

故事．臺中無獄．須留問寄繫於大理寺．至貞觀二十二年二月．李乾祐為大夫．別置臺獄．由是大夫而下．已各自禁人．至開元十四年．崔隱甫為大夫．引故事奏掘去之．以後恐罪人於大理寺隔街來往．致有漏洩獄情．遂於臺中諸院寄禁．至今不改．西臺舊東鄰宗正寺．後移寺于廢右御史臺．其寺舊地．並隸臺司．

故事．其百僚有奸詐隱伏．得專推劾．若中書門下五品以上．尚書省四品以上．諸司三品以上．則書而進之．并送中書門下．故事．凡天下之人．有稱冤而無告者．與三司詰之．三司御史大夫．中書門下．大事奏裁．小事專達．

開元二十七年二月二十七日．勅．御史臺宜置主簿錄事二人．

貞元七年六月二十七日．勅．御史臺每月別給贓錢二百貫文．充公廨雜費用．

八年正月．御史臺奏．伏以臺司推事．多是制獄．其中或有准勅便須處分．要知法理．又緣大理寺刑部斷獄．亦皆申報臺司．儻或差錯．事須詳定．比來卻令刑部大理寺法直較勘．必恐自相扶會．縱有差失．無由辯明．伏請置法直一員．冀斷結之際．事無闕遺．有糧料請取臺中諸色錢物量事支給．其功優等．請準刑部大理處分．勅旨依奏．

九年二月。御史臺奏。今後府縣諸司公事。有推問未畢。輒撾鼓進狀者。請卻付本司推問斷訖。猶稱抑屈。便任詣臺司按覆。若實抑屈。所由官錄奏推典量罪決責。如告事人所訴不實。亦準法處分。

元和四年。御史臺奏。諸道州府有違法徵科者。請委鹽鐵轉運度支巡院察訪報臺。以憑舉奏。從之。

五年二月。御史中丞王播奏。監察御史舊例在任二十五月轉。準具員不加。今請仍舊。殿中侍御史舊例在任十三月轉。準具員加至十八月。今請減至十五月。侍御史舊例在任十月轉。準具員加至十三月。今請減至十月。從之。

十一年九月。御史臺奏。御史同制除官。承前以名字高下為班位先後。或名在前。身在外。及到。卻在舊人之上。後先有紊。勞逸不均。今請以上日為先後。未上不得計月數。從之。

十二年三月。御史中丞崔植奏。當臺新除三院御史。以受旨職事先後立。

十三年十月。御史臺奏。請應除御史職事。但據上日為先後。未上日不得計月數者。准其年九月七日敕。不逾一箇月。不在此限。行立班次。卽宜以敕內先後為定。臣伏以御史除官之時。據來處各有遠近。若據一月便為懲創。恐乖舊制。殊未合宜。伏緣臺司職事。各有定分。先後次第。不可逾越。若行立班次。旣依敕令。公事先後。須繫到日。則院長本職。䆗然在下。制置錯亂。無所遵承。行之累年。轉見其弊。伏請自今以後。三院御史職事行立。一切依敕文先後為定。除拜上日。便為月數。須覩積効。豈繫旬時。如有除官以後赴職稽慢。量道路遠近。則臺司別具名聞奏。須議懲責。豈止顛倒職事而已。從之。

長慶元年十一月。御史臺奏。應十惡及殺人鬬毆官典犯贓。并偽造。計銀。刦盜竊盜。及府縣推斷訖。重論訴人等。皆是奸惡之徒。推鞫之時。盡皆伏罪。臨刑之次。即又稱冤。每度稱冤。皆須重推。與證平常。被其追擾。若無懲革。為弊實深。伏請今後有此色賊。臺及府縣并外州。但計三度推問不同人。皆有伏款。及三度斷結訖。更有論訴。一切不重推問。限其中縱有進狀勅下。如是已經三度結斷者。亦請受勅處聞奏。執論如本推官典受賄賂。推斷不平。及有冤濫。詞狀言訖。便可立驗者。即請以重推。如所告及稱冤。推勘又虛除本犯是死刑外。餘罪於本條更加一等。如官典取受有實。亦請本罪更加一等。如所訴冤屈不虛。其經第三度推官典。請於本法外。更加一等貶責。其第三度官典。亦請節級科處。從之。

二年正月。御史中丞牛僧孺奏。諸道節度觀察等使。請在臺御史充判官。臣伏見貞元二年勅。在中書門下兩省供奉官及尚書御史臺見任郎官御史。諸司諸使。並不得奏請任使。仍永為常式。近日諸道奏請。皆不守勅文。臣昨十三日。已於延英面奏。伏蒙允許。舉前勅。不許更有奏請。制曰可。時段文昌自宰相出鎮。蜀奏諫官御史南宮郎三人為僚佐。以某職帶台鉉。上故可之。不踰年。又奏侍御史王申伯監察蘇景裔留中不下。中執法舉舊章。議者以為當。

三年十一月。御史臺奏。伏以臺司奏報。並有舊條。昨因左巡奏疎闕。已準勅科罰聞奏訖。臣今檢尋條件。

本不該詳事須添改。令可遵守。伏請添一節文。應諸司科決人致死。雖不死而事異於常。稍涉非理者。並準前條奏聞。禁城內不在此限。庶得從今已後免有遺闕。勅旨依奏。

寶歷元年九月。御史臺奏。常參官及六品以下分司官。比來淹延。動經累月。今後常參官分司。請勅下後二十日發。其六品以下分司官。請待臺牒到發。限外若妄稱事故不發。常參官聽進止。六品以下官。臺司舉罰兩月俸料。從之。

太和元年十二月。御史臺奏。伏以京城囚徒。準勅科決者。臣當司準舊例。差御史一人監決。如囚稱寃。卽收禁聞奏。便令監決御史覆勘者。伏慮監決之時。各懷疑憚。務求省便。難究寃辭。恐至無告屈之人。失陛下好生之治。且臺司本定四推。以讞疑獄。六察職事以重。不合分外領推。伏請自今以後。有囚稱寃者。監察御史聞奏。勅下後。便配四推。所冀獄無寃滯。事得倫理。從之。

四年九月。御史奏。諸司諸使及諸州府縣并監院等公事申牒。臣當臺各令遵守時限。并臣當司行牒勘事。多緣準勅推勘刑獄。或是遠方人事有寃抑。凡於關繫。盡須勘逐。事節不精。卽慮滯屈。比來行牒有累月不申。兼頻牒不報者。遂使刑獄淹恤。懼涉慢官。其間或有須且禁申。動經時月者。若無條約。弊恐轉深。臣等今勘責。各得遠近程限。及往復日數。限外經十日不報者。其本判官勾官等。各罰三十直。如兩度不報者。其本判官勾官。各罰五十直。如三度不報者。其本判官勾官。各罰一百直。如涉情故違勅限者。本判官勾官牒考功書下考。如經過所由。輒有停滯。其所由官等節級別舉處分。其間如事須轉行文牒。諸處追尋。亦須具事由先報。旨依奏。

九年八月。御史臺奏。京兆尹及少尹兩縣令合臺參官等。舊例新除大夫中丞。府縣官自京兆尹以下。並就臺參見。其新除三院御史。並不到臺參。亦不於廊下參見。此爲闕禮尤甚。伏請自今以後。應三院有新除御史等。並請勅京兆尹及少尹兩縣令。就廊下參見。冀使稟奉之禮不虧。臨制之儀可守。臺司令史及驅使官。并諸色所由。有罪犯須科決等。或有罪犯稍重者。皆是愚人常態。不可一一奏聞。便欲隨事科舉。又緣臺杖稍細。以細杖而止大罪。必恐兇狡不懲。自今以後。如有情故難容。不足上陳聖聽者。許臣等據所犯判決。杖下數。勒送京兆府。用常行杖科決訖報。冀得戒懼之意稍嚴。奸欺之心可革。勅旨依奏。

大中元年四月。御史臺奏。伏以御史臺臨制百司。糾繩不法。若事簡則風憲自肅。事煩則綱紀轉輕。至如婚田兩競。息利交關。凡所陳論。皆合先陳府縣。如屬諸軍諸使。亦合於本司披論。近日多便詣臺論訴。煩褻旣甚。爲弊頗深。自今已後。伏請應有論理公私債負及婚田兩競。且令於本司本州府論理。不得卽詣臺論訴。如有先進狀及接宰相下狀。送到臺司。勘當審知先未經本司論理者。亦且請送本司。如已經本司論理不平。卽任經臺司論訴。臺司推勘冤屈不虛。其本司本州元推官典。並請追赴臺推勘。量事情輕重科斷。本推官若罪輕。卽罰直書下考。稍重。卽停任貶降。以此懲責。庶免曠官。臣今月三日已於延英面奏。令臣將狀來。勑旨。依奏。

三年十一月。御史臺奏。應三院御史新除授月限。伏以當司官三十餘員。朝廷舊例。月限守官。年勞考績。令監察御史以二十五月爲限。殿中侍御史十八月。侍御史十三月。所主公事。起自出使推劾諸色。監當經歷六察。糾繩官司。知左右巡使。監臨倉庫。四推鞫獄。兩彈舉事。皆無敗闕。方得轉遷。承前遠地除官。或三月五月。然始到京。所務逗遛。積延時月。年終考課。使繫虛月。官事勞苦。併在舊人。侍御史周歲而還。或到城欲及滿歲。監察二年爲限。或在外有至半年。致此依違。曾無督責。臣請自今已後。應當司官除新授者。並請以上後繫月。仍以上日在後者爲新人。不更數虛月。不唯分月直之勞苦。抑亦促遠來之道途。又三館奏請御史充職等。伏以臺司三院御史。職在專臨。如繫他曹。必有所紊。況推鞫公事。察視百司。無不急急。以副期限。倘或官留此地。志在異銜。固非便宜。實亦乖當。如書府或須奏請。南宮可輟郎官。兩館忽將闕八北省自有遺補。事理至便。兼不曠官。伏乞聖慈。察臣當司公事繫重。特勑中書門下。自此更不許三館奏取御史充職。兼見有者。亦乞落職放還。勑旨。依奏。

其年十二月。御史臺奏。三院令史。準請刑部大理寺例。許七考放選。勑旨。出使及推制獄。減二年勞。餘依奏。

四年。御史臺奏。應文武常參官。本合朝日及入閤進朝不到。并連請假故。久闕朝參等。臣今月二十一日。

延英面奏進止。以班行務在嚴肅。令臣切加提舉者。臣伏見元和元年御史中丞武元衡奏。止於禮部兵部吏部尚書侍郎郎官等選舉限內。久廢朝參。雖事在奉公。猶奏請釐革。近者以久絕提舉。稍涉因循。應文武常參官多妄請假。故不妨人事。無廢宴遊。但務便安。有虧誠敬。以至上勞聖念。俾肅朝行。臣忝憲司。親承睿旨。苟或避事。實虞曠官。臣請起自今以後。文武常參官等除准式假及疾病灼然。爲衆所知外。有以事故請假者。並望許臣舉察錄奏。其所陳假牌。請準舊例。每牒不過三日。每月不得再陳牒。如本合朝日無故一不到。請準常條書罰。再不到。臣請倍罰。頻三朝不到。便請具名銜奏聽進止。其進朝入閤近例。全合赴班。一不到。準常條已倍書罰。頻兩朝不到。便請具名銜奏聞。所冀臣僚稍加惕厲。班列得以整齊。

勑旨。依奏。

東都留臺

舊制。中都留臺官。自中丞已下。元額七員。中丞一員。侍御史一員。殿中侍御史二員。監察御史三員。

天寶十四載。安祿山犯東都。殺留臺御史中丞盧奕。奕與留守李憕皆不避死。人吏奔散。奕在臺獨居。爲賊所執。與憕同見害。奕臨難不苟免。居位守死。太常謚曰貞烈

大曆十年。以檢校駕部郎中兼侍御史何運出納使蔣沇兼爲御史中丞。仍東都留臺。

十四年七月。以吏部郎中房宗偃爲御史中丞。仍東都留臺。充東都畿汝觀察處置使。

建中二年六月。以檢校秘書少監。永平軍節度副使鄭叔則爲御史中丞。東都留臺。充東都畿汝觀察處

置使。

貞元十六年十二月。以給事中姚齊梧爲御史中丞。仍東都留臺。

元和二年四月。以刑部郎中兼侍御史知雜事盧坦爲御史中丞東都留臺。

十三年三月。以權知御史中丞崔元略爲東都留臺自後但以侍御史殿中侍御史監察御史共主留臺之務。而三院御史亦不嘗備焉。

御史大夫

龍朔二年二月四日。改爲大司憲。咸亨九年十二月二十三日。復爲御史大夫。至今不改。故事。侍御史以下與大夫抗禮。光宅元年九月。韋思謙除右肅政大夫。遂坐受拜。或以爲言。思謙曰。國之班列。自有等差。奈何姑息爲事。其後監察又與之抗禮。至開元十八年。有勅申明隔品致敬。其禮不改。至二十四年六月。李適之爲大夫。又坐受拜。其後監察又與之抗禮。至今不改。故事。大夫與監察競爲官政。略無承稟。至開元十四年。崔隱甫爲大夫。一切督責之事。無大小悉令諮決。稍有忤意。列上其罪。前後貶出者過半。羣僚惕然。上常謂曰。卿爲大夫。深副朕所委也。

會昌二年十二月。檢校司徒兼太子太保牛僧孺等奏狀。奉十一月二十八日勅。中書門下奏。御史大夫。秦爲上卿。漢爲副相。又漢末復爲大司空。與丞相俱爲三公。掌邦國刑憲。肅政朝廷。其任至重。品秩殊峻。

望準六尚書例。升爲正三品。御史中丞爲大夫之貳。緣大夫秩崇。官不常置。中丞爲憲臺之長。今九寺少卿及秘書少監。以國子監司業。京兆尹幷府寺省監之貳。皆爲四品。唯御史中丞官業雖重。品秩未崇。升爲正四品下。爲大夫之貳。令不隔品。亦與丞郎出入。秩同以重其任。緣關朝廷典制。須行之可久。必得博盡羣議。詢謀僉同。望令兩省御史臺五品以上。尚書省四品以上。太子太保太常卿參議聞奏者。伏以前代帝王建官設位之制。互有沿革。升降廢置。蓋取於一時所宜。苟得其宜。則爲當代之美。臣等伏據六典故事。御史大夫御史中丞等官。歷代之制。位不常定。至於刑憲之所倚。則古今之任不殊。今陛下方宏約法之道。俾增崇品秩。同秩丞郎。蓋千年一時之盛美也。臣等又據故事。御史大夫總朝廷刑憲。掌邦國紀綱。峻其秩位。亦計所宜。御史中丞雖官貳大夫。與大夫多不並置。專席既稱獨坐。隔品豈合迭居。今命秩資升遷。實爲允當。臣等參詳事理。衆議僉同。伏請著於典章。永爲定制。敕旨依奏。

御史中丞

隋以國諱。改中丞爲治書侍御史。武德初。因隋舊制不改。貞觀二十三年七月三日。避高宗諱。改爲御史中丞。龍朔二年二月四日。改爲司憲大夫。咸亨元年十二月二十三日。改爲御史中丞。西臺中丞同一廳。至開元二十一年。有制以賦餘修百司廨宇。西臺中丞裴寬始以舊監察創置中丞東廳。東臺二中丞亦同廳。開元二十一年十一月。大夫崔琳奏割秘書省東北地。迴改修造。二中丞遂各別廳。開元二十二年三月。置京畿採訪處。置使以中丞爲之。自是不改。其時。大夫是李尙隱。不充使。以中丞盧奐爲之。至永泰元年以後。遂以大夫王翊崔渙李渙崔寧盧杞等爲使。梁華故實

元和四年七月御史中丞李夷簡奏。京兆尹楊憑前爲江西觀察使贓罪及他不法事。勅副御史臺刑部尙書李鄘。大理卿趙昌鞫問。貶憑賀州臨賀縣尉。又追捕憑前江西判官監察御史楊瑗。繫在臺。命大理少卿胡珦。左司員外郎胡証。侍御史韋顗同推。初夷簡自御史出官巡屬。憑頗疏縱。不顧接之。夷簡常切齒。又憑歸朝。參修第永寧里。廣蓄妓妾於永樂里。夷簡乘衆議。舉劾前事。及下獄。置對數日。未得其事。夷簡持之益急。上聞且貶焉上卽位以法制臨下夷簡首舉憑罪。故時議以爲宜然繩之太過。物論又譏其深切矣。

八年二月。僧鑒虛付京兆尹府。決重杖一頓處死。仍籍其財產。鑒虛在貞元中。以講說爲事。斂用貨利。交權貴。爲奸濫。事發。中外掌權者更欲搖動之。有詔。初命釋其罪。時御史中丞薛存誠不受詔。翌日宣旨曰。吾要此僧面詰其事。非赦之也。存誠又奏曰。鑒虛罪狀已具。陛下將召之。請先貶臣。然後可取。上嘉其有守。遂令杖殺之。

其年洪州監軍誣奏信州刺史李位。謀大逆。追赴京師。上勅令付仗內鞫問。御史中丞存誠一日三表請付位於御史臺及推按。無狀。位竟得雪。未幾。授存誠給事中。數月。中丞闕。上謂宰相曰。持憲無如存誠。遂復授之。

九年，裴度爲御史中丞，奏崔從爲侍御史知雜事。及度作相，奏自代爲御史中丞。從正色立朝，彈奏不避權倖，事關臺閣，或付仗內者，必抗章疏論列，請歸有司。凡所取御史，必先質重勇退者，時論嘉之。

開成元年五月，上御紫宸殿，宰相李固言奏曰：御史中丞李翺在臺，雖無甚過，以爲人疎易，不稱此官。此官乃天下紀綱，有司繩準，苟用人非當，則紊亂典章。上曰：李翺官業，應不甚舉然爲人，豈不長厚耶。固言對曰：臣所奏緣與御史中丞不相宜，人卽長厚，難任彈奏，且憲司事亦至難，官要得宜者。

會昌二年十二月，中書門下奏：諸道諸使奏兼御史中丞，伏以御史中丞近升品秩，向外兼攝，亦宜相重。臣等商量，今日已後，諸道節度使及度支解縣榷鹽鐵副使等，並須帶檢校四品官，方得奏請。其正郎以下，不在奏限。諸郡刺史，亦須地望雄重，兵額稍多處，方得兼授。如前任已兼中丞，須再除者，不在此例。從之。

大中三年，以御史中丞魏謩兼戶部侍郎，判本司事。謩奏曰：御史臺紀綱之地，不宜與泉貨吏雜處，乞罷中司，專綜戶部公事。從之。

乾符三年二月四日，御史中丞李迢奏：外州府有禁繫罪人，關連京百司，請委本州除合抵極法外，疏理訖聞奏。從之。

侍御史

四員。長安二年始置內供奉。在正員之外。仍不得過本數。其遷改與正官資望亦齊。舊制。庶僕五分減一。其職有六。奏彈。三司。西推。東推。贓贖。理匭。凡三司理匭。則與給事中中書舍人更直朝堂受表。臺中唯有四職。謂知雜。公廨。彈事。謂之推彈。廨雜。今知雜侍御史多兼省官以爲之。

武德四年。李素立爲監察御史。丁憂。高祖令所司奪情授一七品清要官。所司擬雍州司錄參軍。上曰。此官要而不清。又擬秘書郎。上曰。此官清而不要。遂授侍御史。

貞元六年。竇羣入拜侍御史。有人誣告故尙父子儀嬖人張氏宅中有寶玉者。張氏兄弟又與尙父家子孫相告訴。詔促其獄。羣上奏言。張氏以子儀在時分財。子弟不合爭奪。然張氏宅與親仁宅。皆子儀家事。子儀素有大勳。伏望陛下特赦而勿問。使私自退省。上從之。時人稱其知大體也。

十二年六月。侍御史竇羣奏。常參官假滿。惟三品官至王府傅已上。卽於正衙參假。其餘不在此限。臣伏見諸司官。或位列通班。職居要劇。其左右丞。諸司侍郎。御史中丞。給事中。中書舍人。並是四品五品清要官。不在參假例。或彌旬曠廢。皆不上聞。或未滿一日。例不舉奏。臣今請尙書省四品官。御史臺五品官。中書門下五品官。請假並同三品例參假。曠廢必知。勤惰無隱。臣職當彈舉。輒陳事宜。勅旨依奏。

太和三年。華州刺史宇文鼎。戶部員外郎盧允中。坐贓。文宗怒。將殺之。侍御史盧宏貞奏曰。鼎爲近輔刺史。以贓汚聞。死固恆典。但取受之首。罪在允中。監司之責。鼎當連坐。帝然之。減鼎三等。

殿中侍御史

隋末不置。武德五年三月二十二日置四員。貞觀二十二年十二月九日。大夫李乾祐奏增兩員。以李文禮張敬一爲之。文明元年又制殿中裏行。以楊啓王侍徵爲之。準吏部式。以三員爲定額。監倉庫本是察院職務。近移入院。第一人監倉。第二人監庫。

龍朔三年五月。雍州司戶參軍韋絢除殿中侍御史。或以爲非遷。中書侍郎上官儀聞而笑曰。此田舍翁議論。殿中侍御史赤墀下供奉。接武夔龍。簉羽鵷鷺。奈何以雍州判佐相比。以爲淸議。

貞元十年四月。勅準六典殿中侍御史凡兩京城內分知左右巡察。其不法之事。謂左降流移停匿不去。及妖訛宿宵蒲博盜竊獄訟寃濫諸州綱典貿易賦斂違法。如此之類。方合奏聞。比者因循。務求細事。旣甚煩碎。頗失大猷。宜令自今以後。據六典合舉之事。所司有隱蔽者。卽具狀奏聞。其餘常務。不須更聞。

太和元年六月。御史大夫李固言奏。監太倉殿中侍御史一人。監左藏庫殿中侍御史一人。臺中舊例。取殿中侍御史從上第一人充監大倉使。第二人充監左藏庫使。又各領制獄。伏緣推事。皆有程限。所監遂不專精。往往空行文牒。不到倉庫。動經累月。莫審盈虛。遂使錢穀之司。狡吏得計。至於出入。多有隱欺。臣今商量。監倉御史若當出納之時。所推制獄稍大者。許五日一入倉。如非大獄。許三日入倉。如不是出納之時。則許一月兩入倉檢校。其左藏庫公事。尋常繁鬧。監庫御史所推制獄。大者亦許五日一入庫。如無大獄。常許一句內計會。取三日入庫。旬當庶使當司公事。稍振綱條。錢穀所由。亦知警懼。勅旨依奏。

監察御史

武德初。因隋舊制。置八員。貞觀二年二月九日。御史大夫李乾祐奏加兩員。以李義琛韋務靜爲之。龍朔元年八月。忻州定襄縣尉王本立爲監察御史裏行。之名始於此。六典又云。裏行始於馬周。未知孰是。初皆帶本官祿俸於本官請。如未即眞有故停。即以本官赴選。文明元年。自王賓以後。不復更銜本官。且以裏行爲名。至今不改。天后時。又有臺使八人。俸亦於本官請。餘並同監察。時人呼爲六指。吏部式。監察裏行及試。以七員爲定額。開元初。又置裏行使。無員數。監察御史職知朝堂。正門無籍。非因奏事。不得入至殿庭。在栖鳳閣南望殿中侍御史。以從觀象門出。若從天降。至開元七年三月。勅並令隨仗入閣。西監察院。即今中丞東廨是也。中丞裴寬因修廨宇。遂移監察院於十道使院。置之舊院。遂爲中丞廨宇。杜易簡御史臺雜注云。監察御史自永徽以後。多是勅授。雖有吏部注擬。門下過覆。大半不成。至龍朔中。李義府掌選。寵任旣崇。始注得御史。李義府敗。無吏部注者。員外左右遞率舍人等亦然。

蘇氏駮曰。員外郎御史。幷供奉官。進名勅授。是開元四年六月十九日。勅杜易簡著雜注。以後猶四十年爲吏曹注擬矣。

興元二年十月四日。勅。監察御史六人。承前所定。皆是從下次舊例。從下又合出使。若一人出使。兼有故。

則六察御史遞相移改。今請令監察從上第一人察吏部禮部。第二人察兵部工部。第三人察戶部刑部。每年終議其殿最。

貞元二年五月。御史中丞竇參奏。得監察御史鄭襄狀。準六典。應郊廟祀祭。皆御史監之。蓋職在省其器服。閱其牲牢。有不修敬。則舉劾聞奏。主者嚴薦獻。交神明。監者舉過繆。糾闕誤。所務不同。準式。齋官有故。許通融行事。公事數人可得通攝。其監察御史唯有一人。舊例有故便闕者。伏以祀事肅恭。國家大典。苟無糾察。恐虧慎重。卻請以後監察御史誓戒後有假及改轉者。許續差御史。令沐浴潔服。往卽冀官次有常。禮物嚴備。從之。

四年八月。檢校司徒兼太子太保李勉薨。至德初。從靈武拜監察御史。屬朝廷用武。勳臣背闕而坐。勉舉劾不敬。拘之。肅宗特原之。而謂左右曰。吾有李勉。始知朝廷之尊矣。

十一年二月。黔中監察御史崔穆為部人告贓二十七萬貫及他犯。遣監察御史李直方往黔州覆按。近事雨晦無對見者。是日雨止。上重至延英召見直方遣焉。

十九年十二月。監察御史崔薳笞四十。配流崖州。初。建中元年勅。京城諸軍諸使及府縣季終。命御史分曹巡按繫囚。省其寃濫以聞。近年以北軍職在禁密。但移牒而已。御史未嘗至。薳在官近。不諳故事。至右神策軍。云奉制巡按。軍使等以為持有制命。頗驚愕。軍中遽奏之。上發怒。故有此命。

元和四年五月。御史臺奏。準舊例。監察御史從下第六人各察尚書省一司。又準興元元年十月勅。令監察御史從上第一人察吏部禮部。第二人察兵部工部。第三人察戶部刑部。伏以監察第一第二人已充監察御史及館驛等使。新人出使外。並無職掌。無以觀其能否。今請守舊制。以新人分察。從之。

太和二年。郊廟告祭差攝三公行事。多以雜品。監察御史柳璟監祭奏曰。準開元二十三年勅。宗廟大祀。宜差左右丞相嗣王特進少保少傅尚書賓客御史大夫。又準二十五年勅。太廟五享。差丞相師傅尚書嗣郡王通攝。餘司不在差限。又元和四年勅。太廟告祭攝官。太尉以宰相充。其攝司徒司空。以僕射尚書師傅充。餘司不在差限。比來吏部因循。不守前後勅文。用人稍輕。請自今年冬季。勅吏部準開元元和勅例差官。從之。

八年九月。御史臺奏。當司應六察官。伏準元和四年五月二十日勅。監察御史六人分察尚書省。從下一人察吏部。其次察兵部。省伏以監察在臺職。當使役。或有出入推按。例合差遣新人。每因一人奉使。須數員轉職。既頻移易。使致因循。舉察之務。難得精審。今請除監察館驛兩處。以次人便專察吏部。其下便依次轉差。所冀察務有常。公事知守。勅旨依奏。

開成元年正月。中書門下奏。監察太倉左藏庫御史。請於新入庶臺察中。擇精強幹用兩人。分監倉庫。至放朝謁。每月除本官俸錢外。別給見錢三十千。隔日早入。勅旨依奏。

大中四年九月十六日。御史臺奏。准舊例。京兆府准勅科決囚徒。合差監察御史一人到府門監決。御史未至。其囚已至科決處。縱有寃屈。披訴不及。今後請許令御史到府引問。如囚不稱寃。然後許行決。其河南府准此。諸州有死囚。仍委長官差官監決。並先引問。從之。

唐會要卷六十一

御史臺中

館驛

開元十六年七月十九日敕。巡傳驛。宜因御史出使便令校察。至二十五年五月。監察御史鄭審。檢校兩京館驛。猶未稱使。今驛門前十二辰堆。即審創焉。乾元元年三月。度支郎中第五琦。充諸道館驛使。大歷五年九月。杜濟除京兆尹。充本府館驛使。自後京兆常帶使。至建中元年停。大歷十四年九月。門下省奏。兩京請委御史臺各定知驛使御史一人。往來句當。遂稱館驛使。謹按六典及御史臺記并雜注。即並不言臺中有館驛使。

貞觀十九年。太宗親征遼。發定州。皇太子奏。請飛驛遞表起居。又請遞敕垂報。並許之。飛表奏事。自茲始也。

大足元年五月六日敕。諸軍節度大使。聽將家口八人。副大使六人。萬人已上鎮軍大使四人。副使三人。五千人已上大使三人。副使二人。並給傳乘。

長安四年五月二日。乘傳人使事閑緩。每日不得過四驛。

景雲二年八月四日敕。諸使至京都。經一日已上。即停乘傳驛及供給。

開元七年六月二十八日勅。專知傳驛官。一差定後。年限未終。所由不得輒迴改。并別差使。及別報句當。
其年七月一日勅。諸道按察使家口往過。宜給傳遞。
十五年四月十日勅。兩京都亭驛應出使人三品已上及清要官。驛馬到日。不得淹留。過時不發。餘並令就驛進發。左右巡御史專知訪察。
十八年六月十三日勅。如聞比來給傳使人。爲無傳馬。還只乘驛。徒押傳遞。事頗勞煩。自今已後。應乘傳者。宜給紙券。
二十三年七月十七日。新除都督刺史。并闕三官州上佐。並給驛發遣。
二十八年六月一日勅。曰。先置陸驛。以通使命。苟無闕事。雅適其宜。如聞江淮河南兼有水驛。損人費馬。甚覺勞煩。且使臣受命。貴赴程期。豈有求安。故爲勞擾。其應置水驛。宜並停。
天寶十一載十一月五日。自今諸郡太守謝上表。並附驛遞進。
大歷十四年二月二十六日。郎官請假拜埽。宜準開元天寶中舊例。給公乘。
其年九月十七日。門下省奏。准公式令。諸給驛馬。職事三品及爵三品已上。若王。四疋。四品已上及國公。三品五品及爵三品已上。二疋。餘官爵各一疋。伏望今後並約前件馬數給券。其從人每馬一疋。許將一人從之。其月勅節文。兩京宜委御史臺各定知驛御史一人。往來句當。諸道委節度觀察使各於本道判官中定一人專知差定訖。具名銜聞奏。并牒奏。

建中四年正月十一日。館驛置五等使料及人馬數。其月。詔商州度上津路館置舍。

貞元二年三月。河南尹充河南水陸運使薛珏奏。當府館驛。準永泰元年三月。京兆尹兼御史大夫第五琦奏。使人緣路無故不得於館驛淹留。縱然有事。經三日已上。即於主人安置。館存其供限。如有家口相隨。及自須於村店安置。不得令館驛將什物飯食草料。就彼供擬者。伏以承前格勅。非不丁寧。歲月滋深。因循久弊。今往來使客。多是武臣。踰越條流。廣求供給。府縣少缺。悔吝坐至。屬當凋殘。實難濟辦。況都城大路。耗費倍深。伏乞重降殊恩。申明前勅。絶其僥濫。俾懼章程。庶郵驛獲全。職司是守。勅旨。宜付所司。舉元勅處分。

其年六月二十二日。勅。諸道進奉卻迴。及準勅發遣官健家口。不合給驛劵人等。承前皆給路次轉達牒。令州縣給熟食程糧草料。自今以後。宜委門下省檢勘。憑據分明。給傳牒發遣。切加勘責。勿容踰濫。仍準給劵例。每月一度具狀聞奏。

其年十二月。勅節文。從上都至汴州爲大路驛。從上都至荆南爲次路驛。知六路驛官。每一周年無敗闕。與減一選。仍任累計。次路驛官。二周年無敗闕。與減一選。三周年減兩選。

八年。門下省奏。郵驛條式。應給紙劵。除門下外。諸使諸州不得給往還劵。至所詣州府納之。別給令還。其常參官府外除授。及分司假寧往來。並給券。從之。

元和四年正月。勅準元和三年諸道濫給券道勅文。總一百二十七道。已上者。州府長官宜奪一季俸祿。其本州官曹官。及錄事參軍。付吏部用闕。去任殿一選。

其年。監察御史元稹劾奏。徐州節度使王召。傳送故監軍使孟昇喪柩還京。給券乘驛。仍於郵舍安喪柩。有違典例。

五年正月。考功奏。諸道節度使觀察等使。各選清強判官一人。專知郵驛。如一周年無違犯。與上考。如有違越。書下考者。伏以遵守條章。纔為奉職。便與殊考。恐涉太優。今請不違勅文者。書中上考。其違越者。依前書下考。仍請永為常式。勅旨依奏。

其年四月。御史臺奏。御史出使及卻迴。所在館驛。逢中使等。舊例。御史到館驛。已於上廳下了。有中使後到。即就別廳。如有中使先到上廳。御史亦就別廳。因循歲年。積為故實。訪聞近日多不遵守。中使若未諳往例。責欲逾越。御史若不守故事。懼失憲章。喧競道途。深乖事體。伏請各令遵奉舊例。冀其守分。勅旨。其三品官及中書門下尚書省官。或出銜制命。或入赴闕庭。諸道節度使觀察使赴本道。或朝覲。并前節度使觀察使追赴闕庭者。亦准此例。先監察御史元稹自東臺赴闕。至敷水驛。與中使劉士元爭廳事。因士元以鞭擊元稹之面。稹跳而走。故有是命。

九年四月。自夏州至天德。復置廢館一十一所。以通緩急。時去年迴鶻自部落南過磧。取西城柳谷路討吐蕃。西城防禦使周懷義表至。朝廷大恐。以迴鶻聲言討吐蕃。意是入寇。

宰臣李吉甫。以爲迴鶻入寇。且當漸絕和事。不應便來犯邊。但須設備。不足爲慮。因請置之云。

十一年十二月。門下省奏。事非急切者。不得乘驛馬。從之。

十二年十二月。復以中官爲館驛使。六典之制。以監察第二御史主郵驛。元和初。常以中官曹進玉爲使。恃恩暴戾。遇四方使多倨詰之。或至捽辱者。內外屢以爲言。宰臣李吉甫等論罷之。至是復置。左補闕裴潾上疏曰。伏以館驛之務。每驛各有專知官。主當又有京兆府觀察使刺史遞相監臨。臺中有御史充館驛使。專察過闕。伏以近有敗事。上聞聖聽。若明示科條。切責官吏。據其過犯。明加貶黜。敢不惕懼。日夜勵精。若令宮闈之臣。出參館驛之務。則內臣外務。職分各殊。切惟塞侵官之源。絕出位之漸。事有不便。必誠於初。令或乖方。不必在大。當埽靜妖氛之日。開太平至治之風。澄本正名。正在今日。疏奏不報。

十三年。庫部員外郎李渤爲潞州弔祭使。上言。畿內諸驛馬多死。上命以飛龍馬數百疋付之。

長慶元年九月。中使二人充行營糧料館驛使。左補闕蔣防等以非故事。恐驚物聽。上疏切諫。遂罷之。

其月。復置行營糧料館驛等中使。宰臣切論。給事中封勅。諫官上疏。諫止。

其年四月勅。如聞館驛遞馬。死損轉多。欲令提舉吏人悉又推委中使。驛吏稱不見券。則隨所索盡供。旣無憑據。肯有定數。自今以後。中使乘遞。宜將券示驛吏。據券供馬。如不見券及分外索馬。輒不得勒供。下後從長樂臨臯等驛。準此勘合。如不遵守。要速聞知。仍委所在長官。當時具名銜聞奏。其常參知官出使。

及諸道幕府軍將等。合乘遞者。並須依格式。如有違越。當加科貶。

其年九月。時詔命授行營諸司方略。朝令夕改。驛使相望。京兆尹柳公綽獻狀訴云。自幽鎮兵興。使命繁并。館驛貧虛。鞍馬多闕。又勅使行傳。都無限約。驛吏不得視券牒。隨口卽供。驛馬旣盡。遂奪鞍乘。衣冠士庶。驚擾怨嗟。於是降勅。中使傳券。素有定數。如聞近日多越券牒。宜令諸司府。據元和十四年四月五日勅。分明曉示。自今已後。如更違越。所在州縣。俱當時具名聞奏。

寶歷二年二月。鳳翔隴州觀察使上言。當管緣興元新迴斜谷路。創置驛三所。岐山縣南界置渭陽驛。郿縣北界置過蜀驛。寶雞縣南界置安途驛。其月。山南西道觀察使上言。當道新制斜谷。其中須置館驛。及創驛右界名者三。甘亭館請改爲懸泉驛。駱駝薦館改爲武興驛。坂下館請改爲右界驛。並可之。

太和四年十月。御史臺奏。伏準六典故事。外官授命。皆便道之官。蓋緣任闕其人。則朝廷切於綜理。近日皆顯陳私便。不顧京國。越理勞人。逆行縣道。或非傳置。創設供承。況每道館驛有數。使料有條。則例常踰文計。失素使偏州下吏。何以資陪。又準假寧令。官五考。一給拜埽假。今借稱幸從便路。願謁枌楡。則是展墓足以因行。赴官皆由枉道。臣今月五日。已於延英面奏。伏幸聖旨。令將伏承狀。乞起今公私行李。勒依紀律。敢有違越。請委所司論列。勅旨。依奏。

八年八月。門下省奏。常參官私事請假。從來準例。並給券牒。今商量。或緣家事乞假。各申私志。須約公費。

自今後。應有此色假官。並任私行。門下省不得給公券。如或事出特恩。不在此限。勅旨。依奏。

開成四年二月。門下奏。常參官寒食拜埽。今月七日。延英面奏。進止。令準往例給公券者。臣等謹檢舊案。承常參官應爲私事請假。外州往來給券牒。伏準太和八年八月十日勅。釐革應緣私事。並不許給公券。今臣等商量。唯寒食拜埽。著在令式。銜恩乘驛。用表哀榮。虔奉聖旨。重頒新令。其有拜埽不出府界。假內往來者。並不在給券限。勅旨。依奏。

會昌元年二月。御史大夫陳夷行。商量條流。奏所置館驛。鞍馬什物。兼作人多少。及功價資課。每年破用。取何色錢物。添修支遣。其驛馬數。勘每驛見欠多少。速具分析奏來者。臣今商量。請準勅先牒諸州府。勘鞍馬什物。作人功價糧課。并勘每年緣館驛馬占留錢數。諸色破用。及使料粟麥遞馬草料。待諸州府報到。續具聞奏。今具檢前後勅文。行用相當者。參立新格。逐意條流。除館驛弊事。

其年三月。門下省奏。準今月六日勅。中使乘券入馬數。訪聞近日皆守勅文。不敢逾越。施之久遠。須令通濟。其遠近送諸道春衣使。須有大將衣。任量加馬一疋。勅旨。令貴必行。理須通濟。供奉官緣官傔人多。宜加遞馬一疋。春衣端午使。例外更加一疋。冬衣使。例外更加兩疋。餘並準三月六日勅。

二年四月二十三日。勅節文。江淮兩浙每驛供使水夫價錢。舊例約十五千已來。近日相仍。取索無度。蘇常已南無驛使。供四十餘千。或界內有四五驛。往來須破四五百千。今後宜依往例。不得數外供破。如有越違長吏已下書罪。

大中五年七月勅。如聞江淮之間。多有水陸兩路。近日乘券牒使命等。或使頭陸路。則隨從船行。或使頭乘舟。則隨從登陸。一道券牒。兩處祗供。害物擾人。爲弊頗甚。自今已後。宜委諸道觀察使及出使郎官御史并所在巡院。切加覺察。如有此色。即具名奏。當議懲殿。如州縣妄有祗候。官吏所由。節級科議。無容貸。

六年二月。汴州觀察使崔龜從奏。當管三州水陸官驛。先準勅文條流。水夫具有定制。并不許行轉牒供券外剩人。歲月滋深。仍被過客格外干求。剩索人夫。別配糧料。臣今欲條流諸道節度觀察使刺史及諸道監軍。別勅判官赴任。及歸闕庭。若有家口及參從人。即量事祗供。其本管迎送軍將官健所由諸色受雇人等。本道既各給程限。兼已受傭直。並請不供。伏恐使客曾得館驛分外祗供。忽此遭減。必巧言謗讟。上聞聖聽。今欲準此釐革。不敢不奏。勅旨。宜依。其諸道亦準此處分。

彈劾

故事。御史彈奏。上坐日曰。仗彈。至景雲三年已後。皆先進狀。聽進止。許即奏。不許即止。儀鳳二年二月十九日勅。凡有彈糾。皆待大理斷招後。錄入功過。至德元年九月十日詔。御史彈事。自今以後。不須取大夫同置。故事。凡中外百寮之事。應彈劾者。御史言於大夫。大事則方幅奏彈之。小事則署名。乾元二年四月六日勅。御史臺所欲彈事。不須先進狀。仍服豸冠。所被彈劾。有稱讎嫌者。皆冀遷延。以求苟免。但所舉當罪。則讎亦無嫌。如憲官不舉所職。降貲出臺。儻涉阿容。乃重貶責。舊制。凡事非大夫中丞所劾。而合彈奏者。則具其事爲狀。大夫中丞押奏。大事則豸冠朱衣纁裳白紗中單以彈之。小事常服而已。

貞觀十一年。吳王恪好畋獵。損居人田苗。侍御史柳範奏彈之。太宗因謂侍臣曰。權萬紀事我兒不能輔正。其罪合死。範進曰。房元齡事陛下。尚不能諫止畋獵。豈可獨罪萬紀乎。

永徽元年十月二十四日。中書令褚遂良抑買中書譯語人史訶擔宅。監察御史韋仁約劾之。大理丞張山壽斷以遂良當徵銅二十斤。少卿張叡冊以爲非當。估宜從輕。仁約奏曰。官市依估。私但兩和耳。園宅及田。不在市肆。豈用應估。叡冊曲憑估買。斷爲無罪。大理之職。豈可使斯人處之。遂遷遂良及叡冊官。

顯慶元年八月。中書侍郎李義府特寵用事。聞婦人湻于氏有美色。坐事繫大理。乃諷大理寺丞畢正義。枉法使出之。將納爲妾。或有密言其狀者。上令給事中劉仁軌鞫之。義府恐洩其謀。遂逼正義自縊於獄中。上知而特原義府。侍御史王義方奏。義府擅殺寺官。陛下雖已釋放。臣不應更有鞫問。然天子置三公九卿二十七大夫八十一元士。本欲水火相濟。鹽梅相承。然後庶績咸熙。風雨交泰。則知人主不得獨是獨非。皆由聖旨。昔唐堯至聖。失之於四凶。漢祖深仁。失之於陳豨。光武聰明寬恕。失之於龐萌。魏武勇略英雄。失之於張邈。此並英雄之主。莫不失之於前。得之於後。陛下繼聖撫育萬方。蠻陬夷落。猶懼刑網。輦轂咫尺。奸臣肆虐。殺六品寺丞。足使忠臣抗憤。義士扼腕。縱正義自取絞縊。此事彌不可容。使是畏義府之權勢。能殺身以滅口。則此生殺之威。上非主出。賞罰之柄。下移姦佞。臣恐履霜堅冰。積小成大。請乞重勘。審正義致死之由。雪寃氣於幽泉。誅姦臣於白日。對仗叱義府令下。義府顧望不退。義方三叱。上既無言。義府趨出。義方乃讀彈文曰。義府善柔成性。佞媚爲姿。昔事馬周。分桃見寵。後交劉洎。割袖承恩。生其羽翼。長其光價。因緣際會。遂階通達。不能盡忠竭節。對揚王休。策蹇勵駑。祇承皇眷。而反憑附城社。蔽虧日月。請託公行。交遊羣小。貪冶容之姣好。原有罪之淫于。恐漏洩其陰謀。殞無辜之正義。雖挾山超海之力。望此猶輕。回天轉日之威。方斯更劣。此而可恕。孰不可容。金風戒節。玉露啓寒。霜簡與秋典共清。忠臣將鷹鸇並擊。碎首玉階。庶明臣節。請付法推。以申典憲。

龍朔二年三月。鐵勒道行軍大總管鄭仁泰。薛仁貴殺降九十餘萬。更就磧北討其餘衆。遇大雪。兵士糧盡。凍餓死者十八九。御史大夫楊德裔劾奏曰。謹按仁泰猥以非才。謬荷拔擢。擁旄瀚海。問罪天山。理應虔奉廟算。恭行天罰。而褊心無謀。短懷愎諫。乃肆兇殘。恣行殺戮。向若大軍初到。明諭天旨。撫納前降。招來後服。則鐵勒反善。不日斯平。仁泰素闕遠圖。莫曉機事。師徒無紀。軍令不明。遂使稽顙屈膝者。被塗炭之誅。懼死懷生者。因成絕漠之計。加以沙塞綿邈。風雪嚴凝。不量士馬疲痾。不度糧食多少。乃令班師。凍餒征夫。殞斃士馬。骸胔委積。刳剔縱橫。暴骨交衢。下實泉壤。深可悼恤。成規失守。明罰所誅。自聖朝剗平天下以來。未有如仁泰此行損威挫銳之甚。仁貴貪殘有素。平允乖方。縱矜所得。不補所喪。豈可並資誣罔不寘準繩。撫悼存亡。理宜懲肅。其仁泰等故殺降人。餓殺兵士。並請付法。以申典憲。

萬歲通天五年五月。監察御史紀履忠。劾奏御史中丞來俊臣犯狀有五焉。一專擅國權。二謀害良善。三贓賄貪濁。四失義背禮。五淫昏狠戾。論茲五罪。合至萬死。請下獄治罪。

大足元年。張易之縱恣益橫。常私引相士李宏泰占吉凶。言涉不順。御史中丞宋璟請窮究其狀。則天曰。易之等已自上聞。璟曰。謀反大逆。無容首免。易之等分外承恩。臣知言出禍從。義激於心。雖死不恨。則天不悅。內史姚璹恐忤旨。遽宣勑令出。璟曰。天顏咫尺。親奉德音。不煩宰相擅宣王命。則天意解。乃收易之等就臺。俄有勑特原之。仍令易之等就璟宅謝罪。璟拒而不見。曰。公事當公言之。若私見。法無私也。

長安四年三月。監察御史蕭至忠彈鳳閣侍郎同鳳閣鸞臺三品蘇味道贓汚。貶官。御史大夫李承嘉嘗召諸御史責之曰。近日彈事。不諮大夫。禮乎。衆不敢對。至忠進曰。故事。臺中無長官。御史人君耳目。比肩事主。得各彈事。不相關白。若先白大夫而許彈。則可。如不許彈。則如之何。大夫不知曰誰也。承嘉默然而憚其剛直。

神龍三年。吏部尙書蘇瓌按問鄭普恩。其妻有寵於韋庶人。特勑令對御辨析。上屢抑瓌而理普恩。侍御史范獻忠歷階而前曰。臣請先罪蘇瓌。上問其故。忠曰。蘇瓌國之大臣。荷榮貴久矣。不能斬逆賊而後奏聞。今使眩惑天聽。搖動刑柄。而普恩反狀昭露。陛下曲爲申理。此則王者不死。今聖躬萬福。豈有剩天子耶。臣請先死。終不能事普恩。上意乃解。獄遂定。

其年。監察御史魏傳弓劾奏內常侍輔信義縱暴。竇懷貞曰。輔常侍深爲安樂公主所信任。權勢甚高。常成禍福。何得輒有糾彈。傳弓曰。今王綱漸壞。君子道消。正由此輩擅權耳。若得今日殺之。明日受誅。無所恨。

景龍元年九月十二日。又劾奏銀青光祿大夫西明寺主惠範奸贓四十萬。請寘於極法。上召之。有寬惠範之色。傳弓進曰。刑賞者。國家大事。陛下賞已妄加。豈宜刑所不及。削惠範官。放歸於第。

景龍二年十二月。御史中丞姚廷筠奏稱。律令格式。懸之象魏。奉而行之。事無不理。比見諸司僚寀。不能遵守章程。事無大小。皆悉奏聞。臣聞爲君者任臣。爲臣者奉法。故云。汝爲君目。將司明也。則知萬機務綜。不可徧覽也。所以設官分職。委任責成。百工惟時。以成垂拱之化。比者修一水𥫍。或伐一枯木。並皆上聞。旒扆取斷。宸衷豈代天理物。至公之道也。自今以後。若緣軍國大事。及牒式無文者。任奏取進止。自餘據章程合行者。各令準法處分。其故生疑滯。致有稽失者。望令準御史隨事糾彈。上從之。

三年二月九日。娑葛入寇。監察御史崔琬劾奏兵部尚書宗楚客侍中紀處訥曰。立性險詖。志越溪壑。幸以遭逢聖主。累忝殊榮。承愷悌之恩。居弼諧之地。不能克意砥礪。憂國如家。遂乃潛通獫狁。納貨取賚。公引頑兇。受賂無限。且境外之交。情狀難測。今娑葛反叛。邊鄙不寧。由此賊臣取怨中國。臣忝直指。義在觸邪。請黜巨蠹。用答大造。並請收禁。差三司追鞫。

其年五月。李尙隱與監察御史李懷讓。同奏吏部侍郎崔湜鄭愔。有所挾附。贓汚狼籍。詔監察御史裴漼按其事。時安樂公主用事。諷漼寬之。漼遂對仗重彈奏。愔竟從貶削。（一說斬常所劾。恐非。）

開元二年。崔日知爲京兆尹。貪暴犯法。御史大夫李傑糾劾之。反爲日知所搆。侍御史楊瑒廷奏曰。彈劾之舉。若遭恐脅。以成奸人之謀。御史臺固可廢卻。上以其言切直。遽令傑依舊視事。（貶日知爲黟縣丞。）

其年三月。殿中御史郭震。劾刑部尙書趙彥昭。太子賓客韋嗣立。靑州刺史韋安石。曰彥昭以女巫趙五娘左道亂常。託爲諸姑。潛相援引。旣因提挈。遂踐台階。或驅車造門。著婦人之服。或攜妻就謁。申猶子之情。同惡相濟。一至於此。又張易之兄弟。勢傾朝野。嗣立此際。結爲舅甥。神龍之初。已合誅死。天網疎漏。腰領誤全。與安石託附阿韋。編諸屬籍。中宗晏駕。削太上皇輔政之制。定阿韋臨朝之策。比時朝野危懼。人臣怨憤。臣雖才識妄庸。忝司淸憲。熟見奸僻。敢不糾彈。彥昭並請法處分。於是並罷官。

建中元年三月。監察御史張著冠豸冠。彈京兆尹兼御史中丞嚴郢於紫宸殿。以郢奉詔浚陵陽渠。匿詔不時行。故使奔蹙。以歸怨於上。上卽位。初侍御史朱敖請復舊制。置朱衣豸冠於內廊。有犯者。御史服以彈。又令御史得專彈劾。不復關白於中丞大夫。至是著首行之。乃削郢御史中丞。著特賜魚袋。自是日懸衣冠於宣政之左廊。然著希楊炎之意。彈郢。人頗不直之。

貞元元年三月。宰相召諫官御史宣諭上旨曰。自今上封彈劾。宜入自陳論。不得羣署章奏。若涉朋黨。初京兆尹李齊運。以公事詬萬年縣丞源邃。令左右抑捽不已。邃竟死於廷。京師不直。其妻鄭氏告冤不已。崔縱執奏。如初。御史中丞張彧繼論。御史連章彈齊運。齊運乃奏云。臣孤立。為朋黨所擠。故命宰臣宣諭焉。

元年正月。侍御史殷永免官。初。奉誠軍節度使康日知朝覲失儀。為御史彈奏。詔捨之。因勅御史有節將始至朝禮小失。勿劾。及是邠寧節度使張獻甫入閤失儀。永廷劾之。獻甫素服待罪闕下。召見慰諭。以永忘其前命。故免。

元和三年三月。御史中丞盧坦舉奏。前山南西道節度使柳晟授任方隅。所寄尤重。至於勅令。首合遵行。一昨歸朝。冏違明旨。復修貢獻。有紊典章。伏請付法。又奏。前浙東觀察使閻濟美到城之時。亦有進獻。當時勘責。稱離越州後。方見赦書。道路已遙。付納無處者。既經鴻霈。須為商量。已書罰訖。伏准今年正月赦文。自今已後。諸道長史有赴闕廷者。並不得取本道錢物。妄稱進奉。柳晟等既違新令。不敢不奏。初坦既奏舉晟濟美。二人皆待罪於朝堂。上召坦對。襃慰久之。曰。晟等所獻。皆以家財。朕已許原。不可失信。坦奏曰。赦令天下之大信也。天下皆知之。今二臣違令。是不畏法。陛下奈何以小信而失天下大信乎。上曰。朕已受之。如何。坦曰。歸之有司。不入內藏。使四方知之。以昭聖德。上稱善。其言

十五年三月。御史中丞崔直奏云。元和十二年。御史臺奏請知彈侍御史被彈。即請向下人承次監奏。或

有不到。即殿中侍御史於侍御史下立。以備其闕。臣伏以朝官入閤失儀。知彈侍御史合彈奏錯失。向下侍御史及中丞大夫遞相彈奏事後入本班。候監奏出閤。然後合侍御史待罪。此乃殿廷舊制。於事爲宜。今若移一殿中放彈御史之下。以防向上失錯。或殿中自錯。則擬更立何人向下。監奏繫於瞬息。只合知彈侍御史便了。不必別差殿中。旣乖故實。終慮駁雜。伏請自今已後。卻依閤內故事。縱知彈侍御史自有錯失。不被彈奏。候班退監奏畢。然出待罪。冀從易便。永可遵行。奏可。

長慶四年六月。侍御史溫造。於閤內奏彈左金吾大將軍李祐近違勅罷吏。請進馬以論。祐趨出待罪。宣勅放之。

太和二年。義成軍節度使李聽。爲魏博所敗。喪師過半。御史中丞溫造。殿中侍御史崔蠡彈之曰。賞罰不立。無以示天下。李聽按甲遷延。逗撓軍政。以致狼狽就道。自圖苟免。伏請付法司論罪。上特原之。

七年九月。侍御史李款閤內彈奏前邠州行軍司馬鄭注曰。內通勅使。外連朝官。兩地往來。卜射財貨。書伏夜動。干竊化權。人不敢言。道路以目。請付法司。奏未報。款連上十餘疏。由是授注通王府司馬。

九年六月。御史大夫李固言奏。知彈侍御史自京城百司及天下諸州府等公事。應關文法者。皆先申臺司。舊例配知彈侍御史一人。專掌其事。至朝日入閤。又對仗彈奏中外臣僚不如法者。事最繁重。又須詳精。一人當之。實恐不逮。臣商量請知彈御史一人。專掌京城百司公事。皆彈侍御史一人分掌諸州府之事庶使官業各修．無所遺闕．從之．

唐會要卷六十二

御史臺下

諫諍

長安四年十一月。勅於登萊州置監牧。和市牛羊。右肅政臺監察御史張廷珪諫曰。竊見國家於河北和市牛羊。及荆益等州市奴婢。擬於登萊等州置監牧。此必有人爲國用不足。或將見陶朱公孫宏卜式之事。而爲陛下陳其策耳。臣愚以爲齷齪小算。有損無益。爲盛明天子行於世也。何以明之。彼三人者。實爲匹夫。藉空虛之地。罄勤苦之功。畜牧積歲。增致千金。苟以一家言之。其計得也。今聖朝疆域四海。臣妾萬方。天覆地載。莫非所有。而必取於人。從牧於國。何示人之不廣。而近樹私也。況和市遞送。所在騷然。公私煩費。不可勝計。今河南牛疫。處十不存二。家家保之。豈願輒賣。今雖和市。甚於抑奪。頃者諸州雖定估價。既緣併市。則雖平準。加以簡擇。事須賄求。侵克之端。從此而出。牛羊踊貴。必倍於常。百姓私賠。即破家產。雖官得一牛一羊。百姓已失兩牛兩羊價矣。此則有損無利也。又聞君之所恃者人。人之所恃者食。食之所資者耕。耕之所恃者牛。失牛則廢耕。廢耕則去食。去食則人無以生。人無以生。君將何恃。然則牛者君國字人之本。豈有無故而取之哉。假令畜牧能遂繁。三數歲間。億萬可致。陛下豈可鬻之於中土。剖割其命爲貧乎。牛之爲損則如彼。羊之無益又如此。伏願特加審愼。詳圖頼益。諸有所和市及新置監牧等。倘迴聖慮。即日停絶。天下蒼生。不勝幸甚。其後數日。御史中丞盧懷愼上表曰。臣奉使幽州推事。途經衞相等州。知河北和市萊州監牧牛。臣聞官人百姓。當土牛少。市數又多。官估已屈於時價。衆戶又私相賠帖。既印之後。卻付本主養飼。春暮草青。方送牧所。竟無蠲折。侵削實深。且民惟邦本。食乃民天。牛之不存。民將安寄。河北百姓。尤少牛犢。賤市抑養。奪取無異。聚農戶之耕牛。冀收孳課。奪居人之沃壤。將爲牧場。益國利民。未見其可。所和市牛。臣望總停。爲計之上。

神龍二年。京兆韋月將上書。訟皇后爲亂。中宗大怒。令撲殺之。御史中丞宋璟執奏。請按而後刑。中宗怒甚。謂璟曰。朕以爲斬訖。何故緩之。璟曰。韋言中宮爲亂於武三思。陛下不加勘問。直言斬論事者。臣恐朝野有竊議者。中宗轉怒。璟曰。請先斬臣。不然。臣不敢奉詔。上意少解。遂配流。三年八月。節愍太子誅武三思之後。安樂公主及宗楚客兄弟。幷冉祖雍李悛等。共誣構安國相王鎭國太平公主。與太子連謀舉兵。請收制獄。上召御史中丞蕭至忠。令鞫之。至忠泣而奏曰。陛下富有四海。貴爲天子。豈不容一弟一妹。忍受人羅織。宗社存亡。實在於此。臣愚竊爲陛下不取。漢書云。一尺布。尚可縫。一斗粟。尚可舂。兄弟二人不相容。願陛下詳察此言。初則天欲立相王。累日不食。請迎陛下。固讓之誠。天下傳說。足明冉祖雍等所奏。咸是虛構。上深納之。遂停鞫問。其時左補闕吳兢上表曰。臣聞道路竊議云。宗楚客紀處納等誣構安國相王。以爲連謀於庶人重俊。將請下制獄。臣旣參職諫曹。安敢不奏。且安國相王。實陛下同氣。六合至廣。親莫加焉。今賊臣等共加羅織。此禍亂之漸。不可不察。又王之仁孝。幽明共知。頃遭荼毒。哀毀過度。以陛下爲性命。亦陛下之手足。旣孝於父母。而惡於兄弟者。未之有也。若信任讒邪。寘之於法。必傷陛下之恩。失天下之望。所謂芟刈股肱。獨任胷臆。方涉江漢。棄其舟楫。可爲寒心。可爲慟哭。自昔翦伐枝幹。假權異族者。未有不喪其宗社也。何以明之。秦任趙高。卒致傾覆。漢委王莽。遂成簒逆。晉家以自相魚肉。寰瀛鼎沸。隋室以猜忌子弟。海內塵飛。驗之覆車。安可重迹。自陛下登極。于今四稔。一子以弄兵被誅。一子以愆失遠任。唯此一弟。朝夕左右。斗粟尺布之刺。可不愼乎。

景雲二年。監察御史韓琬陳時政。上疏曰。臣敢以耳目所聞見而陳之。伏願少留意省察。臣竊聞永淳之初。尹元任岐州雍縣令。界內婦人修路。御史彈免之。頃年婦人夫役。修平道途。蓋其常也。調露之際。劉憲任懷州河內縣尉。父思立在京身亡。選人有通索關者。于時選司以名教所不容。頃者以爲見機。俊人矣。頃年國家和市。所由以剋剝爲公。雖以和市爲名。而實抑奪其價。殊不知百姓足。君孰與不足矣。往年兩京與天下州縣學生佐史里正坊正。每一員缺。先擬者輒十人。頃年差人以充。猶致亡逸。往年選司從容安閑。而以禮敬待。頃年選司無復曩時。引接但仇敵。估道耳。往年勍官交替者。必儲畜什物以待之。頃年替人。必喧競爲隟。手執省符。紛然不已。往年召募之徒。人百其勇。爭以自効。頃年差點。勤遣。逃亡相繼。若此者。臣粗言之。不可勝數。夫量事置官。量官置人。使官稱其人。須人不虛位。除此之外。使其耕桑。任其商賈。何為引令入仕。廢其本業。臣愚以為國家開仕進之門廣矣。皆棄農職工商而爭趨之。當今一夫耕而供數百人食。一婦蠶而供數百人衣。遂使公私皆無儲蓄矣。若不釐革其弊。必令致政令風化。年年不等也。

開元二年十二月。嶺南市舶司右威衛中郎將周慶立。波斯僧及烈等。廣造奇器異巧以進。監選司殿中侍御史柳澤上書諫曰。臣聞不見可欲。使心不亂。是知見欲而心亂必矣。臣竊見慶立等。雕鐫詭物。置造奇器。用浮巧為真玩。以詭怪為異寶。乃理國之所巨蠹。明王之所嚴罰。紊亂聖謀。汨斁彝典。昔露臺無費。明君尚或不忍。象筯非多。忠臣猶且憤歎。王制曰。作異服奇器以疑衆者殺。月令曰。無作淫巧以蕩上心。巧謂奇伎怪好也。蕩謂惑亂情欲也。今慶立等皆欲求媚聖意。搖蕩上心。若陛下信而使之。是宣奢淫於天下。必若慶立矯而為之。是禁典之無赦也。陛下即位日近。萬邦作孚。固宜昭宣菲薄。廣教節儉。則萬方幸甚。

元和十五年二月。監察御史楊虞卿以上頻行幸盤遊。上疏諫曰。臣聞鳶鳥遭害。則仁鳥逝。誹謗不誅。則良言進。況詔旨勉諭。許陳愚誠。故臣不敢避死。竊聞堯舜受命。以天下為憂。而未聞以位為樂也。況北敵猶梗。西戎未賓。兩河之瘡痍未平。五嶺之妖氛未解。生人之疾苦盡在。朝廷之制度未修。邊儲屢空。國用猶缺。固未可以高枕無虞也。陛下初御宇宙。有憂天下之志。宜日延輔臣公卿。百寮執事。垂旒而問。造膝以求四方內外有所觀焉。今自聽政以來。六十日矣。八開延英。獨三數大臣仰奉龍顏。其餘侍從待詔之臣。偕入而齊出。何足以聞政事哉。諫臣盈廷。忠言未聞於聖聽。臣實羞之。蓋由主恩尚疏。而衆正之路未啓也。公卿大臣宜朝夕見天子。論道賜與從容。則君臣之情相接。而理道備聞矣。方今自宰相以下四五人。時得頃刻侍座。故天威不遠。鞠躬隕越。隨旨上下。無能往來。此由君太尊。臣太卑故也。自公卿以下。雖歷踐清地。曾未祗奉天睠。以承下問。鬱塞正路。偷安倖生。況陛下神聖如五帝。其臣莫能望清光。所宜周遍顧問。惠其顏色。使支體相輔。君臣愈明。陛下求理於公卿。公卿求理於臣輩。自上下孜孜相問。使進忠若趨利。論政若訴冤。如此而不聞過失。不致昇平者。未之有也。自古帝王居安慮危之心不相及。故不得皆爲聖帝明王。小臣疎賤。豈宜及此。獨不忍冒榮偷祿。以負聖朝。伏惟陛下深憐之。上令中使宣付宰臣云。虞卿所上疏。切直可奬。後宰臣令狐楚蕭俛段文昌延英奏事。因以納諫爲賀。

推事

顯慶五年正月。監察御史袁異式受宰臣李義府密旨。推青州刺史劉仁軌。有所凌辱過甚。及爲侍御史。而仁軌入爲大司憲。式心不自安。後因酺倉起言之。劉公謂侍御曰。彼人對某臥而無禮。自是往事。某不介懷。式拜謝之。

龍朔二年十月。秦令言新除監察御史。推雒州長史許力士子犯法。使還將奏。諸御史謂曰。未經奏事。宜習之。笑曰。由來所便。問作手狀。又都不曉。及奏不稱臣。上問力士知否。對曰。許長史不知。上曰。對朕猶喚許長史。豈能推事。令法官重推。令言免官。

垂拱元年四月。監察御史蘇珦按韓魯諸王獄。珦奏據狀無徵。則天召見詰問。珦執奏不迴。則天不悅曰。卿大雅之士。當別有驅使。此獄不假卿也。遂令珦於河西監軍。

長安三年九月八日。魏元忠爲張易之所構。配流嶺表。太子僕射崔貞愼東宮率府獨孤禕等送至郊外。易之大怒。復使人誣告。則天令監察御史馬懷素推問。續使中使促迫諷令構成其事。懷素執正不受命。則天怒。懷素奏曰。元忠犯罪配流。貞愼等以親故相送。誠爲可責。若以爲謀反。臣豈誣罔神明。昔彭越以反伏誅。欒布猶奏事哭於其屍下。漢朝不坐。況元忠罪非彭越。陛下豈加追送之罪。則天意解。由是獲免。

天寶四載十二月十六日勅。東西兩推。及左右巡使。皆臺司重務。比來轉差新人。數有改易。既不經久。頗紊章程。宜簡擇的然公正精練者。令始末專知。不得輒替換。若無缺失。至改轉時遲速間以爲褒貶。

興元元年十月四日勅。知東推西推侍御史各一人。臺司以推鞫爲重務。請令第一殿中同知東推。第二殿中同知西推。仍分日受事。一人有故。同推便知。先所置推官二員請停。

建中三年九月。御史臺奏。其推知御史差使改移。其兩推卽須改入舊例。合有推官。今請置兩員。與本推御史同推。御史縱有改移。不失根本。若非職掌見任官手力外。請給十年充糧料等。取贓贖錢。勅旨。依奏。

元和五年四月。命監察御史楊寧往東都按大將令狐運事。時杜亞爲東都留守。素惡運。會盜發洛城之北。運適與其部下畋于北邙。亞意爲盜。遂執訊之。逮繫者四十餘人。寧既按其事。亞以爲不直。密表陳之。寧遂得罪。亞將逞其宿怒。且以得賊爲功。上表指明運爲盜之狀。上信而不疑。宰臣以獄大。宜審。奏請覆之。命侍御史李元素就覆焉。亞迎路以獄成告。元素驗之五日。盡釋其囚以還。亞大驚且怒。親追送馬上責之。元素不答。亞遂上疏。又論元素。元素還奏。言未畢。上怒曰。出俟命。元素曰。臣未盡詞。上又曰。且去。元素復奏曰。臣一出。不復得見陛下。乞容盡詞。上意稍緩。元素盡言運冤狀明白。上乃悟曰。非卿孰能辨之。後數月。竟得眞賊。元素由是爲時器重。累遷給事中。每美官缺。必指元素焉。

八月九日。御史中丞薛存誠奏。當司應受事推劾等。臺中舊例。及興元元年十月四日。御史大夫崔縱重奏。取侍御史殿中侍御史各二人。共成四推。猶以東西推爲名。又各分京城諸司及道州府。爲東西之限。隻日則臺院受事。雙日則殿院受事。其中一人有故。則同推便知者。伏以所分諸司及府州爲限已定。事若併至。無例均分。劇者則推鞫難精。閑者則吏能莫試。今請不以東西爲限。亦不以取隻日雙日受事。但請依舊請四推御史。令輪環受事。周而復始。如此則才用俱展。勞逸必均。其餘應緣推事。須有約勒。若一一聞奏。慮煩聖聽。勅下後。請隨事條流。勅旨。依奏。

太和二年閏三月。中書門下奏。御史臺推事。縱有特宣。亦須正勑。應朝官犯罪。准獄官令。先奏後推。格式具存。合共遵守。臣等請便提舉。勑旨。依奏。

四年八月。御史中丞魏謩奏。諸道州府百姓。詣臺奏事。多差御史推劾。臣恐煩勞州縣。先請差度支戶部鹽鐵院官帶憲銜者推勘。又各得三司使申稱。院官人數不多。例專掌院務。課績。令諸道觀察使幕中判官少不下五六人。請於其中帶憲銜者委令推劾。如累推有勞能。雪冤滯。若御史臺缺官。便令聞奏。從之。

出使

貞觀四年。監察御史王凝使至益州。刺史高士廉勳戚自重。從衆僚候之。昇僊亭。凝不爲禮。訶卻之。士廉甚恥恚。至五年。入爲吏部尙書。會凝赴選。因出爲蘇湖令。

十七年。監察御史汲師巡獄至長安縣。令李乾祐不知御史至。巡訖將上馬。乾祐始來。師顧見。不言而去。乾祐深憾之。二十年四月。乾祐除御史中丞。遂出爲新樂令。

顯慶三年七月。監察御史胡元範使越巂。至益州。駙馬都尉喬師望爲長史。出迎之。先是。勑斷迎使臣。師望託言他行。元範引御。不與相見。師望又怨憾。按轡專道。徐反駐後塵。及元範按劾其枉僧事。師望素與許敬宗善。先驛奏之。元範及迴。免官。

麟德二年十月。徵劉仁軌。次於萊舍。於驛西廳。夜已久。有御史至驛。入白曰。西廳少佳。有使止矣。曰。誰。曰。

帶方州刺史。御史令移御仁軌遽就東廳。既至。拜憲大夫。其御史媿不自安。他日。謂侍御曰。諸公出使。當須振舉寃滯。發明耳目。興行禮義。無爲煩擾州縣而自重其權。指行中曰。只如某侍御夜到驛中西廳。所校幾何。苦死遣移。乃就東廳。豈忠恕之事耶。願諸公勿爲也。諸御史莫不翕然自誡。

乾封二年二月。韋思謙除侍御史。與公卿相見。未常行拜禮。或勉之。約曰。鵰鶚鷹鸇。豈衆禽之偶。奈何設拜以狎之。且耳目之官。故當特立。乃曰。御史銜命出使。不能動搖山岳。震懾州縣。誠曠職耳。

開元五年。監察御史杜暹往磧西覆屯。會郭虔瓘與史獻等不協。更相執奏。詔暹按其事實。史獻以金遺暹。固辭。左右曰。公遠使絕域。不可失蕃人情。暹不得已。受之。埋於幕下。既去出境。乃移牒令收取之。

十二年四月六日。勅御史出使。非充按察覆囚。不得輒差判官。其出使日。皆於側門進狀取處分。

十三年三月十三日。勅御史出使。舉正不法。身苟不正。焉能正人。如聞州縣祗迎相望。道路牧宰祗候。僮僕不若。作此威福。其如禮何。今後申明格式。不得更示威權。

大歷十四年六月。勅郎官御史充使。絕本司務者。改與檢校及內供奉裏行。

元和四年。監察御史元積出使東蜀。劾奏故節度使嚴礪違制擅賦。礪雖死。其屬郡七州刺史。皆坐責罰。

六年九月。以前湖南觀察使李衆爲恩王傅。初。衆舉按屬內刺史崔簡罪。御史盧則就鞫得實。使還。而衆以貨遺所推令史。至京。有告者。令史決流。盧則停官。故衆亦坐焉。

七年閏七月勅。前後累降制勅。應諸道違法徵科及刑政寃濫。皆委出使郎官御史訪察聞奏。雖有此文。未嘗舉職。外地生人之勞。朝廷莫得盡知。今後應出使郎官御史所歷州縣。其長吏政俗閭閻疾苦水旱災傷。並一一條錄奏聞。郎官宜委左右丞。句當並限朝見後五日內聞奏。并申中書門下。如所奏不實。必議懲責。

知班

貞觀六年八月。唐臨爲殿中侍御史。大夫韋待價責臨以朝列不整。臨曰。此亦小事。不足介意。請今日已後爲之。明日。江夏王道宗共大夫離立私談。臨趨進曰。王亂班。道宗曰。共大夫語。何至於是。臨曰。大夫亦亂班。韋失色而退。

顯慶四年。侍御史張由古知班。凡亂班多是尚書郎。由古每唱言。員外郎小兒。難共語。喚引鴛鼻衡上行。朝士側目鄙之。

大足元年。王無競爲殿中侍御史。正班於閤門外。宰相團立於班北。無競前曰。去上不遠。公雖大臣。自須肅敬。以笏揮之。請齊班。當時朝議。是非參半。

景龍二年。左臺御史崔涖彈班不肅。上表曰。臣聞叔孫通覩漢朝儀多闕。尊卑失序。所以分別上下。申明禮儀。於是羣臣知天子之至尊。高祖知皇帝之爲貴。此皆由班秩不忒。威儀容止不差。是故作孚萬邦。用刑四海者也．臣竊見在朝百僚．多不整肅．公門之內．詎合論私．班列之中．尤須致敬．或縱觀勅目．或旁闚制詞．或交首亂言．或越班問事．或私申慶弔．或公誦詩篇．或笑語諠譁．或行立怠惰．承寬既久．積習如常．不增祗懼之容．實紊矜莊之典．臣謬膺推擇．叨掌糾彈．見無禮於朝廷．誠是臣之深恥．況西戎獻款．北狄來賓．恐覩中國之失儀．招外蕃之所誚．更若知而故犯．不革前非．望即停其入內．量行貶削．

開元元年正月．殿中侍御史出使盡監察裹行翟璋知班．乃牒中書省勘侍郎王琚及太子左庶子竇希瓘入晚．遂爲所擠．出授岐陽縣令．

七年正月二十一日．上御紫宸殿朝集使魏州長史敬讓．辰州長史周利貞俱欲奏事．左臺御史翟璋監殿廷．揖利貞先進．讓以父暉爲利貞所斃．不勝憤恨．遂越次而奏．利貞受武三思使．枉害臣父．璋劾讓不待監引．請付法．上曰．讓訴父枉．不可不矜．朝儀亦不可不肅．可奪一季祿而已．貶利貞爲邕州長史．

貞元十四年閏五月．侍御史殿中鄒儒立．以太子詹事蘇弁入朝班位失序．對仗彈之．弁於金吾仗待罪數刻．特放．舊制．太子詹事班次太常宗正卿．貞元三年．御史中丞竇參敍定班位．移詹事班在河南太原尹之下．弁乃引舊制．班立臺官詰之．乃給云．已白宰相．請依舊制．故儒立彈之．

雜錄

垂拱元年正月十二日．勅兩京度人．令御史一人檢校．其月二十六日．勅御史糾獲罪狀．未經聞奏．不得輒便處分州官府司。亦不得承受。

其年二月制。朝堂所置登聞鼓及肺石。不須防守。其有撾鼓石者。令御史受狀爲奏。

三年十二月。鳳閣侍郎韋方質奏言。舊制有御史監軍。今未差遣。恐虧失節度。夫古將軍出師。君授之鈇鉞。閫外之事。皆使裁之。如聞被御史監軍。乃有控制軍中小大之事。皆須承稟。非所以委專征也。以卑制尊。禮便不可。不許。

景龍元年九月十九日勅。選擇御史。令本司長官共中書門下商量。幷錄由歷進奏者。

開元十九年正月二十八日勅。左右藏太倉署差御史監知出納。至二十一年三月十九日勅。監倉庫各定御史一人。一年一替。左右巡御史亦各定一人。一季一替。並不得改換及差使。

天寶二年八月七日勅。所置御史。職在彈違。雜充判官。誠非允當。其諸道節度使先取御史充判官者。並停。自今已後。更不得奏。若切須奏者。不得占臺中缺。其本臺長官充使者。不在此限。

四載十一月十六日勅。御史宜依舊制。黃卷書缺失。每歲委知雜御史長官比類能否。送中書門下。改轉日褒貶。

至德元年七月十三日勅。風憲之地。百寮準繩。頃者有司。殊非愼擇。其御史須曾任州縣理人官者。方得薦用。

寶應二年二月二十六日。御史大夫嚴武奏。應在外新除御史赴臺。停止店肆。事亦非宜。仍令所在給公乘發遣。以爲永例。勅旨依奏。

建中三年九月一日。勅御史大夫中丞奏授御史。便充臺中職掌者。宜占缺。以後並依此處分。

貞元十二年十月。御史臺奏。伏準貞元二年班序勅。諸使下三院御史有本官是常參官兼者。即入本官班。如内供奉裏行。即入御史班。緣使下御史稍多。近例並不在内供奉班内。臣等參詳。伏請自今已後。請使下御史内供奉者。入門日並依宣政殿前班位。次員外郎之後。在正臺監察御史之上。便爲常式。庶叶通規。勅旨依奏。

元和六年三月。御史臺奏。準令用未後決囚者。請不過申時。如勅到府及諸司已未後至者。伏乞至來日。仍請勅本司準舊例與御史同臨引決。勅旨依奏。

長慶三年八月。御史臺行從印一面。出使三面。比來御史出使推按。或用廢印。或所在取州縣印文狀。伏以使臣銜命推案。事須用印。無非切要。既於所在求印。事以漏洩。伏請令有司鑄造。從之。

太和四年三月。御史臺奏。三院御史盡入到朝堂前。無止泊處。請置祗候院屋。知雜御史元借門下直省屋後簷欄坐。知巡御史元借御書直省屋後簷欄坐。每日早入至巳時方出。入前後並本所由自門下直省院西京兆尹院東有官地。東西九十尺。南北六十尺。請準長慶元年八月於中書南給官地。度支給錢。

置僕射祗候院例給此地充三院御史祗候院。請度支給錢一千貫文。臺司自句當從便起造。伏以御史風憲之職。行止有常。朝堂祗事。每日須入。從前假借。不遑啓居。或與吏伍相參。或當食無所。今伏請前件地名及起舍價。伏乞聖慈允臣所請。勅旨依奏。

會昌二年九月。御史中丞李回奏。文武常參。據品秩令式。合置引馬。臣伏以車服之制。並示等威。著在典章。所宜遵守。近者班行之士。官位已高。或以散冗自謙。或以簡便爲意。卒相倣傚。不置引馬。街衢之內。品秩莫分。事涉因循。頗乖典故。其文武常參官。起今已後。並據品秩。準例置引馬。其有合置不置。許臣司糾舉。罰一月俸料。如違犯不已。請具奏聞。庶存制度。用表官榮。勅旨依奏。

唐會要卷六十三

史館上

史館移置

武德初，因隋舊制，隸祕書省著作局。貞觀三年閏十二月，移史館於門下省北，宰相監修，自是著作局始罷此職。及大明宮初成，置史館於門下省之南。

開元十五年三月一日，宰臣李林甫監史館，以中書地切樞密，記事者宜其附近，史官諫議大夫尹愔遂奏移於中書省北，其地本尚藥局內藥院。

諸司應送史館事例

祥瑞。禮部每季具錄送。天文祥異。太史每季并所占候祥驗同報。蕃國朝貢。每使至，鴻臚勘問土地風俗衣服，貢獻道里遠近，并其主名字報。蕃夷入寇及來降。表狀，中書錄狀報，露布兵部錄報。軍還日，軍將具錄陷破城堡，傷殺吏人，掠擄畜產，并報。變改音律及新造曲調。太常寺具所由及樂詞報。州縣廢置及孝義旌表。戶部有即報。法令變改，斷獄新議。刑部有即報。有年及飢，并水旱蟲霜風雹及地震流水泛溢。戶部及州縣每有即勘其年月日，及賑貸存恤同報。諸色封建。司府勘報，襲封者不在報限。京諸司長官及刺史都督都護、行軍大總管副總管除授。並錄制詞，文官吏部送，武官兵部送。刺史縣令善政異跡。有灼然者，本州錄附考使送。

碩學異能高人逸士義夫節婦。州縣有此色。不限官品。勘知的實。每年錄附考使送。京諸司長官薨卒。本司責由歷狀跡送。刺史都督都護。及行軍副大總管已下薨。本州本軍責由歷狀附便使送。公主百官定謚。考績錄行狀謚議同送。諸王來朝。宗正寺勘報。已上事並依本條所由有即勘報史館。修入國史。如史官訪知事由堪入史者。雖不與前件色同。亦任直牒索。承牒之處。即依狀勘。並限一月內報。

建中元年十一月二十八日。史館奏。前件事條。雖標格式。因循不舉。日月已深。伏請申明舊制。各下本司。從之。

大歷十四年正月已後至今年十月已前所有事跡。各限勅到一月日報。從此已後外州縣及諸軍諸使。每年一度附考使送納。在京即每季申。便爲恆例。勅旨依奏。

修前代史

武德四年十一月。起居舍人令狐德棻嘗從容言於高祖曰。近代已來。多無正史。梁陳及齊。猶有文籍。至於周隋。多有遺闕。當今耳目猶接。尚有可憑。如更十數年後。恐事跡湮沒。無可紀錄。至五年十二月二十六日。詔。司典序言。史官紀事。考論得失。究盡變通。所以裁成義類。懲惡勸善。自有魏至乎陳隋。莫不自命正朔。綿歷歲祀。各殊徽號。删定禮儀。然而簡牘未編。紀傳咸闕。炎涼已積。謠俗遷訛。餘烈遺風。泯焉將墜。

頽彼湮落。用深軫悼。有懷撰次。實資良直。中書令蕭瑀。給事中王敬業。著作郎殷聞禮。可修魏史。侍中陳叔達。祕書丞令狐德棻。太史令庾儉。可修周史。中書令封德彝。中書舍人顏師古。可修隋史。大理卿崔善爲。中書舍人孔紹安。太子洗馬蕭德言。可修梁史。太子詹事裴矩。吏部郎中祖孝孫。前祕書丞魏徵。可修齊史。祕書監竇璡。給事中歐陽詢。秦王府文學姚思廉。可修陳史。綿歷數載。竟不就而罷。（修撰之源。自德棻始。）至貞觀三年。於中書置祕書內省。以修五代史。

貞觀十年正月二十日。尚書左僕射房元齡。侍中魏徵。散騎常侍姚思廉。太子右庶子李百藥。孔穎達。禮部侍郎令狐德棻。中書侍郎岑文本。中書舍人許敬宗等。撰成周隋梁陳齊五代史。上之。進階頒賜有差。

二十年閏三月四日。詔令修史所更撰晉書。銓次舊聞。裁成義類。其所須可依修五代史故事。若少學士。量事追取。於是司空房元齡。中書令褚遂良。太子左庶子許敬宗。掌其事。又中書舍人來濟。著作郎陸元仕。著作郎劉子翼。主客郎中盧承基。太史令李淳風。太子舍人李義府。薛元超。起居郎上官儀。主客員外郎崔行功。刑部員外郎辛邱馭。著作郎劉允之。光祿寺主簿楊仁卿。御史臺主簿李延壽。校書郎張文恭。並分功撰錄。又令前雅州刺史令狐德棻。太子司儀郎敬播。主客員外郎李安期。屯田員外郎李懷儼。詳其條例。量加考正。以臧榮緒晉書爲本。捃摭諸家。及晉代文集。爲十紀。十志。七十列傳。三十載紀。其太宗所著宣武二帝及陸機王羲之四論。稱制旨焉。房元齡已下。稱史臣。凡起例皆播獨創焉。以其書賜皇太子。及新羅使者各一部。

顯慶元年五月四日。史官修梁陳齊周隋五代史三十卷。太尉無忌進之。四年二月。太子司吏大夫呂才。著隋紀二十卷。其年。符璽郎李延壽撮近代諸史。南起自宋。終於陳。北始自魏。卒於隋。合一百八十篇。號爲南北史。上自製序。

景龍三年十二月。太常少卿元行沖以本族出於後魏。未有編年之文。乃撰魏典三十卷。事詳文簡。爲學者所稱。初魏明帝時。西柳谷瑞石有牛繼馬後之象。魏收魏史。以爲晉元帝是牛氏之子。因姓司馬氏。以應石文。行沖雖尋事跡。以後魏道武帝名犍。繼晉受命。又考校讖符。特著論以明之。

光化三年。直史館柳璨以劉子元所撰史通。議駁經史過當。紀子元之失。別纂成十卷。號柳氏釋史。又號史通析徵。

修國史

貞觀十七年七月十六日。司空房元齡。給事中許敬宗。著作郎敬播等。上所撰高祖太宗實錄各二十卷。太宗遣諫議大夫褚遂良讀之。前始讀太宗初生祥瑞。遂感動流涕曰。朕於今日。富有四海。追思膝下。不可復得。因悲不自止。命收卷。仍遣編之祕閣。并賜皇太子及諸王各一部。京官三品以上。欲寫者亦聽。

永徽元年閏五月二十三日。史官太尉無忌等。修貞觀實錄畢。上之。起貞觀十五年。至二十三年。勒成二十卷。

顯慶元年七月三日。史官太尉無忌。左僕射于志寧。中書令崔敦禮。國子祭酒令狐德棻。中書侍郎李義府。崇賢學士劉允之。著作郎楊仁卿。起居郎李延壽。祕書郎張文恭等。修國史成。起義寧盡貞觀末。凡八十一卷。藏其書於內府。至四年二月五日。中書令許敬宗。中書侍郎許圉師。太史令李淳風。著作郎楊仁卿。著作郎顧允受詔撰貞觀二十三年已後至顯慶三年實錄成二十卷。添成一百卷。是日封敬宗子選爲新城縣男。德棻子進封彭陽縣公。圉師封平恩縣公。淳風封昌樂縣男。仁卿封餘杭縣男。允子並加諫議大夫。賞修實錄之功。上以敬宗所紀多非實錄。謂劉仁軌等曰。先朝身擐甲冑。親履兵鋒。戎衣霑馬汗。韉鞍生蟣蝨。削平區宇。康濟生靈。數年之間。四海寧晏。方始歸功上帝。臨馭下人。昨觀國史所書。多不周悉。卿等必須窮微索隱。原始要終。盛業鴻勳。咸使詳備。至如先朝作威鳳賦。意屬阿舅。及士廉。敬宗乃移向尉遲敬德傳內。又嘗幸溫湯教習。長圍四合。萬隊俱前。忽然雲霧晝昏。部伍錯亂。先聖旣覩斯事。恐其枉法者多。遂潛隱不出。待其整理。然後臨觀。顧謂朕曰。振旅訓兵。國之大典。此之錯失。於法不輕。我若見之。必須行法。一虧軍政。得罪人多。我今不出。良爲於此。今乃移向魏徵傳內。稱是徵之諫語。此皆乖於實錄。何以垂之後昆。朕嘗從幸未央宮。辟仗已過。忽於軍中見一人身帶橫刀。其人云。聞辟仗至。怕不敢出。仗家搜索不覺。遂伏不敢動。先聖斂轡卻還。顧謂朕曰。此事若發。數人合死。汝可於後堂伺看。早放出之。史家唯此一事。差似不失其眞。鄰處儉奏曰。先聖仁恩。觸類皆是。臣弟處傑往年宿衞之日。被差腰轝供奉。見有三衞誤拂御衣。此人怕懼。五情無主。先聖謂之曰。此間無御衣。我不謂汝作罪過。不須怕懼。上謂處俊曰。此亦須入史。至三月。詔太子左庶子同中書門下三品劉仁軌吏部侍郎同三品李敬元。中書侍郎郝處俊。黃門侍郎高智周等。並修史。仁軌等於是引左史李仁實專掌其事。將加刊改。會仁實卒官。又止。長安三年正月一日。勅宜令特進梁王三思與納言李嶠。正諫大夫朱敬則。司農少卿徐彥伯。鳳閣舍人魏知古。崔融。司封郎中徐堅。左史劉知幾。直史館吳兢等。修唐史。採四方之志。成一家之言。長懸楷則。以貽勸誡。神龍二年五月九日。左散騎常侍武三思。中書令魏元忠。禮部尙書祝欽明。及史官太常少卿徐彥伯。祕書少監柳沖。國子司業崔融。中書舍人岑羲。徐堅等。修則天實錄二十卷。文集一百二十卷。上之。賜物各有差。

開元四年十一月十四日。修史官劉子元。吳兢。撰睿宗實錄二十卷。則天實錄三十卷。中宗實錄二十卷成。以聞。又引古義白於執政宰相姚崇奏曰。伏見貞觀十七年。監修國史房元齡。與史官給事中許敬宗。著作佐郎敬播。修高祖實錄二十卷。太宗實錄二十卷成。制封元齡一子爲縣男。賜物一千段。封敬宗一子爲高陽男。賜物七百段。敬播改授司議郎。賜物五百段。並降璽書褒美。又神龍二年五月。監修國史中書令魏元忠與史官太常少卿徐彥伯。國子司業崔融等。修則天實錄三十卷成。封元忠一子爲縣男。賜物一千段。彥伯等各賜爵二等。物五百段。自餘卑官加兩階。物段准處分。仍並降璽書褒美。今史官劉子元吳兢等撰睿宗實錄。又重修則天中宗實錄。並成進訖。准撰太宗實錄例。監修官已下。加爵及賜。今子元援引古今。欲臣聞奏。臣謹尋故實。例有恩賞。事屬當時。不可爲準。子元等始末修撰。誠亦勤勞。敍事紀言。所錄雖重。承恩賜命。固不在多。子元等請各賜物五百段。許之。

至德二載十一月二十七日。修史官太常少卿于休烈奏曰。國史一百六卷。開元實錄四十七卷。起居注幷餘書三千六百八十二卷。在興慶宮史館。並被逆賊焚燒。且國史實錄。聖朝大典。修撰多時。今並無本。望委御史臺推勘史館所由。並令府縣搜訪。有人收得國史實錄。能送官司。重加購賞。若是官書。幷捨其罪。得一部。超授官一卷。賞絹十疋。數月。惟得一兩卷。前修史官工部侍郎韋述。賊陷入東京。至是。以其家先藏國史一百一十三卷送官。大歷三年。起居舍人兼修史令狐峘修元宗實錄一百卷。峘著述雖精。屬喪亂之後。起居注亡失。纂開元天寶間事。唯得諸家文集。編其詔册名臣傳記十無三四。後人以漏略譏之。

建中元年七月。左拾遺史館修撰沈旣濟。以吳兢所撰國史。則天事爲本紀。奏議駮之曰。史氏之作。本乎懲勸。以正君臣。以維邦家。前端千古。後法萬代。使其生不敢差。死不忘懼。緯人倫而經世道。爲百王準的。不止屬辭比事。以日繫月而已。故善惡之道。在乎勸誡。勸誡之柄。在乎褒貶。是以春秋之義。尊卑輕重。升降幾微。髣髴一字二字。必有微旨存焉。況鴻名大統。其可以貸乎。伏以則天皇后。初以聰明睿哲。內輔時政。厥功茂矣。及宏道之際。孝和以長君嗣位。而太后以專制臨朝。俄又廢帝。或幽或徙。既而握圖稱籙。移運革名。牝司鷩啄之蹤。難乎備述。其後五王建策。皇運復興。議名之際。得無降損。必將義以親隱。禮從國諱。苟不及損。當如其常。安可橫絕彝典。超居帝籍。昔仲尼有言。必也正名。夏殷二代。爲帝三十世矣。而周人通名之曰王。吳楚越之君。爲王者百有餘年。而春秋書之爲子。蓋高下自乎彼。而是非稽乎我。過者抑之。不及者援之。不以弱滅。不爲僭奪。握中持平。不振不傾。使其求不可得。而盜不可掩。斯古君子所以愼其名也。夫則天體自坤順。位居乾極。以柔乘剛。天紀倒張。進以強有。退非德讓。今史臣追書。當稱之爲太后。不宜曰上。孝和雖迫母后之命。降居藩邸。而體元繼代。本吾君也。史臣追書。宜稱曰皇帝。不宜曰廬陵王。睿宗在景龍已前。天命未集。徒稟后制。假臨大寶。于倫非次。于義無名。史臣追書。宜曰相王。未宜曰帝。若以得失既往。遂而不舉。則是非褒貶。安所辨正。載筆執簡。謂之何哉。則天廢國家曆數。用周正朔。廢國家太廟。立周七廟。鼎命革矣。徽號易矣。旂裳服色已殊矣。今安得以周氏年曆。而列爲唐書帝紀。徵諸禮經。是謂亂名。且孝和繼天踐阼。在太后之前。而敘年製紀。居太后之下。方之躋僖。是謂不智。詳今考古。並未爲可。或曰。班馬良史也。編述漢事。立高后以續帝載。豈有非之者乎。答曰。昔高后稱制。因其曠嗣。獨有分王諸呂。負於漢約。無遷鼎革命之甚。況其時孝惠已沒。孝文在下。後宮之子。非劉氏種。不紀呂后。將紀誰焉。雖云其然。議者猶謂不可。況遷鼎革命者乎。或曰。若天后不紀。帝緒缺矣。則二十二年行事。何所繫乎．答曰．孝和以始年登大位．以暮年復舊業．雖尊名中奪．而天命未改．足以首事．足以表年．何所拘忌．裂爲二紀．昔魯昭之出也．春秋歲書其居曰公在乾侯．且君在雖失位．不敢廢也．今請併天后紀合孝和紀．每於歲首．必書孝和所在．以統之．書曰某年正月日．皇帝在房陵．太后行某事．改某制云云．則紀稱孝和而事述太后．俾名不失正．而禮不違常．名禮兩得．人無間矣．其姓氏名諱．入宮之由．歷位之資．才藝智略．年辰崩葬．別纂錄入皇后列傳．於廢后王庶人之下．題其篇曰則天順聖武皇后云．事雖不行．而史氏稱之．

貞元元年九月．監修國史宰臣韋執誼奏．伏以皇王大典．實存簡冊．施于千載．傳述不輕．竊見自頃已來．史臣所有修撰．皆于私家紀錄．其本不在館中．褒貶之間．恐傷獨見．編紀之際．或慮遺文．從前已來．有此乖闕．自今已後．伏望令修撰官各撰日歷．凡至月終．即於館中都會．詳定是非．使置姓名．同共封鏁．除已成實錄撰進宣下者．其餘見修日歷．並不得私家置本．仍請永爲常式．從之．

元和二年七月．太僕寺丞令狐丕進亡父故史官峘所撰代宗實錄四十卷．詔付史館．

五年十月．宰臣裴垍與史官蔣乂等撰德宗實錄五十卷．獻之．

長慶二年十月．勑翰林侍講學士諫議大夫路隨．中書舍人韋處厚．兼充史館修撰．修憲宗實錄．仍分日入史館修實錄．未畢之間．且許不入內署．仍放朝參．

會昌元年四月，勅：憲宗實錄宜令史館再修撰進入。其先撰成本不得注破，并與新撰本同進來者。至三年十月，宰臣兼監修國史李紳與修史官鄭亞等修畢進上，賜銀器錦綵有差。至大中二年十一月，又降勅曰：憲宗實錄宜施行舊本，其新本委天下諸州府察訪，如有寫得者，並送館，不得隱藏。

大中五年七月，宰臣崔龜從等撰續唐歷三十卷。

八年三月，宰臣監修國史魏謩修成文宗實錄四十卷，上之。史館給事中盧躭、太常少卿蔣偕、司勳員外郎王渢、右補闕盧告頒賜銀器錦綵有差。

大順二年二月，勅吏部侍郎柳玭等修宣宗懿宗僖宗實錄。始丞相監修國史杜讓能以三朝實錄未修，乃奏吏部侍郎柳玭、右補闕裴庭裕、左拾遺孫泰、駕部員外郎李允、太常博士鄭光庭等五人修之。踰年竟不能編錄一字。惟庭裕採宣宗朝耳目聞覩，撰成三卷，目曰東觀奏紀，納於史館。又龍紀中，有處士沙仲穆纂野史十卷，起自太和，終於龍紀，目曰太和野史。

在外修史

開元八年十二月二十日，詔右羽林將軍檢校并州大都督府長史燕國公張說多識前志，學于舊史，文成微婉，詞潤金石，可以昭振風雅，光揚軌訓，可兼修國史，仍齎史本就并州隨軍修撰。

十四年七月十六日，太子左庶子吳兢上奏曰：臣往者長安、景龍之歲，以左拾遺起居郎兼修國史，時有武三思．張易之．張昌宗．紀處訥．宗楚客．韋温等．相次監領其職．三思等立性邪佞．不循憲章．苟飾虛詞．殊非直筆．臣愚以爲國史之作．在乎善惡必書．遂潛心積思．別撰唐書九十八卷．唐春秋三十卷．用藏於私室．雖綿歷二十餘年．尙刊削未就．但微臣私門凶釁．頃歲以丁憂去官．自此便停知史事．竊惟帝載王言．所書至重．倘有廢絕．實深憂懼．於是彌綸舊紀．重加删緝．雖文則不工．而事皆從實．斷自隋大業十三年．迄于開元十四年春三月．卽皇家一代之典．盡在於斯矣．旣將撰成此書于私家．不敢不奏．又卷軸稍廣．繕寫甚難．特望給臣楷書手三數人．幷紙墨等．至絕筆之日．當送上史館．於是勑兢就集賢院修成其書．俄又令就史館．及兢遷荆州司馬．其書未能就．兢所修草本．兢亦自將．上令中使往荆州．取得五十餘卷．其紀事疎略．不堪行用．

二十五年六月二十六日．詔左丞相張說．在家修史．中書侍郎李元紘奏曰．國史者．記人君善惡．國政損益．一字襃貶．千載稱之．今張說在家修史．吳兢又在集賢院撰錄．令國之大典．散在數所．且太宗別置史館在於禁中．所以重其職而祕其事．望勒說等就史館參詳撰錄．則典册舊草．不墜矣．從之．

長慶三年六月．中書侍郎平章事監修國史杜元穎奏．臣去年奉詔．命各據見在史官．分修憲宗實錄．今緣沈傳師改官．若更求人．選擇非易．沈傳師當分雖搜羅未周．條目紀綱．已粗有緒．竊以班固居鄉里．而繼成漢書．陳壽處私家．而專精國志．元宗國史．張說在本鎭兼修．代宗編年．令狐峘自外郡奏上．遠考前代。近參本朝。皆可明徵。實有成例。其沈傳師一分。伏望勒就湖南修畢。先送史館。與諸史官參詳。然後聞奏。庶使官業責成。有始終之効。傳聞摭實。無同異之差。制可。

修史官

咸亨元年十二月二十一日。詔修撰國史。義存典實。自今已後。宜令所司於史官內簡擇堪修人。錄名進內。自餘居史職。不得輒聞見所修史及行用國史等事。

長安二年。鳳閣舍人修國史劉允濟嘗云。史官善惡必書。言成軌範。使驕主賊臣。有所知懼。此亦權重。理合貧而樂道也。昔班生受金。陳壽求米。僕視之如浮雲耳。但百僚善惡必書。足爲千載不朽之美談。豈不盛哉。

三年七月。朱敬則請擇史官。上表曰。國之要者。在乎記事之官。是以五帝元風。資其筆削。三王盛業。藉以垂名。此才之難。其難甚矣。何以知其然。昔平王東遷。歷年六百。齊桓之九合天下。晉文之一戰諸侯。秦穆公遠霸西戎。楚莊王利盡南海。禮樂文物。闃爾無聞。今之所存。獨載魯史。向若魯無君子。記傳則遺。雄霸遠圖。必墜于地。可不惜哉。卽如齊周小國之主。尙能留意于史册。齊神武嘗謂著作郎魏收曰。卿勿見陳元康楊遵彥等在吾目前趨走。謂吾以爲勤勞。我後代聲名。在于卿手。最是要事。勿謂我不知。及文宣卽位。又嘗勅收曰。好直筆。勿畏懼。我終不作魏太武誅史官。又周文帝之爲相也。納栁虬之說。特命書法不隱。其志在懲勸如此。伏以陛下聖德鴻業。誠可垂範將來。倘不遇良史之才。則大典無由而就也。且董狐南史豈止生于往代。而獨無於此時。在乎求與不求好與不好耳。今若訪得其善者。伏願勖之以公忠。期之以遠大。更超加美職。使得行其道。則天下幸甚。鄭惟忠嘗問劉子元曰。自古文士多而史才少。何也。對曰。史才須有三長。謂才也。學也。識也。夫有學而無才。猶有良田百頃。黃金滿籯。而使愚者營生。終不能致貨殖矣。如有才而無學。猶思兼匠石巧若公輸。而家無楩柟斧斤。終不能成其宮室矣。猶須好是正直。善惡必書。使驕主賊臣所以知懼。此則爲虎傅翼。善無可加。所向無敵矣。時人以爲知言。

開元二十五年正月八日。以道士尹愔爲諫議大夫集賢院學士兼知史館事。特賜朝散階。愔上表懇讓。優詔許衣道士服視事。愔乃受職。

貞元九年十二月。以前河南府王屋縣尉蔣武爲右拾遺史館修撰。上重難其職。制未可下。前召見於延英殿。至是方命官。十二年正月。以工部郎中史館修撰如故。

其年二月。又薦自左諫議大夫遷祕書少監。修撰如故。時裴延齡貴。欲異同宰相。乃言於上曰。諫議大夫。論朝廷得失之官。史臣修撰紀朝廷得失之事。其領史職者。不宜爲諫官。故有斯命。

元和六年六月。宰臣集賢院大學士裴垍奏。史館請登朝官入館者。並爲修撰。非登朝並爲直館。修撰中以一人官高者判館事。其餘名目。並請不置。仍永爲常式。從之。

太和六年二月。以諫議大夫王彥威。戶部郎中楊漢公。祠部員外郎蘇滌。右補闕裴休並充史館修撰。故事。修撰不過三員。或止兩員。今四人並命。論者非之。

天祐二年五月二十九日勅。翰林學士職方郎中兼史館修撰張策。今修撰職名稍卑。不稱內廷密重。宜充兼修國史。

史館雜錄上

貞觀九年十月。諫議大夫朱子奢上表曰。今月十六日。陛下出聖旨。發德音。以起居記錄。書帝王臧否。前代但藏之史官。人主不見。今欲親自觀覽。用知得失。臣以爲聖躬舉無過事。史官所述。義歸盡善。陛下獨覽起居。於事無失。若以此法傳示子孫。竊有未喻。大唐雖七百之祚。天命無改。至於曾元之後。或非上智。但中主庸君。飾非護短。見時史直辭。極陳善惡。必不省躬罪己。唯當致怨史官。但君上尊崇。臣下卑賤。有一於此。何地逃刑。既不能效朱雲廷折。董狐無隱。排霜觸電。無顧死亡。唯應希風順旨。全身遠害。悠悠千載。何所聞乎。所以前代不觀。蓋爲此也。

十六年四月二十八日。太宗謂諫議大夫褚遂良曰。卿知起居。記錄何事。大抵人君得觀之否。對曰。今之起居。古之左右史。以記人君言行。善惡必書。庶幾人主不爲非法。不聞帝王躬自觀史。太宗曰。朕有不善。卿必記之耶。遂良曰。守道不如守官。臣職當載筆。君舉必書。黃門侍郎劉洎曰。設令遂良不記。天下之人皆記之矣。太宗謂房元齡曰。國史何因不令帝王觀見。對曰。國史善惡必書。恐有忤旨。故不得見也。太宗曰。朕意不同。今欲看國史。若善事固不須論。若有惡事。亦欲以爲鑒誡。卿可撰錄進來。房元齡遂删略國史表上。太宗見六月四日事。語多微文。乃謂元齡曰。昔周公誅管蔡而周室安。季友鴆叔牙而魯國寧。朕之所以安社稷利萬人耳。史官執筆。何煩過隱。宜即改削。直書其事。至七月八日。又謂遂良曰。爾知起居記何事善惡。朕今勤行三事。望爾史官不書吾惡。一則遠鑒前代敗事。以爲元龜。二則進用善人。共成政道。三則斥棄羣小。不聽讒言。吾能守之。終不轉也。鷹犬平生所好。今亦罷之。雖有順時冬狩。不踰旬而返。亦不曾絕域訪奇異。遠方求珍羞。比日已來。饌無兼味。自非膏雨有年。師行剋捷。未嘗與公等舉杯酒。奏管絃。朕雖每日兢懼。終藉公等匡翊。各宜勉之。

二十二年二月七日。太宗以鐵勒諸蕃歸國。謂羣臣曰。吾知勞逸不同者有二。鐵勒解辮歸國。去危就安。邊夷無事。豈不逸樂。而窮髮之地。盡爲齊民。古昔已來。書史不載。今日起居記朕功業。亦爲劬勞。

顯慶二年二月已後。禮部尚書許敬宗常修國史。自掌知國史。記事阿曲。初虞世南兄與許敬宗父同爲宇文化及所害。封德彝時爲內史舍人。備見其事。因謂人曰。虞世基被戮。世南則匍匐而請代。許善心被殺。敬宗則舞蹈以求生。敬宗聞而銜之。及爲德彝立傳。盛加其罪惡。敬宗嫁女與左監門大將軍錢九隴男。九隴本皇家隸人。敬宗貪財與婚。乃與九隴曲敍門閥。妄加功績。幷昇與劉文靜長孫順德同卷。敬宗子娶尉遲寶琳孫女多得賂遺。及作寶琳父敬德傳。乃云太宗作威鳳賦以賜之。其威鳳賦本是與長孫無忌。又白州人龐孝恭蠻酋凡品。率鄉兵從征高麗。賊知其懦。襲破之。敬宗又納其寶貨。稱漢將驍健者。唯蘇定方龐孝恭耳。曹繼叔劉伯英皆出其下。其虛謬也如此。高祖太宗實錄。敬播所修。頗多詳直。敬宗又輒以己愛憎曲事刪改。論者尤之。

長壽二年。修時政紀。先是。永徽以後。左右史唯得對仗承旨。仗下後謀議。皆不聞。文昌左丞姚璹以爲帝王謨訓。不可遂無紀述。若不宣自宰相。卽史官疎遠。無從得書。是日。遂表請仗下所言軍國政要。卽宰相一人撰錄。號爲時政紀。每月封送史館。宰相之撰時政紀。自璹始也。

唐會要卷六十四

史館下

史館雜錄下

長安三年．張易之昌宗欲作亂．將圖皇太子．遂譖御史大夫知政事魏元忠．昌宗奏言．可用鳳閣舍人張說為證．說初不許．遂賂以高官．說被逼迫．乃偽許之．昌宗乃奏元忠與太平公主所寵司禮丞高戩交通密謀．構造飛語曰．主上老矣．吾屬當挾皇太子．可謂耐久．時則天春秋高．惡聞其語．鳳閣侍郎宋璟恐說阿意．乃謂曰．大丈夫當守死善道．殿中侍御史張廷珪又謂曰．朝聞道．夕死可矣．起居郎劉知幾又謂曰．無汚青史．為子孫累．明日．上引皇太子相王及宰相等於殿庭．遣昌宗與元忠高戩對於上前．上謂曰．具述其事．說對曰．臣今日對百寮．請以實錄．因厲聲言．魏元忠實不反．總是昌宗令臣誣枉耳．是日．百寮震懼．上聞說此對．謂宰相曰．張說傾巧．翻覆小人．且總收禁．待更勘問．異日又召．依前對問．昌宗乃屢誘掖逼促之．說視昌宗言曰．乞陛下看取天子前尚逼臣如此．況元忠實無反語．奈何欲令臣空虛加誣其罪．今大事去矣．伏願記之．易之昌宗．必亂社稷．天后默然．令所司且收禁．掌諫議大夫知政事朱敬則密表奏曰．魏元忠素稱忠正．張說又所坐無名．俱令抵罪．恐失天下之望．願加詳察．乃貶元忠為高要尉．說流欽州。時人議曰。昌宗等包藏禍心。遂與說計議。欲擬誅害大臣。宋璟等知說巧詐。恐損良善。遂與之言。令其內省。向使說元來不許昌宗虛證元忠。必無今日之事。乃是自招其咎。賴識通變。轉禍爲福。不然皇嗣殆將危矣。後數年。說拜黃門侍郎。同中書門下平章事。因至史館。讀則天實錄。見論證對元忠事。乃謂著作佐郎兼修國史吳兢曰。劉五修實錄。劉五郎子元也。論魏齊公事。殊不相饒假。與說毒手。當時說驗知是吳兢書之。所以假託劉子元。兢從容對曰。是兢書之。非劉公修述。草本猶在。其人已亡。不可誣枉於幽魂。令相公有怪耳。同修史官蘇宋等見兢此對。深驚異之。乃歎曰。昔董狐古之良史。卽今是焉。說自後頻祈請刪削數字。兢曰。若取人情。何名爲直筆。

景龍二年四月二十日。侍中韋巨源。紀處訥。中書令楊再思。兵部侍郎宗楚客。中書侍郎蕭至忠。並監修國史。其後史官太子中允劉知幾。以監修者多。甚爲國史之弊。於是求罷史職。奏記於蕭至忠曰。知幾自策名士伍。待罪朝列。三爲史臣。再入東觀。竟不能勒成國典。貽彼後來者。何哉。靜言思之。其不可有五故也。何者。古之國史。皆出自一家。如魯漢之丘明子長。晉齊之董狐南史。咸能立言不朽。藏諸名山。未聞藉以衆功。方云絕筆。唯後漢東觀。大集羣儒。著述無序。條章靡立。由是伯度譏其不實。公理以爲可焚。張蔡二子。糾之於當代。傅范兩家。嗤之於後葉。今者史司取士。有倍東京。人自以爲荀袁。家自稱爲政駿。每欲記一事。載一言。皆閣筆相視。含毫不斷。故首白可期。而汗青無日。其不可一也。前漢郡國計書。先上太史。

副上丞相。後漢公卿所撰。始集公府。乃上蘭臺。由是史官所修。載事爲博。爰自近古。此道不行。史臣編錄。唯自詢採。而左右二史。闕注起居。衣冠百家。罕通行狀。求風俗於州縣。視聽不該。討沿革於蘭臺。簿籍難見。其不可二也。昔董狐之書法也。以示於朝。南史之書殺也。執簡以往。近代史局。皆通籍禁門。幽居九重。欲人不見。尋其義者。蓋由杜彼顏面。防諸請謁故也。然今館中作者。多士如林。皆願長喙。無聞齰舌。倘有五始初成。一字加貶。言未絕口。而朝野具知。筆不棲毫。而搢紳咸誦。夫孫盛實錄。取嫉權門。干寶直書。見讐貴族。人之情也。能無畏乎。其不可三也。今史官注記。多取稟監修。楊令公則云。必須直詞。宗尚書則曰。宜多隱惡。十羊九牧。其命難行。一國三公。適從焉在。其不可四也。竊以史官監修。雖無古式。尋其名號。可得而言。夫監者蓋總領之義耳。如創紀編年。則年有斷限。草傳敍事。則事有豐約。或可略而不略。或應書而不書。此刊削之務也。屬詞比事。勞逸宜均。揮鉛奮墨。勤惰須等。某帙某篇。付之此職。某紀某傳。歸之彼官。此銓配之理也。斯並宜明立科條。審定區域。倘人思自勉。則書可立成。監之者既不指授。修之者又無遵奉。坐變炎涼。徒延歲月。其不可五也。而時談物議。焉得笑僕編次無聞者哉。至忠惜其才。不許解史職。宗楚客嫉其正直。謂諸史官曰。此人作書如是。欲置我于何地也。知幾又著史通二十卷。

開元五年十月十八日。詔曰。王者欽若天道。率由時令。考六官之化。循五紀之法。故得災害不生。休徵洊委。夫正月東郊。祈春賞士。孟冬北陸。迎寒恤孤。參四序之運行。稽五材之動用。不協所尚。或罹于咎。自今已後每入孟月。史官條奏應所行事。當斟酌典禮。用孚于休。宣布朝廷。使知朕意。

至德二載六月二十三日。上謂史官于休烈曰。君舉必書。朕有過。卿宜書之。休烈對曰。臣聞禹湯罪己。其興也勃焉。有德之君。不忘書過。臣不勝慶。

永貞元年九月。書河陽三城節度使元韶卒。不載其事迹。史臣路隨立議曰。凡功名不足以垂後。而善惡不足以爲誡者。雖富貴人。第書其卒而已。陶青。劉舍。許昌。薛澤。莊青翟。趙周。皆爲漢相。爵則通侯。而良史以爲齷齪廉謹。備員而已。無能發明功名者。皆不立傳。伯夷。莊周。墨翟。魯連。王符。徐穉。郭泰。皆終身匹夫。或讓國立節。或養德著書。或出奇排難。或守道避禍。而傳與周召管晏同列。故富貴者有所屈。貧賤者有所伸。孔子曰。齊景公有馬千駟。死之日。民無得而稱焉。伯夷叔齊餓于首陽之下。民到于今稱之。然則志士之欲以光輝于後者。何待于爵位哉。富貴之人。排肩而立。卒不能自垂于後者。德不修而輕義重利故也。自古及今。可勝數乎。

元和四年正月。減集賢寫御書一十八人。付史館收管。史館奏。當館舊制例只有楷書。無御書各額。請改正楷書。從之。

六年四月。史官左拾遺樊紳。右拾遺韋處厚。太常博士林寶。並停修撰。守本官。以考功員外郎獨孤郁充史館修撰。兼判館事。又以兵部尚書裴垍爲太子賓客。垍以疾罷相。拜兵部尚書。久未任朝謝。宰相李吉甫．自淮南至復監修國史．與垍有隙．又以垍抱病方退．不宜以貞元實錄上進．故史官皆罷．垍亦更移散秩．

七年六月．上讀肅宗實錄．見大臣傳多浮詞虛美．因宣與史官．記事每要指實．不得虛飾．

八年十月．宰臣以下候對於延英殿．上以時政記問於宰臣．監修國史李吉甫對曰．是宰相記天子事．以授史官之實錄也．古者左史記言．今起居郎是也．右史記動．今起居舍人是也．永徽中．宰臣姚璹監修國史．慮其造膝之言．或不可聞．因請隨奏對而記．於仗下以授史官．今時政記是也．上曰．其間或修或不修者．何也．吉甫對曰．凡面奉德音．未及施行．總謂機密．固不可書以送史官．其間謀議有發自臣下者．又不可自書以付史官．及事已行者．制旨昭然．天下皆得聞知．卽史官之記．不待事以授也．且臣觀時政記者．姚璹修於長壽．及璹罷而事廢．賈耽齊抗修于貞元．及耽抗罷而事廢．然則關於政化者．不虛美．不隱惡．謂之良史也．

十二年九月詔．記事記言．史官是職．昭其法誡．著在舊章．舉而必書．朕所深望．自今已後．每坐日宰臣及諸司對後．如事可備勸誡．合記述者．委承旨宰相宣示左右起居．令其綴錄．仍准舊例．每季送史館．時起居舍人庾敬休上疏．請行故事．因有是詔．旣而宰相以事關機密．不以告之．事竟不行．自左右史失職．於今幾一百五十年．中間往往有時政記出焉．旣錄因宰相．事同稱贊．推美讓善之道行．而信史直書之義闕。然於時尙十得其四五。今則全廢。君子惜之。

十四年四月。史官李翺奏。臣等謬得秉筆史館。以記錄爲職。夫勸善懲惡。正言直筆。記聖朝功德。述忠賢事業。載姦佞醜行。以傳無窮者。史官之任也。凡人之事跡。非大善大惡。則衆人無由知之。舊例皆訪問於人。又取行狀謚議。以爲依據。今之作行狀者。非門生。卽其故吏。莫不虛加仁義禮智。妄言忠肅惠和。如此不唯處心不實。苟欲虛美於所受恩而已也。蓋亦爲文者旣非游夏遷雄之列。務於華而忘其實。溺於詞而棄其理。故爲文則失六經之古風。紀事則非史遷之實錄。不然則詞句鄙陋。不能自成其文矣。由是事失其本。文害於理。而行狀不足以取信。若使指事書實。不飾虛言。則必有人知其眞僞。不然者。縱使門生故吏爲之。亦不可謬作德善之事而加之矣。臣今請作行狀者。但指事說實。直載其詞。善惡功跡。皆據事足以自見矣。假令傳魏徵。但記其諫諍之詞。自足以爲正直矣。如傳段秀實。但記其倒用司農寺印。以追逆兵。又以象笏擊朱泚。自足以爲忠烈矣。若考功定謚。見行狀之不依此者。不得受謚。依此者。乃下太常。及牒史館。太常定謚後。亦以謚議牒送史館。則行狀之言。縱未可一一皆信。與其虛加妄言。都無事實者。猶山澤高下之不同也。史氏記錄。須得本末。苟憑往例。皆是虛言。則使史官何所爲據。伏乞下臣所奏。使考功守行。臣等要知事實。輒敢陳論。制可。

其年六月。史館奏。當館楷書手。准元勑同集賢例。五考足放選。今選務集賢年數仍舊。當館更加三年。同宏文館例．八年放選．緣當館一例長上．宏文館分番上下．事理實屈．請依元勅處分．勅旨依奏．

長慶元年正月．史館奏．寫國史楷書元額三十員．內十員館司前後停減．五員吏部奏減．今只十五員見在．伏請卻復吏部先減五員．勅旨．宜量與三員．

其年二月．史館奏．楷書典書等授官次敍．伏請勅吏部同集賢例比擬．勅旨．宜准集賢例處分．

其年四月．修聖政紀．中書門下奏．伏以堯舜之政．二典存焉．君臣之間．都俞之旨．罔不備載．厥後雖代有史官．多出于追書．所以其事或紀．其言蓋略．太宗文皇帝躬勤庶政．朝多良臣．論思獻替．動可紀錄．故能遠繼堯舜．煥乎其文章．國朝舊制．每正衙奏事．史官載筆於玉階之下．所有議論政事．悉得聞之．及永徽已後．仗下便退．宰臣謀議．外莫得聞．長壽二年．宰相姚璹以爲帝王謨訓．不可闕於紀述．史官疎遠．無因得書．請自今已後．所論軍國政要．委宰相一人撰錄．號爲時政紀．此事久廢．史官不得復聞．唯寫誥詞．記除授而已．臣等常竊憤悱．大懼皇猷未有以光揚於天下．伏望天恩許臣等每坐日所有謀議事關政事者．便日撰錄．號爲聖政紀．書紀緘封．至歲末則付史官．永爲常式．庶得睿謀所載．如日月高懸．聖政惟新．與天地廣運．臣等不勝大願．從之．

太和五年．中書侍郎監修國史路隨奏曰．臣昨面奉聖旨．以順宗實錄頗非詳實．委臣等重加刊正．畢日聞奏．伏以史册之作．勸誡所存．事有當書．理宜歸實．匹夫美惡．尙不可誣．人君得失．無容虛載．況貞觀已來累朝實錄。有經重撰。不敢固辭。緣此書成於韓愈。今史官李漢、蔣係。皆愈之子壻。若遣參校。或致私嫌。臣既職編修。盍命詳正。及經奏請。事遂施行。今庶寮競言。表章交奏。既迫羣議。輒冒上聞。且韓愈所書。亦非出己。元和之後。已是相循。縱其密親。豈害公理。使歸本職。實謂正名。其實錄伏望取舊記最錯誤者。宣付史館委之修定。詔曰。其實錄中所書德宗順宗朝禁中事。起於謬傳。殊非信史。宜令史官詳正。其他不要更修。初韓愈撰順宗實錄。說禁中事頗切直。內官惡之。於上前屢言不實。故令刊正也。

開成三年二月。中書門下奏。延英對宰臣。須紀錄。伏以陛下躬勤庶政。超邁百王。每對宰臣。日旰忘倦。正衙決事。二史在前。便殿坐日。全無紀錄。長壽初。宰臣姚璹奏置時政紀。寢而不行。貞元中。宰臣趙憬請復故事。無何又廢。恭惟聖政。必在發明。今請每至延英坐日。對宰臣往復之詞。關教化政刑之事。委中書門下直日紀錄。月終送史館。所冀政猷不墜。國史有倫。昨日延英面奏。已蒙允許。勑旨。依奏。

會昌三年十月。中書門下奏。時政紀起居注記。修國史體例等。伏以時政紀。長壽二年。宰臣姚璹以爲帝王謨訓。不可闕於紀述。史官疎遠。無因得書。請自今已後。所論軍國政要。宰臣一人撰錄。號爲時政紀。厥後因循。多闕紀述。臣等商量。爾後坐日。每聞聖言。如有慮及生靈。事關興替。可昭示百代。貽謀後昆者。及宰臣獻替謀猷。有益風教。並請依國朝故事。其日知印宰相撰錄。連名封印。至季末送史館。起居注記。比者不逐季撰錄。至有去官三五年後。猶未送納者。伏以每度延英奏事後。向外傳說。三事猶兩事虛謬。豈有起居注記。皆三數年後。採拾傳聞。耳目已隔。固非實事。向後起居注記事。望每季初。即送納向前一季文書與史館納訖。具狀申中書門下。史館受訖。亦申報中書門下。其起居改轉。望以注記遲速為殿最。如有軍國大政。傳聞疑誤。仍許政事堂都見宰相等。臨時酌量。如事已施行。非關機密。並一一向說。所冀書存信實。免有疑誤。修史體例。臣等伏見近日實錄。多云禁中言者。伏以君上與宰臣及公卿言。皆須衆所聞見。方合書於史策。禁中之語。向外何由得知。或得於傳聞。多出邪佞。便載史筆。實累鴻猷。向後日錄中如有此類。並請刊削。更不得以此記述。又宰臣及公卿論事。行與不行。須有明據。或奏議允愜。必見褒稱。或所論乖僻。固有懲責。在藩鎮獻表者。有答詔。居要官啓事者。亦合著明。並當昭然在衆人耳目。或取捨在於堂案。或與奪形於詔勅。前代史書。載明奏議。無不由此。近見實錄。多載密疏。言不彰其明。聽事不顯於當時。得自其家。實難取信。向後所載羣臣章奏。其可否得失。須朝廷共知者。方可紀述。密疏並請不載。如此則書必可法。人皆守公。愛憎之志不行。褒貶之言必信。伏見近日實錄。事多紕繆。若詳求摭實。須舉舊章。勅旨。宜依奏。

大中四年四月。史館奏。當館寫國史楷書典書等。與集賢院寫書人等。承前一例。並校成五考。便勒赴選。自太和八年已後。被吏部條奏。疏五考滿後。待受散三年。今集賢院以其勞役年深。補人不得。去年三月十三日。具事由申奏。已蒙勅下。並免三年受散訖。今當館未蒙處分。伏請依例。並勒校成五考。便許參選。

勅旨依奏。

八年七月。監修國史鄭朗奏。當館修撰直館共四員。准故事以通籍者爲直館。伏以修史重事。合選廷臣。秩序或卑。筆削不稱。其直館伏請停廢。更添修撰二員。其舊館萬年尉張範。涇陽尉李節。勒守本官。以戶部郎中孟穆。駕部員外郎李渙。並充修撰。通舊爲四員。分修四季之事。從之。

天祐元年十月十三日。前絳州曲沃縣令高處魯進史館亡書三百六十卷。授兼監察御史。賜緋。

宏文館

武德四年正月。于門下省置修文館。至九年三月。改爲宏文館。至其年九月。太宗初卽位。大闡文教。於宏文殿聚四部羣書二十餘萬卷。於殿側置宏文館。精選天下賢良文學之士虞世南。褚亮。姚思廉。歐陽詢。蔡允恭。蕭德言等。以本官兼學士。令更宿直。聽朝之隙。引入內殿。講論文義。商量政事。或至夜分方罷。令褚遂良檢校館務。號爲館主。因爲故事。其後得劉禕之。范履冰。並特勅相次爲館主。貞觀三年。移于納義門西。九年。又移于門下省南。其後移仗大明宮。其館亦在門下省南。儀鳳中。以館中多圖籍。置詳正學士校理之。神龍元年十月十九日。改爲昭文館。避孝敬諱故也。二年。又改爲修文館。至景龍二年四月二十二日。修文館增置大學士四員。學士八員。直學士十二員。徵攻文之士以充之。二十三日。勅中書令李嶠。兵部尚書宗楚客。並爲大學士。二十五日。勅祕書監劉憲。中書侍郎崔湜。吏部侍郎岑羲。太常卿鄭愔。給事中李適。中書舍人盧藏用。李乂。太子中舍劉子元。並爲學士。五月五日。勅吏部侍郎薛稷。考功員外郎馬懷素。戶部員外郎宋之問。起居舍人武平一。國子主簿杜審言。並爲直學士。十月四日。兵部侍郎趙彥昭。給事中蘇頲。起居郎沈佺期。並爲學士。景雲元年。館中學士。多以罪被貶黜。宰臣遂令給事中一人權知館事。二年三月八日。復改爲昭文館。至開元七年九月四日。依舊改爲宏文館。學生三十八人。補宏文館崇文學生例。皇緦麻已上親。皇太后大功已上親。散官一品。中書門下三品。同中書門下平章事。六尙書。功臣身食實封者。京官職事正品。供奉官三品子孫。京官職事從三品。中書黃門侍郎子。並聽預簡選性識聰敏者充。

貞觀元年。勅見在京官文武職事五品已上子。有性愛學書。及有書性者。聽于館內學書。其書法內出。眞年有二十四人入館。勅虞世南歐陽詢教示楷法。黃門侍郎王珪奏。學生學書之暇。請置博士。兼肄業焉。勅太學助教侯孝遵。授其經典。著作郎許敬宗。授以史漢。二年。王珪又奏。請爲學生置講經博士。考試經業。准式貢舉。兼學書法。

開元二年正月。宏文館學士直學士學生。情願夜讀書。及寫供奉書人。搨書人。願在內宿者。亦聽之。又宏文館令學士一人專判館事。并差給事中一人。差知勾當。明爲簿歷。其學生既在館宿。博士及直館每夜各一人遞直。

七年十二月三日。省宏文崇文兩館讎校。置宏文館校書四員。崇文館檢書兩員。

二十二年二月二十五日。省宏文館校書兩員。

長慶二年閏十月。宏文館奏。楷書搨書典書元額三十五員。七員先停減。今請于先減數內量補五員。并見在員數。並勒長寫書及功課。年勞官資。請依史官例處分。勅旨。宜依。

三年二月。宏文館奏。請添修屋宇及造書樓。伏以儒學之科。政化根本。苟或隳廢。則人何觀。伏望賜勅所司。遂急補修。庶使已成之業免墜。宏闡之義再揚。勅旨依奏。

其年七月。宏文館奏。按六典。當館先有學士直學士。詳正學士。校理直館。讎校錯誤。講經博士等。雖職事則同。名目稍異。須有定制。使可遵行。今請准集賢史館兩司元和中停減雜名目例。其登朝五品以上充學士。六品已下充直學士。未登朝官一切充直宏文館。其餘幷請停減。冀得典故不煩。職業咸在。勅旨依奏。

大中四年七月。宏文館奏。當館楷書典書等。與集賢史館楷書等。承流前例。並勒校成五考赴選。自太和八年以後。被吏部條流。更加授散三年。今集賢史館奏。勞役年深。補召不得。已蒙勅下。免三年授散訖。今當館請准例處分。勅旨依奏。

六年六月。宏文館奏。伏以三館制置。既同事例。宜等。比來無事。未敢申論。今緣准勅修續會要。以來官僚入日稍頻。因緣費用。其數至多。紙筆雜物等。不敢別有申請。其廚料從前欠少。伏請准兩館流例增添。給用之閒。庶得濟辨。勅旨依事畢日停。

文學館

武德四年十月。秦王既平天下。乃銳意經籍。於宮城之西。開文學館。以待四方之士。於是以僚屬大行臺司勳郎中杜如晦。記室考功郎中房元齡。及于志寧軍諮祭酒蘇世長安策府記室薛收文學褚亮姚思廉。太學博士陸德明孔穎達。主簿李元道天策倉曹李守素記室參軍虞世南參軍事蔡允恭顏相時著作佐郎攝天策記室許敬宗薛元敬太學助教蓋文達軍諮典籤蘇勖等。並以本官兼文學館學士。及薛收卒。徵東虞州錄事參軍劉孝孫入館。令庫直閻立本圖其狀。具題其爵里。命褚亮爲文贊。號曰十八學士。寫眞圖藏之書府。用彰禮賢之重也。諸學士食五品珍膳。分爲三番。更直宿閤下。每日引見。討論文典。得入館者。時人謂之登瀛洲。

崇文館

顯慶元年三月十六日。皇太子宏。請於崇賢館置學士。幷置生徒。詔許之。始置二十員。其東宮三師三少賓客詹事。左右庶子。左右衞率。及崇賢館三品學士子孫。亦宜通取。至上元二年八月二十七日。改崇賢館爲崇文館。避章懷太子諱也。

永隆二年二月六日。皇太子親行釋奠之禮。禮畢。上表請博延耆碩英髦之士。爲崇文館學士。許之。於是薛元超表薦鄭祖元。鄧元挺。楊炯。崔融等。並爲崇文學士。至貞元八年四月二十八日。崇文館宜令左春坊勾當。

集賢院

西京在光順門大衢之西。命婦院北。本命婦院之地。開元十一年。分置北院。全取命婦院舊屋。東都在明福門外大街之西。本太平公主宅。十年三月。始移書院於此。西向開門。院內屋并太平公主所造。興慶宮院在和風門外橫街之南。二十四年。駕在東都。張九齡遣直官魏光祿先入京造此院。華清宮院在宮北橫街之西。

開元五年十一月。勅於祕書省昭文館。兼廣召諸色能書者充。皆親經御簡。後又取前資常選三衞散官五品已上子孫。各有年限。依資甄敍。至十九年。勅有官者爲直院。

六年。乾元院更號麗正修書院。以祕書監馬懷素。右散騎常侍褚無量充使。初置院。經始皆無量處置。至八年正月。以散騎常侍元行沖充使。檢校院內修撰官。初無量奏前聞喜縣尉盧撰。前江陽縣尉陸元泰。前左監門胄曹參軍王擇從。武陟縣尉徐楚璧。分庫檢校。至六年已後。祕書丞殷承業。右贊善大夫魏哲。通事舍人陸元悌。右內率府兵曹參軍劉懷信。胡履虛。恭陵令陸紹伯。扶風縣丞馬利貞。並別勅收入院。

八年十月勅。學士等入經三年已上。爲年深。若校理精勤。紕繆多正。及不詳覆。無所發明。委修書使錄奏。別加褒貶。

九年冬幸東都。時集賢院四庫書。總八萬一千九百九十卷。經庫一萬三千七百五十三卷。史庫二萬六千八百二十卷。子庫二萬一千五百四十八卷。集庫一萬九千八百六十九卷。至二十四年車駕還西京。勅百司行從。甾令減省集書籍三分留一。貯在庫者至天寶三載六月。四庫更造見在庫書籍經庫七千七百六卷。史庫一萬四千八百五十九卷。子庫一萬六千二百八十七卷。集庫一萬五千七百二十二卷。從天寶三載至十四載。四庫續寫書又一萬六千八百三十二卷。

十三年四月五日因奏封禪儀注。勅中書門下及禮官學士等。賜宴于集仙殿。上曰。今與卿等賢才同宴于此。宜改集仙殿麗正書院爲集賢院。乃下詔曰。仙者捕影之流。朕所不取。賢者濟治之具。當務其實。院內五品已上爲學士。六品已下爲直學士。中書令張說充學士知院事。散騎常侍徐堅爲副。禮部侍郎賀知章中書舍人陸堅並爲學士。國子博士康子元爲侍講學士。考功員外郎趙東曦。監察御史咸廙業。左補闕韋述。李釗。陸元泰。呂向。拾遺毋煚。太學助教余欽。四門博士趙元默。校書郎孫季良並直學士。太學博士侯行果。四門博士敬會直右補闕馮朝隱並侍講學士。初以張說爲大學士。辭曰。學士本無大稱。中宗欲以崇寵大臣。景龍中修文館有大學士之名。如臣豈敢以大爲稱。上從之。

二十八年。勅造書直及寫御書一百人。

貞元四年正月。勅減集賢寫御書一十八人。付史館收管。

其年六月。集賢院准六典。有學士及直學士。准集賢注記。外有校理。待制。留院。入院。侍講。刊校。修撰。修書及直院等。色類徒多。等秩無異。今請登朝官五品已上。准六典爲學士。六品已下爲直學士。學士中取一人最高者判院事。闕學士。即以直學士中高者充。自餘非登朝官。不問品秩。並爲校理。其餘名一切勒停。仍永爲常式。從之。

其年五月十一日。中書侍郎同中書門下平章事李泌奏。伏蒙以臣爲集賢殿大學士。竊尋故事。中書令張說。中朝元老。碩德鴻儒。懇辭大字。衆稱達禮。其後至德二載。崔圓爲相。加集賢殿大學士。其後因循。遂成恆例。伏望削去大字。崇文館大學士。亦准此。勅依。

八年六月十三日。置集賢殿校書四員。正字兩員。仍于祕書省見任校書正字中量減。祕書省所減官員。便據數停之。

十八年。上問神策軍起置之由。相府討求。不知所出。乃召集賢學士蔣乂問之。乂徵引根源。事皆詳悉。宰臣高郢鄭珣瑜曰。集賢有人矣。翌日。制判集賢院事。乂集賢院學士蔣將明之子。其父常以兵亂之後。圖籍溷雜。乃白執政。請攜乂入院編次。於是宰臣張鎰署乂爲集賢編錄。

元和二年七月，集賢院奏，伏准六典，集賢院置學士及校理修撰官，累聖崇儒，不失此制，至貞元八年，判院事官陳京始奏停校理分校書郎四員，正字兩員，爲集賢殿校理正字，令諸校書郎正字並卻歸祕書省，當司請依舊置校理官，庶循名實，且復開元故事，又直官請減五人，寫御書請減十人，從之。

其年閏十月，集賢殿大學士中書侍郎平章事武元衡奏，以廚料欠少，更請本錢一千貫文，收利充用，置捉錢四人，其所置請用直官及寫御書各兩員，每員捉錢二百五十貫文，爲定額，卽免額外置人，敕旨，已配捉錢人，宜至年滿，准舊例處分，其闕便停，不得更補，餘依奏。

太和五年正月，集賢殿奏，應校勘宣索書籍等，伏請准前年三月十九日敕，權抽祕書省及春坊宏文館崇文館見任校正，作番次就院同校，其廚料請准元敕處分，事畢日停，從之。

開成元年四月，集賢殿御書院請鑄小印一面，以御書爲印文，從之。

大中五年正月，校理楊收逢侍御史馮緘與三院退朝入臺，收不爲之卻，乃追捕僕人笞之，時宰臣大學士馬植論奏，始著令，三館學士不避行臺，自植始也。

崇元館

開元二十九年正月三日，於元元皇帝廟置崇元博士一員，令學生習道德經、莊子、文子、列子，待習業成後，每年隨貢舉人例，送至省，准明經例考試。

天寶元年五月。中書門下奏。兩京及諸郡崇元館學生等。准開元二十九年正月十五日制。前件舉人合習道德南華通元沖虛等四經。又准天寶元年二月十日制。改庚桑子爲洞靈眞經。准條補崇元學生亦合集讀。伏准舊制。合通五經。其洞靈眞經。人間少本。近令諸觀尋訪。道士等全無習者。本旣未廣。業實難成。幷通元沖虛二經。亦恐文字不定。元敎方闡。學者宜精。其洞靈眞經等三經。望付所司。各寫十本。校定訖。付諸道採訪使頒行。其貢舉司及兩京崇元學。亦望各付一本。今冬崇元學舉人。望准開元二十九年勑條考試。其洞靈眞經。請待業成。然後准式。從之。

二年正月十五日。改崇元學爲崇元館。博士爲學士。助教爲直學士。置大學士二員。天下諸郡崇元學。改爲通道學。博士爲學士。

其年二月十二日。勑兩京元元宮及道院等。並委崇元館學士都檢校。二月四日。以門下侍郎陳希烈兼崇元館學士。

貞元六年十二月。給事中盧徵奏。太淸宮崇元館。元置楷書二十人。寫道經。已足。請不更補置。勑旨。依奏。

唐會要卷六十五

祕書省

龍朔二年二月四日。改爲蘭臺。其監爲蘭臺太史。少監爲蘭臺侍郎。丞爲蘭臺大夫。咸亨元年十月二十三日。各復舊額。光宅元年九月五日。改爲麟臺。監等並隨名改。神龍元年二月五日。復改爲祕書監。如舊。

少監。武德初因隋舊制。號祕書少令。七年省。貞觀四年十一月。復置一員。以虞世南爲之。太極元年二月。加一員。以崔琳爲之。

祕書郎。本四員。開元二十八年減一員。

校書郎。本八員。開元二十六年正月二十八日。省四員。天寶十三載正月十三日。卻置。

正字。本二員。開元二十六年減一員。天寶十三載正月十三日。卻置。貞元八年六月十三日。割校書四員正字兩員。屬集賢院。

著作局。龍朔二年。改爲司文局。著作郎。咸亨元年。卻依舊。

著作郎。本四員。開元二十六年正月二十八日。減兩員。掌修史。貞觀二十三年閏十二月。置史館於門下省。宰臣監史。自是著作罷史任。

貞觀六年三月。上幸九成宮。宮人還京。憩於園川縣官舍。俄有右僕射李靖。侍中王珪。復至。官屬移宮人別所而舍靖等。唯參靖等。又不禮敬宮人。上聞之。怒曰。威福之柄。豈由靖等。何爲禮靖而輕我宮人。卽令按問。祕書監魏徵諫曰。靖等。陛下心膂大臣。宮人。皇后埽除之隸。論其委付事理不同。又靖等出外。官吏訪聞朝廷法式。歸來。陛下問疾苦。靖等自當與官吏相見。官吏亦不可不謁。至于宮人。供食之外。不合參承。若以此罪責縣官。恐不益德音。徒駭天下耳目。

七年九月二十三日。上謂侍臣曰。朕因暇日。每與祕書監虞世南商量今古。朕一言之善。虞世南未嘗不悅。有一言之失。未嘗不悵恨。嘗戲作豔詩。世南進表諫曰。聖作雖工。體制非雅。上之所好。下必隨之。此文一行。恐致風靡。輕薄成俗。非爲國之利。賜令繼和。輒申狂簡。而今之後。更有斯文。繼之以死。請不奉詔旨。羣臣皆若世南。天下何憂不治。因顧謂世南曰。朕更有此詩。卿能死否。世南曰。臣聞詩者。動天地。感鬼神。上以風化下。下以俗承上。故季札聽詩而知國之興廢盛衰之道。實基于茲。臣雖愚誠。願不奉詔。

大歷十四年九月二十七日。勅。祕書省書閣內書。自今後不得輒供諸司及官人等。每月兩衙及雨風。委祕書郎典書等同檢校。遞相搜出。仍舊封閉。

貞元二年七月。祕書監劉太眞上言。請擇儒者詳校九經于祕書省。令所司陳設及供食物。宰臣錄其課効從之。議者謂祕書省有校書正字官十六員。職在校理。今擇非其人。乃別求儒者詳定。費於供應。煩於官寮。太眞之請。失之甚矣。尋阻衆議。果寢不行。

三年八月。祕書監劉太眞奏。准貞元元年八月二日勅。當司權宜停減諸色糧外。紙數內停減四萬六千張。續准去年八月十四日勅。修寫經書。令諸道供寫書功糧錢。已有到日。見欲就功。伏請於停減四萬六千張內。却供麻紙及書狀藤紙一萬張。添寫經籍。其紙寫書足日。即請停。又當司准格楷書八年試優。今所補召。皆不情願。又准今年正月十八日勅。諸道供送當省寫經書。及校勘五經學士等糧食錢。今緣召補楷書。未得解書人。元寫經書。其歷代史所有欠闕。寫經書畢日。餘錢請添寫史書。從之。

元和三年三月詔。祕書省宏文館崇文館左春坊司經局校書正字。宜委吏部。自今以後。於平留選人中。加功訪擇。取志行貞退。藝學精通。者注擬。綜覈才實。惟在得人。不須限以登科及判入等第。其校書正字。限考入畿縣尉簿。任依常格。

長慶三年四月。祕書少監李隨奏。當省請置祕書閣圖書印一面。伏以當省御書正本。開元天寶以前。並有小印印縫。自兵難以來。書印失墜。今所寫經史。都無記驗。伏請鑄造。勅旨依奏。

開成元年七月。分察使奏。祕書省四庫見在雜舊書籍。共五萬六千四百七十六卷。並無文案。及新寫書文歷。自今以後。所塡補舊書。及別寫新書。幷隨日校勘。並勒創立案。別置納歷。隨月申臺。幷申分察使。每歲末課申數。並具狀聞奏。勅旨。宜依。

九月勅。祕書省集賢院應欠書四萬五千二百六十一卷。配諸道繕寫。

殿中省

武德初因隋舊制。爲殿內省。三年。改殿中省。龍朔二年。改爲中御府。監爲中御大監。咸亨元年復舊。

少監。上元元年八月加一員。以唐脩睦爲之。

丞。龍朔二年。改爲中御大夫。咸亨元年復舊。

尙膳局。龍朔年改爲奉膳局。奉膳爲大夫。諸局並准此。咸亨年並復舊。天寶元年五月二十九日。唯留一員。其餘並停。

尙醫局。龍朔年改爲奉醫局。

尙衣局。准上改爲奉冕局。

尙舍局。准上改爲奉扆局。

尙輦局。准上改爲奉輦局。

尙乘局。准上改爲奉駕局。

開元二年。初以尙乘局隸閑廄使。

奉御。本二員。高宗加置四員。分掌六閑。一曰飛黃閑。二曰吉良閑。三曰龍媒閑。四曰騊駼閑。五曰駃騠閑。六曰天苑閑。

神龍元年八月二十三日勅。內宴王公日。尚食局進供客食於閤門。付品官將入。其局官等。非別勅喚不得輒自下飲食。

開元五年十月二日勅。尚藥局醫官王公已下。不得輒奏請將外醫療。

十年五月九日勅。尚藥局御藥庫每月支監門二人守當。

二十八年四月十三日。殿中監奏。尚食局無品直司六人。並是巧兒曹司。要籍一任直司。主食十年考滿。同流外授官。仍補額內直驅使。比來有闕。多被諸色人請射。此輩遂無進路。今後有闕。望請先授。妄來請射。不在補限。勅旨。從之。

貞元十五年四月勅。殿中省尚藥局司醫宜更置一員。醫佐加置兩員。仍並留授翰林醫官。所司不得注擬。

十二月。殿中省初置奉御尚醫四員。每月各給料錢二十五貫文。資品同詹事府丞。

元和三年五月。殿中省奏。勅當司尚食尚衣尚舍尚藥尚輦等共五局伎術直官。聽在外州府官來直本司。伏以五局所置官。不請課料。若不授伎術官。即多逃散。伏請宣付吏部。准舊例處分。勅旨。依奏。

長慶三年三月詔。每日供御及供宮內食料等。一物已上。各委本司商量節減。仍具所費用數。速分析聞奏。當付度支管計。添充經費。

開成三年八月。殿中省奏。尚食局舊額。主膳八百四十八。充三番。每月役使二百八十八。今請條流。量閑劇分爲四番。每月勅二百一十八。當上。卽每日有主膳七十人糧。請迴給正額。未請糧色巧兒。添主膳驅使。更不別申請度支糧。伏乞聖慈許臣當司自圖圓融。冀得均濟。又免占破府縣人戶色役。勅旨依奏。

進馬。天寶八載七月二十五日勅。自今南衙立仗馬宜停。其進馬官亦省。十二載正月。楊國忠奏置立仗馬及進馬官。

貞元七年十二月五日。兵部奏。進馬所用蔭同千牛。仍兼取任御史中丞給事中中書舍人子。餘條例及簡試。並用千牛例。

太和八年三月。殿中省奏。千牛元額四十八員。左右仗各二十四員。准勅每仗各減一十四員訖。又進馬元額一十八員。當司六員。今准勅減一員。僕寺准減一員。勅旨宜依。

閑廄使

萬歲通天元年五月。置仗內閑廄。令殿中丞袁懷哲檢校。未置使。至聖歷三年二月。改殿中少監充閑廄使。乃改名袁忠臣。已後使具名于後。袁忠臣。冉任。田歸道。翟無言又宗晉卿。武崇訓。賀蘭爽。張涉。虢王邕。孫佺。平王隆基。宋王成器。新興王晉。崔日知。王毛仲。皇甫忠。姜皎。王暐。楊崇慶。來曜。牛仙客。李元祐。韋衢。章仇兼瓊。安祿山。呂崇賁。李輔國。彭禮盈。樂子昂。韋謙光。常休明。崔宣。張獻恭。李齊運。

大曆十四年七月十日。閑廄使奏置馬隨仗。當使准例。每日于月華門立馬八匹。仗下歸廄去。廣德元年。蕃寇後。使司無使頻申論飛龍不支。自後未至。臣忝職司。不敢不奏。勅旨。宜付飛龍使依舊支置。

元和十二年十月勅。閑廄使所理岐陽馬舊地。方三百四十七頃。據監察御史范傳式奏。岐陽馬坊地。既不妨百姓租佃。又不闕官中賦稅。宜據數交付閑廄使收管。開元中。以國馬尙多。自長安至隴右。置七馬坊。爲計會所。都領岐下岐隴間善水草及膏腴田。皆屬七馬坊。至德巳後。監牧使與七馬坊名額盡廢。其地利因歸於閑廄使。寶應中。鳳翔節度請監牧廢田給貧人及軍吏。巳上者相承數十年矣。又別有勅賜諸寺觀。凡千餘頃。至是。閑廄使張茂宗恃藩邸之舊。舉故事盡收之。

太和九年十一月。閑廄宮苑等使奏。京兆府合供當使諸門守當三衞八十人。准舊例。京兆府取諸縣百姓。供前件三衞充門仗諸雜役。每月交替者。伏以百姓往來。費損至多。非惟頻與追呼。實亦難虞寇盜。伏請從今年十二月起。省停供臣於當司。召至子弟一百人。每人每月。使於當司方圖與糧六斗。亦不要府縣資陪。取其情願。永絕擾人。伏乞允臣管見。勅旨。依奏。

開成四年正月。閑廄宮苑使柳正元奏。當使東都留後知院官鄭鎰。每月院司給料錢三十四貫文。兼請本官房州司馬料錢。今請於使司所給料錢數剋減十千。添給所由二十八糧課巡官二人。請勒全停。鄧州舊因御馬。配給苜蓿丁三十八。每人每月納資錢二貫文。都計七百二十貫文。其州司先以百姓凋殘闕本額量送三百九十六貫文。今請全放當管脩武馬坊田地。伏准太和二年河陽節度使楊元卿奏。請權借耕佃充給閑用。今緣安利一軍伏請永配主管。伏以當司應屬東都宮苑閑廏事務管係舊額名數。尙多苟在影占之門。是啓非違之路。但係務繁地遠。訪察尤難。況推禁罪人動經旬月。因緣流滯。移牒用情。事務委留守主管。曹司煩職官吏宂名。俾無尸素之員。又去申報之滯。其東都院每年合送宮苑使加給錢一百二十千文。亦請停送。當司方圖羨餘自備課料。伏乞聖慈允臣所奏。勅旨。正元條陳利病。實謂推公。所請割屬留守及停廢職員并依。糧並宜停。其新差知院鄭鎰。亦是宂員。宜勒赴任。仍委留守於見在職事人中差補勾當。鄆州每年送苜蓿丁資錢。並請全放。實利疲甿。宜依。其修武馬坊田地。河陽節度近年權借。依前勒閑廏宮苑使。且存借名收管。

內侍省

龍朔二年。改爲內侍監。咸亨元年。改爲內侍省。光宅元年。改爲司宮臺。神龍元年。復爲內侍省。天寶十三載十一月二十八日。置內侍監二員。三品。貞元四年二月四日。內侍省內給事加二員。謁者監加四員。內侍伯加置四員。

內坊。開元二十七年四月二十八日勅。義方之訓。固在親承。太子旣絕外朝。中官自通禁省。有何殊異。別立主司。其內坊宜復內侍省爲局。

護軍中尉監。貞元十二年六月六日置。以監勾當左右神策軍。以竇文場霍仙鳴爲之。

中護軍監。同前日月置。以左右神威軍使張尚進焦希望爲之。

監軍。垂拱三年十二月。停御史監軍事。在御史臺卷。神龍元年以後。始用中官爲之。

唐制。內侍省其官有內侍四人。內常侍六人。內謁者監六人。內給事十八人。謁者十二人。典引十八人。內侍伯二人。寺人六人。別有五局。掖廷局掌宮人簿籍。宮闈局掌宮內門禁。其屬有掌扇給使等員。奚官局掌宮人疾病死喪。內僕局掌宮中輿輦導從。內府局掌宮中供帳燈燭。五局有令丞。皆內官爲之。貞觀中太宗定制。內侍省不置三品官。內侍是長官。階四品。其職但在閤門守禦。黃衣廩食而已。則天稱制二十年。差增員數。神龍中。宦官三千人。超授七品以上員外官者千餘人。元宗在位。中官稍稍稱旨者。即授三品左右監門將軍。得門施棨戟。及李輔國從幸靈武。程元振翼衞代宗。遂至守三公。封王爵。干預國政。郭子儀北伐。遂立觀軍容宣慰使。命魚朝恩爲之。然自有統帥。亦監領而已。貞元之後。天子爪牙之士。悉命統之。於是畜養假子。傳襲爵土。跋扈之兆。萌于茲矣。而中外黨錮。恣爲不法。雖朝廷之令。漸不能制。文宗卽位。以仇士良等威福任己。思漸除之。卒有李訓之敗。公卿輔相。赤族受禍。暨武宣之際。閹豎輩嘗切齒于南衙官屬。光化中。昭宗授政于宰相崔允。尤忌宦官。于是左右軍容使劉季述王仲先。深不自安。幽帝于東內。册皇太子裕監國。崔允乃外協朱氏。密圖匡復。潛構護駕監州雄毅軍使孫德昭。誅季述等。昭宗返正。改元天復。至三年。大懲其弊。收中官第五可範已下七百餘人。于內侍省同日誅之。諸道監軍使。亦令勦戮。炎炎之勢。因斯息矣。

貞觀十四年。司門員外郎韋元方不過所給使。見左右僕射而去。給使奏之。上大怒。出元方爲華陰令。特進魏徵言曰。帝王震怒。勯若雷霆。何可妄發。爲前給使一言。夜出勑書。事似軍機。外人誰不驚駭。但宦省之徒。古來難近。輕爲言語。易生患害。獨行遠使。深非事宜。漸不可長。所宜深愼。上納之。遂停貶黜。

萬歲登封元年二月十九日。勑諸道逆人給使配役。送內侍省者。不得于州縣附貫。亦不得共中官給使結義往來。

景龍元年。酸棗縣尉袁楚客。奏記于中書令魏元忠曰。內豎者。給宮掖之事。供埽除之役。上古皆備此職。但以僕隸畜之。豈及于官次。中古以來。大道乖喪。不重賢哲。惟親近習。或委之以軍。或授之以權。遂使豎刁亂齊。伊戾敗宋。君側之人。衆所畏懼。葛洪所謂鷹頭之蠅。廟垣之鼠。無拳無勇。職爲亂階者也。洎乎後漢。用事尤甚。時君旣不知其失。大臣又畏罪不言。是以害及生靈。毒流天下。至于晚節。竟亂中朝。各相朋黨。屠害良善。當此時也。忠臣義士。覩斯慷慨。不得不權行殺戮。至以無鬚而橫死者。不可勝言。豈非結禍之深。自危之速。易曰。小人用壯。斯之謂也。自大君受命。中興成務。獨有閹豎。坐升班秩。旣無正闕。多授員外。舉其全數。向滿千人。苟綰青紫。蠶食府藏。旣非致治之道。誠謂長亂之階。此則朝廷之失。君侯不正。誰正之哉。

景雲二年四月二日勑。內侍省令史資勞宜同殿中省令史。其五局令史同殿中省諸局。

開元三年四月二十二日勑。內侍省內坊單身給使有品無品並免戶例差科。

五年七月二十二日勑。內侍省內坊給使遭憂百日滿勒上。

七年十一月二十三日勑。內侍省將軍中郎內侍內給事五品已上官。宜准宿衞官給酒料。

十四年八月二十四日勑。內侍省品官遭憂。宜待終服還官勒上。如有灼然要籍者。臨時奏。

寶應元年五月十九日勑。諸道州府所承上命。須憑正勑後可施行。不得懸信中使宣言勑。即便遵行。

貞元七年三月十三日勑。內侍省五品已上許養一子。仍以同姓者。初養日不得過十歲。

十一年正月。初鑄河東監軍印。監軍有印。自茲始也。

十五年四月。詔內侍省內給事加置二員。至元和十五年四月。內侍省奏。應管高品品官白身共四千六百一十八人數內一千六百九十六人高品諸司使幷內養諸司判官等。餘幷單貧無屋室居止。須稍優恤。宜各加衣糧半分度支據數支給。謹按舊史。天寶末。品官黃衣以上三千餘人。下文已云盛矣。今則又踰其數焉。

二十年十二月。詔加掖庭局令四員。

寶歷二年十一月。詔朝官及方鎭之家。不得私置白身。

太和四年八月。內侍省奏當省官員。從掖庭局令以下至監作。並居本品之下。或注擬難於區別。伏乞請重下有司詳定。勅旨。宜付所司詳定聞奏。

大中三年九月勅。楊施禮緱氏縣莊。宜賜東都內侍省新配恭陵守當貧窮官正居住。

天復三年二月勅。諸道監軍使副監判官並停。其院印當日差人齎納禮部銷毀。

太常寺

龍朔二年。改爲奉常正卿。咸亨元年復舊。光宅元年改爲司禮寺。神龍元年復爲太常卿。

少卿。神龍元年七月三十日。加一員。徐彥伯爲之。

衣冠署。貞觀元年省。

太廟署。登封元年正月。改爲淸廟臺。神龍元年。復爲太廟署。開元二十四年四月四日廢。以太常寺奉宗廟。

太公廟署。神龍二年。始分兩京置。

博士。本四員。開元二十七年省一員。乾元元年二月十五日。卿韋陟奏請依舊四員。一人分京留守。

丞。皇朝因隋舊制。置丞二人。

太祝。本每室一人。共六人。開元十年七月二日。加至九員。二十七年。減六員。留三員。

奉禮。本名治禮。貞觀二十三年七月二十七日。改爲奉禮。本四員。減兩員。

貞觀十二年四月勑。每薦新于太廟。令太常卿及少卿一人行事。

景雲二年十一月十二日勑。太常寺所須粢盛。今總計料定。每年所司差綱一人。典二人。一時部送。不得更有零疊。亦不得輒差使催。

開元八年四月一日勑。諸陵主衣主輦主藥。每色各八員。分爲四番。季上。其考第仍隸太常寺。其陵署若更有執掌。亦于此三色內通融驅使。

乾元元年七月二十八日。太常寺先置禮直五人。宜並停廢。

建中元年正月五日。大理法官太常博士。委吏部擇才。與本司同商量注擬。

貞元七年正月二十六日。復置禮儀直兩員。禮院直兩員。並停禮院修撰官一人。檢討官一人。孔目官一人。院典三人。

八年四月。太常寺奏。本置禮生。是資贊相。東都既無祠祭。不合虛備闕員。且無功勞。妄計考課。年滿之日。一例授官。比來因循。實長儌幸。其東都太廟及郊社齋郎。先並准勑停訖。惟禮生尚在。伏請下吏部。自今以後。不得更有注擬。其先補者。並請追赴上都。已滿者。伏望量留四年。未滿者。請折聽。或入考。如有情涉規避。委託事由。兩月內不赴西都。卽請牒吏部注申解退。收實本色。冀循事實。永絕姦源。勑旨依奏。

九年四月。勑自今以後太常寺宜署禮院修撰檢討官各一員。便爲定額。

十九年。勑太常博士其位雖卑。所任頗重。至於選擇不易得人。郊祀禮儀。朝廷典法。舉措取則。職事實繁。所請俸料。宜准六品已下常參官例處分。

元和六年閏十二月。以皇太子薨。勑國子司業裴茝權攝太常博士。西內勾當。茝通習古今禮儀。常爲太常博士。及官至郎中。每兼其職。至改國子司業。方罷兼領。久居禮官。頗詳儀制。國典無太子薨禮。故又命茝領之。其廢朝十三日。蓋用朞服易月之制也。

十年正月。贈故太常卿崔邠吏部尙書。初邠爲太常卿。初上。大閱四部樂於大樂署。觀者咸縱觀焉。自私第去帽。親導母輦。公卿逢者。爲迴騎避之。衢路以爲榮。

長慶二年閏十月。太常寺奏。兩院禮生元額三十五人。請准元和十二年勑。置守闕人。卽免散闕。勑旨。依奏。

四年七月。勑吏部所注太常寺伎術官直殿中。旣准格。未爲乖越。宜並待考滿日停。太常寺所論員闕。從來年以後。並任本寺收管。諸司更不得占授。

大中四年七月。御史臺奏。司農寺文案。少卿不通判。有乖六典。勑旨。自今已後。九寺三監少列。宜與大卿通判文案。

九年八月。太常卿高銖決罰禮院禮生。博士李懿引故事。見執政。以禮院雖係太常寺。從來博士自專。無關白者。太常三卿始蒞事。博士無參集之禮。今之決罰。有違故典。時宰相以銖舊德。不能詰責。銖慚而請退。

十二年十月。太常卿封敖。左授國子祭酒。舊式。太常卿上事。庭設九部樂。時敖拜命後。欲便于觀閱。移就私第視事。爲御史所舉。遂有此責。

光祿寺

龍朔元年。改爲司宰寺。卿爲正卿。咸亨年。復舊名光祿寺。光宅年。改爲司膳寺。卿隨寺改。神龍年。復爲光祿寺。

少卿。本一員。景龍二年十一月四日。加一員。以劉正爲之。

珍羞署。舊爲肴藏署。垂拱九年二月二日改。

景雲二年正月。勅左右廂南衙廊中食。每日常參官職事五品以上。及員外郎。供一百盤。羊三口。餘賜中書門下供奉官。及監察御史太常博士。百官每日常供具三羊。六參日節日。加羊一口。冬月。量造湯餅。及黍臛。夏月。冷淘粉粥。其果。黃文桃梨榴濕柿等。擇不堪供進者。亦供衙前食。若御內坐。當參日。即於外廊設食。并給門下中書有餘。賜供奉官六品已下。及在仗三衛主兵帥漏生漏刻直官等食。不須迴折。東宮衙前食。並准此。仍每坐日。職事五品已上。賜食。供十盤。六參日。供四日五盤。有餘。賜左右春坊供奉官詹事直若非坐日。設三盤諸節日應設食者。准料即造。不須奏聞。其斷屠日各於衙內設兩口羊食。其六品已下於光祿食者。每正冬寒食三節。皆給餅。內作節食。三月十七日勅。每御承天門樓。朝官應合食并蕃客辭見。並令光祿准舊例。於朝堂廊下賜食。其朝官食。迴衙內食充。

開成四年正月。光祿寺奏。當司伏准大歷八年四月十八日勅。令主辦百寮廊下賜食。仍委御史臺勾當。至於補置所由。計料費用。即是當司本事。自從臺司自置都一人管計。令造膳支辦。盡非有司闕敗。罪歸當寺。比於臺司論請。因循竟未卻還。今御史中丞丁居晦深知前弊。悉還所職。其廊下食料錢。勅令見於臺司交割。次又御史臺奏。伏准大歷八年元勅。任委御史臺勾當。本慮事有闕違。自後因循。遂成侵占。人吏雖隸光祿寺。補署多出臺司。謹詳勅旨根尋。應申歸有司。方可求理。已牒光祿寺自部置。若有闕失。責在本司。仍依前差御史一人充使勾當。奏。敕。可。

衛尉寺

龍朔二年。改爲司衞寺。卿爲正卿。咸亨元年復舊。光宅元年。改爲司衞寺。神龍二年。復舊爲衞尉寺。

少卿。本一員。景雲二年十一月四日。加一員。以傅忠孝爲之。

武庫署。開元中分兩京置。

武器署。貞觀年中分東都置。

開元二十七年十一月。武庫置應諸衞行從及冬正等甲仗袍襖旛旗幕等。衞府卿李昇奏。上件物。每年行幸溫湯及冬正陳設兩京來往諸衞將軍事畢後。多有汚損。逾限不納。又比年因溫湯行幸。所由便奏勒留。充冬至及元日隊仗用。以此淹久。便長姦源。衆恐迴換。望自今以後。每事了。限五日內送納武庫。如有違限。所由長官及本官。望請科違勅罪。其典量決杖。仍不在奏留之限。勅旨依奏。

天寶八載十一月勅。衞尉幔幕氈褥等。所由多借人。非理損汚。因循日久。爲弊頗深。爰及幕士。私將驅使。幷廣配充廳子馬子。並放取資。近今推問。事皆非繆。今後其幔幕氈褥等。輒將一事借人。並同盜三庫物科罪。幷使幕士與人張設。及自驅使。擅取放資。計受贓數。以枉法論。其借人及借與人等。六品已下非清資官。決放。餘聽進止。仍委左右巡使常加糾察。

十一年十二月奏。幕士供膳掌閑。取浮逃無籍人充。勅旨。幕士供膳掌閑幷雜匠等。比來此色。緣免征行。高戶以下。例皆情願。自今已後。有闕。各令所由先取浮逃及無籍實堪驅使人充。使與編附。仍委御史中丞都充勾當。

廣德元年二月二十一日赦文。京兆諸司使幕士丁匠。總八萬四千五百人。數內宜每月支二千九百四十四人。仍令河東關內諸州府據戶口分配。不得編出京兆。餘八萬一千一百一十四人。一切並停。

其年。衞尉寺奏。當寺管幕士總八百六十九人。其七百八十九人停。八十人依舊定四十人長上。幕士本司招補。不差百姓。並請依舊定四十八。減外請留。其幕士申請停差。每人每月別官給錢三千五百文。付本司通勘處置。共據計一年當一千六百八十貫文。彍騎先支五人。本司既有幕士充勾當。彍騎請停。勅旨依奏。

宗正寺

龍朔元年。改爲司宗寺。卿爲宗正卿。咸亨元年。改爲宗正寺。光宅元年。爲司屬寺。天寶七載五月十一日。升同太常寺。少卿及丞。准此。

少卿。本一員。景雲二年十一月四日。加一員。以姜晞爲之。

丞。開元二十五年二月八日。加一員。

崇元署。開元二十五年二月二日。宗正卿魯王道堅奏。今年正月七日。勅道士女冠並隸宗正寺。其崇元署今既鴻臚不管。其署請屬宗正寺。勅旨依奏。

天寶二年三月十二日。道士女冠宜令司封檢討。不須更隸宗正寺。其崇元署並停。

舊例。太皇太后皇后之親。分爲五等。皆定于司封。宗正受而統焉。若皇周親。皇后父母爲第一等。准三品。皇大功親。皇小功親。尊屬。太皇太后皇太后皇后周親爲第二等。准四品。皇小功親。皇緦麻尊屬。太皇太后皇太后皇后大功親爲第三等。准五品。皇緦麻親爲第四等。皇祖免親。太皇太后小功卑屬。皇太后皇后緦麻親及舅母姨夫爲第五等。並准六品。其籍如州縣之法。

武德元年十月二十四日詔太僕少卿安康公襲譽我之同姓。派別支分。惟厥祖考。世敦恭睦。特聽合譜宗正。恩禮之差。同諸服屬。

其年十二月六日。義安郡王李孝常賜屬籍宗正寺。

二年二月十六日詔曰。宗緒之情。義超常品。宜有旌異。以明等級。天下諸宗姓任官者。宜在同列之上。無職任者。不在徭役之限。每州置宗師一人。以相統攝。

其年十二月四日。幽州總管燕郡王羅藝賜姓李氏。屬籍宗正寺。

其月十三日。曹國公徐世勣賜姓李氏。屬籍宗正寺。

三年六月一日。楚王杜伏威賜姓李氏。進封吳王。屬籍宗正寺。

其年九月十九日。蔚州總管高開道賜姓李氏。屬籍宗正寺。

四年正月十四日。竇建德行臺尙書令胡大恩以安鎭來降。賜姓李氏。屬籍宗正寺。

永徽二年九月二十一日。召宗正卿李博文問曰。比聞諸親何以得有除屬者。對曰。以屬疎降盡。故除緦三百餘人。上曰。追遠之慼。實切于懷。諸親服屬雖疏。理不可降。並宜依舊編入屬籍。

開元十三年四月。詔嗣王有傍繼者。並宜緦停。

二十年七月七日詔。宗正寺官員。悉以宗子爲之。

二十五年七月勅。其宗正卿丞及主簿。擇宗室中才行者補授。

天寶元年七月二十三日詔。殿中侍御史李彥允等奏稱與朕同承涼武昭王後。請甄敍者。源流實同。譜牒猶著。自今巳後。涼武昭王孫寶巳下絳郡姑臧燉煌武陽等四公子孫。並宜隸入宗正寺。編入屬籍。

五載正月十三日勅。九廟子孫。宜並升入五等親。永爲常式。至建中元年正月五日赦文。入廟子孫。非五等親任用。如始封王廕。不限年代。補齋郎三衞。至簡選日。量文武稍優與處分。

其載十一月。宗正寺奏。錄事先有一員。請更置一員。從之。

七載五月二十九日。宗正卿褒信王璆奏。皇妹及女。准禮出嫁後。各降本親一等。今後並降爲第二等。臣以爲執禮破親。有虧常典。宜請一切依服屬等第爲定。不在降服限。仍望永爲常式。勅旨依奏。

大曆十三年正月。淄青節度使李正己請附入屬籍。勅旨從之。

貞元八年。太常寺奏。乃者宗子名銜。皆云皇某親。行於文疏。曹署此非避嫌自卑之道也。謹按儀禮曰。諸侯之子稱公子。公子不得稱先君。公子之子稱公孫。公孫不得祖諸侯。此自卑別尊者也。又禮記曰。君有合族之道。族人不得以其戚戚君位也。鄭元注云。皆臣也。不得以父兄子弟之親。戚于君位。謂齒列也。所以尊君別嫌。今宗子若以皇字爲稱。以首從數爲序。親誠非卑別于尊。不戚君位之意。又按儀禮。從父昆弟。則今同堂也。從祖昆弟。則今再從也。族昆弟。則今三從也。聖朝方崇敦敍。宜辨等威。其三從內。伏請仍舊。其餘各以祖禰本封某爲某王公子孫。則親疏有倫。名禮歸正。從之。

元和四年四月詔。故奉天定難功臣太尉兼中書令西平郡王李晟宜編入屬籍。又成德軍節度使張寶臣。依舊賜姓李。列于屬。寶臣本名忠志。初事安祿山。後事史思明。寶應初。史朝義敗。寶臣開城門以納王師。因授成德軍節度使。故有是賜。

七年十二月。宗正寺奏。當司圖譜官一人。准元勅官滿宜減兩選。其孔目官比類。請一槩例處分。勅旨。依奏。

十一年六月。宗正寺奏。當司府史元額一十六員。內八員先停減。更請二人通前十員。從之。

長慶元年三月。宗正寺奏。貞元二十一年勅。宗子陪位。放五百七十人出身。今年勅放三百人。伏緣人數至多。不霑恩澤。白身之輩。將老村閭。乞降特恩。更放二百人出身。許之。

太和二年六月。修玉牒官屯田郎中李衢等奏。竊以聖唐玉牒。與史册並驅。立號建名。期于不朽。伏乞付宰臣商量。於玉牒之上。特創嘉名。以光帝籍。勅旨。宜以皇唐玉牒爲名。

開成三年正月。宗正卿李玭奏。宗子諸親齋郎室長選人。准格每年遣諸陵廟丞等充保識官。今請選人自于諸司求覓清資。及在任宗子京官充保識。以憑給解。伏乞編入吏部選格。以爲久例。勅旨。依奏。

五年正月。中書門下奏。宗子每進文疏及舉選文狀。例皆稱皇從高叔祖曾叔祖。既是人臣。頗乖禮敬。臣等延英已具陳奏。伏請令自今已後。應宗子文狀。並令具姓氏。不得更言皇從。但令各於姓名下。稱某王房。卽便可以辨別。勅旨依奏。

咸通九年勅。沙陀朱耶赤心賜姓李氏名國昌。籍係鄭王房。以討平徐州叛卒龐勛功也。

唐會要卷六十六

太僕寺

龍朔二年改爲司馭寺．卿爲正卿．咸亨元年．復爲太僕寺．光宅元年．改爲司僕寺．神龍元年．復爲太僕寺．

少卿．景雲元年八月．加一員．韓思復爲之．

丞．大足元年三月六日．加一員．

開成三年太僕卿趙蕃奏．請差少卿一人．用隨年鐵印印見在牛羊．堪祠祭及鳴牛．並不印．勅旨．從之．

羣牧使

貞觀十五年．尚乘奉御張萬歲除太僕少卿．勾當羣牧．不入官銜．至麟德元年十二月．免官．三年正月．太僕少卿鮮于正俗檢校隴右羣牧監．雖入銜．未置使．上元五年四月．右衛中郎將邱義除檢校隴右羣牧監．儀鳳三年十月．太僕少卿李思文檢校隴右諸牧監使．自兹始有使號．其後蘇幹．夏侯亮．陽道昕．張仁德．張思廉．宗元爽．周履冰．魏元忠．李道廣．賀蘭爽．姚元之．宗楚客．平王隆基．宋王成器．王晙．王毛仲．牛仙客．席楚珍．薄承祧．韋衢．章仇兼瓊．王鉷．安祿山．王鳳．董佚．唐欽．呂崇賁．李輔國．彭禮盈．樂子昂．相次爲之．暨至德後．西戎陷隴右．國馬盡沒．監牧使與七馬坊名額皆廢．今又有樓煩監牧使．龍陂監牧使等．檢校起置年月未獲。

開元三年四月八日敕。諸道牧監官有闕緊要者。委本使簡擇明閑牧養者。奏付選司勘實補擬。如非其材所由科貶。經負犯者。不在奏補之限。牧尉有闕。亦委使司差補申牒所由。如不足。並申省司速訪補擬。

天寶十一載。十一月二十五日敕。兩京去城五百里內。不得置私牧地。如有一改官牧。

貞元二十年。福建觀察使柳冕奏置萬安監牧於泉州界。悉索部內馬五千七百匹。並驢牛八百頭。羊三千口。以爲監牧之資。人情大擾。經年無所生息。詔罷之。

元和十一年正月。樓煩監牧使中官黨文楚以供征馬羸瘠。爲諸軍所奏。奪緋沒其家財。配隸南衙。

十四年五月。置臨海監牧使。命淮南節度使兼之。至太和二年十一月廢。

其年八月。於襄州穀城縣置臨海監牧。以牧馬。仍令山南東道節度使兼充監牧使。至太和七年正月。山南東道節度使裴度奏。請停臨漢監牧。先置牧養馬三千三百匹。廢百姓田四百餘頃。詔許停之。

太和七年十一月。度支鹽鐵等使奏。以銀州是牧放之地。水草甚豐。國家自艱虞以來。制置都闕。每西戎東牧。常步馬相淩。致令外夷寖驕。邊備不立。臣得銀州刺史劉源狀。計料於河西道側近市孳生堪牧養馬。每匹上不過絹二十疋。下至十五疋。臣已於鹽鐵司方圖收拾羨餘絹除正進外。排比得五萬疋。約得三千餘疋。今于銀州置銀州監使。委劉源充使勾當。冀得三數年外蕃息必多。敕旨。劉源宜兼充銀州監牧餘委度支使條流訖聞奏。

開成二年七月。夏綏銀宥等州節度使劉源奏。伏准太和七年十一月。勅委臣於銀州監置監城一所。收管羣牧自立務以後。今計蕃息孳生馬約七千餘匹。若雨澤及時。水草豐茂。卽並於當監四遠牧放。或遇天時亢陽。水草枯竭。卽須散將監馬直至綏州界內以來。就遠水草。伏以所管官馬。其數益多。出於遠界。須有憑倚。今訪擇得綏州南界有空地。周迴二百餘里。堪置馬務。四面懸險。賊路不通。縱有突過剽掠。臨時度其要害。只著三五十人防捍。卽可固守其地。是臣當管界內空地。並非百姓見佃田疇。今請割隸。永屬監司。伏乞聖慈允臣所奏。勅旨。宜委本道差人與本州刺史勘驗。如實無主。使任監司收管。

大理寺

龍朔二年。改爲詳刑寺。卿爲正卿。咸亨元年。復爲大理寺。光宅元年。改爲司刑寺。神龍元年。復爲大理寺。

少卿。本一員。永徽六年八月十二日。初置。神龍元年。加一員。以侯善業爲之。

正。龍朔二年。改爲詳刑大夫。咸亨年復舊。

丞。本八員。天冊三年十月二十八日。省兩員。

司直。武德初。因隋舊制。置六員。

評事。貞觀二十二年十二月九日。置十員。掌出使推覆。後加二員。爲十二員。

貞觀元年二月二十八日。上謂封德彝曰。大理之職。人命所懸。此官極須妙選。公宜陳其堪者。德彝未對。上曰。戴冑忠正清直。每事用心。即其人也。于是除大理少卿。咸亨三年十月。張文瓘兼大理卿。旬日決疑獄事四百條。莫不允當。皆無怨言。文瓘嘗有疾。繫囚相與設齋。願其視事。上元二年疾卒。大理諸囚一時慟哭。

開元八年勑。內外官犯贓賄及私自侵漁入己。至解免已上。有訴合雪及減罪者。並令大理審詳犯狀。申刑部詳覆。如實寃濫。仍錄名送中書門下。其有遠年斷雪近請除罪。亦准此。其餘具刑部格。

二十一年七月。大理卿袁仁敬暴卒。繫囚聞之。皆慟哭悲歌曰。天不恤寃人兮。何奪我慈親兮。有理無由申兮。痛哉安訴陳兮。

天寶九載三月十三日勑。大理評事。今後子弟及至親中有未歷畿縣者。不得注授。

建中元年正月勑。大理司評事。直授訖。三日內于四方館上表。讓一人以自代。

貞元四年十月。大理卿于頎奏。諸處推事不盡。須重勘覆。或有誣告等。每失程期。稽滯既多。寃濫難息。諸司及諸館驛。多以大理爲閑司。文牒遞報。頗至稽滯。失望。今後各令別置文例。切約所由。稍涉稽遲。許本寺差官累路勘覆。如所稽遲處。分州縣本判官。請書下考。諸司使本推官。奪一季俸料。勑旨依奏。

元和四年九月勑。刑部大理。覆斷繫囚。過爲淹滯。是長奸倖。自今以後。大理寺檢斷。不得過二十日。刑部覆下。不得過十日如刑部覆有異同。寺司重斷。不得過十五日。省司重覆。不得過七日。如有牒外州府看勘節目及于京城內勘本推卽以報牒到後計日數。被勘司卻報不得過五日。仍令刑部大理寺具初授文牒月日及有牒勘者具遣牒及報牒到月日牒報都省及牒訪察使各准勅文勾舉糾訪如有違越奏聽進止。其有獄情可疑宜再三詳審非限內可畢者。卽別狀分析寺司每月具已斷未斷囚姓名事由聞奏。並申報中書門下。

五年二月。大理寺奏。當寺獄丞四員准六典合分直守獄。承前雖俸料寡薄。當寺自有諸色錢物優賞。免至虛貧。十年以來。曹司貧迫無肯任者。遂令獄務至重檢校絕官。今伏請省兩員置兩員取所省員料錢。併以優給見置者。庶令吏曹可注。職事得人。勅旨依奏。

十五年大理寺奏。當司府史許七考入流。敕旨依奏。

其年六月。勅減大理評事兩員。以增六丞之俸。

太和元年十月。大理寺奏。准吏部起請。當司府史二十員。減下三員。又勒轉選。請准勅附甲及不減員。勅旨依奏。

開成四年二月。刑部奏。大理司直張黔牟在寺宿直。以婢自隨。合判官一任。當徒一年。從之。

其年十一月赦節文。刑法之官。人命所繫。頃頻有詔旨令擇才能。每當朔望。須備顧問。宜令中書門下。更加選擇。

會昌元年六月。大理寺奏。當寺司直評事。應准勅差出使。請廢印三面。比緣無出使印。每經州縣及到推院。要發文牒追獲等。皆是自將白牒取州縣印用。因茲事狀多使先知。爲弊頗深。久未釐革。臣今將請前件廢印收鏁在寺庫。如有出使官。便令齎去。庶免刑獄漏泄。州縣煩勞。勅旨。依奏。仍付所司。

其年十一月。又奏請創置當寺出使印四面。臣於六月二十八日。伏緣當寺未有出使印。每准勅差官推事。皆用州縣印。恐刑獄漏泄。遂陳奏權請廢印三面。伏以廢印經用年多。字皆刓缺。臣再與當司官吏等商量。既爲久制。猶未得宜。伏請准御史臺例。置前件出使印。其廢印却送禮部。勅旨。宜量置出使印三面。

二年十月。中書門下奏。大理寺法官。伏見衛覬稱。刑法者。國家之所貴重。而私議之所輕賤。獄吏者。百姓之所縣命。而選任之所卑下。王政之弊。未必不由此也。臣等商量。望委中書門下。精擇法官。選任不得在文學官之後。如有缺員。兼委大理卿自舉所知。舉不得人。顯加殿罰。向後御史臺取御史。數至三人以上。卽須取法官一人。所冀刑法之官。皆知勸勵。勅旨。從之。

大中三年三月。大理寺奏。當寺司直評事。從前不循公理。到官便求分司。迴避出使。致令官職失守。勞逸不均。伏請從今以後。待次充使後。卽往分司。如未出使。不在分司限。勅旨。依奏。

四年七月。大理寺卿劉濛奏。准文明元年四月勅。律令格式。爲政之先。有類準繩。不可乖越。如聞內外官寮。多不習律退食之暇。各宜尋覽。仍以當司格式書于廳之壁。俯仰觀瞻。免使遺忘。今以年代遐曠。屋壁改移。文字不脩。瞻仰無所。就中大理寺評斷之司。尤爲要切。臣已于本寺廳粉壁重寫律令格式勅旨尙書省郎官亦委都省檢勘。依舊抄撮要。卽寫於廳壁。

其年十月。大理少卿崔杞奏。當寺官人今後在寺詳斷。或出使推案。有犯贓私者。請于常式加罪一等。餘犯卽准舊式。從之。

鴻臚寺

龍朔二年。改爲司賓寺。卿爲正卿。咸亨元年。復爲鴻臚寺。光宅元年。改爲司賓寺。神龍元年。復爲鴻臚寺少卿。本一員。景雲二年十一月四日。加一員。以劉與爲之。

開元十九年十二月十三日。勅鴻臚當司官吏以下。各施門籍出入。其譯語掌客出入客館者。於長官下狀牒館門。然後與監門相兼出入。

天寶八載三月二十七日。勅九姓堅昆諸蕃客等。因使入朝身死者。自今後。使給一百貫充葬。副使及妻數內減三十貫。其墓地州縣與買。官給價直。其墳墓所由營造。

十三載二月二十七日。禮賓院自今後宜令鴻臚勾當檢校。應緣供擬。一物已上。並令鴻臚勾當。

大歷四年七月。詔罷給客省之廩。每歲一萬三千斛。永泰已後。益以多事。四方奏計。或連歲不遣。仍於右銀臺門置客省以居之。上書言事者常百餘人。蕃戎將吏又數十百人。其費甚矣。至是皆罷。

建中元年七月。以鴻臚寺左右威遠營隷金吾。

元和九年六月。置禮賓院於長興里之北。

司農寺

龍朔二年。改爲司稼寺。卿爲正卿。咸亨元年。改爲司農寺。

少卿。武德初四員。貞觀二年減兩員。

木炭使

天寶五載九月。侍御史楊釗充木炭使。永泰元年閏十月。京兆尹黎幹充木炭使。自後京兆尹常帶使。至大歷五年停。貞元十一年八月。戶部侍郎裴延齡充京西木炭採造使。十二年九月停。

景雲二年六月十三日。勅中書門下御史臺尚書省造食戶衣糧。令司農每季給付。

天寶元年六月。司農少卿王翼奏。應請司諸祿。望准開元二十八年十月十五日勅。並令孟月三旬內給了。仍望預分請日。每司一時分付訖。其歷使封送當寺。若逢陰雨。倉司灼然事故未得給者。當日牒上。所由待給諸司畢後。准前勘會分付。勅旨依奏。

天寶五載三月。勅司農錢穀是司。其官人等並不在差使限。

乾元元年十月。司農寺奏。舊規名額。仍爲中署。特望升入上署。勅旨。依奏。

貞元五年司農少卿李堅立太倉石柱記云。貞元五年四海文明天子唯穀是恤。思富國便民之事。莫若端本尊以農事。故廪庾囷倉。尤切聖慮。俾少卿一人專領其署。蓋欲難其任而重其事也。

七年十月。司農卿李模有罪免官。初司農當供三宮冬菜二千車。以度支給車直稍賤。又阻雨不時。菜多傷敗。模以度支爲辭。上責其不先聞奏。故免之。於是模奏司農菜不足。請京兆市之。京兆尹薛珏萬年令韋彤禁有菜者私賣。上令奪珏俸一月。彤俸三月。

元和三年八月。司農少卿崔酆奏。停太倉一員監事二員。從之。

太和七年八月九日。勅司農寺每年供宮內及諸廚各藏菜。並委本寺自供。其菜價委京兆府約每年時價支付。更不得配京兆府和市太倉出給納。

太府寺

龍朔二年。改爲外府寺。卿爲正卿。咸亨元年。復爲太府寺。光宅元年。改爲司府寺。神龍元年。復爲太府寺。

少卿。武德初置二人。貞觀元年省兩員。龍朔二年正月十五日。加一員。以韋思齊爲之。太極元年十二月十八日。又加一員。分爲兩京檢校。以崔諤爲之。

丞。武德初五員。貞觀元年省一員。

常平署。顯慶三年十月三日置。

武德八年九月勅諸州斗秤經太府較之。

開元九年勅格權衡度量并函腳雜令諸度以北方秬黍中者一黍之廣爲分。十分爲寸。十寸爲尺。三尺爲大尺。諸量以秬黍中者容一千二百粒爲龠。十龠爲合。十合爲升。十升爲斗。三斗爲大斗。十斗爲斛。諸權衡。以秬黍中者百黍之重爲銖。二十四銖爲兩。三兩爲大兩。十六兩爲斤。諸積秬黍爲度量權衡者。調鐘律。測晷景。合湯藥。及冕服制用之外。官私悉用大者。京諸司及諸州各給秤尺及五尺度斗升合等樣。皆銅爲之。關市令。諸官私斗尺秤度。每年八月。詣金部太府寺平較。不在京者。詣所在州縣平較。並印署然後聽用。

十二年九月二十五日勅。左右藏官典職在出納。不得判攝外事。及帖諸司。

天寶九載二月十四日勅。自今以後。麪皆以三斤四兩爲斗。鹽並勒斗量。其車軸長七尺二寸。除陌錢每貫二十文。餘麪等同。

大歷十年三月二十二日勅。自今以後。應付行用斗秤尺度。准式取太府寺較印。然後行用。至十一年十月十八日。太府少卿韋光輔奏稱。今以上黨羊頭山黍。依漢書律歷志較兩市時用斗。每斗小較八合三勺七撮。今所用秤。每斤小較一兩八銖一分六黍。今請改造銅斗斛尺秤等行用。制曰。可。至十二年二月二十九日敕。公私所用舊斗秤。行用已久。宜依舊。其新較斗秤。宜停。

太和五年八月。太府奏。斗秤舊印本是眞書。近日已來。假僞轉甚。今請省寺各撰新印。改篆文。敕旨。宜依。

六年四月敕。金部所奏條流。諸州府斗秤等。諸州省有太府寺先頒下銅升斗及秤。見在。每年較勘。合守成規。今若忽重條流。又須別有徵斂。無益於事。徒爲擾人。宜並仍舊。但令所在長吏切加點檢。不得致有差殊。

少府監

武德初。以兵革未定。置軍器監。廢少府監。貞觀元年正月。分太府中尙方左尙方右尙方織染方掌治方五署。置少府監。通將作國子爲三監。龍朔二年。改爲內府監。咸亨元年。復爲少府監。光宅元年。改爲尙方監。神龍元年。復爲少府監。其令少隨監名改復也。

少監。本一員。太極元年二月十八日。加一員。以孔仲思爲之。至開元十一年。罷軍器監。隸入少府監。爲甲弩坊。更置少監一員統之。以馮紹貞爲之。十四年八月二十八日。省一員。

中尙署。本中尙方。天后時去方字。避監號。開元已來。別置中尙使。以檢校進奉雜作。多以少府監及諸司高品爲之。

永徽六年十一月。詔曰。少府監非軍國所須。宗廟之用。並不須飾以珠玉。

顯慶六年二月十六日敕。南中有諸國舶。宜令所司每年四月以前。預支應須市物。委本道長史。舶到十日內依數交付價値。市了任百姓交易。其官市物。送少府監簡擇進內。

景龍二年四月十四日敕。少府季別先出錢二千貫別庫貯。每別敕索物。庫內無者。即令市進。皆須對主付値。不得且令供物。於後還錢。其錢兼以絹布絲緜充數。其祠進明衣及布。亦用此物充。

將作監

龍朔二年。改爲繕工監。咸亨元年。復爲將作監。光宅元年。爲營繕監。神龍元年。復爲將作監。

大監。本爲大匠。龍朔二年。爲大監。咸亨元年。爲大匠。天寶十一載。爲大監。依舊。

少監。本一員。大足元年二月六日。加一員。以楊務廉爲之。

中校署。開元二年置。

天寶四載四月敕。將作監所置。且合取當司本色人充。直者。宜即簡擇發遣。內作使典。亦不得輒取外司人充。其諸司非本色直。及額外直者。亦一切並停。自今以後。更不得補置。如歲月深久。或因人所由長官量事貶降。其所應直決一頓。配邏邊軍。

建中元年九月。將作監上言。宣政內廊有摧壞者。今當修之。准陰陽書。謂是歲孟冬爲魁罡。不利修作。請卜他時。上曰。春秋之義。啓塞從時。若修毀完敗。何時之擇。詭妄之書。勿徵。乃修。

國子監

武德初爲國子學．隸太常寺．貞觀元年五月．改爲監．龍朔二年．改爲司成館．咸亨元年．復爲國子監．光宅元年．改爲成均監．神龍元年．復爲國子監．

東都國子監

龍朔二年正月十八日．置學官學生．分於兩教授．

祭酒．龍朔二年．改爲大司成．咸亨元年．復爲祭酒．光宅元年．改爲成均祭酒．神龍元年．復爲祭酒．

貞觀中．孔穎達爲祭酒．准故事．上日開講五經題．至天后朝．諸武駙馬爲祭酒．乃判祥瑞案三道．非舊典也．

司業．武德初省．貞觀六年二月二日．置一員．龍朔二年．改爲少司成．咸亨元年．復爲司業．本一員．太極元年二月十八日．加一員．以蕭憲爲之．

國子博士．龍朔二年．改爲司成宣業．咸亨元年．復舊．

丞．武德初．省隋三員．置一員．

長安四年四月四日．勅國子監宜置直講四人．四考聽選．

大歷五年八月．皇太子于國學行齒冑之禮．國子司業歸崇敬．以國學及官名不正．並請改之．上疏曰．禮記王制曰天子學曰辟雍。五經通義云辟雍。養老教學之所也。以形制言之雍。壅也。辟璧也。言壅水環之圜如璧形。以義理言之。辟明也。雍和也。言以禮樂明和天下。禮記亦謂之澤宮。射義云天子將祭必先習射于澤宮。故前代文士亦呼為璧池。亦曰璧沼。亦謂之學省。後漢光武立明堂辟雍靈臺。謂之三雍。至明帝躬行養老于其中。晉武帝亦作明堂辟雍靈臺。親臨辟雍。行鄉飲酒之禮。又別立國子學。以殊士庶。永嘉南遷。唯有國子學。不立辟雍。北齊立國子寺。隋初亦然。至煬帝大業十三年。改為國子監。今國家富有四海。聲名文物之盛。唯辟雍獨闕。伏請改國子監為辟雍省。又以祭酒之職。非學官所宜。按周禮師氏掌以美詔王。敢請改祭酒為大師氏。位正三品。又司業者。義在禮記云。樂正司業。正長也。言樂官之長司主此業。爾雅云。大板謂之業。按詩周頌設業設虡。崇牙樹羽。則業是懸鐘磬之虡也。今太學既不教樂于義則無所取。請改司業一為左師。一為右師。位正四品。又以五經六籍。古先哲王致治之式也。國家創業。取士之法。立明經。發微言于衆學。釋回增美。選賢與能。自艱難以來。取人頗異。考試不求于文藝。及第先取于帖經。遂使顓門業廢。請益無從。師資禮虧。傳授義絕。今請以禮記左傳春秋為大經。周禮儀禮毛詩為中經。尚書周易為小經。各置博士一員。其公羊穀梁文疏既少。請共准一中經。通置博士一員。所擇博士。兼通孝經論語。依憑章疏。講解分明。注引旁通。問十得九。兼德行純潔。文辭雅正。儀刑規範。可為師表者。令四品以上。各舉所知。在外者給驛。年七十已上者。備禮徵聘。其國子太學四門三館。各立五經博士。品秩上下。生徒之數。各有等差。舊博士助教直講直經。及律館算館書館助教。請皆能省。其教授之法。學生至監謁同業師。其所贄脩一束。清酒一壺。衫布一段。其色隨師所服。師出中門延入。與坐割脩酌酒。三爵而止。乃發篋出經。摳衣前請。師爲依經辨理。舉一隅。然後就室。每朝晡二時居講堂。說釋道義。發明大體兼教以文行忠信之道。示以孝悌睦友之義。旬省月試。時考歲貢。以生徒及第多者爲博士考課上下。疏奏不從。

元和元年正月勅。自今以後。國子祭酒司業。及學官。並須取有德望學識人充。四月。國子祭酒馮伉奏。應解學生等。國家崇儒。本于勸學。既居庠序。宜在交脩。其有藝業不勤。遊處非類。樗蒲六博。酗酒喧爭。凌慢有司。不脩法度。有一于此。並請解退。又有文章帖義。不及格限。頻經五年。不堪申送者。亦請解退。其禮部所補生。到日亦請准格帖試。然後給廚役。每日一度試經。一年等第不進者。停廚。庶以上功。示其激勸。又准格。九年不及第者。即出監。聞比來多改名卻入。起今以後。如有此類。請退送法司。准式科處。勅旨。依奏。

二年八月。國子監奏。准勅。今月二十四日。諸州府鄉貢明經進士見訖。宜令就國子學官講論。質定疑義。仍令百寮觀禮者。伏恐學官職位稍卑。未足飾揚盛事。伏請選擇常參官有儒學者三兩人。與學官同爲講說。庶得聖朝大典。輝映古今。於是命兵部郎中蔣武。考功員外郎劉伯芻。著作郎李蕃。太常博士朱潁。鄭王府諮議章廷珪。同赴國子監論講。

其年十二月。國子監奏。兩京諸館學生。總六百五十員。請每館定額。如後。兩監學生。總五百五十員。國子館八十員。太學館七十員。四門館三百員。廣文館六十員。律館二十員。書館十員。算館十員。又奏。伏見天寶以前。各館學生。其數至多。並有員額。至永泰後。西監置五百五十員。東監近置一百員。未定每館員額。今謹具定額如後。伏請下禮部准額補置。勑旨。依奏。

其年十二月。勑東都國子監量置學生一百員。國子館十五員。太學館十五員。四門館五十員。廣文館十員。律館十員。書館三員。算館二員。

十三年十一月。祭酒鄭餘慶。以太學荒墜日久。生徒不振。遂請率文官俸祿。脩廣兩京國子監。時論美之。

十四年十二月。鄭餘慶又奏。京見任文官一品以下。九品以上。並外使兼京正員官。每月所請料錢。請每貫抽一十文。以充國子監脩造文宣王廟及諸屋宇。并脩理經壁。監中公廨雜用。有餘添充本錢及諸色。隨便宜處置。勑旨。宜依。

長慶二年閏十月。祭酒韋乾度奏。當監四館學生。每年有及第闕員。其四方有請補學生人。並不曾先於監司陳狀。便自投名禮部。計會補署。監司因循日久。官吏都不檢舉。但准禮部關牒收管。有乖大學引進之路。臣忝守官。請起今已後。應四館有闕。其每年請補學生者。須先經監司陳狀。請替某人闕。監司則先考試通畢。然後具姓名申禮部。仍稱堪充學生。如無監司解申。請不在收管之限。舊例。每給付廚房。動多喧競。請起今已後。當監進士明經等待補署畢。闕牒到監司。則重考試。其進士等若重試及格。當日便給廚房。其明經等考試及格後。待經監司牒送。則給廚房。庶息喧爭。當監四館學生。有及第出監者。便將本任房轉與親故。其合得房學生。則無房可給。請起今已後。學生有及第出監者。仰館子先通收納房。待有新補學生。公試畢後。便給令居住。當監承前並無專知館博士。請起今已後。每館衆定一人知館事。如生徒無故喧競者。仰館子與業長通狀領過。知館博士則准監司條流處分。其中事有過悞。衆可容恕。監司自議科決。自有悖慢師長。強暴鬭打。請牒府縣錮身遞送鄉貫。勅旨。宜依。

太和五年十二月。國子祭酒裴通奏。當司所授丞簿及諸館博士助教直講等。謹按六典云。丞掌判監事。凡六學生每歲月業成。上於監者。以其業與司業祭酒試之。明經帖經口試策經義。進士帖一中經。試雜文策時務。徵故事。注云。其試法皆依考功口試明經帖限通八以上。明法等皆通九以上。主簿掌印勾檢凡學生有不率師教者。則舉而免之。其頻三年下第。九年在學無成者。亦如之。注云。假如違程限及作樂雜戲者。亦同。唯彈琴習射不禁。諸博士助教皆分經教授學者。每授一經。必令終講。所講未終。不得改業。諸博士助教。皆計當年講授多少。以爲考課等級。應補當司諸學生等。按學令云。諸生先讀經文通熟。然後授文講義。每旬放一日休假。前一日博士考試。其試讀每千言內試一帖。帖三言。講義者每二千言內問大義一條。總試三條。通二爲及第。通一及不全通者。酌量決罰。謹具當司官吏及學生令典條件如前。

伏望勅下有司。允臣所奏。勅旨。宜依。

七年八月。國子監起請。准今月九日德音節文。令監司於諸道搜訪名儒。置五經博士一人者。伏以勸學專門。復古之制。博採儒術。以備國庠。作事之初。須有奬進。伏請五經博士。秩比國子博士。今左氏春秋禮記周易尙書毛詩爲五經。若論語爾雅孝經等。編簡既少。不可特立學官。便請依舊附入中經。勅旨。依奏。

其年十二月。勅於國子監講論堂兩廊。創立石壁九經。幷孝經論語爾雅。共一百五十九卷。字樣四十卷。

開成元年。宰相兼國子祭酒鄭覃奏。請置五經博士各一人。緣無祿俸。請依王府官例給祿粟。從之。

二年八月。國子監奏。得覆定石經字體官翰林待詔唐元度狀。伏准太和七年二月五日勅。覆九經字體者。今所詳覆。多依司業張參五經字爲准。其舊字樣。歲月將久。畫點參差。傳寫相承。漸致乖誤。今並依字書與較勘。同商較是非。取其適中。纂錄爲新加九經字樣一卷。請附於五經樣之末。用證繆誤。勅旨。依奏。

四年二月。中書門下奏。伏以朝廷興復古制。置五經博士。以奬顓門之學。爲訓胄之資。必在得人。不限官次。今定爲五品俸。入四方有經術相當而秩卑身賤者。不可以超授。有官重而通詩達禮者。不可以退資。從今已後。並請勅本色人中選擇。據資除授。令兼博士。其見任博士。且仍舊。勅旨。宜依。

大中五年十一月。國子祭酒馮審奏。孔子廟堂碑。是太宗皇帝建立。睿宗皇帝書額。備稱唐德。具贊鴻猷。染翰顯然。貞石斯在。泊武后權政。國號僭竊。於篆額中閒。謬加大周兩字。今豈可尙存僞號。以紊淸朝。疑誤將來、流傳僭謬。其大周兩字。伏望天恩。許令琢去。謹錄奏聞。勅旨。凴審所請刊正訛文。頗協事體。宜依。

廣文館

天寶九載七月十三日。置領國子監進士業者。博士助教各一人。品秩同太學。以鄭虔爲博士。至今呼鄭虔爲鄭廣文。

書算學。貞觀二年十二月二十一日。置隸國子學。

律學。顯慶元年十二月十九日。尙書左僕射于志寧奏。置令習李湻風等注釋五曹孫子等十部算經。爲分二十卷行用。

顯慶三年九月四日。詔以書算學業明經事唯小道。各擅專門。有乖故實。並令省廢。至龍朔二年五月十七日。復置律學書算學官一員。三年二月十日。書學隸蘭臺。算學隸祕書局。律學隸詳刑寺。

軍器監

武德元年。置貞觀元年三月十日。廢併入少府監。開元三年十二月二十四日。以軍器使爲監。領弩甲二坊。十一年十月二十五日。罷隸入少府監。爲甲弩坊。加少監一員以統之。天寶六載五月二十八日。復置。乾元元年六月十三日。又廢。置使。其監已下並停。

西京軍器庫

開元十一年五月五日置。二十五年五月十八日廢。依舊爲甲坊。

乾元元年六月。勑軍器監改爲軍器使。大使一員。副使二員。判官二員。其使以內官爲之。

貞元四年二月。自武德東門築垣。約在藏庫之北。屬於宮城東垣。於是武庫遂廢。其軍式器械。隸於軍器使。

都水監

武德八年置都水署。隸將作監。貞觀六年八月六日。置監。罷將作監。龍朔二年。改爲司津監。咸亨元年。復爲都水監。光宅元年二月。改爲水衡監。神龍元年。復爲都水監。

使者。武德初爲都水令。貞觀六年。改爲使者。龍朔二年。改爲監。咸亨元年。改爲使者。光宅元年。改爲都水府。神龍元年。改爲使者。

諸津。在京兆河南府界者。隸都水監。外州者。隸當界州縣。

大歷六年十一月三日。勑應祠祭乾魚鮍。宜令都水監依樣每年起十月造。掌隨祭供用。其醢魚肉。據用數依限送光祿寺令供造。

宮苑監

武德九年七月十九日。置洛陽宮監。顯慶二年十二月十日。廢洛陽總監。改青城宮監爲東都苑北面監。

明德宮監爲東都苑南面監洛陽宮農圃監爲東都苑東面監食貨監爲東都苑西面監。
天寶十載八月二十七日。勅白獸日華叡武南辟仗等門宜令宮苑通管捉。

西京苑總監

永淳元年五月十日。置東都監。管諸園苑。未置已前。隸司農寺。
先天元年十月十日勅。總監每年支雜物到。其抄數於本門進。若宮內所須別索供訖。每月終宜令監司具破用數進。
開元七年七月十一日勅。總監破用錢物一事已上。須南衙勾當。宜令總監自勾。每月進一本。歷來內白勾勘。
寶歷二年十二月勅。總監職掌官員。並宜停廢一百二十四人。先屬諸軍。各歸本司。餘七百三人。勒納牒身放歸本管。
開成五年四月勅。總監宜令內官司管。仍別置使。其總監及丞簿共四員。宜並停。

唐會要卷六十七

東宮官

太子太師．太傅．太保．隋朝秩二品．皇朝因之．

少師．少傅．少保．隋朝降三師一等．皇朝因之．至先天元年二月二十六日．詔東宮三師三少．宜開府．置令丞各一人．仍隸詹事府也．

太子賓客．顯慶元年正月十九日．置．初無員品．選高名重德者爲之．遂以韓瑗．來濟．許敬宗．兼之．開元中始編入令．置四員．建中四年九月二十五日．又加兩員．興元元年正月二十九日．又加四員．貞元四年正月一日．勅宜留元額四員．餘並勒停．

詹事府

龍朔二年．改端尹府．咸亨元年．復爲詹事府．光宅元年．改爲宮尹府．神龍元年．又改爲詹事府．

詹事．一人．貞觀元年．置．龍朔二年．改爲端尹．咸亨元年．復舊．天授中．改爲宮尹．神龍元年．復爲詹事．

少詹事．一人．貞觀初．置．龍朔二年．改少尹．咸亨元年．復舊．天授中．又爲少尹．神龍元年．復故．

丞．二人．龍朔二年．改爲端尹丞．咸亨元年．復故．天授中．又改爲宮尹丞．神龍元年．復故．

司直。二人顯慶元年置龍朔二年二月九日改隸桂坊後罷桂坊卻隸詹事府。

貞觀七年魏王泰移居武德殿院太子太師魏徵諫曰此殿在內處所寬閑參候往來極爲近便但魏王既是愛子陛下常欲其安全每事抑其驕奢不處嫌疑之地今移此殿便在東宮之西海陵昔居時人以爲不可雖時移事異猶恐人之多言又王之本心亦不安息既能以寵爲懼伏願成其美。

十七年十一月二十八日誕皇太孫太子宴宮寮於宏教殿太宗幸東宮自殿北門入謂宮臣曰頃來生業稍可非乏酒食而唐突公等宴會朕有甲館之慶故就公爲樂耳謂太子曰爾國之儲貳府藏是同金玉綺羅不足爲賜但先王典籍可鑑誡耳因賜尚書毛詩孝經各部太子太傅蕭瑀曰今所賜書請陳其要上許之瑀乃先說孝經次述尚書末敍毛詩咸舉其要旨申明義趣可爲深誡者皆委曲言之上大悅以爲師傅得人。

開成二年宰臣鄭覃兼太子太師欲於尚書省上事太子詹事馮定奏曰據太子太師隸詹事府不合于都省上事乃詔於本府上事。

左春坊

本門下坊龍朔二年改爲左春坊咸亨元年復爲門下坊景雲二年八月二十五日改爲左春坊。

左右庶子。龍朔二年改爲左右中護咸亨元年復爲庶子。

長安二年正月。太子左庶子王方慶上言。謹按典籍所載。人臣與人主言及上表。未可稱皇太子名者。爲太子皇儲。其名尊重。不可指斥。所以不言。晉尚書僕射山濤啓事。稱皇太子而不言名。濤當朝名士。必稽典故。其不稱名。應有憑准。朝臣尚猶如此。宮臣諱則不疑。今東宮殿及門名。皆有觸犯。臨時諭啓。迴避甚難。孝敬皇帝爲太子。改宏教門爲崇教門。沛王爲太子。改崇賢館爲崇文館。皆避名諱。以尊典禮。此則成例。並爲模範。伏望天恩。因循舊式。付所司改。從之。

貞元元年七月。勑左右庶子。准天寶三載勑。合在左右丞侍郎之下。諸司四品官之上。今在少卿之下。非也。宜改正。

太和四年十一月。左庶子孫革奏。當司典膳等五局郎。伏以青宮列局。讜翼元良。必用卿相子弟。先擇文學端士。國朝不忘愼選。冀得其人。或揚歷清資。或致位丞相。今以年月浸久。漸至訛替。緣其俸祿稍厚。近年時有流外出身者。僥求授任。稽諸故事。未嘗聞流外得廁此官。若不約絕。實玷流品。當司有司經局校書正字。品秩至卑。而文學之人。競趨求者。蓋以必取其人。無有塵雜故也。今五局郎資序。本是清品。若使流外不已。則此司官屬。漸成蕪蔓。伏請自今以後。吏部不得更注擬流外人。其見任官中有流外者。許臣具名銜牒吏部。至注官日注替勑旨。宜依其見任官是流外出身授者。待終考秩。自今以後吏部更不得注擬。

中允。武德初爲內允。三年三月十日。改中允。又隸門下坊。永徽三年八月二十一又避皇太子諱。改爲內允中舍人。改爲內舍人。顯慶元年。太子廢。復爲中允。龍朔二年。改爲左贊善大夫。咸亨年。改復爲中允。

司議郎。貞觀十八年十月四日。皇太子上表曰。臣聞漢書曰。太子既冠成人。乃有紀過之史。今所以冒敢陳聞。請遵故實。願置史職。用爲箴誡。于是門下坊置司議郎四員。正六品上。掌侍奉規諫。駁正啓奏。并錄東宮記注。分判坊事。以敬播來濟爲之。馬周嘆曰。所恨資品妄高。不得歷居此職。不無恨焉。

儀鳳四年五月。皇太子賢頗邇聲色。司議郎韋承慶上書諫曰。臣聞太子者。君之貳。國之本也。所以承宗廟之重。繫億兆之心。萬國以貞。四海屬望。況殿下有少陽之位。有天挺之姿。片善而天下必聞。小能而天下咸服。豈可不爲盡善盡美之事。以取可久可大之名哉。伏願博覽羣書。以廣其德。屏退聲色。以抑其情。爲上嗣之首稱。奉聖人之洪業。

左右諭德。龍朔二年。置左右諭德各一人。

左右贊善大夫。龍朔二年。改中允爲贊善大夫。至咸亨元年。復爲中允。儀鳳四年二月十一日。別置左右贊善大夫各十員。以授諸王之子。景雲二年二月五日。始兼用庶姓。開元七年。各省五員。

貞元十六年五月。以崔芊爲右贊善大夫。充太子侍直。新名也。

司經局。龍朔二年二月九日。改爲桂坊。罷隸左春坊。管崇賢館。仍置太子文學四員。司直三員。咸亨年改爲司經局。仍依舊隸左春坊。其崇賢館及司直並依舊。

洗馬。龍朔二年改爲司經大夫。三年三月九日改爲桂坊大夫。咸亨元年復舊。

典設局。武德令爲濟司局。典設郎爲太子齋郎。

咸亨元年。皇太子久在內不出。稀與宮臣接見。典膳丞邢文偉請減膳。上啓曰。竊見禮大戴記曰。太子既冠成人。免於保傅之嚴。則有司過之史。虧膳之宰。史之義不得不書過。不書過則死。宰之義不得不徹膳。不徹則死之。近者以來。未甚延納。談義不接。謁見尙稀。參朝之後。但與內人獨居。何由發揮聖智。使濬哲文明者乎。今史雖闕官。宰當奉職。忝備所司。不敢逃死。謹守禮經。遽申減膳。其年右史員闕。宰臣進擬數人。上曰。邢文偉嫌我兒不讀書。不肯與肉喫。此人甚正。宜可爲右史。遂拜。

右春坊

武德初因隋舊號典書坊。龍朔二年。改爲右春坊。咸亨元年。又改爲典書坊。景龍元年。改爲右春坊。

舍人。龍朔年改爲右司議。咸亨元年復舊。

家令寺

龍朔二年。改爲宮府寺。家令爲宮府大夫。咸亨元年。復爲家令寺。

率更令

龍朔二年。改爲司更寺。令爲司更大夫。咸亨元年。復爲率更令。

太子僕寺

龍朔二年。改爲馭僕寺。僕爲馭僕大夫。咸亨元年。復爲僕寺。

太子千牛。龍朔年改爲左右奉裕。咸亨年復舊。

王府官

武德令。師一人。景雲二年十一月十九日。改爲傅。開元二年九月六日省。已後復置。

武德年令。又有王國常侍郎舍人等官。開元初定令。並除之。寶歷三年六月。瓊王府長史裴簡永狀。請與諸王共置王府一所。伏見諸王府本在宣平坊東南角。摧毀多年。因循不修。至元和十三年七月十三日。莊宅使收管。其年八月二十五日。賣與邠寧節度使高霞寓。伏以在城百官。皆有曹局。惟王府寮吏。獨無公署。每聖恩除授。無處禮上。胥徒散居。難於管轄。遂使下吏因茲弛慢。王官爲衆所輕。雖蒙列在官班。皆爲偷安散秩。伏以府因王制。官列府中。府既不存。官司虛設。伏乞賜官宅一區。俾諸府合而共局。庶寮會而異處。如此則人吏可令衙集。案牘可見存亡。都城無廢闕之曹。道路息是非之論。勅旨。宜賜延康坊閻令琬宅一所。仍令所司檢計。與量修改。及逐要量約什物。

二年十月。改諸衞及率府王府等司。應無廚給朝官等。自今以後。每放寺觀行香。及有期集。宜令依廊下料．各與飯一餐．仍令所由與京兆府計會．行香卽就寺觀．別有期集．卽於側近店舍．並委京兆府．據人數．使取當處幕次牀榻鐺釜供借．如行香分在兩處以上．准隨中書門下一處．卽勒廊下所由勾當．他處卽京兆府使與本料．與勾當造食．

太和六年．上以魯王永年漸長．擇名儒爲其府屬．用戶部侍郎庾敬休兼王傅．戶部郎中李踐方兼司馬．太常少卿鄭肅兼長史．其年．魯王爲太子．以鄭肅嘗侍魯王．言論典正．復令爲吏部侍郎兼太子賓客．東宮受經．旣而太子母妃失寵．上有廢斥意．肅兼長史．因召見．深陳邦國大本．君臣父子之意．上改容嘉之．然太子竟以得罪廢．

致仕官

舊制．年七十以上應致仕．若齒力未衰．亦聽釐務．凡請致仕．五品以上奏聞．六品以下由尚書省錄奏．

貞觀二年九月一日．詔內外文武羣官年老致仕．抗表去職者．朝參之班．宜在本品見任之上．

顯慶元年四月．制．文武官五品以上．老及病不因罪解．幷五品以上散官．以禮停任者．聽同致仕．

開元五年十月十四日．勅．致仕官應物．令所由送至宅．三品以上．並聽朝朔望．

其年十一月．致仕官子弟無京官者．其在外者．聽一人停官侍養．

六年五月二十四日．勅．曾任高品官．不緣貶責爲卑品官者．致仕身亡．並聽同高品例．

二十年正月七日制。曾任五品以上清資官以理去職者。所司具錄名奏。老病不堪釐務者。與致仕。

天寶九載三月二十三日勅。如聞六品以下致仕官。四載之後。准各並停。念其衰老。必藉安存。豈限其高卑。而恩有差降。應五品下致仕官。並終其餘年。仍永爲常式。

建中三年九月十二日勅。致仕官所請半祿料及賜物等。並宜從勅出日。於本貫及寄住處州府支給。至貞元四年四月二十三日。致仕官給半祿料。其朝會及朔望朝參。並依常式。自今以後。宜准此。

貞元四年四月。以前左散騎常侍致仕邸爲復舊官。初爲致仕還鄉。特給祿俸之半。旣丁母喪。蘇州疑所給。請於觀察使韓滉。以爲授官致仕。令不理務。特給祿俸。惠養老臣也。不可以在喪爲異。命仍舊給之。唯春秋二時羊酒之直則不給。雖程式無文。見稱折衷。及是爲服除。乃復之。

五年三月。以太子少傅兼吏部尚書蕭昕爲太子少師。右武衞上將軍鮑防爲工部尚書。前太子詹事韋建爲祕書監。並致仕。仍給半祿及賜帛。其俸料悉絕。上念舊老。特命賜其半焉。致仕官給半祿料。自昕等始也。

九年八月。以太子右庶子史館修撰孔述睿爲太子賓客。賜紫金魚袋致仕。述睿年未七十。以疾免。累表方許。賜帛五十疋。衣一襲。故事。致仕還鄉。不給公乘。上寵儒者。命給公乘遣之。

長慶三年四月勅。尙書左丞孔戣可守禮部尙書。致仕。仍委所在長吏。歲時親自存問。兼致羊酒。如至都。

其芻米什器之類．委河南尹量事供送．務從優禮．筋力未衰．堅請休退．故示優禮．

太和元年四月．檢校右僕射兼太子少傅楊於陵以左僕射致仕．特恩令全給俸料．上疏云．臣以年力衰退．陳乞休閒．伏蒙聖恩．特賜矜免．授尚書左僕射致仕．全給俸料．臣伏以朝廷致祿．本爲職勞．衰病乞閑．自宜家食．而半給之俸．近古所行．義誠屬於優賢．事亦兼於養老．以臣慵耄．敢當料程．伏以思維．已爲過幸．今若又踰常制．重啓殊恩．錫端寮之厚俸．爲朽質之私費．循理撫事．情所不安．招損害盈．臣所深懼．伏乞俯迴聖眺．再勅有司．得從半祿之文．斯乃殘年之幸．勅批云．卿早更委任．每著聲猷．累聞告老之辭．勉遂懸車之請．故優廩祿．示以寵勞．謙光有終．雖君子之貞吉．當仁不讓．亦先哲之格言．宜體至懷．即斷來表．明日又更讓．從之．

其年九月勅．請致仕官．近日不限品秩高卑．一例致仕．酌法循舊．頗越典章．自今以後．常參官五品．外官四品者．然後許致仕．餘停．

三年四月．右庶子致仕滕珦奏．伏蒙天恩致仕．今欲歸家鄉．在浙東．道途遙遠．官參四品．伏乞特給婺州已來券．庶使衰羸獲安．光榮鄉里．勅旨．滕珦致仕還鄉．家貧路遠．宜假公乘．允其所請．自今以後．更有此類．便爲定例．

員外官

員外官及試官等夫設官分職。董事置吏。得人則天下自治。尚書猶云。官不必備。惟其人。則員外官之設可知也。員外及檢校試官斜封官。皆神龍以後有之。開元大革前事。多已除去。唯皇親戰功之外。不復除授。今則貶責者。然後以員外官處之。

永徽五年八月。蔣孝璋除尚藥奉御員外特置。仍同正員。員外官自此始也。（又顯慶五年五月。授廖紹文檢校書郎員外。置同正員。又云。員外官自此始。未知孰是也。）

神龍元年五月三日敕。內外員外官及檢校試官。宜令本司長官量閑劇取資歷。請與舊人分判曹事。自外並不在判事之限。其長官副貳官不在此限。

景龍二年。長寧宜城定安新都金城等公主。及皇后陸氏妹郕國夫人。馮氏妹崇國夫人。并昭容上官氏與其母沛國夫人鄭氏。尚宮柴氏。賀婁氏。女夫弟五英兒。隴西夫人趙氏。咸樹朋黨。降墨敕斜封以授官。其年十月。侍中蘇瓌上封事曰。臣聞蕭何載其清淨。歌以畫一。漢文垂拱無為。幾致刑措。光武吏員幷合。務在省官。此即省事清心。實裨政要。關輔菽粟非賤。又戍役煩數。州縣先有定科。官寮祿俸不加。公廨利錢更令分給員外。若妻子不贍。理即侵漁。望請省員以救時弊。委巡察使及州正員。有犯咸殿勘問。伏以所在員外資次。相當簡公方清幹者。使即替授。訖申聞。正員懼替。不敢僭違。員外希遷。自能勵勸。將停員外。漸得省官。酸棗縣尉袁楚客奏記於中書令魏元忠曰。官者將以治人。非以亂人。將以利人。非以害人。今天下困窮。海內彫耗。伏以州牧縣宰選授多不得人。自餘寮佐鮮有稱職。不務公謹。專於刻剝。比之馬也。必除其害牧。況之羊也。必去其亂羣。此道尙有所闕。而反更員外置官。所謂助桀爲虐。適足以速禍也。斯輩自知員外。恐人之不畏。必峻法以懼之。恐財之不積。必枉道以奪之。以有限之物。供無厭之用。欲其不亂。豈可得哉。古人有言曰。十羊九牧。羊旣不得食。人亦不得息。書曰。官不必備。惟其人。孔子譏管仲曰。官事不攝。焉得稱儉。據此正員之官。猶不欲其備。況正員之外。更置員外乎。此則朝廷之失。君侯不正。誰正之哉。中書侍郎蕭至忠上疏曰。臣聞官爵者。公器也。恩倖者。私惠也。只可金帛富之。粱肉食之。以存私澤也。若以公器而爲私用。則公義不行。而勞人解體。以私惠而妨至公。則私謁門開。而正言路塞。昔漢館陶公主爲子求郎。明帝謂曰。郎官上應列宿。苟非其人。則民受其殃。賜錢十萬而已。此則至公之道不虧恩私之情無替。當今列位已廣。冗員倍多。希求無厭。日月增數。陛下降不次之澤。近戚有無涯之請。賣官利己。鬻法徇私。臺寺之內。朱紫盈滿。官秩益輕。恩賞不貴。才者莫用。用者不才。二事相形。十中有五。故人不效力。而官爲匪人。欲求其治。實亦難遂。伏願審量材職。官無虛授。私不害公。情無撓法。天下幸甚。兵部尙書韋嗣立上疏曰。設官分職。量事置吏。官得其人。天下自治。古者取人。必須採鄉曲之譽。然後辟於州郡。州郡有聲。然後辟於五府。才著五府。然後升之天朝。此則用一人。所擇者甚悉。擢一士。所歷者甚深。用得其才則治用非其才則亂治亂所繫焉可不深擇之哉今之取人有異此道多未甚試效官則頓至遷擢夫趨競者人之常情僥倖者人之所趣而今務進不避僥倖者接踵比肩布于文武之列補授無限員闕不供遂至員外置官數倍正闕官署典吏困于祇承府庫倉儲竭于資奉國家大事豈甚于此古者懸爵待士唯有才者得之若任以無才則有才之路塞賢人君子所以遁跡消聲懷嘆恨也御史中丞盧懷慎上疏曰臣聞唐虞稽古建官惟百夏商官倍亦克用乂此省官之義也又云官不必備惟其人又云無曠庶官天工人其代之此爲官擇人之義也臣竊見京諸司員外官委積多者數十倍近古以來未之有也官不必備此則有餘人代天工多不釐務廣有除拜無所裨益俸祿之費歲巨億萬空竭府藏而已豈致治之具哉方今倉庫空虛百姓彫弊儻炎旱成災租賦減入水衡無貫朽之蓄京庾闕流衍之儲陛下將何以濟之乎員外官中或簪裾雅望或臺閣舊人或明習憲章或素嫻政要皆一時之良幹而乃不司案牘空尸祿位滯其才而不展其用尊其位而不盡其力周稱多士漢曰得人豈其然歟臣望請員外官中有才能器識衆共聞知堪爲州牧縣宰以上者並請選擢使宣力四方申其智効若有老病及不堪釐務者咸從省廢使賢不肖較然殊貫此當今之切務也安可謂之難哉左臺殿中侍御史崔涖太子中允薛昭諷上疏曰先朝所授斜封官恩命已布而姚元之宋璟等沮先帝之明歸怨陛下道路謗讟天下稱寃柰何與萬人爲仇敵恐有非常之變上以爲然乃下詔曰諸緣斜封別勅授官先令停任宜並量材敍

用姚元之宋璟畢先奏。各賜物一百段。監察御史柳澤諫曰。竊見神龍以來。羣邪作孽。法網不振。綱維大紊。實由內寵專命。外嬖擅權。因貴憑寵。賣官鬻爵。朱紫之榮。出于僕妾之口。賞罰之用。乖于章程之典。妃主之門。有同商賈。選舉之署。實均闤闠。屠販之子。悉由邪而謬官。降黜之人。咸因奸而冒進。天下愈亂。而社稷幾危。賴陛下聰明神武。拯之將墜。此陛下耳目之所親擊。固可永爲鑒誡者也。豈不爲寵授謬誤。親習請謁之所致焉。可不哀哉。又如斜封授官。皆是僕妾汲引。迷誤先帝。昧自前朝。豈是孝和皇帝情之所憐。心之所愛。陛下初卽位之時。納姚元之宋璟之計。所以咸令黜退。頃日以來。又令收之。將爲斜封之人。不忍棄也。以爲先帝之意。不可違也。若斜封之人不忍棄也。是韋月將燕欽融之流。亦不可褒贈也。李多祚鄭克義之徒。亦不可淸雪也。陛下何不能忍於此。而獨能忍於彼。使善惡不定。反覆相攻。是陛下政令不一也。又斜封之官。不求殊澤。得免罪戾。已沐恩私。旬月之中。頻繁降旨。前勑則令至冬處分。後勑又令替人卻停。柰何導人以爲非。勸人以爲僻。將何以懲風俗。將何以正奸邪。今海內咸稱太平公主令胡僧惠範曲引此輩。將有誤於陛下。故語曰。姚宋爲相。邪不如正。太平用事。正不如邪。陛下豈不徵覆車之誡。而欲遵覆車之軌。惟陛下熟思之。

開元二年五月三日勑。諸色員外試檢校官。除皇親及諸親五品以上。幷戰陣要籍內侍省以外。一切總停。至冬放選。量狀跡書判正員官。起今以後。戰攻以外。非別勑不得輒注擬員外官。

十九年正月十九日。京兆尹裴次元奏曰。神州務劇。官僚先多。更置員外試官。於事頗爲繁宂。京縣近有此色。天恩已令卽停。猶恐選曹更有注擬。望請當府及京畿等縣。自今以後。一切不置員外試官。

二十二年二月十六日勅。應員外官所司注擬。上州不得過四人。中州三人。下州及上縣各二人。中縣下縣各一人。

天寶六載六月二十四日。御史中丞蕭諒奏。近緣有勞人等。兼授員外官。多分判曹務。頗多煩擾。前件官伏望一切不許知事。如正員官總闕。其長官簡清幹者權判。並本官到日停。勅旨依奏。

七載正月二十二日勅。內外六品以下員外官。至考滿日。一切並停。各依選例。自今以後。更不得注擬。其皇親幼小及諸色承優授官。軍功伎術。內侍省左右龍武軍。並諸蕃官等。不在此例。

乾元二年九月二十三日詔。州縣員外並任其所適。計考滿後。各與成資。仍于本色內減一兩選。與留。如員外官中有材識清幹。曾經任使。州縣所資者。亦量留。每上州不得過五人。中州不得過四人。上縣不得過三人。中縣以下不得過二人。

貞元四年正月一日勅。自今以後。額內官如有闕。中書門下及吏部更不須注擬。見任者三考後勒停。

試及邪濫官

天授二年二月十五日。十道使舉人石艾縣令王山輝等六十一人。並授拾遺補闕。懷州錄事參軍霍獻可等二十四人。並授侍御史。幷州錄事參軍徐昕等二十四人。授著作郎。魏州內黃縣尉崔宣道等二十三人。授衛佐校書。蓋天后收人望也。故當時諺曰。補闕連車載。拾遺平斗量。把椎侍御史。腕脫校書郎。試官自此始也。

其年十二月。懷州獲嘉縣主簿劉知幾上疏曰。昔有唐御歷。列職命官。國多刓印之譏。人有積薪之歎。自陛下臨朝。頓革此風。然矯枉過正。亦爲甚矣。至如六品以下職事淸官。遂乃方之土芥。比之沙礫。其有行無聞於十室。 卽廁朝流。識不反于三隅。俄登仕伍。斯固比肩咸是。舉目皆然。罕聞翹楚之歌。唯見伐檀之剌。今尸祿謬官。其流非一。若遂不加沙汰。臣恐有累皇風。

神龍元年四月一日。太白山人鄭普思以方術除祕書監。左拾遺李邕上疏諫曰。蓋聞人有感一餐之惠。殞七尺之軀。況臣爲陛下官。受陛下祿。豈得目有所見。口不言之。陛下親政日近。復在九重。所以未聞在外羣下竊議。道路籍籍。皆云普思多行詭惑。妄說妖祥。唯陛下不知。尙見驅使。此道若行。必撓亂朝政。孔子云。詩三百。一言以蔽之。曰思無邪。陛下若以普思有奇術。可致長生久視之道。則爽鳩氏久應得之。永有天下。非陛下今日可得而求。若以普思可致仙方。則秦皇漢武應得之。永有天下。亦非陛下今日可得而求。若以普思可致佛法。則漢明梁武久應得之。永有天下。亦非陛下今日可得而求。若以普思可致鬼道。則墨翟干寶各獻于至尊。而二主得之。永有天下。亦非陛下今日可得而求。此皆事涉虛妄。歷代無効。

臣愚不願陛下復行之於明時。唯堯舜二帝。自古稱聖。臣觀所行。固在人事。敦睦九族。平章百姓。不聞以鬼神之道。聽治天下。伏願陛下察之。則天下幸甚。

其年六月。又除方術人葉靜能爲國子祭酒。侍中桓彥範上疏曰。陛下自龍飛寶位。遽下制云。軍國政化。皆依貞觀故事。昔貞觀中。嘗以魏徵虞世南顏師古爲祕書監。孔穎達爲國子祭酒。至于普思等。是方伎庸流。豈足比蹤前烈。臣恐物議。謂陛下官不擇人。濫以天秩。加以私愛。惟陛下少加慎擇。左衛騎曹參軍宋務光上疏曰。夫爵賞者。君子重柄。傳曰。惟名與器。不可以假人。自頃官賞。頗示乖謬。大勳未滿于人聽。高秩已越于朝倫。貪天之功。以爲己力。祕書監鄭普思。國子祭酒葉靜能。或挾小道。以登朱紫。或因淺術。以取銀黃。既虧國經。實悖天道。書曰。制治于未亂。保邦于未危。此誠治亂安危之秋也。伏願欽祖宗之丕烈。惕王業之艱難。遠佞人。親有德。乳保之母。妃主之家。以時接見。無令媟瀆。酸棗縣尉袁楚客奏記于中書令魏元忠曰。以正道事君者。將以安天下也。以非道事君者。所以危天下也。若有危天下之臣。不可不逐之。今國子祭酒葉靜能。祕書監鄭普思等。不修忠正以事君。妄引鬼神而惑主。然鬼神之事。冥冥難知。故左道之人。因此自致其詐。售其賂通。必據非材之位。必食非德之祿。此國賊也。傳曰。國之將興。聽於人。將亡。聽於神。豈近是乎。此朝廷之失。君侯不正。誰正之哉。

元和七年七月。勅入蕃使不得與私覿正員官告。量別支給。以充私覿。舊例使絕域者。許賣正員官。取貲員官。以備私覿。雖假遠使。殊非典法。故革之。

十二年六月詔。以淮西河北用兵。募人入粟受官及減選超資。

十五年二月勅。其入回鶻使宜仍舊與私覿正員官十三員。入吐蕃使與八員。

伎術官

故事。伎術官皆本司定。送吏部附申。謂祕書。殿中。太常。左春坊。太僕等伎術之官。唯得本司選轉。不得外敍。若本司無缺。聽授散官。有缺先授。若再經考滿者。聽外敍。

神功元年十月三日勅。自今以後。本色出身。解天文者。進官不得過太史令。音樂者。不得過太樂鼓吹署令。醫術者。不得過尚藥奉御。陰陽卜筮者。不得過太卜令。解造食者。不得過司膳署令。有從勳官品子流外國官參佐親品等出身者。自今以後。不得任京清要著望等官。若累階應至三品者。不須階進。每一階酬勳兩轉。

垂拱三年十二月二十五日勅。三輔及四大都督并衝要當路。及四萬戶以上州市令。并長安等六縣錄事。並宜省補充。

開元七年八月十五日勅。出身非伎術。而以能任伎術官者。聽量與員外官。其選敍考勞。不須拘伎術例。

天寶十三載五月。吏部奏。准格。伎術官各於當色本局署員外置。不得同正員之數。從之。

太和五年七月勅。諸色藝能授官。今後如有罪犯停職者。委本日牒報吏部。不在敍用限。

留守

貞觀十七年。太宗親征遼東。令太子太傅房元齡充京城留守。詔曰。公當蕭何之任。朕無西顧之憂矣。軍戎器械。戰士糧廩。並委卿處分發遣。東都留守。以蕭瑀爲之。

咸亨二年正月七日。高宗幸洛陽。以雍州長史李晦爲西京留守。顧謂曰。關中之事。一以付卿。但令式蹋人不可以成官政。令式之外。有利於人者。隨卽行。不須聞奏。

儀鳳元年十一月四日。司農卿韋宏機爲東都留守。時有道士朱欽遂爲中官所使。至都所爲橫恣。宏機執而囚之。奏曰。道士假稱中官驅使。依倚形勢。臣恐虧損皇明。爲禍患之漸。高宗特發中官賜書慰諭。仍曰。不須漏洩。

垂拱三年。文昌右丞相蘇良嗣爲西京留守。時尙方監裴匪躬檢校京苑。將乘之。至鬻苑中果菜。以收其利。良嗣駁之曰。昔公儀相魯。猶能拔葵去織。未聞萬乘之主。鬻其果菜。以與下人爭利也。

景龍二年三月。侍中蘇瓌充西京留守。時祕書監鄭普思謀爲妖逆。雍岐二州妖黨大發。收普思繫獄考訊之。普思妻第五氏。以鬼道爲韋庶人所寵。居止禁中。由是中宗特勅慰諭。令瓌釋普思之罪。瓌上言。普思幻惑罪當不赦。尙書左僕射魏元忠奏曰。蘇瓌長者。其忠懇如此。願陛下察之。遂配流普思於嶺外。

開元十一年正月二十八日。勅太原尹爲留守。少尹爲副留守。七月五日。勅三都留守兩京每月一日起居。北都每季一起居。並遣使行幸未有處。其三都留守三日一起居。暫出行幸發處。留守亦准此遞表。

元和三年五月勅。承前東都留守無防禦使名。往因權宜。遂有制置。俾從省便。以復舊章。其東都畿汝州都防禦使及副使。宜停所管將士六千七百三十八人。數內見所管將士都防鎮。及宮苑中營田河陰陽翟偃師等縣鎮遏使共四千六百三十人。委留守收管。襄城葉縣鎮遏使共二千一百人。委汝州防禦使收管。其年七月。復置東都留守防禦兵士七百人。

九年十月勅。東都留守創立新軍。所召將士。切資精選。要得府縣共詳簿書。況分正副留守。抑惟舊典。宜令河南尹裴次元以本官充東都副留守。其月。以尚書左丞呂元膺爲檢校工部尚書。充東都留守。舊例留守必賜旗甲。與方鎮略同。及元膺受任。竟無所賜。朝論以東有寇虞。特用元膺。尤不當削其儀。以沮威望。諫官上疏。援華汝壽三州例。賜戎械。居守之重。固宜寵借。上曰。此數處並不當與。其後遂皆停。

十年十二月。東都防禦使呂元膺請募置山棚子弟。以衞宮城。東都西南聯鄧虢。山谷曠遠。多麋鹿猛獸。人習射獵。不務耕稼。春夏以其族黨遷徙無常。俗呼爲山棚。前留守權德輿知其可縻而用。將請之。會詔徵。故元膺繼請焉。

長慶二年七月。以前義武軍節度使陳楚。爲東都留守。判尚書省事。東畿汝州防禦使。故事。東都留守。罕用武臣。今用楚。以李㝏擾汴宋也。

開元三年九月．東都留守牛僧孺徵拜左僕射．上令左軍副使王元直齎告身宣賜．舊例留守入朝．無中使賜詔例．上特寵異之．

京兆尹

義寧元年五月十五日．改隋京兆郡爲雍州．以別駕領州事．以韋讓爲之．

貞觀二十三年七月三日．改別駕爲長史．領州事．以高履行爲之．

開元元年十二月三日．改爲京兆府．稱西京長史．以張暐爲之．

少尹．武德元年．改隋京兆郡丞爲治中．以襄邑王神符爲之．

貞觀二十三年．改爲司馬．以劉翁孺爲之．開元元年．改爲少尹．以韋維爲之．本一員．大足元年七月二十日．加一員．分左右司馬．舊爲左．新爲右．以楊宏冑爲之．元年建寅月．勅京尹府縣官多避諸司奏請．避難就易．殊非奉公．自今以後．諸使諸司諸州改官充判官支使．隨身驅使等．准舊勅不得放去．

廣德三年三月十一日．勅中書門下及兩省五品以上．諸王駙馬期周以上親及女壻外甥．不得任京兆府判司．畿令．赤縣丞簿尉．

大歷三年．李勉爲京兆尹．宦官魚朝恩爲觀軍容使．仍知國子監事．前尹黎幹求媚于朝恩．每候其將至監．則盛設供具酒饌．豐潔爲百人之饌．傾府之吏以辦之．及勉蒞職．旬月．朝恩入監．府吏莫至．先置者請於勉。勉曰。軍容使判國子監事。勉候於太學。軍容固宜厚其主禮。勉官參京兆尹。軍容儻恩顧至府。豈敢不飭蔬饌乎。朝恩深銜之。自是不復至太學。

貞元十四年夏旱。穀貴。人多流亡。京兆尹韓臯。以政事不治黜之。上召右金吾衛大將軍吳湊。面授京兆尹。即日令視事。經宿方下制。逾月。湊論奏掌內廏。彍騎。飛龍。內園。芙蓉園。及禁軍諸司等使。雜供手力資課太多。量宜減省。從之。

元和四年九月。許孟容爲京兆尹。有左神策軍吏李昱。假長安富人錢八千貫。三歲不償。孟容遣吏收捕。械繫。剋日命還之。且曰。不及期當死。自興元以後。禁軍中有功軍士益橫。府縣不能制。孟容剛正不懼。以法繩之。一軍盡驚。寃訴于上。上命中使宣旨。令送本軍。孟容繫之不遣。中使再至。乃執奏云。臣誠知不奉詔當誅。然臣職司輦轂。合爲陛下彈抑豪強。錢未盡輸。昱不可得。上嘉其意。乃許之。自此豪右斂跡。

十三年正月。京兆少尹知府事崔元略奏。諸司諸軍諸使。追府縣人吏所由。及百姓等。比來府縣除賊盜外。所有推勘公事相關者。皆行公牒。近日多不行文牒。率自擒捉。禁繫之後。府縣方知。其中人吏所由亦有姦猾。爲無憑據。妄生推枉。又難辨明。其百姓等。聽被追捕。緣無公牒。多加恐動。致有逃匿。今後望降勅旨。應請諸軍諸使。要追府縣人吏百姓等。非盜賊外。並令行移文牒。所冀官曹免相侵擾。從之。

長慶元年七月。勅節文。京兆府百姓屬諸軍諸使者。宜令具挾名。勅下。一戶之內。除已屬諸軍諸使。其餘及父兄子弟據令式年幾合入色役者。明立簿籍。同百姓例差遣。

二年閏十月中書門下奏。伏以所立隄防。止緣權要。今一概防閑。事誠太過。今後請應宰臣。左右僕射。御史大夫。中丞。給事舍人。左右丞。諸司尚書侍郎。度支與鹽鐵使在城者。并諸王駙馬期周以上親。并女壻外甥。請准前後勑。不得在京兆府判司。次畿令。赤縣簿尉。其餘官不在此限。從之。

三年四月勑。京兆尹兼御史大夫韓愈。特放臺參。以後不得爲例。時議以爲憲司之臨府縣。著自甲令。苟害於理。自當革之。暫便一人。不得爲例。深非立制垂久之道也。

開成二年。崔珙爲京兆尹。京畿旱。奏滻水入內者十分。請減九分。賜貧民溉田。從之。

三年正月。盜發親仁里。欲殺宰相李石。其賊出於禁軍。珙捕之不獲。坐奪俸。

會昌三年五月。京兆府奏。兩坊市閑行不事家業。黥刺身上。屠宰猪狗。酗酒鬭打。及僦構關節。下脫錢物。攤蒱賭錢人等。伏乞今後如有犯者。許臣追捉。若是百姓。當時處置。如屬諸軍諸使禁司。奏聞。從之。

大中三年九月。中書門下奏。京兆府判司。及兩縣簿尉。帶諸司職事。伏以列官分職。各有司存。苟或侵踰。則乖彝憲。近日判府司及兩縣簿尉。多繫諸司職掌。遂使額外假稱。一人兼判數曹。易爲因循。難以責辦。臣等商量。自今以後。諸司職掌。改集賢館宏文館。並不得帶府判司及兩縣簿尉。集賢館宏文館。仍每司不得過一員。見在諸司充職者。請勒歸本司。勑旨依奏。

唐會要卷六十八

河南尹

武德四年。平王世充。廢東都。置總管府。以淮陽王道元爲之。其年十一月十一日。置洛州大行臺。改爲東都。六年九月二十六日。改東都爲洛州。九年六月十三日。廢行臺。置都督府。以屈突通爲之。貞觀十一年三月十日。改爲洛陽宮。十七年五月十三日。廢都督府。復爲洛陽州。以裴懷節爲長史。顯慶二年六月五日。勅洛陽州及河南洛陽二縣官同京官。以段寶元爲長史。其年十二月十三日。勅宜改洛陽州官爲東都州縣官員。階品並準雍州。光宅元年九月五日。改爲神州。神龍元年二月五日。復爲東都。開元元年十二月一日。改爲河南府。以李傑爲尹。天寶元年二月二十日。改爲東京。上元元年九月二十日。停東京之號。元年建卯月。改爲中都。

少尹。顯慶二年。置司馬。以許力士爲之。大足元年。加一員。分爲左右司馬。以孟詵爲之。開元元年。改爲少尹。以劉迪爲之。

開成五年四月。東都奏。河南尹高銖與知臺御史盧罕街衢相逢。高銖乘肩輿無所避。二人各引所見。臺府喧競。上乃下詔曰。尹正官重。臺憲地高。道路相逢。儀制不定。各執詞理。每有紛爭。勝負取決於一時。參詳未申於久制。委有司斟酌典故聞奏。都省議。臺府相避本無明令。按前後例。知雜御史與京兆尹相逢。京尹迴避。今東都知臺御史即一員。兼得行中丞公事。若不少加嚴重。即恐人不稟承。今據東臺所由狀。從前河南尹皆迴避。請依上都知雜御史例爲制。其上都御史人數稍衆。若令京兆尹悉皆迴避。事恐難行。請自今已後。京兆尹若逢御史。即下路駐馬。其隨從人亦皆留止。待御史過任前進。其東都知臺御史亦請准此爲例。其京兆尹若趨朝及遇宣朝。不可留滯。即任分路前進。制可。

諸府尹

太原尹。武德元年五月二十六日。并州置總管府。以竇靜爲長史。七年二月十七日。改爲大都督府。以齊王元吉爲之。貞觀二年十月。去大字。爲都督府。以李宏節爲之。龍朔二年二月十六日。又加大字。長壽元年九月七日。置北都。改爲太原府。都督爲長史。以崔神慶爲之。神龍元年二月四日。罷爲大都督府。以朱璟爲之。開元十一年正月二十日。置北都。以韋湊爲尹。天寶元年正月二十日。改爲北京。上元二年九月二十一日。停北京之號。尋卻復爲北京。

少尹。開元已前爲司馬。與諸府同。開元十一年正月。改爲少尹。以游子騫爲之。

成都府。武德三年四月九日。置益州行臺。以魏王泰爲之。九年六月十三日。廢置大都督府。以竇軌爲之。貞觀二年二月二十日。去大字。龍朔二年十二月六日。又爲大都督。以邱行恭爲之。至德二載十二月十五日。改爲成都府。稱南京。以裴冕爲尹。上元元年九月七日。去南京之號。

鳳翔府。武德元年六月十九日。改隋扶風郡爲岐州。天寶元年正月二十日。改爲扶風郡。刺史爲太守。至德元載七月二十七日。改爲鳳翔郡。二載十二月十五日。改爲鳳翔府。稱西京。以李煜爲尹。上元元年九月。停西京之號。元年建卯月一日。改爲西都。

興德府。垂拱元年十月七日。改爲太州。華陰縣爲仙掌縣。神龍元年二月五日。改爲華州。四月二十八日。又改爲太州。唐隆元年七月八日。復爲華州。元年建子月。肅宗不豫。有術士復請改爲太州。華陰縣爲太陰縣。寶應元年。皆復舊名。光化元年六月。昇爲興德府。刺史爲尹。以韓建爲之。左右司馬爲少尹。

河中府。武德二年。置總管府。以襄陵王深爲之。七年二月十八日。改爲都督府。以楊祕爲之。九年七月二十五日。廢都督府。景雲二年六月二十八日。又置都督府。以崔元琮爲之。十一月一日。廢。開元九年正月八日。改爲河中府。號中都。以姜師度爲尹。六月三日。停中都。卻爲州。乾元三年二月二十三日。改爲河中府。以蕭華爲尹。元年建卯月一日。號爲中都。元和三年三月。復爲河中府。

開元元年五月。楊州功曹參軍麗正殿學士韓覃上疏曰。臣聞禮記月令曰。孟夏之月。無起土功。無聚大衆。昔魯夏城中邱。春秋書之。垂爲後誡。今建國都。乃長久之大業也。犯天地之大義。襲春秋之所書。奪人盛農之時。愚臣竊以爲甚不可也。至若兩都舊制。分官衆多。費耗用度。倘以爲損。豈可更建中都乎。夫河東者國之股肱郡也。勁銳強兵。盡出於是。其地隘狹。今又置都。使十萬之戶。將安投乎。一旦陋東都。而幸西都。而造中都。樂一君之欲。遺萬人之患。務在郡國之多。不恤危亡之變。悅在遊幸之麗。不顧兆庶之困。非所以深根固蔕。不拔之長策矣。昔漢帝感鍾離之言。息事德陽之殿。趙主採續咸之諫。止造鄴都之宮。臣愚誠願下明詔。罷中都。則福履無疆矣。天下幸甚。至六月三日詔。其中都宜停。依舊爲府。

江陵府。武德四年。平蕭銑。始置大總管。以趙郡王孝恭爲之。七年二月十八日。改爲大都督府。以濮陽王瓌爲之。貞觀十七年三月二十日。去大字。龍朔二年十二月十八日。又改爲大都督府。以獨孤雲卿爲之。上元元年九月七日。改爲江陵府。稱南都。以呂諲爲尹。

興元府。武德元年六月十九日。置總管府。以李安遠爲之。七年二月二十八日。改爲都督府。以韓文通爲之。貞觀十七年六月十七日廢。永徽七年正月六日。置都督府。以梁王忠爲之。興元元年六月十四日。改爲興元府。以嚴震爲尹。

都督府

武德七年二月十二日。改大總管府爲大都督府。管十州已上。爲上都督府。不滿十州。只爲都督府。至開元元年。著令。戶滿二萬已上。爲中都督府。不滿二萬。爲下都督府。

景雲二年六月二十八日。制。勅天下分置都督府二十四。令都督糾察所管州刺史以下官人善惡。

汴州。管宋蔡曹滑許陳潁等七州。
齊州。管青淄濟濮登萊等六州。
兗州。管徐亳沂密海泗鄆等七州。
魏州。管衞相洺德貝博豫等七州。
冀州。管恆邢趙定滄瀛鄚易等八州。
幷州。管澤潞汾儀嵐忻代朔蔚等九州。
蒲州。管晉絳慈隰沁等五州。
鄜州。管坊延綏丹銀等五州。
涇州。管隴寧慶鹽原會等六州。
秦州。管成武河渭岷蘭洮扶文宕疊等十一州。
益州。管彭蜀漢簡眉邛嘉雅陵等九州。
綿州。管梓隆始果龍等五州。
遂州。管資榮普渝合等五州。
荆州。管硤郢澧朗岳鄂等六州。

夔州。管忠萬歸涪黔施等六州。

通州。管開渠巴蓬壁等五州。

梁州。管利興鳳洋集等五州。

襄州。管鄧金商均唐房等六州。

揚州。管舒和滁廬楚壽等六州。

安州。管沔復隨黃申蘄光等七州。

潤州。管蘇常宣歙湖等五州。

越州。管杭婺衢溫處台等六州。

洪州。管袁吉虔撫饒江等六州。

潭州。管柳衡道永邵連等六州。

其揚益幷荆爲大都督府。長史正三品。其雍洛州長史。亦加至從三品。汴。兗。魏。冀。蒲。綿。秦。洪。潤。越。爲中都督府。正三品。齊。鄜。涇。襄。安。潭。遂。通。梁。夔。爲下都督府。從三品。改錄事參軍爲司擧從事。令糾察管內官人。每府置兩員。並同京官資望。比侍御史。若糾不以實。姦不能禁者。令左右御史臺彈奏。畿內州並不隸入都督府。其年七月。詔罷都督。議者以爲權重難制。所授多非精選。請罷之。詔令九品已上議其事。侍御史宋務光議曰。漢氏懲周之弊。矯秦之失。初置刺史十三州。任用得賢。海內稱治。國家下明詔。發德音。慨黎元。修古法。而拘文牽俗之黨。諠然以爲非。期破其議。或云權歸於下。或以授非其人。遂令方牧拜而未行。朝典疑而將寢。不其惜歟。且授非其才。或可詳擇。權歸於下。未之前聞。且率計天下。三百餘州矣。今補二十四都督。物議以爲未可。則良二千石安得三百餘人耶。苟不賢。則百姓怨而和氣傷。比者雨旱不調。未必不由此。可建之理一也。巡察使人數年一出。馳軒按俗。往復如飛。夫隱慝潛過。朋執不能知矣。況使者車不停軌。而能郡縣擾訟遏獄乎。設有舉按。多不周悉。使車朝返。姦吏夕生。而訟者亦不全其軀命矣。都督則不然。久於其職。無得苟且。歲時巡按。物無竄情。行者無遠詣之勞。貪者有終身之懼。方伯以委之。御史以按之。至愚之人。猶知自勉。況朝廷妙選乎。可建之理二也。秦人以役煩流禍。豈監郡之過耶。漢室以外氏專寵。豈刺舉之罪耶。古有明徵。事無深惑。可建之理三也。今長吏貪冒。百姓流亡。職所以安之者衆矣。而多未安。近時之要。在興古制。此又持疑。蒼生何望。所願率而行之。以俟成績。太子右庶子李景伯中書舍人盧補等議曰。牧伯之命。非不古也。洎秦罷侯置守。方制萬里。以綏兆民。令出王廷。威行郡國。至漢初置刺史。秩六百石。掌察墨綬已下。其黃綬已上。則不察焉。所以全長吏之威。行不擾之政。至漢武帝時。改置州牧。秩二千石。遂以秩高自守。而功業不著。於是罷州牧。又置刺史。及東漢之時。復置州牧。王綱不振。寖以淩夷。則事之汙隆。詳於典策。今天下諸州分隸都督。操糾舉之柄。典刑賞之科。若委非其人。授受有失。權柄既重。疵釁或生。豈所以強幹弱枝。經邦軌物者也。其所置都督事。恐不便。今巡察御史。秩卑任重。則漢代刺史之流也。委以時巡。姦宄自禁。伏願愼考古道。率由舊章。法乾元之簡易。守前王之令典。俾夫化洽昇平。務依貞觀制度矣。吏部員外郎崔沔議曰。爲政之道。尙簡也。治人之道。尙寬也。寬則得衆。簡即易行。扇之以淳風。施之以惠化。務崇淸淨之教。不貴滋章之法。且賢良者。在君用與不用。邦國者。在君治與不治。豈宜察察而勞。司舉孜孜而用督責者哉。老子曰。治大國者。若烹小鮮。誠哉是言。其可不信。往者周武之有天下。封建子弟。以爲藩翰。當其初也。親以同憂。有磐石之固。及其末也。疎而相討。成逆命之國。強侵弱。衆暴寡。或諸侯犯境。或天子蒙塵。王室凌夷。終於傾覆者。實由枝繁必折。尾大不掉之所致也。前漢時。吳楚大族。山東諸豪。並令遷徙長安。充奉陵邑。蓋以虛外實內。強幹弱枝之計也。則天分割雍州爲四。益州爲三。所以減削其權。不使專統。蓋以防微慮遠。杜邪塞姦之策也。何則。惟名與器。不可以假人。寧容倒持太阿。而授其柄。雖初委任得士。政頗有方。後恐未必皆賢。弊從此起矣。貞觀故事。足可依行。棄而不遵。臣所未取。

刺史上

武德元年六月十九日。改郡爲州。置刺史。別駕。治中各一人。天寶元年正月二十日。改州爲郡。改刺史爲太守。至德元載十二月十五日。又改郡爲州。太守爲刺史。

貞觀三年。上謂侍臣曰。朕每夜恆思百姓間事。或至夜半不寐。唯思都督刺史。堪養百姓。所以前代帝王。稱共治者。惟良二千石耳。雖文武百僚。各有所司。然治人之本。莫如刺史最重也。朕故屏風上錄其姓名。坐臥常看。在官如有善惡事跡。具列於名下。擬憑黜陟。縣令甚是親民要職。昔孔宣父以大聖之德。尙爲中都宰。至於升堂弟子。七十二人。惟有言偃子路宓子賤。始得相繼爲此官。乃詔內外五品已上。各舉堪爲縣令者。以名聞。

十一年八月。侍御史馬周上疏曰。治天下者。以民爲本。欲令百姓安樂。惟在刺史縣令。今縣令既衆。不能皆賢。若每州得良刺史。則境內蘇息。天下刺史。悉稱聖意。則陛下可端拱巖廊之上。百姓不慮不安。自古郡守縣令。皆妙選賢德。欲有擢升宰相。必先試以臨人。或有從二千石入爲丞相及司徒太尉者。今朝廷獨重內官。刺史縣令。頗輕其選。刺史多是武夫勳人。或京官不稱職。方始外出。邊遠之處。用人更輕。所以百姓未安。殆由於此。太宗因謂侍臣曰。刺史朕當自簡。縣令詔京官五品已上。各舉一人。

垂拱元年。秘書省正字陳子昂上疏曰。臣竊惟刺史縣令之職。實陛下政教之首也。得其人。則百姓家見而戶聞。不得其人。但委棄有司而挂壁耳。陛下欲使家傳禮讓。吏勖清勤。不重選刺史縣令。將何道以致之也。臣比在草茅。爲百姓久矣。刺史縣令之化。臣實悉知。國之興衰。莫不在此職也。何者。一州得賢明刺史。以至公循良爲政者。則十萬家賴其福。若得貪暴刺史。以徇私苛虐爲政者。則十萬家受其禍。一州禍福。猶且如是。況天下之衆。豈得勝道哉。故臣以爲陛下政化之首。國家興衰。在此職也。伏願深思妙選。以救此弊。

天授二年。獲嘉縣主簿劉知幾上疏曰。臣聞漢宣帝云。與我共治天下。其良二千石乎。二千石者。今之刺史也。移風易俗。其寄不輕。求瘼字民。僉屬斯在。然則歷觀兩漢已降。迄乎魏晉之年。方伯岳牧。臨州按郡。或十年不易。或一紀仍留。莫不盡其化民之方。責以治人之術。旣而日就月將。風加草靡。故能化行千里。恩漸百城。今之牧伯。有異於是。倏來忽往。蓬轉萍流。近則累月仍遷。遠則踰年必徙。將廳事爲逆旅。以下車爲傳舍。或云來歲入朝。必應改職。或道今茲會計。必是移藩。旣懷苟且之謀。何假循良之績。用使百城千邑。無聞廉杜之歌。萬國九州。罕見趙張之政。臣望自今已後。刺史非三歲已上。不可遷官。仍以明察功過。精甄賞罰。冀宏共治之風。以贊垂衣之化。

長安四年三月。則天與宰相議及州縣官。納言李嶠等奏曰。安人之方。須擇刺史。竊見朝廷物議。莫不重內官。輕外職。每除牧伯。皆再三披訴。比來所遣外任。多是貶累之人。風俗不澄。實由於此。今望於臺閣寺監。妙簡賢良。分典大州。共康庶績。臣等請輟近侍。率先具寮。則天曰。誰爲此行。鳳閣侍郎韋嗣立對曰。叅知機務。非臣所堪。承乏之外。臺庶當盡節。儻垂採錄。臣願此行。於是以本官兼汴州刺史。

神龍元年正月。舉人趙冬曦上疏曰。臣聞古之擇牧宰者。皆出於臺郎御史。以爲榮遷。何者。以爲親民之職。人命所繫。故貴其位而重其人也。今則不然。京職之不稱者。乃左爲外任。大邑之負累者。乃降爲小邑。近官之不能者。乃遷爲遠官。夫常人之心。未可卒革。此之不稱。彼焉能治。率土之濱。莫非王臣。何必貴大邑而賤小邑。重近民而棄遠民耶。夫食君之祿。而冒君之榮。陛下賜之死可矣。流之邊可矣。於左遷貶降之例。惡足爲王者之政與。夫如是。則上下相同。而官得其實。而天下治矣。

景龍二年。兵部尚書韋嗣立上疏曰。刺史縣令。治人之首。近年已來。不存簡擇。京官有犯罪聲望下者。方遣牧州。吏部選入暮年無手筆者。方擬縣令。此風久扇。上下同知。將此治人。何以致化。今歲非豐稔。戶口流亡。國用空虛。租調減削。陛下不以此留念。將何以治國乎。臣望下明制。具論前事。使有司改換簡擇。天下刺史縣令。皆取才能有稱望者充。自今已後。應有遷除諸曹侍郎。兩省兩臺。及五品已上清資望官。先於刺史內取。刺史無人。然後餘官中求。其御史員外郎等諸清要六品已上官。先於縣令中取。制中明言。如是。則人爭就刺史縣令矣。得刺史縣令。天下大治。萬姓欣然。豈非太平樂事哉。其年。御史中丞盧懷慎上疏曰。臣竊見比來州牧上佐等。在任多者一二年。少者三五月。遂卽遷改。不論課最。爭求冒進。不顧廉恥。亦何暇爲陛下宣風布化。求瘼恤民哉。戶口所以流散。倉庫所以空虛。百姓所以凋弊。日更滋甚。職爲此也。昔漢宣帝時。黃霸增秩賜金。而不遷於潁川。可謂美政也。臣請望諸州都督刺史上佐等。在任未經四考已上。不許遷除。察其課効尤異者。或錫以車裘。或就加祿秩。或降使臨問。并璽書慰勉。若公卿有缺。

則擢以勸能。其政績無聞及犯貪暴者。放歸田里。則萬方之民。一變於道。致此之美。革彼之弊。易於反掌。陛下何惜而不行之哉。

其年十月十六日勅。內外之職。出入須均。更遞往來。始聞政治。京官中有才幹堪治人者。量與外官。外官中有清慎著稱者。量與京職。至開元六年勅。刺史兼於京官中簡擇。歷任有善政者補署。其司農太尉府少府等司。既掌財物。已知次第。不在此限。

景雲元年十一月。諫議大夫甯原悌上疏曰。今天下諸州。良牧益寡。何者。古難其選。今侮其職也。然而世所重於京都。時見輕於州縣者。何也。古者牧守政成。擢登三事。郎官特秀。光宰一同。誠願尚書曠職。必於方伯求材。郎位闕官。必須循材擢用。茲令若行。仁風扇矣。

開元八年六月二十八日勅。自今已後。諸司清望官闕。先於牧守內精擇。都督刺史等要人。兼向京官簡授。其臺郎下除改。亦於上佐縣令中通取。即宜銓擇。以副朕懷。

十二年六月二十四日勅。自今已後。三省侍郎有缺。先求曾任刺史者。郎官缺。先求曾任縣令者。

十九年七月十四日勅。嶺南及黔府管內諸州。并蕃州檢校及攝刺史。皆錄奏。待勅到。然後准式。其嶺南黔府蕃州等刺史在任。不得輒請宿衛。

二十二年八月勅。刺史到任。不得當年入考。縣令闕。不得差使。

二十四年五月。夷州刺史楊濬犯贓。詔令杖六十。配流古州。左丞相裴耀卿曰。臣以爲刺史縣令與諸吏稍別。人之父母。風化所瞻。一爲本部長官。卽令終身致敬。況本州刺史。百姓所崇。一朝對其吏人。卽加杖屈。恐非敬官長勸風俗之意。伏望凡刺史縣令於本部決杖。特乞停減。

二十九年正月十五日。令百官於親屬之中。舉收宰。乃下制曰。昔祁奚之舉祁午。謝安之舉謝元。寧限嫌疑。致有拘忌。其內外官有親伯叔及兄弟子姪中有材術異能。通閑政治。據資歷可任刺史縣令者。各以名聞。

天寶十一載十二月。勅。牧宰字人。所寄尤重。至於祿料。頗亦優豐。自宜飭躬勵節。以肅官吏。如聞或犯贓私。深紊綱紀。今後刺史犯贓。宜加常式一等。

十二載九月。勅。簡擇刺史。冀令撫字。諸使等或奏兼別職掌。政治有妨。既闕親人。仍乖本意。自今已後。更不得別奏請。

乾元二年九月。勅。比來刺史之任。皆先奏州縣官屬。今後除帶使次判官外。一切不得奏改官吏。到任之後。察有罪累。及不稱職者。任具狀奏聞請。然後令所由與替。其刺史非兼節度。但有防禦使者。副使判官。委於本州官中推擇。亦不得別奏人。並委中書門下。著爲常式。

永泰二年四月。勅。郎中得任中州刺史。員外郎得任下州刺史。用崇岳牧之任。兼擇臺郎之能。

貞元二十年。贈故隋州刺史李惠登洪州都督。惠登少爲平盧軍裨將。安祿山反。遂從兵馬使董秦涉海戰收滄隸等州。史思明反。復陷於賊。脫身投山南節度來瑱。瑱奏試金吾將軍。李希烈反。授惠登兵令鎮隋州。貞元初。舉州歸順。隨授隋州刺史。時遭李希烈殲殘後。野曠無人。惠登樸質不知書。率心爲政。皆與理順。二十年間。田疇辟。戶口加。人歌謠之。時于頔爲山南東道節度。以其績上聞。加御史大夫。升其州爲上。及卒。故有是贈。

元和二年正月。制度支。如刺史於留州數內。妄有減削。及非理破使。委觀察使風聞按舉。必當料加量貶。以誡列城。如刺史不奉制勅。不得稱有公事。請赴本使。其錄事參軍。亦不得擅離本州。

三年正月。許新除官及刺史等。假內於宣政門外謝訖。進辭便赴任。其日授官於朝堂。禮謝並不須候假開。國朝舊制。凡命都督刺史。皆臨軒册命。特示恩禮。近歲雖無册拜。而牧守受命之後。便殿召對。仍賜衣服。蓋以親民之官。恩禮不可廢也。時新除河南尹裴復求速之任。適遇寒食休假。李吉甫復求之甥也。特爲奏請。遂兼刺史有是命。非舊典也。

四年閏三月。勅。如刺史不承使牒。擅於部內科率者。先加懲責。仍委御史臺出使郎官御史察訪聞奏。

其年十二月。嶺南觀察使楊於陵奏。貞元中。觀察使李復奏。南方事宜素異。地土之卑。上佐多是雜流。大半刺史見闕。請於判官中揀擇材吏。令知州事。臣伏見近日諸道。差判官監領州務。朝廷以爲非宜。臣謂現今州縣凋殘。刺史闕員。動經數歲。至於上佐。悉是貶人。若遣知州。必致撓敗。伏緣李復所奏。降勅年月稍遠。懼違朝旨。伏乞天恩。許臣遵守當道所奏文。量才差擇。以便荒隅。勅旨依奏。

九年十二月。袁州刺史李將順坐掊斂擾人。貶道州司戶參軍。時大寮有詣執政者。以爲刺史抵禁。不經按訊。遽貶官。恐不可。乃追詔。遣御史馳往推究。

十二年四月。勅自今已後。刺史如有利病可言。皆不限時節。任自上表聞奏。不須申報節度觀察使。本任得替後。遂於當處置百姓莊園舍宅。或因替代情弊。便破除正額兩稅。不出差科。自今已後。此色並勒依元額輸稅。

寶歷元年正月七日。勅節文。刺史縣令若無犯。非滿三年。不得替。如治行尤異。但議就加獎。其有才宜他職。灼然章著者。中書門下先具事由及授上年月日。奏聽進止。滿歲遷代無闕失者。卽與進改。

其年九月。御史臺奏。近日新除刺史赴官。多違條限。請准舊制。不逾十日。如妄稱事故不發。常參官奏聽進止。勅旨從之。

太和三年五月。中書門下奏。增秩賜金。有故事。前史所載。得者甚希。近日方鎮所奏。人數漸多。自今已後。刺史在任。政績尤異。檢勘不虛者。觀察使具事狀。及所差檢勘判官名銜同奏。若他時察勘不實。本判官量加削奪。觀察使奏聽進止。所陳善狀。並須指實而言。如增加戶口。須云本若干戶。在任增加若干戶。如稱墾闢田疇。則云本墾田若干頃。在任已來。加若干頃。並須申所司附入簿籍。如荒地及復業戶。自有年限。未合科配者。亦聽申奏。明言合至其年並收租賦。如稱營田課。則所効須云本合得若干萬石。在任已來。加若干萬石。其所加配斛斗。便請准數落下支所供本道本軍斛斗數。如不是供本軍本道斛斗。則申所司收管支遣。以憑考覆。不得虛爲文飾。謬有薦論。勅旨。依奏。

四年八月。御史臺奏。謹按大歷十二年五月一日勅。刺史有故及缺。使司不得差攝。但令上佐依次知州事。其上佐等多非其才。亦望委外道使臣精加銓擇。不勝任者。具以狀聞。昨者宣州觀察使于敖所差周墀知池州。若據勅旨。便合奏劾。今勘其由。長史司馬並在上都守職。有錄事參軍顧復元在任。若不重有條約。所在終難守文。伏請自今已後。刺史未至。上佐闕人。及別有句當處。許差錄事參軍知州事。如錄事參軍又闕。則任別差判官。仍具闕人事由。分析聞奏。幷申中書門下御史臺。所冀詔旨必行。繩違有據。勅旨。依奏。

其年九月。比部奏。准太和三年十一月十日赦文。天下州府迴殘羨餘。准前後赦文。許充諸色公用。刺史每被舉按。即以公坐論贓。其應合用羨餘錢物。並令明立條件。散下州府者。謹具起請條件如後。應有城郭及公廨屋宇器械舟車什物等。合建立修理。須創置添換者。或有公私使客。兼遇徵拜朝官。送故迎新。舊例合有供應宴餞贈貺者。或官屬將校所由等。有巡檢非違。追捕盜賊。須行賞勸。合給程糧者。或百姓貧窮納稅不逮。須有矜放。要添塡元額者。或遇年豐穀熟。要收糴貯備。以防災歉者。並任用。當州所有諸色正額數內迴殘羨餘錢物等。如不依此色。卽同贓犯。其所費用者。並須立文案。以憑勘驗。勅旨。宜依。仍委御史臺准此句當。

五年五月。御史臺奏。應諸州刺史謝官後。限發赴任日。准勅例。刺史謝官後。不計近遠。皆限十日內發。伏以刺史治民之官。分陛下憂。受命之後。固宜速行。或以道途稍遙。私室貧乏。限內不能辦集事宜。須假故淹留。慮懸促期。多不遵守。今請量其遠近。次第限日。應去京一千里內者。限十日。二千里內者。限十五日。三千里內限二十日。三千里以外者。限二十五日。如限內遇延英不開。亦請准常例進狀。候進止便發。更有妄託事故逗留。伏請當時奏聞。量加懲責。其貶授刺史。卽請准舊例發遣。不依此限。所冀事得中道。久而不墮。勅旨。宜依。

七年七月。中書門下奏。應諸州刺史除授序遷。須憑顯効。若非責實。無以勸人。近者受代歸朝。皆望超擢。在郡治績。無由盡知。或自陳制置事條。固難取信。或別求本道薦狀。多是徇情。將明憲章。在覈名實。伏請自今已後。刺史得替代。待去郡一箇月後。委知州上佐及錄事參軍。各下諸縣。取耆老百姓等狀。如有興利除害。惠及生民。廉潔奉公。肅清風教者。各具事實。申本道觀察使。檢勘得實。具以事條錄奏。不得少爲文飾。其薦狀仍與觀察使判官連署。如事不可稱者。不在薦限。仍望委度支鹽鐵分巡院內官同訪察。各中報本使錄奏。如除授後。訪知所舉不實。觀察判官分巡院官及知州上佐等。並停見任一二年。不得敍用。如緣在郡贓私事發。別議處分。其觀察使奏取進止。勅旨依奏。

開成元年二月。中書門下奏。應諸州刺史諸府少尹次赤縣令州府五品以上官幷常參官等在任之例。約是三載。命代之後。遽即到京。人數既多。員缺常少。稍經時月。則訴飢寒。伏准漢法。免罷郡守。自非詔徵。不得到京師。建中初。勅常參官及外五品以上。替後不得擅至京師。自今已後。請據舊章。刺史及五品以上常參官在外。應受替去任。非有徵詔。不得到京。宜委所在州府。取其由歷。每兩月一度附驛申中書門下。其初狀仍具前任政績。受代日月。申中書門下。准前置具員。量人才據缺除授。其有家在上都因自歸止者。正銜見後。仍令京兆府依外州府例與申。勅旨依奏。

其年閏五月。中書門下奏。伏准舊例。刺史授官後。皆於限內待延英開日候對。奏發日。詳度朝旨。蓋重治人之官。欲陛下觀其去就。察其言語。亦所以杜塞宰相陳情。故除刺史。並往往進狀便辭。蓋恐對奏之時。錯失乖誤。自今已後。除刺史並望延英對了。奏發日。地近限促。不遇坐日。亦望許於臺司通狀。待延英開日辭了進發。勅旨依奏。

其年八月。中書門下奏。致治親民。屬在守宰。朝廷近日命官。頗加推擇。從今已後。望令諸觀察使每歲終。具部內刺史縣令。司牧方策。政事工拙。上奏。其有教化具修。人知敬讓。賊盜逃去。遺賂不行。刑獄無偏。賦稅平允。撫綏孤弱。不虐幼賤。姦吏黠胥侵牟止絕。田疇墾闢。逃戶歸復。道路平治。郵傳修飾。府無留事。獄去繫囚。糾慝繩違。嫉惡樹善。以公滅私。絕去貨殖。夙興夜寐。宴戲省少。人無謗議。家有蓄藏。是謂循良之吏。愷悌君子。其能備此具美者。仰以其尤薦聞。朝廷特加褒賞。增秩改章。徵受顯重。如或數科之中。粗有提舉。勤恪不怠。處事無闕者。仰以次等薦聞。量加寵賞。借留未替。以候成績。其有昧此政經。所向無取。循資待錄。無補於治。散材凡器。長在人上。亦仰以實奏聞。當請移於散秩。如有貪殘黷貨。枉法受贓。冤訴不伸。拷笞無罪。有一於此。具狀以聞。當加峻刑。投諸荒裔。賞善懲惡。期於必行。掾曹邑佐。善惡特異者。亦仰聞狀。請頒示四方。專委廉察。仍令兩都御史臺。併出使郎官御史。及巡院法憲官。常加採訪。具以事狀奏申中書門下。都比較諸道觀察使承制勤怠之狀。每歲孟春分析聞奏。因議懲奬。勑旨。依奏。

三年三月。勑新授刺史。如遇入閤申謝者。其日各隨本班引入。候班退。刺史便接次對官立。候次對官班訖。通事舍人引至橫階前。通事舍人口奏云。新授某州刺史某人等申謝。如喚近前。即引上龍墀。如不喚。即各自奏發日。訖。通事舍人即宣某人等申謝。如去贊拜訖。使引出。

其年五月。中書門下奏。舊制。刺史已除替人未到。依前管一應務。并給俸料。待替到交割。便聽東西。據山南道所奏。刺史得便令牒州停務。別差官知州事。待到交割。方可東西。臣以爲刺史祿俸固薄。留滯可矜。又嶺南諸管及福建黔府。皆是遠僻。須有商量。並請除到後未交割已前。據俸料雜給之中。三分支一。以資其停費。惟戒所由。不可比例。制可。

四年三月中書門下奏。嶺南小州。多是本道奏散試官及州縣官。充司馬知州事。不三兩考。便請正除。僥倖之門。莫甚於此。須作定制。令其得中。應奏授上佐知州事。起今已後。一周年在本任無破缺。即任奏請充權知刺史。宦途之內。猶甚徑捷。仍須事一周年考。不得將兩處相續。勅旨依奏。

〔宋〕王溥撰

唐會要

下

中華書局

唐會要

下

〔宋〕王溥撰

中華書局

唐會要卷六十九

刺史下

會昌元年正月制。刺史雖非假日。或有賓客。須申宴餞者。聽之。

四年八月中書門下奏。比緣向外除授刺史。多經半年已上。方至本任。或稱勑牒不到。或作故滯留。刺史未到。前知州官事。惟務因循。不急於治。百姓受弊。莫不由兹。臣等商量。自今已後。勑到南省。限兩日內牒本道。便令進奏院遞去。到本道後。委觀察使勾當。去任一千里內。限十日進發。二千里已上。限十五日。三千里已上。限二十日。仍並勒取便進發。不得託以事故。別取他路經過。刺史於先三十箇月為限。向後並望以任後計日。如有前刺史諸道居住。未赴闕廷者。各委觀察使每季具管內有無申臺。或憂制及疾廢者。並須一一具言。臺司待諸處報都申中書門下。所冀人皆守法。朝免遺才。勅旨依奏。

六年五月勅。諸州刺史。委中書門下切加選擇。非奉公潔己。素効彰著者。不得妄有除授。到官之後。理行事稱。未三周年。勿使移改。如有才用堪拔擢驅使。及無政績須替換者。不在此限。又刺史交代之時。非因災沴。大郡走失七百戶以上。小郡走失五百戶以上者。三年不得錄用。兼不得更與治民官。增加一千戶以上者。超資遷改。仍令觀察使審勘。詣實聞奏。如涉虛妄。本判官重加貶責。

大中元年正月勅。古者郎官出爲邑宰。公卿外領郡符。以重治民之官。急爲政之才也。自澆風興扇。此道稍消。頡頏清途。便至顯貴。治民之術。未嘗經心。欲使究百姓之艱危。通天下之利病。不可得也。朕爲政之始。思厚時風。軒墀近臣。蓋備顧問。如不周知病苦。何以應朕訪求。自今以後。諫議大夫給事中中書門下舍人未嘗曾任刺史縣令。及在任有敗累者。並不在進擬之限。

三年二月。中書門下奏。諸州刺史到郡。有條流須先申觀察使。與本判官商量利害。皎然分明。即許施行。如本是前政利物徇公事。不得輒許移改。不存勾當。踵前因循。判官重加殿責。觀察使聽進止。仍委出使郎官御史。常切詢訪舉察。勅旨依奏。

五年九月。中書門下奏。諸州刺史交割。及初到任下擔。得替後資送裝事。應諸州刺史除替後。新人在遠者。動經三四箇月不到任。從便近處。亦或一兩箇月不到。舊人在任。既不理務。又須一切州縣祗供。將吏依舊衙參祗候。守分者固難自處。多端者猶能害人。自今已後。望令應諸州刺史得替。已除官者。即勅到後交割了。便赴任。如未除官者。勅到後。與知州官分明交割倉庫及諸色事。如不分明交割。便令舊刺史離本任。不要更待新刺史到。交割公事後。稍有小小異同。即令勘問知州官。并任行牒。聽勘問詰前刺史。如大段差謬。即委具事狀奏聞。其知州官別議推罷。郡刺史未別除官者。准會昌九年赦文。令所司在州縣供給。伏恐日月久深。不遵舊制。望令所在經過州縣。准舊節文處分。勿使羇旅。州許供三日。縣許供二日。應諸州刺史初到任准例皆有一擔什物。離任時。亦例有資送。成例已久。州司各有定額。准乾元元年。及至德二載。并會昌元年制勅只禁科率所由抑配人戶。至於用州司公廨及雜利潤。天下州郡。皆自有矩制緣會未有明勅處分。多被無良人吏百姓。便致詞告云是贓犯。自今已後。應諸州刺史下擔什物。及除替送錢物。但不率斂官吏。不科配百姓。一任各守州郡舊規。亦不分外別有添置。若輒率斂科。故違勅條。當以入已贓犯法。餘望准前後勅處分。勅旨。宜依。仍編入格令。永爲常式。

六年五月。中書門下奏。嶺南桂管容管黔中安南等道刺史。自今已後。伏請於每年終。薦送各官。選擇校量資序。稍議遷奬。本道或知有才能。亦許論薦。仍須量資相送。歷任分明。更不在奏散試官充司馬權知州事限。勅旨。依奏。

其年十二月。中書門下奏。諸州刺史。仰到任後一季以來。尋訪凋瘵之由。搜求疾苦之本。兩季以後。可以周知。伏以古之報政。備在典章。後代因循。曾無實效。今請觀察使刺史到任一年。即悉具釐革制置諸色公事。逐件分析聞奏。并申中書門下。視其所司。眞僞自分。才能可辨。事有可行者。著爲令典。使久遵守。旣欲責其潔己。須令俸祿少充。以厚薄不同。等級無制。致使俸薄者無人願去。祿厚者終日爭先。應中下州司馬。與軍事俸料。共不滿一百千者。請添至一百千。其上中州不滿一百五十千者。請添至百五十千。其雄望州不滿二百千者。請添二百千。其先過者。仍舊。並於軍事雜錢中方圓置本收利充給。如別帶使額者。並依舊。不在添限。其無明文額外徵求。或送故迎新。廣爲率斂。或因徵發頓近。橫有破除。皆是貧戶出錢。惟使姦人得計。其他侵擾色目至多。不問公私。一切禁斷。其刺史爲政。必除其民瘼。在官必勵於公心。日限纔終。即議遷獎。其或不出常流。全無政績。須知事分。合守田園。不可得替求官。稍遲即興怨謗。自今已後。應諸刺史得替求官者。亦准前任年月爲限。滿者即量才除授。使免飢寒。未滿者任其東西。使營生計。其有課績殊異。廉使薦論。校勘不虛。誠可優升者。不在此限。若授任之後。聲實相乖。即是廉使別帶私情。或因權勢論說。上罔明主。下困齊民。所罪並歸舉主。勅旨。卿等所條流廉問牧宰等。實繫生靈之慘舒化源之切務。並依所奏。

大中九年二月。除醴泉縣令李君奭爲懷州刺史。非常例也。初。上校獵渭上。見近縣父老於村寺設齋。爲君奭祈福。恐秩滿受代。上異之。踰年。宰相以懷州缺刺史上聞。御筆除之。

都督刺史已下雜錄

武德元年六月七日。諸州總管加號使持節。刺史加號持節。

顯慶元年九月二十六日。制督府及上州各置執刀五十人。中州下州各置十八人。令於衙內祗承都督刺史。至貞元元年廢。從福建觀察使王雍奏也。

咸亨五年九月。勅諸州都督刺史及上佐見執魚契者。中間選改。須有分付。其有選改無三官者。且留知州事。待攝官及三官內一人至任。依常。

垂拱元年七月。諸州置錄事。

二年正月。諸州都督刺史。宜准京官帶魚袋。

三年二月。上州置市令。

先天二年。勅河北諸州加團練兵馬。本州刺史押當。

其年七月二十四日勅。自今已後。都督刺史每欲赴任。皆引面辭。朕當親與嚀沓。用觀方略。至任之後。宜待四考滿。隨事褒貶。與之改轉。

開元元年十二月三十日勅。都督刺史都護。每欲赴任。皆引面辭訖。側門取候進止。

八年二月十二日勅。都督刺史品卑者。借緋魚袋。

十七年二月勅。諸州都督刺史上佐等官員缺。非安穩者。所授官在任。經一考已上。宜量與改轉。

乾元元年六月六日勅。令冬入考刺史。自今已後。並宜停。至大歷十四年六月一日勅。諸州刺史上佐。並許每年入計。至七月四日勅。宜起十五年已後。已依常式。至建中元年三月二十五日勅。各委本州。定上佐入考。

寶應二年七月十一日勅文。自今已後。改轉刺史。三年爲限。縣令四年爲限。至貞元元年十一月十一日勅文。自今已後。刺史縣令未經三考。不得改移。至六年十一月八日勅文。自今已後。刺史縣令。以四考爲滿。

永泰二年九月二十二日。諸府刺史。都護大都督府長史有犯者。自今已後。降魚書停務訖。然後推勘聞奏。如未降魚書。不在推限。至大歷十二年五月十日。勅諸州刺史替代及別追。皆降魚書。然後離任。無事不得輒追赴使及出境。刺史有故闕。使司不得差攝。但令上佐知州事。從宰相常衮奏也。至貞元三年十月。勅刺史停務。則降魚書。先是此制自廣德已後。多不施行。又節將怙權。刺史悉由其令。魚書皆廢。至是漳州刺史張遜坐事。將鞫之。有司請舉舊制也。

貞元四年正月一日。勅文。自今已後。刺史不得輒離本界。如是緣司使任。以文牒計會。應緣州事巨細。聽聞奏。如刺史闕。上佐當日聞奏。并牒報中書門下省。

十四年十二月十二日。考功奏。所在長史請立德政碑。並須去任後申請。仍須有灼然事蹟。乃許奏成。若無故在任申請者。刺史縣令。委本道觀察使勘問。

太和二年二月。宰臣李絳進則天太后刪定兆人本業記三卷。宜令諸州刺史寫本。散配鄉村。

別駕

武德元年六月。置別駕。貞觀二十三年七月五日。改別駕爲長史。上元二年十月十日。又置別駕。其長史如故。上州從四品。中州五品。下州從五品。止以諸王子爲之。至永隆元年又廢。至永淳元年七月八日復置別駕官。至景雲元年始用庶姓爲之。至開元六年二月十二日勅。舊例別駕皆是諸親。近年已來。頗多諸色。先授者未能頓輟。已後者自循舊章。去冬有因計入朝。不可更令卻往。宜並量材敍用。至天寶八載八月二十六日勅。諸郡各置三官。別駕不煩更置。政存省要。豈在多員。其別駕隨缺便停。下州置長史一員。上元二年九月二十一日赦文。其別駕依卻置。六年四月勅。別駕錄事參軍有犯贓者。禁身推問。疾患者。准式不稱所職者。戶口流散者。並委本處聞奏。其贓犯者。禁身推問。疾患者。准式解所職。老耄暗弱。才不稱職者。量資考改與員外官。

大曆十四年六月赦文。諸州刺史上佐。自今已後。准入計。

建中元年正月十九日。諸州府五品已上正員內上佐。宜四考滿停。左降官不在限。

太和元年正月。宰相韋處厚奏請復置六雄十望十緊三十四州別駕。先是貞元中宰相齊抗奏減冗員。罷諸州別駕。其京百司合入別駕多處之朝列。及元和已後。兩河用兵。偏裨立功者。率以儲寀王官雜補之。處厚乃復請置別駕以處焉。

七年八月九日勅。諸王等今後相次出閤。且授緊望已上州刺史上佐。

開成三年十二月勅。今後諸道節度團練防禦等使。不得更奏大將元巡內上佐官。

大中四年六月勅。光州比是中州。停廢司馬員額。今以升爲上州。宜令卻置司馬。

判司

景雲三年八月二日勅。諸州置司田參軍一員。唐隆元年七月十九日廢。上元二年九月二十一日又置

并置田正三人

開元十五年四月十三日。朔方五城各置田曹參軍一員。階品俸料一事已上。同軍家判司。專知營田。

乾元二年四月十四日勅。文錄事參軍。自今已後。宜升判司一秩。

大歷十四年十二月五日。諸州府學博士。改爲文學。品秩同參軍。位在參軍上。

縣令

武德元年六月八日。大興長安二縣令。改爲正五品。雍州諸縣令。爲從五品。至天寶元年六月九日勅。長安萬年縣令。授任京劇。職在養人。有不躬親。甚妨緝理。況道路遙遠。往來淹滯。時日百姓披陳。未免停止。至於疏決。固在及時。自今已後。專令在縣理事。每五日聽一入朝。開元四年十一月勅。撫字之道。在於縣令。不許出使。多不得上考。每年選補。皆不就此官。若不優矜。何由奬勸。其縣令在任。戶口增益。界內豐稔。清勤著稱。賦役均平者。先與上考。不在當州考額之限。

二十八年六月。淮南道採訪使李知柔奏。縣令考滿。准格交付戶口食糧。臣近巡按諸州。多有考秩向終。

替人未到。請假便去。望每至考滿年。州司不得給假。如有先請假未還。考滿者。勒到百日內卻赴任。准格

交戶口食糧違者。量殿三數選。勅旨依奏。諸道亦宜准此。

二十九年七月勅。天下諸州縣望鄉。上縣不得過二十人。中縣不得過十五人。下縣不得過十人。仍委採訪使與州縣長官相知選。申中書門下。

天寶九載三月十二日勅。親民之官。莫過於縣令。比來選司取人。必限書判。且文學政事。本是異科。求備一人。百中無一。況古來良宰。豈必文人。自今已後。郎官御史。先於縣令中三考已上有政績者取。仍永爲常式。

其載十二月勅。郡縣官寮。共爲貨殖。竟交互放債侵人。互爲徵收。割剝黎庶。自今已後。更有此色。并追入影認。一匹以上。其放債官先解見任。物仍納官。有賸利者。准法處分。

上元元年正月勅。丞簿等有犯贓私。連坐縣令。其罪減所犯官一等。便遞相管轄。不敢爲非。

乾元元年三月五日勅。縣令錄事參軍。自今已後。選司所擬。宜准故事。過中書門下。更審詳擇。仍永爲常式。

廣德二年六月勅。諸州府錄事參軍。及縣令。其有帶職兼官判試權知檢校等官者。自今已後。吏部不在用缺之限。

永泰元年正月勅。諸州府縣令後有才不稱職及犯贓私。卽任本使及州府奏人請替。餘並不在奏請其所許奏人。仍須灼然公清。曾經驅使者。課効資歷當者。兼具歷任申授年月。并所替官合替事由同奏。

建中元年六月。中書門下省奏。錄事參軍縣令三考無上考。兩任共經五考以上無三上考。及不帶清白陟狀者。並請不重注令錄。勅旨。依奏。

貞元二年二月。京兆尹鮑防奏狀。准廣德二年勅。中書門下及兩省官五品已上。尚書省四品以上。諸司正員三品已上官。諸王駙馬等周親已上親。及女壻外甥等。自今已後。不得任京兆府判司及畿縣令。兩京縣丞簿尉等者。今咸陽縣令賈全是臣親外甥。恐須停罷。詔曰。功勞近臣。至親子弟。旣處繁則或招過犯。寬容則撓法。恥責則虧恩。不令守官。誠爲至當。賈全等十人。昨緣畿內凋殘。親自選擇。事非常制。不合避嫌。

四年正月勅。文戶口增加。刺史加階。縣令減選。優與處分。諸色中有清白政術堪任刺史縣令者。常參官各舉所知。朕當親自策試。

其年十月。上召京兆府諸縣令對於延英殿。以人之疾苦。具慰誨之。各賜衣一襲。

八年八月勅。薦官今年新授縣令。宜准前後勅例。待入計日成四考後赴上。

元和二年正月勅。江淮大縣。每歲據闕。委三省御史臺諸司長官。節度觀察使。各舉堪任縣令。不限選數。

並許赴集臺司。省官及刺史亦縣令有闕。先於縣令中揀擇。如有能否。與元舉人同賞罰。

三年三月。吏部奏。應授三千里外縣。替年終缺人等。准元和二年五月十九日勅。量抽三千里外縣令。至元和三年終計日成四考闕。其新授三千里外縣令等。合用待舊人成四考後。至十二月二十五日赴請。准元和三年三月二十四日勅。其新授三千里外官人。請從甲下後。不計程限。但至十二月內赴上。如出十二月內。即違程例處分。如授替人續有故事。便請放授官人上。上不必待至十二月。仍請自今已後每年若有替年終缺人。亦請准此。勅旨。依奏。

其年四月。勅。元和三年勅書。所舉縣令。皆直言其事。不得妄有文飾。吏部舉其事狀。隨事檢勘者。令主司略勘資歷。未究人材。自今已後。宜委吏部精加考覈。必使詳實。不得同早選人例。酧官所冀。舉不妄施。官無虛授。仍令四時注擬。其觀察使刺史所舉人。不得授以本州府縣令。到任後。有罪犯。其所舉主。准前勅貶罰。

四年正月。中書門下奏。伏准元和二年制書。舉薦縣令等。前後勅文非一。有司難於遵守。今請中外所舉縣令。並隨表狀。十月三十日到省。省司精加磨勘。依平選人例。分入三銓注擬。平選人中。有資序事跡人才與前舉縣令相類。即先注擬。時集望停。從之。令長。親民之吏也。比以資授。多才不稱官。故令庶僚薦舉所知。以廣得人之路。及舉薦之才。或不屑就薦者。多不出其類。徙以未涉資序。超踐優秩。論者以爲啟倖門。故稍復舊制焉。

六年十月。中書門下奏。准建中元年勅。每年授官。令舉自代狀者。又臣聞周之羣寮。委於冢宰。漢之多士。辟於有司。故凡稱大僚。皆得盡善。陛下念黎元之困。設令長之科。羣僚舉知。天下蒙福。薦賢相繼。敦勸大行。苟或容私。則利害攸伏。伏請所舉縣令到任。刑罰寃濫。及有贓犯者。其舉薦官削階。及停見任。書下考。並准元和三年勅處分。委御史臺諸道觀察使嚴加察訪。不得容貸。其諸道所舉官屬。及有狀論薦人如有贓犯過惡。亦請具名聞奏。量加殿罰。所冀人知戒懼。不敢妄行。爲官擇人。得賢報國。從之。

七年四月勅。諸道州府有田戶無桑處。每約一畝種桑兩根。勸縣令專勾當。每年終委所在長史檢察。量其功課。具殿最聞奏。

十一年九月。中書門下奏。每舉薦縣令。字民之官。從官所重。遂許論薦。冀得循良。自今已後。舉人事跡與節文不同。及檢勘無憑據。幷到任後。勅文雖有條約。比來銓不稱職。及有負犯事。並請量輕重。坐其舉主。輕則削奪。重則貶責。伏以前授勅文。雖有條約。比來銓覆多務因循。今重申明。所貴畫一。其所舉人到省後。所司檢勘。如節文不同。仰具事由。幷舉主名銜。申中書門下。如有司鹵莽。使與判丞察。知事狀有所違越。則所司亦與舉主同坐。從之。

長慶元年五月勅。自今已後。舉縣令宜停。

會昌元年三月制節文。如聞比者。縱情杯酒之間。施刑喜怒之際。致使簿書停廢。刑獄滯寃。其縣令每月非假日不得輒會賓客游宴。

六年五月勅。縣令員數至廣。朝廷難悉諳知。吏部注擬。只繫資考。訪聞近日多不得人。委觀察使刺史於前資官及承前攝官曾有課績人中精加選擇。具名聞奏。中書門下勘資歷記。除本道縣令。如後犯贓違法。卽連坐所舉人及判官重加懲貶。其月又勅。自今已後縣令非因災旱交割之時失走二百戶以上者。殿一選。三百戶已上者書下考。殿兩選。如增加二百戶以上者減一選。五百戶以上者書上考。減兩選。可減者優與進改。

大中元年正月勅。守宰親民。職當撫字。三載考職。著在格言。貞元之中。頻有明詔。縣令五考。方得改移。近者因循。都不遵守。諸州縣令得三考兩府畿亦罕及二年。以此字民。望成其化。簿書案牘。寧免姦欺。道路有迎送之勞。鄉里無蘇息之望。自今已後刺史縣令除授後。一例滿三十六箇月。方得更換。其責受遷擢。卽不在此限。其替後量其課績作等聞奏。其在第一等。中書門下及吏部優與處分。第二等依資改轉。第三等量加降黜。其授替後委刺史錄事參軍比量等第。申觀察使。便與本判官勘覆。詣實申奏。以後因事考覆。有不如所奏。觀察判官錄事參軍。據人數節級懲罰。觀察使奏聽進止。

二年二月刑部起請節文。自今已後縣令有贓犯。錄事參軍不舉者。請減縣令二等結罪。其錄事參軍有罪。刺史不舉者。刺史有罪。觀察使不舉者。並所司奏聽勅旨。宜依。

三年九月。中書門下奏。兩府畿令及次赤令。伏以古者爲吏長子孫。蓋言其在官之久也。然後備諳風俗。政術可施。近日入仕門多。交替稍速。近以降手勅。續又面奉德音。應選擇者。不得其人。欲使撫字者久安其任。臣等商量。自今已後。其兩府判司及縣丞尉。不帶勅額事及不知捕賊。不得非時奏請。如或政績尤異。朝廷別有奬拔及職事不修。須議替者。不在此限。內勅旨依奏。其月。勅諸道所舉縣令。宜直言事跡。不得妄飾虛詞。委吏部精加覈實。當有懲殿。兩畿令未成三考。不在此限。

四年正月。勅節文。應天下縣令有利於人而可舉行者。有害於物而可革去者。並委所在縣令具列於刺史。刺史具列上聞。委中書門下據事下刺史。下觀察使詳酌聞奏。當與改更。或在官因循不舉。必當重責罰。更不得授縣令。

丞簿尉

武德七年正月勅。每州置大中正一人。掌知州內人物。以本州人聞望者兼領。無品秩。至貞觀初廢。其年三月二十九日。改縣正爲縣尉。

開元十六年五月二十五日。勅州府及縣倉督府司佐史縣錄事里正等。若有景行明閑案牘。任經十年。不在解限。

寶應元年五月十九日。制。州縣官自今已後。三考一替。其考滿。皆令待替人不到。宜校四考後停。至六月九日勅。准式經過四考。加年勞一階。今既三考卽替。其階特許結敍。

其年十一月勅。吏部侍郎張孚奏。今年五月十九日制。州縣官自今已後。宜令三考一替者。今數州申解疑三考後。爲待替到便爲勒停。今望令校三考。官待替到。替人不到。請校四考後停。至貞元六年十二月二日勅。刺史縣令以四考爲限。赤令既是常參官。不在四考限。次赤令既同京官。宜以三考爲限。至九年七月十九日。諸州縣令既以四考爲限。如無替者。宜至五考後停。

貞元二年五月十九日勅。州縣劇務。不可缺人。自今已後。諸司諸使不得差兩府判司畿赤官出界勾當事。如有藉其才能。奏請改官任使者。不在此限。

大中三年九月勅。兩判司縣丞簿尉。不帶勅額職事者。及不知捕賊。不得非時奏請。如事故非常須行奬黜者。不在此限。

州府及縣加減官

天寶五載九月勅。減劍南瓊山郡參軍兩員。縣丞三員。主簿三員。

八載。昭應縣更加簿尉各一員。

寶應元年十月四日。鳳翔府參軍六員。請減兩員。縣丞兩員。減一員。主簿兩員。減一員。簿尉六員。天興縣准此。大歷二年八月十三日。隴鳳兩州除刺史外。請各置別駕一員。錄事參軍一員。司功司戶各一員。每縣令尉各一員。本道奏。

四年三月四日。長安萬年縣丞。各減一員。主薄一員。尉兩員。昭應縣丞簿一員。尉兩員。好時。同官。秦原。各減丞尉一員。至五年五月十四日。省京兆田功兵士曹各一員。參軍兩員。至十四年三月五日。並復置。

十一年六月十三日。鳳翔府加倉曹參軍一員。普潤縣請加尉一員。本府奏。

其年七月二十九日。商州停司田參軍。上洛商洛兩縣令外。留主簿及尉一員。其丞簿請停。洛南等三縣。唯留縣令及主薄。餘並停。本州奏。

建中二年四月。幽州管內每縣置尉兩員。餘並停。本道奏。

貞元元年九月。御史大夫崔縱奏。內外官員。臣伏以兵戎未息。仕進頗多。在官者既合敍遷。有功者必須褒賞。比來每至選集。不免據闕留人。嘗歎遺才。仍招怨望。況緣頻有恩詔。甄錄功勞。諸道敍優人數甚廣。見須處置。不可稽留。若今停減吏員。實恐未便於事。非但承優者無官可授。抑又序進者無路可容。本冀便人。翻成斂怨。須仍舊以適其宜。更待事平。然後議經制。勅旨。依奏。

二年九月二十五日。許州停減正員官五十四員。本道奏。

十二月十九日．中光管內停正員六十一員．本道奏．

三年正月十七日勅．東部畿內唐汝鄧三州．停減官員．准許蔡等州例．

其年五月．宰相張延賞奏曰．爲政之本．必先命官．舊制官員繁而且費．州縣殘破．職此之由也．臣在荆南．所管州縣闕官員者．不下十數年．吏部未嘗補授．但令一官假攝．公事亦治．以此言之．官員可減．無可疑也．請減官員．收其祿俸．以資募士．從之．閏五月八日勅．減諸上州刺史上佐一員．錄事參軍．司戶．司兵．司士各一員．中州刺史上佐一員．錄事參軍．司戶．司兵各一員．下州刺史上佐一員．錄事參軍．司戶各一員．諸州參軍一半．諸縣中等已上令一員．尉一員．下縣令一員．京兆河南府司錄．判司．及四赤縣丞．縣尉．量留一半．參軍全留．餘並停省．其諸赤及畿縣．每縣留令一員．丞一員．簿一員．尉一員．餘府准上等州縣例以諸州戶口減耗．三分去二．其官員合省．今員缺偏併．尙未均平．宜令所司依前件額．卽分析州縣等第與奏．其左降官且仍舊．其餘一切權停．至來年五月三十日．續取處分．其應停減官俸糧祿職田雜料手力糧課等．一切已上．各宜令度支勘審檢收納．送上都左藏庫收貯．充賞戰士所用．至七月．其先減官員．並依仍舊．

五年六月二十日．興元府奏．留司錄．戶法二曹各兩員．功倉田兵士曹．文學各一員．錄事．參軍各四員．南鄭令．丞．主簿兩員．尉三員．城固．褒城縣令．丞．簿各一員．尉各三員．金牛．三泉縣令．丞．簿各兩員八年四月。容管經略使奏。當管今請除刺史留官一百七十三員。餘並請停減。其課料請迴充將士資賜。從之。其年十二月。汝州奏。七縣更量復尉一員。依奏。

十四年八月。魏博節度使卻置管內州縣官都八十一員。倉曹參軍。戶曹參軍。兵曹參軍。法曹參軍。已上請依前置。雙曹田曹參軍。文學。市令。已上請依前置。元城縣。貴鄉縣。已上請依前更置縣尉一員。相州。貝州。博州。澶州。衞州。司法參軍。司士參軍。司田參軍。文學。市令。已上請依前置。魏州昌樂縣。魏縣。冠氏縣。館陶縣。朝城縣。莘縣。相州安陽縣。鄴縣。內黃縣。臨河縣。湯陰縣。堯城縣。洹水縣。臨漳縣。成安縣。臨慮縣。貝州宗城縣。臨清縣。清河縣。永濟縣。歷亭縣。經城縣。武城縣。夏津縣。漳南縣。阿城縣。堂邑縣。清平縣。博平縣。武水縣。高唐縣。澶州頓邱縣。臨黃縣。觀城縣。清豐縣。已上四十一州縣。請依前置尉丞。勅旨。依奏。

十七年三月。勅。天下州府別駕及司田田曹參軍。除京兆河南太原三府外。其諸州府判司雙曹者。各省其一。錄事參軍准判司例。

元和六年六月。宰臣李吉甫奏。請減職員。量定中外官俸料。伏以唐虞建官。不過數十。夏商官倍。方及三百。周禮漢志。兼具胥吏。其職員稍廣。然約後漢命官數。亦不過七八千員。自漢至隋。十有三代。攝其官員。皆少於國家所置。事具史籍。不敢備陳。伏惟睿聖文武皇帝陛下。稟上聖之姿。啓中興之運。光宅萬方。富有天下。及茲七年。垂日月之明。以搜俊乂。崇勳華之俗。以厚生靈。然而入未富者。蓋由流品尚雜。職員尚多存無事之官。食至重之稅。生人轉困。冗食益繁。臣等日夜計此。非不至熟。臣按晉時荀勖上疏。稱省吏不如省官。省官不如省事。漢光武并合吏員。州郡縣邑。纔十分置一。此省官也。魏太和中。會遣王人四出。減去吏之半。此省吏也。晉武從之。於是減州郡一半。省其人。必先省其官。故官省則事省。事省則人省。官煩則事煩。事煩則人煩。及周太祖於隴坻東敗齊師。用蘇綽爲相。釐改憲度。曰事省則人清。事煩則人濁。清濁之由。在於官之煩省。由是兼假之員。悉皆罷黜。國家自天寶以後。中原宿兵。見在軍士可計者。已八十餘萬。其餘去爲商販。度爲僧道。雜入色役。不歸農桑者。又十有五六。是天下以三分勞筋苦骨之人。奉七分待衣坐食之輩。臣每念至此。何嘗不終夜輟寢。對案忘食。幸遇陛下膺期撫運。惟新盛業。澄源正本。孰急於斯。臣竊計當今內外官。見以兩稅錢給俸料者。不下一萬員。其間有職出異名。事離本局。府寺曠廢。簪組因循者甚衆。況斂賦日寡。而受祿者漸多。設官有限。而入色者無數。九流安得不雜。萬務安得不煩。況漢初置郡。不過六十。文景醲化。百王莫先。官少則必不政紊。郡多則必不事治。分明之驗也。今天下三百郡。一千四百餘縣。故有一邑之地。虛設羣司。一鄉之間。徒分縣職。所費至廣。所制全輕。凡此之流。並須釐革。伏請勅吏部侍郎一人。郎中一人。兵部侍郎一人。給事中。中書舍人各一人。錯綜病利。詳定廢置。其吏員可併省者併省之。州縣可併合者併合之。每年入仕之徒。可停減者停減之。此吏寡而易求。官省而易治。稍減冗食。足寬疲甿。從之。遂命給事中段平仲。中書舍人韋貫之。兵部侍郎許孟容。戶部侍郎李絳。同詳定減省州縣等事。

其年九月吏部奏准勅併省内外職員諸州府共八百八員其中下州文學中下縣丞市令一例停減餘官州量減諸王府除五品已上官外錄事參軍一員功曹參軍二員餘並請減至十三年正月省蔡州汝南尉。

十四年三月吏部奏請用鄆曹濮等一十二州縣官員其十二州請各置錄事及司戶法等參軍各一員縣置令簿尉各一員待給復滿日依舊從之。

十五年正月鎮州觀察使王承宗奏鎮冀深趙等四州請每州置錄事參軍一員判司三員每縣置令錄事一員主簿一員尉一員又從之。

太和二年十月西川觀察使奏加減管内州官員彭州濛陽縣眉州彭山縣邛州安仁縣尉各兩員今請減一員漢州雒縣什邡縣尉各一員今請更加一員綿竹縣元無縣尉今請置尉一員眉州文學參軍共三員今請減參軍一員邛州文學參軍二員今請減一員漢州並無文學參軍今請各置一員其料課職田祿米等伏望各依元額支給從之。

九年九月淄青觀察使王彥威奏請停管内縣丞二十九員從之。

會昌四年五月中書門下奏應諸州縣佐官近令約戶稅多少量減佐官實欲漸去冗員以懲尸素今諸

道所奏。戶滿五千。稅滿一萬。不合停減者。其類已多。又假以當路爲詞。猶務占惜。臣等商量。當路頓亦不常有。若遇大軍頓。即權勾當。所存例多如此。望令吏部郎中柳仲郢。據元敕額類會停減。不得許其破除。敕旨依奏。

其年六月。吏部奏。准會昌三年十一月十三日及今年五月十日敕。類會停減諸州府縣佐官宂員。今以州府申闕解內戶稅多少。及州府官員閒劇。類會合減官員一千二百一十四員。敕旨依奏。

太和元年五月。邠寧觀察使張君緒奏。當道新平。三水。永壽。宜祿等四縣。請各置主簿一員。

會昌四年六月十九日。准敕。以稅額數少。悉減佐官。今伏請依前每縣各置主簿一員。敕旨依奏。諸處有佐官處。並不得援引此例。其年七月。滄濟德等州觀察使奏。當道於諸舊減員縣各置縣尉一員。從之。十二月。吏部奏。諸州縣官。准會昌四年六月十九日敕。停減共一千二百一十四員。伏奉今年十一月二十二日敕。宜令吏部揀擇縣邑有人戶五千。稅錢一萬貫以上。與一員官。仍天下州縣所添。不得過四百員者。准敕條流。諸添置外。兼於州官內。據稅錢額定等第。及觀察使節度州量各添置共三百八十三員。

天祐元年五月。敕河南府畿縣。先減尉一員。可依京兆府例。復置縣尉一員。

唐會要卷七十

量戶口定州縣等第例

武德令。三萬戶已上爲上州。永徽令。二萬戶已上爲上州。至顯慶元年九月十二日勅。戶滿三萬已上爲上州。二萬已上爲中州。先已定爲上州中州者。仍舊。至開元十八年三月十七日勅。太平時久。戶口日殷。宜以四萬戶已上爲上州。二萬五千戶爲中州。不滿二萬戶爲下州。其六雄十望州三輔等。及別勅同上州都督及畿內州。並同上州。緣邊州三萬戶已上爲上州。二萬戶已上爲中州。其親王任中州下州刺史者。亦爲上州。王去任後。仍舊。武德令。戶五千已上爲上縣。二千戶已上爲中縣。一千戶已上爲中下縣。至開元十八年三月七日。以六千戶已上爲上縣。三千戶已上爲中縣。不滿三千戶爲中下縣。其赤畿望緊等縣。不限戶數。並爲上縣。去京五百里內。并緣邊州縣。戶五千已上。亦爲上縣。二千已上爲中縣。一千已上爲中下縣。

州縣分望道

貞觀元年三月十日。併省州縣。始因關河近便。分爲十道。

一曰關內道。古雍州之地。

二曰河南道。古兗豫青徐四州之地。
三曰河東道。古冀州之地。
四曰河北道。古幽冀二州之地。
五曰山南道。古荆梁二州之地。
六曰隴右道。古雍梁二州之地。
七曰淮南道。古揚州之地。
八曰江南道。古揚州之地。
九曰劍南道。古梁州之地。
十曰嶺南道。古荆州之地。

凡天下三百六十州。自後併省。迄於天寶。凡三百三十一州存焉。而羈縻之州八百。京兆府尹有三。京兆。河南。

大都督有五。（太原。潞。揚。益。荆。幽。）都護府有六。（單于。安西。安北。安南。安東。北庭。爲大都護。）又有上中下都督府。凡天下軍有四十。府有六百三十四。鎮有四百五十。戍五百九十。守捉有三十五。

景雲二年五月出使者。以山南控帶江山。疆界闊遠。于是分爲山南東西兩道。又自黄河巳西。分爲河西道。

關内道

新升都督府。鹽州。永泰元年十一月升。

新升雄州。寧州。至德元年十月二十九日升。原州。乾元三年正月十一日升。

新升望州。寧州。元州。並會昌四年四月升。

新升上州。會州。永泰元年十一月升。丹州。大歷六年五月升。宥州。元和九年五月復置。隸夏州。

新升赤縣。京兆府雲陽縣。元和二年十月升。以崇陵故也。奉先縣。開元十七年十一月十日升。以奉陵寢。以張愿爲縣令。醴泉縣。廣德元年五月一日升。以崔演爲縣令。富平縣。貞元四年正月十六日升。以薛詵爲縣令。三原縣。同上年月升。以王鄑爲縣令。咸陽縣。天授二年四月二十一日。以管武氏陵升。以宇文意爲縣令。神龍元年十月二十九日。復爲畿。奉天縣。興元元年正月一日升。以杜元爲縣令。

新升次赤縣。華州鄭縣。光化元年六月升。至天祐四年閏十一月。復爲鄭縣。華州鄭縣。華陰。下邽三縣。

開元四年二月二十六日定。同州馮翊。朝邑。蒲城。澄城。白水等縣。開元四年二月二十六日升。岐州雍縣。扶風。陳倉三縣。同上年月日升。靈州迴樂縣。至德元年七月十二日升。寧州安定縣。至德元年十二月九日升。邠州新平縣。貞元十年十二月升。

新升緊縣。靈州懷遠縣。至德元年十月三日升。寧州彭原縣。至德元年二月九日升。鄜州洛交縣。貞元六年三月三日升。

新升上縣。靈州靈武。保靜。溫池。鳴沙等縣。至德元年七月十三日升。原州平高縣。乾元三年正月十一日升。夏州朔方縣。貞元四年十二月二十八日升。鹽州五原。白池縣。永泰二年十月升。丹州汾川縣。大歷六年五月升。延州膚施。門山縣。同上年月日升。

河南道

新升都督府。登州。大歷九年五月升。

新升雄州。汝州。會昌四年四月升。虢州。同上年月日升。

新升望州。青州。大歷九年五月升。

新升緊州。鄆州。徐州。並會昌四年五月升。蔡州。元和十四年四月。重定淮西州縣及官吏祿俸。以蔡州爲緊。其刺史俸錢一百八十千。長史以下有差。

新升上州縣。海州密州。貞元五年八月六日升。泗州。貞元廿年正月內升。宿州。元和四年正月。以徐泗符離蘄虹三縣置亳州。元和三年九月升。潁州。會昌二年十一月升。唐州。貞元十五年四月升。

新升赤縣。河南府緱氏縣。天祐二年四月四日升。以奉昭宗和陵故也。

新升望縣。虢州閿鄉。汴州浚儀尉氏開封等縣。並開元四年二月二十六日升。雍邱縣。開元十二年九月八日升。滑州酸棗縣。開元四年二月二十五日定。白馬縣。大曆五年三月升。許州扶溝縣。開元四年二月二十六日定。鄭州管城陽武新鄭滎澤等縣。並開元四年二月二十六日升。宋州宋城縣。開元四年二月二十六日升。襄邑縣。會昌四年十一月升。陝州陝縣。桃林。河北芮城等縣。開元四年二月二十六日升。兗州金鄉縣。開元四年二月二十六日升。汝州梁縣。開元十二年七月八日升。仙州襄城縣。同上年月日升。蔡州汝陽縣。貞元七年正月二十二日升。徐州彭城縣。貞元六年十月升。鄆州須昌鉅野等縣。貞元二年二月一日升。青州益都縣。大曆五年正月升。

新升緊縣。虢州宏農縣。乾元三年二月一日升。鄆州鄆城。東阿。壽張。盧縣。貞元二年二月一日升。兗州曲阜縣。會昌二年二月升。宿州符離縣。會昌四年十二月升。宋州柘城縣。同上年月日升。隸州汝陰縣。同上年月日升。青州臨淄。壽光縣。大曆五年正月升。

新升上縣。虢州盧氏。朱陽。玉城縣。乾元三年四月十四日升。汝州臨汝縣。貞元八年二月二十六日升。

蔡州遂平縣。元和十二年四月內置。潁州潁上縣。元和六年九月升。唐州方城縣。貞元十五年四月升。陝州垣縣。貞元三年十一月升。

河東道

新升次赤縣。河中府河東。河西縣。乾元三年三月改。

新升望縣。蒲州河東。安邑。桑泉。汾陰。虞鄉等縣。並開元四年二月二十六日升。猗氏。解縣。開元十二年二月二十六日升。絳州正平。翼城。龍門。聞喜縣。開元同上年月日升。汾水。孝義。隰城。介休。平遙等縣。同上年月日升。洪洞縣等同上年月日升。并州太原。晉陽。祁縣等縣。同上年月日升。潞州上黨縣。同上年月日升。

河北道

新升望州。貝州。大歷七年正月升。

新升上州。嬀州。貞元七年五月七日升。定州。元和四年六月改。涿州。大歷五年十一月升。

新升望縣。瀛州河間縣。開元四年二月二十六日升。博野縣。大歷七年正月升。冀州南宮縣。信都縣。深州饒陽縣。貝州宗城縣。俱同上年月日升。臨清縣。大歷七年正月升。相州滏陽縣。開元四年二月二十六日升。魏州貴鄉。昌樂縣。魏縣。頓邱縣等。同上年月日升。館陶。冠氏縣。大歷七年正月升。洺州永年縣。開元四年二月二十六日升。懷州河內。武德。武陟。獲嘉縣。同上年月日升。德州安陵縣。天寶八載五月一日升。

恆州眞定縣。興元元年十一月十九日升。幽州昌平縣。貞元十九年九月升。薊縣。開元三十三年十二月一日升。

新升緊縣。魏州臨黃縣。大歷七年正月升。貝州淸陽縣。同上年月日升。恆州石邑。藁城縣。興元元年十一月十九日升。滄州淸池縣。大歷七年正月升。莫州鄚縣。貞元十九年八月升。

新升上縣。嬀州懷戎縣。貞元十七年六月七日升。幽州潞縣。貞元十五年九月升。

山南道

新升都督府。利州。大歷十四年十一月七日升。龍州。長慶四年十月升。

新升雄州。洋州。興元元年十一月七日升。

新升望州。襄州。商州。會昌四年五月升。梁州。永泰元年二月升。

新升上州。隨州。貞元十五年四月升。復州。郢州。並元和六年九月升。金州。會昌四年五月升。洋州。永泰元年二月升。

新升中州。硤州。建中二年四月三十日升。

新升次赤縣。江陵府江陵縣。貞元元年九月升爲畿縣。興元府南鄭縣。興元元年六月升。

新升望縣。荆州江陵縣。襄州襄陽縣。並開元四年二月二十六日升。商州上洛縣。梁州南鄭縣。並永泰元年二月升。置鄧州穰縣。大歷四年十一月升。

新升緊縣。商州上洛縣。乾元三年四月十四日升。梁州城固縣。洋州興道縣。閬中縣。並永泰元年二月升。

新升上縣。硤州夷陵縣。上元二年六月十五日升。復州竟陵縣。沔陽縣。元和六年九月升。隨州光化縣。同上年月日升。商州雒南縣。貞元四年三月二十日升。郢州富水縣。京山縣。元和六年九月升。

隴右道

新升都督府。沙州。永徽二年五月升。

新升中州。威州。大中三年七月收復安樂州。改爲威州。

淮南道

新升緊州。壽州。會昌四年五月升。

新升上州。滁州。和州。舒州。濠州。蘄州。並元和六年九月升。光州。大中四年六月升。

新升中州。申州。元和十四年四月升。

新升望縣。揚州江都縣。開元四年二月二十六日升。海陵天長縣。會昌四年十一月升。揚子縣。大歷八年五月升。

新升緊縣。揚州六合縣。會昌四年十二月升。楚州盱眙縣。廬州合肥。廬江。愼縣。壽州安豐。盛唐。霍邱等縣。舒州桐城縣。濠州定遠。鍾離縣。滁州全椒縣。已上並會昌四年十二月升。

新升上縣。楚州山陽。盱眙縣。貞元四年十二月二十八日升。鹽城縣。元和六年九月升。壽州霍邱縣。蘄州蘄水縣。舒州太湖。宿松縣。同上年月日升。

江南道

新升都督府。辰州。大歷四年六月升爲中都督。

新升雄州。蘇州。大歷十三年二月十一日升。

新升望州。潤州。宣州。越州。常州。並會昌五年四月升。

新升緊州。鄂州。會昌四年五月升。

新升上州。虔州。袁州。撫州。饒州。並元和六年九月升。池州。會昌四年五月升。信州。同上年月升。

新升中州。岳州。大歷五年六月升。

新升望縣。潤州曲阿。江寧等縣。開元四年二月二十六日升。丹徒縣。大歷十二年二月二十六日升。句容縣。會昌四年十一月升。常州晉陵縣。開元四年二月二十六日升。武進。無錫縣。大歷十二年二月二日升江陰縣。會昌四年十一月升。蘇州吳縣。開元四年二月二十六日升。長洲縣。大曆十二年二月二十六日升。嘉興縣。大曆六年二月升。崑山縣。會昌四年十一月升。宣州宣城縣。天寶十載二月二十五日升。南陵縣。大曆五年三月升。杭州餘杭縣。開元四年二月二十六日升。錢塘縣。會昌四年十一月升。越州會稽縣。開元四年二月二十六日升。諸暨剡縣。並大曆十二年二月九日升。婺州金華縣。開元四年二月二十六日升。東陽縣。永康縣。大曆十二年正月一日升。湖州烏程縣。大曆十二年二月二十一日升。長城縣。會昌四年十一月升。衢州信安縣。大曆十二年正月七日升。台州臨海縣。會昌四年十一月升。鄂州江夏縣。貞元十一年九月升。洪州高安縣。會昌四年十一月升。潭州長沙縣。同上年月升。

新升緊縣。　越州蕭山縣。大曆十二年正月升。湖州安吉縣。會昌四年十二月升。信州上饒縣。杭州鹽官縣。並同上年月升。衢州龍邱縣。大曆十二年正月十九日升。婺州蘭溪縣。同上年月升。海鹽縣。會昌四年十二月升。宣州南陵。溧陽。當塗縣。天寶十載二月二十五日升。寧國縣。會昌四年十二月升。歙州歙縣。池州秋浦縣。俱同上年月升。鄂　武昌。永興等縣。貞元二年九月升。洪州建昌。大曆十二年十二月二十四日升。潭州長沙縣。湘鄉。湘潭。衡陽等縣。大曆四年二月二十四日升。吉州廬陵縣。會昌四年十二月升。

新升上縣。　鄂州唐年。蒲圻等縣。並元和六年九月升。岳州巴陵縣。同上年月升。華容縣。大曆六年九月升。澧州石門縣。元和六年九月升。潭州益陽縣。貞元十二年二月升。衡州衡山。耒陽縣。大曆四年二月二十四日升。洪州武寧新吳縣。元和六年九月升。辰州沅陵。溆浦。大鄉等縣。大歷四年六月升。江州彭澤縣。元和六年九月升。郴州平陽縣。虔州信豐南康縣。袁州萍鄉縣。杭州新城縣。撫州南豐縣。已上俱同年月升。睦州分水縣。大歷六年六月升。歙州婺源縣。黟縣。並元和六年九月升。

新升中縣。洪州分寧縣。貞元十五年二月改分寧爲武寧縣。

劍南道

新升都督府。遂州。大歷二年二月升爲中都督。昌州。大歷十三年六月升。

新升緊州。 梓州。會昌四年五月升。

新升望縣。 益州成都。蜀縣。郫縣。新繁等縣。並開元四年二月二十六日升。蜀州晉原。青城縣。同上年月日升。唐興新津縣。貞元十年十一月升。彭州九龍。道江縣。開元四年二月二十四日升。唐昌縣貞元十年十二月升。漢州雒縣。開元四年二月二十六日升。什邡縣。貞元二年十二月升。

新升緊縣。 彭州濛陽縣。漢州德陽。綿竹縣。眉州通義。彭山縣。嘉州龍遊縣。邛州臨邛縣。已上並貞元五年十二月升。

新升上縣。 嘉州夾江。峨嵋縣。邛州依政縣。陵州籍縣。並貞元十年十二月升。閬州南部縣。奉國縣。永泰元年十月升。綿州羅江縣。元和六年九月升。

嶺南道

新升都督府。峯州。驩州。並貞元七年四月二十日升。

新升上州。建州。泉州。元和六年五月升。

新升望縣。福州閩縣。貞元元年四月升。廣州南海縣。會昌四年十月升。

新升緊縣。泉州南安縣。貞元七年四月升。黔州彭水縣。貞元七年四月二十三日升。容州晉寧縣。同上年月日升。福州福唐長樂縣。連江。侯官縣。貞元二年四月升。泉州晉江莆田縣。建州建陽縣。並元和六年六月升。巫州龍標縣。大歷六年五月升。

新升中縣。容州北流縣。貞元七年四月升。梧州蒼梧縣。大歷九年七月升。

州縣改置上

關內道

京兆府。武德已來稱京城。開元元年十二月三日稱西京。至德二年十二月十五日改爲中京。上元二年九月二十一日。停中京之號。肅宗元年建卯月一日改爲上都。天授二年七月二十八日勅。雍州依舊以萬年。長安。乾封。明堂。咸陽。鄠縣。藍田等七縣隸焉。又以武功爲稷州。割奉天。始平。盩厔。好畤等五縣隸焉。以雲陽爲鼎州。割三原。涇陽。醴泉等縣隸焉。以零口置鴻州。以慶山。渭南兩縣。十二鄉於郭下置鴻門縣。

割慶山。高陵。櫟陽。渭南等五縣隸焉。以永安置宜州。割同官。富平。美原等四縣隸焉。令地官員外郎周允元充樹置使。至久視元年八月二十四日。廢鴻鼎二州。至大足元年四月四日。廢宜稷二州。並隸雍州。

萬年縣。武德元年九月。改隋大興爲萬年縣。天寶七載八月十四日。改爲咸寧縣。至德三載二月五日。復爲萬年縣。初總章元年。析置明堂縣。以鄧鄆爲縣令。長安二年六月二日廢。

長安縣。總章元年十一月二十二日。析置乾封縣。以王德眞爲縣令。分理京城內。至長安三年六月二日廢。

昭應縣。垂拱二年二月二日。新豐縣東南三十里。有慶山踴出。二十八日。改新豐爲慶山縣。荊州人俞文俊上疏曰。臣聞天氣不和而寒暑併。人氣不和而疣贅生。地氣不和而堆阜出。今陛下以女處陽位。反易剛柔。故地氣隔塞。而山變爲災。陛下以爲慶山。臣以爲非慶也。臣愚以爲宜側身修德。以答天譴。不然。禍災至矣。疏奏。則天怒。流文俊於嶺南。神龍元年二月四日。復爲新豐縣。天寶三載十二月五日。析新豐縣。於會昌山令置會昌縣。四載十月二十八日。以會昌爲赤縣。以薛融爲縣令。七載十二月一日。改會昌爲昭應縣。仍廢新豐隸入昭應。以薛伯連爲縣令。

奉先縣。開元四年十月二十八日。改同州蒲城縣爲奉先縣。以奉橋陵。隸京兆府。元和十五年四月。以美原縣龍原鄉。櫟陽縣萬年鄉。隸奉先。以奉景陵。長慶四年五月。以富平縣豐水鄉。華州下邽縣翟公鄉。同州澄城縣撫道鄉。白水縣會賓鄉。並隸奉先縣。以奉景陵。天祐四年閏十二月二十七日。卻割隸同州。

富平縣。元和元年六月。以奉先縣神泉鄉。櫟陽縣大澤鄉。美原縣義林鄉。族義鄉。並隸富平縣。以奉豐陵。三原縣。會昌元年七月。京兆府奏。得三原縣申。當縣仁化鄉。開成五年六月勅。割送富平縣。充奉章陵訖。準承前流例。合於陵近縣界接近割還當縣。以奉莊陵。今請割高陵縣靑平鄉。從之。奉天縣。文明元年八月十五日。以乾陵置奉天縣。隸京兆府。盩厔縣。天寶元年八月二十四日。改爲宜壽縣。至德二年二月十五日。改爲盩厔縣。美原縣。隋置土門縣。貞觀十七年廢。咸亨二年十二月二十一日。於故土門地置美原縣。割隸京兆府。櫟陽縣。天祐三年十月。割隸華州。同官縣。貞觀十七年六月十七日。廢宜州。置來屬。興平縣。景龍二年二月一日。改始平縣爲金城縣。至德二年十月。改爲興平縣。雲陽縣。武德元年。分雲陽縣爲石門縣。三年。仍置東泉州。移雲陽於縣南十五里水衡城。貞觀元年。廢泉州。改石門縣爲雲陽。八年。併池陽入雲陽縣。屬雍州。天授中。置鼎州。後廢。華原縣。貞觀十七年六月十四日。廢宜州。置來屬。垂拱二年九月二十日。改爲永安縣。神龍元年二月四日。復爲華原縣。好時縣。武德二年二月五日。置於隋莊陵城。貞觀二十一年七月十四日。勅岐陽旣非要路。好時又近醴泉二縣並廢。依舊置上宜縣。其年十一月三日。改上宜縣爲好時縣。鳳翔府。天興縣。至德元載七月二十七日。分雍縣置。雍縣。至德二載八月二十一日。改爲鳳翔縣。寶應元年十二月。廢併入天興縣。扶風縣。武德三年。分岐山縣於圍川城置。四年。隸入稷州。貞觀元年。廢稷州來屬。八年六月。改爲扶風縣。岐陽縣。貞觀七年。割扶風岐山幷京兆上宜縣置焉。二十一年廢。永徵五年十二月又置。元和三年三月併入岐山扶風縣。陳倉縣。至德二載二月十八日。改爲寶鷄縣。虢縣。貞觀七年廢。天授二年七月二十八日。割岐山縣置。普潤縣。貞元十年置。十一年正月。以縣隸隴右經略使。

行原州。元和三年十二月。臨涇縣改爲行原州。遂命鎮將郝泚爲刺史。始泚爲刺史。嘗以臨涇地宜蓄息。蕃戎每入寇。屯臨涇爲休養便地。嘗白其帥。願以城控之。前帥不從。其後段祐爲節度使。泚復白祐。祐多其策。乃表請城之。

同州。河西縣。武德三年。分韓城郃陽置。屬西韓州。州廢來屬。乾元三年三月二十三日。改爲夏陽縣。

韓城縣。天祐二年十二月。改爲韓原縣。

華州。垂拱元年。避武太后祖諱。改太州。下邽縣。垂拱元年十二月二十四日。割同州下邽縣隸華州。

潼津縣。聖歷二年三月二十日。割虢州潼津縣隸入太州。華陰縣。垂拱元年。改名仙掌。神龍三年四月十六日。廢仙掌縣。

邠州。開元十三年二月二十二日。以豳字與幽字相涉。詔曰。魚魯變文。荆并誤聽。欲求辯惑。必也正名。改豳字爲邠。 永壽縣。神龍元年三月二十五日。割屬雍州。唐隆元年七月八日。又屬豳州。 三水縣。元和十五年正月。移縣於隴堡下舊城。先是大歷中。吐蕃嘗焚其縣。故移之堡上。人不便之。及是。從節度使郭釗奏也．

坊州．武德二年七月．於鄜州南故馬坊置坊州．周天和七年．元皇帝爲敷州刺史．置馬坊於此．高祖因以名州． 宜君縣．貞觀十七年六月十七日廢．宜州．來屬．尋廢．二十年閏三月十四日又置．永徽二年十二月十四日又省．龍朔三年八月二十五日又置． 昇平縣．天寶十二載十二月一日．分宜君縣置．鄜州． 直羅縣．武德三年．分三川洛交置． 伏陸縣．天寶元年八月二十日．改爲甘泉縣．

涇州． 鶉觚縣．天寶元年八月二十四日．改爲靈臺縣． 臨涇縣．貞元十一年正月．節度使劉昌請于臨涇縣保定城置． 陰盤縣．改潘原．貞元十一年．以彰信堡置寧州． 豐義縣．武德四年．分彭原縣置．屬彭州．州廢．隸寧州．開元八年四月十七日．割屬涇州．尋復舊． 定平縣．元和三年．隸寧州．

勝州． 河濱縣．貞觀三年置． 連谷縣．貞觀八年置．

豐州．貞觀二年十二月二十三日．分靈州置． 九原縣．永徽四年置． 永豐縣．永徽元年正月置． 豐安縣．麟德元年置．

延州．開元二年．升爲都督府． 延水縣．隋安人鎮．武德二年．析延川爲縣．名安人．貞觀二年．州廢．安人屬北基州．八年．割屬延州．二十三年五月．改爲延水縣．取吐延水爲名． 延川縣．貞觀五年．置北基州．至八年廢． 罷交縣．貞觀十年．於罷交鎮置縣．天寶元年八月二十四日．改爲延昌縣． 金城縣．本因城縣．武德二年。改爲金城縣。天寶元年八月二十二日。改爲敷政縣。

綏州。上縣。天寶元 八月二十四日。改爲龍泉縣。

夏州。朔方縣。本隋巖綠縣。貞觀二年。改爲朔方縣。寧朔縣。武德六年置南夏州。貞觀二年。廢州來屬。

鹽州。五原縣。貞觀二年。與州同置。白池縣。景龍三年置。

慶州。懷安縣。開元十年十月八日置。方渠縣。神龍三年三月二十五日。分馬嶺縣置。蟠交縣。天寶元年八月二十四日。改合水縣。白馬縣。同上敕改爲延慶縣。

麟州。開元十二年閏十二月二十九日置。十四年十月九日廢。天寶元年復置。鐵麟縣。開元七年五月一日。於新秦縣置鐵麟縣。開元十四年六月十三日。州廢。皆省。天寶元年復置。

宥州。延恩縣。元和九年二月敕。天寶末年。宥州寄治於經略軍。寶應已後。因循遂廢。由是昆夷屢擾。黨項靡依。蕃部之人。撫懷莫及。朕方宏遠略。思復舊規。宜于經略軍置宥州。仍爲上州。于郭下置延恩縣。爲上縣。仍屬夏州。元和十五年九月。夏州節度使李佑請置宥州于長澤縣。

原州。蕭關縣。神龍三年三月。廢佗樓縣置。

威州。咸亨三年。以靈州之鳴沙縣置吐谷渾部落。號安樂州。至德中。沒吐蕃。大中三年七月。靈武節度使朱叔明奏。收復安樂州。八月。遂改爲威州。

河南道

河南府。河南縣。永昌元年改爲合宮縣。以薛充構爲縣令。神龍元年正月。卻爲河南縣。二年十一月五日又改爲合宮縣。以蘇頲爲縣令。右補闕權若訥上疏曰。臣聞詩人闡教。深懷罔極之恩。孔氏立言。或崇無改之道。今陛下置聖善報恩之閣。義貫于終天。存合宮永昌之號。敬深於如在。伏見天地日月君臣等字。皆先朝創制。已久施行。陛下纂承丕緒。嗣守洪業。母子相傳。國家如舊。此並則天能事。生人積習。何所要切。當時除之。無益于湻化。存之有光于孝治。又神龍元年三月三日制書。一事已上。並依貞觀故事者。但則天遺訓。誠曰母儀。太宗舊章。事稱祖德。昔永徽之始。不聞依武德舊章。今陛下膺期。乃遵貞觀故事。如其遠依貞觀。實恐未益先朝。以臣愚識。請更詳審。唐隆元年七月八日。復改爲河南縣。　洛陽縣。垂拱四年七月一日。析置永昌。　永昌縣。長安二年六月二日廢。神龍二年十一月二日。改洛陽爲永昌縣。以王晙爲縣令。唐隆元年七月八日。又改爲洛陽縣。　來庭縣。天授三年三月九日置。以陸寶積爲縣令。長安二年六月二日廢。　緱氏縣。隋置。貞觀十八年省。上元二年七月九日又置。以管孝敬陵。　嵩陽縣。隋置。貞觀十七年省。永湻元年七月八日復置。文明元年四月十三日廢。光宅元年七月四日又置。登封元年臘月十九日。改爲登封縣。神龍元年二月五日。改嵩陽縣。二年十一月五日。又改爲登封縣。　新安縣。隋義寧二年。置新安郡。領新安一縣。武德元年。改爲穀州。領新安澠池東垣三縣。四年。省東垣入新安。貞觀元年．徙穀州於澠池．至顯慶二年十二月九日廢穀州．以福昌．新安．澠池．永寧四縣．幷懷州之河陽．濟源．溫縣．王屋．鄭州汜水．並隸洛州．　告成縣．武德四年．王世充降．陽城縣令王雄以縣歸順．乃置嵩州．領陽城．嵩陽．陽翟．康城四縣．以雄爲刺史．貞觀三年．省嵩州．以陽城屬洛州．登封元年臘月九日．改爲告成縣．神龍元年二月五日．改爲陽城縣．二年十一月五日．又改爲告成縣．天祐二年十二月．改爲陽邑．　興泰縣．長安四年五月二十九日．以興泰宮城置爲興泰縣．神龍元年二月四日廢．　河陰縣．開元二十二年四月．侍中裴耀卿奏．汜水．滎澤．武陟三縣．于河口輸場置焉．隸河南．會昌三年九月．勅置．隸孟州．仍改爲望縣．　潁陽縣．貞觀七年廢．咸亨四年閏五月一日．分河南．洛陽．伊闕．嵩陽等縣置武林縣．開元十五年九月二日．改爲潁陽縣．　武泰縣．天授二年七月二十八日．分滎陽置焉．隸洛州．尋廢．後又改滎陽縣爲武泰縣．神龍元年二月四日．改爲滎陽．屬鄭州．　伊陽縣．先天元年十二月二十三日．洛州長史李傑奏割陸渾置．　陽翟縣．武德四年．隸嵩州．貞觀二年．省州．縣改隸許州．龍朔二年十二月十六日．割隸洛州．　福昌縣．隋義寧二年．置宜陽郡．領宜陽．澠池．永寧三縣．武德元年．改熊州．故宜陽縣爲福昌．取隋福昌宮爲名．領福昌．壽安．永寧三縣．貞觀元年．省熊州．以福昌．永寧．澠池隸穀州．六年．又移穀州治于福昌．以長水來隸．顯慶二年十二月十六日．廢州．以縣屬洛州．　永寧縣．隋義寧二年．置．屬宜陽郡．武德二年．屬函州．領永寧一縣．八年．省州．却屬熊州．貞觀元年．改爲穀州．　長水縣．武德元年．屬虢州．貞觀八年．改屬穀州。顯慶二年州廢來屬。　濟源縣。武德二年三月。王世充將丁伯德以縣歸順。遂置西濟州。領濟源。湨陽燕川召原四縣。以伯德爲刺史。四年省州。以湨陽燕川召源入濟源。隸懷州。顯慶二年十二月十三日屬洛州。　温縣。武德四年。令周仲隱以縣來歸。乃于縣置平州。以仲隱爲刺史。温縣爲李城縣。其年八月省州。縣復名温。屬孟州。　王屋縣。武德元年改爲邵伯。隸邵州。貞觀元年省州。縣屬懷州。顯慶二年十二月十三日。改名隸洛州。光化三年八月。割隸河陽。　河清縣。武德二年。置名大基。屬懷州。四年割屬孟州。八年省。咸亨五年八月。分河南洛陽新安王屋濟源河陽六縣。置大基縣。屬洛陽。先天元年。以國諱改河清縣。孟州本河南府之河陽縣。舊隸懷州。顯慶二年。割屬河南府。城臨大河。長橋架水。李光弼以重兵拒史思明。及雍王平賊。以魚朝恩守河陽。乃以河南府之河清濟源温四縣租稅入三城使。尋又以汜水軍賦隸之。會昌三年九月。中書門下奏曰。臣聞河陽五縣。自艱難已後。割屬河陽三城使。今河南所管五縣中租賦色役。盡屬河陽。使歸一統。便爲定制。既定雄鎮。足壯三城。臣等商量。其河陽縣望改爲孟州。仍爲望州。河陽汜水温縣河清濟源等五縣。改爲望縣。其縣令已下。望且令守本官。至吏部注官日替。從之。

汜水縣。武德四年。置屬鄭州。貞觀七年州移理管城縣。垂拱四年七月一日。改爲廣武縣。神龍元年復爲汜水縣。　密縣。武德三年置密縣。四年廢縣。屬鄭州。龍朔二年十二月二十日。自鄭州割隸。　河清肇縣。光宅三年八月。割隸河陽。

陝州。隋廢武德元年復置。廣德元年二月。升爲大都督府。以皇甫溫爲長史。　硤石縣。隋廢。武德元年置。貞觀十四年。移治硤石塢。改名。　芮城縣。武德二年置芮州。貞觀元年廢。縣來屬。　安邑縣。貞觀十七年六月十七日。廢虞州及桐鄉縣。以安邑屬蒲州。至德二年八月二十三日。爲虞邑縣。乾元三年正月二十一日。割隸陝州。復爲安邑縣。　夏縣。乾元三年正月二十一日。自絳州來屬。　靈寶縣。本隋桃林縣。天寶元年二月二十一日。掘得寶符。改。　平陸縣。本隋河北縣。天寶元年二月二十一日。改爲平陸縣。先是陝郡太守李齊物疏鑿三門。得古鐸甚大。其上有平陸二字。後因改爲平陸。

鄭州。武德四年。改爲管州。貞觀元年廢。七年。復爲鄭州。　圃田縣。武德元年。改爲中牟縣。貞觀元年。屬汴州。龍朔二年十二月十六日來屬。

豫州。寶應元年十二月。改爲蔡州。　新息縣。武德四年。置息州。貞觀元年廢。　吳房縣。貞觀元年。置。八年廢。元和十二年四月。改名遂平。仍移于文城柵南新城內置。便爲上縣。權隸唐州。　汝南縣。貞元七年正月二十三日。于郭下置。元和十三年正月。汝南縣宜卻停省。　西平縣。貞觀元年廢。天授二年十一月一日又置。　褒信縣。天祐三年十二月。改爲苞孚縣。

汝州。武德初。從隋舊制爲伊州。貞觀八年。以西域置伊州。遂改爲汝州。光化三年八月。割去隸洛京。　梁縣。隋爲承休縣。貞觀元年。改爲梁縣。　魯山縣。王世充置魯州。武德四年正月二日。廢入伊州。其年復置魯州。貞觀元年三月。又廢入伊州。龍興縣。證聖元年四月一日。置武興縣。神龍元年十月十九日。改爲龍興縣。襄城縣。隋縣。武德元年于此置汝州。貞觀元年州廢。以縣屬許州。天寶七載正月二十四日。自許州來屬。臨汝縣。先天元年十二月二十日置。

亳州。武德四年。改爲譙州。貞觀元年。改爲亳州。臨渙縣。貞觀十七年六月十七日。廢譙州。以縣來屬。元和九年五月。勅亳州臨渙縣宜割屬宿州。永城縣。貞觀十七年六月十七日。廢譙州。以縣來屬。谷陽縣。乾封元年。改爲眞源。載初元年。改爲仙源。神龍元年二月二十八日。復改爲眞源縣。酇縣。開元二十六年三月二十四日。復汴州南垣陽驛置。山桑縣。貞觀十七年六月十七日。廢譙州來屬。天寶元年八月二十四日。改爲蒙城縣。

曹州。武成縣。貞觀十七年六月十七日。廢戴州來屬。離狐縣。天寶元年八月二十四日。改爲南華縣。

仙州。武德四年。置葉州。五年廢。貞觀八年。置魯州。九年廢。開元二年。析許魯唐三州。復置仙州。至十一年十二月。勅以仙州頻喪長史。欲廢之。令公卿議其可否。中書侍郎崔沔議曰。仙州四面去餘州界雖近。若據州而言。則元遠。土地饒沃。戶口稀疎。逃亡所歸。頗成淵藪。舊多封盜。兼有宿寇。所以往年患之。置州鎮壓。今興役幾年。主司粗定。累年成規。一朝廢省。前功盡棄。後弊方深。今廢州則生患。置州則稱煩。所以武德已來。迭爲廢置。足明利害。不專一途。至于田疇勞損。卽與許蔡何殊。寧爲卑位。獨當廢省。若以州管皆新戶驛長難供。唐許州路僻戶少。均出傍州。非無成例。州以鎮俗。官以利人。所在皆然。嘗憚其廢。然自創置未盈十年。州將員寮。屢卒于位。天道性命。聖人罕言。而共理分憂。朝寄尤切。視死亡而不恤。何以得其歡心。計不自安。政必苟且。下承斯弊。爲傷必多。而通之則可永久。州東新置舞陽縣。則漢樊噲之舊國。噲豐沛故人。又高祖之婭。惟勳惟舊。且親且賢。亦既受封。亦稱吉土。保全良吏。庶在茲邦。又南接白羊川口。村聚幽僻。妖訛宿肖。此爲根柢。自置縣來。十滅七八。今若移州鎮之。亦可杜絕。其仙州望且未廢。至今年十月移向舞陽置。仍爲緊州。刺史司馬。銓頗聞守法公勤。望稍加慰勞。使其說以成務。庶其益于公家。至二十六年十月三日廢。大歷三年三月二十八日復置。仍置仙凫縣。五年二月初六日又廢。仙凫縣亦停。

登州。隋爲牟州。武德二年。改爲登州。貞觀元年廢。天授二年閏五月二十一日又置。　黃縣。神龍元年四月。改爲蓬萊縣。先天二年。又割蓬萊置黃縣。　牟平縣。武德元年置。貞觀元年廢。麟德二年又置。

潁州。武德四年置信州。六年改爲潁州。長慶二年八月。潁州宜移隸滑鄭節度使。　沈邱縣。神龍二年置。

淮川縣。武德八年改爲下蔡縣。

齊州。隋齊州。武德元年改郡。元和十五年正月二十三日。平盧州軍奏。當管五州共二十九縣。內四縣錄戶口凋耗。計其本縣稅錢。自供官吏不足。今請權宜併省。各具如後。齊州都九縣。內三縣請併省。豐齊縣與本州長清縣相近。今請廢豐齊縣。併入長清縣。全節縣與歷城縣相近。請廢全節縣。併入歷城縣。亭山縣與章邱相近。今請廢亭山併入章邱。豐齊等四縣權停廢。待巳後戶口滋繁。物力殷贍。卽請仍舊。從之。行齊州。元和十三年冬十月。齊州刺史高士榮奏。蒙恩受任。其州猶在賊中。須置行州。及倚郭歷城縣行印。從之。平陵縣。貞觀十七年四月。平陵人不從齊王祐反。改爲全節縣。禹城縣。隋祝阿縣。天寶元年八月二十四日。改爲禹城縣。以縣西有禹息故城也。山茌縣。武德元年置。天寶元年七月二十四日改爲豐齊縣。章邱縣。武德二年置。貞觀元年廢。歸化縣。元和十三年析德州之安德置。太和二年十二月來屬本州。四年奏廢入臨邑。

泗州本治宿預。開元二十五年九月十日。移就臨淮縣。臨淮縣。長安四年二月。分徐城縣置。

兗州。金鄉縣。武德四年。於縣置金州。五年。改戴州。貞觀十七年六月十七日。廢戴州來屬。元和十四年正月。以兗州金鄉縣權隷屬徐州。博城縣。神龍二年十月五日。改爲乾封縣。方輿縣。寶應元年六月十一日。改爲魚臺縣。元和四年八月。淄靑節度使李師道請移魚臺縣置于黃臺市。十四年正月。權隷徐州。萊蕪縣。貞觀元年。廢入博城縣。長安四年正月十日。又置。貞元四年十一月二十三日。割屬兗州。元和十七年六月。兗海節度使曹華奏。兗州萊蕪縣。在當道邊界。去縣山路三百餘里。人戶絕少。年稅絹一千。官吏名數。亦與大縣不殊。竊以此縣最小。虛置無取。請准淄齊等州章邱臨濟縣例。特從併省。案圖經。萊蕪。貞觀三年廢入博城縣。卽今當州乾封縣是也。相去接近。伏請依前併入乾封縣。從之。太和元年九月．兗州奏復置縣．從之．

密州． 莒縣．貞觀八年廢莒州來屬． 安邱縣．乾元二年九月移治故昌安城．改爲輔唐縣．

淄州．武德元年置．六年廢．天寶元年復置．

沂州． 沂水縣．武德五年置莒州．貞觀八年州廢來屬． 承縣．武德四年．於檀邱置縣．貞觀元年廢之．新泰縣．武德五年屬莒州．貞觀八年來屬．

陳州．武德元年．討平房憲伯置． 南頓縣．武德六年．省入項城縣．證聖元年．改爲光武縣．景雲元年．復爲南頓縣． 項城縣．隋置沈州．貞觀元年．州廢來屬．西華縣．武德元年．改爲箕城縣．貞觀元年．又置．名武成．神龍元年二月四日．復改箕城縣．景龍元年．又改爲西華．

汴州．武德四年置． 開封縣．武德四年．自鄭州來屬．貞觀元年廢．延和元年五月十五日．分浚儀縣又置． 尉氏縣．武德四年．置洧州．貞觀元年．州廢來屬． 雍邱縣．武德四年置杞州．貞觀元年．州廢來屬．

唐州．武德四年．改顯州．貞觀九年．罷顯州爲唐州． 方城縣．武德初．置北澧州．貞觀元年．改爲魯州．九年廢．以方城屬唐州．

鄆州． 盧縣．隋舊．武德四年．改濟州．天寶十三載六月一日．州廢．所領五縣．改屬鄆． 平陸縣．天寶元年八月二十四日．改爲中都縣．貞元四年十一月二十四日．割鄆縣． 鄆城縣．舊是郭下縣．貞觀八年．州移于須昌縣。天祐二年十二月。改爲萬安縣。　鉅野縣。貞觀十七年六月十七日廢戴州來屬。　宿城縣。景雲三年十二月十八日置。乾元元年七月。改爲東平縣。移就郭下。仍是望。太和四年五月。改爲天平縣。六年七月。併入須昌縣。　平陰縣。太和六年七月。併入東阿盧縣。開成二年。鄆州節度使王源中奏。當道先廢天平平陽兩縣。並在東境。東西一百一十三里。南北一百八十里。無縣邑以治居民。兼制賊盜。請復置平陰縣。兼下吏部注縣令主簿各一人。詔從之。

青州。武德四年置。　壽光縣。初隸乘州。武德八年州廢來屬。　千乘縣。武德二年。改爲乘州。至八年廢。

徐州。　沛縣。武德五年置。　下邳縣。武德四年置邳州。貞觀元年州廢來屬。　虹縣。本名夏邱。屬仁州。武德四年。改名虹縣。貞觀八年。州廢來屬。　符離縣。武德四年置。　蘄縣。貞觀十七年六月十七日廢譙州來屬。

宿州。元和四年正月。以徐州符離。蘄。泗州虹三縣置。遂爲上州。治符離。仍隸徐濠泗等州觀察使。長慶元年三月。徐州觀察使崔羣奏。頃以蔡孽未平。遂割前件三縣。及徐州將士一千四百人。權置宿州。阨其奔軼。事關備禦。非務便人。今寰宇無虞。封圻罷警。權創支郡。理合併除。其宿州伏請卻廢。三縣各還本州。至太和七年二月。勅宜准元和四年正月。割徐州符離。蘄。泗州虹縣。依前置宿州。隸屬徐泗濠等州觀察使。其州置于埇橋。在徐州南界汴水上。舟車之要。其舊割四縣。仍舊來屬。巳下官便委吏部注擬。

濮州。武德四年置。

宋州。　柘城縣。隋舊。貞觀七年廢。永淳元年十月二十四日。析穀熟寧陵又置。　穀熟縣。武德二年置南穀州。四年廢。　單父縣。武德五年置戴州。貞觀十七年州廢來屬。　楚丘縣。貞觀七年六月十七日廢戴州來屬。　碭山縣。光化二年正月朱全忠表建爲輝州。移治所于單父縣。

許州。　郾城縣。元和十二年二月。淮西賊中百姓窮困相率歸順。其數甚多。宜于許汝行營側近置行郾城縣。委韓宏詳議。揀擇穩便處置。其年十一月。以郾城縣置溵州。以上蔡西平遂平三縣隸焉。是年十二月。勅溵州宜屬許州。長慶元年。廢溵州。復爲郾城縣。依前隸屬許州。其先割屬溵州上蔡西平遂平等三縣。依隸屬蔡州。　舞陽縣。本北舞。開元四年置。更名。元和十三年正月。陳許觀察使李光顏奏。許州舞陽縣。爲逆賊吳元濟所毀。今請移縣權請置于吳城鎮。從之。

豪州。元和三年六月。改豪州字爲濠。失印故也。

河東道

太原府。北都。　文水縣。天授元年十月十四日。改爲武興縣。品秩同赤縣。以史兼恕爲縣令。神龍元年二月十五日。復舊。　石艾縣。天寶元年八月二十四日。改爲廣陽縣。　盂縣。武德三年置受州。貞觀八年省州來屬。　陽曲縣。武德三年。析爲邠陽。七年。又改爲陽曲縣。　太谷縣。武德四年置太州。六年又改之。

河中府中都元和三年三月。改蒲州爲河中府。兩縣爲赤縣。餘爲畿縣。官吏所置。並准京兆府河南府。

河西縣。乾元三年三月二十日。割同州朝邑置河西縣焉。仍改同州河西縣爲夏陽縣。　桑泉縣。天寶十二載十二月一日。勅改桑泉縣爲臨晉縣。　汾陰縣。開元十一年二月十六日。改爲寶鼎縣。

潞州。開元十七年七月二十五日。置大都督府。　襄垣縣。隋韓州。貞觀十七年。州廢以縣來屬。　涉縣。貞觀十七年六月十七日。以縣來屬。　銅鞮縣。貞觀十七年六月十七日。廢韓州。以縣來屬。　潞城縣。天祐二年十一月。改爲潞子縣。　黎城縣。同上年月。改爲黎亭縣。　武鄉縣。武德初置。屬韓州。貞觀元年。州廢來屬。　壺關縣。武德四年置。

虢州。　宏農縣。顯慶二年。避孝敬諱。改爲恆農縣。開元十六年二月二十八日。復改宏農縣。　湖城縣。隋義寧元年置。乾元三年二月一日。改爲天平縣。大歷四年七月四日。卻爲湖城縣。　閿鄉縣。貞觀元年。移鼎州於屯縣。八年州移來屬。

絳州。　翼城縣。義寧元年。改爲澮州。武德六年。廢州來屬。天祐二年十二月。改爲澮川縣。　萬泉縣。武德三年。置爲太州。貞觀十七年六月十七日。州廢來屬。　垣縣。貞元三年七月。以絳州垣縣隸陝州。元和三年二月。復隸絳州。　夏縣。貞觀十七年六月。太州廢來屬。乾元二年正月二十一日。割屬陝州。　龍門縣。武德元年。置太州。貞觀十七年。州廢來屬。

汾州。武德元年。改爲浩州。三年。改爲汾州。　介休縣。武德元年置介州。貞觀元年卻廢。　西河縣。本隰城。上元元年改名。

晉州。太和元年十一月二十四日。勅晉州割隸河東觀察使收管。改屬河中府。　汾西縣。貞觀十七年六月十七日廢呂州。與霍邑趙城來屬。　神山縣。武德二年九月置浮山。三年九月十九日。以吉善行於羊角山下見老君改焉。

澤州。會昌四年九月中書門下奏。河陽近雖置制。土宇猶褊。澤州全有太行之險固。實爲東洛之藩垣。將務遠圖。所宜從便。望割屬河陽。　晉城縣。武德三年置建州。幷置晉城縣。六年。州廢來屬。天祐二年十一月。改爲丹川高都縣。　濩澤縣。天寶元年八月二十四日。改爲陽城縣。

隰州。　太寧縣。武德二年置中州。貞觀元年。州廢來屬。　蒲縣。武德二年置。貞觀元年廢。

慈州。武德元年爲汾州。五年。改南汾州。八年。改爲慈州。太和元年十一月二十日。勅慈州宜割隸屬河中府觀察使收管。　文城縣。天祐二年十二月。改爲屈邑縣。

代州。　唐林縣。證聖元年。於忻代二州界置武延縣。唐隆元年改名。

蔚州。　安邊縣。開元十二年七月。置在橫野軍。

石州。　臨泉縣。本名太和縣。武德三年置北和州。貞觀二年廢。改爲臨泉縣是也。

嵐州。宜芳縣。隋嵐城縣。貞觀元年改焉。合河縣。隋臨泉縣。武德七年改臨津縣。貞觀元年改焉。嵐谷縣。長安三年置。景龍二年廢。開元十二年又復置之。

儀州。本遼州。隋末廢。武德三年又置遼州。八年改為箕州。先天元年十二月二十三日。又改為儀州。避元宗嫌名也。

唐會要卷七十一

州縣改置下

河北道

幽州。開元十三年正月初一日。改爲大都督府。　無終縣。萬歲通天元年。移就玉田驛。因改爲玉田縣。

漁陽縣。武德二年。置元州。貞觀元年。州廢來屬。　良鄉縣。聖歷元年閏臘月二十九日。改爲固節縣。神龍元年二月。復爲良鄉縣。　雍奴縣。天寶元年八月二十四日。改爲武淸縣。　三河縣。武德初改爲潞縣。開元四年三月。改爲三河縣。　會昌縣。如意元年。置武崇縣。景雲三年。改爲會昌縣。

瀛州。高陽縣。武德四年。置蒲州。貞觀元年。州廢來屬。　博野縣。武德二年。置蠡州。貞觀元年。州廢來屬。

莫州。景雲二年六月十四日。分瀛州置鄚州。開元十三年十二月初二日。以鄚鄭文相似。始單用莫字。

唐興縣。如意元年。置武昌縣。神龍元年二月四日。改爲唐興縣。　長豐縣。開元十年置。

薊州。開元十一年閏六月一日。割漁陽玉田三河置。

嬀州。武德八年。置北燕州。貞觀八年。改爲嬀州。長安二年。移就淸夷軍。

涿州。新城縣。太和六年十一月。置於古督亢之地。

恆州。興元元年六月一日升爲大都督府。元和十五年二月。改恆州爲鎮州。恆陽縣爲曲陽縣。恆岳爲鎮岳。避穆宗諱也。井陘縣。貞觀十七年六月十七日。廢井州。與鹿泉房山屬此。行唐縣。長壽二年。改爲章武縣。神龍元年二月四日。改爲行唐縣。槀城縣。天祐二年九月。改爲槀平縣。欒城縣。同上年月。改爲欒氏縣。

冀州。龍朔二年十二月十六日。改爲魏州。咸亨三年九月二十五日。復爲冀州。信都縣。同上年月。改爲堯都縣。阜城縣。同上年月。改爲漢阜縣。臨城縣。同上年月。改爲房子縣。瀍陶縣。天寶元年八月二十四日。改爲寧晉縣。

趙州。大陸縣。武德四年。改爲象城縣。天寶元年。改爲昭慶縣。

深州。貞觀十七年六月十七日廢。先天元年四月初十日。又復置。

泜州。大歷三年八月。割恆州行唐縣置。以恆州之靈壽。定州之恆陽二縣屬焉。尋廢。

博州。清平縣。武德四年置。博平縣。貞觀十七年。廢入聊城。天授二年。更置。天祐三年四月。割隸鄆州。聊城縣。武陽縣。武水縣。高唐縣。天祐三年四月。並割隸鄆州。

磁州。昭義縣。開成四年八月。移於固鎮驛。

貝州。宗城縣。武德四年。廢宗州來屬。

宗州。置在徑城縣。天祐三年八月。割隷魏州。　鄃縣。天寶元年八月二十四日。改爲夏津縣。　永濟縣。大歷七年正月。以張橋行市爲縣。天祐三年八月。割隷魏州。

易州。　五迴縣。開元二十三年三月十六日置。　遒縣。天寶元年八月二十四日。改爲容城縣。　永樂縣。同年月改爲滿城縣。

滄州。　胡蘇縣。天寶元年八月二十四日。改爲臨津縣。　清池縣。太和五年十月。本道奏移於南羅縣內。　南皮縣。武德元年置。貞觀十七年廢景州來屬。

魏州。龍朔二年十二月二十六日。改爲冀州。仍置大都督府。咸亨三年九月二十五日。仍舊。　元城縣。貞觀十七年六月十七日廢。聖歷二年三月二十一日又置。開元十三年十二月二日。移於郭下也。　昌樂縣。武德五年八月置。　朝城縣。貞觀十七年廢。永昌元年又置。改名聖武。開元七年又改爲朝城縣。　莘縣。貞觀元年廢莘州。以縣來屬。　頓邱縣。貞觀元年廢澶州來屬。大歷七年又置澶州。

澶州。　觀城縣。大歷七年正月。析魏州頓邱縣之觀城店置觀城縣。　淸豐縣。大歷七年。以淸豐店置淸豐縣。幷割魏州臨黃縣並隷。

相州。　湯陰縣。武德四年置。　林慮縣。武德元年置。五年廢。貞觀十七年六月又置。　臨河縣。　內黃縣。洹水縣。並天祐三年八月。割隷鄆州。

棣州。武德四年七月十六日置。貞觀六年十二月九日廢。十七年六月十七日復置。　陽信縣。會昌元年十一月。淄青觀察使韋平奏棣州申請移陽信縣。并鎭於縣南二十里八角寺南二里置城從之。

邢州。柏仁縣天寶元年八月十四日改爲堯山縣。　靑山縣開成四年八月廢。

洺州。曲周縣武德四年析洺州置。　淸漳縣會昌元年三月。并省分入肥鄉平恩曲周等三縣。

衞州。黎陽縣貞觀十七年六月十七日廢黎州來屬。同日廢淸淇縣。至長安四年十二月二十三日。於淇門置淇門縣。

景州長慶二年正月。勅滄州弓高縣宜依舊爲景州。仍隸滄州觀察使。至太和四年十二月。滄州觀察使殷侑奏廢爲景平縣。從之。

德州。歸化縣開元十三年。橫海軍節度使鄭權奏。當道管德州安德縣渡黃河南與齊州臨邑縣鄰接。有灌家口草市一所。頃者。成德軍于市北十里築城名福城。割管內安德平原平昌三縣五都。置都知管勾當。臣今請於此置縣。前件城緣隔黃河與齊州臨邑縣對岸。又居安德平原平昌三縣界。疆境闊遠。易動難安。伏請於此置縣爲上縣。請以歸化爲名。從之。　蓨縣。　安陵縣。貞觀十七年廢觀州來屬。

安州。　安平縣。貞觀十七年六月十七日廢深州來屬

定州。　北平縣。改爲徇忠縣。　義豐縣。改爲立節縣。二縣並神功元年十月改。至神龍元年二月五日。各

復本名。唐昌縣。天寶元年八月二十四日。改爲陘邑縣。毋極縣。萬歲通天元年。改爲無極縣。安喜縣。望都縣。二縣並武德四年置。

山南道

荆州。本大都督府。上元元年九月。置南都。改爲江陵府。荆門縣。貞元二十一年六月置。長寧縣。上元元年七月二十三日。析枝江縣置。爲赤縣。二年六月十四日。廢枝江縣。隸入長寧縣。大歷六年十月七日。廢長寧爲枝江縣。

襄州。率道縣。天寶七載三月二十七日。改爲宜城縣。臨沮縣。武德二年。置重州。貞觀元年廢。州來屬。開元十八年五月二十八日。改爲南漳縣。樂鄉縣。本鄀州。貞觀元年。州廢來屬。鄧城縣。貞元二十一年五月。以襄州爲襄府。改臨漢縣于古城。爲鄧城縣。

隋州。唐城縣。開元二十五年六月十五日。以客戶編成十二鄉。置唐城縣屬焉。

房州。武德元年。改爲遷州。又于竹山置房州。貞觀八年。廢州入遷州。後卻置。

金州。貞元元年五月。隸山南東道。天祐元年九月二十日。以金州爲昭戎軍。管均房二州。至三年四月。卻隸山南道。石泉縣。聖歷元年。改爲武安縣。神龍元年。改爲石泉縣。後廢。貞元元年十二月。刺史姜公輔請復置。從之。黄土縣。天寶元年八月二十四日。改爲淯陽縣。大歷六年八月。併入洵陽。洵陽縣。武德元年置洵州。七年州廢來屬。　平利縣。廢入西城縣。

唐州本顯州。貞觀元年改爲唐州。天祐三年四月。刺史孫審符奏移理所于泌陽縣焉。　平氏縣。武德三年置。五年州廢。縣割入湖州。貞元元年廢湖州來屬。　湖陽縣。武德三年置湖州。貞觀元年又廢。　上馬縣。武德元年置。貞觀元年廢。開元十三年七月十七日又置。天寶元年八月二十四日又改爲泌陽。

鄧州。　南陽縣。聖曆元年五月十一日改爲武臺縣。神龍元年復爲南陽縣。　向城縣。武德三年。隸淯州。八年廢屬北澧州。貞觀六年州廢來屬。聖曆元年五月一日改爲武淸縣。神龍元年二月五日復爲向城縣。　新城縣。天寶元年八月二十四日。復改臨湍縣。　菊潭縣。開元二十四年九月一日置。　淅陽縣。萬歲通天元年七月一日置。　內鄉縣。舊淅陽。武德二年置淅州。貞觀八年州廢來屬。

歸州。武德二年置。　興山縣。貞觀十七年以大淸鎭置縣。

夔州。隋信州。武德二年二月改爲夔州。

均州。貞觀八年。復以淅陽置。貞元元年五月。以均州隸山南東道觀察使。天祐二年九月。以金州爲昭戎軍。割隸焉。至三年四月。又卻割屬山南東道。　豐利縣。武德元年廢上洛郡。隸上州。貞觀八年州廢來屬。

商州。　上津縣。武德元年置上州。八年州廢。爲上津縣來屬。　安業縣。萬歲通天元年置。

渝州。　萬壽縣。武德三年置萬春縣。五年改爲萬壽縣。　南平縣。貞觀四年置州。八年改霸州。十二年。州

廢來屬

集州。通平縣。武德二年。移静州於此。貞觀十年六月七日。州廢來屬。

郢州。貞觀元年廢。十七年置。富水縣。武德四年屬温州。貞觀十七年。州廢來屬。

璧州。武德八年置。諾水縣。武德八年分巴州置。太平縣。開元二十三年六月三日置。天寶元年八月二十四日。改爲巴東縣。

渠州。始安縣。天寶元年八月。改爲渠江縣。

忠州。武德元年改爲臨州。貞觀八年復改爲忠州。清水縣。武德二年置。天寶元年八月二十四日。改爲桂溪縣。

洋州。眞符縣。開元十八年八月二十五日。置華陽縣。天寶八載閏六月四日。改爲眞符縣。仍隸京兆府。十一載五月十一日。卻隸洋州。

萬州。武德二年置南浦州。貞觀八年。改爲萬州。

涪州。武德元年。以渝州之涪陵鎮置州。元和三年七月。復以涪州隸黔中道。涪州案疆理。以黔管接近。頃年割附荆州。至是復舊。賓化縣。貞觀十一年置。

硤州。宜都縣。武德二年置江州。貞觀八年。州廢來屬。

利州。義淸縣。天寶元年八月二十四日。改爲允山縣。

蓬州。安固縣。天寶元年八月二十四日。改爲良山縣。宕渠縣。寶歷元年八月以宕渠縣。合入蓬山縣。

合州。巴水縣。開元二十三年十月二十六日置。銅梁縣。長安三年置。

興州。鳴水縣。長慶元年八月廢。

通州。巴渠新寧等縣。太和三年。興元府奏。通州元管九縣。寶歷二年停廢。伏緣本府租稅最重。開州獨稱殷羨。請割巴渠州見管三縣內攤配。從之。

興元府。興元元年六月。勅梁州昇爲興元府。官員資敍。一切同京兆河南府。寶歷元年九月。山南西道節度使裴度奏。興元府廢金牛縣爲鄉三。洋州廢洋源縣爲鄉五。閬州廢岐平縣爲鄉四。利州廢景谷縣爲鄉五。通州廢三岡縣爲鄉四。廢石鼓縣爲鄉五。巴州廢奇章縣爲鄉四。廢盤道縣爲鄉五。蓬州廢郎池縣爲鄉六。廢良山縣爲鄉六。集州廢通平縣爲鄉十。壁州廢廣納縣爲鄉六。渠州廢大竹縣爲鄉三。廢潾水縣爲鄉三。鳳州廢黄花縣爲鄉二。開州廢萬歲縣爲鄉六。準今年二月勅。廢金牛等十六縣爲鄉。令並隨便近割隸屬諸縣訖。

隴右道。

涼州。神烏縣。證聖元年。改爲武威縣。神龍元年二月。復爲神烏縣。番禾縣。天寶三載三月初六日。改爲天寶縣。嘉麟縣。神龍二年三月二十五日置。景龍元年廢。先天二年復置。

疊州。武德二年置。

芬州。武德元年移于常芳城內。貞觀三年。移于芳州。神龍元年。廢芬州爲常芬縣。隸疊州。

伊州。納職縣。開元十五年二月九日置。

沙州。武德五年改隋瓜州爲西沙州。貞觀七年去西字爲沙州。天寶末陷西戎。大中五年七月。刺史張義潮遣兄義潭將天寶隴西道圖經戶籍來獻。舉州歸順。至十一月。除義潮檢校吏部尚書。兼金吾大將軍。充歸義節度河沙甘肅伊西等十一州管內觀察使。仍許于京中置邸舍。

鄯州。鄯城縣。儀鳳二年置。

河州。安昌縣。天寶元年八月二十日改爲鳳林縣。

廓州。化隆縣。先天元年改爲廣威縣。

蘭州。金城縣。天寶元年八月二十四日改爲五泉縣。

洮州。開元二十七年四月十六日廢臨州爲洮州。

秦州。舊陷吐蕃。大中三年八月收復。四年二月割隸鳳翔。

武州。大歷二年五月十一日置。尋陷吐蕃。至大中三年七月。邠州節度使張君緒奏收復蕭關。復置武州。

清水縣。大中三年八月。鳳翔節度使李玭收復。仍隸武州。

淮南道。

揚州。武德七年。改爲邗州。九年。改爲揚州大都督府。　海陵縣。武德三年置吳州。七年。州廢來屬。先天二年三月復置。　江陽縣。貞觀十八年五月十八日。分江都縣置。　六合縣。武德七年置方州。貞觀元年州廢來屬。　揚子縣。開耀元年正月十二日。廢揚子鎮爲縣來屬。

楚州。武德初。海州人臧君相據此。四年歸附。立東楚州。八年乃改爲楚州。　淮陰縣。武德七年廢。乾封三年又置。　盱眙縣。文明元年十月。改爲建中縣。尋復本名焉。

光州。元和十三年五月。割隸淮南。　殷城縣。隋義州。貞觀元年。州廢來屬。　安樂縣。天寶元年八月二十四日。改爲仙居縣。

壽州。　霍山縣。武德四年。廢鎮爲霍州。貞觀元年。州廢來屬。　盛唐縣。神功元年九月二十日。改武昌縣。景雲元年七月二十日。改霍山縣。開元二十七年改名。

沔州。建中元年四月。析入黃州。四年三月復置。寶歷三年。武昌節度使牛僧孺奏。沔州。鄂州。隔江。相去纔餘一里。其州請併省。漢陽。儀州。兩縣。並割隸鄂州。從之。

安州。　應城。孝昌。二縣。元和三年五月。并入雲夢縣。後又置。　吉陽縣。同上年月。并入應山縣。後又置。

黄州。麻城縣。元和三年三月。并入黄岡縣。後又置。

申州。太和十三年五月。割隸鄂州。後卻隸淮南道。

滁州。永陽縣。景龍三年置。

和州。含山縣。武德八年廢。長安四年又置。爲武壽縣。神龍元年二月。復爲含山縣。

舒州。宿松縣。武德四年置嚴州。七年州廢來屬。

盧州。襄安縣。武德二年。改爲巢縣。

蘄州。蘭溪縣。武德四年置。天寶元年八月二十四日。改爲蘄水縣。　永寧縣。天寶元年八月二十四日。改爲廣濟縣。

江南道。

潤州。金壇縣。垂拱四年七月十八日置。　上元縣。武德七年。置蔣州金陵縣。八年又廢蔣州。九年。移于白下縣。屬潤州。貞觀七年。改爲江寧縣。至德二載正月十六日。置江寧郡。乾元元年。改爲昇州。寶應元年四月十五日。廢州。上元二年二月六日。改爲上元縣。　曲阿縣。武德二年六月。置雲州。五年四月。改爲簡州。以崔順爲刺史。八年四月。州廢。屬潤州。天寶元年八月二十四日。改爲丹陽縣。

常州。武進縣。武德三年置。貞觀元年廢。垂拱二年三月三日又置。

蘇州。長洲縣。萬歲通天元年七月四日分吳縣置。嘉興縣。武德七年置。貞觀元年廢。景雲二年又置。先天二年又廢。開元五年七月又置。華亭縣。天寶十載置。海鹽縣。貞觀元年廢。景雲二年置。先天二年廢。開元五年七月又置。

湖州。開元七年置。仍於烏程縣。臨溪縣。天授二年置武原縣。景雲二年改臨溪縣。天寶元年改爲德淸縣。安吉縣。武德七年廢。麟德元年八月五日又置。

杭州。武德六年六月置。於潛縣。武德七年六月置潛州。至其年八月。以水路不通。州廢來屬。新城縣。永淳元年五月二日分富陽縣置。臨安縣。垂拱四年置。紫溪縣。聖歷元年正月三十日改爲武隆縣。神龍元年三月改爲唐山縣。大歷三年八月二十三日廢。

宣州。太平縣。天寶十一載三月九日析涇縣置之。涇縣。武德三年置南徐州。其年改猷州。八年州廢來屬。溧陽縣。乾元元年六月十六日割屬昇州。二年六月十三日割屬宣州。其年十一月十六日又屬昇州。上元元年七月十三日隸宣州。十二月七日又屬昇州。寶應元年四月五日昇州廢。屬焉。旌德縣。寶應二年二月析太平縣置。寧國縣。隋置。武德六年廢。天寶三載復置。

婺州。烏傷縣。武德七年改爲義烏縣。武義縣。天授二年置。東陽縣。垂拱二年二月三日分義康縣置。蘭溪縣。咸亨五年八月十五日割金華縣置。永康縣。武德八年置。

衢州。武德四年割婺州置。八年廢。垂拱二年三月十三日復置。　須江縣。武德四年八月。分信安置。八年廢。永昌元年又置。　玉山縣。證聖二年。置龍邱縣。貞觀八年置婺州。垂拱二年廢。　盈川縣。如意元年。分龍邱縣置。元和七年正月。廢入龍邱。信安二縣。　常山縣。咸亨五年置。

台州。　象山縣。神龍二年六月六日置。廣德二年十二月九日。割屬明州。　始豐縣。貞觀八年置。上元二年二月六日。改爲唐興縣。　寧海縣。永昌二年二月置。　永寧縣。上元二年四月一日。析臨海縣置。天寶元年八月二十四日。改爲黃巖縣。

明州。開元二十六年七月十三日。析越州鄮縣置。以秦昌舜爲刺史。仍置奉化。慈谿。翁山等縣。慈谿以房琯爲縣令。翁山以王叔通爲縣令。廣德元年三月四日。因袁晁賊廢。長慶元年三月。浙東觀察使薛戎上言。明州北臨鄞江。城池卑隘。今請移明州于鄮縣置。其舊城近南高處置縣。從之。

越州。　會稽縣。武德四年。置貞觀元年廢。　山陰縣。垂拱二年三月十三日。分會稽置。大歷二年十二月七日。權廢。七年十二月二十五日。刺史陳少遊又奏置。元和七年五月。隸入會稽。蕭山兩縣。十年二月。復置之。　剡縣。武德四年置嵊州。八年廢。依舊爲縣。　永興縣。儀鳳二年。割會稽置。天寶元年八月二十四日。改爲蕭山縣。　餘姚縣。武德四年。置姚州。七年五月。州廢。來屬。

饒州。　新昌縣。武德五年。析鄱陽置。後廢。開元四年又置。天寶元年八月十四日。改爲浮梁縣。

福州。隋泉州。武德八年改爲豐州都督府。貞觀元年廢爲泉州。久視元年置武榮州。景雲二年改爲閩州。開元十三年復改爲福州。　侯官縣。長安二年析閩縣置。元和三年三月并侯官長樂入閩縣。福唐兩縣并將樂縣入建安邵武兩縣。觀察使陸初准例省之。於舊縣各置場官一。刻木爲印。徵其租稅。居人不便。至五年四月又置。　萬安縣。聖歷二年置。天寶元年八月二十四日改爲福唐縣。　溫麻縣。長安四年置。天寶元年八月二十四日。改爲長溪縣。

泉州。景雲二年分武榮州置。　南安縣。武德五年置豐州。貞觀元年州廢來屬。　莆田縣。武德五年三月置。　清源縣。天寶元年八月二十四日。改爲仙遊縣。

汀州。大歷十四年正月二十六日。移于長汀縣白石鄉。　黃連縣。天寶元年改爲寧化縣。

漳州。垂拱二年九月置。　漳浦縣。　雜羅縣。改爲龍巖縣。並天寶元年八月二十四日勑置。　懷恩縣。垂拱二年九月置。

潮州。　潮陽縣。永徽四年廢。先天二年置。

建州。武德四年置。　浦城縣。武德四年爲興吳縣。天授二年改爲武寧縣。神龍元年改爲唐興縣。天寶元年八月改爲浦城縣。

邵州。武德六年置梁州。貞觀十年改爲邵州。　邵陽縣。武德四年置建州。貞觀元年改爲縣。　武岡縣。隋爲武攸。武德四年改爲武岡。

郴州。義章縣。武德四年廢。八年又依舊置。南平縣。武德七年改爲臨武縣。咸亨二年又析置南平縣。天寶元年八月二十四日改爲藍山縣。高亭縣。長壽二年置。安陵縣。開元十年置。扈陽縣。天寶元年八月二十四日改爲義昌縣。

潭州。瀏陽縣。景龍二年置。湘潭縣。天寶八載八月三十日移于路口置。

岳州。昌江縣。神龍三年置。華容縣。垂拱三年改爲容城縣。神龍元年二月復爲華容縣。

衡州。衡陽縣。武德初蕭銑改爲臨蒸縣。因茲不改。至開元二十年復改爲衡陽縣。茶陵縣。武德七年置。貞觀七年省。聖歷元年復置。

吉州。安福縣。武德五年置穎州。後改爲福縣。十年州廢。永新縣。顯慶四年置。

虔州。南安縣。永淳元年析南康置。天寶元年八月二十四日改爲信豐縣。大庾縣。神龍元年置。安遠縣。貞元四年八月四日置。

道州。貞觀元年初置南營州。至八年改爲道州。十七年六月十七日并入永州。上元二年十月十八日又置。唐興縣。蕭銑置梁興。貞觀八年改爲唐興縣。天寶元年八月二十四日復爲延唐縣。江華縣。文明元年改爲雲谿縣。神龍元年二月復舊焉。宏道縣。天寶元年十月二十五日置。大歷縣。大歷二年七月二十六日置括州括蒼縣。大歷十四年五月。改括州爲處州。括蒼縣爲麗水縣。

洪州。分寧縣。貞元十六年二月置。豐城縣。天祐二年十二月。改爲吳臯縣。

撫州。南豐縣。開元八年三月置。

信州。貴溪縣。永泰元年十月。分弋陽縣置。　永豐縣。元和七年正月。廢入上饒縣。

歙州。歸德縣。大歷四年二月。廢入休寧縣。　北野縣。太歷四年二月。廢入歙縣。　婺源縣。開元二十八年正月十日置。

睦州。清溪縣。舊名上字與憲宗廟諱同。永貞元年十二月。改清溪縣。

池州。永泰元年十月。分宣州饒州歙州戶口於青陽秋浦縣置。以秋浦青陽。至德幷析置右埭等四縣隸之。

溫州。上元二年四月。析括州永嘉安固二縣置。　樂安縣。　永寧縣。上元二年四月。析臨海縣置。

劍南道。

成都府。　蜀縣。貞觀十七年六月十七日。分成都縣置。　犀浦縣。垂拱二年三月二日。分成都縣置。　廣都縣。龍朔三年八月十六日。分雙流縣置。　東陽縣。久視元年十二月三日置。天寶元年八月二十四日改爲靈池縣。　溫江縣。隋萬春縣。貞觀元年改爲溫江縣。

漢州。垂拱二年三月三日分益州雒縣置。　金堂縣。咸亨二年三月置。

彭州。垂拱三年三月分益州九隴縣置。　九隴縣。武德三年置濛州。貞觀元年廢。　導江縣。隋汶山縣。武德元年改爲龍盤縣。隸濛州。尋改爲灌寧縣。二年改爲導江縣。　唐昌縣。儀鳳元年置。

蜀州。垂拱二年三月分益州晉元縣置。　唐安縣。義寧二年置唐隆縣。天后改爲武隆縣。神龍元年二月。復爲唐隆縣。先天元年改爲唐安縣。

綿州。　興聖縣。開耀二年正月十八日。割巴西縣置。　昌明縣。先天元年置。　涪城縣。大歷十三年五月。隸梓州。

姚州。長安二年置。尋廢入嶲州。垂拱元年又置。并長明縣。天寶元年八月二十四日。改爲南瀘縣。

黎州。長安二年置。神龍三年廢。開元四年七月二十二日置。

果州。武德四年置。

邛州。　大邑縣。咸亨四年。析晉原縣置。

雅州。　百丈縣。貞觀八年置。　飛越縣。儀鳳四年置。

眉州。　崇山縣。先天元年改爲彭山縣。

嶲州。先廢。大歷四年正月。割邛州蒲江臨溪兩縣。復置之。太和六年五月。西川奏移于登臺城。　可縣。天寶元年八月二十四日改爲西瀘縣。　會川縣。上元二年徙邛都置。

梓州。元和元年十月以平劉闢，乃割西川所管資。簡。陵。榮昌。瀘等六州隸東川。至四年正月。以東川所部跨制太遠。武元衡論奏。復隸西川。榮州義縣。瀘州合江縣。元和十三年五月。東川節度使李逢吉請各移于舊縣界址。以便水陸貿遷。從之。

維州。恭州。武德七年正月。開白狗等羌置之。天寶亂。沒入吐蕃。大中三年九月。西川節度使杜悰奏收復

蓬州。蓬池縣。開成三十年四月置。

牢州。貞觀二十一年二月置。隸巂州都督府。

榮州。武德二年割資州於公井縣。貞觀六年移於大牢縣。永徽二年移于旭川縣。　威遠縣。貞觀六年六月置。　大牢縣。天寶元年八月二十四日。改爲應靈縣。

靜州。永徽四年十月九日置。

茂州。武德四年五月。立爲南會州。貞觀八年。改爲茂州。

劍州。永徽五年正月十五日置爲始州。先天二年四月十日復舊焉。　劍門縣。聖歷二年置。

遂州。　唐興縣。開耀元年正月十七日置。天寶元年八月二十四日改爲蓬溪縣。　遂寧縣。景龍元年置。

閬州。先天二年。改隆州爲閬州。

簡州。武德二年置。元和四年正月。以東川所部復隸劍南西川。

悉州。永徽六年。分松州左封縣置也。

龍州。開元十五年六月十五日。分戎州置。後停。

殷州。開元　五年六月十五日。分戎州置。後停。

昌州。乾元二年五月二十一日。分資普二州置。

嶺南道。

廣州。　大甯縣。垂拱三年置。　四會縣。武德四年置南浽州。貞觀八年。改爲湞州。十三年。州廢來屬。　懷集縣。武德五年置威州。貞觀元年廢。　洊涯縣。武德五年置涯州。貞觀元年。州廢來屬。

柳州。武德四年置南昆州。貞觀八年改柳州。　洛漕縣。元和十三年正月。桂州奏洛封縣元置在洛漕山側。請改洛漕縣。從之。

韶州。　湞昌縣。光宅元年。割始興縣置。

康州。武德六年。置南康州。貞觀十二年。除南字。

桂州。長慶二年十二月。桂管觀察使殷侑奏。當管縣名與陵號同。及與諸州縣名同。總四縣。一縣與肅宗陵號同。桂州建陵縣。今按圖經。牒有脩仁鄉。伏請改爲脩仁縣。永豐縣。與信州永豐縣同。按圖經。縣下有豐水。請改爲豐水縣。富州開江縣。與開州開江縣同。按圖經。江係馬援所開。請改爲馬江縣。唐州平原縣。與德州平原縣同。按圖經。縣下有思和水。請改爲思和縣。從之。荔浦縣。貞觀三年置。十三年廢。臨源縣。大歷三年五月。改爲全義縣。

邕州。

藤州。元隸容州。咸亨三年五月。割隸邕州。

瀼州。

籠州。

環州。

古州。貞觀十七年置。

業州。大歷五年十一月。改爲奬州。

昭州。貞觀八年置。

富州。元和十年正月。桂州觀察使奏。請移歸舊城。乃從之。

巖州。元隸容府。咸亨三年五月。割隸邕州。　安樂縣。元和十三年十月。容管經略使奏。巖州爲黄洞賊所陷。請置行巖州于安樂縣。從之。

林州。貞觀九年改爲繡州。

竇州。武德四年置南扶州。貞觀八年改焉。

靜州。貞觀八年改南富州。

潘州。武德四年置南宕州。八年改爲潘州。

貴州。武德四年置南尹州。貞觀八年改爲貴州。

方州。武德四年置。貞觀五年又改爲澄州。

横州。同上年月置爲南簡州。貞觀八年改爲横州。

蒙州。貞觀八年置南恭州。後改焉。

黔州道費夷二州。貞觀四年九月開蠻置。

溱州。貞觀八年置。垂拱二年改焉。開元十年復舊。大歷五年十一月。改爲敍州。

惨州。本沇州。長安四年置舞州。開元十二年又改爲鶴州。思州。貞觀八年改勢州爲思州。

黨州。建中二年六月。并入平琴州。改爲黨州。

瓊州。貞觀五年置。十三年廢。貞元十五年十月。嶺南道節度使李復奏收復瓊州。表曰。瓊州本隸廣府管內。乾封中山洞草賊反叛。都督李逸控馭失所。遂致淪陷。已經一百餘年。臣差判官監察御史姜孟京崖州刺史張少逸等。悉力致討。累經苦戰。方克舊城。便令降人開翦荊榛。建立城柵。屯集官軍。臣竊觀瓊州控壓賊洞。若移鎮軍在此。必冀永絕姦謀。伏望昇爲下都督府。仍加瓊崖振儋萬安等五州招討遊奕使。其崖州使額請停之。

崖州。臨高縣。貞觀七年割屬瓊州。瓊山縣。貞元七年十一月。合瓊山容瓊爲一縣。

交州。安南南定二縣。貞元八年六月復置。

哥富州。

尙思州。

安德州。貞元十二年七月。析安南縣置。慕化縣。正義縣。巳上兩縣上字與憲宗廟諱同。永貞元年十月。改爲慕化正義縣也。

巒州。舊名湻。與憲宗廟諱同。永貞元年十二月。改爲巒州。

橫州。從化縣。舊名湻風。與憲宗廟諱同。永貞元年十二月。改爲從化縣。

南寍州。咸通六年三月四日。黔中經略使盧潘奏于淸溪鎮置。從之。

十二衛

武德元年。諸衞因隋舊。並爲府。至龍朔二年二月四日。並去府字爲衞。

左右衞。武德元年二月。因隋舊制。爲左右翊衞。五年十月。去翊字。但爲左右衞。

貞觀十六年十月。上謂左衞大將軍李大亮曰。公敦懿其心。誠善事主。每行夜自當丙夜。遣郎將中郎將行甲乙丁戊等夜。身先於人。眞將軍也。

開元六年六月四日。勅左右衞郎將及諸四色官等。不在配雜差之限。

左右驍騎。光宅元年改爲左右武威。神龍元年復改爲左右驍衞。

左右武衞。光宅元年改爲左右鷹揚衞。神龍元年二月四日。復改爲左右武衞。

左右威衞。光宅元年改爲左右豹韜衞。神龍元年。復改爲左右威衞。其年七月。又改爲左右屯衞。景雲二年八月二十八日。又改爲左右威衞。

左右領軍衞。龍朔二年。改爲左右戎衞。咸亨元年十二月二十四日。復爲左右領軍衞。光宅元年。改爲左右玉鈐衞。神龍元年。復改爲左右領軍衞。

左右金吾衞。武德四年。因隋舊制。爲左右武候府。龍朔二年。改爲左右金吾衞。

貞觀十年十二月。馬周奏請街置鼓。罷傳呼。

神龍三年八月二十六日。勅諸街鋪。並令左右金吾中郎將自巡。仍各加果毅兩人助巡隊。

景雲二年五月七日。勅左右衞將軍。縱非當上日。每日一人押仗。其左右金吾將軍。亦一人押仗奏平安。

乾元元年二月二十二日勅。左右金吾內外廊所緣牆壁廊宇器械等破碎。並宜于當色月番人中簡擇巧兒隨事脩理。如更別創造緣牆宇所須一切已上。俱錄狀奏。仍永爲恆式。

寶應元年十月二十八日。左金吾將軍臧希晏奏。諸街鋪鼓比來依漏刻發聲。從朝堂發遠處。每至夜纔到。伏望今日已後。減常式一刻發聲。庶絕違犯。勅旨依奏。

大曆三年十月三日勅。左右金吾引駕仗自今已後。每仗置判官兩人。左右街使置判官一人。並取金吾將軍衞佐充。二周年放選。優與處分。至十二年六月八日勅。考滿後任依常式。不在成優放選。至十四年七月勅。左右金吾引駕仗三衞等。承前以來。抽充三番將軍手力及都知判官等處。并承旨省中承符驅使。仍取資課供用。禁衞之人。不合擅離職掌。自今以後。宜一切停止。

建中元年七月詔。以鴻臚寺所統左右威邊營隸金吾。貞元二年九月勅。諸衞上將軍自今以後。每朝下馬至朝堂以來。宜令左右金吾作等級差人引接。其朝退亦送至上馬處。至二年閏二月八日勅。四月一日以後。五更二點放鼓契。九月一日以後。五更三點放鼓契。日出後二刻傳點。三刻進坐牌。

元和十三年十二月。左右金吾引駕仗奏。以舊例驅儺侲子等。金吾將軍以下並具襴笏。引入閤門。謹案大儺者。所以驅除羣厲。合資威武。其光儀襴笏之制。常參朝服舊制未稱。今後請各衣錦繡。具巾襪帶儀刀。部引出入。則與事合宜。從之。

太和二年三月．左右金吾引駕仗奏．臣伏以宿衛官健．素有名額．因循相習．漸慢常經．臣自授任以來。每懷憂懼．縱寬尸祿．何敢敗官．況臣丙夜自當．稱希往躅．西點親至．備聞前規．據人數纔二百以來．準元額不及大半．去二月十三日．已具陳奏．令臣搜求諸頭宂臟．量減所由資課．詢謀舊例．斟酌事情．遂遣抽收四百四十名．人數既足．他處驅使．亦無欠闕．輒具條流．伏乞勅臣當司永爲遵守．勅旨依奏．

會昌三年十一月．中書門下奏．金吾左右衛副使．近者未一年．卽以替換．皆因請託．莫展勤劬．後望令三考滿．卽與換．非時不得替換．勅旨依奏．

左右監門衛．皇朝左右監門府．置大將軍中郎將等．龍朔二年．改爲監門衛．舊制．凡京司應以籍入宮殿門者．皆本司具其官爵姓名．以移牒其門．若流外官雜色人．兼紀年紀顏狀．門人送於監門者．皆勘同．然後聽入．凡財物器用應入官者．所由以籍傍取左監門將軍判．門司檢以入之．應出宮者．所由以籍傍取右監門將軍判．門司檢以出之．其籍月一換．

左右千牛衛．武德初爲左右府．顯慶元年．改爲左右千牛衛．龍朔年改爲左右奉宸衛．咸亨年復爲左右千牛衛．

延和元年五月二十八日勅。千牛將軍中郎將等．若有假故．每日通融一人揮仗．

大將軍．神龍元年二月十九日置．以安國相王爲之．

千牛．龍朔年改爲奉裕．咸亨年復爲千牛．光宅年又改爲奉裕．神龍元年二月復爲千牛．至今不改．

永徽元年．尙書左僕射褚遂良請千牛不簡嫡庶．上表曰．臣聞主祭祀之裔．必貴于嫡長．擢文武之才．無限于正庶．故知求賢之務．有異承家．前王制禮．緣情于斯爲極．永嘉以來．王塗不競．在于河北．風俗頓乖．嫡待庶若奴．妻御妾若婢．廢情虧禮．轉相因習．構怨于室．取笑于朝．莫能自悛．死而無悔．降及隋代．斯流遂遠．獨孤后罕睢鳩之德．同牝雞之晨．普禁庶子．不得入侍．自始及末．怨聲未弭．聖朝御歷．深革前弊．人以才進．不論嫡庶．于茲二紀．多士如林．今者簡千牛舍人．方爲此制．臣竊思審．於理未安．何者．母以子貴．子不緣母也．今以母非正室．便令子無貴仕．則趙衰孕于越婢．遙集產于胡嫗．田文枚皐．皆妾子也．文則播美于強齊．皐則有聲于大漢．未聞前載．有所間然．儻側室之子．負材而不用．君棄之于上．家輕之于下．忠孝莫展．友愛無施．如此等人．豈不怨憤．雖隔千牛之選．仍許二衞之官．色類乃復稍殊．捍禦至竟無別．若唯才是用．人自甘心．一彼一此．異端斯起．至如昨來檢責粗人．公孫武達及崔仁師等兒．多是嫡子．故知善惡由乎積習．邪正寧限嫡庶．必然之理．不言可明．

開元十一年三月二十八日．准令千牛二中上考．始進一階．既是衞官．又須簡試．全依職事．頗亦傷淹滯．若五考滿者．折爲四考．四考滿者．折爲三考．三考折爲二考．二考折爲一考．更有賸考．亦准此通折．出經一考．不在折成．其進馬考既稱第．宜倍折．

貞元七年十二月五日。兵部奏事條。取門地清華。容儀整肅。年十一已上。十四已下。試讀一小經。兼薄解弓馬。其蔭取嗣王。任常品四品已上。清資官宰輔及文武職事正二品已上。宮御史大夫。諸司卿監。國子祭酒。京兆河南尹。子孫。主男。見任左右丞。諸司侍郎。及左右庶子。應前任并身役蔭者。三品已上。官仍須兼三品已上階。其見任官蔭。並不須階。庶孽。酗酒。腋疾等。並不應限。一蔭之下。不得兩人應補。并周親有見任千牛。亦不在應限。所用蔭若是攝試檢員外兼官等。非正闕釐務者。並不在應補限。應用贈蔭者。須承前應任清資事。兼門地與格文相當者。其贈蔭降品。請準格處分。勅旨。依奏。

諸衞中郎將。 永徽三年八月二十日。避太子諱。改中郎為旅賁。改郎將為翊軍。司階二員。中候三員。司戈執戟各五員。並天授二年四月五日置。

冑曹。 舊為鎧曹。垂拱元年二月。改為冑曹。

統軍。 興元元年正月二十九日勅。六軍宜各置統軍一人。秩從二品。

上將軍。 貞元二年九月一日勅。六軍先已有勅各置統軍一人。十六衞宜各置上將軍一人。秩從二品。其左右衞及左右金吾衞上將軍俸料。隨軍人馬等。同六軍統軍。其諸衞上將軍。次于統軍支給。自今已後。內文武官闕。于文武班中才望相當者。相參敘用。仍待已後各改事于本衞。量置衞兵。所司續商量條件奏聽進止。仍舉故事。置武班朝參。其廊下食。亦宜加給。稍令優厚。

大歷四年七月敕。入閤升殿中郎將等。帶刀升殿。職掌不輕。宜委中書門下。精加選擇。仍以品第于廊下。別與置廚。其千牛郎將宜准此。

貞元元年九月十三日敕。左右衛。左右武衛。左右驍衛。左右威衛。左右領軍衛。左右監門衛。左右千牛衛等上將軍。大將軍。宜于入宿。至四年二月。敕選人南北衙宿衛前任京官等前銜帶衛者。依資並予京官。

十一年正月。敕置四品以下武官。以授四夷歸附者。仍定懷化大將軍以下俸錢有差。初顯慶三年。以四夷君長來朝者多。乃置懷德歸化將軍以授之。仍隸諸衛。至是。上以降附者名位有差。故增置中郎將以下員。按國史本紀及實錄。並爲懷德歸化將軍。而職官要錄與級令及六典爲歸化懷德將軍。二說不同。當有誤者。

太和四年五月。兵部奏。伏以三衛出入禁署。番署子弟。期于恭恪。近日頽弊。皆非正身。諸衛公然納資。訪聞亦不雇召士庶。假廕混雜。搢紳隙既一開。姦濫坌入。實宜杜絕。以序彝倫。其資廕三衛。並請停廢。冀清流品。式茂皇猷。敕旨依奏。

開成元年五月。中書門下奏。入閤升殿接狀中郎。準故事。合是左右千牛衛中郎。比緣用人未精。去年一時除縣主壻四人。臣昨日令勘尋。左仗一人身亡。準舊例。便是金吾仗司於諸衛中郎差替。並不申中書門下。臣等商量。從今以後。左右千牛中郎將闕人及在假故。遇入閤日。望令金吾司申中書門下。於南省郎官中權定擇差訖。先具名銜申中書門下。如臨日揀擇差遣不及。則闕而不補。冀免乖雜。其郎官兼中郎有假故。都督便於郎官中權定充替。仍先具狀申中書門下。勑旨依奏。天復三年二月。以宰相崔允守司徒兼侍中判六軍十二衞。四月。崔允奏。六軍十二衞名額空存。實無兵士。京師侍衞。亦藉親軍。請每軍召募一千一百人。共置六千六百人。從之。乃令六軍諸衞副使京兆尹鄭元規立格召募。

東宮諸衞

左右衞率府。龍朔二年二月四日。改爲典戎衞。咸亨元年十二月十四日復舊。

左右司御率府。龍朔二年。爲左右司御衞。咸亨元年。改宗衞。景雲二年八月二十八日。改爲司御率府。

左右清道率府。龍朔年爲左右清道衞。咸亨年改爲虞候。神龍元年。復爲左右清道率府。

左右監門率府。龍朔年改爲崇掖衞。垂拱元年二月二日改爲禁府。神龍元年。復爲左右監門。

內率府。龍朔年改爲神裕衞。咸亨年復爲內率府。垂拱元年二月二日。改爲左右奉御率府。神龍元年復舊。與元元年十月。詔軍衞及率府五品已上正員武官得替及以理去任者。宜令兵部準五品已上文官例。每年作限條件聞奏。

唐會要卷七十二

京城諸軍

武德三年七月十一日。高祖以天下未定。將舉關中之衆以臨四方。乃下詔曰。周置六軍。每習蒐狩。漢增八校。畢選驍勇。故能化行九有。威震百蠻。況今伊洛猶蕪。江湖尚梗。各因部校。序其統屬。改復鉦鐸。創造徽章。取象天官。作其名號。於是置十二衞將軍。分關內諸府隸焉。每將軍一人。副一人。取威名素重者爲之督。以耕戰之事。（軍名傅奕所造。）萬年道爲參旗軍。長安道爲鼓旗軍。富平道爲元戈軍。醴泉道爲井鉞軍。同州道爲羽林軍。華州道爲騎官軍。寧州道爲折威軍。岐州道爲平道軍。邠州道爲招搖軍。西麟州道爲游奕軍。涇州道爲天紀軍。宜州道爲天節軍。至六年二月二十四日。廢。八年五月。以突厥爲患。復置十二軍。

羽林軍。貞觀十二年十一月三日。於元武門置左右屯營。以諸衞將軍領之。其兵名曰飛騎。中簡才力驍健善騎射者。號爲百騎。上遊幸。則衣五色袍。乘六閑馬。賜猛獸衣韉以從之。至永昌元年十月二十八日。改百騎爲千騎。至景雲元年九月二十七日。改千騎爲萬騎。

垂拱元年五月十七日。置左右羽林軍。領羽林郎六千人。至天授二年二月三十日。改爲左右羽林衞。以武攸寧爲大將軍。神龍元年二月四日。又改爲左右羽林軍。張柬之等將誅張易之兄弟。引右羽林大將軍李多祚籌其事。謂曰。將軍在此間幾年。曰。三十年矣。柬之曰。將軍擊鐘鼎食。腰懸金紫綬。貴寵當代。位極武臣。豈非大帝之恩。將軍旣感大帝殊澤。能有報乎。大帝之子見在宮中。逆豎張易之兄弟擅權。朝夕危逼。宗社之重。在於將軍。誠能報恩。正屬今日。多祚曰。苟緣王室。惟相公所使。終不顧妻子性命。因即引天地神祇爲要誓。辭氣感激。義形於色。及平內難。封遼東郡王。至景雲元年八月二十五日。又改爲左右羽林軍。乾元元年十月四日。勅左右羽林。左右龍武。左右神武軍文武官。並昇同金吾四衞。

神龍元年。田歸道爲殿中監。押千騎宿衞于元武門。敬暉之討張易之昌宗也。遣使就索千騎。歸道旣先不預其謀。拒而不與。及事定。暉等欲誅之。歸道有辭。免令歸第。中宗嘉其忠壯。拜太僕少卿。

二年七月二日。勅左右羽林飛騎廚食。准國子監例。委軍司自定官典押當。

景龍元年十月。停戶奴爲萬騎。先天二年正月詔。往者計戶充軍。使二十一入募。六十出軍。多憚劬勞。咸欲避匿。不有釐革。將何致理。應令天下衞士。取年二十五已上者充。十五年即放出。頻經征鎮者。十年放出。自今後羽林飛騎。並於衞士中簡補。

開元十年九月二十七日。勅。駕在京。左右屯營宜於順義景風門內安置。北衙亦著兩營。大明北門安置一營。大內北門安置一營。駕在東都。左右屯營於賓曜右掖門內安置。兼於元武北門左右廂各據地界。繞宮城分配宿衞。十八年十一月五日。勅。應補萬騎。宜待本使揀名錄奏。勅下然後給食糧者。二十六年十一月。析左右羽林軍置龍武軍。以左右萬騎營隸焉。或出二十七年三月二十七日。

天寶五載三月十八日勅。應募飛騎。請委郡縣長官先取長六尺。不足。卽選取五尺九寸已上。灼然閫壯。膂力過人者。申送。

七載七月二十日勅。左右羽林軍飛騎。請准後加數。通舊一萬五千人爲定額。六番上下。至德二年十月十四日。左右神武兩軍。先取元扈從官子弟充。如不足。任於諸色中簡取二千人爲定額。其帶品人。並同四軍例。白身准萬騎例。仍賜名神武天騎。永爲恆式。

寶應二年六月。以前淮西節度使安州刺史王仲昇爲右羽林大將軍知軍事。仍兼御史大夫。六軍將軍兼憲官。自此始也。

廣德二年正月勅。左右神武等軍。各一千五百人爲定額。左右羽林軍。各以二千人爲定額。

貞元三年五月。左右神武等軍各加將軍一員。上以諸道大將有功勞者。將擢掌禁兵。故增其官員以待之。仍以浙西大將王栖曜。李長榮。河東大將郭定元。符璘充之。

四年八月勅。左右羽林軍飛騎等。兵部召補。格勅甚明。軍司不合擅有違越。自今以後。不得輒自召補。

元和二年正月勅。左右羽林軍應管月番飛騎。總五千六百一十三人。宜停。其四月勅。左右威遠營置來已久。著在國章。近置英武軍及加軍額。宜從併省。以正舊名。其英武軍額宜停。將士及當軍一切已上。並合入左右威遠營。依前置使二人勾當。

十三年十二月。勅左右龍武等六軍及威遠營。應納課戶。其一千八十八所請衣糧。宜並勒停。仍委本軍具名牒送府縣收管。自貞元以來。長安富戶皆隸要司。求影庇。禁軍挂籍。十五六焉。至有恃其多藏。安處闤闠。身不宿衞。以錢代行。謂之納課戶。至是禁絶。

天祐二年正月二十二日。勅威遠軍宜停廢。其所管兵士。便隸六軍。其軍使張勤。宜卻守本官歸班。

神策軍。天寶初。哥舒翰破吐蕃於臨洮城西二百餘里。遂請以其地爲神策軍。朝廷以成如璆爲洮陽太守兼神策軍使。及安祿山反。如璆使其將衞伯玉領神策軍千餘人。赴難于相州城下。官軍相州之敗。伯玉收其兵。與觀軍容使魚朝恩同保陝州。時西邊土地已沒。遂語伯玉所領軍號神策軍。以伯玉爲軍使。與陝州節度使郭英乂同鎮于陝。觀軍容使魚朝恩亦在焉。勅伯玉以其兵東討有功。遂加號神策軍節度使。伯玉尋歸朝。英乂兼領神策軍節度使。尋追郭英乂爲僕射。其軍遂統於觀軍容使。屬廣德初。代宗幸陝。朝恩率神策軍以迎。兼護車駕。幸其營焉。京師克平。朝恩以所統軍歸於禁中。至大歷五年。朝恩得罪死。以其將劉希暹代之。是歲。希暹復得罪。以朝恩舊將王駕鶴代將。建中四年。以白志貞代之。朱泚之亂。德宗幸奉天。志貞流貶。李晟自山東。詔加神策行營節度使。與元克復。晟出鎮鳳翔。始分神策爲左右廂。令內官竇文場王希遷分知兩廂兵馬。

貞元二年九月二日。神策左右廂。宜改爲左右神策軍。每軍置大將軍二人。秩正三品。將軍各二人。從三品。殿前射生左右廂。宜改爲殿前左右射生軍。各置大將軍二人。秩正三品。將軍二人。秩從三品。將軍二人。秩從五品。其職田俸錢手力糧料等。同六軍十二衞。至三年四月十七日。左右射生。宜改爲左右神威軍。三年。勅左右軍各加置將軍二員。六年八月。鑄藍田渭橋等鎮遏使印。凡二十三顆。七年。詔武威神策六將軍。自相訟委官司推勘。與百姓相訟。委府縣推勘。小事移牒。大事奏取處分。軍司府縣不相侵。十年。京兆尹楊於陵奏。諸軍影占編戶。無以別白。請置挾名勅。每五丁者。得兩人入軍。四丁三丁者。差以條限。從之。

十四年八月。詔曰。左右神策軍。特爲親近。宜署統軍。以崇禁衞。其品秩俸祿料一事以上。同六軍統軍例。

二十一年三月。以檢校尚書右僕射右金吾大將軍范希朝。爲兼右神策統軍。充左右神策京西諸城鎮行節度。度使駐於奉天。王叔文欲專兵權。藉希朝年老舊將。使主其名。又以其黨韓泰兼御史中丞。充左右神策京西諸城鎮行營兵馬節度使行軍司馬。且欲因而代之。會邊上諸將。各以狀辭中尉。且言方屬希朝。中尉始悟兵柄爲叔文等所奪。仍令其使歸告諸將曰。無以兵屬。及希朝至奉天。諸將無至者。韓泰馳歸白之。叔文計無所出。

元和二年正月。京兆尹李鄘奏。三原。高陵。涇陽。興平等四縣兵。管烽二十八所。每年差烽子計九百七十五人。遠近無虞。畿內烽燧請停。從之。三年正月。詔普潤鎮兵馬使。隸左神策軍。良原鎮兵馬使。隸右神策軍。其月。罷左右神威軍額。合爲一軍。號曰天威軍。至八年。廢天威軍。以其騎士分屬左右神策衛。穆宗嘗欲簡選武士。復立此軍。以爲心腹。謀於宰臣。裴度以爲不便。遂止。

十三年四月。內出印六紐。賜左右三軍辟仗使。舊制。內官爲六軍辟仗使。監視刑賞。奏察違謬。猶外征方鎮之監軍使。初不置印。于時。監軍使張奉國。李文悅嘗見工徒出入官衙。慮外患初息。禁中營繕或多。因白宰臣。冀以論諫。宰臣裴度遂諫之。上怒奉國等不自陳。而外議禁中事。絕其朝請數月。納度之諫。釋之。遂授奉國鴻臚卿。文悅左威衛大將軍。充威遠軍使。龍武軍既闕帥。由是命辟仗使主軍印。異於事。其軍之佐吏。或抗言以論。或移疾請告。於是特賜辟仗使印。俾專事焉。其年六月。京兆尹李遊奏。諸司使諸軍所由官徒等。共九十四人挾名。伏檢元和二年三月勑。並委京兆府比從十年更無逃亡補替等處。遂使影占文牒。散在村坊。凡欲差役。皆無憑據。臣祈請諸司案舊名額。自元和二年。其逃亡補替挾名鄉縣牒臣當府。令別與左右神策金吾軍。伏乞聖慈。一例處分。度明區別。永久有常。勑。左右軍已後別勑處分。餘並依。

長慶二年三月。詔曰。如聞近日武班之中。淹滯頗久。又有諸道薦送大將。或隨節度使歸朝。自今已後。宜令神策六軍使及南衙常參武官。各具由歷。并前後功績。牒送中書門下。若勳伐素高。人才特異者。量加獎擢。其常參武官。淮具歷官年月。改轉。勿令淹滯。四年三月。制勑。應屬諸軍諸司諸使人等。於城市及畿內村鄉店鋪經紀。自今已後。宜與百姓一例差科。不得妄有影占。

開成三年九月勅。左右神策軍所奏將吏改轉。比多行牒中書門下。使覆奏處置。今後令軍司先具聞奏狀到中書。然後檢勘進覆。

會昌元年二月勅。左右神策軍。先有奏正員官大將請授官事。起今已後。宜依資改轉。如無正員官者。軍司欲爲奏論。須有功績者。宜具事跡奏聞。當爲甄奬。不在注擬之限。五年七月勅。左右神策軍定額官各十員。判官三員。勾覆官。支計官。表奏官各一員。孔目官二員。驅使官二員。改轉止於中下州司馬。並不擬登朝官。其驅使官從使挾名勅下。各從補後計四年優放選。其十員官如官滿及用闕。本軍與奏。仍由中書門下依資擬注官判以下員。如老弱不任道途事須停解者。終身不許更有參選。如有殿犯。卽據官判以下。或謫官覆資。或罪輕停解者。亦須終身不許更有參選。仍永爲常式。其元和二年十員定額官勅。不在行用之限。六年十一月勅。左右神策軍。自今已後。如有奏判官以下官額十員請轉官者。宜委中書門下。依元和二年流例。與覆奏進擬。其會昌五年七月四日釐革定額轉官勅。自今已後。不要行。大中五年十月。京兆尹韋悰奏。京畿戶於諸軍影占。苟免府縣差役。或有追計。軍府紛然。請准會昌五年十二月勅。諸軍使不得強奪百姓入軍。從之。

光啓元年四月。以右金吾衞將軍齊國公田令孜爲左右神策軍使。時自蜀中護駕。令孜召募新軍五十四都。每都千人。左右神策各二十七都。分爲五軍。令孜總領之。

府兵

武德元年五月。改隋鷹揚郎將爲軍頭。六月十九日。改軍頭爲驃騎將軍。副爲車騎將軍。六年五月十六日。車騎將軍府隸驃騎府。七年三月六日。改驃騎將軍爲統軍。車騎爲副統軍。至貞觀十年。改統軍爲折衝都尉。副爲果毅都尉。凡府以衞士一千二百人爲上府。一千人爲中府。八百人爲下府。在赤縣爲赤府。在畿爲畿府。衞士以三百人爲團。有校尉。五十人爲隊。三十人爲火有長備六馱馬驢。（初置八馱。後改爲六。）米糧介胄。戎器鍋幕貯之府庫。以備武事。關內置府三百六十一。積兵士十六萬。舉關中之衆。以臨四方。迺置十二軍。分關中諸府以隸焉。每歲十一月。以衞士帳上于兵部。以俟徵發。天下衞士尚六十萬。初置。以成丁而入。六十出役。其家不免征徭。通計舊府六百三十三。河東道府額亞於關中。河北之地。人逐漸逃散。年月漸久。逃死者不補。三輔漸寡弱。宿衞之數不給。

永徽三年十一月。勅折衝果毅老弱簡退者。宜同致仕。

開元六年五月二十七日。勅諸折衝府兵每年一簡點。至時所司條奏。

十一年十一月二十日。兵部尚書張說置長從宿衞兵十萬人。於南衙簡京兆蒲同岐等州府兵及白丁。准尺八例。一年兩番。州縣更不得雜使役。仍令尚書左丞蕭嵩與本州長官同揀擇以聞。至十三年二月二十一日。始名彍騎。分隸十二衞。十六年二月二十五日。彍騎弓手。宜改爲左右羽林騎。二十六年八月十日。勅三衞當番。逢閏併比。諸色稍亦艱辛。諸每至閏月。取以次番人循環當上。庶免偏併。二十九年閏四月。勅應簡三衞彍騎。宜令京畿採訪使御史中丞張倚兼知。不須更別差使。從今已後。使有移改。亦當令一中丞相知勾當。

天寶八載五月九日。停折衝上府下魚書。以無兵可交。至末年。折衝府但有兵額。其軍士戎器六馱鍋幕糗糧並廢。

寶應元年四月十七日。畿縣折衝府闕官。本縣令攝判。其手力每府不得過一人。

軍雜錄

永徽元年四月。勅衞士掌閑。募士遭喪。合期年上者。宜聽終制三年。

開元十三年四月二十一日。勅四軍槍稍。左飛騎用綠紛。右飛騎緋紛。左萬騎紅紛。右萬騎碧紛。

十五年二月三日。勅諸軍不得奏置參謀軍事。

天寶八載五月十八日。於開遠門外作振旅亭。以待兵回。

九載七月五日。諸衞應隊仗所用緋色旗旛等。並改爲赤黃。以符土運。其諸節度使亦准此。

十一載八月十一日。改諸衞士爲武士。

十四載十一月二十七日。於京師召募十萬衆。號曰天武健兒。

天寶末。天子以中原太平。修文教。廢武備。銷鋒鏑。以弱天下豪傑。於是挾軍器者有辟。蓄圖讖者有誅。習弓矢者有罪。不肖子弟爲武官者。父兄擯之不齒。惟邊州置重兵。中原乃包其戈甲。示不復用。人至老不聞戰聲。六軍諸衞之士。皆市人白徒。富者販繒綵。食粱肉。壯者角抵拔河。翹木扛鐵。日以寢鬭。有事乃股慄不能授甲。其後盜乘而反。非不幸也。

廣德二年三月。禁王公百吏家及百姓著皁衫及壓耳帽子。異諸軍官健也。

永泰二年正月。勅諸王駙馬不得參掌禁兵。見任官者。並令改職。

大曆二年二月二日。勅皇五等已上親。不許與軍將婚姻。駙馬郡主壻。不許與軍將交游。

十年正月。詔諸道軍甲。每年秋末冬首一申。春夏不須申。其官健逃亡。非承正制勅。不得輒召募。

十二年十月。禁京畿持兵器捕獵。

建中四年四月。初令京師募兵。以神策使白志貞爲之使。又故節度觀察使武將家出僮馬具戎裝從軍。

自是京師人心震搖。不保家室。

貞元元年六月。詔槍甲之屬。不蓄私家。

四年三月。自武德東門築垣。約左藏庫之北。屬於宮城東城垣。於是武庫入而廢焉。其器械隸於軍器使。

元和元年三月勅。京城內無故有人於街衢中帶戎仗及聚射。委吏執送府縣科決。其諸軍諸使。禁身奏取進止。

其年六月十三日勅。單身百姓。父年七十以上。及無父其母年六十以上。並不得差征鎭。

六年三月京兆尹王播奏。諸縣軍鎭放牧人等。不得帶弓箭刀劍器仗。從之。

太和元年十一月勅。如聞京城百戶多於坊曲習射。宜令禁斷。其諸軍諸使各仰有司自差人覺察。

開成元年正月勅。坊市百姓。甚多著緋皁開後襖子。假託軍司。自今以後。宜令禁斷。

其年三月。皇城留守奏。城內諸司衞所管羽儀法物數內有陌刀利器等。伏以臣所管地。俯近宮闕。兼有倉庫。法駕羽儀。分投務繁。守捉人少。前件司衞。皆有刀槍防虞。所管將健。並無寸刃。其諸司衞所有陌刀利器等。伏請納在軍器使。如本司要立仗行事。請給儀刀。庶無他患。勅旨。宜令送納軍器使。令別造儀刀等充替。

大中六年九月。勅京兆府奏。條流坊市諸車坊客院。不許置弓箭長刀。如先有者。並勒納官。百姓所納到弓箭長刀等。府縣不合收貯。宜令旋納弓箭庫。仍委司府切加覺察。所守等不得輒有藏隱。

大順二年四月二十五日勅。諸道軍人。及在京諸司人吏。並不得私置器械。仍明出文榜曉示。

馬

貞觀二十一年八月十七日。骨利幹遣使朝貢。獻良馬百匹。其中十四尤駿。太宗奇之。各爲製名。號曰十驥。其一曰騰雲白。二曰皎雪驄。三曰凝露白。四曰元光驄。五曰決波騟。六曰飛霞驃。七曰發電赤。八曰流金騧。九曰翔麟紫。十曰奔虹赤。上乃敍其事曰。骨利幹獻馬十匹。特異常倫。觀其骨大叢粗。鬣高意闊。眼如懸鏡。頭若側塼。腿像鹿而差圓。頸比鳳而增細。後橋之下。促骨起而成峯。側鞦之間。長筋密而如瓣。耳根鐵勒。杉材難方。尾本高麗。掘塼非擬。腹平膁小。自勁驅馳之方。鼻大喘疎。不乏往來之氣。殊毛共櫪。狀花蘂之交林。異色同羣。似雲霞之閒彩。仰輪烏而競逐。順緖氣而爭追。噴沫則千里飛紅。流汗則三條振血。塵不及起。影不暇生。顧見彎弓。逾勁羽而先及。遙瞻伏獸。占人目而前知。骨法異而應圖。工藝奇而絕象。方馳大宛。固其駑蹇者歟。

永隆二年七月十六日。夏州羣牧使安元壽奏言。從調露九年九月已後。至二月五日前。死失馬一十八萬四千九百匹。牛一萬一千六百頭。

開元二年九月。太常少卿姜晦上疏。請以空名告身。於六胡州市馬。率三十匹馬。酬一游擊將軍。時廄中馬闕。乃從之。

十三年。張說爲隴右羣牧使頌云。大唐承周隋離亂之後。貞觀初。僅得牝牡三千。從赤岸澤徙之隴右。仍命太僕卿張萬歲葺其政焉。至麟德中。四十年。至七十萬六千匹。置八使以董之。設四十八監以掌之。跨隴右金城平涼天水四郡之地。幅員千里。猶爲隘狹。更析八監。布於河曲豐曠之野。乃能容之。於斯之時。

天下以一縑易一馬．及張氏中廢二十年間．所殘蓋寡．張氏三代典羣牧．恩信行於隴右．人以馬齒爲四齒兩齒亦謂之背二向三者爲張氏家諱齒字者也．

天寶六載十二月．九姓堅昆及室韋獻馬六十匹．令於西受降城使納之．

十三載六月一日．隴右羣牧都使奏．臣差判官殿中侍御史張通儒羣牧副使平原太守鄭遵意等．就羣牧交點．總六十萬五千六百三頭匹口．馬三十二萬五千七百九十二匹．內二十萬八十四駒．牛七萬五千一百一十五頭．內一百四十三頭犛牛．駝五百六十三頭．羊二十萬四千一百三十四口．騾一頭．

十五載六月．上幸蜀．發扶風郡．閑廄使任沙門盜廄馬十餘匹以叛．太子至平涼郡．致蒐閱官監及私羣牧馬數萬匹．軍威始振．

大歷七年八月．迴紇使還蕃．以國信物一千餘乘遣之．迴紇恃功．自乾元後．仍歲來市．以馬一匹易絹四十匹．動至數萬馬．其使候遣．繼留於鴻臚寺者非一番．人欲帛無厭．我得馬無用．朝廷甚苦之．時特盈數遣之．以廣恩惠．使其知愧．

建中元年五月．詔市關輔牝馬三萬匹．以實內廄．

貞元元年八月．吐蕃率羌渾之衆犯塞．分遣中官於灃關蒲關武關．禁大馬出界．

十四年四月．勅鑄左右軍征馬使印各一紐．

二十一年四月．罷閬中萬安監．先是．福建觀察使柳冕久不遷．欲因事以求恩寵．奏云．閩中南朝放牧之地。可致牛馬蕃息。請置監牧。許之。大收境內畜產。牧放其中。羊之大者不過十觔。馬之良者直錢數千。不經時輒死。又卻斂以充之。百姓怨苦之。由是監觀察使閻濟美奏罷之。

元和四年三月。詔內廄之馬。其數尙多。委飛龍使具條流減省聞奏。

十一年正月。以討吳元濟。命中使以絹萬匹。市馬於河曲。其月。迴紇使獻橐駞及馬。以內庫繒絹六萬匹。償迴紇馬直。

十三年十一月。閑廄使理岐陽舊馬坊地三百四十七頃。盡歸之國家。自貞觀至麟德中。國馬四十萬匹。皆牧河隴。開元中尙有二十七萬。雜以牛羊等不啻百萬。置八使四十八監。占隴西金城平涼天水四郡。幅員千里。自長安至隴西。置七馬坊。爲會計所。都領。岐隴間善水草及膏腴田。皆屬七馬坊。名額盡廢。其地利歸於節度使。長慶元年正月。靈武節度使李聽奏。請於淮南忠武武寧等道防秋兵中。取三千人衣賜月糧。賜當道自召募一千五百人馬驍勇者。以備邊。仍令五十人爲一社。每一馬死。社人共補之。馬永無闕。從之。其年三月。范陽節度使劉總請進馬一萬五千匹。

大中六年六月。河東節度使兼太原尹李業奏。當管諸軍州草馬。准貞元三年十二月十三日勅文。不許出界。又准去年五月十五日司門轉牒。諸道應有草馬。准勅並不命出界。今緣近日諸道差人於當管市馬。不依勅文。幷收草馬。伏乞天恩。詔下諸道。准元勅約勒。旨宜令本道准元勅處分。如有違者。卽與區處聞奏。

諸監馬印

凡馬駒以小官字印印右膊。以年辰印印右髀。以監名依左右廂印印尾側。若形容端正。擬送尚乘者。則須不印監名。至二歲起脊量強弱。漸以飛字印印右髀。細馬次馬俱以龍形印印項左。送尚乘者。於尾側依左右閑印以三花。其餘雜馬齒上乘者以風字印左膊。以飛字印左髀。經印之後。簡習別所者。各以新入處監名印印左頰。官馬賜人者以賜字印。諸軍及充傳送驛者。以出字印。並印右頰。景雲三年正月十四日勅諸王公主家馬印文宜各取本號。

諸蕃馬印

骨利幹　本俗無印。惟割耳鼻爲記。結骨馬與骨利幹馬相似。少不如印出。

悉密馬與結骨相似。稍不如印。闕。

葛邏祿馬與悉密相類。在金山西。印闕。

已上部落同種類。

杖曳固馬與骨利幹馬相類。種多黑點驄。如豹文。在瀚海南幽陵山東杖曳固川。

同羅馬．與杖曳固川相類．亦出驄馬種．在洪諾河東南曲越山北．幽陵山東．印○．

延陀馬．與同羅相似．出駱馬驄馬種．今部落頗散．四出者多．今在幽州北．印○．

僕骨馬．小於杖曳固．與同羅相似．住在幽陵山南．印○．

阿跌馬．與僕骨馬相類．在莫賀庫寒山東南．安置今鷄田州．印朩．

已上部落馬同種類．其印各別．

契馬．與阿跌馬相似．在閻洪達井巳北．獨樂水巳南．今榆溪州．印仝．

康國馬．康居國也．是大宛馬種．形容極大．武德中．康國獻四千匹．今時官馬．猶是其種．

突厥馬．技藝絕倫．筋骨合度．其能致遠．田獵之用無比．史記匈奴畜馬．即騊駼也．

蹛林州匐利羽馬．印兕．

迴紇馬．與僕骨相類．同在烏特勒山北．安置．印凥．

俱羅勒馬．與迴紇相類．在特勒山北．印蚆．

苾羽馬．與迴紇同種．印亓．

餘沒渾馬．與迴紇相類．印州．

赤馬．與迴紇苾餘沒渾同類．印行．

阿史德馬。與蘇農執失同類。在陰山北。庫延谷北。西政連州。印[illegible]。

思結馬。磧南突厥馬也。煨漫山西南。閻洪達井東南。於貴摩施岑盧山都督。印[illegible]。

匐利羽馬。磧南突厥馬也。剛摩利施山北。今蹛林州。印勿。

契苾馬。與磧南突厥相似。在涼州闞氏岑。移向特勒山住。印北。

奚結馬。與磧南突厥馬相類。在雞服山南。赫連枝川北住。今雞祿州。印坎。

已上部落馬同種類。

斛薛馬。與磧南突厥同類。今在故金門城北陰山安置。今皐蘭門。印[illegible]。

奴剌馬。與磧南馬相類。今曰登州。印[illegible]。

蘇農馬。印[illegible]。

闥阿史德馬。印[illegible]。

拔延阿史德馬。印[illegible]。

熱馬。印[illegible]。

已上定襄府所管。

舍利吐利等馬。印[illegible]。

阿史那馬。印[illegible]。

葛羅枝牙馬。印[illegible]。

綽馬。印巳。

賀魯馬。印[illegible]。

已上。雲中府管。

阿𪉅馬。印闕。

康曷利馬。印宅。

安慕路眞馬。印[illegible]。

安賖和馬。印[illegible]。

沙陁馬。印乃。

處苾山馬。印[illegible]。

渾馬。與斛薛馬同類。今皐蘭都督。又分部落在皐蘭山買浚鷄山。印凵。

契丹馬。其馬極曲。形小於突厥馬。能馳走林木間。今松漠都督。印兆。

奚馬。好筋節。勝契丹馬。餘並與契丹同。今饒樂都督北。印乁。

唐會要卷七十三

單于都護府

永徽元年九月八日。右驍衞中郎將高偘執車鼻可汗獻於武德殿。處其餘衆於鬱督軍山。分其地置單于瀚海二都護府。單于領狼山雲中桑乾三都督府。蘇農等十四州。瀚海領金微新黎七都督府。仙蕚賀蘭等八州。各以首領爲都督刺史。

麟德元年正月十六日。勅改單于大都護府官秩。同五大都督。初。阿史德奏望册親王爲可汗。德曰。單于者天上之天。上曰。朕兒與卿爲天上之天可乎。德曰。死生足矣。遂立單于大都護府。以殷王爲都護。令與王造宅。乾封二年。殷王改封相王。令發向單于。王奏曰。兒朝去暮歸得乎。上曰。去此二千里。卒未得來。王曰。不能去阿母。矜其小。竟不遣之。

垂拱二年。改爲鎭守使。

聖曆元年五月九日。改爲安北都護。

開元二年閏五月五日。卻置單于都護府。移安北都護於中受降城。

天寶四載十月。單于都護府置金河縣。

元和元年十一月。以范希朝爲振武節度使。就加禮部尚書。振武有党項室韋。交居川阜。凌犯爲盜。日入慝作。謂之刮城門。人情懼駭。鮮有寧日。希朝周視要害。營置堡柵。斥候嚴密。人乃獲安。異蕃雖鼠竊狗盜。必殺無赦。戎虜甚憚之。蕃落之俗。有長帥至。必効奇駝名馬。雖廉者盡從俗。以致其歡。希朝一無所受。積一十四年。皆保塞而不爲横。單于城中舊少樹。希朝於他處市柳子。命軍人種之。至今成林。居人賴之。

三受降城

景雲二年三月一日。朔方道大總管張仁亶築三受降城於河上。先是。朔方軍北與突厥以河爲界。河北岸有拂雲祠。突厥將入寇。必先詣祠祭酬求福。因牧馬料兵而後渡河。時默啜盡聚衆西擊娑葛。仁亶請乘虛奪取漠南之地。於河北築三受降城。首尾相應。以絕其南寇之路。唐休璟以爲兩漢以來。皆以黃河爲界。今於寇境築城。恐費人力。終爲賊虜所有。建議以爲不能成功。睿宗竟從仁亶。留年滿鎮兵以助其功。時咸陽兵二百餘人逃歸。仁亶盡擒之。一時斬於城下。軍中股慄。役者盡力。六旬而三城俱就。以拂雲祠爲中城。與東西兩城相去各四百里。皆據津濟。遥相應接。北拓三百餘里。於牛頭朝那山北置烽堠一千八百所。自是突厥不得度山放牧。朔方更無寇略。減鎮兵數萬人。初建三城。不置壅門及却敵戰格之具。或問之。仁亶曰。兵法貴在攻取。不宜退守。寇若至此。即當併力出戰。回顧望城。猶須斬之。何用守備。生其退衄之心。其後常元楷爲朔方總管。始作壅門。

元和十二年九月。西受降城爲河徙浸毁。宰相李吉甫請移兵於天德故地。盧坦與李絳協議。以爲西城張仁亶所築。得制匈奴上策。城當磧口。居虜要衝。廣水豐草。邊防所利。今流水之決。不過退就二里。奈何棄萬代永安之策。徇一時省費之謀。況天德故城。僻處确瘠。其北枕山。與河絕遠。烽堠警備不相統接。虜之奔突。勢無由知。無故蹙國二百里。非利也。及城使周懷義奏列利病。與坦議同。事竟不行。

寶歷元年五月。振武節度使張維奏。以東受降城濱於河。歲久雉堞摧壞。請移於綏遠烽南。上賜錢一百萬。城之。至十月功畢。

安北都護府

貞觀四年三月三日。分頡利之地爲六州。左置定襄都督。右置雲中都督。以統降虜。

五年。阿史那阿咄苾敗走。後其酋及首領至者。皆拜將軍。布列朝廷。五品已上有百餘人。殆與朝士相半。惟拓跋不至。遣使招慰之。使者相望於道。涼州都督李大亮以爲於事無用。徒費中國。因疏曰。臣聞欲綏遠者。必先安近。中國百姓。天下本根。四夷之人。猶之枝葉。擾其根本。以厚枝葉。而永固久安。未之有也。自古明王。化中國以信。取夷狄以權。故春秋云。戎狄豺狼。不可厭也。諸夏親暱。不可棄也。今者招致突厥。雖入提封。臣愚稍覺其勞費。未悟其有益也。以臣愚見。請停招慰。且謂之荒服者。故臣而不內。近日突厥傾國入朝。既不俘之江淮。以變其俗。乃置之內地。去京不遠。雖則寬仁之義。亦非久安之計也。以中國之租賦。供積惡之凶虜。恐無利也。其後諸蕃酋長請上尊號爲天可汗。上曰。我爲大唐天子。又行天可汗事。於是後降璽書賜西域北荒君長。皆稱爲皇帝天可汗。諸蕃酋帥有死亡者。必下詔册立其後嗣焉。帥統四夷。自茲始也。其後下詔議安邊之術。多言突厥恃強。擾亂中國。今日天實喪之。窮來歸於我。本無慕義之心。因其歸命遷其種落。俘之江南。散屬州縣。各使耕耘。變其風俗。百萬強胡。可得化而爲百姓。則中國有加戶之利。塞北可空虛矣。中書侍郎顏師古上奏曰。突厥雜虜。並已歸降。東北諸蕃。咸受正朔。突利入侍闕庭。頡利身爲俘虜。沙漠之外。瀚海之北。莫不屈膝稽顙。乞骸請命。斯乃上古所不臣者。陛下得而臣之矣。惟陛下斷以神機。馭以長算。綱領一定。垂拱無爲。臣聞古先哲王。內諸夏而外夷狄。又曰。蠻夷要服。戎狄荒服。言其恍忽來去無常也。飽則飛去。饑則附人。今遽欲改其常性。同此華風。於事爲難。理必不可。當因其習俗而撫馭之。臣愚以爲凡是突厥鐵勒。終須河北居住。分置酋首。統領部落。節級高下。地界多少。伏聽量裁。爲立條制。遠綏邇安。永永無極。夏州都督竇靜上表曰。臣聞夷狄者。同夫禽獸。窮則搏噬。羣則聚麀。不可以刑法繩。不可以仁義教。衣食仰給。不務耕桑。徒損有爲之人。以資無知之虜。得之則無益於治。失之則無益於化。然彼首邱之情。蓋未忘也。誠恐一朝變生。犯我王界。愚臣之所深慮。如臣計者。莫若因其破亡之後。加其無妄之福。假以賢王之號。配以宗室之女。分其土地。析其部落。使權弱勢分。易爲羈制。自可永保邊塞。世爲蕃臣。此實長駕遠御之道也。給事中杜楚客上議曰。北狄狼戾。人面獸心。難以德懷。易以威服。

陛下納其降附。處之河南。夷不亂華。聞之前典。以臣愚見。必爲後患。存亡繼絶。列聖通規。事不師古。難以長久。禮部侍郎李百藥上議曰。臣聞突厥內附。盡爲臣妾。開闢以來。所未曾有。然種類區分。各有統攝。竊聞聖算。亦欲因其離散。隨其本部。署其君長。不相臣屬。阿史那種。縱應樹立。惟臣其一族而已。國小則分其權勢。勢敵則難相吞滅。各自保全。必無抗衡中國之理。此誠安邊之上策。長駕之宏謨。仍請於定襄城中置都護府。爲其節度。此之一策。必不可不行。中書令温彥博議曰。請準漢武時。置降匈奴於五原塞下。全其部落。得爲捍蔽。又不離其本俗。因而撫之。一則實空虛之地。二則示無猜忌之心。若遣向江南。則乖物性。故非含育之道也。秘書監魏徵議曰。匈奴自古至今。未有如斯之破敗。蓋上天勦絶其命。宗廟神武之所致也。且世寇中國。百姓冤讎。陛下以其歸我。不能誅滅。卽宜遣還河北。居其故地。匈奴人面獸心。強必寇盜。弱則卑服。豈顧恩義。天性然也。秦漢患之若是。故發猛將以擊之。收河北以爲郡縣。陛下奈何以內地居之。且降者幾至十萬。數年之間。滋息百倍。居我肘腋。逼邇王畿。心腹之疾。將爲後患。尤不可河南處也。彥博又奏曰。不然。天子之於物也。天覆地載。歸我者則必撫之。今突厥破滅。餘落歸降。不加憐愍。棄而不納。非天地之道。阻四夷之意。臣愚甚謂不可。遣居河南。初無所患。所謂死而生之。亡而有之。懷我德惠。終無叛逆。魏徵又曰。不然。晉世有魏時胡落。分居近邑。平吳之後。郭欽江統。勸武帝逐出塞外。不用欽等言。數年之後。遂傾瀍洛。前代覆車。殷監不遠。陛下用彥博之言。遣居河南。所謂養畜自貽患也。彥博又曰．不然．聖人之道．無所不通．古先哲王．有教無類．突厥餘醜．以命歸我．我愛護之．收居內地．從我指揮．敎以禮法．數歲之後．選其酋首．遣居宿衞．畏威懷惠．何患之有．且光武居南單于於內郡．爲漢藩翰．終乎一世．不爲叛逆．朝士多同彥博議．上遂用之．封阿史那蘇尼失爲懷德郡王．阿史那思摩爲懷化郡王．處其部落於河南朔方之地．入居長安者．近萬家．至十三年四月．上幸九成宮．突利弟中郎將阿史那社爾率陰結部落四十人．夜犯鉤陳．踰四重幕．引弓亂發．衞士王及善力戰死之．折衝孫武開率府兵奮擊．良久乃退．馳入御馬廄．盜馬二十匹．欲奔部落．尋皆斬之．言事者多言留突厥不便．上於是悔處之於河南．恨不用魏徵之言．更議還其部落於河北．遂遣李思摩率所部建牙於河北．居磧南．令薛延陁居磧北．

二十一年正月九日．以鐵勒回紇等十三部內附．置六都督府．回紇部置瀚海都督府．多濫葛部置燕然都督府．僕骨部置金微都督府．拔野古部置幽陵都督府．同羅部置龜林都督府．思結部置盧山都督府．七州．渾部置皐蘭州．斛薩部置高闕州．奚結部置雞鹿州．阿跌部置雞田州．契苾部置榆溪州．思結別部置蹛林州．白霫部置寘顏州．並各以其酋帥爲都督刺史．給元金魚黃金爲字．以爲符信．於是回紇等請於迴紇以南突厥以北．置郵驛總六十六所．以通北荒．號爲參天可汗道．俾通貢焉．以貂皮充賦稅．至四月十日．置燕然都護府．以揚州司馬李素立爲都護．瀚海等六都督．皐蘭等七州．並隸焉．

二十二年二月四日．西蕃沙鉢羅葉護率衆歸附．七日．以結骨部置堅昆都督．隸燕然都護府．至三月九日分瀚海都督府所統骨利幹部爲元闕州。俱羅勃部置燭龍州。

二十三年十月三日。諸突厥歸化。以舍利吐利部置舍利州。阿史那部置阿史那州。綽部置綽州。賀魯部置賀魯州。葛邏祿悒怛二部置葛邏州。並隸雲中都督府。以蘇農部落置蘇農州。阿史德部置阿史德州。執失部置執失州。卑失部置卑失州。郁射部置郁射州。多地藝失部置藝失州。並隸定襄都督府。

永徽元年三月三日。以皐蘭州爲都督府。建置稽落州隸焉。廢高闕州。至十月二十日。以新移葛邏祿在烏都鞬山者左廂部落置狼山州。右廂部落置渾河州。並隸燕然都護府。至三年十一月四日。以阿特部落置稽落州。隸燕然都督府。

顯慶三年正月十四日。分葛邏祿部落置陰山大漠元池三都督府。

龍朔三年二月十五日。移燕然都護府於迴紇部落。仍改名瀚海都護府。其舊瀚海都督府移置雲中古城。改名雲中都護府。仍以磧爲界。磧北諸蕃州悉隸瀚海。磧南並隸雲中。

總章二年八月二十八日。改瀚海都護府爲安北都護府。

開元八年六月二十日。勅單于安北等大都護親王遙領者。加副大都護一人。准從三品。總知府事。其副都護准正四品上。長史正五品上。司馬五品下。（天寶九載三月二十五日。靈州都督張齊邱上言。請於新築安北大都護府建記聖德碑。許之。）

天寶四載十月。於單于都護府置金河縣。安北都護府置陰山縣。

八載。於木剌山置橫塞軍城。及移安北大都護府於永清柵北築城。改橫山爲天德軍。郭子儀仍爲之使。兼九原太守朔方節度隴右兵馬使。

會昌五年七月。中書門下奏。塞北諸蕃。皆云振武是單于故地。不可存其名號。以啓戎心。臣謹詳國史。武德四年。平突厥後。於振武置雲中都督。麟德元年。改爲單于都護。聖曆元年。改爲安北都護。開元八年。復爲單于都護。其安北都護。舊在天德。自貞觀二十一年在甘州。遷徙不定。今請改單于都護爲安北都護。勅旨從之。

靈州都督府

貞觀二十三年二月四日。西蕃沙鉢羅葉護。率衆歸附。以阿史德特建俟斤部落置皐蘭祁連二州。隷靈州都督府。至永徽元年廢。調露元年。又置魯麗塞含依契六州。時人謂之六州胡。長安四年。合爲匡長二州。神龍三年。置蘭州都督府。分六州爲縣。開元十年。復分爲魯麗契塞四州。其年九月。朔方巡邊使兵部尚書張說。擒康願子於木盤山。詔令移河曲六州殘胡五萬餘口於許汝唐鄧仙豫等州。始空河南朔方千里之地。十八年。又置匡長二州。二十六年。以淮南所遷人戶卻回。復置宥州。延恩懷德歸仁三縣。

咸亨三年二月八日。移吐谷渾部落。自涼州徙於鄯州。旣而不安其居。又徙於靈州之境。置安樂州以處之。

開元元年。復以九姓部落置臯蘭。燕然。燕山。雞田。奚鹿。燭龍等六州。並屬靈州。

至德元年七月。靈武郡改爲靈武大都督府。

貞元九年七月。靈武節度副使杜希全遷檢校右僕射靈鹽等州節度使。將赴鎮。獻體要八章。多所規諫。上深納之。乃作君臣箴以賜之。其詞曰。惟天惠人。惟辟奉天。從諫則聖。共治惟賢。皇建有極。畯命不易。總萬機以成務。齊六合之殊致。一心不能獨鑒。一目不能周視。敷求哲人。式序在位。於戲。君之任臣。必其一德。臣之事君。感恩正直。何啓沃之所宜。自古今而未得。良以讜言者逆耳。讒諛者伺側。故下情未通。而上聽已惑。俾夫忠言敗於凶慝。譬彼濟舟。烝徒楫之。亦有和羹。宰夫執之。孰云治國。不自得師。覆車之軌。於其徵之高由以下升。采由以白受。惟君不君。亦臣之咎。聞諸辛毗。牽裾魏后。則有禽息。恤忠碎首。勉思獻替其平可否。勿謂無傷。自微而彰。勿謂何害。積小成大。事有隱而必見。令既出而焉悔。鼓鐘在宮。聲聞於外。浩然涉水。聲未有艾。將斧扆以虛心。期盡忠而納誨。在昔稷契。實佐舜禹。逮茲魏徵。佐我文祖。君臣協德。混一區宇。惟予寡昧。獲纘丕緒。臣哉鄰哉。爾翼爾輔。高秋始肅。我武惟揚。輒此禁衛。奠於大邦。戀闕方甚。嘉言乃昌。是規是諫。金玉其相。詞高理粹。入德知方。總彼千里。備於八章。宣父有言。起予者商。殷有盤銘。周有攲器。或戒以詞。或警以事。披圖演義。發於爾志。與金鏡而高懸。將座右而同置。人皆有初。鮮愼厥終。汝其夙夜。明保朕躬。無曰爾身在外。爾誠不通。善言之應。千里攸同。導彼遐俗。達於四聽。華夷仰德。時乃之風。戎狄既來。懷賢沖沖。唱予和汝。式示深衷。
十二年九月。以河東節度行軍司馬兼御史中丞李景略。兼御史大夫充天德軍豐州西受降城都防禦等使。豐州本隸靈州。至是始析之。
咸通四年五月。勅靈武一道。別有六城屯兵不下數千。豐州勝州各分主將。今並仰割隸朔方軍。其軍將委本軍署置。

安東都護府

總章元年九月十四日。遼東道行軍總管司空李勣平遼東。其高麗舊有五部。一百七十六城。六十九萬七千戶。至十二月七日。分高麗地爲九都督府四十二州百縣。置安東都護府於平壤城以統之。擢其酋渠爲都督及刺史縣令。與華人參理。以右武衛將軍薛仁貴檢校安東都護。總兵二萬以鎭之。至咸亨元年四月。高麗餘衆有酋長劒牟岑者。率衆叛。立高藏外孫安舜爲主。詔左衞大將軍高偘討平之。至上元三年二月二十八日。移安東都護府於遼東故城。先有華人任官者。悉罷之。至儀鳳二年二月二日。移安東都護府於新城安置。仍令特進充使鎭府。至聖歷元年六月三十日。改安東都護府爲安東都督府。以右武衛大將軍高德武爲都督。自是高麗舊戶分散。多投突厥及靺鞨。高氏君長遂絶。其地並沒於諸蕃。
二年。鸞臺侍郎狄仁傑上表。請收安東。復其君長。曰。臣聞先王疆理天下。以爲民極。皆是封域之內。樹之風聲。於是制井田。出兵賦。其逆命者。因而誅焉。罪其君。弔其民。存其社稷。不奪其財。非欲土地之廣也。非貪玉帛之貨也。至漢孝武皇帝𨓍高祖之宿憤。藉四帝之資儲。於是定朝鮮。討西域。平南越。擊匈奴。府庫皆空。盜賊蜂起。百姓嫁妻賣子。流離於道路者萬計。於是榷酤市利。算及舟車。籠天下貨財。而財用益屈。末年覺悟。息兵罷役。封丞相爲富民侯。然而漢室中衰。釁由此起。不可與覆車同軌。豈不戒哉。人有四肢者。所以捍頭目也。君有四方者。所以衞中國也。然以蝮蛇在手。旣以斷節全身。狼戾一隅。亦且棄之存國。漢元帝罷珠崖之郡。宣帝棄車師之田。非惡多而好省也。知難則止。是爲愛人。今海中分爲兩運。風波飄蕩。沒溺至多。准兵計糧。猶且不足。中國之與蕃夷。天文自隔。遼東所守。已是石田。靺鞨遐方。更爲雞肋。弱枝強榦。有國通規。今欲肥四夷而瘠中國。恐非通典。且得其地不足以耕織。得其人不足以賦稅。此乃前王之所棄。陛下勞師而取之。恐非天意。臣請罷薛仁貴。廢安東鎭。陛下允臣所請。卽天啓其謀。非人力也。三韓君長。高氏誠爲其主。願陛下以存亡繼絕之義。復其故地。此之美名。高於堯舜遠矣。

神龍元年二月四日。改安東都督爲安東都護府。

開元二年十月二十四日。改平州爲安東都護府。以許欽湊爲之。

營州都督府

貞觀二十二年十一月二十三日。契丹酋長窟哥奚帥可度者。並率其部內屬。以契丹部爲松漠都督府。

拜窟哥爲持節十州諸軍事松漠都督府。又以其別帥達稽部置峭落州。紇便部置彈汗州。獨活部置無逢州。芬問部置羽陵州。突便部置日蓮州。芮奚部置徒河州。墜斤部置萬丹州。出伏部置匹黎赤山二州。各以其酋長辱紇主爲刺史。俱隸松漠焉。以奚部置饒樂都督府。拜可度著爲持節六州諸軍事饒樂都督府。又以別帥阿會部置弱水州。處和部置祁黎州。奥失部置洛瓌州。度稽部置太魯州。元俟析部置渴野州。亦各以其酋長辱紇主爲刺史。俱隸於饒樂焉。二十三年。於營州兼置東夷都護。以統松漠饒樂之地。罷置護東夷校尉官。

萬歲通天五年五月。窟哥孫松漠都督李盡忠與其妻兄歸誠州刺史孫萬榮殺營州都督趙文翽。舉兵反。攻陷營州。其後營州都督寄置於幽州漁陽城。至開元五年三月。奚契丹等款附。上欲復營州於舊城。宋璟固爭以爲不可。獨宋慶禮盛陳其利。乃詔慶禮充使。于柳城築營州。三旬而畢。遂兼營州都督。開屯田八十餘所。

開元十一年三月六日。營州玉田漁陽兩縣。卻隸幽州。安東都護府。卻歸燕郡。平州依舊置。

安南都護府

調露元年八月七日。改交州都督府爲安南都護府。

大足元年四月。置武安州南城州。並隸安南都護府。

開元二十四年正月。廣州寶安縣新置屯門鎮。領兵二千人。以防海口。

貞元七年五月。置柔遠軍於安南都護府。

元和四年八月。安南都護奏。破環王國僞號愛州都統三萬餘人。及獲王子五十九人。器械戰船戰象等稱之。其年九月。安南都知兵馬使兼押衙安南副都護杜英策等五十八狀。舉本管經略招討處置等使兼安南都護張舟到任已來政績事。安南羅城。先是經略使伯夷築。當時百姓猶甚陸梁。纔高數尺。又甚湫隘。自張舟到任。因農隙之後。奏請新築。今城高二丈二尺。都開三門。各有樓。其東西門各三間。其南門五間。更置鼓角。城內造左右隨身十宮。前經略使裴泰時。驩愛城池。被環王崑崙燒爇並盡。自張舟到任後。前年築驩州城。去年築愛州城。裴泰時軍城不守。軍中器械。卻失並盡。趙昌到任日近。旋除廣州。自張舟到任。諸道求市。每月造成器械八千事。四年以來。都計造成四十餘萬事。於大廳左右。起甲仗樓四十間收貯。安南戎寇。難利鬬戰。先有戰船。不過十數隻。又甚遲鈍。與賊船不過相接。張舟自創新意。造艨艟舟四百餘隻。每船戰手二十五人。棹手三十二人。車弩一支。兩弓弩一支。棹出船內。迴船向背。皆疾如飛。勅旨宜付所司。

寶曆元年五月。安南都護李元善奏。移都護府於江北岸。

開成三年。安南都護馬植奏。當管羈縻州首領。或居巢穴自固。或爲南蠻所誘。不可招諭。事有可虞。臣自到鎭以來。曉以逆順。令諸首領願納賦稅。其武陸縣請昇爲州。以首領爲刺史。從之。又所管陸州界廢珠池復生珠。以能政。就加中散大夫。檢校左散騎常侍。

四年十一月。安南都護馬植奏。當管經略押衙兼都知兵馬使杜存誠管善良四鄉。請給發印一面。前件四鄉是獠戶。杜存誠祖父以來。相承管轄。其丁口稅賦。與一郡不殊。伏以夷貊不識書字。難憑印文。從前徵科。刻木權用。伏乞給發印一面。令存誠行用。勅旨宜依。

咸通六年十二月。安南都護高駢自海門進軍。破蠻軍。收復安南府。自李琢失政。交阯陷沒十年。蠻軍北寇。邕容界人不聊生。至是方復故地。

安西都護府

貞觀十四年九月二十二日。侯君集平高昌國。於西州置安西都護府。治交河城。

二十二年四月二十五日。突厥泥伏沙鉢羅葉護阿史那賀魯率衆內附。置庭州。

二十三年二月十一日。置瑤池都督府。安西都護府。以賀魯爲都督。至永徽二年正月二十五日。賀魯以府叛。自稱鉢羅可汗。據有西域之地。至四年三月十三日。廢瑤池都督府。

顯慶二年十一月。伊麗道行軍大總管蘇定方大破賀魯於金牙山。盡收其所據之地。西域悉平。定方悉命諸部。歸其所居。開通道路。別置館驛。埋瘞骸骨。所在問疾苦。分其疆界。復其產業。賀魯所虜掠者。悉檢還之。西域諸國安堵如故。擒賀魯以歸。十一月。分其地置濛池崑陵二都護府。以阿史那彌射爲崑陵都護。阿史那步眞爲濛池都護。其月十七日。又分其種落列置州縣。以處木昆部爲匐廷都督府。以突騎施索葛莫賀部爲嗢鹿都督府。以突騎施阿利施部爲絜山都督府。以胡祿屋闕部爲鹽泊都督府。以攝舍提暾部爲雙河都督府。以鼠尼施處半部爲鷹娑都督府。其所役屬諸胡國。皆置州府。西盡於波斯。並隸安西都護府。又以賀魯平。移安西都護府於高昌故地。至三年五月二日。移安西都護府於龜茲國。舊安西復爲西州都督。以麴智湛爲之。以統高昌故地。西域既平。遣使分往康國及吐火羅國。訪其風俗物產。及古今廢置。盡圖以進。因令史官撰西域圖志六十卷。

四年正月。西蕃部落所置州府。各給印契。以爲徵發符信。

龍朔元年六月十七日。吐火羅道置州縣使王名遠進西域圖記。并請于闐以西波斯以東十六國。分置都督府及州八十。縣一百一十。軍府一百二十六。仍以吐火羅國立碑以記聖德。詔從之。以吐火羅國葉護居遏換城置月氏都督府。鉢勃城置藍氏州。縛叱城置大夏州。俱祿犍城置漢樓州。烏邏氈城置弗敵州。咄城置沙律州。鞠城置嬀水州。忽波城置盤越州。烏羅渾城置忸蜜州。摩彥城置伽倍州。阿捺臘城置粟特州。闕城置鉢羅州。悉記密悉帝城置雙泉州。昏磨城置祀惟州。悉密言城置遲散州。乞施巘州城置富樓州。泥射城置丁零州。折面城置薄知州。阿臘城置桃槐州。頡厥伊城具闕達官部落置大檀州。播薩城置伏盧州。乞澀職城置身毒州。突厥施怛駃城置西戎州。騎失帝城置蔑顫州。發部落城置疊仗州。拔特山城置苑湯州。

嚈噠部落活路城置大汗都督府。篖那城置附黑州。胡城置奄蔡州。婆多楞薩達健城置依耐州。少俱部落置犂州。烏漢言城置榆令州。遮瑟多城置安屋州。數始城置罽陵州。迦沙紛遮城置碣石州。羯澇支城置波知州。烏捺斯城置烏丹州。速利城置諾色州。賴阿城置迷密州。乍城置盼頓州。頌施谷部落置宿利州。汗曜部落置賀鄀州。

訶達羅支國王居伏寶瑟顛城置條枝都督府。護闍城置細柳州。醬候瑟顛城置虞泉州。據瑟部落置黎蘄州。遏忽部落置崦嵫州。烏離難城置巨雀州。遺闊部落置遺州。郝薩大城置西海州。活恨部落置鎮西州。縛狙部落置乾陀州。

解蘇王居數瞞城置天馬都督府。忽論城置落邢州。達利薄紇城置東離州。

骨咄施國王居沃沙城置高附都督府。葛羅犍城置五翖州。烏斯城置休蜜州。

罽賓國王居遏紇城置修鮮都督府。羅曼城置毗舍州。賤那城置陰米州。和藍城置波路州。遺恨城置龍池州。塞奔彌羅城置烏戈州。濫犍城置羅羅州。半製城置檀特州。勃逬城置烏利州。鶻換城置漠州。布路犍城置懸度州。

失范延國王居伏戾城置寫鳳都督府。肩捺城置嶰谷州。俟麟城置冷倫州。縛時伏城置悉萬州。末臘薩旦城置鉗敦州。

石汗那國王居豔城置悅般州都督府。俱蘭城置雙靡州。

護特犍國王居遏密城置奇沙州都督府。曼山城置沛隸州。獻密城置大𥯤州。

恒沒國王居恒沒城置姑默州都督府。弩羯城置栗戈州。

烏拉喝國王居摩喝城置旅獒州都督府。

多勒建國王居低保那城置崑墟州都督府。

俱密國王居褚瑟城置拔州都督府。

護密多國王居模達城置烏飛州都督府。娑勒色訶城置鉢和州。

久越得建國王居步師城置王庭州都督府。

波斯國王居疾淩城置波斯都督府。各置縣及折衝府。並隸安西都督府。

咸亨元年四月二十二日。吐蕃陷我安西。罷四鎮。

龜茲。理於白山之南。即漢西城舊地。勝兵數千。其王姓白氏。去瓜州三千里。貞觀二十年閏十月一日。阿史那社爾破其國。虜其王以歸。

于闐。在葱嶺北二百里。勝兵數千。俗多機巧。好祅怪。在西南有北摩伽藍城。相傳云是老子化胡之所建也。初。老子至是。白日昇天。與羣胡辭訣曰。我暫返天上。尋當下生。其後出天竺國。化爲胡王太子。自稱白淨。因造此寺焉。二十二年閏二月內附。其王伏闍信入朝上元二年正月二十一日。其地爲毗沙都督府。分爲十州。

焉耆。去瓜州二千里。卽漢時故地。其王姓龍。名突騎支。常役於西突厥。其俗頗有魚鹽之利。貞觀十八年十一月。左衞大將軍郭孝恪滅之。

疏勒。在白山之南。卽漢地也。其王之族類。皆六指。非六指則不育。勝兵二千。去瓜州四千六百里。貞觀九年。遣使獻名馬。內附。已上四鎭

蘇氏記曰。咸亨元年四月。罷四鎭。是龜茲于闐焉耆疏勒。至長壽二年十一月。復四鎭。勅是龜茲。于闐。疏勒。碎葉。兩四鎭不同。未知何故。

調露元年九月。安西都護王方翼築碎葉城。四面十二門。作屈曲隱伏出沒之狀。五旬而畢。

長壽二年十一月一日。武威軍總管王孝傑克復四鎭。依前於龜茲置安西都護府。鸞臺侍郎狄仁傑請捐四鎭。上表曰。臣聞天生四夷。皆在先王封域之外。故東距滄海。西隔流沙。北横大漠。南阻五嶺。此天所以限夷狄而隔中外也。自典籍所紀。聲教所及。三代不能致者。國家兼之矣。此則今日之四境。已逾於夏殷也。昔詩人矜薄伐於太原。美化行於江漢。是則前代之遠裔。在國家之域中。至前漢時。匈奴無歲不犯邊。殺掠吏人。後漢西羌侵軼漢中。東寇三輔。入河東上黨。遂至洛陽。由此言之。則陛下今日之土宇。過於周漢。前朝遠矣。若使越荒外以爲限。竭資財以騁欲。非但不愛人力。亦所以失天心也。近者國家頻歲出師。所費滋廣。西戍四鎭。東戍安東。調發日加。百姓虛弊。開守西域。事等石田。費用不支。有損無益。行役既

久怨曠亦多。昔詩云王事靡盬。不能蓺稷黍。豈不懷歸。畏彼罪罟。念彼征人。涕零如雨。此則前代怨思之詞也。上不是恤。則政不行。而邪氣作。邪氣作則蟲螟生。而水旱起矣。方今關東饑饉。蜀漢逃亡。江淮以南。征求不息。人不復業。則相率爲盜。根本一搖。憂患不淺。所以然者。皆爲遠戍方外。以竭中國。爭蠻貊不毛之地。乖子育蒼生之道也。昔漢元帝納賈捐之之謀。而罷珠崖之郡。宣帝用魏相之策。而棄車師之田。豈欲慕尙虛名。蓋憚勞人力也。近貞觀年中。克平九姓。册李思摩爲可汗。使統諸部者。蓋以夷狄叛則伐之。降則撫之。得推亡固存之義。無遠戍勞民之役。此則近日之令典。綏邊之故事。竊見阿史那斛瑟羅。陰山貴種。世雄沙漠。若委之四鎭。使統諸蕃。封爲可汗。遣其禦寇。則國家有繼絕之美。荒外無轉輸之役。如臣所見。請捐四鎭。以肥中國。罷安東以實遼西。況綏撫夷狄。蓋防其越逸。苟無侵侮之患。則可矣。何必窮其窟穴。與螻蟻計校長短哉。伏願陛下棄之度外。無以絕域未平爲念。但當勅邊兵謹守。以待其自敗。然後擊之。此李牧所以制匈奴也。故鹽鐵論云。夫蠻貊之人。不食之地。何以煩思慮而爭之哉。莫若聚軍實畜威武。以逸待勞。則戰士力倍。以主禦客。則我得其便。堅壁淸野。則寇無所得。自然賊深入必有顚躓之慮。淺入必無虜獲之益。如此數年。可使二虜不擊而服。右史崔融請不拔四鎭議曰。北地之爲中國患者久矣。唐虞以上爲獯鬻。殷周之際曰獫狁。西京東國有匈奴冒頓焉。當塗典午有烏丸鮮卑焉。拓跋世有蠕蠕猖狂。宇文朝有突厥睢盱。斯皆名號因時而改。種落與運而遷。五帝不能臣。三王不能制。兵連禍結。無代不有長策遠算。曠古莫聞。夫胡者北狄之總名。其地南接燕趙。北窮沙漠。東連九夷。西界六戎。天性驕驁。覘伺便隙。鳥飛獸走。草轉水移。自言天地所生。日月所置。漢高皇以百萬衆。窘於平城之下。逮至武帝。赫然發憤。肆志遠邊。使張騫始通西域。旣而立四郡。據玉關。以斷匈奴右臂。乃復度河湟。築令居塞。以絕南羌北狄。於是障塞亭燧。出長城四千里矣。於斯時也。承文景元默之後。國用富強。練兵選將。深入窮追。傾府庫之財。殫士馬之力。行人使者。歲月亭障。貳師驃騎。首尾關河。餓虎未摧。其國已耗。橐駞旣犍。其人亦殄。乃至造皮幣。算緡錢。稅舟車。榷酒酤。夫豈不懷。深爲長久之計。然也。匈奴於是乎孤特遠竄。羽檄不行焉。始孝武開西域之後。爲置使者校尉領護之。宣元哀平。此道不替。王莽篡位。貶易王侯。由是西域怨叛。與中國隔絕。並復投屬匈奴。光武中興。匈奴稅重。皆遣使求內屬。至於延光。三通三絕。至國家。太宗方事外討。復修孝武舊跡。並南山至於葱嶺。盡爲府鎭。煙火相望。至高宗。務在安人。命有司拔四鎭。其後吐蕃果驕。大入西域。焉耆以西。所在城堡。無不降下。遂長驅而東。踰高昌壁。歷車師庭。侵常樂界。當莫賀延磧。以臨我燉煌。主上召命右相韋待價爲安息道行軍大總管。安西都護閻溫古爲副。問罪焉。賊適有備。一戰而走。我師追攝。至於焉耆。糧運不繼。竟亦無功。朝廷以爲畏懦。有刑。流待價於瓊州。棄溫古於義州。至王孝傑而四鎭復焉。今若拔之。是棄已成之功。忘久長之策。小慈者。大慈之賊。前事者。後事之師。奈何不圖。四鎭無守。則狂寇益贍。必兵加西域。西域諸蕃。氣羸。恐不能當長蛇之口。西域動。自然威臨南羌。南羌樂禍。必以封豕助虐。蛇豕交連。則河西危。河西危。則不得救矣。方須命將出師。興役動衆。向之所得。今之所勞。向之所勞。今之所逸。可不謂然乎。而議者憂其勞費。念其險遠。曾不知蹙國滅土。春秋所譏。杜漸防萌。安危之計。頃者若兵稍遲留。賊先要害。則河西郡已非國家之有。今安得而拔之乎。何謂非國家之有。莫賀延磧者。延袤二千里。中間水草不生焉。此有強寇。則難以度磧。漢兵難度。則磧北伊西北庭安西及諸蕃無救。無救則疲兵不能自振。必為賊吞之。又焉得懸軍深入乎。有以知通西域艱難也。漢時單于上書。願保塞。請罷邊備。郎中侯應習邊事。以為不可。東京時。西羌作亂。徵天下兵賦役無已。司徒崔烈以為宜棄涼州。議郎傅燮厲言曰。斬司徒天下乃安。涼州天下要衝。蕃衞世宗拓境。列置四郡。議者以為斷匈奴右臂。烈為宰相。不念為國思所以弭兵之策。乃欲國棄一方萬里之土。若使左衽之虜。得居此地。士勁甲堅。因以為亂。此天下之至慮。社稷之深憂。竟從燮議。今宜日慎一日。雖休勿休。採侯應不可之言。納傅燮深憂之議。然後風為號令。雷為折衝。繕甲兵。思將帥。上與天合德。下與地合明。中與人合心。善戰者不陣。如斯而已矣。拔舊安西之四鎮。委難制之西蕃。求絕將來之端。盍考已然之驗。伏念五六日。至於再三。愚下固陋。知其不可。

建中二年七月。加伊西北庭節度使李元忠北庭大都護。以四鎮節度留後郭昕為安西大都護。四鎮節度觀察使。詔曰。北庭四鎮。統任西夏五十七蕃十姓部落。國朝已來。相奉率職。自關隴失守。東西阻絕。忠義之徒。泣血相守。愼固封略。奉遵禮教。皆侯伯守將。交修共治之所致也。其將士敍官。可超七資。初自兵興已來。安西北庭。爲蕃虜所隔。間者節度李嗣業。茘非元禮。孫志直。馬璘。輩皆遙領之。郭昕者。子儀猶子。李元忠。始曾令名忠。後賜改焉。自主其任。嘗發使奉表章於朝。數輩皆不達。信聞不至朝者十餘年。及是遣使自回紇歷諸蕃至。故有是命。

貞元六年十二月。是歲。吐蕃陷北庭都護府。初北庭安西旣假道於迴鶻以朝奏。因附庸焉。蕃性貪獸。徵求無度。人不聊生。又有沙陀部落六千餘帳。與北庭相依。屬於迴鶻。肆其抄奪。尤所厭苦。其三葛祿部落。又白服突厥。素與迴鶻通和。亦憾其侵掠。因吐蕃厚賂見誘。遂附之。於吐蕃。率葛祿白服之衆去冬來寇北庭。迴鶻大相頡干迦斯率衆援之。頻戰敗績。吐蕃攻圍頗急。北庭之人旣苦迴鶻。是歲。乃舉城降於吐蕃。沙陁亦降焉。北庭節度楊襲古舉麾下二千餘人奔西州。七年秋。頡干迦斯又悉其國丁壯六萬人。將復北庭。仍召襲古偕行。我兵爲蕃吐葛祿所敗。死者大半。襲古餘衆僅百六十。將復入西州。頡干迦斯紿之曰。與我同至牙帳。當送君歸本朝。襲古從之。及牙帳。竟殺之。

姚州都督府

麟德元年五月八日。於昆明之弄棟州置姚州都督府。每年差兵募五百人鎭守。

神功二年五月八日。蜀州刺史張柬之上表曰。姚州者。古哀牢之舊國。自生民以來。不與中國交通。前漢唐蒙．開夜郎．滇筰哀牢不附．至光武季年．始請內屬．漢置永昌郡以統治之．乃收其鹽布氈罽之稅．以利中土．其國西通大秦．南通交趾．奇珍異寶．進貢歲時不闕．及諸葛亮五月渡瀘．收其金銀鹽布．以益軍儲．使張伯岐選其勁卒以增武備．前代置郡．其利頗深．今鹽布之稅不供．珍奇之貢不入．而空竭府軍．驅率平民．受役蠻夷．肝腦塗地．臣竊為國家惜之．漢以得利既多．歷博南山．涉蘭倉水．更置博南哀牢二縣．蜀人愁怨．行者歌曰．歷博南．越蘭津．渡蘭倉．為他人．蓋言漢貪珍奇之利．而為蠻夷驅役也．漢得其利．人且怨歌．今于國家無絲髮之利．在百姓受終身之酷．臣竊為國家痛之．往者諸葛亮破南中．使其渠帥自相統領．不置漢官．亦不留兵鎮守．人問其故．亮云置官留兵有三不易．大率以置官夷漢雜居．猜嫌易起．留兵運糧．為患更重．忽若反叛．勞費更多．粗設紀綱．自然久定．臣竊以亮之斯策．妙得羈縻蠻夷之術．今姚府所置之官．既無安邊靖寇之心．又無葛亮且縱且擒之術．唯知詭謀狡算．恣情割剝．貪功劫略．積以為常．扇動酋渠．遣成朋黨．提挈子弟．嘯引兇愚．劍南逋逃．中原亡命．二千餘戶．見散在彼州．專以掠略為業．姚州本龍朔中武陵縣主簿石子仁奏立之．後長史李孝讓辛文協並為羣蠻所殺．又使將軍李義總往征．郎將劉惠基在陣戰死．其州遂廢．臣竊以諸葛亮稱置官留兵有三不易．其言遂驗．垂拱四年．南蠻郎將王善寶．昆州刺史爨乾福．又請置州．奏言所有課稅．出自姚府管內．更不勞擾蜀州．及置州後．錄事參軍李稜為蠻所殺．延載中．司馬成琛奏請於瀘南置鎮七所．遣蜀兵防守．自此蜀中騷擾．至今不絕．伏乞罷姚州使隸巂府。歲時朝覲同之蕃國。瀘南諸國悉廢。於瀘北置關。百姓非奉使入蕃。不許交通來往。疏奏不納。

開元九年二月二十五日勅。姚州官員准中置州祿料階資依都督府。

天寶八載六月。劍南奏索磨川許新置都護府。宜以保寧爲名。

雜錄

開元四年三月四日勅。諸都護府史並令於管內依式簡補。申所司勘責。然後給告身。

唐會要卷七十四

選部上

論選事

舊制。內外官皆吏部啓奏授之。大則署置三公。小則綜覈流品。自隋已降。職事五品已上官。中書門下訪擇奏聞。然後下制授之。唐承隋制。初則尚書銓掌六品七品選。侍郎銓掌八品選。三年一大集。每年一小集。其後尚書侍郎通掌六品以下選。其員外郎監察御史。亦吏部唱訖。尚書侍郎爲之典選。自貞觀以後。員外郎乃制授之。又至則天朝。以吏部權輕。監察亦制授之。其銓綜也。南曹綜覈之。廢置與奪之。銓曹注擬之。尚書僕射兼書之。門下詳覆之。覆成而後過官。至肅宗即位靈武。強寇在郊。始命中書以功狀除官。非舊制也。

武德五年。太僕卿張道源上表。以吏曹文簿繁密。易生姦欺。請議減之。高祖下其議。百寮無同者。唯太史傅奕言道源議至當。道於衆議。事竟不行。

貞觀元年正月。侍中攝吏部尚書杜如晦上言曰。比者吏部擇人。唯取言辭刀筆。不悉才行。數年之後。惡跡始彰。雖加刑戮。而百姓已受其弊。上曰。如何可以得人。如晦對曰。兩漢取人。皆行著州閭。然後入用。今每年選集．尙數千人．厚貌飾詞．不可悉知．選司但配其階品而已．所以不能得才．魏徵亦曰．知人之事．自古爲難．故考績黜陟．察其善惡．今欲求人．必須審訪才行兼美．始可任用．上將依古法．令本州辟召．會功臣將行世封．其事遂止．

二十年．黃門侍郎褚遂良上表曰．貞觀初．杜淹爲御史大夫．檢校選事．此人至誠在公．實稱所使．凡所採訪七十餘人．比並聞其嘉聲．積久研覆．一人之身．或經百問．知其器能．以此進舉．身既染疾．伏枕經年．將臨屬纊．猶進名不已．陛下悉擢用之．並有淸廉幹用．爲衆所欽望．大唐得人．於斯爲美．陛下任一杜淹．得七十餘人．天下稱之．此則偏委忠良．不必衆舉之明效也．

顯慶二年．黃門侍郎知吏部選事劉祥道上疏曰．今之選司取士．傷多且濫．每年入流．數過一千四百人．是傷多也．雜色入流．不加銓簡．是傷濫也．古之選者．不聞爲官擇人．取人多而官員少也．今官員有數．而入流無限．以有數供無限．遂令九流繁總．人隨歲積．謹約准所須人．量支年別入流者．令內外文武官一品以下．九品以上．一萬三千四百六十五員．舉大數．當一萬四千人．壯室而任．耳順而退．取其中數．不過支三十年．此則一萬四千人．支三十年而略盡．若年別入流者五百人．三十年便得一萬五千人．定數頃者一萬三千四百六十五人．足充所須之數．況三十年之外．在官者猶多．此便有餘．不慮其少．今年當入流者．遂踰一千四百．計應須數外．常餘兩倍．又常選者仍停六七千人．更復年別新加．實非處置之法．望

請釐革稍清其選中書令杜正倫亦言入流者多爲政之弊公卿以下憚於改作事竟不行

蘇氏議曰冕每讀國史未嘗不廢卷歎息況今河西隴右虜盜其境河北河南關中止計官員大數比天寶中三分減一入流之人比天寶中三分加一自然須作法造令增選加考設格檢勘選司試能嗟乎士子三年守官十年待選欲吏有善稱野無遺賢不可得也若比祥道所述豈只十倍不更弊乎

開耀元年四月十一日敕吏部兵部選人漸多及其銓量十放六七既疲于來往又虛費資糧宜付尚書省集京官九品已上詳議崇文館直學士崔融議曰今皇家兩曹妙選三官備設收其杞梓搴其蕭稂其有疾狀犯贓私罪當懲貶者此等既未合得伏望許同選例錄以選勞又選人每年長名常至正月半後伏望速加銓簡促以程期因其物情亦何疲於來往順其人欲亦何費於資糧又所銓簡以德行爲上功狀次之折衷之方庶幾此道尚書右僕射劉仁軌奏曰謹詳衆議條目雖廣其大略不越數途多欲使常選之流及負譴之類遞立年限如令赴集便是擁自新之路塞取進之門或請增置具僚廣授官之數加習藝業峻入仕之途亦恐非勸奬之通規乖省員之茂躅徒云變更實恐紛擾但昇平日久人物滋殖解巾從事抑有多人頃歲以來據員多闕臨時雖有權攝終是不能總備望請尚書侍郎依員補足高班卑品准式分銓分銓則留放速了限速則公私無滯應選者暫集遠近無聚糧之勞合退者早歸京師無索米之弊既循舊規且順人情如更有不便隨事釐革其殿員及初選及選淺自知未合得官者等色情願

不集。即同選部曹司商量。望得久長安穩。

垂拱元年七月。鸞臺侍郎兼天官侍郎魏元同。以吏部選舉不得其人。上表曰。漢諸侯得自置吏四百石以下。其傳相大官。則漢爲之置。州郡掾吏督郵從事。悉任之牧守。爰自魏晉。始歸吏部。遞相祖襲。以迄於今。用刀筆以量才。案簿書而察行。法令之弊。由來久矣。蓋君子重因循而憚改作。有不得已者。亦當運獨見之明。定卓然之議。如今選司所行者。非上皇之令典。乃近代之權道。所宜遷革。實爲至要。且天下之大。士人之衆。而可委之數人之手乎。假如平如權衡。明如水鏡。力有所極。照有所窮。銓綜既多。紊失斯廣。又以比居此任。時有非人。情故既行。何所不至。悠悠風塵。此焉奔競。擾擾遊宦。同乎市井。加以厚貌深衷。險如溪壑。擇言觀行。猶懼不勝。今使考行究能。折衷於一面。百寮庶職。專斷於一司。不亦難乎。況今諸色入流。歲有千計。羣司列位。無復新加。官有常員。人無定限。選集之始。霧積雲屯。擢敍於終。十不收一。淄澠既混。玉石難分。用舍去就。得失相半。周穆王以伯冏爲太僕正。命之曰。愼簡乃寮。無以巧言亂色。便僻側媚。其唯吉士。此則命其自擇下吏之文也。太僕正中大夫耳。尚以寮屬委之。則三公九卿。亦必然矣。夫委任責成。君之體也。所委者衆。所用者精。故能得濟濟之多士。盛芃芃之棫樸。裴子野有言曰。官人之難。先王言之尙矣。居家觀其孝友。鄉黨取其誠信。出入觀其志義。憂難取其知謀。煩之以事。以觀其能。臨之以義。以察其度。始於學校。掄於州里。告諸六事。而後貢之於王庭。其在漢家。尙猶然矣。州郡積其功能。而爲五府所辟．五府舉其掾屬．而升於朝廷．三公得參除署尙書奏之天子．一人之身所關者衆．一賢之進．其課也詳．故能官得其人．鮮有敗事．晉魏反是．所失宏多．子野所論．蓋區區之宋耳．猶謂下勝其弊．而況於當今乎．今不待州縣之舉．直取於書判．恐非先德行而後言語之意也．臣又聞漢書．張耳陳餘之賓客厮役．皆天下俊傑．彼之蕞爾．猶能若斯．況以今國家而不建長久之策．爲無窮之根．盡得賢取士之術．而但顧望魏晉之遺風．留意周隋之末事．臣竊惑之．伏願依周漢之規．以分吏部之選．卽望所用精詳．鮮於差失．祕書省正字陳子昂上疏曰．臣伏見陛下憂勤政治．而未以刺史縣令爲念．臣何以知陛下未以刺史縣令爲念．竊見吏部選人補縣令．如補一縣尉耳．但以資次考第．從官涔歷．卽補之．不論賢良德行．何能以化民．而拔擢見補者．縱使吏部侍郎時有知此弊．而欲超越用人．則天下小人已囂然相謗矣．所以然者．習於常也．所以天下庸流．皆任縣令．庸流一雜．賢不肖莫分．但以資次爲選．不以才能得職．所以天下凌遲．百姓無由知陛下聖德勤勞夙夜之念．但以愁怨．以爲天子之令使如是也．自有國以來．此弊最深．而未能除也．神龍元年．李嶠韋嗣立同居選部．多引用權勢．求取聲望．因請置員外官一千餘員．由是僥倖者趨進．其員外官悉依形勢．與正官爭事．百司紛競．至有相毆擊者．及嶠復入相．乃深悟之．見朝野喧議．乃上疏曰．自寶命中興．鴻恩溥被．唯以爵賞爲惠．不擇才能．任官授職．加階．朝遷夕改．正闕不足．加以員外．非復求賢助治．多是爲人擇官．接武隨肩．塡曹溢府．無益政化．虛請俸祿．在京則府庫爲之殫竭．在外則黎庶被其侵漁。伏願徵惜班榮。稍減除授。使匪服之議。不興於聖朝。能官之謠。復光於曩載。

上元元年。劉嶢上疏曰。臣聞論語有曰。爲政以德。譬如北辰。詩曰。愷悌君子。民之父母。豈有使父養子。而憂不得所者哉。今國家以吏部爲銓衡。以侍郎爲藻鑑。鏡所鑑者貌也。妍媸可知。衡所平者法也。年勞可驗。至於心之善惡。何以取之。取之不精。必貽後患。今選曹以檢勘爲公道。以書判爲得人。夫書判者。以覩其智也。知及之。仁不能守之。可使從政者歟。不可使之。而或任之。是貽患於天下也。如有德行侔於甲科。書判不能中的。其可舍之乎。況於書判借人者衆矣。求士本於鄉閭者。可謂至矣。且人不孝於其親者。豈有忠於君乎。不友於兄弟者。豈肯順於長乎。不恤於孤遺者。豈肯恤百姓乎。不義而取財者。豈有不犯贓乎。不直而好訟者。豈肯守恆乎。強悖而任氣者。其肯惠和乎。博奕而畋游者。其肯貞廉乎。不以辱爲辱者。其肯敬慎乎。膺士無此病。則可任之以官也。

開元三年。左拾遺張九齡上疏曰。古之選用。取其聲稱。或遙聞辟召。或一見任之。是以士修素行。而流品不雜。臣以爲吏部始造簿書。以備人之遺忘。今反求精於案牘。不急於人才。亦何異遺劍中流。而刻舟以記。去之彌遠。可爲傷心。凡有稱吏部之能者。則曰從縣尉於主簿。從主簿於縣丞。斯選曹執文。而善知官次者也。唯論合與不合。不論賢與不賢。大略如此。豈不謬哉。臣以爲選部之弊。在不變法。變法之易。在陛下渙然行之。夫以一詩一判。定其是非。適使賢人君子。從此遺逸。斯亦明代之闕政。有識者之所嘆息也。

十三年十二月。封嶽迴。以選限漸迫。宇文融上策。請吏部置十銓。禮部尚書蘇頲。刑部尚書韋抗。工部尚書盧從愿。右散騎常侍徐堅。御史中丞宇文融。朝集使蒲州刺史崔林。魏州刺史崔沔、荆州長史韋虛心。鄭州刺史賈曾。懷州刺史王邱等十人。當時牓詩云。員外郤題銓裏牓。尚書不得數中分。尚書裴漼。員外郎張均。其年。太子左庶子吳兢上表諫曰。臣聞易稱君子思不出其位。言各止其所。不侵官也。此實百王準的。伏見勅旨。令刑部尚書韋抗等十人。分掌吏部銓選。及試判將畢。遽召入禁中決定。雖有吏部尚書及侍郎。皆不得參議其事。議者皆以陛下曲受讒言。不信於有司也。然則居上臨民之道。經邦緯俗之規。必在推誠。方能感物。抑又聞欲用天下之智力者。莫若使天下信之也。故漢光武置赤心於人腹。良有旨哉。昔魏明帝嘗卒至尚書省。尚書令陳矯跪問曰。陛下欲何之。帝曰。欲案行省司文簿。矯曰。此是臣之職分。非陛下所宜臨。若臣不稱職。則宜就黜退。陛下宜還宮。帝慚。迴車而反。又陳平丙吉者。漢家之宰相。尚不對錢穀之數。不問路死之人。故知自天子至于卿士。守其職分。而不可侵越也。況我大唐萬乘之君。卓絶千古之上。豈得下行選曹之事。頓取怪于朝野乎。凡是選人書判。並請委之有司。仍停此十銓分選。依舊以三銓爲定。

天寶十載。吏部選才多濫。選人劉迺獻議于知銓舍人宋昱曰。虞書稱知人則哲。能官人則巍巍。唐虞舉以爲難。今夫吏部既始之以掄才。終之以授位。是則知人官人。斯爲重任。昔在禹稷皐陶之衆聖。猶曰載采采。有九德。考績以九載。近代主司。獨委一二小冢宰。察言于一幅之判。觀行于一揖之內。古今遲速。何不倖之甚哉。夫判者以狹辭短韻。語有定規爲體。猶以一小冶而鼓衆金。雖欲爲鼎爲鏞。不可得也。故曰。判之在文至局促者。夫銓者。必以崇文冠首媒耀爲賢。斯固士之醜行。君子所病。若引周公尼父於銓庭。則雖圖書易象之大訓。以判體措之。曾不及徐庾。雖有淵默罕言之至德。以喋喋取之。曾不若嗇夫。嗚呼。彼干霄蔽日。誠巨樹也。當求尺寸之材。必後於椽杙。龍吟虎嘯。誠希聲也。若倘頰舌之感。必下於鼃黽。觀察之際。能不悲夫。執事慮過。龜策文含雅誥。豈拘以瑣瑣故事。曲折因循哉。誠能先咨以政事。次徵以文學。退觀其治家。進察其臨節。則龐鴻深沉之士。亦可以窺其門戶矣。

貞元四年八月。吏部奏。伏以艱難以來。年月積久。兩都士類。散在遠方。三庫敕甲。又經失墜。因此人多罔冒。吏或詐欺。分見官者。謂之擘名。承已死者。謂之接腳。乃至制敕旨甲。皆被改張毀裂。如此之色。其類頗多。比來因循。遂使滋長。所以選集加衆。眞僞混然。實資檢責。用甄涇渭。謹具由歷狀樣如前。伏望委諸州府縣。於界內應有出身以上。便令依樣通狀。限敕牒到一月內畢。務令盡出。不得遺漏。其敕令度支急遞送付州府。州司待納狀畢。以州印印狀尾。表縫相連。星夜送觀察使。使司定判官一人專使勾當。都封印。差官給驛遞驢送省。至上都五百里內。十二月上旬到。千里外。中旬到。每遠校一千里外。卽加一旬。雖五千里外。一切正月下旬到。盡黔中嶺南。應不合北選人。不納文狀。限其狀直送吏曹。不用都司發人到日。所司造姓攢勘合。卽奸僞必露。寃抑可明。如須盤問。卽下所在州府責狀。其隱漏未盡。及在遠不及期限者。亦任續通。依前觀察使與送所在勘責。必有灼然蹤濫事跡著明。據輕重作條件商量聞奏。庶稍澄流品。永息蹤濫。勅旨依奏。

六年二月。詔吏部續流選人新授官者。至來年二月之任。初吏部侍郎劉滋李紓以去冬選人無缺員。乃奏請代貞元五年授官。計日成考者三百五十員。令至今年八月之任。議者非之。於是諫議大夫韓章抗疏曰。竊見去年選授官者。多以六月七月方至任所。扶老攜幼。不遠數千里以就一官。到纔經年。遂見停替。又見在留中人多者。有注貞元四年闕者。准格至來年正月赴任。其續流人注五年缺者。遽以今年八月便任。一等用闕。兩等授官。五年闕者授替在前。四年闕者授仍在後。事皆非允。理實可矜。今制命已行。難於改易。其所授官人。請令至來年二月赴任。從之。

元和八年十二月。吏部奏。比遠州縣官。請量減選。四選五選六選。請減一選。七選八選。請減兩選。十選十一選十二選。各請減三選。伏以比遠處都七十五州。選人試後。懼不及限者。即狀請注擬。雖有此例。每年不過一百餘人。其比遠州縣。皆是開元天寶中仁風樂土。今者或以俸錢減少。或以地在遠方。凡是平流。從前不注。至若勸課耕種。歸懷逃亡。其所擇才。急於近地。有司若不注授。所在唯閒假攝。編甿益困。田土益荒。請減前件選。勅旨宜依。

十一年九月。中書門下奏。字人之官。從古所重。遂許聞薦。冀得循良。其或不依節文。虛指事跡。既開繆舉之路．是扇倖求之風．望自今已後所舉人事跡與節文不同．及檢勘無據．幷到官後不稱職．及有負犯等事．並請量輕重坐其舉主．輕則削奪．重則貶謫．伏以前後勅文雖有條約．比來銓覈多務因循．今重申明．所期畫一．其舉人到省後．所司檢勘．如與節文不同．仰具事由幷舉主名銜申中書門下．如所司鹵莽便與判成．察知事狀違越．則所司與舉主同坐．從之．

寶歷二年十二月．吏部奏．伏以吏部每年集人及定留放．至於注擬．皆約闕員．近者入仕歲增．申闕日少．實由諸道州府所奏悉行．致令選司士子無闕貧弱者凍餒滋甚．留滯者喧訴益繁．至有待選十餘年．裹糧千餘里．累駁之後．方敢望官注擬之時．別遇勅授．私惠行於外府．怨謗歸於有司．特望明立節文．令自今以後．諸司諸使天下州府．選限內不得奏六品以下官．勅旨依奏．

太和七年五月勅節文．縣令錄事參軍．如在任績效明著．兼得上下考及淸白狀陟狀者．許非時放選．仍優與處分．其餘官見任得上下考．與減三選．如本官兩選以下者同．非時人例處分．

開成二年四月．中書門下奏．天下之治．在能官人．古今以還．委重吏部．自循資授任．衡鏡失權．立格去留．簿書得計．比緣今年三月選事方畢．四月已後方修來年格文．五月頒下．及到遠地．已及秋期．今請起今月與下長定格．所在府州榜門曉示．其前資官取本任解．黃衣本貫解．一千里內三月十日解到省．二千里三千里遞加十日．並本州齎送．選人發解訖．任各歸家．其年七月十五日．齊於所住府．看吏部長榜．定留放。其得留人。並限其年十二月十日齊到省試注唱。正月內銓門開。永爲定例。如其年合用闕少。選人文書無違犯可較。則於本色闕內先集選深人年長人。其餘旣無缺可集。南曹但爲判成榜示所住州府。許次年取本住州府公驗便依限赴集。更不重取本住本貫解。舊格已久。不便更改。事遂不行。

四年四月勅。吏部去冬粟錯。及長名駮放選人等。如聞經冬在京。窮悴頗甚。街衢接訴。有可哀矜。宜委吏部檢勘條流銓轄。如非踰濫。正身不到。欠考欠選。大段瑕病之外。卽與重收。以比遠殘闕注擬。不得用平留闕。如員闕不相當。不唱不伏官者。便任冬集。不復更論訴限。如未經中書門下陳狀。勅下後不得續收。今冬已後。不得以爲例。

會昌六年五月赦書節文。吏部三銓選士。祇憑資考。多匪實才。許觀察使刺史有奇績異政之士。聞薦試用。

大中六年五月勅。大功以上親。連任停解。如已得資者。依本官選數集。如未得資及未上。並同非時人例放選。

天祐二年四月勅。應天下府州令錄。並委吏部三銓注擬。自四月十一日以後。中書並不除授。或諸道薦奏量留。卽度可否施行。

掌選善惡

貞觀元年。温彦博爲吏部郎中。知選事。意在沙汰。多所擯抑。而退者不伏。囂訟盈庭。彦博唯騁辭辦。與之相詰。終日喧擾。頗爲識者所嗤。

四年。杜如晦臨終。請委選舉於民部尚書戴胄。遂以檢校吏部尚書。及在銓衡。抑文雅而獎法吏。不適輪轅之用。物議以爲刺。

五年。楊銓爲吏部侍郎。銓敍人倫。稱爲允當。然而抑文雅。進黠吏。觀時任數。頗爲時論所譏。

八年十一月。唐皎除吏部侍郎。嘗引人銓問何方便穩。或云。其家在蜀。乃注與吳。復有云。親老先任江南。卽唱之隴右。論者莫能測其意。

十七年。楊師道爲吏部尚書。師道貴公之子。四海人物。未能委練。所署用多非其才。而深抑勢貴。及其親黨。將以避嫌。時論譏之。又其年吏部尚書高季輔知選。凡所銓綜。時稱允協。十八年於東都獨知選事。太宗賜金背鏡一面。以表其清鑒焉。

龍朔二年。司列少常伯楊思元。恃外戚之貴。待選流多不以禮。而排斥之。爲選者夏侯彪所訟。而御史中丞郎餘慶彈奏免官。中書令許敬宗曰。固知楊吏部之敗。或問之。敬宗曰。一彪一狼。共著一羊。不敗何待。

總章二年。司列少常伯李敬元典選累年。銓綜有序。天下稱其能。參選者歲有萬人。每於街衢見之。莫不知其姓名。其被放有訴者。卽陳其書判錯失。及身曾負殿。略無差舛。時人服其強記。莫之敢欺。

宏道元年十二月。吏部侍郎魏克己銓綜人畢。放長榜遂出得留人名。於是衢路諠譁。大爲冬集人援引指摘。貶爲太子中允。遂以中書舍人鄧元挺替焉。元挺無藻鑑之目。又患消渴。選人因號爲鄧渴。

如意元年九月。天官郎中李至遠知侍郎時。有選人姓刁。又有王元忠並被放。乃密與令史相知。減其點畫。刁改爲丁。王元忠改爲士元。中擬授官後。即加文字。至遠一覽便覺曰。今年銓覆數萬人。總識記姓名。安有丁士者。此刁某王某也。遽窮其姦。登時承服。省中以爲神明。

長壽二年九月。許子儒除吏部侍郎。性無藻鑑。所視銓綜。皆委令史縱直。謂直曰。汝平配也。

久視元年七月。顧琮除吏部侍郎。時多權幸。好行囑託。琮性公方。不堪其弊。嘗因官齋至寺。見壁上畫地獄變相。指示同行曰。此亦稱君所爲。何不畫天官掌選耶。

景龍三年。鄭愔與崔湜同執銓管。數外倍留人。及授擬不遍。即探用三考。二百日闕。夏不行。又用兩考。二百日闕。朝注夕改。無復准定。選人得官。乃有三考不得上者。有一人索遠得校書郎。其或未能處置者。即給公驗。謂之比冬。故選司綱維紊亂。以崔鄭爲口實。自後頗難綱紀。

景雲元年。盧從愿爲吏部侍郎。精心條理。大稱平允。其冒名僞選。及虛增功狀之類。皆能擿發其事。典選六年。頗有聲稱。時人云。前有裴馬。後有盧李。謂裴行儉馬戴李朝隱。

開元十一年十二月。吏部侍郎崔林以舊例有遠惡官六七百員。常不用。此冬因選深人以此闕銓。日對面注。各得穩便。不入長名。用此遠闕都盡。

十八年。蘇晉為吏部侍郎。而侍郎裴光庭每過官。應批退者。但對衆披簿。以朱筆點頭而已。晉遂榜選院云。門下點頭者。更引注擬。光庭以為侮己。不悅。時有門下主事閻麟之。為光庭心腹。專知吏部過官。每麟之裁定。光庭隨口下筆。時人語曰。麟之手。光庭口。

天寶元年冬。選六十四人判入等。時御史中丞張倚男奭判入高等。有下第者嘗為薊令。以其事白於安祿山。祿山遂奏之。至來年正月二十一日。遂於勤政樓下。上親自重試。惟二十八比類稍優。餘並下第。張奭不措一詞。時人謂之曳白。吏部侍郎宋遙貶武當郡太守。苗晉卿貶安康郡太守。考官禮部郎中裴朏起居舍人張烜。監察御史宋昱。左拾遺孟國朝。並貶官。

十一載十一月。楊國忠為右相。兼吏部尚書。奏請兩京選人。銓日便定留放。無長名。於宅中引注。虢國垂簾觀之。或有老病醜陋者。皆指名以笑。雖士大夫亦遭訴恥。故事。兵部注官訖。於門下過侍中給事中省不過者。謂之退量。國忠注官。呼左相陳希烈於坐隅。給事中列於前。曰。既對注擬。即是過門下了。希烈等腹非而已。侍郎韋見素張倚。皆見衣紫。與本曹郎官蕃屏外。排比案牘。趨走諮事。乃謂簾中楊氏曰。兩箇紫袍主事何如。楊乃大噱。選人鄭昂等。附會其旨焉。二十餘年。人率銓於勤政樓設齋簾。為國忠立牌於尚書省南。所注吏部三銓選人。務專鞅掌。不能躬親。皆委與令史及孔目官為之。國忠但押一字。猶不可徧。

貞元九年正月。御史中丞韋貞伯劾奏。稱吏部貞元七年冬以京兆府踰濫解送之人。已授官總六十六人。或有不到京銓試。懸授官告。文按選格銓狀。選人自書試日書跡不同。即駮放殿選。違格文者。皆不覆驗。及降資不盡。或與注官。伏以承前選曹乖謬。未有如此。遂使衣冠以貧乏待缺。姦濫以賄賂成名。非陛下求才審官之意。由是刑部尚書劉滋。以前吏部尚書。及吏部侍郎杜黃裳。皆坐削階。

太和二年三月。都省奏。落下吏部三銓注今春二月旨甲內超資官洪師敏等六十七人。勅都省所執是格。銓司所引是例。互相陳列。頗似紛紜。所貴淸而能通。亦由議事以制。今選已滿。方此爭論。選人可哀。難更停滯。其三銓已授官。都省落下者。並依舊注。重與團奏。仍限五日內畢。其如官超一資半資。以今授稍優者。至後選日量事降折。尙書侍郎注擬不一。致令省都以此興詞。鄭絪丁公著宜罰一季俸。東銓所落人數較少。楊嗣復罰兩月俸。其今年選格。仍分明標出近例。冀絕微求。時尙書左丞崔宏景以吏部注擬多不守文。選人中僥倖者衆。糾案其事。落下甲勅選人。輩惜已成之官。經宰相喧訴。故特降此勅。

吏曹條例

總章二年四月一日。司列少常伯裴行儉。始設長名牓引銓注期限等法。又定州縣升降官資高下。以爲故事。仍撰譜十卷。

其年十一月。吏部侍郎李敬元委事於員外郎張仁禕。仁禕有識略吏幹。始造姓歷。改修狀樣銓歷等程式。敬元用仁禕之法。銓綜式序。仁禕感國士見委。竟以心勞嘔血而死。

開元十八年四月十一日。侍中兼吏部尚書裴光庭奏用循資格。至二十一年。光庭薨。中書令蕭嵩與光庭不協。以循資格取士不廣。因奏事言之。六月二十八日詔。古者。諸侯舉士。必本於鄉曲。府庭署吏。亦先於行能。所以人自檢修。官無敗政。及乎魏承漢弊。權立九品。今之吏部。用是因循。入仕寖多。爲法轉密。然於濟治求才。未聞深識。持衡處事。徒具繁文。朕寤寐永懷。每以惆悵。夫琴瑟不調者。改而更張。法令不便者。義復何異。頃者有司限數。及拘守循資。遂令銓衡。不得揀拔天下賢俊。屈滯頗多。凡人三十始可出身。四十乃得從事。更造格限。分品爲差。若如所制之文。六十尚不離一尉。有材能者。始得如此。稍敦樸者。遂以終身。由是取人。豈爲明恕。自今以後。選人每年總令赴集。依舊以三月三十日爲限。其中有才優業異操行可明者。一委吏部臨時擢用。貴於取實。何限常科。雖遠郡下寮。名跡稍著。亦須甄拔。令其勸勉。俾人思爲善之利。俗知進取之途。朕所責成。實在吏部。可舉其大略。令有所依。比者流外奏甲。仍引過門下。簿書堆盈於瑣闥。胥吏塡委於掖垣。豈是合宜。過爲煩碎。自今以後。亦宜依舊

二十八年八月。以考功貢院地置吏部南院。以置選人文書。或謂之選院。其選院本銓之內。至是移出之。東都至二十一年七月。以太常園置之。

二十二年七月六日。吏部尚書李嵩奏曰。伏見告身印與曹印文同。行用參雜。難以區分。望請准司勳兵部印文。加告身兩字。從之。

二十四年十二月二十四日。勅王子未出閤者。侍講侍讀侍文侍書。並取見任官充。經三周年放選。與處分。習藝館諸色內教通取前資及常選人充。經二年已上選日。各於本色量減兩選與處分。左右衛三衛及五品以上子弟。經七年。雜衛三衛經八年。勳官經九年。並放選與處分。

貞元二年三月。吏部奏。伏准今年二月十三日勅。除臺省常參官。餘六品已下。並准舊例。都付本司處分者。其六品以下選人中。有人才書判無闕相當。承前准格皆送中書門下。又立功狀奏請。要有褒揚等令。並委本司注擬。即不同常格選人。若無闕相當。一一令待續闕。事即停滯。必招喧訴。應緣功狀及非時與官。合授正員額。并選限內無闕注擬者。伏請量事計日。用成三考闕。如臨時人數稍多。注擬不足。灼然須處置發遣。即請兼用兩考以上得資闕。並量人才資序注擬。訖。准勅送中書門下詳定可否。其六品以下。有官資稍高合入五品。縱非五品。亦請依前送名。勅旨。兩考闕不在用限。其三考闕如非當年准格令用。除別勅授官人外。亦不在用限。如闕員不足。選人事須處分者。臨時奏聽進止。餘依。其年三月勅旨。五品官准式不合選補使注擬。宜付吏部檢勘。訖。送中書門下。其據資敍卻合授六品已下官。任便處分。

其年五月。吏部奏。伏准貞元元年七月二十五日勅。諸州府及京五品已上官停使下郎官御史等。宜付所司。作條件聞奏者。緣諸色功優。非時授官。闕員稍多。請作節限許集。上州刺史。兩府少尹。四赤令。停替後。請許一月內于都省陳牒納文狀。畢檢勘同具由歷。每至月終。送名中書門下。仍請不試。太原河中鳳翔江陵成都興元府少尹赤令及京兆鴿赤令。中下州刺史。諸使下停減郎官御史等。停官當年并聽集。六品以下常參官。以理去任者。當年聽集。具員官京兆府先申中書門下省。檢勘未成失文歷者。其中先東西在遠。不及選集。並請依後件合集人限所在陳牒。隨例赴集。選人有明經進士道舉明法出身。無出身人有經制舉宏詞拔萃及第。判入等清白狀。并有上下考。校奏成及孝義名聞。制及勅褒獎者。或曾任郎官御史。起居補闕拾遺。太常博士。兩府判司。兩府畿赤官使下郎官。觀察使節府都團練都防禦度支。水陸運鹽鐵使留守判官支使推官書記等。制勅分明。貞元元年十二月已前離任者。一切聽集。并六府少尹鴿赤令。並不在試例。應未及一考已下被替丁憂服滿廢省患解侍親并隔絕不上州府縣升降等官。並聽當集。緣未得資望。准六品已下選人例所試狀。縱入下等。望臨時據人材定留放。其違程不上人經免殿者。聽集。仍卻還本道本色官。應准格未合集人。其中有文詞宏贍。學術精通。灼然爲人所知。亦任於所在府州陳狀。本州長官精加選擇。堪獎拔者。具解申送。依例赴集。至省審加考覈。有才實相副。別狀送名。如有踰濫。其本州署申解牒本判官。量事科罰。四品官中有衰疾情願任致仕官者。但是正員官。不限考數。任於所在州府陳牒。依合集人狀樣通由歷。准前送本道觀察使上省。不用身到禮部。附學官先及第人薦闕吏部者。並聽集。准例試狀定留放。應集合試官。並望准舊例狀一道。仍准建中二年格例。及大歷十一年六月勅。請條委左右僕射兵部尚書侍郎同考試。其狀考入上等具名所試狀。依限送中書門下。其考入下等者。任還。

十一年十月。罷吏部兵部司封司勳寫急獲告身凡九十員。

二十三年五月。齊抗以太常卿代鄭餘慶爲中書侍郎平章事。先時每歲吏部選人試判。別奏官考覆。第其上下。既考。中書門下覆奏。擇官覆定。寖以爲例。抗爲相。乃奏言吏部尚書已是朝廷精選。不宜別差考官重覆。其年他官考判訖。俾吏部侍郎自覆。明年。遂不置考判官。蓋因抗所論奏也。

太和六年八月勅旨。凡權知授官。皆緣本資稍優。未合便得。藉才不遽擢用。故且權知。若通計五考。卽便同正授。極爲僥倖。自今以後。應請州府五品長馬權知正授。通計六考滿停。其勒留官如有未滿六考停給課料者。便准此卻與支給。

四年五月。中書門下奏。准太和元年九月勅。釐革兩畿及諸州縣官。唯山劍三川峽內及諸州比遠。許奏縣令錄事參軍。其餘並停。自勅下以來。諸道並有奏請。如滄景德棣勅後已三數員。伏以勅令頒行。不合違越。苟有便宜。則須改張。自今以後。山劍三川峽內及諸道比遠州縣官出身及前資正員官人中。每道除令錄事外。望各許奏三數員。如河北諸道滄景德棣之類。經破蕩之後。及靈夏邠寧麟坊等州。全無倖料。有出身及正員官。悉不肯去。吏部從前多不注擬。如假攝有勞望。許於諸色人中量事奏三數員。其餘勒約及期限。並請依太和元年九月十九日勅處分。從之。

其年七月。吏部應遠道州縣課料錢元額。計料支給。不得更欠折。當司據料前錢定數。牒示選人。使知委。勅旨宜依。

五年六月勅。南曹檢勘。廢置詳斷。選人儻有屈事。足以往覆辨明。近年以來。不問有理無理。多經中書門下接訴。致令有司失職。莫知所守。選人踰分。唯望哀矜。若無條約。恐更滋甚。起今以後。其被駁選人。若已依期限經廢置詳斷不成。自謂有屈。任經中書門下陳狀。狀到吏部後。銓曹及廢置之吏。更爲詳斷。審其事理。可收即收。如數至三人已上。廢置郎官請牒都省罰直。如至十人已上。具事狀申中書門下處分。如未經廢置詳斷。公然越訴。或有已經詳斷不錯。輒更有投論者。選人量殿兩選。當日具格文榜示。冀無冤濫。亦免倖求。

八年正月勅。吏部疏理諸色入仕人等。令勘會諸司流外令史府史掌固禮生楷書醫工及諸司流外令史等。總一千九百七十二員。六百五十七員請權停。一千三百一十五員請令諸司守缺。除見在外。以後不得更置。委御史臺察訪。

開成二年六月。吏部南曹奏。准今年五月勅。長定選格。加置南曹郎一人。別制印一面。勅旨依奏。

會昌五年七月勑。應在京百司官典優成授官人等。既云趨吏執舉簿書優成。命官須居散秩。近日僭越殊甚。條桼舊規累資或至於登朝。班序豈容於雜類。自今以後。如有改轉官宜止於中下州長史司馬。但不令登朝事貴得體。永爲常式。

天祐三年四月十九日。吏部奏今後選人。如是格式申送員闕。任其穩便去處請官。不得妄指射諸道。假滿拋官不到任。停留官元闕。及違程不上月限等闕。從之。

唐會要卷七十五

選部下

選限

武德初，因隋舊制，以十一月起選，至春即停。至貞觀二年，劉林甫爲吏部侍郎，以選限既促，選司多不究悉，遂奏四時聽選，隨到注擬，當時以爲便。

貞觀十九年十一月，馬周爲吏部尚書，以吏部四時持衡，略無暇休，遂奏請取所由文解，十月一日赴省，三月三十日銓畢。按工部侍郎韋述唐書云：貞觀八年，唐皎爲吏部侍郎，以選集無限，隨到補職，時漸太平，選人稍衆，請以冬初一時大集，終季春而畢，至今行用之。諸史又云是馬周，未知孰是，兩存焉。

開元二十年正月二十二日，吏部尚書裴光庭奏：文武選人承前三月三十日始畢，比團甲已至夏末，自今已後，并正月三十日內團甲，二月內畢。至二十一年六月二十八日，蕭嵩奏：吏部選人，請准舊例，至三月三十日團甲畢。

貞元八年春，中書侍郎平章事陸贄始復令吏部每年集選人。舊事，吏部常每年集人，其後遂三數年一置選，選人併至，文書多不可尋勘，眞僞紛雜，吏因得大爲奸巧，選人一蹉跌，或十年不得官，而官之闕者或累歲無人。贊令吏部分內外官爲三分，計闕集人，歲以爲常，其弊十去七八，天下稱之。

十五年六月勅．吏部奏選人依前三月三十日已前團奏畢．其流外兵部禮部舉人等．專委郎官．恐不詳審．共爲取舍．適表公平．每至流放之時．皆尙書侍郎對定．旣上下檢察．務在得人．

元和四年三月二十五日勅．今後宗正寺修選圖譜官．知匭使判官．至考滿日．各宜減兩選也．

藻鑑 非因銓選．藻鑑附．

武德七年．高祖謂吏部侍郎張銳曰．今年選人之內．豈無才用者．卿可簡試．將來欲縻之好爵．於是遂以張行成張知運等數人應命．時以爲知人．裴行儉爲吏部侍郎．時李敬元盛稱王勃楊炯盧照鄰駱賓王等．爲之延譽．引以示裴行儉．行儉曰．才名有之．爵祿蓋寡．楊應至令長．餘並鮮能令終．是時蘇味道王劇未知名．因調選．行儉一見．深禮異之．仍謂曰．有晚生子息．恨不見其成長．二公十數年當居衡石．願記識此輩．其後果如其言．行儉嘗引偏裨將．有程務挺．張虔勖．崔智聓．王方翼．黨令毗．劉敬同．郭待封．李多祚．黑齒常之．盡爲一時之名將．

證聖元年．劉奇爲吏部侍郎．注張文成司馬鍠爲監察御史．二人因申屠瑒以謝之．奇正色曰．舉賢自無私．二君何爲見謝．

聖曆二年．吏部侍郎鄭杲．注韓復爲太常博士．元希聲京兆士曹．嘗謂人曰．今年掌選．得韓元二子．則吏部不負朝廷矣．

景雲二年。盧從愿爲吏部侍郎。杜暹自婺州參軍調集。補鄭縣尉。後爲戶部尚書。從愿自益州長史入朝。暹立在盧上。謂曰。選人定如何。盧曰。亦由僕之藻鑑。遂使明公展千里足也。

開元八年七月。王邱爲吏部侍郎。拔擢山陰尉孫逖。桃林尉張鏡微。湖城尉張晋明。進士王泠然。李昂等。不數年登禮闈。掌綸誥焉。

十一年十二月。吏部侍郎崔林掌銓。收選人盧怡。裴登。復于儒卿等十數人。無何皆入臺省。衆以爲知人。

武德初。李勣得黎陽倉。就食者數十萬人。魏徵。高季輔。杜正倫。郭孝恪。皆客遊其所。一見於衆人之中。即加禮敬。及平武牢。獲鄭州長史戴胄。即釋放推薦之。當時以爲有知人之鑒。

永徽元年。中書舍人薛元超。好汲引寒微。嘗表薦任希古。高智周。郭正一。王義方。孟利貞十餘人。時論稱美。

聖歷初。狄仁傑爲納言。頗以藻鑑自任。因舉桓彥範。敬暉。崔元暐。張柬之。袁恕己等五人。後皆有大勳。復舉姚元崇等數十人。悉爲公相。聖歷中。則天令宰相各舉尚書郎一人。仁傑獨薦其子光嗣。由是拜地官員外。蒞事有聲。則天謂之曰。祁奚內舉。果得人也。

長安二年。則天令雍州長史薛季昶擇寮吏堪爲御史者。季昶以問錄事參軍盧齊卿。舉長安縣尉盧懷愼。季休光。萬年縣尉李乂。崔湜。咸陽縣丞倪若水。盩厔縣尉田崇璧。新豐縣尉崔日用。後皆至大官。

景雲二年．御史中丞韋抗加京畿按察使．舉奏奉天縣尉梁日昇．新豐縣尉王倕．金城縣尉王冰．華原縣尉王燾爲判官．其後皆著名位．

其年．朔方總管張仁愿奏用監察御史張敬忠．何鸞．長安縣尉寇泚．鄠縣尉王易從．始平縣主簿劉體微．分判軍事．義烏縣尉趙良貞爲隨軍．後皆至大官．

先天元年．侍中魏知古嘗表薦洹水縣令呂太一．蒲州司功參軍齊澣．右內率府騎曹柳澤．及爲吏部尚書．又擢密縣尉宋遙．左補闕袁暉．封希顏．伊闕縣尉陳希烈．後咸居清要．

開元元年．盧齊卿爲幽州刺史．時張守珪爲果毅．特禮接之．謂曰．十年內當知節度．果如其言．

雜處置

乾封三年十月．勅司戎諸色考滿．又選司諸色考滿入流人．並兼試一經一史．然後授官．

咸亨三年正月十八日．許雍洛二州人任本郡官．

天册元年十月二十二日勅．品藻人物．銓綜士流．委之選曹．責成斯在．且人無求備．用匪一途．理當才地並昇．輪轅兼授．或收其履歷．或取其學行．糊名攷判．立格注官．既乖委任之方．頗異銓衡之術．朕厲精思化．側席求賢．必使草澤無遺．方員曲盡．改絃易調．革故鼎新．載想緝熙之崇．式佇清通之效．其常選人．自今已後．宜委所司依常例銓注．其糊名入試．及令學士考判．宜停．

神功元年十月勅。選司抑塞者。不須請不理狀。任經御史臺論告。不得輒於選司喧訴。有凌突選司。非理喧悖者。注簿量殿。尤甚者。仍於省門集選人決三十。仍殿五六選。

其年閏十月二十五日勅。八寺丞。九寺主簿。諸監丞簿。城門符寶郎。通事舍人。大理寺司直。評事。左右衛千牛衛。金吾衛。左右率府。羽林衛長史。太子通事舍人。親王掾屬。判司。參軍。京兆河南太原判司。赤縣簿尉。御史臺主簿。校書。正字。詹事府主簿。協律郎。奉禮。太祝等。出身入仕。既有殊途。望秩常班。須從甄異。其有從流外及視品官出身者。不得任前官。其中書主書。門下錄事。尙書都事。七品官中亦爲緊要。一例不許。頗乖勸獎。其考詞有清幹景行。吏用文理者。選日簡擇。取歷十六考已上者。聽量擬左右金吾長史及寺監丞。

聖歷元年二月二十二日勅。選人無故三試三注唱不到者。不在銓試重注之例。其過門下三引不過者。亦不在更注之限。

三年正月三十日勅。監察御史。左右拾遺。赤縣簿尉。大理評事。兩畿縣丞主簿尉。三任已上。及內外官經三任十考以上。不改舊品者。選敍日。各聽量隔品處分。餘官必須依次授任。不得超越。

大足元年正月十五日勅。選人應留。不須要論考第。若諸事相似。即先書上考。如書判寥落。又無善狀者。雖帶上考。亦宜量放。

開元二年二月十八日勅。繁劇司闕官有灼然要籍者。聽牒選司。於應得官人內據材用資歷相當者先補擬。

三年六月八日勅。吏部銓選。委任尤重。比雖守職務在循常。既限之以選勞。或失之於求士。宜選日拔擢一二人。不須限資次放。

四年六月十九日勅。六品以下官令所司補授。員外郎御史併餘供奉宜進名授勅。

其年七月勅。如聞黔州管內州縣官員多闕。吏部補人多不肯去。成官已後。或假解或從征。考滿得資。更別銓選。自餘管蠻獠州。大率亦皆如此。宜令所司於諸色選人內。卽召補。並馳驛發遣。至州令都府勘到日申所司。如有遲違。牒管內都督決六十。追毁告身。更不須與官。

其年九月十二日勅。諸色選人納紙保後五日內。其保識官各于當司具名品并所在人州貫頭銜。都爲一牒。報選司。若有僞濫。先用缺。然後准式處分。

十一年四月　五日勅。要官兒子少年未經事者。不得作縣官親民。

十二年。初定兵吏兩司員外郎專判南曹。

十四年十一月二十五日勅。比來所擬注官。多不愼擇。或以資授。或未適才。宜令吏部每年先於選人內精加簡試。灼然明閑理法者。留擬其評事。已上仍令大理長官相加簡擇。並不授非其人。

十五年九月勅。今年吏部選人。宜依例糊名試判。臨時考第奏聞。

十七年三月勅。邊遠判官多有老弱。宜令吏部每年選人內簡擇強幹堪邊任者。隨缺補授。秩滿。量減三兩選與留。仍加優奬。

天寶四載九月二十一日勅。侍郎銓曹入宿令史加轉。

八載六月十六日勅旨。授官宜待攢符。

九載三月十三日勅。吏部取人。必限書判。且文學政事。本自異科。求備一人。百中無一。況古來良宰。豈必文人。又限循資。尤難奬擢。自今以後。簡縣令但才堪政理。方圓取人。不得限以書判及循資格注擬。諸畿望緊上中每等爲一甲。委中書門下察問選擇堪者。然後奏授。大理評事。緣朝要子弟中有未歷望畿縣。便授此官。既不守文。又未經事。自今以後。有此色及朝要至親。並不得注擬。

十一載七月勅。吏部選人書判濫及雜犯不合得留者。不限選數。並放。除此之外。先後選深人。一槩並留。其選深被放人。選淺得留人。名具留放逗留榜示。選人各令知悉。仍以單狀奏聞。不須更起條目。至十二月二日。吏部尙書楊國忠奏請兩京選人集銓日便定留放。無長名。遂詔文部選人調集者。宜審定格限。令集銓日各量官資書判狀跡功優。據闕合留。對衆集便定。其宏詞博學。或書判特優。超越流輩者。不須定以選數。聽集。武部選人集試日。校第功優。亦對衆留放。

十三載三月二十八日勅旨。授官取蜀郡大麻紙一張寫告身。

廣德元年二月勅。諸州府及縣令後每有闕官。宜委本州府當日牒報本道觀察節度。及租庸使。使司具闕由附便使牒中書門下。送吏部。依闕准式處分。其所闕官有職務稍重者。委本府長官於見任及比司官中簡擇權令勾當。正官到日停。不得更差前資及白身等攝。吏部及制勅所授官。委中書門下及吏部甲制勅出後三日內下本州。准令式計程外一月不到任。本州報中書門下。吏部用闕。如灼然事故。准勅勒留。不在此限。其遠限程人六品已下本色內殿一兩選。許同會闕不成人例。五品已上停一二年。其殿選人。諸州諸使不得奏用。

大曆元年二月勅。許吏部選人自相舉。如任官有犯。坐舉主。從吏部侍郎王延昌奏

十二年五月勅。見任中書門下兩省五品以上。尚書省三品已上子孫。各授官者。一切擬京官。不得擬州縣官。

建中元年正月五日勅。大理法官及太常禮官。宜委吏部每至選時。簡擇才識相當者。與本司商量注擬。

貞元元年正月二十五日勅。宜令清資常參官每年於吏部選人中各舉一人堪任縣令錄事參軍者。所司依資注擬。便于甲歷具所舉官名銜。仍牒御史臺。如到任政理尤異。及無贓犯事跡明著。所司舉錄官姓名聞。當議褒貶。仍長名後二十日舉。仍永爲常式。七月。吏部奏。准今年五月勅節文。緣選人淹留多時。

理且權宜發遣。請量取建中四年授官至今計日成三考。用闕注擬。其受替人皆于常例稍屈。亦宜量事優償委所司選限畢後。具所用闕人名銜聞奏。至選日各減一選。

三年七月。復置吏部小選。

九年十二月制。自今已後。應諸色使行軍司馬。判官。書記。參謀。支使。推官等使罷者。如是檢校試五品已上。不合于吏部選集。並任准罷使郎官御史例。冬季聞奏。

十三年三月。詔於吏部選人中簡擇通事舍人。

十九年七月。勅以關輔饑。罷今歲吏部選集。

元和三年正月。吏部奏。准去年六月勅。元和元年下文狀人。但有續闕。即便注擬。元和二年下文狀人。均待有兩季下續闕。至冬末合收用者注擬。伏以非時選集。見在無多。待闕多年。艱辛轉甚。其元年二月十三日已前下文狀。應未得官人。並請依當年平選得選留人例。一時注擬。其十月以後及今年下文狀人。如元勅。即與處分。亦請准前注擬。其餘並請待注平選人畢。有闕相當。便與注擬。如無闕相當。即請許待續闕。勅旨依奏。

其年三月。勅秘書省。宏文館。崇文館。左右春坊司經局校書郎。正字。宜委吏部自今平流選人中擇取志行貞進。藝學精通者注擬。

七年十二月。魏博奏。管內州縣官二百五十三員。內一百六十三員見差假攝。九十員請有司注擬。從之。

八年八月。吏部奏。請差定文武官告紙軸之色物。五品已上。用大花異紋綾紙。紫羅裏。檀木軸。六品下朝官。裝寫大花綾紙及小花綾裏。檀木軸。命婦邑號。許用五色牋。小花諸雜色錦褾。紅牙碧牙軸。其他獨窠綾褾。金銀花牋。紅牙發鏤軸鈿等。除恩賜外。請並禁斷。勅旨依奏。

其年九月。刑部奏。准今年七月二十一日勅。諸色左降官等經五考滿。許量移者。其降貶日授正員官。或無責詞。亦是責授。並請至五考滿。然後許本任處申闕。並餘左降官。緣任處多在遐遠。至考滿日。其申牒稽遲。致使留滯者。其刺史錄事參軍等。並請與下考。如滿後雖已申牒。未量移間。其祿料並准天寶貞元兩度勅文。依舊支給。其本犯十惡等罪。已有正名。請從舊。從之。

其年十一月。勅有司奏。申光蔡三州州縣官。緣給復無稅。應支俸料。今量定員額及課料。其六品以下官。仍令吏部于選人中擇優與注擬。每月課料錢。委所司量與支給。其員外課料等。本額待給復年滿。一切仍舊。

十二年七月。詔。入粟助邊。古今通制。如聞定州側近。秋稼未登。念切飢民。不同常例。有人能于定州納粟五百石者。放同優比出身。仍減三選。一千石者。無官便授解褐官。有官者依資授官。納二千石者。超兩資。如先有出身及官。情願減選者。每三百石與減一選。

十五年二月。中書門下奏。見任正員官充職掌等。比限兩考。及授官經二周年已上。方許奏請。然後與依資改轉。有才在下位者。不免留滯。請自今已後。諸道使應奏請正員官充職掌。經一年者。卽依資與改轉。如未周者。卽量予同類試官。如此處分。庶將得中。勑旨依奏。

寶歷二年十一月勑旨。京百司應合帶職事奏正員官者。自今已後。宜於諸司及府縣見任官中選擇。便以本官充職。如見任無相當者。卽任於其年選人中奏用。便據資歷與官。不要更待銓試。仍永爲常式。

三年正月。山陵使奏。伏以景陵光陵以來。諸司諸使所差補押當及雜掌官等。皆據舊例。合得減選。其中有無選可減者。便放非時選。吏曹緣是承優放選。例多判成。有過格年深。名身踰濫。赴常選不得者。多求減選職掌。圖得非時赴集。因緣優勑。成此倖門。其吏曹爲弊頗甚。今請應差前資官充職掌。並不得取選數已過格人。庶絕奸冒。勑旨依奏。

太和四年七月。吏部奏。當司兩銓侍郎廳。伏以吏部居文昌首。曹侍郎爲尚書貳職。銓庭所宜順序。廳事固有等衰。舊以尚書廳之次爲中銓。其次爲東銓。自乾元中。侍郎崔器以當時休咎爲虞。奏改中爲西詮。以久次侍郎居左。以新次侍郎居右。因循倒置。議者非之。伏請自今以後。以久次侍郎居西銓。以新除侍郎居東銓。勑旨依奏。

其年七月。吏部奏。三銓正令史。每銓元置七人。今請依太和元年流外銓起請。置五人。減下兩人。南曹令史一十五人。今請依太和元年流外銓起請節文。減下三人。奉勅。依奏。

五年二月。吏部奏。請量抽太和三年終已來至今年三月四月以來得資及計入成三考闕四十五員。伏緣去冬諸色黃衣參選者倍多於常年。其間十七人皆是勳臣貴戚及常參官子弟。不可任遠處州縣官。三銓以當年合用闕。方圓發遣之外。每銓各有十餘人未得官。今請准元和中及長慶初勅例。據見在人數。量抽前件闕注擬畢。具所用闕聞奏。勅旨。宜依。

其年六月勅。應選人未試以前。南曹駁放後。經廢置詳斷。及准堂判卻收。比來南曹據給帖人數。續到續試。銓司更不考判。便同平留選人例注擬。稍涉僥倖。自今以後。應有此色。並請待正月十日。准格詳斷限畢。都引試判。不及格。并雜犯。及續檢勘庫報。并前選子案不同。並駁放。不任更陳狀披訴。及重詳斷之限。

其年五月。吏部奏。准貞元十八年四月一日勅。諸親注得外官。欲赴任。自今已後。每年須先奏聞者。今請至時准勅檢勘聞奏。其諸親薨歿。子弟注得外官。准先後勅合奏聞。起自今已後。請更赴集。更不在重奏限。其給解處審勘。仍于家狀一一具奏。諸親等第。如違。駁放。勅旨。依奏。其月五日勅。應選人及冬集人子案。門下省檢勘畢後。比來更差南曹令史收領。卻納門下甲庫。在于公事。頗甚勞擾。自今已後。請勒吏部過院本令史便自分付甲庫。以備他年檢勘。請門下省勒甲庫令史每過選照勘收拾。明立文案。據官吏等遞相分付。不得妄有破除。南曹申請之時。如有稱失落欠少。本令史專知官准勘檢揩改違條流例處分。

七年五月二十五日。中書門下奏。今後請令京兆河南尹及天下刺史。各于本府本道管選人中。揀勘擇堪爲縣令司錄錄事參軍人。具課績才能聞薦。其諸州先申牒觀察使。都加考覈。申送吏部。至選集日。不要就選場更試書判。吏部尚書侍郎引詣銓曹。試時務狀一道。訪以理民之術。自陳歷任以來課績。令其一一條對。其治識優長者。以爲等第。便以大縣注擬。如刺史所舉并兩人得上下考者。就加爵秩。在任年考已深者。優與進改。其縣令錄事得上下考。兼績狀者。許非時放選。如犯贓一百貫以下者。舉主量削階秩。一百貫以上者。移守僻遠小郡。觀察使望委中書門下聽奏進止。所舉人中如有兩人善政。一人犯贓。亦得贖免其犯贓官。永不齒錄。從之。

開成元年十月。中書門下奏。兩畿及兩京奏六品以下官。除勅授外。並吏部注擬。准太和五年正月二十六日勅。中書門下奏。近勑隔絕諸司奏六品以下官。寬免占吏部闕員。亦稍絕邪濫。其兩府司錄及尉。知捕賊盜。皆藉幹能。用差專任。吏部所注。或慮與事稍乖。自今已後。京兆府及河南府司錄及尉。知捕賊盜據官資合入者充。其餘並准太和元年九月十九日勅。及太和四年五月七日勅處分。

會昌二年四月赦文。准太和元年十二月十八日勅。進士初合格。並令授諸州府參軍。及緊縣尉。未經兩考。不許奏職。蓋以科第之人。必宏理化。黎元之弊。欲使諳詳。近者諸州長吏。漸不遵承。雖注縣寮。多縻使職。苟從知己。不念蒸民。流例寖成。供費不少。況去年選格。改更新條。許本郡奏官。便當府充職。一人從事。兩請料錢。虛占吏曹。正員不親本任公事。其進士宜至合選年。許諸道依資奏授試官充職。如奏授州縣官。卽不在兼職之限。

廣明元年。勅吏部選人粟錯。及長名駮放者。除身名踰濫。及欠選欠考外。並以比遠殘闕注擬。

東都選

貞觀元年。京師米貴。始分人于洛州置選。

永徽元年。始置兩都舉。禮部侍郎官號。皆以兩都爲名。每歲兩地別放及第。自大歷十二年。停東都舉。是後不置。

開耀元年十月。崇文館直學士崔融議選事曰。關外諸州。道里迢遞。洛河之邑。天地之中。伏望詔東西二曹。兩京都分簡留放。旣畢。同赴京師。

開元元年十二月。遣黃門監魏知古。黃門侍郎盧懷愼。往東都分知選事。便令擬宋璟爲東都留守。攝門監過官。

元和二年九月。詔東都留守趙宗儒權知吏部。令掌東都選事。銓試畢日停。

太和二年九月。勅吏部今年東都選事。宜令河南尹王播權知侍郎。銓試畢日停。

三年四月勅。東都選事宜權停。

南選

上元三年八月七日勅。桂廣交黔等州都督府。比來所奏擬土人首領任官簡擇。未甚得所。自今已後。宜准舊制。四年一度。差強明清正五品已上官充使選補。仍令御史同往注擬。其有應任五品已上官者。委使人共所管督府相知具條景行藝能政術堪稱所職之狀奏聞。

大足元年七月二十九日勅。桂廣泉建賀福韶等州縣。既是好處。所有闕官。宜依選例省補。

開元八年八月勅。嶺南及黔中參選吏曹各文解。每限五月三十日到省。八月三十日檢勘使了。選使及選人限十月三十日到選所。正月三十日內銓注使畢。其嶺南選補使。仍移桂州安置。

其年九月勅。應南選人。嶺南每府同一解。嶺北州及黔府管內州。每州同一解。各令所管勘責出身由歷。選數考課優勞等級。作簿書。先申省。省司勘應選人曹名考第一事以上。明造歷子。選使與本司對勘定訖。便結階定品。署印牒付選使。其每至選時。皆須先定所擬官。使司團奏後。所司但覆同。即憑進畫。應給籤告。所司爲寫。限使奏勅到六十日寫了。差專使送付黔桂等州。州司各送本州府分付。

天寶十三載七月勅。如聞嶺南州縣。近來頗習文儒。自今已後。其嶺南五府管內白身。有詞藻可稱者。每至選補時。任令應諸色鄉貢。仍委選補使准其考試。有堪及第者。具狀聞奏。如有情願赴京者。亦聽。其前賚官并常選人等有詞理兼通才堪理務者．亦任北選．及授北官．

大歷十四年十二月二日勅．南選已差郎官．固宜專達．自今已後．不須更差御史監臨．

興元元年．勅吏部侍郎劉滋．知洪州選事．時京師寇盜之後．天下蝗旱．穀價翔貴．選人不能赴調．仍命滋江南典選．以便江嶺之人．時稱舉職．

其年十一月．嶺南選補使右司郎中獨孤愐奏．伏奉建中四年九月勅．選補條件所注擬官．便給牒放上．至上都赴吏部團奏．給告身．勅旨．准勅處分．

貞元十二年十一月勅．嶺南黔中選．舊例補注訖．給票放上．其俸除手力紙筆團除雜給之外．餘並待奏申勅到後．據上日給付．其福建選補司宜停．其桂廣泉建福賀韶等州．宜依選例稱補．

二年三月．考功員外郎陳歸．爲嶺南選補使．選人留放．注官美惡．違背令文．惟意出入．復供求無厭．郵傳患之．監察御史韓參奏劾．得罪．配流恩州．

元和二年八月．命職方員外郎王潔．充嶺南選補使．監察御史崔元方監焉．

長慶二年正月．勅權停嶺南黔中今年選補．

寶歷二年二月．容管經略使嚴公素奏．當州及普寧等七縣．乞准廣韶貴賀四州例．南選．從之．

太和三年．勅嶺南選補．雖是舊例．遠路行李．未免勞人．當處若有才能廉使．宜委推擇．待兵息事簡．續舉舊章．其南選使．可更停一二年．

七年正月。嶺南五管及黔中等道選補使宜更權停一二年。

開成二年正月又權停三年。

五年七月。潮州刺史林郇陽奏。州縣官請同漳汀廣韶桂賀等州吏曹注官。勅旨。潮州是嶺南大郡。與韶州略同。宜下吏部准韶州例收闕注擬。餘依。

其年十一月。嶺南節度使盧均奏。當道伏以海嶠擇吏與江淮不同。若非諳熟土風。即難搜求民瘼。且嶺中往日之弊是南選。今日之弊是北選。臣當管二十五州。唯韶廣兩州官寮。每年吏部選授。道途遙遠。瘴癘交侵。選人若家事任持。身名眞實。孰不自負。無由肯來。更以俸入單微。每歲號爲比遠。若非下司貧弱令史。即是遠處無能之流。比及到官。皆有積債。十中無一肯識廉恥。臣到任四年。備知情狀。其潮州官吏。伏望特循往例。不令吏部注擬。且委本道求才。若攝官廉愼有聞。依前許觀察使奏正。事堪經久。法可施行。勅旨。依奏。

附甲

聖歷元年二月勅。文武選人檢甲歷不獲者。宜牒中書門下爲檢。如又不獲。若在曹有官。前後相銜可明者。亦聽爲敍。

開元二年二月勅。諸色出身人銓試訖。應常選者。當年當色各爲一甲。團奏給告牒。過百人已上。分不滿五人附入甲。

十六年五月勅。諸蕃應授內外文武官及留宿衞長上者。共爲一甲。其放還蕃者。別爲一甲。仍具形狀年幾同爲一奏。

十九年四月勅。應授官考校敍功累勳有失錯者。門下省詳覆有憑。即爲改注。

十八年五月十一日勅。附甲授官無闕者。卻牒中書門下改擬。

天寶二年十一月勅。諸州醫學生等。宜隨貢舉人例申省補署。十年與散官。恐年歲深久。檢勘無憑。仍同流外例附甲。

大歷六年七月。宰臣奏。請自今巳後。勅授文武六品以下官。勅出後。附兵部附甲團奏。

貞元五年十二月勅。除常參官及諸使判官等。餘並附所司甲。其兵部選人。亦准此。

八年二月。戶部奏。內外官應直京內百司及禁中軍并國親勒留人等。戶部侍郎盧徵奏。伏以前件直司諸勒留官等。若勅出便帶職事及勒留京官。卽合以勅出爲上日。外官比勅到爲上日。如本司未經奏聞。卽合同赴任官例。准貞元六年二月二十四日勅。待甲出後。省符到任日支給俸料者。甲出未帶勒留官簽符。先下州府交替。理例未免喧爭。伏請起今以後。並須挾名勒留。勅到任方爲上日支給料錢。其附甲官有結甲。依前勒留直諸司者。待附甲後。簽到州爲上日支給課料。冀塞倖求。庶絕論訴。勅旨宜依。

冬集

大歷十一年五月勅。禮部送進士。明經。明法。宏文生。及崇賢生。道舉等。准式。據書判資蔭。量定冬集授散其春秋。公羊。穀梁。周禮。儀禮業人。比緣習者校少。開元中勅。一例冬集。其禮業每年授散。自今以後。禮人及道舉明法等。有試書判稍優。幷蔭高及身是勳官三衛者。准往例注冬集。餘並授散。

貢舉上

明經 所集業附。

上元元年十二月二十七日。天后上表曰。伏以聖緒出自元元。五千之文。實惟聖教。望請王公以下。內外百官。皆習老子道德經。其明經咸令習讀。一准孝經論語。所司臨時策試。請施行之。至二年正月十四日明經咸試老子策二條。進士試帖三條。

儀鳳三年三月。勅。自今已後。道德經孝經並爲上經。貢舉皆須兼通。其餘經及論語。任依恆式。

長壽二年三月。則天自製臣範兩卷。令貢舉人習業。停老子。

神龍元年二月二日赦文。天下貢舉人停習臣範。依前習老子。

開元十六年十二月。國子祭酒楊瑒奏。今之明經習左氏者。十無一二。恐左氏之學廢。又周禮。儀禮。公羊。穀梁。亦請量加優獎。遂下制。明經習左氏。及通周禮等四經者。出身免任散官。至貞元元年五月二日勅。

自今已後明經習禮記及第者。許冬集。

天寶元年四月三日勑。自今已後天下應舉。除崇元學生外。自餘所試道德經。宜並停。仍令所司更別擇一小經代之。其年加爾雅。以代道德經。至貞元元年四月十一日勑。比來所習爾雅。多是鳥獸草木之名。無益理道。自今已後。宜令習老子道德經。以代爾雅。其進士亦宜同大經略例帖試。至十二年三月十七日。國子司業裴肅奏。爾雅博通詁訓。綱維六經。爲文字之楷範。作詩人之興咏。備詳六親九族之禮。多識鳥獸草木之名。今古習傳。儒林遵範。其老子是聖人元微之言。非經典通明之旨。爲舉人所習之書。伏恐稍乖本義。伏請依前加爾雅。奉勑。宜准天寶元年四月三日勑處分。

二年三月。禮月令篇宜冠衆篇之首。餘舊次之。

三年七月。詔曰。尙書古先所制。有異於當今。抄寫漸訛。轉疑於後學。永言刊革。必在從宜。尙書應是古字體。並依今文。

建中二年十月。中書舍人權知禮部貢舉趙贊奏。應口問大義明經等舉人。明經之目。義以爲先。比來相承。唯務習帖。至于義理。少有能通。經術寖衰。莫不由此。今若頓取大義。恐全少其人。欲且因循。又無以勸學。請約貢舉舊例。稍示考義之難。承前問義。不形文字。落第之後。喧競者多。臣今請以所問錄于紙上。各令直書其義。不假文言。旣與策有殊。又事堪徵證。憑此取舍。庶歸至公。如有義策全通者。五經舉人請准廣德元年七月勑。超與處分。明經請減二選。伏請每歲甄奬。不過數人。庶使經術漸興。人知教本。勑旨。明經義策全通者。令所司具名聞奏。續商量處分。餘依。

貞元二年六月詔。其明經舉人有能習律一部以代爾雅者。如帖經俱通。于本色減兩選。合集日與官。

十三年十二月。尚書左丞權禮部知貢舉顧少連奏。伏以取士之科。以明經爲首。教人之本。則義理爲先。至於帖書及以對策。皆形文字。並易考尋。試義之時。獨令口問。對答之失。覆視無憑。黜退之中。流議遂起。伏請准建中二年十二月勑。以所問錄于紙上。各令直書其義。不假文言。仍請依經疏對。奉勑宜依。

元和二年十二月。禮部貢舉院奏。五經舉人請罷試口義。准舊試墨義十餘條。五經通五。明經通六。便放入第。詔從之。

七年十二月。權知禮部侍郎韋貫之奏。試明經請墨義。依舊格問口義。從之。

開成四年十月勑。每年明經及第。宜更與十人。

帖經條例

貞觀九年五月勑。自今已後。明經兼習周禮并儀禮者。於本色量減一選。

永隆二年八月勑。如聞明經射策。不讀正經。抄撮義條。纔有數卷。進士不尋史籍。惟誦文策。銓綜藝能。遂無優劣。自今已後。明經每經帖十得六已上者。進士試雜文兩首。識文律者。然後令試策。其明法並書算舉人亦准此例。即爲常式。

永淳二年三月勅。令應詔舉人並試策三道。即爲永例。

開元八年七月。國子司業李元瓘上言。三禮三傳及毛詩尚書周易等。並聖賢微旨。生徒教業。必事資經遠。則斯文不墜。今明經所習。務在出身。咸以禮記文少。人皆競讀。周禮經邦之軌。則儀禮莊敬之楷模。公羊穀梁。歷代宗習。今兩監及州縣。以獨學無友。四經殆絶。事資訓誘。不可因循。其學生望請量配作業。并貢人參試之日。習周禮儀禮公羊穀梁。並請帖十通五。許其入策。以此開勸。即望四海均習。九經該備。從之。

十六年十二月。國子祭酒楊瑒奏。今之舉明經者。主司不詳其述作之意。每至帖試。必取年頭月尾。孤經絶句。自今已後。考試者盡帖平文。以存大典。

十七年三月。國子祭酒楊瑒上言曰。伏聞承前之例。每年應舉常有千數。及第兩監不過一二十人。臣恐三千學徒。虛費官廩。兩監博士。濫糜天祿。臣竊見入仕諸色出身。每歲向二千餘人。方於明經進士。多十餘倍。自然服勤道業之士。不及胥吏。以之効官。豈識先王之禮義。陛下設學校。務以勸進之。有司爲限約。務以黜退之。臣之微試。實所未曉。今監司課試。已退其八九。考功及第。十又不收一二。若長以此爲限。恐儒風漸墜。小道將興。若以出身人多。應須諸色都減。豈在獨抑明經進士也。

二十一年勅。令士庶家藏老子一本。每年貢舉人。量減尚書論語一兩條策。加老子策。

二十五年二月勅。今之明經進士。則古之孝廉秀才。近日以來。殊乖本意。進士以聲律爲學。多昧古今。明經以帖誦爲功。罕窮旨趣。安得爲敦本復古。經明行修。以此登科。非選士取賢之道。其明經自今以後。每經宜帖十。取通五已上。免舊試一帖。仍按問大義十條。取通六已上。免試經策十條。令答時務策三道。取粗有文理者與及第。其進士宜停小經。准明經帖大經十帖。取通四已上。然後准例試雜文及第者。通與及第。其明經中有明五經已上。試無不通者。進士中兼有精通一史。能試策十條得六已上者。委所司奏聽進止。其應試進士等唱第訖。具所試雜文及策。送中書門下詳覆。其所問明經大義日。須對同舉人考試。應能否共知。取舍無愧。有功者達。可不勉歟。（此詔因侍郎姚奕奏。）

天寶十一載七月。舉人帖及口試。並宜對衆考定。更唱通否。

其載十二月勅。禮部舉人比來試人。頗非允當。帖經首尾。不出前後。復取者也之乎。頗相類之處下帖。爲弊已久。須有釐革。禮部請每帖前後各出一行。相類之處。並不須帖。

十二載六月八日。禮部奏。以貢舉人帖經。既前後出一行。加至帖通六與過。

唐會要卷七十六

貢舉中

進士

貞觀八年三月三日。詔進士試讀一部經史。

二十二年九月。考功員外郎王師旦知舉。時進士張昌齡王公瑾並有俊才。聲振京邑。而師旦考其文策全下。舉朝不知所以。及奏等第。太宗怪無昌齡等名。因召師旦問之。對曰。此輩誠有文章。然其體性輕薄。文章浮豔。必不成令器。臣若擢之。恐後生相效。有變陛下風雅。帝以爲名言。後並如其言。

調露二年四月。劉思立除考功員外郎。先時進士但試策而已。思立以其庸淺。奏請帖經及試雜文。自後因以爲常式。

開元二十四年十月。禮部侍郎姚奕請進士帖左氏傳周禮儀禮。通五與及第。

乾元初。中書舍人李揆兼禮部侍郎。揆嘗以主司取士。多不考實。徒峻其隄防。索其書策。殊不知藝不至者。居文史之囿。亦不能攄其詞藻。深昧求賢意也。及其試進士文章日。於中庭設五經及各史。及切韻本於牀。而引貢士謂之曰。國家進士。但務得才。經籍在此。各務尋檢。由是數日之間。美聲上聞。

建中二年十月，中書舍人權知禮部貢舉趙贊奏：進士先時試詩賦各一篇，時務策五道，明經策三道。今請以箴論表贊代詩賦，仍試策三道。

三年四月勑：禮部應進士舉人等，自今已後，如有試官及不合選，幷諸色出身人等，有應舉者，先于舉司陳狀，准例考試。如才堪及第者，送名中書門下，重加攷覈，如實才堪，即令所司追納告身，注毀官甲，准例與及第。至選日，仍稍優與處分。其正員官不在舉限。

元和二年十二月勑：自今已後，州府所送進士，如跡涉疏狂，兼虧禮教，或曾任州府小吏，有一事不合清流者，雖薄有辭藝，並不得申送。如後舉事發，長吏奏停現任，如已停替者，殿二年。本試官及司功官見任及已停替，並量事輕重貶降，仍委御史臺常加察訪。

長慶元年勑：今年禮部侍郎錢徽下進士鄭郎等一十四人，宜令中書舍人王起、主客郎中知制誥白居易重試，覆落十三人。三月丁未，詔：國家設文學之科，本求實才，苟容僥倖，則異至公。訪聞近日浮薄之徒，扇爲朋黨，謂之關節，干擾主司。每歲策名，無不先定。眷言敗俗，深用興懷。鄭郎等昨令重試，乃求深僻題目，貴觀學藝淺深。孤竹管是祭天之樂，出于周禮正經，閱其呈試之文，都不知其本事，辭律鄙淺，蕪累至多。其温業等三人，粗通可與及第，其餘落下。今後禮部舉人，宜准開元二十五年勑，及第人所試雜文，先送中書門下詳覆。侍郎錢徽貶江州刺史。

三年正月。禮部侍郎王起奏曰。伏以禮部放榜。已是成名。中書重覆。尚未及第。重覆之中。萬一不定。則放榜之後。遠近誤傳。其于事理。實爲非便。臣伏請今年進士堪及第者。本司攷試訖。其詩賦先送中書門下詳覆。候勑卻下本司。然後准舊例大字放榜。從之。

太和七年八月。禮部奏。進士舉人先試帖經。幷略問大義。取經義精通者。次試議論各一首。文理高者便與及第。其所試詩賦。並停者。伏請帖大小經各十帖。通五通六爲及格。所問大義。便與習大經內准格明經例問十條。仍對衆口義。伏准新制。進士略問大義。緣初釐革。今且以通三通四爲格。明年以後。並依明經例。其所試議論。請限五百字以上爲式。勑旨依奏。

八年正月。中書門下奏。進士放榜。舊例禮部侍郎皆將及第人名先呈宰相。然後放榜。伏以委任有司。固當精愼。宰相先知取舍。事匪至公。今年以後。請便令放榜。不用先呈人名。其及第人所試雜文及鄉貫三代名諱。並當日送中書門下。便合定例。勑旨依奏。

其年十月。禮部奏。進士舉人。自國初以來。試詩賦帖經時務策五道。中間或蹔改更。旋即仍舊。蓋以成格可守。所取得人故也。去年八月勑。節文先試帖經口義議論等。以臣商量。取其折衷。伏請先試帖經通數。依新格處分。勑旨依奏。

九年十二月。中書門下奏。今月九日閤內面奉進止。令條流進士人數。及減下諸色入仕人等。准太和四年格。及第不得過二十五人今請加至四十人。明經准太和八年正月勅。及第不得過一百一十人。今請再減下十人。

開成元年二年三年。並高鍇知貢舉。每年皆恩賜題目。及第並四十人。

其年十月。中書門下奏。朝廷設文學之科。以求髦俊。臺閣清選。莫不由玆。近緣覈實不在于鄉閭。趍名頗雜于非類。致有跋扈之地。情計交通。將澄化源。在舉明憲。臣等商量。今日以後。舉人于禮部納家狀後。望依前五人自相保。其衣冠則以親姻故舊久同遊處者。其江湖之士則以封壤接近。素所諳知者爲保。如有缺孝弟之行。資朋黨之勢。跡由邪徑。言涉多端者。並不在就試之限。如容情故。自相隱蔽。有人糾舉。其同舉人並三年不得赴舉。仍委禮部明爲戒勵。編入舉格。勅依奏。

會昌三年正月。勅禮部所放進士及第人數。自今後。但據才堪。卽與不要限人數。每年止于二十五人。

四年二月。權知貢舉左僕射太常卿王起放及第二十五人。續奏五人堪放及第。楊質至竇緘。楊嚴。鄭朴。源重。奉勅。祗放楊嚴及第。餘並落下。

五年二月。諫議大夫權知貢舉陳商放及第三十七人

其年三月。勅戶部侍郎翰林學士白敏中重試覆落七人。

其月。中書門下奏。貢舉人並不許于兩府取解。仰於兩都國子監就試。

大中元年正月。禮部侍郎魏扶放及第二十三人。續奏堪放及第三人。封彥卿。崔琢。鄭延休等。皆以文藝爲衆所知。其父皆在重任。不敢選取。其所試詩賦。封進奏進止。令翰林學士戶部侍郎知制誥韋琮等考盡合程度。

其月二十五日。奉進止。並付所司放及第。有司考試。祗合在公。如涉徇私。自有典刑。從今已後。但依常例取舍。不得別有奏聞。

其年六月。中書門下奏。貢舉人取解。宜准舊例于京兆河南府集試。從之。

二年正月。中書門下奏。從貞元元年太和九年秋冬前皆是及第。便從諸侯府奏試官充從事。兼史館集賢宏文諸司諸使奏官充職。以此取人。常多得士。由是長不乏材用。太和會昌末中選後四選。諸道方得奏充州縣官職。如未合選。並不在申奏限。臣等昨已奏論面奏進止。自今已後。及第後第三年。卽任奏請。勑旨依奏。

天祐三年三月。勑今年吏部所放進士。依去年人數外。更放兩人。

緣舉雜錄

長壽二年十月。左拾遺劉承慶上疏曰。伏見比年以來。天下諸州所貢物。至元日。皆陳在御前。唯貢人獨於朝堂拜列。但孝廉秀異。旣充歲貢。宜列王庭。豈得金帛羽毛。升於玉階之下。賢良文學。棄彼金門之外。

恐所謂貴則而賤義。重物而輕人。伏請貢人至元日引見。列在方物之前。以備充庭之禮。制曰可。

開元五年九月詔。諸州鄉貢明經進士見訖。宜令引就國子監。謁先師。學官爲之開講質問疑義。仍令所司優厚設食。兩館及監內得解舉人。亦准此。其日清官五品已上及朝集使。並往觀禮。即爲常式。謁先師自此始也。

十九年六月敕。諸州貢舉。皆於本貫籍分信明者。然依例不得於所附貫便求申送。如有此色。所由州縣即便催科。不得遞相容許。

二十四年九月二十日。禮部以貢舉請別置印。

天寶十二載七月十三日詔。天下舉人不得充鄉賦。皆須補國子學士。及郡縣學生。然後聽舉。至至德元年已後。依前鄉貢。永泰元年七月。以京師米貴。遂分兩京集舉人。至大歷十年五月十九日敕。今年諸色舉人悉赴上都。准舊例。十月二十五日隨考試。戶部著到。興元元年中書省有柳樹。建中末枯。至是再榮。人謂之瑞柳。禮部侍郎呂渭試進士。以瑞柳爲題。上聞而惡之。

貞元七年。兵部侍郎陸贄權知貢舉。時崔元翰梁肅文藝冠時。贄輸心於肅。與元翰推薦藝實之士。升第之日。雖衆望不愜。然一歲選士纔十四五。數年之內。居臺省者十餘人。

十六年十二月敕。禮部別頭舉人。宜委禮部考試。不須置別頭。

十八年五月敕。明經進士。自今已後。每年考試所拔人。明經不得過一百人。進士不得過二十人。如無其人。不必要補此數。

十九年勅。禮部舉人自春以來。久僁時雨。念其旅食京邑。資用屢空。其禮部舉人今年宜權停。

元和十三年十月。權知禮部侍郎庾承宣奏。臣有親屬應明經進士舉者。請准舊例送考功試。從之。自貞元十六年。高郢掌貢舉。請權停考功別試。議者是之。自今始復。

太和元年二月勅。自今已後。天下勳臣節將子弟。有能修詞尚學。應進士明經及通史學者。委有司務加奬引。

其年七月勅。今年宜權於東都置舉。其明經進士。便在東都赴集。其上都國子監舉人等。合在上都試。及節目未盡者。條流奏聞。

八年正月。禮部侍郎李漢奏。准太和七年八月勅。貢舉人不要試詩賦。且先帖大經小經共二十帖。次對正義十道。次試議論各一首。訖考覈放及第。其月勅。吏部禮部兵部今年選。近緣秋末蟲旱相因。恐致災荒。權令停罷。及歛藏之後。物力且任。念彼求名之人。必懷觖望之志。寧違我令。以慰其心。宜依常例卻置。應緣所納文狀及銓試等期限。仍准今年格文。遞延一月。

大中元年正月勅。自今放進士榜後。杏園任依舊宴集。所司不得禁制。先是。武宗好遊巡。曲江亭禁人宴聚故也。

十年四月。禮部侍郎鄭顥進諸家科目記十三卷。勅付翰林。自今放榜後。仰寫及第姓名。及所試詩賦題目進入內。仍付所司。逐年編次。

咸通十一年四月勅。去年屬以用軍之際。權停貢舉一年。今既偃戈。卻宜仍舊。來年宜別許三十人及第。進士十人。明經進士二十人。已後不得援例。

制科舉

顯慶三年二月。志烈秋霜科。韓思彥及第。

乾封元年。幽素科。蘇瓌。解琬。苗神客。格輔元。徐昭。劉訥言。崔谷神及第。

上元三年正月。辭殫文律科。崔融及第。

永隆元年。岳牧舉。武陟縣尉員半千及第。上御武成殿親問曰。兵書云。天陣。地陣。人陣。各何謂也。半千對曰。臣覩載籍。多謂天陣。謂星辰孤虛也。地陣。謂山川向背也。人陣。謂偏伍彌縫也。以臣愚見。謂不然矣。夫師出以義。有若時雨。得天之時。此天陣也。兵在足食。且耕且戰。得地之利。此地陣也。士卒輕利。將帥和睦。此人陣也。若有兵者。使三者去矣。其何以戰。上深賞之。

垂拱四年十二月。辭標文苑科。房晉。皇甫瓊。王旦及第。

永昌元年正月。蓄文藻之思科。彭景直及第。抱儒素之業科。李文愿及第。

長壽三年四月。臨難不顧徇節寧邦科。薛稷。寇泚及第。
證聖元年。長才廣度沈迹下僚科。張漪及第。
萬歲通天元年。文藝優長科。韓璘及第。
神功元年九月。絶倫科。蘇頲。崔元童。袁仁敬。何鳳。孟兼禮。洪子輿。盧從愿。趙不欺及第。
大足元年。理選使孟詵試拔萃科。崔翹。鄭少微及第。疾惡科。馮萬石及第。
長安二年。龔黃科。馮克麾及第。
神龍二年。才膺管樂科。張大求。魏啓心。魏愔。盧絢。張文成。褚璆。成廙業。郭璘。趙不爲及第。才高位下科。馮萬石。晁良貞。張敬及第。
二年。才堪經邦科。張九齡。康元瓌及第。賢良方正科。蘇晉。宋務光。寇泚。盧怡。呂恂及第。
景龍二年。抱器懷能科。夏侯銛及第。茂才異等科。王敬從。盧重元及第。
景雲二年。文以經國科。袁暉。韓朝宗及第。藏名負俗科。李俊之及第。
先天二年。文經邦國科。韓休及第。藻思清華科。趙冬曦及第。寄以宣風則能興化變俗科。郭璘之及第。道侔伊呂科。張九齡及第。手筆俊拔超越流輩科。杜昱。張子漸。張秀明。常無咎。趙居正。賈登。邢巨及第。
開元元年。直言極諫科。梁昇卿。袁楚客及第。哲人奇士逸倫屠釣科。孫逖及第。良才異等科。邵潤之。崔翹及第。
五年。文儒異等科。崔侃。褚庭誨及第。文史兼優科。李昇期。康子元。達奚珣及第。
六年。博學通藝科。鄭少微。蕭識及第。
七年。文辭雅麗科。邢巨。苗晉卿。褚思光。趙良器及第。
十二年。將帥科。裴敦復。房自謙及第。
十五年。武足安邊科。鄭防。樊衡及第。高才沈淪草澤自舉科。鄧景山及第。
十七年。才高未達沈迹下僚科。吳鞏及第。
十九年。博學宏詞科。鄭昉。陶翰及第。
二十一年。多才科。李史魚及第。
二十三年。王伯科。劉璀。杜綰及第。智謀將帥科。張重光。崔圓。李廣琛及第
天寶元年。文辭秀逸科。崔明允。顏眞卿及第。
六載。風雅古調科。薛璩及第。
十三載二月。辭藻宏麗科。楊綰及第。
大歷二年。樂道安貧科。楊膺及第。

六年。諷諫主文科。鄭珣瑜。李益及第。

建中元年。賢良方正能直言極諫科。姜公輔。元友直。樊澤。呂元膺及第。文辭清麗科。奚涉。梁肅。劉公亮。鄭轅。沈封。吳通元及第。經學優深科。孫玭。黎逢。白季隨及第。高蹈邱園科。張紳。衛良儒。蘇哲及第。軍謀越衆科。夏侯審。平知和。鄭儋。凌正。周渭。丁悅及第。孝弟力田聞于鄉閭科。郭黃中。崔浩。李牧及第。

貞元元年九月。賢良方正能直言極諫科。韋執誼。鄭利用。穆質。楊邵。裴復。柳公綽。歸登。李直方。崔邠。鄭敬。魏宏簡。沈迴。田元祐。徐袞及第。博通墳典達于教化科。熊執易。劉簡甫及第。識洞韜略堪任將相科。許贊及第。

四年四月。賢良方正能直言極諫科。崔元翰。裴次元。李彝。崔農。史牟。陸震。柳公綽。趙參。徐宏毅。韋彭壽。鄒儒立。王及。杜倫。元易。王眞及第。清廉守節政術可稱堪縣令科。李巽及第。孝弟力田聞于鄉閭科。張皓及第。

十年十二月。賢良方正能直言極諫科。裴珣。王播。朱諫。裴度。熊執易。許堯佐。徐宏毅。杜轂。崔羣。皇甫鏄。王仲舒。許季同。仲子陵。鄭士林。邱穎及第。博通墳典通于教化科。朱穎及第。詳明政術可以理人科。張平叔。李景亮及第。

元和元年四月。才識兼茂明于體用科。元禎。韋惇。獨孤郁。白居易。曹景伯。韋慶復。崔綰。羅讓。崔護。薛存慶。

韋珩。李璹。元修。沈傳師。蕭俛。柴宿及第。達于吏治可使從政科陳岵及第。

二年四月賢良方正能直言極諫科牛僧孺。皇甫湜。李宗閔。李正封。吉宏宗。徐晦。賈餗。王起。郭球。姚袞。庾威及第。博通墳典達于教化科馮芭。陸亘及第。軍謀宏達材任將帥科樊宗師及第。達于吏治可使從政科蕭睦及第。

長慶元年十二月賢良方正能直言極諫科龐嚴。任畹。呂述。姚中立。韋曙。李回。崔嘏。崔龜從。韋正貫。崔知白。陳元錫及第。詳明政術可以理人科崔郢及第。軍謀宏達材任將帥科吳思。李商卿及第。博通墳典達于教化科李思元及第。

寶歷元年四月賢良方正能直言極諫科唐紳。楊儉。韋瑞符。舒元褒。蕭敞。楊魯士。來擇。趙祝。裴暉。韋繇。李昌。寶嚴。楚封。李涯。蕭夷中。馮球。元晦及第。詳明吏治達于教化科韋正貫及第。軍謀宏達材任邊將科裴儔。侯雲章及第。

太和二年閏三月賢良方正能直言極諫科李郃。裴休。裴素。南卓。李甘。杜牧。馬植。鄭亞。崔博。崔璵。王式。羅邵京。崔渠。韓賓。崔慎由。苗愔。韋昶。崔煥。崔讜及第。詳明吏理達于教化科宋昆及第。軍謀宏達堪任將帥科鄭冠。李式及第。

載初元年二月十四日。試貢舉人于洛成殿前。數日方畢。殿前試人。自茲始也。

天授三年．左補闕薛謙光上疏曰．國以得賢爲寶．臣以貢士爲忠．是以子皮之讓國僑．鮑叔之推管仲．燕昭委兵于樂毅．苻堅託政于王猛．此由識士之深也．若宰我見愚于仲尼．逢萌被知于文叔．韓信無聞于項氏．毛遂不齒于平原．此失士之故也．何者．比來薦舉．多不以才．假譽馳聲．互相推獎．希潤身之小計．忘臣子之大猷．非所以報國求賢．副陛下翹翹之望也．古之取士．有異于今．先觀名行之源．考其鄉邑之譽．崇禮讓以勵己．揚信義以標信．以敦材爲先．最以雕蟲爲後．科故人崇勸讓之風．俗去輕浮之行．希古者必修．確然不拔之操．行難進易退之規．衆議已定其高下．郡將難誣于曲直．故計貢賢愚．卽州將之榮辱．穢行彰露．亦鄉人之厚顏．是以李陵降而隴西慙．段干隱而西河美．故名勝于利．則小人之道銷．利勝于名．則貪暴之風扇．是知化俗之本．須擯輕浮．昔冀缺以蹈禮升朝．則晉人知禮．文翁以儒林奬俗．則蜀士從儒．未有上之所好．而下不從其化者也．自七國之季．雖雜縱横．而漢世求才．猶徵百行．是以禮節之士．道德自修．里閭推高．然後爲府寺所辟．魏氏取人．尤愛放達．晉宋之後．祗重門資．奬爲人求官之風．乖授職推賢之義．有梁薦士．雅愛屬辭．陳氏簡賢．特珍賦詠．故其以詩酒爲重．不以修身爲務．逮至隋室．餘風尙存．開皇中．李諤論之于文帝曰．魏之三祖．更好文辭．世俗以此相高．朝廷以茲擢士．故文章日煩．其政日亂．帝納李諤之策．由是下制．禁斷文筆浮辭．其年．泗州刺史司馬幼之以表不典實得罪．于是風俗改勵．政化大行．煬帝嗣興．又變前法．置進士等科．于是後生之徒．復相倣效．緝綴小文．名之策學．不以指實為本而以虛浮為貴。有唐纂歷。雖改革于前非。陛下君臨。思察才于共治。樹本。崇化。唯在旌賢。今之舉人。有乖事實。議行決小人之筆。行修無長者之論。策第喧競于州府。祈恩不勝於拜伏。或明制纔出。試遣搜敭。馳驅府寺之門。出入王公之第。察其行而度其才。則人品于茲見矣。徇已之心切。則至公之理乖。貪仕之性彰。則廉潔之風薄。是知府命雖高。異叔度勤勤之讓。黃門已貴。無秦嘉耿耿之辭。縱不能抑已推賢。亦不肯待于三命。祇如才應經邦之流。唯令試策。武能制敵之列。祇驗彎弧。若其文擅清奇。便充甲第。藻思微滅。旋即告歸。以此收人。恐乖事實。何者。樂廣假筆于潘岳。靈運辭高于穆之。平津文劣于長卿。子建筆麗于荀彧。若以射策為最。則潘謝賈馬。必居孫樂之右。若使協贊機猷。則安仁靈運。亦無裨補之益。由此言之。不可一槩取也。至如武藝。則趙雲雖勇。資諸葛之指揮。周勃雖雄。乏陳平之計略。若使樊噲居蕭何之任。必無指縱之機。使蕭何入戲下之軍。亦無免主之效。是知謀將不取于弓馬。良相不資于射策。伏願降明詔。頒峻科。斷浮虛之餘辭。取實用之良策。文則試以効官。武則令其守禦。初既察言觀行。終則循名責實。謹按漢法。所舉之主。終身保任。揚雄之坐田儀。責其冒薦。成子之居魏相。酬于得賢。賞罰之令行。則請謁之心絕。退讓之義著。則貪競之路銷。仍請寬立年限。容其採訪。簡汰堪用者。令其試守。以觀能否。參驗以別是非。不實免王丹之官。得人加翟璜之賞。自然舉得真才。斯君子之道長矣。

景雲元年十二月制。四方選集。羣才輻湊。操斧伐柯。求之不遠。其有能習三經。通大義者。綜一史。知本末者。通三教宗旨。究精徵者。善六經文字。辨聲象者。博雅曲度。和六律五音者。韜略學孫吳。識天時人事者。暢于辭氣。聽于受領。善敷奏吐納者。咸令所司博採明試。朕親擇焉。

開元八年三月。上親策試應制舉人于含元殿。謂曰。古有三道。今減從一道。近無甲科。朕將存其上第。務收賢俊。仍令有司設食。

二十六年正月勅。孝弟力田。風化之本。比來將同舉人考試辭策。今後兩事兼著。狀迹殊尤者。委所由長官時以名薦。更不須隨考使例申送。

天寶十三載十月一日。御勤政樓。試四科舉人。其辭藻宏麗。問策外更試詩賦各一道。（制舉試詩賦。從此始。）

元和三年三月勅。制舉人試訖。有逼夜納策。計不得歸者。並于光宅寺止宿。應巡檢勾當官吏。并隨從人等。待舉人納策畢。並赴保壽寺止宿。仍各仰金吾衛使差人監引。送至宿所。如勾當。勿令喧雜。

其年四月。以起居舍人翰林學士王涯為都官員外。吏部員外郎韋貫之為果州刺史。先是策賢良。詔楊於陵。鄭敬。李益。與貫之同為考官。是年牛僧孺。皇甫湜。李宗閔條對甚直。無所畏避。考官考三策。皆在第權倖或惡其詆己。而不中第者。乃註解其策。同為唱誹。又言涯居翰林。其甥皇甫湜中選。考覈之際。不先上言。故同坐焉。居數日。貫之再黜巴州司馬。涯虢州司馬。楊於陵遂出為廣州節度使。裴垍時為翰林學士。居中覆視。無所同異。乃為貴倖泣訴。情罪于上。上不得已。罷垍翰林學士。除戶部侍郎。

十五年二月。勅。先帝所徵賢良方正能直言極諫等科目。朕不欲親試。宜令中書門下尚書省四品已上官。就尚書省同試。吏部尚書趙宗儒奏。奉勅。以先朝所徵制科舉人。令與中書門下四品已上官同于尚書省就試者。伏以制科所試。本在親臨。南省策試。亦非舊典。況今山陵日近。公務繁迫。待問之士。就試非多。臣商量且宜停罷。從之。

太和二年。以左散騎常侍馮宿。太常少卿賈餗。庫部郎中龐嚴。爲考策官。第二十二人。而前進士劉蕡策果切直。不居是選。其間指陳時事。不避貴近。言辭激切。士林感動。雖賈董無以過也。而考官有所畏忌。不敢上聞。隨例擯斥。識者議之。物論喧然不平。守道正人傳其文。至有相對而泣者。諫官等或將其策白于宰臣。宰臣怯憚。亦不敢爲之明白。登科人李郃者。深有所愧。抗表請讓官于蕡。事竟不行。及天復初。劉季述敗。起居郎羅袞上疏。請追贈蕡。於是下詔贈左諫議大夫。仍訪子孫敍用。初蕡條對制策。言宦官權盛。後必爲患。及是而果然也。

四年正月。德音節文。天下諸色人中。有賢良方正能直言極諫。及經術優深。可爲師法。詳明吏治。達于教化等科。委常參官及方牧郡守。各舉所知。草澤無人舉者。亦聽自舉。限來年正月至上都。五年正月十七日詔。以兵戈未息。權停。

大中元年二月。吏部宏辭舉人漏洩題目。爲御史臺所劾。侍郎裴稔改國子祭酒。郎中周敬復。罰兩月俸料。考試官刑部郎中唐扶出爲虔州刺史。監察御史馮顓罰一月俸料。其登科十人並落下。

十二年三月。中書舍人李蕃知舉。放博學宏詞科陳琬等三人。及進詩賦論等。召謂蕃曰。所賦詩中重用字。何如。蕃曰。錢起湘靈鼓瑟詩有重用字。乃是庶幾。上曰。此詩似不及起。乃落下。

孝廉舉

貞觀十八年二月六日。引汴鄜諸州所舉孝廉。賜坐于御前。上問以皇王政術。及皇太子問以曾參孝經。並不能答。太宗謂曰。自楚莊王以羣臣莫逮。退而有憂色。曰。諸侯能自得師者王。自爲謀而莫己若者亡。今以不穀之不德。羣臣言莫我逮。我國能免于亡乎。朕發詔徵天下俊異。纔以淺近問之。咸不能答。海內賢哲。將無其人耶。朕甚憂之。

寶應二年六月二十日。禮部侍郎楊綰奏請每歲舉人。依鄉舉里選。察秀才孝廉。勅令公卿以下集議。中書舍人賈至議曰。楊綰所奏。實爲正論。然衣冠遷徙。人多僑寓。士居鄉土。百無一二。今依古制。恐取士之道未盡。今禮部每歲擢甲乙之科。祗足長浮薄之風。開僥倖之路矣。其國子博士等望加員數。十道大郡量置大學館。令博士出外。兼領郡官。召致生徒。依乎故事。保桑梓者。鄉里舉焉。在流寓者。庠序推焉。如此則靑靑不復興刺。擾擾由其歸本焉。勅旨。每州每歲察孝廉。取在鄉閭有孝弟廉恥之行薦焉。委有司以禮待之。試其所通之學。五經之內。精通一經。兼能對策。達于治體者。並量行業授官。其明經進士並停。道舉亦宜准此。況所司作條件處分。七月二十六日。禮部侍郎楊綰奏貢舉條目曰。孝廉各令精通一經。其取左氏傳。公羊。穀梁。禮記。周禮。儀禮。毛詩。尚書。周易。任通一經。每經問義二十條。皆取旁通諸義。務窮根本。試格策三道。問古今治體。及當今時務。要取堪行用者。仍每日問一道。頻三日畢。經義及策全通爲上第。其上第者。望付吏部便與官。其問義每十條通七。策通二。爲中第。與出身。下者罷之。又論語孝經皆聖人深旨。孟子亦儒門之達者。其學官望兼習此三者。共爲一經。其試如上。秀才舉人。望令精通五經。問義二十條。對策五道。全通者爲上第。上第者送名中書門下。請超與處分。問義十條通七。策通四。爲中第。中第者送吏部與官。下者罷之。孝弟力田。但能熟讀一經。言音典切。即令所司舉送。試通。使與出身。其今年舉人。或舊業既成。理難速改。或遠州所送。身已在途。事須收奬。不可中廢。其今秋舉人中。有情願依舊舉業者。亦聽。今年之後。一依新勅。勅旨。進士明經。置來日久。今頓令改業。恐難其人。諸色舉人。宜與舊法兼行。至建中元年六月九日。勅孝廉科宜停。

開元禮舉

貞元二年六月十一日。勅開元禮。國家盛典。列聖增修。今則不列學科。藏在書府。使効官者昧于郊廟之儀。治家者不達冠婚之義。移風固本。合正其源。自今已後。其諸色舉人中。有能習開元禮者。舉人同一經例。選人不限選數許習。但問大義一百條。試策三道。全通者超資與官。義通七十條。策通兩道已上者。放及第。已下不在放限。其有散官能通者。亦依正官例處分。至貞元九年五月二十日勅。其習開元禮人。問大義一百條。試策三道。全通者爲上等。大義通八十條已上。策兩道以上爲次等。餘一切並准三禮例處分。仍永爲常式。

元和八年四月。吏部奏。應開元禮及學究一經登科人等。舊例據等第高下。量人才授官。近日緣校書正字等名望稍優。但需科第。皆求注擬。堅待員闕。或至踰年。若無科條。恐長僥倖。起今已後。等第稍高。文學兼優者。伏請量注校正。其餘署開元禮人太常寺官有闕。相當注通經人國子監官闕。相當者並請先授。以備講討。如不情願。即通注他官。庶名實有名。紀律可守。其今年以前待闕人。亦請依此條限。使爲常制。勅旨依奏。

三禮舉

貞元九年五月二日勅。王者設教。勸學攸先。生徒肄業。執禮爲本。然則禮者務學之本。立身之端。居安之大猷。致治之要道。頃有司定議。習禮經者。獨授散官。頗乖指要。姑務宏獎。以廣儒風。自今已後。諸色人中。有習三禮者。前資及出身人。依科目例選。吏部考試。白身人依貢舉例。吏禮部考試。每經問大義三十條。試策三道。所試大義。仍委主司于朝官學官中揀選精通經術三五人聞奏。主司于同試問義策全通爲上等。特加超奬。大義每經通二十五條以上。策通兩道已上。爲次等。依資與官。如先是員外試官者。聽依正員例。其諸館學生。願習三禮及開元禮者。並聽。仍永爲常式。

三傳 附三史

長慶二年二月。諫議大夫殷侑奏。謹按春秋二百四十二年行事。王道之正。人倫之紀備矣。故先師仲尼稱志在春秋。歷代立學。莫不崇尚其教。伏以左傳卷軸文字。比禮記多校一倍。公羊穀梁。與尚書周易多校五倍。是以國朝舊制。明經授散。若大經中能習一傳。卽放冬集。然明經爲傳學者。猶十不一二。今明經一例冬集。人之常情。趨少就易。三傳無復學者。伏恐周公之微旨。仲尼之新意。史官之舊章。將墜於地。伏請置三傳科。以勸學者。左傳問大義五十條。公羊穀梁各問大義三十條。策三道。義通七以上。策通二以上。與及第。其白身應者。請同五經例處分。其先有出身及前資官應者。請准學究一經例處分。又奏。歷代史書。皆記當時善惡。係以褒貶。垂裕勸戒。其司馬遷史記。班固范煜兩漢書。音義詳明。懲惡勸善。亞於六經。堪爲世教。伏惟國朝故事。國子學有文史直者。宏文館宏文生。並試以史記兩漢書三國志。又有一史科。近日以來。史學都廢。至於有身處班列。朝廷舊章。昧而莫知。況乎前代之載。焉能知之。伏請置前件史科。每史問大義一百條。策三道。義通七。策通二以上。爲及第。能通一史者。請同五經三傳例處分。其有出身及前資官應者。請同學究一經例處分。有出身及前資官。優稍與處分。其三史皆通者。請錄奏聞。特加獎擢。仍請頒下兩都國子監。任生徒習讀。勑旨。宜依。仍付所司。

童子

廣德二年五月二十四日敕。孝弟力田科。其每歲貢宜停。童子每歲貢者亦停。童子仍限十歲以下者。至大歷三年四月二十五日敕。童子舉人取十歲以下者。習一經兼論語孝經。每卷誦文十科全通者。與出身。仍每年冬本貫申送禮部。同明經舉人例考試訖聞奏。至十年五月二十五日敕。童子科宜停。開成三年十二月敕。諸道應薦萬言童子等。朝廷設科取士。門目至多。有官者合詣吏曹。未仕者即歸禮部。文詞學藝。各盡其長。此外更或延引。則爲宂長。起今以後。不得更有聞薦。俾由正路。禁絕倖門。雖有是命。而以童子爲薦者。比比有之。

明法

貞元二年六月敕。明法舉人。有能兼習一經。小帖義通者。依明法例處分。

唐會要卷七十七

貢舉下

科目雜錄

太和元年十月。中書門下奏。凡未有出身未有官。如有文學。祇合於禮部應舉。有出身有官。方合於吏部赴科目選。近年以來。格文差謬。多有白身及用散試官幷稱鄉貢者。並赴科目選。及注擬之時。卽妄論資次。曾無格例。有司不知所守。其有宏辭拔萃。開元禮。學究一經。則有定制。然亦請不任用在散試官限。其三禮。三傳。一史三史。明習律令等。如白身。並令國學及州府同明經一史三禮三傳同進士三史。當年關送吏部。便授第二任官。如有出身及有正員官。本是吏部常選人。則任於吏部不限選數應科目選。仍須檢勘出身及授官無蹤濫否。緣取學藝。其餘文狀錯繆。則不在駮放限。如考試登科。並依資注與好官。唯三史則超一資授官。如制舉人。暨諸色人皆得選試。則無出身無官人。並可亦請不用散試官。伏以散試偶於諸道甄錄處得便第二第三任官。旣用虛銜。及授官則勝進士及諸色及第登科人授官。實恐僥倖。勅旨依奏。

大中十年五月。中書門下奏。據禮部貢院見置科目內。開元禮。三禮。三傳。三史。學究。道舉。法。算。童子等九科。近年取人頗濫。曾無實藝可採。徒添入仕之門。須議條流。俾精專業。臣等已於延英面奏。伏奉聖旨。將文字奏來者。其前件九科。臣等商量。望起大中十年權停三年。滿後至時赴科試者。令有司據所舉人先進名。令中書舍人重覆問過。如有本業稍通。堪備朝廷顧問。即作等第進名候勅處分。如事業荒蕪。不合送名。而妄送者。考官先議朝責。其童子近日諸道所薦送者。多年齒已過。考其所業。又是常流。起今已後。望令天下州府薦童子。並須實年十一十二已下。仍須精熟。經旨全通。兼自能書寫者。如違條例。本道長吏亦宜議懲罰。從之。

咸通四年二月。進士皮日休上疏。請以孟子爲學科。曰。臣聞聖人之道。不過乎經。經之降者。不過乎史。史之降者。不過乎子。子不異乎道者。孟子也。今國家有業莊列之書者。亦登於科。其誘善也雖深。而懸科也未正。伏望命有司去莊列之書。以孟子爲主。有能精通其義者。其科選視明經。同疏奏不答。

宏文崇文生舉

開元二十六年正月八日。勅文宏文崇文生。緣是貴冑子孫。多有不專經業。便與及第。深謂不然。自今已後。一依令式考試。至天寶十四載二月十日。宏文館學生。自今已後。宜依國子監學生例帖試。明經進士帖經。並減半。雜文及策。皆須粗通。仍永爲恆式。

廣德元年七月二十六日。勅。宏文崇文兩館生。皆以資蔭補充。所習經業。務須精熟。楷書字體。皆得正樣。

通者與出身。不通者罷之。

貞元四年正月勅。應補宏文崇文學生員闕至少。請補者多。就中商量。須有先後。伏請准建中三年十一月勅。先補皇緦麻已上親及次宰輔子孫。仍於同類之內。所用蔭先盡門地清華。履歷要近者。其餘據官蔭高下類例處分。六年九月勅。本置兩館學生。皆選勳賢冑子。蓋欲令其講藝。紹襲家風。固非開此倖門。隳紊典教。且令式之內。具有條章。考試之時。理須精覈。比聞此色。倖冒頗深。或假市門資。或變易昭穆。殊愧教化之本。但長僥競之風。未補者務取闕員。已補者自然登第。用蔭既已乖實。試藝又皆假人。誘進之方。豈當如此。自今已後。所司宜據式文考試。定其升黜。如有假貸。並准法處分。

太和七年八月九日勅。宏文崇文兩館生。今後並依式試經。畢日。仍差都省郎官兩人覆試。須責保任。不得輒許替代。

九年十二月。中書門下奏。奉進止。令減下諸色入仕人。其宏文館學生。見定十六人。今請減下一人。勅旨。依奏。

開成三年二月。兩軍使狀稱。請准太和元年五月十七日以前勅。文官階至品。便許用蔭。與子孫補兩館生出身。勅旨。神策大將軍用蔭補兩館生。宜准左右金吾大將軍例處分。

崇元生 道舉附。

開元二十九年正月十五日。于元元皇帝廟置崇元學。令習道德經。莊子。文子。列子。待習成後。每年隨舉人例送名至省。准明經考試。通者准及第人處分。其博士置一員。

天寶元年五月。中書門下奏。兩京及諸郡崇元學生等。伏准開元二十九年正月制。前件人合習道德南華通元沖虛等四經。又准天寶元年二月制。改庚桑子爲洞靈眞經。准請條補崇元學。亦合習讀。伏准後制合通五經。其洞靈眞經。人間少本。臣近令諸觀尋訪。道士全無習者。本既未廣。業實難成。幷沖虛通元二經。亦恐文字不定。元教方闡。學者宜精。其洞靈等三經。望付所司。各寫十本。校定訖。付諸道採訪使頒行。其貢舉司及兩京崇元學生。亦望各付一本。今冬崇元學人。望且准開元二十九年正月制考試。其洞靈眞經。請待業成後准式。從之。

二年三月十六日。制。崇元生試及帖策。各減一條。三年業成。始依常式。

七載五月十三日。崇元生出身。至選時。宜減於常例一選。以爲留放。

十三載十月十六日。道舉停習道德經。加周易。宜以來載爲始。至寶應三年六月二十日。道舉宜停。七月二十六日。勅禮部奏。道舉既停。其崇元生望付中書門下商量處分。

大歷三年七月。增置崇元生員滿一百。

建中二年二月。中書門下奏。准制。崇元館學生試日。減策一道者。其崇元館附學官見任者。既同行事。理合霑恩。惟策一道不可更減。大義兩條。從之。

論經義

貞觀十二年。國子祭酒孔穎達撰五經義疏一百七十卷。名曰義贊。有詔改爲五經正義。太學博士馬嘉運每掎摭之。有詔更令詳定。未就而卒。

永徽二年三月十四日。詔太尉趙國公長孫無忌。及中書門下。及國子三館博士。宏文學士。故國子祭酒孔穎達所撰五經正義。事有遺謬。仰卽刊正。至四年三月一日。太尉無忌。左僕射張行成。侍中高季輔及國子監官。先受詔修改五經正義。至是功畢。進之。詔頒於天下。每年明經。依此考試。

長安三年三月。四門博士王元感。表上尚書糺謬十卷。春秋振滯二十卷。禮記繩愆三十卷。幷所註孝經史記漢書藁。請官給紙筆。寫上祕閣。制令宏文崇文兩館學士。及成均博士。詳其可否。宏文館學士祝欽明。崇文館學士李憲。趙元亨。成均博士郭山惲。皆專守先儒章句。深譏元感掎摭舊義。元感隨方應答。竟不之屈。唯鳳閣舍人魏知古。司封郎中徐堅。左史劉知幾。右司張思敬。雅好異聞。每爲元感申理其義。由是擢拜太子司議郎。

開元七年三月一日。勅。孝經尙書。有古文本。孔鄭註。其中旨趣。頗多踳駮。精義妙理。若無所歸。作業用心。復何所適。宜令諸儒。幷訪後進。達解者。質定奏聞。其月六日。詔曰。孝經者。德教所先。自頃已來。獨宗鄭氏。

孔氏遺旨。今則無聞。又子夏易傳。近無習者。輔嗣注老子。亦甚甄明。諸家所傳。互有得失。獨據一說。能無短長。其令儒官詳定所長。令明經者習讀。若將理等亦可並行。其作易者並帖子夏易傳。共寫一部。亦詳其可否奏聞。時議以爲不可。遂停。

其年四月七日。左庶子劉子元上孝經註議曰。謹按今俗所行孝經。題曰鄭氏註。爰自近古。皆云鄭即康成。而魏晉之朝。無有此說。至晉穆帝永和十一年。及孝武帝太元元年。再聚羣臣。共論經義。有荀昶者。撰集孝經諸說。始以鄭氏爲宗。自齊梁以來。多有異論。陸澄以爲非玄所註。請不藏於祕省。王儉不依其請。遂得見傳於時。魏齊則立於學官。著在律令。蓋由膚俗無識。故致斯訛舛。然則孝經非元所註。其驗十有二條。據鄭君自序云。遭黨錮之事。逃難註禮。黨錮事解。註古文尚書毛詩論語。爲袁譚所逼。來至元城。乃註周易。都無註孝經之文。其驗一也。鄭玄卒後。其弟子追論師所著述。及應對時人。謂之鄭志。其言鄭所註者。惟有毛詩三禮尚書周易。都不言鄭註孝經。其驗二也。又鄭志目錄。記鄭之所註。五經之外。有中候書傳。七政論。乾象歷。六藝論。毛詩譜。答臨碩難禮。駁許慎異義。發墨守。箴膏肓。及答甄子然等書。寸紙片札。莫不悉載。若有孝經之註。無容匿而不言。其驗三也。鄭之弟子。分授門徒。各述師言。更相問答。編錄其語。謂之鄭志。唯載詩書禮易論語。其言不及孝經。其驗四也。趙商作鄭先生碑銘。具稱其所注箋駁論。亦不言注孝經。晉中經簿。周易。尚書。尚書中候。尚書大傳。毛詩。周禮。儀禮。禮記。論語。凡九書。皆云鄭氏注。名元。至於孝經。則稱鄭氏解無名玄二字。其驗五也。春秋緯演孔圖云。康成注三禮詩易尚書論語。其春秋孝經。別有評論。宋均於詩譜云。序我先師北海鄭司農。則均是玄之傳業子弟也。師所著述。無容不知。而云春秋孝經唯有評論。非玄之所著。於此特明。其驗六也。宋均孝經緯注。引鄭六藝論。敍孝經云。玄又爲之注。司農論如是。而均無聞焉。有義無辭。令余昏惑。舉鄭之語。而云無聞。其驗七也。宋均春秋緯註云。玄爲春秋孝經略說。則非註之謂。所言玄又爲之註者。汎辭耳。非事實。序春秋亦云。玄又爲之注也。寧可復責以實注春秋乎。其驗八也。後漢史書存於世者。有謝承薛瑩司馬彪袁山松等。具爲鄭玄傳者。載其所注。皆無孝經。其驗九也。王肅孝經傳首。有司馬宣王之奏。並奉詔令諸儒注述孝經。以肅說爲長。若先有鄭注。亦應言及。而不言鄭。其驗十也。王肅著書。發揚鄭短。凡有小失。皆在聖證。若孝經此注。亦出鄭氏。被肅攻擊。最應煩多。而肅無言。其驗十一也。魏晉朝賢辨論時事。鄭氏諸注。無不撮引。未有一言引孝經之注。其驗十二也。凡此證驗。易爲考覈。而世之學者。不覺其非。乘彼謬說。競相推舉。諸解不立學官。此注獨行於世。觀夫言語鄙陋。固不可示彼後來。傳諸不朽。至如古文孝經孔傳。本出孔氏壁中。語甚詳正。無俟商推。而曠代亡逸。不復流行。至隋開皇十四年。祕書學士王孝逸於京市陳人處置得一本。送與著作郎王劭。以示河間劉炫。仍令校定。而更此書無兼本。難可依憑。炫輒以所見。率意刊改。因著古文孝經稽疑一篇。劭以爲此書經文盡在。正義甚美。而歷代未嘗置於學官。良可惜也。然則孔鄭二家。雲泥致隔。今綸晉發問。校其短長。愚謂行孔廢鄭。於義爲允。又今俗所行老子。是河上公注。其序云。河上公者。漢文帝時人。結草庵於河曲。乃以爲號。所注老子。授文帝。因沖空上天。此乃不經之鄙言。流俗之虛語。按漢書藝文志。注老子者三家。河上所釋無聞焉爾。豈非注者欲神其事。故假造其說耶。其言鄙陋。其理乖訛。豈如王弼所著。義旨爲優。必黜河上公。升王輔嗣。在於學者。實得其宜。又按漢書藝文志。易有十三家。而無子夏作傳者。至梁阮氏七錄。而有子夏易六卷。或云咸嬰作。或云丁寬作。然據漢書藝文志。韓易有二篇。丁易有八篇。求其符合。則事殊隳刺者矣。歲越千齡。詩經百代。其所著述。沈翳不行。豈非後來假憑先哲。亦猶石崇謬稱阮籍。鄭璞濫名周寶。必欲行用。深以爲疑。臣竊以鄭氏孝經。河上公老子。二書訛舛。不足流行。孔王兩家。實堪師授。每懷此意。其願莫從。伏見去月十日勅。令所司詳定四書得失。具狀聞奏。臣等尋草議。請行王孔二書。牒禮部訖。如狀爲允。請卽頒行。國子祭酒司馬貞議曰。今文孝經。是漢河間王所得顏芝本。至劉向以此本參校古文。省除煩惑。定爲此一十八章。其注相承云是鄭玄所著。而鄭志及目錄等不載。故往賢共疑焉。唯荀昶范煜以爲鄭注。故昶集解孝經。具載此注。而其序云以鄭爲主。是先達博選。以此注爲優。且其注縱非鄭氏所作。而義旨敷暢。將爲得所。其數處小有非穩。實亦非爽經傳。其古文二十二章。元出孔壁。先是安國作傳。緣遭巫蠱。世未之行。荀昶集注之時。尚有孔傳。中朝遂亡其本。近儒欲崇古學。妄作此傳。假稱孔氏。輒穿鑿改更。又僞作閨門一章。劉炫詭隨。妄稱其善。且閨門之義。近俗之語。

非宣尼之正說。案其文云。閨門之內。具禮矣乎。嚴兄妻子臣。繇百姓徒役也。是比妻子於徒役。文句凡鄙。不合經典。又分庶人章。從故自天子以下。別爲一章。仍加子曰二字。然故者連上之辭。既是章首。不合言故。古文既亡。後人妄開此等數章。以應二十二章之數。非但經文不眞。抑且傳習淺僞。又註因天之時。因地之利。其略曰。脫衣就功。暴其肌體。朝暮從事。露髮跣足。少而習之。其心安焉。此語雖傍出諸子。而引之爲注。何言之鄙俚乎。與鄭氏所云。分別五土。視其高下。高田宜黍稷。下田宜稻麥。優劣懸殊。曾何等級。今議者欲取近儒詭說。殘經缺傳。而廢鄭注。理實未可。望請准式孝經鄭注。與孔傳依舊俱行。又注老子河上公。蓋憑虛立號。漢史實無其人。然其注以養神爲宗。以無爲爲體。其辭近。其理宏。小足以修身絜誠。大可以寧人安國。且河上公雖曰注書。即文立教。皆旨詞明近。用斯可謂知言矣。王輔嗣雅善元談。頗深道要。窮神用於橐籥。守靜默於元牝。其理暢。其旨微。在於元學。頗是所長。至若近人立徵。修身宏道。則河上爲得。今望請王河二注。令學者俱行。又按劉向七略。有子夏易傳。但此書不行已久。今所存者。多非眞本。又荀勖中經簿云。子夏傳四卷。或云丁寬所作。是先達疑非子夏矣。又隋書經籍志云。子夏傳殘缺。梁時六卷。今三卷。是知其書錯謬多矣。無益後學。不可將帖正經。

其年五月五日詔曰。間者諸儒所傳。頗乖通議。敦孔學者。冀鄭門之息滅。尙今文者。指古傳爲誣僞。豈朝廷並列書府。以廣儒術之心乎。其河鄭二家。可令依舊行用。王孔所注。傳習者稀。宜存繼絕之典。頗加奬飾。子夏傳逸篇既廣。前令帖易者停。

十四年八月六日。太子賓客元行沖等撰禮記義疏五十卷成。奏上之。先是。右衞長史魏光乘上言。今禮記章句踳駁。故太師魏徵更編次改注。堪立學傳授。上遽令行沖集學者撰義疏。將立學官。行沖於是引國子博士范行恭。四門助教施敬本檢討刊削。及疏成。右丞相張說駮奏曰。今之禮記。是前漢戴德戴聖所編。歷代傳習。已向千年。著爲經教。不可刊削。至魏之孫炎。始改舊本。以類相比。有同抄書。先儒所引。竟不行用。貞觀中。魏徵因孫炎所修。更加釐改。兼爲之注。雖加賞賜。其書竟亦不行。今行沖等奉勅撰疏。勒成一部。欲與先儒義章句隔絕。若欲行用。竊恐未可。上然其奏。遂留其書。貯於內府。竟不得立學。行沖怨諸儒排己。退而著論以自釋也。

其年八月十四日。上讀洪範至無頗。以聲不協韻。因改頗爲陂。詔曰。每讀尚書洪範。至遵王之義。三復茲句。常有所疑。據其下文。並皆協韻。惟頗一字。實卽不倫。又周易泰卦中。無平不陂。釋文云。陂有頗音。陂之與頗。訓詁無別。爲陂則文亦會意。爲頗則聲不成文。應由煨燼之餘。編簡遂缺。傳授之際。差舛相沿。原始要終。須有刊革。洪範無頗字。宜改爲陂。庶使先儒之義。去彼膏肓。後學之徒。正其魚魯。仍宣示國學。

天寶五載正月二十三日。詔曰。禮記垂訓。篇目攸殊。或未盡於通體。是有乖於大義。借如堯命四子。所授惟時。周分六官。曾不繫月。先王行令。蓋取於斯。苟分至之可言。河弦望之足舉。其禮記月令。宜改爲時令。

其載二月二十四日詔曰朕欽承聖訓覃思元經頃改道德經載字為哉仍隸屬上句及乎廷議衆以為然遂錯綜眞銓因成註解又孝經書疏雖粗發明幽賾無遺未能該備今更敷暢以廣闕文仍令集賢院具寫送付所司頒示中外

貞元七年十二月祕書監包佶奏開元删定禮記月令為時令其音及義疏並未刊正其開元禮所與月令相涉者請選通儒詳定從之

開成二年八月勅新加九經字樣一卷國子監奏定得覆定石經字體翰林待詔唐元度狀伏准太和七年二月勅覆定九經字體者令所詳覆多依司業張參五經字為准其舊字樣歲月將久畫點參差傳寫相承漸致乖誤今並依字樣書參詳改邪就正訖諸經之中分別疑闕舊字樣未載者古今體異隸篆不同如總據說文即古體驚俗若近代之文字或傳寫乖訛今與校勘官同商較是非取其適中纂錄為新加九經字樣一卷或經典相承與字義不同者引文以註解今刊削成請附於九經字樣之末勅旨宜依

諸使上

觀風俗使 自貞觀八年以後不置

貞觀八年正月二十九日詔曰昔者明王之御天下也內列公卿允釐庶績外廷侯伯司牧黎元惟懼淯化未敷名教或替故有巡狩之典黜陟幽明行人之官存省風俗時雍之化率由茲道宜遣大使分行四

方申諭朕心。延問疾苦。觀風俗之得失。察政刑之苛弊。務盡使乎之旨。俾若朕親覿焉。於是分遣蕭瑀李靖楊恭仁竇靜王珪李大亮劉德威皇甫無逸韋挺李襲譽張亮杜正倫趙宏智等巡省天下。

巡察按察巡撫等使

貞觀十八年。遣十七道巡察。諫議大夫褚遂良諫曰。臣以爲自去年九月不雨。經冬無雪。至今年二月下澤。麥苗如是。小可使人今出。正是農時。普天之下。不能無事。東州追掩。西郡呼集。兼復送迎使人。供擬飲食。道路遑遑。廢於田種。使人今猶未發。時節如是小遲。望更過今夏。至來年正月初發遣。書曰。萬方有罪。在予一人。國家但得四方整肅。何必要須罪罰。

二十年正月。遣大理卿孫伏伽等二十二人。以六條巡察四方。多所貶黜舉奏。太宗命褚遂良一其類。具狀以聞。及是。親自臨決。牧宰以下。以能官進擢者二十人。罪死者七人。流罪以下及免黜者數百人。

儀鳳二年五月。河南河北旱。遣御史中丞崔謐等分道存問賑給。侍御史劉思立上疏曰。今麥序方秋。蠶功未畢。三時之務。萬姓所先。勑使撫巡。人皆悚忭。忘其家業。冀此天恩。踴躍參迎。必難抑止。集衆既廣。妨廢亦多。加以途程往還。兼之晨夕停滯。既緣賑給。須立簿書。本欲安存。卻成煩擾。又無驛之處。取馬稍難。簡擇公私。須先追集。雨後農要。特切常情。暫廢須臾。卽虧歲計。每爲一馬。遂勞數家。從此相承。恐更滋甚。望且委州縣賑給。待秋後閒時。出使褒貶。

垂拱元年。祕書省正字陳子昂上疏曰。臣伏見陛下憂勞百姓。恐不得其所。將降九道大使巡察天下諸州。兼申黜陟。以求民瘼。臣竊以爲未盡善也。何以言之。陛下所以降明使。豈非欲天下黎元衆庶。知陛下夙興夜寐憂勤之念。陛下必若以此而發使乎。則愚臣竊見陛下之使又未盡也。若愚臣所請使者。先常雅合時望。爲衆人所推。慈愛足以恤孤惸。賢德足以振幽滯。剛直足以不避強禦。明智足以照察奸邪。然後使天下奸人。畏其明而不敢爲惡也。天下強禦。憚其直而不爲過也。天下英傑。慕其德而樂爲之用也。天下孤寡。賴其仁而欣戴其德也。夫如是。然後可以論出使。故輶軒未動於京師。天下翕然皆已知矣。今陛下使猶未出朝廷。行路市井之人。皆以爲非在朝廷之有職者。亦不稱之天子之使未出魏闕。朝廷之人皆已輕之。何況天下之衆哉。而欲黜陟求賢。未可得也。陛下所以有此失者。在不選人。亦輕此使。非天下之任。故陛下遂大失於此。苟以出使爲名。不求任使之實。使愈出而天下愈弊。使彌多而天下彌不寧。其故何哉。是朝廷輕其任也。徒使天下百姓。修飾道路。送往迎來。無益於聖教耳。臣久爲百姓。實委知之。臣願陛下與宰相更妙選朝廷百官素有威重名節。爲衆所推者。陛下因大朝日。親御正殿。集百寮公卿。設禮儀。以使者之禮見之。告以出使之意。遂授以旌節而遣之。先是京師而訪豺狼。然後攬轡登車。以清天下。若如是。臣知陛下聖教不旬月之間。天下家見而戶聞也。此之一使。是陛下爲政之大端。諺曰。欲知其人。先觀其所使。不可不慎也。若陛下必知不可得其人。不如不出使。以煩數無益於化。但勞天下之人。

是猶烹小鮮而數撓之耳。四月六日。尚書左丞狄仁傑。充江南安撫使。吳楚多淫祠。仁傑一切焚之。凡除一千七百所。

天授二年。發十道存撫使。以右肅政御史中丞知大夫事李嗣眞等爲之。閣朝有詩送之。名曰存撫集十卷。行於世。杜審言。崔融。蘇味道等詩。尤著焉。

萬歲通天元年。鳳閣舍人李嶠上疏曰。陛下創置左右臺。分巡天下。察吏人善否。觀風俗得失。斯政途之綱紀。禮法之準繩。無以加也。然猶有未折衷者。臣請試論之。夫禁網尚疏。法令宜簡。簡則事易行而不煩雜。疏則所羅廣而無苛碎。竊見垂拱二年。諸道巡察使科目。凡四十四件。至於別作格勅。令訪察者。又有三十餘條。而巡察使率是三月之後出都。十一月終奏事。時限迫促。簿書委積。晝夜奔逐。以赴限期。而每道所察文武官。多至二千餘人。少尚一千已下。皆須品量才行。褒貶得失。欲令曲盡行能。皆所不暇。此非敢惰於職而慢於官也。實才有限而力不及耳。臣望量其功程。與其節度。使器周於用。力濟於時。然後進退可以責成。得失可以精覈矣。

聖歷元年十月。納言狄仁傑爲河北河朔安撫使。及迴。上疏曰。臣聞朝廷識者。以契丹作梗。始明人之順逆。或有迫脅。或有顧從。或授僞官。或爲招慰。或兼外賊。或是士人。跡雖不同。心實無別。誠以山東強猛。由來重氣。一顧之勢。至死不迴。近緣軍機。調發傷重。家道悉破。或至逃亡。剔屋賣田。人不爲售。內顧生計。四壁皆空。重以官曲侵漁。因事而起。當州役使。十倍軍機。官私不矜。期之必取。枷杖之下。痛切肌膚。事迫情危。不修禮義。愁苦之地。不樂其生。有利則歸。且圖賒死。此乃君子之媿辱。小人之常行。今以負罪之位。必不在家。露宿草行。潛竄山澤。赦之則出。不赦則逃。山東羣盜。因緣聚結。臣以近塵雖起。不足爲憂。中國不安。以此爲事。臣聞持大國者。不可以小道治事。廣大者。不可以苛細分。人主恢宏。不拘常法。罪之則衆情恐懼。恕之則反側自安。伏願曲赦河北諸州。一無所問。自然人神通暢。率土歡心。

神龍二年二月。勅左右臺內外五品已上官。識治道通明無屈撓者二十人。分爲十道巡察使。二周年一替。以廉按州部。

景龍三年。置十道按察使。分察天下。至開元八年五月。復置十道按察使。以陸象先王晙等爲之。

開元元年二月。禮部侍郎張庭珪上疏曰。天下至大。郡邑至多。賢牧良宰。誠難盡得。兼下僚貪暴。小吏侵漁。黎庶不安。窮困衆矣。縱其發使廉問。暫往速還。假申令寃。卻招後患。各思鉗口。無敢率心。臣竊見國家比置十道按察使。不限年月。懲惡勸善。激濁揚清。孤窮獲安。風俗一變。伏望復下明制。重選使臣。秋冬之後。令出巡察。自然貪吏望風。懲革陛下視聽。恆遍於海內矣。

三年三月。勅巡察使出。宜察官人善惡。其有戶口流散。籍帳隱沒。賦役不均者。不務農桑。倉庫減耗者。妖訛宿宵。姦猾盜賊。不事生業。爲公私蠹害者。德行孝弟。茂才異等。藏器晦迹。堪應時用者。並訪察聞奏。

興元元年正月詔。令門下平章事蕭復充山南東西。荆南。湖南。淮南。江西。鄂岳。浙江東西。福建。嶺南等道宣慰安撫使。嗚呼。往率乃職。敬敷朕命。慰勉征戍。勞來困窮。訪其所安。察其所弊。滯淹必達。寃濫必申。無憚幽遠而不被。無忽細微而不恤。

貞元八年八月。詔曰。朕以薄德。託於人上。勵精庶政。思致雍熙。而誠不動天。政或多闕。陰氣作沴。暴風薦臻。自江淮而及乎荆襄。歷陳宋而施於河朔。其間郡邑。連有水災。城郭多傷。公私爲害。損壞廬舍。浸敗田苗。或親戚漂淪。或資產沈溺。言念於此。當食忘飡。宜令中書舍人奚陟往江陵及襄郡。隨。復。鄂。申。光。蔡等州。左庶子姚齊語往陳宋亳潁徐泗濠等州。祕書少監雷咸往鎮。冀。德。棣。深。趙等州。京兆少尹韋武往揚。楚。廬。潤。壽。滁。蘇。常。湖等州宣撫。應諸州百姓。因水不能自存者。委宣撫使賑給。死者各加賜物。在官爲收理埋瘞。其田苗所損。委宣撫使與所在長吏速具聞奏。於戲。一夫不獲。一物失所。刑罰不中。賦役不均。皆可以失陰陽之和。致雨旱之沴。繫囚及獄訴久不決者。委所在長吏即與疏辯。務從寬簡。俾絕寃滯。貪官暴吏。苛法害公。特加懲罰。用明典憲。災傷之後。切在撫綏。咨爾方鎮之臣。洎乎守宰。咸宜悉乃心力。以恤凶災。宣布朕懷。使各知悉。

永貞元年八月詔曰。治天下者。先修其國。國命之重。寄在方鎮。方鎮共治。實維列城。列城爲政。繫於屬縣。然則一夫之耕。匹婦之織。積微方著。以供國計。永懷蒸庶。厥惟難哉。頃年以上。淮租賦及榷稅委在藩服使其均平。太上皇君臨之初。務從省便。遂令使府。歸在中朝。或恐巡按既多。職因交替。新制未立。舊綱已紊。況河汴而東。瀕海之右。名都奧壤。疆理接連。如或徵賦不均。輓輸難濟。物輕貨重。法弊人勞。又聞江淮數道。比僟時雨。深憂黎庶之不足。軍國之缺供。政有所不宜。事有所未便。牧宰有課績。官吏有臧否。爰使使臣申我休命。宜令度支及諸道鹽鐵轉運。戶部侍郎兼御史大夫潘孟陽。專往宣諭。慰安疲甿。詢訪便益。蠲除疾苦。安民利國。稱朕意焉。

元和四年正月。以左司郎中鄭敬使湖南宣歙。吏部郎中崔芃。使浙東。司封郎中孟簡。使山南東道荊南湖南。京兆少尹裴武使江西鄂岳等道宣撫。將行。並召對。上告之曰。朕宮中用度。一匹以上。皆有簿歷。惟拯救百姓。則不計所費焉。卿等今者賑恤災旱。當勤於奉職。勿如潘孟陽。所到務飲酒遊山寺而已。仍許敬等以便宜行事。以孟簡獨衣綠。遣使追賜緋袍銀魚。

十四年二月。淄青都知兵馬使劉悟。斬逆賊李師道。淄青兗鄆等十二州平。詔戶部侍郎楊於陵。以本官充淄青等州宣撫使。

唐會要卷七十八

諸使中

黜陟使

貞觀八年。將發十六道黜陟大使。畿內未有其人。上問房元齡。此道事最重。誰可充使。尚書右僕射李靖曰。畿內事大。非魏徵莫可。上曰。朕今欲向九成宮。事亦不小。朕每行不欲與其相離者。乃爲其見朕是非得失。必無所隱。乃命李靖充使。

二十年正月。遣大理卿孫伏伽等。以六條巡察四方黜陟官吏。

開元二十九年十月二十一日。遣使以崔翹等爲之。

天寶五載正月。遣使以席豫等爲之。

至德三載四月。遣使以虢王巨等爲之。

建中元年正月制。諸道宜分遣黜陟使。觀風俗。問疾苦。自艱辛以來。徵賦名目繁雜。委黜陟使與諸道觀察使刺史。計資產作兩稅法。比來新舊徵科色目。一切停罷。兩稅外輒別配率。以枉法論。乾元元年。與採訪使並權罷。至是復置之。自建中巳後。至今未嘗置。初司封郎中韋楨爲山南黜陟使。薦興鳳兩州團練使嚴震理行爲山南第一。特賜上下考。封鄭國公。在鳳州十四年。能政不替。

採訪處置使　宰相張九齡奏置。

開元二十二年二月十九日。初置十道採訪處置使。以御史中丞盧絢等爲之。至三月二十三日。諸道採訪處置使華州刺史李尙隱等奏請各使置印。許之。二十五年十二月二十四日。命諸道採訪使考課官人善績。三年一奏。永爲常式。至二十七年二月七日敕文。三載考績。黜陟幽明。允叶大猷。以勸天下。比來諸道所通善狀。但優仕進之輩。與爲選調之資。責實徇名。或乖古義。自今已後。諸道使更不須善狀。每三年朕當自擇使臣。觀察風俗。有清白政理著聞者。當別擢用。

二十六年三月敕。諸道採訪使判官等。自今已後。並須首末經三年。其緣事故停不得滿年限者。承優節文準開元二十四年二月十九日敕處分。

二十九年七月敕。採訪使等所資按部。恤隱求瘼。巡撫處多。事須周細。不可匆遽。徒有往來。宜準刺史例入奏。

天寶九載三月敕。本置採訪使。令舉大綱。若大小必由一人。豈能兼理數郡。自今已後。採訪使但察訪善惡。舉其大綱。自餘郡務。所有奏請。並委郡守。不須干及。

十二載二月。河南道採訪處置使河東郡太守李憕。河南道採訪處置使陳留郡太守王濬等。奏請依舊通前置兩員交使。望以周載。許依元勅酬功處分。勅諸道準此。黔中道各一人。宜依舊定。

乾元元年四月十一日詔曰。近緣狂寇亂常。每道分置節度。其管內緣徵發及文牒兼使命來往。州縣非不艱辛。仍加採訪。轉益煩擾。其採訪使置來日久。幷諸道黜陟使。便宜且停。待後當有處分。其年改爲觀察處置使。

大歷十二年五月。中書門下奏。開元末置諸採訪使。許其專停刺史務。廢置由己。請自今已後。刺史有犯贓等色。本道但具狀聞奏。不得輒追赴使。及專擅停務。差人權攝。其刺史亦不得輒詣使。出界未先聞奏。皆按常刑。

五坊宮苑使

五坊。謂鵰。鶻。鷹。鷂。狗。共爲五坊。宮苑舊以一使掌之。自寶應二年後。五坊使入隸內宮苑使。近又有閑廄使兼宮苑之職焉。

開元十九年。金吾將軍楊崇慶除五坊宮苑使。其後來擢。牛仙客。李元祐。韋衢。章仇兼瓊。王鉷。呂崇賁。李輔國。彭體盈。藥子昂等爲之。

大歷十四年五月。詔鷹隼豹貀獵犬皆放之。時以永徽已來。文單國累貢馴象三十有二。皆豢於禁中。有善舞者。以備元會充庭之飾。因是與鷹隼之類同放之。

元和二年六月。勅五坊戶諸色影占者多。宜令府縣收管。

三年七月。五坊品官朱超晏王志忠。放縱鷹隼入長安富人家。旋詣其居廣有求取。上知之。立召二人。各笞二十。奪其職。自是貢鸞鳥略大者。皆斥之。貞元末。五坊小兒張捕鳥雀羅於閭里者。皆爲暴橫。以取人錢物。或有張羅網於門。不許人出入者。或以張井上。使不得汲者。近之輒曰。汝驚供奉鳥雀。卽痛毆之。出錢物求謝。乃去。或相聚飲食於酒肆。醉飽而去。賣者或不知。就索其直。多被毆詈。或時留蛇一囊爲質。曰。此蛇所以食鳥雀而捕之者。今留付汝。幸善飼之。勿令飢渴。賣者媿謝求哀。乃攜挈而去。憲宗在春宮時。知其弊。嘗欲奏禁之。及卽位。遂推而行之。人情大悅。

十三年十月。上怒五坊使楊朝汶。追捕平人。命殺之。

皇城使

天祐三年閏十二月。皇城使奏。伏以皇城之內。咫尺禁闈。伏乞準元勅條流。鼓聲絕後。禁斷人行。近日軍人百姓。更點動後。尙恣夜行。特乞再下六軍止絕。從之。

元帥

武德元年六月七日。秦王世民加西討元帥。

上元三年三月。相王旦除涼州道行軍元帥。周王顯除洮河道行軍元帥。昇儲後。至聖歷元年九月。又除河北道元帥。亦稱天罰道元帥。大足元年六月。相王旦除安北道行軍元帥。至長安二年九月。又除幷州道行軍元帥。自後親王爲衙者甚多。其元帥之號。自武德已來。唯王始拜。至天寶十五載正月。哥舒翰除諸道兵馬元帥。始臣下爲之。乾元二年三月。郭子儀除東畿山東河南諸道節度防禦兵馬元帥。後上元二年七月。李光弼除河南淮南淮西山南東道荆南五節度行營元帥。此並副元帥也。

至德元載以廣平王爲天下兵馬元帥。統大軍東征。以子儀爲副。其載九月。吏部尙書平章事房琯抗疏請兵一萬人自爲元帥。以收兩京。詔許之。以兵部尙書王思禮爲副。分爲三軍。使楊希文將南軍自宜壽入。劉貴哲將中軍自武功入。李光進將北軍自奉天入。而琯以中軍爲帥。次便橋。二軍先遇賊。戰於陳濤斜。王師敗績。時琯以車二千乘。以馬步夾之。爲乘車之戰。賊順風揚塵鼓噪。牛皆振駭。因縛草縱火焚之。人畜大亂。故敗。琯自將南軍又戰不利。楊希文劉貴哲降於賊。琯幕府偏裨等奔赴行在肉袒請罪。詔並宥之。

建中四年九月。以舒王謨爲揚州大都督。持節充荆襄江西沔鄂等道節度諸軍行營兵馬都元帥。仍賜名誼。改封晉王。大開幕府。文武僚屬之盛。前後出師。未見其比。

天復三年二月。以輝王祚爲諸道兵馬元帥。其年十二月十三日勅。國史所書元帥之任。並以天下爲名。乃自近年設爲諸道。宜卻復爲天下兵馬元帥。

都統

乾元元年十二月。戶部尚書李峘。除都統淮南江東江西節度宣慰觀察處置等使。都統之號始於此。

上元二年八月。李若幽除戶部尚書充朔方鎭西北庭興平陳鄭等九節度行營兵馬及河中節度都統處置使。

建中元年十二月。以汴州節度使李勉。充河南汴州宋滑亳河陽等道都統使。

元和四年九月。以邠寧慶三州節度高崇文充南京都統。

大中五年五月。以特進守司空兼門下侍郎平章事白敏中。充邠寧節度使招討南山平夏黨項兵馬都統處置等使。

元和四年九月。以宣武軍節度韓宏充淮西諸軍行營兵馬都統。

乾符五年。黄巢大掠江淮。宰相王鐸進奏曰。臣忝宰執之長。在朝不足分陛下之憂。願自帥諸軍。盪滌羣寇。朝議然之。乃拜守司空平章事荆南節度使諸道行營兵馬都統。其年。以鎭海軍節度使高駢爲諸道行營兵馬都統。

中和二年七月。復以宰相王鐸爲京城四面諸道行營兵馬都統。以崔安潛副之。至大順元年五月。以宰臣張濬爲太原四面行營兵馬都統。

節度使 每使管內軍附。

武德元年。因隋舊制。呼爲大總管。其年六月七日。諸州總管加號使持節。至七年二月十八日。改大總管爲大都督。

貞觀三年八月。李靖除定襄道行軍大總管。貞觀三年已後。行軍卽稱總管。本道卽稱都督。永徽已後。除都督帶使持節。卽是節度使。不帶節者。不是節度使。景雲二年四月。賀拔延嗣除涼州都督。充河西節度使。此始有節度之號。遂至于今不改焉。

朔方節度使。開元元年十月六日。勅朔方行軍大總管。宜准諸道例。改爲朔方節度使。其經略。定遠。豐安軍。西中受降城。單于。豐勝。靈夏。鹽。銀。匡。長。安樂等州。並受節度。至十四年七月。除王晙帶關內支度屯田等使。十五年五月。除蕭嵩又加鹽池使。二十年四月。除牛仙客又加押諸蕃部落使。二十九年。除王忠嗣又加水運使。天寶五載十二月。除張齊邱又加管內諸軍採訪使。已後遂爲定額。

豐安軍。在靈州黃河西。去郡一百八十里。

定遠軍。在靈州東北二百里。先天二年正月。郭元振置。

貞觀十四年三月十五日。置寧朔大使。以護突厥。卽舊朔方節度之號。

河東節度使。開元十一年以前。稱天兵軍節度。其年三月四日。改爲太原已北諸軍節度。至十八年十二月。宋之悌除河東節度。已後遂爲定額。

大同軍。置在朔州本大武軍。調露二年。裴行儉改爲神武軍。天授二年。改爲平狄軍。大足元年五月十八日。改爲大武軍。開元十二年三月四日。改爲大同軍。

橫野軍。初置在飛狐。復移于新州。開元六年六月二十三日。張嘉貞移于古代郡大安城南。以爲九姓之援。天寶十三載十二月一日。改爲大德軍。

岢嵐軍。武德中爲鎭。永淳二年。改爲柵。隸平狄軍。長安三年。李迥秀改爲景龍中軍。張仁亶移軍朔方。留一千人充守捉。屬大武軍。開元十二年。崔隱甫又置軍。十五年。李暠又廢爲鎭。其後又改爲軍。

天兵軍。聖歷二年四月置。大足元年五月十八日廢。長安元年八月又置。景雲元年又廢。開元五年六月二十四日。張嘉貞又置。十一年三月四日。改爲太原已北諸軍節度使。

淸塞軍。貞元十五年四月。以淸塞城爲軍。

開元九年十一月四日。河東河北不須別置支度。並令節度使自領支度。

隴右節度使。開元元年十二月。鄯州都督陽矩除隴右節度。自此始有節度之號。至十五年十二月。除張志亮。又兼經略支度營田等使。已後爲定額。

臨洮軍。置在狄道縣。開元七年。移洮州縣。就此軍焉。

河源軍。置在鄯州西南。又云本趙充國亭候也。

白水軍。開元五年。郭知運張懷亮置。

安人軍。置在星宿川鄯州西北界。開元七年三月置。

積石軍。置在廓州達化縣西界。本吐谷渾之地。貞觀三年。吐谷渾叛。置靜邊鎮。儀鳳二年。置軍額焉。

莫門軍。置在洮州。儀鳳二年置軍。開元十七年。洮州移隸臨洮軍。百姓隸岷州。置臨州。二十七年四月。又改爲洮州。今爲臨洮軍是也。

振武軍。置在鄯州鄯城縣西界吐蕃鐵仞城。亦名石堡城。開元十七年三月二十四日。信安王禕拔之。置。四月。改爲振武軍。二十九年十二月六日。蓋嘉運不能守。遂陷吐蕃。天寶八載六月。哥舒翰又拔之。閏六月三日。改爲神武軍。

威戎軍。置在鄯州界。開元二十六年五月。杜希望收吐蕃新城。置此軍。

鎮西軍。置在河州。開元二十六年八月置。

神策軍。天寶十三載七月十七日。隴右節度哥舒翰以前年收黃河九曲。請分其地。置洮陽郡。內置軍焉。以成如璆爲太守。充神策軍使。去臨洮軍二百餘里。

宛秀軍。同前年分九曲。置澆河郡。內置軍焉。以臧奉忠爲太守。充軍使。

保義軍。元和元年二月。改隴右經略使爲軍。

河西節度使。景雲二年四月。賀拔廷嗣爲涼州都督。充河西節度使。自此始有節度之號。至開元二年四月。除陽執一。又兼赤水九姓本道支度營田等使。十一年四月。除張敬忠。又加經略使。十二年十月。除王君㚟。又加長行轉運使。自後遂爲定額也。

赤水軍。置在涼州西城。本赤烏鎭。有泉水赤。因以爲名。武德二年七月。安修仁以其地來降。遂置軍焉。軍之大者。莫過於此。

新泉軍。大足元年。郭元振奏置。開元五年。改爲守捉。

大斗軍。本是守捉使。開元十六年。改爲大斗軍焉。

建康軍。置在甘肅二州界。證聖元年。王孝傑開四鎭回。以兩州界迴遠。置此軍焉。

寧寇軍。舊同城守捉。天寶二年五月五日。遂置焉。

玉門軍。本廢玉門縣。開元六年。置軍焉。

墨離軍。本是月支舊國。武德初。置軍焉。

豆盧軍。置在沙州。神龍元年九月。置軍。

白亭軍。天寶十四載正月三日置。

開元十四年三月二日。勅。河西長行轉運九姓。卽隸入支度使。宜加支度判官一人。

安西四鎮節度使。開元六年三月。楊嘉惠除四鎮節度經略使。自此始有節度之號。十二年以後。或稱磧西節度。或稱四鎮節度。至二十一年十二月。王斛斯除安西四鎮節度。遂爲定額。又先天元年十一月。史獻除伊西節度兼瀚海軍使。自後不改。至開元十五年三月。又分伊西北庭爲兩節度。至二十九年十月二十九日。移隸伊西北庭都督四鎮節度使。至天寶十二載三月。始以安西四鎮節度封常清兼伊西北庭節度瀚海軍使。

伊吾軍。本昆吾國也。置在伊州。景龍四年五月置。

天山軍。置在西州。漢車師前王故國地。形高敞。改名高昌。貞觀十四年置。

瀚海軍。置在北庭都護府。本烏孫王境也。貞觀十四年置庭州。文明元年廢州置焉。長安二年十二月。改爲燭龍軍。三年。郭元振奏置瀚海軍。

天山軍。並在碎葉城。

范陽節度使。先天二年二月。甄道一除幽州節度經略鎮守使。至開元十五年十二月。除李尙隱。又帶河北支度營田使。二十七年十二月。除李適之。又加河北海運使。天寶元年十月。除裴寬爲范陽節度使。經略河北支度營田河北海運使。已後遂爲定額。

經略軍。置在范陽城內。延載元年置。

漁陽軍。在幽州北盧龍古塞。開元十九年九月十七日。改爲靜塞軍。

淸夷軍。垂拱二年。媯州刺史鄭崇古奏置。

威武軍。大足元年。置在檀州。開元十九年九月二十七日。改爲威武軍。

北平軍。在定州西三里。

恆陽軍。恆州郭下。

高陽軍。本瀛州。開元二十年移在易州。

唐興軍。在莫州。

橫海軍。在滄州。並開元十四年四月十二日置。各以刺史爲使。

懷柔軍。在蔚州界。先天元年八月八日置。

鎭安軍。貞元二年四月二十二日。於燕郡守捉置。

懷遠軍。在故遼城。天寶二年二月。安祿山奏置焉。

平盧軍節度使。開元七年閏七月。張敬忠除平盧軍節度使。自此始有節度之號。八年四月。除許欽琰。又帶管內諸軍諸蕃及支度營田等使。二十八年二月。除王斛斯。又加押兩蕃及渤海黑水等四府經略處置使。遂爲定額。

平盧軍。在柳城。本古遼西之地。

盧龍軍。置在北平郡古孤竹國。天寶二年置。

開元十三年三月二十日勅。平盧軍。幽州。太原。朔方。河西。隴右。劍南等七道節度使。宜各置木契行勘。

劍南節度使。開元五年二月。齊景胄除劍南節度使支度營田兼姚巂等州處置兵馬使。因此始有節度之號。至八年除李濬。始下兼兵馬使。二十七年。章仇兼瓊又兼山南西道採訪使。其後或兼或不兼。無定制。至上元二年二月。分爲兩川。廣德二年正月八日。合爲一道。大歷二年正月二十日。又分爲兩川。至今不改。貞元十一年九月。韋臯爲節度。就加統攝近界諸蠻兼西山八國雲南安撫等使。

天保軍。置在恭州東南九十里。開元二十九年置。

洪源軍。置在黎州漢黎郡也。開元三年置軍。

昆明軍。置在巂州。開元十七年十一月置。

嶺南節度使。至德二載正月。賀蘭進明除嶺南五府經略兼節度使。自此始有節度之號。已前但稱五府經略。自此遂爲定額。又云。杜佑授嶺南節度使。德宗興元朝廷故事。執政往往遺忘。舊日嶺南節度。常兼五管經略使。佑獨不兼。蓋一時之誤。其後遂不帶五管經略名目。至咸通三年五月。分爲兩節度。以廣州爲嶺南東道。邕州爲嶺南西道。

清海軍。天寶元年置。在恩州。

柔遠軍。貞元七年三月二十三日置。

淮南河南江東道。乾元元年三月六日置節度使。

鎮州節度使。大歷十四年四月。名其軍曰成德。至天祐二年九月。改爲武順。

汴宋潁亳節度使。建中三年二月二日。名其軍曰宣武。

浙江節度使。建中二年六月。浙江東西節度使。尋改爲鎮海軍。以團練爲節度。從理潤州。元和五年十一月。團練使奏。丹陽軍比因置節度。改爲鎮海。今請依前置鎮海軍。從之。

滑州節度使。貞元元年五月。罷滑州永平軍。其年四月。名其軍曰義成。

淮西節度使。貞元二年二月。改淮西節度爲淮寧軍。

申光蔡等道節度使。貞元十四年正月。名其軍曰彰義。

易定節度使。貞元十五年三月。滿城縣置永清軍。建中三年五月。名其軍曰義武。

安黃節度使。貞元十九年二月。名其軍曰奉義。

陳許節度使。貞元二十年四月。名其軍曰忠武。

徐州節度使。貞元二十一年三月。名其軍曰武寧。至咸通四年四月。降爲支郡。隸兗州。至十一年十一月。

改爲威化軍。

劍南節度使。元和二年二月。改天威軍名曰天征軍。

荆南節度使。元和六年八月勅。制。荆南是賦稅之地。與關右諸鎮及河南河北有重兵處。體例不同。節度使之外。不合更置軍額。因循已久。煩弊實深。嚴綬所請停永安軍額。宜依其合收錢米。委嚴綬于當府諸縣蠲除。不支濟八戶均減訖聞奏。

天平軍節度使。元和十四年三月。平李師道。以所管十二州分三節度。馬總爲天平軍節度。王遂爲兗海沂密節度。薛戎爲平盧軍節度。仍加押新羅渤海兩蕃使。仍舊爲平盧軍。賜兩蕃使印一面。

河陽節度使。會昌四年十月。平劉稹。以河陽三城鎮遏使爲孟州。號河陽軍。額懌二州隸焉。

歸義軍節度。大中五年八月。沙州刺史張義潮以瓜沙伊肅等十一州戶口來獻。自河隴陷蕃百餘年至是悉獲故地。乃以沙州爲歸義軍。授義潮節度使。

戎昭軍節度使。天祐二年九月。以金州置軍額。三年四月。復以爲州。

義昌軍節度使。太和五年正月。以滄景德州號義昌軍。

山南東道節度使。乾元元年置節度。元和十年十月。分爲兩節度。以戶部侍郎李遜爲襄復郢等節度使。

右羽林大將軍高霞寓爲唐鄧等州節度使。景雲二年正月二十九日勅。諸節度除緣兵馬外。不得別理百姓訴訟事。元和六年十月。詔曰。朕於百執事。羣有司。方澄源流。以責實効。其諸道都團練使。足修武備。以靜一方。而別置軍額。因加吏祿。亦旣虛設。頗爲浮費。思去煩以循本。期省事以便人。潤州鎭海軍。宣州采石軍。越州義勝軍。洪州南昌軍。福州靜海軍等使額。並宜停。所收使已下俸料。一事以上。各委本道充代百姓闕額兩稅。仍具數聞奏。庶我愛人之心。不至于惜費。立制之意。必在其正名。

十三年二月。襄陽節度使李愬奏請判官大將已下官凡一百五十員。上不悅。謂裴度曰。李愬誠立奇功。然奏請過當。遂留中不下。其年七月。詔曰。事關軍旅。並屬節制。務繫州縣。悉歸察廉。二使所領。管轄諸道度支營田。承前各別置使。自艱虞以後。各置因循。方鎭除授之時。或有兼帶此職。遂令綱目。所在各殊。今者務修舊章。思一法度。去煩就理。衆已爲宜。唯別置營田處。其使且令仍舊。其忠武鳳翔武寧魏博山南東西橫海邠寧義成河陽等道支度營田使。及淮南支度。近已定省。其餘諸道。並准此處分。初景雲開元間。節度支度營田等使。諸道並置。又一人兼領者甚少。艱難以來。優寵節將。天下擁旄者。常不下三十人。例銜節度支度營田觀察使。其邊界藩鎭。增置名額者。又不一。前後六十餘年。雖嘗增減官員及使額。而支度營田以兩河諸將兼領。故朝廷不議停廢。至是羣盜漸息。宰臣等奏罷之。

乾符三年。以宰臣鄭從讜爲北京留守。河東節度使。詔許自擇賓佐。

親王遙領節度使

貞觀二年五月．吳王恪除使持節大都督益綿邛眉雅等八州諸軍事．益州刺史．濮王泰除使持節大都督揚州．常．海．潤．楚．舒．廬．濠．壽．歙．蘇．杭．宣．東睦．南和等十六州諸軍事．揚州刺史．

開元四年正月二十九日．郯王嗣直除安北大都護．充安撫河東關內隴右諸蕃部落大使．陝王嗣昇爲安西都護．充河西道及四鎮諸蕃部落大使．安北大都護張知運爲副都護．親王遙領節度．自茲始也．其在軍節度．即稱節度副大使知節度事．十五年五月．以慶王潭爲涼州都督．兼河西節度大使．忠王浚爲單于大都護．朔方節度大使．棣王琰爲太原已北諸軍節度大使．鄂王瑤爲幽州都督．河北道節度大使．營王滉爲京兆牧．隴右節度大使．光王琚廣州都督．五府節度大使．儀王璲河南牧．潁王璬安東都護．平盧節度大使．永王璘荆州大都督．壽王瑁益州大都督．劍南節度大使．延王玢安西大都護．磧西節度大使．盛王沐揚州大都督．

建中元年八月．以舒王誼爲涇原節度大使．

貞元四年七月．以虔王諒爲申光隨蔡節度觀察大使．

七年七月．以邕王謜爲義武軍節度．易定等州觀察使．

九年十二月．以通王諶爲宣武軍節度使．

十年七月．復以邕王謜爲昭義軍節度使．

十一年五月。復以通王諶爲河東節度大使。北都留守。
十六年九月。以開府儀同三司虔王諒爲徐州節度大使。觀察支度營田等使。
元和二年八月。以建王審爲鄆州大都督。淄青等州節度。觀察處置陸運。海運押新羅。渤海兩蕃等使。
九年三月。以遂王宥開府儀同三司。充章義軍節度管內營田申光蔡等州觀察處置等使。
寶曆元年十二月。以晉王普爲昭義軍節度副大使。知節度事。以劉悟子前將作監主簿從諫爲節度留後。
太和八年十二月。以通王諶爲幽州經略盧龍軍節度副大使。知節度事。以權勾當幽州兵馬使史元忠爲留後。開成五年十二月。以福王綰爲開府儀同三司。行魏州大都督。充魏博等州節度觀察處置等使。
會昌二年正月。以撫王紘爲開府儀同三司。行幽州大都督府長史。充幽州盧龍軍節度。觀察處置。押奚契丹兩蕃經略盧龍等軍大使。
四年十一月。以皇子鄂爲開府儀同三司。朔方軍節度副大使。知節度事。時以黨項叛命。故以親王制之。
大中十一年。以昭王汭爲開府儀同三司。成德軍節度副大使。知節度事。以佐司馬王紹知成德軍兩使留後。
咸通十年十二月。以蜀王佶爲開府儀同三司。劍南西川節度副大使。知節度事。以盧耽知西川事。

乾符四年正月以壽王傑爲開府儀同三司幽州經略盧龍軍節度副大使知節度事以李可舉知幽州兵馬事

宰相遙領節度使

開元十六年十一月兵部尙書河西節度副大使知節度事蕭嵩除同中書門下平章事節度如故宰相遙領節度使自玆始也至二十六年二月中書令李林甫遙領隴右節度天寶十載十一月楊國忠又遙領劍南節度蕭嵩以牛仙客爲留後李林甫以杜希望爲留後楊國忠以崔圓爲留後

諸使雜錄上 奏薦附

貞觀元年四月發諸道簡點使

咸亨三年十二月頒下簡點格其年五月十一日勅中書門下兩省供奉官及尙書省御史臺現任郎官御史自今已後諸使不得奏請任使永爲常式

二年三月十一日關內道覆囚使邵師德等奉辭上謂曰州縣諸囚未斷甚廢田作今遣爾等往省之非遣殺之無濫刑也至開元十年十月宇文融除殿中侍御史充覆囚使

儀鳳二年十二月二十七日詔宜令關內河東簡練有膂力雄果者卽以猛士爲名

三年正月二十五日遣左金吾將軍曹懷舜李知十等分往河南河北以募猛士

萬歲通天元年九月。令山東近邊州置武騎團兵。至聖曆元年臘月二十五日。河南河北置武騎團。以備默啜。每一百五十戶共出兵十五人。馬一匹。

先天二年正月十五日詔。往者計戶充兵。使二十二入募。六十出軍。既憚劬勞。咸欲逃匿。不有釐革。將何致理。天下衞士。取年二十五已上充。十五年放出。頻經征鎮者。十年放出。自今已後。羽林飛騎。先于衞士中簡擇。

長壽三年正月詔。諸州大都督及上州刺史。大都督府長史。諸軍經略鎮守大使。一子爲宿衞官。

開元十年六月七日勅。支度營田。若一使專知。宜同爲一額。共置判官兩人。

十一年二月二十九日勅。同華兩州精兵。所出地資輦轂。不合外支。自今已後。更不得取同華兵防秋。容其休息。

二十一年正月二十四日勅。令百寮尋勝。因置檢校尋勝使。以厚其事。

天寶七載十一月。給事中楊釗充九成宮使。其使及木炭使。並是岐州刺史勾當。至是釗欲移奪大權。遂兼監倉司農出納錢物召募劍南健兒兩京太倉含嘉倉出納召募河西隴右健兒館道租庸等使。

蘇氏駮曰。九寺三監。東宮三寺。十二衞。及京兆河南府。是王者之有司。各勤所守。以奉職事。尚書准舊章。立程度以須之。御史臺按格令。採姦濫以繩之。中書門下立百司之體要。察羣吏之能否。善績著而必進。敗德聞而且貶。政有恆而易爲守。事歸本而難以失。夫經遠之理。捨此奚據。洎姦臣廣言利以邀恩。多立使以示寵。剋小民以厚斂。張虛數以獻忱。上心蕩而益奢。人怨結而成禍。使天子有司。守其位而無其事。受厚祿而虛其用。宇文融首倡其端。楊鉷繼遵其軌。楊國忠終成其亂。仲尼云。寧有盜臣而不畜聚斂之臣。誠哉是言也。前車既覆。後轍不改。欲求化本。不亦難乎。

十二載十二月二十二日。左相陳希烈充祕書省圖書使。

十四載十一月。安祿山叛。命諸州當賊衝者。始置防禦使。至寶應元年五月十九日。停諸州防禦使。

乾元二年七月九日。勅宜令御史大夫充彍騎使。令御史充判官。

廣德二年九月。以太子詹事李峴爲江南東西及福建等道知選事。并勸農宣慰使。

大歷十二年五月十日。中書門下狀奏。諸州團練守捉使請一切並停。其刺史自有持節諸軍旅。司馬郎同副使之任。其判司既帶參軍事。望令司兵判兵馬按司倉判軍糧按司事判甲仗案。具兵士量險隘召募。謂之健兒。給春冬衣。并家口糧。當上百姓。名曰團練。春秋歸。冬夏追集。日給一身糧及醬菜。其月十一日。諸道先置上都邸務。名留後使。宜令並改爲上都進奏院官。十三日。諸道觀察都團練使判官各置一人。支使一人。推官一人。餘並停。

十四年二月四日。勅。淮諸道上都知進奏院官。自今已後。並不須與正官。

六月一日。敕郎官御史充使絕本司務者。宜改與檢校及內供奉裹行。其月三日。敕御史中丞董晉。中書舍人薛播。給事中劉迺宜充三司使。仍取右金吾廳一所充使院。并於西朝堂置幕屋收詞訟。至建中二年十月停。後不常置。有大獄。即命中丞刑部侍郎大理卿鞫之。謂之大三司使。又以刑部員外郎御史大理寺官爲之以決疑獄。謂之三司使。皆事畢日罷。

建中元年四月一日。門下侍郎楊炎充删定格式使。五月。刑部侍郎蔣沇充副使。二年七月。中書侍郎張鎰與盧杞同充格式使。其月二十三日。旨令刑部長官兼知其使停。

建中二年正月二十五日。潭開宜依舊置防禦使。

二月十八日。御置京畿觀察使。以御史袁高充使。

三年九月九日。御史中丞楊瑱奏。見任官或被諸司不奏便移文牒充判官。伏請自今已後。應見任州縣正官。不承制敕差補。不得輒離任。敕旨依焉。

貞元三年三月二十三日。敕杜亞宜兼充管內營田使。其楚州營田使宜停。

四年二月。敕諸道幕府判官及諸軍將。比奏改官例多超越。應從散秩入清望官。並折資處分。

十三年六月。加劍南西山運糧使檢校戶部員外郎韋肇兼御史大夫。員外兼大夫新例。

十四年六月。罷宣。歙。池三州。鄂。岳。沔三州都團練觀察使。陝。虢兩州都防禦觀察使。以其地分隸諸道。置東畿觀察。以留臺御史中丞爲之。

十六年十二月勅。諸道觀察。都團練。防禦。及支度營田。經略。招討等使。應奏副使。行軍。判官。支使。參謀。掌書記。推官。巡官。請改轉臺省官宜三週年以上與改轉。其緣軍務急切。事跡殊常。卽奏聽進止。

元和二年正月。鄂岳等州觀察使呂元膺奏。新妹壻京兆府咸陽尉馬縫授試大理評事。充京兆觀察支度使。爲憲司所劾。密親佐幕。有虧典法。勅諸使府參佐檢校。釋元膺之罪。時咸非之。

七年七月勅。諸使府參佐檢校。應試官月日計。如是五品已上官及臺省官。經三十箇月外。任奏與改轉。餘官經三十六個月奏改。如經考試有事故及停替。官本限之外。更加十個月。卽往申奏。從之。

十三年二月。浙東觀察使孟簡授代詔書到日。援故事。署留後而行。及常州。堂牒勒還舊鎮。待割使事而後行。初。李修授浙西觀察使。中謝日。請留所替。以待交割使事。至是因舉爲例。非舊制也。

其年　月。上藉錢穀吏以集財賦。以宣歙觀察使王遂爲淄靑四面行營諸軍糧料使。

其年九月。詔。諸道新授節度觀察經略等使。自勅出後。使未到以前。或前使尙在本鎮。或已發差知留務軍等官。其軍府職員。多停省改易。自今已後。切令禁止。縱先有此色。新使道到。並令仍舊。

十四年二月。詔。諸道節度使。團練。都防禦。經略等使。所管支郡。除本軍州外。別置鎮遏守捉兵馬者。並合屬刺史。等如刺史帶本州團練、防禦、鎮遏等使、其兵馬額便隷此使。如無別使。卽屬軍事。其有邊于溪洞。

接連蕃蠻之處。特建城鎮。不關州郡者。卽不在此限。自艱難以來。天下有事。諸將之權尤重。至是遂分屬於所管州郡焉。

其年。山南東道觀察使孟簡。舉均州鄖鄉縣鎮遏兵馬使趙潔充本縣令。有紊條章。罰一月俸料。

其年四月。命中官五人爲京西和糴使。諫議大夫鄭覃右補闕高釴等。同以疏論。上覽之。卽日罷其使。

其年八月。以內侍省姚文壽充京西京兆行營宣慰計會使。六月。制以左金吾衛大將軍胡証充京西京北巡邊使。所經過州鎮。與節度防禦使刺史。審量利害。具事實聞奏。因程异之請也。七月。罷晉州防禦使。八月。浙東觀察使薛戎奏。准敕。諸道所管支郡。別置鎮遏守捉兵馬者。宜並屬刺史。其邊于溪洞接連蠻夷之處。特建城鎮者。則不在此限。今當道望海鎮。去明州七十餘里。俯臨大海。東與新羅日本諸蕃接界。請據文不屬明州。許之。

十五年十二月。中書門下奏。內外六品已下正員官。諸道諸使奏充掌職。比限兩考。及授官經二年已上。方許奏請。卽與依資改轉。有才在下位者。不免留滯。請今後諸道諸使應奏請正員官充職掌經一週年。卽與依資改轉。未一周年。與同類試官。從之。舊制。使府判官二周年始許改轉。通計三考。謂之得資。與同類試官。今不依舊。與物議非之。

長慶三年三月。敕。諸道軍府大將帶監察已上官者。三周年與改轉。如是加敕。合非時與改者。不在此限。其大將未曾奏官者。卽亦仰奏焉。

四年二月敕諸道節度使去任日。宜准元和十五年七月十五日敕處分其交割狀限新人到任後一個月內分析聞奏。并報中書門下據替限委中書門下據報狀磨勘聞奏以憑殿最。

寶歷元年十二月。江西觀察使殷侑奏。管內州縣官大半勾當留在京師。職掌當道兩稅外。又度支米穀。見在官爲送納者。今請下有司。留放五員。從之。仍敕諸道准此。

唐會要卷七十九

諸使下

諸使雜錄下

太和二年六月中書門下奏。諸道觀察等使奏請供奉官及見任郎官御史充幕府。貞元長慶已有勅文。近見因循。多不遵守。然酌時議。制事在變通。如或統帥專征。特恩開幕。戎府初建。軍幄籍才。事關殊私。別聽進止。此外一切請准前後勅文處分。勅旨。宜依。

三年七月勅。諸道進奏官等。舊例多是本道差文武職掌官充。自後遂有奏帶正官者。近日又有請兼檢校官及憲官者。遞相援引。轉無章程。自今已後。更有奏請帶正官。不得兼檢校官及憲官。如準諸道諸軍諸使職掌官例。請檢校官及兼憲官充。則不得帶正員官。其見在進奏官已有檢校官兼憲官者。且聽仍舊。至改轉時。商量處分。

其年十二月中書門下奏。伏准五月八日勅節文。諸道諸使奏判官。所奏雖官資相當。並請限曾任正官經六考以上者。比擬監察侍御史。九考以上者。與比擬殿中侍御史。以上節級各加三考。如曾諸色登科。超資授官者。不得在此限。所奏憲官。特置考限。以防僥倖。深合至公。然節文之中。或有未盡。臣等再四商量。如京六品以上清資官并兩府判官及進士出身平判入等諸色登科授官人。不在此限。其在使府及監察已上者。亦任準元和七年八月二十二日勑節文依月限處分。餘望准前勑施行。依奏。

四年四月。中書門下奏。自元年以來。頻有討伐。諸道薦送軍將。其數漸多。臣等商量。應諸道軍將。官至常侍大夫。職兼知兵馬使都押衙。功績顯著。本道官職可獎者。即任薦送。其餘官職未高。才能可錄。所在軍鎮合驅使。自今後軍官未至常侍大夫。職兼都虞候都知兵馬使都押衙者。不在薦送限。但仰本道節度使。看其功績顯著。與改轉。職已至高者。檢校官兼官。宜與奏改。如有功績殊異。允合不次超擢者。即任別具事跡聞奏。亦不在便薦送限。又應諸方鎮。或因移易停罷。其使隨從元從軍將。只合本道量才驅使。不情願住者。一任東西。不合更來朝廷。別求僥倖。勑旨。依奏。

其年五月。勑。置疎決囚徒使。以清強御史二人爲之。應京城諸司見禁囚徒。宜令疎決處分。具輕重聞奏。

其月。勑。陝虢西去兩京非遠。唯管一郡。分置廉使。本因艱難。若四方少事。則舊制爲便。其都防禦觀察使額宜停。所管兵馬使。屬本州防禦使。

五年十月。勑。樓煩監牧及造水等使。宜共置判官一員。巡官一員。

六年十二月。勑。隴州防禦使。宜準長慶二年九月十八日勑。例置判官一員。其兵馬留後判官勒停。

九年五月。中書門下奏。準太和七年七月十四日勑。諸道進奏官。令揀擇清慎人充。非因過犯。不得停罷。

如方鎭自要腹心委寄任於本道差見任官充。又準太和元年九月十九日勅。不許授別官。今日以後。並請準元和勅處分。如邊上無俸料處。只得授近處官。亦不得占江淮好闕。其新進奏官。仍須守職二年後。無敗闕。方得奏官。勅旨依奏。

其年十二月。左僕射合諸道奏諸節使新授。具巾抹帶器仗。省中參辭兵部尚書侍郎者。伏以軍國異容。古今定制。苟不由舊。務祈改常。未聞省閣之門。忽入弓刀之器。伏請停罷。如須參謝。任具公服。到本州縣後。交割兵馬。詣實申奏。從之。

開成元年十一月。中書門下奏。準太和十一年七月二十六日勅。諸道節度使下都押衙都虞候。約五年以上。方得改轉。押衙兵馬使。約七年以上。方得改轉。三萬人以上軍兵。每年許奏四人。其序遷合與憲官者。以曾歷兩任。奏授賓詹者。與監察。以次遷序。止於侍御史。其御史中丞以上官。並須因有戰功。方得奏請。諸道團練下萬人以上軍。所奏不得過殿中侍御史。如未有憲官者。不在奏限。萬人以下軍。不因戰功。並不得奏論。請勅旨依奏。

二年十二月。中書門下奏。諸道節度使。觀察。都團練使。請朝官任使。準貞元二年勅。中書門下有供奉官。及尙書省御史臺見任郎官御史。諸司諸使。並不得奏請任使。伏以周之列國。咸有命卿。漢代諸侯。皆建傅相。蓋以崇重五爵。施之寵榮。賈生爲傅於長沙。管仲讓王之上禮。出其廷彥。且命爲卿。經史垂文。古制斯在。況貞元之初。戎鎮之事。比於今日。頗謂不同。聖朝授任。推公惟才是急。輟諸上選。分佐戎行。職則稍尊。命則稍重。而又才人涉歷。練達武經。出入往來。便堪獎用。是朝廷之所利。誠方鎮之得人。希古濟今。匪宜專恡。酌于臨事。可否在茲。臣等商量。諸節度觀察都團練使。朝中素有相知者。許奏一人充副使。章服準太和三年五月八日勅。如素無相知。不奏亦聽。其方鎮帶相及自廟堂平章事出鎮者。任約舊例奏署。庶使藩方益重。試任程才。其今日以前。應奏署勅已行者。雖闕前勅人數至少。式遵成命。又難追移。伏請自此已後。不得違越。勅旨依奏。

三年四月。中書門下奏。宰相帶平章事出鎮。應朝官充使府職事。任約舊例奏署。使藩方益事。委任程才。謹詳勅文。意在明許。亦不定言人數。及所請職名。臣等商量。起今以後。宰相自朝廷出鎮。奏請朝官及刺史佐幕前後。更五人。數內有遷轉停罷者。或須塡替。任更奏來。如或辟用他官。不奏亦得。官至侍御史以上者。卽許奏章服。便爲常例。庶可通行。勅旨依奏。

四年六月。中書門下奏。諸道節度使參佐。自副使至巡官。共七員。觀察使從事。又在數內。雖大藩雄鎮。有籍才能。而邊鄙遐方。豈易供給。況行軍之號。本繫出師。參謀之職。尤是冗長。其行軍司馬及參謀。望勒停。省見任人。如本道有相當職員。任奏請改轉。其餘官序稍高者。許隨表赴京。到日量才獎授。郎御史以下。各令參薦。節度判官舊額。雖本兩員。近日諸道。亦不盡置。起今已後。望以一員爲定。其課科等。本是供軍數內。戶部不可更收。勅旨依奏。

其年七月勅。諸道奏入仕人數轉多。每年吏曹注擬無闕。唯河北諸道。河東。澤潞。劍南。三川。京北。京西管內官員數多。假攝之中。實有勞効。每年許奏三兩人。仍須是元額闕。不得替見任人。其餘並不得奏入。

會昌三年四月勅。諸道節度使觀察使。授後發期。宜令不得過十日。

其年五月勅。比來節將移改。隨從將校過多。非唯妨奪舊人職員。兼亦費用軍資錢物。節度使移鎮。軍將至隨身不得六十人。觀察使四十人。經略都護等三十人。宜委監察軍使及知留後判官具名聞奏。如違此數。知留後判官量加懲罰。監軍使別有處分。自今以後。節度使等如罷鎮赴闕。應將官吏將健隨赴上都者。並隨使停解。縱有帶憲官充職。亦勒停。其間或有是功勳重臣舊將校。人數稍多者。離鎮後新停解。即須具人數聞奏。當與量事宜處分。

四年二月。御史臺奏。準會昌三年十一月十三日勅。諸道進奏官。或有一人兼知四五道奏進。兼並貨殖。頗是倖門。因緣交通。爲弊日甚。向後兼知不得過兩道。以上者各委本道速差替聞奏。仍委臺司糾察。如有違犯。必議重懲。又兼知三四道者。臺司檢勘。各牒本道。準勅差替訖。切慮改名補職。不離一家。元是本身。虛立名姓。伏請從今已後。如知兩道奏進外。一家之內。父子兄弟更不得知諸道奏進。如有違犯。臺司準前察訪。勅旨依奏。

五年六月勅．諸道所奏幕府及州縣官．近日多鄉貢進士奏請．此事已曾釐革．不合因循．且無出身．何名入仕．自今以後．不得更許．如此．仍永爲定例．

其年九月．中書門下奏．條流諸道判官員額．西川本有十二員．望留八員．節度副使．判官．掌書記．觀察判官．支使．推官．雲南判官．巡官．淮南河東舊額．各除向前職額外．淮南留營田判官．河東留留守判官．幽州淄青舊各有九員．望各留七員．幽州除向前職額外．留盧龍軍節度推官．淄青除向前職額外．留押新羅渤海兩蕃巡官．山南東道．鄭滑．河陽．京南．汴州．昭義．鎭州．易定．鄆州．魏博．滄州．陳許．徐州．兗海．鳳翔．山南西道．東川．涇原．邠寧．河中．嶺南．已上舊各有八員．望各留六員．節度副使．判官．掌書記．推官．觀察判官．支使．振武．靈夏．鹽州．鄜坊．舊各有八員．緣邊土地貧．望各留五員．節度副使．判官．掌書記．推官．觀察判官．浙東．浙西．宣歙．湖南．江西．鄂岳．福建．以上舊各有六員．望各留五員．團練副使．判官．觀察判官．支使．推官．黔中舊有十員．望各留六員．經略副使．判官．招討判官．觀察判官．度支鹽鐵判官．東都留守．陝府舊有五員．並望不減．天德舊有三員．亦望不減．同州舊有四員．商州兩員．並望不減．防禦副使．莘州．泗州．各有兩員．並望不減．楚州．壽州．各有三員．壽州望減團練副使一員．楚州望減營田巡官一員．汝州．鹽州．隴州舊各有一員．望不減．桂管舊有六員．望減防禦巡官一員．容管舊有五員．望減招討巡官一員．延州舊有兩員．亦望減防禦推官一員．樓煩．龍陂．舊各有兩員．望各減巡官一員．右奉聖旨．令商量減諸道判官．約以六員爲額者。臣等商量。須據舊額多少。難於一例停減。今據本鎭額量減數。亦非少。仍望令正職外。不得更置攝職。仍令御史臺及出使郎官御史專加察訪。勅旨。依奏。

大中二年七月。中書門下奏。黔中鹽鐵使判官開成中已停減不置。臣等商量。望黔中置經略推官一員。其鹽鐵使判官。望令依舊額卻置。勅旨。宜依。

其年十月。中書門下奏。伏以銀青借兼檢校賓客官。及朝散大夫階並三品資歷。白身不合虛豎奏官。近年諸司使多虛豎此色頭銜。奏請授官。求中上州長馬及上州判司。踰濫僥倖。莫甚於此。臣等商量。自今已後。諸司諸使。應合奏授正官者。並不得虛銜前件官階奏請。如是長不守章程。依前論請。奏聽進止。其諸道差知進奏官。亦望准此處分。勅旨。依奏。

三年三月。中書門下奏。伏准太和六年六月御史臺奏。本置官員。藉其任守。吏曹注擬。皆是職司。況調選須有出身。合年十五以上。比及於選。入以十年。則二十五。可以爲成人矣。今則皆稱年小。奏請句當所在相承。積習成例。若實年小。卽不合早補身名。若補實當年。又何慮爲官不了。合請諸道方鎭子孫。應選授及奏授官。一切勒歸本任。不得輒有奏留。如或恩出殊常。賜及一子者。年十三以下。卽任奏聽進止。奉勅宜依者。臣等謹詳勅前約勒。非不丁寧。近日不守勅文。例皆請奏。臣等商量。自今已後。諸道節度觀察防禦經略等使。如或特降恩賜制。及一子官年十五以下者。卽望許奏請句當留除外。其餘並望準前勅處分．其見在千牛進馬者．並準今年三月三日勅處分．

其年四月勅．如聞朝臣出使外藩．皆有遺路．是修敬上之心．或少或多．號爲人事．從前如此．率爲常例．今邊上受命撫戎．類須發使．若每使許循舊例．則十方竟至困窮．如事前不與繩檢．又使臣難爲辭拒．其出使朝廷邊上．一物以上．並不得受領．卻到京後．方鎮亦不得輒寄附．

其年五月勅．藩鎮改移．見在倉庫錢穀．既已得替．便屬新人．向前曾有勅文．更給留別．歲月深久．官吏因循．苟徇軍情．不守朝典．自今以後．節度觀察使除替．改更不在給留別限．仍勒知後判官及本曹官典．切加檢舉．如有違越．當重科懲．

五年十月．中書門下奏．伏見諸道及州府．如縣令錄事參軍有闕．及見任官公事闕敗．切要替換．卽任各舉所知聞奏．及須蒞官曾有課績處．已必能清廉．如論薦不當．舉主先議懲殿．其判司參軍文學縣尉丞．簿等．不奏限．其河東潞府．邠寧．涇原．靈武．振武．鄜坊．滄德．易定．夏州．三川等道．或道路懸遠．或俸料單微．每年選人．多不肯受．若一例不許．則都俸不在給留別限．仍勒知後判官．不許．則都無正官．今請前件數道除縣令錄事參軍外．其判司尉縣丞簿．每年量許奏三員．須是元額闕．不得替考深人．其闕一年．吏部不注．卽注且差攝．二年吏部不注．然後許奏請．仍資序不得超越．如是散試及外身．不得奏第二任官．其京百司．除職事外．不在更奏官限．勅旨依奏．其月勅．會昌三年六月八日．已有明勅．應文武官除授諸道節度。觀察。經略。防禦使。及就加官爵等。起今以後。與送官告旌節使人事物。不得過三千匹。爲定制。令諸道各有舊例。有過三千匹者。宜准勑減。不得違越。

六年十二月。中書門下奏。應諸道節度使。觀察。團練使。防禦。經略等使所請俸料。職田祿粟。時服。雜給。並諸色人事用度等。先奉聖旨令條流奏來者。伏以藩鎭之任。寄切分憂。一方慘舒。繫在長吏。近者所在軍府。多稱窮空。因緣增添。費用滋廣。不遵往例。唯徇人情。物力既困于公家。誅斂終歸于百姓。稍能釐革。裨益實多。置使之初。必有定額。歲月深遠。或多改更。望令諸道帥臣及長吏。各詢訪事例。檢尋簿書。其間苟踰舊規。及有新置。並宜除去。務在至公。于軍府州鎭經營利綱等項。相承既久。併絕則難。相害于人。亦宜禁止。奉勑。宜依。

其月。中書門下奏。觀察使職當廉問。位重藩維。受明王之寵寄。同國家之休戚。豈可但享崇貴。唯務優游。羅聲色以自娛。顧凋殘而莫問。縱逃顯責。必受陰誅。自今以後。並請責其成效。專其事權。使得展意盡心。恢張皇化。敬事以守法度。節用以減征徭。有利于國者必行。不以近名爲慮。有害于人者必去。不以循例爲辭。絕連夜之酣歌。務盡心于議讞。常推此道。方免曠官。其巡屬州縣。須知善惡。每歲考校。具以上聞。隱而不言。罪歸廉帥。應有所論薦。須直書事績。不得虛詞。有所舉聞。須盡錄奸贓。不得隱漏。懦弱不任職者奏免。不得徇情。清強能立事者上陳。不得蔽善。如此卽上下相制。遠近相臨。同推至公。共成致治。勑旨。卿等所條流廉問牧宰等事。實繫生靈慘舒。並依。

咸通九年十二月二十三日敕。司農寺丞薛瓊可贊善大夫。充滁廬壽州招召鄉兵使。

十二年七月。中書門下奏。諸道節度防禦使下將校奏轉試官及憲銜等。每年量許五人。都團練防禦使量許三人爲定。不得更于其外奏請。其兼御史中丞以下。即準敕文條流。須有軍功。方可授任。今後若顯有戰功。任具事績申奏。檢勘不虛。當以處分。此外不得更有奏請。其幽鎮魏三道。即且准舊例處分。

其年。中書門下奏。准今年六月十二日敕。釐革諸道及在京諸司奏官並請章服事者。其諸道奏州縣官司錄錄事參軍縣令。或見任公事敗闕不治。切要替換。及前任實有勞效。並見有闕員。即任各舉所知。每道奏請不得過兩人。其河東。潞州府。邠寧。涇原。靈武。鹽夏。振武。天德。鄜坊。滄德。易定。三川等道觀察防禦等使。及嶺南五管。每道每年除令錄外。許量奏簿尉及中下州判司縣丞共三人。偏州不在奏州縣官限。其黔中所奏州縣官。及大將管內官。即任準舊例處分。在京諸司及諸道帶職奏官。或非時充替。考限未滿。並卻與依資官。從之。

天祐元年四月。敕。今後除留宣徽兩院。小馬坊。豐德庫。御廚。客省。閤門。飛龍。莊宅九使外。餘並停廢。其內園冰井公事。委河南府句當。至二年二月十六日敕。只置宣徽院使。以權知樞密事王殷充。副使以趙殷衡充。其樞密使並宣徽南院使並停。所司勒歸中書。宣徽院人吏不得私出本院。與人交通。諸道句當事

人亦不得到院。凡有公事，並於中書論請

諡法上

舊制。諸職事官三品以上。散官二品以上。身亡者。佐史錄行狀申考功。考功責歷任勘校。下太常寺擬諡訖。復申考功。於都堂集內省官議諡。然後奏聞。贈官同職事。無爵者稱子。若蘊德邱園。聲實明著。雖無官爵。亦奏賜諡曰先生也。

文。按諡法。經緯天地曰文。道德博厚曰文。勤學好問曰文。慈惠愛民曰文。愍民惠禮曰文。錫民爵位曰文。贈中書令楚國公上官儀。贈兗州都督沛郡公韋叔夏。贈兗州都督扶風縣公蘇瓌。贈衞州刺史清河縣子崔融。贈太子少保彭城縣東海縣公徐堅。贈太子少保彭城縣公劉知柔。贈幽州都督彭城郡公韋湊。贈潤州刺史常山縣公馬懷素。贈禮部尚書舒國公褚無量。贈益州大都督岡安縣公盧從愿。贈江陵大都督宿預縣公王邱。贈江陵大都督襄陽縣侯席豫。贈禮部尚書賈至。贈禮部尚書韓愈。贈右僕射潘炎。贈太尉令狐楚。贈左僕射權德輿。故襄州節度使李翺。贈司徒李磎。故太子少傅白居易。大中三年十二月。中書侍郎平章事白敏中上疏。請行諡典。從之。下太常諡曰文。

武。克定禍亂曰武。威強叡德曰武。闢土拓境曰武。帥衆以順曰武。折衝禦侮曰武。贈太尉霍國公王思禮。贈司徒扶風郡王馬璘。太尉李愬。博士王彥威請爲武。宮恬稱奏進止。以李懇父謚曰武。以有武字謚。不合同宜。令所司重定。博士元從實執申請依前謚爲武。

獻。聰明睿哲曰獻。惠無內德曰獻。智質有聖曰獻。贈太常卿邠陰男薛收。贈禮部尚書常山郡公元行沖。贈秘書監衛密。贈太子太傅敬括。

懿。溫柔賢善曰懿。愛民質直曰懿。柔克有光曰懿。體和居中曰懿。贈幷州都督安德郡公楊師道。贈兵部尚書武陽郡公李大亮。贈吏部尚書永寧郡公王珪。贈潤州刺史來恆。贈太子少保張文瓘。贈幽州都督鄭國公楊崇毅。贈禮部尚書正平縣公裴漼。贈禮部尚書源洧。贈秘書監姚合。贈左散騎常侍趙復。贈揚州都督蕭昕。贈御史大夫鄭叔則。贈禮部尚書蔣乂。故禮部尚書許康佐。故東川節度使馮宿。贈左僕射辛秘。贈左僕射馬總。

宣。聖善周聞曰宣。施而不秘曰宣。善聞周達曰宣。贈太傅盛王倚。贈太子太師漢中郡王瑀。贈幽州都督廣平郡公劉祥道。贈國子祭酒趙宏智。贈太尉魏王武承嗣。贈太尉梁王武三思。贈吏部尚書王延昌。贈太子少保鮑防。贈尚書左僕射歸崇敬。贈兵部尚書陸贄。贈工部尚書薛苹。贈右僕射鄭澣。

昭。聖文周達曰昭。明德有功曰昭。贈侍中中書令幷州都督固安郡公崔敦禮。特進金城郡公李珍。贈幽州都督趙國公李湛。荊州大都督舒國公韋巨源。景雲元年。太常寺謚巨源曰昭。戶部員外郎李邕駁曰。三思引之爲相。阿韋託之爲親。無功而封。無德而祿。同族則醜正安石。他人則附邪楚客。謚之曰昭。良恐未當。博士李處直固請依前謚爲定。邕又駁曰。夫古之謚議。在乎勸沮。將杜小人之衆。冀長君子之風。故爲善者。雖存不貴仕。而歿有餘名。此賢達所以砥節也。爲惡者。雖生有所幸。而死有所懲。此回邪所以易心也。嗚呼。巨源曾未斯察。而乃聞義不從。與惡相濟。蓄罔上之志。叶羣凶之謀。苟容聖朝。貪昧享祿。自以宰臣之貴。不崇朝而買害者。固鬼得而誅之也。彼則匹夫之微。未受命而行刑者。固人得而誅之也。幽明之愼。斷焉可知。天地之心。自此而見。今乃妄加褒述。安能分謗者哉。雖有此議。竟謚爲昭。

贈吏部尚書齊國公崔日用。贈戶部尚書韋元甫。贈刑部尚書兼御史中丞李澄。贈太師崔儆。贈司空李復。贈司空鄭絪。贈司徒趙宗儒。

元。始建國都曰元。行義悅民曰元。能思辨衆曰元。主義行德曰元。忠肅恭懿曰元。宣慈惠和曰元。贈司空河間郡王孝恭。贈幷州都督畢國公阿史那社爾。文昌右相扶陽郡公韋待價。贈司空芮國公豆盧欽望。贈秘書監朱敬則。贈鄴郡太守趙良器。贈尚書左僕射東海郡公于休烈。黃門侍郎崔渙。贈太子太傅李涵。贈工部尚書李建。贈太保柳公綽。

節。好廉自克曰節。巧而好度曰節。贈司空鄖國公殷開山。贈工部尚書范陽郡公張道源。贈冬官尚書平昌縣男高叡。贈工部尚書馮昭泰。贈尚書左僕射裴玢。

景。耆意大慮曰景。布義行剛曰景。由義而濟曰景。贈禮部尚書黎國公溫大雅。贈幽州都督潞國公薛萬均。邠王傅固安縣侯盧粲。贈荆州大都督嗣虢王邕。贈黃門監魏縣男畢構。贈特進嗣寧王琳。故忠武軍節度使郄士美。贈太保劉澭。贈工部尚書馮定。

成。安民立政曰成。刑人克服曰成。贈司空萊國公杜如晦。贈揚州大都督河間郡公李義府。贈越州都督吳興縣伯姚璹。贈侍中平鄉縣公李懷遠。贈大理卿平安縣伯崔昇。贈戶部尙書眞源縣子李璿。贈荆州大都督崔翹。贈河南尹博陵縣公崔希逸。國子祭酒韓洄。贈尙書右僕射嗣曹王皐。贈工部尙書郭隆。贈戶部尙書齊抗。贈陝州大都督崔宗。贈尙書右僕射吳湊。贈揚州大都督趙昌。故京兆尹李充。贈工部尙書裴次元。贈太尉李逢吉。贈禮部尙書張仲方。故洪州觀察使王仲舒。

烈。秉德尊業曰烈。安民有功曰烈。贈左衞大將軍永安郡公王孝恭。贈右衞將軍平原郡公程務挺。贈幷州大都督梁國公契苾何力。贈輔國大將軍原國公田歸道。贈太子少傅韋光乘。贈禮部尙書張孚。贈尙書左僕射孫志直。贈尙書右僕射韋謙光。贈司空張獻甫。贈鴻臚卿司馬逸客。贈故東臺侍郎同東西臺三品荆州大都督府長史李安期。

孝。秉德不回曰孝。慈惠愛親曰孝。協時肇享曰孝。五宗安之曰孝。從命不忿曰孝。幾諫不倦曰孝。善事父母曰孝。親睦其黨曰孝。慈愛忘勞曰孝。博於備物曰孝。尊仁安義曰孝。贈司徒道王元慶。贈開府儀同三司觀國公楊恭仁。贈戶部尙書裴守忠。贈兵部尙書逍遙公韋嗣立。贈禮部尙書崔沔。贈岐王府長史裴子餘。贈魯郡都督趙郡公李瑱。贈太子太傅郭曜。贈禮部尙書鄭杲。贈工部尙書韋溫。贈吏部尙書李景讓。

康。溫柔好樂曰康，安樂撫民曰康，令民安樂曰康。贈司徒鄧王元裕。贈太子左庶子安平縣侯李百藥。贈太常卿豐城縣男姚思廉。贈太常卿陽翟縣侯褚亮。贈吏部尚書大安縣公閻立德。贈原州都督嘉興縣子陸敦信。贈禮部尚書新野縣公張俊。贈兵部尚書潘孟陽。贈吏部尚書幷州都督楊師道。

定。大慮靜民曰定，安民法古曰定，追補前過曰定，安民大慮曰定，純行不爽曰定。贈司徒應國公武士彠。贈荊州大都督吳興縣公沈叔安。贈幷州大都督芮國公豆盧寬。贈幽州都督燕國公于志寧。贈秦州都督高都郡公李緯。贈幽州都督范陽郡公盧承慶。贈洛州長史裴懷節。贈幷州都督北平縣公張行成。贈越州都督高智周。贈隴州刺史會稽郡公于德方。梓州刺史李震。贈太子少師徐浩。贈太傅何進滔。贈左散騎常侍王質。

穆。布德執義曰穆，中情見貌曰穆。贈同州刺史蘭陵縣公蕭德昭。幽州刺史韋知貞。贈禮部尚書唐昭。故閬州刺史顏防。贈戶部尚書潞州都督郯昂。贈少保裴向。貶授開州司馬宋申錫。會昌三年五月起復官爵，追賜謚焉。

貞。大慮克就曰貞，外內用情曰貞，清白守節曰貞，圖國忘死曰貞，內外無懷曰貞，直道不撓曰貞。贈司徒密王元曉。贈開府儀同三司新昌郡公李綱。贈太子少保潁川郡公韓仲良。贈幽州都督清邱縣公崔義元。贈洪州都督博陵縣子閻立本。贈泰州都督武陽縣公韋琨。贈右驍衛將軍河間郡公孝友。贈吏部尚書石泉縣公王方慶。贈幽州都督魏縣男崔神慶。贈益州大都督邢國公王及善。贈涼州大都督譙縣子婁師德。贈并州大都督齊國公魏元忠。贈天官尚書楊執柔。贈太子少傅武陽縣伯韋抗。贈尚書左丞相廣平郡公程行諶。開元十四年。謚曰貞。岐王府長史裴子餘謚曰孝。同時列上中書令張說省之曰程裴二謚可謂謚之無愧者。贈黃門監中山郡公李乂。贈吏部尚書金城縣伯李朝隱。贈江陵大都督高邑縣伯李尚隱。贈揚州大都督南皮郡子韋虛心。贈戶部尚書楊瑒。贈潞州大都督源復。御史大夫崔器。故國子祭酒贈秘書監楊頊。贈右散騎常侍韋常。陝州大都督劉滋。贈右僕射姚南仲。贈太子太保高郢。贈禮部尚書盧坦。贈太子少保裴均。太子太保鄭餘慶。贈故潤州節度使路隨。贈右僕射錢徽。贈兵部尚書孔戣。贈右僕射李造。贈司徒李絳。贈太保韓臯。贈司徒崔從。贈司空王徽。贈司空崔慎由。贈戶部尚書韋澳。故工部尚書裴佶。

簡。壹德不懈曰簡。平易不訾曰簡。理典不殺曰簡。贈幽州都督沛國公鄭元璹。洪州都督平昌縣侯于貴寧。贈秦州都督汾陰縣公薛愿。贈幽州大都督平恩縣公許圉師。贈太常卿魏縣子盧承業。贈黃門監天水郡公尹思貞。平陽郡太守柳渙。杭州刺史杜濟。贈陝州大都督張式。贈左僕射韋夏卿。故洪州觀察使薛放。故洪州觀察使嚴謨。

平。布綱治紀曰平。執事有制曰平。治而無眚曰平。附不黨疏不遺曰平。贈右衛將軍黎國公裴行方。贈蒲州刺史李素立。贈太子太保徐申。贈左散騎常侍顏証。

安。好和不爭曰安。寬容平和曰安。贈司徒江王元祥。贈禮部尚書鄧國公竇璡。太保梁郡公蕭造。贈工部尚書莘國公竇誕。贈涼州都督廣德郡公李安遠。贈岷州都督長道縣公姜謩。贈工部尚書紀國公段綸。贈并州都督樂壽縣男長孫操。

懷。慈仁短折曰懷。執義揚善曰懷。贈衞王元霸。

惠。愛民好與曰惠。柔質慈民曰惠。柔質受諫曰惠。贈司徒鄭王元懿。贈侍中趙郡公李景伯。太子右諭德梁郡公孔若思。贈洪州刺史崔戎。

德。綏柔士民曰德。忠和純備曰德。強直溫柔曰德。勤恤民隱曰德。富貴好禮曰德。忠誠上實曰德。輔世長民曰德。寬衆憂役曰德。剛塞簡廉曰德。贈禮部尚書河南王贊。贈靈州都督夷國公李子和。亳州刺史魏王武元爽。贈司空李麟。贈太師杜審權。贈吏部尚書崔鄲。

忠。危身奉上曰忠。危身惠上曰忠。讓賢盡誠曰忠。危身贈國曰忠。慮國忘家曰忠。盛衰純固曰忠。臨患不反曰忠。安居不念曰忠。廉方公正曰忠。贈左衞大將軍淮陽郡王道元。贈禮部尚書嗣魯王道堅。贈司空蔣國公屈突通。贈戶部尚書江國公陳叔達。贈秦州都督開化郡公趙慈景。贈左驍衞大將軍新興郡公馬三寶。贈刑部尚書清河縣公崔善爲。贈尚書右僕射道國公戴胄。金紫光祿大夫武昌縣公靳孝謨。贈尚書右僕射高唐縣公馬周。贈幽州都督河清郡公房仁裕。贈太子少師來恆。贈幽州大都督崔知溫。贈荆州大都督朱國公唐休璟。贈蘄州刺史許欽寂。贈開府儀同三司魯王武崇訓。贈幽州都督梁國公魏知古。岐王傅宏農縣公楊溫玉。贈司空李德裕。贈戶部尚書淮安郡國公李琇。贈益州大都督清河郡公崔隱甫。贈太尉賈循。贈揚州大都督樂子昂。贈太子太傅吳淑。贈尚書左僕射孔巢父。贈吏部尚書崔縱。故秘書監裴清。贈禮部尚書蔣清。贈太尉李光顏。

靖。秉德安衆曰靖。寬樂令終曰靖。恭己鮮言曰靖。贈司空淮安王神通。贈太子太保長平郡王叔良。贈尚書右僕射延安郡公竇威。魏州刺史辛君昌。鴻臚卿懷仁縣公郭嗣本。贈越州都督渭源縣侯顧琮。贈太子太師冀國公竇希瓘。贈左散騎常侍路嗣恭。贈太子太傅崔損。

質。名實不爽曰質。章義掩過曰質。中正無邪曰質。贈蘭州都督清河郡公楊宏禮。贈太子少傅魏縣子崔神慶。

戴。典禮不愆曰戴。愛民好治曰戴。贈祕書監瑯琊縣子顏師古。

憲。博聞多能曰憲。聖善周達曰憲。贈國子祭酒彭城縣公令狐德棻。贈廣州都督江陵縣子岑文本。國子祭酒曲阜縣子孔穎達。贈司徒蓨縣公高季輔。贈太尉聞喜縣公裴行儉。汾州刺史贈梁王武元慶。常州刺史獨孤及。贈禮部尚書皇甫政。贈太子少保歸登。贈禮部尚書張薦。太子少保許孟容。贈右僕射王彥威。

威。強毅執正曰威。猛以強果曰威。有威可畏曰威。贈涼州都督懷縣公于伯億。贈戶部尚書田仁會。贈涼州都督太原郡公郭知運。右司員外郎崔厚駁之曰。郭知運承恩詔葬。向五十餘年。今請易名。竊謂非禮。謹案禮經云。禮時爲大。又曰。過時不及爲禮也。昔衛公叔文子卒將葬。其子戍請諡於君曰。日月有時。將葬矣。請所以易其名者。蓋以時不可踰也。今知運既名不浮行。數紀之前。門生故吏。已合謀諡。今乃申請。竊將有爲而爲。其子英乂頃屬多故。屢制方隅。朝廷策勳。位崇端揆。附從者竊不中之禮。會無妄之求。況今裂土者接軫。專征者百輩。若率而行之。誰曰無請。不惟有司疲於簡牘。抑恐名器等於草芥。雖欲曲全。竊將不可。又禮經云。已孤暴貴。不爲父作諡。若知運合諡而不以其時。則嗣子曆先君之德。若不合諡而苟遂其志。則先君因嗣子而見尊。以僕射而言。既諂越禮之誚。以國家而言。又殊旌善之體。請下太常寺重議。博士獨孤及議曰。禮時爲大。順次之。將葬易名。時也。有故闕禮。追遠請諡。順也。公叔戍請諡。適當葬前。謹案三百禮經。三千威儀。曾不言已葬則不可追諡。況帝王殊途。不相沿襲。新制禮則死必有諡。不云日月有時。今請易名者五家。無非葬後。苗太師一年矣。呂諲四年矣。盧奕五年矣。顏杲卿八年矣。並荷褒寵。無異同之論。獨知運不幸。遂以過時見抑。苟必以已葬未葬爲節。則八年與五十年。其後一也。而與奪殊制。無乃不可乎。議云。已孤暴貴。不爲父作諡。此謂其父無位。而子居貴位。不當以己之貴加榮於父。若知運者。處方面重寄。列位九卿。茂勳崇名。與衞霍侔。飾終之禮。宜加於他將一等。豈待因嗣子然後作諡。今之專征者率多起屠販阜隸之中。雖遭風雲。化爲侯王。而其間祖父爵位。與知運等。當請諡有幾。何乃懼名器等於草芥。以是廢禮。竊謂近誣。考彼載籍。徵諸舊史。易名之禮。請如前議。贈揚州大都督鄴國公崔光遠。贈司空嚴礪。

贈潞州大都督劉昌裔。

剛。強毅果敢曰剛。贈右武衛大將軍永安郡公姜寶誼。贈左武衛大將軍戴國公左難當。

肅。剛德克就曰肅。執心決斷曰肅。贈左衛大將軍長平王叔良。贈益州大都督鄖國公竇軌。贈民部尚書信都男竇靜。始州刺史襄武郡公劉師立。侍中齊國公敬暉。禮部尚書孟禮溫。贈工部尚書呂諲。太常議謚曰恭。度支員外郎嚴郢駁曰。今太常議荆南之政詳矣。而曰。在台司齪齪。無匪躬之能者。乃搜瑕掩德。非中道之言也。國家故事。宰臣之謚。皆有二字。以彰善旌德焉。夫呂公文能無害。武能禁暴。貞則幹事。忠則利人。盛烈宏規。不可備舉。傳敘八元之德。曰忠肅恭懿。若以美謚擬於形容。請謚呂公忠肅。博士獨孤及議曰。秦符必加謚二字。具以忠配肅。謹案舊議。凡沒者之故吏。得以行狀請謚於尚書省。而考行定謚。則有司存。朝廷辨可否。宜在衆議。今駁議撰謚。異同之說。並故吏專之。伏恐亂庖人尸祝之分。違公器不私之誠。且非唐虞師錫僉曰之道。謚法在懲惡勸善。不在字多。必稱其大而略其細。故言文不言武。言武不言文。三代已下。朴散禮壞。乃有二字之謚。非古也。其源生於衰周。漢蕭何張良霍去病霍光。俱以文武大略佐漢致太平。其業不一。謂一文不足以紀其善。遂有文忠文武景桓宣成之謚。雖黷禮甚矣。然猶褒不失入。唐興。參用周秦之制。以魏徵爲文貞。蕭瑀爲貞褊。其杜如晦。封德彝。陳叔達。溫彥博。岑文本。唐休璟。魏知古。崔日用。並當時赫赫。以功名居宰相。謚之不過一字。不聞子孫佐吏有字少稱屈。由此言之。二字不必爲褒。一字不必爲貶。若褒貶果在字數。則堯舜禹湯文武成康。不如周威烈愼靚也。齊桓晉文。不如趙武靈魏安釐也。杜如晦王珪已下。或成或明。或懿或憲。不如蕭瑀之貞褊也。然肅者盛德克就之名。足以表之矣。以謚之從政。威能閑邪。德可濟衆。故以肅易名。而忠在其中矣。亦猶隨會甯俞之不稱文。豈必因而重之。然後爲美。魏晉以賈詡之籌策。賈逵之忠壯。張既之政能。程昱之智勇。顧雍之密重。王渾之器量。劉惔之鑒裁。庾翼之志略。彼八君子者。方之東平。宜無慙德。身死之日。並謚曰肅。當代不以爲貶。何嘗徵一字二字爲之升降乎。上稽前典。下據甲令。參之禮經。而究其往事。請依前謚曰肅。贈戶部尚書柏貞節。台州刺史崔詔。贈右僕射李巽。贈太子太保李鄘。贈太子少傅杜亞。贈太子少保崔倰。贈司徒韓充。

壯。威德剛武曰壯。勝敵志強曰壯。死於原野曰壯。好力致勇曰壯。屢行征伐曰壯。武而不遂曰壯。敵國克服曰壯。贈廣州都督建寧縣公龐孝恭。贈幽州都督瑯琊郡公牛進達。贈麟州總管郿城郡公梁禮。贈荊州都督東萊郡公孫武達。贈梁州都督順義郡公雲師端。贈右武衞大將軍新城縣侯楊冑。贈原州都督博陵郡公賀蘭整。贈潤州刺史尹元貞。贈右衞將軍王文慶。贈涼州都督元禮臣。

恭。尊賢貴義曰恭。愛民長悌曰恭。旣過能改曰恭。執禮敬賓曰恭。率事以信曰恭。贈司空襄邑郡王神符。贈荊州都督隴西郡王博乂。贈太尉濮王泰。贈左衞大將軍北平王阿史那鉢苾。贈特進虞國公溫彥博。禮部尚書魏郡公晉文衍。贈揚州大都督高陽郡公許敬宗。太常定謚博士袁思古議曰。敬宗位以才昇。歷居清級。然棄長子於荒徼。嫁少女於夷落。聞詩學禮。事絕於趨庭。納采問名。惟聞於黷貨。白珪斯玷。有累清塵。易名之典。須憑實行。按謚法。名與實爽曰繆。請謚爲繆。敬宗孫太子舍人彥伯訟稱思古與許氏先有嫌怨。請改謚。博士王福時議曰。謚者。飾終之稱也。得失一朝。榮辱千載。若使嫌隙是實。卽合據法推繩。如其不然。未虧直道。義不可奪。官不可侵。二三其德。何以言禮。請依思古議爲定。戶部尚書戴至德謂福時曰。高陽公任過如此。何以定謚爲繆。答曰。昔晉司空何曾旣忠直且孝。徒以日食萬錢。所以貶爲繆醜。況敬宗不及於曾。飲食男女之累。有逾於曾。而定謚爲繆。無負於許氏矣。詔令尚書省集五品以上重議。禮部尚書楊思敬議稱。按謚法。旣過能改曰恭。請謚曰恭。

蘇氏駮曰。宇文士及初謚爲繆。以在家侈縱。劉洎駮之。竟謚爲縱。許敬宗初謚爲繆。以干國邪佞。楊思敬改之。反謚爲恭。是非在於當時。名實豈憑。至行。嗚呼。思敬青於藍矣。

贈汴州刺史楊宏武。贈幽州都督鉅鹿郡公竇德元。荊州大都督府長史薛大鼎。贈幷州大都督道國公戴至德。贈潭州都督外黃縣男薛景山。贈幷州都督鄭國公楊再思。贈幽州都督龐承宗。贈司空李揆。太子賓客盧綸。贈揚州都督張伯儀。贈太子少保嗣吳王瓛。贈吏部尚書韋武。贈尚書左僕射程异。贈陝州大都督高固。贈右僕射劉瑑。贈戶部尚書韓公武。

唐會要卷八十

謚法下

敬。令善典法曰敬。衆方克就曰敬。夙夜警戒曰敬。夙夜就事曰敬。夙與夜寐曰敬。齊莊中正曰敬。廣直勤正曰敬。雖不忘君曰敬。陳善閉邪曰敬。受命不遷曰敬。贈原州都督渤海王奉慈。贈襄州都督武安縣公楊虔威。贈特進長平縣男竇琮。贈絳州刺史安邑縣公裴矩。贈特進清源公温彥博。贈荊州大都督范陽郡公張延師。贈幽州都督長平縣男楊纂。贈工部尚書武陵郡公栢季纂。贈禮部尚書壽陵縣男柳亨。贈懷州刺史孝昌縣男許智仁。贈工部尚書譙國公周範。贈涼州都督南康郡公韓孝威。贈齊州都督武都郡公權萬紀。贈太常卿濟南縣男唐皎。贈荊州大都督樂安縣男任雅相。贈國子祭酒北平縣伯陽嶠。贈工部尚書宋慶禮。開元七年卒。太常博士張星曰。慶禮大剛則折。至察無徒。有事東北。所亡萬計。所謂害於家。兇於國。按謚法。好功自是曰專。請謚爲專。禮部員外郎張九齡駁曰。營州鎭彼戎夷。扼喉斷臂。逆則制其死命。順則爲其主人。是稱樂都。其來尙矣。尋罷海運。充廣歲儲。邊亭宴然。河朔無擾。與夫興師之費。轉輸之勞。較其優劣。孰爲利害。而云所亡萬計。一何謬哉。安有踐其跡以制實。貶其謚以徇虛。乘盧始之謗聲。忘經遠之權利。義非得所。執謂其當。請以所議更下太常。庶素行之跡可尋。而易名之典不墜也。星復執前議。慶禮兄子辭上稱冤。乃謚曰敬。贈太子少保徐國公劉幽求。贈光祿卿清河縣公張宥。贈戶部尚書鄧景山。贈禮部尚書程鎭之。贈尚書左僕射蕭國公班宏。贈太子太傅劉從一。贈刑部尚書周皓。贈吏部尚書劉贊。贈僕射劉公濟。故兵部尚書顧少連。贈太子少保衛次公。贈工部尚書劉伯芻。故太子賓客李翼。贈尚書右僕射杜羔。贈左僕射王虔休。故華州刺史崔植。贈戶部侍郎裴潾。贈左僕射王紹。贈司空高承簡。故宣州觀察使穆贊。

僖。質淵受諫曰僖。小心畏忌曰僖。小心恭慎曰僖。贈左衞將軍考城縣伯獨孤開遠。贈工部尚書彭城郡公劉審禮。

隱。隱拂不成曰隱。明不治國曰隱。懷情不盡曰隱。贈太子建成。貞觀二年三月。有司奏諡息王爲戾。上令改諡。諡杜淹奏改爲靈。又不許。乃諡曰隱。贈刑部尚書韋渠牟。贈太尉韓宏。

悼。肆行勞祀曰悼。恐懼從處曰悼。年中早夭曰悼。贈司空酆王元亨。贈益州大都督蜀王愔。贈益州大都督原王孝。夏王一。

襄。辟土有德曰襄。因事有功曰襄。贈并州大都督莒國公唐儉。贈開府儀同三司邳國公長孫順德。贈荊州都督譙國公柴紹。贈輔國大將軍夔國公劉宏基。贈荊州都督平陽縣公王長諧。贈并州都督渝國公劉政會。贈禮部尚書彭城郡公劉德威。贈左金吾大將軍郿國公姜行本。贈荊州都督鄖國公張公謹。贈荊州總管譚國公邱和。贈吏部尚書安吉郡公杜淹。贈工部尚書上原縣公賀蘭暠。贈越州都督譙郡公周道務。贈荊州都督天水郡公邱行恭。贈代州都督同安郡公鄭仁泰。贈荊州都督懷寧縣公杜君綽。贈工部尚書中山郡公崔日知。贈太子少傅王承業。太子詹事吳仲孺。贈右僕射張暐。贈靈州大都督韓遊瓌。贈太子太傅薊國公李叔明。贈刑部尚書任迪簡。贈司徒張建封。初博士林寶謚曰忠。博士崔韶改謚曰襄。

胡。保民耆艾曰胡。彌年壽考曰胡。贈左監門大將軍應國公李粲。

愍。在國遭憂曰愍。禍亂方作曰愍。在國逢難曰愍。使民悲傷曰愍。贈恆山郡王承乾。贈幽州都督道國公周法明。贈工部尚書高彥昭。按彥昭初事李正己及子納。叛國。彥昭以濮州降於河南都統劉元佐。納怒。殺其妻子。女七歲。見其母兄將就害。拜天而祝。乃問其故。曰以天之神明將有祈也。女曰天如神明。豈使効順而遭戮也。不拜而死。上聞之。乃下太常議謚曰愍。

哀。恭仁短折曰哀。早孤短折曰哀。贈楚王智雲。儀王璲。潁王璬。懷王敏。涼王璿。汴王璥。

殤。未家短折曰殤。短折不成曰殤。贈江王囂。襄王重。

思。追悔前過曰思。大省兆民曰思。內外思索曰思。道德純一曰思。贈彭王元則。

荒。凶年無穀曰荒。昏亂紀度曰荒。縱樂無厭曰荒。內外從亂曰荒。好樂怠政曰荒。從禽無厭曰荒。從樂不反曰荒。右衛大將軍贈歸義郡王阿史那咄苾。

剌。暴慢九親曰剌。愎狠遂過曰剌。不思妄愛曰剌。贈巢王元吉。

醜。怙威肆行曰醜。尚父贈太傅博陸郡王李輔國。

繆。名與實爽曰繆。贈司空留國公封德彝。太宗初謚曰明。後治書侍御史唐臨追駁曰。包藏之狀。死而後發。猥加贈謚。未正嚴科。太宗令百官詳議。民部尚書唐儉等議曰。罪暴身後。恩結生前。所歷之官。不可追奪。請降贈改謚。詔從之。乃謚曰繆。贈勝州都督執失思力。贈太子太保裴延齡。贈太子太保李程。

勇。率義恭用曰勇。率義死用曰勇。縣命爲仁曰勇。後身爲義曰勇。持義不撓曰勇。知死不避曰勇。贈潭州都督鄖國公錢九隴。贈左武侯將軍彭城郡公吳志意。贈代州都督許洛仁。贈左監門將軍成三郎。贈靈州都督拓跋守寂。贈司空李懷讓。

莊。威而不猛曰莊。贈司徒虢王元鳳。贈幽州都督邢國公蘇定方。贈侍中明崇儼。贈太子詹事廣平郡公陸餘慶。贈司空崔元式。贈幽州節度使張仲武。

溫。德性寬柔曰溫。贈絳州刺史昌武縣子孔禎。贈禮部尚書扶陽縣子韋承慶。

良。小心敬事曰良。理順習善曰良。贈禮部尚書滑國公皇甫無逸。太常考行。謚曰孝。禮部尚書王珪駁之曰。赴蜀之初。自當扶侍老母。與之同去。申其色養。而乃留在京師。子道未足。何能爲孝。乃謚爲良。贈中散大夫守少府監胡珦。贈故太子少傅閻濟美。贈金紫光祿大夫長孫敞。

密。追補前過曰密。贈秘書監陽武縣侯蕭德言。贈司空陳國公竇抗。

縱。謚法無縱字。贈左衛大將軍宇文士及。初謚爲恭。黃門侍郎劉洎駁之曰。士及居家侈縱。不宜爲恭。竟謚爲縱。贈工部尚書馬暢。太常博士林寶議謚曰敬。工部郎中崔備駁議曰。謹按謚法敬字之義。與馬暢始終名跡不同。考行之義尙乖。憂名之典未正。事須更牒禮院。請重議者。且馬暢墳土猶濕。物議尙存。皆可徵言。盡堪覆視。在春秋隱惡之義可也。加以殷處羨之命雖乎。況尙書都堂下議攸重。奉常禮院考行須詳。覈實當究其是非。易名宜存乎褒貶。夫國之禮法。懸在不刊。而文士多病於愧詞。史臣或許其佳傳。舊章既失。後世何觀。雖以禮之愛久無。而亂名之責豈絕。幸稽前士。用示後人。其馬暢所謚爲敬。請更參議。尙書兵部員外郎韋奕駁曰。太常考馬暢之行。舉夙夜就事廉方經正之敬。以易其名。異乎無所苟於言也。比建中興元間。暢以父有征討之勳。推恩而受爵位。父薨。家富於財。以酒色自娛。貞元中。嘗傾產交結中官。因獻田宅以求幸。德宗薄其人。而終不信用。生前與孤姪寡婦分居析財。醜聲聞於時。歿後使孽子孀妾被奸挾訟。公言盈於庭。此皆章著於視聽者。何以謚爲敬乎。議者云。先司徒之籌畫。而暢揣摩著策無遺焉。暢參計於閨庭之內。苟所言屢中。而不可隱。當指明其效實而書之。俾行道者無所惑。不然則莊武公之才略。光於典策矣。而乃飾虛辭以攘其善。得非繆濫之甚耶。又稱名儒端士皆從之遊。未知孰爲。其田蘇邪。孟軻云。尹公他端人也。其取友必端矣。夫爲端士。豈遊乎暢之門。況謚法夙夜就事者。以其績用可紀。非謂其曠日引月。以至乎終身也。廉方經正。則暢處己行事。未嘗造次而踐其途焉。何以謚爲敬乎。大凡言功伐。議德行。尊其跡有以勸善。貶其名有以懲惡。固非庸者事也。如暢之輩。烏足黷典法哉。若有司以有爲而爲之。則宜乎貶之例也。請下太常。重定其議。博士崔韶改謚曰縱。議曰。馬暢承籍故業。歷居通顯。家富於財。以奢縱自處。不能撫安嫂姪。使之離析。其干進也。趨利如轉圜。其居家也。採下如束濕。故時論鄙之。謹按國史。宇文士及居家修縱。議謚爲縱。暢之行已同於士及。請以縱爲謚可也。

恪。謚法無恪字。贈工部尙書楊昉。

果。謚法無果字。贈定州刺史定襄郡公于匡濟。

勤。謚法無勤字。贈廣州都督謝方叔。

靈。亂而不損曰靈。贈尚書右僕射朱忠亮。

厲。殺戮無辜曰厲。贈太子賓客于頔。太常博士王彥威議曰。于頔剛毅特立。博遊文藝。蘊開物成務之志。爲從横倜儻之才。刺湖州。復南朝舊陂。以溉人田。由是舄鹵生稻粱。歲時大化。得丁壯之無籍者。取什一代貧人租入。故輕重以濟。江南卑濕。送終者無懸窆封樹之制。高不可隱。深則及泉。土緣周棺。水至齧齒。頔悉命以官地收葬。當時稱之。爲蘇州。則繕完隄防。疏鑿畎澮。列樹以表道。決水以溉田。其爲襄陽。當吳少誠弄兵。王師有征。軍不乏見糧。師未嘗退北。剋吳房朗山。生得賊將。遂以兵柄授之。推誠于人。有古將略。然惜其不得善終。如始奉初以還。跋扈立名。滿盈不戒。則有司擬議之際。安可不善善而惡惡哉。元洪刺郡。以官事被謫。中貴人銜命部領。便道之徒所。路出于漢。頔遽命武士持刃捕捽。洪既就執。王人徒歸。又不奉詔出師。而西抵于鄧。軍聲甚雄。人聽日駭。夫師出以律。其出不命。時人不能識其指歸。王者功成而作樂。諸侯則否。頔之反旅于蔡也。作文武順聖樂。貞元御宇。務求寵綏。有司請編。優詔莫逆。事出一時之澤。樂作諸侯之庭。良可惜哉。然則如頔者。是知樂之可作。而不知禮之不可作者也。迹其馭衆爲政之術。蓋初以利與害去爲己任。令行禁止。其源出于法家者流。文深意苛。有犯無赦。至有屋誅同命之慘。然未嘗別白其罪。以云顯戮。人到於今而寃之。洎乎天恩下浹。元侯入覲。朝廷申婚姻之好。復以宰相待之。則又干罪貶官。而連起國獄。縉紳之論。寖益非之。謹按謚法。殺戮不辜曰厲。愎狠遂過曰厲。請謚爲厲。或曰。太保由文學政事。而揚歷中外。卒當登壇補衮之寄。推於事任。亦謂難能。則易其名者。宜兼舉美惡二字。以正襃貶。今特謚爲厲。或有未安。愚以爲不然。夫類能而授。聖王之勸勉。議謚貴當。有司之職分。禮經言謚。蓋節以一惠。至於論譔之際。要當美惡咸在。細大無遺。議乎易名。則以優迹。春秋之義也。況援其功不足以補過。緊其美不足以掩瑕。其馭下也。任威少恩。其事上也。失忠與敬。謚之爲厲。不亦宜乎。勑賜謚曰愍。尚書丞張正甫封勑。疏奏不答。留中不下。然賜謚勑封在都省。亦不下。至明年。張正甫改爲同州刺史。所勑封取中書門下處分。宰相令都省收管。竟不施行。太常博士王彥威又上表云。臣聞古之聖王立謚法之意。所以彰善惡。垂勸戒。使一字之襃。寵逾紱冕之錫。片言之貶。辱過市朝之刑。此邦家之禮典。而陛下勸懲之大柄也。伏以故太子賓客致仕于頔。頃擁節麾。恣行暴虐。人神所怒。法令不容。擅舉全師。僭作王樂。侵辱中使。擅止制囚。殺戮不辜。誅求無度。故臣定謚爲厲。今陛下不忍改賜爲愍。誠出聖慈。實害聖政。伏以陛下自臨宸極。懋建大中。聞善若驚。從諫不倦。況當統天立極之始。所謂執法慎名之時。一垂恩光盡望徼倖。且如頔之不法不道。而陛下不忍爲臣。恐將來不逞之徒。不法不道。必有如頔者衆矣。比其謚也。則又引頔爲例。則陛下何以處之。是恩發於前。而獘生於後矣。又臣比見長藩鎮服大僚者。率多驕淫不道。誅求自封。貲足以藩身。威足以鉗口。而法吏顧望。自處或不能糾虔天刑。生前網口漏鯨。没未戮而就木。若以李吉甫近嘗賜謚引之。則吉甫之相也。豈犯上殺人乎。以頔況之。恐非倫。此如或以頔嘗入錢助國。改過來覲。兩使藩國。可以贖論。夫傷財而害人。剝下以奉上。進家財以求幸。尤不可長其漸爲。自兩河宿兵。垂七十年。王師討征。瘡痍不絕。其後張茂昭以易定來。程權以滄景來。故國家高爵以勸戎臣。申恩以徠來者。而襄陽名鎮也。于頔文吏也。居肘腋之下。有崛強之名。賜之姻親。始修覲禮。豈可持此況彼。而以朝覲爲功乎。若然者。則頔雖有游夏文學。龔黄政令。班超之絕漢。匪躬卜式之持錢助國。終恐不足以彌縫惡跡。降滅罪名。伏惟陛下以至聖至明之姿。用無偏無陂之道。恩由義斷。政以禮成。使褒貶道存。徼倖路絕。則天下幸甚。右補闕高釴上疏曰。夫謚者所以懲惡勸善。激濁揚清。使忠臣義士知勸。亂臣賊子畏罪。忠臣義士雖受屈生前。死獲美名。亂臣賊子雖竊位於當時。歿加惡謚者。所以懲暴戾。垂沮勸。孔子修春秋。亂臣賊子懼。蓋爲此也。垂範如此。尚不能救。況又墮其典法乎。又臣風聞此事是徐泗節度使李愬奏請。李愬勳臣節將。陛下寵其勳勞。賜其爵祿車服第宅則可。若亂朝廷典法。將何以沮勸。仲尼曰。唯名與器。不以假人。名器君之所司也。若以假人。是與之政也。政亡則國家從之矣。于頔頃鎮襄漢。殺戮不辜。恣行凶暴。移軍襄鄧。迫脅朝廷。擅留逐臣。邀遮天使。當先帝嗣位之始。貴安反側。以靖四方。幸免鈇鉞之誅。得全腰領而斃。誠宜謚爲繆厲。以沮兇邪。豈可曲加美名。以惠奸惡。如此則是于頔生爲奸臣。死獲美謚。竊恐天下有識之士。以爲聖朝無人有此倒置。伏請速追前謚。卻依太常謚爲厲。使典法無虧。國章不紊。

信。謚法無信字。贈工部尚書渾鍊。

毅。謚法無毅字。贈尚書右僕射楊朝晟。

魏。克威捷行曰魏。克威惠禮曰魏。贈太尉王鍔。

圉。威德剛武曰圉。贈太子少保張煦。

夷。安心好靜曰夷。克殺秉正曰夷。贈太子賓客羅珦。

頃。精心動懼曰頃。敬以敬慎曰頃。贈左散騎常侍房式。太常博士陸亘請謚曰頃。吏部郎中韋乾度駁曰。詳觀貞元之末。西蜀之事。逆豎劉闢。搆難之初。兇邪叶謀。噉嘯相聚。年深事遠。百不計一。然而磈磊不平。鋒刺釁深者。藏在骨髓。請舉其梗槩一二焉。式自忠州刺史。故太師奏授劍南西川支度副使。後兼御史中丞。又剖符蜀州。是時貞元十八年也。式因晝日昏睡。如醉經宿乃寤。訊其左右僮僕。不知其所從來。後逾年卻復此職。會故使太師薨殁。則劉闢潛扇逆謀。禍亂始胎。式遂倖姦人之意。為謠怪之語。謂闢曰。乃者蜀州昏病之中。見公為上相。盧文若為侍郎。儀衞甚盛。富貴極矣。他日無相忘。賊闢大喜。布滿郡縣。自以為神授。非人力也。賊每接賓客。肆談論。撫羣邪。申號令。未嘗不以是為先。深自以為祥兆也。豈不因式作異言。鼓妖孽。惑亂平民。堅壯兇險。不然。何區區之蜀。璅璅之寇。王師討伐。經費萬計。崎嶇險阻。留年乃拔。何哉。蓋以式深為浹洽之辭。激切翳固。不然。何盤柢固根之甚也。故太師永貞元年八月薨。其時乾度被逐。攝簡州刺史。名雖守郡。其實囚之。明年四月。追迴勒攝成都縣令。其時授闢西川節度。詔命初下。東川之圍未解。乃召募亡命。兼收管內鎮兵。張皇虛聲。熒惑郡縣。發兵七千。馬畜三萬。號為十五萬人。轉牒盩厔以來縣道。郵次酒肉畢具。芻蕘無匱。署牒首曰闢。副曰式。參謀曰符載。令下之日。妖氣坌興。下愚沸騰。貪冒奸賞。奔走叛命。肩摩轂擊。爭死恐後。當此之時。邛蜀震驚。田野廢業。竄伏山谷。邑居人吏。分散道路。如此之事。非得之於人。皆親所聞睹。時賊闢逼梓州久。王師諸軍。稍稍繼至。猖狂兇寇。不復張矣。然常察式之為人。柔而善佞。不顧不義。不然。何劉闢文若喬規符載。皆咨諏執禮。拳拳以事之。以斯而言。可以知其所止矣。伏以聖上法維天之度。崇納汙之德。雖元澤滂流。鼓盪昭洗。然易名之典。在正根源。苟非其人。不可加美。如式西蜀之事。大節已虧缺矣。何面目以求謚焉。頃之為謚。頗乖前狀。請下太常重議。博士李虞仲重議曰。式之在西蜀也。入人耳目。其事熟矣。固非愛之者所能粉飾而文其論。惡之者所能拔抉而裝其說。蜀之此時。雖女子小人。亦知兇闢斷頭之有日。然為其用者。乃救死于頸語。其無勇烈之心。斯可矣。豈可盡被其附麗之名乎。如式之于劉闢。既不能去。又不能死。可謂求生害仁者也。而駁議曰。大節已虧。無乃過言歟。何從聞之。闢之走西川也。

召所疑畏者十數輩于庭。將盡殺之而后去。而式在其間。賴倉皇之際。闔黨有護持者。僅免于難。推繹之論。則不當如是明矣。然居此時。有將見危授命之義。殺身成仁之道。詰之者稱式無愧色。吾不信也。不如是則式之去。而烈也。理河南也。廉宣城也。何以無忠敬之目歟。愚論之曰。式也不疾任永之目。不閑吉挹之口。乃罪也。無王皓棄家之心。無譙元受毒之志。其罪也。闔之反天子。棄墳墓。乃曰顧式說一夢以結其心。署一牒以張其勢。豈其然乎。豈其然乎。夫人臣不幸罹于是。惟死而已矣。然孟子曰。生吾所欲也。矧自輌以下哉。使死之易。則王諒李業虞悝馮信不足貴也。意者將不可以必死望人乎。始不以不死罪之。以懷生貶之。是異論也。夫謚者。易其名者也。夫子曰。名以出信。不曰名之必可言也。名不正則言不順。以至于刑罰不中。正謂此耳。夫豈容易哉。語曰。于其所不知。蓋闕如也。恍惚之夢。駁議之外無言者。懼非所以詔示後世也。臯陶謨曰。五刑五用哉。言用刑必當其罪也。刑其肢體于一時。猶須當其罪。矧刑其行義。揭之于千萬年歟。廉請曰。敬用乃罰。請依前謚爲頃。

複字謚

懿德。贈太子郡王重潤。

節愍。贈太子重俊。景雲元年十月。太府少卿韋湊上疏曰。臣聞王者發號施令。必法乎天道。使三綱攸敍。十等咸若者。善善明惡惡著也。善善者。懸爵賞以勸之。惡惡者。設刑罰以懲之。其賞罰所不加者。則考行立謚以褒貶之。所以勸戒將來也。斯並至公之大猷。非私情之可徇。故箕微獲用。管蔡爲戮。謚者有臣謚其君。子謚其父。而曰靈曰厲者。不敢以私而亂大猷也。則其餘安可失衷哉。臣竊見故太子重俊。擁北軍禁旅。上犯宸居。破扉斬關。突禁而入。騎騰紫禁。兵指黃屋。孝和移御元武門。避其銳兇威。既逼躬出樓門。親降德音。以諭逆順。而太子據鞍自若。督衆不停。俄而其黨悔非。轉逆爲順。或迴兵討賊。或投伏自拘。多祚等伏誅。太子逃竄。向使同惡相濟。以成不道。其爲禍胡可勝言。於時臣任將作少匠。兼通事舍人。明日孝和皇帝引見羣臣。雨淚交集曰。幾不共卿等相見。其爲危懼。不亦甚乎。今聖朝寧罪禮葬。謚爲節愍。臣竊惑焉。當時韋氏逆節未彰。韋則母也。太子豈有廢母之理乎。又非中宗之命而廢。是劫父廢母也。借使譬言父有桀紂之行。人子無廢殺之理。漢武末年。江充爲巫蠱陷太子。遂矯節斬充。因敗逃匿。非稱兵詣闕。無逆謀於父然身死於湖不葬無謚至太子孫立爲天子是曰孝宣太子方獲葬謚曰戾今節愍六子之行比之豈可同年而語其於陛下猶子也而可謚爲節愍乎伏望改謚務合禮經

惠莊贈中王撝

惠文贈岐王範

惠宣贈薛王業

靖恭贈榮王琬

恭懿贈興王佋

昭成贈睿宗皇后竇氏　開元六年正月太常加后謚曰大昭成禮部員外郎崇宗之駁曰昭成皇后謚宜引聖眞冠后謚之上而缺加大字非也若取單謚配之應曰聖昭若睿成以復謚配之應曰大聖昭成聖眞昭成且太穆皇后武德元年五月追謚爲穆皇后貞觀元年五月六日又追尊爲太穆皇后上元中又追尊太穆神皇后文德皇后貞觀年中謚曰文德上元中追尊文德聖皇后卽後漢皇后紀范燁論明矣太常議曰范煜著書每引帝號標於后謚之上自是一紀事標目何關連謚舊名考德撰行須存本跡豈有婦人立操必與夫同夫尊婦卑沒便連謚曰名不可之甚也漢諸后單謚者多陰后曰烈馬后曰德鄧后曰熹閻后曰思章忠所引薄后謚曰高皇后豈非大謬乎且桓帝謚獻皇后帝謚元非后謚曰欲將桓帝兩字爲謚之謚其可得乎入廟稱后后繫於夫后朝稱太義緣於子文母既生前之名文王既沒之謚周公達禮豈令夫從於婦乎意爲太常定之

惠文贈昭容上官氏　景雲二年七月追謚初昭容常引弟王昱爲拾遺昱謂其母鄭氏曰主上住在房州則武氏得志矣今有天命以能與天之所興不可二也而武三思有異志天下知之必不能成昭容爲上所信而附會三思誅破家

之徵。厥姨思之。鄭以為然。言於上官。上官笑曰。昱之繆言。勿復信之。及三思被誅。李多祚索韋氏及上官。上官始懼。以昱言有徵。遂乃歸心王室。及草中宗遺制。引相王輔政。及難作。以草本呈劉幽求。幽求言於元宗。元宗不許。命殺之。以其有功。故此追贈。開元初。元宗收其舊文。勒成集。令中書令張說。親為其序。

貞烈。贈魯國夫人楊氏。按楊氏天后母也。

孔夫子。追謚文宣。殷臣複。追謚忠烈。周太公。追謚武成。

朝臣複謚

文獻。贈司徒申國公高士廉。贈并州大都督樂成縣公劉仁軌。贈太子少保梁國公姚崇。贈太尉博陵王崔元暐。禮部尚書徐國公劉幽求。贈司空趙城縣公裴耀卿。贈荊州大都督始興縣公張九齡。贈司徒贊皇縣子李栖筠。贈尚書右僕射鄭珣瑜。太常博士徐復議。請謚珣瑜文獻。兵部侍郎李巽駁曰。夫謚所以昭德也。德既昭矣。則文無以加焉。故相國鄭公。端操特立。寡言愼行。及居台司。有蠲逋恤人之美。有知難不汙之節。雖無文若之進拔。無孟子之是非。無賑施之仁。無譽謗之義。然足以稱賢相也。夫文者。大則經緯天地。次則潤色王猷。周文以至德為西伯。季孫以道事其主。咸謚曰文。為美無以尚也。亦焉用兩字。然後為備哉。竊以兩字之謚。或有兼德。一字不足以盡盛德之形容。故有兩字起焉。然而興於近古。非三代兩漢之事也。夫舉典之道。信其正。不信其邪。春秋之大旨也。則兩字之謚。非春秋之正也。故相國鄭公之謚。為文足矣。焉用獻哉。為獻可矣。焉用文哉。兩字兼謚。竊所未喻。請下太常重議。博士徐復議曰。鄭珣瑜令德清規。坐鎮風俗。治人而善政浹洽。作相而謀猷密勿。其終始事跡。當時罕儔。所以表賢易名。實曰文獻。夫文者。煥乎大行。獻者。軒然高名。合而褒之。厥有經義。亦猶貞惠文子。累敷其功。至於再三。以勸事君者。今奉駁議。議其無進拔。無是非。無賑施。無譽謗。且曰二字之謚。非三代兩漢之事。愚以爲巽之駁。所謂進拔者。豈不以推擇羣萃。致之於庭乎。珣瑜往司銓衡。既當鈞軸。流品式敍。英髦在朝。若無奬拔之明。則何以登此。但如來議寡言愼行。故其端兆不可得而窺也。當先朝之日。上體不平。奸臣王叔文擅權作朋。將害於國。其視丞相如無也。輕詣相府。不循舊章。珣瑜意雖欲誅。力固不足。移疾高謝。萬情所歸。則是非之明。孰大於此。夫所謂賑施者。在禮。家施不及國。賢人君子。廣愛爲心。莫不開稱物之源。布厚生之政。蠲者恤災患。免逋租。亦既當之矣。其於篤親庇族。衣無常主。踐名教者。誰則不行。若以分孤寡之資。同於賑施。珣瑜之所羞言也。奚謂無哉。至於蹇蹇匪躬。前議已書其徽婉矣。既承高論。敢不指明。德宗季年。李實爲京兆尹。殊恩畫接。貴倖無比。而實以羨餘稱職。莫之敢非。珣瑜衆詰所由。上陳利害。且曰。取於人而未讎其直。焉得有餘。是其言不可謂之無蹇諤矣。伏以國朝宰輔諡文而兼字者代有人焉。故房元齡諡曰文昭。狄仁傑諡曰文惠。魏徵。陸象先。蘇瓌。宋璟。張説。崔祐甫。並諡曰文貞。劉仁軌。劉幽求。姚元崇。裴耀卿。張九齡。並曰文獻。李元紘。韓休。並曰文忠。薛元超曰文懿。盧懷愼曰文成。蘇頲曰文憲。楊綰曰文簡。其餘不可悉數。若以文包美。不宜以他字配之。則房元齡。狄仁傑以降。昭。惠。貞。獻。忠。懿。成。簡。皆不得其正矣。我唐聲明文物。垂二百年。更閱羣才。發揮王度。豈議名之典。獨未得中耶。不然何輕沮之爲駁正。所謂。但當論諡之當否。不宜詰字之多少。苟有不當。雖一字可乎。若皆允宜。雖二字何害。如章巨源附會兇黨。李北海奪其嘉名。所言至公。人則悅服。今既曰賢相。而又非之。君子於其言。豈得苟而已乎。若云二字非三代兩漢之規。則又異乎愚所學矣。夫威烈愼靚。周王之文諡也。文忠文成。漢祖之佐命也。霍光爲宣成。孔光爲宣烈。中代之勳德也。劉寬爲昭烈。楊賜爲文烈。東都之鼎臣也。安謂其無二字哉。況文之爲名。其義多矣。有經緯天地焉。有思信接禮焉。有寡立不僞。堅強不暴焉。有敏而好學。不恥下問焉。夫匪一端。各有所當。若皆俟西伯季孫之德。然後可稱文。則魯侯與文伯歜之類。皆不爲文矣。故誄諡之制。因時旌別。有前狀議珣瑜之行。曰爲一代之名臣。斯其旨歟。謹上採禮經。旁觀舊史。參諸國典。以定二名。請依前諡曰文獻。兵部侍郎李巽再議曰。夫諡者。春秋褒貶之旨也。仲尼書法。隨類推廣。雖一字褒貶。其文猶傳。蓋欲指明事業。昭示後代。俾後之人懲其惡而揚其善。故不可苟。夫諡一字。正也。堯舜禹湯周公召公是也。兩字。非正也。故諡法不載。或人臣不守彝章。苟逞異端。威烈愼靚是也。或時主之權。以功德加厚於臣也。蕭何霍光房元齡魏徵是也。不當加而加。僭也。孔光劉寬薛元超李元紘是也。三字。過也。貞惠文子是也。亦諡法所不載也。古今無有也。公叔文子。是衛君之過也。衛之亂制也。不然。記之失也。以一善加一字。即堯舜禹湯。當累數十字以諡。夫禮記非盡聖賢之意。非盡宣尼之所述也。當時雜記也。昔后蒼爲曲臺記。其弟子戴聖增損刊定。爲小戴禮。今禮記是也。若盡宣尼之所述。即戴聖豈得而增也。

昔宣尼修春秋。游夏不能措一詞。以知禮記非盡宣尼所述。故戴聖得以增損也。則貞惠文子之謚。衞君亂制也。古今無有也。非宣尼所述。又何足法哉。前珣瑜和茂修整。始終無缺。可謂美矣。至於議行考功而度越等輩。比於鄭文成梁文昭魏文貞。則不侔而謚號無差輕用國典。失春秋之旨矣。向者鄭梁數公。皆經綸草昧。輔翼興王。以道輔君。致於化洽。彰灼千古。言之者凜然生今。而以珣瑜齒之。豈無愧於心哉。夫數公者。皆時王感風雲之會。懷謨明之美。故加於常典。以明其德。亦所以篤君臣之義也。然非正也。權制也。若後之人非數賢之比。則當循常以避賢地。其劉仁軌薛元超等加字之謚。皆黷國典而昧彝倫。言之可爲寒心。豈當舉之爲訓也。其餘姚元崇宋璟劉幽求。或輔相一世。致治平之化。或忘身徇難。成中興之業。又豈珣瑜之比。以典選爲進善。以辭疾爲嫉惡。皆倚口爲辨。非守典確論也。夫以典選者皆爲進善耶。若然者。則國家有天下二百年。何裴行儉。馬戴。盧從愿等數賢。獨見稱於時也。循資置署。謂爲進善。皆異乎余之所聞也。又珣瑜之病。數月而終。豈僞疾也哉。借使僞疾。猶可責也。昔子路之宂食家臣。尤欲殺身徇難。而珣瑜履台輔之重。當危難之際。居平則享其高爵厚祿。見危則奉身目退。以此爲是非之明。即董狐之書趙盾。爲妄作也。珣瑜之辭疾可責。而太常舉以爲德。信君臣之義。非常人之所知也。珣瑜之下。詰李實。誠中其病。可謂美矣。然則珣瑜自始筮仕。至於啟手足。垂四十年。歷諫職。持風憲。其忠規激發。恐有過於此者。今第舉其詰李實。未爲多也。謂爲謇諤者衆矣。豈能使汲黯魏徵有慚色哉。前巽議云。三代兩漢。無兩字之謚。此未學之過也。無荀令君之進善。無孟軻之是非。無文子之賑施。無周舍之謇諤。以珣瑜之行。清而無缺。可謂掩之。不足辨也。今所議兩字之謚。亦又不當其議。故不足斥也。前巽之言過也。但兩字之謚。加等之美。以蕭何房元齡言。不在珣瑜也。巽雖不敏。而於言謚美以惑人聽。此當所激而不平也。終不欲有以齒於蕭何房元齡之宗。又不欲有造次擬於魏文貞姚元崇宋璟劉幽求之讜言悟主。茂績殊勳也。夫前車之覆。後車所以易轍也。前有司之失。後有司當以矯之也。不矯之。則逶迤遂遠。後至於亂制也。此有國之誡也。若威烈愼靚孔光劉寬薛元超之同於禹湯文武蕭何霍光房元齡魏徵。前有司之過也。後之專筆削者。宜有以矯之也。不矯之。則典禮寖亂矣。有司不可以尤而效之也。不可黨所見而遂僭典也。鄭珣瑜兩字謚。請下太常重議。若一字不足盡珣瑜之盛德。必須兩字。則敢俟再告。竟從復議。謚文獻。

文貞。贈太尉鄭國公魏徵。贈司空許國公蘇瓌。贈尚書左丞相兗國公陸象先。贈太尉廣平郡公宋璟。贈太師燕國公張說。太常卿初謚爲文貞。左司郎中楊伯成駁曰。謚者。德之表。行之迹。將以激勵風俗。檢束名教。固無虛譽。是存實錄。準張說罷相制云。不肅細微之人。頗乖周愼之旨。又致仕制云。行虧牛石。防闕周身。未免瓜李之嫌。而諠衆多之口。且玉之有瑕。尚可磨也。人之斯玷。焉可渲也。謚曰文貞。何成勸沮。請下太常更據行事定謚。工部侍郎張九齡又議。請依太常爲定。衆論未決。上爲制碑文。賜謚曰文貞。衆議始定。　贈太傅崔祐甫。贈太子太師牛僧孺。大中十三年十二月。中書侍郎平章事白敏中上疏。請行贈謚。上從之。詔下太常謚之。

文懿。贈禮部尚書永興縣公虞世南。貞觀十二年十一月敕。虞世南學綜古今。行篤終始。至孝忠直。事多宏益。易名之典。抑有舊章。前雖謚懿。未盡其美。可謚曰文懿。　贈太師韓國公苗晉卿。初太常謚爲懿獻。及勑出。改爲文懿。　贈司徒李回。贈太尉王起。

文昭。贈太尉梁國公房元齡。贈司徒鄭畋。

文忠。贈尚書右僕射河南縣公褚遂良。贈太子少傅清水縣男李元紘。贈太子少師宜陽縣子韓休。贈司徒魯郡公顏眞卿。

文康。贈太常卿陽翟縣公褚亮。

文惠。贈司空梁國公狄仁傑。

文憲。贈尚書右僕射許國公蘇頲。贈太尉衛國公杜鴻漸。

文成。贈荊南大都督漁陽縣伯盧懷愼。

文孝。贈禮部尚書王珣。

文簡。贈司徒楊綰。初。太常謚楊綰爲文貞。比部郎中蘇端駮曰。古者美惡無私。褒貶必當。將以嘉善而退惡。爲列辟之明典也。可不愼歟。今謹詳前謚。文貞者。稽法考事。恐非光允時論。發揚來訓矣。夫道德博聞曰文。清白守節曰貞。且元載與司徒友敬殊深。推爲長者。首舉清要。人莫與京。及司徒寵望漸高。載畏其逼。又知載緊壞綱紀。心二於君。既懼其疑。因而疏間。有口皆知載惡。而獨曾無一言。或有發載之惡。證告未明。抱誠坐法者。司徒時居上列。奏達非難。不能因此披衷正詞。全志士之命。露兇狡之私。而乃晏安自泰。優游過日。使元載禍大滅身。竟勞聖上防伺之慮。豈守節不隱耶。豈懷道無毒耶。非謂文貞亦明矣。洎元載將謀不忠。罔聖蔽聰。嗇恩於下。招怨於上。使北塞人勞。有過時之戍。西郊虜入。無弔災之惠。磁邢堅義之士。將死復生。梁宋傷夷之人。或寒或餒。搜訪旌恤。中外所急。載皆絕之。使王澤不及於下。爲行路所歎。而楊公當聖上維新之時。居天下得賢之望。誠宜不俟終日。造次速言。乃寥寂起悟。禁閉讜猷。食萬錢之賜。虛承一心之顧。使防河之人。家聞采葉之歎。近甸諸邑。多興祈父之憂。豈慈惠愛人乎。既曰不慈不惠。何以謂之文。有隱有毒。何以謂之貞矣。古者諸侯有國。卿大夫有家。上以報祖宗。下以處子孫之義也。楊公歷處厚俸。人謂儒宗。曾不立家。又無私廟。寧使人世闕敬祖之禮。位極無祭禰之宮。凡在衣冠。誰不歎恨。又乖大義。克就慈仁接禮之義矣。曰文與貞。曷可以議。聖人立謚。有公無私。所以周宣不敢私於父。謚曰厲。漢宣不敢私於祖。謚曰戾。百王明制。列聖通則。公叔文子有死衛之節。修班制之勤。社稷不辱。方居此謚。爰及太宗初。魏公徵有匡救公直之忠。中宗末。蘇瓌有保安不奪之節。所以諸賢甚衆。謚文貞者不過數公。至於燕國公張說。先朝輸能。名節昭著。省司尚謂不可。至今人故稱之。由是言之。焉可比德。請牒太常。更詳他謚。以守彝章。庶乎青史之筆。不乖於周漢。黃泉之魂。免慙於蘇魏。大曆十二年二月二十二日。別勅謚爲文簡。

贈司空鄭肅。

懿文。贈太子太保薛元超。

景武。贈司徒衞國公李靖。

貞武。贈太尉英國公李勣。

忠武。贈司徒鄂國公尉遲敬德。贈太師汾陽郡王郭子儀。贈太師西平郡王李晟。

莊武。贈太傅北平郡王馬璲。贈太師劉濟。

武烈。贈太尉霍國公王思禮。

忠獻。贈太師魏國公裴光庭。開元二十三年。博士孫琬以其用循資格。非奬勸之道。請謚爲克。光庭與蕭嵩不叶。時人以爲希嵩意。上聞。特下詔賜謚光庭曰忠獻。

忠簡。贈太尉安定王武攸暨。

忠烈。贈中山郡公王晙。贈太子少傅薛景仙。贈太尉段秀實。興元元年二月謚忠烈。初。朱泚盜據宮闕也。泚以秀實嘗爲涇原節度。頗得士心。後罷兵權。以爲蓄憤且久。必肯同惡。乃召與謀。秀實初詐從之。陰說大將劉海賓何明禮姚令言判官岐靈岳同謀殺泚。以兵迎乘輿。三人者皆秀實夙所奬遇。遂皆許諾。泚時遣其將韓旻領馬步三千。疾趨奉天。時蒼黃之中。未有武備。秀實以爲宗社之危。期於頃刻。乃使人走諭靈岳。教其竊令言印。不遂。乃以司農印倒印符以追兵。還至洛驛得牒。莫辨其印。惶遽而迴。秀實謂海賓等曰。旻之來。吾黨無類矣。我當直搏殺泚。不得則死。終不能向此賊稱臣。乃與海賓約事急爲繼。而令言明禮應於外。明日。泚召秀實議事。源休姚令言李子平皆在坐。秀實戎服。與休並膝語。至僭位。秀實勃然而起。執休腕。奪其象笏。奮躍而前。唾泚面。大罵曰。狂賊。吾恨不斬汝萬段。我豈從汝反耶。遂擊之。泚舉臂自捍。纔中其額。流血匍匐而走。兇徒愕然。初不敢動。而海賓等不至。秀實乃曰。我不同汝反。何不殺我。兇黨羣至。遂遇害焉。至是加褒贈。贈太師王武俊。贈太尉張允伸。

忠壯。贈揚州大都督襃國公段志元。贈瀛州刺史平原縣公劉感。

忠孝。贈尚書右僕射郇國公韋陟。

忠貞。贈司空邠國公韋見素。

忠惠。贈戶部尚書太原縣公王翃。

忠勇。贈武威郡王李嗣業。

忠肅。贈太傅鄭國公韓滉。贈太子太師王處存。贈觀軍容使楊復光。

貞褊。贈司空宋國公蕭瑀。太常初謚曰德。尚書省謚曰肅。太宗以易名之典。必考其行。蕭瑀性多猜貳。有失其眞。更據實謚曰貞褊公。

貞穆。贈工部尚書范陽郡男張廷珪。贈司空李珏。

貞肅。贈尚書右丞相魏縣公杜暹。初謚貞肅。右司員外郎劉同昇。都官員外郎韋康廉駁曰。暹有忠孝之美。太常所謚。不盡其行。博士裴總執曰。杜尚書往以墨縗受職。事雖奉國。不得爲孝。請依舊爲定。暹子孝友詣闕陳訴。上聞而更令所司詳定。竟謚曰貞肅。

貞簡。贈太傅汧國公李勉。贈司徒李藩。

貞烈。贈侍中潁川縣公韓瑗。贈兵部尚書盧奕。太常博士獨狐及議曰。盧奕剛毅樸忠。直方而清。勵精吏事。所居可紀。天寶十四載。洛陽陷沒。於時東京人士。狼狽鹿駭。猛虎磨牙而爭其肉。居位者皆欲保性命而全妻子。或競先策蹇。爭脫羿彀。或不恥苟活。甘飲盜泉。奕獨正身守位。仗義不去。以死全節。誓不辱身。勢窘力屈。以朝服就死。猶慷慨數賊梟獍之罪。觀者股慄。奕不變色。西面辭君而後受害。雖古烈士。方之者鮮矣。或曰。洛陽之存亡。操兵者實任其咎。非執法吏所能抗。師敗將奔。去之可也。委身寇讎。以死誰懟。奕以爲不然。勇者禦而忠者守。必社稷是衞。則死生以之。危而去之。是智免也。忠於何有。苟息殺身於晉。不食其言也。仲由結纓於衞。不避其難也。元冥勤其官而水死。守位而忘軀也。伯姬待姆而火死。先禮而後身也。彼四人者。死之日。皆於事無補。夫豈愛死而買禍。以爲死輕於義而捐生。古史書之。使事君者勸。然則祿山亂大於里丕。奕廉察之任。切於元冥之官。分官所繫。不啻於保姆。逆黨兵威。烈於水火。於斯時也。與能執干戈者同其戮力。挽之不來。推之不去。豈不以師可虧。免不可苟。身可殺。節不可奪。故全其特操於白刃之下。孰與夫懷安偷生者同其風義。謹案謚法。圖國忘死曰貞。秉德遵業曰烈。奕執憲戎馬之間。志藩王室。可謂圖國。國危不能拯。而繼之以死。可謂忘死。歷官十一任。言必正。事必果。而清節不撓。去之若始至。可謂秉德。先黄門以直道佐時。奕嗣之。忠純可謂遵業。請謚曰貞烈。從之。

貞憲。贈太傅趙憬。

肅愍。贈泰州都督平陽王敬暉。

昭定。贈太常卿河東郡公薛訥。

恭肅。贈益州大都督河東郡侯張嘉貞。贈故刑部尚書右僕射李遜。

獻穆。贈太尉冀國公裴冕。

襄愍。贈戶部尚書史翽。

簡懷。贈開府儀同三司王璵。

成肅。贈太保張延賞。贈太傅薛平。

莊威。贈司空李元諒。

獻武。贈太師張茂昭。

威武。贈宣武節度使劉元佐贈司徒高崇文。

忠穆。贈太保嚴震贈太傅王景崇。

襄武。贈太尉劉悟。

敬勇。贈司空李昭德。

毅勇。贈禮部尚書崔無詖。

忠愍。贈司徒武元衡。贈故鎭州節度使太師田宏正。

貞惠。贈禮部尚書劉通。

貞孝。贈太子太保權皐贈太師崔安潛贈司空楊於陵。

宣憲。贈司空杜黃裳。

宣簡。贈吏部尚書崔邠。

景襄。贈司徒王士貞。

懿穆。贈太尉烏重允。

元靖。贈太傅賈耽。

恭惠。贈太傅董晉贈司徒竇易直。

繆醜。贈尙書右僕射韋綬。博士劉端夫諡通醜。博士權安復諡爲繆醜。

武烈。贈司徒曲環。

安簡。贈太傅杜佑。初太常博士柳應規諡佑忠簡。博士尉遲汾又議曰。佑之寬容得衆。全和葆光。不病於物。類其能考終。得不爲寬容乎。和好不爭。自卑仕而極重任。一心於治。以惠物。潔行廉正。人無尤怨。得不爲一德不懈乎。請諡爲安簡。

靈愍。贈兵部尙書盧虔。

成縱。贈故中書侍郎同中書門下平章事元載。太常博士崔韶請諡曰荒。左司郎中韋宏景請下太常重議。博士王炎改諡成縱。二議交持。故事不行。爾後太常王彥威議曰。元載諡成。則不得爲縱。諡縱。則不得爲成。成縱兼施。美惡齊致。考之常法。實不通經。夫蕭瑀諡貞。詔命加褊。事出恩制。不可據依。爾後崔韶以平厲諡楊炎。以壯繆諡伊愼。此皆惑於貞褊。混淆不可之文。詳在駁議。今明其說。恐誤後來。事寢不報。

平厲。贈故左僕射楊炎。初諡肅愍。左丞孔戣駁請下太常重議。太常博士崔韶請諡曰平厲。刑部侍郎劉伯芻又駁請下太常更加議定。太常未報。

壯繆。贈太子太保伊愼。崔韶請諡曰壯繆。吏部尙書韓皐駁議。未報。

宣武。贈太師范希朝。太常博士馮定請諡忠武。禮部員外郎王源中駁請下太常重定。太常請如前諡忠武。王源中重駁。博士王塾改諡宣武。未經會議聞奏。故不載其文。

恭懿。贈禮部尙書齊映。贈司徒李吉甫。太常請諡吉甫曰恭懿。博士尉遲汾請爲敬憲。度支郎中張仲方駁議曰。古者易名請諡。禮之典也。處大位者。舉其巨節。蔑諸細行。昭範當世。彰示後人。然後書之。垂於不朽。善善惡惡。不可以誣。故稱一字。則至明焉。定襃貶是非之宜。泯同異紛綸之論。李吉甫稟氣生材。乘時佐治。博涉多知。含章婉文。燮贊陰陽。經緯邦國。惜乎通敏資性。而便媚取容。故載踐樞衡。疊致台衮。大權在己。沉謀罕成。好惡徇情。輕諾寡信。諂淚在臉。遇便則流。巧言如簧。應機必發。夫人臣之翊戴元后者。端恪致治。孜孜夙夜。緝熙庶績。平章百揆。兵者凶器。不可從我始。及乎伐罪。則料敵以成功。至使內有害輔臣之盜。外有懷毒蠆之孽。師徒暴野。戎馬生郊。皇上旰食宵衣。公卿大夫且慙且耻。農人不得在畝。紡婦不得在桑。耗賦斂之常資。散帑廩之中積。徵邊徼之備。竭運輓之勞。僵尸流血。胔骼成岳。酷毒之痛。號呼無辜。勦絕羣生。迨今四載。禍亂之兆。實始其謀。遺君父之憂。而豈得謂之先覺者乎。夫論大功者不可以妄取。不可以枉致。爲資畫者體理不顯不競。而豈妨令美。當劍平西蜀。乃言語侍從之臣。擒翦東吳。則記謨廊廟之輔。較其功則有異。言其力則不倫。何取其所輕。而捨其所重。錄其所小。而略其所大。且奢靡是嗜。而曰愛人以儉。受授無守。而曰愼才以輔。斥諫諍之士於外。豈不近之蔽聰乎。舉忠烈之廟於內。豈不近之匿愛乎。爲有蔽聰匿愛。家範無制。而能垂法作程。憲章百度乎。謹按謚法曰。敬者夙夜警戒。敬以直內。內而不肅。何以刑於外。憲也者。刑也。法也。戴記曰。憲章文武。又曰。發慮憲義以爲敬恪。終始載考歷位。未嘗効一法。官讞一小獄。及居重位。以安和平易寬柔自處。考其名與其行不類。研其事與其道不侔。一定之辭。惟精惟審。異日詳制。貽諸史官。請俟蔡寇將平。天下無事。然後都堂聚議。亦未爲遲。憲宗方用兵。惡仲方深言其事。怒甚。貶爲遂州司馬。勑謚曰恭懿。

莊肅。贈太師北平王羅宏信。

孝穆。贈左僕射楊嗣復。

昭襄。贈太子太師崔圓。

貞壯。贈尚書令羅紹威。

雜錄

貞元十一年。司徒馬燧葬。有司謚曰景武。上曰。景。太宗皇帝謚。改莊武可也。

元和三年。鎮州王士眞薨。其子承宗不順。不加謚。太常博士馮宿以爲懷柔之義。不可遺其忠勞。請加美謚。從之。

其年正月。中書門下上言。故中書令漢陽郡王張柬之。故侍中平陽郡王敬暉。故中書令扶陽郡王桓彥範。故中書令博陵郡王崔元暐。故中書令南陽郡王袁恕己等五人。得史館報。並未有謚。詔張柬之等皆書勳國史。配饗廟庭。賜謚易名。義光百代。宜令所司。即與定謚聞奏。時柬之曾孫曛以謚事詣中書陳訴。宰臣上聞。因令有司授曛官。四月。有司奏上功臣五王謚。謚議請謚張柬之爲文貞。桓彥範爲忠烈。敬暉爲貞烈。崔元暐爲文忠。袁恕己爲貞烈。從之。

五年二月。考功奏。當司三品以上。準格合請謚官。準貞元七年格文。奉實應二年正月十八日勅節文。佐史錄行狀。陳請考功詳覆訖。下太常定謚者。近日以來。撰錄行狀。多非佐史。旣乖事實。又違格文。伏請從今以請謚行狀。準勅文須是佐史。勅旨。宜令門下佐史撰錄行狀。以憑詳覆。

十四年。都省奏。請謚家子弟及門生故吏。請立限。未葬以前陳狀。其家在遐遠。及別有事故者。任至一年內陳狀。到考功。一月內檢勘。下太常禮院。受牒後。一月內定牒報考功。毓德邱園。節行特異。無官及位卑者。任所在長吏奏請。仍許不拘年限。未立節限以前。合請謚未請者。家在城者。任六箇月內於所司申請。

家在外者，亦許至一年內申請。立節限後，如過限久，全不請謚，其中有善惡尤著，可存勸誡，請委考功訪察行實，便請牒下太常禮院定謚，庶使善必見稱，惡無幸免。都省奏：伏準太常博士李虞仲奏，凡官秩合得請謚者，必先葬期請於考功，牒送太常寺禮院，與後一月內定謚者。伏奉三月二十五日勅，宜令尚書都省與考功及太常禮院更審條流，明立節限聞奏者。今與考功郎中蕭祐、太常博士李虞仲等商議，具條流節限如前。勅旨：依奏。

唐會要卷八十一

勳

舊制。勳官上柱國已下。至武騎尉爲十二等。有戰功者。各隨高下以授。岑文本謂資高而勳卑者。皆從卑敍。至貞觀十九年四月九日。太宗欲重征遼之賞。因下制。授以勳級。本據有功。若不優異。無由勸獎。今討高麗。其從駕爰及水陸諸軍戰陣有功者。並特聽從高品上累加。六軍大悅。

顯慶元年九月二十二日。置驃騎大將軍。爲武官散位從一品。

五年八月制。郡公出身品正六品下。縣公從六品上。侯正七品上。伯正七品下。子從七品上。男從七品下。

龍朔五年七月。詔諸王子承嫡者封郡王。出身從四品下。衆子封郡王。出身從五品下。

咸亨五年二月。以國初勳官名號。與今日不同。乃下詔申明。各以類相比。武德初光祿大夫比今日上柱國。左光祿大夫比柱國。右光祿大夫及上大將軍比上護軍。金紫光祿大夫及將軍比護軍。銀青光祿大夫及上開府比上輕車都尉。正議大夫及開府比輕車都尉。通議大夫及上儀同三司比上騎都尉。朝請大夫及儀同比騎都尉。上大都督比驍騎尉。大都督比飛騎尉。帥都督比雲騎尉。都督比武騎尉。

神龍元年十月三日。勅賜爵勳階與國公者。累至郡公外。餘爵聽迴授子孫。若制勅四階。先是三品已上者。每階迴賜爵一級。如及郡公外。亦許迴授。即計階至正六品上及正四品上。准格例未合入五品三品者。每一階迴賜勳一轉。

開元十七年十月。諸敍勳應加轉者。皆於勳官上加。若無勳官。一轉驍騎尉。敍三品於飛騎尉。敍四品於雲騎尉。敍五品已下於武騎尉。敍其官當及免官免所居官。計降卑於此法者。聽從高敍。司勳格。加累勳。須其小勳攢衘。送中書省及門下省勘會。并注毀小勳甲。然許累加。授武騎尉每一轉加一等諸勳官犯除名應敍者二品於驍騎尉敍。

二十四年二月五日勅。諸刺史縣令。與朕共治。情寄尤切。等數宜加。諸州都督刺史五府長史都護及縣令。每有制加勳階賜物。并同京官。

太和四年五月十五日。司勳奏。應考少未合敍三品階人。准格。請迴階充勳者。每階聽迴勳充一轉。如申文解到省。檢勘差錯。其勳便請落下。

會昌五年正月制。上柱國。前代勳謂之八柱國。品居第一。宜峻寵章。自後非特恩。不在累敍之限。

天祐二年六月十六日勅。司勳所掌勳及十二轉。上柱國。柱國。上護軍。護軍。上輕車都尉。輕車都尉。上騎都尉。騎都尉。驍騎尉。飛騎尉。雲騎尉。武騎尉等。勳有遷陟。以顯勤勞。近年已來。止述柱國。恥轉輕車。殊不知上柱國已比二品。上輕車已比四品。官既敍烈。勳亦近隆。今後宜復故事施行。庶止僥倖之路。

階

舊制。敍階之法。有以封爵。謂嗣王郡王。初出身從四品下敍。親王諸子封郡公者。從五品上。國公縣公侯及伯子男遞減一等。有以親戚。謂皇帝緦麻已上及皇太后周親。正六品上敍。皇太后大功親皇后周親。從六品上。皇帝袒免皇太后小功緦麻。皇后大功。正七品上。皇后小功緦麻。皇太子妃周親。從七品上。外戚各依本服降二等敍。娶郡主。正六品上。娶縣主。正七品上。郡主子出身從七品上。縣主子。從八品上敍。有以勳庸。謂上柱國正六品上敍。柱國已下遞減一等。有以資蔭。謂一品子正七品上敍。至從三品子。遞降一等。四品五品各有從正之差。亦遞降一等。從五品並國公子。八品下敍。三品已上蔭曾孫。五品已上蔭孫。孫降子一等。曾孫降孫一等。贈官降正官一等。散官同職事。若三品帶勳官。即依勳官品同職事蔭。四品降一等。五品降二等。郡縣公子。准從五品孫。縣男已上子。降一等。勳官二品子。又降一等。二王後子孫。准正三品蔭。有以秀孝。謂秀才上上第。正八品上敍。已下遞降一等。至中上第。從八品下。明經降秀才三等。進士明法甲第。從九品上。乙第降一等。若本蔭高。在秀才明經上第。加本蔭四階。已下遞降一等。明經通二經已上。每一經加一階。及官人通經者。後敍加階亦如之。凡孝義旌表門閭者。出身從九品上敍。有以勞考。謂內外六品已下。四考滿皆中中考者。進一階。每中上考。又進一階。每一上下考。進兩階者。兼有下考。得以上考除之。應入三品五品者。皆待別制而進之。不然則否。

乾封元年正月十日勅文。內外官九品以下加一階。七品以上宜加一階。八品已下。更加勳官一轉。泛階自此始也。至宏道元年十二月四日赦文。見任內外官五品已上經四考。及守五品經三考。六品以下計滿三考。政有清勤狀無私犯者。各加一階。

蘇氏記曰。乾封以前。未有泛階之恩。應入三品者。以恩舊制特拜。入五品者。因選敍計階至朝散大夫已上奏取進止。每年量多少進取。餘並從本品授官。若滿三計至者。即一切聽加。自乾封已後。有泛階入五品三品。

永淳元年正月詔曰。比來文武官計至三品。一計至者。多未甄擢。再計至者。隨例必升。賢愚一貫。深乖獎勸。今後一計至已上。有在官淸愼。材堪應務者。所司具狀錄奏。當與進階。若公正無聞。循默自守。及未經任州縣官。雖再經計至。亦不在加階之限。

萬歲通天元年七月四日制。文武官加階應入五品者。並取出身歷十三考已上。無私犯。進階之時。見居六品及七品已上淸官者。應入三品。取出身二十五考已上。亦無私犯。進階之時。見居四品者。自外縱計階應入。並不在進階限。其奇才異行。別効殊功者。不拘此例。至開元十一年二月五日勅。自今以後。泛階應入五品。以十六考爲定。及三品。以三十考爲定。其名賢宿德。及異跡殊狀。雖不逢泛階。或應遷改之次。年考與節限同者。亦以名聞。仍永爲常式。至其月二十八日。內外官承泛階應入五品者。制出日。經三十考。見任四品官。本階正四品上。其考須先已申考訖。階須已授告身。其新考雖未校成。檢勘無勾留私犯。亦許通計爲考。其殿中侍御史。補闕。詹事司直。京兆河南府判司。太常博士。應入品。並同六品官例。

證聖元年。懷州獲嘉縣尉劉知幾上表曰。臣聞君不虛授。臣無虛受。授受無失。是曰能官。又曰。妄受不爲忠。妄施不爲惠。皆聖賢之通論也。惟漢世有賜爵一級。恩澤封侯。此乃曠古殊恩。千載一遇。非是頻煩濫澤。每歲常行者也。今皇家始自文明。迄於證聖。其間不過十餘年耳。海內具寮。九品以上。每歲逢赦。必賜階勳。無功獲賞。儌倖實深。其釐務當官。尸素尤衆。每論說官途。規求仕進。不希考第取達。唯擬遭遇便遷。或言少一品。未脫碧衣。待一階方被朱服。遂乃早求笏帶。先辦衫袍。今日御則天門。必是加勳一轉。明日饗宣陽觀。多應賜給一班。既而如願果諧。依期必獲。得之者自謂己力。受之者不以爲慙。至於朝野宴聚。公私集會。緋服衆於靑袍。象板多於木笏。望自今後。稍節私恩。使士林載淸。人倫有敍。

聖歷二年三月制。有能通九經者。特授朝大夫。通三經已上者。進兩階。並隨材擢用。

神龍元年八月二十一日勅。六品已上官。緣州縣改入上中下階品。與元授不同者。宜依舊任考滿日。依本資選敍。不須改勳者。

開元三年八月十七日勅。官不濫昇。才無虛受。惟名與器。不可以假人。左賢右戚。豈資於繆賞。駙馬都尉從五品階。受自先朝。頗虧前式。穠華甫降。紫艾先登。不循舊章。有紊彝典。宜遵古訓。以革踰弊。俾九族無私。千官有敍。自今已後。駙馬階宜依令式。仍借紫金魚袋。

大歷十三年正月，特加朝議郎守門下侍郎平章事常袞九階。爲銀靑光祿大夫。

貞元二年十月。庫部郎中知制誥張濛奏。伏准貞元元年十一月制。三品已上。賜爵一級。四品已下。加一階者。臣謹詳制旨。本以三品已上。其階已貴。故賜爵。四品以下。其階未貴。故加階。伏緣請條。不標所限。司封據品。通取職官。其有官是三品已上。階是四品已下者。遂以階敍階。又以官敍階。爵比於官階等者受賜偏優。臣欲准狀覆成。則慮於比濫。檢條破格。復無以依憑。官既隨用則遷。階乃累考方至。泛恩敍爵理合從階。若許兼約職官。伏恐競爲覬倖。臣今謹具賜爵例如前。望爲永式。勅旨依奏。

三年正月。中書舍人高參奏。准貞元二年十月勅。准制。三品已上賜爵一級。並以三品階爲限者。其有以五品受賜者。並未標格限。所司檢勘不備。其貞元元年十二月制。五品已上賜爵一級。亦請以五品爲限。仍望爲常式。依奏。

六年六月。吏部奏。准格。內外官承泛階應入五品者。制出日須經一十六考。見任六品官。本階加正六品上。應入三品者。制出日經三十考。見任四品官。本階加正四品上。自建中元年六月。初有特勅。諸道將士。准制加泛階爵勳等。特許不檢勘注擬。其正員官不在此限。日後有司因循。以例破格。應試官敍階。並不限官品。其中或官是九品。階稱朝議郎。或官是六品。階稱正議大夫。加一泛階。並入三品五品。伏以元勳制令不檢勘。無不限官階之文。若以例判成。即階違格令。請別立條限。漸歸舊章。應將士兼試官敍泛階奏。勅已到。令入三品者。矜其勞効。須有優奬。其官階相當。並請不限考數。檢當任一銜有實。許與結敍。其階高官卑者。請准格處分。

十年五月。勅諸軍功狀內。其判官等。既各有年限。並諸色文資官。不合軍行。自今以後。更不得敍入戰功。

其掌書記及孔目官等。亦宜准此。如有灼然功効可錄任具狀奏聞。

十二年四月。裴延齡自朝請大夫特加銀青光祿大夫。

十五年十二月勅。內侍省自今以後。高品官白身等官至五品已上。合結朝散大夫等階。及准格母妻合得邑號。幷結階累勳階者。並宜當司磨勘。具銜奏來。

元和十三年六月制書云。舊例皆云三品以上賜爵三品爲銀青光祿大夫雲麾將軍已上。若職事官雖是三品散官四品以下。並不得敍爵。但有三品以上散官。雖四品職事官。並合敍爵。其所敍爵。止於郡公。其郡公更蒙賜爵。卽聽迴授。其國公及封王。並須特恩。不在敍限。其國公及封王准賜爵。亦聽迴授。其制書中有諸色職掌臨時處分。其職掌卽不限高卑。准制便敍。有司更不得妄授。須三品階例。近日有司起請中。往往有言其敍爵須限職事三品官。此乃深昧典章。紊亂綱紀。其敍階據制書舊例。四品已下階。四品謂正議大夫忠武將軍。都不繫職事官。內外官敍三品者。皆須文武散官至四品上。敍五品者。皆須文武散官至六品上。如四品階幷是通議大夫壯武將軍以下。六品階承議郎昭武副尉以下。雖制書中累加散階。亦在不敍三品五品之限。如一制中累加散階。亦不得先敍一階。至正議大夫忠武將軍朝議郎。昭武校尉。因續取制書中所賜。皆敍三品五品。永宜禁斷。如兩制書日月相近。亦准前不得累敍。直須制書出時。以正議大夫。忠武將軍。朝議郎。昭武校尉已成。方得敍三品。縱制書中有優勞合加數階入三品止於銀青光祿大夫。雲麾將軍入五品至於朝散大夫。游擊將軍。不在累敍。金紫光祿大夫冠軍大將軍以上階。並須特恩。不合累敍。其外命婦封內外官母妻各視其夫及子散官品令。不得約職事官品。文武五品階爲縣君。四品階爲郡君。三品已上階爲郡夫人。卽止。其國夫人須待特恩。不在敍例。如至郡夫人。又有制書賜封。卽改爲郡夫人。受新恩履歷而已。

十三年六月。中書省奏。應敍錄將士兼試官加泛階入三品五品。伏准貞元六年六月二十七日。吏部所奏。具有科條。近日因循。多不遵守。遂名器具濫。昇進無章。須重申明。冀絕僥倖。自今已後。應敍錄入五品三品階者。並請准前勅處分。其正三品以上階。准格式須有特恩。不在用考累敍之限。從之。

會昌四年正月。內侍省奏。內侍省敍階長定格。著紫供奉官及銜內有賜紫官敍階。不得過金紫光祿大夫。著緋供奉官及銜內有賜緋官敍階。不得過正議大夫。著綠供奉官及銜內有賜綠官敍階。不得過朝議郎。勅旨。內侍省官敍階。起今以後。宜依前件。其會昌二年四月准制合與擬階者。便依此處分。其銜內無賜緋官先校朝散大夫以上階者。宜令仍舊。不得卽與改轉。以後如有特恩勅別宣與改轉者。卽不在此限。永爲定規。

用廕

景龍二年七月七日。皇后表請諸婦人不因夫子而加邑號者。許同見任職事官。聽子孫用廕。制令施行。

開元四年十二月。勅。諸用蔭出身者。一品子。正七品上。二品子。正七品下。正三品子。從七品上。從三品子從七品下。正四品子。正八品上。從四品子。正八品下。正五品子。從八品上。從五品及國子。從八品下。三品以上蔭曾孫。五品以上蔭孫。孫降子一等。曾孫降孫一等。贈官降正官蔭一等。死王事者。與正官同。散官同職事。若三品帶勳官者。即依勳官蔭。四品降一等。五品降二等。四品五品帶勳官者。不在蔭曾孫之限。郡縣公子。准從五品蔭。縣男已上子。降一等。勳官二品子。又降一等。即二王後子孫。准正三品蔭。戸部格勅。應用五品以上官蔭者。須相衛告身三道。若歷任官少。據所歷任勘。如申送入色有假濫者。州縣長官。上佐判官錄事參軍並與下考。仍聽人糾告。每告一家。賞錢五十千。錢出蔭人及與蔭家。

天寶三載九月二十七日。詔。頃敘功勞。累增勳級。上柱國外。許及周親。是謂賞延。載榮宗族。迴充賜物。匪厚朝恩。其准格上柱國外。有餘勳無周親。折給賜物。宜停。仍永爲常式。

六載正月十二日。赦文。內外文武官五品已上官。父祖無資蔭者。其所用蔭。宜同子孫用蔭之例。

大中十四年十二月。鄭薰爲吏部侍郎。時有德音。官階至朝散大夫。許封贈。至正議大夫。蔭一子。至光祿大夫。門設棨戟。一日。內侍省高品以階至正議。請蔭子。仍較大歷中魚朝恩舊例。薰批曰。正議大夫。誠宜蔭子。比同高品。不拘此例。自是無復請者。

考上

武德二年二月。上親閱羣臣考績。以李綱孫伏伽爲上第。上初受禪。以舞人安叱奴爲散騎侍郎。綱上疏論諫。伏伽亦諫賞獻琵琶弓箭者及請擇正人爲太子諸王師友。皆言詞激切。故皆陟其考第。以旌寵之。

貞觀三年。尙書右僕射房元齡。侍中王珪。掌內外官考。治書侍御史權萬紀奏其不平。巡按勘問王珪不伏。舉按上付侯君集推問。秘書監魏徵奏稱。必不可推鞫。且元齡王珪。國家重臣。俱以忠直任使。其所考者旣多。或一人兩人不當。終非有阿私。若卽推繩此事。便不可信任。何以堪當重委。假令錯謬有實。未足虧損國家。窮鞫若虛。失委大臣之體。且萬紀比來恆在考堂。必有乖違。足得論正。當時鑒見。初無陳說。身不得考。方始糾彈。徒發在己瞋怒。非是誠心爲國。無益於上。有損於下。所惜傷於治體。不敢有所阿爲。遂釋不問。

六年。監察御史馬周上疏曰。臣竊見流內九品已上。令有等第。而自比年入多者。不過中上。未有得上下以上考者。臣謂令設九等。正考當今之官。必不施之於異代也。縱朝廷實無好人。猶應於見在之內。比校其尤善者。以爲上第。豈容皇朝之士。遂無堪上下之考者。朝廷獨知貶一惡人。可以懲惡。不知褒一善人。足以勸善。臣謂宜每年選天下政術尤最者一二人爲上上。其次爲上中。其次爲上下。次爲中上。則中人以上。可以自勸。

十一年正月十五日勅。散位一切以門廕結階品。然後依勞進敍。凡入仕之後。遷代則以四考爲限。四考中中進年勞一階。每一考上中進一階。一考上上進二階。五品已上。非特恩。刺史無進階之令。

上元二年。大理寺丞狄仁傑考中上。考使尙書左僕射劉仁軌以新任不錄。大理卿張文瓘稱獨知理司之要。仁軌乃驚問公斷幾何獄。文瓘曰。歲竟凡斷一萬七千八百人。仁軌乃擢爲上下考。

三年。滕王元嬰爲全州刺史。頗縱驕逸。動作無度。高宗書戒之。極爲至切。又勅之曰。朕以王骨肉至親。不能致王於理。今書王下下考。以媿王心。

開耀元年十一月二十三日勅。縣令有聲績可稱。先宜進考。員外郎侍御史京兆河南判司。及自餘淸望官。先於縣令內簡擇。

開元三年正月五日勅。內外官考滿。所司預補替人名爲守闕。特宜禁斷。縱後有闕。所由不得令上。

其年六月八日勅。刺史能否。郎官御史出日較量殿最。定爲五等奏聞。考集日。考使與左右丞戶部長官重詳覆類例。考限內錄奏。以憑升黜。

四年四月七日勅。選人旣多。比銓注過謝了。皆不及考。遂使每一年選人。卽虛破一年闕。在於公私。俱不利便。自今已後。官人初上年。宜聽計年終以來滿一百日。許其成考。仍准遷考例。至來年考時倂校。永爲常式。

十四年。御史大夫崔隱甫充校外官考事。舊例皆委參問經春未定。隱甫召天下朝集使。一時集省中。一日校考便畢。時人伏其敏斷。

十七年三月。中書舍人張均其父左丞相說校京官考。注均考曰。父教子忠。古之善訓。祁奚舉午。義不務私。至如潤色王言。章施帝道。載參墳典。例絕常功。恭聞前烈。尤難信任。豈以嫌疑。敢撓綱紀。考以上下。又刑部尚書盧從愿頻年充校京官考使。中丞宇文融承恩用事。以檢戶口功。本司校上下考。從愿抑不與之。頗以爲恨。遂密奏從愿廣占良田。至有百頃。上嘗擇宰相。有薦從愿者。以此遂寢。

十八年。勅京官考滿帶祿選。有本司要籍。奏留請不用闕者。所有選數。不須與成勞。

二十二年十二月十三日勅。諸州考使六品已下。朔望日朝。宜准例賜食。

二十八年三月二日勅。先是內外六品應補授官。四考滿待替爲滿。是日制令以歲爲滿。不待替。縣令知倉庫供奉伎術及充綱領等。不在此限。至其年十二月十六日勅。內外六品已下官。依舊待替。其無替者。五考滿後停。

天寶二年八月五日。考功奏。准考課令。考前釐事。不滿二百日。不合成考者。釐事謂都論在任日。至考時有二百日。即成考。請假停務。並不合破日。比來多不會令文。以爲不入曹局。即爲不釐事。因此破考。臣等參量。但請俸祿。即同釐事。請假不滿百日。停務不至解免。事須卻上。其考並合不破。若有停務逾年。不可更請祿料。兼與成考。勅旨從之。

八年正月二十三日勅。所校內外官考。准令京官正月三十日進單數。二月三十日進抉名。外官二月三十日進單數。三月三十日進抉名。自今以後。並了日一時抉名奏。不須更進單數。至六月七日。吏部侍郎李彭年奏。准例。出身已來。至合檢覆中間。已敍五品。勘責皆有所憑。今重檢尋。恐爲煩擾。如曾經勘責敍成者。請從五品以下勘檢。其五品已前。但勘考數足。卽爲進敍。勅旨依。

乾元二年二月。御製郭子儀李光弼苗晉卿李麟李輔國考辭。

寶應元年十月。吏部奏。准今年五月勅。州縣官自今已後。宜令三考一替者。今數州申解。疑三考後爲復待替到爲復便勒停。請處分者。今望令已校三考官待替到。如替人不到。請校四考後停。

二年正月。考功奏。請立京外按察司。京察連御史臺分察使。外察連諸道觀察使。各訪察官吏善惡。其功過稍大事當奏者。使司案成便奏。每年九月三十日以前。具狀報考功。其功過雖小。理堪懲勸者。按成卽報考功。至校考日。參事跡以爲殿最。閏月。考功又奏。內外員外郎官等除合在定數外。准勅並任其所適。旣不入曹。無憑檢考。比來或有申者。卽與見在同奏。檢勘之時。成破不一。文案混雜。條流未明。臣等商量。望請自今以後。內外文武員外同正及試官。除合在任外。一切不在申校之限。並聽從授日計考。准中中例敍用。從之。

大歷十三年正月勅。捉獲造僞及光火強盜等賊合上考者。本州府當申刑部。建中初嚴震爲興鳳兩州團練使。理行爲山南第一。特賜上下考。封鄖國公。二年六月。門下侍郎平章事盧杞奏准六典。中書舍人給事中充監中外官考使。依奏。至三年閏正月。復置監考使。

貞元元年九月。以刑部尚書關播。吏部侍郎班宏爲校內外官考使。

其年十二月勅。六品以下本州申中上考者。納銀錢一千文。市筆墨朱膠等者。元置本五分生利。吏部奏。見有餘。自今以後。其外官京官考錢。並請勅停。依奏。

二年九月。考功奏。校京官外官考使。准舊例差定聞奏。勅。其校考使宜停。其考課付所司准式校定。

三年三月詔。以停減天下官員。其停官計日成考。兩考者准舊成資。准常式。兩考以下至來年五月三十日處分。

四年正月勅文。九品已上正員及額內官得替者。委諸長吏聞薦。見任者三考勒停。

七年八月。考功奏。准考課令。諸司官皆據每年功過行能。定其考第。又准開元天寶以前勅。朝官每司有中上考。亦有中中考。自三十年來。諸司並一例申中上考。且課績之義。不合雷同。事久因循。恐廢朝典。自今以後。諸司朝官。皆須據每年功過行能。仍比類格文。定其升降。以書考第。不得一例申中上考。應諸司長官書考不當。三品已上。具銜牒上中書門下。四品已下。依格令各准所失輕重降考。是月。考功又奏准諸司官皆據功過定其考等。自至德後。一切悉申中上考。今請覆其能否。以定升降。從之。自諫議大夫。給事中。郎官有書中中考者。尚書左丞趙憬言。前蔫果州刺史韋誕坐贓廢。請降其考。校考使吏部尚書劉滋以憬能言其過。奏中上考。

其年十二月。校外官考使奏。准考課令。三品以上官及同中書門下平章事考。並奏取裁。注云。親王及大都督亦同。伏詳此文。則職位崇重。考績褒貶。不在有司。皆合上奏。今緣諸州觀察。刺史。大都督府長史。及上中下都督都護等。有帶節度使者。方鎭既崇。名禮當異。每歲考績。亦請奏裁。其非節度觀察等州府長官有帶臺省官者。請不在此限。

八年七月。班宏遷刑部侍郎。兼京官校考使。時右僕射崔寧。兵部侍郎劉迺上下考。宏正議曰。今夷荒靖難。專在節制。尺籍伍符。不校省司。夫上多虛美之名。下開趨競之路。上行阿容。下必朋黨。因削去之。迺謝之曰。迺雖不敏。敢掠一美。以徼二罪乎。

其年十月。以刑部尚書劉滋爲校外官考使。吏部侍郎杜黃裳爲校京官考使。給事中李巽宜監京官考。中書舍人鄭珣瑜宜監外官考。

九年七月。制縣令以四考爲限。無替者宜至五考。

十年二月。刑部奏。准建中元年正月十七日勅。諸州府五品已上正員及額內上佐。宜四考停。其左降官不在此限者。五品不降。既不許停祿料。六品已下。未復資已經四考者。未量移間。其祿料伏望亦許准給。勅旨。祿料宜准天寶六載七月十四日勅處分。餘依常式。

十四年六月。盧邁自司門郎中遷右諫議。累上表言時事。轉給事中。屬校定考課。邁固讓。以授官日近。未有政績。不敢當上考。時人重之。

元和二年五月。中書門下舉今年正月勅文上言。國家故事。於中書置具員簿。以序內外庶官。爰自近年。因循遂廢。清源正本。莫急於斯。今請京常參官五品已上。前資見任。起元和二年。量定考數。置具員簿。應諸州刺史。次赤府少尹。次赤令。諸陵令。五府司馬。及東宮官。除左右庶子。王府官四品已下。並請五考。其臺官先定月數。今請侍御史滿十三月。殿中侍御史滿十八月。監察侍御史依前二十五箇月。與轉。三省官並三考外。餘官並四考外。其文武官四品已下。並五考。商量與改。尚書省四品已上。餘文武官三品已上。緣品秩已崇。不可限以此例。須有進改。並臨時奏聽進止。其權知官須至兩考。然與正授。未經正授。不得用權知官資改轉。其中緣官闕要人。及緣事須有移者。即不在常格敍遷之限。諸道及諸司副使。行軍司馬。判官。參謀。掌書記。支使。推官。巡官等。有勅充職掌。帶檢校五品已上官及臺省官。三考與改轉。餘官四考與改轉。

元和七年勅。諸司府參佐檢校試官。從元授官月日計。如是五品已上官。及臺省官。經三十箇月外。任與改轉。餘官經二十箇月奏改轉。若是未經考使。有故事及停替官本限之外。更加十箇月。卽任申奏。

十四年十二月。考功奏。自今以後。應注考狀。但直言某色行能。某色異政。某色樹置。某色勞効。推斷某色獄。糾舉某色事。便書善惡。不得更有虛美閑言。其中以下考。亦各言事狀。然注考。並不得失於褒貶。如違據所失輕重。准令降書考官考。又奏。自今已後。其有政能卓異。淸苦絕倫者。不在止於上下考限。依奏。又奏。據寶應二年勅。御史臺分察使及諸道觀察使。訪察官吏善惡功過。稍大事當奏聞者。每年九月三十日具狀報考功。至校日參驗事跡。以爲殿最。伏以近日功過。都不見牒報。今後諸司不申報者。州府本判官。便與下考。在京諸司。追節級糾處本判官。勅課日量事大小黜陟。勅旨。從之。

十五年。刑部郎中權判考功馮宿奏。宰相及三品已上官。故事內校。遂別封以進。翰林學士職居內署。事莫能知。請依前書上考。諫官御史亦請仍舊。並書中上考。

長慶元年正月。考功員外郎李渤書宰相等下考。

太和六年七月勅。今後諸州五品長馬權知者。權知正授。通計六考滿停。其勒留官未滿六考。停給課料者。准此卻給。

唐會要卷八十二

考下

大中五年。吏部奏。准今年選格節文。經考停罷者。一選集。准舊格。兩選集。今據格文。一選卽當年許集。其京官及外官。如有假故官人等。請准舊格前兩選集。勅旨宜依。如是別勅除替及非因假故者。卽許一選集。

六年七月。考功奏。近年諸州府及百司官長所書考第。寮屬並不得知。升黜之間。莫辨當否。自今已後。書考後。但請勒名牒於本司本州。懸于本司本州之門三日。其外縣官。則當日下縣。如有升黜不當。便任披陳其考第。便須改正。然後得申省。如勘覆之後。事無乖謬。則論告之人。亦必懲殿。又准考課令。凡官人申考狀。不得過兩紙三紙。刺史縣令。至於賦稅畢集。判斷不滯。戶口無逃散。田畝守常額。差科均平。廨宇修飾。館驛如法。道路開通。如此之類。皆是尋常職分。不合計課。自今後。但云所勾當常行公事。並無敗闕。卽得准職分無失。及開田招戶。辨獄雪寃。及新置之事。則任錄其事由申上。亦須簡要。不得繁多。又近年以來。刺史皆自錄課績申省。矜衒者則張皇其事。謙退者則緘默不言。自今已後。其巡內刺史。請並委本道觀察使定其考第。然後錄申本州。不得自錄課績申省。又州府申官人覆得寃獄書殊考者。其元推官人。

多不懲殿。或云書考日當書下考。至時又不提舉。請自今以後。書辨獄官人殊考日便須書元推官下考。如元推官自以爲屈任經廉使及臺省陳論。其官人先有殿犯官長斷云至書考日與下考者。如至時不舉。其本州判官當書下考。其所申到下考省司校其所犯。如與令式相符便校定申奏。至勑下時後並須各牒府州。又近日諸州府所申奏錄課績。至兩考三考以後。皆重具從前功課申省。以冀褒升。省司或檢勘不精便有僥倖。自今以後。不得輒更具從前功績申上。又近日諸州府所申考解。皆不指言善最。或漫稱考秩。或廣說門資。既乖令文。實爲繁弊。自今以後。如有此色。並請准令降其考第。又准考課令。在中上以上每進一等。加祿一季。中中者守本祿。中下以上每退一等。奪祿一季。准令以此勸懲。事在必行。近年以來。與奪幾廢。或有申請之處。則言無本色可支。徒掛簿書。實無給與。今按倉庫令。諸給糧祿。皆以當處正倉充。無倉之處。則申省隨近有處支給。又無者。聽以稅物及和糴屯收等物充。令式昭然。不合隳廢。自今以後。每省司校考舉符牒到州後。仰當時便具升降與奪事由申請。如違令式。不舉明者。其所由官請奪俸祿一季。其已去任官。追奪祿事。并請准令式處分。又准考課令。官人因加戶口及勸田農。并緣餘功進考者。于後事若不實。縱經恩宥。其考皆從追改。追改之事。近皆不行。自今以後。并請准令式處分。其因此得官者。仍請追奪。又諸道所申考解。從前十月二十五日到都省。都省開拆。郎官押尾後。至十一月末方得到本司。開拆多時。情故可見。自今以後。伏請准南曹及禮部舉選解例。直送當司開拆。又從前以來。

應得考之人。並給考牒。以爲憑據。近年考使容易。給牒不一。或一人考牒。數處請給。或數年之後。方始請來。自今以後。校考勅下後。其得殊考及上考人。省司便據人數。一時與修寫考牒。請准吏部告身及禮部春關牒。每人各出錢收贖。其得殊考者。出一千文。上考者。出五百文。其錢便充寫考牒紙筆雜用。以前件事條等。或出於令文。或附以近勅。酌情揣事。不至乖張。謹並條例進上。伏乞宣付中書門下。請更參詳。苟裨至公。乞賜收采。仍請三年一度。准舉選格例修定。須下。勅考功所條流校考公事。頗謂詳悉。唯一件難便允從。近日俗尙矜能。人少廉恥。若牒門許其論告。則自此必長紛爭。當否之間。固有公議。其一件宜落下。餘依奏。

咸通十四年。考功員外郎王徽。以舊例考簿上中下字。朱書吏緣爲奸。多有揩改。請以墨書。從之。

冬薦

貞觀五年六月十一日勅。准貞觀四年正月二日制。春秋舉薦官。中書門下奏。常參官八品以上。外官五品以上正員。及額內得替。並停薦。其使下郎官御史。丁憂廢省官。在外者。望委諸道觀察使及州府長史。其在京城。委中書門下尙書省御史臺常參清官。幷諸使三品已上。左右庶子。詹事。少卿。監司業。少尹。諭德。國子博士。長安萬年縣令。著作郎中。允中舍。秘書。太常丞。贊善。洗馬等。每年一度聞薦。至六年十二月一日勅。自今以後。王府官宜停薦。其見任宰相及勳臣子弟。亦不須舉人。至八年。每冬薦官。比來所舉人數頗多。自今以後。中書門下兩省御史臺五品已上。尚書省四品已上。諸司省三品已上。應合舉人。各令每人薦不得過兩人。餘官不得過一人。准前勅處分至九年十一月二十九日勅。每年冬薦官。吏部准式檢勘。或成者宜令諸司尚書左右丞本司侍郎引試都堂。訪以理術兼商量時務狀。考其理識通者及考第事跡。定爲三等。并舉主姓名錄奏。試日仍令御史一人監試。

貞元十一年正月勅。本置冬薦。務在得人。自今以後。所薦官考試。奏入上等人。如無他故者。准前勅類例處分。其下等人。有司便以時罷退。任待他年重薦。如情願同吏部六品以下。選不合得留人例。請授遠慢官者。任經都省陳狀。吏部勘責限等第勅出後一月內。送中書門下商量進擬。

元和七年八月。中書門下奏。諸州府五品已上官。替後委本道觀察使及長吏。量其材行幹能堪奬用者。具人才資歷。每年冬季一度聞薦。其罷使郎官御史。委中書門下兩省御史尚書省常參官及諸司職事三品已上文官。左右庶子。詹事。諸司少卿監。國子司業。少尹。國子博士。長安萬年縣令。太常博士。著作郎。秘書丞等。每年冬准此聞薦。從之。

太和元年八月勅。諸道諸軍諸使。應奏判官。并每年冬薦等所奏判官。除新開幕府。據元額署外。其向後奏請。如是元闕。卽云闕某職。令奏某人充。如已有令更奏。卽云某職某人緣某事停。奏某人替某前使下臺省官合冬薦者。除府使罷外。既有薦用。當且要籍。不合便稱去職。自今以後。如帶職掌授臺省官兩考者。不在冬薦限。如其中實有故罷免者。亦須待授官周歲。然後許冬薦。狀中具言罷免事故。其他據品秩合冬薦者。則依元勅。

七年五月。中書門下奏。諸道諸使停罷郎官御史等。望令罷後。其所在官經兩考已上。方得冬薦。如文學才行堪奬用者。不在此限。其諸州上佐罷後。經二年方得聞薦。其非時替者。許一年後聞薦。

大中五年正月。勅右補闕宋球等奏冬薦狀。引勅文年月不同。各罰一季俸。仍委吏部長以元和七年八月二十一日及太和七年七月二十六日勅。著爲定制。

甲庫

開元十九年五月十一日勅。尙書省內諸制勅庫及兵部吏部考功刑部簿書景跡并甲庫。每司定員外郎主事各一人。中書門下制勅甲庫。各定主書錄事已下各一人專知。周年一替。中間不得改移。

建中元年七月八日。吏部奏。比來冬集申門下省吏部有官甲。內庫無本。今請依官甲例更寫一本進內收貯。縱三庫斷裂。卽檢內庫本。從之。

二年十月十一日。中書門下奏。中書門下及吏部制勅甲庫等。准式。中書舍人給事中吏部員外郎並合專判。緣官望淸高。兼外有職事。不得躬親。所以比來文歷多有罪過。今請每庫採擇一公淸勤幹專押甲庫。冀事得精詳。其知經四周年無負犯。仍望依資與改官。奉勅。依。至三年四月三日。給事中關播奏。三省中庫官各一人。或屬假故。即公事廢闕。請各更置一人。其吏部行內考功司封司勳庫郎中。仍請兩人分掌。臨時事故。即勒通知。奉勅。宜依。至貞元八年十一月九日。吏部侍郎杜黃裳奏。以前資官充專知。既無俸料。頗亦艱辛。請入庫日便依資與官。仍許四周年不用闕。奉勅。前資官未有功勞。不合改轉。既無俸料。又慮艱辛。入庫之日。宜與同類官。

貞元八年閏十二月。給事中徐岱。中書舍人奚陟高郢等奏。比來甲勅。祗下刑部。不納門下省甲庫。如有失落。無處檢覆。今請准制勅。納一本入門下甲庫。以憑檢勘。勅旨。依奏。

十年三月八日。司封奏。當司與司勳考功勅甲庫同一專知官。先無庫印。今請鑄造。仍以封勳考甲庫印六字爲印文。從之。

十三年正月。關播遷給事中。舊例。請司甲庫。皆是胥吏掌知。爲弊頗久。播始建議。並以士人知之。至今稱當。

元和八年五月。吏部侍郎楊於陵奏。臣伏以銓選之司。國家重務。根本所繫。在于簿書。承前諸色甲勅等。緣歲月滋深。文字凋缺。假冒踰濫。難於辨明。因循廢闕。爲弊恐甚。若據見在卷數。一時修寫。計其功直。煩費甚多。竊以大歷以前。歲序稍遠。選人甲歷。磨勘漸稀。其貞元二十一年以後勅旨。尙新未至訛謬。縱須倫理。請待他時。臣今商量。從大歷十年至貞元二十年。都三十年。其間出身及仕宦之人。要檢覆者。多在此限之內。且據數修寫。冀得精詳。今冬選曹。便獲深益。其大歷十年向前甲勅。請待此一件修畢。續條貫補緝。臣內省庸薄。又忝選司。庶效涓埃。以裨朝典。謹具量補年月及應須差選官吏。幷所給用紙筆雜功費用。分析如前。勅旨依奏。

太和三年四月勅。甲庫官舊例初入授同類官。考滿去職。則與依資改轉。此事參差。有優有屈。今宜同並諸色職事帶正員官者。准寶歷二年十一月九日勅處分。其改轉亦同前件。如已在甲庫授官者。即聽且依舊勅處分。

五年六月勅。應選人及冬集人于案。門下省檢勘畢後。比來更差南曹令史收領。卻納門下甲庫。在於公事頗甚勞擾。自今以後。請勅吏部過選院。本令史便自分付甲庫。以備他年檢勘。仍請門下省勒甲庫令史。每過選時。常加檢點收拾。明立文案。據官吏等遞相分付。不得妄有破除。南曹申請之時。如有稱失落欠少。本令史及專知官。請准檢報。揩抹違越條例處分。

九年十二月勅。中書門下吏部各有甲庫。歷名爲三庫。以防踰濫。如聞近日諸處奏官。不經所司檢尋。未免奸僞。起今已後。諸司諸使諸道應奏六品以下諸色人稱舊有官及出身。請改轉幷請授官。可與商量者。除進士登科。衆所聞知。外宜令先下吏部中書門下三庫。委給事中中書舍人吏部格式郎中各與本甲庫官同檢勘。具有無申報中書門下。審無異同者。然後依資進擬。如諸司諸使諸道奏論不實。以無爲有臨時各重加懲罰。

當直

故事。尙書省官每一日一人宿直。都司執直簿轉以爲次。諸長官應通判者。及上佐縣令不直。凡內外官日出視事。午而退。有事則直。官省之務繁者。不在此限。

故事。尙書左右丞及秘書監。九寺卿。少府監。將作監。御史大夫。國子祭酒。太子詹事。國子司業。少監。御史中丞。大理正。外官二佐已上及縣令。准開元式。並不宿直。

貞觀五年十二月二十日。勅文武官妻娩月。免宿直。左衞大將軍李大亮。領太子右率衞工部尙書。身居三職。宿衞兩宮。至宿直。太宗勞之曰。至公宿直。我便安臥。

天冊萬歲元年三月。令宰相每日一人宿直。其後與中書門下官通直。至開元二年。姚崇爲紫微令。紫微官直次。下讓宰相。崇以年位已高。特亦違直。其次省官多不從。所由吏數持直簿詣之。崇題其簿曰。告直令吏遣去又來。必欲取人。有同司命。老人年事。終不擬當。諸官歡笑。不復逼以直也。至十一年。停宰相當直。

景龍三年九月。蘇瓌拜右僕射。同中書門下三品。與男中書舍人頲聯事。奏請出爲外官。遂進秘書監。御筆批云。僕射不綰中書。蘇頲不改也。明日固讓。上曰。欲得卿長在中書。遂與父聯事通直。

開元二十年九月二十一日。是中書舍人梁昇卿私忌。二十日晚。欲還。卽令傳制報給事中元彥沖令宿衛。會彥沖已出。昇卿至宅。令狀報彥沖。以旬假與親朋聚宴。醉中詬曰。汝何不直。昇卿又作書報云。明辰是先忌。比往復。日已暮矣。其夜有中使齎黃勅見直官。不見。迴奏。上大怒。出彥沖爲邠州刺史。因新昌公主進狀申理。公主卽彥沖甥張垍之妻。云元不承報。此是中書省之失。由是出昇卿爲莫州刺史。

貞元元年正月。給事中袁高旣宿直。時盧杞由新州司馬移吉州長史。是日。上命爲饒州刺史。高旣宿直。當草杞制。遂執以謁宰相盧翰、劉從一曰。盧杞作相三年。矯誣陰賊。退棄忠良。朋附者咳唾登青雲。睚眦者顧盼擠溝壑。致使鑾輿播越。天下瘡痍。皆杞之爲也。幸免族誅。已爲漏網。若更移郡秩。恐失天下之望。今相公執奏之。事尚可救。翰、從一皆杞所引用。不從高之言。遂命舍人草制。及詔出。高又執之不下。仍上奏。盧杞爲政極惡窮兇。六軍將校。願食其肉。百辟卿士。嫉之若讎。疏未納。明日。諫官陳京、趙需、裴佶、宇文炫、盧景亮、張薦等上疏。上良久謂曰。若與盧杞刺史太優。與上佐可。皆曰可。遂追杞饒州制。翌日。上遣中使宣慰高云。朕徐思卿言。深覺愜當。依卿所奏。

會昌四年三月。御史臺奏。今月三日。左右金吾仗當直將軍烏漢正、季玕。並不到。准會昌三年二月四日勅。比來當日多歸私第。近晚方至本仗宿直。事頗容易。須有提撕。今日以後。晝日並不得離本仗。縱有公事。期集。當直人亦不得去。仍令御史臺差朝堂驅使官覺察。如有違者。錄名聞奏。勅旨。宜各罰一月俸。

休假

貞觀元年十月。少府監奏。丞閻立德妹喪。準令假給二十日。立德專知羽儀。其作未了。請止給三日。上曰。同氣之情義不可奪。自喪亂以來。風俗弛壞。宜特敦獎。命依次令給假。差人代之。

永徽三年二月十一日。上以天下無虞。百司務簡。每至旬假。許不視事。以與百僚休沐。

四年五月二十一日。勑。高祖大武皇帝。既開洪業。不可限以常禮。忌日特宜廢務。

太極元年四月。勅。遊客官人子弟。勒還本貫。十日外。杖一百。居停同罪。須覲問。即陳牒給假發遣。

開元二十二年六月十七日。勅。諸州千秋節。多有聚會。頗成糜費。自今已後。宜聽五日一會。盡其歡宴。餘兩日休假而已。任用當處公廨。不得別有科率。至寶應元年八月三日。勅。八月五日本是千秋節。後改爲天長節。舊給假三日。其前後一日假權停。至九月一日。勅。天成地平節。準乾元元年九月一日勅休假三日。望準八月三日勅。前後日權停。

二十四年二月十一日。勅。寒食清明。四日爲假。至大歷十三年二月十五日。勅。自今已後。寒食通清明休假五日。至貞元六年三月九日。勅。寒食清明。宜準元日節。前後各給三日。

二十五年正月七日。勅。自今已後。百官每旬節休假。不入曹司。至天寶五載五月九日。勅。頃自宴賞。已放入朝。節假常參。未聞申命。公私協慶。千年一時。自今已後。每至旬假休假。中書門下及百官。並不須入朝。

亦不須衙集。

其年正月內外官五月給由假。九月給授衣假。分爲兩番。各十五日。其由假若風土異宜。種收不等。通隨便給之。

天寶四載六月十四日勅。頃以鄉閭侍丁。優給孝假。官吏等仍科雜役。天寶初。已遣優矜。如聞比來乃差征鎮。豈有捨其輕而不恤其重。放其役而更苦其身。眷言及此。良用恤然。自今後將侍丁孝假。不須差行。

五載二月十三日。中書奏。大聖祖以二月十五日降生。請同四月八日佛生之時。休假一日。陳希烈奏

大歷四年七月十三日勅。七月十五日前後各一日。宜准舊例休假。

貞元五年四月十五月勅。四月十九日降誕之辰。宜休假一日。

二十一年五月。御史臺奏。伏准承前舊例。諸司三品以上長官請假滿日。正衙參見。其餘品秩卑。自有本司官長。不會于正衙參假。去年六月。侍御史竇羣奏。令尚書省四品。中書門下御史臺五品。同三品例。正衙參假訖。既失舊章。又煩聖聽。今請准例三品以上假滿日。正衙見。如有違越。請准乾元元年三月勅。每犯奪一月俸。依奏。

元和元年八月。御史臺奏。新授常參官。在城未上。及在外未到。假故等。准令式。職事官假滿百日。卽合停解。其未上官等。並無正文。或滿百日。無憑舉奏。自今已後。如有在城授官。疾病未上者。在外授官。勅到後

計水陸程外滿百日者．並請停解．從之．

四年四月．貶沈達爲泉州參軍．徐肇爲建州參軍．二人爲率府掾．各請演州愛州婚姻假．御史臺奏州皆萬里之外．量其秩滿．猶有假程．請量黜以懲慢易．

七年十一月．勅自今後．遇輟朝日．中書門下宜同假日．不須入

長慶二年四月．御史臺奏檢校司空兼太子少傅嚴綬．疾病假滿百日．合停．勅嚴綬年位俱高．須加優異．宜依舊秩．未要舉停．

其年六月．右金吾衞大將軍郭鏦．疾假滿百日．上以仲舅．許未停官．

太和八年九月．御史臺奏文班常參官舊例每月得請兩日事故假．今許請三日．仍不得在盡入衆集．幷頭朝等日．一品二品官如合朝不朝．及盡入衆集不到．臨朝時請假等．並請假舊例．每季終仍具請事故假日錄狀聞奏．兼申中書門下．文武常參官每月終比校．其中請事故假多人．三品六品各罰兩人．四品五品人數稍多．各罰三人．請各奪一月俸．如合罰人數稍多．卽從下罰．亦不過兩三人．及三人．如實疾患已連請假十日以上．爲衆所知．不在此限．每至次月具狀申中書門下．文武常參應請朞年喪假者．除准式假滿．連許請三日事故假．仍五個月內每朔望日各許請事故假一日．其大功喪假者．准式假滿連許請事故假兩日．仍三個月朔望日．各許請事故假一日．勅旨．依奏．

會昌元年二月敕。二月十五日。元元皇帝降誕之日。宜爲降聖節。休假一日。

二年十二月。御史臺奏。應諸司六品以下官請外州婚禮周親以上侍省等假。節目。應當司牒諸司諸州府及節度使。觀察使。度支鹽鐵監院等。節目伏以前後敕文非嚴切。致茲輕犯。蓋未必行。臣等今稍重科條。庶令知懼。敕旨。依奏。

大中四年正月制。設官分局。各有主張。具于在公。責辦斯切。諸州府及縣官到任已後。多請遠假。或言周親疾病。或言將赴婚姻。令式假名。長吏難爲止抑。遂使本曹公事。倂委比廳。手力俸錢。盡爲已有。勤勞責罰。則在他人。須有條流。俾其兼濟。其諸州府縣官請出界假故一月以下。卽任權差諸廳通判。一月以上。卽勾當留官例。其課料等。據數每貫剋二百與見判案官。

咸通十四年正月。御史中丞韋蟾奏。應諸州刺史除授正衙辭謝後。託故陳牒請假。實爲容易。自今後。如實有故爲衆所知者。三日外。不在陳牒之限。應內外蔭官入京後。合更朝謝。如遇假日。且合在都亭驛。近日多請假便歸私家。既犯條章。頗乖禮敬。自今已後。望准故事。如未朝謝。須於都亭驛俟日。如違越。臺司糾劾。從之。

醫術

武德中。關中多骨蒸病。得之必死。遞相染著。許允宗每療皆愈。或曰。公醫若神。何不著書。以貽將來。允宗答曰。醫乃意也。在人思慮。有脈候幽微。苦其難別。意之所解。口莫能宣。古之名手。惟是別脈。脈既精別。然後識夫病之源。藥有正相當者。惟須單用一味。直攻彼病。藥力既純。病即可愈。今人不能別脈。莫識病源。以情臆度。多用藥味。譬之於獵。不知兔處。多發人馬。空廣遮圍。或冀一人偶然逢也。如此療病。不亦疏乎。脈之深遠。既不可言。故不能著述。甄權者。貞觀中年百餘歲。太宗幸其第。賜以几杖。撰脈經針方明堂人形圖。其弟立亦達醫術。撰本草音義七卷。古今錄驗方五十卷。

貞觀三年九月十六日。設諸州治醫學。至開元十一年七月五日。詔曰。遠路僻州。醫術全無。下人疾苦。將何恃賴。宜令天下諸州。各置職事醫學博士一員。階品同於錄事。每州本草及百一集驗方。與經史同貯。

至二十七年二月七日。勅十萬戶已上州。置醫生二十人。十萬戶以下。置十二人。各於當界巡療。

二十二年九月十六日。右衞率府長史王元策奉使天竺。得方士那羅邇娑寐。自言壽二百歲。云有長生之術。上頗信之。深加禮敬。館之金飈門內。造延年之藥。竟不就。放還。死於長安。

顯慶二年。右監門府長史蘇敬上言。陶宏景所撰本草。事多舛謬。請加刪補。詔令檢校中書令許敬宗。太常寺丞呂才。太史令李淳風。禮部郎中孔志約。尚藥奉御許孝崇。幷諸名醫等二十人。增損舊本。徵天下郡縣所出藥物。幷書圖之。仍令司空李勣總監定之。幷圖合成五十五卷。至四年正月十七日撰成。及奏。上問曰。本草行來自久。今之改修。何所異也。于志寧對曰。舊本草是陶宏景合神農本經及名醫別錄而注解之。宏景僻在江南。不能遍識藥物。多有紕謬。其所誤及別錄不書。四百有餘種。今皆考而正之。本草之外。新藥行用有效者。復百餘種。今附載之。此所以爲勝也。上稱善。詔藏于秘府。

三年。詔徵太白山人孫思邈至。居於鄱陽公主廢府。時年九十餘。視聽不衰。盧照鄰、宋令文、孟詵皆執師贄之禮。照鄰嘗問曰。名醫愈疾。其道何也。思邈曰。吾聞善言天者。必資之于人。善言人者。亦本之於天。天有四時五行。日月相推。寒暑迭代。其轉運也。和而爲雨。怒而爲風。散而爲露。亂而爲霧。凝而爲霜雪。張而爲虹蜺。此天地之常數也。人有四肢五臟。一覺一寐。呼吸吐納。精氣往來。流而爲榮衞。彰而爲氣色。發而爲音聲。此人之常數也。陽用其形。陰用其精。天人之所同也。及其失也。蒸則生熱。否則生寒。結而爲瘤贅。陷而爲癰疽。奔而爲喘乏。竭而爲焦枯。診發乎面。變動乎形。推及天地。則亦如之。故五緯盈縮。星辰錯行。日月薄蝕。孛彗流飛。此天地之危診也。寒暑不時。此天地之蒸否也。石立土踊。此天地之瘤贅也。山崩地陷。天地之癰疽也。衝風暴雨。天地之喘乏也。雨澤不降。川瀆涸竭。天地之焦枯也。良醫導之以藥石。救之以鍼劑。聖人和之以至德。輔之以人事。故身有可愈之疾。天地有可消之災。通乎數也。照鄰曰。人事如何。思邈曰。膽欲大而心欲小。智欲圓而仁欲方。照鄰曰。何謂也。思邈曰。心爲五臟之君。君以恭愼爲主。故心欲小。膽爲五臟之將。將以果決爲務。故膽欲大。智者動象天。故欲圓。仁者靜象地。故欲方。詩曰。如臨深淵。如履薄冰。謂小心也。糾糾武夫。公侯干城。謂大膽也。傳曰。不爲利回。不爲義疚。仁之方也。易曰。見幾而作。不俟終日。智之圓也。照鄰又曰。養性之要何也。思邈曰。天道有盈缺。人事多屯厄。苟不自慎。而能濟於屯厄者。未之有也。故養性之士。先知自慎。自慎者。以憂畏爲本。經曰。人不憂畏。大威至矣。憂畏者。生死之門。存亡之由。禍福之本。吉凶之元也。故士無憂畏。則仁義不立。農無憂畏。則稼穡不滋。工無憂畏。則規矩不設。商無憂畏。則貨殖不盈。子無憂畏。則孝敬不篤。父無憂畏。則慈愛不著。臣無憂畏。則勳庸不立。君無憂畏。則社稷不安。故養性者。失其憂畏。則心亂而不理。形躁而不寧。神散而氣越。志蕩而意昏。應生者死。應存者亡。應成者敗。應吉者凶。夫憂畏者。猶水火不可暫忘也。人無憂畏。子弟爲勁敵。妻妾爲寇讎。是故太上畏道。其次畏天。其次畏物。其次畏人。其次畏身。憂於身者。不拘於人。畏於天者。不危于人。畏於己者。不制於彼。慎於小者。不懼於大。戒於近者。不悔於遠。能如此者。水行蛟龍不能害。陸行虎兕不能傷。五兵不能及。疫癘不能染。讒賊不能謗。毒螫不能加。善知此者。則人事畢矣。照鄰自傷彊仕之年。而嬰沉病。乃作病梨樹賦。以傷稟受之不固也。至四年。思邈授承務郎直尚藥局。

開元十一年九月七日。親製廣濟方。頒示天下。

天寶五載八月。勅朕所撰廣濟方。宜令郡縣長官。選其切要者。錄于大版上。就村坊要路榜示。仍委採訪使勾當。無令脫錯。

乾元元年二月五日制。自今已後。有以醫術入仕者。同明經例處分。至三年正月十日。右金吾長史王淑奏。醫術請同明法選人。自今已後。各試醫經方術策十道。本草二道。脈經二道。素問十道。張仲景傷寒論二道。諸雜經方義二道。通七以上留。已下放。又尙食藥藏局請同典膳局。太醫署請同大樂署。

貞元二年九月。山人鄧思齊獻威靈仙草。出商州。能愈衆疾。上于禁中試用有效。令編附本草。授思齊太醫丞。

八年八月。加殿中省侍御醫藥藏局丞俸錢。仍令侍御醫及尙藥直長藥藏郎並留授翰林醫官。所司不得注擬。

十二年二月十三日。上親製貞元廣利方五卷。頒于州府。至三月十五日。勅。貞觀初。諸州各置醫博士。開元中。兼置助教。簡試醫術之士。申明巡療之法。比來有司補擬。雖存職員。藝非專精。少堪施用。緬思牧守。實爲分憂。委之採擇。當悉朕意。自今已後。諸州應闕醫博士。宜令長史各自訪求選試。取藝業優長。堪効用者。具以名聞。已出身入式。吏部更不須選集。

十二年八月。勅。其見任醫術官。應非翰林供奉。不在加料錢限。

十七年十二月。勅。翰林醫官及藥童。自今已後。縱考滿。并不得于所司選。其見選人。亦宜停。

二十一年正月。罷翰林陰陽。上醫。相射覆。碁諸待詔三十二人。初。王叔文以碁進。旣用事。惡其與己儕類相亂。故罷之。

長慶元年正月。處士張皋上疏曰。臣聞神慮淡則血氣和。嗜欲勝則疾病作。和則必臻于壽考。作則必致於傷殘。是以古之聖賢。務自頤養。不以外物撓耳目。不徇聲色敗性情。由是和平自臻。福慶斯集。故易曰。无妄之疾。勿藥有喜。詩曰。自天降康。降福穰穰。此皆理合天人。著在經訓。然則藥以攻疾。無疾固不可餌之。高宗朝有處士孫思邈者。精識高遠。深達攝生。其所著千金方三十卷。行之於世。序論云。凡人無故不宜服藥。藥勢偏有所阻。令人藏氣不平。思邈此言。可謂洞于事理也。或寒暑爲寇。節宣有乖。事資醫方。尙須愼重。故禮云。醫不三世。不服其藥。施於凡庶。猶且如此。況在天子。豈得自輕。先朝暮年。頗好方士。徵集非一。嘗試亦多。累致危疾。聞於中外。足爲殷鑒。陛下素所詳知。必不可更蹤前車。自貽後悔。今朝野之人。紛紜竊議。直畏忤旨。莫敢獻言。臣蓬艾微生。麋鹿同處。旣非邀寵。亦又何求。但以曾覽古今。麤知忠義。有聞而默。於理不安。願陛下無忽芻蕘。庶裨萬一。時穆宗頗好金石之藥。疏奏。上嘉歎久之。竟訪皋不獲。

唐會要卷八十三

嫁娶

貞觀元年二月四日。詔曰。昔周公治定制禮。垂裕後昆。命媒氏之職。以會男女。每以仲春之月。順時行令。蕃育之理既宏。邦家之化攸在。朕恭承天命。爲之父母。永懷亭育。周切于懷。若不申之以婚姻。明之以顧復。便恐中饋之禮斯廢。絕嗣之釁方深。既生怨曠之情。或致淫奔之辱。憲章典故。實所庶幾。宜令有司所在勸勉。其庶人男女無室家者。並仰州縣官人以禮聘娶。皆任其同類相求。不得抑取。男年二十。女年十五已上。及妻喪達制之後。孀居服紀已除。並須申以婚媾。令其好合。若貧寠之徒。將迎匱乏。仰於親近鄉里富有之家。裒多益寡。使得資送。其鰥夫年六十。寡婦年五十已上。及婦雖尙少而有男女。及守志貞潔。並任其情。無勞抑以嫁娶。刺史縣令以下官人。若能婚姻及時。鰥寡數少。量准戶口增多。以進考第。如導勸乖方。失於配偶。准戶減少附殿。

六年。御史大夫韋挺上表曰。夫婦之道。王化所先。婚姻之禮。人倫攸尙。所以承紹家業。嗣續祖妣。靜而思之。安可不敬。嫁女之室。有不息火之悲。娶婦之家。有不舉樂之感。今貴族豪富。婚姻之始。或奏管絃。以極歡宴。唯競奢侈。不顧禮經。非所謂嗣親之道。念別離之意。正始之本。實在於茲。若不訓以義方。將恐此風愈扇。

十六年六月詔。氏族之盛。實繫於冠冕。婚姻之道。莫先於仁義。自有魏失御。齊氏云亡。市朝既遷。風俗陵替。燕趙右姓。多失衣冠之緒。齊韓舊俗。或乖德義之風。名雖著於州閭。身未免於貧賤。自號膏粱之胄。不敦匹敵之儀。問名惟在於竊貲。結褵必歸于富室。乃有新官之輩。豐財之家。慕其祖宗。競結婚媾。多納貨賄。有如販鬻。或貶其家門。受屈辱於姻娅。或矜其舊族。行無禮於舅姑。積習成俗。迄今未已。旣紊人倫。實虧名教。朕夙夜兢惕。憂勤政道。往代蠹害。咸已懲革。惟此敝風。未能盡變。自今已後。明加告示。使識嫁娶之序。各合典禮。知朕意焉。其自今年六月禁賣婚。

永徽二年九月。紀王愼等議。堂姨母之姑姨。及堂姑姨父母之姑姨。父母之姑舅姊妹婿。姊妹堂外甥。雖並外姻無服。請不爲婚。詔可之。先是。御史大夫李乾祐奏言。鄭州人鄭宣道先聘少府監李元乂妹爲妻。元乂妹卽宣道堂姨。元乂情不合。請罷婚。宣道經省陳訴。省以法無禁判許成親。於是紀王愼等因此有議云。

顯慶二年七月制。縣主出嫁者稱適。不得稱降。取縣主者稱娶。不得稱尙。

四年十月十五日詔。後魏隴西李寶。太原王瓊。滎陽鄭温。范陽盧子遷。盧渾。盧輔。淸河崔宗伯。元孫。凡七姓十一家。不得自爲婚姻。仍自今已後。天下嫁女受財。三品已上之家。不得過絹三百匹。四品五品。不得過二百匹。六品七品不得過一百四。八品以下不得過五十匹。皆充所嫁女貲妝等用。其夫家不得受陪門之財。李義府奏也。

太極元年左司郎中唐紹上表曰。士庶親迎之禮。備諸六禮。所以承宗廟事舅姑。當須昏以爲期。詰朝謁見。往者下里庸鄙。時有障車。邀其酒食。以爲戲樂。近日此風轉盛。上及王公。乃廣奏音樂。多集徒侶。遮擁道路。留滯淹時。邀致財物。動踰萬計。遂使障車禮貺。過於聘財。歌舞喧譁。殊非助感。既虧名教。又蠹風猷。違紊禮經。須加節制。望請敕令禁斷。至十一月十二日敕。王公已下嫁娶。比來時有障車。既虧風教。特宜禁斷。

開元十九年四月四日。於京城置一禮會院。其年九月二十四日敕。禮會院宜屬司農寺。其什物合令所司供。院在崇仁坊南街。

二十二年二月敕。男年十五。女年十三以上。聽婚嫁。諸州縣官人在任之日。不得共部下百姓交婚。違者。雖會赦仍離之。其州上佐以及縣令。于所統屬官。同其定婚在前。居官在後。及三輔內官。門閥相當。情願者。不在禁限。

建中元年十一月十六日。敕宜令禮儀使與博士及宗正卿李琬。漢中王瑀。光祿卿李涵。約古今舊儀。及開元禮。詳定公主郡主縣主出降覲見之儀。條件聞奏。將以化行天下。用正國風。至十一月二日。禮儀使顏眞卿等奏．郡縣主見舅姑．請于禮會院過事．明日早．舅坐於堂東階上．西向．姑南向．婦執笲．竹器元表纁裏盛以棗栗．升自西階．東面再拜．跪奠于舅席前．舅舉之．贊者徹以東．婦退．再拜．降於姑階下．受笲．盛以腶脩．從者執於階下升進．北面再拜．跪奠於姑席前．姑舉之．贊者受以東．婦退．又再拜．降之．詣東面拜壻之伯叔兄弟姊妹訖．便赴光順門謝恩．壻之親族．次第奉謝．訖．赴十六王宅．觀花燭．伏以婚禮主敬．竊恐非宜．並請停障車下壻及卻扇詩等．行禮之夕．可以感思．至於聲樂．竊恐非禮．亦請禁斷．相見行禮．近代設以氈帳．擇地而置．此乃元魏穹廬之制．合于堂室中置帳．請准禮施行．今時俗以子卯午酉年．謂之當梁．其年娶婦．舅姑不相見．蓋禮無所據．亦請禁斷．

其年十一月．勅．婚禮皆用誕馬．在禮經無其文．案周禮．玉人有璋．諸侯以聘女．禮云．玉以比德．今請駙馬加以璋．郡主壻加以璧．以代用馬．又其函書出自近代．事無經據．請罷勿用．從之．

會昌元年十一月．勅．婚娶家音樂．并公私局會花蠟．並宜禁斷．

租稅上

舊制．凡賦役之制有四．一曰租．二曰調．三曰役．四曰雜徭．開元二十三年．勅以爲今天下無事．百姓徭役．務從減省．遂減諸司色役一十二萬二百九十四人．

武德二年二月十四日．制．每丁租二石．絹二丈．綿三兩．自茲以外．不得橫有調斂．

七年三月二十九日．始定均田賦稅．凡天下丁男．給田一頃．篤疾廢疾．給四十畝．寡妻妾三十畝．若爲戶者。加二十畝。所授之田。十分之二分爲世業。餘以爲口分。世業之田。身死則承戶者授之。口分則收入官。更以給人。每丁歲入粟二石。調則隨鄉土所產。綾絹絁各二丈。布加五分之一。輸綾絹絁者。兼調綿三兩。輸布者。麻三觔。凡丁歲役二旬。若不役。則收其傭。每日三尺。有事而加役者。旬有五日免其調。三旬則租調俱免。通正役不過五十日。若夷獠之戶。皆從半稅。凡水旱蟲傷爲災。十分損四已上。免租。損六已上。免調。損七已上。課役俱免。

貞觀十一年。侍御史馬周上疏曰。自古明王聖主。雖因人設教。寬猛隨時。而大要惟以節儉于身。恩加於人。二者是務。今百姓承喪亂之後。比于隋時。纔十分之一。而供官徭役。道路相繼。兄去弟還。首尾不絕。春秋冬夏。略無休時。陛下雖每有恩詔。令其減省。而有司作既不廢。自然須人。徒行文書。役之如故。臣每訪問。四五年來。百姓頗有嗟怨之言。以爲陛下不存養之。今京師及益州諸處。營造供奉器物。并諸王之服飾。議者皆不以心儉。陛下少處人間。知百姓辛苦。前代成敗。目所親見。而猶如此。而皇太子生長深宮。不更外事。萬歲之後。固聖心所當憂也。凡修政教。當修之於可修之時。若事變一起。而後悔之。則無益也。故人主每見前代之亡。則知其政教之所由喪。而皆不知其身之失。是以殷紂笑夏桀之亡。而幽厲亦笑殷紂之滅。京房云。後之視今。亦猶今之視古。此言不可不誡也。往者貞觀之初。率土荒儉。一匹絹纔得一斗粟。而天下帖然。百姓知陛下憂憐之。故人人自安。曾無怨讟。自五六年來。頻歲豐稔。一匹絹得粟十餘石。

百姓皆以爲陛下不憂憐之。咸有怨言。以今所營爲者。頗多不急之務故也。自古已來。國之興亡。不由蓄積多少。唯在百姓苦樂。且以近事驗之。隋室貯洛口倉。而李密因之。東都積布帛。而王世充據之。西京府庫亦爲國家之用。至今未盡。向使洛口東都無粟帛。則王世充李密未必能聚大衆。但積貯者。固是有國之常事。要當人有餘力而後收之。豈人勞而強斂之。更以資寇。積之無益也。然儉以息人。貞觀之初。陛下以躬爲之。故今行之不難也。若人既勞矣。而用之不息。倘中國被水旱之災。邊方有風塵之警。狂狡因之以竊發。則有不可測之事矣。以陛下之明誠。欲勵精爲政。不煩遠求上古之術。但返貞觀之初。則天下幸甚。

永湻元年。太常博士裴守眞上表曰。夫穀帛者。非造化不育。非人力不成。一夫之耕。纔兼數口。一婦之織。不贍一家。賦調所資。軍國之急。煩徭細役。並出其中。黠吏因公以貪求。豪強恃私而逼掠。以此取濟。民無以堪。又以征戍闊遠。土木興作。丁匠疲于往來。餉饋勞于轉運。微有水旱。道路遑遑。豈不以課稅殷繁。素無儲積故也。夫大府積天下之財。而國用有缺。少府聚天下之伎。而造作不息。司農治天下之粟。而倉庾不充。太僕掌天下之馬。而中廄不足。此數司者。役人有萬數。費損無限極。調廣人竭。用多獻少。奸僞由此而生。黎庶緣斯而苦。此有國之大患也。

開元八年正月二十日勅。頃者以庸調無憑。好惡須準。故遣作樣以頒諸州。令其好不得過精。惡不得至濫。任土作貢。防源斯在。而諸州送物。作巧生端。苟欲副于斤兩。遂則加其丈尺。至有五丈爲匹者。理甚不然。闊一尺八寸。長四丈。同文共軌。其事久行。立樣之時。亦載此數。若求兩而加尺。甚暮四而朝三。宜令所司簡閱。有踰于比年常例。丈尺過多。奏聞。

十六年七月勅。諸州租及地稅等。宜令州縣長吏專勾當。依限徵納訖。具所納數及徵官名品申省。如徵納違限。及檢覆不實。所由官並先與替。仍准法科懲。

二十二年五月十三日勅。定戶之時。百姓非商戶郭外居宅及每丁一牛。不得將入貨財數。其雜匠及幕士并諸色同類。有番役合免征行者。一戶之內。四丁已上。任此色役。不得過兩人。三丁已上。不得過一人。

其年七月十八日勅。自今已後。京兆府關內諸州。應徵庸調及資課。并限十月三日畢。至天寶三載三月二十五日赦文。每載庸調。八月徵收。農功未畢。恐難濟辦。自今已後。延至九月三十日爲限。

二十五年三月三日勅。關輔庸調。所稅非少。旣寡蠶桑。皆資菽粟。常賤糶貴買。損費逾深。又江淮苦變造之勞。河路增轉輸之弊。每計其運脚。數倍加錢。今歲屬和平。庶物穰賤。南畝有十千之獲。京師同水火之饒。均其餘以減遠費。順其便使農無傷。自今已後。關內諸州庸調資課。並宜准時價變粟取米。送至京。逐要支用。其路遠處。不可運送者。宜所在收貯。便充隨近軍糧。其河南河北有不通水利。宜折租造絹。以代關中調課。所司仍明爲條件。稱朕意焉。

二十九年二月十二日勅。自今已後。應緣納物。或有濫惡者。更不徵折估。但明爲殿最。責在所由者。請准二十七年二月七日敕。起請條析處分。

天寶元年正月一日赦文。如聞百姓之內。有戶高丁多。苟爲規避。父母現在。乃別籍異居。宜令州縣勘會。其一家之中。有十丁已上者。放兩丁征行賦役。五丁已上者。放一丁。卽令同籍共居。以敦風教。其侍丁孝假。與免差科。

九載十二月勅。自今已後。天下兩稅。其諸色輸納官典。受一錢已上。並同枉法贓論。官人先解見任。典正等先決四十。委採訪使巡察。若不能舉按者。採訪使別有處分。

廣德元年七月十一日制。一戶之中。有三丁。放一丁。庸調地稅依舊。

大歷四年正月十八日勅。天下及王公已下。自今已後。宜准度支長行旨條。每年稅錢。上上戶四千文。上中戶三千五百文。上下戶三千文。中上戶二千五百文。中中戶二千文。中下戶一千五百文。下上戶一千文。下中戶七百文。下下戶五百文。其現任官一品。准上上戶稅。九品准下下戶稅。餘品並准依此戶等稅。若一戶數處任官。亦每處依品納稅。其內外官。仍據正員及占額內闕者稅。其試及同正員文武官。不在稅限。其百姓有邸店行鋪及爐冶。應准式合加本戶二等稅者。依此稅數勘責徵納。其寄莊戶准舊例從八等戶稅。寄住戶從九等戶稅。比類百姓。事恐不均。宜各遞加一等稅。其諸色浮客及權時寄住戶等。無問有官無官。亦所在爲兩等收稅。稍殷有者。准八等戶稅。餘准九等戶稅。如數處有莊田。亦每處納稅。諸道將士莊田。既緣防禦勤勞。不可同百姓例。並一切從九等輸稅。

八年正月二十五日。勅青苗地額錢。天下每畝率十五文。以京師煩劇。先加至三十文。自今已後。宜准諸州每畝十五文。

十四年五月。內莊宅使奏。州府沒入之田。有租萬四千餘斛。官中主之。爲冗費。上令分給所在。以爲軍儲。

建中元年正月五日。赦文。宜委黜陟使與觀察使及刺史轉運所由。計百姓及客戶。約丁產。定等第。均率作年支兩稅。如當處土風不便。更立一限。其比來徵科色目。一切停罷。至二月十一日起請條。請令黜陟觀察使及州縣長官。據舊徵稅數。及人戶土客定等第錢數多少。爲夏秋兩稅。其鰥寡惸獨不支濟者。准制放免。其丁租庸調。並入兩稅。州縣常存丁額。准式申報。其應科斛斗。請據大曆十四年見佃青苗地額均稅。夏稅六月內納畢。秋稅十一月內納畢。其黜陟使每道定稅訖。具當州府應稅都數。及徵納期限。并支留合送等錢物斛斗。分析聞奏。并報度支金部倉部比部。其月。大赦天下。遣黜陟使觀風俗。仍與觀察使刺史計人產等級爲兩稅法。此外斂者。以枉法論。

其年八月。宰相楊炎上疏奏曰。國家初定令式。有租賦庸調之法。至開元中。元宗修道德。以寬仁爲治本。故不爲版籍之書。人戶寖溢。隄防不禁。丁口轉死。非舊名矣。田畝移換。非舊額矣。貧富升降。非舊第矣。戶部徒以空文總其故書。蓋非得當時之實。舊制。人丁戍邊者。蠲其租庸。六歲免歸。元宗方事夷狄。戍者多死不返。邊將怙寵而諱敗。不以死申。故其貫籍之名不除。至天寶中。王鉷爲戶口使。方務聚斂。以丁籍且存。則丁身焉往。是隱課而不出耳。遂按舊籍。計除六年之外。積徵其家三十年租庸。天下之人。苦而無告。則租庸之法。弊久矣。迨至德之後。天下兵起。始以兵役。因之飢癘。徵求運輸。百役並作。人戶凋耗。版圖空虛。軍國之用。仰給于度支轉運二使。四方大鎭。又自給於節度團練使。賦斂之司。增數而莫相統攝。於是綱目大壞。朝廷不能覆諸使。諸使不能覆諸州。四方貢獻。悉入內庫。權臣猾吏。緣以爲奸。或公託進獻。私爲贓盜者。動以萬計。有重兵處。皆厚自奉養。正賦所入無幾。吏之職名。隨人署置。俸給厚薄。由其增損。故科斂之名凡數百。廢者不削。重者不去。新舊仍積。不知其涯。百姓受命而供之。旬輸月送。無有休息。吏因其苛。蠶食於人。凡富人多丁。率爲官爲僧。以色役免。貧人無所入則丁存。故課免於上。而賦增于下。是以天下殘瘁。蕩爲浮人。鄉居地著者。百不四五。如是者迨三十年。炎遂請作兩稅法。以一其名。曰凡百役之費。一錢之斂。先度其數而賦於人。量出以制入。戶無土客。以見居爲簿。人無丁中。以貧富爲差。不居處而行商者。在所州縣稅三十之一。度所取與居者均。使無僥倖。居人之稅。秋夏兩徵之。俗有不便者正之。其租庸雜徭。悉省而丁額不廢。申報出入如舊式。其田畝之稅。率以大歷十四年墾田之數爲准。而均徵之。夏稅無過六月。秋稅無過十一月。逾歲之後。有戶增而稅減輕。及人散而失均者。進退長吏。而以度支總統之。德宗善而行之。

三年五月。初加稅。時淮南節度使陳少遊。請于當道兩稅錢。每一千加稅二百。度支因請諸道悉如之。

貞元二年正月詔。天下兩稅錢。委本州揀擇官典。送上都。其應定色目程限腳價錢物。委度支條流聞奏。

四年正月一日赦文。其京兆府今年已後。准當府每年勅額。應合給用錢物斛斗及草者。宜便於兩稅內。比諸州府例剋留。免其重疊請受。餘送納度支。其河南府亦宜准此。

八年四月。劍南西川觀察使韋皐奏。請加稅什二。以增給官吏。從之。

十二年十月。虢州刺史崔衍奏。所部多是山田。且當郵傳衝要。屬歲不稔。頗有流離。舊額賦租。特乞蠲減。臣伏見比來諸州。論百姓間事。患在長吏因循。不爲申請。不患陛下不優恤。患在申請不指實。不患朝廷不矜放。有以不言受譴者。未有以言得罪者。陛下授臣以疲民。臣用不敢迴顧。苟求自安。敢罄狂瞽。上濆聰聽。辭理切直。爲時所稱。

元和四年十二月。度支奏。諸州府應供上都兩稅匹段。及留使留州錢物等。自元和四年已後。據州縣官正料錢數內。一半任依省估例徵納見錢支給。仍先以都下兩稅戶合納見錢充。如不足。卽於當州兩稅錢內。據貫均配支給。其餘留使留州雜給用錢。卽合委本州府並依送省輕貨中估折納匹段充。如本戶稅錢校少。不成端匹者。任折納絲綿充數。如舊例徵納雜物斛斗支用者。卽任准舊例處分。應帶節度觀察使州府合送上都兩稅錢。既須差綱發遣。其留使錢。又配管內諸州供送。事頗重疊。其諸道留使錢。各委節度觀察使。先以本州舊額留使及送上都兩稅錢充。如不足。即於管內諸州兩稅錢內。據貫均配。其諸州舊額供使錢。即隨夏稅日限收送上都。度支收入。來年旨符便爲定制。伏以諸道兩稅。徵斂不常。閭井之間。頗聞困弊。臣今類會如前敕旨。自今已後。送省及留使匹段。不得剝徵折估錢。其供軍醬菜等價直。合以留州使錢充者。亦令見錢匹段均納。仍具每州每使合納見錢數。及州縣官俸料內一半見錢數。同分析聞奏。仍使編入今年旨條。以爲常制。餘依先是方鎮皆以實估斂于人。虛估聞於上。宰相裴垍俾有司奏請釐革。今受其賜。

五年正月。度支奏。諸州府見錢。准敕宜於管內州據都徵錢數。逐貫均配。其先不徵見錢州郡。不在分配限。都配定一州見錢數。任刺史看百姓穩便處置。其敕文不加減者。即准州府所申爲定額。如于敕額見錢外。輒擅配一錢。及納物不依送省中估。刺史縣令錄事參軍。請與節級科貶。

六年二月制。編戶之征。既有藝極。宇甿之要。當恤有無。苟徵斂之不時。則困弊之無日。近緣諸州送使錢物。迴充上供。合送使司。又立程限。所以每至歲首。給用無資。不免量抽夏稅。新陳未接。營辦尤難。委觀察使且以供軍錢方圓借使。輒不得量抽百姓夏貢有差。先乎任土。周幣殊等。實在便民。近日所徵布帛並先定物樣。一例作中估受納。精粗不等。退換者多。轉將貨賣。皆致損折。其諸道留使留州錢數內絹帛等。

但得有用處、隨其高下約中估物價優饒與納。則私無棄物。官靡逋財。其所納見錢、仍許五分之中量徵二分。餘三分兼納實估匹段。先是天下百姓輸賦于府。一曰上供。二曰送使。三曰留州。自建中初定稅時。貨重錢輕。是後貨輕錢重。齊人所出固已倍其初征矣。其留州送使所在長吏。又降省估使就實估。以自封殖而重賦於人。及裴垍爲相。奏請天下留州送使物。一切令依省估。其所在觀察使仍以其蒞之郡租賦自給。若不足。然後許徵于支郡。其諸州送使額悉變爲上供。故疲民稍息肩。

其年六月。令京兆府其兩稅宜以粟麥絲絹等折納。

十一年六月。京兆府奏。今年諸縣夏稅。折納綾絹絁紬絲綿等。並請依本縣時價。祇定上中二等。每匹加饒二百文。綿每兩加饒二十文。其下等物不在納限。小戶本錢不足。任納絲綿斛㪷。須是本戶。如非本戶。輒合集錢買成匹段代納者。所由決十五枷項令衆。勅旨依奏。

十四年二月勅。如聞諸道州府長吏等。或有本任得替後。遂於當處買百姓莊園舍宅。或因替代情弊。便破定正額兩稅。不出差科。今後有此色。并勒依元額爲定。

唐會要卷八十四

租稅下

元和十五年八月。中書門下奏。伏準今年閏正月十七日勅。令百僚議錢貨輕重者。今據羣官戶部尚書楊於陵等。伏請天下兩稅榷鹽酒利等。悉以布帛絲緜任土所產物充稅。並不徵見錢。則物漸重。錢漸輕。農人見免賤賣匹帛者。伏以羣官所議事皆至當。深利公私。請商量付度支。據諸州府應徵兩稅。供上都及留州留使舊額。起元和十年以後。並改配端匹觔兩之物爲稅額。如大歷以前租庸課調。不計錢。令其折納。使人知定制。供辦有常。仍約元和十五年徵納布帛等估價。其有舊納虛估物與依虛估物迴計。如舊納實估物並見錢。卽于端匹斤兩上量加估價迴計。變法在長其物價。價長則永利公私。初雖微有加饒。法行卽當就實。比舊給用。固利而不害。仍作條件處置。編入旨符。其鹽利酒利本以榷率計錢。有殊兩稅之名。不可除去錢額。但舊額中有令納見錢者。亦請令折納時估匹段。官既不專以錢爲稅。人得以所產用輸。則錢貨必均其輕重。隴畝自廣于蠶織。便時惠下。庶得其宜。其土乏絲麻。或地連邊塞。風俗既異。賦入不同。請商量委所司裁酌。隨便宜處置。勅旨。宜依。

太和二年二月。興元尹王涯奏。興元府南鄭兩稅錢額素高。每年徵科。例多懸欠。今請於管內四州均攤。

代納二千五百貫文。配蓬州七百五十貫。集州七百五十貫。通州五百貫。巴州五百貫。勅旨。宜付所司。

四年五月勅。劍南西川宣撫使諫議大夫崔戎奏。准詔旨制置西川事條。今與郭釗商量兩稅錢數內三分二分納見錢。一分折納匹段。每二貫加饒百姓五百文。計一十三萬四千二百四十三貫文。依此曉諭百姓訖。經賊州縣准詔三分減放一分。計減錢六萬七千六百二十貫文。不經賊處。先徵見錢。今三分一分折納雜物。計優饒百姓一十三萬。舊有稅薑芋之類。每畝至七八百。徵斂不時。今併省稅名。盡依諸處爲四限等第。先給戶帖。餘一切名目勅停。勅旨。宜依。

六年天平軍奏。請起元和七年歲供兩稅榷酒等錢十五萬貫。粟五萬石。自元和末。收復李師道十二州。朝廷不安反側。征賦所入。盡留贍軍。至是方歸王府。

開成二年二月勅。節文。諸州府或遇水旱。有欠稅額。合供錢物斛㪷。伏請委州縣長官。設法招攜。及召戶承佃。其錢陸續塡納。年終後。具歸復塡補錢物數聞奏。并報度支。其刺史縣令得替。須代替人交割。仍須分明具見在土客戶。交付後人。不得遞相推注。申破稅錢。其所招之口。不得將當處大戶。劈爲小戶。別有配率。

四年十月。中書門下奏。准開成元年三月十日勅。宜令兩稅州府。各於見任官中。揀擇清強長定綱。往來送五萬至十萬爲一綱。綱官考滿。本州便與依資奏改。通計十年往來。優成與依資選。還當處令錄長馬如本州官資望無相當者。許優成奏他處官者。伏以諸道有上供兩稅錢物者。大小計百餘處。舊例差州縣官充綱。亦不聞過有敗闕。若依勅以長定綱爲名。則命官不以才能。賦祿難憑僦運。況江淮財賦大州。每年差綱十餘輩。若令長定。則官員長占於此流。若祇取數人。綱運當虧。其大半臣等商量長定綱起來年已後勒停。臣又准開成元年已前旨條。州縣官充綱送輕貨四萬已上。無欠少不逾程限者。書上考。十萬減選一。其餘優奬。猶以稍輕。送二萬至五萬。依舊書上考。五萬至七萬。與減一選。七萬至十萬。減兩選。十萬至十五萬。減三選。如一度充綱。優勞未足。考秩之內。情願再差者。旨條先有約絕。此後望令開許。如年少及材質不當。但令准舊例。以課料資陪。不必一例依次差遣。其餘並望准前旨條處分。勅旨。宜依。

其年十二月。邕管經略使唐宏實。當管上供兩稅錢一千四百七十三貫文。其見錢每年附廣州綱送納。勅。邕管兩稅錢八百餘千。自令輸納。頗甚艱弊。宜委嶺南西道觀察使。每年與受領。過易輕貨。附綱送省。其僦運腳錢。仍令于放數內抽折。

會昌元年正月制。租斂有常。王制斯具。徵率無藝。齊民何依。內外諸州府百姓。所種田苗。率稅斛𣂏。素有定額。如聞近年長吏不守法制。分外徵求。致使力農之夫。轉加困弊。亦有每年差官巡檢。勞擾頗深。自今已後。州縣每縣所徵科斛𣂏。一切依額爲定。不得隨年檢責。數外如有荒閑陂澤山原。百姓有人力能墾闢耕種。州縣不得輒問所收苗子。五年不在稅限。五年之外。依例收稅。於一鄉之中。先塡貧戶欠闕。如無欠闕。即均減衆戶合徵斛㪷。但令不失元額。不得隨田加稅。仍委本道觀察使每年秋成之時。具管內墾闢田地頃畝及合徵上供留州若使斛㪷數分析聞奏。如所奏數外。有隱納人戶斛㪷。刺史已下。并節級重加懲貶。觀察使奏聽進止。仍令出使郎官御史及度支鹽鐵知院官訪察聞奏。

大中二年正月制。諸州府縣等納稅。祇合先差優長戶車牛。近者多是權要及富豪之家。悉請留縣輸納。致使單貧之人。却須僱腳搬載。從今已後。其留縣並須先饒貧下不支濟戶。如有違越。節級官吏。量加科殿。

四年正月制。其天下諸州府百姓。兩稅之外。輒不許分外更有差率。已頻申飭。尙恐因循。宜委御史臺切加糾察。其諸道州府應所徵兩稅疋段等物。并留州使錢物納疋段虛實估價及見錢。從前皆有定制。如聞近日或有于虛估疋段數內。徵實估物及其間分數。亦不盡依勅條。宜委長吏切加遵守。如有違越。必議科繩。本判官專知官當重懲責。又青苗兩稅。本繫田土。地既屬人。稅合隨去。從前赦令。累有申明。豪富之家。尙不恭守。皆是承其急切。私勒契書。自今已後。勒州縣切加覺察。如有此色。須議痛懲。其地仍便勒還本主。更不在論理價值之限。

六年三月勅。先賜鄭光鄠縣及雲陽縣莊各一所。府縣所有兩稅及差科色役。並特宜放者。中書門下奏。

伏以鄭光是陛下元舅。寵待固合異等。然而據地出稅。天下皆同。隨戶雜徭。久已成例。將務致治。實爲本根。近日陛下屢發德音。欲使中外畫一。凡在士庶。無不仰戴聖慈。今獨忽免鄭光莊田。則似稍乖前意。況征賦所入。經費有常。差使不均。怨嗟斯起。事雖至微。繫體則大。臣等備位台司。每承誠勵。苟有管見。合具啓陳。謹錄奏聞。伏聽勅旨。奉批答。省所奏具悉。朕以鄭光元舅之尊貴。欲優異令免征稅。初不細思。卿等列位股肱。每存匡益。事無大小。必竭公忠。況親戚之間。人所難議。苟非愛我。豈進嘉言。庶事能盡如斯。天下何憂不治。有始有卒。當共守之。省覽再三。良增慰悅。所奏宜體朕懷。

雜稅

建中元年九月。戶部侍郎趙贊請置常平輕重本錢。從之。贊于是條奏諸道津要都會之所。皆置吏閱商人財貨。計錢每貫稅二十文。天下所出竹木茶漆。皆什一稅之。充常平本錢。時軍用稍廣。常賦不足。所稅亦隨盡。竟莫得充本儲積焉。

四年六月。判度支戶部侍郎趙贊請置大田。天下田計其頃畝。官收十分之一。擇其上腴。樹桑環之。曰公田。公桑自王公至於匹庶。差借其力。得穀絲以給國用。詔從其說。贊熟計之。自以爲非便。皆寢不下。請行常平稅茶之法。又以軍須迫蹙。常平利不時集。乃請稅屋間架等。除算陌錢。間架法。凡屋兩架爲一間。屋有貴賤。約價三等。上價間出錢二千。中價一千。下價五百。所由吏秉算執籌。入人之廬舍。而計其數。衣冠士族。或貧無他財。獨守故業。坐多屋出算者。動數十萬。人不勝其苦。凡沒一間者。杖六十。告者賞錢五十貫。取於犯家。除陌法天下公私給與貿易。率一貫舊算二十。益加算爲五十。給與他物。或兩換者。約錢爲率算之。市牙各給印紙。人有買賣隨自署記。翌日合算之。有自貿易不用市牙者。給其私簿。無私簿者。投狀自集。其有隱錢百者沒入二千。杖六十。告者賞十千。出於犯罪人家。法既行。而主人市牙得專其柄。率多隱盜。公家所入曾不得半。而怨讟之苦。囂然滿於天下。至興元二年正月一日赦。悉停罷。貞元九年正月。初稅茶。先是。諸道鹽鐵使張滂奏曰。伏以去歲水災。詔令減稅。今之國用。須有供儲。伏請於出茶州縣及茶山外商人要路。委所由定三等時估。每十稅一。充所放兩稅。其明年已後所得稅。外貯之。若諸州遭水旱。賦稅不辦。以此代之。詔曰可。仍委張滂具處置條奏。自此每歲得錢四十萬貫。茶之有稅。自此始也。然稅茶無虛歲。遭水旱處。亦未嘗以稅茶錢拯贍。

元和三年十月。禁採銀。一兩已上者。笞二十。遞出本界。州縣官吏節級科罰。

長慶元年。鹽鐵使王播奏。茶稅一百。增之五十。左拾遺李珏上疏論之曰。榷率救弊。起自干戈。天下無虞。卽宜蠲省。況稅茶之事。尤出近年。在貞元元年中。不得不爾。今四海鏡淨。八方砥平。厚斂於民。殊傷國體。其不可一也。又茶爲食物。無異米鹽。人之所資。遠近同俗。既祛渴乏。難捨斯須。田閭之間。嗜好尤切。今增稅既重。時估必增。流弊於民。先及貧弱。其不可二也。且山澤之饒。出無定數。量斤論稅。所冀售多。價高則市者希。價賤則市者廣。歲終上計。其利幾何。未見阜財。徒聞斂怨。其不可三也。臣不敢遠徵故事。直以目前所見陳之。伏望暫留聽明。少垂念慮。特追勅更賜商量。陛下即位之初。已徵聚斂外官抽貫。旋有詔停。洋洋德音。千古不朽。今若榷茶加稅。頗失人情。臣忝職諫司。不敢緘默。時禁中造百尺樓。因計不充。王播希恩增稅。疏奏不省。

太和七年四月。御史臺奏。伏准太和三年十二月十八日赦文。天下除兩稅外。不得妄有科配。其擅加雜榷率。一切宜停。令御史臺嚴加察訪者。臣伏以方今天下無事。聖政日修。務去煩苛。與人蘇息。臣昨因嶺南道擅置竹練場。稅法至重。害人頗深。博訪諸道。委知自太和三年准赦文。兩稅外停廢等事。旬月之內。或以督察不嚴。或以長吏更改。依前即置。重困齊民。伏望起今後。應諸道自太和三年准赦文所停稅外。科配雜榷率等。復已卻置者。仰勅到十日內。具卻置事由聞奏。仍申報臺司。每有出使郎官御史。令嚴加察訪。苟有此色。本判官重加懲責。長吏奏聽進止。勅旨。宜依。

開成二年十二月。武寧軍節度使薛元賞奏。泗口稅場。應是經過衣冠商客。金銀羊馬斛㪷見錢茶鹽綾絹等。一物已上並稅。今商量其雜稅物。請停絕。勅旨。淮泗通津。向來京國。自有率稅。頗聞怨讟。薛元賞到鎮之初。首請除去。表章適至。訩誅已興。泗口稅。據元賞所奏並停。所置當官司所由並罷。委元賞當日榜示。其泗口稅額。淮徐泗觀察使今年前後兩度奏狀。內豎共得錢一萬八千五十五貫文。內十驛一萬一千三百貫文。委戶部每年以實錢逐近支付。泗宿二州。以度支上供錢賜充本軍用。其他未贍。委任才臣。

共息怨咨。以安行旅。

大中六年正月。鹽鐵轉運使兵部侍郎裴休奏。諸道節度使觀察使。置店停止茶商。每斤收搨地錢。並稅經過商人。頗乖法理。今請釐革橫稅。以通舟船。商旅既安。課利自厚。今又正稅茶商。多被私販茶人侵奪其利。今請强幹官吏。先於出茶山口及廬壽淮南界內。布置把捉。曉諭招收。量加半稅。給陳首帖子。令其所在公行。從此通流。更無苛奪。所冀招懷窮困。下絕奸欺。使私販者免犯法之擾。正稅者無失利之歎。尋究根本。須舉綱條。勅旨宜依。其年四月。淮南及天平軍節度使浙西觀察使皆奏。軍用困竭。伏乞且賜依舊稅茶。勅旨裴休條疏茶法。事極精詳。制置之初。理須畫一。並宜准今年正月二十六日勅處分。

租庸使

開元十一年十一月。宇文融除殿中侍御史。勾當租庸地稅使。天寶二年四月。陝郡太守韋堅兼知勾當租庸使。六載十一月。楊愼矜加諸郡租庸使。至德元年十月。第五琦除監察御史。充江淮租庸使。中書侍郎房琯諫曰。往者楊國忠厚斂。取怨天下。陛下即位以來。人未見德。琦聚斂臣也。今復寵之。是國家斬一國忠而用一國忠矣。將何以示遠方。歸人心乎。上曰。天下方急。六軍之命若倒懸。無輕貨則人散矣。卿惡琦可也。何所取財。琯不能對。自此恩減於舊矣。

廣德元年十月。代宗居陝。考功郎中裴諝懷考功及南曹二印赴行在。上將以爲御史中丞。爲元載所排。

出爲河東道租庸鹽鐵等使。時關輔大旱。詔請入計。召見便殿。問謂榷酤之利。一歲出入幾何。久之不對。上復問之。對曰。臣有所思。上曰。何思。對曰。臣自河東來。其間所歷三百里。見農人愁歎。穀菽未種。臣謂陛下軫念先問人之疾苦。而乃責臣以利。孟子曰。治國者仁義而已。何以利爲。是以未敢即對。上前坐曰。微公言。吾不聞此。拜左司郎中。

永泰元年三月。京兆尹第五琦奏。租庸使請一切並停。唯差判官一人。巡官二人催遣。從之。

兩稅使

建中三年八月。初分置汴東西水陸運兩稅鹽鐵使。至十二月二十日。包佶崔縱分爲之。

八年四月。以東都河南江淮嶺南山南東道兩稅等錢物。令戶部侍郎轉運使張滂主之。東渭橋以東諸道巡院。悉隸滂。以關輔河東劍南山南西道財物。令戶部尙書度支使班宏主之。其後宏滂互有短長。宰相趙璟陸贄具以其事上聞。由是參用大歷故事。如劉晏韓滉所分焉。

貞元七年六月。太常卿崔縱爲汴西水陸運兩稅鹽鐵等使。田悅軍敗魏州。嬰城自守。河東朔方昭義河陽及神策兵圍之。軍乏食。乃以縱兼魏城四節度都糧料使。軍食稍給。涇原兵反。上居奉天。四方援兵未有至者。時縱先知。乃潛告朔方節度使李懷光。說令奔命。懷光從之。縱乃悉斂軍財。與懷光俱來。調給甚備。懷光軍士久戰河外。及收河中。遷延未進。縱以貨幣先渡河。謂懷光軍士曰。若濟河。悉所齎以分將士。

衆利之。乃肯西濟。

元和四年六月。勑兩稅法總悉諸稅。初極是便民。但緣約法之初。不定物估。粟帛轉賤。賦稅自加。民力不堪。國用斯切。須務通濟。令其便安。欲遣使臣巡行國邑。郵驛所届。豈免煩勞。軺車遽馳。曾未周悉。度支鹽鐵。泉貨是司。各有分巡。置於都會。爰命帖職。周視四方。簡而易從。庶協權便。政有所弊。事有所宜。皆得舉聞。副我憂寄。其鹽鐵使楊子留後宜兼充淮南浙西浙東宣歙福建等道兩稅使。其江陵留後宜兼充荆南山南東道鄂岳江西湖南嶺南等兩稅使。其上都留後宜兼充荆南山南東道兩稅使。度支山南西道分巡院官宜兼充劒南東西川山南西道兩稅使。其陝內五監舊屬鹽鐵使。宜割屬度支使。便委山南西道兩稅使兼知糶貨。各奉所職。期於悉心。

五年。誅李師道。收復淄青十二州。未定戶籍。乃命諫議大夫王彥威充十二州勘定兩稅使。朝法振舉。人不以爲煩。

七年七月。荆南兩稅使崔倰賜紫金魚袋。浙江東道兩稅使程异賜朝散大夫。以入計敍勞也。

十五年閏正月。命度支郎中趙佶使淄青兗海鄆曹濮蔡中光等州定兩稅。

戶口數

永徽三年七月。戶部尙書高履行奏。計戶三百八十萬。

神龍元年十一月二十五日。戶部尚書蘇瓌奏。計戶六百一十五萬六千一百四十一。
開元十四年。戶部進計帳。言今年管戶七百六萬九千五百六十五。
二十年。戶部計戶七百八十六萬一千二百三十六。
二十四年。計戶八百一萬八千七百一十。
天寶元年。計戶八百五十三萬五千七百六十三。
十三載。計戶九百六萬九千一百五十四。
至德元年。計戶八百一萬八千七百一十。
乾元三年。計戶一百九十三萬一千一百四十五。
廣德二年。計戶二百九十三萬三千一百二十五。
建中元年十二月。定天下兩稅戶。凡三百八十萬五千七十六。
元和戶。二百四十七萬三千九百六十三。
長慶戶。三百九十四萬四千九百五十九。
寶歷戶。三百九十七萬八千九百八十二。
太和戶。四百三十五萬七千五百七十五。

開成四年。計戶部管四百九十九萬六千七百五十二。

會昌戶。四百九十五萬五千一百五十一。

雜錄

貞觀二十年。太宗問民部侍郎盧承慶歷代戶口多少之數。承慶敍夏殷之後。迄於周隋。皆有依據。太宗嗟賞久之。

永徽三年七月二十二日。上問戶部尚書高履行。去年進戶多少。履行奏言。去年進戶。總十五萬。上以天下進戶既多。謂長孫無忌曰。比來國家無事。戶口稍多。三二十年。足堪殷實。因問隋有幾戶。今見在幾戶。履行又奏。隋開皇中。有八百七十萬。即今現戶三百八十五萬。上曰。自隋末亂離。戶口減耗。邇來雖復蘇息。猶大少於隋初。

開元二十四年三月。勅。朕以百姓爲心。固非一人獨理。委之牧宰。輯寧兆庶。若考論政績。在戶口存亡。不有甄明。何憑賞罰。自今已後。天下諸州戶口。或刺史縣令有離任者。並宜分明交付州縣。仍每至年終。各具存亡及增加實數。同申。并委採訪使重覆報省。所司明爲課最。具條件奏聞。隨事褒貶。以旌善惡。

貞元三年五月。詔曰。諸州戶口減耗。三分去二。其官員亦合減省。

元和二年十二月。史官李吉甫等。撰元和國計簿十卷。總計天下方鎮。凡四十八道。管州府二百九十三。

縣一千四百五十三。見定戶二百四十四萬二百五十四。其鳳翔。鄜坊。邠寧。振武。涇原。銀夏。靈鹽。河東。易定。魏博。鎮冀范陽滄景淮西淄青十五道七十一州并不申戶口數。每歲縣賦入倚辦。止於浙西。浙東。宣歙。淮南。江西。鄂岳。福建。湖南等道。合四十州。一百四十四萬戶。比量天寶供稅之戶。四分有一。天下兵戎仰給縣官八十三萬餘人。比量士馬。三分加一。率以兩戶資一兵。其他水旱所損。徵科妄斂。又在常役之外。

六年二月制。自定兩稅以來。刺史以戶口增減。爲其殿最。故有析戶以張虛數。或分產以繫戶名。兼招引浮客。用爲增益。至於稅額。一無所加。徒使人心易搖。士著者寡。觀察使嚴加訪察。必令指實。

會昌五年八月制。朕聞三代已前。未嘗言佛。漢魏之後。佛教寖興。是逢季時。傳此異俗。且一夫不耕。有受其餒者。一婦不織。有受其寒者。今天下僧尼。不可勝數。皆待農而食。待蠶而衣。貞觀開元。亦常釐革。剗除不盡。流衍滋多。中外誠臣。協予正意。濟民利衆。予不讓焉。天下所還俗僧尼二十六萬五千餘人。奴婢爲兩稅戶十五萬人。

移戶

貞觀元年。朝廷議戶殷之處。聽徙寬鄉。陝州刺史崔善爲上表曰。畿內之地。是謂殷戶。丁壯之民。悉入軍府。若聽移轉。便出關外。此則虛近實遠。非經通之義。其事遂止。

天授二年七月二十四日。徙關外雍同秦等七州戶數十萬。以實洛陽。

開元十六年十月敕。諸州客戶。有情愿屬緣邊州府者。至彼給良沃田安置。仍給永年優復。宜令所司。即與所管客戶州計會。召取情願者。隨其所樂。具數奏聞。

寶歷元年五月敕。黔首如有願於所在編附籍帳者。宜令州縣優恤。給與閑地。二周年不得差遣。

唐會要卷八十五

團貌

武德六年三月。令以始生爲黄。四歲爲小。十六歲爲中。二十一爲丁。六十爲老。

開耀二年十二月七日勅。百姓年五十者。皆免課役。至神龍元年五月十八日制。二十二成丁。五十九免役。因韋庶人所奏。至景雲元年七月二十一日勅。韋庶人所奏成丁入老宜停。省司舉徵租調。殿中侍御史楊瑒執之曰。韋庶人臨朝當國。制書非一。或進階卿士。或赦宥罪人。何獨于已役中男。重徵丁課。恐非保人之術。省司遂依瑒所執奏停。

延載元年八月勅。諸戶口計年將入丁老疾應免課役及給侍者。皆縣親貌形狀。以爲定簿。一定以後。不得更貌。疑有奸欺者。聽隨事貌定。以付手實。

開元二十九年三月二十六日勅。天下諸州每歲一團貌。既以轉年爲定。復有籍書可憑。有至勞煩。不從簡易。於民非便。事資釐革。自今已後。每年小團宜停。待至三年定戶日。一時團貌。仍令所司作條件處分。

天寶三載十二月二十三日赦文。比者成童之歲。即挂輕徭。既冠之年。便當正役。憫其勞苦。用軫於懷。自今已後。百姓宜以十八已上爲中男。二十三已上成丁。至廣德元年七月十一日赦文。天下男子宜二十五歲成丁。五十五入老。

四載七月二十日勑。今載諸郡。因團貌宜便定戶。自今已後。任依常式。應緣察問對衆取平準。今載三月五日勑處分。

八載閏六月五日制。其天下百姓。丈夫七十五已上。宜各給中男一人充侍。仍任自簡擇。至八十已上。依常式處分。

九載十二月二十九日勑。天下郡縣。雖三年定戶。每年亦有團貌。計其轉年合入中男成丁五十九者。任退團貌。

雜錄

武德九年十一月。簡點使左僕射封德彝等。以中男十八已上。簡取入軍。勑旨已出。給事中魏徵執奏不可。上怒。乃召徵作色謂。中男若實小。自不點入軍。若實大。是其詐妄。依式點入。於理何嫌。卿過如此固執。徵正色曰。臣聞竭澤而漁。非不得魚。明年無魚矣。焚林而畋。非不獲獸。明年無獸矣。若次男以上。並點入軍。租賦雜徭。將何取給。且比國家衞士。不堪攻戰。豈其爲少。但爲禮遇失所。遂使人無鬭心。若多點取人。還充其數。雖多。終是無用。若精簡壯健。遇之以禮。人百其勇。何必在多。陛下每云。誠信待物。欲使官人百姓。並無矯詐之心。今之共治所寄。惟在縣令刺史。年常貌閱。並悉委之。至於簡點。卽疑詐偽。望下誠信。不亦難乎。上曰。初見卿固執。疑卿蔽於此事。今論國家不信。乃是人情不通。所令取中男宜停。

定戶等第

武德六年三月。令天下戶量其貲產。定爲三等。至九年三月二十四日。詔天下戶三等。未盡升降。依爲九等。

永徽五年二月八日。勅。天下二年一定戶。

萬歲通天元年七月二十三日。勑。天下百姓。父母令外繼別籍者。所析之戶。等第並須與本戶同。不得降下。其應入役者。共計本戶丁中用爲等級。不得以析生蠲免。其差科各從析戶祗承。勿容遞相影護。

開元十八年十一月。勅。天下戶等第未平。升降須實。比來富商大賈。多與官吏往還。遞相憑囑。求居下等。自今已後。不得更然。如有囑請者。所由牧宰錄名封進。朕當處分。京都委御史。外州委本道。如有隱蔽。不言。隨事彈奏。

天寶四載三月。勅。朕聽政之餘。精思治本。意有所得。庶益於人。且十一而稅。前王令典。農商異宜。舊制猶闕。今欲審其戶等。拯貧乏之人。賦彼商賈。抑浮惰之業。優劣之際。有深察之明。閭里之間。無不均之歎。頃以人不欲擾。法貴從寬。所以比來未全定戶。今已經數載。產業或成。適可因茲。平于賦稅。自今已後。每至定戶之時。宜委縣令與村鄉對定。審於衆議。察以貲財。不得容有愛憎。以爲高下。徇其虛妄。令不均平。使每等之中。皆稱允當。仍委太守詳覆定後。明立簿書。每有差科。先從高等。矜茲不足。庶協彝倫。

廣德二年二月十一日敕文。天下戶口委刺史縣令據見在實戶量貧富等第科差。不得依舊籍帳。

貞元四年正月敕文。天下兩稅。更審定等第。仍令三年一定。以爲常式。

元和六年正月。衡州刺史呂溫奏。當州舊額戶一萬八千四百七。除貧窮死絕老幼單孤不支濟等外。堪差科戶八千二百五十七。臣到後團定戶稅。次檢責出所由隱藏不輸稅戶一萬六千七。伏緣聖恩錄臣在道州微效。擢授大郡。令撫傷殘。臣昨尋舊案。詢問閭里。承前徵稅並無等第。又二十餘年都不定戶。存亡孰察。貧富不均。臣不敢因循。設法團定。檢獲隱戶數約萬餘。州縣雖不徵科。所由已私自率斂。與其潛資於奸吏。豈若均助於疲民。臣請作此方圓以救凋瘵。庶得下免偏枯。上不闕供。敕旨。宜付所司。

十五年二月敕節文。天下百姓自屬艱難。棄于鄉井。戶部版籍。虛繫姓名。建中元年已來。改革舊制。悉歸兩稅。法久則弊。奸濫益生。自今已後。宜準例三年一定兩稅。非論土著客居。但據貲產差率。

戶口使

開元十二年八月。宇文融除御史中丞。充諸色安輯戶口使。天寶四載二月。戶部郎中王鉷加勾當戶口色役使。

籍帳

舊制。凡丁新附于籍帳者。春附則課役並徵。夏附則免課從役。秋冬附則課役俱免。其詐冒隱避。以免課役。不限附之早晚。皆徵之。

武德六年三月。令每歲一造帳。三年一造籍。州縣留五比。尚書省留三比。

儀鳳二年二月二十四日。勅自今已後。裝潢省籍及州縣籍。

景龍二年閏九月。勅諸籍應送省者。附當州庸調車送。若庸調不入京。雇脚運送。所須脚直。以官物充。諸州縣籍手實計帳。當留五比。省籍留九比。其遠依次除。皇宗祖廟雖毁。其子孫皆於宗正附籍。自外悉依百姓例。

開元十八年十一月。勅諸戶籍三年一造。起正月上旬。縣司責手實計帳。赴州依式勘造。鄉別爲卷。總寫三通。其縫皆注某州某縣某年籍。州名用州印。縣名用縣印。三月三十日納訖。并裝潢。一通送尚書省。州縣各留一通。所須紙筆裝潢。並皆出當戶內口。戶別一錢。其戶每以造籍年預定爲九等。便注籍脚。有析生新附者。於舊戶後以次編附。

二十九年二月。勅自今已後。應造籍。宜令州縣長官及錄事參軍審加勘覆。更有疎遺者。委所司具本判官及官長等名品錄奏。其籍仍寫兩本送戶部。

天寶元年正月制節文。如聞百姓之內。或有戶高丁多。苟爲規避。父母見在。別籍異居。宜令州縣仔細勘會。其一家之中。有十丁已上。放兩丁征行賦役。五丁已上者。放一丁。卽令同籍共居。以敦風教。如更犯者。

準法科罪。

三年正月十六日勅。天寶三年。改爲載者。所論前後年號。一切爲載。其後造籍記歲月云若干載。自餘表狀文章並準此。

其載二月二十五日制。天下籍造四本。京師東京尚書省戶部各貯一本。

五載六月十一日勅。自今已後。應造籍帳及公私諸文書所言田地四至者。改爲路。

十二載正月十二日勅。應送東京籍宜停。

寶應二年九月勅。客戶若住經一年已上。自貼買得田地有農桑者。無問于莊蔭家住及自造屋舍。勒一切編附爲百姓。差科比居人例量減一半。庶填逃散者。

大歷四年八月勅。名籍一家。輒請移改。詐冒規避。多出此流。自今已後。割貫改名。一切禁斷。

逃戶

證聖元年。鳳閣舍人李嶠上表曰。臣聞黎庶之數。戶口之衆。而條貫不失。按比可知者。在於各有管統。明其簿籍而已。今天下之人。流散非一。或違背軍鎮。或因緣逐糧。苟免歲時。偷避徭役。此等浮衣寓食。積歲淹年。王役不供。簿籍不挂。或出入關防。或往來山澤。非直課調虛蠲。闕於恆賦。亦自誘動愚俗。堪爲禍患。不可不深慮也。或逃亡之戶。或有檢察。卽轉入他境。還行自容。所司雖具設科條。頒其法禁。而相看爲例。

莫肯遵承。縱欲糾其僭違。加之刑罰。則百州千郡。庸可盡科。前旣依違。後仍積習。檢獲者無賞。停止者獲免。浮逃不悛。亦由於此。今縱更搜檢。而委之州縣。則還襲舊蹤。卒於無益。臣以爲宜令御史督察檢校。設禁令以防之。垂恩德以撫之。施權衡以御之。爲制限以一之。然後逃亡可還。浮寓可絕。所謂禁令者。使閭閻爲保。遞相覺察。前後乖避。皆許自新。仍有不出。輒聽相告。每糾一人。隨事加賞。明爲科目。使知勸沮。所謂恩德者。逃亡之徒。久離桑梓。糧儲空闕。田地荒廢。卽當賑於乏少。助其修營。雖有闕賦懸徭。背軍離鎭。亦皆捨而不問。寬而勿徵。其應還家而貧乏不能致者。乃給程糧。使達本貫。所謂權衡者。逃人有絕家去鄉。離失本業。心樂所在。情不願還。聽於所在隸名。卽編爲戶。夫顧小利者失大計。存近務者忘遠圖。今之議者。或不達於變通。以爲軍府之地。戶不可移。關輔之民。貫不可改。而越關繼踵。背府相尋。是開其逃亡。而禁其割隸也。就令逃亡者多不能歸。總計割隸。猶當計其戶等。量爲節文。殷富者令還。貧弱者令住。檢責已定。計料已明。戶無失編。民無廢業。然後案前躅。申舊章。嚴爲防禁。與人更始。所謂限制者。逃亡之民。應自首者。以符到百日爲限。限滿不出。依法科罪。遷之邊州。如此則戶無所遺。民無所匿矣。

景雲二年。監察御史韓琬上疏曰。往年人樂其業。而安其土。頃年人多失業。流離道路。若此者。臣粗言之。不可勝數。然流離之人。豈愛羈旅而忘桑梓。顧不得已也。然以軍機屢興。賦斂重數。上下逼促。因爲游民。游惰旣多。窮詐乃作。旣窮而詐。犯禁相仍。又以嚴法束之。法嚴而犯者愈衆。古人譬之亂繩。則已結矣。而不務解結。乃急牽引之。則結逾固矣。今刻薄之吏。是能爲結者。強擧之吏。是能牽引者。解結者。未見其人。

開元九年正月二十八日。監察御史宇文融請急察色役僞濫。幷逃戶及籍田。因令充使。於是奏勸農判官數人。華州錄事參軍慕容琦。長安縣尉王冰。太原司錄張均。太原兵曹宋希玉。大理評事宋珣。長安主簿韋利涉。汾州錄事參軍韋洽。汜水縣尉薛侃。三原縣尉喬夢松。大理寺丞王誘。右拾遺徐楚璧。告成縣尉徐鍔。長安縣尉裴寬。萬年縣尉岑希逸。同州司法邊仲寂。大理評事班景倩。楡次縣尉郭庭倩。河南府法曹元將茂。洛陽縣尉劉日貞。至十二年。又加長安縣尉王燾。河南縣尉于孺卿。左拾遺王忠翼。奉天縣尉何千里。伊闕縣尉梁勛。富平縣尉盧怡。咸陽縣尉庫狄履溫。渭南縣尉賈晉。長安縣尉李登。前大理評事盛廙等。皆當時名士。判官得人。於此爲獨盛。分往天下。安輯戶口。檢責賸田。議者深以爲擾民不便。陽翟縣尉皇甫憬上疏曰。太上務德。以靜爲本。其次務化。以安爲上。但責其疆界。嚴立隄防。山水之餘。卽爲見地。何必聚人阡陌。親遣檢量。故奪農時。遂令受弊。又應出使之輩。未識大體。所由殊不知陛下愛人至深。務以勾剝爲計。州縣懼罪。據牒卽徵。逃戶之家。鄰保不濟。又使更輸。急之則都不謀生。緩之則憲法交及。臣恐逃逸從此更甚。至於澄流在源。止沸由火。不可不愼。今之具寮。向逾萬數。蠶食府庫。侵害黎民。戶口逃亡。莫不由此。縱使伊臯申術。管晏陳謀。豈息茲弊。若以此給將。何以堪。雖東海南山。盡爲粟帛。亦恐不足。豈括田稅客。能周給也。上方委任融。侍中源乾曜及中書舍人陸堅贊成其計。貶憬爲盈川尉。于是諸道括得客戶凡八十餘萬田亦稱是州縣希旨務於多獲皆虛張其數亦有以實戶為客者歲終得客戶錢百萬一時進入宮中由是擢拜御史中丞言事者卻稱檢客損居民上令集百寮於尚書省議公卿以下懼融恩勢皆雷同不敢有異詞惟戶部侍郎楊瑒獨建議以為括客不利居民徵籍外田稅使百姓困敝所得不如所失無幾瑒又出為外職

二月二十八日勅檢獲招誘得戶口應合酬者其有課戶皆須待納租庸然後論功

十八年宣州刺史裴耀卿論時政上疏曰竊見天下所檢客戶除兩州計會歸本貫已外便令所在編附年限向滿須準居人更有優矜即此輩僥倖若全徵課稅目擊未堪竊料天下諸州不可一例處置且望從寬鄉有賸田州作法竊計有賸田者減三四十州取其賸田通融支給其賸地者三分請取一分已下其浮戶請任其親戚鄉里相就每十戶已上共作一坊每戶給五畝充宅并為造一兩口屋宇開巷陌立閭伍種桑棗築園蔬使緩急相助親鄰不失丁別量給五十畝已上為私田任其自營種率其戶於近坊更供給一頃以為公田共令營種每丁一月役功三日計十丁一年共得三百六十日營公田一頃不啻得計早收一年不減一百石使納隨近州縣除役功三百六十日外更無租稅既是營田戶日免征徭安樂有餘必不流散官司每丁收納十石其粟更不別支用每至不熟年斗糴三十價然後支用計一丁一年還出兩年已上亦與正課不殊則官收其役不為矜縱人緩其稅又得安舒倉廩日殷久遠為便其狹

鄉無贍地客戶多者。雖此法未該準式許移窄就寬。不必要須留住。若寬鄉安置得所。人皆悅慕。則三兩年後。皆可改塗棄地盡作公田。狹鄉總移寬處。倉儲既實。水旱無憂矣。

二十六年七月勅。諸州應歸首復業者。比來每至年終。皆當州錄奏。自今已後。宜令牒報本道採訪使。同勘。當道歸首人每州略單數同一狀奏。仍挾名報所由。

天寶八載正月勅。朕永念黎元。務宏愛育。所以惠政頻及。善貸相仍。亦將克致和平。登于仁壽。如聞流庸之輩。漸亦歸復。浮食未還。其數非廣。靜言此色。並見其由。蓋爲牧宰等授任親民。職在安輯。稍有逃逸。恥言減耗。籍帳之間。虛存戶口。調賦之際。旁及親鄰。此弊因循。其事自久。寤寐興念。良用憮然。不有釐革。孰致殷阜。其承前所有虛掛丁戶。應賦租庸課稅。令近親鄰保代輸者。宜一切並停。應令除削。各委本道採訪使與外州相知審細檢覆。申牒所由處分。其有逃還復業者。務令優恤。使得安存。縱先爲代輸租庸。不在酬還之限。

十四載八月制。天下諸郡逃戶。有田宅產業。妄被人破除。幷緣欠負租庸。先已親鄰買賣。及其歸復。無所依投。永言此流。須加安輯。應有復業者。宜並卻還。縱已代出租稅。亦不在徵賠之限。國之役力。合均有無。比來應定門夫。殊非得所。每縣中男多者。累歲方始一差。中男少者。一周遂役數徧。既緣偏併。豈可因循。自今已後。諸郡所差門夫。宜于當郡諸縣通率。準式納課。分配令得均平。

至德二載二月勅、諸州百姓、多有流亡、或官吏侵漁、或盜賊驅逼、或賦斂不一、或徵發過多、俾其怨咨、何以輯睦、自今已後、所有科役、須使均平、本戶逃亡、不得輒徵近親、其鄰保務從減省、要在安存、

乾元三年四月勅、逃戶租庸、據帳徵納、或貨賣田宅、或攤出鄰人、展轉誅求、爲弊亦甚、自今已後、應有逃戶田宅、並須官爲租賃、取其價直、以充課稅、逃人歸復、宜並卻還、所由亦不得稱負欠租賦、別有徵索、

寶應元年四月勅、近日已來、百姓逃散、至於戶口十不半存、今色役殷繁、不減舊數、既無正身可送、又遣鄰保祗承、轉加流亡、日益艱弊、其實流亡者、且量蠲減、見在者節級差科、必冀安存、庶爲均濟、

其月勅、百姓田地、比者多被殷富之家、官吏吞併、所以逃散、莫不由茲、宜委縣令切加禁止、若界內自有違犯、當倍科責、

其年五月十九日勅、逃戶不歸者、當戶租賦停徵、不得率攤鄰親高戶、

廣德二年四月勅、如有浮客、情願編附、請射逃人物業者、便準式據丁口給授、如二年以上、種植家業成者、雖本主到、不在卻還限、任別給授、

大歷元年制、逃亡失業、萍泛無依、時宜招綏、使安鄉井、其逃戶復業者、宜給復二年、無得輒有差遣、如有百姓先貨賣田宅盡者、宜委本州縣取逃死戶田宅、量丁口充給、

貞元十二年六月、越州刺史皇甫政奏、貞元十年、進綾縠一千七百匹、至汴州、值兵逆叛、物皆散失、請新

來客戶續補前數。上使謂宰臣曰。百姓有業則懷土。失業則去鄉。彼客戶者。咸以遭罹苛暴。變成瘡痍之人。豈可重傷哉。可罷其率。特免所失物。

長慶元年正月赦文。應諸道管內百姓。或因水旱兵荒。流離死絕。見在桑產。如無近親承佃。委本道觀察使于官健中取無莊田有人丁者。據多少給付。便與公驗。任充永業。不得令有力職掌人妄爲請射。其官健仍借種糧。放三年租稅。

會昌元年正月制。安土重遷。黎民之性。苟非艱窘。豈至逃亡。將欲招綏。必在資產。諸道頻遭災沴。州縣不爲申奏。百姓輸納不辦。多有逃亡。長吏懼在官之時。破失人戶。或恐務免正稅。減剋料錢。祇於見在戶中分外攤配。亦有破除逃戶桑地。以充稅錢。逃戶產業已無。歸還不得。見在戶每年加配。流亡轉多。自今已後。應州縣開成五年已前。觀察使刺史差強明官就村鄉。指實檢會桑田屋宇等。仍勒令長加檢校。租佃與人。勿令荒廢。據所得與納戶內征稅。有餘卽官爲收貯。待歸還給付。如欠少卽與收貯。至歸還日。不須徵理。自今已後。二年不歸復者。卽仰縣司召人給付承佃。仍給公驗。任爲永業。其逃戶錢草斛㪷等。計留使錢物合十分中三分已上者。並仰於當州當使雜給用錢內方圓權落下。不得剋正員官吏料錢及館驛使料遞乘作民課等錢。仍任本戶歸還日。漸復元額。

大中二年正月制。所在逃戶。見在桑田屋宇等。多是暫時東西。被鄰人與所由等計會。雖云代納稅錢。

悉將斫伐毁折。及願歸復。多已蕩盡。因致荒廢。遂成閑田。從今已後。如有此色。勒鄉村老人與所由幷鄰近等同檢勘分明分析作狀。送縣入案。任鄰人及無田產人且爲佃事。與納稅糧。如五年內不來復業者。便任佃人爲主。逃戶不在論理之限。其屋宇桑田樹木等。權佃人逃戶未歸五年內。不得輒有毁除斫伐。如有違犯者。據限日量情以科責。幷科所由等不檢校之罪。

咸通十一年七月十九日勅。諸道州府百姓。承佃逃亡田地。如已經五年。須准承前赦文。便爲佃主。不在論理之限。仍令所司准此處分。

唐會要卷八十六

奴婢

舊制。凡反逆相坐。沒其家爲官奴婢。反逆家男女及奴婢沒官。皆謂之官奴婢。男年十四已下者。配司農。十五已上者。以其年長。令遠京邑。配嶺南爲城奴也。一免爲番戶。再免爲雜戶。三免爲良人。皆因赦宥所及則免之。凡免皆因恩言之。得降一等二等。或直入良人。諸律令格式有言官戶者。是番戶之總號。非謂別有一色。

武德五年。安州刺史李大亮以破輔公祏功。賜奴婢百人。大亮謂曰。汝輩多衣冠子女。破亡至此。吾亦何忍以汝爲賤隸乎。一一皆放還。高祖聞而嗟賞。更賜奴婢三十人。

顯慶二年十二月勅。放還奴婢爲良及部曲客女者。聽之。皆由家長手書。長子已下連署。仍經本屬申牒除附。諸官奴婢年六十已上及廢疾者。並免賤。

永昌元年九月。越王貞破。諸家僮勝衣甲者千餘人。於是制王公以下奴婢有數。

如意元年四月十七日勅。逆人家奴婢及緣坐等色入官者。不須充尚食尚藥驅使。

萬歲通天元年九月勅。士庶家僮僕有驍勇者。官酬主直。並令討擊契丹。時契丹首領李盡忠攻陷營州也。

大足元年五月三日勅。西北緣邊州縣。不得畜突厥奴婢。

景龍三年。司農卿趙履溫奏請以隋代番戶子孫數千家沒爲官奴婢。仍充賜口以給貴倖。監察御史裴子餘以爲官戶承恩始爲番戶。且今又是子孫。不可抑之。奏免之。

天寶八載六月十八日勅。京畿及諸郡百姓。有先是給使在私家驅使者。限勅到五日內。一切送付內侍省。其中有是南口及契劵分明者。各作限約定數驅使。雖王公之家。不得過二十人。其職事官一品不得過十二人。二品不得過十人。三品不得過八人。四品不得過六人。五品不得過四人。京文武淸官六品七品不得過二人。八品九品不得過一人。其嗣郡王郡主縣主國夫人諸縣君等。請各依本品同職事及京淸資官處分。其有別承恩賜。不在此限。其蔭家父祖先有者。各依本蔭職減比見任之半。其南口請禁蜀蠻及五溪嶺南夷獠之類。

大歷十四年五月。詔曰邕府歲貢奴婢。使其離父母之鄉。絕骨肉之戀。非仁也宜罷之。

其年八月都官奏伏准格式官奴婢。諸司每年正月造籍二通。一通送尙書。一通留本司。并每年置簿。點身團貌。然後關金倉部給衣糧。又準格式官戶受有勳及入老者。並從良比來因循。省司不立文案。伏恐日月滋深。官戶逃散。其受勳及入老者。無定數。伏請令諸司準式造籍送省幷孳生及死亡者每季申報。庶憑勘會。勅旨。宜並準式處分。自今已後有違闕者委所司奏聞。準法科罪。

元和四年閏三月。勅。嶺南黔中福建等道百姓。雖處遐俗。莫非吾民。多罹掠奪之虞。豈無親愛之戀。緣公私掠賣奴婢。宜令所在長吏切加捉搦。并審細勘責。委知非良人百姓。乃許交關。有違犯者。準法處分。

八年九月詔。自嶺南諸道。輒不得以良口餉遺販易。及將諸處博易。又有求利之徒。以良口博馬。並勅所在長吏。嚴加捉搦。如長吏不任勾當。委御史臺訪察聞奏。

長慶元年三月。平盧軍節度使薛苹奏。應有海賊該掠新羅良口。將到當管登萊州界。及緣海諸道。賣爲奴婢者。伏以新羅國雖是外夷。常稟正朔。朝貢不絕。與內地無殊。其百姓良口等。常被海賊掠賣。於理實難。先有制勅禁斷。緣當管久陷賊中。承前不守法度。自收復已來。道路無阻。遞相販鬻。其弊尤深。伏乞特降明勅。起今已後。緣海諸道。應有上件賊該賣新羅國良人等。一切禁斷。請所在觀察使嚴加捉搦。如有違犯。便準法斷。勅旨。宜依。

三年正月。新羅國使金柱弼進狀。先蒙恩勅。禁賣良口。使任從所適。有老弱者。栖栖無家。多寄傍海村鄉。願歸無路。伏乞牒諸道傍海州縣。每有船次。便賜任歸。不令州縣制約。勅旨。禁賣新羅。尋有正勅。所言如有漂寄。固合任歸。宜委所在州縣。切加勘會。責審是本國百姓情願歸者。方得放回。

寶歷二年十一月。勅。朝官及節度觀察使。自今已後。並不許更置私白身驅使。

太和二年十月。勅。嶺南福建桂管邕管安南等道百姓。禁斷掠買餉遺良口。前後制勅。處分重疊。非不明白。衞中行李元志等。雖云買致數實過多。宜各令本道施行。准元和四年閏三月五日及八年九月十八日勅文。切加約勒。仍逐管各差判官奏當司應管諸司所有官戶奴婢等。據要典及令文有免賤從良條。近年雖赦勅諸司皆不爲論。致有終身不霑恩澤。令請諸司諸使各勘官戶奴婢有廢疾及年近七十者。請准各令處分。其新羅奴婢。伏准長慶元年三月十一日勅。應有海賊詃掠新羅良口。將到緣海諸道。賣爲奴婢。並禁斷者。雖有明勅。尚未止絕。伏請申明前勅。更下諸道切加禁止。勅旨。宜依。

會昌五年四月。中書門下奏。天下諸寺奴婢。江淮人數至多。其間有寺已破廢。全無僧衆。奴婢既無衣食。皆自營生。或聞洪潭管內。人數倍一千人以下。五百人以上處。計必不少。臣等商量。且望各委本道觀察使。差清強官與本州刺史縣令同點檢。具見在口數。及老弱嬰孩。並須一一分析聞奏。如先自營生。及已輸納者。亦別項分析。深恐無良吏及富豪商人百姓。綱維潛計會藏隱。事須稍峻法令。如有犯者。便以奴婢計估。當二十千已上。並處極法。官人及衣冠奏聽進止。如有人糾告。便以奴婢充賞。待勘知人數。續具條流。其京城委功德。亦準此條流。仍具數奏聞。勅旨。依奏。

其年八月。中書門下奏。應天下廢寺。放奴婢從良百姓者。今聞有細口。恐刺史以下官人及富豪衣冠商人百姓。計會藏隱。及量與錢物。索取。勅下後。如有此色。並仰首出。却還父母。如有依前隱蔽。有人糾告。官人已下。遠販商人百姓。並處極法。其告事人每一口賞錢一百千。便以官錢充給。續徵所犯人塡納。勅旨。宜依。

六年二月勑。山南江淮閩寺家奴婢。比來有勑釐革。或有父母贖男女將歸。歲月既深。今卻搜檢。情非違勑。事恐擾人。如有此色勘檢有憑。並宜不要進收。自會昌元年以後者。不在此限。

大中五年二月勑。邊上諸州鎮。送到投來吐蕃回鶻奴婢等。今後所司勘問了。宜並配嶺外。不得隸內地。

九年閏四月二十三日勑。嶺南諸州貨賣男女。奸人乘之。倍射其利。今後無問公私土客。一切禁斷。若潛出券書。暗過州縣。所在搜獲。以強盜論。如以男女傭賃與人。貴分口食。任於當年立年限爲約。不得將出外界。

大順二年四月二十日勑。天下州府及在京諸軍。或因收擄百姓男女。宜給內庫銀絹。委兩軍收贖。歸還父母。其諸州府。委本道觀察使取上供錢充贖。不得壓良爲賤。

道路

貞觀十四年七月三十日。移五嶠道於莎柵。復舊路。

開元二十八年正月十三日。令兩京道路並種果樹。令殿中侍御史鄭審充使。

天寶三載五月。京兆尹蕭炅奏請於要道築甬道。載沙實之。至於朝堂。從之。九月。炅又奏廣之。

七載四月。河南尹齊澣奏於偃師縣東山下開驛路。通孝義橋北坡義堂路也。

廣德元年八月勑。如聞諸軍及諸府。皆於道路開鑿營種。衢路隘窄。行李有妨。苟徇所資。頗乖法理。宜令諸道諸使及州府長吏，即差官巡檢，各依舊路，不得輒有耕種，并所在橋路，亦令隨要修葺。

大歷八年七月，勅諸道官路，不得令有耕種及斫伐樹木，其有官處，勾當塡補。

貞元七年八月，商州刺史李西華請廣商山道，又別開偏道，以避水潦，從商州西至藍田，東抵內鄉，七百餘里，皆山阻，行人苦之，西華役功十餘萬，修橋道，起官舍，舊時每至夏秋，水盛阻山澗，行旅不得濟者，或數日糧絶，無所求糴，西華通山間道，謂之偏路，人不留滯，行者爲便。

太和二年二月，鄭州刺史楊歸厚奏，當州郭下管城，不置在州城內，使命往來出入非便，伏請准汝州例，驛路於城西，勅旨，宜依。

其年，定州奏，當管白石嶺南路官驛險峻，請移於易州西紫荆嶺路修置，從之。

開成元年四月，昭義節度使奏，請開夷儀山路，通太原晉州，從之。

大中三年十一月，山南西道節度使鄭涯、鳳翔節度使李玭等奏，當道先准勅新開文川谷路，從靈泉驛至白雲驛，共一十所，並每驛側近，置私客館一所，其應緣什物糧料遞乘，並作大專知官及橋道等，開修制置畢，其斜谷路創置驛五所，平州驛一所，連雲驛一所，松嶺驛一所，靈谿驛一所，鳳泉驛一所，並已畢功訖，勅旨，蜀漢道，古今攲危，自羊腸九曲之盤，入鳥道三巴之外，雖限戎隔夷，誠爲要害，而勞人御馬，常困險難，鄭涯首創厥功，李玭繼成巨績，校兩路之遠近，減十驛之途程，人不告勞，功已大就，偃師開路，祇爲通津。桂陽列亭。止於添驛。此則通千里之險峻。便三川之往來。實爲良能。克當寄任。宜依所奏。仍付史館。

四年六月。中書門下奏。山南西道新開路。訪聞頗不便人。近有山水摧損橋閣。使命停擁。館驛蕭條。縱遣重修。必倍費力。臣等今日延英面奏。宣旨卻令修斜谷舊路及館驛者。臣等商量。望詔封敖及鳳翔節度使觀察使。令速點檢計料修置。或緣館驛未畢。使命未可經通。其商旅及私行者。任取穩便往來。不得更有約勒。勅旨。依奏。

其年八月。山南節度使封敖奏。當道先准詔令臣檢討卻修置斜谷路者。臣當時差軍將所由領官健入夫併力修置道路橋閣等。去七月二十日畢功。通過商旅驛馬擔馱往來。七月二十二日。已具聞奏訖。其館驛先多摧毀破壞。併功修樹。今並已畢。臣已散牒緣路管界州縣及牒鳳翔劍南東西南川觀察使。並令取八月十五日以後。於斜谷路過使命。謹具如前。勅旨。宜依。仍付所司。

街巷

開元十九年六月。勅。京洛兩都。是惟帝宅。街衢坊市。固須修築。城內不得穿掘爲窯。燒造磚瓦。其有公私修造。不得於街巷穿坑取土。

廣德元年九月。勅。城內諸街衢。勿令諸使及百姓輒有種植。

永泰二年正月十四日。京兆尹黎幹奏。京城諸街種植。

大歷二年五月勅。諸坊市街曲有侵街打牆。接簷造舍等。先處分一切不許。並令毀拆。宜委李勉常加勾當。如有犯者科違勅罪。兼須重罰。其種樹栽植。如聞並已滋茂。亦委李勉勾當處置。不得使有斫伐。致令死損。並諸橋道。亦須勾當。

貞元四年二月勅。京城內莊宅使界諸街坊牆有破壞。宜令取兩稅錢和雇工匠修築。不得科斂民戶。

十二年。官街樹缺。所司植榆以補之。京兆尹吳湊曰。榆非九衢之玩。亟命易之以槐。

太和五年七月。左右巡使奏。伏准令式及至德長慶年中前後勅文。非三品以上及坊內三絕。不合輒向街開門。各逐便宜。無所拘限。因循既久。約勒甚難。或鼓未動即先開。或夜已深猶未閉。致使街司巡檢。人力難周。亦令奸盜之徒。易爲逃匿。伏見諸司所有官宅。多是雜賃。尤要整齊。如非三絕者。請勒坊內開門。向街門戶。悉令閉塞。請准前後除准令式各合開外。一切禁斷。餘依其月左街使奏。伏見諸街鋪近日多被雜人及百姓諸軍諸使官健。起造舍屋。侵占禁街。切慮停止奸人。難爲分別。今除先有勅文百姓及諸街鋪守捉官健等舍屋外。餘雜人及諸軍諸使官健舍屋。並令除拆。所冀禁街整肅。以絕奸民。勅旨。所拆侵街舍。宜令三個月限移拆。如不礙勅文者。仍委本街使看便宜處分。

九年八月勅。諸街添補樹。並委左右街使栽種。價折領於京兆府。仍限八月栽畢。其分析聞奏。

大中三年六月。右巡使奏。義成軍節度使韋讓。前任宮苑使日。故違勅文。于懷眞坊西南角亭子西。侵街造舍九間。勅旨。韋讓侵街造舍。頗越舊章。宜令毀拆。

橋梁

顯慶五年五月一日。修洛水月堰。舊都城洛水天津之東。有中橋及利涉橋。以通行李。

上元二年。司農卿韋機始移中橋自立德坊西南。置于安衆坊之左。南當長夏門街。都人甚以爲便。因廢利涉橋。所省萬計。然每年洛水泛溢。必漂損橋梁。倦于繕葺。內使李昭德始創意。令所司改用石腳。銳其前以分水勢。自是無漂損之患。初韋機橋畢。上大悅。令于中橋南刻一方石。刻其年辰簡速之跡。紀一十六字。蓋黃絹之辭也。

先天二年八月。勅天津橋除命婦以外。餘車不得令過。

開元九年十二月九日。增修蒲津橋。絙以竹葦。引以鐵牛。命兵部尚書張說刻石爲頌。

十九年六月。勅兩京城內諸橋。及當城門街者。並將作修營。餘州縣料理。

二十年四月二十一日。改造天津橋。毀皇津橋。合爲一橋。

天寶元年二月。廣東都天津橋中橋石腳兩眼。以便水勢。移斗門自承福東南抵毓財坊南百步

八載二月。先是東京商人李秀昇於南市北架洛水造石橋。南北二百步。募人施財鉅萬計。自五年創其始至是而畢。

十載十一月。河南尹裴迥請稅本府戶錢。自龍門東山抵天津橋東。造石堰以禦水勢。從之。

大歷五年五月勅。承前府縣。並差百姓修理橋梁。不逾旬月。卽被毁拆。又更差勒修造。百姓勞煩。常以爲弊。宜委左右街使勾當捉搦。勿令違犯。如歲月深久。橋木爛壞。要修理者。左右街使與京兆府計會其事。申報中書門下。計料處置。其坊市橋。令當界修理。諸橋街。京兆府以當府利錢充修造。

其年八月勅。其坊市內有橋。不問大小。各仰本街曲當界共修。仍令京兆府各差本界官及當坊市所由勾當。每年限正月十五日內令畢。如違。百姓決二十。仍勒依前令修。文武官一切具名聞奏。節級科貶。如後續有破壞。仍令所由時看功用多少。計定數修理。不得輒臟料率。及有隱欺。

貞元元年正月勅。宜令京兆府與金吾計會。取城內諸街枯死槐樹。充修灞滻等橋板木等用。仍栽新樹充替。

關市

武德九年八月十七日詔。關梁之設。襟要斯在。義止懲奸。無取苛暴。近世拘刻。禁禦滋章。非所以綏安百姓。懷來萬邦者也。其潼關以東。緣河諸關。悉宜停廢。其金銀綾絹等雜物。依格不得出關者。不得須禁。

天授二年七月九日勅。其雍州已西安置潼關。卽宜廢省。洛州南北面各置關。

長安二年正月。有司表請稅關市。鳳閣舍人崔融上議曰。臣伏見有司稅關市事條。不限工商。但是行旅盡稅者。臣謹按周禮九賦。其七曰關市之賦。竊惟市縱繁雜。關通末游。欲令此徒止抑。所以咸增賦稅。夫關市之稅者。惟斂出入之商賈。不稅往來之行人。今若不論商民。通取諸色。事不師古。法乃任情。悠悠末世。於何瞻仰。又四海之廣。九州之雜。關必據險路。市必憑要津。若乃富商大賈。豪宗惡少。輕死重氣。結黨連羣。喑嗚則彎弓。睚眦則挺劒。小有失意。且猶如此。一旦變法。定是相驚。非惟流逆齊民。亦自擾亂殊俗。求利雖切。爲害方深。而有司上言。不識大體。徒欲益帑藏。助軍國。殊不知軍國益擾。帑藏愈空。且如天下諸津。舟航所聚。洪舸巨艦。千軸萬艘。交貨往還。昧旦永日。今若江津河口。置鋪納稅。稅則檢覆。覆則遲留。此津纔過。彼鋪復止。非惟國家稅錢。更遭主司僦賂。至如關市之稅。史籍有文。秦政以雄圖武力。捨之而不用也。漢武以霸略英才。去之而勿取也。何則。關爲詰暴之所。市爲聚民之地。稅市則民散。稅關則暴興。暴興則起異圖。民散則懷不軌。況澆風久扇。變法爲難。徒欲禁末遊。規小利。豈知失元默。亂大倫乎。古人有言。王者藏於天下。諸侯藏於百姓。農夫藏於庾。商賈藏於篋。惟陛下詳之。必若師興有費。國儲多窘。即請倍算商賈。加斂平民。如此則國保富強。人免憂懼。天下幸甚。臣知其不可也。

天寶二年十月勅。如聞關已西諸國。興販往來不絕。雖託以求利。終交通外蕃。因循頗久。殊非穩便。自今已後。一切禁斷。仍委四鎭節度使及路次所由郡縣。嚴加捉搦。不得更有往來。

乾元元年八月勅。大散關宜依舊令鳳翔府收管。

寶應元年九月。勅駱谷金牛子午等路。往來行客所將隨身器仗等。今日以後。除郎官御史。諸州部統進奉事官。任將器仗隨身。自餘私客等。皆須過所上具所將器仗色目。然後放過。如過所上不具所將器仗色目數者。一切于守捉處勒留。

元和九年五月。豐州奏。中受降城與靈州城接界。請置關。從之。

十二年二月。時討淮蔡既久。濟師十倍。賊知其必屈。每思竊發于中。以緩師期。故有折陵寢之戟。爇芻藁之場。流矢飛書。往往不絕。蓋關防之罪也。及平淄青後。簿書獲賞蒲潼關吏文案。乃明吏卒取于賊而容其奸也。

大中三年七月。涇州節度使康季榮奏。六月二十七日。收原州城及諸關。（石門關。驛藏關。木峽關。制勝關。六盤關。石峽關。）其月。邠寧監軍小使張文銳奏。當兵道兵馬。今月十三日收蕭關。

六年三月。隴州防禦使薛逵奏。伏奉正月二十六日詔旨。令臣築故關訖聞奏者。伏以汧源西境。切任故關。昔有隄防。殊無制置。僻在重岡之上。苟務高深。今移要會之口。實堪控扼。舊絕泉井。遠汲河流。今則臨水挾山。當川限谷。危牆深塹。克揚營壘之勢。伏乞改爲定戎關。關吏鈐轄往來。臣當界又有南由路。亦是要衝。舊有水關。亦請准前扼捉。去正月二十七日起工。今月十七日畢。謹畫圖進上。勅旨。薛逵新置關城。得其要害。形于圖畫。頗見公忠。宜依所奏。

市

貞觀元年十月勅。五品以上不得入市。

七年七月二十日。廢州縣市印。

顯慶二年十二月十九日。洛州置北市。隸太府寺。

垂拱二年十二月勅。三輔及四大都督。并衝要當路。及四萬戶以上州縣令。并赤縣錄事。並宜省補。

天授三年四月十六日。神都置西市。尋廢。至長安四年十一月二十二日又置。至開元十三年六月二十三日又廢。其口馬移入北市。

長安元年十一月二十八日。廢京中市。至天寶八載十月五日。西京威遠營置南市。華淸宮置北市。

景龍元年十一月勅。諸非州縣之所。不得置市。其市當以午時擊鼓二百下。而衆大會。日入前七刻。擊鉦三百下。散。其州縣領務少處。不欲設鉦鼓。聽之。車駕行幸處。卽於頓側立市。官差一人權檢校市事。其月兩京市諸行。自有正鋪者。不得于鋪前更造偏鋪。各聽用尋常一樣偏廂。諸行以濫物交易者。沒官。諸在市及人衆中相驚動。令擾亂者。杖八十。

開元二年閏三月勅。諸錦綾羅縠繡織成紬絹絲。犛牛尾。眞珠金鐵。並不得與諸蕃互市。及將入蕃。金鐵之物。亦不得將度西北諸關。

大曆八年七月勅。京城內諸坊市門。至秋成後。宜令所由勾當修補。

十四年七月令王公百官及天下長吏。無得與人爭利。先于揚州置邸肆貿易者。罷之。先是。諸道節度觀察使以廣陵當南北大衝。百貨所集。多以軍儲貨販。列置邸肆。名託軍用。實私其利息。至是乃絕。貞元以後。京都多中官市物于廛肆。謂之宮市。不持文牒。口含勅命。皆以監估不中衣服絹帛雜紅紫之物。倍高其估。尺寸裂以酬價。市之經商。皆匿名深居。陳列廛閈。唯羸弱苦窳。市後又強驅于禁中。傾車乘。罄輦驢。已而酬以丈尺帛絹。少不甘。毆致血流者。中人之出。雖沽漿賣餅之家。無不徹業塞門。以伺其去。蒼頭女奴。輕車名馬。惴惴衢巷。得免捕爲幸。京師之人嗟愁。叫閽訴闕。則左右前後。皆其人也。

貞元十四年八月。右金吾將校趙洽田岩。並配流天德軍。時屢有中官于京城市肆。強買人間率用直百錢物。買人數千錢物。仍索腳價及進奉門戶。謂之宮市。是時吳湊爲京兆尹。數上言。切爲條理。無幾。中貴人等奏云。百姓蒙宮市存養。頗獲厚利。吳湊再論奏者。湊之金吾舊吏趙洽等獻計也。故洽等坐焉。湊代宗元舅。早承恩顧。上卽位。復寵遇之。潔廉謹慎。未嘗不以公忠之言匡啓於上。至是又以宮市事懇論於上前。事雖不從。時論歸美。

二十一年二月赦文。應緣宮市並出正文帖。依時價買賣。不得侵擾百姓。

寶曆二年十月。京兆尹劉栖楚奏。術者數之妙。苟利於時。必以救患。伏以前度甚雨。閉門得晴。臣請今後每陰雨五日。卽令坊市閉北門。以禳諸陰。晴三日。便令盡開。使啓閉有常。永爲定式。從之。

開成五年十二月勑。京夜市宜令禁斷。

會昌二年四月勑。舊課種桑。比有勑命。如能增數。每歲申聞。近知並不遵行。恣加翦伐。列于䣊市。賣作薪蒸。自今委所由嚴切禁斷。

六年七月勑。如聞十六宅置宮市以來。稍苦于百姓。成弊旣久。須有改移。自今以後。所出市一物以上。並依三宮直市。不得令損刻百姓。

大中二年九月勑。比有無良之人。于街市投匿名文書。及于箭上或旗旛。縱爲奸言。以亂國法。此後所由潛加捉搦。如獲此色。使卽焚瘞。不得上聞。

五年八月。州縣職員令。大都督府市令一人。掌市內交易。禁察非爲。通判市事。丞一人。掌判市事。佐一人。史一人。師三人。掌分行檢察州縣市各令準此。其月勑。中縣戶滿三千以上。置市令一人。史二人。其不滿三千戶以上者。並不得置市官。若要路須置。舊來交易繁者。聽依三千戶法置。仍申省。諸縣在州郭下。並置市官。又准戶部格式。其市吏壁師之徒。聽于當州縣供官人市買。

城郭

永徽五年十一月十一日。和雇雍州夫四萬一千人。修京羅城郭。三十日畢。九門各施觀。明德觀正門以工部尙書閻立德爲始。
顯慶五年九月。改東明門爲賓耀門。西明門爲宣耀門。
長壽元年九月。神都改造文昌臺及造定鼎上東等城門。修築外郭。並鳳閣侍郎李昭德所制。時人以爲能。
開元十八年四月一日。築京城。九十日畢。
二十三年七月。勅。兩京城皇城及諸門。幷助鋪及京城守把捉兵之處。有城牆若門樓舍屋破壞須修理者。皆與所司相知。幷量抽當處職掌衞士。以漸修營。若須登高臨內。卽聞奏之。
二十八年。都畿採訪使御史中丞張倚請整齊都城侵街牆宇。
天寶二年正月二十八日。築神都羅城。號曰金城。
六載十二月二十一日。築會昌城于湯所。置百司及公卿邸第。
十三載十月十七日。和雇華陰扶風馮翊三郡丁匠及京城人夫一萬三千五百八。築興慶宮城。並起樓。四十九日畢。
至德二載正月二十七日。改丹鳳門爲明鳳門。安化門爲達禮門。安上門爲先天門。及坊名有安者。悉改之。尋並卻如故。

建中元年五月。築奉天城。

四年十月。上避難于奉天。初術士桑道茂奏請城奉天。爲王者之居。至是方驗。

貞元八年。新作元武門。

九年二月。詔復築鹽州城。先是。貞元三年。城爲吐蕃所壞。自後塞外無保障。犬戎入寇。旣城之後。邊患頓息。

元和三年。涇原節度使段佑請修臨涇城。在涇州北八十里。以扼犬戎之衝。詔從之。

八年。河東節度使張宏靖奏修古舜城。從之。

長慶四年三月。夏州節度使李祐奏于塞外築烏延宥州臨塞陰河陶子等五城。以備蕃寇。

太和元年四月。鳳翔府築臨汧城于汧陽縣西北八十里。

會昌六年正月。閑廄宮苑使奏。苑內諸面苑子等門共九十四所。今伏緣大禮日近。準例鑾駕赴郊廟後。並請鏁閉匙鑰。各令進入。候還宮日。即便請卻開。應赴郊廟一物以上。請宣下事件。前並須搬載出盡。其留司官健等。令併支糧料。鑾駕赴郊廟後。不得出入。勅旨。依奏。

咸通六年四月。西州節度使牛蘂奏。于蠻界築新安城。遏戎州。功畢。時南詔蠻入寇。姚嶲陳許大將顏復成嶲州。奏築二城。其年秋。六姓蠻攻遏戎州。爲復所敗。退去。

唐會要卷八十七

轉運鹽鐵總敍

皇朝自武德永徽以後，姜行本、薛大鼎、褚朗皆以漕運上言，然未能通濟。其後監察御史王師順運晉絳之粟於河渭之間，增置渭橋倉，自師順始也。

開元二年，河南尹李傑爲水運使，大興漕事。

十八年，宣州刺史裴耀卿上言，請依舊法，救倉於河口，立輸場以受米，置河陰縣及河陰、栢崖、集津、三門倉。鑿崖開山，以車運數十里，積於太原倉，以利漕運。上從之，拜耀卿江淮轉運使，仍以鄭州刺史崔希逸、河南少尹蕭炅爲之副。轉運鹽鐵之有副使，自此始也。耀卿主之三年，凡運六七百石，省陸運之傭三千萬。舊制，東都含嘉倉積江淮之米，載以大輿，運而西至於陝，三百里率兩斛計傭錢千，此耀卿所省之數也。明年，耀卿拜侍中，而蕭炅代焉。二十五年，運米一百萬石。二十九年，陝郡太守李齊物鑿三門山以通運，闢三門巔踰巖險之地，俾負索引艦，昇於安流，自齊物始也。

天寶二載，韋堅代蕭炅，以滻水作廣運潭於望春之東，而藏舟焉。是年，楊釗以殿中侍御史爲水陸運使，以代韋堅。先是米至京師，或砂礫糠粃雜乎其間，開元初，詔使揚擲而較其虛實，揚擲之名，自此始也。

十四載八月詔水陸運宜停一年。天寶以來。楊國忠王鉷皆兼重使。以權天下。故轉運之事。自耀卿以降。罕有聞者。

肅宗初。第五琦始以錢穀得見。請於江淮分置租庸使。市輕貨以濟軍食。遂拜監察御史。爲之使。乾元元年。加度支郎中。尋兼中丞。爲鹽鐵使。於是始立鹽鐵法。就山海井竈收榷其鹽。立監院官吏。其舊業戶洎浮人欲以鹽爲業者。免其雜傜。隸鹽鐵使。盜煑私鹽罪有差。亭戶自租庸以外。無得橫賦。人不益稅。而國用以饒。明年。琦以戶部侍郎同平章事。詔兵部侍郎呂諲代之。寶應元年五月。元載以中書侍郎代呂諲。是時淮河阻兵。飛輓路絕。鹽鐵租賦。皆泝漢而上。以侍御史穆寧爲河南道轉運租庸鹽鐵使。尋加戶部員外。遷鄂州刺榷。以總東南貢賦。是時朝議以寇盜未戢。關東漕運。宜有倚辦。遂以通州刺史劉晏爲戶部侍郎京兆尹度支鹽鐵轉運使。鹽鐵兼漕運。自晏始也。二年。拜吏部尚書同平章事。依前充使。晏始以鹽利爲漕傭。自江淮至渭橋。率十萬斛傭七千緡。補綱吏督之。不發丁男。不勞郡縣。蓋自古未之有也。至今爲法。晏既至江淮。以書遺元載曰。浮於淮泗。達於汴。入於河。西經底柱硤石少華。楚帆越客。直抵建章長樂。此安社稷之奇業也。晏賓於東朝。猶有官謗。公終始故舊。不信流言。則賈誼復召宣室。宏羊重興功利。敢不悉力以答所知。驅馬陜郊。見三門渠津遺跡。到河陰鞏洛。見宇文愷立梁公堰。分河入渠。及李傑新堤故事。飾像河廟。凜然如生。步步探討。知昔人用心。則潭衡桂陽。必多積穀。可以淪波挂席。西指長安。

三秦之人。待此而飽六軍之衆。待此而強天子無憂。都人胥悅。四方旅拒者。可以破膽。三河流離者。於茲請命。公輔明主。爲富民侯。此今之切務。不可失也。僕願湔洗瑕穢。一罄愚誠。以副公之心。且晏勤于官。不辭水火。然運之利。與運之病。各有四五焉。晏自尹京。入爲計相。共五年矣。京師三輔百姓。唯苦稅畝傷多。若使每年得江湖二三十萬石。卽徭賦頓減。歌舞皇澤。其利一也。東都殘毀。百無一存。若米運流通。則饑民皆附。村落邑廛。從此滋多。受命之日。引海陵之倉。衣食鞏洛。是計之得者。其利二也。諸侯有在邊者。諸戎有侵敗王略者。或聞三江五湖。陳陳紅粒。雲帆桂檝。輸納帝鄉。可以震耀夷夏。其利三也。自古帝王之盛。皆云書同文。車同軌。日月所照。莫不率俾。今舟車既通。商賈來往。百貨雜集。航海梯山。聖神光耀。漸及貞觀永徽之盛。其利四也。所可疑者。函陝凋殘。東周尤甚。過宜陽熊耳。至武牢成皐。五百里中。編戶千餘而已。人烟蕭條。獸游鬼哭。輿必脫輻。牛必羸角。棧車輓輅。亦不易求。今於無人之境。與勞人之運。故難就矣。其病一也。汴流渾渾。不脩則澱。頃因寇難。曾未疏決。澤滅水岸。石墮役夫。需於沙津。吏旋於淤濘。千里洄上。罔水行舟。其病二也。東垣底柱。澠池二陵。北河運處。五六百里。戍卒久絕。奪攘奸宄。窟穴囊槖。夾河爲藪。豺狼猖猖。舟行所經。寇亦能往。其病三也。東自淮陰。西臨蒲坂。亙三千里。屯戍相望。中軍皆鼎司元侯。賤卒亦儀同靑紫。每云食半菽。又云無挾纊。輓漕所至。船到便留。卽非單車使。折簡書。所能制矣。其病四也。是願畢其思慮。奔走之。惟中書詳其利病。裁成之。晏見一水不通。願荷鍤先往。見一粒不運。願負米先趨。焦心苦形。期報明主。丹誠未䘓。漕引多虞。屏營中流。掩泣獻狀。自此每歲運米數十萬石。自江淮北。列置巡院。搜擇能吏以主之。廣牢盆以來商賈。凡所制置。皆自晏始。廣德二年正月。復以第五琦專判度支鑄錢鹽鐵事。而晏以檢校戶部尚書。爲河南及江淮以來轉運使。及與河南副元帥計會開決汴河水。永泰二年。晏爲東道轉運常平鑄錢鹽鐵使。琦爲關內河東劍南三川轉運常平鑄錢鹽鐵使。大歷五年。詔停關內河東三川轉運常平鹽鐵使。自此晏與戶部侍郎韓滉分領關內河東山南劍南租庸青苗使。至十四年。天下財賦。皆以晏掌之。建中元年。詔曰。朕以征稅多門。郡邑凋耗。聽於羣議。思有變更。將致時雍。宜遵古訓。其江淮米準旨轉運入京者。及諸軍糧儲。宜令庫部郎中崔河圖權領之。今年夏稅以前。諸道財賦多輸京師者。及鹽鐵財貨。委江州刺史包佶權領之。天下錢穀。皆歸金部倉部。委中書門下簡兩司郎官。準格式條理。尋貶晏爲忠州刺史。晏既罷黜。天下錢穀歸尚書省。既而出納無所統。乃復置使領之。是年三月。以韓洄爲戶部侍郎。判度支。金部郎中杜佑權勾當江淮水陸運使。行劉晏韓滉舊制。先是。晏爲宰臣楊炎所惡。貶忠州刺史。尋殺於忠州。兵興以來。凶荒相屬。京師斗斛萬錢。官廚無兼時之食。百姓在畿甸者。拔穀挼穗。以供禁軍。洎晏既遺元載書。陳轉稅米利病。歲入米數十萬斛。以濟關中。代第五琦鹽務。法益精密。初年入錢六十萬。季年則十倍其初。大歷末。通天下之財。而計其所入。總一千二百萬貫。而鹽利過半。李靈耀之亂。河南節度使據土不奉法。賦稅不上供。州縣益減。晏以羨餘相補。人不加賦。

所入仍舊。議者稱之。其商確商權財用之術者。必一時之選。故晏沒後二十餘年。韓洄。元琇。裴腆。包佶。盧
貞。李衡相繼分掌財賦。皆晏門下。晏部吏在千里外。奉教如目前。四方水旱。及軍府纖芥。莫不先知焉。其
年詔曰。天下山澤之利。當歸王者。宜總隸鹽鐵使。三年。以包佶爲左庶子。汴東水陸運鹽鐵租庸使。崔縱
爲右庶子。汴西水陸運鹽鐵租庸使。四年。度支侍郎趙贊議常平事。竹木茶漆盡稅。茶之有稅。肇于此矣。
貞元元年。元琇以御史大夫爲鹽鐵水陸運使。其年七月。以尚書右僕射韓滉統之。滉沒。宰相竇參代之。
五年十二月。度支轉運鹽鐵奏。比年自揚子運米。皆分配緣路觀察使差長綱發遣。運路既遠。實爲勞民。
今請當使諸院自差綱節級搬運。以救邊食。從之。
八年。詔東南兩稅財賦。自河南江淮嶺南山南東道至渭橋。以戶部侍郎張滂主之。河東劍南山南西道。
以戶部尚書度支使班宏主之。今戶部所領三川鹽鐵轉運。自此始也。其後宏滂互有短長。宰相趙憬陸
贄以其事上聞。由是遵大歷故事。如劉晏韓滉所分焉。
九年。張滂奏立稅茶法。郡國有茶山及商賈以茶爲利者。委院司分置諸場。立三等時估爲價。爲什一之
稅。是歲得緡四十一萬。茶之有稅。自滂始也。自後裴延齡專判度支。與鹽鐵益殊塗而理矣。十年。潤州刺
史王緯代之。理于朱方。數年而李錡代之。鹽院津堰。供張侵剝。不知紀極。私路小堰。厚斂行人。多是錡始。
時鹽鐵轉運有上都留後。以副使潘孟陽主之。王叔文權傾朝野。亦以鹽鐵副使兼學士爲留後。故鹽鐵

副使之俸。至今獨優。順宗卽位。有司重奏鹽法。以杜佑判度支鹽鐵轉運使。治於揚州。

元和二年三月。以李巽代之。先是李錡判使。天下榷酤漕運。由其操割。專事貢獻。牢其寵渥。中朝秉事者。悉以利交。鹽鐵之利。積於私室。而國用日耗。巽旣爲鹽鐵使。大正其事。其堰埭先隸浙西觀察使者。悉歸之。因循權置者。盡罷之。增置河陰敖倉。置桂陽監。鑄平陽銅山爲錢。又奏江淮河南峽內兗鄆嶺南鹽法監院。去年收鹽價緡錢七百二十七萬。比舊法張其估二千七百八十餘萬。非實數也。今請以其數除爲煑鹽之外。付度支收其數。鹽鐵使煑鹽利繫度支。自此始也。又以程异爲揚子留後。四年四月五日。巽卒。自榷筦之興。唯劉晏得其術。而巽次之。然初年之利。類晏之季年。季年之利。則三倍於晏矣。舊制。每歲運江淮米五十萬斛。至河陰留十萬。四十萬送渭倉。晏歿。久不登其數。惟巽掌使三載。無升斗之缺焉。六月。以河東節度使李鄘代之。五年。鄘爲淮南節度使。以宣州觀察使盧坦代之。六年。坦奏。每年江淮運糙米四十萬石到渭橋。近日欠闕大半。詳旋收糴。遞年貯備。從之。坦改戶部侍郎。以京兆尹王播代之。播遂奏。元和五年。江淮河南嶺南峽中兗鄆等鹽利錢六百九十八萬貫。比量改法已前舊鹽利。時價四倍虛估。卽此錢。當爲千七百四十餘萬貫矣。請付度支收管。從之。其年詔曰。兩稅法悉委郡國。初極便人。但緣約法之時。不定物估。今度支鹽鐵。泉貨是司。各有分巡。置於都會。爰命帖職。周視四方。簡而易從。庶叶權便。政有所弊。事有所宜。皆得舉聞。副我憂寄。以揚子鹽鐵留後爲江淮已南兩稅使。江陵留後爲荊衡漢沔東界彭蠡南及日南兩稅使度支。山南西道分巡院官充三川兩稅使。峽內煎鹽五監先屬鹽鐵使。今宜割屬度支。使委山南西道兩稅使兼知糶賣。峽內鹽屬度支。自此始也。

七年王播奏。去年鹽利除割峽內井鹽。收錢六百八十五萬。從實估也。又奏商人於戶部度支鹽鐵三司飛錢。謂之便換。

八年以崔倰爲揚子留後。淮嶺已東兩稅使。崔梲爲江陵留後。荊南已東南兩稅使。

十三年。播又奏。以軍興之時。財用是切。頃者劉晏領使。皆自案租庸。至於州縣否臧。錢穀利病之物。虛實皆得而知。今臣守務在城。不得自往。請令臣副使程异出巡江淮。具州府上供錢穀。一切勘問。從之。閏五月。异至江淮。得錢一百八十五萬貫以進。其年以播守禮部尚書。以衛尉卿程异代之。明年。异以本官兼御史大夫平章事。

十四年。异卒。以刑部侍郎柳公綽代之。長慶初。王播復代公綽。四年。王涯以戶部侍郎代播。復以鹽鐵使爲揚州節度使。文宗即位。入覲。以宰相判使。其後王涯復判二使。表請使茶山之人。移樹官場。舊有貯積。皆使焚棄。天下怨之。九年以事誅。而令狐楚以戶部尚書右僕射主之。以是年茶法大壞。奏請付州縣。而入其租於戶部。人人悅焉。

開成元年。李石以中書侍郎判收茶法。復貞元之制也。

三年。以戶部尚書同平章事楊嗣復主之。多革錢穀監院之陳事。至大中壬申。凡十五年。多任元臣。以集其務。崔珙自刑部尚書拜。杜悰以淮南節度使領之。既而皆踐公台。薛元賞、李執方、盧宏正、馬植、敬暉五人於九年之中。相踵理之。植亦自是居相位。

大中五年二月。以戶部侍郎裴休爲鹽鐵轉運使。明年八月。以本官平章事。依前判使。始者漕米歲四十萬斛。其能至渭倉者十不三四。漕吏狡蠹。敗溺百端。官舟之沈。多者歲至七十餘隻。緣河奸犯。大紊晏法。休使寮屬按之。委河次縣令董之。自江津達渭。以四十萬斛之傭。計緡二十八萬。悉使歸諸漕吏。巡院胥吏。無得侵牟。與之爲法。凡十事奏之。六年五月。又立稅茶之法。凡十二條。陳奏。上大悅。詔曰。裴休興利除害。深見奉公。盡可其奏。由是三歲漕米至渭濱。積一百二十萬斛。無升合沈棄焉。

十年。裴休出鎮澤潞。尋以柳仲郢、夏侯孜、杜悰迭判之。至咸通五年。南蠻攻安南府。連歲用兵。饋輓不集。詔江淮鹽鐵巡院和僱舟船。運淮南浙西道米至安南。乾符中。又以崔彥昭、王凝判之。二年。凝以所補吏生賦改官。復命裴坦判之。高駢爲潤州節度。移鎮淮南。亦就判使務。

中和元年。黃巢犯闕。車駕出狩興元府。又以蕭遘、韋昭度判之。及命侍中王鐸爲行營都統。率諸道之兵。收復京城。處調發不時。乃以昭度兼供運使。至光啓中。所在征鎮。自擅兵賦。皆不上供。歲時但貢奉而已。由是江淮轉運路絶。國命所能制者。唯河西、山南、劍南、嶺南西道。洎宦官田令孜自蜀中扈從。召募新軍。

號左右神策。共四十四部。並南衙官屬僅萬餘。三司轉無調發之所。舊日兩池榷鹽稅課鹽鐵使。特置鹽官以總其事自亂離之後河東節度使王重榮兼領榷務。歲出課鹽三千車以進。至是令孜以軍食闕供乃舉廣明故事。請以兩池榷務歸之鹽鐵。詔下重榮上章論訴。竟不能奪天復中朱全忠兼鎮河中。兩池鹽課。始加至五十車自大順年後。又以孔緯杜讓能。崔昭緯。嗣薛王知柔。徐彥若。韓建。崔允裴樞柳璨。相次判之。

漕運

舊制。凡陸行之馬程。日七十里。步及驢五十里。車三十里。水行之程。舟之重者。泝河日三十里。江四十里。餘水四十五里。空舟泝河四十里。江五十里。餘水六十里。沿流之舟。卽輕重同制。河日一百五十里。江一百里。餘水七十里。其如底柱之類。不拘此限。若遇風水淺不得行者。卽於隨近官司申牒檢印記。聽折半。

武德八年十二月十八日。水部郎中姜行本請於隴州開五節堰。引水通運。許之。

永徽元年薛大鼎爲滄州刺史。界內有無棣河。隋末塡廢。大鼎奏開之。引魚鹽於海。百姓歌之曰。新河得通舟楫利。直達滄海魚鹽至。昔日徒行今騁駟。美哉薛公德滂被。

顯慶元年十月。苑西監褚朗請開底柱三門。鑿山架險。擬通陸運。於是發卒六千人鑿之。一月而功畢。後水漲引舟。竟不能進。

咸亨三年。關中饑。監察御史王師順奏。請運晉絳州倉粟以贍之。上委以漕運。河渭之間。舟檝相繼。置倉於渭南東。師順始之也。

大足元年六月九日。於東都立德坊南。穿新潭。安置諸州租船。

神龍三年。滄州刺史姜師度。於薊州之北漲水爲溝。以備契丹奚之入寇。又約舊渠。傍海穿漕。號爲平虜渠。以避海南運糧者。至今賴焉。

開元二年。河南尹李傑奏。汴州東有梁公堰。年久堰破。江淮漕運不通。傑奉發汴鄭丁夫以濬之。省功速就。公私深以爲利。刻石水濱。以紀其績。

九年五月二十五日。勑水運米揚擲。四五六七月。米一𣁾欠五合。三八月。米一𣁾欠四合。二九月。米一𣁾欠三合。正十十一月十二月。米一𣁾欠二合。並與納。

十五年正月十二日。令將作大匠范安及檢校鄭州河口斗門。先是。洛陽人劉宗器上言。請塞汜水舊汴河口。于下流滎澤界。開梁公堰。置斗門。以通淮汴。擢拜宗器左衞率府胄曹。至是。新渠塡塞。行舟不通。貶宗器爲循州安懷戍主。安及遂發河南府懷鄭汴滑衞三萬人。疏決開舊河口。旬日而畢。

二十年。京師穀價踊起。上召京兆尹裴耀卿。問以救人之術。耀卿奏曰。昔貞觀永徽之際。祿廩未廣。每歲轉運。不過二萬石便足。今國用漸廣。漕運數倍。猶不能支。從東都至陝。河路艱險。既用陸運。無由廣致。若能開漕運。變陸爲水。則有所盈餘。動逾萬計。且江南租船。候水始進。吳人不便漕輓。由是所在停留。日月旣淹。遂生竊盜。臣望於河口置一倉。納河東租米。便放船歸。從河口卽分入河洛。官自雇船載運。至三門之東置一倉。三門旣屬水險。卽於河岸開山。車運十數里。至三門之西。又置一倉。每運置倉。卽搬下貯納。水通卽運。水細便止。自太原倉泝河入渭。更無停留。所省鉅萬。前漢都關中。年月稍久。及隋亦在京師。緣河皆有舊倉。所以國用常贍。上深然其言。至二十二年八月十四日。置河陰縣及河陰倉。河淸縣置柏崖倉。三門東置集津倉。三門西置三門倉。開三門北山十八里。以避湍險。自江淮而泝鴻溝。悉納河陰倉。自河陰送納含嘉倉。又遞納太原倉。所謂北運。自太原倉浮渭。以實關中。其有侍中裴耀卿充江淮轉運使。以鄭州刺史崔希逸。河南少尹蕭炅爲副。三年。凡運七百萬石。省腳三十萬貫。或說耀卿進所省腳錢。以表其功。答曰。此並公事。豈宜以小道邀名求寵也。河陰上倉。天寶後廢。至大歷四年。戶部尙書劉晏奏置汴口倉。

二十六年十一月五日。潤州刺史齊澣奏。常州北界隔吳江。至瓜步江爲限。每船渡繞瓜步江沙尾。紆迴六十里。多爲風濤所損。臣請於京口埭下直截渡江。二十里開伊婁河。二十五里。卽達揚子縣。無風水災。又減租腳錢。歲收利百億。又立伊婁埭。皆官收其課。迄今用之。

二十八年九月。魏州刺史盧暉開通濟渠。自石灰窠引流至州城西。都注魏橋。夾州製樓百餘間。以貯江淮之貨。

二十九年十一月。陝郡太守李齊物鑿三門山路通流。便於漕運。開渠得古鏵三。於石下皆有文曰平陸。遂改河北縣爲平陸縣。至天寶元年正月二十五日渠成放流。其年陝郡太守韋堅奏。引灞滻二水開廣運潭於望春亭之東。自華陰永豐倉以通河渭廣運潭渠。既成。至二年三月二十六日勑。古之善政。貴於足食。欲求富國。必先利人。朕以關輔之間。尤資殷贍。比來轉輸。未免艱辛。故置此潭。以通漕運。萬世之利。一朝而成。其潭宜以廣運爲名。

其年。京兆尹韓朝宗分渭水入自金光門。置潭於西市之西街。以貯材木。

永泰二年七月十日。鑿運水渠。自京兆府直東至薦福寺東街。至北國子監正東。至於城東街正北。又過景風門延喜門入于苑。闊八尺。深丈餘。京兆尹黎幹奏。

貞元二年五月勑。漕運通流。國之大計。其河水每至春夏之時。多被兩岸田萊盜開斗門。舟船停滯。職此之由。宜委汴宋等州觀察使選清強官專知分界勾當。其鄭州徐州泗州界。各仰刺史準此處分。仍令知汴州支遣院官計會勾當。

十五年二月。于頔奏。移轉運汴州院於河陰。以汴州累遇兵亂。失散錢帛故也。

元和三年四月。增置河陰倉屋一百五十間。

十一年十二月．始置淮潁水運．楊子等諸院米自淮陰泝流至壽州西四十里入潁口．又泝流至潁州沈邱界五百里．至於陳州項城．又泝流五百里入於溵河．又三百里輸於郾城．得米五十萬石．附之以茭一千五百萬束．計其功省汴運七萬六千貫．

寶曆二年正月．鹽鐵使王播奏．揚州城內舊漕河水淺．舟船澀滯．轉輸不及期程．今從閶門外古七里港開河向東屈曲．取禪智寺橋東通舊官河．計長一十九里．其功役所費．當使自方圓支遣．從之．

咸通三年五月．南蠻陷交趾．徵諸道兵赴嶺南．詔湖南水運自湘江入澪渠．並江西水運．以饋行營諸軍．湘澪泝運．功役艱難．軍屯廣州乏食．潤州人陳磻石詣闕上書．言江西湖南泝流運糧．不濟軍期．臣有奇計以饋南軍．帝召見．因奏臣弟聽思．昔曾任雷州刺史．家人隨海船至福建．往來大船一隻．可致千石．自福建不一月至廣州．得船數十艘．便可致三五萬石．又引劉裕海路進軍破盧循故事．乃以磻石為鹽鐵巡官．往揚子縣專督海運．于是軍不闕供．

八年三月．安南都護高駢奏．安南至邕管水路湍險．已令工人鑿去巨石．漕船無滯．詔褒美之．

轉運使

開元二十一年八月．侍中裴耀卿充江南淮南轉運使．二十二年九月．太府少卿蕭炅充江淮處置轉運使．天寶二年四月．陝郡太守韋堅加兼勾當緣河及江淮轉運使．四載八月．楊釗除殿中侍御史．充水陸轉運使。乾元元年三月。第五琦除度支郎中。充諸色轉運使。二年十二月。兵部侍郎呂諲充勾當轉運使。上元年建子月。戶部侍郎元載充江淮轉運使。寶應元年六月二十八日。戶部侍郎劉晏充勾當轉運使。廣德二年正月。戶部侍郎第五琦充諸道轉運使。永泰元年正月。劉晏充東畿淮南浙江東西湖南山南東道轉運使。第五琦充畿關內河東劍南山南西道轉運使。大歷四年三月。劉晏除吏部尚書兼御史大夫。充東都河南江淮山南東道轉運使。建中二年十一月。度支郎中杜佑兼御史中丞江淮水陸運使。三年十二月二十日。包佶除左庶子。充汴東水陸運使。崔縱除右庶子。充汴西水陸運使。貞元元年三月。元琇加御史大夫。充諸道水陸運使。其年七月。尚書右僕射韓滉充江淮轉運使。五月二月。中書侍郎竇參充諸道轉運使。八年三月。張滂除侍郎。充諸道轉運使。十年十月。潤州刺史王緯兼諸道轉運使。十五年十二月。以浙西觀察使李錡充諸道轉運使。永貞元年。以司空平章事杜佑再兼諸道轉運使。元和元年四月。兵部侍郎李巽充諸道轉運使。三年六月。刑部尚書李鄘充諸道轉運使。五年十二月。盧坦除刑部侍郎。充諸道轉運使。六年四月。刑部侍郎王播充諸道轉運使。十四年五月。刑部侍郎柳公綽充諸道轉運使。長慶元年二月。王播復爲刑部尚書。充諸道轉運使。四年四月。王涯爲戶部侍郎。充諸道轉運使。寶歷元年正月。王播爲淮南節度。又充諸道轉運使。太和九年十二月。右僕射令狐楚充諸道轉運使。開成元年四月。戶部尚書平章事李石充諸道轉運使。三年十月。楊嗣復除戶部尚書。充諸道轉運使。五年二月。

戶部尚書崔珙。充諸道轉運使。會昌四年七月。左僕射平章事杜悰。充諸道轉運使。六年四月。以大理卿馬植爲刑部侍郎。充諸道轉運使。大中五年。刑部侍郎裴休。充諸道轉運使。十一年。兵部侍郎柳仲郢。充諸道轉運使。十一年二月。戶部侍郎夏侯孜。充諸道轉運使。十四年。尚書左僕射杜悰。復充諸道轉運使。咸通五年十二月。戶部侍郎劉鄴。充諸道轉運使。六年十月。兵部侍郎于琮。充諸道轉運使。乾符元年二月。崔彥昭爲兵部侍郎。充諸道轉運使。其年。又以兵部尚書王凝。充諸道轉運使。二年二月。兵部侍郎裴坦。充諸道轉運使。四年六月。以宣歙觀察使高駢爲潤州刺史。充諸道轉運使。六年。移節淮南。領使如故。中和元年。兵部侍郎蕭遘。充諸道轉運使。其年。中書侍郎平章事韋昭度。充諸道轉運使。光啓二年三月。刑部尚書孔緯。充諸道轉運使。大順二年。門下侍郎杜讓能。充諸道轉運使。景福二年十一月。吏部尚書平章事崔昭緯。充諸道轉運使。乾寧二年。京兆尹嗣薛王知柔。爲戶部尚書。充諸道轉運使。其年九月。門下侍郎平章事徐彥若。充諸道轉運使。光化三年八月。左僕射平章事崔允。充諸道轉運使。天祐元年。右僕射裴樞。充諸道轉運使。其年。門下侍郎平章事柳璨。充諸道轉運使。

河南水陸運使

開元二年閏二月。陝郡刺史李傑除河南少尹。充水陸運使。至三年九月。畢構爲河南尹。不帶水陸運使。至天寶三載十一月。李齊物除河南尹。又帶水陸運使。貞元十年二月。河南尹齊抗充河南水陸運使。至元和六年十月。勅河南水陸運使宜停。

陝州水陸運使

先天二年十月。李傑爲刺史。充水陸運使。自此始也。已後刺史常帶使。天寶十載五月。崔無詖除太守。不帶水陸運使。度支使楊國忠奏請自勾當。遂𠜂國忠陝郡水陸運使。至十二載正月二十一日。勅陝運使宜令陝郡太守崔無詖充使。楊國忠充都使勾當。至貞元十三年四月。陝虢觀察使于頔兼陝州水陸運使。至元和六年十月。勅陝州水陸運使宜停。

開元十三年五月二十八日。勅陝州水陸運使令別自置印。二十五年六月二十三日。詔河南陝運兩使。每年常運一百八十萬石米送京。近已減八十萬石。今據太倉米數支計有餘。其今年所運一百萬石亦宜停。

建中二年十二月。停江淮水陸運使。轉運事委度支處置。三年八月。分置汴東西水陸運使兩稅鹽鐵使。

貞元三年正月。諸道水陸運使及度支巡院江淮轉運使。並宜停。

唐會要卷八十八

鹽鐵

開元元年十二月．河中尹姜師度以安邑鹽池漸涸．開拓疏決水道．置爲鹽屯．公私大收其利．其年十一月五日．左拾遺劉彤論鹽鐵上表曰．臣聞漢孝武爲政．廄馬三十萬．後宮數萬人．外討戎夷．內興宮室．殫費之甚．什百當今．然而古費多而貨有餘．今用少而財不足者．何也．豈非古取山澤．而今取貧民哉．取山澤則公利厚而人歸于農．取貧民則公利薄而人去其業．故先王之作法也．山海有官．虞衡有職．輕重有術．禁發有時．一則專農．二則饒國．濟民盛事也．臣實爲當今宜之．夫煑海爲鹽．採山鑄錢．伐木爲室．豐餘之輩也．寒而無衣．飢而無食．傭賃自資者．窮苦之流也．若能收山海厚利．奪豐餘之人．蠲調斂重徭．免窮苦之子．所謂損有餘而益不足．帝王之道．可不謂然乎．然臣願陛下詔鹽鐵木等官各收其利．貿遷于人．則不及數年．府有餘儲矣．然後下寬大之令．蠲窮獨之徭．可以惠羣生．可以柔荒服．雖戎狄降服．堯湯水旱．無足虞也．奉天適變．惟在陛下行之．上令宰臣議其可否．咸以鹽鐵之利．甚益國用．遂令將作大匠姜師度．戶部侍郎強循．俱攝御史中丞．與諸道按察使檢校海內鹽鐵之課．至十年八月十日．勅諸州所造鹽鐵．每年合有官課．比令使人勾當．除此更無別求．在外不細委知．如聞稍有侵尅．宜令本州刺史上佐一人檢校．依令式收稅．如有落帳欺沒．仍委按察糾覺奏聞．其姜師度除蒲州鹽池以外．自餘處更不須巡檢．

貞元十六年十二月．史牟奏．澤潞鄭等州多食末鹽．請一切禁斷．從之．

二十一年二月．停鹽鐵使月進舊錢．總悉入正庫．以助經費．而主此務者．稍以時市珍玩時新物充進獻以求恩澤．其後益甚．歲進錢物．謂之羨餘．而經入益少．及貞元末．遂月獻焉．謂之月進．及是而罷．

元和二年九月．給事中穆質請州府鹽鐵巡院應決私鹽死囚．請州縣同監．免有寃濫．從之．

四年十二月．御史中丞李夷簡奏．諸州使有兩稅外雜榷率．及違敕不法事．請諸道鹽鐵轉運度支巡院察訪狀報臺司．以憑聞奏．從之．

五年五月．度支奏．鄜坊邠寧涇原諸軍將士．請同當處百姓例食烏白兩池鹽．從之．

六年閏十二月．戶部侍郎判度支盧坦奏．河中兩池顆鹽．敕文祇許于京畿鳳翔陝虢河中澤潞河南許汝等十五州界內糶貨．比來因循．兼越興元府及洋州興鳳文成等六州．臣移牒勘責．得山南西道觀察使報．其果閬兩州鹽本土戶人及巴南諸郡市糶．又供當軍士馬．尚有懸欠．若兼數州．自然闕絕．又得興元府諸耆老狀申訴．臣今商量．河中鹽請放入六州界糶貨．從之．

十年七月．度支皇甫鎛奏．加陝西內四監．劍南東西兩川山南西道鹽估．以利供軍．從之．

十三年。鹽鐵使程异奏。應諸州府先請置茶鹽店收稅。伏準今年正月一日赦文。其諸道州府因用兵以來。或慮有權置職名及擅加科配事非常制。一切禁斷者。伏以榷稅茶鹽本資財賦贍濟軍鎭。蓋是從權。兵罷自合便停事久實爲重斂。其諸道先所置店及收諸色錢物等。雖非擅加且異常制伏請准勅文勒停。從之。

十四年三月。鄆青兗三州各置榷鹽院。

十五年閏正月。鹽鐵使柳公綽奏。當使諸鹽院場官及專知納給幷吏人等有罪犯合給罪者。比來推問。祇罪本犯所由。其監臨主守。都無科處。伏請從今後。舉名例律每有官吏犯贓。監臨主守同罪。及不能覺察者。並請准條科處。所冀貪吏革心。從之。

其年九月。改河北稅鹽使爲榷鹽使。

長慶元年三月勅。河朔初平。人希德澤。且務寬泰。使之獲安。其河北榷鹽法宜權停。仍令度支與鎭冀魏博等道節度審察商量。如能約計課利錢數。都收管每年據數付榷鹽院。亦任穩便。自天寶末兵興以來。河北鹽法羈縻而已。暨元和中。用皇甫鎛奏。置稅鹽院。同江淮兩池榷利。人苦犯禁。戎鎭亦頻上訴。故有是命。

其月。鹽鐵使王播奏。揚州白沙兩處納榷場。請依舊爲院。又奏請諸鹽院糶鹽。付商人。請每斗加五十文。

通舊二百文價。諸道處煎鹽場停置小鋪糶鹽。每斗加二十文。通舊一百九十文價。又奏應管煎鹽戶及鹽商并諸鹽院停場官吏所由等。前後制勅除兩稅外。不許差役追擾。今請更有違越者。縣令奏聞貶黜。刺史罰一季俸錢。再犯者奏聽進止。並從之。

二年三月。王播爲淮南節度使兼領鹽鐵轉運。播請攜鹽鐵印赴鎮。上都院請別給賜。從之。

其年五月。勅兵革初寧。實資榷筦。閭閻重困。則可蠲除。如聞淄青兗鄆三道。往年糶鹽價錢。近收七十萬貫。軍資給費。優贍有餘。自鹽鐵使收管已來。軍府頓絶其利。遂使經行陳者。有停糧之怨。服隴畝者。與加稅之嗟。雖縣官受利。而郡府益空。俾人獲安寧。我能節用。其鹽鐵使先于淄青兗鄆等道管內置小鋪糶鹽。及巡院納榷。起長慶二年五月一日以後。一切並停。仍委薛平馬總曹華約校比年節度使自收管充軍府州縣逐急用度。及均減管內貧下百姓兩稅錢數。兼委節度觀察使至年終各具糶鹽所得錢。并減放貧下稅數聞奏。

四年五月。勅東都江陵鹽鐵轉運留後。並改爲知院者。從鹽鐵使王涯請也。

太和二年七月。勅潼關以東度支分巡院。宜併入鹽鐵江淮河陰留後院。

開成元年閏五月七日。鹽鐵使奏。應犯鹽人準貞元十九年太和四年已前勅條。一石已上者止於決脊杖二十。徵納罰錢足。於太和四年八月二十日已後。前鹽鐵使奏。二石以上者所犯人處死。其居停并將舡容載受故擔鹽等人。並準犯鹽條問處分。近日決殺人轉多。榷課不加舊。今請卻依貞元舊條。其犯鹽一石以上至二石者。請決脊杖二十。補充當據捉鹽所由待捉得犯鹽人日放。如犯三石已上者。卽是囊橐奸人背違法禁。請決訖待瘡損錮身牒送西北邊諸州府効力。仍每季多具人數及所配去處申奏。挾持軍器與所由捍敵方就擒者。卽請準舊條同光火賊例處分。從之。

二年十月勅。鹽鐵戶部度支三使下監院官皆郎官御史爲之。使雖更改。官不得移替。如顯有曠敗。卽具事以聞。

五年九月勅。稅茶法。起來年。卻付鹽鐵使收管。

榷酤

貞元二年十二月。度支奏。請於京城及畿縣行榷酒之法。每斗榷酒錢百五十文。其酒戶與免雜差役。從之。

元和六年。京兆府奏。榷酒錢。除出正酒戶外。一切隨兩稅青苗錢據貫均率。從之。

十二年。四月。戶部奏。準勅文。如配戶出榷酒錢處。卽不待更置官店榷酤。其中或恐諸州府先有不配戶出錢者。卽須榷酤。請委州府長官。據當處錢額。約米麴時價收利。應額足卽止。仍限起請到後一月日內處置。

十四年七月。湖州刺史李應奏。先是官中酤酒代百姓納榷。歲月既久。爲弊滋深。伏望許令百姓自酤。取舊額。仍許入兩稅。隨貫均出。依舊例折納輕貨。送上都。許之。

太和八年二月九日勅。節文。京邑之內。本無酤榷。自貞元用兵之後。費用稍廣。始定戶店等第。令其納榷。殊非惠民。今後特宜停廢。

會昌六年九月勅。揚州等八道州府。置榷麴。幷置官店酤酒。代百姓納榷酒錢。幷充資助軍用。各有榷許限。揚州陳許汴州襄州河東五處榷麴。浙西浙東鄂岳三處置官店酤酒。如聞禁止私酤。過聞嚴酷。一人違犯。連累數家。閭里之間。不免咨怨。宜從今已後。如有人私酤酒及置私麴者。但許罪止一身。幷所由容縱。任據罪處分。鄉井之內。如不知情。並不得追擾。其所犯之人。任用重典。兼不得沒入家產。

鹽池使

景雲四年三月。蒲州刺史充關內鹽池使。

先天二年九月。強循除豳州刺史。充鹽池使。此池卽鹽州池也。

開元十五年五月。兵部尚書蕭嵩除關內鹽池使。自是朔方節度常帶鹽池使也。

鹽鐵使

乾元元年。度支郎中第五琦充諸道鹽鐵使。上元元年五月。戶部侍郎劉晏充鹽鐵使。元年建子月。戶部侍郎元載。充鹽鐵使。廣德二年。戶部侍郎第五琦。充諸道鹽鐵使。永泰元年正月。劉晏充東都淮南浙江東西湖南山南東道鹽鐵使。第五琦充京畿關內河東劍南山南西道鹽鐵使。大歷四年三月。劉晏除吏部尚書。充東都河南江淮山南東道鹽鐵使。五年三月二十六日停。建中三年十二月二十日。包佶充汴東鹽鐵使。崔縱充汴西鹽鐵使。貞元元年十二月。尚書左僕射韓滉加諸道鹽鐵使。五年二月。中書侍郎竇參充諸道鹽鐵使。八年三月。戶部侍郎張滂充諸道鹽鐵使。十年十月。潤州刺史王緯充諸道鹽鐵使。十五年。以浙西觀察使李錡充諸道鹽鐵使。永貞元年。以司空平章事杜佑兼諸道鹽鐵使。元和元年四月。兵部侍郎李巽充諸道鹽鐵使。三年六月。刑部尚書李鄘充諸道鹽鐵使。五年十二月。盧坦除刑部侍郎。充諸道鹽鐵使。六年四月。刑部侍郎王播。充諸道鹽鐵使。十四年五月。刑部侍郎柳公綽充諸道鹽鐵使。長慶元年二月。王播復爲刑部尚書諸道鹽鐵使。四年四月。王涯除戶部侍郎。充諸道鹽鐵使。寶歷元年正月。王播爲淮南節度。又充諸道鹽鐵使。太和九年十一月。右僕射令狐楚充諸道鹽鐵使。開成元年。戶部尚書李石充諸道鹽鐵使。三年十月。楊嗣復爲戶部尚書。充諸道鹽鐵使。五年二月。戶部尚書崔珙。充諸道鹽鐵使。會昌元年七月。左僕射平章事杜悰充諸道鹽鐵使。六年四月。以大理卿馬植爲刑部侍郎。諸道鹽鐵使。大中五年。刑部侍郎裴休充諸道鹽鐵使。十二年。兵部侍郎柳仲郢充諸道鹽鐵使。十二年二月。戶部侍郎夏侯孜充諸道鹽鐵使。十四年。右僕射杜悰復充諸道鹽鐵使。咸通五年十一月。戶部侍郎。劉鄴充諸道鹽鐵使。六年十月。兵部侍郎于琮充諸道鹽鐵使。乾符元年二月。崔彥昭爲兵部侍郎。充諸道鹽鐵使。其年。又以兵部侍郎王凝充諸道鹽鐵使。二年二月。兵部侍郎裴坦充諸道鹽鐵使。四年六月。以宣歙觀察使高駢爲潤州刺史。諸道鹽鐵使。六年。移節淮南。領使如故。中和元年。兵部侍郎蕭遘充諸道鹽鐵使。其年。中書侍郎平章事韋昭度充諸道鹽鐵使。光啓二年三月。刑部尚書孔緯充諸道鹽鐵使。大順二年。門下侍郎杜讓能充諸道鹽鐵使。景福二年十一月。吏部尚書平章事崔昭緯充諸道鹽鐵使。乾寧二年。京兆尹嗣薛王知柔爲戶部尚書。充諸道鹽鐵使。其年九月。門下侍郎平章事徐彥若充諸道鹽鐵使。光化三年八月。左僕射平章事崔允充諸道鹽鐵使。天祐元年。左僕射裴樞充諸道鹽鐵使。其年。門下侍郎平章事柳璨充諸道鹽鐵使。

安邑解縣兩池。置榷鹽使一員。推官一員。巡官六員。安邑院官一員。解縣院官一員。胥吏若干人。防池官健及池戶若干人。先是。兩池鹽務隸度支。其職事諸道巡院。貞元十六年。史牟以金部郎中主池務。恥同諸院。遂奏置使額。至二十一年。鹽鐵度支合爲一使。以杜佑兼領。佑以度支旣稱使。其所管不宜更有使名。遂與東渭橋使同奏罷之。至元和三年七月。判度支裴垍以兩池職轉繁劇。復以留後爲鹽鐵使。

女鹽池。在解縣朝邑。小池在同州。鹵池在京兆府奉先縣。並禁斷不榷。

烏池。在鹽州。置榷稅使一員。推官一員。巡官兩員。胥吏一百三十人。防池官健及池戶四百四十人。

溫池。置榷稅使一員。推官兩員。巡官兩員。胥吏三十九人。防池官健及池戶百六十五戶。大中四年三月因收復河隴。勑令度支收管其鹽。仍差靈州分巡院官專勾當。至六年勑。隸威州。以新制置未立課額。

胡落池。近在豐州界。隸河東供軍使。每年採鹽一萬四千餘石。給振武天德兩軍及營田水運官健。自大中四年党項叛擾。餽運不通。供軍使請權市河東白池鹽供食。其白池屬河東節度使。不繫度支。

長慶元年三月。勑烏池每年糶鹽收榷博米以一十五萬石爲定額。

太和二年三月。度支奏。京兆府奉先縣界鹵池側近百姓。取水柏柴燒灰煎鹽。每石灰得一十二斤鹽。亂法甚於鹹土。請行禁絕。今後犯者。據灰計鹽。一如兩池鹽法條例科斷。從之。

三年四月。勑安邑解縣兩池榷課。以實錢一百萬貫爲定額。至大中元年正月。勑但取疋段精好。不必計舊額錢數。及大中六年度支收榷利一百二十一萬五千餘貫。

倉及常平倉

武德元年九月四日。置社倉。其月二十二日。詔曰。特建農圃。用督耕耘。思俾齊民。既庶且富。鍾庾之量。冀同水火。宜置常平監官。以均天下之貨。市肆騰踊。則減價而出。田嗇豐羨。則增價而收。庶使公私俱濟。家給人足。抑止兼并。宣通擁滯。至五年十二月。廢常平監官。

貞觀二年四月三日。尚書左丞戴胄上言曰。水旱凶災。前聖之所不免。國無九年儲蓄。禮經之所明誡。今喪亂之後。戶口凋殘。每歲納租。未實倉廩。隨時出給。纔供常年。若有凶災。將何賑恤。故隋開皇立制。天下之人。節級輸粟。多爲社倉。終於文皇。一代得無飢饉。及大業中年。國用不足。並貸社倉之物。以充官費。故至末塗。無以支給。今請自王公已下。爰及衆庶。計所墾田稼穡頃畝。每至秋熟。準其見苗。以理勸課。盡令出粟。麥稻之鄉。亦同此稅。各納所在。立爲義倉。若年穀不登。百姓飢饉。當所州縣。隨便取給。則有無均平。常免匱竭。上曰。旣爲百姓先作儲貯。官爲舉掌。以備凶年。非朕所須。橫生賦斂。利入之事。深是可嘉。宜下有司。議立條制。戶部尚書韓仲良奏。王公已下。墾田畝納二升。其粟麥粳稻之屬。各依土地。貯之州縣。以備凶年。制可之。令窖苫。宜以蒿蔓爲之。

十三年十二月十四日。詔於洛。相。幽。徐。齊。幷。秦。蒲等州。置常平倉。

永徽二年閏九月六日。勅義倉據地收稅。實是勞煩。宜令率戶出粟。上下戶五石。餘各有差。

六年。京東二市置常平倉。以大雨道路不通。京師米貴。

顯慶二年十二月三日。京常平倉置常平署官員。

咸亨元年閏九月六日。置河陽倉。隸司農寺。

三年六月十七日。于洛州柏崖置敖倉。容二十萬石。至開元十年九月十一日廢。

開元二年九月二十五日。勅天下諸州。今年稍熟。穀價全賤。或慮傷農。常平之法。行之自古。宜令諸州。加時價三兩錢糴。不得抑斂。仍交相付領。勿許懸久。蠶麥時熟。穀米必貴。卽令減價出糶。豆等堪貯者熟。亦宜準此。以時出入。務在利人。其常平所須錢物。宜令所司支料奏聞。

四年五月二十一日詔。州縣義倉本備飢年賑給。近年以來。每三年一度以百姓義倉糙米遠送京納。仍勒百姓私出脚錢。自今以後。更不得以義倉變造。

七年六月勑。關內隴右河南河北五道。及荆揚襄夔緜益彭蜀漢劍茂等州。並置常平倉。其本上州三千貫。中州二千貫。下州一千貫。每糴具本利與正倉帳同申。

十年九月十五日。廢河陽柏崖坦縣等倉。

十六年十月二日勑。自今歲普熟。穀價至賤。必恐傷農。加錢收糴。以實倉廩。縱逢水旱。不慮阻飢。公私之間。或亦爲便。宜令所在以常平本錢。及當處物。各于時價上量加三錢。百姓有糶易者。爲收糴。事須兩和。不得限數。配糴訖。具所用錢物及所收糴物數。具申所司。仍令上佐一人專勾當。

二十二年八月九日勑。應給貸糧。本州錄奏。勑到。三口以下給米一石。六口以下。給兩石。七口以下。給三石。如給粟。準米計折。

二十八年正月勑。諸州水旱。皆待奏報。然後賑給。道路悠遠。往復淹遲。宜令給訖奏聞。

天寶六載三月二十二日。太府少卿張瑄奏。準四年五月八日。幷五載三月十六日勑節文。至貴時賤價出糶。賤時加價收糴。若百姓未辦錢物者。任準開元二十八年七月九日勅。量事賒糶。至粟麥熟時。徵納。臣使司商量。且糶舊糴新。不同別用。其賒糶者。至納錢日。若粟麥雜種等時價甚賤。恐更迴易艱辛。請加價便與折納。

廣德二年正月二十五日。第五琦奏。每州置常平倉及庫使。自商量置本錢。隨當處米物時價。賤則加價收糴。貴則減價糶賣。

建中元年七月勅。夫常平者。常使穀價如一。大豐不爲之減。大儉不爲之加。雖遇災荒。民無菜色。自今已後。忽米價貴時。宜量出官米十萬石。麥十萬石。每日量付市行人下價糶貨。

三年九月。戶部侍郎趙贊上言曰。伏以舊制。置倉儲粟。名曰常平。軍興已來。此事寖廢。因循未齊。垂三十年。其間或因凶荒流散。餧死相食者。不可勝紀。古者平準之法。使萬室之邑。必有萬鍾之藏。春以奉耕。夏以奉耘。雖有大賈富家。不得豪奪吾民者。蓋謂能行輕重之法也。自陛下登極以來。許京城兩市置常平官糴鹽米。雖經頻年少雨。米價未騰貴。此乃卽日明驗。實要推而廣之。當軍興之時。與承平或異。事須兼儲布帛。以備時須。臣今商量。請于兩都幷江陵東都揚汴蘇洪等州府。各置常平。輕重本錢。上至百萬貫。下至數十萬貫。隨其所宜。量定多少。唯置斛斗疋段絲麻等。候物貴則減價出賣。物賤則加價收糴。權其輕重。以利疲民。從之。贊于是條奏諸道津要都會之所。皆置吏閱商人財貨。計錢每貫稅二十文。天下所出竹木茶漆。皆十一稅之。以充常平本。時國用稍廣。常賦不足。所稅亦隨得而盡。終不能為常平本。
貞元八年十月勑。諸軍鎮和糴貯備共三十三萬石。米價之外。更量與優饒。其粟及麥。據米數準折虛價。直委度支以停減江淮運脚錢充。並支綾絹絁緜。勿令折估。其所糴粟等。委本道節度使監軍同勾當別貯。非承特詔。不得給用。
十四年六月。詔以米價稍貴。令度支出官米十萬石。于兩街賤糶。其月。以久旱穀貴。人流。出太倉粟分給京畿諸縣。其年七月。詔賑給京畿麥種三萬石。其年九月。以歲飢。出太倉粟三十萬出糶。其年十二月。以河南府穀貴人流。令以含嘉倉七萬石出糶。
十五年二月。以久旱歲飢。出太倉粟十八萬石。于諸縣賤糶。
十九年十月。太倉奏。請依六典。置太倉令兩員。丞六員。監事十員。支計官驅使官三人。典六人。府史六人。從之。
元和元年正月制。歲時有豐歉。穀價有重輕。將備水旱之虞。在權聚斂之術。應天下州府每年所稅地子數內。宜十分取二分。均充常平倉及義倉。仍各逐穩便收貯。以時糶糴。務在救乏。賑貸所宜。速須聞奏。
三年八月。司農少卿崔鄮奏。停太倉丞二員。監事二員。從之。
六年二月制。如聞京畿之內。舊穀已盡。宿麥未登。宜以常平義倉粟二十四萬石。貸借百姓。諸道州府有乏少糧種處.亦委所在官長用常平義倉米借貸.淮南浙西宣歙等道.準元和二年四月賑貸.並宜停徵.容至豐年.然後徵納.

九年四月.詔出太倉粟七十萬石.開六場糶之.并賑貸外縣百姓.至秋熟徵納.便于外縣收貯.以防水旱.

十二年四月.詔出粟二十五萬石.分兩街降估出糶.九月.詔諸道應遭水州府.河中.澤潞.河東.幽州.江陵府等管內.及鄭.滑.滄.景.易.定.陳.許.晉.隰.蘇.襄.復.台.越.唐.隨.鄧等州人戶.宜令本州厚加優恤.仍各以當處義倉斛斗.據所損多少.量事賑給.訖具數聞奏.其人戶中有漂溺致死者.仍委所在收瘞.其屋宇摧倒.亦委長吏量事勸課修葺.使得安存.

十三年正月.戶部侍郎孟簡奏.天下州府常平義倉等斛斗.請準舊例減估出糶.但以石數奏申.有司更不收管.州縣得專以利百姓.從之.

長慶二年十月.詔江淮諸州旱損頗多.所在米價不免踊貴.委淮南浙西浙東宣歙江西福建等道觀察使.各于本道有水旱處.取常平義倉斛㪷.據時估減半價出糶.以惠貧民.

四年二月.勑出太倉陳米三十萬石.於兩街出糶.

其年三月.制曰.義倉之制.其來日久.近歲所在盜用沒入.致使小有水旱.生民坐委溝壑.推言其弊.職此之由.宜令諸州錄事參軍.專主勾當.苟爲長吏迫制.即許驛表上聞.考滿之日.戶部差官交割.如無欠負.

與減一選。如欠少者。量加一選。欠數過多。戶部奏聞。節級科處。

太和四年八月。勑。今年秋稼似熟。宜于關內七州府及鳳翔府和糴一百萬石。

開成元年八月。戶部奏。應諸州府所置常平義倉。伏請起今後。通公私田畝。別納粟一升。逐年添置義倉。斂之至輕。事必通濟。歲月稍久。自致充盈。縱逢水旱之災。永絕流亡之慮。勑。從之。

其年十一月。忠武軍節度使杜悰。天平軍節度使王源申奏。當道常平義倉斛㪷。除元額外。請別置十萬石。以備凶年。從之。

大中六年四月。戶部奏。請道州府收管常平義倉斛㪷。今後如有災荒水旱外。請委所在長吏。差清強官勘審。如實。便任開倉。先從貧下不濟戶給貸。訖。具數分析申奏。并報戶部。不得妄有給與富豪人戶。其斛㪷仍仰本州錄事參軍至當年秋熟。專勾當據數追收。如州府妄有給使。其錄事參軍本判官。請重加殿罰。長吏具名申奏。勑旨。宜依。

其年十二月。勑。應畿內諸縣百姓軍戶。合送納諸倉及諸使兩稅。送納斛㪷。舊例。每斗函頭耗物。遽除皆有數限。訪聞近日諸倉所由。分外邀額利。索耗物。致使京畿諸縣。轉更凋弊。農桑無利。職此之由。自今以後。祇令依官額。餘並禁斷。

長安元年十一月十三日勑。負債出舉。不得迴利作本。并法外生利。仍令州縣嚴加禁斷。

開元十五年七月二十七日勑。應天下諸州縣官寄附部人興易及部內放債等。並宜禁斷。

十六年二月十六日詔。比來公私舉放取利頗深。有損貧下。事須釐革。自今已後。天下負舉祇宜四分收利。官本五分取利。

二十年九月二十九日勑。綾羅絹布雜貨等交易。皆合通用。如聞市肆必須見錢。深非通理。自今後。與錢貨兼用。違者準法罪之。

元和五年十一月勑。應中外官有子弟凶惡。不告家長。私舉公私錢。無尊長同署文契者。其舉錢主并保人各決二十。仍均攤貨納。應諸色買賣相當後。勒買人面付賣人價錢。如違。牙人重杖二十。京兆尹王播所奏也。

寶曆元年正月七日勑節文。應京城內有私債。經十年已上。曾出利過本兩倍。本部主及元保人死亡。並無家產者。宜令臺府勿爲徵理。

唐會要卷八十九

疏鑿利人

武德元年。長孫操除陝東道行臺金部郎中。遂自陝東引水入城。以代井汲。百姓賴之。

七年四月九日。同州治中雲得臣開渠。自龍門引黃河。溉田六千餘頃。

貞觀十一年。揚州大都督府長史李襲譽。以江都俗好商賈。不事農業。譽乃引雷陂水。又築勾城塘。溉田八百餘頃。百姓獲其利。

大歷四年五月十五日。勅涇堰監先廢。宜令卻置。

十二年。京兆尹黎幹開決鄭白二水支渠。及稻田磑碾。復秦漢水道。以溉陸田。

建中元年四月。宰相楊炎不習邊事。請于豐州置屯田。發關輔民開陵陽渠。人頗苦之。京兆尹嚴郢。常從事朔方。曉其利害。乃奏五城舊屯及兵募倉儲等數。奏曰。按舊屯沃饒之地。今十不畊一。若力可墾闢。不俟浚渠。其諸屯水利可種之田甚廣。蓋功力不及。因致荒廢。今若發兩京關輔民于豐州浚泉營田。徒擾兆庶。必無其利。臣不敢遠引他事。請以內園植稻明之。其秦地膏腴田稱第一。其內園丁皆京兆人。于當處營田。月一替。其易可見。然每人月給錢八千。糧食在外。內園丁猶僦募不占奏。令府司集事。計一丁一歲當錢九百六十。米七斛二㪷。計所僦丁三百。每歲合給錢二萬八千八百貫。米二千一百六十斛。不知歲終收獲幾何。臣計所得不補所費。況二千餘里發人出屯田。一歲方替。其糧穀從太原轉餉。漕運價値至多。又每歲人須給錢六百三十。米七斛二斗。私出資費。數又倍之。據其所收。必不登本。而關輔之民不免流散。是虛擾畿甸。而無益軍儲。與天寶以前屯田事殊。臣至愚。不敢不熟計。惟當省察。疏奏。不報。郢又上奏曰。伏以五城舊屯。其數至廣。臣前挾名聞奏。訖其五城軍士。若以今日所運開渠之糧。貸諸城官田。至冬輸之。又以所送開渠功直布帛。先給田者。至冬令據時估輸穀。如此。則關輔免于徵發。五城豐厚。力農闢田。比之浚渠。十倍利也。郢奏不省。卒開陵陽渠。而竟棄之。

貞元四年六月二十六日。涇陽縣三白渠限口。京兆尹鄭叔則奏。六縣分水之處。實爲要害。請準諸堰例。置監及丁夫守當。勅旨依。

八年三月。嗣曹王皋爲荊南節度使觀察。先是。江陵東北七十里廢田。旁漢古堤。壞決凡二處。每夏則爲浸溢。皋使命塞之。廣良田五千頃。畝收一鍾。又規江南廢洲爲廬舍。架江爲二橋。流人自占者二千餘戶。自荊至樂鄉。凡二百餘里。旅舍鄉聚凡十數。大者皆數百家。楚俗佻薄。舊不鑿井。悉飲陂澤。乃令合錢鑿井。人以爲便。

十三年七月。詔曰。昆明池俯近都城。蒲魚所產。宜令京兆尹韓皋充使修堰。

十六年十一月。以東渭橋納給使徐班。兼白渠漕渠及昇原城國等渠堰使。

元和八年孟簡爲常州刺史。開漕古孟瀆長四十里。得沃壤四千餘頃。觀察使舉其課。遂就賜金紫焉。

其年四月。以神策軍士修城南之浚渠。

其年十二月。魏博觀察使田宏正奏。準詔開衞州黎陽縣古黄河道。從鄭滑節度使薛平之請也。先是。滑州多水災。其城西去黄河二里。每夏漲溢。則浸壞城郭。水及羊馬城之半。平詢諸將吏。得古河道於衞州黎陽縣界。遣從事裴宏泰以水患告於宏正。請開古河。用分水力。宏正遂與平皆上聞。詔許之。乃於鄭滑兩郡。徵徒萬人。鑿古河。南北長十四里。東西闊六十步。深一丈七尺。決舊河以注新河。遂無水患。詔並褒美焉。

十三年。湖州刺史于頔復長城縣方山之西湖。西湖南朝疏鑿。溉田三十頃。歲久堙廢。至是復之。秔稻蒲魚之利。賴以濟。

長慶二年。温造爲朗州刺史。奏開復鄉渠九十七里。溉田二千頃。郡人利之。名爲右史渠。至太和五年七月。造復爲河陽節度使。奏浚懷州古渠枋口堰。役功四萬。溉濟源河内温武陟四縣田五千頃。

四年七月。詔疏靈州特進渠。置營田六百頃。

大歷二年二月。以詔應令劉仁師充修渠堰副使。初。仁師爲高陵令。上言。三白渠可利者遠。而涇陽獨有之。條理上聞。其弊遂革。關中大賴焉。

其年三月。內出水車樣。令京兆府造水車。散給沿鄭白渠百姓。以溉水田。

碾磑

開元九年正月。京兆少尹李元紘奏。疏三輔諸渠。王公之家。緣渠立磑。以害水功。一切毀之。百姓大獲其利。至廣德二年三月。戶部侍郎李栖筠。刑部侍郎王翊。充京兆少尹。崔昭奏請拆京城北白渠上王公寺觀磑碾七十餘所。以廣水田之利。計歲收粳稻三百萬石。

大曆十三年正月四日奏。三白渠下碾。有妨合廢拆。總四十四所。自今以後。如更置。即宜錄奏。

其年正月。壞京畿白渠八十餘所。先是。黎幹奏以鄭白支渠磑碾。擁隔水利。人不得灌溉。請皆毀廢。從之。時昇平公主。上之愛女。有磑兩輪。乞留。上曰。吾爲蒼生。爾識吾意。可爲衆率先。遂即日毀之。

元和六年正月。京城諸僧有請以莊磑免稅者。宰臣李吉甫奏曰。錢米所徵。素有定額。寬緇徒有餘之力。配貧下無告之甿。必不可許。從之。

八年十二月。勅應賜王公郡主並諸色莊宅磑碾等。並任典貼貨賣。其率稅夫役。委府縣收管。

泉貨

武德四年七月十日。廢五銖錢。行開元通寶錢。徑八分。重二銖四絫。十文重一兩。一千文重六觔四兩。以輕重大小。最爲折衷。遠近甚便之。其錢文。給事中歐陽詢製詞及書。時稱其工。其字含八分及篆隸三體。其詞先上後下。次左後右讀之。自上及左迴環讀之。其義亦通。流俗謂之開元通寶錢。鄭虔會粹云。詢初進蠟樣。自文德皇后掐一甲跡。故錢上有掐文。十八日。置錢監於洛并幽益等諸州。秦王齊王賜三鑪鑄錢。裴寂賜一鑪。敢有盜鑄者。身死。家口籍沒。至五年三月二十四日。桂州置錢監。

顯慶五年九月。以天下惡錢多。令官私以五惡錢酬一好錢贖取。至十月。以好錢一文博惡錢兩文。至儀鳳四年四月。以天下惡錢甚多。令東都出遠年糙米及粟。就市糶斗。別納惡錢百文。其惡錢令少府司農相知。卽令鑄破。其厚重徑合斛兩者。任將行用。至先天元年九月二十七日。京中用錢惡。貨物踴貴。諫議大夫楊虛受上疏曰。伏見市井用錢。不勝濫惡。有加鐵錫。卽非公鑄。虧損正道。惑亂平民。銅錫亂雜。僞錢豐多。正刑漸失於科條。明罰未加於守長。帝京三市。人雜五方。淫巧競馳。侈僞成俗。至於商賈積滯。富豪藏鏹。兼并之人。歲增儲蓄。貧素之士。日有空虛。公錢未益於時。須禁法不當於世。要其惡錢。臣望官爲博取。納鑄錢州京城。並以好錢爲用。書奏。付中書門下詳議。以爲擾政。不行。至開元六年正月十八日。勅禁斷惡錢。行三銖四絫已上舊錢。更收人間惡錢。鎔破復鑄。準樣式錢。勅禁出之後。百姓喧然。物價搖動。商人不甘交易。宰相宋璟蘇頲奏請出太府錢五萬貫。分於南北兩京。平價買百姓間所賣之物。堪貯掌官須者。庶得好錢散行。人間從之。又降勅。近斷惡錢。恐人少錢行用。其兩京文武官夏季防閤庶僕。宜卽先給錢。待後季任取所配物貨賣。準數還官。

七年二月詔。天下惡錢。並令禁斷。錢令初下。或恐艱辛。宜量出米十萬石。令府縣及太府寺選交易穩便處。所分置。依時價糶與百姓。收取惡錢。便送少府監鎚碎。

乾封元年五月二十三日。盜鑄轉多。遂改鑄新文曰乾封泉寶錢。徑寸。重二銖六分。其開元通寶。必舊錢並行用。其新錢一文。當舊錢之十。周年之後。舊錢並廢。其後悟錢文之誤。米帛增價。乃議卻用舊錢。至二年正月二十九日詔。比以僞濫斯起。所以採乾封之號。改鑄新錢。靜而思之。將爲未可。高祖撥亂反正。爰創軌模。太宗立極承天。無所改作。今廢舊造新。恐乖先旨。其開元通寶。宜依舊施行。爲萬世法。乾封新鑄錢。令所司貯納。更不須鑄。仍令天下置鑄之處。並鑄開元通寶錢。至乾元元年七月十六日詔。錢貨之興。其來久矣。蓋代有沿革。時爲重輕。周興九府。實啓流泉之利。漢造五銖。亦宏改鑄之法。必令大小兼適。母子相權。事有益於公私。理宜循於通變。但以干戈未息。帑藏猶虛。卜式獻軍之誠。宏羊興國之算。靜言立法。諒在便民。御史中丞第五琦奏請改錢。以一當十。別爲新鑄。不廢舊錢。冀實三官之資。用收十倍之利。所爲於民不擾。從古有經。宜聽於諸監別鑄一當十錢。其文曰乾元重寶。而重其輪以別之。一當五十。以二十斤成貫。仍令鑄錢使即勾當起鑄。至三年十二月。詔頃屬權臣變法非良。遂使貨物相沿。穀帛騰踴。求之輿議。弊實由斯。今欲仍從舊貫。漸罷新錢。又慮權行。轉資艱急。如或猶循所務。未塞其源。實恐物價虛騰。黎元失業。靜言體要。用藉良圖。宜令文武百官九品以上。並於尚書省集議。委中書門下詳議聞奏。至上元元年六月七日。詔其重稜五十價錢。宜減作三十文行用。其開元舊錢。宜一錢十文行用。乾元當十錢。宜依前行用。仍令京中及畿縣內依此處分。諸州待後進止。至七月二十五日。勅先造重稜五十價錢。先令畿內減三十價行。其天下諸州。並宜準此。至十二月二十九日。詔應典貼莊宅店鋪田地碾磑等。先為實錢典貼者。令還以實錢價。先以虛錢典貼者。令以虛錢贖。其餘交關。並依前用當十錢。由是錢有虛實之稱。至寶應元年五月十九日。赦文。集開元乾元重稜錢。並宜準一文用。不須計以虛數。

開元二十二年三月二十一日。勅。布帛不可以尺寸為交易。菽粟不可以秒忽貿有無。古之為錢。以通貨幣。豈無變通。往者漢文之時。已有放鑄之令。雖見非於賈誼。亦無費於賢君。古往今來。時移事異。亦欲不禁私鑄。其理如何。公卿百寮詳議可否。祕書監崔沔議曰。夫國之有錢。時所通用。若許私鑄。人必競為。各徇所求。小如有利。漸忘本業。大計斯貧。是以賈生之陳七福。規于更漢令。太公之創九府。將以殷貧人。況依法則不成。違法則有利。謹按漢書。文帝雖除盜鑄錢令。而不得雜以鉛鐵為他巧者。然則雖許私鑄。不容奸錢。錢不容奸。則鑄者無利。鑄者無利。則私鑄自息。斯則除之與不除。為法正等。能謹於法。而節其用。則令行而詐不起。事變而奸不生。斯所以稱賢君也。今若聽其私鑄。嚴斷惡錢。官必得人。人皆知禁。誠則漢政可侔。猶恐未若皇唐之舊也。今若稅銅折役。則官冶可成。計估度庸。則私錢無利。易而可久。簡而難誣。謹守舊章。無越制度。且錢之爲物。貴以通貨。利不在多。何待私鑄。然後足用也。左監門錄事參軍劉秩議曰。古者。以珠玉爲上幣。黃金爲中幣。刀布爲下幣。管子曰。夫三幣握之則非有補于煖也。捨之則非有損于飽也。先王以守財物。以御人事。而平天下也。是以命之曰衡。衡者使物一高一下。不得有常。故與之在君。奪之在君。是以民戴君如日月。親君如父母。用此術也。是爲人主之權。今之錢。卽古之下幣也。陛下若捨之任人。則上無以御下。下無以事上。其不可一也。夫物重則傷農。錢輕則傷賈。故善爲國者。觀物之貴賤。錢之輕重。夫物重則錢輕。錢輕由乎物多。多則作法收之使少。少則錢重。重則作法布之使輕。輕重之本。必由乎是。奈何而假於人。其不可二也。夫鑄錢不雜以鉛鐵則無利。雜以鉛鐵則惡。不重禁不足以懲惡。方令塞其私鑄之路。人猶冒死以犯之。況啓其源而欲人之從令乎。是設陷穽而誘之入。其不可三也。夫許人鑄錢。無利則人不鑄。有利則人去南畝者衆。去南畝者衆。則草萊不墾。草萊不墾。又鄰於寒餒其不可四也。夫人富溢則不可以賞勸。貧餒則不可以威禁。故法令不行。民之不治。皆由貧富之不齊也。若許其鑄錢。則貧者必不能爲臣。恐貧者彌貧而服役於富室。富室乘之則益恣。昔漢文之時。吳濞諸侯也。富埒天子。鄧通大夫也。財侔王者。此皆鑄錢所致也。必欲許其私鑄。是與人利權而捨其柄。其不可五也。陛下必以錢重而傷本。工費而利寡。則臣願言其失。以效愚計。夫錢重者。猶人鑄日滋於前。而爐不加於舊。又公錢重。與銅之價頗等。故盜鑄者。破重錢爲輕錢。禁寬則行。禁嚴則止。止則棄矣。此錢之所以少也。夫鑄錢用不贍者。在乎銅貴。銅貴之由。在於採用者衆矣。夫銅以爲兵。則不如鐵。以爲器。則不如錫。禁之無害。陛下何不禁於人。禁於人。則銅無所用。銅無所用。則銅益賤。銅賤則錢之用給矣。夫銅不布下。則盜鑄者無因而鑄。無因而鑄。則公錢不破。公錢不破。則人不犯死刑。錢又日增。不復利矣。是一舉而四善兼也。伏維陛下熟察之。

其年十月六日敕。貨物兼通。將以利用。而布帛爲本。錢刀是末。賤本貴末。爲弊則深。法教之間。宜有變革。自今已後。所有莊宅以馬交易。並先用絹布綾羅絲綿等。其餘市價至一千以上。亦令錢物兼用。違者科罪。

二十六年。於宣潤等州置錢監。

乾元元年七月。戶部侍郎第五琦以國用未足。幣重貨輕。乃先鑄乾元重寶錢。以一當十用行之。及作相。請更鑄重輪乾元錢。以一當五十。與乾元開元寶錢三品並行。既而物價騰貴。餓迫死亡。枕籍道路。又盜鑄爭起。中外皆以爲琦變法之弊。封奏日聞。遂貶忠州長史。

建中元年九月。戶部侍郎韓洄上言。江淮錢監。歲出錢四萬五千貫。輸於京師。度工用轉送之費。每貫計錢二千。是本倍利也。今商州紅崖冶出銅益多。又有洛源監。久廢不治。請增工鑿山以取銅。洛源故監置十鑪鑄之。歲計出錢七萬二千貫。度工用轉送之費。貫計錢九百。則利浮本矣。其江淮七監。請皆停罷。從之。

二年八月。諸道鹽鐵使包佶奏。江淮百姓。近日市肆交易錢。交下粗惡揀擇納官者。三分纔有二分。餘並鉛錫銅盪。不敷斤兩。致使絹價騰。貴惡錢漸多。訪聞諸州山野地窖。皆有私錢。轉相貨易。奸濫漸深。今委本道觀察使明立賞罰。切加禁斷。

四年六月。判度支侍郎趙贊以常賦不足用。乃請採連州白銅。鑄大錢。以一當十。權其輕重。

貞元九年正月。張滂奏。諸州府公私諸色鑄造銅器雜物等。伏以國家錢少。損失多門。興販之徒。潛將銷鑄。每銷錢一千。爲銅六斤。造寫雜物器物。則斤直六千餘。其利旣厚。銷鑄遂多。江淮之閒。錢實減耗。伏請準從前勅文。除鑄鏡外。一切禁斷。

十年六月。勅今後天下鑄造買賣銅器。並不須禁止。其器物約每斤價値。不得過一百六十文。委所在長吏及巡院同勾當訪察。如有銷錢爲銅。以盜鑄錢罪論。

十四年十二月。鹽鐵使李若初奏。請諸道州府多以近日泉貨數少。繒帛價輕。禁止見錢。不令出界。致使課利有缺。商賈不通。請指揮見錢任其往來。勿使禁止。從之。

元和元年二月。以錢少。禁用銅器。

二年二月。詔曰。錢貴物賤。傷農害工。權其輕重。須有通變。比者鉛錫無禁。鼓鑄有妨。其江淮諸州府。收市鉛銅等。先已令諸道知院官勾當。緣令初出。未各頒行。宜委諸道觀察使等。與知院官專切。當事畢日。仍委鹽鐵使據所得數類會聞奏。四月。禁鉛錫錢。

三年五月。鹽鐵使李巽上言。得湖南院申。郴州平陽高亭兩縣界。有平陽冶及馬跡曲木等古銅坑。約二百八十餘井。差官檢覆。實有銅錫。今請郴州舊桂陽監置鑪兩所。採銅鑄錢。每日約二十貫。計一年鑄成七千貫。有益於民。從之。

其年六月。詔曰。泉貨之法。義在通流。若錢有所壅。貨當益賤。故藏錢者得乘人之急。居貨者必損己之資。今欲著錢令以出滯藏。加鼓鑄以資流布。使商旅知禁。農桑獲安。義切救時。情非欲利。若革之無漸。恐人或相驚。應天下商賈先蓄見錢者。委所在長吏。令收市貨物。官中不得輒有程限。逼迫商人。任其貨易。以求便利。計周歲之後。此法遍行。朕當別立新規。設蓄錢之禁。所以先有告示。許其方圓。意在他時。行法不貸。又天下有銀之山。必有銅鑛。銅者可資於鼓鑄。銀者無益於生民。權其重輕。使務專一。天下自五嶺以北。見採銀坑。並宜禁斷。恐所在坑戶不免失業。各委本州府長吏勸課。令其採銅。助官中鑄作。仍委鹽鐵使作法條流聞奏。

四年閏三月。京城時用錢。每貫頭除二十文。陌內欠錢及有鉛錫錢。准貞元九年三月二十六日勅。陌內欠錢法當禁斷。慮因捉搦。或亦生奸。使人易從。切於不擾。自今以後。有因交關用欠陌錢者。宜但令本行頭及居停主人牙人等檢察送官。如有容隱。兼許賣物領錢人糾告。其行頭主人牙人重加科罪。府縣所由祗承人等並不須干擾。若非因買賣自將錢於街衢行者。一切勿問。

其年六月。勅五嶺已北所有銀坑。依前任百姓開採。禁見錢出嶺。

六年二月。制公私交易十貫錢已上。即須兼用疋段。委度支鹽鐵使及京兆尹即具作分數條流聞奏。茶商等公私便換見錢。並須禁斷。

其年三月。河東節度使王鍔奏請於當管蔚州界加置爐鑄銅錢。廢管內錫錢。詔許之。仍令加至五爐。

七年五月。兵部尚書判戶部事王紹戶部侍郎判度支盧坦鹽鐵使王播等奏。伏以京都時用。多重見錢。官中支計。近日殊少。蓋緣比來不許商人便換。因茲家有滯藏。所以物價轉輕。錢多不出。臣等今商量。伏請許令商人于戶部度支鹽鐵三司。任便換見錢。一切依舊禁約。伏以比來諸司諸使等。或有使商人錢多留城中。逐時收貯。積藏私室。無復流通。伏請自今以後。嚴加禁約。從之。

八年四月。勅以錢重貨輕。出內庫錢五十萬貫。令兩常平收市布帛。每疋段估加十之一。

十一年九月。勅今後應內外支用錢。宜每貫除墊一陌外。量抽五十文。仍委本道本司本使據數逐季收計。其諸道錢便差綱部送度支收管。以備軍需。時以淮西用兵。從有司之請也。

十二年正月。勅泉貨之設。古有常規。將使重輕得宜。是資斂散有節。必通其變。以利於人。今繒帛轉賤。公私俱弊。宜出見錢五十萬貫。令京兆府揀擇要便處開場。依市價交易。選擇清強官吏。專切勾當仍各委本司先作處置條件聞奏。必使事堪經久。法可通行。又勑。近日布帛轉輕。見錢漸少。皆緣所在擁塞。不得通流。宜令京城內自文武官寮。不問品秩高下。並公郡縣主中使等。已下至士庶商旅等。寺觀坊市所有私貯見錢。並不得過五十貫。如有過此。許從勑出後。限一月內任將別物收貯。如錢數校多。處置未了。其任便於限內於地界州縣陳狀。更請限。縱有此色。亦不得過兩月。若一家內別有宅舍店鋪等所貯錢。並須計同此數。其兄弟本來異居曾經分析者。不在此限。如限滿後有誤犯者。白身人等。宜付所司。痛杖一頓處死。其文武官及公主等。並委有司聞奏。當重科貶。戚屬中使。亦具名銜聞奏。其贓貯錢不限多少。並勒納官。數內五分取一分。充賞錢數。其賞錢止於五千貫。此外察獲及有人論告。亦重科處。並量給告者。時京師里閭區肆所積。多方鎮錢。如王鍔韓宏李惟簡。少者不下五十萬貫。於是競買第屋。以變其錢。多者竟里巷傭僦。以歸其直。而高貲大賈者。多依倚左右軍官錢爲名。府縣不得窮驗。法竟不行。

十四年六月。勑。應屬諸軍諸使。更有犯時用錢每貫除二十文。足陌內欠錢及有鉛錫錢者。宜令京兆府枷項收禁。牒報本軍本使。府司差人就軍及看決二十。如情狀難容。復有違拒者。仍令府司聞奏。

十五年八月。中書門下奏。伏準羣官所議鑄錢。或請收市民間銅物。令州郡鑄錢。當開元以前。鹽鐵使未置。亦令州郡勾當鑄造。今若兩稅納疋段。或慮兼要通用見錢。欲令諸道公私銅器。各納所在節度團練防禦經略使便據元勅給與價直。並折兩稅。仍令本處軍民鎔鑄。其鑄本請以留州留使年支未用物充。所鑄錢便充軍府州縣公用。當處軍人自有糧賜。亦校省本所資衆力。並收衆銅。天下併功。速濟時用。待一年後。鑄器物盡。則停。其州府有出銅鉛可以開爐鑄處。具申有司。便令同諸監冶例。每年與本充鑄。其收市銅器期限。並禁鑄造買賣銅物等。待議定。便令有司條流聞奏。其上都鑄錢及收銅器。請各處分。將欲行尙資周慮。請令中書門下兩省尙書省御史臺。並諸司長官商量重議聞奏。從之。

寶歷元年八月勅令。銷鑄見錢爲佛像者。同盜鑄錢論。

長慶元年九月勅。泉貨之義。所貴流通。如聞比來用錢。所在除陌不一。與其禁人之必犯。未若從俗之所宜。交易往來。務令可守。其內外公私給用錢。從今以後。宜每貫一例除墊八十。以九百二十文成貫。不得更有加除。及陌內少欠。

太和三年六月。中書門下奏。準元和四年閏三月勅。應有鉛錫錢。並合納官。如有人糾得一錢。賞百錢者。當時勅條。貴在峻切。今詳事實。必不可行。秖如告一錢賞百錢。則有告一百貫錫錢。須賞一萬貫銅錢。執此而行。事無畔際。昨因任淸等犯罪。施行不得。遂參酌事理。量情科賞。或恐已後民閒更有犯者。宜立節文。令可遵守。臣等商量。自今已後。有用鉛錫錢交易者。一貫已下。以州府常行杖決脊杖二十。十貫以下。決六十。徒三年。過十貫以上。所在集衆決殺。其受鉛錫錢交易者。亦準此處分。其所用鉛錫錢。仍納官。其能糾告者。每貫賞錢五千文。不滿一貫。準此例。累賞至於三百千。仍且取當處官錢給付。其所犯人罪不至死者。徵納家資充塡賞錢。其元和四年閏三月勅便望刪去。可之。

四年十一月勅。應私貯見錢家。除合貯數外。一萬貫至十萬貫。限一周年內處置畢。十萬貫至二十萬貫以下者。限二周年內處置畢。如有不守期限。安然蓄積。過本限。卽任人糾告。及所有覺察。其所犯家錢。並準元和十二年勅。納官。據數五分取一分充賞。糾告人賞錢。數止於五千貫。應犯錢法人色目。決斷科貶，並準元和十二年勅處分。其所由覺察。亦量賞一半。事竟不行。

五年二月。鹽鐵使奏。湖南管內諸州百姓。私鑄造到錢。伏緣衡道數州。連接嶺南。山洞深邃。百姓依模監司錢樣。競鑄造到脆惡奸錢。轉將賤價博易。與好錢相和行用。其江西鄂岳桂管嶺南等道。應有出銅錫之處。亦慮私鑄濫錢。並請委本道觀察使條流禁絕。勅旨。宜依。

會昌六年二月勅。緣諸道鼓鑄佛像鐘磬等新錢。已有次第。須令舊錢流布。絹價稍增。文武百僚俸料。宜起三月一日。並給見錢。其一半先給虛估疋段。對估價支給。勅。比緣錢重幣輕。生民坐困。今加鼓鑄。必在流行。通變救時。莫切於此。宜申先甲之令。以戒居貨之徒。京城及諸道。起今年十月以後。公私行用。並取新錢。其舊錢權停三數年。如有違犯。同用鉛錫惡錢例科斷。其舊錢並納官。事竟不行。

天祐二年四月勅。準向來事例。每貫抽除外。以八百五十文爲貫。每陌八十五文。如聞坊市之中。多以八十爲陌。更有除折。今後委河南府指揮市肆交易。並須以八十五文爲陌。不得更有改移。

唐會要卷九十

閉糴

開元二年閏二月十八日勅。年歲不稔。有無須通。所在州縣。不得閉糴。各令當處長吏檢校。

上元元年九月勅。先緣諸道閉糴。頻有處分。如聞所在米粟。尚未流通。宜令諸節度觀察使。各將管內捉搦。不得輒令閉糴。

大歷十一年六月十三日勅。自今以後。所在一切不得閉糴及隔絕榷稅。

貞元九年正月詔。諸州府不得輒有閉糴。

太和三年九月勅。河南河北諸道。頻年水患。重加兵役。農耕多廢。粒食未豐。比令使臣分路賑恤。冀其有濟。得接秋成。今諸道穀尚未減賤。而徐泗管內。又遭水潦。如聞江淮諸郡。所在豐稔。困於甚賤。不但傷農。州縣長吏。苟思自便。潛設條約。不令出界。雖無明榜。以避詔條。而商旅不通。米價懸異。致令水旱之處。種植無資。宜令御史臺揀擇御史一人。於河南巡察。但每道每州界首物價不等。米商不行。即是潛有約勒。不必更待文榜爲驗。便具事狀。及本界刺史縣令觀察判官名銜聞奏。河南通商之後。淮南諸郡米價漸起。展轉連接之處。直至江西湖南荊襄以東。並須約勒。依此舉勘聞奏。仍各委觀察使審詳前後勅條。與御史相知切加訪察。不得稍有容隱。

咸通七年十月二十三日。御史臺奏。今後如有所在閉糴者。長吏必加貶降。本判官錄事參軍並停見任。書下考。仍勒州縣各以版榜寫錄此條。懸示百姓。每道委觀察判官。每州委錄事參軍勾當。逐月具申閉糴事由申臺。從之。

和糴

證聖元年三月二十一日勅。州縣軍司府官等。不得輒取和糴物。亦不得遣人替名代取。

興元元年閏十月詔。江淮之間。連歲豐稔。迫於供賦。頗亦傷農。收其有餘。濟彼不足。宜令度支於淮南浙江東西道加價和糴三五十萬石。差官般運。於諸處減價出糶。貴從權便。以利於民。

貞元二年九月。度支奏。京兆。河南。河中。同華。陝虢。晉絳。鄜坊。丹延等州府夏秋兩稅靑苗等錢物。悉折糴粟麥。所在儲積。以備軍食。京兆府兼給錢收糴。每斗於時估外。更加錢納於太倉。詔可之。

其年十一月。度支奏請於京兆府折明年夏稅錢二十二萬四千貫文。又請度支給錢。添成四十萬貫。令京兆府今年內收糴粟麥五十萬石。以備軍倉。詔從之。

四年八月詔。京兆府於時價外。加估和糴。差淸強官先給價直。然後貯納。續令所司自般運載至太倉。并差御史分路訪察。有違勅文。令長以下。當重科貶。先是。京畿和糴。多被抑配。或物估踰於時價。或先斂而後給直追集停擁。百姓苦之。及聞是詔。莫不歡忻樂輸焉。

元和七年七月。戶部侍郎判度支盧坦奏。今冬諸州和糴貯粟。澤潞四十萬石。鄭滑易定各一十五萬石。夏州八萬石。河陽一十萬石。太原二十萬石。以今秋豐稔。必資蓄備。其澤潞易定鄭滑河陽委本道差判官和糴。各於時價每斗加十文。所冀民知勸農。國有常備。從之。

長慶元年二月勅。春農方興。種植是切。其京北京西和糴使宜勒停。先是度支以邊儲無備。請置和糴使。經年無效。徒擾邊民。故罷之。

四年八月。詔於關內及關外。折糴和糴粟一百五十萬石。用備飢歉。其和糴價以戶部錢充。收貯。尋常不得支用。

寶歷元年八月。勅以兩京河西大稔。委度支和糴二百萬斛。以備災沴。

大中六年五月勅。自收關隴。便討黨項。邊境生民。皆失活業。連屬艱食。遂不寧居。兼軍儲未得殷豐。切在多方贍助。今年京畿及西北邊。稍似時熟。即京畿人家。競搬運斛㪷入城。收爲蓄積。致使邊塞粟麥。依前踊貴。兼省司和糴。亦頗艱難。其弊至深。須有釐革。其京西北今年夏秋斛㪷。一切禁斷。不得令入京畿兩界。

其年六月勅。近斷京兆斛㪷入京。如聞百姓多端以麥造麪。入城貨易。所費亦多。切宜所在嚴加覺察。不得容許。

食實封數

舊例。凡有功之臣。賜實封者。皆以課戶先準戶數。州縣與國官邑官。執帳供其租調。各準配租調。遠近州縣官司。收其脚直。然後付國邑官司。其下亦準此。入國邑者。收其庸。

安國相王。太平公主各一萬戶。神龍元年十一月六日勅。安樂公主四千戶。長寧公主三千五百戶。神龍元年十二月二日勅。

衞王溫王各二千五百戶。同上月勅。

寧王憲。薛王業。慶王潭。忠王亨。棣王洽。鄂王湋。各二千戶。開元二十一年四月一日勅。

榮王琬以下各三千戶。開元二十三年七月二十三日勅。

楚王豫。一千戶。至德二載十二月十五日勅。

雍王适。二千戶。寶應二年七月十一日勅。

郭子儀。二千戶。大歷十四年閏五月十五日勅。

渾瑊。一千八百戶。檢年月未獲。

裴寂。一千五百戶。貞觀二十三年九月八日勅。

荆王元景．二千五百戶．武德九年十月八日勅．
武三思．一千五百戶．神龍元年正月五日勅．
李光弼．一千五百戶．廣德二年七月十一日勅．
僕固懷恩．一千五百戶．同上月日勅．
長孫無忌．王君廓．尉遲敬德．房元齡．杜如晦．各一千三百戶．並武德九年十月八日勅．至永徽元年十一月二十八日詔．房元齡所封．不須依例減降．
新都．宜城．定安公主．各一千三百戶．並神龍元年十月三日勅．
長孫順德．柴紹．羅藝．趙郡王孝恭．各一千二百戶．同上勅．
王武俊．一千二百戶．檢勅未獲．
劉宏基．一千一百戶．顯慶元年勅．
李勣．一千一百戶．總章元年十二月勅．
韓遊瓌．一千一百戶．檢勅未獲．
侯君集．張公謹．劉師立．各一千戶．武德九年十月八日勅．

武士彠。一千戶。顯慶四年七月勑。
武攸曁。一千戶。神龍元年正月十八日勑
宣城公主。一千戶。神龍元年十二月二日勑。
薛崇簡。一千戶。唐隆元年六月二十五日勑。
邠王守禮。一千戶。唐隆元年七月四日勑。
永穆公主。一千戶。開元十年勑。
樂安王瑗。一千戶。開元二十四年七月十四日勑。
高都公主以上各一千戶。開元二十五年四月二十七日勑。
魚朝恩。一千戶。大歷五年三月勑。
田承嗣。一千戶。大歷八年二月三日勑。
高士廉。九百戶。段志元。九百戶。貞觀元年勑。
魏徵。九百戶。貞觀十七年正月勑。
李晟。李元諒。各九百戶。檢勑未獲。
李湛。八百戶。神龍元年正月十八日勑。

李輔國。八百戶。寶應元年三月三日勅。

宇文士及秦叔寶程知節各七百戶。武德九年十月八日勅。

李多祚敬暉桓彥範張柬之崔元暐。並七百戶神龍元年十二月二日勅。

姜皎。七百戶先天二年七月十八日勅。

劉幽求。七百戶先天二年八月十一日勅。

馬燧。七百戶。唐朝臣五百五十戶。檢勅未獲。

安興貴安修仁唐儉竇軌屈突通蕭瑀封德彝劉義節各六百戶。武德九年十月八日勅。

溫嘉順。六百戶。檢勅未獲。

魏元忠五百五十戶。神龍元年十二月二日勅。

李靖。五百戶。貞觀四年八月勅。永徽二年十月九日詔李靖所食封不須減。

段秀實五百戶。李抱眞五百戶。興元二年二月勅。

陳仙奇。五百戶。貞元二年四月勅。以殺李希烈功也。

李愬。五百戶。元和十二年十一月勅。

劉悟。五百戶。元和十四年二月勅。以殺李師道功也。

田宏正。三百戶。張子良。田少卿。李奉仙。各一百五十戶。元和二年十一月勅。以擒李錡功也。

史奉敬。五十戶。長慶元年二月勅。以破吐蕃功也。

緣封雜記

貞觀二十三年九月八日勅。諸王並宜食一千戶。封霍王元軌。常使國令徵封。令自請依諸國賦貿易取利。元軌曰。汝爲國令。當正吾失。反說吾以利耶。

神龍二年七月十四日制。功臣段志元。屈突通。蕭瑀。李靖。秦叔寶。長孫順德。劉宏基。宇文士及。錢九隴。程知節。龐卿惲。竇悰。苑君璋。李子和。張平高。張公謹。梁恪仁。安修仁。秦行師。獨孤卿雲。蘇定方。李安遠。鄭仁泰。杜君綽。李孟嘗等二十五家所食實封。並依舊給。

其年十一月一日勅。皇太子在藩府日所食衞府封物。每年便納東宮。給事中盧燦駁奏曰。伏以皇太子處繼明之重。當主鬯之尊。歲時限用。自可有司供擬。又據周禮。諸司應財器歲終則會。唯王及太子不會。此則儲蓄之費。咸與王同。今與列國諸侯。齊衡食封。豈所謂憲章古昔。垂法將來者也。上納其言。十一月五日勅停。

景龍二年九月勅。諸色應食實封。一定以後。不得輒有移改。三年勅。應食封邑者。一百四十餘家。應出封戶凡五十四州。皆天下膏腴物產。其安樂太平公主封。又取富戶。不在損免限。百姓著封戶者。甚於征行。

十一月。河南巡院監察御史宋務光上疏曰。臣聞分珪列土。各有方位。通邑大都。不以封錫。前猷未遠。古義亦深。自頃命侯稍殊舊式。莫居墝瘠。專擇雄奧。徐州貢土。方色已乖。寢邱辭封。讓德不嗣。且滑州者。國之近甸。密邇帝畿。地出縑紈。人多趨附。所以列縣惟七。分封有五。王賦少于侯租。入家倍于輸國。求諸旣往。實所未聞。每科封丁。有甚征藝。因而失業。莫返其居。此土風俗逃者舊少。頃日波散。良緣封多。伏願稍減封戶。散配餘州。下息疲甿。上尊古制。則公侯不失于采地。流民得還於故鄉。諸州封戶。亦望準此。又徵封使者。往來相繼。旣勞傳驛。甚擾公私。請附租庸。每年送納。望停封使。以靜下人。仍編入新格。庶爲永例。又聞五等崇榮。百王盛典。自非荊茅懿戚。寇鄧鴻勳。無以誓彼山河。酬其爵土。近者封建。頗緣恩澤。功無橫草。人已分茅。遂使沃壤名藩。多入侯國。邑收家稅。半於天府。經費不足。蓋亦有由。竊見武德之初。建侯故事。於時天室新定。王業開創。佐命如雲。謀臣如雨。然而封者不過十數人。今禮樂承平。邦家繼世。有象賢舊德之裔。無野戰攻城之勤。至於命封。不合全廣。論功謝於前業。食邑多於往時。旣滅邊儲。實虧國用。伏惟酌宗周之前訓。咨武德之舊章。地匪宗盟。勳殊社稷。不宜加於實邑。自可寵以虛名。如此則庶績其凝。彝倫攸敍。臣忝當廉問。備採風謠。見此不安。豈敢自默。知必被封家所疾。願嘗以報國爲心。乞擇愚言。訪諸朝宰。秋毫有益。夕死無憂。兵部尚書韋嗣立上疏曰。臣竊見食封之家。其數甚衆。昨聞戶部云。用六十餘萬丁。一丁兩疋。計一百二十萬疋以上。臣頃在太府。知每年庸調絹數多不過百萬。少則七八十萬以來。比諸封家所入全少。臣聞自古封茅士。列山河。皆須業著經綸。功申草昧。然後配宗廟之享。承帶礪之恩。往者皇運之初。功臣共定天下。當食封纔祇三二十家。今以恩澤受封。至百十四家以上。國家租賦。大半私門。私門資用有餘。國家支計不足。有餘則或致奢僭。不足則坐致憂危。制國之方。豈謂爲得。封戶之物。諸家是徵。或是官典。或是奴僕。多挾勢騁威。凌蔑州縣。凡是封戶。不勝侵漁。若戶不滿丁。物送太府。封家但於右藏請受。不得輒自徵催。則不免侵漁。人冀蘇息。

唐隆元年六月十三日勅。安國相王。鎮國太平公主。宜各食一州全封。其州公主自簡。

太極元年正月制。皇太子妃王氏。預聞祕策。潛圖義舉。父仁皎食實封三百戶。

開元三年五月勅。封家總合送入京。其中有別勅許人就領者。待州徵足。然後一時分付。徵未足聞。封家人不得輒到出封州。亦不得因有舉放違者禁身聞奏。

四年三月十八日宰臣奏。對諸國請自始封至曾孫者。其封戶三分減一。制可之。

十年十一月勅。中書門下宜共食實封三百戶。自我禮賢。爲百世法。其年加永穆公主封一千戶。初永穆等各分五百戶。左右以爲太薄。上曰。百姓租賦者。非吾有也。斯皆宗廟社稷蒼生是爲。爾邊隅戰士出萬死不顧一生。所賞賜纔不過一二十疋。此輩何功於人。頓食厚封。約之使知儉嗇。不亦可乎。左右以長公主皆二千戶。請與比。上曰。吾嘗讀後漢書。見明帝曰。朕子不敢望先帝。車服皆下之。未嘗不廢卷歎息。汝柰何欲令此輩望長公主乎。左右不敢復言。至是公主等車服殆不給。故加焉。自後公主皆封一千戶。遂成其例。至乾元元年三月一日。諸公主宜各給五百戶。郡主縣主據元賜戶數三分各給二分。並以宣越明衢婺等州給。

十一年五月十日勅。諸食實封並以丁為限。不須一分入官。其物仍令出封州隨庸調送入京。其腳以租腳錢充。並於太府寺納。然後準給封家。

其年九月十二日勅。親王公主等封物。宜隨官庸調。隨駕所在。送至京都。賜坊令封家就坊請受。餘食封家。不在此限。仍令御史一人。及太府寺官檢校分付。使給了牒。

二十二年九月勅。諸王公以下食封薨。子孫應承襲者。除喪後十分減二。仍具所食戶數奏聞。無後者百日後除。諸名山大川及畿內縣並不封。

天寶六載三月六日。戶部奏。諸道請食封人。準長行旨。三百戶已下。戶部給符。就州請受。三百戶已上。附庸使送兩京太府寺。賜坊給付者。今緣就州請受。有損於人。今三百戶以下。尚許彼請。公私之間。未免侵擾。望一切送至兩京。就此給付。即公私省便。侵損無由。又準戶部式節文。諸食封人身歿以後。所得封物。隨其男數為分。承嫡者加一分。至元孫即不在分限。其封總入承嫡房。一依上法為分者。若如此。則元孫諸物。比于嫡男計數之間。多校數倍。舉輕明重。理實未通。望請至元孫以下。準元孫直下一房。許依令式。餘並請停。唯享祭一分。百世不易。自然爭競永息。勳庸無替。

永泰二年正月十六日勅。自今已後。子孫襲實封。宜減半。永爲常式。至三月十八日勅。應請封家。三分給二分。待兵革稍寧。卽當全給。

大歷十一年九月二十四日勅。諸公主封物。公主薨後。三年不須停。

興元元年正月勅。諸軍諸道諸使應付奉天及進收京城將士等。或百戰摧敵。或萬里勤王。扞國全城。驅除大憝。濟危難者。其節著。復社稷者。其業榮。我圖爾功。特加彝典。錫名酬賦。永世無窮。宜並賜名奉天定難功臣。其有食實封者。子孫相繼。世世不絕。

貞元二年五月。故尚父汾陽王子儀實封二千戶。宜準式減半。餘以分襲。曖可襲代國公。通前襲三百戶。晞可襲二百五十戶。曙可襲二百五十戶。暎可襲二百二十五戶。

七年三月。戶部奏。伏以周漢故事。有功卽加地。有罪卽奪國。旣明賞罰。方申沮勸。其犯除名以上罪。有實封。準法合除。比來因循。兼不申舉。自今以後。應實封人。或人緣罪犯。其尚書省及本軍本使本貫奏狀。請令並標實封戶數本配州名。同奏。勅下戶部。以爲憑據。其犯徒罪。三分望奪一分。流罪奪一半。除名以上罪。卽準法悉除。並以本犯條論。不在減贖之限。其奉特勅貶謫驗制詞內所犯無正條者。伏請準流罪奪一半。勅旨依奏。

其年十一月勅。諸公主每年各給封物七百端疋。屯依舊例。春秋兩限支給。諸郡主每季各賜錢一百貫文。縣主每季各賜錢七十貫文。

八年八月。戶部奏。準貞元七年三月二十日勅節文。比來食實封人。多不依令式。皆身歿之後。子孫自申請傳襲。伏請自今以後。并今日以前應食實封人。并一年內準式具合襲子孫官品年名。并母氏嫡庶。於本貫陳牒。如無本貫。即於食封人本任本使申牒。如合襲人有罪疾及身死者。亦限一周年內申牒。請立以次合襲人。仍具家口陳牒。請附籍帳。本貫勘責當家及親近。如實是嫡長。即與責保。準式附貫。然後申省。到後即取文武職事三品正員一人充保。勅旨宜依。

二十一年七月六日勅。應食實封。其節度使宜令百戶給八百端疋。若是絹。兼給綿六百兩。伏以食封本因賞功。封之多少。視功之厚薄。不以官位散要。別置等差。其節度使兼宰相。準貞元二十年以前舊例處分。從之。

元和五年六月。戶部侍郎判度支李夷簡奏。應給食實封官。自貞元十三年以後。節度使宰相每百戶給八百端疋。若是絹。更給綿六百兩。節度使不兼宰相。每百戶給四百端疋。軍使及金吾諸衞將軍大將軍。每百戶給三百五十端疋。

內外官祿

武德元年十二月。因隋制。文武官給祿。正一品。七百石。從一品。六百石。正二品。五百石。從二品。四百六十石。正三品。四百石。從三品。三百六十石。正四品。三百石。從四品。二百六十石。正五品。二百石。從五品。一百六十石。正六品。一百石。從六品。九十石。正七品。八十石。從七品。七十石。正八品。六十石。從八品。五十石。正九品。四十石。從九品。三十石。並每年給。

貞觀二年二月二十日。詔官人得上考。給一季祿。至三年正月十一日。官得上下考。亦給其年六月。詔官人出使。皆廩其妻子。至十二月。詔外官新任。多有匱乏。準品計日給糧。

八年。中書舍人高季輔上表曰。仕以應務。亦以代耕。外官卑品。猶未得祿。既離鄉井。理必貧煎。但妻子之戀。賢知猶累其懷。飢寒之切。夷惠罕全其行。爲政之道。期于易從。若不恤其匱乏。唯欲勵其清儉。凡在末品。中庸者多。正恐巡察歲出。輶軒繼軌。不能肅其侵漁。何以求其政術。今戶口漸殷。廩倉已實。斟量給祿。使得養親。然後督以嚴科。責其報効。則庶官畢力。物議斯允。

永徽元年八月。詔文武五品以上。解官充侍者。宜準致仕人例。給半祿。

光宅元年十月二十日。勅諸內外官祿料。賜會二事已上。皆據上日給。新授官未上。所司及承勅使差充使者。祿料并考第。一事已上。並不在與限。如別勅應差使者。京官以勅出日。外官以勅符到日。爲上日。若新授外仍直諸司者。上日同京官。卽舊人應替。先別勅定名。充使未迴。兩應給而無正課料者。以當處官料充職田據新人上日爲斷。不別給舊人因使應別給者。經一季雖未了。不在給限。其制勅授官。雖勅符先到未上者。舊人無犯。不在停限。

天寶二年十一月十六日勅。京官兼太守等官俸料兩給者。宜停。其外官太守兼京官。除準式。親王帶京官。外任官。副大將軍。副使。知軍及正事京官兼內外官知政事。據文合兼給者。餘並從一處給。任逐穩便。

十四載八月勅。在京文武九品以上正員官。旣親於職務。可謂勤心。自今以後。每月給俸食雜用防閤庶僕等。宜十分爲率加二分。其同正員官。加一分。仍永爲常式。

至德二載四月勅。天下郡府及縣官祿白直品子等課。從今年正月一日以後。並量給一半。事平之後。當續支還。

貞元七年十二月勅。郡主壻授檢校四品京官。戶部每月給料錢三十貫文。度支給祿粟一百二十石。縣主壻檢校五品京官。戶部每月給料錢一十貫文。度支給祿米一百石。

大中三年九月勅。秦州刺史祿粟。每月給五十一石。原州威州刺史祿粟。每月各給四十一石。

唐會要卷九十一

內外官料錢上

武德已後。國家倉庫猶虛。應京官料錢。並給公廨本。令當司令史番官迴易給利。計官員多少分給。

貞觀十二年二月。諫議大夫褚遂良上疏曰。爲政之本。在于擇人。不正其源。遂差千里。漢家以明經拜職。或四科辟召。必擇器任使。量才命官。然則市井子孫。不居官吏。大唐制令。憲章古昔。商賈之人。亦不居官位。陛下近許諸司令史捉公廨本錢。諸司取此色人。號爲捉錢令史。不簡性識。寧論書藝。但令身能估販。家足貲財。錄牒吏部。使卽依補。大率人捉五十貫已下。四十貫已上。任居市肆。恣其販易。每月納利四千。一年凡輸五萬。送利不違。年滿受職。然有國家者。嘗笑漢代賣官。今開此路。頗類於彼。在京七十餘司。大率司引九人。更一二載後。年別卽有六百餘人輸利受職。伏惟陛下治致昇平。任賢爲政。或文學高第。或諸州進士。皆策同片玉。經若懸河。奉先聖之格言。慕昔賢之廉恥。拔十取五。量能授官。然犯禁違公。輒罹刑法。況乎捉錢令史。主於估販。志意分毫之末。耳目廛肆之間。輸錢於官。以獲品秩。在苒年歲。陛下能不使用之乎。此人習以性成。慣於求利。苟得無恥。莫蹈廉隅。使其居職。從何而可。將來之弊。宜絕本源。臣每周遊人間。爲國視聽。京司寮庶。爰及外官。異口同詞。皆言不便。伏願勑朝臣遣其詳議。上納之。其月二十三日。勅並停。改置胥士七千人。以諸州上戶充。准防閤例輸課。二年一替。計官員多少分給之。

二十一年二月七日。令在京諸司依舊置公廨給錢充本。置令史府史胥士等。迴易取利。以充官人俸。

永徽元年四月二日。廢京官諸司捉錢庶僕胥士。其官人俸料。以諸州租腳價充。

麟德二年八月十九日。詔文武五品已上。同武職班給仗身以掌閑幕士充之咸亨元年四月十二日。停給。

乾封元年八月十二日。詔京文武官應給防閤庶僕俸料。始依職事品。其課及賜。各依本品。

儀鳳三年八月二日。詔廩食爲費。同資於上農。歲俸所頒。並課於編戶。因地出賦。則沃瘠未均。據丁收物。則勞逸不等。俾之富教。其可得乎。永念于斯。載懷釐創。如文武內外官應給俸料課錢及公廨料度封戶租調等。遠近不均。貴賤有異。輸納簡選。事甚艱難。運送腳錢。損費實廣。公廨出舉迴易。典吏因此侵漁。撫字之方。豈合如此。宜令王公已下。百姓已上。率口出錢。以充防閤庶僕胥士白直折衝府仗身並封戶內官人俸食等料。既依戶次貧富有殊。載詳職務繁簡不類。率錢給用。須有等差。宜具條例。並各逐便。

光宅元年九月。以京官八品九品俸料薄。諸八品每年給庶僕三人。九品二人。

長壽三年三月。豆盧欽望請輟京官九品以上兩月俸物以助軍。左拾遺王永禮奏曰。陛下富有四海。足以儲畜軍國之用。何藉貧京官九品俸。而令欽望欺奪之。臣切不取。欽望執曰。秦漢皆有稅算以贍軍。永禮不識大體。妄有爭議。永禮曰。秦皇漢武稅天下。使空虛以事邊。奈何使聖朝倣習也。不知欽望此言。是識大體耶。遂寢不行。

開元六年七月。秘書少監崔沔議州縣官月料錢狀曰。養賢之祿。國用尤先。取之齊民。未爲剝下。何用立本息利。法商求資。皇運之初。務革其弊。託本取利。以繩富家。固乃一切權宜。諒非經通彝典。頃以州縣典吏。幷捉官錢。收利數多。破產者衆。散諸編戶。本少利輕。民用不休。時以爲便。付本收利。患及於民。然則議國事者。亦當憂人爲謀。恤下立計。天下州縣。積數旣多。大抵皆然。爲害不少。且五千之本。七分生利。一年所輸。四千二百。兼算勞費。不啻五千。在於平民。已爲重賦。富戶旣免其徭。貧戶則受其弊。傷民刻下。俱在其中。未若大率羣官。通計衆戶。據官定料。均戶出資。常年發賦之時。每丁量加升尺。以近及遠。損有兼無。合而籌之。所增蓋少。時則不擾。簡而易從。庶乎流亡漸歸。倉庫稍實。則當咸出正賦。罷所新加。天下坦然。十一而稅。上下各足。其不遠乎。

十年正月二十一日。令有司收天下公廨錢。其官人料。以萬戶稅錢充。每月準舊分利數給。至二十二日。勅王公以下。視品官參佐及京官五品已上。每月別給仗身職員錢。悉停。

十六年十一月十五日。勅文武百官俸料錢。所給物。宜依時價給。

十八年九月四日。御史大夫李朝隱奏。請籍民一年稅錢。充本。依舊令高戶典正等捉。隨月收利。供官人料錢。

二十二年四月十四日勅。京官兼外州都督刺史大都督府長史俸料。並宜兩給。至天寶二年十一月十六日勅。京官兼太守等官俸料兩給者。宜停。其外官太守兼京官準式。親王帶京官任外官副大將軍副大使知軍及知使事。京官兼外官知使事。據文合兼給者。仍任逐穩便。餘並從一處給。

二十四年六月二十三日勅。百官料錢。宜合爲一色。都以月俸爲名。各據本官。隨月給付。其貯粟宜令入祿數同申。應合減折及申請時限。並依常式。

一品。三十一千。月俸八千。食料一千八百。防閤二十千。雜用一千二百文。

二品。二十四千。月俸六千。食料一千五百。防閤十五千。雜用一千文。

三品。十七千。月俸五千。食料一千一百。防閤十千。雜用九百文。

四品。一十一千八百六十七文。月俸四千五百。食料七百。防閤六千六百文。雜用六百文。

五品。九千二百。月俸三千。食料六百。防閤五千。雜用五百文。

六品。五千三百。月俸二千三百。食料四百。庶僕二千二百。雜用四百文。

七品。四千五百。月俸一千七百五十。食料三百五十。庶僕一千六百。雜用三百五十文。

八品。二千四百七十五文。月俸一千三百。食料三百。庶僕六百二十五文。雜用二百五十文。

九品。一千九百一十七文。月俸一千五十文。食料二百五十。庶僕四百一十七文。雜用二百文。
天寶三載十三日。勅郡縣闕職錢。送納太府寺。自今已後。納當郡。充員外官料錢。不足。即取正官料錢分。若無員外官。當郡分。
五載三月二十日。勅郡縣官人及公廨白直。天下約計一載破十萬丁已上。一丁每月輸錢二百八文。每至月初。當處徵納。送縣來往。數日功程。在於百姓。尤是重役。其郡縣白直。計數多少。請用料錢。加稅充用。其應差丁充白直。望請並停。一免百姓艱辛。二省國家丁壯。
十四載八月四日。詔文武九品以上官員。既親職務。可謂勤心。自今已後。每月給俸食料雜用防閤庶僕等。宜十分率加二分。其同正員官。加一分。仍永為常式。至德二年已後。內外官並不給料錢。郡府縣官給半祿。
乾元元年。外官給半料。與職田。京官不給料。仍勅度支使量閑劇。分給手力課。員外官一切無料。至二年九月五日。詔京官無俸料。桂玉之費。將何以堪。官取絳州新錢。給冬季料。郎仰所由申請。計會支給。且艱難之際。國家是同。頃者急在軍戎。所以久虧祿俸。眷言憂恤。常愧於懷。今甫及授衣。略為賙給。庶賓時要。宜悉朕懷。
大歷十二年四月二十八日。度支奏加給京百司文武官及京兆府縣官每月料錢等。具件如後。

太師。太博。太保。太尉。司徒。司空。侍中。中書令。每月各一百二十貫文。中書門下侍郎。各一百貫文。東宮三太。左右僕射。各八十貫文。東宮三少。各七十貫文。六尚書。御史大夫。太常卿。各六十貫文。常侍。宗正卿。太子詹事。國子祭酒。各五十貫文。左右丞及諸司侍郎。給事中。中書舍人。御史中丞。太子賓客。殿中監。祕書監。司農等卿。將作等監。各四十五貫文。太子左右庶子。太常少卿。各四十貫文。諫議。諸司少府少監。各三十五貫文。國子司業。內侍。東宮三卿。各三十貫文。郎中。侍御史。司天監。少詹事。諸王傅。國子博士。諭德。中允。中舍。殿中。祕書。太常。宗正丞。各二十五貫文。殿中侍御史。著作郎。大理正。都水使者。總監。內常侍。給事中。各二十貫文。員外郎。通事。起居舍人。王府長史。各十八貫文。監察御史。臺主簿。補闕。王府司馬。司天少監。太子典內。太常博士。主簿。宗正主簿。門下錄事。中書主簿。各十五貫文。拾遺。司議。太子文學。祕書著作佐郎。國子太學。四門。廣文等博士。大理司直。詹事府丞及諸寺監丞。謁者監。中書門下主事。各十二貫文。洗馬。贊善。諸寺監主簿。詹事府司直。各十貫文。評事。各八貫文。諸校正。各六貫文。諸奉御。九成宮總監。諸王諮議。及諸陵令。各九貫二百文。城門。符寶。國子助教。六局郎。王府掾屬。太常侍醫。文學。錄事參軍。主簿。記室。諸衛及六軍長史。兩市令。諸副總監。武庫署令。太公廟令。各五貫三百文。太子通事舍人。東宮寺丞。太學。廣文助教。內坊丞。諸直長。內寺伯。千牛衞及諸率府長史。諸陵丞。諸陵署諸王府判司。司竹温泉監。尚書都事。都水及諸總監丞。司天臺丞。太子侍醫。諸司上局署令。及王府國令。苑四面副監。公主邑司令。各四貫一百一十六文。國子四門助教。律醫學博士。協律郎。內謁者。諸衞六軍左右衞率府等衞佐。諸王府參軍。大農。都省兵吏禮考功主事。春坊錄事。司竹副監。諸司中局署令。都水主簿。諸司上局署丞。及監廟邑司丞。司天臺靈臺郎。保章挈壺正。太醫署針醫。監尚藥局司醫。各四千百七十五文。太祝。奉禮。省中諸行主事。門下典儀。御史臺殿中。秘書。內侍省。春坊。詹事府主事。諸寺監。諸衞六軍諸司錄事。諸司中局署丞。及大理獄丞。諸司府監錄事。諸率府錄事。殿中省醫佐。食醫。奉輦。司庫。司廩。奉乘。鴻臚寺掌客。司儀。太僕寺主乘。內坊典直。司天臺司辰。司歷。監候。內侍省宮教博士。東宮三寺主簿。太常太樂鼓吹丞。醫正。按摩咒禁卜筮博士。及針醫卜助教。國子書算博士。及助教。諸王府國子丞。尉。諸總監主簿。各一千九百一十七文。武官左右金吾衞大將軍。各四十五貫文。六軍大將軍。左右金吾將軍。各四十貫文。諸衞大將軍。六軍將軍。各三十貫文。諸衞將軍。各二十五貫文。諸衞及六軍中郎。諸率府率副率。各一十一千五百六十七文。諸衞及六軍郎將。諸王府典軍副典軍。各九千二百文。諸衞及六軍司階。千牛及左右備身。各五千三百文。諸衞及六軍中候。太子千牛。各四千一百一十六文。諸衞及六軍司戈。太子備身。各二千四百七十五文。諸衞及六軍執戟及長上。各一千九百一十七文。京兆及諸府尹。各八

（十貫文。）少尹。兩縣令。（各五十貫文。）奏先。昭應。醴泉等縣令。司錄。（各四十五貫文。）畿令。（各四十貫文。）判司。兩縣丞。（各三十五貫文。）兩縣簿尉。奏先等縣丞。（各三十貫文。）奉先等主簿尉諸畿令。（各二十五貫文。）畿簿尉。（各二十貫文。）參軍文學博士錄事。（各一十貫文。）應給百司正員文武官月料錢外。官員准式例合支給料錢如後。

檢校官同中書門下平章事。（每月一百一十貫文。准大歷十二年六月七日敕。檢校官同中書門下平章事並同正官例就一高處給。）殿中省進馬。（准開元十七年五月十四日敕置。每人准一月納料錢一千九百一十七文。）僕寺進馬。（與殿中進馬同。）內侍省。（每月四十五貫文。）省監。（與諸少監同。）度支奏。歲約加一十五萬六千貫文。准舊給都當二十六萬貫文以來。伏望准數起六月一日給付。敕旨依。仍令所司起五月一日支給。至六月七日。戶部侍郎判度支韓滉奏。准今年四月二十八日恩敕。加給京文武官九品已上正員官月俸。其同中書門下平章事。不帶正官。敕內無額。應檢校官同中書門下平章事。並請同正官例。就一高處給。敕旨依。至建中三年閏正月四日。中書門下奏。文武百官每月料錢。一百貫以上者。三分減一。八十貫已上者。五分減一。六十貫已上者。七分減一。四十貫已上者。十分減一。三十貫以下者不減。待兵革寧後。豐年無事。即准常式處分。仍舊給。

其年五月。中書門下奏。得蘇州刺史兼御史大夫知臺事李涵。東都河南江淮山南等道轉運使。吏部尚書兼御史大夫劉晏戶部侍郎專判度支韓滉等狀．釐革諸道觀察使團練使及判官料錢．觀察使．（令兼使不在加給限．）每月除刺史正俸料外．每使每月請給一百貫文．雜給准時價不得過五十貫文．都團練副使每月料錢八十貫文．雜給准時價不得過三十貫文．觀察判官．（與都團練判官同．）每月料錢五十貫文．支使每月料錢四十貫文．推官每月料錢三十貫文．巡官准觀察推官例．已上每員每月雜給准時估不得過二十貫文．如州縣見任官充者．月料雜給減半．刺史知軍事．每人除正俸外請給七十貫文．如帶別使．不在加限．雜給准時估不得過三十貫文．州縣給料．（其大都督府長史准七府尹例．左右司馬准上州別駕例．支給料錢．）刺史八十貫文．別駕五十五貫文．長史司馬各五十貫．錄事參軍四十貫．判司三十貫．參軍博士各一十五貫．錄事市令等各一十三貫．縣令四十貫．丞三十貫．簿尉各二十貫．右謹具條件如前．其舊准令月俸雜料紙筆執衣白直但納資課等色．并在此數內．其七府准四月二十八日勅文不該者．並請依京兆府例處分．其中州中縣已下．三分減一分．其額內釐務比正官減半．其州縣官除差充推官巡官及司馬掌軍事外．如更別帶職．亦不在加給限．勅旨．宜依．

十四年正月．宰臣常衮與楊綰同掌樞務．道不同．先是．百官俸料寡薄．綰與衮奏請加之．時滉判度支．衮與滉各騁私懷．所加俸料．厚薄多由己．時諸少列各定月俸料為三十五千．滉怒司業張參．惟止給三十千衰惡少詹事趙甚遂給二十五千。又太子洗馬視司經局長官文學爲之貳。衰有親戚任文學者。給十二千。而給洗馬十千。其輕重任情。不通時政。多如此類。

興元元年十二月詔。京百官及畿內官俸料。准元數支給。自巡幸奉天。轉運路阻絕。百官俸料。或至闕絕。至是全給。從之。

貞元二年勅。左右金吾及十六衞將軍。自天寶艱難以後。雖衞兵廢缺。而品秩本高。宜增祿秩。以示優崇。並宜加給料錢及隨身幹力糧課等。其十六衞各置上將軍一人。秩從一品。左右金吾上將軍俸料。並同六軍統軍。諸衞上將軍。次于統軍。所司條件聞奏。

一十六員諸衞上將軍。左右衞本料各六十千。加糧賜等。每月各糧米六斗。鹽七合五勺。手力七人。資十千五文。私馬五匹。草三百束。料九石七斗五升。隨身十五人。糧米九石。鹽一斗一升三合五勺。春衣布一十五端。絹三十疋。冬衣袍紬一十五疋。絹三十疋。綿三十屯。二員左右金吾上將軍。左右金吾衞。並准上。一十二員左右武衞等本料五十五千。加糧料等。每月手力五人。資六千五百文。私馬四匹。草三百三十二束。料六石六斗。隨身一十三人。糧米七石八斗。春衣布十三端。絹二十四疋。冬衣袍紬十三疋。絹二十六疋。綿二十四屯。一十六員諸衞大將軍。左右衞左右金吾衞本料四十千五百。續加。准上隨衣一人。隨物隨人減料。左右武衞等雜衞本料三十六千文。續加。每月手力各四人。資二千文。私馬三匹。草一百六十束。料四石九斗五升。隨身十八人。糧米六石。春衣布一十端。絹三十疋。冬衣袍紬十疋。絹三十四疋。綿二十七屯。三十員諸衞將軍。左右衞左右金吾衛本料三十六千。續加。准上。左右武衛等雜衛本料二十千。續加。每月手力各三人資四千五百文。私馬兩匹草一百一十束料三石三斗。隨身八人糧米四石八斗。春衣布八端絹十六疋。冬衣袍紬八疋絹十六疋綿十六屯。六員統軍本料各六十五千。續加。春冬衣一付。每月糧米六斗。鹽七合五勺。私馬五匹草糧隨金吾。同金吾隨身。餘准諸衛上將軍。六員大將軍本料六十千文。續加。并准諸衛大將軍。六軍將軍本料三十千文。續加。准左武等雜衛將軍。射生神策大將軍本料三十六千文。續加。私馬五匹草料准上。隨身十四人。七人給衣不給料。七人給糧米四石三斗。鹽一斗五升。春衣布十四端絹二十八疋。鞋十四兩。冬衣袍紬十四疋絹二十八疋綿二十八屯。射生神策將軍本料三十千文。續加。私馬三匹草料准上。隨身十二人。六人給衣不給糧。六人全給糧米三石六斗。鹽九升。春衣布十二端絹二十四疋。鞋十二兩。冬衣袍紬十二疋絹二十四疋綿二十四屯。

三年六月。中書侍郎同平章事李泌奏。加百官俸料。各具品秩。以定月俸。隨曹署閑劇。加置手力資課雜給等。議者稱之。

四年。中書門下奏。京文武及京兆府縣官。總三千七十七員。據元給及新加。每月當錢五萬一千四百四貫六百十七文。一年都當六十一萬六千八百五十五貫四百四文。舊額三十四萬八千五百貫四百文。新加二十六萬八千三百五十五貫四文。文官一千八百九十員。三太。各二百貫文。三公。各一百八十貫文。侍中中書令。各一百六十貫文。中書門下侍郎。左右僕射。太子三太。各一百三十貫文。六尚書。御史大夫。太子三少。各一百貫文。常侍。太常宗正卿。京兆尹。各九十貫文。左右丞。諸司侍郎。給事舍人。御史中丞．太子賓客．詹事．國子祭酒．諸卿．監．內侍監．各八十貫文．諫議．庶子．太常宗正少卿．各七十貫文．司業．少詹事．諸少卿．少監．內侍．各六十五貫文．諭德．諸曹郎中．東宮三卿．各五十貫文．員外郎．起居舍人．侍御史．王府長史．著作郎．太子中舍．中允．國子博士．太常宗正．殿中．祕書等丞．大理正．都水使者．京都總監．內常侍．各四十貫文．補闕．殿中侍御史．通事舍人．各三十五貫文．拾遺．監察．司天少監．王府司馬．贊善．洗馬．奉御．陵令．內給事．典內．太常博士．司舍．太常宗正．御史臺主簿．中書主書．門下錄事．各三十貫文．太子文學．祕書郎．著作佐郎．城門．符寶郎．大學．廣文．四門博士．大理司直．大理．詹事．諸寺監丞．內謁者監．中書門下主事．各二十五貫文．評事．國子助教．王府諸議．及司天正．宮正．六局郎．諸衛．六軍長史．諸寺及詹事主事．詹事司直．太子通事舍人．東宮三寺丞．太子文學．廣文助教．千牛衛及率府長史．七品陵丞．都水丞．諸直長．各二十貫文．四門助教．協律郎．諸衛及六軍衛佐．校書．正字．奉禮．大税．尚書都事．九成宮總監．各十六貫文．諸寺監．內侍省．詹事府．司天臺錄事．主事．各八貫文．王府掾屬．錄事參軍．主簿．侍御醫．兩市令．中書．武庫署令．武成王廟令．司天丞．各十貫文．內坊丞．內寺主．王府判司．王府國令．諸司上局署令．太子侍醫．公伯邑司．總監丞．司竹．溫泉監．七品陵廟令．司天臺主簿．各六貫文．律學博士．內謁者．王府參軍．諸司中局署令．王府大農．諸司上局署丞．邑司丞．司天靈臺郎．保章．挈壺正．京苑四面監．太常醫博士及監醫．八品陵廟令．尚藥局司醫．司竹溫泉監丞．各四貫文．諸司中局署丞．大理獄丞．鴻臚掌客．諸司府監作監事計官屬佐食醫．各二貫文．尚輦太僕主乘僕寺典乘軍衛率府親勳翊府兵曹典膳兩令司天臺司辰司歷監候內坊典直內侍省宮教博士太常寺樂正及醫卜正九品陵廟丞苑四面監丞．王府國丞尉按摩呪禁卜筮博士及針醫助教諸總監主簿國子書算及律助教．各一千文．武官八百五十六員．七十二員四品．各十七千三百五十文．一百三十六員五品．各一十千八百文．九十六員六品．各七千九百五十文．九十八員七品．各六千一百七十四文．一百三十六員八品．各三千七百十二文．五百五十八員九品．各二千八百七十五文．並雜給校簿每貫加五百文支給京兆府縣官．唯兩縣簿尉加五千文．餘幷同大歷十二年四月二十八日勅．右中書門下准去年十一月二十八日勅京官宜加料錢．准勅商量．謹條件如前．勅旨依．

十年二月詔．應文武朝官有薨卒者．自今已後．其月俸料宜皆全給．仍更准本官一月俸錢以爲賻贈．若諸司三品已上官及尚書省四品官．仍令有司舉舊令聞奏．行弔祭之禮．務從優備．初左庶子雷咸以是月朔卒．有司以故事計其月俸．以月數給之．上聞之．故有是命．

十五年十二月詔．今年十月三日權減諸道諸州刺史判軍事料及專知勾當官加手力課．幷減州縣官手力門倉庫獄囚子驛館廨宇等錢。宜一切卻仍舊。初獻計者言收諸道軍事錢及手力資課等。當得百數十萬貫。可以助軍。于頔時判度支。又贊成之。及算計大數。止于三十萬貫。而數中更有耗折雜破。纔得十餘萬貫。輿論甚以爲不便。韋皐張建封又相次奏言所得甚微。所失體大。又因此人心頗不安。故命復古也。

元和六年閏十二月。勑。河東。河中。鳳翔。易定四道。州縣久破。俸給至微。吏曹注官。將同比遠。在於治體。切要均融。宜以戶部錢五萬五千貫文。充加四道州縣官課。

七年五月。加賜澤、潞、磁、邢、洺五州府縣官料錢二萬貫文。其年十二月。以鄜、坊、邠三州官吏近邊俸薄。各加賜其料錢。

其年。中書門下奏。國家舊章。依品制俸。官一品月俸三十千。其餘職田祿米。大約不過千石。自一品以下。多少可知。艱難以來。網禁漸弛。於是增置使額。厚請俸錢。故大歷中權臣月俸有至九千貫者。列郡刺史。無大小給皆千貫。常袞爲相。始立限約。至李泌又量其閑劇。隨事增加。時謂通濟。理難減削。然有名存職廢。額去俸存。閑劇之間。厚薄頓異。將爲定式。須立常規。制從之。乃命給事中段平仲。中書舍人韋貫之。兵部侍郎許孟容。戶部侍郎李絳等。詳定減省。從之。

十二年四月。勑。京百官俸料。從五月以後。並宜給見錢。其數內一半充給元估疋段者。卽據時估實數迴給見錢。

其年十一月勅。工部尚書邢士美以疾未任赴京。宜就東都將息。疾損日赴任。其料錢准上官例。令有司支給。

十三年六月。以德棣滄景四州頃遭水潦。給復一年。遂定四州官吏俸錢料。刺史每月一百五十千。望緊上縣令每月四十千。餘有差。

十四年四月。重定淮西州縣俸祿。以蔡州爲緊。刺史月俸一百八十千。申光二州爲中。刺史月俸一百五十千。長史已下有差。

十五年六月。勅曰。朕聞帝王所重者國體。所切者人情。苟得其體。必臻于太和。如失其情。是由于小利。況設官求理。頒祿責功。既有常規。寧宜就減。近者以每歲經費。量入不充。外官俸料。據數抽貫。朕再三思度。終所未安。念彼遐方。或從卑官。一家所給。三載。言歸在公當甘於廉潔。受祿又苦于減剋。待我庶吏。豈其然乎。雖憂國之誠。固須贍助。而恤人之慮。將起怨咨。必若水旱爲虞。干戈未戢。事非獲已。人亦何辭。今則幸遇豐登。又方寧謐。九州之內。永絕妖氛。三邊之上。冀除烽警。自宜剋己以足用。安可剝下而爲謀。臨軒載懷。實所增愧。其度支所準五月二日勅。應給用錢。每貫抽五十文。都計一百五十萬貫文。並宜停抽。初。宰相以國用不足。故權請抽減。課官及言事者。累陳表章。以爲非便。故復下此詔以罷之。

唐會要卷九十二

內外官料錢下

長慶元年二月勅。司徒兼中書令韓宏。疾未全平。尙須在假將息。其俸料宜從勅下日便令所司支給。

四年五月勅。近日訪聞京城米價稍貴。須有通變。以公濟私。宜令戶部應給百官俸料。其中一半合給段疋者。迴給官中所糴粟。每斗折錢五十文。其段疋委別貯。至冬糴粟塡納太倉。時人以爲甚便。

太和四年七月勅。吏部奏。應比遠道州縣官課料。請令依元額料計支給。不得更有欠折。勅旨依奏。

其年七月勅。應外任官帶一品正官京職。縱不知政事。且依俸料。宜付所司。並令兼給。

七年一月。戶部侍郎庾敬休奏。應文武九品已上每月料錢。一半合給段疋絲綿等。伏以自冬涉春。久無雨雪。米價少貴。人心未安。自德音放免逋懸。賑恤貧民。中外羣庶。已感皇慈。至于衣冠之家。素乏儲蓄。朝夕取給。猶足爲憂。以臣愚見。若令百官料錢內。一半停給段疋絲綿等。迴給太倉粟。每斗計七十文。在衆庶必見懽康。于公家無所虧減。待至麥熟米價稍賤。卽依前卻給段疋等。酌于事理。庶叶變通。勅旨。宜依。

八年八月。劍南東川觀察使楊嗣復奏。管內普合渝三州刺史元請料錢。每月各四十五貫。請各添至六十貫。勅旨。依奏。

九年六月勅。宰相俸料。宜依元和十四年以前舊例。並給見錢。

開成二年八月。戶部侍郎李珏奏。京諸司六品以下官。請假往外府。違假不到本官。停給料錢。勅旨。違限停俸料。餘依準令式。

四年三月勅。侍講學士兼太子少師王起。宜兼給料錢。

五年三月。中書門下奏。準今年二月八日赦節文。應京諸司勒留官。令本處剋留手力雜給錢。與攝官者。臣等檢詳諸道正官料錢絕少。雜給手力則多。今正官勒留。亦管公事。俸入多少。事未得中。臣等商議。其料錢雜給等錢。望每貫割留二百文與攝官。其職田祿米。全還正官。從之。

會昌元年。中書門下奏。河東隴州鄜坊邠州等道。比遠官加給課料。河東等道。或與王畿邦。或陪京近地。州縣之職。人合樂爲。祇緣俸課寡薄。官同比遠。伏準元和六年閏十二月十二日及元和七年十二月二十日勅。河東鳳翔鄜坊邠州易定等道。令戶部加給課料錢。共六萬二千五百貫文。吏曹出得平流官數百員。時議以爲至當。自後訪聞戶部所給零碎。兼不及時。觀察使以其虛折。皆別將破用。徒有加給。不及官人。近地好官。依前比遠。臣等商議。伏望今日以後。令戶部以實物仍及時支遣。諸道並委觀察判官專判此案。隨月加給官人。不得別將破用。如有違越。觀察判官遠貶。觀察使奏取進止。選人　成後。皆于城中舉債。到任塡還。致其貪求。罔不由此。其今年河東隴西鄜坊邠州新授比遠官等。望許連狀相保。戶部各借兩月之數。加給料錢。至支給時剋下。所冀初官到任。不滯息債。衣食稍足。可責淸廉。從之。

內外官職田

武德元年十二月制。內外官各給職分田。京官一品十二頃。二品十頃。三品九頃。四品七頃。五品六頃。六品四頃。七品三頃五十畝。八品二頃五十畝。九品二頃。雍州及外州官二品十二頃。三品十頃。四品八頃。五品七頃。六品五頃。七品四頃。八品三頃。九品二頃五十畝。

貞觀十一年三月。勅內外官職田。恐侵百姓。先令官收。慮其祿薄家貧。所以別給地子。去歲緣有水旱。遂令總停。玆聞卑官頗難支濟。事須優恤。使得自資。宜準元勅給其地子。

景龍四年三月。勅旨頒行天下。凡屬文武官員五品以下。各加田五畝。五品以上。各加田四畝。

開元十年正月。命有司收內外官職田。以給逃還貧民戶。其職田以正倉粟畝二升給之。

其年六月。勅所置職田。本非古法。爰自近制。是以因循。事有變通。應須刪改。其內外官所給職田地子。從今年九月以後。並宜停給。

十八年三月。勅京官職田。將令準令給受。復用舊制。

十九年四月。勅天下諸州縣幷府鎭戍官等職田頃畝籍帳。仍依允租價對定。無過六斗。地不毛者。畝給二斗。

二十九年二月。勅。外官職田委所司準例倉中受納。納畢一時分付。縣官亦準此。

其年三月。勅。京畿地狹。民戶殷繁。計丁給田。尚猶不足。兼充百官苗子。固難周濟。其諸司官令分在都者。宜令所司具作定額。計應受職田。並於都畿給付。其應退地。委採訪使與本州長官給貧下百姓。其應給職田。亦委採訪使與所由長官勘會同給。仍永爲常式。

天寶元年六月。勅。如聞河東河北官人職田。既納地租。仍收桑課。田樹兼稅。民何以堪。自今以後。官人及公廨職田有桑。一切不得更徵絲課。

十二載十月。勅。兩京百官職田。承前佃民自送。道路或遠。勞費頗多。自今已後。其職田去城五十里內者。依舊令佃民自送入城。自餘限十月內便於所管州縣幷腳價貯納。其腳價五十里外每斗各徵二文。一百里外不過三文。並令百官差本司請受。

上元元年十月。勅。京官職田準式並令佃民輸送至京。

廣德二年十月。宰臣等奏。減百司職田租之半。以助軍糧。從之。

大歷二年正月。詔。京兆府及畿縣官職田。宜令準外州府縣官例。三分取一分。至十月。減京官職田一分充軍糧。二分給本官。

十四年八月。勅。內外文武官職田。及公廨田。準式。州縣每年六月三十日勘造白簿申省。與諸司文解勘會。至十月三十日徵收。給付本官。近來不守常規。多不申報。給付之際。先付淸望要官。其閒慢卑官。即被延引不付。自今以後。準式各令送付本官。又準式職田黃籍每三年一造。自天寶九載以後。更不造籍。宜各委州縣。每年差專知官巡覆。仍造簿依限申交所司。不得隱漏及妄破蒿荒。如有違犯。專知官及本典準法科罰。

貞元四年八月勅。準田令。永業田職事官從一品。郡王各五十頃。國公若職事官正二品。各四十頃。郡公若職事官從二品各三十五頃。縣公若職事官從三品。各二十頃。侯若職事官正四品。各十四頃。伯若職事官從四品。各十一頃。

十四年六月。判度支于頔請收百官闕職田。以贍軍須。從之。

元和六年八月。詔百官職田。其數甚廣。令緣水潦。諸處道路不通。宜令所在貯錢。充度支支用百官卻令據數於太倉請受。

十三年三月。詔百司職田。多少不均。爲弊日久。宜令每司各收職田草粟等數。自長官以下。據多少人作等差除留闕官外分給。

長慶元年七月。勅百司職田。在京畿諸縣者。訪聞本地多被所由侵隱。抑令貧戶佃食蒿荒。百姓流亡。半在於此。宜委京兆府勘會均配。務使公平。

其年十月勅司兼中書令合屬內官各依舊外．再加田五畝．七品以下仍舊．

寶歷元年四月制．京百司田散在畿內諸縣．舊制配地出子．歲月已深．佃戶至有流亡．官曹多領虛數．今欲據額均入地鏹萬戶供輸百司．盡得隨稅出子．逐畝平攤．比量舊制．執爲允便．宜委京兆府與屯田審勘計會條流聞奏．

開成二年五月．判國子祭酒事門下侍郎平章事鄭覃奏．太學新置五經博士各一人．屯田素無職田．請依王府官品秩例．賜以祿粟．從之．

會昌六年十月．京兆府奏諸縣徵納京百司官秩職田斛斗等．伏請從今已後．卻準會昌元年已前舊例．上司官斛斗．勒民戶使自送納．所冀輸納簡便．百官各得本分職田．縣司所由無因隱欺者．並從之．

大中元年十月．屯田奏．應內外官請職田．陸田限三月三十日．水田限四月三十日．麥田限九月三十日．已前上者入後人．已後上者入前人．伏以令式之中．並不該閏月．每遇閏月．交替者即公牒紛紜．有司即無定條．莫知所守．伏以公田給使．須準期程．時限未明．實恐遺闕．今請至前件月遇閏．即以十五日爲定式．十五日以前上者入後人．已後上者入前人．據令條．其元闕職田．並限六月三十日．春麥限三月三十日．宿麥限十二月三十日．已前上者入新人．已後上者．並入舊人．今亦請至前件月遇閏．即以十五日爲定式．所冀給受有制．永無訴論．勅曰．五歲再閏．固在不刊．二稔職田．須有定制．自此已後．宜依屯田所奏永爲常式。

唐會要卷九十三

諸司諸色本錢上

武德元年十二月。置公廨本錢。以諸州令史主之。號捉錢令史。每司九人。補於吏部所主纔五萬錢以下。市肆販易。月納息錢四千文。歲滿授官。

貞觀元年。京師及州縣皆有公廨田。以供公私之費。其後以用度不足。京官有俸賜而已。諸司置公廨本錢。以番官貿易取息。計員多少爲月料。

十一年。罷諸司公廨本錢。以天下上戶七千人爲胥士。視防閤制而收其課。計官多少而給之。

十二年。復置公廨本錢。諫議大夫褚遂良上疏言。七十餘司。更一二歲。捉錢令史六百餘人受職。太學高第。諸州進士。拔十取五。猶有犯禁罹法者。況廛肆之人。苟得無恥。不可使其居職。太宗乃罷捉錢令史。復給百官俸。又令文武職事三品以上給親事帳內。以六品七品子爲親事。以八品九品子爲帳內。歲納錢千五百。謂之品子課錢。凡捉錢品子。無違負者。滿二百日。本屬以簿附朝集使。上於考功兵部。滿十歲。量文武授官。

十八年。以京兆府岐同華邠坊州隙地陂澤可墾者。復給京官職田。

二十一年二月。令在京諸司依舊置公廨本錢。捉以令史府史胥士等。令迴易納利。以充官人俸。至永徽元年。廢之。以天下租脚直爲京官俸料。其後又薄斂一歲稅。以高戶主之。月收息給俸。尋顯以稅錢給之。總十五萬二千七百三十緡。

光宅元年。秘書少監崔沔請計戶均出。每丁加升尺。所增蓋少。流亡漸復。倉庫充實。然後取於正賦。罷新加者。至開元十年。中書舍人張嘉貞又陳其不便。遂罷天下公廨本錢。復稅戶以給百官。籍內外職田

開元十八年。御史大夫李朝隱奏請籍百姓一年稅錢充本。依舊令高戶及典正等捉。隨月收利。將供官人料錢。並取情願自捉。不得令州縣牽捉。

其年。復給京官職田。州縣籍一歲稅錢爲本。以高下捉之。月收贏以給外官。復置天下公廨本錢。收贏十之六。

天寶元年。員外郎給料。天下白直歲役丁十萬。有詔罷之。計數加稅以供用。人皆以爲便。自開元後。置使甚衆。每使各給雜錢。

至德二年七月。宣諭使侍御史鄭叔清奏。承前諸使下召納錢物。多給空名告身。雖假以官賞。其忠義。猶未盡才能。今皆量文武才藝。兼情願穩便。據條格議同申奏聞。

乾元元年。勅長安萬年兩縣各備錢一萬貫。每月收利。以充和雇。時祠祭及蕃夷賜宴別設。皆長安萬年

人吏主辦。二縣置本錢。配納質債戶收息。以供費。諸使捉錢者給牒免徭役。有罪府縣不敢劾治。民間有不取本錢。立虛契。子孫相承爲之。

寶應元年勅。諸色本錢。比來將放與人。或府縣自取。及貧人將捉。非惟積利不納。亦且兼本破除。今請一切不得與官人及窮百姓并貧典吏。揀擇當處殷富幹了者三五人。均使翻轉迴易。仍放其諸色差遣。庶符永存官物。又冀免破家。

大歷六年三月勅。軍器公廨本錢三千貫文。放在人上。取利充使以下食料紙筆。宜於數內收一千貫文。別納店鋪課錢。添公廨收利雜用。

貞元元年四月。禮部尚書李齊運奏。當司本錢至少。廚食闕絕。請準秘書省大理寺例。取戶部闕職官錢二千貫文。充本收利。以助公廚。可之。

其年九月八日勅。自今後應徵息利本錢。除主保逃亡。轉徵鄰近者放免。餘並準舊徵收。其所欠錢。仍任各取當司闕官職田。量事糶貨。充填本數。并已後所舉。不得過二十貫。

十二年。御史中丞王顏奏。簡勘足數。十王廚。二十貫文。十六王宅。三百九十二貫八百二十五文。門下省。三千九百七十貫四十文。中書省。五千九百九十八貫文。集賢院。四千四百六十八貫八百文。崇元館。五百貫文。宏文館。七百二十六貫二百文。太清宮。一千貫文。史館。一千三百一十貫四百文。尚書都省。一萬二百一十五貫二百三十八文。

吏部尚書銓。三千一百八十二貫二十文。東銓。二千四百四十五貫三百一十文。西銓。二千四百三十三貫六百六十一文。南曹。五百八十貫文。甲庫。二百八十四貫六十五文。功狀院。二千五百貫文。流外銓。三百貫文。急畫。五百貫文。主事。五百貫文。白院。五千六百二十三貫文。考功。一千五百二十六貫一百九十五文。司勳。二百二十八貫文。兵部。六千五百二十貫五百五十二文。戶部。六千貫五百五十六文。工倉部。四百二十七貫三百三十文。刑部。六十貫文。禮部。三千五百二十八貫五百三十七文。工部。四千三百二十貫九百五十九文。御史臺。一萬八千五百九十一貫文。東都御史臺。五百貫文。西京觀察使。五千四十六貫八百五文。三衞使。五百貫文。軍器使。二千一百九十一貫一百三十文。監食使。七十四貫五十文。秘書省。四千七十貫文。殿中省。二百三十八貫五百文。太常寺。一萬四千二百五十四貫八百文。太常禮院。一千七百貫文。光祿寺。一百五十六貫文。衞尉寺。一千二百四貫八百七文。宗正寺。一千八百八十四貫文。大理寺。五千九十二貫八百文。大僕寺。三千貫文。鴻臚寺。六千六百五貫一百二十九文。司農寺。五千六百五貫二百八十二文。太倉諸色供。七百八十七貫四百二十四文。太府寺。二千二百八十一貫六百三文。左藏庫將作監。七百貫文。少府監。六百七十八貫七百文。中尚。七百七十貫文。國子監。三千三百八十二貫三百六十文。詹事府。一千七百一十六貫七百三十二文。家令寺。七百八十七貫九百文。僕寺。四百貫文。左春坊。一百八十四貫六百文。右春坊。二百八十貫文。崇文館。八百一十貫文。司天臺。二百八十貫文。皇城留守。一千二百三十四貫八百文。右金吾衞。九千貫文。右金吾引駕仗。三千三百六十九貫文。右街使。一千八百六十貫八百三十文。左金吾衞。九千九貫五百文。左金吾引駕仗。六千一百二十貫文。左街使。三千九百十六貫三百八十文。總監。三千貫文。京兆府。四萬八千八百八十九貫二百二十四文。京兆府御遞院。二千五百貫文。

二十一年正月制。百官及在城諸使息利本錢。徵放多年。積成深弊。宜委中書門下與所司商量其利害。條件以聞。不得擅有禁錢。務令通濟。

其年七月中書門下奏。勅釐革京百司息利本錢。應徵近親及重攤保。幷遠年逃亡等。今年四月十七日勅本利幷放訖。其本事須借錢添塡。都計二萬五千九百四十三貫六百九十九文。伏以百司本錢。久無疏理。年歲深遠。亡失頗多。食料既虧。公務則廢。事須添借。令可支持。伏望聖恩許令準數支給。仍請以左藏庫度支除陌錢充。勅旨宜依。

諸司諸色本錢下

元和二年六月。中書門下上言。聖政維新。事必歸本。疏理五坊戶色役。令府縣卻收。萬民欣喜。恩出望外。臣等敢不釐革舊弊。率先有司。其兩省納課陪廚戶及捉錢人。總一百二十四人。望令歸府縣色役。勅旨從之。

六年四月。御史臺奏。諸使廬有捉利錢戶。請同臺省例。如有過犯。差遣並任府縣處置。從之。

其年五月。御史中丞柳公綽奏。請諸司諸使應有捉利錢戶。其本司本使給戶人牒身。稱準放免雜差遣夫役等。如有過犯。請牒送本司本使科責。府縣不得擅有決罰。仍永爲常式者。臣昨因奉進止。追勘閑廏使下利錢戶割耳進狀。劉嘉和訴。被所由分外科配等事。由因勘責劉嘉和所執牒身。所引勅文。檢勅不獲。牒閑廄使勘勅下年月日又稱遠年文案失落。今據閑廄使利錢案。一使之下已有利錢戶八百餘人。訪聞諸使。並同此例。戶免夫役者。通計數千家。況犯罪之人又常僥倖。所稱捉利錢戶。先亦不得本錢。百姓利其牒身。情願虛立保契。文牒一定。子孫相承。至如劉嘉和情願充利錢戶。事由緣與人毆鬭。打人頭破時。便於閑廄使情願納利錢。得牒身免府縣科決。實亦不得本錢。已具推問奏聞訖。伏奉進止。今臣具條流奏聞者。今請諸司諸使所管官錢戶。並依臺省舉本納利人例。諸司諸使更不得妄有准勅給牒身免差遣夫役。及有過犯。許作府縣處分。如官典有違。請必科處。使及長官奏聽進止。其先給牒者。並仰本司本使收毀。入後在人戶處收毀不盡。其官典必有科責。其捉錢戶原不得本錢者。亦任使不納利。庶得州府不失丁夫。姦人免有僥倖。勅旨。宜依。

九年十一月。戶部奏。準八月十五日勅。諸司食利本錢。出放已久。散失頗多。各委本司勘會。其合徵錢數。便充食錢。若數少不充。以除陌五文錢量其所欠添本出放者。令準勅各牒諸司勘會。得報。據秘書省等三十二司。牒應管食利本錢物五萬三千九百五十二貫九百五十五文。（各隨司被逃亡散失見在徵數額與元置不同。今但據元置數額而已。）秘書省。（三千三百八十四貫五百文。）太常寺。（六千七百二十二貫六百六文。）光祿寺。（一千二百九十九貫六十四文。）宗正寺。（一百十七貫九十五文。）衞尉寺。（一千二百五十貫九百文。）太僕寺。（一千九貫五百文。）大理寺。（五千九百二十四貫七百四十文。）鴻臚寺。（二千六百六十貫文。）司農寺。（二千七百三十五貫七百七十文。）太府寺。（一千五百八貫九百文。）殿中省。（九百九十貫五百五十文。）詹事府。一千一百九十一貫三百七七文。國子監。二千六百四十四貫二百五十文。少府監。一千三百三十四貫七百三十一文。將作監。一千六百十七貫文。左春坊。一千三百八貫七百七文。右春坊。一千貫文。司天臺。三八十貫文。家令司。一千八百一十貫七百文。太僕寺。四百三十六貫六百五十文。總監。二千六百七十二貫文。左藏庫。六百二十貫文。尙食局。三百三十八貫文。尙舍局。三百七十四貫三百文。尙輦局。一百貫文。太倉。二千四百十五貫六百八十一文。內中局。六百三十六貫二百文。萬年縣。三千四百貫六百文。長安縣。二千七百四十五貫四百三十三文。左衞。五百四十貫文。左司禦帥府。二百一十貫文。右司禦帥府。一百貫文。勑宜委御史臺仔細簡勘具合徵放錢數及量諸司閒劇人目。加減條流奏聞。

其年十二月勑。比緣諸司食利錢。出舉歲深。爲弊頗甚。已有釐革。別給食錢。其御史臺奏所勘責秘書省等三十二司食利本錢數內。有重攤轉保。稱甚困窮者。據所欠本利並放。其本戶中納利如有十倍已上者。既緣輸利歲久。理亦可矜。量准前本利並放。其納經五倍已上。從今年十二月以前應有欠利並放。起元和十年正月已後。準前計利徵收。其餘人戶等。計其倍數納利非多。不可一例矜放。宜並委本司準前徵納。其諸司所徵到錢。自今以後。仍於五分之中常抽一分。留添官本。各勒本司以後相承收管。其諸司應見徵納及續舉放所收利錢。並準今年八月十五日勑。充添修司廨宇什物及令史驅使官廚料等用。仍委御史臺勾當。每常至年終勘會處分。其諸司除疏理外。見在本錢。據額更不得破用。如有欠失。卽便勒主掌官典所由等。據數塡賠。其中書門下兩省及尙書省御史臺。應有食利錢外。亦便令準此條流處分。

十年正月。御史臺奏。秘書省等三十二司。除疏理外。見在食利本錢。應見徵納及續舉放所收利錢。準勑並充添修當司廨宇什物及令史驅使官廚料等用。準元和九年十二月二十九日勑。仍委御史臺勾當。每至年終勘會處分。及諸司疏理外。見在本錢。據額不得破用。如有欠失。郎便勒主掌官典所由等塡陪者。其諸司食利本錢疏理外合徵收者。請改案額爲元和十年新收置公廨本錢。應緣添修廨宇什物及令史府史等廚。並用勒本司據見在戶名錢數。各置案歷。三官通押。逐委造帳印訖入案。仍不得侵用本錢。至年終勘會欠少本利。官典諸節級準法處分。庶官錢免至散失。年額既定。勾當有憑。勑旨。宜依。

十一年八月。勑。京城百司諸軍諸使及諸道應差所由。幷召人捉本錢。右御史中丞崔從奏。前件捉錢人等。比緣皆以私錢添雜官本。所防耗折。裨補官利。近日訪聞商販富人。投身要司。依託官本。廣求私利。可徵索者。自充家產。或逋欠者。證是官錢。非理逼迫。爲弊非一。今請許捉錢戶添放私本。不得過官本錢。勘責有贓。並請沒官。從之。

其年九月。東都御史臺奏。當臺食利本錢。從貞元十一年至元和十一年。息利十倍以上者。二十五戶。從貞元十六年至元和十一年。息利七倍以上者。一百五十六戶。從貞元二十年至元和十一年。息利四倍以上者。一百六十八戶。伏見去年京畿諸司本錢。並條流甄免。其東都未蒙該及者。竊以淮寇未平。供饋倘切。人力少疲。衣食屢空。及納息利年深。正身既沒。子孫又盡。移徵親族旁支。無支族。散徵諸保人。保人逃死。或所由代納。縱倪施孤獨。仰無所依。立限踰年。虛繫錢數。公食屢闕。民戶不堪。伏乞天恩。同京諸司例。特甄減裁下。勅旨。從奏。

十二年正月。門下省奏。應管食利本錢。總三千四百九十八貫三百二十一文。宰相已下至主錄等食利三百七十八貫三百四十餘文。直省院本錢。準建中三年四月十五日勅。以留院入錢置本。中書省奏。當省食利本錢。共五千貫文。宰相以下官至主錄等食利錢一千貫。直省院食利本錢。準建中二年四月勅。當院自斂置本。準元和九年十二月九日勅。令勘會疏理。其見在合徵錢。準勅合充添修當司廨宇什物。其省院本錢。緣是當院自斂置本。請便充本添廚等用。勅旨。依奏。

十四年十月。御史中丞蕭俛奏。應諸司諸軍諸使公廨諸色本利錢等。伏緣臣當司及秘書省等三十二司利錢。伏準本年七月十三日赦文。至十倍者本利並放。展轉攤保。至五倍者本利並放。緣前件諸司諸使諸軍利錢。節文並不該及。其中有納利百姓。見臣稱訴。納利已至十倍者。未蒙一例處分。求臣上達天聽。臣已面陳奏訖。伏以南北諸司。事體無異。納利百姓。皆陛下赤子。若恩澤均及。則雨露無偏。伏望聖慈。特賜放免。勅旨。從奏。

十五年二月。詔內外百官食利錢。十倍至五倍以上。節級放免。仍每經十年。即內外百司各賜錢一萬貫充本。據司大小。公事閒劇。及當司貧富。作等第給付。

其年八月。賜教坊錢五千貫。充本以收息利。

長慶元年三月勑。添給諸司本錢。準元和十五年五月十一日勑。內外百司。準二月五日赦文。宜共賜錢一萬貫文。以戶部錢充。仍令御史臺據司額大小公事閒劇爲等第均配。

三年十一月。賜內園本錢一萬貫。軍器使三千貫。

其年十二月。賜五坊使錢五千貫。賜威遠鎭一千貫。以爲食利。

太和元年十二月。殿中省奏。尙食局新舊本錢。總九百八十貫文。伏以尙食貧虛。更無羨餘添給。伏乞聖慈。更賜添本錢二千貫文。許臣別條流方圓諸色改換收利支用。庶得不失公事。勑旨。賜本錢一千貫文。以戶部五文抽貫錢充。

七年八月勑。中書門下省所將本錢。與諸色人給驅使官文牒。於江淮諸道經紀。每年納利。並無元額許置。如聞納利殊少。影射至多。宜並勒停。兩省先給文牒。仍盡追收。其去年所減人數雖挾名。尙執兩省文牒。亦宜收訖聞奏。以後不承正勑。不在更置之限。

開成三年七月勑。尙書省自長慶三年賜本錢後。歲月滋久。散失頗多。或息利數重。經恩放免。或民戶逋欠。無處徵收。如聞尙書丞郎官入省日。每事闕供。須議添助。除舊賜本錢徵利收。及吏部告身錢外。宜每月共賜一百貫文。委戶部逐月支付。其本錢任準前收利添充給用。仍委都省納勘舊本。及新添錢量多少均配。逐行分析聞奏。

四年六月。上御紫宸殿。宰臣李珏奏。堂廚食利錢一千五百貫文。供宰相香油蠟燭。捉錢官三十八頗擾百姓。今勘文書。堂頭共有一千餘貫。所收利亦無幾。臣欲總收此錢。用自不盡。假令十年之後。更無此錢。直令戶部供給。亦得兩省亦有此錢。臣亦欲商量。共有三百餘人在外求利。米鹽細碎。非國體所宜。上曰。太細碎。楊嗣復曰。百司食利。實爲煩碎。自貞觀以後。留此弊法。臣等卽條流聞奏。乃奏宰臣置廚捉錢官並勒停。其錢並本錢追收。勒堂後驅使官置庫收掌。破用量入計費。十年用盡後。卽據所須奏聽進止。勅旨宜依。

會昌元年正月勅節文。每有過客衣冠。皆求應接行李。苟不供給。必致怨尤。刺史縣令。但取虛名。不惜百姓。宜委本道觀察使條流。量縣大小及道路要僻。各置本錢。逐月收利。或觀察使前任臺省官。不乘館驛者。許量事供給。其錢便以留州留使錢充。每至年終。由觀察使。如妄破官錢。依前科配。並同入己贓論。仍委出使御史糾察以聞。

其年四月。河南府奏。當府食利本錢。出舉與人。勅旨。河南府所置本錢。用有名額。既無別賜。所闕則多。宜令改正名額。依舊收利充用。

其年六月。河中。晉。絳。慈。隰等州觀察使孫簡奏。準赦書節文。量縣大小各置本錢。逐月四分收利。供給不乘驛前觀察使刺史前任臺省官等。晉慈隰三州各置本錢訖。得絳州申稱無錢置本。令使司量貸錢二百貫充置本。以當州合送使錢充。勅旨。宜依。仍付所司。

是月。戶部奏。準正月九日勅文。放免諸司食利錢。每年別賜錢二萬貫文。充諸司公用。今準長慶三年十二月九日勅。賜諸司食利本錢。共八萬四千五百貫文。四分收利。一年秖當四萬九百九十二貫文。今請落下徵錢驅使官二百文課。並更請於合給錢內四分中落一分。均攤分配。所得新賜錢。均給東都臺省等一十四司。雖落下一分錢。緣置驅使官員於人戶上徵錢。皆被延引。雖有四分收利之名。而無三分得利之實。今請每月合得利錢數外。更添至三百貫文。內侍省據自司報牒稱。省內公用稍廣。利錢比於諸司最多。今請於合得錢外亦添至三百貫文。兵部吏部尚書等銓一十一司。緣有舊本錢。準勅放免。又有公事。今請每月共與一百五十貫文。臣今於新賜外更請添賜上件錢。所費不廣。所利至多。則內外諸司。永得優足。伏望聖恩。允臣所奏。勅旨。宜依。

二年正月勅。去年赦書所放食利。秖是外百司食錢。令戶部共賜錢訖。若先假以食利爲先。將充公用者。並不在放免。如聞內諸司息利錢。皆以食利爲名。百姓因此。亦求蠲免。宜各委所司。不在放免之限。

唐會要卷九十四

北突厥

高祖初起義兵晉陽。劉文靜曰。與突厥相結。資其士馬以益兵勢。從之。自爲手啓。遣始畢可汗云。欲舉義兵迎主上。若能與我俱南。願勿侵暴百姓。若但和親。坐視受寶貨。亦惟可汗所擇。始畢得啓。謂其臣曰。隋主爲人我所知也。若迎以來。必害唐公而擊我無疑。苟唐公自爲天子。我當以兵馬助之。卽復書將佐皆請從突厥言。帝不可。裴寂乃請尊隋主爲太上皇。立代王爲帝。以安隋室。旗幟雜用絳白以示突厥。帝曰。此掩耳偸鈴。然逼於時事。不得不然。乃許之。煬帝十三年六月。遣使如北突厥。突厥遣康鞘利等送馬千匹。許發兵送帝入關。帝受書。命劉文靜報突厥以請兵。帝私謂文靜曰。胡騎入中國。生民之大蠹。我所以欲得之者。恐劉武周引之爲患。又胡馬行牧。不費芻粟。聊欲藉爲聲援。數百人之外。無所用之。八月。帝克臨汾絳郡。劉文靜以突厥兵至。遂下韓城。帝卽位之五月。突厥遣使來。時突厥强盛。自契丹室韋西盡吐谷渾高昌諸國。皆臣之。又恃功驕倨。每遣使至。多暴橫。帝亦優容之。

武德元年八月。遣鄭元璹以女妓賂始畢可汗。始畢遣使來報。帝宴之。引升御座以寵之。

二年二月。始畢死。其弟處羅可汗立。八月。梁王師都與突厥合數千騎寇延州。總管段德操擊破之。十一月。師都請爲鄉導。謀大擧入寇。是月。處羅死。其弟頡利可汗咄苾立。

三年五月。頡利恃其士馬雄盛。有憑陵中國之志。言辭驕慢。求請無厭。王世充使說之曰。昔啓民奔隋。賴文帝力有此土宇子孫享之。宜奉楊政道。（煬帝孫。）代唐以報文帝之德。頡利然之。至是寇汾陽。

四年三月。頡利遣使送鄭元璹等還。先是處羅與劉武周寇幷州。遣元璹諭以禍福。不從。未幾處羅死。疑璹毒之。留不遣。又遣漢陽公瓌使頡利。頡利欲令瓌拜。不屈。亦留之。復遣使賂頡利。且許結婚。遂遣使送還。

六月。寇定州。八月。寇幷州。遣鄭元璹詣頡利。責以負約。因說以得唐地不能居。虜掠所得。皆入國人。於可汗何有。不如還師修好。坐受金幣。孰與棄昆弟積年之歡。結子孫無窮之怨。頡利悅。引兵還。

七年閏七月。秦王世民與虜遇於豳州。頡利突利二可汗率萬騎奄至城西。秦王帥騎馳詣虜陣。告之曰。國家與可汗和親。何爲負約。深入我地。我秦王也。能鬬。獨出與我鬬。若以衆來。我直以此百騎相當耳。頡利不應。又遣騎前告之。爾往與我盟。有急相救。今乃相攻。何無香火情。突利亦不應。頡利見秦王輕出。又聞香火之言。疑突利與王有謀。乃遣止之曰。王不須渡。我但欲申固盟約耳。兵少卻。後雨久。虜弓筋膠俱解。秦王潛師夜進。頡利大驚。乃請和親。

九年秋七月。頡利寇邊。先是。與突厥書用敵國禮。帝欲改用詔勅。突厥遂寇靈、相、潞、沁、韓、朔等州。張瑾全軍沒。溫彥博爲虜所執。靈州都督任城王道宗擊破之。請和而退。

貞觀二年四月。頡利以薛延陀回紇等叛。遣突利討之。敗還。頡利拘而撻之。突利怨。表請入朝。

十一月。突厥北邊多叛頡利歸薛延陀。共推其俟斤夷男爲可汗。夷男不敢當。上方圖頡利。乃遣使閒道冊夷男爲眞珠毗伽可汗。夷男建牙于大漠之鬱督軍山下。回紇、拔野古、阿跌、同羅、僕骨、霫諸部皆屬。遂遣弟入貢。三年十一月。頡利因薛延陀之封。大懼。始遣使稱臣。請尚公主。代州都督張公瑾上突厥可取六狀。乃命李靖爲行軍總管討之。公瑾爲副。突厥俟斤九人及拔野古、僕骨、同羅、奚酋長並率衆來降。復以李靖等分道出擊。十二月。突利入朝。太宗喜曰。朕治安中國。四夷自服。豈非上策乎。

四年二月。李靖襲破突厥于陰山。頡利遁依沙鉢羅設蘇尼失部落。王道宗引兵逼之。使蘇尼失執頡利。張寶相取之以獻。蘇尼失舉衆降。漠南遂空。

十年正月。突厥阿史那社爾降。社爾處羅之子。年十一。以智略聞。處羅以爲拓設。建牙于磧北。頡利亡。西突厥亦亂。社爾詐之。襲取其地幾半。衆十餘萬。乃曰。破我國者薛延陀也。我當報仇擊滅之。諸部皆諫。不從。大敗。遂率衆降。

十三年四月。突利之弟結社率。貞觀初入朝。爲中郎將。久不進秩。從幸九成宮。陰結故部落四十餘人。夜襲御營。折衝孫武開等帥衆擊之。盜馬北走。追斬之。

七月。自結社率之反。羣臣皆言留河南不便。乃賜懷化郡王阿史那思摩姓李氏。立爲泥熟俟利苾可汗。賜鼓纛。使率其種落。突厥咸憚薛延陀。不肯出塞。上賜延陀璽書。言前破突厥。止爲頡利爲百姓之害。今册還其故國。爾薛延陀受册在前。突厥受册在後。當以先後爲大小。無故抄掠。發兵問其罪。薛延陀奉詔。乃遣王孝恭等齎册立之。

十八年十一月。突厥泥熟俟利苾北渡河。延陀惡之。數相攻擊。俟利苾有衆十萬。不能撫御。悉南渡河。請處勝夏之閒。許之。羣臣言陛下方遠征遼左。而置突厥於河南。距京師不遠。豈得不爲後患。上曰。夷狄亦人。以德治之。可使如一家。且彼不北走延陀。而歸我。其情可見。俟利苾既失衆。輕騎入朝。

二十一年冬十一月。突厥車鼻遣使入貢。車鼻本頡利同族。頡利敗。諸部欲立之。薛延陀方強。不敢當。率衆歸之。延陀因其有勇略。恐爲後患。欲殺之。車鼻逃。建牙金山之北。餘衆稍歸之。及延陀敗。車鼻勢益張。遣子入貢。又請入朝。遣使徵之。卒不至。正月。遣右驍衞郎將高侃擊車鼻。車鼻本無罪。帝因安市班師。欲立奇功以雪耻耳。

永徽元年九月。高侃擊車鼻軍至阿息山。車鼻發諸部兵。皆不應。遂以百騎走。侃追獲之。送京師。諸部盡內附。置單于瀚海二都護府。十都督二十二州分統之。自是北邊無寇三十餘年。

咸亨元年三月。勅突厥酋長子弟給事東宮。

調露元年十月。單于大都護府突厥阿史德溫傅。奉職二部俱反。立阿史那泥熟匐爲可汗。二十四州酋長沓叛。衆數十萬。遣蕭嗣業等討之。屢捷。會大雪。突厥襲其營。爲虜所敗。

永隆元年三月。以裴行儉爲定襄道大總管將兵以討之。大破于黑山。擒奉職。泥熟匐爲其下所殺。以首來降。

開耀七年。阿史那伏念自立爲可汗。與阿史德溫傳連兵爲寇。詔復以行儉爲大總管。曹懷舜副之。引兵討伏念。先遣裨將程務挺掩金牙。襲獲伏念妻子輜重。伏念北走。又使務挺等追躡之。伏念遂執溫傳以降。餘黨悉平。歸斬伏念溫傳於都市。

永淳元年十月。突厥餘黨阿史那骨篤祿、阿史德元珍等。招集亡散。寇幷州。代州都督薛仁貴將兵擊之。虜以仁貴流象州死。仁貴免胄示之。而虜失色。下馬列拜。引去。仁貴因奮擊大破之。

宏道元年二月。突厥寇定州。圍單于都護府。五月。寇蔚州。

嗣聖四年七月。骨篤祿寇朔州。武后遣黑齒常之等擊之。骨篤祿散走磧北。長壽二年九月。武后以僧懷義討之。十年九月。骨篤祿死。弟默啜立。十一年三月。復遣僧懷義討默啜。十二年十月。默啜遣使請降。

聖歷元年三月。默啜請爲其女求婚。武后遣閻知微等册爲遷善可汗。初虜降者多處於豐勝靈夏朔代六州。至是默啜求之。乃悉驅降戶歸之。幷許其婚。由是默啜益強盛。

其年八月。太后以武承嗣子延秀入突厥。納其女。默啜謂知微等曰。我世受李氏恩。欲以女嫁李氏。安用武氏兒。聞李氏惟兩兒在。我將兵輔立之。以知微爲南面可汗。發兵寇嬀澶等州。移書曰。我可汗女當嫁天子兒。武小姓。罔冒爲婚。我爲此起兵。欲取河北耳。九月。陷趙州。武后以帝爲皇太子河北道元帥。狄仁傑副之。將兵討之。默啜北遁。追之不及。

二年十月。默啜立其弟咄悉匐爲左廂察。骨篤祿子默矩爲右廂察。各主兵二萬餘。其子匐具爲小可汗。位在兩察上。主處本昆等十姓兵四萬餘。又號爲拓西可汗。

大足二年正月。默啜寇鹽夏。遂寇幷州。遣薛季昶等禦之。

神龍二年十二月。默啜寇鳴沙。進寇原會等州。掠隴右牧馬萬餘匹而去。詔訪羣臣禦寇計策。

景雲二年正月。默啜遣使請和親。遣和逢堯使突厥。逢堯說默啜曰。處密堅昆聞可汗結婚於唐。皆當歸附。何不襲唐冠帶。使之聞之。默啜許諾。明日。幞頭紫衫。再拜稱臣。

開元三年。默啜旣請和稱臣。至是復圍北庭。九月。遣薛訥討之。四年六月。默啜爲拔曳固斬首來降。

西突厥

西突厥曷娑那可汗。入朝於隋。留之。國人立其叔父射匱可汗。射匱者。達頭之孫。旣立。拓地東至金山。西至海。遂與北突厥爲敵。建庭於龜茲北三彌山。射匱卒。弟統葉護可汗立。勇而有謀。北幷鐵勒。控弦十萬。據烏孫故地。又移庭於石國北千泉。西域諸國皆臣之。統葉護各遣其吐屯監督征賦。

武德元年八月。以西突厥曷娑那可汗爲歸義王。曷娑那獻大珠。帝曰。珠誠至寶。然朕寶王赤心。珠無所用之。竟還之。

二年八月。曷娑那在長安。北突厥遣使請殺之。不許。羣臣皆曰。保一人而失一國。後必爲患。秦王曰。人窮歸我。殺之不義。久之。引曷娑那入內殿。旣而送中書省。縱北突厥使者殺之。

八月。西突厥高昌各遣使入貢。

八年夏四月。統葉護遣使請婚。帝問裴矩。矩對曰。今北寇方強。國家且當遠交而近攻。臣謂宜許其婚。以威頡利。俟數年之後。徐思其宜。上從之。

貞觀八年十月。西突厥咄陸可汗死。其弟沙鉢羅咄咥利失立。

十二年十二月。西突厥分爲十部。每部酋長各賜一箭。謂之十箭。又分左右廂。左廂號五咄陸部。置五大啜。右廂號五弩失畢部。置五大俟斤。通謂之十姓部落。至是咥利失失衆心。爲其臣所襲。遂走焉耆。尋復得其故地。西部遂立欲谷設爲乙毗咄陸可汗。中分其地。

十三年十二月。西突厥咥利失可汗死。子乙毗沙鉢羅葉護立。號南庭。咄陸爲北庭。

十五年五月。咄陸可汗殺沙鉢羅可汗。

十六年。咄陸旣并沙鉢羅之衆。自恃強盛。遣兵寇伊州。安西都護郭孝恪擊破之。是年。咄陸擊破米國。不分虜獲與其下。又斬其將泥熟啜。泥熟啜部將胡祿屋襲擊之。咄陸走保白水胡城。所部詣闕請廢之。上遣使立莫賀咄之子爲乙毗射匱可汗。率諸部擊咄陸。敗之。使人招其故部落。皆曰。使我千人戰死。一人獨存。亦不汝從。咄陸自知不爲衆附。乃奔吐火羅。

十九年六月。乙毗射匱可汗遣使入貢。且請婚。許之。使割龜兹、于闐、疏勒、朱俱波、葱嶺五國。以爲聘禮。

二十二年四月。葉護賀魯來降。咄陸旣奔吐火羅。部落亡散。其葉護阿史那賀魯帥其餘衆數千帳內屬。詔以爲瑤池都督。

永徽三年七月。賀魯招集離散。廬帳漸盛。聞太宗崩。遂叛。擊破射匱。滅之。勝兵數十萬。與乙毗咄陸連兵。處月處密及西域諸國多附之。進寇庭州。攻陷金嶺城。詔梁建方契苾何力發兵及回紇以討之。

四年十二月。乙毗咄陸死。子頡苾達度設號眞珠葉護。與沙鉢羅有隙。尋爲沙鉢羅所併。

六年五月。屯衛大將軍程知節將兵討沙鉢羅。不克。

顯慶二年正月。遣蘇定方等復擊沙鉢羅。定方至是曳咥河西。沙鉢羅帥十萬拒戰。擊敗之。會大雪平地二尺。定方曰。虜恃雪深。謂我不能進。亟追之可及也。又斬獲數萬。沙鉢羅脫走趣石國。諸部各歸所居。乃命蕭嗣業追獲之。遂分其地。置昆陵濛池二都護府。以彌射爲興昔亡可汗。押五咄陸部落。步眞爲繼往絕可汗。押五弩失畢部落。

龍朔二年十月。勑興昔亡繼往絶二可汗。發兵與蘇海政討龜茲。繼往絶素與興昔亡有怨。密請海政矯勑收斬之。其部落亡走。海政追討平之。繼往絶尋死。十姓無主。附于吐蕃。

三年十月。西突厥寇庭州。刺史來濟將兵拒之。不能禦。遂赴敵死。

永淳元年四月。阿史那車簿圍弓月。安西都護王方翼救之。三姓咽麪與車簿合兵拒方翼。戰于熱海。分遣裨將襲破之。擒其酋長三百人。西突厥遂平。

嗣聖三年九月。以突厥斛瑟羅爲繼往絶可汗。

長壽二年十月。西突厥十姓自垂拱以來。爲東突厥所侵掠。散亡略盡。繼往絶可汗斛瑟羅。收其餘衆。入居內地。武后以爲竭忠事主可汗。

長安四年正月。周以阿史那懷道爲西突厥十姓可汗。

沙陀突厥

貞觀十二年九月。上以薛延陀強盛。恐後難制。分封其二子皆爲小可汗。各賜鼓纛。外示優崇。實分其勢。

十五年十一月。薛延陀眞珠可汗聞將東封。境內以虛。我此時取思摩。如拉朽。乃命其子大度設勒諸部兵合二十萬。擊突厥。思摩不能禦。率部落入長城。保朔州。遣使告急。詔遣李世勣等分道擊之。十二月。世勣敗薛延陀于諾眞水。捕獲五萬餘。大度設脫走。

十六年十月。上謂侍臣曰。薛延陀屈強。今禦之有二策。苟非發兵殄滅之。則與之婚姻以撫之。房元齡曰。兵凶戰危。臣以爲和親便。卽命兵部侍郎崔敦禮持節使薛延陀。許以新興公主妻之。

十七年。眞珠使其姪來納聘。獻羊馬。契苾何力上言。薛延陀不可與婚。上曰。我許之矣。可食言乎。何力曰。願且遷延。勅夷男使親迎。彼必不敢來。則絕之矣。上乃召眞珠可汗會禮。眞珠欲行。其臣不可。謂往必不返。眞珠謂天子聖明。遠近朝服。今親幸靈州。以愛主妻我。我得見天子。死亦不恨。薛延陀何患無君。因多以羊馬爲聘禮。路經沙磧。耗死過半。乃責以聘禮不備。絕之。褚遂良上疏曰。往者夷夏咸言。陛下欲安百姓。不愛一女。莫不懷德。今忽有改悔之心。得少失多。竊爲國家惜之。嫌隙旣生。必搆邊患。彼國蓄見欺之怒。此土懷負約之慚。恐非所以服遠人訓戎士也。不聽。薛延陀本無府庫。至是厚斂諸部。以充聘財。諸部怨叛。延陀由是衰弱。

十九年九月。眞珠二子。長曰曳莽。次曰拔灼。初分立爲小可汗。至是。眞珠死。拔灼殺其兄曳莽而自立。是爲多彌可汗。十二月。薛延陀寇夏州。

二十年正月。夏州兵擊薛延陀。大破之。

二十一年八月。多彌猜褊好殺。廢父時貴臣。專用己所親昵。國人不附。回紇諸部落擊之。大敗。上詔王道宗等將兵擊之。國中驚擾。多彌出走。回紇殺之。盡據其地。餘衆西走。猶七萬。共立眞珠兄子咄摩支。遣使奉表請居鬱督軍山之北。詔遣使安集之。鐵勒九姓酋長聞其來。皆懾。朝議亦恐其爲磧北之患。乃遣李世勣圖之。上自幸靈州招撫之。世勣至鬱督軍山咄摩支降。道宗兵既渡磧。薛延陀餘衆拒戰。道宗擊破之。遣使招諭鐵勒諸部。其酋長皆喜。請入朝。駕至浮陽。回紇等十一姓各遣使歸命。乞置官司。上喜。遣使納之。詔曰。朕聊命偏師。遂擒頡利。始宏廟略。已滅延陀。鐵勒百餘萬戶。請爲州郡。混元以降。書未前聞。宜備禮告廟。仍頒示普天。上又爲詩曰。雪恥酬百姓。除凶報千古。勒石於靈州。

景龍二年十一月。突騎施烏質勒卒。子娑葛自立爲可汗。故將闕啜忠節不服。數相攻擊。遣馮嘉賓持節安撫忠節。呂守素處置四鎮。以牛師奬爲安西副都護。發甘涼兵兼徵吐蕃。以討娑葛。忠節逆嘉賓於計舒河口。娑葛遣兵襲之。擒忠節。殺嘉賓守素。牛師奬與娑葛戰敗。遂陷安西。斷四鎮路。大都護郭元振表娑葛狀直。遂赦娑葛。立爲可汗。三年七月。娑葛遣使請降。

開元九年二月。突厥毗伽遣使求和。帝賜書諭之。果有誠心。則共保遐福。不然無須使者往來。若仍侵邊。亦有以待之。其審圖之。

十五年九月。吐蕃寇瓜州。遺突厥毗伽書。欲與俱入寇。毗伽獻其書於朝。上嘉之。聽於西受降城互市。於是遣使入貢。

二十二年十二月。毗伽爲其臣梅錄啜毒死。子登利立。

二十九年七月。登利從叔二人分典兵馬。號左右殺。登利惡其專。誘右殺斬之。左殺判闕特勒攻殺登利。骨咄葉護自立爲可汗。

天寶元年秋七月。突厥拔悉密。回紇葛邏祿。自爲左右葉護。餘衆共立判闕特勒之子爲烏蘇米施可汗。朔方節度使王忠嗣說拔悉密等攻之。烏蘇遁去。突厥西葉護阿布思等帥餘衆千餘帳。相次來降。突厥由是遂微弱。

三載八月。拔悉密攻殺突厥烏蘇米施可汗。國人立其弟爲白眉可汗。于是勅忠嗣乘亂破其左廂十一部。會回紇葛邏祿共攻拔悉密頡跌伊施殺之。回紇骨力裴羅自立爲骨咄祿毗伽闕可汗。上册拜裴羅爲懷仁可汗。

四載正月。白眉爲懷仁所殺。其子摩延啜立。自號葛勒可汗。

吐谷渾

初。隋煬帝征吐谷渾。可汗伏允奔黨項。煬帝立其質子順爲主。不之遣。會中國喪亂。伏允還收其故地。仍自稱爲吐谷渾可汗。

武德二年二月。涼李軌奉書于帝。稱從弟大涼皇帝臣軌。帝怒。議討之。遣使與伏允連和。使引兵擊李軌。許以順還之。伏允喜。起兵擊軌。數遣使入貢。請其質子順。帝遣還之。

四年七月．吐谷渾寇洮岷二州．遣岐州刺史柴紹救之．爲其所圍．虜乘高射之．矢下如雨．紹遣人彈胡琵琶．二女子對舞．虜怪之．相與聚觀．紹察其無備．潛遣精騎出虜陣後．擊之．衆大潰．

八年正月．吐谷渾突厥各請互市．詔皆許之．先是中國喪亂．民乏耕牛．至是資於戎狄．雜畜被野．

貞觀八年十月．吐谷渾可汗伏允老耄．其臣天柱王用事．數入塞侵盜．詔大舉兵討之．上欲以李靖爲將．因其老．不欲重勞之．靖聞之．請行．上大悅．以靖爲西海道行軍大總管．節度諸軍討之．

九年五月．李靖悉燒野草．輕兵走入磧．諸將以爲馬無草．未可深入．侯君集曰．虜一敗之後．鼠逃鳥散．取之易於拾芥．此而不乘．後必悔之．靖從之．分軍爲兩道．敗吐谷渾於牛心堆．又敗諸赤水源．君集追伏允於烏海．與戰．大破之．靖襲破伏允牙帳．伏允子順斬天柱王來降．伏允爲左右所殺．國人立順爲可汗．詔以爲西平王．後順爲國人所殺．上遣侯君集將兵立其子諾曷鉢爲可汗．

十年三月．吐谷渾請頒曆．遣子入侍．

永徽三年正月．吐谷渾遣使入貢．

咸亨三年二月．徙吐谷渾於靈州．其故地皆入於吐蕃．

乾寧元年六月．李克用大破吐谷渾．

唐會要卷九十五

高昌

卽漢車師前王之廷。後漢戊巳校尉之故地。漢時興師西討。軍中羸憊者留居焉。地形高敞。故因名高昌。壘有八城。本皆中國人也。後魏時爲郡。以闞伯周爲太守。尋爲沮渠無諱所奪。居數世。高昌滅之。以燉煌人張孟明爲國王。國人殺之。共立馬儒。又殺之。乃立其長史金城麴嘉爲王。嘉自云河東人。世修職貢於中國。知文字書計。置官亦採中國之號。今王伯雅。卽嘉之後世。

武德七年。獻狗雌雄各一。高六寸。長一尺餘。（中國有拂菻狗。自此始也）

貞觀四年。其王文泰來朝。（泰卽伯雅子也）妻宇文氏。卽隋煬帝所賜華容公主也。請入宗親。詔賜姓李氏。封常樂公主。其後與突厥連結。西域諸國朝貢者。皆路出高昌。文泰稍擁絕之。至十三年。太宗謂其使曰。高昌數年來朝貢旣略。無蕃臣之禮。今茲歲首。萬國來朝。而文泰不至。我使人至彼。文泰云。鷹飛于天。雉竄於蒿。貓遊於堂。鼠安於穴。各得其所。豈不快耶。明年當發兵以擊爾國也。

十四年八月十日。交河道行軍大總管侯君集。副總管牛進達。平高昌國。下其郡三。縣五。城二十二。戶八千四十六．口三萬七千七百三十八．馬四千三百疋．太宗欲以其地爲州縣．魏徵諫曰．未若因撫其人而立其子．所謂伐罪弔民．威德被於遐外．爲國之善者也．今若利其土壤．以爲州縣．常須千餘人鎭守．數年一易．往來交替．死者十有三四．遣辦衣資．離別親戚．十年之後．隴右空虛．陛下終不得高昌撮粟尺布以助中國．所謂散有用而資無用．上不從．以其地爲西昌州．又改爲西州．以交河城爲交河縣．始昌城爲天山縣．田山城爲柳中縣．東鎭城爲蒲昌縣．高昌城爲高昌縣．併爲都護府．留軍以鎭之．初西突厥遣其葉護屯兵于可汗浮圖城．與高昌爲影響．至是懼而來降．以其地爲庭州．并置蒲類縣．國威旣震．西域大懼．焉耆王詣軍門請謁．留兵鎭守．刻石紀功而還．每歲調發千人防邊．黃門侍郎褚遂良上疏曰．臣聞古者哲后．必先華夏而後夷狄．務廣德化．不事遐荒．是以周宣薄伐．至境而止．始皇遠塞．中國分離．漢武負文景之聚財．翫士馬之餘力．始通西域．將三十年．復得天馬于宛城．采蒲桃於安息．而海內空竭．生人物故．所以租及六畜．算至舟車．因之凶年．盜賊並起．搜粟都尉桑宏羊復希主意．請遣士卒遠田輪臺．築城以威西域．武帝翻然追悔．情發於衷．棄輪臺之野．下哀痛之詔．人神咸悅．海內乂康．向使武帝復用桑宏羊之言．天下生靈皆盡之矣．是以光武中興．不踰葱嶺．孝章卽位．都護來歸．陛下誅滅高昌．威加西域．收其鯨鯢．以爲州縣．然則王師譴發之歲．河西供役之年．飛芻輓粟．十室九空．數郡蕭然．五年不復．陛下歲遣千餘人．遠事屯戍．經年離別．萬室思歸．去者資裝．自須營辦．旣費芻粟．傾其機杼．經途死亡．復在其外．兼遣罪人。增其防遏。彼罪人者。生於販肆。終朝墮業。犯禁違公。謂之浮薄。徒能擾於邊城。必無益於行陣。所遣之內。復有逃亡。官司捕捉。爲國生事。設令張掖塵飛。酒泉烽舉。陛下豈能得高昌一人升粟而及事乎。終須發隴右諸州。星馳電擊。由斯而言。此河西者方已腹心。彼高昌者他人手足。豈得糜費中華。以事無用。書曰。不作無益害有益。此之謂也。陛下平頡利於沙塞。滅吐渾於西海。突厥餘衆。爲立可汗。吐渾遺氓。更樹君長。復立高昌。非無前例。此所謂有罪而誅之。既復而立之。四海百蠻。誰不聞見。蠕動懷生。畏威慕德。宜擇高昌可立者而立之。徵給首領。遣還本國。負戴漢恩。長爲藩翰。中國不擾。既富且寧。傳之子孫。以貽永世。初平高昌。君集至京師。有司劾其私取寶物。詔下獄。中書侍郎岑文本上疏曰。高昌昏迷。人神共棄。在朝議者。以其地在遐荒。咸欲置之度外。惟陛下運獨見之明。授決勝之略。君集奉行聖算。指期平殄。陛下爲而不宰。乃推功於將帥。露布初至。便降大恩。從征之人。皆霑滌蕩。內外文武。咸欣陛下賞不踰時。而不經旬日。並付大理。雖君集等自挂網羅。恐海內疑陛下惟錄其過。以遺其功。古之人君。出師命將。克敵則獲重賞。不克嚴刑。是以當其有功也。雖貪殘淫縱。必蒙青紫之寵。當其無功。雖勤躬潔己。不免鈇鉞之誅。故周書曰。記人之功。忘人之過。宜爲君者也。昔漢貳師損五萬之師。糜億萬之費。經四年之勞。唯獲駿馬三十匹。雖斬宛王之首。而罪惡甚多。武帝以爲萬里征伐。不錄其過。遂封海西侯。又校尉陳湯矯詔興師。雖斬郅支單于。而湯盜所收康居財物。爲司隸所繫。湯乃上疏曰。臣與吏人共誅郅支。幸得擒滅。今司隸乃收繫按驗。是爲郅支報讎也。元帝赦其罪。封湯關內侯。又晉龍驤將軍王濬。有平吳之功。而王渾等論濬軍人得皓寶物。濬上表曰。今年平吳。誠爲大慶。於臣之身。更爲咎累。武帝赦而不推。封襄陽侯。近隋新義郡公韓擒虎平陳之日。縱士卒暴亂。取寶宮內。帝亦不問罪。加上柱國。由斯觀之。將帥之臣。廉慎者少。貪求者衆。是以黃石軍勢曰。使智使勇。使貪使愚。故智者樂立其功。勇者好行其志。貪者邀趨其利。愚者不計其死。是知前聖莫不收人之長。棄人之短。良爲此也。陛下若降雨露之澤。收雷電之威。錄其微勞。忘其大過。足使立功之士。因茲而皆勸。負罪之將。由斯而改節。乃釋君集等。先是文泰已死。國人立其男智盛爲王。竟爲君集執獻於觀德殿。初。其國童謠曰。高昌兵馬如霜雪。漢家兵馬如日月。日月照霜雪。迴首自消滅。文泰使人捕其首唱者。不能得。麴氏有國至智盛凡九代。一百四十四年而滅。尋拜智盛爲左武衛將軍。封金城郡公。弟智湛爲右武衛中郎將。封天山縣公。智湛後終於左驍衛將軍西州刺史。天授初。其子崇稅授左武衛大將軍交河郡王。稅卒。封襲遂絕。

高句麗

高句麗者。出自扶餘氏。其後有朱蒙孫莫來。因滅扶餘。都平壤。卽元菟之故地。俗頗知書記。恆西與中國通。

武德七年二月七日。遣使內附。受正朔。請頒曆。許之。

八年三月十一日。高祖謂羣臣曰。名實之間。理須相副。高麗稱臣於隋。終拒煬帝。何必令其稱臣。以自尊大。可即詔述朕此懷也。裴矩溫彥博進曰。遼東之地。周爲箕子之國。漢家元菟郡耳。魏晉以前。近在提封之內。不可許以不臣。若與高麗抗禮。四夷必當輕漢。且中國之於夷狄。猶太陽之於列星。理無降尊。俯同藩服。乃止。

貞觀十八年二月。太宗謂侍臣曰。高麗莫離支賊殺其主。盡誅大臣。用刑有同坑穽。夫出師弔伐。須有其名。因其殺虐下人。取之爲易。諫議大夫褚遂良進曰。兵若渡遼。事須克捷。萬一不獲。無以威示遠方。必更發怒。再動兵衆。若至於此。安危難測。太宗然之。兵部尚書李勣曰。近者延陁犯邊。陛下必欲追擊。但爲魏徵之諫。所以遂用其言。此之失機。亦由徵之誤計。倘若仰申聖策。延陁無一人生還。可五十年間邊境無事。至十一月十六日。以刑部尚書張亮爲平壤道行軍大總管。自萊州泛海趨平壤。又以特進李勣爲遼東道行軍大總管。趨遼東。兩軍合勢。以其月之三十日。征遼之兵。集於幽州。安州人彭惠通請出布帛五千段以資征人。上嘉之。比漢之卜式。拜宣義郎。

十九年四月。李勣攻拔蓋牟城。獲口二萬。以其城置蓋州。五月。上渡遼水。詔撤橋梁。以堅士卒之心。上親率甲騎。與李勣攻遼東城。拔之。以其城爲州。六月。攻拔白巖城。以其城爲巖州。遂引軍次安市城。進兵以攻之。會高麗北部耨薩高延壽南部高惠眞率靺鞨之衆十五萬來援。於安市城東南八里。依山爲陣。上令所司張授降幕於朝堂之側曰。明日午時。納降虜於此。上夜召文武。躬自指麾。是夜。有流星墜賊營中。明日及戰。大破之。延壽惠眞率三萬六千八百人來降。上以酋首三千五百人授以戎秩。遷之內地。餘三萬人悉放還平壤城。收靺鞨三千三百人。並坑之。獲馬五萬匹。牛五萬頭。甲一萬領。因名所幸山爲駐蹕山。命許敬宗爲文勒石以紀其迹。遂移軍於安市城南。久不剋。九月。遂班師。先遣遼蓋二州戶口渡遼。乃召兵馬。歷于城下而旋。城主昇城拜辭。太宗嘉其堅守。賜縑百疋。以勵事君者。十一月。至幽州。初入遼也。將十萬人。各有八馱。兩軍戰馬四萬匹。及還。死者一千二百人。八馱及戰死者十七八。張亮水軍七萬人。沉海溺死數百人。凡徙遼蓋巖二州戶口入內地。前後七萬餘人。二十一年。李勣復大破高麗於南蘇。班師至頗利城。渡白狼黃巖二水。皆由膝已下。勣怪二水淺狹。問契丹遼源所在。云此二水更行數里。卽合南流。卽稱遼水。更無遼源可得也。二十二年七月。太子太傅知門下省事房元齡謂諸子曰。吾自度危篤。以東討不停。豈可使吾銜恨入地。遂封表上諫曰。臣詳觀方今爲中國患者。無過突厥。遂能坐運神策。不下殿堂。大小可汗。相次束手。分典禁衞。執戟行間。其後延陀鴟張。尋就夷滅。鐵勒慕義。請置州縣。沙漠已北。萬里無塵。如高昌叛渙於流沙。吐渾首鼠於積石。偏師薄伐。俱從平蕩。高麗歷代逋誅。莫能討擊。陛下責其逆亂。弒主虐人。親總六軍。問罪遼碣。未經旬日。卽滅遼東。前後虜獲。數十萬計。分配諸州。無處不滿。雪往代之宿恥。掩崤陵之枯骨。比功較德。萬倍前王。此聖主之所自知。微臣安敢備說。今臣深爲陛下惜之重之、愛之、寶之。周易曰。知進退存亡而不失其正者。其惟聖人乎。由此言之。進有退之義。存是亡之幾得有喪之理。老臣所以爲陛下惜之。蓋謂此也。陛下威名功德。亦可足矣。拓地開疆。亦可止矣。彼高麗者。邊夷之賤類。不足待以仁義。不可責以常理。古來以魚鼈畜之。宜從闊略。若必欲絕其種類。恐獸窮則搏。陛下每決死囚。必令三覆五奏。進素食。停音樂。蓋以人命所重。感動聖慈也。況今兵士之徒。無一罪戾。無故驅之於戰陣之閒。委之於鋒刃之下。使肝腦塗地。魂魄無歸。令其老父孤兒寡妻慈母。望轊車而掩泣。抱枯骨而摧心。足以變動陰陽。感傷和氣。實天下之冤痛也。且兵凶器也。戰危事也。不得已而用之。向使高麗違失臣節。而陛下誅之可也。使失百姓。而陛下滅之可也。久長能爲中國患。而陛下除之可也。有一於此。雖日殺萬夫。不足爲媿。今無此三條。坐煩中國。內爲舊主雪怨。外爲新羅報讎。豈非所存者小。所損者大。願陛下遵皇祖老子止足之誡。保後代巍巍之名。發沛然之恩。降寬大之詔。順陽春以布澤。許高麗以自新。臣老病三公。朝夕入地。所恨竟無塵露。微增海嶽。謹罄殘魂餘息。先代結草之誠。倘蒙錄此哀鳴。卽臣死且不朽。八月。徐充容上表曰。竊見頃年已來。力役兼總。東有遼海之軍。西有崐邱之役。士馬疲於甲冑。舟車倦於轉輸。且召募投戎。去留懷生死之痛。因風阻浪。存沒有漂溺之危。一夫力耕。卒無數十之穫。一船致損。則傾數萬之糧。是猶運有盡之農功。塡無窮之巨浪。圖未獲之他衆。喪已成之我軍。雖除兇伐暴。國有常規。然黷武玩兵。先哲所戒。昔秦王併吞六國。反速危亡之期。晉武奄有三方。翻成覆敗之業。

是知地廣非久安之術。人勞乃易亂之原。願陛下布澤流仁。矜弊恤乏。減行役之煩。增湛露之惠。

龍朔元年四月十六日。兵部尚書任雅相爲浿江道行軍大總管。三十五軍水陸分途。先觀高麗之釁。上將親率六軍以繼之。蔚州刺史李君球上疏曰。臣聞司馬法曰。國雖大。好戰必亡。天下雖平。忘戰必危。戰者危事。兵者凶器。故聖主明王重行之也。憂人力之盡。恐府庫之殫。懼社稷之危。生中國之患。故古人云。務廣德者昌。務廣地者亡。昔秦始皇好戰不已。至于失國。是不愛其內而務其遠故也。漢武遠討朔方。迨乎萬里。廣拓南海。分爲八郡。終于戶口減半。國用空虛。至于末年。方垂哀痛之詔。自悔其失。彼高麗者。僻側小醜。潛藏山海之間。得其人不足以彰聖化。棄其地不足以損天威。何至於疲中國之人。傾府庫之實。使男子不得耕耘。女子不得蠶織。陛下爲人父母。不垂惻恤之心。傾其有限之貲。貪彼無用之地。設令高麗既滅。即不得不發兵鎭守。少發則兵威不足。多發即人心不安。是乃中國疲於轉戍。萬姓無以聊生。則天下敗矣。天下既敗。即陛下何以自安。故臣以爲征之不如不征。滅之不如不滅。惟陛下裁斷焉。

乾元三年。李勣攻拔扶餘城。遂與諸軍相會。時侍御史賈言忠充支度遼東軍糧使。還。上問以軍事。言忠盡其山川地勢。且言遼東可平之狀。上問曰。卿何以知其可平也。對曰。昔隋主親率六軍。覆於遼東者。人事然也。煬帝無道。軍政嚴酷。舉國皆役。天下離心。元感一倡。狠狽而返。身死國亡。自取之也。及先帝親征問罪。所以不得志者。高麗未有釁也。今高麗已失其政。人心不附。男生兄弟相爲攻擊。脫身來奔。爲我鄉導彼之情僞。盡知之矣。以國家富強。陛下明聖。將士盡心。滅之必矣。且臣聞高麗秘記云。不及千年。當有八十老將來滅之。自前漢之高麗氏。卽有國土。及今九百年矣。李勣年登八十。亦與其記符同。又高麗頻歲飢荒。賣鬻男女。無故地裂。狼狐入城。蚡鼠穴于國門之下。夷俗信妖。迭相驚駭。天意如此。人事如彼。臣竊以爲是行不再舉矣。上曰。卿觀遼東諸將孰賢。對曰。李勣先朝舊臣。聖鑒所悉。龐同善雖非鬭將。而持軍嚴整。薛仁貴勇冠三軍。威名遠震。高侃勤儉自處。忠果有餘。契苾何力沈毅持重。統御之才。雖頗有忌前之癖。而臨事能斷。然諸將夙夜小心。忘身憂國者。莫逮於李勣。上深然其言。

總章元年夏四月。彗星見於五車。許敬宗以爲星孛於東北。王師問罪。此高麗將滅之徵。九月。李勣拔平壤城。虜高藏男建等。十二月。至新豐。詔取便道俘於昭陵。乃備軍容奏凱樂。獻於太廟。詔以高藏政不由己。赦其罪。授司平太常伯。男產授司宰少卿。男建配流黔州。分其地置都督府九州四十二。縣一百。又置安東都護府以統之。移其戶二萬八千於內地。

儀鳳中。高宗授高藏遼東都督。封朝鮮王。居安東。領本蕃爲主。高藏至安東。潛與靺鞨相通謀叛。事覺。召還。配流邛州。以永淳初卒。贈衞尉卿。聖曆二年。又授高藏男德武爲安東都督。以領本蕃。自是高句麗舊戶在安東者。漸寡少。分投突厥及靺鞨等。其舊地盡入於新羅。高氏君長遂絕。

元和十三年四月。其國進樂物兩部。

百濟

百濟者，本扶餘之別種，當馬韓之故地。其後有仇台者，爲高麗所破，以百家濟海，因號百濟焉。大海之北，小海之南，東北至新羅，西至越州，南渡海至倭國，北渡至高麗。其王所居，有東西兩城。新置內官佐平，掌宣納事；內頭佐平，掌庫藏事；內法佐平，掌禮儀事；衞士佐平，掌宿衞兵事；朝廷佐平，掌刑獄事；兵官佐平，掌在外兵馬事。又外置六帶方，管十郡。其用法，叛逆者死，殺人者以奴婢二人贖罪，官人受財及盜者三倍追贓。餘與高麗同。武德四年，其王扶餘璋遣使獻果下馬。與新羅世爲仇讎。貞觀十六年，與高麗通和，以絕新羅入朝之道。太宗親征高麗，百濟懷二。數年之間，朝貢遂絕。至顯慶五年八月十三日，左衞大將軍蘇定方討平之，虜其王義慈及太子崇、將校五十八人，送于京師。其國分爲五部，統郡三十七，城二百，戶七十六萬。至是以其地置熊津、馬韓、東明、金漣、德安等五都督，各統州縣，立其酋長爲都督、刺史、縣令，命左衞郎將王文度爲都統，總兵以鎮之。義慈事親以孝行聞，友于兄弟，時人號爲海東曾閔。及至京，數日病卒，葬于孫皓、陳叔寶墓側。至麟德三年已後，其地爲新羅靺鞨所分，百濟之種遂絕。

新羅

新羅者，本弁韓之地。其風俗衣服，與高麗百濟略同，而朝服尚白，好祭山神。國人多金朴兩姓，異姓不爲婚姻。重元日每其日拜日月鬼神。人髮長美。其先出高麗魏將毋邱儉之破高麗也。其衆遁保沃沮。後歸故國。其留者號新羅。

永徽元年。新羅王金眞德大破百濟。遣使金法敏來朝。仍織錦作五言太平詩以獻。帝嘉之。拜法敏爲大府卿。五年。眞德卒。高宗爲擧哀於永光門。使太常卿張文收持節弔祭之。贈開府儀同三司。仍賜綾綵二百段。詔其子春秋嗣位。

顯慶元年三月。又破百濟兵。遣使來告。

龍朔元年春秋卒。詔以其子法敏嗣位。三年四月。詔以新羅國置雞林州大都督府。仍授法敏雞林大都督府。麟德二年八月。法敏與熊津都督扶餘隆盟于百濟之熊津城。其盟書藏于新羅之廟。于是帶方州刺史劉仁軌領新羅、百濟、躭羅、倭人四國使浮海西還。以赴大山之下。

上元元年二月。新羅王金法敏既納高句麗叛亡之衆。又封百濟故地。遣兵守之。帝大怒。詔削法敏官爵。遣宰臣劉仁軌討之。仍以法敏弟右驍衞員外大將軍臨海郡公金仁問爲新羅王。時仁問在京師。詔令歸國以代其兄。仁問行至中路。聞新羅降。仁問乃還。二年二月。雞林道行軍大總管劉仁軌大破新羅之衆于七重城而還。新羅于是遣使入朝伏罪。並獻方物。前後相屬。帝復金法敏官爵。既盡有百濟之地。及高句麗南境。東西約九百里。南北約一千八百里。於界內置上良康熊金武漢朔溟等州。所輸物產。爲諸蕃之最。

開耀元年法敏卒。遣使册立其子政明爲王。仍襲父官爵。

長壽二年政明卒。册立其子理洪爲王。三年遣使來朝。其年理洪卒。册立其弟崇基爲王。仍令襲兄輔國大將軍左豹韜大將軍雞林州都督。

神龍三年授驃騎大將軍。

先天元年改名興光。

開元十年頻遣使獻方物。十二年。興光遣使獻果下馬二匹、牛黄、人參、頭髮、朝霞紬、魚牙、納紬、鏤鷹鈴、海豹皮、金銀等。仍上表陳謝。至十二年。遣其臣金武勳來賀正。及武勳還降書賜之。又使其弟金嗣宗來朝。并貢方物。至二十一年。加興光寧海軍使。其年命太僕卿員外置同正員金思蘭使於新羅。思蘭本新羅之行人。恭而有禮。因留宿衞。及是委以出疆之任。且便之也。前年帝賜興光白鸚鵡雌雄各一。及紫羅繡袍、金銀鈿器物、瑞文繡緋羅、五色羅、綵綾、共三百餘段。至是興光遣使從姪志廉奉表陳謝。仍奏國内有芝草生。畫圖而獻。二十年又遣其大臣金端竭丹來賀正。又遣姪志廉來獻方物。授志廉鴻臚少卿員外置同正員。賜絹百疋。留宿衞。二十三年十一月。遣從弟大阿飡金忠相來朝。死于路。贈衞尉卿。二十五年。興光卒。其子承慶嗣位。遣使來告。帝悼惜之。又贈太子太保。命贊善大夫邢璹攝鴻臚少卿。往其國行弔祭册立之禮。至二十八年。册承慶妻朴氏爲新羅王妃。

天寶三載。承慶卒。命弟憲英嗣位。仍襲開府儀同三司。都督雞林州刺史。兼持節寧海軍事。是載四月。遣使謝恩。并獻方物。十月。遣使來賀正。授左淸道率府員外長史。賜綠袍銀帶放還。蕃自後頻來朝。七載。遣使獻金銀及六十總布、魚牙、紬朝霞、牛黄、頭髪、人參。

寶應二年。憲英遣使朝貢。授其使檢校禮部尚書。放還。大歷二年。憲英卒。册立其子乾運爲王。三年二月。命倉部郎中歸崇敬兼御史中丞。持節册命。又册乾運母爲太妃。七年。遣使金標石來賀正。授衞尉員外少卿放還。八年。遣使來朝。并獻金銀牛黄魚牙納朝霞紬等方物。建中四年。乾運卒。無子。國人立其上相金良相爲王。

貞元元年。授良相檢校太尉。都督雞林州刺史。寧海軍使。新羅國王。仍令戸部郎中蓋塤持節册命。其年。良相卒。立上相金敬信爲王。令襲其官爵。良相之從兄弟也。十四年。敬信卒。其子先敬信亡。國人立敬信嫡孫權知國事俊邕爲王。十六年。授俊邕開府儀同三司。檢校太尉。新羅王。令司封郎中兼御史中丞韋丹持節册命。明年。至渾州。聞俊邕卒。其子重興立。詔丹還。

永貞元年。詔遣兵部郎中元季方持節册重興爲王。

元和元年十一月。放宿衞新羅王子金忠獻歸本國。仍加試秘書監。三年。遣使金力奇來朝。其年七月。力奇上言。貞元十六年奉詔册臣故主金俊邕爲新羅王。母申氏爲太妃。妻叔氏爲王妃。册使韋丹至中路。知俊邕薨。其册卻迴在中書省。今臣還國。伏請授臣以歸。勑金俊邕等册。宜令鴻臚寺于中書省受領。至寺宣授與金力奇。令齎歸國。仍賜其叔彥昇門戟。令本國准例給。四年。遣使金陸珍等來朝貢。五年。其王子金憲章來朝貢。七年。重興卒。立其相金彥昇爲王。遣使金昌南等告哀。七月。授彥昇開府儀同三司檢校太尉持節大都督雞林州諸軍事。兼持節寧海軍使上柱國新羅王。妻正氏册爲妃。仍賜太宰相金崇斌等三人戟。亦令本國準給。兼命職方員外郎攝御史中丞崔廷持節弔祭册立。以其質子金士信副之。十一年十一月。其入朝王子金士信等遇惡風飄至楚州鹽城縣界。淮南節度使李鄘以聞。是歲新羅飢。其衆一百七十人求食於浙東。十五年。遣使朝貢。

長慶二年十二月。遣使金柱弼朝貢。

寶歷元年。其王子金昕來朝。兼充宿衞。

太和四年。彥昇卒。五年四月。詔以新羅王金景徽爲開府儀同三司檢校太尉使持節大都督雞林州諸軍事。兼充寧海軍使。景徽母朴氏宣册爲太妃。妻朴氏册爲妃。太子左諭德兼御史中丞源寂持節弔祭册立焉。

開成元年。其王子金義琮來謝恩。兼宿衞。二年四月十一日。放還蕃。賜物有差。五年四月。鴻臚寺奏新羅國告哀。其質子及年滿合歸國學生等共一百五人。並放還。
會昌元年七月。勑歸國新羅官。前入新羅宣慰副使。前充兗州都督府司馬。賜緋魚袋金雲卿。可淄州長史。

唐會要卷九十六

契丹

契丹居潢水之南。黃龍之北。鮮卑之故地。君長姓大賀氏。勝兵四萬三千人。分爲八部。好與奚鬬。死無服紀。子孫死。父母晨夕哭。父母死。子孫不哭。餘風俗與突厥同。武德二年二月。遣使貢名馬豐貂。

貞觀二十二年。酋長窟哥等部落咸請內附。又契丹有別部酋帥孫敖曹者。武德四年。與靺鞨酋長突地稽俱請內附。詔令當州城傍安置。至曾孫萬榮。通天元年中。與妹壻李盡忠殺營州都督趙文翽。據營州作亂。（盡忠則窟哥之壻也。）則天大怒。更號萬榮爲萬斬。更號盡忠爲盡滅。尋自稱無上可汗。以萬榮爲大將。及盡忠死。萬榮領其衆。上初令曹仁師討之。全軍敗績。又令王孝傑繼之。孝傑沒于陣。攻陷冀州。俄爲奚及突厥掩擊。其後張九節設伏以擊之。遂單馬潛遁。爲其奴斬之。開元二年。李盡忠從父弟失活請歸款。復封失活爲松漠都督。授左金吾衞大將軍。仍於其府置靜析軍。五年十二月。以東平王外孫楊元嗣女爲永樂公主。出降失活。親迎之夜。遣諸親高品及兩蕃大首領觀花燭。六年。失活卒。元宗爲之舉哀。贈特進。册立其從父弟娑固爲松漠郡王。十年十一月。娑固與公主來朝。宴於內殿。及歸。娑固衙官可突于勇悍得衆。娑固欲除之。而事泄。可突于攻之。娑固奔營州。可突于立娑固從父弟鬱於爲主。鬱於遣使謝罪。元宗復册立鬱於令襲娑固之位。仍赦可突于之罪。至十年。鬱於朝。請婚。又封餘姚縣主長女慕容氏爲燕郡公主以妻之。封鬱於爲松漠郡王。授左金吾員外大將軍。兼靜析軍經略大使。鬱於死。立其弟咄於。襲其官爵。復以燕郡公主爲妻。十三年。咄於復與可突于相猜阻。攜公主來奔。改封遼陽郡王。國人立其弟邵固。其冬。邵固詣行在。從至東嶽。詔授左羽林員外大將軍。改封廣化郡王。仍封宗室外甥陳氏女爲東光公主以妻之。十八年。邵固爲可突于所殺。以其衆降突厥。東光公主走投平盧。詔遣使信安王禕幽州長史薛楚玉等討之。皆不克。二十二年六月。幽州節度使張守珪大破之。遣使獻捷。勅曰。邊境爲患。莫甚于林胡。朝廷是虞。幾煩於將帥。積年逋誅。一朝翦滅。則東方之蟊賊寢。以廓清河朔之民人。差寬征戍。此皆上憑九廟之靈。下仗羣帥之功。今具凱旋。敢不以獻。宜擇日告九廟。所司准式。其年十一月。幽州節度使張守珪發兵討契丹。斬其王屈列及其大臣可突于等。傳首東都。餘衆及叛奚皆散走山谷。立其酋長李過折爲契丹王。仍授特進。封北平郡王。其年。過折又爲可突于黨泥禮所殺。惟一子剌乾走投安東。獲免。拜左驍衛將軍。自後與奚王朝貢歲至。蕃禮甚備。至貞元四年。復犯我北鄙。幽州以聞。九年十二月。遣使朝貢。十年正月。遣使朝貢。其年二月。勅幽州道入朝契丹大首領悔落拽何等五人。並可果毅都尉。次首領王下詔活薛于君等一十六人。並可別將。放還國。十一年十月。契丹大首領熱蘇等二十五人來朝。

元和元年。遣使朝貢。八年十一月。契丹大首領悔落鶻劣來朝。十年十一月。契丹遣使悔落饒等二十九人來朝貢。十二年十一月。契丹首領介落等朝貢。以告身十九通賜其貴人。

太和九年十二月。契丹大首領二十九人來朝。賜物各有差。

開成元年十一月。契丹大首領涅列壞等三十一人來朝。四年十二月。契丹大首領薛葛等三十人來朝。

會昌二年九月。制契丹新立王屈戍可雲麾將軍守右武衛將軍員外置同正員。幽州節度使張仲武奏。契丹新立王屈戍等云。契丹舊用迴鶻印。今懇請當道聞奏。乞國家賜印。伏望聖慈允許。勅旨宜依。仍以奉國契丹之印爲文。

奚

奚。蓋匈奴之别種。所居亦鮮卑之故地。卽東胡之界也。勝兵三萬。分爲五部。每部置俟斤。風俗與突厥同。

通天年中。契丹叛。奚亦臣屬突厥。兩國常爲表裏。號爲兩蕃。景雲元年。其王李大酺遣使貢方物。

開元五年。大酺入朝。爲饒樂郡王。仍授左金吾衛員外大將軍。詔封外生女爲固安公主以妻之。其年。大酺與契丹首領李失活來朝。請於柳城復置營州。許之。大酺卒。弟魯蘇立。十年。詔魯蘇襲其兄官爵。又封咸安公主女韋氏爲東光公主以妻之。十四年。改封魯蘇爲奉誠王。後爲契丹衙官可突于脅附突厥。魯蘇走投榆關。移其部落于幽州界安置。明年。信安王禕降其酋李詩。以其地置歸義州。因以王詩。詩死。其子延寵又叛。爲幽州張守珪所困。復降。封懷信王。以宗室出女楊爲宜芳公主妻之。延寵殺公主。復叛。詔立宅酋婆固爲昭信王。仍授饒樂都督。自大歷後。朝使繼至。

元和四年七月。奚及室韋寇振武。五年四月。幽州奏破奚六萬餘衆。

太和元年。其王饒樂府都督襲歸誠王梅落來朝。加檢校司空。放還蕃。五年。以奚首領索低爲左衛將軍同正。充檀薊兩州遊奕兵馬使。仍賜姓李氏。八年。遣使朝貢。十一年。遣使獻名馬。是後每歲至。至今朝貢不絕。或歲中三至。故事。嘗以范陽節度使爲押奚契丹兩蕃使。自至德後。藩臣多擅封壤。朝廷優容之。俱務自完。不生邊事。故二蕃亦少爲寇。其每歲朝賀。常各遣數百人至幽州。則選其酋長三五十人赴闕。引見于麟德殿。賜以金帛遣還。餘皆駐而館之。率以爲常。

室韋

室韋者。契丹之別種。附于突厥。用角弓楛矢。尤善射。時聚弋獵。事畢而散。其人土著。無賦稅。人牽犁以種。

又按隋書室韋記云。室韋有五部落。一南室韋。二北室韋。三鉢室韋。在北室韋之北。四深末怛室韋。在北室韋之西北。五大室韋。在室建河之南。深末怛室韋之西北。隋書曰。大室韋之外。名字改易。不可詳悉。突厥沙鉢羅可汗。常以吐屯潘垤統領之。蓋並契丹之別種也。其南者爲契丹。在北者號室韋。南室韋在契丹北三千里。（後魏書云。自契丹路經啜水。蓋犢子山。其山周回三百里。又經屈利水。始到其國。）土地卑濕。至夏則移向西貸穀久對二山。多草木。饒禽獸。又多蚊蚋。人皆巢居。以避其患。後漸分爲二十五部。其酋帥號餘莫不滿咄。死則子弟代之。無嗣則擇賢豪而立之。盤髮衣服。與契丹同。乘牛車。蘧蒢爲室。如突厥氈車之狀。渡水則束薪爲栰。或有以皮爲舟者。馬則織草爲韉。結繩爲轡。寢則屈木爲室。以蘧蒢覆之。移則載以行。以猪皮爲席。編木藉之。氣候多寒。田收甚薄。無羊少馬。多猪牛。言語與靺鞨相通。婚嫁之法。二家相許。壻輒盜婦持去。然後送牛馬爲聘。婦人不再嫁。以爲死人之妻。難以共居。部落共爲大棚。人死。置屍其上。居喪三年。其國無鐵。取給於高麗。南室韋北行十一日。至北室韋。分爲九部落。其渠帥號乞引莫賀咄。氣候最寒。冬則入山居穴中。牛畜多凍死。饒麞鹿。射獵爲務。鑿冰沒水中而網射魚鼈。地多積雪。懼陷坑穽。騎木而行。俗皆捕貂爲業。冠以狐貉。衣以魚皮。又北行千里。至鉢室韋。依胡布山而住。人衆多於北室韋。不知爲幾部落。用樺皮蓋屋。其餘同北室韋。從鉢室韋西四日行。至深末怛室韋。因水爲號也。冬月穴居。以避太陰之氣也。又西北數千里。至大室韋。徑路險阻。言語不同。尤多貂及青鼠。北室韋。後魏武定。隋開皇大業中。並遣使貢獻大唐。有九部焉。所謂嶺西室韋。山北室韋。黃頭室韋。大如者室韋。小如者室韋。婆萵室韋。訥北室韋。駱駝室韋。並在柳城郡之東北。近者三千五百里。遠者六千二百里。今室韋最西與迴鶻接界者。有烏素固部落。當居俱輪泊之西南。次東有移塞沒部落。次東又有塞曷支部落。此部落有良馬。人戶亦多。居啜河之南。其河彼俗謂之燕支河。又有和解部落。次東又有烏羅護部落。一名烏羅渾。元魏謂之烏落。居磨蓋獨山北啜河之側。此部落自魏大武眞君四年。歷北齊周隋及武德已後。朝貢不絕。又有那禮部落。與烏羅護犬牙而居。又東北有山北室韋。又有小如者室韋。又北有婆萵室韋。東又有嶺西室韋。又東南至黃頭室韋。此部落兵強人戶亦多。東北與達姤接。嶺西室韋北又有訥北支室韋。此部落校小。烏羅護之東北百餘里。那河之北有古烏丸之遺人。今亦自稱烏丸國。武德貞觀中亦遣使朝貢。其國北大山之北。亦有大室韋部落。其部落傍望建河居。其河源出突厥東北界俱輪泊。地屈曲東流。經西室韋界。又東經大室韋界。又東經蒙兀室韋之北。落丹室韋之南。又東流與那河忽汗河合。又東經南黑水靺鞨之北。北黑水靺鞨之南。東流注于海。烏丸東南三百里。又有東室韋部落。在猺越河北。其河東南流與那河合。

武德八年。遣使朝貢。

開元天寶中每數十歲一遣使來朝。及貢貂皮等物。

貞元八年閏十二月。室韋都督和解熱素等一十人來朝貢。

太和五年至八年。凡三遣使來朝貢。九年十二月。室韋大都督阿朱等三十人來朝貢。

開成元年十二月。室韋大都督阿朱等來朝。進馬五十四。四年正月。上御麟德殿對入朝賀正室韋阿朱等十五人。其年十二月。室韋大都督祑虫等三十人來朝貢。

會昌二年十二月。上御麟德殿。引見室韋大首領都督熱論等十五人。宴賜有差。

咸通元年正月。上御紫宸殿受朝。對室韋使。

靺鞨

靺鞨者。蓋肅愼之地也。後魏謂之勿吉。凡有數十部落。各有酋長。而黑水靺鞨最處北方。尤稱勁捷。性兇悍。無憂戚。無文字。其畜宜猪。食其肉而衣其皮。

武德二年。其部酋長突地稽遣使朝貢。以其部置燕州。初。突地稽朝煬帝於江都。屬化及之亂。間行歸柳城。至是通使。拜突地稽爲總管。貞觀初。高開道引突厥來攻幽州。突地稽力戰有功。拜左衞將軍。賜姓李氏。封耆國公。尋卒。子謹行。武力絕人。麟德中。累遷營州都督。右領軍大將軍。爲積石道經略大使。上元三年。大破吐蕃衆數萬於青海之上。降璽書勞。仍賜燕國公。永淳元年卒。贈幽州都督。陪葬乾陵。

貞觀十四年。黑水靺鞨遣使朝貢。以其地爲黑水州。自後或酋長自來。或遣使朝貢。每歲不絕。其白山部素附於高麗。因收平壤後。部衆多入於中國。汨咄安居骨室等部。亦因高麗破後。奔散微弱。今無聞焉。縱有遺人。並爲渤海編戶。唯黑水部全盛。分十六部落。以南北爲稱。開元十年。安東都護薛泰請于黑水靺鞨內置黑水軍。續更以最大部落爲黑水府。仍以其首領爲都督。諸部刺史隸屬焉。中國置長史。就其部落監領之。十六年。其都督賜姓李氏。賜名獻誠。授獻誠雲麾將軍。兼黑水經略使。仍以幽州都督爲其押使。自此朝貢不絕。舊說黑水西北有思慕靺鞨。正北微東十日程。有郡利靺鞨。東北十日程。有窟說靺鞨。亦謂之屈說。東南十日程。有莫曳皆靺鞨。今黑水靺鞨界南與渤海國顯德府。北至小海。東至大海。西至室韋。南北約二千里。東西約一千里。其國少馬。國人能步戰。士多貂鼠皮尾骨咄角白兔白鷹等。初。上謂侍臣曰。靺鞨遠來。蓋突厥服之所致也。昔周宣之時。獫狁孔熾。出兵驅逐。比之蚊蚋。議者以爲中策。漢武帝北事匈奴。中國虛竭。議者以爲下策。秦始皇北築長城。人神怨憤。議者以爲無策。然則自古以來。其無上策乎。朕承隋之弊。而四夷歸伏。無爲而治。得非上策乎。禮部侍郎李百藥進曰。陛下以武功定四海。以文德綏萬物。至道所感。格於天地。斯蓋二儀降福。以祚聖人。豈與周漢失策。較其長短哉。太宗大悅。其拂湼鐵利等諸部落。自國初至天寶末。亦嘗朝貢。或隨渤海使而來。唯郡利莫曳皆三兩部未至。及渤海浸強。黑水亦爲其所屬。

渤海

渤海靺鞨。本高麗別種。後徙居營州。其王姓大氏。名祚榮。先天中。封渤海郡王。子武藝。

貞元八年閏十二月。渤海押靺鞨使楊吉福等三十五人來朝貢。十年二月。以來朝渤海王子大淸允爲右衛將軍同正。其下拜官三十餘人。十一年十二月。以靺鞨都督密阿古等二十二人。並拜中郎將。放還蕃。至十四年三月。加渤海郡王兼驍衛大將軍忽汗州都督大嵩璘爲銀青光祿大夫檢校司空。册爲渤海郡王。依前忽汗州都督。初。嵩璘父欽茂。以開元二十六年。襲其父武藝忽汗州都督渤海郡王左金吾大將軍。天寶中。累加特進。太子詹事。寶應元年。進封欽茂爲渤海郡王。大歷中。又累拜司空。太尉。及嵩璘嗣位。但受其郡王將軍。嵩璘遣使敍理。故加册命焉。至元和元年。以渤海郡王大嵩璘男元瑜爲銀青光祿大夫檢校秘書監忽汗州都督。依前渤海國王。七年十二月。遣使朝貢。八年又遣使朝貢。十年二月。黑水酋長十一人朝貢。十一年三月。渤海靺鞨遣使朝貢。賜其使二十人官告。

鐵勒

鐵勒者。本匈奴之別種。武德初。有薛延陀。契苾。迴紇。都播。骨利幹。多覽葛。僕骨。拔野古。同羅。渾部。思結。斛薩。奚結。阿跌。白霫等。散在磧北。皆鐵勒之部。內諸部隋大業中西突厥處羅可汗強盛。鐵勒諸部皆臣之。後處羅徵稅無度。鐵勒相率而叛歸。及頡利政亂。皆屬于薛延陀。貞觀二十年。旣破延陀。太宗幸靈州。次涇陽頓。鐵勒迴鶻。拔野古。同羅。僕骨。多濫葛。思結。阿跌。契丹。奚。渾。斛薩等十一姓。各遣使朝貢。奏稱延陀可汗不事大國。暴虐無道。不能與奴等爲主。自死敗。部落鳥散。不知所之。奴等各有分地。不能逐延陀去。歸命天子。願賜哀憐。乞置漢官司。養育奴等。太宗以破延陀。欲遂空漠庭。見其使至。甚悅。遣黃門侍郎褚遂良引于縣廳。浮觴積胾。以禮之。夜分乃已。異日。召鐵勒等並入行宮。張樂以宴之。拜爲郎將。及昭武校尉等官。乃降璽書勞其酋長。及賚綾錦等。以將厚意。仍遣與乘與會于靈州。幷使右領軍中郎將安永壽往報焉。十一月。太宗至靈州。鐵勒諸部俟斤頡利發等諸姓至靈州數千人。咸請列其地爲州縣。又曰。願得天至尊爲奴等作可汗。子孫嘗爲天至尊作奴。死無恨。於是北荒悉平。太宗爲賦詩以敍其事。公卿咸請勒於石。從之。二十一年正月。鐵勒。迴紇。俟利紘等諸姓。並同詣闕朝見。太宗親賚以緋黃瑞錦及標領袍。鐵勒等覩而驚駭。以爲未嘗聞見。捧戴拜謝。盤叫於塵埃中。及還蕃。太宗御天成殿。陳十部樂而遣之。麟德中。餘黨復叛。

乾封元年三月。鐵勒道行軍大總管右武衞大將軍鄭仁泰。左武衞大將軍薛仁貴。破鐵勒之衆於天山。初。泰等將發京。內宴以餞之。積甲於殿前。令仁貴試之。帝曰。古之善射。能有穿七札者。卿且射五重。仁貴射而徹之。帝大驚。賞更取堅甲以賜之。時九姓有衆十餘萬。令驍健數十人逆來挑戰。仁貴發三矢。射殺三人。其餘一時下馬請降。仁貴恐爲後患。並坑殺之。更就磧北安撫餘衆。擒其僞葉護兄弟三人而還。軍中歌曰。將軍三箭定天山。戰士長歌入漢關。是後遂絕邊患。

薛延陀

薛延陀者。自云本姓薛氏。其先擊滅延陀而有其衆。因號薛延陀。其風俗與突厥同。延陀乙失鉢之孫曰夷男。率其部落七萬帳。附于頡利。頡利亂。磧北諸姓多歸夷男。共推爲可汗。

貞觀二年。太宗使喬師望冊爲眞珠毗伽可汗。贈之鼓纛。大喜。遂建庭于大漠之北。鬱督軍山下。三年。遣其弟繞特勒來朝。上賜以寶刀及寶鞭。謂曰。汝所有部有大罪斬之。小罪鞭之。及平頡利。夷男東反故國。建庭于都尉犍北山獨邏河之南。卽古匈奴之故地。勝兵二十萬。仍立其子爲南北部。太宗恐其太盛。冊其子皆爲小可汗。外示優崇。實欲分其勢也。會朝廷立李思摩爲可汗。處其部衆於漠南之北。夷男心不悅。

十五年。太宗將有事太山。夷男謀於國曰。天子東封。士馬皆集。我乘此擊思摩。若拉朽耳。因命其子大度設勒兵二十萬寇白道川。詔李勣薛萬徹討之。大敗其衆。

十六年。遣使謝罪請婚。許妻以新興公主。仍令備親迎之儀。太宗欲幸靈武以會之。夷男竟後期不至。乃絕其婚。太宗以其數與思摩交兵。乃降璽書責讓之。又謂其使曰。語爾可汗。我父子並東征高麗。汝若能寇邊者。但當來也。可汗遣使致謝。請發兵來助。太宗答以優詔而止其兵。及太宗拔遼東諸城。破駐蹕之陣。降高延壽。聲震戎狄。而莫離支潛令靺鞨誑惑延陀。啗以厚利。延陀氣懾不敢動。太宗在安市城。謂邊臣曰。以我量之。夷男其死矣。聞者莫測。俄然眞珠毗伽可汗死。其少子四葉護殺其兄突利失可汗而自立。是謂頡利俱利薛娑多彌可汗。而車駕尚在遼東。邊境闕備。遂發兵寇夏州。執失思力擊敗之。多彌可汗輕騎遁走。部內騷然矣。多彌可汗馭下少恩。廢其父時貴臣。任己親暱。多所殺戮。其下不附。國中震恐。皆不自安。時太宗別令校尉宇文法詣烏羅護靺鞨部。適遇延陀阿波設比於東境。法令率靺鞨進擊破之。阿波設謂其國人曰。唐兵至矣。其衆轉相驚擾。如是二旬。諸部大亂。多彌可汗與數十騎往投阿史那時健部落。尋爲迴紇所殺。宗族殆盡。其餘尚存五萬竄於西域。而立眞珠毗伽可汗猶子咄摩支爲酋帥。

叛則擊之。勣因縱兵邀擊，前後斬五千餘級，虜男女二萬餘人。後咄摩支入朝，拜爲右武衛將軍。及卒，太宗爲發哀。初，延陀請以其庶長子曳莽爲突利失可汗，居東方，所統者雜種；嫡子拔灼爲四葉護可汗，居西方，所統者皆延陀。詔許之，並禮以册之。曳莽自知莽非正嫡，部落又少，意常不協。性又疎擾而輕用兵。白道之役，卽曳莽倡首。拔灼二之夷男之卒，皆來會葬，焚屍卒哭，曳莽懼拔灼圖己，先還。拔灼引兵自後襲殺之。延陀以貞觀初建衙於磧北，歷三主，凡二十年，李勣崔敦禮滅之。

乃去可汗之號，遣使奉表，請居鬱督軍山之北。使兵部尚書崔敦禮、英國公李勣就安輯之。太宗謂曰：

總章二年十二月，延陀部落餘衆擾亂，詔發突厥進襲，至烏羅德健山，大破之。

唐會要卷九十七

吐蕃

吐蕃者。在長安西八千里。本漢西羌之種也。不知有國之所由。或云南涼禿髮利鹿孤之子曰樊尼。國滅之後。西奔於羌中建國。爲衆所懷。故姓窣勃野。或云以禿髮爲國號。語訛謂之吐蕃。歷魏及隋。隔閡諸羌。未通中國。號其王爲贊普。自中國出鄯城五百里。過烏海。入吐谷渾部落。彌多彌蘇毗及白蘭等國。至吐蕃界。其國風雨雷電。每隔日有之。盛夏氣如中國暮春之月。山有積雪。地有冷瘴。令人氣急。不甚爲害。其俗重漢繒而貴瑟瑟。男女用爲首飾。其君長或居拔布川。或居邏婆川。有小城而不居。坐大氈帳。張大拂廬。其大可容數百人。兵衛極嚴。而衙府甚狹。俗養牛羊。取乳酪供食。兼取毛爲褐而衣焉。不食驢馬肉。以麥爲麵。人死。殺牛馬以殉。取牛馬頭周壘於墓上。其墓正方。壘石爲之。狀若平頭屋焉。其臣與君自爲友。號曰共命人。其數不過五人。君死之日。共命人皆日夜縱酒。葬日。於腳下刺血出盡。及死。便以殉葬。又有親信人。用刀當腦縫鋸。亦有將四尺木大如指。刺兩肋下。死者十有四五。亦殉葬焉。設官。父死子代。絕嗣則近親襲焉。非其種類。輒不相代。其官章飾有五等。一謂瑟瑟。二謂金。三謂金飾銀上。四謂銀。五謂熟銅。各以方圓三寸。褐上裝之安膊前。以辨貴賤。其戰必下馬列行而陣。死則遞收之。終不肯退。槍細而長於漢者。弓矢弱而甲堅。人皆用劍。不戰亦負劍而行。其驛以鐵箭爲契。其箭長七寸。若急驛。膊前加一銀鶻。有草名速古芒。葉二寸。狀若斜蒿。有鼠尾長於常鼠。其國禁毀鼠。殺之者加其罪。有可跋海。去赤嶺百里。方圓七十里。東南流入蠻。與西洱河合流而東。號爲漾鼻水。又東南出會川。爲瀘水焉。自赤嶺至邏婆川。絕無樹木。唯有楊柳。人以爲貧。國置大論。統理國事。無文字。刻木結繩爲約。徵兵用金箭。寇至舉燧。與臣下一年一小盟。用羊狗獼猴。三年一大盟。用犬馬牛驢。以麥熟爲歲首。其國都號爲邏些城。用法則嚴整。議事則自下而起。因人所利而行之。此其所以強且久也。重壯賤老。母拜於子。重兵死。惡病終。以累世戰沒者以爲甲門。臨陣奔逃者。懸狐尾於其首。表其似狐之怯。其贊普弄讚雄霸西域。

貞觀八年九月。朝貢使至。十四年。遣其相祿東贊致禮。請婚姻。獻金五千兩。自餘寶玩數百事。十五年。以文成公主妻之。弄讚至柏海。親迎於河源。見王人執子壻之禮甚恭。而歎大國禮儀之美。俯仰有媿沮之色。及與公主歸國。謂所親曰。我祖父未有通婚上國者。今我得尚大唐公主。爲幸實多。當爲公主築一城以誇示後代。遂築城立棟宇以居處焉。公生惡其赭面。弄讚令國中權且罷之。身釋氈裘。襲紈綺。漸慕華風。仍遣酋豪子弟請入國學。以習詩書。又請中國識文字之人典其表疏。上征遼還。獻大鵝。黃金鑄成。高七尺。可受酒三斛。高宗即位。拜駙馬都尉。封西海郡王。致書於長孫無忌云。天子初即位。若臣下有不忠之心者。當勒兵以往。並獻金銀珠寶十五種。請置太宗靈座之前。高宗進封賓王。因請蠶種及造酒碾磑

紙筆之匠並許之

永徽元年。弄讚卒。其子早卒。立其孫。立年幼。國事皆委祿東贊。祿東姓築氏。有謀略。初。太宗許降文成公主。東贊來迎。召見顧問。進對合旨。乃拜為右衛大將軍。又以琅邪公主孫女妻之。東贊辭曰。臣本國有婦。父母所聘。情不忍乖。且贊普未謁公主。陪臣安敢妄婚。上嘉之。東贊有子五人。長贊悉若早卒。次欽陵。三贊婆。四悉多于。五勃論。及東贊死。欽陵兄弟復專其國。

通天元年。薛仁貴為欽陵所敗於大非川。

上元二年。李敬元又敗於青海。欽陵多居中。諸弟分鎮方面。贊婆則專在東境。與中國為鄰。三十餘年。恆為邊患。

儀鳳三年。上以李敬元初敗。吐蕃為患轉甚。召侍臣曰。吐蕃小醜。屢犯邊境。置之則疆埸日駭。圖之則未聞上策。宜論其得失。各書所懷。給事中劉景先曰。攻之則兵威不足。鎮之則國力有餘。且撫養士卒。守禦邊境。中書舍人郭正一曰。吐蕃作梗。年歲已深。興師不絕。非無勞費。近討則徒損兵威。深入則未窮巢穴。臣望少發兵募。且遣備邊。明立烽候。勿令侵掠。待國用豐足。一舉而滅之。給事中皇甫文亮曰。且令大將鎮撫。畜養將士。仍命良吏營田。以收糧儲。必待足兵足食。方可以舉而取之。上曰。宿將舊人。多從物故。自非投戈俊傑。安能克滅兇渠。中書舍人劉禕之曰。臣觀自古聖主明君。皆有夷狄為梗。今吐蕃憑陵。未足為恥．願暫戢萬乘之威．以寬百姓之役．給事中楊思忠曰．聖人御物．貴在從時．今兇寇不能懷德．未肯畏威．和好之謀．臣謂非便．中書侍郎薛元超曰．臣以為敵不可縱．縱敵則患生．邊不可守．守邊則卒老．不如料簡士卒．一舉滅之．上顧謂黃門侍郎來恆曰．李勣已後．實無好將．當今以張虔勗紀及善等差為優耳．恆曰．昨者洮河兵馬．足堪制敵．但為諸將失於部分．遂無成功．今無好將．誠如聖旨．

聖曆二年．贊普器弩悉弄年漸長．不平．乃與大臣論巖密計去之．召欽陵．執其親黨二千餘人殺之．欽陵自殺．

神龍元年．其贊普器弩悉弄卒．其子棄隸蹜贊嗣位．贊時年七歲．使來告喪．中宗為之舉哀．廢朝一日．俄而棄隸祖母遣使獻金二千兩．為棄隸求婚．中宗以所養雍王女降嫁之．自是頻歲貢獻．然亦時犯西邊．

景龍四年．來請婚．以左衛大將軍楊矩為送金城公主使．後矩為鄯州都督．吐蕃厚賂之．因請河西九曲之地．以為公主湯沐之邑．矩遂奏與之．吐蕃既得九曲．其地肥良．又與唐境接近．自後復叛．楊矩懼．飲藥而死．

先天元年十月二十六日．吐蕃遣使來朝．

開元二年五月．吐蕃宰相坌達延陀獻書於宰相曰．兩國地界事資早定．界定之後．然後立盟．其月．吐蕃使其宰相尚欽藏及御史名悉獵來獻盟書．元宗御承天門樓．命有司引見．置酒於內殿宴．遣之．其月．坌達延陀率衆侵我渭源。帝下制親征。會薛訥遇賊數萬衆。戰於武階驛。大破之。乃罷。自五年至十年。凡八來朝。並貢方物。十三年。遣使來賀。不許。

十七年。復遣使來朝。詔忠王及皇甫惟明及內侍張元方使於吐蕃。惟明旣見贊普及公主。皆欣然請和。盡出貞觀以來勅書以示惟明。及遣其重臣名悉獵隨惟明入朝。贊普旣獻寶。公主又獻盤雜盞器等物。悉獵頗曉書記。先是迎公主至長安。當時朝廷皆稱有才辨。及引入賜宴與語。甚禮之。詔御史大夫崔琳充使宣諭。於赤嶺各樹分界之碑。約不相侵。

二十一年二月。金城公主上言。請以今年九月一日樹碑於赤嶺。定蕃漢兩界。時李暠使於蕃。金城度其還期。當在暮秋。故有是請。及樹之日。詔張守珪李行褘與其使莽布支同訖其事。是月。遣其大臣屬盧論莽藏來朝及獻方物。自二十二年。每歲遣使賀正。並貢獻。至二十九年七月。金城公主薨。遣使告哀。仍請和。不許。使到數月。始命有司爲公主於光順門發哀。輟朝三日。天寶中。連事西討。進收黃河九曲。拔其石堡城。

至德二載三月。復遣使請和。且助國討逆。詔遣南巨川報之。明年二月。又遣使來朝。復請盟。詔從之。

大歷元年至十年。七來朝貢。十三年正月。遣將馬重英率衆四萬侵靈州。奪我水口塡漢渠御史渠。以弊屯田。

建中元年正月。入蕃使太常少卿韋倫至。自大歷已後。吐蕃陷我河隴諸州。聘使前後數輩。皆留之不遣。邊上每俘獲其人。亦令中官部統。徙之江嶺。德宗初卽位。務以德綏遠方。徵其俘四五百人。給衣一襲。使韋倫給還其國。與之約和。仍勅邊將無得侵伐。吐蕃始聞歸其人。不之信。及蕃俘入境。部落皆畏威懷惠。焉。又命倫爲太常卿。復使吐蕃。其年十二月。倫至自蕃中。與其宰相論欽明思等五十五人皆至。獻其方物。吐蕃見倫再至。甚歡。旣就館。聲樂以娛之。留九日而旋。兼遣其渠帥報命。倫一歲再往絕域。戎夷奉教。無此之速也。

二年三月。以萬年縣令崔漢衡爲殿中少監。持節使西戎。初。吐蕃遣使求沙門之善講者。至是。遣僧良琇文素二人行。每人歲一更之。其年十二月。入蕃使判官監察御史常魯。與吐蕃使論悉諾羅等至自蕃中。奏請改勅書以貢獻爲進。以賜爲寄。以領取爲領之。優詔降諭曰。前相楊炎不循故事。致此誤耳。並從之。

三年九月。崔漢衡與蕃使區頰贊至自吐蕃。乃約靈州以賀蘭涇州以彈箏峽西口隴州以淸水爲漢界。皆建碑以誌之。期以是年十月十五日。相與同盟於境上。其年十月。以都督員外郎樊澤兼御史中丞。充吐蕃計會使。約以來年正月十日。會盟於淸水。

四年正月。詔隴右節度使張鎰與吐蕃使尙結贊等於淸水會盟。官崔漢衡等七人。與結贊及宰相等七人。俱昇壇爲盟。夏四月。吐蕃將先沒蕃將士僧尼等至自沙州。凡八百人。報元年之德。

貞元元年九月．遣左監門衞將軍康成使於蕃中．且定界．十月．鳳翔節度使李晟遣兵襲吐蕃於摧沙堡．大破之．焚其儲積．斬蕃酋扈屈律設贊等七人．傳首京師．結贊等聞而大懼．累遣使請和．仍約盟會．上皆不許．會馬燧自河東至．且保明其誠至．乃許之．

二年九月．吐蕃遊騎及於好畤．京師戒嚴．上遣左金吾衞將軍張獻甫等統兵屯於咸陽．其月．二萬餘衆又寇鳳翔城下．李晟出兵禦之．一夕而退．其年十一月．吐蕃陷我鹽州．初．賊之來寇也．刺史杜彥光使以牛酒犒之．吐蕃謂曰．我欲州城居之．聽爾率其人而去．彥光乃率衆奔鄜州．其年十一月．吐蕃陷夏州．亦令刺史拓拔乾曜率衆而去．復據其城．自是又寇銀州．銀州素無城壁．居者奔散．蕃亦棄之．

三年二月．以前太子右諭德崔澣爲檢校左庶子兼御史中丞．充入蕃使．四月．至自鳴沙．不數日．澣復以鴻臚卿兼中丞．又充入蕃使．令澣報蕃宰相尙結贊曰．杜希全職在靈州．不可出境．李觀又已改官．遣侍中渾瑊充盟會使．約以五月二十四日．復盟於淸水．又令告尙結贊以鹽夏二州歸於我．然後就盟會．其年夏．吐蕃背盟於平涼城．

八年九月．劒南西川節度使韋皐攻吐蕃之維州．獲大將軍輪贊熱以獻．十一月．山南西道節度使嚴震奏．擊破吐蕃於芳州及黑水堡．焚其積聚．并獻首俘．

十年五月．劒南西川節度使韋皐又奏．西山峨和城擊破吐蕃二萬餘衆．攻拔城柵．斬首三千八百餘級．

獲其器械牛馬。其年八月。先沒蕃中使李朝淸歸自吐蕃。

十三年正月。贊普遣使農素昔齎表請和好。帝以其豺狼之性。數負恩約。不受表狀。任其使卻歸。七月。韋皐奏去年二月十七日。吐蕃於劍山馬嶺三路分軍下營。僅住一月。進軍逼臺登城。巂州刺史曹高任。率諸軍將士幷東蠻子弟。合勢接戰。自朝及午。大破之。生擒大籠官七人。陣上殺獲甚衆。

十七年七月。吐蕃陷我麟州。殺刺史郭鋒。毁城隍。大掠居人。驅黨項部落而去。次鹽州西九十里橫槽烽頓軍。有蕃卒傳呼延州僧延素輩七八人稱徐舍人召其火隊吐蕃沒勒遽引延素等疾趍至帳前。皆馬革梏手。麻繩縲頸。見一吐蕃年少。身長六尺餘。朱髭大目。乃徐舍人也。命解縛坐帳中曰師勿懼。予本漢人司空英公五代孫也。屬武后斲喪王室。余高祖建義中泯。子孫流播絕域。今三代矣。雖代居戎職。位掌兵要。思本之心無涯。故血族無由自拔耳。此蕃漢交境也。復九十里至安樂州。師無由東矣。延素曰。僧身孤親老。敢祈全活。悲不自勝。又曰。余奉命率師備邊。因求資食。遂涉漢疆。展轉東進。至麟州城下。城既無備。援兵又絕。是以拔之。知郭使君是勳臣子孫。必將活之。不虞爲亂兵所害。適有飛鳥使至。飛鳥猶中國驛騎也。云術者上變。召軍亟還。遂解縛歸之。時詔命韋皐分遣偏將。勒步騎合二萬。出成都西山南北九道並進。逼棲雞老翁故維州保州松州諸城。以紓北邊故也。其年九月韋皐又奏大破吐蕃於維州。

十八年正月。韋皐又破吐蕃。生擒大首領論莽熱來獻。至二十年三月。以吐蕃贊普卒。廢朝三日。命工部侍郎兼御史大夫張薦弔祭之。四月。吐蕃使臧河南觀察使論乞冉等五十四人來朝貢。至二十一年七月。贊普使論乞縷勃藏來奉獻德宗皇帝山陵金銀衣服牛馬等。陳於太極殿庭。

元和元年七月。遣使論勃藏等來朝。并獻方物。

五年春。以吐蕃俘人歸於西蕃。虜遣使論思邪熱來朝。并歸鄭叔矩路泌之柩。及叔矩男文延等一十三人。叔矩貞元初平涼背盟所陷。凡二十餘年。竟不屈節。

其年五月。命宰臣杜佑等與吐蕃使議事於中書令廳。且言歸我秦原安樂州地。自六年至十年。遣使朝見。并獻方物。相繼不絕。

十一年。西川奏吐蕃贊普卒。

十二年。吐蕃告哀使論乞冉獻馬十匹玉帶金器等。

十三年。宴吐蕃使於中書。八月。吐蕃使論司熱等七人辭於宣政衙。已事不退。且徵國使。詔有司諭之。方出。勑今後入迴鶻吐蕃南詔使所奏隨從。不得過三十人。新羅使不得過二十人。迴鶻吐蕃使下合授正官不得過十人。南詔不得過五人。其年十月。吐蕃圍我宥州。命夏州兵擊退之。

十四年三月。詔蕃使論矩立藏等并後般來使並宜放歸本國。八月。寇我鹽州及慶州方渠下營。大軍至河州界。其年。復遣論矩立藏來朝貢。立藏自稱曰和好。詔納其請。遣還。其年十月。以太子中允張賈爲太府少卿攝御史中丞持節充入蕃答請和好使。尋貶賈爲撫州責其逗留不行也。以邵同代之。至其年十二月。靈武奏吐蕃大軍營於黃河北。煙塵數十里。鳳翔進吐蕃表函一封。西川奏吐蕃入雅州界。時方鎮鄰接蕃界者。皆奉詔備禦。東川節度使王涯上言。臣道當出軍。徑入賊腹有兩路。一路從龍州青川鎮入吐蕃界。直抵故松州城。是吐蕃舊置節度之所。一路從緜州威蕃柵入蕃界。直抵栖雞城。是吐蕃險要之地。涯又陳備禦吐蕃要略曰。臣伏願陛下不愛金帛之費。以釣北虜之心。遣信臣與之定約曰。犬戎爲邊患者數矣。能制而伏者。惟有北蕃。如能發而深入。殺若干人。取若干地。則投若干之賞。開懷以示之。厚利以啗之。一戰之後。西戎亦衰矣。

長慶元年四月。遣尙綺力陀思來朝。幷獻國信。其月。吐蕃使郭居簡朝貢。兼遣宰臣馬。又遣使論納羅來請盟。

其年八月。吐蕃請盟。許之。宰相欲重其事。請告太廟。太常禮院奏。謹按肅宗代宗故事。與吐蕃會盟。並不告廟。惟德宗建中末會盟於延平門。欲重其誠信。特令告廟。至貞元三年會於平涼。亦無告廟之文。伏以事出一時。又非經制。求之典故。亦無其文。今參詳不合告。從之。十月。命宰相崔植等十四人。與吐蕃使論納羅盟於郡城西王會寺。十一月。又遣使論答熱等來朝。

二年五月。又遣使論贊等來朝。幷進馬六十匹。羊二百口。及銀器玉帶等。七月。入蕃會盟使劉元鼎奏。以五月六日與吐蕃盟於閼懼盧川。是川蓋贊普之夏衙也。中有臧河流焉。滿川多紫薇樹。其月。吐蕃使論悉諾息等隨元鼎來謝。十月。命太僕少卿兼御史中丞杜載持節充答吐蕃謝會盟使。

三年正月。遣使論答熱來賀正朔。并進羊六百口。

四年。遣使來求五臺山圖。

寶歷元年三月。遣尚綺立熱來朝。且請和好。

二年十一月。詔遣光祿卿兼御史大夫李銳持節入蕃。充答和好使

太和五年正月。遣使論乞熱來朝。

六年。又遣使論董勃藏來朝。

九年正月。遣使論籠熱來朝。

開成元年。遣使論悉立熱來朝正。并獻國信及馬。

二年。遣使論監通來朝。先是。遣宗正少卿兼御史中丞李從簡入蕃。其年五月。至自蕃中。進國信金銀器。玉帶。獺褐。犛牛尾。朝霞氎。雜藥。并馬牛槖駝等。詔以其信物頒賜宰臣已下。

四年。遣使論焦熱等來朝。

會昌二年。贊普卒。至十二月。遣論贊熱等來告喪。詔廢朝三日。仍令文武常參官四品已上。就鴻臚寺弔

其使者。詔遣將作少監兼御史中丞李璟持節入西蕃充弔祭使。

三年正月。璟至自吐蕃。

大中三年春。吐蕃宰相尙恐熱殺東道節度使。以秦原安樂等三州幷石門木硤等七關款塞。涇原節度使康季榮以狀聞。上命太僕卿陸耽往勞焉。其年七月。河隴耆老率長幼千餘人赴闕下。上御延喜樓觀之。莫不懽呼作舞。更相解辮爭冠帶於康衢。然後命善地以處之。觀者咸稱萬歲。八月。勅曰。自昔王之有國也。何嘗不文以守成。武以集事。參諸二柄。歸乎太寧。朕猥荷丕圖。思宏景業。憂勤戒惕。四載於茲。每念河湟土疆。緜亙遐闊。自天寶末。犬戎乘我多難。無力禦姦。遂縱腥羶。不遠京邑。事更十葉。時近百年。進士試能。靡不竭其長策。朝廷下議。亦皆聽其直詞。盡以不生邊事爲永圖。且守舊地爲明理。荏苒於是。收復無由。今者天地儲祥。祖宗垂佑。左袵輸款。邊壘連降。創業建功。所謀必克。實賴樞衡妙算。將帥雄儁。副元元不爭之文。絕漢武遠征之悔。甌脫頓空於內地。斥堠全據於新封。莫大之休。指期而就。况將士等櫛風沐雨。暴露郊原。披荆棘而刁斗夜嚴。逐豺狼而穹廬曉破。動皆如意。古無與京。念此誠勤。宜加寵賞。涇原宜賜絹六萬匹。靈武五萬匹。鳳翔邠寧四萬匹。並以戶部產物充。仍待季榮叔明玭君緒各領征師到本鎭。度支差腳。兩司各差人押領。送至本道。分付令充節級優賞。四道牧州敍有功勞軍將。各宜具名銜聞奏。當議甄奬。原州秦州威州幷七關側近。訪聞土地肥沃。水草豐美。如有百姓要墾闢耕種。五年不加賦稅。五年已後。量定戶籍使任爲產業。溫地有鹽。頗聞厚利。如置榷稅。可贍邊陲。仍委度支計度制置聞奏。四道長吏如能各於鎭守處遣官健營田。度支出牛糧種子。每年量得多少充軍糧。亦不限約定數。原州秦州威州幷七關鎭守官健。每人各給衣料兩分。一分依常年例支給。一分度支加給。仍二年一度替換其家口。委長吏切加安存。官健有莊田戶籍者。仰州縣放免雜差役。秦州至隴州已來道路要置堡柵。與秦州應接。委李玭與劉臯卽便計度聞奏。如商賈往來興販貨物。任擇利潤。一切聽從。關鎭不得邀詰。其官健父兄子弟來往。通傳家信。不限多少任去。如要墾闢種田。依百姓例處分。三州七關。如要器仗。長吏與量據所要申奏。除授刺史關使後。三五月內。差人巡檢。有如修築部署。課績殊尤。幷訓練有度者。其刺史關使雖新授官爵。亦更與超昇。其官健節級。更與優賞。山南西道劍南西川邊界沒蕃州縣。量力收復。其兵士委本道差遣。如要錢物接借。亦具聞奏。三州七關創置戍卒。且要務靜。如有羌戎潛來博易。輒不得容受。委刺史關使切加禁斷。或有投降吐蕃到邊上收取。本道令長吏奏取進止。其京城有犯事合流役囚徒。從今已後。一切配在十處收管。嗚呼。七關要害。三郡膏腴。候館之長址可尋。唐人之遺風尚在。遡懷往事。良用興嗟。夫取不在廣。貴保其金湯。得必有時。詎計於遲速。今則便務修築。不遑干戈。必使足食足兵。有備無患。載洽亭育之道。永致生靈之安。遠邇臣僚。宜體朕意。

咸通七年十月。沙州節度使張義潮奏。差迴鶻首領僕固俊與吐蕃大將尙恐熱交戰。大敗蕃寇。斬尙恐熱傳首京師。

唐會要卷九十八

迴紇

迴紇在薛延陀北境，居近娑陵水，去京師六千九百里，勝兵五萬，人口十萬，先屬於突厥，初有特健俟斤死，有子曰菩薩，部落以爲賢而立之，由是大振，菩薩勁勇有膽氣，善籌策，常以少制衆，其母烏羅渾主知爭訟之事，平反嚴明，其地沙鹵，有大羊而足長五寸，貞觀二十一年正月，率衆內附。

顯慶三年十二月，以迴紇故燭龍州刺史吐迷度子婆閏授左衞大將軍。

龍朔三年二月，移燕然都護府於迴紇部落，仍改名瀚海都護府，其瀚海都護府移雲中古城，改名雲中都護府，仍以磧爲界，磧以北諸州爲蕃州，悉隸瀚海，磧南並隸雲中，婆閏卒，子比來粟代立，比來粟卒，子獨解支立，其都督親屬及部落征戰有功者，並自磧北移居甘州界，故天寶末取驍壯以充赤水軍騎士，在磧北者，自則天後並爲默啜所役屬，仍別立都督以統之，獨解支卒，子伏帝匐立，爲河西經略副使兼赤水軍使。

開元七年，伏帝匐卒，贈特進，遣使弔祭，子承宗立，承宗爲涼州都督王君㚟誣奏，長流瀼州而死，其部落猶存，天寶初，迴紇葉護逸標苾襲滅突厥小殺之孫烏蘇米施可汗，未幾，自立爲九姓可汗，由是至今兼九姓之號。因而南徙。居突厥舊地。依烏德犍山嗢昆河居焉。雖行逐水草。大抵以北山比中國之長安城。直南去西城一千七百里。西城。卽漢之高闕塞。北去磧口三百里。有十一都督。九姓部落。一部落置一都督。於本族中選有人望者爲之。破拔悉密及葛邏祿。皆收一部落。各置都督一人。每行止戰鬭。以二客部落爲鋒。其九姓一曰迴紇。二曰僕固。三曰渾。四曰拔曳固。卽拔野古。五曰同羅。六曰思結。七曰契苾。以上七姓部。自國初以來。著在史傳。八曰阿布思。九曰骨崙屋骨恐。此二姓天寶後始與七姓齊列。天寶三載三月。朝廷以逸標苾有誅烏蘇米施功。封爲奉義王。及破拔悉密。自稱骨咄祿毗伽闕可汗。又遣使朝貢。四載。加授特進。五載。册爲懷仁可汗。六年。逸標苾卒。子磨延啜立。國人號爲葛勒可汗。磨延啜勇悍善用兵。十五載。迴紇吐蕃遣使請和親。助國討逆。葛勒可汗太子葉護以精騎三千。隨朔方節度使郭子儀討賊。至德元年七月。肅宗卽位於靈武。二載五月。朔駕在彭原。四月。官軍爲賊將安守忠所敗於清渠北。乃遣中官賫議使於迴紇。令發其兵。九月。迴紇遂遣太子葉護領蕃兵四千餘人來助討賊。葉護入見。肅宗親宴慰。賜以金帛。廣平王俶領朔方安西迴紇南蠻大食之衆十五萬。討安慶緒。旣戰。大敗逆賊。遂收東京。十一月。迴紇至東京。勅百官于長樂驛迎。上御宣政殿。引葉護宣慰。其餘酋長列于階下。賜錦繡繒綵銀品物甚多。葉護辭歸。帝謂曰。能爲國家就大事者。卿力也。何遽去耶。葉護奏曰。迴紇戰兵留在沙苑。欲更爲陛下收范陽。馬少不足以討除餘孽。請且歸靈夏已北取馬。用濟其事。優詔答之。仍許和親。

乾元元年六月。遣達亥阿波來迎公主。拜開府儀同三司。並獻馬五百匹。貂裘白氎等。又遣宰相帝德領驍將三千人助國討賊。七月。册命葛勒可汗爲英武威遠毗伽可汗。封幼女爲寧國公主以降焉。八月。遣三子骨啜特勒來朝。九月。遣大首領蓋將軍等謝主下降。又遣三婦人來謝。二年四月。英武威遠毗伽可汗卒。長子葉護先被害。少子移地健立。是爲牟羽可汗。

寶應元年四月。迴紇演者裴羅等十八人來朝。八月。可汗自將精騎五千南踰太原。習絳屯兵于陝州平陸縣。遣使奏請助王師討平殘寇。是日引其使宴於延英殿。賜物有差。命左散騎常侍兼御史大夫尚衡使於迴紇軍。宣慰可汗。遣弟右殺領精騎三千。與行營節度使僕固懷恩破逆賊史朝義于北邙山。二年正月。可汗辭還蕃。六月。册命爲頡咄登里骨啜密施合俱錄英義建功毗伽可汗。

大歷十三年正月。迴紇寇太原。河東節度留後鮑防出師與迴紇戰於陽曲。我師敗績。死萬餘人。三月。河陽將士劫迴紇輜重。因大掠河陽坊市。迴紇格戰。死數千人。

十四年。英義建功可汗爲其下所殺。

建中元年六月。册迴紇合骨咄祿毗伽可汗爲武義成功可汗。命京兆尹源休持節册立。初。德宗遣中官梁文秀告哀於迴紇。且修舊好。可汗移地健不爲禮。而九姓胡素屬於迴紇者。又陳中國便利以誘其心。其相頓莫賀達干諫不聽。因大怒。擊殺之。并殺其親信及九姓胡所誘來者。凡三千人。頓莫自立。號爲合骨咄祿毗伽可汗。使其酋長聿達于隨文秀來朝。故命休册拜焉。

二年六月。以兼光祿卿李涵爲散騎常侍充弔册迴紇使。

貞元三年八月。迴紇使合闕將軍歸蕃。初合闕將虜命請婚於我。許以咸安公主嫁之。命公主見合闕于麟德殿。又令中謁者齎公主畫圖賜之。可汗。四年十一月。迴紇公主及使至自本蕃。德宗御延喜門以觀之。可汗喜于和親。其禮甚恭。乃言曰。子壻半子也。父患于西。我子也當遣兵除之。又罵辱吐蕃使。乃使其宰相等率衆千餘人及妹吐骨祿毗伽公主。姨迷叔咄祿公主及職使大首領等妻妾凡五十六婦人來迎可敦。聘馬三千匹。勅令朔州及太原分留迴紇七百餘人。其宰相大首領等至者。館于鴻臚寺。召迴紇公主及使者對于麟德殿。頒賜有差。詔以咸安公主出降迴紇可汗。仍特置府官屬並同親王府。十一月。册令骨咄祿武義成功可汗爲天親可汗。

五年七月。公主至衙帳。迴紇使李義進請因咸安公主下降。改紇字爲鶻字。蓋欲誇國俗俊健如鶻也。德宗允其奏。自是改爲迴鶻。其年九月。天親可汗卒。子多邏斯立。國人謂之判官特勒。詔册爲登里邏沒密施俱錄忠貞毗伽可汗。以鴻臚卿兼御史中丞郭鋒爲弔册迴鶻使。至六年四月。忠貞可汗卒。子阿啜立。十月。郭鋒至自迴鶻。初。鋒奉使册忠貞可汗。是歲忠貞爲弟所殺而篡立。時迴鶻大將頡于迦斯西擊吐蕃未迴。及四月。其次相率國人殺篡者而立忠貞之子爲可汗。方年十七歲。及六月。頡于迦斯西討迴。將至牙帳。夾相等懼其復有廢立。不欲漢使知之。留鋒數月而迴。及頡于迦斯之至也。可汗等迎于郊野。盛陳鋒所送國信器幣。可汗與夾相等皆俯伏自言廢立之由。且請命曰。今日惟大臣生死之。悉以所陳器幣贈頡于迦斯以悅之。可汗又拜泣曰。兒愚幼無知。今幸得立。惟仰食阿爹。國政悉不敢聞也。迴鶻謂父曰阿爹。七年二月。詔册阿啜爲奉誠可汗。遣鴻臚少卿御史大夫庾鋋持節弔祭册命之。四月。迴鶻遣使律支達于等來朝。且告小寧國之喪。小寧國榮王琬之女。寧國將有行。肅宗念其遠去。故遣媵之。及歸寧。遂留虜中。國人號爲小寧國公主也。 九月。敗吐蕃于北庭。使獻捷。十年四月。奉誠可汗卒。奉誠無子。國人立其相骨咄祿將軍。詔册册爲滕里邏羽祿沒密施合祿胡毗伽懷信可汗。五月。令祕書少監兼御史中丞史館修撰張薦持節弔祭册立之。其骨咄祿將軍本姓跌跌。少孤。爲迴鶻大首領所養。及長。有武藝辯慧。自天親可汗時。已掌兵馬衙官。諸大首領多敬服之。奉誠無嗣。國因奉爲王。其天親以上諸可汗有子見幼小者。並送闕庭。至德後。迴鶻于中原有功。故懷信可汗不敢言奉誠。從人望也。

永貞元年。懷信可汗卒。使來告喪。十一月。奉册命可汗爲愛登里邏羽德密施俱錄毘伽可汗。未詳愛登里邏與懷信何親。史並不載。 以鴻臚少卿兼御史中丞孫杲持節充弔祭册立使。至元和元年二月。凡三朝貢。三年二月。迴鶻使來告咸安大長公主之喪。廢朝三日。公主。德宗第八女也。本降天親可汗。卒。子忠貞可汗立。忠貞可汗卒。子奉誠可汗立。奉誠可汗卒。國人立其相。是爲懷信可汗。皆從胡法。繼尙公主在蕃凡二十一年卒。册贈燕國大長公主。賜謚曰襄穆。三月。御麟德殿對迴鶻使多覽將軍等。賜白綵錦衣服銀器有差。自迴鶻請修蕃臣之禮。五年後。累遣使朝貢。六年。迴鶻可汗卒。遣使掘野居葛勒將軍來告喪。七年正月。册命可汗爲軍登里邏骨德密施合毘伽可汗。命檢校工部尙書鴻臚卿兼御史大夫張茂宜持節弔祭册立之。八年四月。迴鶻請和親。伊珠難還蕃。宴于三殿。贈銀器繒帛。九年。僕固昌來朝。十一年正月。御麟德殿引對迴鶻使。賜錦綵銀器有差。三月。又遣使押進橐駝九頭馬八十匹。十一年。迴鶻可汗卒。遣使來告喪。十一月。册迴鶻可汗爲愛登里邏骨沒密施合毗保義可汗。命宗正少卿兼御史中丞李孝誠持節弔祭册立之。十五年三月。御麟德殿引見迴鶻使合達于等。許其尙主。其月。封第九妹爲永安長公主。降嫁迴鶻可汗。

長慶元年三月。保義可汗卒。輟朝三日。四月。册迴鶻可汗爲君登里邏羽祿密施勾主祿毗伽崇德可汗。五月。迴鶻宰相都督公主麾尼等至迎所降公主也。初保義可汗求婚。許降以永安公主。保義旣卒。則宜改定。而舍人固請永安。尋以第五妹封太和公主。出降迴鶻。命中書舍人王起就鴻臚寺宣諭焉。上御麟德殿對迴鶻使及公主五十八等。賜錦繒銀器有差。六月。勅太和公主宜特置府。命宰相杜元穎充五禮使。迴鶻宰相幷公主獻駝褐。白錦。白練。貂鼠裘。鴨頭子玉腰帶等。馬一千匹。駝五十頭。至七月。册太和公主爲仁孝端麗明智上壽可敦。命左金吾衞大將軍兼御史大夫胡証爲送公主及册可汗使。光祿卿兼御史大夫李憲爲之副。三年崇德可汗卒。其從父弟曷薩可汗立。遣使來告喪。册曷薩可汗爲愛登里囉汨沒密施合毗伽昭禮可汗。命工部尚書兼御史大夫鄭權弔祭册立之。寶曆中頻使朝貢。至太和六年。爲其下所殺。其從子胡特勒立。遣使告喪。爲之廢朝。詔册胡特勒爲愛登里邏汨沒密施合毗伽彰信可汗。命左驍衞將軍兼御史大夫唐宏實持節弔祭册立之。

開成四年。其相掘羅勿薦公引山北沙陀攻圍之。可汗自殺。國人立勿薦公爲𠥱颯可汗。未受册命。連年饑疫。羊馬死者被地。又大雪爲災。武宗卽位。遣嗣澤王溶告喪。始知易代。其年爲黠戛斯所害。其國分散。有烏介特勒者。曷薩之弟。胡特勒之叔也。亦率衆南奔至錯子山。乃自立爲可汗。居塞上。朝廷遣鴻臚卿張賈右金吾將軍王會往宣諭。分邊備以振食之。兼就大同川還其馬價絹。且册爲可汗。遣將作少監兼御史中丞苗鎭持節駐于河東。待其底定。然後受之。而可汗違背恩德。侵刦諸部落。旋又擅入雲州。將入振武。上以爲天亡數盡。不可容也。乃命河東等遣兵討之。

會昌三年正月。諸軍大破迴鶻於殺湖山。就虜帳中奉太和公主歸於我軍。其特勒以下大衆數萬人盡降。獲其前後所賜勅書。可汗亦被瘡。與百騎踰山遁走。捷書至。宰相率百僚閤中稱賀。先是迴鶻宰相嗢沒斯特勒將其家屬及麾下數千人來降。上嘉之。降書撫納。仍賜姓李氏。封懷化郡王。改名思忠。賜甲第於永樂坊幷家屬遣所在給傳赴闕。其軍士分于諸鎮收管用壯騎兵。

西爨

西爨者。南寧之渠帥。自云本河東安邑人。七世祖事晉爲南寧州太守。屬中國亂。遂王蠻夷。梁元帝時。南寧州刺史徐文盛徵詣荆州。有爨瓚者。遂據南寧之地。延袤二千餘里。俗多華人。既死。其子震翫統其衆。高祖受禪。拜翫子宏達昆州刺史。令持其父屍歸葬本鄉。益州刺史段綸又遣俞大施至南寧諭之。由是部落歸款。武德七年七月二十四日。來貢方物。

昆彌國

昆彌國者。一曰昆明。西南夷也。以爨之西洱河爲界。即葉榆河也。其俗與突厥略同。去京師九千里。勝兵數萬人。相傳云與匈奴本是兄弟國也。漢武帝得其地。入益州郡部。其後復絶。諸葛亮定南中。亦所不至。武德四年。巂州治中吉宏偉使南寧。因至其國諭之。至十二月。遣使朝貢。因求内附。自是每歲不絶。其使多由黔南路而至。近又封其別帥爲滇王。世襲其國。貞觀十九年四月二十日。右武候將軍梁建方討蠻。降其諸屯七十二所。戶十萬九千三百。遣使往西洱河。有數十百部落。大者五六百戶。小者二三百戶。無大君長。有數十姓。以楊李趙董爲名家。各擅一州。不相統攝。自云其先本漢人。有城郭村邑。自夜郎滇池以西。皆云莊蹻之餘種也。其土五穀與中夏同。以十二月爲歲首。

林邑國

林邑．漢日南象郡之地．其先因漢女子徵則之亂．縣功曹子區連殺縣令．自號爲王．子孫相承．後王無子．其甥范熊代立．晉宋已來．恆通中國．其地恆溫．不識冰雪．常多霧雨．人能用弩．以藤爲甲．王出則列象千頭．信佛法．以二月爲歲首．稻歲再熟．有結遼鳥．能解人語．亦謂之結了鳥．蓋夷音訛也．

武德六年二月．其王范梵志遣使朝貢．至貞觀四年．又貢火珠．大如雞卵．圓白皎潔．狀若水晶．正午向日．以艾承之．卽火燃．五年．又獻白鸚鵡．精識辨慧．善於應答．太宗憫之．並付其使．令放歸林藪．十四年．其國獻通天犀一十枚．諸寶稱是．永徽總章中．其王鉢迦舍波摩累獻馴象．先天開元中．其王建多達摩又獻馴象沈香琥珀等．

天寶八載．其王盧陀羅使獻眞珠一百條．沈香三十觔．鮮白氎．馴象二十隻．自至德後．遂改稱環王國．不以林邑爲號．貞元九年．環王因遣使貢犀牛．上令見於太廟．

元和四年八月．安南都護張舟奏破環王國僞驩愛州都督．殺三萬餘人．獲其王子五十九人．器械戰船戰象稱之．

咸通二年十二月．寇安南府．遣神策將軍康承訓率禁軍并江西湖南之兵赴援．先是．大中末．安南都護李琢貪暴．侵刻獠民．羣獠引蠻攻安南。至咸通三年大徵兵赴援。天下騷動。其年東蠻竟陷交趾。

眞臘國

眞臘在林邑之西南。本扶南之屬國也。南接車渠。西接朱江國。其王姓刹利氏。其俗東向開門。國以東爲上。有戰象五千頭。梁大同中。始幷扶南而有其國。都伊奢那城。風俗與林邑同。

武德六年十月。遣使來朝。

貞觀二年十一月。又與林邑國俱來朝貢。太宗嘉之。賜賚甚厚。今南方人謂眞臘國爲吉蔑國。自神龍已後。眞臘分爲二半。以南近海多陂澤處。今謂之水眞臘。半以北多山阜處。今謂之陸眞臘。亦謂之文單國。

貞觀中。累遣使朝貢。永徽二年。遣使獻馴象。

聖曆元年。開元五年。天寶九年。並遣使朝貢。幷獻犀牛。水眞臘國者。其境東西南北約皆八百里。東至奔陁浪洲。西至墮羅鉢底國。南至小海。北至陸眞臘國。其王所處城號婆羅提拔。城國之東有小城。皆謂之國。其國甚多象。餘所出物產及言語。與眞臘同。

元和八年。遣使李摩那等來朝。

白狗羌

白狗羌。西羌之別名。與會州連接。勝兵一千。白蘭羌。亦西羌之別種。風俗並與黨項國同。

武德六年十二月。遣使朝貢。

貞觀五年十二月。其渠帥並來朝。

永徽二年十一月。特浪生羌卜樓莫各率衆萬餘戶詣茂州歸附。其年正月。生羌大首領凍就率部落內附。以其地置建州。顯慶中。白蘭爲吐蕃所併。收其兵以爲軍鋒。

開元二十九年。益州長史章仇兼瓊發其國及索摩等諸州首領三百餘。出至奉川。望準女國等例簡擇許令入奏。餘並就奉川宴賞放還。從之。其年十月。白狗國四品首領蘇唐封及狗十川五品首領薛阿封管至。各賜紫金及帛以遣之。

貞元九年七月。其王羅陀忽逋租又與女國等詣劍南西川節度使韋皐內附。請授試太常卿兼保州司馬。至今子孫承襲其爵。

曹國

曹國居埋郝密水南。古康居之地。俗與康國同。附于突厥。勝兵千餘人。好淫祠。罄資產而無悔。去瓜州六千里。

武德七年七月。朝貢使至。云本國以臣爲健兒。聞秦王神武。願在麾下。高祖大悅。

貞觀十一年至開元中。朝貢不闕。

天寶元年，其王哥邏僕羅使獻方物。三載，詔封其王爲懷德王。四載，哥邏僕羅上表，自陳曾祖以來，奉向天可汗，忠赤常受徵發，望乞恩慈，將奴土國同於唐國小子，所須驅遣，奴身一心爲國征討。十一載，其王設阿忽與國副王野解及九國王並上表，請同心擊黑衣大食。元宗宴賜慰諭遣之。又有中曹國，在西曹國之東，康國之北。其所治謂之迦布底眞城，在平川。其人長大，工於戰鬬。又有西曹國，治郝密水南瑟底痕城，東南去康國一百里，西北至何國二百里，南與史國界接，北與波覽國界接。其城東北四十里有越於底城，內有得悉神，遠近敬信之。有金人，金頗羅闊一丈五尺。每日所祭羊馬千人食之不盡，并有金銀器。胡書題云：漢天子所賜神器。隋大業中，始通。武德以後，常修蕃禮。

殊柰國

殊柰，崑崙人也。在林邑南，去交趾海行三月餘日。習俗文字與婆羅門同。絕遠，未嘗朝中國。貞觀二年十月，使至朝貢。

拔野古國

拔野古在僕骨東境，勝兵一萬，口六萬人，皆殷富。其地東北一千里曰康干河，有松木入水一二年而化爲石，其色青。有國人居住，其人謂之康干石。人皆著木腳，冰上逐鹿。其國東北六日行至鞠國，有樹無草，無羊馬，有鹿如中國牛馬，使鹿牽車，可勝三四人，衣鹿皮，鹿食地苔。自鞠國東行十五日，並俞折國土地廣大百姓多風俗與拔野古同少牛馬地多豹鼠骨吐鞠國北有大漢國饒羊馬其人極長大長者至丈三四尺其國云北有骨帥國與大漢國相接戶萬五千勝兵三萬

霫㹢國

霫㹢匈奴之別種居鮮卑故地亦與靺鞨爲鄰勝兵萬人並臣於頡利習俗與突厥略同其渠帥號爲俟斤

貞觀三年朝貢至二十一年列其地爲寘顏州卽以其酋長爲刺史先是太宗蕩平突厥其番望多授以侍衞之官沙漠之人素愛錦罽太宗既招來遐域特賜其好者用文錦析用舊縷而錯綜其色花葉翔走事多殊形每頒賜其酋長大爲榮寵

顯慶五年以其首領李含珠爲居延都督含珠死以其弟厥都爲居延都督自後無聞焉

黨項羌

黨項在古析支之地漢西羌之別種魏晉已降西羌微弱自周滅宕昌鄧至之後黨項始強南雜舂桑迷桑等羌北連吐谷渾其種每姓別自爲部落一姓之中復分爲小部落大者萬餘騎小者數千騎不相統一有細封氏費聽氏往利氏頗超氏野辭氏旁當氏米擒氏拓拔氏最爲強族俗皆土著有棟宇織犛牛及羊毛覆之俗尙武無法令賦役其人多壽年至百五六十歲不事生產好爲竊盜互相陵劫尤重復讎

若讎人未得。必蓬頭垢面。跣足蔬食。要斬讎人而後復故常。男女並皆衣裘褐。仍被大氈。不知耕稼。土無五穀。氣候多風寒。以犛牛馬驢羊豕為食。五月草始生。八月霜雪降。求大麥于他界。醞以為酒。妻其庶母及伯叔母嫂子弟之婦。淫穢蒸報。諸夷中最為甚。然不婚同姓。老死者以為盡天年。親戚不哭。少死者則云天枉而悲哭之。死則焚屍。名為火葬。無文字。但候草木以記歲時。

貞觀三年。南會州都督鄭元璹遣招諭。其長細封步賴舉部內附。亦自入朝。列其地為軌州。拜步賴為刺史。其後諸部相次內附。列其地為崌奉巖遠四州。各拜首領為刺史。五年。詔遣使開其河曲地為六十州。內附者三十四萬口。有羌酋拓拔赤詞者。甚為渾主伏允所暱。與之結婚。屢抗官軍。後與其從子思頭並率衆與諸首領歸款。列其地為懿嵯麟可等三十二州。以松州為都督府。羈縻存撫之。拜赤詞為西戎州都督。賜姓李氏。自是從河首大磧石山已東。並為中國之境。後吐蕃強盛。拓拔氏漸為所逼。遂請內徙。始移部落于慶州。因置靜邊等州以處之。故地陷于吐蕃。其處者為其役屬。吐蕃謂之弭藥。又有黑黨項在赤水之西。李靖之西討也。渾主乞伏允奔之。處以空閑之地。及吐谷渾國舉國內屬。其黑黨項首領號敦善王。因貢方物。其雪山黨項姓破丑氏。居雪山之下。貞觀初。亦常朝貢。又有白狗舂桑白蘭等諸羌。自龍朔以後。並為吐蕃所破。而服屬焉。其在西北邊者。天授三年內附。凡二十萬口。分其地置朝吳浮歸等十州。仍散居靈夏等界內。自至德已後。常為吐蕃所誘。密以官告授之。使為偵導。故時或侵叛。尋亦底寧。至寶應初。其首領來朝。請助國供靈川軍糧。優詔贊美。其在涇隴州界者。至後上元元年。率其衆十餘萬詣鳳翔節度使崔光遠請降。

寶應元年十二月。其歸順　部落。乾封州部落。歸義州部落。順化州部落。和寧州部落。和義州部落。寶善州部落。寧定州部落。羅云州部落。朝鳳州部落。並詣山南西道都防禦使梁州刺史臧希讓請册印。希讓以聞。詔從之。

貞元三年十二月。初禁商估以口馬器械于黨項部落貿易。十二年二月。六州黨項自石州奔過河西。黨項有六府部落。曰野利越詩。野利龍兒。野利厥律。兒黃。野海。野窣等。居慶州者。號爲東山部落。居夏州者。號爲平夏部落。永泰大歷以後。居石州。依水草。至是永安城鎮將阿史那思昧擾其部落。求取駝馬無厭。中使又贊成其事。黨項不堪其弊。遂率部落奔過河。

元和元年七月。宰相杜佑上疏曰。伏見近者黨項與西戎潛通。屢有降人指陳事蹟。而公卿廷議。以爲宜當謹兵備。戒戎軼。益發甲卒。邀其寇暴。此蓋未達事機。匹夫之常論耳。夫蠻夷猾夏。唐虞已然。周宣中興。獫狁爲害。但命南仲往城朔方。驅之太原。及是而止。誠不欲弊中國。怒遠夷也。秦平六國。恃其兵力。北築長城。以拒匈奴。西逐諸羌。出於塞外。勞力擾人。結怨階亂。中國未靜。賊徒競起。海內雲擾。實生謫戍。漢武因文景之富。命將興師。遂至戶口減半。竟下哀痛之詔。罷田輪臺。前史書之。爲嘉其先迷而後復。蓋聖王之治天下也，惟務綏靜蒸民。故西至流沙，東漸於海，在南與北，示存聲教，不以遠物為珍重，求遐方入貢，蓋疲內而事外，終得少而失多。故前代納忠之臣，並有諫君之議。淮南王請息師于閩越，賈捐之願棄地於珠崖，安危利害，高懸前史。昔馮奉世矯漢帝之詔，擊莎車，傳其王首于京師，威振西域，宣帝大悅，議加爵土之賞，蕭望之獨以為矯制違命，雖有功效，不可為法，恐後之奉使者，遂爭發兵為國家生事，述理明白，其言遂行。國家自天后以來，突厥默啜，兵強氣勇，屢寇邊城，為害頗甚。開元初，邊將郝靈荃親捕斬之，傳首闕下，自以為功，世莫有二，自望寵爵，宋璟為相，慮武臣邀功，為國生事，止授以郎將，由是訖開元間，無人復議開邊，中國遂寧，外夷亦靜。此皆成敗可徵，鑒誡非遠。其黨項小蕃，雖處中國，本懷我德，當示撫綏。間者邊將非廉，亟有侵刻，或利其善馬，或取其子女，使賄其方物，徵為役徒，怨苦既多，叛亡遂起，或與北狄通使，或與西戎連寇，有為使然，固當懲革。傳曰：遠人不服，則修文德以來之。管子曰：國家無使勇猛為邊境。此誠聖哲識微知著之遠略也。今戎醜方強，邊備未實，誠慎擇良將，誡之完葺，使知誠信，絕其求取，用示懷柔，來則懲禦，去則謹備，自然彼懷我德，革其奸謀，何必遽圖興師，坐致勞費。陛下上聖至仁，覆育羣類，動必師古，謀無不臧，伏望堅保永圖，置兵衽席，實天下幸甚。上深嘉納之。

九年五月，復置宥州，以護黨項。

十五年七月，鹽州送劫烏白池鹽女子拓拔三娘并婢二人，詔入內，詰之，赦罪，送本州。其年十一月，命太子中允李寮爲宣撫黨項使。以部落繁富。至今遠近商賈。齎雜繒諸貨入其部落。貿其牛馬。至太和開成之際。其蕃鎭統領無緒。恣其貪惏。不顧危亡。或強市其羊馬者。不時償其直。以是部落苦之。遂相率爲盜。靈鹽之路小梗。會昌初。上頻命使安撫之。兼命憲臣爲使。分三印以統之。在邠寧鄜延者。以侍御史內供奉崔君會統之。在鹽夏長澤者。以侍御史內供奉李鄠主之。在靈武麟勝者。以侍御史內供奉鄭賀主之。仍各賜緋。以重其事。久而無狀。尋皆罷之。大中四年。內掠邠寧。詔鳳翔李業。河東李栻討之。羌乃破殄。

唐會要卷九十九

東謝蠻

東謝蠻。在黔州之西數百里。南接守宮獠。西連夷子。北至白蠻。土宜五穀。無文字。刻木爲契。散在山谷。依樹爲居。無稅賦之事。皆自爲生業。刀劒不離身。男女椎髻。以緋束之。後垂向下。其首領謝元深。世爲酋長。謝氏一族。法不育女。自云高姓。不可下嫁也。

貞觀三年。元深入朝。冠烏熊皮冠。若今之旄頭。以金絡額。身披毛帔。韋皮行縢而著履。中書侍郎顏師古奏言。昔武王時。天下太平。遠國歸款。周史書其事。爲王會篇。今萬國來朝。至如此輩章服。實可圖寫。今請撰爲王會圖。從之。以其地爲應州。拜元深刺史。隸黔州都督府。又有南謝首領謝強。與西謝蠻連接。共元深俱來朝拜。爲南壽州刺史。後改爲莊州。

貞元十三年正月。西南蕃大酋長正議大夫檢校蠻州長史繼襲蠻州刺史貴陽郡開國公賜紫金魚袋宋鼎。左右大首領朝散大夫前檢校邛州刺史賜紫金魚袋謝汕。左右大首領繼襲攝蠻州巴江縣令借紫金魚袋宋萬傳。界首子弟大首領朝散大夫牂州錄事參軍謝文。經黔州經略招討觀察使王礎奏。前件刺史建中三年一度朝賀。自後更不許隨例入朝。今年懇訴。稱州接牂牁。同被聲教。獨此排擯。竊自慚恥。謹遣隨牂牁等朝賀。伏乞特賜優諭。兼同牂牁刺史授官。其牂牁兩州戶口殷盛。人力強大。鄰側諸蕃。

悉皆敬憚。請比兩州每年一度朝賀。仍依牂牁輪環差定。幷以才幹位望爲衆所推者充。勅旨宋鼎等已改官訖。餘依奏。

西趙蠻

西趙蠻在東謝之南。其界東至夷子。西至昆明。南至西洱河。山洞深阻。莫知里數。南北十八日行。東西二十三日行。其風俗物產與東謝同。趙氏世爲酋長。有萬餘戶口。貞觀三年遣使入朝。二十一年以其地爲明州。以首領趙摩爲刺史。

牂牁蠻

牂牁蠻亦姓謝氏。其地北距兗州。東至辰州。南至交州。西至昆明。土氣鬱熱。稻粟再熟。無徭役。刻木爲契。風俗與東謝同。貞觀二年。首領謝龍羽遣使朝貢。授牂牁州刺史。封夜郎郡公。四年十二月。遣使朝貢。開元十年閏五月。大酋長謝元齊死。詔立其嫡孫嘉藝襲其官封。至二十五年。其大酋長趙君道來朝正。獻方物。大歷中。每歲遣使朝貢。及貞元初。朝獻不絕。至七年二月。授其酋長趙王俗官。以其歲初朝貢不絕。褒之也。自七年後至十八年。凡五遣使來朝貢。

元和三年五月。勅自今以後。委黔南觀察使差本道軍將充押領牂牁昆明等使。至四年正月。又遣使來朝。是月。遣中使魏德和領其使。幷齎國信物赴牂牁國。仍降璽書賜其王焉。七年十二月。遣使朝貢。九年。

復遣使謝注二十人朝貢。十一年正月。遣使來朝。拜其酋長等官。仍賜告身一十六通。遣還。十二月。又遣使二十五人賀正。召對於三殿。仍賜宴及銀器錦綵等。長慶中朝貢不絕。凡外夷使將至。遣中使郊驛迎勞。旣至。恩禮甚厚。將歸亦送之。以懷遠人。今悉不書。省文也。

寶曆元年十二月。遣使謝良震來朝。自太和五年至會昌二年。凡七遣使朝貢。并賀正。皆寵以宴賜。

南平蠻

南平蠻者。東與智州。南與渝州。西南州。北涪州接。部落四千餘戶。山有毒草沙蝨及蝮蛇。人並樓居。登梯而上。號爲干欄。其人美髮。爲椎髻。土多女少男。爲婚法。女氏必先貨求男族。貧人無以嫁女。多賣與富人爲婢。俗皆婦人執役。其王姓朱氏。號爲劒荔王。貞觀三年。遣使內附。以其地隸渝州。

南詔蠻

南詔蠻。本烏蠻之別種也。姓蒙氏。蠻謂王爲詔。其先有六詔。各有君長。蒙舍龍世長蒙舍州。高宗時。細奴邏來朝。開元二十六年。封其子皮羅閣越國公。賜名歸義。其後以破西洱蠻功。勅授雲南王。歸義漸強。五詔浸弱。劒南節度使王昱受其賂。迸六詔爲南詔。歸義日以驕大。每入覲。朝廷亦加禮。天寶七載。歸義卒。其子閤羅鳳立。與節度使鮮于仲通不相得。雲南太守張虔陀復私其妻。九載。因發兵反。鮮于仲通爲南詔所敗。自是南詔北臣吐蕃十二載。復徵天下兵。俾李宓將之。復敗於太和。寇陷嶲州及會同軍。

大曆十四年十月。吐蕃率南蠻衆十萬衆來寇。一入茂州。過汶川及灌口。一入扶文。掠方維白壩。一入黎雅。過卭郲。連陷郡邑。乃發禁兵四千人及幽州兵馬五千人同討。大破之。

貞元十年三月。劒南節度使韋皋奏。雲南蠻王異牟尋領部落兵馬破吐蕃。幷收鐵橋以來城壘一十六。擒吐蕃王五人。歸降百姓一十二萬人。約計三萬餘戶。大小城一十六所。勅旨宣付所司。其年七月。詔賜南蠻異牟尋鑄印一。用黃金銀爲窠。其文曰貞元册南詔印。先是劒南西川節度使韋皐奏。南詔前遣清平官尹仇寬獻所授吐蕃印五。二用黃金。今賜印。請以黃金。從蠻夷所重。從之。九月。南詔又使蒙湊羅棟及清平官尹仇寬來獻鐸槊浪人劒及吐蕃印八。蒙湊羅棟。異牟尋之弟也。旣朝見於麟德殿上。所賜賚甚厚。其年十月。以南詔朝貢使尹仇寬爲檢校左散騎常侍。其餘授官各有差。至十一年九月。南詔異牟尋獻馬六十匹。至十二年。韋皐奏。於雅州會野路招受得投降蠻首領高萬唐等六十九人。蠻約七千戶二萬口。其萬唐等先授吐蕃金字告身十五片。至十四年十二月。南詔異牟尋遣酋望大將軍王邱等各賀正。兼獻方物。至十九年春正月癸丑朔。上御含元殿。授南詔朝賀使楊鏌龍武試太僕少卿兼御史。授黎州廓清道蠻酋領襲恭化郡王劉志寧復試太常卿。

永貞元年。南詔遣使趙迦寬來赴德宗山陵。

元和二年八月。授南詔使者鄧傍傳試殿中監。其年十二月。復遣使朝賀。三年十一月。以南詔異牟尋卒。廢朝三日。辛未。以諫議大夫段平仲兼御史中丞持節充册立南詔及弔祭使。仍命鑄元和册南詔印。司封員外郎李逢吉副之。至四年正月。以太常卿武少儀兼御史中丞充册立及弔祭使。先是諫議大夫段平仲充使。朝廷以爲諫官不合離闕。因罷平仲使。少儀遂有是行。册異牟尋之子驃信苴蒙閣勸爲南詔王。七年十二月。南詔遣使朝貢。十年十一月。南詔蠻使楊還奇等二十九人來朝。至十三年四月。劍南西川節度使奏。南詔請貢獻助軍牛羊奴婢等。上發詔褒之。不令進獻。

太和三年。宰臣杜元穎鎮守西川。以文儒自高。不練戎事。南蠻乘我無備。入寇黎州。牧屢陳。皆不信之。十月。黎州陷。十一月。犯我西川。驅劫玉帛子女而去。即日鄰境以狀聞。上大怒。貶元穎爲韶州刺史。丁卯。又貶爲循州司馬。命東州節度使郭釗代焉。明年春正月。其王蒙嵯顛以表自陳請罪。兼疏元穎過失。國家方事柔遠。尋宥其過。自後賦貢不絕。

開成四年正月。上御龍德殿。入對朝賀正南詔酋趙莫三十七人。賜官告幷金綵銀器金銀帶衣服等有差。至五年十二月。上御三殿。對歸國南詔使等十六人。

會昌二年正月。三殿對還蕃南詔酋望張元佐等二十五人。大中八年二月。南蠻遣使進犀牛。詔還之。

咸通十年十一月。南蠻驃信坦綽酋龍率衆二萬寇嶲州。定邊軍節度都頭安再榮守淸溪關。爲賊所攻。

再榮退保大渡河北去清溪關二百里。隔水相射。凡九日八夜。定邊軍節度使竇滂勒兵拒之。十二月。驃信遣清平官十餘人來僞和。與竇滂語次。蠻軍船筏競渡。忠武武寧兵士結陣抗之。接戰自午及申。蠻軍稍卻。竇滂懼。將自縊於帳中。徐州將苗全緒止之。滂乃宵遁。全緒乃夜入蠻軍。萬弩亂發。蠻衆大駭。全緒等保軍而還。蠻軍乘勝進攻西川。朝廷以顏慶復駐大渡河。制劍南應接等使宋威將兵數萬。與忠武武寧之軍合勢。戰於漢州之毗橋。大捷。蠻軍走。解西川之圍。

乾符元年十二月。南蠻復寇西蜀。詔河東河西山南西道東川徵兵赴援。西川節度使高駢奏。西川新舊軍差已衆。況蠻蜑小醜。必易枝梧。今已道路崎嶇。館驛窮困。更有軍頓。立見流移。其左神策長武鎮鄜州河東所抽兵中。人數不少。況備辦軍食。費損尤多。又緣三道藩鎮。盡扼羌戎。邊鄙未寧。望不差發。詔除河東兵士。令竇瀚不要差發。外餘三處兵士。委高駢到日分布驅使。三年十一月。邕州節度使辛讜奏。南詔遣使段瑳寶等四人通和。詔令答使許之。至五年七月。讜遣從事徐雲虔通和。凡水陸四十七程。至善闡府。遇驃信。華言君上也。遊獵。尙去雲南一十六程。叙好而還。進南詔錄三卷。

東女國

東女。西羌之別種。以西海中有女國。故稱東女國也。俗以女爲王。東與茂州黨項接界。隔羅女蠻及白狼夷。有八十餘城。王所居名康延川。中有弱水南流。用牛皮爲船以渡。戶口四萬。女王號爲賓就。有女官號曰高霸。評議國事。在外官寮並男夫爲之。五日一聽政。女王若死。國中多斂錢動至數萬。更於王族求令女二人而立之。大者爲大王。小者爲小王。若大王死。則小王立。或姑死而婦繼。無有篡奪。其所居皆起重屋。王至九層。國人至六層。其王服青毛綾裙。下領衫。上披青袍。其袖委地。冬則羔裘。飾以紋錦。爲小環髻。飾之以金。耳垂璫。足履鞣釋。俗重婦人而輕丈夫。文字同於天竺。以十一月爲正。每至十月。令巫者齎酒殽詣山中。散糟麥於空。大咒呼鳥。俄頃有鳥如雉。飛入巫者懷中。因剖其腹視之。有一穀。來歲必登。若有霜雪。必多異災。其俗信之。名爲鳥卜。武德中。女王湯滂氏遣使貢方物。

永徽七年正月。其國遣女使高霸黎文并其主男三盧等來朝。

垂拱五年。其王斂臂遣大臣湯劒左來朝。仍請官號。則天拜斂臂爲左玉鈐衞員外將軍。仍以瑞錦製蕃服賜之。

天授三年。其主俄衍兒爾來朝。萬歲通天元年。又遣使來朝。

開元二十九年十二月。其王趙曳夫遣子獻方物。

天寶元年五月。命有司宴之於曲江。令宰臣以下同宴。又封曳夫爲歸昌王。授左金吾衞大將軍。賜其子帛八十匹。放還。後復以男子爲王。

貞元九年。其王湯立悉。與哥鄰國王董臥庭。白狗國王羅陀忽。逋租國王弟鄧吉知。南水王國王姪薛尙悉曩。弱水國董辟和。悉董國王湯悉贊。清遠國王蘇唐磨。咄霸國王董藐蓬。各率其種落。詣劍南四川內附。其哥鄰等國。皆散居西山弱水王卽國初女國之弱水部落。其悉董國在弱水之西。故亦謂之弱水西悉董王。舊皆分隸邊郡。祖父例授將軍中郎果毅等官。自中原多故。皆爲吐蕃所役屬。其部落大者不過二三千。各置縣令十數人理之。土有絲絮。歲輸於吐蕃。至是立悉與之同盟。相率獻款。兼齎天寶中國家所賜封告共三十九通以進。節度使韋皋處其衆於維霸保等州。給以種糧耕牛。咸樂生業。立悉等數國王自來朝。召見於麟德殿。授立悉銀青光祿大夫歸化州刺史。鄧吉知試大府少卿兼丹州長史。薛尙悉曩試少府少監兼霸州長史。董臥庭行至緜州卒。贈武德州刺史。命其子利羅爲保寧都督府長史。襲哥鄰國王。立悉妹乞悉漫頗有才智。從其兄來朝。封和義郡夫人。其大首領董臥卿等。皆授以官。俄又授女國王兄湯厥銀青光祿大夫試大府卿。清遠王弟蘇歷頗銀青光祿大夫試衞尉卿。南水國王薛莫庭。及湯悉贊。董藐蓬。女國唱後湯佛庭。美玉鉢。南郎唐。並授銀青光祿大夫試太僕卿。其年。西山松州生羌等二萬餘戶。相率內附。其黏信部落主董夢葱。龍諾部落主董辟忽。皆授試衞尉卿。立悉等並赴明年元會訖。賜以金帛。各遣還。八月。詔加韋皋統押近界諸蠻及西山八國使。其部落至今猶代襲刺史等官。然亦潛通吐蕃。故謂之兩面羌。

婆利國

婆利者。南荒之國也。在林邑東南海行可萬里。地延袤數千里。暑熱恆如中國盛夏時。穀一歲再熟。王姓刹利。刹利邪伽名護路那婆。世有其位。人皆黑色。穿耳附璫。其王服花冠。飾以眞珠瓔珞。身坐金牀。行則駕象。鳴鼓吹蠡。

貞觀四年四月。使至婆利界。有羅刹國。其人極陋。朱髮黑身。獸牙鷹爪。時與林邑人作市。市以夜而自掩其面。其國出火珠。狀如水晶。日正午時。以珠承影取艾承之。卽火出。其年。林邑國來獻。云羅刹得之。或云出獅子國。國在西南海中。有稜伽山。出奇寶。人到初無所見。但署寶物價値賣於洲上。商舶依價貨之而去。其國以能馴養獅子。故以爲國名。

倭國

古倭奴國也。在新羅東南。居大海之中。世與中國通。其王姓阿每氏。設官十二等。俗有文字。敬佛法。椎髻無冠帶。隋煬帝賜之衣冠。今以錦綵爲冠。飾衣服之制。頗類新羅。腰佩金花。長八寸。左右各數枚。以明貴賤等級。

貞觀十五年十一月。使至。太宗矜其路遠。遣高表仁持節撫之。表仁浮海數月方至。自云路經地獄之門。親見其上氣色蓊鬱。又聞呼叫鎚鍛之聲。甚可畏懼也。表仁無綏遠之才。與王爭禮。不宣朝命而還。由是復絕。

永徽五年十二月。遣使獻琥珀瑪瑙。琥珀大如斗。瑪瑙大如五升器。高宗降書慰撫之。仍云。王國與新羅接近。新羅素爲高麗百濟所侵。若有危急。王宜遣兵救之。倭國東海嶼中野人。有耶古波耶多尼三國。皆附庸於倭。北限大海。西北接百濟。正北抵新羅。南與越州相接。頗有絲綿。出瑪瑙。有黃白二色。其琥珀好者。云海中湧出。

咸亨元年三月。遣使賀平高麗。爾後繼來朝貢。則天時。自言其國近日所出。故號日本國。蓋惡其名不雅而改之。

大歷十二年。遣大使朝楫寧。副使總達來朝貢。

開成四年正月。遣使薛原朝常嗣等來朝貢。

大羊同國

大羊同東接吐蕃。西接小羊同。北直于闐。東西千里。勝兵八九萬。辮髮氈裘。畜牧爲業。地多風雪。冰厚丈餘。物產與吐蕃同。無文字。但刻木結繩而已。酋豪死。抉去其腦。實以珠玉。剖其五臟。易以黃金。鼻銀齒。以人爲殉。卜以吉辰。藏諸巖穴。他人莫知其所。多殺牸牛羊馬。以充祭。其王姓姜葛。有四大臣分掌國事。自古未通中國。

貞觀五年十二月。朝貢使至。十五年。聞中國威儀之盛。乃遣使朝貢。太宗嘉其遠來。以禮答慰焉。至貞觀末爲吐蕃所滅。分其部衆。散至隙地。

烏羅渾國

烏羅渾。蓋後魏烏洛侯也。今亦謂之烏羅護。東與靺鞨。南與契丹。北與烏丸爲鄰。風土與靺鞨同。

貞觀六年。朝貢使至。

女國

女國。在葱嶺之西。以女爲王。每居層樓。侍女數百。五日一聽政。其王若死。無女嗣位。國人乃調斂金錢。還於死王之族。買女而立之。其俗貴女子。賤丈夫。婦人爲吏。男子爲軍士。女子貴者。則多有侍男。男子貴不得有侍女。雖賤庶之女。盡爲家長。猶有數夫焉。生子皆從母姓。男子披髮。以青綠塗面。婦人辮髮而縈之。土宜六畜。多駿馬。

貞觀八年十二月。朝貢使至。

石國

石國。其俗善戰。多良馬。西北去瓜州六千里。

貞觀八年十二月。朝貢使至。

顯慶三年。以其地瞰羯城爲大宛都督府。仍以其王職土屯攝舍提于屈昭穆爲都督。

開元初。其蕃王莫賀咄吐屯有功。封爲石國王。加特進。尋又册爲順義王。二十九年。其王伊吐屯屈勒遣使上表曰。奴自千代以來。於國忠赤。秖如突厥騎施可汗忠赤之中。部落安貼。後背天可汗。脚底大起。今突厥已屬天可汗。在於西頭爲患。惟有大食。莫踰突厥。伏乞天恩不棄突厥部落。討得大食。諸國自然安貼。

天寶初。累遣朝貢。至五年。封其王子那俱車鼻施爲懷化王。并賜鐵券。九載。安西節度使高仙芝奏。其王蕃禮有虧。請討之。其王約降。仙芝使部送去開遠門數十里。負約。以王爲俘。獻於闕下。斬之。自後西域皆怨。仙芝所擒王之子。西走大食。引其兵至怛羅斯城。仙芝軍大爲所敗。自是西附於大食。至寶歷二年。及大歷七年。並遣使朝貢。

吐火羅國

吐火羅。在葱嶺之西數百里。與挹怛雜居。勝兵五萬。其國土著。多男子。少婦人。故兄弟通室。婦人五夫。則首戴五角。十夫則首戴十角。男子無兄弟。則與他人結爲昆季。方始得妻。不然則終身無婦矣。被服文字。與于闐略同。其城北有頗黎山。南巖穴中有神馬。國人每收馬於其側。產名駒汗血馬。北界接西域大宛之地。

貞觀九年五月。朝貢使至。

永徽元年。獻大鳥高七尺。其色元。足如駝。鼓翅而行日三百里。能噉鐵。夷俗謂之駝鳥。三年。其葉護那史烏涇波奉表告立。高宗遣置州縣使王名遠到其國。以所理阿緩大城爲月氏都督府。仍分其小城爲二十四州。以烏涇波爲都督。五年。烏涇波遣子伊室達官弩以朝獻。

龍朔元年。授烏涇波使持節月氏等二十五州諸軍事月氏都督。

麟德二年。遣其弟祖紇多獻瑪瑙燈樹兩具。高三尺餘。

開元七年。其葉護支汗那帝賒上表。獻解支之人暮闍。請加試驗。八年。獻名馬騾及異藥。至十二年。遣使獻胡藥乾陀婆羅等二百餘品。十七年。册其首領骨咄祿頓達度爲葉護。其年。葉護遣使獻須那伽帝釋麥。十八年。遣使獻紅頗梨。碧頗梨。生馬腦。金精。及質汗等藥。

天寶八載。其葉護失理忙伽羅遣上表曰。臣鄰境有一胡。號曰羯師。居在深山。恃其險遠。違背聖化。親附吐蕃。於國內置吐蕃城。投勃律要路。與吐蕃擬將兵入境。臣每憂懼。思破兇徒。望請安西兵馬。來載五月到小勃律。六月到大勃律。伏乞允臣所奏。事若不成。請斬臣七段。緣失蜜王向漢忠赤。特望勅書宣慰。使其感恩。元宗覽表。許之。十二年。又遣使朝貢。

乾元元年七月。與西域九國遣兵助國討逆。肅宗令赴朔方行營。

曇陵國

曇陵吐火羅之屬國也．居大洲中．其風俗土宜．與吐火羅國同．

貞觀十六年．遣使朝貢．

康國

康國．本康居之苗裔也．其王本姓温氏．其人士著役屬於突厥．先居祁連之北昭武城．爲匈奴所破．南依葱嶺．遂有其地．支庶强盛．分王鄰國．皆以昭武爲姓氏．不忘本也．俗多蒲萄酒．勝兵三千人．深目高鼻．多鬚髯．生子必以蜜食口中．以膠置手內．欲其成長口甞甘言．持錢如膠之粘物．習善商賈．爭分銖之利．男子二十．卽送之他國．來過中夏．利之所在．無所不至．以十二月爲歲首．有婆羅門爲其占星候氣．以定吉凶．至十月．鼓舞乞寒．以水相潑．盛爲戲樂．

武德七年．其王屈朮支遣使獻名馬．

貞觀九年七月．獻獅子．太宗嘉其遠來．使秘書監虞世南爲之賦．十一月．又獻金桃銀桃．詔令植於苑囿．

永徽中．其國頻遣使告爲大食所攻．兼徵賦稅．

顯慶三年．高宗遣果毅董寄生列其所居城爲康居都督府．仍以其王拂呼縵爲都督．

萬歲通天元年．則天封其大首領篤娑鉢提爲王．鉢提尋卒．又册立其子泥湼師師．神龍中．泥湼師師卒．又册立其子突昏．

開元初。屢遣使獻鏁子甲。水晶柸。及越諾侏儒人。胡旋女子。兼狗豹之類。十九年。其王烏勒伽表請封其子咄曷爲曹國王。默啜爲米國王。許之。二十七年。烏勒卒。遣使册咄曷襲其父位。

天寶三載。又封爲欽化王。其母可敦封爲郡夫人。十二載十三載。並遣使朝貢。

盤盤國

盤盤國。在林邑西南海曲中。北與林邑隔小海。自交州船行四十日乃至。其國與狼牙脩國爲鄰。習俗與扶南略同。以路遠不與中國通。梁大同時。來朝貢。

貞觀九年。朝貢使至。

朱俱波國

朱俱波在葱嶺之北二百里。勝兵三千人。其俗崇飾佛法。文字同於婆羅門。西與渴盤陀爲鄰。去瓜州三千八百里。

貞觀十一年十二月。朝貢使至。

甘棠國

甘棠在大海之南。崑崙人也。

貞觀十年。與朱俱波國朝貢同日至。太宗謂羣臣曰。南荒西域。自遠而至。其故何哉。房元齡曰。當中國乂安帝德遐被也。太宗曰。誠如公言。向使中國不安。何緣而至。朕何以堪之。觀此蕃使。益懷畏懼。所望公等匡朕不逮也。

罽賓國

罽賓在葱嶺之南。其地川瀆水皆南流。注於南海。人皆乘象。土宜種稻。多甘蔗葡萄。草木淩寒不死。尤信佛法。南去舍衞國三千五百里。罕通上國。聞中夏有聖君。故遣使來朝。

貞觀十一年。遣使至。上謂長孫無忌曰。朕卽位之初。有上書者。或言人主必須威權獨運。不得委羣下。或欲耀兵振武。懾服四夷。惟魏徵勸朕偃武興文。布德施惠。中國旣安。遠人自服。朕從其語。天下大寧。絕域君長。皆來朝貢。九夷重譯。相望於道。此皆魏徵之力也。朕之任用。豈不得人。二十二年。其國遣使獻俱物頭花。丹白相間。其香遠聞。

永徽二年。獻耨特鼠。喙尖尾赤。能食蛇。螫者以尿塗瘡。卽愈。

顯慶三年。訪其國俗。云王始祖馨孽。今王曰曷擷支。父子傳位。已十二代。其年。列其城爲修鮮都督府。龍朔初。授其王修鮮等十一州諸軍事。兼修鮮都督。

開元七年。遣使獻天文大經及秘方奇藥。八年。詔遣册其王爲葛羅支特勤。二十七年。其王烏散特勤灑以年老。上表請以嫡子拂菻罽婆嗣位。許之。仍降使册命。

天寶四載。又册其子勃匐準爲襲罽賓及烏萇國王。仍授右驍衞將軍。乾元元年又遣使朝貢。

流鬼國

流鬼去京師一萬五千里。直黑水靺鞨東北。少海之北。三面阻海。多沮澤。有魚鹽之利。地氣早寒。每堅冰之後。以木廣六寸長七尺施系於其上。以踐層冰。逐其奔獸。俗多狗。以其皮毛爲裘褐。勝兵萬人。南與莫曳靺鞨鄰接。未嘗通聘中國。貞觀十四年。其王更三譯而來朝貢。授騎都尉。

史國

史國居近獨莫水北。與康國同域。中有神祠。每祭牛羊口。自隋以來。國漸强盛。乃創置乞史城。都邑二萬餘家。貞觀十六年正月。朝貢使至。顯慶三年。遣果毅董寄生列其所治爲陆沙州。以其王昭武失阿曷爲刺史。開元十五年。其王阿忽必多延屯遣使獻胡旋女子及豹。二十七年。其延屯卒。册立其子阿忽鉢爲王。二十九年。其王斯謹提立首領勃帝未施朝貢。天寶中詔使其國爲來威國。其邢色波國亦謂之小史國。爲史國役屬。

拂菻國

拂菻。一名大秦國。在西海之北。東南與波斯接。地方萬里。列城四百。邑居連屬。其宮室柱櫳。多以水晶琉璃爲之。有貴臣十二人共治國政。常使一人將囊隨王車。百姓有事者。卽以事投囊中。王至宮省發理其枉直。其王無常人。簡賢者立之。國有災異及風雨不時。卽廢之。有鳥似鵝。其色綠色。常在王邊。倚枕上坐。每進食有毒。其鳥輒鳴。戶十萬餘。南臨大海。城東面有一大門。高二十丈。自外至王室。飾以黃金。凡有大門三重。第二大門之樓。懸一金秤。以金丸十二枚屬於衡端。以候日之十二時焉。爲一金人。其大如人。立於側。每至一時。其金丸輒落。鏗然發聲。金人卽應聲引唱。以紀日時。毫釐無差。其殿以瑟瑟爲柱。黃金爲地。象牙爲門扇。香木爲棟梁。無瓦。以白石末塗屋上。光潤如玉石。至盛夏之時。引水潛流。上徧屋宇。機制巧密。人莫之知。觀者惟聞屋上鳴泉。俄見四簷飛溜。懸汲如瀑。激氣成涼風。其巧如此。有羊羔生於土中。其國人候其欲萌。乃築牆以護之。防外獸所食。然其臍與地連。割之則死。惟人著甲走馬。及擊鼓以駭之。其羔驚鳴而臍絕。便逐水草。諸珍寶多出其國。隋煬帝常欲通之。竟不能致。貞觀十七年。其王波多力遣使獻赤玻璃石綠金精等物。太宗降璽書答慰。自大食強盛。漸陵諸國。遣將伐其都。乃歲輸金帛。臣屬大食焉。

乾封元年。遣使獸底也伽。大足元年復遣使朝貢

開元十年正月。遣吐火羅大首領獻獅子二。羚羊二。四月。又遣大德僧來朝。

烏萇國

烏萇國。在中天竺南。一名烏枝那。地方千餘里。百姓殷實。人性懦弱。頗詭詐。尤工禁呪之術。篤信佛法。與天竺同。而天竺不及之。自古未通中國焉。

貞觀十六年十一月。朝獻使至。

開元八年四月。遣使册立其王。時大食東與烏萇鄰境。煽誘爲虐。其王與骨咄王俱位王。皆守節不應。亦潛輸款誠。元宗深美之。故並降册名。

耨陀洹國

墮和羅西北。其王姓察失利。名婆那。子婆末。其國海行五月至廣州。土無蠶桑。以白氎朝霞布爲衣。穀有稻麥。俗皆樓居。謂之干欄。父母死。停喪在室。輒數日不食。燔屍之後。男女並剔髮。臨池先浴。然後進食。

貞觀十八年。遣使來朝貢。又獻婆律膏。白鸚鵡。首有十紅毛。齊於翅。

唐會要卷一百

瑟匿國

瑟匿北接石國。其俗不好商賈。風俗與康國略同。

貞觀二十年三月使至朝貢。與似沒役槃國康國同鄰。出好馬。

悉立國

悉立在吐蕃西南。戶五萬。勝兵五千人。其地有城邑村落。咸依溪澗。男夫以繒綵纏頭。衣氈。婦人辮髮著短裙。婚姻簡略。不行財禮。以蒸報爲俗。多水牛。宜秔稻。喪制以黑爲衣。一年就吉。羈事吐蕃。自古未通中國。

貞觀二十年閏三月。朝貢使至。

求拔國

求拔。或云章揭拔。本西羌種也。在悉立西南。居四山之內。近西移出山。西接東天竺。遂改衣服。變西羌之習。因而附焉。勝兵二千。無城郭。好爲寇掠。商旅患之。

貞觀二十五年。因悉立而朝貢使至。

俱蘭國

俱蘭國。前亦名俱羅弩國。與吐火羅接。南抵雪山。地險窄。物產惟出金精。貞觀二十年閏三月。朝貢使至。

骨利幹國

骨利幹處北方瀚海之北。二俟斤同居。勝兵四千五百。口萬餘人。草多百合。地出名馬。其國北接冰海。晝長夕短。日沒後天色正曛。煮一羊胛纔熟。而東方已曙。蓋近日出之所也。貞觀二十一年正月。內附。

訶陵國

訶陵在眞臘之南海中洲。王之所居。堅木爲城。造大屋重閣。以象爲牀。以椰花椰子爲酒。飲之亦醉。有毒女。與常人居止宿處。卽令身上生瘡。與之交會。卽死。若旋液霑著草木。卽枯。貞觀二十二年。朝貢使至。元和八年。遣使獻僧祇僮及五色鸚鵡頻伽鳥幷異香。十三年十一月。獻僧祇女二人及玳瑁瑤生犀等。

婆登國

婆登在林邑之南。海行二月。東與訶陵。西與迷黎連接。北鄰大海。風俗與訶陵國同。種穀每月一熟。亦有文字。書之于貝多葉。其死者口實以金。又以金釧貫于四肢。然後加以婆律膏。及沈檀龍腦等香。積薪以燔之。

貞觀二十一年六月。朝獻使至。

波斯國

波斯在京師西一萬五千里。東與吐火羅康國接。北鄰突厥之可薩部。西北距苐林。西南濱海。戶數十萬。其王初嗣位。便密選諸子才堪承統者。書其名字。封而藏之。王死後。大臣與王之羣子。共發封而視之。奉所書名爲王焉。俗事天地水火諸神。西域諸胡事火祆者。皆詣波斯受法焉。其事神。以麝香和蘇。塗鬚點額。及於耳鼻。用以爲敬。以六月一日爲歲首。繫囚無年限。惟王代立則釋之。地多名馬。駿者日行七百里。又多駿犬。今所謂波斯犬也。出騾及大驢。

貞觀二十一年。其王伊嗣候遣使朝貢。

龍朔元年。其國王卑路斯使奏頻被大食侵擾。請兵救援之。詔遣隴州南由令王名遠充使西域。分置州縣。因列其地疾陵城爲波斯都督府。授卑路斯爲都督。是後數遣使貢獻焉。咸亨中。卑路斯自來朝貢。高宗甚加恩賜。拜右武衞將軍。

儀鳳三年。令吏部侍郎裴行儉將兵册送卑路斯還波斯國。行儉以路遠。至安西碎葉而還。卑路斯獨返。

不得入其國。漸爲大食所侵。客於吐火羅二十餘年。部落數千人。後漸離散。至景龍二年來朝。拜爲左威將軍。無何病卒。其國遂滅。西部衆猶存。自開元十年至天寶六載。凡十遣使朝貢。獻方物。夏四月。遣使獻瑪瑙牀。九載獻火毛繡舞筵長毛繡舞筵無孔眞珠。至大歷六年九月。遣使獻眞珠等。

都播國

都播。鐵勒之別種也。其地北瀕小海。西堅昆。南迴紇。十三月行。前代未之通也。分爲三部。皆自統攝。其俗無歲時。結草爲廬。無牛羊。不知耕種。土多百合。取其根以爲粮。捕魚鳥食之。衣貂鹿之皮。貧者亦緝鳥羽爲服。婚姻富者用馬。貧者用鹿皮爲聘禮。國無刑罰。偸盜者徵其賦。聞骨利幹來通。亦遣使朝貢。貞觀二十一年十一月。朝貢使至。

結骨國

結骨在迴紇西北三千里。勝兵八萬。口數十萬。南阻貪漫山。有水從迴紇北流。踰山經其國。人並依水而居。身悉長大。皙面綠睛。朱髮。有黑髮以爲不祥。人皆勁勇。鄰國憚之。其大與突厥同。而婚姻無財聘。性多淫泆。與外人通者不忌。其壻死。喪刀剺其面。火葬收其骨。踰年而葬。以木爲室。覆以木皮。天每雨鐵。收而用之。以爲刀劍。甚銛利。若獵獸。皆乘木馬。升降山磴。追赴若飛。其北有騮馬國。鄰北海。畜騮馬而不乘。但取其酪充飱而已。貌類結骨。而不敦鄰好。交相侵伐。貞觀六年。遣王義宏將命鎭撫。二十二年。結骨國君長遂身自入朝云。臣已一心歸國。望得國家官職。執笏而還。遂授左屯衛大將軍堅昆都督。開元中。安西都護蓋嘉運撰西域記云。堅昆國人皆赤髮綠睛。其有黑髮黑睛者。則李陵之後。故其人稱是都尉苗裔。亦有由然。今有改稱紇扢斯者。亦是北夷舊號。臣按國史敍鐵勒種類云。伊吾以西。焉耆以北。旁白山則有契弊烏護紇骨子。其契弊卽契苾也。烏護則烏紇也。後爲迴鶻。其紇骨卽紇扢斯也。由是而言。蓋鐵勒之種。嘗以稱迴鶻矣。其轉爲黠戛斯者。蓋夷音有緩急。卽傳譯語不同。其或稱戛戛斯者。語急而然耳。訪於譯史云。黠戛是黃頭赤面義。蓋迴鶻呼之如此。今使者稱自有此名。未知孰是。

會昌三年其國遣使注吾合索上聲呼之。等七八來朝。兼獻馬二匹。以其久不修貢。且莫詳更改之名。中旨訪求。唯賈耽所撰四夷述。具載黠戛斯之號。然後知耽之通習荒情。洽而不誤。先是迴鶻背恩德。侵劫諸部落。又擅入靈州。以爲天亡不可容也。乃命河東等道遣兵討之。正月。命河東兵大破迴鶻於殺胡山。就帳中奉太和公主歸於我軍。可汗亦與數十騎踰山遁走。黠戛斯乘其破亡。遂有其國。二月。遣使注吾合索等七八來朝。幷獻名馬。且憑大唐威德。求册命焉。四年。上命太僕卿兼御史中丞趙蕃持節宣慰。五年五月。勅。我國家光宅四海。君臨八荒。聲教所覃。册命咸被。況乎族稱宗姓。地接封疆。爰申建立之恩。用廣懷來之道。有加常典。得不敬承。黠戛斯國王生窮陰之鄉。稟沍朔之氣。少卿之後。胄裔且異於蕃夷。大漠之中。英傑自雄於種落。日者居於絕徼。隔以強鄰。空馳向化之心。莫通事大之禮。旋能奮其武勇。淸彼朔陲。

萬里歸誠。重譯而至。時既當於無外。義必在於固存。是用特降徽章。載明深懇。加其美號。錫以册書。貽厥後昆。遂荒有北。舉茲盛典。彰示遠戎。祇服寵光。永孚恩化。可册爲宗英雄武誠明可汗。命右散騎常侍兼御史中丞李栻持節充册使。仍命有司擇日備禮册命。六年九月。勅去歲先帝册立黠戛斯爲可汗。雖有成命。旋屬朝廷變故。未果遵行。今欲遣使且展封告之儀。續行先帝之意。又慮深僻小國。不足與之抗衡。迴鶻向殘。不合遽有建置。事新體大。須歸至當。必詢於衆。方免有疑。宜令中書門下五品以上。御史臺尚書省四品以上集議聞奏。大中元年。遂命鴻臚卿御史中丞李業持節再册命焉。

天竺國

天竺。卽漢之身毒。或云摩伽佗。或云婆羅門。地在葱嶺之南。去月氏東南數千里。地方三萬餘里。其中分爲五。南天竺南際大海。北天竺北距雪山。四周有山爲壁。南面一谷通爲國門。東天竺東際大海。與扶南連。但隔小海而已。西天竺與罽賓波斯相接。中天竺據四天竺之間。國並有王。而俱以天竺爲名。隋煬帝志通西域。諸國多至。惟天竺不通。武德中。國大亂。王尸羅逸多勒兵象。不解鞍。士不釋甲。六載而四天竺之君。皆北面以臣之。貞觀初年。中國沙門元奘至其中國。天竺王尸羅逸多謂元奘曰。吾聞中國有聖王出。作秦王破陣樂。試爲我說秦王之爲人也。元奘具言聖德。王曰。信如所言。我當自朝也。至十五年。自稱摩伽佗王。遣使朝貢。上乃遣雲騎尉梁懷璥往通其國。尸羅逸多驚問諸國人曰。自古亦有摩訶震旦使人至吾國乎。皆曰未之有也。乃遣使隨懷璥來朝。至二十二年四月。遣使右衛長史王元策奉使天竺國。至尸羅逸多死。其國大亂。發兵拒之。元策禦戰不敵。挺身宵遁。至吐蕃發精銳千二百人幷泥婆羅國兵七千騎。元策與副使蔣師仁率二國兵大破之。虜其王以歸。太宗大悅。謂侍臣曰。夫人耳目玩於聲色。口鼻耽於臭味。此敗德之源。若天竺不刦我使人。豈爲俘虜耶。昔中山以貪寶取斃。蜀侯以金牛致滅。莫不由也。是時就其國得方士那邏邇娑婆寐。自言年二百云。有長生之術。上深禮之。館於金飈門內。造延年藥。令兵部尚書崔敦禮監主之。使天下采諸奇藥異石。延歷歲月。藥成。服之無效。後放還本國。

天授三年。東天竺王摩羅枝摩。西天竺王尸羅逸多。南天竺王遮邏其跋邏婆。北天竺王婁其那那。中天竺王地婆西那。並來朝貢。及中宗睿宗兩朝。並獻方物。

開元三年二月。遣使瞿雲惠成來朝。八年五月。南天竺遣使獻豹皮五色能言鸚鵡。又奏請以戰象兵馬討大食吐蕃。求有以名其軍。制書嘉焉。號爲懷德軍。九月。南天竺王尸利那羅僧伽寶多枝摩爲國造寺。上表乞寺額。勅以歸化爲名。賜十一月。遣使冊利那羅僧伽寶多爲南天竺王。遣使來朝。十七年六月。北天竺國王三藏沙門僧密多獻質汗等藥。十九年十月。中天竺國王伊沙伏摩遣大德僧來獻方物。二十九年三月。中天竺國王李承恩來朝。授遊擊將軍放還。天寶中。累遣使朝貢。

葛邏祿國

葛邏祿本突厥之族也。在北庭之北。金山之西。與車鼻部落相接。薛延陀破滅之後。車鼻人衆漸盛。葛邏祿率其下以歸之。及高侃之經略車鼻也。葛邏祿相繼來降。仍發兵助討。後車鼻破滅。葛邏祿。謀刺婆匐踏實力三部落。並詣闕朝見。顯慶二年。置陰山大漠元池三都督府。以其首領爲都督。三族當東西兩突厥之間。常視其興衰。附叛不常。後稍南徙。自號三姓。兵彊勇。於闕延州以西。突厥皆畏之。開元初。與迴鶻拔悉密等攻殺突騎施烏蘇米施可汗。三年。與拔悉密可汗同奉表。兼獻馬。至闕下。其年冬。又與迴鶻同擊破拔悉密部落。其可汗阿史那施奔北庭。後朝於京師。十三年。授阿史那施左武衛將軍。乾元中。率拔悉密可汗南奔。後葛祿與九姓部落復立迴鶻暾葉護爲可汗。朝廷尋遣使封爲奉義王。仍號懷仁可汗。自此後。葛祿在烏德犍山左右者。別置一部督。隸屬九姓迴鶻。其在金山及北庭管內者。別立葉護。每歲朝貢。十一年。葉護頓毗伽生擒突厥帥阿布思。送於闕庭。授開府儀同三司。改封金山郡王。至德後。部衆漸盛。與迴鶻爲敵國。仍移居十姓可汗之故地。今碎葉怛邏斯諸城。盡爲所踞。然阻迴鶻。近歲朝貢。不能自通。

泥婆羅國

泥婆羅。在吐蕃之西樂陵川。土多赤銅。其俗翦髮與眉齊。穿耳楦以竹筩。緩至肩者。以爲妙麗。食用手。其器皆銅。多商賈。少田作。鑄銅爲錢。面文爲人。背文爲馬。牛不穿孔。衣服以一幅布蔽身。數日一盥浴。以板爲屋。壁皆雕畫。俗重博戲。頗解推測盈虛。皆通歷術。祀天神。鐫石爲像。每日淸水浴神。烹羊而祭。其王那陵提婆。身著珍珠諸寶垂纓。耳金鉤玉鐺。佩服莊嚴。坐師子牀內。嘗散花燃香。大臣皆坐地不藉。左右持兵數百人列侍宫中。有七重樓。覆以銅瓦。楹栱皆飾以珠寶。四隅置銅槽。下有金龍口激水。仰注槽中。初提婆之父爲其叔所殺。提婆出奔吐蕃。吐蕃納之。遂臣吐蕃。貞觀中。使者李義使天竺道其國。提婆大喜。延使者觀阿耆婆彌池。池週迴二十餘丈。以物投之。則生烟焰。懸釜而炊。須臾可熟。二十一年。遣使獻波稜菜渾提葱。

永徽二年。其王尸利那連陀羅遣使朝貢。

大食國

大食本在波斯之西。大業中。有波斯胡紏合亡命。渡恆曷水。劫奪商旅。其衆漸盛。遂割據波斯西境。自立爲王。其王姓大食氏。名瞰密莫末尼。自云有國已三十四年。歷三主矣。其國男兒黑而多鬚。鼻大而長。女子白皙。行必障面。文字旁行。日五拜天神。不飲酒舉樂。有禮堂容數百人。率七日王高坐爲下說法。曰。死敵者生天上。殺敵致福。故俗勇於戰鬬。土多沙石。不堪耕種。唯食駝馬。不食豕肉。西隣大海。常遣人乘船將衣糧入海。經八年而未極西岸。海中有一方石。上有樹幹赤葉青。上總生小兒。長六寸。見人皆笑。動其手脚。旣著樹枝。若使摘取一枝。小兒便死。

永徽二年八月。大食遣朝貢。至龍朔中。擊破波斯。又破拂菻。始有麪米之屬。又南侵婆羅門。呑諸國。併勝兵四十餘萬。開元初。遣使來朝。進良馬寶鈿帶。其使謁見。平立不拜。云本國惟拜天神。雖見王亦不拜。所司屢詰責之。其使遂依漢法致拜。其時康國石國皆臣屬。十三年。遣使蘇梨滿等十三人獻方物。授果毅。賜緋袍銀帶。遣還。其境東西萬里。東與突騎施相接焉。又案賈耽四夷述云。隋開皇中。大食族中有孤列種。代爲酋長。孤列種中又有兩姓。一號盆尼奚深。一號盤泥末換。其奚深後有摩訶末者。勇健多智。衆立之爲王。東西征伐。開地三千里。兼剋夏獵。一名鈔。（音所鑒反。）城。摩訶末後十四代至末換。末換殺其兄伊疾而自立。復殘忍。其下怨之。有呼羅珊木鹿人並波悉林舉義兵。應者悉令著皁衣。旬日間衆盛數萬。鼓行而西。生擒末換殺之。遂求得奚深種阿蒲羅拔立之。自後末換以前。種人謂之白衣大食。自阿蒲羅拔以後。改爲黑衣大食。阿蒲羅拔卒。立其弟阿蒲恭拂。至德初。遣使朝貢。代宗之爲元帥。亦用其國兵以收兩都。寶應初。其使又至。恭拂卒。子迷地立。迷地卒。子牟栖立。牟栖卒。弟訶論立。貞元二年。與吐蕃爲勁敵。蕃兵大半西禦大食。故鮮爲邊患。其力不足也。至十四年丁卯九月。以黑衣大食使含嵯焉雞沙北三人並爲中郎將。放還蕃。

火辭彌國

火辭彌。與波斯接。風俗亦與波斯同。

貞觀十八年三月。遣使貢方物。與摩羅遊使者偕來。

駮馬國

駮馬。其地近北海。在突厥北。去京師一萬四千里。經突厥大部落五所乃至。勝兵三萬。馬萬匹。地寒。至冬積雪。樹木不沒者一二尺。至雪消。逐陽坡以馬耕種五穀。馬色並駮。故以爲國號。其使云。去鬼國六十日行。其國人夜遊晝隱。眼鼻耳與中國人同。口在頂上。土無米粟。噉鹿與蛇。

永徽二年十一月。朝貢使至。

金利毗迦國

金利毗迦在京師西南四萬餘里。行經日亘國。訶陵國。摩訶國。新國。多薩國。者埋國。婆婁國。多郎婆黃國。摩羅遊國。眞臘國。林邑國。乃至廣州。東去至物國二千里。西去赤土國一千五百里。南距婆庭舍衣朝霞白氎。每食先泥上鋪席而後坐。其國王名本多陽牙。前有隊仗甲鎧。甲用貝多樹皮。風俗物產與眞臘國同。

多摩萇國

多摩萇居於南海島中。使云。其王先祖骨利。龍之子。利常得一鳥卵。剖之。得一女子。容色殊妙。因以爲妻。今尸羅劬傭即其後也。

顯慶四年二月。朝貢使至。

蝦夷國

蝦夷海島中小國也。其使至鬚長四尺。尤善弓箭。插箭於首。令人戴瓠而立。數十步射之。無不中者。顯慶四年十月。隨倭國使至入朝。

哥羅舍分國

哥羅舍分在南海之南。接墮和羅國。其國王名蒲越摩伽。精兵二萬人。其使以顯慶五年發本國。至龍朔二年五月到京。

日本國

日本。倭國之別種。以其國在日邊。故以日本國爲名。或以倭國自惡其名不雅。改爲日本。或云日本舊小國。吞倂倭國之地。其人入朝者。多自矜大。不以實對。故中國疑焉。長安三年。遣其大臣朝臣眞人來朝。貢方物。朝臣眞人者。猶中國戶部尙書。冠進德冠。其頂爲花。分而四散。身服紫袍。以帛爲腰帶。好讀經史。解屬文。容止閑雅。可人宴之。麟德殿授司膳卿而還。開元初。又遣使來朝。因請士授經。詔四門助教趙元默就鴻臚教之。乃遺元默闊幅布。以爲束脩之禮。題云白龜元年調布。人亦疑其僞爲題。所得賜賚。盡市史籍。泛海而還。其偏使朝臣仲滿。慕中國之風。因留不去。改姓名爲朝衡。歷仕左補闕。終右常侍安南都護。

師子國

師子在西南大海中洲。宋始朝貢。其洲中有山名稜伽。多奇寶。古佛遊處。國中有王以一善化人。皆以清淨學道爲勝。

天寶五載正月。王尸羅迷伽遣使至。獻大珠鈿金寶瓔珞及貝葉鈔寫大般若經一部。細白氎四十張。

多蔑國

多蔑居大海之北。周迴可兩月行。南至海。西俱遊國。北波剌國。東眞陁洹國。其王姓摩伽。名失利。戶口極衆。置三十州。又役屬他國。有城郭樓櫓宮殿。並瓦木。常侍衞兵可四千人。雖有弓箭刀楯甲䂎而無戰陣。有刑典書記及婚聘之禮。事佛及神。亦以十二月爲歲首。畜有犀象馬牛。果有檳榔子。其桃棗瓜李及園蔬五穀與中國不殊。

多福國

龍朔元年八月。其王難婆修彊宜說遣朝貢使至。

耽羅國

耽羅。在新羅武州海上。居山島上。周迴並接於海。北去百濟可五日行。其王姓儒李。名都羅。無城隍。分作五部落。其屋宇爲圓牆。以草蓋之。戶口有八千。有弓刀楯矟。無文記。唯事鬼神。常役屬百濟。

龍朔元年八月。朝貢使至。

拘蔞蜜國

拘蔞蜜在林邑之西。陸路三月行。山居。饒象。並養之以供用。顯慶元年閏正月。來朝貢。在盤盤致物國東南。海路一月行。南距婆利國十日行。東去不述國五日行。西北去文單國六日行。風俗物產。與赤土國墮和羅國略同。

永徽六年八月。遣使獻五色鸚鵡。

驃國

貞元十八年春正月。南詔使來朝。驃國王始遣其弟悉利移來朝。華言謂之驃。自謂突羅朱闍婆。人謂之徒里掘。自古來未嘗通中國。魏晉間有著西南異方志及南中八郡志者云。永昌古哀牢國也。傳聞永昌西南三千里。有驃國。君臣父子。長幼有序。然無見史傳者。今聞南詔異牟尋歸附。心慕之。乃因南詔重譯遣子朝貢。東北距南詔咩苴城六千八百里。凡去上都一萬四千里。在永昌故郡南二千餘里。其境東西三千里。往來通聘者。迦羅婆提等二十國。役屬者。道林王等九城。食境土者。羅君潛等二百九十八部落。東鄰眞臘國。西接東天竺國。南溟海。北通南詔些樂城界。其王姓困沒長。名摩羅惹。其國相名摩訶斯那。其王近適。則輿以金繩牀。遠適。則乘象。嬪御甚衆。侍御常數百人。其羅城構以甎甓。周一百六十里。壕岸亦構以甎。相傳本是舍利佛城內有居人數萬家。佛寺百餘區。其堂宇皆錯以金銀。渥以丹彩。地以紫鑛。覆以錦罽。其俗好生惡殺。其土宜菽粟稻粱。無麻麥。其治無刑名桎梏之具。犯罪者以竹五十本束之。復犯者。笞其背數止五。輕者止三。殺人者戮之。男女七歲則落髮。止寺依桑門至二十歲。不悟佛理。乃復為居人。其衣服悉以白氎與朝霞繞腰而已。不衣繒帛。云出於蠶為傷生也。又獻其國樂凡二十二曲。與樂工三十五人來朝。樂曲皆演釋氏經論之詞意。二十一年四月。封驃臣國嗣王樂道勿禮為驃臣國王焉。咸通三年二月。遣使貢方物。

古卑國

大中六年十二月。古卑國佛邪葛等六人來朝。兼獻象。宰相魏謩以性不安中土。請還其使。從之。

咸通十二年二月。復遣使朝貢。

雜錄

故事。西蕃諸國通唐使處。悉置銅魚。雄雌相合。各十二隻。皆銘其國名。第一至十二。雄者留在內。雌者付本國。如國使正月來者。齎第一魚。餘月准此。閏月齎本月而已。校其雌雄合。乃依常禮待之。差謬則推按聞奏。至開元一十六年十一月五日。鴻臚卿舉舊章奏曰。近緣突騎施背叛。蕃國銅魚多有散失。望令所司復給。

貞觀二年六月十六日。勅諸蕃使人所娶得漢婦女爲妾者。並不得將還蕃。

四年三月。諸蕃君長詣闕請太宗爲天可汗。乃下制令後璽書賜西域北荒之君長。皆稱皇帝天可汗。諸蕃渠帥有死亡者。必下詔冊立其後嗣焉。統制四夷。自此始也。

二十一年三月十一日。以遠夷各貢方物。其草木雜物有異於常者。詔所司詳錄焉。葉護獻馬乳蒲萄一房。長二尺。子亦稍大。其色紫。摩伽國獻菩提樹。一名波羅。葉似白楊。康國獻黃桃。大如鵝卵。其色如金。亦呼金桃。伽毘國獻鬱金香。葉似麥門冬。九月花開。狀如芙蓉。其色紫碧。香聞數十步。華而不實。欲種取其根。罽賓國獻俱物頭花。其花丹白相間。而香遠聞。伽失畢國獻泥樓鉢羅花。葉類荷葉圓缺。其花色碧而蕊黃。香芳數十步。健達國獻佛土葉。一莖五葉。花赤。中心正黃。而蕊紫色。泥婆羅國獻波稜菜。類紅藍花。實似蒺藜。火熟之。能益食味。又酢菜。狀如菜。闊而長。味如美鮮。苦菜。狀如苣。其葉闊。味雖少苦。久食益人。胡芹。狀如芹而味香。渾提葱。其狀如葱而白。辛嗅藥。其狀如蘭。淩冬而青。收乾作末。味如桂椒。其根能愈氣疾。薛延陀獻拔蘭鹿。毛如牛。角大如麖。西蕃突厥獻馬蹄羊。其蹄似馬。波斯國獻活褥蛇。其狀如鼠而色青。身長七八寸。能入穴取鼠。西蕃咄祿可汗獻金卵鷄。鷇鳥鷇也。雕刻作禽獸。而塗以金。西蕃胡國出石蜜。中國貴之。太宗遣使至摩伽佗國取其法。令揚州煎蔗之汁。於中廚自造焉。色味逾於西域所出者。蒲萄酒。西域有之。前世或有貢獻。及破高昌。收馬乳蒲萄實。於苑中種之。并得其酒法。自損益造酒。酒成。

凡有八色芳香酷烈味兼醍醐旣殞賜羣臣京中始識其味。

天寶二年四月二十五日上因問諸蕃諸國遠近鴻臚卿王忠嗣上言曰臣謹按西域圖陀拔恩單國在疎勒西南二萬五千里東至渤達國一月程西至沮滿國一月程南至羅刹支國十五日程北至海兩月程羅刹支國東至都盤國十五日程西至沙蘭國二十日程南至大食國二十日程北至陀拔國十五日程都盤國東至大食國十五日程西至羅刹支國十五日程南至大食國二十五日程北至渤達國一月程渤達國東至大食國兩月程西北至岐蘭國二十日程南至都盤國一月程北至大食國一月程河沒國東至南陀拔國十五日程西北至岐蘭國二十日程從南至沙蘭國一月程從北至海兩月程岐蘭國東南至河沒國二十日程西至大食國兩月程南至沮滿國二十日程北至海五日程涅滿國東至陀拔國一月程西至大食國兩月程南至大食國一月程北至岐蘭國十日程沙蘭國東至羅刹支國二十五日程南至大食國二十五日程北至涅滿國二十五日程石國東至拔汗那國一百里西南至東米國五百里罽賓國在疎勒西南四千里東至俱蘭陀國七百里西至大食國一千里南至婆羅門國五百里北至吐火羅國二百里東米國在安國西北二千里東至碎葉國五千里西南至石國一千五百里南至拔汗那國一千五百里史國在疎勒西四千里東至俱蜜國一千里西至大食國二千里南至吐火羅國一百里西北至康國七百里。

證聖元年九月五日勅。蕃國使入朝。其糧料各分等第給。南天竺。北天竺。波斯。大食等國使。宜給六箇月糧。尸利佛誓。眞臘。訶陵等國使。給五箇月糧。林邑國使。給三箇月糧。

聖歷三年三月六日勅。東至高麗國。南至眞臘國。西至波斯。吐蕃。及堅昆都督府。北至契丹。突厥。靺鞨。並爲入番。以外爲絕域。其使應給料各依式。

開元四年正月九日勅。靺鞨。新羅。吐蕃。先無里數。每遣使給賜。宜準七千里以上給付也。

大歷十四年七月詔。迴紇諸蕃住京師者。各服其國之服。不得與漢相參。

歸降官位

顯慶三年八月十四日。置懷德大將軍。正三品。歸化將軍。從三品。以授初投首領。仍隸屬諸衞。不置員數及月俸料。

總章元年十一月。授婆羅門盧伽逸多懷化大將軍。

貞元十一年正月廿九日。置懷化大將軍。正三品。每月料錢四十五千文。雜料三十五千文。歸德將軍。從三品。料錢四十千文。懷化中郎將。正四品。料錢三十七千文。歸德中郎將。從四品。料錢三十五千文。懷化郎將。正五品。料錢三十二千文。歸德郎將。從五品。料錢三十千文。懷化司階。正六品。料錢二十五千文。歸德司階。從六品。料錢二十三千文。懷化中候。正七品。料錢十八千文。歸德中候。從七品。料錢十七千文。懷化司戈。正八品。料錢十五千文。歸德司戈。從八品。料錢十四千文。懷化執戟長上。正九品。料錢十一千文。歸德執戟長上。從九品。料錢十千文。勅。準六典。應投幕蕃官。前承未置。今蕃人向化。近日漸多。名位高卑。須有等級。其增置官品及料錢等。宜依前件。其月。以歸降吐蕃論乞髯湯沒藏悉諾硉。爲歸德將軍。會昌二年八月制。歸義軍使。特進。檢校工部尚書。兼右金吾衞大將軍同正。懷化郡王嗢沒斯。賜姓李。名思忠。冠軍大將軍。左衞大將軍同正。寧邊郡公歷支。賜姓李。名思正。冠軍大將軍。左衞大將軍同正。昌化郡公習聞啜。賜姓李。名思義。冠軍大將軍。左衞大將軍同正。寧朔郡公烏羅思。賜姓李。名思禮。守右領軍大將軍同正。寧塞郡公受邪勿。可檢校右散騎常侍。右領軍衞大將軍同正。充歸義軍副使。仍賜姓李。名宏順。制。李思正弟冠軍大將軍。右驍衞大將軍同正。昌化郡公李思義母。可封鴈門郡君。李思忠男。封中散大夫。檢校殿中少監。仍賜紫金魚袋。賜名繼美。

天祐元年六月。授福建道佛齊國入朝進奉使都番長蒲訶粟寧遠將軍。

唐會要校勘表

本書係用商務印書館國學基本叢書本原紙型重印。今據江蘇書局聚珍本刻本校勘。經發現商務本訛文誤字及斷句錯誤較大者已加改正。其蘇局本原誤脫文衍文暨疑誤字。謹附校勘表於後。希讀者參覽！

中華書局 一九五五年三月

卷	面	行	原文	校勘意見
一	一四	一	謚曰至道昭肅孝皇帝	「皇帝」下原脫「廟號武宗」四字
三	三一	七	三年正月	按上文疑應作「貞元三年正月」原脫
	三三	三	五六品	「五」應作「正」原誤
一〇上	二〇九	二	用致燔燎青帝靈威仰	「燔燎」下原脫一「于」字
	二一三	六	祠后土于汾陰睢上	「睢」應作「脽」原誤
		二	親祠睢上	「睢」應作「脽」原誤
		三	祀后土于睢上	「睢」應作「脽」原誤
	二二三	三	則王社先農不可也	據同卷二四五面「不可」下應補一「一」字原脫

卷	頁	行	原文	校勘
一〇下	二六一	一〇	稱尙儀妾姓言	「言」應作「名」原誤
	二七〇	四	稱尙儀妾姓言	「言」應作「名」原誤
一一	二八〇	六	上方下圓之制	「上方下圓」疑當作「上圓下方」原誤
一三	二八八	三	亦以時帝爲之靈威仰等五天帝	原衍「之」字
一四	三一五	六	有進止	「有」應作「候」原誤
	三三二	一四	高祖平高麗	「高祖」應作「高宗」原誤
一八	三六一	三	不祭欲數	「不祭」應作「祭不」
一九	三八九	二	聲子之姪娣	據左傳聲子爲孟子之姪娣「聲」應作「孟」原誤
二〇	三九五	一〇	惟舊山陵使	「惟」應作「淮」
	三九八	五	常竭帑藏	「常」應作「當」原誤
二四	四五六	四	一則有暢於清溫	「清溫」應作「凊溫」
	四六四	一	令以常式	「以」下原脫「爲」字
二五	四七六	一〇	仍事須前牒臺司	「事須」似應作「須事」原倒排
	四八六	一	餘其一切宣政殿前班序	「餘其」似應作「其餘」原倒排
		四	常參官御史大夫中丞者	「官」下似脫「兼」字原脫

卷	頁	行	原文	校勘
二五	四八七	三	時爲寵獎	「時」疑應作「特」原誤
		一三	待之已久	「待」疑應作「行」原誤
		一四	郎官望等裏九重往時酌從宜之文	按五八卷一〇〇二面崔于言事同案疑應作「郎官望等尤爲重任」「時」疑係「特」之誤
二七	五二一	六	交肆盜懀荆卿詭動何羅竊至	「懀」應作「憎」「羅」疑當作「難」原誤
三一	五二三	一〇	以干戈未甚敢	「敢」應作「戢」原誤
三三	五八九	九	截竹爲十律二吹之	「十律二」應作「十二律」
三三	六二〇	八、九	多習此伎以樂後	「伎以樂後」應作「伎樂以後」
三五	六四七	八	朕今各賜君飛曰扇二枚	「飛曰扇」應作「飛白扇」原誤
四一	七四四	八	特受一子官	「受」應作「授」原誤
四二	七四九	二	月蝕或有望前	「有」應作「在」原誤
四四	七九五	二	改又爲太史監	「改又」應作「又改」原倒
五〇	八六五	三	謂吾語唐天子	「謂」似應作「爲」原誤
五五	九四六	七	員外郎知制詔	「知制詔」疑應作「知制誥」原誤
		一四	同以授職滿一年後	據上文「一」當作「二」原誤

五五	九四七	三	但約知制誥滿一周年	據上文「一」應作「二」原誤
	九五二	三	時人無閣中奏事	「人」疑當作「久」原誤
五八	一〇〇九	七	尚書左丞相趙憬	衍一「相」字原誤
六〇	一〇五五	四	爲監察御史裏行之名始於此	「之」字上疑脱「裏行」二字原脱
六一	一〇六六	三	不須取大夫同置	「置」似應作「署」原誤
六四	一一〇八	二	無御書名額	「名」應作「名」原誤
	一一一七	五	安策府記室薛收	「安」應作「天」原誤
六七	一一七二	四	龍朔年改爲左右奉裕咸亨年復舊	兩「年」字上概脱數字原脱待查
七六	一三八四	七	不得充鄉賦	據下文及新唐書「鄉賦」應作「鄉貢」原誤
七八	一四二八	一	賀拔廷嗣	據上一四二四面「廷」應作「延」原誤
七九	一四五五	六	道德博原曰文	「原」應作「厚」原誤
	一四六四	二	負則幹事	「負」應作「貞」
		四	文武	「文武」據下一四七八面應作「文成」原誤
八一	一四九五	六	特授朝大夫	「朝」字下疑原脱「散」字

卷	頁	行	原文	校勘
八二	一五三二	八	例其課料等	「例」疑當作「剋」原誤
八六	一五七四	七	驛路於城西	「驛」上疑脫一「開」字原脫
八七	一五八九	一〇	津吏漩於淤濘	據舊唐書多一「淤」字原誤
	一五九一	一	其商確商榷財用之術者	「商確」二字據舊唐書當作「相與」原誤
	一五九三	五	荊南巳東南兩稅使	下一「南」字衍
	一六〇〇	四	劉晏充東畿淮南浙江東西湖南山南東道轉運使第五琦充畿關內河東劍南山南西道轉運使	「東畿」應作「東都」「畿」應作「京畿」概據八八卷鹽鐵使條校正原誤
九六	一七二三	一四	今黑水靺鞨界南與渤海國顯德府	「界」疑應排在「府」下原誤
九八	一七四七	六	詔册册爲滕里邏羽……可汗	多一「册」字
	一七五六	七	甚爲渾主伏允所匿	據下文「伏允」上脫一「乞」字